ABÍLIO MADEIRA BORDALO
Juiz Conselheiro Jubilado

CRISTINA BORDALO DE MATOS
Licenciada em Direito

ANTOLOGIA DE ACÓRDÃOS DO SUPREMO TRIBUNAL ADMINISTRATIVO E TRIBUNAL CENTRAL ADMINISTRATIVO

ANO VIII – N.º 2

Janeiro a Abril
2005

ALMEDINA
1955-2005

ANTOLOGIA DE ACÓRDÃOS DO SUPREMO TRIBUNAL ADMINISTRATIVO E TRIBUNAL CENTRAL ADMINISTRATIVO

AUTORES
ABÍLIO MADEIRA BORDALO
CRISTINA DE MATOS

EDITOR
EDIÇÕES ALMEDINA, SA
Rua da Estrela, n.º 6
3000-161 Coimbra
Tel.: 239 851 904
Fax: 239 851 901
www.almedina.net
editora@almedina.net

EXECUÇÃO GRÁFICA
G.C. – GRÁFICA DE COIMBRA, LDA.
Palheira – Assafarge
3001-453 Coimbra
producao@graficadecoimbra.pt

JULHO, 2005

DEPÓSITO LEGAL
124927/98

Acórdãos do Supremo Tribunal Administrativo
Pleno

1.ª Secção (Contencioso Administrativo)

AUDIÊNCIA PRÉVIA. CONTRA-INTERESSADOS. OPERAÇÕES DE CONCENTRAÇÃO DE EMPRESAS. DEFESA DA CONCORRÊNCIA.

(Acórdão de 25 de Janeiro de 2005)

SUMÁRIO:

I – A audiência dos requerentes do procedimento de notificação prévia obrigatória das operações de concentração de empresas regulada no n.º 6 do artigo 31.º do DL 371/93, de 29 de Outubro visa exclusivamente a possibilidade de ser junta prova ou serem requeridas diligências para a conclusão da instrução do procedimento, sem regular igual oportunidade para os contra-interessados, mas não se refere ao dever de audiência prévia dos contra-interessados e mesmo em relação aos requerentes da notificação não substitui a audiência prevista no artigo 100.º do CPA a qual tem como objectivo permitir a pronúncia sobre um projecto de decisão e não apenas sobre a suficiência e conclusão da instrução.

II – Na falta de normas no referido DL 371/93 sobre a audiência dos requerentes e dos contra-interessados nos mesmos termos que são regulados no artigo 100.º do CPA, é aplicável esta norma naquele procedimento especial, quer por força do artigo 29.º do mesmo DL, quer por força do artigo 2.º do CPA.

III – Na falta de definição de quem são os contra-interessados naquele procedimento especial é aplicável a norma do art. 53.º do CPA que confere legitimidade para intervir no procedimento administrativo a todos os titulares de direitos ou interesses que se situem “*no âmbito das decisões que nele forem ou possam ser tomadas*”.

ACORDAM EM CONFERÊNCIA NO PLENO DA SECÇÃO DE CONTENCIOSO ADMINISTRATIVO DO STA:

I – RELATÓRIO.

No recurso contencioso interposto por **Público, Comunicação Social S.A.** do despacho conjunto dos **Ministros da Presidência e da Economia** que decidiu não se opor, com condições, à operação de aquisição de controle comum sobre as sociedades VASP – Sociedade de Transportes e Distribuição, Ld.ª e Deltapress, Sociedade Distribuidora de Publicações SA pelos grupos empresariais, também demandados como interessados particulares:

HOGE – Sociedade Gestora de Participações Sociais SA,

LUSOMUNDO Media SGPS, SA e

PRESSELIVRE – Imprensa Livre SA

Foi proferido o Acórdão de fls. 739-767 que concedeu provimento ao recurso e anulou o acto por vício de falta de audiência prévia.

Inconformadas recorrem as interessadas particulares para este Pleno, alegam e apresentam as seguintes conclusões úteis:

– O DL 371/93 erigiu no artigo 29.º n.º 2 um regime especial de procedimento administrativo para o controlo prévio das concentrações, pelo que nos termos do artigo 2.º do CPA fica afastada a aplicação das normas deste Código, uma vez que não existe uma lacuna, havendo no regime especial a norma do artigo 31.º n.º 6 que regula a audiência dos interessados.

– Não era exigível ouvir a recorrente antes da decisão final, porque não é interessada no procedimento, uma vez que os seus direitos e interesses não podiam nele ser directamente lesados.

O interesse da recorrente no caso é indirecto, porque a operação de concentração se situa ao nível da distribuição e a distribuição da recorrente do jornal Público é efectuada pela empresa espanhola MIDESA.

– É irrelevante o facto de ter sido admitida a intervir no procedimento já que nada o impõe.

A recorrida sustentou em contra alegação a manutenção do decidido.

O EMMP emitiu douto parecer no sentido de se manter a decisão da Subsecção.

Foram colhidos os vistos legais.

II – A MATÉRIA DE FACTO PROVADA.

O Acórdão recorrido deu como provado:

1. A Recorrente é a sociedade detentora e editora do jornal diário "Público".

2. O Grupo Lusomundo é detentor dos jornais "Diário de Notícias", "Jornal de Notícias" e "24 Horas".

3. A Presselivre é detentora do diário "Correio da Manhã".

4. Em 7/11/01 as empresas «Hoge – Sociedade Gestora de Participações Sociais», «Lusomundo – Serviços S.G.P.S., S.A.» e «Presselivre – Imprensa Livre, S.A.» notificaram a Direcção Geral do Comércio e Concorrência informando-a que pretendiam proceder à integração das suas actividades de distribuição de publicações e esclarecendo que essa operação se faria pela forma seguinte:

"1. – «A VASP – Sociedade Transporte e Distribuições, L.da», actualmente detida em partes iguais pela Hoge e Presselivre será transformada em sociedade anónima e passará a ser detida em partes iguais (33,3%) pelas três sociedades notificantes. Esta operação concretizar-se-á mediante um aumento do capital social da VASP a subscrever integralmente pela Lusomundo.

2. – A VASP adquirirá a totalidade do capital social da «Deltapress – Sociedade Distribuidora de Publicações, S.A.», actualmente detida em 79,5% pela Lusomundo Serviços e em 20,5% pela «Investec – S.G.P.S., S.A.».

A operação acima descrita é o objecto de um Contrato de Participação e Acordo Parassocial entre as notificantes e a investec, empresa do Grupo Cofina, detentora, por via indirecta, da totalidade do capital da Presselivre." (vd. fiz. 361 e 362 dos autos, que se dão por reproduzidas.)

5. Datado de 3/12/01, a Recorrente enviou ao Sr. Secretário de Estado da Indústria, Comércio e Serviços o requerimento que se encontra nos autos de fls. 53 a 60 – que se dá como reproduzido – informando-o ser interessada directa no resultado da operação acima descrita, solicitando que lhe fosse dado a conhecer a situação do procedimento onde a mesma seria decidida e reclamando o direito a ser ouvida ao abrigo do preceituado no art. 100.º do CPA.

6. Em consequência da apresentação desse requerimento, e datado de 6/12/01, a Direcção Geral do Comércio e da Concorrência (doravante DGCC) enviou à Recorrente o fax junto a fls. 61, que se dá por reproduzido, onde se lê *"no uso da competência que lhe é conferida na al. b), do n.º 1, do art. 12.º do DL 371/93, esta Direcção Geral está a proceder à instrução do procedimento relativo à operação de concentração notificada pelas empresas referidas em epígrafe, na qual estas se propõem proceder à integração das actividades de distribuição de publicações da «VASP – Sociedade Distribuições e Transportes, L.da» e da «Deltapress – Sociedade Distribuidora de Publicações, S.A.», a qual será concretizada através da compra desta última pela empresa VASP e do controlo conjunto da VASP pelas empresas notificantes. No âmbito deste procedimento solicito a V. Ex.cias, ao abrigo do n.° 5, do art. 31.°, do DL 371/93, o envio de observações, no prazo de 8 dias, a contar da data de recepção deste fax, relativamente às repercussões que a operação de concentração eventualmente venha a produzir no mercado nacional."*

7. Em 17/12/01 a Recorrente enviou à Sr.ª Directora Geral do Comércio e Concorrência uma exposição reclamando de não lhe terem prestado as informações solicitadas sobre a operação em causa, renovando o seu interesse nesse procedimento, enviando um Estudo sobre efeitos de tal operação e mencionando que só se poderia pronunciar devidamente sobre ela quando tivesse conhecimento efectivo dos seus principais contornos e reiterando que queria ser ouvido ao abrigo do disposto no art. 100.º do CPA e que esta sua intervenção não dispensava o cumprimento deste normativo – vd. fls. 62 a 64 dos autos e fls. 65 a 103 dos autos, que se dão como reproduzidas.

8. Em 10/1/02 e vindo da Direcção Geral do Comércio e da Concorrência a Recorrente recebeu o fax que se encontra aos autos a fls. 104, que se dá por reproduzido, onde se lê *"na sequência da exposição de V. Ex.cia datada de 17/12/01, cumpre-me comunicar que se encontra suspenso o prazo previsto no n.º 1, do art. 31.º, do DL 371/93 para a apreciação da operação referenciada em epígrafe, a fim de se proceder à realização de diligências de fundamental importância para a tomada de decisão sobre a concentração notificada. Mais informo que .... nos termos e para os efeitos do disposto no art. 64.º do CPA, o processo, expurgado de elementos considerados confidenciais, nos termos do art. 62.º do CPA, poderá ser consultado nesta Direcção Geral no dia 14, 15 ou 16 do corrente mês de Janeiro, a partir das 14,30 horas. Informo, igualmente, que, em momento oportuno será assegurado o direito previsto no art. 100.º do CPA."*

9. Em 18/1/02 a Direcção Geral do Comércio e Concorrência notificou a Recorrente, através de fax, e nos termos do n.º 1 do art. 101.º do CPA, que *"de acordo com as conclusões provisórias desta Direcção Geral a operação de concentração em causa suscita reservas tendo em consideração o seguinte:..."* e, depois de expor as razões dessas reservas ao longo dos 5 primeiros pontos do ofício de notificação, escreveu no 6.º e último ponto o seguinte *"Em conclusão do exposto, considera esta Direcção Geral que as operações notificadas suscitam sérias reservas, dado se entender que das mesmas resultará a criação de uma posição dominante, no mercado da distribuição de publicações, susceptível de impedir, falsear ou restringir a concorrência, cujos efeitos restritivos se repercutirão a montante, no mercado da edição de jornais e revistas, e a jusante, no mercado retalhista. Estes efeitos terão significativas consequências negativas, fundamentalmente, em termos das opções de escolha do consumidor. Deste modo, entende esta Direcção Geral que se afigura aconselhável que, sobre esta matéria, seja solicitado o parecer ao Conselho da Concorrência, nos termos do n.º 1, do art. 32.º, do DL 373/93."* – fls. 105 a 107 que se dão por integradas.

10. Na sequência dessa notificação a Recorrente enviou, em 24/1/02, uma exposição à referida Direcção Geral protestando por não lhe terem sido facultados os elementos de facto e de direito necessários ao conhecimento de todos os aspectos relevantes do procedimento e sustentando que, por causa disso, não se encontravam reunidas as condições para um correcto exercício do seu direito de audiência – tanto mais quanto era certo que as conclusões daquela Direcção Geral vinham qualificadas como provisórias e nelas se mencionava a necessidade de colher o parecer do Conselho da Concorrência – e requerendo que lhe fornecessem os mencionados elementos, acrescentando, no entanto, que a projectada operação não traria ganhos de produtividade, eficiência e racionalização de custos. – vd. doc. justo aos autos de fls. 108 a 113, que se dá por reproduzido.

11. Face ao teor da antecedente exposição a DGCC enviou à Recorrente ofício, datado de 29/1/02, recordando-lhe que já tinha diligenciado no sentido do cumprimento do direito à audiência dos interessados e que *"as conclusões provisórias desta Direcção Geral consubstanciavam, expressamente, o sentido provável da decisão"* e notificando-a de que *"poderá consultar o processo em questão nesta Direcção Geral no dia 30 de Janeiro próximo, entre as 14,30 e as 18 horas ou no dia 31/1, entre as 10 e as 12 horas e entre as 14,30 e as 18 horas, nos termos da lei."* – vd. fls. 114 e 115 que se consideram integradas.

12. Data de 1/2/02 a Recorrente enviou à Direcção Geral a exposição que se encontra junta aos autos de fls. 116 a 126 – que se dá por reproduzida – onde refere que tendo sido *"notificada a 18/1/02 para se pronunciar ao abrigo do art. 101.º do CPA vem, a esse propósito,... contribuir com algumas reflexões quanto ao conteúdo do 2° parágrafo da vossa notificação, datada de 18/1, e acima identificada, nomeadamente quando a mesma refere que se afiguram (à DGCC) «pertinentes os argumentos apresentados pelas notificantes no sentido de ser expectável que das operações notificadas resultem importantes ganhos de eficiência e produtividade, permitindo a racionalização dos custos e a possibilidade de uma concorrência acrescida com a Midesa»"*.

13. As Recorridas Particulares enviaram, em 7/2/02 uma carta ao Sr. Secretário de Estado da Indústria, Comércio e Serviços. – que se encontra no dossiê n.º 7 do Instrutor e que ora se dá por reproduzida.

14. Em 16/4/02 o Conselho da Concorrência emitiu o parecer referido no antecedente ponto 9, que lhe foi solicitado ao abrigo do disposto no n.º 1, do art. 32.º, do DL 371/92, de 29/10 – que se encontra nos autos de fls. 360 a 407 e que ora se dá por reproduzido.

15. Em 21/2/02 a Direcção Geral do Comércio e Concorrência prestou a informação n.º 253/2002/DSB2//DGCC. – que se encontra no dossiê n.º 6 do Instrutor, que se dá como reproduzida.

16. Em 3/5/02 foi proferido o acto impugnado o qual se encontra a fls. 49 a 52 dos autos, que se dá por reproduzido.

III – APRECIAÇÃO. O DIREITO.

1. O Acórdão recorrido anulou o despacho conjunto por não cumprimento do artigo 100.º do CPA, não podendo corresponder ao cumprimento desta exigência a notificação efectuada à recorrente de que considerava conveniente solicitar o Parecer do Conselho da Concorrência, visto que obtido tal parecer é que era possível cumprir aquela norma informando, nomeadamente sobre o sentido provável da decisão final.

Discordam as recorrentes sustentando que não era aplicável o artigo 100.º do CPA porque o DL 371/93, de 29 de Outubro regula um procedimento especial em matéria de controlo das concentrações de empresas que prevê a audiência dos autores da notificação, no artigo 31.º n.º 6, nisto consistindo, em relação a este procedimento, a audiência de interessados. Considera também que de qualquer modo a recorrente não pode ser considerada contra-interssada, pelo que nunca havia vinculação à respectiva audiência.

Vejamos se lhe assiste razão.

2. O DL 371/93, de 29 de Outubro visava ser uma lei quadro da política de concorrência e entre os instrumentos de prossecução de tal política introduziu um mecanismo de notificação prévia obrigatória das operações de concentração de empresas consideradas mais importantes segundo os critérios do artigo 7.º.

Entre as operações de concentração de empresas conta-se a constituição do controlo comum da VASP que era objecto da notificação apreciada pelo acto administrativo em recurso perante a Subsecção, conforme decorre do n.º 2 al. *a*) do artigo 30.º do cit. DL.

O artigo 31.º regula a tramitação do procedimento administrativo de notificação prévia para cuja instrução é competente a Direcção Geral da Concorrência e Preços, que deve recolher os elementos necessários durante um prazo de 40 dias (n.º 1) e nos termos do n.º 6, "Até 10 dias antes do termo do prazo a que se refere o n.º 1, a Direcção Geral da Concorrência e Preços procederá à audiência escrita dos autores da notificação".

Trata-se de norma que visa os requerentes do procedimento e não os contra-interessados.

Este diploma não contém nenhuma outra norma que seja relativa aos contra interessados nem à respectiva audiência, mas, às matérias relativas a este procedimento não reguladas especificamente no diploma manda o respectivo artigo 29.º aplicar subsidiariamente o disposto no Código do Procedimento Administrativo. De resto, o artigo 2.º n.º 1 do CPA estatui assim: "As disposições deste Código aplicam-se a todos os órgãos da Administração Pública que no desempenho da actividade administrativa de gestão pública, estabeleçam relações com os particulares..."

Da conjugação destas normas facilmente se apreende que a matéria de definição de quem são os contra interessados e da respectiva audiência prévia nos termos do artigo 100.º do CPA não são tratadas no DL 371/93, de 29 de Outubro.

Assim como, bem vistas as coisas, não trata também da audiência dos autores da notificação nos termos exigidos no artigo 100.º nem sequer em termos equiparáveis, porque o citado n.º 6 do artigo 31.º se reporta a uma audiência escrita sobre a instrução do processo, isto é tendente aos respectivos requerentes do procedimento oferecerem prova e requererem as diligências instrutórias que julguem necessárias, como decorre do momento da diligência e do disposto nos números anteriores e no n.º 7, bem como do facto de o passo seguinte ser uma decisão favorável aos notificantes ou o prosseguimento das diligências tendentes à decisão com a obtenção de parecer de uma entidade especialmente qualificada – vd. Art. 32.º – e, se a decisão vier a apontar para as alíneas *b*) ou *c*) do n.º 1 do artigo 34.º, então é que será possível, oportuno e também indispensável cumprir o artigo 100.º do CPA quanto aos autores da notificação.

Nem se diga que o sentido da decisão já resultava do facto de ter sido comunicado pedido de parecer ao Conselho da Concorrência, porque ficava ainda em aberto um dos três tipos de decisão referidos nas alíneas do art. 34.º n.º 1, para além de a análise do Parecer daquele Conselho poder ser decisiva para convencer a contra interessada da bondade da respectiva proposta de decisão.

É certo que diversos sistemas jurídicos adoptaram uma audiência prévia tendo como escopo exclusivo ou praticamente como garantia única a intervenção dos interessados na instrução para apresentar prova e pedir a sua produção de modo a incluir todos os elementos necessários à boa decisão administrativa, provavelmente na consideração que a correcção das eventuais deficiências na apreciação e decisão sempre seria possível posteriormente ao encerramento do procedimento, designadamente através das vias do controlo da actividade administrativa, maxime a efectuada perante os tribunais administrativos.

Mas o legislador português no artigo 100.º do CPA não teve essencialmente em vista esta garantia virada para a completude e suficiência da instrução porque, embora através da exemplificação, elevou a objecto preponderante da audiência o projecto de decisão final, tendo como consequência que só depois de este existir e através da comunicação ao interessado, com oportunidade de responder ao respectivo conteúdo, se possa cumprir cabalmente a exigência contida na norma.

Portanto, como nada se apresenta nos autos, nem na tese defendida neste recurso jurisdicional, a apontar para que tenha sido cumprido o artigo 100.º do CPA como diligência antecedente da decisão final, temos de concluir, como fez o Acórdão recorrido, que se acha violada esta exigência que contém uma formalidade cujo cumprimento poderia ter influído na ponderação e decisão, uma vez que nada garante uma diferente prognose.

Flui do exposto que o argumento de que não era obrigatória audiência para além da estatuída no n.º 6 do art. 31.º do DL 371/93 não tem consistência nem fundamento legal e improcede inteiramente.

3. Vejamos agora se a recorrente não podia ser considerada interessada no procedimento daí derivando que também não existisse vinculação ao cumprimento em relação a ela do artigo 100.º.

Como decorre do artigo 53.º do CPA, aplicável mais uma vez por remissão expressa do artigo 29.º do DL em causa e pelo disposto no n.º 1 do artigo 2.º do próprio CPA, têm legitimidade para intervir num procedimento administrativo todos aqueles que sejam titulares de direitos subjectivos ou interesses legalmente protegidos em relação aos quais naquele procedimento possam ser tomadas decisões.

Ora, não há dúvida de que a interveniente se apresentou no procedimento como empresa interessada no ramo da distribuição de publicações, o que bem se compreende porque sendo editora a distribuição das suas edições é um aspecto do respectivo sector de actividade económica, como bem o demonstra o próprio facto de também as recorridas não serem distribuidoras ou apenas em pequena parte da sua actividade o serem, mas terem pedido a constituição do controlo de empresas distribuidoras.

Portanto, a decisão a proferir no procedimento tendo influência na organização do mercado de distribuição em que a requerente era interessada por ser um dos operadores cujos interesses eram afectados pelo modo de funcionamento desse mercado, era parte legítima para intervir no procedimento, logo interessada, nos termos do artigo 53.º n.º 1 do CPA e para os efeitos de audiência prévia a que se refere o artigo 100.º.

E, assim, a recorrente contenciosa foi admitida no procedimento por imposição de normas legais expressas e atenta a sua especial relação com os interesses em apreciação no procedimento de tal modo que a decisão a proferir nele podia atingir a sua esfera de interesses legítimos.

Portanto, também desta perspectiva não merece censura a decisão recorrida.

IV – DECISÃO.

Em conformidade com o exposto acordam em negar provimento ao recurso.

Custas pelas ora recorrentes jurisdicionais, fixando-se a cada uma a taxa de justiça de 300 € e a procuradoria de 50%.

Lisboa, 25 de Janeiro de 2005.

Rosendo José (Relator)
Angelina Domingues
Pais Borges
António Samagaio
Adérito Santos
Azevedo Moreira
Santos Botelho
António Madureira
Políbio Henriques

Recurso n.º 1240/02-20

EXECUÇÃO DE JULGADO. CADUCIDADE DO DIREITO. INTERRUPÇÃO E SUSPENSÃO DO PRAZO DE CADUCIDADE.

(Acórdão de 16 de Fevereiro de 2005)

SUMÁRIO:

I – O prazo para requerer judicialmente a execução de um julgado, previsto no art. 96.º, n.º 2, alínea *b*), da L.P.T.A., é de caducidade.

II – O prazo de caducidade só se interrompe e suspende nos casos em que a lei o determine (art. 328.º do Código Civil).

III – A interposição e pendência de recursos contenciosos de actos administrativos que indeferiram a pretensões do interessado na execução não têm efeito interruptivo da caducidade do direito de requerer a execução de julgado.

ACORDAM NO PLENO DA SECÇÃO DO CONTENCIOSO ADMINISTRATIVO DO SUPREMO TRIBUNAL ADMINISTRATIVO:

1 – Ana Maria Gonçalves da Silva Arriaga de Oliveira requereu na 2.ª Subsecção do contencioso administrativo deste Supremo Tribunal Administrativo a execução do acórdão proferido no recurso contencioso n.º 30690, que anulou o despacho do Ministro da Administração Interna, de 21.01.92, que lhe aplicara a pena disciplinar de demissão.

Por acórdão de 20-4-2004, o requerimento de execução foi rejeitado.

Inconformada, a Requerente interpôs o presente recurso para este Supremo Tribunal Administrativo, apresentando alegações com as seguintes conclusões:

1. Tendo a recorrente estado afastada de funções na sequência da sanção disciplinar de demissão que lhe foi aplicada veio a ser proferido, em 4 de Dezembro de 1997, Acórdão pelo STA que anulou aquela decisão punitiva, tendo a recorrente requerido a execução daquele Acórdão anulatório e sido reintegrada no exercício das suas funções no Serviço Nacional de Protecção Civil no dia 13 de Julho de 1998;

2. Não lhe tendo ainda sido paga qualquer indemnização pelo período de tempo em que tinha estado afastada de funções, a recorrente requereu em Agosto de 1998 que lhe fossem concedidas as férias a que tinha direito nesse ano civil, tendo esse direito a férias sido indeferido por despacho do Presidente do Serviço Nacional de Protecção Civil datado de 25 de Setembro de 1998, despacho que se apropriou do conteúdo da Informação n.º 60-NAT/98, onde pela primeira vez tem a recorrente conhecimento de uma orientação da Auditoria Jurídica do Ministério da Administração Interna que, privilegiando a "Teoria da indemnização" em detrimento da "Teoria do vencimento", não reconhece à recorrente quaisquer direitos inerentes ao período em que não prestara funções, entre 21 de Janeiro de 1992 e 13 de Julho de 1998 – Ver Doc. 5 junto com o requerimento de execução;

3. Através da notificação desse acto foi dado a conhecer à recorrente que:

a) O Ministério da Administração Interna e o Serviço Nacional de Protecção Civil, não invocavam causa legítima de inexecução;

b) Reconheciam à recorrente o direito de ser indemnizada na sequência do Acórdão anulatório da sanção que determinara o seu afastamento do serviço entre 21 de Janeiro de 1992 e 13 de Julho de 1998;

c) Mas não reconhecia à recorrente quaisquer direitos decorrentes da manutenção do vínculo durante aquele período;

4. Dependendo o direito à indemnização da recorrente do reconhecimento dos direitos decorrentes da manutenção do vínculo no período em que esteve afastada do exercício de funções por tal reconhecimento ter implicações na progressão na carreira da recorrente, impunha-se que a recorrente impugnasse aquela decisão como questão prévia à execução, pois, se o não fizesse, a execução do Acórdão anulatório estaria necessariamente prejudicado por um acto administrativo onde inequivocamente se definia que a recorrente não tinha qualquer direito decorrente da manutenção do vínculo no período em que tinha estado afastada das suas funções;

5. Por essa razão a recorrente interpôs recurso hierárquico daquele despacho do Presidente do Serviço Nacional de Protecção Civil, recurso que foi interposto em 1 de Outubro de 1998 (Doc. 6 oferecido com o requerimento executivo), tendo igualmente sido interposto recurso contencioso daquele acto e que correu termos sob o n.º 1399/98 pela 1.ª Secção do Tribunal Administrativo de Circulo de Lisboa, vindo a ser proferida decisão definitiva sobre o mesmo por Acórdão de 10 de Janeiro cfr. 2002, do Tribunal Central Administrativo, proferido já em instância de recurso – Docs. 7 e 10 oferecidos com o requerimento de interposição de recurso;

6. E, tendo sido indeferido o recurso hierárquico interposto, dele interpôs a recorrente também recurso contencioso que corre ainda termos sob o n.º 2872/99 (artigo n.º 12013/03) pela 1ª Secção do Contencioso Administrativo, 2.ª – Subsecção, do ex-Tribunal Central Administrativo – Docs. 8 e 9 juntos com o requerimento de execução;

7. E, contrariamente ao defendido no Acórdão recorrido que considerou que a única questão a decidir naqueles autos era a de saber se a recorrente tinha ou não direito a férias, entende – se que assim não é uma vez que a recusa da concessão de férias à recorrente se fundamentou precisamente na orientação definida no Parecer do Ministério da Administração Interna, que não reconhecia à recorrente qualquer direito decorrente de se considerar que em razão do Acórdão anulatório tudo se tinha de passar como se o vínculo da recorrente se tivesse mantido durante o período que decorreu a aplicação da sanção punitiva e até à sua anulação;

8. Ocorre pois claramente, no entender da recorrente, uma interrupção do prazo previsto no art. 96.º, n.º 2, da LPTA, por força da previsão dos arts. 332.º e 327.º do Código Civil;

9. O Acórdão recorrido ao considerar extemporânea a execução requerida pela recorrente por inobservância do prazo previsto no art. 96.º n.º 2, da LPTA, violou assim os arts. 332.º e 327.º do Código Civil.

Termos em que,

Deverá ser dado provimento ao presente recurso anulando-se o Acórdão recorrido e determinando-se o prosseguimento da execução, como é de direito e é de inteira JUSTIÇA

A Autoridade Requerida contra-alegou, concluindo da seguinte forma:

A) O objecto do presente recurso jurisdicional é definido pela Recorrente como a apreciação da tempestividade do requerimento de execução do Acórdão anulatório proferido por esse Tribunal Pleno, em 4 de Dezembro de 1997, que anulou a sanção disciplinar de demissão que lhe foi aplicada pelo Ministro da Administração Interna;

B) A execução de julgados era, na vigência do Decreto-Lei n.º 256-A/77, necessariamente precedida de um procedimento administrativo, regulado pelos artigos 5.º e 6.º deste diploma legal, e ainda pelo disposto no artigo 96.º da LPTA;

C) Não tendo sido executada a sentença espontaneamente pela Administração, a interessada podia, no prazo de trinta dias, a contar do trânsito em julgado, requerer ao órgão que tivesse praticado o acto recorrido a execução da sentença (artigo 5.º do referido Decreto-Lei);

D) O recurso à via judicial podia, no caso da alínea anterior, ser apresentado pela interessada no prazo de três anos (artigo 96.º, n.º 1, da LPTA);

E) Caso a Administração invocasse causa legítima de inexecução ou não desse, no prazo de sessenta dias contados da data da entrada do requerimento de execução, execução integral à sentença, a interessada podia requerer ao tribunal que em primeiro grau de jurisdição tivesse proferido sentença, ou a declaração de inexistência de causa legítima de inexecução ou no caso de concordar com a Administração acerca da existência de causa dessa natureza, a fixação de indemnização dos prejuízos resultantes do acto anulado pela sentença e da execução desta, nos termos do artigo 10.º (artigo 7.º, n.º 1, do mesmo diploma);

F) Pedido que teria de formular no prazo de dois meses a contar da notificação, pela Administração, de não ser dada execução à sentença por causa legítima, ou no prazo de um ano, a contar do termo do prazo de trinta dias – fixado no n.º 1 do artigo 6.º, do Decreto-Lei n.º 256-A/77 – se a Administração não invocasse causa legítima de inexecução, nem desse execução integral à sentença;

G) No caso dos autos, o Acórdão anulatório transitou em julgado em 5 de Janeiro de 1998;

H) Não tendo havido execução espontânea a interessada tinha três anos – contados a partir do termo do prazo concedido à Administração para a execução espontânea, ou seja, desde 16 de Fevereiro de 1998 –, para requerer à Administração a execução da sentença, o que se concretizou em 8 de Julho de 1998;

I) Na sequência desse requerimento, a Administração reintegrou a ora exequente no exercício de funções, em 13 de Julho de 1998;

J) Como acima se referiu na alínea F), das presentes conclusões, entendendo a ora Recorrente que a Administração não tinha dado execução integral à sentença, a lei concedia-lhe o prazo de um ano, a contar do termo do prazo fixado n.º 1 do artigo 6.º, do Decreto-Lei n.º 256-A/77, ou seja, de trinta dias contados da entrada do seu requerimento que havia pedido a execução da sentença, para requerer ao Tribunal a declaração de inexistência de causa legítima de execução ou, existindo essa causa, a fixação de indemnização pelos prejuízos resultantes do acto anulado;

K) Do que antecede resulta que, tendo a ora Recorrente requerido a execução da sentença, em 8 de Julho de 1998, e mesmo que pudesse defender que não tinha sido dada execução integral à sentença, a interessada tinha de requerer ao Tribunal a sua integral execução no prazo de um ano a contar do termo do prazo de sessenta dias que terminou em 8 de Setembro de 1998 e, portanto, até 8 de Setembro de 1999;

L) Tendo requerido ao Tribunal a execução integral da sentença, em 26 de Março de 2003, fê-lo muito para além do prazo que a lei lhe conferia, pelo que o seu pedido é extemporâneo;

M) Como se diz no Acórdão recorrido, todos os prazos referidos contam-se nos termos do artigo 72.º do CPA, excepto os previstos no n.º 2 do artigo 96.º da LPTA;

N) Os recursos interpostos pela ora Recorrente do acto do Senhor Presidente do Serviço Nacional de Protecção Civil que lhe negou o direito ao gozo de férias no ano em que teve lugar a sua reintegração (1998), não suspendem nem interrompem o prazo fixado no artigo 96.º, n.º 2, da LPTA;

0) O Acórdão recorrido não violou os artigos 327.º e 332.º do Código Civil.

Em face do exposto, por não se verificar qualquer dos vícios assinalados ao Acórdão recorrido, deve o presente recurso jurisdicional ser julgado improcedente.

O Excelentíssimo Procurador-Geral Adjunto emitiu douto parecer nos seguintes termos:

A procedência ou improcedência do recurso interposto do douto Acórdão que rejeitou o requerimento de execução de julgado, por intempestivo, depende da resposta a dar à questão de se saber se o despacho que recaiu sobre o requerimento de Agosto de 1998, onde era pedida a concessão de férias relativas a esse ano – alínea d) dos factos provados no douto Acórdão recorrido – permite as conclusões retiradas pela recorrente, ou, ao invés, se "aquele acto do Presidente do Serviço Nacional de Protecção Civil apenas negou à exequente o direito a gozar férias no ano da sua reintegração, única questão que foi chamado a decidir..." e, assim, se o prazo de caducidade, previsto no art. 96.º – n.º 2 da LPTA, se interrompia, nos termos alegados pela recorrente, ou não, como o entende o douto Acórdão em questão.

Do despacho de 25.9.98, não pode concluir-se que, por um lado, o Ministério da Administração Interna e o Serviço Nacional de Protecção Civil não invocam causa legítima de inexecução, que reconheciam à recorrente o direito de ser indemnizada na sequência do Acórdão anulatório da sanção que determinara o seu afastamento do serviço entre 21 de Janeiro de 1992 e 13 de Julho de 1998, mas não reconhecia à recorrente quaisquer direitos decorrentes da manutenção do vínculo durante aquele período.

O que desse despacho resulta é, tão só, que à recorrente não era reconhecido o direito ao gozo de férias que, tal como se diz no douto Acórdão recorrido era "a única questão que foi chamado (o Presidente do Serviço Nacional de Protecção Civil) a decidir, pelo que o acórdão do TCA que o anulou apenas decidiu também essa questão, não se tendo pronunciado sobre quaisquer outras, designadamente sobre o montante indemnizatório."

Efectivamente, apenas foi essa a questão colocada àquela entidade, como foi esse o acto recorrido no recurso contencioso interposto no TAC.

Ora, tal como se diz no douto Acórdão recorrido, quer o recurso hierárquico, quer o recurso contencioso do despacho de indeferimento do pedido de concessão de férias, "não têm a virtualidade de interromper, ou suspender o prazo legal previsto no n.º 2, b) do art. 96.º da LPTA."

Assim sendo, o recurso não merece provimento.

Corridos os vistos legais, cumpre decidir.

2 – No acórdão recorrido deu-se como assente a seguinte matéria de facto:

a) Por acórdão deste STA, proferido em 04.12.1997, no recurso contencioso a que os presentes estão apensos (P.30.690), transitado em julgado em 05.01.98, foi anulado o despacho do Ministro da Administração Interna de 21.01.92. que aplicara à ora exequente a pena disciplinar de demissão, no âmbito do processo disciplinar n.º 2/AO/91 (cf. fls. 141 a 157 v. do processo de recurso contencioso).

b) Por requerimento de 08.07;98, a exequente requereu ao Presidente do Serviço Nacional de Protecção Civil «se digne determinar a execução do Acórdão do STA citado e a clarificação da situação da requerente» (cf. doc. fls. 42 a 45).

c) A exequente veio a ser reintegrada, no exercício de funções no Serviço Nacional de Protecção Civil, em 13 de Julho de 1998 na sequência dos despachos do Ministro da Administração Interna de 08.01.98 e de 19.03.98. notificados à exequente em 10.07.98 (cf. docs. fls. 46. 104 a 110 e 111 a 114. que aqui se dão por reproduzidos).

d) A exequente requereu em Agosto de 1998 que lhe fossem concedidas férias, o que lhe foi indeferido por despacho do Presidente do Serviço Nacional de Protecção, de 25.09.98. com o fundamento de que «uma vez que não tendo havido serviço efectivamente prestado no ano anterior, a interessada não tem direito a férias no corrente ano» (cf. doc. fls. 47 a 49. que aqui se dão por integralmente reproduzidos).

e) A exequente interpôs recurso hierárquico e recurso contencioso do despacho referido em d) (cf. docs. fls. 50 a 81).

f) O recurso contencioso referido em e), foi provido em sede de recurso jurisdicional interposto pela ora exequente da sentença do TAC, vindo a ser anulado o despacho referido em d) por acórdão do TCA de 10.01.2002 (cf. docs. fls. 83 a 88).

g) O recurso hierárquico referido em e) foi indeferido, tendo a exequente interposto também recurso contencioso desse indeferimento em 28. 10.98.

h) O presente pedido de execução do acórdão referido em a) deu entrada neste STA em 26.03.2003 (cf. fls .2)

3 – A ora Recorrente, em 8-7-98, requereu ao Senhor Presidente do Serviço Nacional de Protecção Civil a execução de um acórdão deste Supremo Tribunal Administrativo de 4-12-97, que anulou uma decisão administrativa que lhe aplicara a pena de demissão.

Na sequência desse requerimento, a ora Recorrente veio a ser reintegrada no exercício de funções no Serviço Nacional de Protecção Civil, por despachos que lhe foram notificados em 10-7-98.

Em Agosto desse ano, a ora Recorrente requereu àquela autoridade administrativa que lhe fossem concedidas férias e, na sequência da recusa, decidida em despacho de 25-9-98, interpôs recursos hierárquico e contencioso deste despacho e outro recurso contencioso do despacho que lhe indeferiu aquele recurso hierárquico.

Em 26-3-2003, a ora Recorrente apresentou o pedido de execução do referido acórdão de 4-12-97, que foi rejeitado, com fundamento em extemporaneidade.

4 – A questão que é discutida no presente recurso jurisdicional é a de saber se a interposição dos referidos recursos contenciosos pela Recorrente, interrompe o prazo previsto no art. 96.º, n.º Z, da L.P.T.A., por força do disposto nos arts. 332.º e 327.º do Código Civil.

O art. 96.º, n.º 2, da L.P.T.A. estabelece o seguinte:

2 – O pedido de declaração de inexistência de causa legitima de inexecução ou de fixação de indemnização pelos prejuízos resultantes do acto anulado na sentença e da inexecução desta, nos termos dos n.os 1 e 2 do artigo 7.º daquele decreto-lei, pode ser formulado ao tribunal:

a) No prazo de 2 meses, a contar da notificação que a Administrado tenha feito ao interessado de não ser dada execução à sentença por causa legítima;

b) No prazo de um ano, a contar do termo do prazo fixado no n.º 1 do artigo 6.º do mesmo diploma, se a Administração não invocar causa legítima de inexecução, nem der execução integral à sentença.

Os arts. 327.º e 332.º do Código Civil estabelecem o seguinte:

Artigo 327.º

Duração da interrupção

1. Se a interrupção resultar de citação, notificação ou acto equiparado, ou de compromisso arbitral, o novo prazo de prescrição não começa a correr enquanto não passar em julgado a decisão que puser termo ao processo.

2. Quando, porém, se verifique a desistência ou a absolvição da instância, ou esta seja considerada deserta, ou fique sem efeito o compromisso arbitral, o novo prazo prescricional começa a correr logo após o acto interruptivo.

3. Se, por motivo processual não imputável ao titular do direito, o réu for absolvido da instância ou ficar sem efeito o compromisso arbitral, e o prazo da prescrição tiver entretanto terminado ou terminar nos dois meses imediatos ao trânsito em julgado da decisão ou da verificação do facto que torna ineficaz o compromisso, não se considera completada a prescrição antes de findarem estes dois meses.

Artigo 332.º

Absolvição e interrupção da instância e ineficácia do compromisso arbitral

1. Quando a caducidade se referir ao direito de propor cera acção em juízo e esta tiver sido tempestivamente proposta, é aplicável o disposto no n.º 3 do artigo 327.º; mas, se o prazo fixado para a caducidade for inferior a dois meses, é substituído por ele o designado nesse preceito.

2. Nos casos previstos na primeira parte do artigo anterior, se a instância se tiver interrompido, não se conta para efeitos de caducidade o prazo decorrido entre a proposição da acção e a interrupção da instância.

A Recorrente entende que não foi dada integral execução ao acórdão anulatório referido, pelo que o prazo para formular o pedido de declaração de inexistência de causa legítima de inexecução ou o pedido de fixação de indemnização é o de um ano, a contar do termo do prazo de 60 dias, previsto no art. 6.º, n.º 1, do Decreto-Lei n.º 256-A/77, de 17 de Junho, contado a partir da apresentação à Administração do requerimento de execução do julgado, prazo esse que, no caso, foi largamente excedido.

No entanto, a Recorrente defende, invocando os arts. 332.º e 327.º do Código Civil, que o prazo de caducidade se interrompeu e suspendeu com os recursos contenciosos referidos.

O prazo para requerer judicialmente a execução de um julgado tem sido considerado por este Supremo Tribunal Administrativo como sendo um prazo de caducidade[1], entendimento que é aceite pela Recorrente, como se infere da invocação do art. 332.º como suporte da posição que defende no presente recurso jurisdicional.

[1] Neste sentido, podem ver-se os seguintes acórdãos:
– de 20-5-1993, proferido no recurso n.º 23875-B, publicado no *Apêndice ao Diário da República* de 19-8-96, página 2711;
– de 14-12-2000, proferido no recurso n.º 34930A, publicado no *Apêndice ao Diário da República* de 1 2-2-2003, página 9004;
– de 12-12-2001, do Pleno, proferido no recurso n.º 26025A, publicado em *Apêndice ao Diário da República* de 16-4-03, página 1217;
– de 27-3-2003, proferido no recurso n.º 29726-A.

É, aliás, essa a solução que deriva linearmente do n.º Z do art. 298.º do Código Civil, que estabelece que *«quando, por força da lei ou por vontade das partes, um direito deva ser exercido dentro de certo prazo, são aplicáveis as regras da caducidade, a menos que a lei se refira expressamente à prescrição»*. No caso em apreço, não sendo qualificado expressamente como sendo de prescrição o prazo previsto na alínea *b*) do n.º 2 do art. 96.º da L.P.T.A., ele será qualificável como sendo de caducidade.

De harmonia com o transcrito n.º 2 daquele art. 332.º, referindo-se a caducidade ao direito de instaurar uma acção judicial, se ela tiver sido tempestivamente proposta, é aplicável o disposto no n.º 3 do artigo 327.º; isto é, se, por motivo processual não imputável ao titular do direito, o réu for absolvido da instância ou ficar sem efeito o compromisso arbitral, e o prazo da prescrição tiver entretanto terminado ou terminar nos dois meses imediatos ao trânsito em julgado da decisão ou da verificação do facto que torna ineficaz o compromisso, não se considera completada a prescrição antes de findarem estes dois meses.

No caso em apreço, não se está perante qualquer situação deste tipo, pois, como resulta da matéria de facto fixada e das próprias alegações da Recorrente, um dos recursos contenciosos obteve provimento [alínea *f*) da matéria de facto] e o outro ainda se encontrava pendente no momento em que a Recorrente apresentou as alegações do presente recurso jurisdicional, como ela própria refere na conclusão 6.ª.

Assim, é de concluir pela falta de suporte legal da posição defendida pela Recorrente no presente recurso jurisdicional, pois não se verifica uma situação em que seja aplicável o art. 332.º do Código Civil, em que assenta a sua pretensão de aplicação do art. 327.º.

Por outro lado, a remissão que se faz naquele art. 332.º é apenas para o n.º 3 do art. 327.º e não também para o n.º 1, em que se prevê que o prazo não corre durante a pendência de um processo se foi um acto de citação, notificação ou equiparado ou compromisso arbitral que gerou a interrupção.

Como o prazo de caducidade só se interrompe e suspende nos casos em que a lei o determine (art. 328.º do Código Civil), na falta de remissão para aquele n.º 1 do art. 327.º e de qualquer norma que preveja suspensão ou interrupção de prazo de caducidade derivada da pendência em juízo de um processo, tem de concluir-se que a interposição dos recursos contenciosos que a Recorrente refere não provocou interrupção nem suspensão do prazo de caducidade do direito de requerer a execução do acórdão exequendo.

Por outro lado, como bem se refere no acórdão recorrido, a prática de actos administrativos relacionados com a execução do julgado não é obstáculo a que esta seja requerida, pois este meio processual é idóneo a apreciar a legalidade e eliminar os efeitos jurídicos de actos administrativos que sejam incompatíveis com a execução, como se conclui do n.º 2 do art. 9.º do Decreto-Lei n.º 256-A/77. Por isso, não se está perante uma situação em que se possa aventar, com fundamento no art. 329.º do Código Civil, que a contagem do prazo de caducidade do direito de requerer a execução do julgado não se iniciou no momento indicado na alínea *b*) do n.º 2 do art. 96.º da L.P.T.A..

Por isso, é de concluir, como no acórdão recorrido, que o pedido de execução de julgado foi apresentado para além do prazo legal, o que justifica a sua rejeição, por ter caducado o direito de a requerer.

Termos em que acordam neste Pleno da Secção do Contencioso Administrativo em negar provimento ao recurso jurisdicional e em confirmar a decisão recorrida.

Custas pela Recorrente, com taxa de justiça de 150 euros e procuradoria de 50%.

Lisboa, 16 de Fevereiro de 2005.

Jorge de Sousa (Relator)
António Samagaio
Azevedo Moreira
Santos Botelho
Rosendo José
Angelina Domingues
J. Simões de Oliveira
Costa Reis
Adérito Santos

Recurso n.º 30690/92-A

PROCEDIMENTO ADMINISTRATIVO. INSTRUÇÃO. PRINCÍPIO DO INQUISITÓRIO. PROVA POR DOCUMENTOS. PODERES DO ÓRGÃO INSTRUTOR. LIMITAÇÃO DA DISCRICIONARIEDADE. ODONTOLOGISTA.

(Acórdão de 25 de Janeiro de 2005)

SUMÁRIO:

I – A aprovação pelo Conselho Ético e Profissional de Odontologia, de uma grelha de documentos para prova do requisito de os requerentes de acreditação terem exercido odontologia (numa prática tolerada mas não titulada) durante mais de dezoito anos, constitui uma autolimitação antecipada e exterior ao poder de apreciar o valor das provas constantes dos processos dos candidatos, mas que se reflecte negativamente no modo como este é exercido.

II – O artigo 87.º n.º 1 do CPA. vincula em primeira linha a Administração a averiguar a verdade material dos factos pertinentes a cada decisão que lhe incumbe tomar, ficando o poder de apreciar a prova de modo livre condicionado por aquele corolário do princípio geral de justiça bem como por um outro atinente à adequação ou equilíbrio (proporcionalidade) entre as exigências de segurança no exercício do poder e a garantia de não defraudar a confiança do particular na faculdade de usar dos meios habituais de prova quanto àqueles factos para os quais a lei em sentido formal não a restringe expressamente.

III – A liberdade de apreciação da prova respeita ao valor probatório substancial, sua ponderação e síntese, mas é uma realidade jurídica que não deve confundir-se com a disposição prévia sobre os meios de prova admissíveis ou admitidos para determinada matéria, porque um tal poder dispositivo não existe para quem dirige o procedimento administrativo, e as limitações à liberdade e amplitude de uso dos meios de prova encontram-se vinculadas às regras do inquisitório, – artigo 65.º; da verdade material – artigo 87.º n.º 1 e da admissão e valoração de todas as provas úteis para o esclarecimento dos factos pertinentes – art. 88.º n.º 2.

IV – No preenchimento concreto destas vinculações existe um razoável campo de indeterminação, como decorre do enunciado dos parâmetros vinculativos.
Esta indeterminação não pode ser eliminada por decisão genérica (norma) criada para os diversos procedimentos dos vários interessados na matéria, através da aprovação da referida grelha, de acordo com a qual o órgão decisor passava a verificar apenas se os documentos apresentados estavam ou não incluídos na grelha, porque ultrapassa por um lado os aspectos estritamente vinculados e assim fere a lei e, por outro lado, tal redução drástica da margem de apreciação que incumbe fazer sobre cada caso individual retira a possibilidade de se atingirem os fins para os quais é precisamente concedida a margem de apreciação/subsunção, e consiste em erro no entendimento e mau uso da vertente de indeterminação a preencher em cada caso individual pela Administração, pelo que constitui em parte violação directa da lei e noutra parte, erro no modo de lidar (aplicar) com o preenchimento de conceitos indeterminados, que se reconduz a um segundo vício de violação de lei.

ACORDAM EM CONFERÊNCIA NO PLENO DA SECÇÃO DE CONTENCIOSO ADMINISTRATIVO DO STA:

I – RELATÓRIO.

O SECRETÁRIO DE ESTADO ADJUNTO DO MINISTRO DA SAÚDE, entidade recorrida nos autos de recurso contencioso em que era recorrente ANGELA MARIA MOREIRA DE LIMA VIANA.

Inconformado com o Acórdão da Subsecção de 01.04.2004 que concedendo provimento ao recurso anulou o acto recorrido, recorre agora para este Pleno da Secção do Contencioso Administrativo.

Apresenta alegações e formula nelas as conclusões seguintes:

– O art. 87.º do CPA, em conjugação com os artigos 56.º; 57.º 88.º n.º 2 e 89.º permite à Administração recusar tudo o que for impertinente em matéria de prova, o que significa a liberdade de determinar os meios de prova para chegar ao conhecimento dos factos para a justa e rápida decisão do procedimento, designadamente antecipando a definição dos meios admissíveis para a prova de determinado facto em concreto.

– A regra de liberdade de apreciação da prova também significa a admissão de um juízo suficientemente elástico do órgão instrutor de modo a compreender em si o poder de recusar o que é inútil e impertinente e definir um critério sobre quais são as provas úteis e por isso admissíveis.

– A eleição dos meios de prova definidos nas Actas do CEPO procurou valorizar a verdade dos factos que interessam à composição da causa.

– O recurso contencioso aprecia a legalidade em concreto da actuação não efectua uma fiscalização abstracta da legalidade da actuação da Administração e a escolha da prova procurou adequar-se ao facto a provar e à transparência e objectividade da decisão sobre essa prova.

– A restrição probatória operada pelo CEPO não ofende qualquer norma jurídica nem restringe ou altera o direito concedido por lei aos requerentes da acreditação ou reconhecimento como odontologistas, pelo que será um regulamento *praeter legem* justificando-se a restrição por evidentes e muito fortes razões de defesa da saúde pública.

O ora recorrido contra alegou sustentando o Acórdão da Subsecção.

O EMMP emitiu douto parecer em que opina pela manutenção do Acórdão recorrido.

II – MATÉRIA DE FACTO.

Remete-se para a matéria de facto constante do Acórdão recorrido (a fls. 121-122) sobre a qual não existe controvérsia, nos termos do art. 713.º n.º 6 do CPC.

III – APRECIAÇÃO. O DIREITO.

Das diversas questões que eram suscitadas no recurso contencioso está agora exclusivamente em causa saber se a limitação dos meios de prova que a recorrente jurisdicional reconhece ter sido efectuada é ou não permitida por lei.

O Acórdão recorrido entendeu que no caso concreto a exigência de apresentação dos documentos constantes da grelha como restrições probatórias do pressuposto de facto que não resultam da lei que regulou a inscrição dos odontologistas nem é permitida pelas regras sobre prova do CPA, pelo que não tendo base legal não seriam admissíveis.

A apreciação efectuada neste STA tem sido praticamente uniforme no sentido do Acórdão recorrido.

Também acolhemos a fundamentação do Acórdão recorrido.

E acrescentamos que em diversos outros processos idênticos, como p.e. o Acórdão de 20.04.2004, P. 191-03, se efectuou uma apreciação que seguiu a linha que em parte se passa a reproduzir e em parte a desenvolver.

Como refere Antunes Varela (in *"Manual de Processo Civil"*, 2ª ed., p. 468):

"O problema da apreciação (do valor) dos meios probatórios constitui, sem dúvida, um tema distinto da selecção ou admissibilidade dos meios de prova. Uma coisa é saber que elementos admite a lei possam ser utilizados como instrumentos de persuasão do juiz acerca da existência de um facto e outra coisa é apurar o valor que revestem, para a formação da convicção do julgador, os meios probatórios admitidos".

O apuramento do valor da prova, síntese do esforço probatório, está sujeito ao princípio geral e constitucional de justiça do art. 266.º n.º 2 Const., na vertente da prevalência de critérios de verdade material. Este corolário ou subprincípio do princípio da justiça está inscrito no artigo 87.º n.º 1 do CPA que não interpretamos como exigindo sempre e indiscriminadamente a admissão de todos os meios de prova, mas como vinculando a Administração a realizar as diligências tendentes a alcançar o apuramento da realidade e da verdade dos factos admitindo e valorando as provas com as quais os interessados podiam razoavelmente confiar como provas atendíveis, para em seguida decidir sobre essa base.

Mas, a liberdade de avaliação da prova e a possibilidade de autovinculação deste poder é questão diferente da predeterminação dos instrumentos ou meios de prova admitidos àquela avaliação. Neste estádio que precede a aludida avaliação, a predeterminação dos meios de prova não é livre, pelo que não é um poder nem se insere na discricionariedade. Efectivamente, o uso de qualquer meio de prova é princípio geral – decorrente dos artigos 87.º n.º 1 última parte e 88.º n.º 2 – e os condicionamentos de a Administração ou os particulares lançarem mão de algum deles encontram-se limitados por critérios de razoabilidade e justiça resultantes de princípios gerais de direito, mas também estão especificamente sujeitos às normas dos artigos 56.º e 87.º n.º 1 que impõem a recolha oficiosa dos factos tendente a apreender a verdade e a correspondente proibição de desconsiderar qualquer tipo de prova, salvo por inutilidade ou por não ser pertinente para a decisão, conforme o artigo 88.º n.º 2.

A autovinculação restritiva das provas susceptíveis de serem produzidas num procedimento que não observe as regras específicas acabadas de apontar viola as vinculações legais, como sucede no caso em análise, porque o afastamento apriorístico de todos os meios de prova não incluídos na grelha antes mesmo de conhecer a prova que os interessados apresentaram, sem a respectiva análise casuística, não é racional e não permite à Administração saber se está a excluir prova útil, nem pode saber se está a excluir prova respeitante à matéria a provar ou prova impertinente.

Daí que este STA tenha afirmado em alguns casos idênticos que a actividade valorativa e o poder de avaliação concreta da prova oferecida (fora da constante da grelha) foram reduzidos a zero pela aprovação da dita grelha.

Mas, a lei proíbe a quem dirige a instrução do procedimento o uso de critérios, limitações, grelhas ou outros meios que afastem de modo apriorístico certos tipos de prova, não apenas pelas dúvidas que esta limitação suscitaria quanto à viabilidade de se atingir a apreensão recolha e utilização da verdade material como base factual das decisões administrativas, mas também porque a lei densificou o princípio do uso de todas as provas e também os critérios limitativos das restrições a este princípio.

Trata-se é certo de critérios ou fronteiras cuja definição se efectua por conceitos à partida indeterminados que servem de ferramenta de trabalho perante o caso concreto, mas requerem que saber utilizar estes instrumentos e depois utilizá-los bem, dois momentos distintos da mesma actividade.

O vício que se detecta desde logo na actividade da Administração ao criar a grelha é de não saber utilizar o referido instrumento os conceitos indeterminados que definem a fronteira das limitações ao uso de todas as provas, tendo transformado em critério genérico o que a lei apenas lhe permitia avaliar casuisticamente, de modo que nem chegou verdadeiramente a efectuar a utilização dos meios que a lei lhe impunha que usasse.

A Administração, procedeu a uma predeterminação dos critérios de preenchimento de conceitos indeterminados relativos aos limites da recolha de prova, definindo, com antecipação o tipo de prova que reputava adequada à descoberta da verdade material e dentro do tipo um número restrito de documentos, assim condicionando a actividade instrutória que, em consonância, passou a impor-se a todos e cada um dos candidatos à acreditação.

Estamos, portanto, centrados na problemática da prévia auto-limitação da actividade administrativa, fortemente vinculada, mas com espaços difíceis a preencher em concreto, porque é papel da Administração usar e preencher os conceitos indeterminados de adequação da prova, sem refutar nenhuma, salvo se inútil ou impertinente.

Este papel da Administração não se confunde com o exercício de poder discricionário porque a situação é mais próxima da vinculação do que da liberdade de escolha. Mas o facto de existir no preenchimento de conceitos indeterminados uma remissão do administrador da coisa pública para a casuística e o concreto de cada situação tem como efeito criar-se a ilusão de existir uma margem de livre escolha deste. Mas não é assim. Acontece que a apreciação a efectuar por conceitos indeterminados é vinculada, mas como se situa no extremo dos juízos apreensivos e valorativos de uma realidade exterior singular, o respectivo controle só é possível quando ultrapassa as fronteiras do que é objectivável por critérios, portanto por termos muito distanciados do real individualizado. Esta décalage, este espaço incontrolável tem algumas semelhanças com o exercício de poderes discricionários de modo que se lhe aplicam idênticos raciocínios quanto à legalidade de uma predeterminação ou prévio auto-condicionamento pela entidade administrativa encarregada de instruir um procedimento e preparar a respectiva decisão.

Na situação concreta a entidade administrativa proferiu uma decisão quadro, ainda no domínio da generalidade, mas que limita, condiciona e imprime uma direcção às decisões individuais que mais tarde vão ser proferidas no desenvolvimento da actividade administrativa sobre a matéria, quadro e direcção esses dos quais a Administração não pode afastar-se por ficar vinculada desde logo à definição que ela própria efectuou.

Esta forma de autovinculação resulta da criação de enunciados de tipo normativo dada a sua abrangência plural ilimitada, prospectividade e vinculatividade, normas que serão regulamentares se tiverem carácter geral e serão intra-procedimentais se tiverem validade num procedimento ou para um grupo predeterminado de procedimentos.

A predeterminação que a Administração usou, se por um lado "encontra bases de legitimação no ordenamento jurídico – administrativo" (David Duarte, in *CJA*, n.º 6, p. 9) por ganhos de transparência, objectividade e redução do arbítrio, assegurando o conhecimento prévio dos critérios da Administração e o tratamento igual de situações essencialmente idênticas, por outro lado, sob pena de comprometer a norma legal que atribui a discricionariedade, para ser exercida ao serviço do interesse público face às especificidades de cada situação concreta e, assim, colocar em causa a justiça individual da decisão, não pode ser em grau que conduza ao "esgotamento de apreciação e de ponderação das circunstâncias de cada caso concreto" (cf. Paulo Otero, in *"Legalidade e Administração Pública – O Sentido da Vinculação Administrativa à Juridicidade"*, pp. 850/853).

Ou, como decidiu o Pleno, no acórdão de 1997.01.15 – Proc.º n.º 32 758, "a auto-vinculação não é ilegal desde que a Administração não prescinda da apreciação casuística ou da ponderação específica das situações, assim continuando a gozar da faculdade de deferir ou indeferir total ou parcialmente os pedidos face às circunstâncias concretas de cada caso."

Estes parâmetros de validade da auto-vinculação, podem ser aplicados ao caso concreto que nos ocupa, mas repetindo o que se apontou antes, para maior precisão e rigor. É que não existe o poder da Administração de partir da sua liberdade de apreciação da valia substancial das provas para a restrição antecipada dos meios de prova, isto é, antes de admitir, valorar e ponderar as provas que os interessados pretendam oferecer, a Administração não pode sem ofensa da legalidade, restringir o modo de efectuar uma determinada prova a um "numerus clausus" de documentos considerados "a priori" como os únicos capazes de fazerem a prova de um facto.

A limitação dos meios de prova só pode fazer-se em concreto e com fundamento em inutilidade ou impertinência de certa prova – artigos 56.º; 71.º n.º 1 e 82.º n.º 2 do CPA.

Mas, os conceitos usados nestes artigos deixam uma sensível margem de apreciação no seu preenchimento pelo aplicador.

A prévia (genérica e em certo sentido mesmo abstracta) autovinculação do modo de exercer a actividade de avaliação concreta no preenchimento dos conceitos amplos, (mas com fronteiras inultrapassáveis) está sujeita a condicionalismos idênticos aos que ocorrem na autolimitação de poderes discricionários e daí a aproximação na parte respeitante à prévia redução das formas de actuar em matéria de prova que se efectuou antes.

Mas no caso não estamos de modo nenhum perante poderes discricionários na pré-selecção dos meios de prova mesmo que por reporte a um determinado tipo de facto a provar. Estamos sim e apenas perante uma parte estritamente vinculada da actividade administrativa e uma parte vinculada por conceitos com certo grau de indeterminação, ainda que, no caso, bastante restrita.

Foi considerado no Acórdão recorrido, enquanto matéria de facto agora insindicável e, por outro lado, bem enquanto qualificação jurídica, que o texto da grelha e a sua aplicação revelam com suficiente clareza ter sido a apresentação dos documentos nela constantes um comando vinculativo, que foi como tal aplicado, ou seja, tido como condição *"sine qua non"* do êxito da pretensão e modo exclusivo ou único de fazer a prova, e portanto também com exclusão da produção, de outras provas, sendo que a aplicação da predeterminação, implica que, na falta de um qualquer daqueles documentos, em alternativa, o pedido de acreditação tenha de ser indeferido, à margem da apreciação e avaliação de toda a demais prova, mesmo que oferecida e admitida no procedimento.

Isto é, com este sentido, a formulação da regra autovinculativa, embora não seja impedimento de o administrado lançar mão de qualquer outro dos meio de prova **impede** ao decisor do caso individual e concreto a possibilidade de lhe atribuir **relevância probatória positiva** na fixação do pressuposto de facto, ainda que, porventura, tal se justificasse pela respectiva valia intrínseca.

A formulação de um modelo, ou grelha de documentos para provar o exercício da actividade de odontologia durante dezoito anos, que a Administração arvora em parâmetro autolimitativo sem esclarecer a que critérios obedeceu e que não inclui documentos oferecidos pelos interessados na perspectiva de que seriam suficientes para provar aquele facto, afasta-se claramente da vinculação jurídica que impõe ao instrutor a procura e fixação da matéria de facto correspondente à verdade de cada situação concreta, que assinalámos impender sobre a actividade administrativa sujeita ao aludido princípio de verdade que está contido no artigo 87.º n.º 1 do CPA e também não respeita as regras limitativas da actuação em concreto dos conceitos indeterminados que estabelecem as fronteiras do uso e da exclusão dos meios de prova no procedimento administrativo.

Estes vícios da decisão intra-procedimental, uma vez que esta integrou o processo decisório do caso concreto, reflecte-se como vício do acto final que pode ser apreciado como vício do acto final individual em recurso do acto administrativo, como bem se compreende do anteriormente exposto, sendo certo que a própria lei salvaguarda expressamente nos estas duas possibilidades nos artigo 25.º n.º 2 e 68.º da LPTA. E nem se argumente com o facto de o n.º 2 do art. 25.º se referir a actos administrativos contidos em diplomas legislativos ou regulamentares, porque a solução que para estes é consagrada, de ficar sempre aberta a via de impugnação do acto concreto de aplicação, por maioria de razão se aplica aos actos normativos, ou actos de decisão-quadro, sejam regulamentares ou intra-procedimentais.

Da posição acolhida proveniente do Acórdão recorrido e do que se expôs antes pode efectuar-se a síntese seguinte:

– A aprovação pelo Conselho Ético e Profissional de Odontologia, de uma grelha de documentos para prova do requisito de os requerentes de acreditação terem exercido odontologia (numa prática tolerada mas não titulada) durante mais de dezoito anos, constitui uma autolimitação antecipada e exterior ao poder de apreciar o valor das provas constantes dos processos dos candidatos, mas que se reflecte negativamente no modo como este é exercido.

– O artigo 87.º n.º 1 do CPA. vincula em primeira linha a Administração a averiguar a verdade material dos factos pertinentes a cada decisão que lhe incumbe tomar, ficando o poder de apreciar a prova de modo livre condicionado por aquele corolário do princípio geral de justiça bem como por um outro atinente à adequação ou equilíbrio (proporcionalidade) entre as exigências de segurança no exercício do poder e a garantia de não defraudar a confiança do particular na faculdade de usar dos meios habituais de prova quanto àqueles factos para os quais a lei em sentido formal não a restringe expressamente.

– A liberdade de apreciação da prova respeita ao valor probatório substancial, sua ponderação e síntese, mas é uma realidade jurídica que não deve confundir-se com a disposição prévia sobre os meios de prova admissíveis ou admitidos para determinada matéria, porque um tal poder dispositivo não existe para quem dirige o procedimento administrativo, e as limitações à liberdade e amplitude de uso dos meios de prova encontram-se vinculadas às regras do inquisitório, – artigo 65.º; da verdade material – artigo 87.º n.º 1 e da admissão e valoração de todas as provas úteis para o esclarecimento dos factos pertinentes – art. 88.º n.º 2.

No preenchimento concreto destas vinculações existe um razoável campo de indeterminação, como decorre do enunciado dos parâmetros vinculativos.

Esta indeterminação não pode ser eliminada por decisão genérica (norma) criada para os diversos procedimentos dos vários interessados na matéria, através da aprovação da referida grelha, de acordo com a qual o órgão decisor passava a verificar apenas se os documentos apresentados eram ou não os mencionados na grelha, porque ultrapassa por um lado os aspectos estritamente vinculados e assim fere a lei e, por outro lado, tal redução drástica da margem de apreciação que incumbe fazer sobre cada caso individual retira a possibilidade de se atingirem os fins para os quais é precisamente concedida a margem de apreciação/subsunção, e consiste em erro no entendimento e mau uso da vertente de indeterminação a preencher em cada caso individual pela Administração, pelo que constitui em parte violação directa da lei e noutra parte, erro no modo de lidar (aplicar) com o preenchimento de conceitos indeterminados, que se reconduz a um segundo vício de violação de lei.

Pelo que, quer com os fundamentos do Acórdão recorrido, quer com os que acabam de expor-se, é de manter a decisão recorrida.

IV – DECISÃO.

Em conformidade com o exposto acordam em negar provimento ao recurso.

Sem custas atenta a isenção da recorrente.

Lisboa, 25 de Janeiro de 2005.

Rosendo José (Relator)
Angelina Domingues
Pais Borges
Adérito Santos
António Samagaio
Azevedo Moreira
Santos Botelho
Políbio Henriques
António Madureira

Recurso n.º 175-03-20

RECURSO CONTENCIOSO. ALEGAÇÕES. § ÚNICO DO ART. 67.º DO R.S.T.A. CONSTITUCIONALIDADE.

(Acórdão de 16 de Fevereiro de 2005)

SUMÁRIO:

I – A norma do § único do art. 67.º do RSTA que comina a deserção para a falta de alegações do recorrente nos processos de recurso contencioso tramitados de acordo com a legislação para que remete a alínea *b*) do art. 24.º da LPTA não sofre de inconstitucionalidade material por violação do disposto nos artigos 13.º e 268.º, n.º 4, da CRP.

II – O princípio da plenitude da garantia jurisdicional administrativa para tutela das posições subjectivas dos particulares não fica "de per si" afectada ou prejudicada pela mera consagração do ónus de alegar.

III – É que, o direito à tutela jurisdicional efectiva não é um direito absoluto susceptível de ser exercido em qualquer caso e à margem do processo legalmente estabelecido.

IV – No fundo poder-se-a dizer que apenas serão inconstitucionais aqueles pressupostos ou ónus processuais que se traduzam em denegação da justiça, mediante a criação de obstáculos de tal monta que redundem, na prática, na supressão, exclusão ou restrição do aludido direito.

ACORDAM, EM CONFERÊNCIA, NO PLENO DA 1ª SECÇÃO DO SUPREMO TRIBUNAL ADMINISTRATIVO:

1 – RELATÓRIO

1.1 O Grupo Desportivo de Águas Boas, com sede em Oiã, Oliveira do Bairro, recorre do Acórdão da Secção, de 10-3-04, que, indeferindo a reclamação por si deduzida, confirmou o despacho da Relatora, de 19-12-03, que julgou deserto o recurso contencioso, por os alegações terem sido apresentadas fora do prazo legal.

Nas suas alegações formula as seguintes conclusões:

"1) A decisão recorrida aplica legislação manifestamente inconstitucional, por desconformidade com os arts. 13.º e 268.º, n.º 4 da C.R.P., sendo manifesta tal inconstitucionalidade no caso do Parágrafo Único do art. 67.º do R.S.T.A., que se invoca para os devidos e legais efeitos;

2) O processo deve assegurar o princípio da igualdade de tratamento das partes, o que manifestamente não foi o ocaso, pelo que a decisão recorrida violou o art. 13.º do CRP;

3) A notificação para alegações é manifestamente insuficiente, devendo por isso ser considerada nula ou, no mínimo, ineficaz.

4) Na argumentação do recorrente não existe qualquer indício de má-fé, tendo-se limitado a defender os seus direitos e interesses legalmente protegidos.

Termos em que, deverá ser dado provimento ao presente recurso (...)"– cfr. fls. 160-161.

1.3 Nas suas contra-alegações a Entidade Recorrida pronuncia-se pelo não provimento do recurso, aderindo, no essencial, à argumentação aduzida no Acórdão da Secção.

1.4 No seu Parecer de fls. 168, o Magistrado do M. Público considera ser de negar provimento ao recurso jurisdicional.

1.5 Colhidos os vistos cumpre decidir.

FUNDAMENTAÇÃO

2 – A MATÉRIA DE FACTO

A matéria de facto pertinente é a dada como provada no Acórdão recorrido, que aqui consideramos reproduzida, como estabelece o n.º 6, do artigo 713.º do CPC.

3 – O DIREITO

3.1 Em causa está o Acórdão da Secção, de 10-3-04, que, indeferindo a reclamação apresentada pelo Recorrente, manteve o despacho da Relatora, de 19-12-03, que julgou deserto o recurso contencioso nos termos das disposições combinadas dos artigos 67.º § único do RSTA e 690.º, n.º 2, do CPC, por as respectivas alegações terem sido apresentadas fora de prazo.

3.2 Pretende, agora, o Recorrente obter a revogação de tal aresto, com os fundamentos que constam da sua alegação de fls. 156-161.

Vejamos se lhe assiste razão.

3.2.1 Em primeiro lugar importa salientar que, não tendo o Recorrente sido condenado como litigante da má fé, irrelevam, no âmbito do presente recurso jurisdicional, as considerações por si produzidas nos artigos 16.º a 18.º da sua alegação e a que se reporta, também, a 4) conclusão da mesma peça processual, onde se sustenta a inexistência de má fé.

Com efeito, o recurso jurisdicional não tem por objectivo infirmar as considerações eventualmente produzidas numa determinada decisão judicial mas não ligadas a uma pronúncia que se possa assumir como desfavorável, ou seja, em face da qual o Recorrente se apresente como tendo ficado vencido.

E, isto, sendo que a palavra vencido equivale a prejudicado, reportando-se àquele a quem a decisão tenha sido desfavorável.

Ver, nesta linha, entre outros, o Ac. do STJ, de 24-10-67 – BMJ 1700, 240 e de 10-2-89 – BMJ 384º-559, bem como A. dos Reis, in CPC Anotado, Vol. 5º, a págs. 265.

Ora, como já atrás se assinalou, o Acórdão da Secção não condenou o Recorrente como litigante da má fé, desnecessário se tornando, por isso, indagar neste recurso sobre se se verificam ou não os pressupostos que poderiam, hipoteticamente, legitimar uma condenação como litigante de má fé.

3.2.2 Na óptica do Recorrente a norma em que se baseou o Acórdão da Secção para julgar deserto o recurso contencioso, a saber: o § único do artigo 67.º do RSTA é inconstitucional, atenta a sua desconformidade com os artigos 13.º e 268.º, n.º 4 da CRP.

Não lhe assiste razão.

Desde logo, não releva a invocação que é feita do artigo 130.º da CRP e do princípio da igualdade de tratamento das partes (igualdade de armas), princípio esse, que se tem de assumir claramente como estruturante de qualquer legislação processual.

Só que, contra o que defende o Recorrente, o aludido § único, do artigo 67.º não consagra qualquer discriminação em sede da consequência decorrente da não apresentação de alegações, ou da sua apresentação intempestiva, não estabelecendo um regime diferenciado consoante o Recorrente seja um Particular ou um Ente Público.

Na verdade, uma vez sujeito o processo à regra vertida no artigo 67.º do RSTA, o que, no caso dos autos, se verifica, atendendo, designadamente, ao disposto na alínea *b*), do artigo 24.º da LPTA e no n.º 1, do artigo 5.º da Lei 15/02, de 22-2, temos que é obrigatória a apresentação de alegações, independentemente da natureza do Recorrente.

Em suma, não se pode chamar aqui à colação o princípio da igualdade, na vertente da igualdade de armas, na medida em que, como já se viu, o legislador não consagrou um regime diferenciado, não violando o aludido § único o artigo 13.º da CRP.

Questão diversa é a que se prende com eventual não apresentação de alegações no recurso contencioso por parte do demandado, essa sim, obviamente, não geradora de deserção, urna vez que, a este nível, deparamos com uma desigualdade assente na diferente posição processual que as partes, Recorrente e Recorrido, assumem no recurso "nenhum sentido faria dar o recurso por findo se o recorrido não produzisse alegações" – apud o Ac. do TC n.º 741/98, de 16-12-98.

Por outro lado, também é insubsistente o apelo que é feito ao n.º 4, do artigo 268.º da CRP, preceito igualmente não contrariado pelo dito parágrafo único.

Com efeito, o princípio da tutela jurisdicional efectiva das posições subjectivas dos Particulares, em especial, mediante a via do recurso contencioso, tal como acolhida no referido n.º 4, do artigo 268.º, não significa que o mesmo não possa ser submetido a determinadas regras processuais, concretamente, ao nível da sua tramitação, não sendo, em abstracto, incompatível com o estabelecimento de ónus processuais, designadamente, o de alegar tempestivamente, gozando aqui o legislador ordinário de uma ampla margem de manobra, desde que, obviamente, não infrinja os princípios constitucionalmente consagrados.

Temos, assim, que a existência de pressupostos processuais ou a fixação de uma determinada tramitação processual, com a consagração de um ónus de alegar, sob pena de deserção do recurso, não contende "de per si" com as garantias constitucionalmente acolhidas no n.º 4, do artigo 268.º da CRP.

De facto, o princípio da plenitude da garantia jurisdicional para tutela efectiva das posições subjectivas dos Particulares só ficará afectado se, por exemplo, as normas criadas pelo legislador ordinário uma vez de um meio idóneo para o acesso à via contenciosa se convertessem em obstáculos desproporcionados ao dito acesso, não correspondendo a finalidades constitucionalmente legítimas, por desrazoáveis ou desproporcionadas em relação ao objectivo pretendido.

Ora, como decorre do já exposto, o direito à tutela jurisdicional efectiva não é um direito absoluto susceptível de ser exercido em qualquer caso e à margem do processo legalmente estabelecido.

Sucede que não se vê em que medida é que a consagração do ónus processual de alegar, acolhido no artigo 67.º do RSTA bem como a consequência resultante da não alegação, estabelecida no seu parágrafo único, seja passível de pôr em Fisco os valores constitucionalmente consagrados no n.º 4, do artigo 268.º da CRP.

Esta tem sido, não só a jurisprudência constante deste STA como também do próprio Tribunal Constitucional.

Confrontar, entre outros, os Acs. deste STA, de 14-11-89 – Rec. 27219, de 19-2-97 – Rec. 26055, de 31-10-00 – Rec. 45535, de 24-11-00 – Rec. 44139, de 5-6-01 – Rec. 47482 e de 28-1-04 (Pleno) – Rec. 1187/03, assim como o Ac. do TC n.º 74 1/98, de 16-12-98, in DR. II Série, de 9-3-99.

Improcedem, assim, as conclusões 1) e 2) da alegação do Recorrente.

3.2.3 Por último, improcede, também, a conclusão 3) da alegação do Recorrente, onde se visa questionar a notificação que lhe foi feita para alegar em sede do recurso contencioso.

Na verdade, mesmo que, hipoteticamente, não fosse de equacionar a questão da tempestividade na arguição da alegada nulidade processual, atendendo ao regime decorrente dos artigos 201.º, n.º 1 e 205.º, n.º 1, todos do CPC, considerando a data em que foi expedido o ofício de notificação (24-9-03 – cfr. o doc. de fls. 91) e aquela em que, pela primeira vez, o Recorrente suscitou tal nulidade (na reclamação para a conferência apresentada em 22-1-04 – cfr. fls. 110) e fosse de admitir, o que aqui se encara como mera hipótese discursiva, um cenário em que tal nulidade, a existir, fosse de considerar como coberta, posteriormente, pela decisão judicial que julgou deserto o recurso, possibilidade a que aludem, designadamente, M. Andrade, in "Noções Elementares de Processo Civil", a págs. 183, A. Reis, in.CPC Anotado, Vol. 5.º, a págs. 424 e a RLJ, n.º 87 – 24, caso em que, neste hipotético enquadramento, se poderia ter tal arguição por tempestiva, sob a via da reclamação para a conferência, ainda assim, a mesma não procederia.

Com efeito, a notificação efectuada ao Recorrente, veiculada através do ofício documentado a fls. 91 não enferma da qualquer irregularidade susceptível de conduzir à sua nulidade ou ineficácia, antes explicitando o teor do despacho que ordenou a notificação para alegações, sendo que, no dito ofício se remete, expressamente, para o já aludido artigo 67.º.

O que sucedeu foi que o Recorrente acabou por apresentar as suas alegações fora do prazo legal, sendo que o mesmo era de 30 dias e não de 40 dias, por força da entrada em vigor da alínea *e*), do n.º 1 do artigo 6.º do DL 329-A/95, de 12-11, – ver, neste sentido, entre outros, o Ac. deste STA, de 20-4-99 – Rec. 43970 –, daí que a decisão da Relatora ao julgar deserto o recurso contencioso esteja em conformidade com o quadro legal aplicável, o que, de resto, como já se sabe, veio a ser reconhecido no Acórdão agora objecto de recurso.

4 – DECISÃO

Nestes termos, acordam em negar provimento ao recurso jurisdicional, mantendo o Acórdão recorrido.

Custas pelo Recorrente, fixando-se a taxa de justiça em 400 Euros e a procuradoria em 200 Euros.

Lisboa, 16 de Fevereiro de 2005.

Santos Botelho (Relator)
António Samagaio
Azevedo Moreira
Rosendo José
Angelina Domingues
Pais Borges
Costa Reis
J. Simões de Oliveira
Adérito dos Santos

Recurso n.º 617/03-20

REFORMA AGRÁRIA. NACIONALIZAÇÃO. INDEMNIZAÇÃO. DESANEXAÇÃO. UTILIDADE PÚBLICA.

(Acórdão de 16 de Fevereiro de 2005)

SUMÁRIO:

O cálculo da indemnização, no que diz respeito a parcela de terreno desanexada de prédio rústico nacionalizado no âmbito da Reforma Agrária e depois transmitida a certa Câmara Municipal para fins de utilidade pública, ao abrigo do art. 40.º da Lei n.º 77/77, de 29/9, deve ser realizado nos termos previstos na legislação da mesma Reforma Agrária.

ACORDAM NO PLENO DA 1ª SECÇÃO DO SUPREMO TRIBUNAL ADMINISTRATIVO:

A Companhia Agrícola da Barrosinha, SA, melhor identificada nos autos, vem recorrer para este Tribunal Pleno, na parte para si desfavorável, do acórdão da Secção, de 28/10/2003 (fls. 274 e segts. dos autos), que concedeu provimento ao recurso contencioso que a mesma havia interposto junto daquela tendo por objecto o despacho conjunto do *Ministro da Agricultura, do Desenvolvimento Rural e das Pescas*, e do *Secretário de Estado do Tesouro e das Finanças*, por aquele primeiro subscrito em 12/9/2001 e por este último em 27/9/2001, despacho por força do qual lhe fora atribuída uma indemnização de 334.368$00 no âmbito da aplicação das Leis da Reforma Agrária, e que resultou anulado por o mesmo aresto da Secção ter entendido que o cálculo daquela indemnização também tivera em conta uma compensação feita, sem base legal (considerou-se), com crédito do Estado sobre a recorrente contenciosa.

As questões que esta suscita nas alegações do seu presente recurso jurisdicional, podem, em síntese, resumir-se do seguinte modo:

1ª O acórdão ora recorrido, da Secção, padece de nulidade por omissão de pronúncia, uma vez que não apreciou, como devia, o problema – colocado, segundo defende, nas conclusões 23ª a 28ª das alegações do recurso contencioso que tinha apresentado perante a mesma Secção – de saber se a "cortiça extraída e arrecadada pelo Estado em 77, 79, 81 e 82 constituía ou não um fruto pendente e se seria ou não paga por valores de 94/95, nos termos da Portaria 197-A/95, de 17/03" [n.os 3 a 9 das alegações];

2ª O acórdão recorrido cometeu "um erro de interpretação e de avaliação de prova dos documentos referentes às existências de vinhas e aguardentes", uma vez deles resultar, alega-se, a existência, à data da nacionalização dos prédios rústicos, de 439.127 litros de vinhos e 25.316 de aguardente, que não foram considerados no cálculo da indemnização arbitrada pelo despacho contenciosamente impugnado, que padece de erro, contrariamente ao decidido no aresto agora em causa da Secção [conclusões 1ª a 8ª das alegações];

3ª Aresto que não se pronunciou sobre a qualificação da cortiça extraída em 77, 79, 81 e 82, como fruto pendente à data da nacionalização dos prédios, que faz parte do capital de exploração, sendo indemnizada por valores de 94/95 correspondente à totalidade da cortiça extraída em 77, 79, 81 e 82, uma vez que os prédios foram restituídos à recorrente; por outro lado, "o acréscimo aos valores da cortiça fixado pelas datas de extracção dos juros à taxa de 2,5 ao ano previstos nos arts. 19.º a 24.º da Lei n.º 80/77 desde 75 até ao pagamento conduziu no caso concreto à atribuição de uma indemnização desadequada e irrisória tendo em conta a desvalorização acentuada da moeda que se verificou desde 76 a 2003" [conclusões 9ª a 22ª das alegações];

4ª A área de 3,6 ha do prédio *Vale Matança*, transmitida para fins de utilidade pública para a Câmara Municipal de Alcácer do Sal, ao abrigo do art. 40.º da Lei n.º 77/77, de 29/9, foi objecto de indemnização nos termos do art. 1.º, n.º 1, al. *a*), da Portaria 197-A/95, de 17/03, quando o devia ser nos termos gerais, no caso ao abrigo do Cód. das Expropriações de 1976, e não como foi no âmbito da Reforma Agrária, sendo que o valor de cálculo adoptado – 5$64 o m² – é ridículo, irrisório e desproporcionado [conclusões 23ª a 34ª das alegações];

5ª O disposto no art. 1.º, n.º. 1, al. *a*), da Portaria 197-A/95, de 17/3, ao determinar o cálculo da indemnização dos prédios nacionalizados no âmbito da Reforma Agrária por valores de 75/76 é materialmente inconstitucional, por violar os arts. 62.º, n.º 2 e 94.º da CRP, conduzindo por outro lado a uma indemnização ridícula e irrisória, com violação dos mesmos preceitos [conclusões 35ª a 40ª da mesma peça processual].

Contra-alegou a autoridade recorrida na pessoa do Ministro da Agricultura, Desenvolvimento Rural e das Pescas, sustentando o improvimento do recurso jurisdicional.

Neste Tribunal Pleno, o Exm.º magistrado do Ministério Público, secundando o parecer que já emitira na Secção, é de opinião que o recurso não merece provimento, salvo no que diz respeito ao cálculo da indemnização em favor da Câmara Municipal de Alcácer do Sal, parte em que, em seu juízo, o recurso deverá proceder.

Colhidos os vistos legais, e redistribuído que foi o processo ao presente relator, cumpre decidir.

***

Do relato acabado de fazer resulta que a ora recorrente, Companhia Agrícola da Barrosinha, SA, impugnou contenciosamente perante a Secção o despacho ministerial conjunto, mais acima referido, que procedeu à fixação do valor da indemnização definitiva (art. 15.º, n.º 1, da lei n.º 80/77, de 26/10), devida pela nacionalização de vários prédios rústicos seus que haviam sido nacionalizados ao abrigo do art. 1.º do DL n.º 407-A/75, de 30/7 e que depois lhe foram restituídos na sequência da cessação da intervenção do Estado na gestão da ora recorrente determinada pela resolução do Conselho de Ministros n.º 263/79, de 31/7/79, publicada no DR I Série, n.º 198, de 28/8/79, como tudo resulta da matéria de facto fixada no acórdão ora recorrido.

E mais resulta ainda que semelhante aresto, concedendo provimento a tal recurso contencioso, anulou o despacho ministerial conjunto apenas com o fundamento de o mesmo ter procedido a uma compensação, que foi reputada como ilegal, de um crédito de que o Estado se arrogava titular e resultante de investimentos por si efectuados na ora recorrente no período em que havia chamado a si a respectiva gestão.

Ora semelhante decisão anulatória, circunscrita ao respectivo fundamento, acabado de referir, não vem agora discutida no presente recurso jurisdicional, nem aliás o poderia ser, por ter sido favorável à posição da recorrente contenciosa, ora recorrente jurisdicional.

Assim, o que ela impugna no respectivo recurso é apenas, do acórdão da Secção de fls. 274 e segts. dos autos, aquilo que na respectiva decisão lhe foi desfavorável, ou seja, o juízo nela formulado no que diz respeito à improcedência dos demais vícios que a mesma recorrente contenciosa imputava ao despacho conjunto que havia fixado a respectiva indemnização.

É que se ela obtiver, através do presente recurso jurisdicional, um alargamento, como pretende, do quadro dos vícios geradores da anulabilidade daquele despacho, em melhor posição ficará investida em sede de execução do juízo anulatório quando a Administração reconstruir a relação jurídica que a liga à ora recorrente mas isenta de todos aqueles vícios que estiverem ou podem ter estado na base do mesmo juízo anulatório, isto para além, como se disse, do já apurado de modo definitivo em matéria da (ilegal) compensação.

Apurada assim a manifesta legitimidade da ora recorrente no seu presente recurso jurisdicional, e delimitado o seu objecto e âmbito, há que passar à respectiva apreciação, começando, como se impõe, pela questão da imputada nulidade por omissão de pronúncia feita ao acórdão recorrido.

***

Desde já se adianta que semelhante nulidade se não verifica, como bem ajuizou o acórdão interlocutório da Secção de fls. 394 e segts., que dela conheceu, afastando-a.

Na verdade, o acórdão ora recorrido começou por fixar o quadro das questões que então importava apreciar tendo em atenção o alegado pela recorrente contenciosa e, dentro dessas questões, enunciou como relevante a de apurar se o modo de fixação de indemnização por certos produtos, como a cortiça, a resina e as pinhas, extraídas dos prédios nacionalizados à ora recorrente, constante do despacho conjunto impugnado, tinha sido correcto face ao regime legal aplicável.

Ora a questão então enunciada nas conclusões 23ª a 28ª das alegações do recurso contencioso, pela ora recorrente jurisdicional, dizendo respeito ao cálculo da indemnização no que diz respeito à cortiça extraída no período em que os prédios estavam nacionalizados, foi detidamente apreciada no acórdão recorrido (cfr. seus n.ºs 5 e 6).

E é tanto quanto basta para afastar que quanto a esse ponto se possa dizer que o acórdão da Secção padece de omissão de pronúncia geradora da respectiva nulidade.

Nada impede, pois, que avancemos para a apreciação da matéria de fundo do presente recurso jurisdicional.

***

E, nesse âmbito, vejamos se, como alega a ora recorrente, o acórdão recorrido cometeu "um erro de interpretação e de avaliação de prova dos documentos referentes às existências de vinhos e aguardentes", por, contrariamente ao que ajuizou o despacho contenciosamente impugnado, naquelas existências deveriam computar-se 439.127 litros de vinho e 25.316 de aguardente, com a consequente projecção no montante indemnizatório.

Ora, a este respeito entendeu o acórdão da Secção que os elementos probatórios com que a ora recorrente procurava sustentar aquela sua tese não eram "convincentes", nem estando "suficientemente demonstrados", pelo que se encontrava por provar o alegado erro que se imputava ao despacho conjunto ao não ter considerado as referidas existências de vinho e aguardente.

Considerou pois tal aresto não se mostrar provada a veracidade do conteúdo de semelhantes documentos, juízo esse de facto, o qual se impõe a este Tribunal Pleno como tribunal de revista que é.

Na verdade, a Secção, ao emitir aquele juízo, movimentou-se no espaço da livre apreciação da veracidade do conteúdo de tais documentos (particulares), sem apelo a qualquer elemento normativo, pelo que semelhante juízo não é sindicável por este Tribunal Pleno, como se disse já.

Improcede assim a 2ª questão posta pela ora recorrente.

***

O acórdão recorrido (cfr. seus n.os 5 e 6), como acima se disse, tratou do problema da indemnização no que diz respeito a certos produtos, no caso cortiça, pinhas e resina, tendo-as considerado para esse efeito como produtos florestais, pelo que tal indemnização, resultante da privação temporária dos correspondentes rendimentos florestais – equivale ao rendimento florestal líquido do prédio, calculado de acordo com os critérios dos Dec. Leis n.os 312/85, de 31/7 e 74/89, de 3/3, pelo que essa indemnização deve ser determinada em função da venda dos produtos florestais (nomeadamente a cortiça), descontados os custos de produção e comercialização.

Ora semelhante entendimento do acórdão da Secção continua a ser impugnado pela ora recorrente no seu recurso jurisdicional para este Tribunal Pleno, no qual defende, como já fazia perante aquela, que a cortiça extraída dos prédios nacionalizados faz parte do capital de exploração, devendo ser indemnizada pelo valor de 94/95, no caso correspondente à totalidade da cortiça extraída em 77, 79, 81 e 82, daqueles mesmos prédios.

Só que tal questão, colocada agora de novo pela recorrente, como acima se viu, é insubsistente.

Na verdade, o acórdão da Secção, no que ao ponto agora em crise diz respeito, e tal como nele expressamente se refere, limitou-se a seguir a jurisprudência firme deste Supremo Tribunal em tal matéria que, em situações em todo idênticas à do caso *sub judice*, tem subscrito, de forma pacífica, igual entendimento.

Exemplo de semelhante jurisprudência é o recente acórdão deste Tribunal Pleno, de 9/3/2004 (Rec. n.º 47.033).

Nele se entendeu, na esteira dessa jurisprudência, e mais uma vez, que a indemnização pela privação temporária de rendimentos florestais (v.g. cortiça), corresponde ao rendimento florestal liquido do prédio, calculado de acordo com os critérios dos Dec. Leis n.os 312/85, de 31/7 e 74/89, de 3/3, tudo nos termos da al. *d*) do n.º 2 do DL n.º 199/88, de 31/5, não havendo uma indemnização autónoma por frutos pendentes, pois esta tem lugar nos casos em que os bens que integravam o capital de exploração não forem devolvidos.

Como se entendeu ainda no mesmo aresto deste Tribunal Pleno que, de harmonia com o disposto no art. 7.º daquele DL n.º 199/88, as indemnizações definitivas pela expropriação ou nacionalização ao abrigo da legislação sobre reforma agrária serão fixadas com base no valor real e corrente desses bens e direitos, mas que tal valor deve referir-se à data da ocupação, nacionalização, expropriação, consoante o acto que tenha ocorrido em primeiro lugar; assim, no caso de produtos florestais, depois de determinado o rendimento líquido com base nos valores de venda desses produtos e dos encargos previstos no art. 5.º, n.º 1, do DL n.º 312/95, aplicável por força da al. *d*) do n.º 2, do art. 5.º, do DL n.º 199/88, haverá que determinar qual o valor que correspondia à data em que o proprietário ficou privado do uso e fruição dos prédios; e que a actualização do valor das indemnizações assim apuradas é apenas a que resulta da capitalização dos juros prevista no art. 24.º da Lei n.º 80/77, de 26/10.

Finalmente, entendeu-se ainda no acórdão deste Tribunal Pleno referido que o acima enunciado regime indemnizatório não viola o princípio da igualdade, nem o direito a uma justa indemnização (que não resulta irrisória no caso).

Há, mais uma vez, que reafirmar semelhante entendimento e, na sua esteira julgar improcedente a 3ª questão, mais acima enunciada, através da qual a ora recorrente pretende impugnar o decidido no acórdão da Secção.

Como improcede, igualmente, a 5ª questão, resultante da alegada inconstitucionalidade material do art. 1.º, n.º 1, al. *a*), da Portaria 197-A/96, de 17/3.

Resta enfrentar a questão – última – que a ora recorrente suscita, resultante de a área de 3,6 ha do prédio *Vale Matança*, transmitida para fins de utilidade pública para a Câmara Municipal de Alcácer do Sal, ao abrigo do art. 40.º da lei n.º 77/77, de 29/9, ter sido objecto, no caso, de uma indemnização nos termos do art. 1.º, n.º 1, al. *a*), da Portaria 197-A/95, de 17/3, quando o devia ser – defende o mesmo recorrente – ao abrigo do Código das Expropriações de 76, sendo que o valor de cálculo adoptado – de 5$64 o m^2, segundo ainda aquele – é "ridículo", "irrisório" e "desproporcionado".

***

Mas não é assim, como decidiu e bem a este respeito o acórdão recorrido, quando se debruçou sobre a enunciada questão, que também a seu tempo a ora recorrente havia suscitado em sede de recurso contencioso perante a Secção.

Recorde-se agora que esta, no domínio da matéria de facto e no que agora interessa, apurou que por Portaria dos Ministros das Finanças e do Plano e da Agricultura, Florestas e Alimentação, de 5/8/83 (DR II Série, n.º 245, de 24/10/83), foi, ao abrigo do art. 40.º da lei n.º 77/77, de 29/9, desanexada a transmitida o seu domínio para a Câmara Municipal de Alcácer do Sal, para fins de utilidade pública, de uma parcela de terrenos, com a área de 3,600 ha, situada no prédio rústico *Vale Matança,* o qual tinha sido nacionalizado à ora recorrente pelo DL n.º 407-A/75, de 30/7.

Mais se determinando na citada portaria que "no acto da transmissão do terreno a Câmara Municipal de Alcácer do Sal entregará nos cofres do Tesouro, como retribuição pela cessão, uma importância proporcional à indemnização provisória resultante da nacionalização do prédio rústico Vale Matança, tendo em conta a parte nacionalizada e a parte que por esta portaria lhe é transmitida, importância que será oportunamente acrescida em proporção com o acréscimo que resultar da fixação da indemnização definitiva".

Como resulta da, na sua parte útil, transcrita portaria, foi ao abrigo do art. 40.º da lei n.º 77/77, que a dita parcela de terreno do anteriormente nacionalizado prédio rústico já referido foi transmitida em favor da Câmara Municipal de Alcácer do Sal, para fins de utilidade pública.

Não se pode assim duvidar que essa transmissão, nos termos em que o foi, se encontra em consonância com o espírito da reforma agrária, tal como ela resulta plasmada, naquela Lei n.º 77/77 e especialmente com a norma do seu art. 40.º, a qual constitui o enquadramento legal da decretada desanexação e transmissão em favor da Câmara Municipal de Alcácer do Sal da referida parcela de terreno.

Só que, como acima se disse, o valor das indemnizações pela (expropriação) ou nacionalização ao abrigo da legislação sobre reforma agrária deve referir-se à data da ocupação, nacionalização ou expropriação (art. 7.º da lei n.º 199/88), sendo que no caso o prédio de onde a referida parcela de terreno havia sido desanexada pela citada portaria (de 83) fora nacionalizado pelo DL n.º 407-A/75, de 30/7.

Mas sendo assim, as vicissitudes posteriores da citada parcela de terreno – no caso a sua transmissão para fins de utilidade pública para a Câmara Municipal de Alcácer do Sal, como se viu – são irrelevantes para efeito de fixação da indemnização devida em virtude da nacionalização da totalidade do prédio rústico em que a dita parcela se integrava, uma vez que tal indemnização se deve reportar, como igualmente se viu, à data daquela nacionalização ou da ocupação do prédio quando anterior.

É por essa razão e só por ela que o englobamento feito no caso da parcela de terreno desanexada para efeito de cálculo da indemnização total devida à ora recorrente no âmbito da Reforma Agrária, a que o seu património fundiário ficou sujeito, se não mostra ou revela como ilegal, sendo aplicável a tal cálculo o regime que mais acima se deixou delineado, ainda que a outro propósito.

Improcede assim também a 5ª questão suscitada pela recorrente nas suas alegações.

Termos em que se nega provimento ao recurso jurisdicional.

Custas pela recorrente.
Taxa de justiça: € 500.
Procuradoria: € 250.
Lisboa, 16 de Fevereiro de 2005.

Gouveia e Melo (Relator)
António Samagaio
Azevedo Moreira
Abel Atanásio
Rosendo José
Santos Botelho
Maria Angelina Domingues
Costa Reis
J. Simões de Oliveira

Recurso n.º 292/02-20

REFORMA AGRÁRIA. PROVA PERICIAL. VALORES IRRISÓRIOS. INCONSTITUCIONALIDADE. FRUTOS PENDENTES.

(Acórdão de 16 de Fevereiro de 2005)

SUMÁRIO:

I – Não sofre de inconstitucionalidade material a previsão, constante do art. 12.º da LPTA, de que o STA só admitirá a produção de prova pericial se a considerar necessária.

II – É desnecessária, e seria mesmo «contra legem», a produção de prova pericial tendente à determinação do valor de bens nacionalizados se tal valor se mostra atingível mediante regras legais que formam um bloco sistemático e completo.

III – Esse regime só poderia ser desaplicado, por enfermar de inconstitucionalidade, se o seu uso culminasse no estabelecimento de uma indemnização irrisória, qualificativo este que não é atribuível a uma indemnização de quase 600 mil euros.

IV – A indemnização dita em III, ainda que não reconstitua integralmente o valor dos bens nacionalizados, não denota que o regime legal de que ela emergiu ofenda o estatuído no art. 94.º da CRP, pois, da conjugação deste preceito com o art. 62.º da CRP, resulta que as indemnizações advenientes da reforma agrária poderão consistir na atribuição de uma compensação pecuniária minimamente significativa e que cumpra as exigências básicas de justiça implicadas na ideia de Estado de Direito.

V – A cortiça extraída nos anos seguintes ao da ocupação de um prédio não existia como fruto pendente na data em que ele foi ocupado.

ACORDAM NO PLENO DA 1.ª SECÇÃO DO SUPREMO TRIBUNAL ADMINISTRATIVO:

Margarida Kindler de Barahona e Maria Inês Kindler de Barahona, identificadas nos autos, interpuseram recurso jurisdicional do acórdão da Subsecção, de fls. 248 e ss., que, concedendo provimento apenas parcial ao recurso contencioso que elas haviam deduzido do despacho conjunto que fixou uma indemnização decorrente da aplicação das leis da reforma agrária e que emanou do Ministro da Agricultura, do Desenvolvimento Rural e das Pescas e do Secretário de Estado do Tesouro e das Finanças (analisando-se nas decisões por eles emitidas, respectivamente, em 14/3/02 e em 16/3/02), anulou o acto impugnado apenas na parte em que ele determinou a indemnização pela cortiça extraída em 1975 e manteve-o na ordem jurídica na parte restante.

As recorrentes culminaram a sua alegação de recurso com o oferecimento das conclusões seguintes:

I – São três os fundamentos que, na óptica das recorrentes, justificam a revogação do acórdão «a quo».

1 – Decisão pela inadmissibilidade de produção de prova pericial para aferir da irrisoriedade da indemnização atribuída pelo património fundiário não devolvido.

II – O acórdão «a quo» considerou inadmissível a prova pericial nestes autos porquanto a mesma seria ilegal e inútil, já que a Administração se baseou em critérios definidos na lei ordinária – art. 1.º, n.º 1, al. *a*), da Portaria 197-A/95, de 17/3.

III – Sustentam as recorrentes que eivou em erro o acórdão em crise, pois a inadmissibilidade de recurso à prova pericial viola o art. 12.º, n.º 1, da LPTA.

IV – Por sua vez, o art. 12.º, n.º 1, da LPTA, deve ser declarado materialmente inconstitucional, enquanto limitador dos meios de prova fundamentais à descoberta da verdade material, por violação do art. 20.º, n.ºs 4 e 5 e art. 268.º, n.º 4, ambos da CRP.

V – Esta inconstitucionalidade só neste momento é suscitada porquanto foi o acórdão "a quo" que invocou este normativo pela primeira vez nestes autos.

VI – Consideram as recorrentes que o critério legal aplicado conduz a uma indemnização simbólica, irrisória e simbólica que se opõe ao disposto no supra referido normativo constitucional.

VII – O Conselheiro José Manuel dos Santos Botelho, a este propósito, na sua obra "Contencioso Administrativo", 3ª Edição, a fls. 209 considera que "limitar a prova é cercear a possibilidade de demonstrar em juízo que se tem razão, assim se impedindo o tribunal de poder chegar a um correcta apreciação de toda a realidade fáctica".

VIII – No grande dicionário da Língua Portuguesa, Cândido de Oliveira, 25ª Edição, o termo "indemnizar" significa: "compensar; dar reparação a; ressarcir".

IX – 225.5590 hectares das recorrentes, que é uma área que ocupa o equivalente a 10% da área do concelho da Amadora, foram definitivamente expropriados pelo valor de 124.325,02 euros (+-25.000cts).

X – Este valor equivale a 551,19 euros (+-110cts) / /hectare.

XI – O valor médio pago por hectare em processos de expropriações por utilidade pública, na zona envolvente aos prédios dos autos, foi de, aproximadamente, 4.000,00 euros (+-800cts).

XII – Em resumo, para confirmação da discrepância de valores, a indemnização calculada de acordo com os critérios legais utilizados foi no valor de 124.325,02 euros (+-25.000cts), enquanto que a indemnização por valores médios de expropriações actuais seria na ordem dos 899.587.55 euros (+-180.000cts).

XIII – O valor recebido corresponde a cerca de 13% do valor indemnizatório médio e foi recebido 30 anos após os factos que deram origem à indemnização.

XIV – As expropriadas foram impedidas de fazer uma avaliação concreta do património expropriado pelo facto do mesmo se manter expropriado – art. 344.º, n.º 2 do Código Civil (CC):

XV – Não obstante se ter feito prova, o valor fundiário, médio, face à exposição pública do mercado imobiliário, é um facto público e notório, que, em bom rigor, nem sequer carece de prova – art. 514.º, n.º 1 do Código do Processo Civil (CPC).

XVI – Face ao exposto, é ilegal exigir às recorrentes a prova da irrisoriedade do montante indemnizatório como fundamento para necessidade de recurso à prova pericial.

XVII – Em sentido similar decidiu o Tribunal Constitucional em Acórdão de 9/2/1988, com o número 88-039-P, proferido no processo 85-0136, que tinha por objecto alguns artigos da Lei n.º 80/77, de 26/10.

XVIII – Havendo indícios fortes quanto à irrisoriedade da indemnização paga, deve o Tribunal – art. 12.º, n.º 1 da LPTA – admitir o recurso à prova pericial, revogando o acórdão objecto destes autos quanto a esta parte.

2 – Não consideração do vício de violação de lei constitucional pelo facto da indemnização atribuída pelo património expropriado em definitivo ser irrisória, porquanto não foi considerada provada a irrisoriedade da mesma.

XIX – A indemnização paga por património não devolvido encontra fundamento legal no art. 1.º, n.º 1, al. *a*) da Portaria 197-A/95, de 17/3, critério este que deu origem a uma indemnização irrisória e simbólica, pelo que deve ser materialmente inconstitucional por violação do art. 94.º da CRP.

XX – Não foi no entanto esta decisão vertida no acórdão em crise, pelo que, também quanto a este aspecto, o mesmo se impugna.

XXI – Já em momento anterior das presentes conclusões as recorrentes fundamentaram o porquê da sua convicção quanto à irrisoriedade da indemnização paga a título desta verba, para onde se remete por uma questão de economia processual.

XXII – A legislação específica da reforma agrária admite que a mesma não é exaustiva e, como tal, é susceptível de incorporar lacunas.

XXIII – Lacunas essas devem ser preenchidas com recurso à lei geral e aos princípios gerais do direito – art. 13.º n.ºs 1 e 2 da Lei n.º 80/77, de 26/10 e art. 1.º n.º 2 do DL 199/88, de 31/5.

XXIV – Assim, havendo lacuna, deve, conforme também requerido no ponto anterior mas com outro fundamento, recorrer-se à prova pericial – art. 12.º, n.º 1 da LPTA – para lograr o seu preenchimento.

3 – Não consideração como fruto pendente a produção de cortiça existente na árvore à data da ocupação à excepção da cortiça extraída em 1975.

XXV – O acórdão "a quo" apenas qualificou como "fruto pendente" a cortiça extraída no ano da ocupação/expropriação – 1975.

XXVI – A cortiça é criada ao longo de 9 anos, idade legal da sua extracção.

XXVII – Para efeitos do cálculo das indemnizações da reforma agrária, a cortiça é considerada como fruto pendente à data da ocupação ou privação dos prédios nacionalizados ou expropriados em função dos anos de criação – art. 9.º, n.ºs 3 e 5 e art. 10.º do DL n.º 2/79, de 9/1.

XXVIII – As cortiças pendentes de extracção nos prédios das recorrentes estão melhor discriminadas no quadro n.º 3 constante das presentes alegações.

XXIX – A legislação ora invocada – arts. 9.º e 10.º do DL 2/79, de 9/1 – regula o método de cálculo dos quantitativos de frutos pendentes para efeitos de indemnizações definitivas no âmbito da reforma agrária.

XXX – Destes normativos resulta a intenção clara do legislador de considerar fruto pendente a porção de cortiça existente na árvore à data da ocupação.

XXXI – Razão pela qual é reincidente a utilização de termos como "frutos pendentes não colhidos", "cortiça em criação", "frutos pendentes a porção em curso à data da expropriação ou nacionalização".

XXXII – A cortiça que vier a ser considerada "fruto pendente" deve ser avaliada de acordo com o art. 3.º, al. *c*), da Portaria 197 – A/95.

XXXIII – Face ao exposto, o acórdão ora recorrido deve ser revogado na parte em que não considera "fruto pendente" a cortiça existente na árvore à data da ocupação por violação dos arts. 9.º e 10.º do referido DL 2/79.

Contra-alegou o Ministro da Agricultura, Desenvolvimento Rural e Pescas, defendendo a manutenção do aresto recorrido.

O Ex.º Magistrado do M.ºP.º junto deste Pleno emitiu douto parecer no sentido do não provimento do recurso.

A matéria de facto pertinente é a dada como provada na decisão «sub censura», que aqui damos por reproduzida – como se estabelece no art. 713.º, n.º 6, do CPC (cfr. os artigos 726.º e 749.º do mesmo diploma).

Passemos ao direito.

Referiu o aresto recorrido, no início da sua apreciação «de jure», que o recurso contencioso dos autos acometeu o despacho conjunto que fixou a indemnização das ora recorrentes «em resultado da ocupação e nacionalização a que foram sujeitos os seus prédios identificados nos autos no âmbito da aplicação das leis da reforma agrária». E o dito acórdão veio a anular o referido despacho conjunto na parte em que aí se determinou «a indemnização da cortiça extraída em 1975», mantendo-o na ordem jurídica na parte restante.

São fundamentalmente três os ataques que as recorrentes movem ao segmento não anulatório do aludido aresto: dizem que, ao invés do decidido, era admissível a produção da prova pericial que haviam requerido – a recair sobre os valores dos terrenos definitivamente integrados no património do Estado, sobre o valor indemnizatório da cortiça e a sua actualização e sobre o tipo de juros que incidem sobre as indemnizações fixadas e a taxa dessa incidência; sustentam a inconstitucionalidade da Portaria n.º 197-A/95, por ela conduzir à atribuição de indemnizações irrisórias; e defendem que a cortiça extraída depois de 1975 deve ser considerada como fruto pendente e indemnizada em conformidade.

Comecemos pela questão da prova pericial. A Subsecção, considerando que ela tenderia à avaliação de bens e à forma de actualização de montantes indemnizatórios, ponderou que o valor daqueles bens deve ser determinado por critérios legais vinculativos e que a questão da dita actualização não é objecto próprio desse meio de prova. E, daí, o aresto concluiu que, «ex vi» do art. 12.º da LPTA, a prova pericial não era admissível nem justificável. Inconformadas com o assim decidido, as recorrentes afirmam nas suas conclusões II a XVIII duas básicas coisas: que o art. 12.º da LPTA é inconstitucional; e que a produção de prova pericial se impunha à luz do preceito, até devido aos fortes indícios de que é irrisória a indemnização atribuída pelo despacho conjunto.

Todavia, é seguro que o art. 12.º não sofre da inconstitucionalidade que resultaria de ele supostamente restringir de um modo inadmissível a produção de prova pericial, em ordem a fazer perigar a obtenção de uma tutela judicial efectiva. O preceito dispõe, na parte que nos importa, que, nos processos da competência do STA, «só é admissível prova documental, salvo nos casos especialmente previstos e naqueles em que o tribunal considere necessária prova pericial». Sendo assim, e embora o art. 12.º afaste, por regra, a possibilidade de produção de prova pericial, não deixa de a permitir excepcionalmente – caso ela se mostre «necessária». É claro que esta necessidade deve ser avaliada pelo STA precisamente à luz da efectividade da tutela judicial que no caso venha pedida – o que imediatamente harmoniza o preceito com as correspondentes exigências constitucionais (discerníveis no art. 268.º, n.º 4, da CRP). O que pode suceder é que o tribunal recuse a prova pericial por emitir um juízo errado quanto à necessidade dela. Mas, então, o obstáculo ao recurso a esse meio de prova não residirá abstractamente no art. 12.º, seja ele encarado em si próprio (objectivamente) ou segundo uma certa interpretação (subjectiva), antes se localizando na errónea avaliação do tribunal acerca do grau de esclarecimento que a perícia traria no caso concreto em presença. Ora, é evidente que a reacção contra esse errado juízo passa pelo pedido de uma aplicação correcta do referido art. 12.º – e não pelo pedido de que a mesma norma seja desaplicada.

Assente que o art. 12.º da LPTA não sofre da inconstitucionalidade que as recorrentes lhe apontam, resta-nos ver se a Subsecção decidiu bem ao recusar, no caso, a produção da prova pericial. Antes do mais, é inquestionável que o aresto recorrido foi fiel à lei ordinária ao afirmar que a indemnização haveria de ser determinada pela própria Administração segundo critérios legais vinculativos, pois é precisamente isso que resulta do estatuído no DL n.º 199/88, de 31/5, na Portaria n.º 197/A/95, de 17/3, e, ainda, na Lei n.º 80/77, de 26/10. Ora, se o «iter legis» conducente à fixação da indemnização não passava por qualquer avaliação de bens a fazer «in judicio», facilmente se vê que os resultados da pretendida prova pericial só poderiam relevar «contra legem»; e, daí, segue-se que essa prova, não apenas era desnecessária, como tendia à obtenção de um efeito ilegal – o que justificava a recusa da sua produção. Ademais, e como o acórdão recorrido disse, era inconcebível uma perícia incidente sobre os tipos de juros e as suas taxas, pois, o objecto dela não seriam factos que os peritos percepcionariam ou avaliariam – como se exige no art. 388.º do Código Civil.

Deste modo, estamos já a um passo de julgar improcedentes as conclusões II a XVIII – em que as recorrentes pugnam pela admissibilidade da prova pericial. Mas não o faremos já e, suspendendo por ora o juízo, ainda consideraremos a denúncia de que a indemnização obtida através da legislação aplicada é irrisória; pois, se for verdade que as normas tendentes à fixação da indemnização conduziram a resultados inadmissíveis e iníquos, poderá suceder que elas devam ser desaplicadas – gerando-se assim um vazio a colmatar com a prova pericial.

Isto remete-nos para as conclusões XIX a XXIV, aliás reportadas também a várias das conclusões anteriores, em que as recorrentes asseveram que a pequenez da indemnização alardeia a inconstitucionalidade (por ofensa do art. 94.º da CRP) do «art. 1.º, n.º 1.º, al. *a*), da Portaria 197-A/95, de 17/3» – preceito este em que se determina o que, e como, deve ser considerado «para efeitos de avaliação definitiva do património fundiário expropriado ou nacionalizado que não tenha sido devolvido».

Este STA, tanto nas Subsecções como no Pleno vem, de há muito, assinalando que as indemnizações decorrentes da chamada reforma agrária não estão sujeitas à regra de «uma reconstituição integral», mas à «atribuição de compensação pecuniária que cumpra as exigências mínimas de justiça que vão implicadas na ideia de Estado de Direito e que não conduzam ao estabelecimento de montantes irrisórios» (expressões que, a título ilustrativo, se extraem do acórdão de 4/6/02, proferido no rec. n.º 47.420). Não é, pois, por mero acaso que as recorrentes qualificam de irrisória a indemnização fixada no despacho conjunto, sendo claro que elas sabem ser essa a «via óptima» para obter a desaplicação do regime legal definidor da indemnização.

Mas a argumentação das recorrentes não é persuasiva. Em termos absolutos, irrisório é o que, pela sua insignificância, merece pouca ou nenhuma consideração; e, se à palavra quisermos emprestar um sentido relacional – como claramente as recorrentes intentam – será irrisório o valor que, por tanto se afastar do seu correlativo, se mostre desprezível e rejeitável. Ora, não pode qualificar-se de irrisória – use-se a palavra num dos seus sentidos próprios, que é o primeiro, ou no seu sentido translato, que é o segundo – uma indemnização de 593.420,77 euros, que foi a estabelecida pelo despacho conjunto. E, não sendo a indemnização irrisória, as regras que a aplicaram não brigam com o preceito constitucional que regula o regime decorrente das situações da reforma agrária, pois esse preceito, que é o art. 94.º da CRP, não tem o exigente alcance do art. 62.º da Lei Fundamental (a norma que estabelece a garantia do direito de propriedade privada pela exigência do pagamento de justa indemnização). Deste modo, e mesmo que se admita que a indemnização fixada não é a contrapartida exacta do valor dos bens nacionalizados, não se vê qualquer justificação para se julgar inconstitucional o n.º 1.º da Portaria n.º 197-A/95, como as recorrentes clamam.

Ademais, e porque o regime legal de determinação das indemnizações devidas pelas vicissitudes da reforma agrária se apresenta como um bloco de legalidade completo, soçobra a pretensão subsidiária das recorrentes de, a pretexto de quaisquer lacunas nele detectáveis, se recair na necessidade de se recorrer à prova pericial.

Ante o exposto, estamos agora em condições de considerar improcedentes ou irrelevantes as conclusões II a XXIV da alegação de recurso.

Passemos às conclusões seguintes, em que as recorrentes sustentam que a Subsecção errou ao não aceitar que a cortiça que existia em estado de maturação no momento em que os prédios foram ocupados, e que só foi colhida nos anos seguintes, devia ser havida como fruto pendente para efeitos de indemnização.

Também aqui as recorrentes afrontam uma jurisprudência consolidada – como, aliás, decorre do teor do acórdão recorrido, que procedeu a uma extensa e esclarecedora transcrição de um aresto deste Pleno sobre o assunto. Porque continuamos a mantermo-nos fiéis a essa jurisprudência, aqui a reiteramos; e somente diremos que, tendo os prédios sido ocupados em 1975, é óbvio que a cortiça apenas extraída em anos futuros não existia como fruto pendente à data da ocupação – atenta a periodicidade da produção dos frutos (art. 212.º do Código Civil). Portanto, e no que respeita a essa cortiça, o que havia que indemnizar era o rendimento florestal líquido que os prédios produziram durante o tempo em que os beneficiários de tais rendimentos deles estiveram privados, o que se conseguia segundo a directriz do art. 5.º, n.º 2, al. *d*), do DL n.º 199/88, e não nos termos do n.º 3.º, al. *c*), da Portaria n.º 197-A/95, de 17/3.

Consequentemente, soçobram as conclusões XXV a XXXIII, que ultimamente estiveram sob análise. E, improcedendo ainda a conclusão I, que meramente antecipa o sentido das que se lhe seguem, temos que o aresto «sub judicio» deve manter-se integralmente na ordem jurídica.

Nestes termos, acordam em negar provimento ao presente recurso jurisdicional e em confirmar o acórdão recorrido.

Custas pelas recorrentes:

Taxa de justiça: €300 (trezentos Euros).

Procuradoria: €150 (cento e cinquenta Euros).

Lisboa, 16 de Fevereiro de 2005.

Madeira dos Santos (Relator)
António Samagaio
Azevedo Moreira
Santos Botelho
J. Simões de Oliveira
Rosendo José
Angelina Domingues
Costa Reis
Pais Borges

Recurso n.º 1389/02-20

Acórdãos do Supremo Tribunal Administrativo

1.ª Secção (Contencioso Administrativo)

ACÇÃO DE INDEMNIZAÇÃO. PRESCRIÇÃO. ART. 7.º DO DL 48.051.

(Acórdão de 16 de Março de 2005)

SUMÁRIO:

I – A acção sobre responsabilidade civil extracontratual do Estado e demais pessoas colectivas públicas prevista no DL 48.051, de 21/11/1967, está sujeita a um prazo de "prescrição" em geral de três anos nos termos do art. 498.º do Código Civil, para onde remete o n.º 2 do art. 71.º da LPTA (Cfr. ainda art. 5.º do DL 48.051).

II – A notificação da entidade recorrida para responder no recurso contencioso de anulação de acto administrativo interrompe a prescrição do direito de indemnização que se baseie nesse acto (art. 323.º, n.º 1 do C.Civil), prazo que voltará a correr com o trânsito em julgado da decisão proferida nesse recurso contencioso (arts. 326.º e 327.º, n.º 1 do C.Civil).

III – A regra contida na 2ª parte do art. 7.º do DL 48051 de 21 de Novembro de 1967 configura não uma excepção peremptória extintiva do direito de indemnização, mas um caso de exclusão ou diminuição da indemnização quando a negligência processual do lesado, por falta ou deficiente impugnação contenciosa do acto administrativo ilegal, tenha contribuído para a produção ou agravamento dos danos.

ACORDAM, EM CONFERÊNCIA, NA SECÇÃO DO CONTENCIOSO ADMINISTRATIVO DO SUPREMO TRIBUNAL ADMINISTRATIVO:

1 – João de Oliveira Faustino intentou no TAC de Coimbra acção que designou de "responsabilidade civil sob a forma ordinária" contra a **CÂMARA MUNICIPAL DE LEIRIA**, pedindo a sua condenação no pagamento ao A. e a título de indemnização no seguinte:

a) – 4.691.609$00, referente a diferenças de vencimentos e diferenças de pensões de reforma entre Novembro de 1997 e Fevereiro de 2001, quantia que deverá ser acrescida de 103.353$00 mensais até ao trânsito em julgado da sentença condenatória;

b) – A partir do trânsito em julgado da sentença, numa pensão vitalícia correspondente à diferença entre a pensão de reforma efectivamente recebida e a que deveria receber, tendo em conta a categoria profissional de Chefe de Repartição.

2 – Na contestação defendeu-se a Ré quer por excepção, invocando a prescrição do alegado direito do A. às indemnizações que reclama, quer por impugnação sustentando não ter violado qualquer disposição legal.

3 – Por sentença de 03.10.2001 (fls. 158/165) o juiz do TAC de Coimbra, julgando "*improcedente a alegada excepção da prescrição do direito do A.*", julgou no entanto "*verificada a excepção peremptória inominada prevista no art. 7.º (2ª parte) do DL n.º 48.051, de 21.11.67*" e em consequência absolveu a "R. *Câmara Municipal de Leiria da instância*".

4 – Inconformado com tal decisão, dela interpôs o A. recurso jurisdicional tendo, em sede de alegação, formulado as seguintes ***CONCLUSÕES***:

I – Existe contradição entre a sentença sob recurso e a proferida no Recurso Contencioso de anulação n.º 462/99;

II – Nesta última decisão, embora decretando-se a inutilidade superveniente da lide – o A. estava aposentado e já não poderia apresentar-se ao concurso – sempre o A. poderia obter a satisfação dos seus interesses através do ressarcimento dos eventuais prejuízos advenientes da não abertura do concurso para Chefe de Repartição, desde que demonstrasse os factos/elementos integradores da responsabilidade civil.

III – A presente sentença não reconheceu ao A. o ressarcimento de eventuais danos pela via da responsabilidade;

IV – Parece, assim, haver contradição de julgados, questão que se submete à apreciação do Tribunal;

V – A Ré foi absolvida da instância invocando-se a excepção da segunda parte do art. 7.º do DL 48.051;

VI – Se bem se entende a questão o dano invocado pelo A. não pode ser imputado à falta de interposição do recurso;

VII – O dano invocado é, por um lado, a resultante da violação pela R. do estipulado nos DL n.º 81-A/96 e DL n.º 195/97, o qual determinava, a imediata integração nos seus serviços do A. como Chefe de Repartição, logo previamente à abertura do concurso e, por outro lado, a falta de recurso do A. deve-se às expectativas que a R. sempre criou na convicção do A. de que a sua situação profissional se resolveria a contento;

VIII – Em conclusão: o dano invocado pelo A. não pode ser imputado à falta de recurso, pelo que não tem aplicabilidade ao caso dos autos o disposto no art. 7.º do DL n.º 48.051;

IX – A douta sentença invoca uma excepção peremptória e absolve a R. da instância;

X – Se bem se entende a questão da excepção peremptória e absolvição da instância parece ser uma contradição;

XI – Por outro lado a absolvição da instância não obsta à repetição da causa;

XII – Nestes termos põe-se a questão à apreciação do Tribunal, porquanto o A. a ser efectivamente a R. apenas absolvida da instância, pretende propor outra acção com o mesmo objecto.

Termos em que deve ser revogada a sentença recorrida.

5 – Contra a sentença proferida nos autos interpôs ainda a C. M. de Leiria "***recurso subordinado***" tendo, na respectiva alegação, formulado as seguintes *CONCLUSÕES*:

I – Em sede de contestação a R. invocou a prescrição do eventual direito à indemnização reclamada pelo A. nos presentes autos;

II – A sentença recorrida julgou improcedente a alegada excepção:

III – O juiz a quo considerou que a interposição do RCA n.º 462/99 constitui causa de interrupção da prescrição invocada pela ora recorrente;

IV – Todavia no RCA n.º 462/99 o A. recorreu de um despacho da Presidente da C. Municipal de Leiria;

V – Nos presentes autos a Ré é a C. M. de Leiria e não a sua Presidente;

VI – A primeira e única vez que o recorrido reagiu judicialmente contra a ora recorrente, foi através dos presentes autos;

VII – Assim e contrariamente ao entendimento veiculado pela sentença recorrida nunca o ora recorrido deu conhecimento por qualquer meio judicial à Câmara Ré, ou seja, aquela contra "o direito pode ser exercido", da sua vontade de a accionar pelas razões e montantes referidos na petição inicial;

VIII – Ora, salvo o devido respeito, a circunstância da sentença recorrida ter considerado que "pese embora, o A. haver interposto RCA do despacho proferido pela Presidente da Câmara em 23.04.99, não interpôs RCA do acto que efectivamente o lesou e que foi o acto de abertura do concurso para chefe de secção e de que foi avisado pela Ordem de Serviço n.º 3/97 por ser opositor obrigatório" inviabiliza, em absoluto, a relação que se estabelece, na parte da sentença ora impugnada, entre o RCA n.º 462/99 e os presentes autos, de forma a concluir-se, que a instauração daquele constitui causa de interrupção da prescrição destes;

IX – A douta sentença recorrida incorreu, assim, em erro de julgamento, pelo que violou o disposto nos art. 323.º n.º 1 e 498.º n.º 1 do Cód. Proc. Civil.

Assim, deverá o presente recurso ser julgado procedente, julgando-se procedente a excepção invocada e absolvendo-se a R. do pedido.

6 – Contra-alegando, a C. M. sustenta a improcedência do recurso principal, com a consequente manutenção da decisão recorrida.

7 – O M.º P.º emitiu parecer a fls. 245/247 cujo conteúdo se reproduz, no sentido da procedência do recurso principal e da improcedência do recurso subordinado.

***

Cumpre decidir:

8 – Nos termos do art. 713.º n.º 6 do Cód. Proc. Civil, dá-se por reproduzida a MATÉRIA DE FACTO dada como demonstrada na sentença recorrida a qual não foi objecto de qualquer reparo.

9 – DIREITO

Através da presente acção, visa fundamentalmente o seu A. obter a condenação da R. no pagamento e a título de indemnização de um determinado montante que reporta a diferenças entre a remuneração que efectivamente auferiu e aquela que considera lhe deveria ter sido paga, alegadamente derivada do facto de a R. não ter aberto concurso para Chefe de Repartição, o que reputa de ilegal por considerar que e face às disposições legais que indica deveria ter sido integrado nos quadros da Ré com aquela categoria.

Para o efeito invocou o A. na petição inicial essencialmente o seguinte:

Por força de sucessivos contratos – "avença" e "trabalho a termo certo" – tem vindo desde 01.06.87 a prestar serviço à Ré, desempenhando funções com a categoria de Chefe de Secção e posteriormente de Chefe de Repartição.

Em 1.5.97 iniciou-se a vigência de um novo contrato a termo certo, o qual terminou, por rescisão da Ré, em 14.11.97.

Com a publicação do DL 195/97 que regulava a integração do pessoal contratado a termo certo nos Quadros e Organismos da Administração Pública, entendeu a Ré, que a integração do A. nos seus quadros, só o poderia ser na categoria de 3.º oficial, escalão 1.

Na sequência desse entendimento, foi o A. avisado, pela Ordem de Serviço n.º 3/97-D, de 23.10.97 que, por despacho do Presidente da Câmara Municipal de Leiria se encontrava aberto, pelo prazo de 10 dias úteis, concurso de ingresso no quadro de pessoal da mesma C. M. para a categoria de 3.º oficial, escalão 1 e de que era opositor obrigatório.

O A. não aceitando a interpretação da R. quanto à categoria de ingresso, dado que tal categoria não correspondia às funções efectivamente por ele desempenhadas como determinava o n.º 1 do art. 3.º daquele diploma legal, não se apresentou a concurso, por entender que o concurso aberto o devia ser para a categoria de Chefe de Repartição, escalão 1.

Pelo que viu rescindido o seu contrato de trabalho a termo certo, a partir de 14.11.97, com fundamento na parte final do n.º 3 do art. 4.º do DL 195/97.

Regressou à JAE onde era funcionário, já que estava na situação de licença ilimitada.

Após o reingresso do A. na JAE veio a ser transferido para a R. onde se manteve ao seu serviço até Junho de 1999, passando nessa altura à situação de reformado por incapacidade.

Com a publicação do DL 256/98 que, mais uma vez regulou a reintegração do pessoal contratado irregularmente nos serviços da Administração Pública, o A. pediu à R. a reapreciação do seu pedido de integração no quadro de pessoal da CM Leiria, e como a C. M. nada tivesse dito, em 22.09.99 faz novo requerimento no mesmo sentido.

Esse requerimento veio a ser indeferido por despacho de 23.04.99 da Presidente da C. M.

Daí que tenha formulado aquele pedido, nos termos do já referido.

A sentença recorrida, como se referiu, julgando "*improcedente a alegada excepção da prescrição do direito do A.*", que o R. havia invocado na contestação (fls. 20/26) julgou no entanto "*verificada a excepção peremptória inominada prevista no art. 7.º (2ª parte) do DL n.º 48.051, de 21.11.67*" invocada igualmente pelo R. em sede de "audiência preliminar" (fls. 125/126) e em consequência absolveu a "R. *Câmara Municipal de Leiria da instância*".

Justificando tal decisão, a sentença recorrida, embora considerando ter o A "*interposto recurso contencioso de anulação do despacho proferido pela Presidente da C. M. de Leiria em 23.04.99*", considerou no entanto não ter sido interposto recurso contencioso de anulação do acto que efectivamente lesara o A. e que considerou ser "*o acto de abertura do concurso para chefe de secção e de que fora avisado pela Ordem de serviço n.º 3/97, de 23.10.97 por ser opositor obrigatório*".

E, termina a sentença recorrida: "*Não tendo o A. interposto recurso contencioso do acto de abertura de concurso para Chefe de Secção e, sendo peticionados nesta acção apenas danos patrimoniais (e não morais), verifica-se a excepção peremptória inominada prevista no art. 7.º do DL n.º 48.051, uma vez que, se o A. tivesse interposto RCA daquele acto, poderia com a consequente anulação do acto de abertura do concurso e subsequente execução da decisão anulatória, ver os seus direitos salvaguardados*".

Assim sendo, acabou por julgar "*verificada a excepção peremptória inominada prevista no art. 7.º (2ª parte) do DL 48.051, de 21.11.67*" absolvendo "*a Ré C. M. de Leiria da Instância*".

9.1 – Contra o assim decidido insurgiu-se quer o A. quer a R., nos termos das conclusões que oportunamente deduziram na alegação do recurso e supra transcritas. Atentos os recursos interpostos, começaremos por conhecer o "*recurso principal*" em que o A. da acção se insurge contra a sentença recorrida na parte em que considerou, como nela expressamente se refere "*verificada a excepção peremptória inominada prevista no art. 7.º (2ª parte) do DL 48.051, de 21.11.67*" absolvendo, em consequência "*a Ré C. M. de Leiria da Instância*".

Isto porque a improcedência de tal recurso inviabiliza desde logo o conhecimento do recurso subordinado (cfr. art. 682.º n.º 3 do CPC).

Diga-se desde já que e no tocante a tal questão, a sentença recorrida não poderá ser mantida.

Prescreve o art. 7.º do DL 48051 de 21 de Novembro de 1967 que, "*o dever de indemnizar, por parte do Estado...não depende do exercício pelos lesados do seu direito de recorrer dos actos causadores do dano; mas o direito destes à reparação só subsistirá na medida em que tal dano se não possa imputar à falta de interposição de recurso ou a negligente conduta processual da sua parte no recurso interposto*".

Interpretando tal disposição, a jurisprudência mais recente deste STA, melhor resumida no sumário do Ac. Pleno de 27.02.96 – Rec. 23.058, com a qual concordamos, vem sustentando que "*A 2ª parte do art. 7.º do DL 48.051 de 21.11.67 não pretendeu estabelecer um regime de caducidade do direito de indemnização ou uma excepção peremptória fundada no caso decidido ou no caso resolvido por falta de oportuna impugnação contenciosa, com a consequente preclusão do direito à propositura da acção ressarcitória, tendo antes directamente a ver com a interrupção do nexo de causalidade e/ou com a culpa do lesado na produção do dano, pretendendo apenas limitar a extensão ou o âmbito da indemnização quando haja uma corresponsabilização do administrado na produção desse dano*.".

A este propósito, veja-se o Ac. deste STA de 25.06.03, rec. 495/03, onde e a determinado passo se escreveu o seguinte:

"*Durante muito tempo era firme a jurisprudência deste STA no sentido de que através da 2.ª parte daquele preceito se pretendia significar que não subsistia o direito de indemnização relativamente aos danos que pudessem ser reparados através da impugnação contenciosa do acto ilícito também gerador da responsabilidade e da ulterior execução da sentença anulatória, constituindo a regra ali inserta um regime de caducidade do direito de indemnização ou uma verdadeira excepção peremptória.*

No entanto, o acórdão de 30/05/95 (rec. 33333) marca uma viragem de tal jurisprudência, pois que através do mesmo, passou a prevalecer a orientação jurisprudencial no sentido de que aquele inciso legal configura não uma excepção peremptória extintiva do direito de indemnização, caracterizando antes um caso de exclusão ou diminuição da indemnização quando a negligência processual do lesado, por falta ou deficiente impugnação contenciosa do acto administrativo ilegal ou por falta ou deficiente utilização de meios processuais acessórios, tenha contribuído para a produção ou agravamento dos danos processuais acessórios.

Assim, passou a prevalecer o entendimento de que a aludida regra caracterizava uma situação equivalente à do art. 570.º do Cód. Civil. Tal orientação mereceu consagração através do acórdão do Pleno da Secção de 27/02/96 (rec.23058)...

Assim, na acção de responsabilidade fundada em prejuízos decorrentes de acto administrativo ilegal, para efeitos do disposto no art. 7.º do DL 48051, recai sobre o ente administrativo demandado o ónus da prova de que o lesado poderia ter evitado ou minorado o dano com o uso diligente do recurso contencioso."

Como se entendeu nos citados arestos, não configurando a regra contida na 2ª parte do art. 7.º do DL 48051 de 21 de Novembro de 1967 uma excepção peremptória extintiva do direito de indemnização, mas antes um caso de exclusão ou diminuição da indemnização quando a negligência processual do lesado, por falta ou deficiente impugnação contenciosa do acto administrativo ilegal tenha contribuído para a produção ou agravamento dos danos, a sentença recorrida, ao entender de forma diversa, não pode ser mantida, como sustenta nomeadamente o M.º P.º no parecer que emitiu.

Daí a procedência do recurso principal.

9.2 – Tendo sido julgado procedente o recurso principal importa agora entrar na apreciação do recurso subordinado e que se resume ao saber se a sentença recorrida ao julgar *"improcedente a alegada excepção da prescrição do direito do A."*, que o R. havia invocado na contestação, incorreu em erro de julgamento, com violação do disposto nos art. 323.º n.º 1 e 498.º n.º 1 do Cód. Proc. Civil.

Considerou a sentença recorrida que o A. deduziu dois requerimentos (em 24.08.98 e 22.02.99) à Presidente da C. M. requerendo a sua reintegração como Chefe de Repartição e, em 26.04.99, tomou conhecimento do respectivo indeferimento. Em 28.06.99, o A. interpôs recurso contencioso de anulação do despacho proferido em 23.04.99, pela Presidente da C. M., requerendo a anulação desse despacho. E embora esses factos não consubstanciem um pedido de indemnização *"não é menos certo que traduzem por parte do A. a vontade de exercer um direito relativamente à questão sub judice"*. Daí que, acrescenta a decisão recorrida *"o prazo prescricional se interrompeu, pelo menos em 28.06.99, dada a interposição do recurso contencioso de anulação n.º 462/99"*, cuja decisão nele proferida *"transitou em 26.04.2000"*. Pelo que quando foi interposta a presente acção – 13.02.2001 – ainda não havia decorrido o prazo prescricional de 3 anos previsto no art. 498.º n.º 1 do Cód. Civil.

Nas alegações do recurso subordinado insurge-se a R. contra tal entendimento, argumentando que *"no RCA n.º 462/99 o A. recorreu de um despacho da Presidente da C. Municipal de Leiria"* sendo que *"nos presentes autos a Ré é a C. M. de Leiria e não a sua Presidente"* pelo que a *"a primeira e única vez que o recorrido reagiu judicialmente contra a ora recorrente, foi através dos presentes autos"*, com isto pretendendo dizer que, na situação, a interrupção do prazo prescricional não teria operado em virtude do recurso contencioso ter sido interposto de acto da Presidente da C. Municipal, entidade diferente da pessoa colectiva C. Municipal Ré na acção.

Afigura-se-nos que nesta parte é de manter o decidido na sentença recorrida.

O art. 71.º, n.º 2, da L.P.T.A. estabelece que *"o direito de indemnização por responsabilidade civil extracontratual dos entes públicos e dos titulares dos seus órgãos e agentes por prejuízos decorrentes de actos de gestão pública, incluindo o direito de regresso, prescreve nos termos do artigo 498.º do Código Civil"*.

E o art. 498.º, n.º 1 do C. Civil determina o seguinte: *"O direito de indemnização prescreve no prazo de três anos, a contar da data em que o lesado teve conhecimento do direito que lhe compete, embora com desconhecimento da pessoa do responsável e da extensão integral dos danos, sem prejuízo da prescrição ordinária se tiver decorrido o respectivo prazo a contar do facto danoso"*.

O citado preceito alude por conseguinte a dois prazos de prescrição do direito de indemnização: o *"prazo ordinário"* de 20 anos previsto no art. 309.º do C. Civil e que se começa *"a contar do facto danoso"* e um prazo especial mais curto de *"três anos"* que começa a contar-se desde a data em que o lesado teve conhecimento do direito que lhe compete ou conhecimento da verificação dos pressupostos da responsabilidade civil.

Este último prazo prescricional de "três anos" que é aquele que ora nos interessa para decisão do presente recurso jurisdicional, como expressamente determina o art. 323.º n.º 1 do C. Civil *"interrompe-se pela citação ou notificação judicial de qualquer acto que exprima, directa ou indirectamente, a intenção de exercer o direito, seja qual for o processo a que o acto pertence e ainda que o tribunal seja incompetente"*.

Por outra via, *"a interrupção inutiliza para a prescrição todo o tempo decorrido anteriormente"* (art. 326.º n.º 1 do C. Civil) e *"se a interrupção resultar de citação, notificação... o novo prazo de prescrição não começa a correr enquanto não passar em julgado a decisão que puser termo ao processo"* (art. 327.º n.º 1 do C. Civil).

Resulta da matéria de facto dada como demonstrada na sentença recorrida, o seguinte:

O A., por força de contratos de "avença" e a "termo certo" que sucessivamente foi celebrando com a C. M. de Leiria, exerceu funções nessa autarquia até o último desses contratos, nos termos da deliberação camarária datada de 19.11.97, ter sido rescindido com efeitos a partir de 14.11.97 (inclusive), por o A. *"se não ter candidatado ao concurso que foi aberto para a integração no quadro, ao abrigo do disposto no n.º 3 do art. 4.º do DL n.º 195/97, de 31 de Julho"* (cfr. doc. de fls. 59).

Esse concurso a que o A. se não candidatou, havia sido aberto por despacho do Presidente da C. M. datado de 30.09.97 para a categoria de 3.º oficial, com a menção de que o A. era candidato obrigatório.

Respectivamente em 24.08.98 e em 22.02.99 o A. dirigiu ao Presidente da C. M. requerimento a solicitar a sua integração na categoria de chefe de Repartição, tendo sido proferido despacho de indeferimento em 23.04.99.

Em 19.05.99, o A. interpôs "recurso hierárquico" do despacho de 23.04.99, que dirigiu à C. M. de Leiria (fls. 40/4 doa autos). E, em 28.06.99, o A. interpôs recurso contencioso de anulação desse mesmo de 23.04.99, onde veio a ser proferida decisão final, que transitou em julgado em 26.04.2000, no sentido da extinção da instância, por *"inutilidade superveniente da lide"*, por nessa sentença e no essencial se ter entendido que *"ao dar-se provimento ao recurso, para que o recorrente pudesse ser nomeado chefe de repartição, como entende, teria de previamente ser sujeito a concurso, o que, atenta a sua situação de aposentado por incapacidade, se torna impraticável (sendo certo que nunca, mesmo por questões de magnanimidade, podia, sem mais, ser nomeado chefe de repartição)"*.

Igualmente se considerou nessa sentença proferida no recurso contencioso interposto do despacho de 23.04.99 do Presidente da C. M. de Leiria que e no tocante a uma eventual indemnização *"sempre o recorrente, querendo, poderia obter a satisfação dos seus interesses (...) através do ressarcimento dos eventuais prejuízos... desde que demonstre os factos/elementos integradores da responsabilidade civil"* (cfr. fls. 129/152 dos autos).

Tem sido jurisprudência pacífica no sentido de que e em regra, por força do *"disposto nos arts. 323.° n.º 1, e 327.º n.º 1, do Cód. Civil, a prescrição do direito de indemnização interrompe-se com a notificação da Administração para o recurso contencioso, não começando a correr novo prazo enquanto não passar em julgado a decisão que ponha termo ao processo, seja ela de fundo ou de forma"* (cf. nomeadamente ac. STA – Pleno de 19.06.2001, rec. 34237).

Por outro lado a interposição do aludido recurso contencioso constitui um facto revelador, ao menos indirectamente, da intenção do ora A. pretender exercer o direito de indemnização, direito esse que também se fundou no acto objecto daquele recurso.

Assim, tendo o recurso contencioso do despacho da Presidente da C. M. datado de 23.04.99 sido interposto em 28.06.99, ainda que se considere a data da rescisão contratual – 11.11.97 – é manifesto que nessa altura ainda não havia decorrido o prazo prescricional de 3 anos.

A notificação da entidade recorrida para responder a esse recurso contencioso de anulação (ou logo que decorram cinco dias caso a citação se não fizer dentro de cinco dias depois de ter sido requerida nos termos do art. 323.º n.º 2 do C. Civil), interrompe o prazo de prescrição do direito a indemnização que se baseie na ilegalidade desse acto, prazo esse que e na situação em apreço, voltou a correr, por inteiro, com o trânsito em julgado da decisão que colocou termo ao recurso (arts. 323.º, 326.º e 327.º C. Civil).

Tendo a decisão que colocou termo ao recurso transitado em julgado em 26.04.2000 (cf. certidão de fls. 129) é manifesto que quando a presente acção deu entrada no TAC de Coimbra – 13.02.2001 – ainda faltava muito tempo para decorrer o novo prazo prescricional que se iniciara com o trânsito em julgado da decisão proferida no recurso interposto do despacho de 23.04.99 do Presidente da C. M. de Leiria.

Aliás e no essencial, tal conclusão ou factualismo nem sequer chegou a ser contrariado pela R. que apenas se insurge contra a conclusão a que se chegou pelo simples facto de considerar que não chegou a operar qualquer interrupção do prazo prescricional, uma vez que nem sequer chegou a ser citada para aquele recurso contencioso de anulação, mas apenas o Presidente da Câmara, ou seja uma entidade diferente da Ré na presente acção.

Mas não lhe assiste razão.

No procedimento administrativo, dada a repartição de competências entre os diversos órgãos da pessoa colectiva, em princípio apenas pode intervir na decisão administrativa aquele órgão ou entidade com competência legal para decidir a concreta situação que lhe é dirigida pelo administrado.

Basta verificar que, nos termos do já referido, a rescisão do contrato do A. foi determinada por deliberação camarária de 19.11.97.

Já o acto que determinou a abertura do concurso a que o A. não compareceu, foi da autoria do Presidente da C. M., bem como a prática daquele acto que indeferiu ao A. o requerimento onde solicitava a sua integração nos quadros da C. M. como Chefe de Repartição e do qual o A. interpôs, não só o aludido recurso contencioso de anulação, como ainda aquilo que designou por "recurso hierárquico" que dirigiu à própria Câmara Municipal.

Ou seja, os actos são praticados, dentro da pessoa colectiva (neste caso o município) pelo órgão ou entidade que e em princípio tem competência para os praticar, sendo certo que e no caso de tais actos se apresentarem como ilícitos e culposos susceptíveis de determinarem indemnização, pelos prejuízos que eventualmente desses actos possam decorrer, em princípio, será a pessoa colectiva quem responde civilmente, sendo indiferente que o acto causador desses eventuais danos seja da autoria da C. M. ou do seu Presidente (cf. nomeadamente art. 1.º e 2.º do DL 48.051, de 21/11/67).

Aliás, é ao Presidente da Câmara a quem compete por inerência e enquanto seu presidente representar não só a própria C. M. como ainda representar o município (cfr. art. 68.º do DL 169/99, de 18/09).

Assim as notificações de eventual recurso contencioso de anulação quer seja dirigido contra decisão da Câmara Municipal, quer contra acto da autoria do seu presidente, são em princípio feitas na pessoa do próprio presidente que, caso entenda que a competência para resolver o assunto pertence à C. M., certamente o agendará para ser discutido em reunião da autarquia.

Daí igualmente podermos concluir que, pelo facto de não ter sido notificada a Câmara Municipal para aquele recurso isso não significa que a essa notificação lhe não possa ser atribuído o efeito interruptivo previsto no art. 323.º do C. Civil, como igualmente o teria se a acção em vez de ter sido dirigida contra a C. Municipal tivesse sido dirigida contra o Município.

Assim, o tribunal «a quo» ao julgar improcedente a excepção peremptória de prescrição, não é merecedora das críticas que a Ré lhe aponta.

Improcedem por conseguinte as alegações da R. e daí a improcedência do recurso subordinado.

***

10 – Termos em que ACORDAM:

a) – Conceder provimento ao recurso jurisdicional (principal) e, em conformidade, revogar a decisão recorrida na parte em que absolveu *"a Ré Câmara Municipal de Leiria da Instância"* por ter julgado verificada a designada "*excepção peremptória inominada prevista no art. 7 (2ª parte) do DL 48.051, de 21.11.67*", devendo a acção prosseguir seus ulteriores termos para conhecimento de mérito se outro motivo ou questão a tal não obstarem.

b) – Negar provimento ao recurso interposto pela R. – recurso subordinado – e em consequência manter a decisão recorrida na parte em que julgou improcedente a "*excepção da prescrição do direito do A.*".

c) – Sem custas.

Lisboa, 16 de Março de 2005.

Edmundo Moscoso (Relator)
Maria Angelina Domingues
J Simões de Oliveira

Recurso n.º 153/04-13

ACÇÃO PARA RECONHECIMENTO DE DIREITO. MEIO PROCESSUAL ADEQUADO. RECURSO CONTENCIOSO.

(Acórdão de 18 de Janeiro de 2005)

SUMÁRIO:

I – Decorre do n.º 2 do artigo 69.º da LPTA que as acções para reconhecimento de direitos ou interesses legalmente protegidos só podem ser propostas quando os restantes meios contenciosos, incluindo os relativos à execução de sentença, não assegurem a efectiva (ou total) tutela jurisdicional dos direitos ou interesses em causa.

II – A pretensão do proprietário e senhorio de um estabelecimento comercial, que sofreu um incêndio, traduzida na *demolição das obras de reconstrução levadas a cabo sem licenciamento pelo inquilino*, não é totalmente assegurado pelo recurso contencioso do indeferimento de um seu projecto de arquitectura para remodelação desse edifício. Na verdade, se o deferimento deste projecto implica a demolição das obras levadas a cabo pelo inquilino, já o seu indeferimento deixa sem tutela jurisdicional o interesse do senhorio, que se veria forçado a aceitar as obras de reconstrução no seu prédio, sem possibilidade de discutir judicialmente a respectiva legalidade.

ACORDAM NA 1ª SECÇÃO DO SUPREMO TRIBUNAL ADMINISTRATIVO:

1. RELATÓRIO

Henriqueta Carolina Rodrigues, recorreu para este Supremo Tribunal da sentença proferida no TAC do Porto que, por inidoneidade do meio processual, rejeitou a ACÇÃO PARA RECONHECIMENTO DE DIREITOS intentada contra a CÂMARA MUNICIPAL DO PORTO, formulando, em síntese, as seguintes conclusões:

– há contradição entre a sentença recorrida e a sua decisão de julgar improcedente a litispendência dos presentes autos relativamente ao processo 90/02 – 5.º Juiz do TAC do Porto, com o qual os presentes autos não têm qualquer relação;

– nesta data continua a correr os seus termos o recurso contencioso do despacho de 29-5-2001, pelo que não está consolidado o acto da recorrida de aprovação da demolição na sequência do projecto de arquitectura, no âmbito do processo de licenciamento da reconstrução do edifício n.º 5639/01;

– o inquilino Victorino & Américo, Lda. efectuou obras de reconstrução do edifício da recorrente, sem qualquer autorização da senhoria, sem o parecer prévio vinculativo favorável do DR do Porto do IPPAR, sem a necessária licença camarária exigida, cujo licenciamento é obrigatório nos termos do art. 1.º, n.º 1, al. *a*) e 3.º, 1, al. *a*) do Dec. Lei 445/91, de 20 de Novembro, na redacção do Dec. Lei 250/94, de 15 de Outubro;

– o referido inquilino, após o incêndio ocorrido em 29 de Junho de 1998 efectuou diversas obras de reconstrução do edifício, demolindo uma parte do telhado com duas águas que não ardeu, aumentando a altura da parte do muro próxima do quiosque do Largo da Ramadinha em cerca de meio metro e reconstruindo o telhado apenas com uma água em toda a área do anexo, quer na parte que ardeu, quer na parte que não ardeu e que ele demoliu;

– nos termos do art. 17.º, n.º 4 do Dec. Lei 250/94, de 15 de Outubro e da Lei 13/85, de 6 de Julho, porque o prédio em causa, está situado dentro do perímetro non aedificandi do Chafariz de S. Lázaro, classificado monumento nacional, para o licenciamento das referidas obras é necessário o parecer favorável, prévio e vinculativo do DR do Porto do IPPAR;

– é falsa a informação do Serviço de fiscalização que visitou o local apenas em 30-7-1998 emitida pelo Director Municipal do Planeamento e Gestão Urbanística, de 4 de Novembro de 1998;

– as obras de reconstrução só foram passíveis de realizar devido à conduta dos Serviços da recorrida que se demitiram dos seus deveres de fiscalização, em manifesta violação da lei, designadamente do art. 51.º do Dec. Lei 250/94, de 15 de Outubro;

– o acto administrativo da exigibilidade de licenciamento das obras ilegais efectuadas pelo inquilino Vitorino & Américo, Lda não se encontra consolidado, as quais não podem ser objecto de legalização, por violarem a lei, pelos serviços da recorrida.

Respondeu a entidade recorrida referindo nada ter a "acrescentar à douta sentença objecto do presente recurso".

Neste Supremo Tribunal o Ex.mo Procurador-geral Adjunto emitiu parecer no sentido do provimento do recurso. "*Contrariamente ao entendimento vertido na sentença* – diz o Ex.mo Magistrado do M.P. – *não nos parece que o recurso contencioso interposto do acto final do procedimento a que respeita o processo de licenciamento n.º 5639/01 constituiria meio processual capaz de assegurar a efectiva tutela jurisdicional dos direitos que a recorrente pretende fazer valer através da acção. O processo n.º 5639/01 respeita a um pedido da ora recorrente de licenciamento do projecto de remodelação do edifício da Praça dos Poveiros n.º 134, no Porto; mesmo que pela via do recurso contencioso se viesse a dar razão à ora recorrente, sempre ficariam por decidir os pedidos formulados na acção sob os pontos A,B e C da respectiva petição, uma vez que as questões num e noutro caso, ainda que respeitantes ao mesmo prédio, são diversas. Por esta mesma razão se conclui que o pedido de intimação, nos termos referidos pela sentença, também não asseguraria a tutela jurisdicional efectiva. Assim, não podia a sentença julgar verificada a falta do pressuposto processual negativo previsto no n.º 2 do art. 69.º da LPTA com base nas razões em que se fundou.*"

Colhidos os vistos legais, foi o processo submetida à conferência para julgamento.

2. FUNDAMENTAÇÃO

2.1. MATÉRIA DE FACTO

A sentença não destaca no local sistematicamente adequado os factos relevantes para a decisão. Todavia, tomou como assente o seguinte:

a) a autora arguiu a nulidade de vários despachos

proferidos no âmbito de um processo em curso na Câmara Municipal do Porto, iniciado com a apresentação de um projecto de reconstrução do prédio em causa;

b) a esse processo foi atribuído o n.º 5639/01;

c) os "despachos" aludidos em *a*) são os seguintes:

– de 29/5/2001 do Sr. Director Regional do Porto do IPPAR, com carácter vinculativo, que não aprovou o já referido projecto de arquitectura;

– de 5 de Julho de 2001 do arquitecto António Moura que recaiu sobre a informação 146/2001/S, que indeferiu o processo de obras 5639/01;

– de 8 de Junho de 2001 da Sr. Presidente da Comissão Municipal de Defesa do Património que deu parecer desfavorável ao projecto de reconstrução apresentado pela autora;

– informação de 15 de Junho de 2001, do Gabinete Técnico do Batalhão de Sapadores de Bombeiros do Porto relativa ao projecto 410-P/01.

d) pretende a autora através da presente acção que lhe sejam reconhecidos diversos direitos em consequência das invocadas nulidades ou anulabilidades, acabando por peticionar a condenação da ré a ordenar a demolição das obras de reconstrução do imóvel em causa efectuadas pelo inquilino, a notificar o inquilino para proceder à referida demolição no prazo de 30 dias contados da data da sentença, a demolir as ditas obras caso o referido inquilino da autora não proceda à demolição no prazo de 30 dias e a pagar à autora uma indemnização em consequência da omissão dos deveres de fiscalização de obras clandestinas.

2. MATÉRIA DE DIREITO

A sentença para concluir que o meio processual não era idóneo e pela verificação da excepção do art. 69.º, 2 da LPTA argumentou nos termos seguintes: "... *os actos que a autora argui de nulos ou anuláveis, e partir de cuja invalidade pretende obter o reconhecimento dos direitos que invoca (...) inviabilizaram a sua pretensão de reconstrução do prédio em causa (...) justamente por não concordarem com a demolição do edifício inerente à proposta de licenciamento apresentada pela ora autora no aludido processo no 5639/01. Ora, assim sendo, deveria o acto final de indeferimento daquele processo ter sido impugnado pelo ora recorrente na sua sede própria, ou seja, no âmbito do recurso contencioso de anulação, já que era esse o meio processual próprio para se apurar das invocadas nulidades ou anulabilidades, podendo a autora por via de execução voluntária ou coerciva da decisão judicial eventualmente favorável que nele obtivesse, conseguir a cabal tutela jurisdicional dos direitos e interesses que invoca. E caso não tivesse existido um indeferimento expresso, então deveria a ora autora ter usado do pedido de intimação para um comportamento previsto no art. 62.º do RJLMOP para obter o reconhecimento do deferimento tácito e a emissão da correspondente licença de demolição. E quanto ao pedido indemnizatório, a sede própria para a sua apreciação era a acção declarativa de condenação, sob a forma ordinária, alicerçada em responsabilidade civil extracontratual da C.M.P. prevista nos arts. 72.º da LPTA*".

Relativamente ao pedido de condenação em indemnização civil, por responsabilidade extracontratual da ré, a sentença está certa. A acção para efectivação da responsabilidade civil extracontratual é meio adequado para obter a condenação da ré ao pagamento da respectiva indemnização, nos termos do art. 51.º, 1, al. *h*) do ETAF, a qual segue uma tramitação completamente diferente da acção para reconhecimento de direitos e interesses legítimos (art. 69.º, 70.º e 71.º da LPTA) inviabilizando a respectiva cumulação.

Quanto ao julgamento da inidoneidade do presente meio processual para efectivação dos pedidos formulados sob as alíneas *a*), *b*) e *c*) da petição inicial (art. 69.º, 2 da LPTA), pensamos que a decisão recorrida não pode manter-se.

É certo (pacífico) que – como a sentença defendeu – a acção para reconhecimento de direitos e interesses legítimos não é meio processual idóneo, sempre que sobre a situação em causa tenha havido um acto administrativo impugnável, *cuja anulação e respectiva execução garanta a tutela jurisdicional do direito ou interesse invocado* – cfr. Ac. de 28/05/2002, 3/3/94, 23/4/96, 9/5/96, 10/10/96, 18/2/97, 19/11/98, 24/3/99, 19/5/99, 6/10/99, 12/10/99 e 24/5/2 001, proferidos nos recursos n.ºs rec. 048419, 33 290, 36 597, 37 415, 37 519, 40 257, 42 223, 42 489, 44 753, 45 015, 44 937 e 47 359, respectivamente) e, na doutrina, Vieira De Andrade, a Justiça Administrativa, pág. 145: "a tendência do sistema deverá, portanto, favorecer a tese estrutural, reservando-se a acção para os casos em que não exista um verdadeiro acto administrativo (incluindo a generalidade dos casos de indeferimento tácito)". Ora, no caso dos autos, o recurso contencioso do acto final, no processo camarário 5639/01 (onde é pedido o licenciamento de um projecto de arquitectura do prédio em causa), não é bastante para garantir a tutela efectiva do direito invocado pela autora, neste processo.

Vejamos, todavia, a questão, com mais detalhe.

A decisão recorrida considerou que a autora poderia ver plenamente satisfeita a sua pretensão através do recurso contencioso (e respectiva execução) do acto administrativo (final) proferido no processo administrativo 5639/01, onde esta pedia o licenciamento de um projecto de arquitectura de remodelação do seu prédio. O deferimento de tal pedido, no seu raciocínio, implicava necessariamente a demolição das obras levadas a cabo pelo inquilino, após o incêndio do prédio.

Mas esta argumentação não é bastante para concluir (sempre) pela desnecessidade da presente acção para obtenção da plena tutela jurisdicional da pretensão da autora.

Se é verdade que, como diz a sentença, esse recurso contencioso é o meio próprio para apurar as ilegalidades dos actos aí proferidos, a verdade é que a causa de pedir e pedido, no presente processo, não são os vícios de tais actos (enumerados na matéria de facto).

A *causa de pedir*, no presente meio processual, *é a existência de obras levadas a cabo pelo inquilino, sem prévio licenciamento.* O *pedido* é o *reconhecimento do direito da autora (senhoria do prédio) à demolição de tais obras.*

Ora, faz parte da alegação do autor *a inexistência* de um acto administrativo licenciando as obras levadas a cabo pelo inquilino, não estando demonstrado, nos autos, que o mesmo tenha sido proferido. Desta feita, a pretensão do autor – cuja tutela jurisdicional é prosseguida nesta acção – e que consiste na demolição das obras de reconstrução levadas a cabo sem licença, não se identifica, nem é completamente absorvido, com a pretensão de ver aprovado um projecto de reconstrução.

É certo que *se o autor obtiver a aprovação do seu projecto* de arquitectura de reconstrução do prédio, a pretensão objecto desta acção é, por essa via satisfeita. Contudo, se essa pretensão for *validamente indeferida*, subsiste o interesse da autora em ver reconhecido o seu direito a ver demolidas as obras levadas a cabo pelo inquilino sem a necessária licença – interesse esse que é merecedor de tutela jurídica e que só através da presente acção pode ser assegurado.

Deste modo, a existência de um procedimento administrativo da iniciativa do autor, com vista à remodelação do prédio, *não prejudica em toda a sua extensão, a pretensão de ver reconhecido o direito à demolição das obras levadas a cabo pelo inquilino.*

Do exposto resulta que o art. 69.º, 2 da LPTA não impede o uso da acção de reconhecimento de direitos na presente situação, uma vez que só assim se assegura a plena tutela jurisdicional do direito em causa.

3. DECISÃO

Face ao exposto, os juízes da 1ª Secção do Supremo Tribunal Administrativo acordam em conceder parcial provimento ao recurso e consequentemente:

a) Manter a decisão recorrida quanto à rejeição da acção relativamente ao pedido de condenação da ré na indemnização, alicerçada na responsabilidade civil extracontratual;

b) Revogar a decisão recorrida na parte em que rejeitou a acção, por inidoneidade do meio processual, relativamente aos pedidos formulados sob as alíneas *a*), *b*) e *c*) da petição inicial, prosseguindo os autos, se nada mais obstar.

Custas pelo recorrente na medida do seu decaimento, fixando a taxa de justiça em 150 € e a procuradoria em 50%.

Lisboa, 18 de Janeiro de 2005.

São Pedro (Relator)
Fernanda Xavier
João Belchior

Recurso n.º 254/04-12

ACÇÃO. PRESTAÇÃO DE SERVIÇOS MÉDICOS. ILICITUDE E CULPA.

(Acórdão de 23 de Fevereiro de 2005)

SUMÁRIO:

Em acção de responsabilidade civil extracontratual por facto ilícito em que o A. pretende obter a condenação de um determinado hospital público no pagamento de uma indemnização por danos patrimoniais e não patrimoniais, apresenta-se como ilícito e culposo o facto de no decurso de uma intervenção cirúrgica o médico que a executava ter deixado alojado no interior da cavidade abdominal do doente material cirúrgico ou mais concretamente uma "pinça de coração".

ACORDAM, EM CONFERÊNCIA, NA SECÇÃO DO CONTENCIOSO ADMINISTRATIVO DO SUPREMO TRIBUNAL ADMINISTRATIVO:

1 – José Francisco Laranginho Nunes, id. a fls. 2, intentou no TAC de Lisboa contra o HOSPITAL DO ESPÍRITO SANTO e contra Francisco António Madeira Barata, médico cirurgião desse hospital, a presente acção onde, com fundamento em deficiente prestação de serviços médicos, acaba por pedir a condenação dos RR. no pagamento ao A. da *"quantia de 7.500.000$00 por danos não patrimoniais e em quantia a liquidar em execução de sentença por danos patrimoniais".*

2 – Na contestação o R. Francisco António Madeira Barata, ao abrigo do disposto no art. 331.º do C. P. Civil, requereu a Intervenção Acessória da "ALIANÇA UAP – COMPANHIA DE SEGUROS, SA", actualmente "AXA SEGUROS PORTUGAL, SA"o que foi admitido por despacho de fls. 125v/126.

3 – Por sentença de 26.03.2003 (fls. 293/314) foi a acção julgada "parcialmente procedente por provada" e em conformidade condenados "*os RR. a, solidariamente, pagarem ao Autor o montante de 20.000,00 euros a título de danos não patrimoniais, bem como a quantia que se vier a liquidar em execução de sentença correspondente ao vencimento que deixou de auferir durante o período de baixa iniciada em 15 de Janeiro de 1998, no mais se absolvendo os Réus do pedido*".

4 – Não se conformando com tal decisão dela veio o R. Francisco António Madeira Barata bem como "AXA, SA" a interpor recurso jurisdicional.

Na respectiva alegação (fls. 330/337) formulou a **"AXA, SA"** as seguintes *CONCLUSÕES*:

I – Resulta provado nos autos que o Dr. Francisco Barata não violou qualquer regra da "leges artes" pelo que, não pode ser responsabilizado e em sequência também o não será a recorrente.

II – Não tendo havido negligência por parte do médico na realização do acto médico, nem culpa, não há facto pessoal donde possa emergir responsabilidade civil extracontratual.

III – A situação dos autos ocorre por manifesta falta de meios e pessoal do Hospital, não podendo ser o médico responsável pela omissão do Estado no providenciar de tais condições.

IV – O agravamento do risco da operação, já de si muito elevado pois destina-se a salvar "in limine" uma vida, não decorre de qualquer actuação menos correcta do médico.

V – Não é exigível ao médico que se substitua nessa omissão e, quando não consiga supri-la, por evidente sobrecarga de exigências que vão além da sua obrigação e ética de médico, não pode o mesmo ser responsável.

VI – A situação melhor descrita nos autos ocorre durante e por força de prestação de cuidados de saúde públicos, pelo que, o contrato de seguro não cobre tal situação – vide art. 3.º das C. Gerais da Apólice.

VII – O contrato de seguro em causa só tem aplicação nas situações em que o médico exerce a sua activi-

dade profissional na condição de independência de meios técnicos e conhecimento.

VIII – No caso dos autos o recorrido não é segurado para efeitos de contrato de seguro, pelo que, não é aquele contrato aplicável ao caso dos autos, mormente, por indirectamente estarem a serem seguras obrigações/omissões de outrem que não o tomador do seguro.

IX – Por outro lado, também o A. não pode ser considerado um terceiro em relação ao Hospital e ao próprio médico, pelo que, também não estamos perante o instituto de responsabilidade civil extracontratual.

X – Verifica-se a violação do disposto no art. 494.º e 496.º ambos do C. Civil e art. 3.º das Condições Gerais da Apólice.

Termos em que a sentença recorrida deve ser revogada.

5 – Na respectiva alegação (fls. 338/350) formulou o R. **Francisco António Madeira Barata** as seguintes *CONCLUSÕES*:

A – O recorrente, conforme se reconhece na sentença recorrida, não agiu contra as leges artis próprias das suas funções (actividade médico-cirúrgica).

B – Por via disso não violou o dever de cuidado próprio da sua profissão, já que observou todas as regras, técnicas e prudenciais, relativas à execução do acto cirúrgico que foi chamado a realizar e que não podia, de modo algum, deixar de realizar.

Na verdade,

C – São tais regras, e só elas, que definem e limitam a medida do cuidado que lhe pode ser exigido.

D – Sucede que o recorrente, por referência ao acto cirúrgico de 10 de Outubro de 1993 e em razão de não ter podido contar, na sua equipa operatória, com um técnico instrumentista e um cirurgião-ajudante, não dispunha, de facto, de condições objectivas que lhe permitissem realizar a intervenção dentro de um quadro do que designaríamos de risco normal em intervenções daquela natureza, conforme se reconheceu na sentença recorrida.

E – A deficiente composição da equipa operatória originou, pois, um risco acrescido para a intervenção cirúrgica levada a cabo, conforme se reconheceu na sentença recorrida.

F – Cabia ao 1.º Réu, HES, assegurar os meios humanos necessários à adequada composição da equipa operatória, conforme se reconheceu na sentença recorrida.

G – Por via disso e atento o disposto no art. 486.º do C. Civil, não cabia ao recorrente, enquanto cirurgião e no decurso do acto cirúrgico em causa, suprir as faltas dos dois técnicos acima mencionados.

H – Nem suportar, em nenhuma medida, o referido risco acrescido.

I – O facto lesivo teve origem e causa na deficiente organização e funcionamento do Serviço de Urgência do 1.º Réu, configurando um exemplo típico da chamada "faut du service", ínsita no princípio geral consagrado no art. 22.º da CRP.

J – Tal violação do dever da boa administração originou, no caso em apreço, um risco acrescido e anormal, gerador de danos, por cujo ressarcimento é exclusivamente responsável o 1.º R., nos termos do art. 8.º do DL 48.059.

K – Tais danos circunscrevem-se, porém, às dores físicas, incómodos, mal estar e angústia sofridos pelo recorrido, em resultado da sua submissão à segunda intervenção cirúrgica, realizada a 8 de Janeiro de 1998 e destinada, exclusivamente, à remoção da "pinça de coração" alojada no interior da sua cavidade abdominal.

L – Não se provou a lesão de qualquer órgão reportável ao mencionado instrumento cirúrgico.

M – Nem que o mesmo tenha, directa ou indirectamente, causado ao recorrido quaisquer dores, mal estar ou incapacidade para o trabalho.

N – Nem, finalmente, qualquer relação com a baixa médica iniciada imediatamente após a alta hospitalar, na sequência da realização do citado acto cirúrgico de 8 de Janeiro de 1998.

Nestes termos deve conceder-se provimento ao recurso e absolver-se o R. de qualquer responsabilidade.

6 – Não foram apresentadas contra-alegações.

7 – O Ex.mo Magistrado do M.º P.º emitiu parecer final a fls. 377/378 cujo conteúdo se reproduz, no sentido de que e em primeiro lugar impõe-se que o Tribunal se pronuncie sobre a questão de saber se e em caso de actuação negligente, o agente deve ser responsabilizado solidariamente com o R. Estado, entendimento que conduziu à condenação daquele e que, embora discutível, os recorrentes não põem em causa nas suas alegações. Afastada que se mostra, em face da factualidade apurada, a possibilidade de imputar ao agente uma conduta dolosa, entende o M.º P.º que, na situação se impunha a sua absolvição.

A não se entender assim, argumenta o M.º P.º que, atenta a argumentação desenvolvida pelos recorrentes nas suas alegações, os recursos merecem inteiro provimento.

Cumpre decidir:

8 – MATÉRIA DE FACTO:

Nos termos do art. 713.º n.º 6 do Cód. Proc. Civil, dá-se por reproduzida a MATÉRIA DE FACTO dada como demonstrada na sentença recorrida a qual não foi objecto de qualquer reparo.

9 – Através da presente acção de responsabilidade civil extracontratual por facto ilícito, como se referiu, pretende o seu Autor obter a condenação do Réu no pagamento de uma indemnização por danos patrimoniais e não patrimoniais, com fundamento em deficiente assistência médica que lhe foi prestada nos serviços do R., ou mais precisamente derivados de alegada conduta ilícita e culposa do médico que em intervenção cirúrgica feita ao autor em 10.10.93, deixara dentro do seu corpo uma "pinça de coração" que apenas veio a ser removida em 07.01.98 pelo mesmo médico que anteriormente o operara, o que determinou para A. prejuízos morais e patrimoniais dos quais pretende ser ressarcido.

Depois de tecer algumas considerações de ordem genérica e legal, no que respeita à verificação dos pressupostos da obrigação de indemnizar, na sentença recorrida refere-se essencialmente o seguinte:

"O facto ilícito encontra-se na acção (acto médico) mediante a qual foi deixado material cirúrgico, concretamente uma pinça de coração no interior da cavidade abdominal, por altura da intervenção cirúrgica (a primeira) de 10 de Outubro de 1993".

E, analisando a culpa, diz-se o seguinte na sentença recorrida:

"É seguro que no dia 10.10.93 o Autor foi submetido a uma intervenção cirúrgica, após ter dado entrada no Hospital...

Esta intervenção, que exigia do cirurgião competência e treino, foi efectuada no bloco operatório por uma equipa chefiada pelo Réu Dr. Francisco Barata.

No decurso desse acto cirúrgico ficou alojado no interior da cavidade abdominal do Autor, até 7 de Janeiro de 1998, uma pinça de coração destinada à preensão das estruturas delicadas por forma a permitir o acesso do cirurgião ao campo operatório.

Parece evidente que era suposto que tal não tivesse ocorrido.

De facto, a intervenção cirúrgica deve ser conduzida e concluída por forma a que nenhum material fique alojado no organismo do paciente.

Como chefe da equipa operatória esse dever de cuidado e diligência cabia, antes do mais, ao Réu Dr. Francisco Barata;

Ao ter actuado por forma a que ficasse alojado no interior do abdómen do Autor a pinça de coração, tal conduta é-lhe imputável a título de negligência, modalidade de culpa".

Considerou-se ainda e seguidamente na sentença recorrida que "*competia ao réu Hospital manter disponibilizados meios humanos e técnicos para que os actos médicos realizados nas suas instalações pudessem ser levados a termo em normais condições de segurança para os utentes de serviço*" não tendo sido "*isso que aconteceu*" e, assim sendo, "*não pode ser assacado somente ao médico que opera, (porque é imperioso que opere face ao quadro clínico do doente) o aumento de risco que representa o exercício de tão exigentes funções num quadro de manifesta escassez de meios*". E, acrescenta: "*se o risco aumenta pela falta de condições deve também aumentar o zelo e diligência do médico*", pelo que há "*que ponderar casuisticamente qual a contribuição de cada um, hospital e médico, na produção do evento danoso*", acabando posteriormente por concluir no sentido de que "*face às concretas circunstâncias em que ocorreu o facto ilícito, é adequado atribuir ao Réu Hospital a responsabilidade de 70% e ao Réu Dr. Francisco Barata 30%*".

Por fim entendeu-se na sentença recorrida que, embora o 2.º Réu tivesse agido com negligência, deve ser responsabilizado solidariamente com o Estado e, em conformidade acabou por condenar os "*RR. a, solidariamente, pagarem ao Autor o montante de 20.000,00 euros a título de danos não patrimoniais, bem como a quantia que se vier a liquidar em execução de sentença correspondente ao vencimento que deixou de auferir durante o período de baixa iniciada em 15 de Janeiro de 1998, no mais se absolvendo os Réus do pedido*".

9.1. – Como resulta das conclusões da alegação, os ora recorrentes sem colocarem minimamente em questão os quantitativos relativos ao pagamento da indemnização em que os RR. foram condenados, discordam fundamentalmente da sentença recorrida na parte em que considerou ter ocorrido uma conduta "negligente" e "culposa" do réu médico na produção do evento donde emerge o direito de indemnizar.

O recurso jurisdicional, como tem sido entendimento pacífico circunscreve-se aos concretos pontos da sentença recorrida cuja discordância os recorrentes manifestam através do ataque que lhe dirigiram na alegação do recurso, ataque esse posteriormente sintetizado nas respectivas conclusões (cf. nomeadamente art. 690.º do Cód. Proc. Civil). Competindo aos recorrentes delimitar o objecto do recurso ou o "thema decidendum", tendo em consideração a situação em apreço, ao tribunal em sede de recurso jurisdicional apenas compete indagar se a sentença recorrida se apresenta ou não como juridicamente correcta face aos eventuais vícios ou erros de julgamento que os recorrentes lhe apontam.

Assim e uma vez que os argumentos invocados pelos recorrentes quer na alegação quer nas conclusões do recurso jurisdicional em nada questionam o acerto do decidido na sentença recorrida (salvo na parte em que se decidiu no sentido da verificação de uma conduta "negligente" e "culposa" do réu médico na produção do evento), não compete ao Tribunal em sede de recurso jurisdicional o dever de indagar se, na situação, a sentença recorrida se apresenta ou não como juridicamente correcta ao condenar os RR. solidariamente, independentemente da actuação do R. Francisco Barata ter sido considerada negligente ou dolosa, já que os recorrentes e nesse concreto aspecto, não dirigiram à sentença recorrida qualquer impugnação.

9.1. *a*) – Nas conclusões VI a IX da respectiva alegação, a Seguradora "AXA, SA" argumenta no sentido de que o contrato de seguro que celebrou com o R. Francisco Barata não cobre a situação descrita nos autos, razão pela qual, como expressamente refere na respectiva alegação "deverá a responsabilidade e inerente indemnização ficar a cargo do hospital recorrido", tendo em conformidade e além do mais, imputado à sentença recorrida violação do art. 3.º das Condições Gerais da Apólice.

Diga-se no entanto que a seguradora AXA, SA não figura nos presentes autos como R. mas apenas e a título incidental como interveniente acessório (cf. despacho de fls. 125v/126, que oportunamente transitou em julgado). Daí que e na situação a seguradora "AXA, SA" apenas tenha, como resulta do disposto no art. 330.º n.º 1 do C. P. Civil, uma função de mero "auxiliar na defesa", com uma "actividade subordinada à da parte principal" (art. 337.º n.º 2 x vi art. 332.º n.º 1 do CPC), não competindo por isso e em sede de recurso jurisdicional apreciar o alegado naquelas conclusões ou apurar qual a abrangência do aludido contrato de seguro, questão essa que, aliás, nem chegou a ser apreciada na sentença recorrida.

9.2. – Compete, por conseguinte apurar se assiste razão aos recorrentes quando sustentam não ter sido praticado qualquer acto ilícito pelo médico que efectuou a intervenção cirúrgica ao autor por não ter agido "*contra as leges artis próprias das suas funções*", nem teria, em consequência, existido qualquer culpa na produção do evento que obriga à reparação já que, além de não ter violado o dever de cuidado próprio da sua profissão, teria observado "*todas as regras, técnicas e prudenciais, relativas à execução do acto cirúrgico que foi chamado a realizar e que não podia, de modo algum, deixar de realizar.*".

Vejamos:

Como é sabido, nos termos do art. 2.º, n.º 1 do DL n.º 48 051 de 21/11/67 o Estado e as demais pessoas colectivas públicas respondem civilmente perante terceiros pelas ofensas dos direitos destes ou das disposições legais destinadas a proteger os seus interesses, resultantes de actos ilícitos culposamente praticados pelos respectivos órgãos ou agentes administrativos no exercício das suas funções e por causa desse exercício. Deste modo e como tem sido jurisprudência pacífica, a responsabilidade civil extracontratual a que se refere este normativo coincide, no essencial, com a responsabilidade civil consagrada no art. 483.º do C. Civil, dependendo a obrigação de indemnizar da verificação cumulativa dos seguintes pressupostos: facto, ilicitude, culpa, nexo de causalidade e dano.

Considera o art. 6.º do DL 48.051 como ilícitos para efeitos deste diploma "os actos jurídicos que violem as normas legais e regulamentares ou os princípios gerais aplicáveis e os actos materiais que infrinjam estas normas e princípios ou ainda as regras de ordem técnica e de prudência comum que devam ser tidas em consideração".

Uma vez que a conduta do agente geradora do dano tanto pode consistir num comportamento positivo como numa omissão (cfr. Art. 486.º do Cód. Civil), os citados preceitos abrangem por conseguinte não só os actos materiais e omissões que ofendam direitos de terceiros ou disposições legais destinadas a proteger os seus interesses, como ainda os actos ou omissões que ofendam as "regras técnicas e de prudência comum" ou o dever geral de cuidado, onde se inclui nomeadamente o caso dos serviços Hospitalares que originam uma deficiente prestação de serviço de saúde.

Com interesse para apreciação dos referidos pressupostos da obrigação de indemnizar – ilicitude e culpa – resulta da matéria de facto dada como demonstrada o seguinte:

O autor deu entrada no Banco de Urgências do Hospital do Espírito Santo no dia 10.10.93 (al. A) da especificação);

Tendo-lhe sido diagnosticado uma úlcera justa pilórica perfurada (al. B) da especificação);

Nesse mesmo dia foi submetido a uma intervenção cirúrgica (al. C) da especificação);

A equipa cirúrgica que levou a cabo a intervenção era chefiada pelo 2.º Réu Francisco Barata (al. D) da especificação);

No dia 18.10.93 foram-lhe retirados os pontos e foi mandado para casa (al. E) da especificação);

Após regressar a casa, e nesse mesmo dia, foi consultado no Centro de Saúde do Redondo e daí enviado para o Banco de urgência do 1.º Réu (al. F) da especificação);

Tendo sido novamente cosido na zona operada (al. G) da especificação);

E administrada anestesia local (al. H) da especificação);

Em 10.11.97 o médico radiologista Dr. António Lopes, em relatório de exame radiológico efectuado ao abdómen do autor escreveu: «Imagem de corpo estranho rádio-opaco em relação com existência de material cirúrgico no interior da cavidade abdominal a nível do hipocôndrio esquerdo» (al. L) da especificação); O material referido em L) era uma pinça de coração (resposta ao quesito 33);

Esse material cirúrgico ficou alojado no interior da cavidade abdominal do Autor no decurso do acto cirúrgico realizado pelo 2.º Réu em 19.10.93 (al. M) da especificação);

No dia 7 de Janeiro de 1998 o Autor foi novamente operado nas instalações do 1.º Réu, pelo 2.º Réu, tendo-lhe sido removido material cirúrgico (al. O) da especificação);

O objecto removido foi uma pinça de coração, a qual já não apresentava uma das extremidades completa (resposta ao quesito 51);

Destinada à preensão de estruturas delicadas, por forma a permitir o acesso do cirurgião ao campo operatório (resposta ao quesito 52);

A intervenção de 10.10.93 exigia do cirurgião competência e treino (resposta ao quesito 53);

O 2.º Réu não pode contar com o apoio de técnico instrumentista (resposta ao quesito 53);

A quem cabe a específica função de controlo e fiscalização dos instrumentos cirúrgicos utilizados na intervenção (resposta ao quesito 53);

Como ajudante o 2.º Réu contou com uma colega que frequentava o internato complementar de ortopedia (resposta ao quesito 57);

Face ao que resulta do descrito e provado factualismo a que o juiz forçosamente terá de atender (cfr. nomeadamente art. 659.º n.º 3 do CPC), torna-se facilmente visível que não assiste qualquer razão aos recorrentes quando discordam da sentença recorrida ao considerar ter existido negligência do 2.º Réu na produção do evento donde emerge o direito à indemnização pedida pelo autor.

Com efeito, resulta da matéria de facto (al. M) da especificação), que aquela "pinça de coração" ou material cirúrgico *"ficou alojado no interior da cavidade abdominal do Autor no decurso do acto cirúrgico realizado pelo 2.º Réu em 19.10.93".*

Tanto basta para que se dê como demonstrada não só facto de o 2.º réu ter agido contra a "leges artis" próprias das suas funções, como o facto de ter agido com culpa, na modalidade negligente ao violar o dever de cuidado que e na situação se impunha.

É notório que o esquecimento da pinça no interior do doente que estava a ser operado traduz a prática de um facto anómalo e sem justificação possível, que só pode ser devido a manifesta falta de cuidado ou a manifesto descuido do médico que realiza a intervenção cirúrgica. Descuido esse que e desde logo se apresenta como violador do direito à saúde e integridade física do doente.

Aliás é incompreensível que, após uma intervenção cirúrgica o médico que realiza essa intervenção venha a suturar a incisão sem se certificar ou verificar se existia qualquer entrave, nomeadamente se teria ficado qualquer corpo estranho ou material cirúrgico utilizado na operação, dentro do organismo do doente, como aconteceu na situação em apreço. Era o 2.º réu que realizava a operação a quem directamente e em primeiro lugar competia tomar os devidos cuidados ou assegurar que todas as fases da operação corressem normalmente sem a verificação de qualquer anómala situação. E, só uma manifesta falha humana ou falta de cuidado do 2.º R. justifica o descrito comportamento, que atenta manifestamente contra a referida "leges artis".

E, ao contrário do entendido pelos recorrentes, não justifica tal omissão a alegada deficiente composição da equipa operatória, nomeadamente o facto de o 2.º Réu na altura da operação não poder contar com o técnico instrumentista, facto esse que, aliás, como reconhece o 2.º R.º, poderia eventualmente originar um risco acrescido para o êxito ou falta de êxito da intervenção cirúrgica, situação essa que, aliás, não está directamente em questão nos autos, mas sim aquele facto lesivo que teve origem na falta de cuidado ou atenção do 2.º Réu, tanto mais que, com toda a probabilidade teria sido ele, quando executava a intervenção cirúrgica quem colocara a pinça no interior do organismo do A. onde acabaria por a deixar alojada, facto esse devido apenas a manifesto descuido da sua parte. Por outra via, como se entendeu na sentença recorrida, "se o risco aumenta pela falta de condições, deve também aumentar o zelo e diligência do médico" ou o cuidado para que situações como a verificada nos autos não ocorram. Assim o resultado daquele descuido, só ao 2.º R. pode ser imputado.

Daí que seja de concluir que aquela descrita situação se integra perfeitamente na previsão do citado art. 6.º do DL 48.051 enquanto omissão ofensiva das "regras técnicas e de prudência comum" ou o "dever geral de cuidado", onde se inclui a situação em apreço que deu origem a uma deficiente prestação de serviço de saúde.

Como se entendeu no ac. deste STA de 20.04.04, rec. 982/03 "na responsabilidade civil extracontratual, por acto cirúrgico ilícito, o desvalor da acção do agente – a violação das *leges artis* ou do dever geral de cuidado – é um dos pressupostos constitutivos da obrigação de indemnizar".

E, a ser assim a conduta dos agentes do R. não pode igualmente deixar de ser considerada culposa.

Com referência à culpa, o art. 4.º do DL n.º 48.051 remete expressamente para o critério estabelecido no art. 487.º do Código Civil – a culpa é apreciada "*pela diligência exigível de um bom pai de família, em face das circunstâncias de cada caso*" (n.º 2).

Como ensina Antunes Varela, Das Obrigações em Geral, agir com culpa, significa actuar em termos de a conduta do agente merecer a reprovação ou censura do direito. E essa conduta será reprovável quando o lesante em face das circunstâncias concretas da situação "*podia e devia ter agido de outro modo*".

Como se referiu, se o médico que operou o A. tivesse tido aquele mínimo de cuidado que na situação se impunha atento o trabalho que estava a executar, teria certamente e sem grande dificuldade, evitado aquela situação lesiva que ele próprio criou.

O que, tendo em consideração a situação em apreço, nos permite afirmar, sem qualquer dúvida, ser a conduta do 2.º Réu merecedora de um juízo de reprovação ou censura e por isso culposa na modalidade de negligente.

Improcedem assim as conclusões dos recorrentes, ao sustentarem não ter havido negligência ou culpa por parte do Réu Francisco Barata.

9.3. – Diz ainda o 2.º R. nas conclusões J) a N) que os danos se circunscrevem "*às dores físicas, incómodos, mal estar e angústia sofridos pelo recorrido, em resultado da sua submissão à segunda intervenção cirúrgica, realizada a 8 de Janeiro de 1998 e destinada, exclusivamente, à remoção da "pinça de coração" alojada no interior da sua cavidade abdominal*", que "*não se provou a lesão de qualquer órgão reportável ao mencionado instrumento cirúrgico nem que o mesmo tenha, directa ou indirectamente, causado ao recorrido quaisquer dores, mal estar ou incapacidade para o trabalho, nem qualquer relação com a baixa médica iniciada imediatamente após a alta hospitalar, na sequência da realização do citado acto cirúrgico de 8 de Janeiro de 1998*".

Em suma, sustenta o recorrente na respectiva alegação que a lista de danos peticionados, tenham sido causados pelo aludido instrumento cirúrgico, não obstante este ter permanecido, durante cerca de quatro anos, no interior da cavidade abdominal do Autor.

No tocante ao saber quais os prejuízos indemnizáveis, diz expressamente o artigo 563.º do Código Civil que a "*obrigação de indemnização só existe em relação aos danos que o lesado provavelmente não teria sofrido se não fosse a lesão*", ou seja a indemnização terá de se reportar aos danos derivados do facto ilícito que obriga à reparação, adoptando-se para o efeito a "*doutrina da causalidade adequada*" na sua formulação negativa reiteradamente afirmada neste STA, (cfr. a título de exemplo os de 27.06.2001, rec. n.º 37410, 06.03.2002, rec. n.º 48155, 27.6.2002, rec. n.º 479-02 e de 29.10.2002, rec. n.º 177-02), segundo a qual "*parece razoável que o agente só responda pelos resultados, para cuja produção a sua conduta era adequada, e não por aqueles que tal conduta, de acordo com a sua natureza geral e o curso normal das coisas, não era apta para produzir e que só se produziram em virtude de uma circunstância extraordinária*" (*ac.* Ac. deste STA de 02.11.2003, rec. 323/02)

Assim serão indemnizáveis também os danos ou prejuízos que para o A. advieram e derivados da segunda intervenção cirúrgica realizada em 07.01.98, já que esta visou unicamente a remoção ou extracção do material cirúrgico que ficara alojado no interior da cavidade abdominal do Autor no decurso da intervenção cirúrgica realizada pelo 2.º Réu em 10.10.93 (cfr. al. L) a O) da especificação). O mesmo é dizer que o considerado comportamento ilícito e culposo foi causa directa e adequada desta segunda intervenção.

9.3. *a*) – No que respeita a danos materiais foram os RR. condenados a pagar ao A. a "*quantia que se vier a liquidar em execução de sentença correspondente ao vencimento que deixou de auferir durante o período de baixa iniciada em 15 de Janeiro de 1998*".

Como resulta dos autos, devido ao facto de lhe ter sido detectado o referido material cirúrgico, "*no dia 7 de Janeiro de 1998 o Autor foi novamente operado nas instalações do 1.º Réu, pelo 2.º Réu, tendo-lhe sido removido material cirúrgico (al. O) da especificação*), permanecendo "*então internado no Hospital até 15 de Janeiro de 1998 (al. P) da especificação),* mantendo-se posteriormente de "*baixa médica desde 15 de Janeiro até 4 de Junho*".

Não pode por conseguinte essa baixa médica deixar de ser tida como uma consequência provável do evento donde emerge o direito de indemnizar. Por isso o prejuízo decorrente dessa baixa médica deve ser indemnizado como, aliás, se decidiu na sentença recorrida.

9.3. *b*) – No que respeita a danos morais considerou a sentença recorrida o seguinte:

"*... decorridos 2 a 3 meses após a 1ª intervenção, o autor começou a sentir-se mal, com dores no abdómen, tendo consultado o médico de família, o qual lhe receitou medicamentos para reduzir ou eliminar as dores.*

Esse mal estar e dores tiveram também repercussões na actividade profissional do A.

O trabalho que desenvolvia numa cooperativa de mármores tornou-se penoso, apenas se mantendo a trabalhar porque contou com a compreensão da Direcção da Cooperativa.

O autor, pessoa trabalhadora, sentiu-se por isso diminuído aos olhos dos seus companheiros.

Consultou outro médico, queixando-se de dores, tendo-lhe sido prescritas injecções.

Apesar disso as dores continuaram, o que levou o A. a pensar que teria uma doença maligna.

Todas as circunstâncias o afectaram, causando-lhe sofrimento e angústia.

Em 7 de Janeiro de 1998 o Autor submeteu-se a nova intervenção cirúrgica com um único objectivo: retirar a pinça de coração que havia sido deixada no abdómen por altura da cirurgia realizada em 10.10.93.

Daí resultaram dores e angústias quanto à sua situação clínica".

Estes danos, traduzidos nomeadamente em dores físicas, incómodos, mal estar e angústia, com toda a probabilidade não teriam advindo ao A. se o réu médico não tivesse deixado alojado no interior do seu organismo o referenciado material cirúrgico.

Estamos por conseguinte perante "danos" indemnizáveis, como resulta nomeadamente do disposto nos art. 563.º e 496.º do Cód. Civil.

Daí que não assista razão ao réu recorrente no tocante ao alegado nas cls. J) a N).

E, sendo estas as únicas questões suscitadas pelos recorrentes, ao improcederem as conclusões que formularam, improcede igualmente o recurso jurisdicional.

10 – Termos em que ACORDAM:

a) – Negar provimento a ambos os recursos jurisdicionais interpostos.

b) – Custas pelos recorrentes.

Lisboa, 23 de Fevereiro de 2005.

Edmundo Moscoso (Relator)
Angelina Domingues
Costa Reis

Recurso n.º 1662/03-13

ALVARÁ DE LOTEAMENTO. ALTERAÇÕES AO ALVARÁ. DESCONFORMIDADE COM O ALVARÁ. ALTERAÇÃO DE PORMENOR.

(Acórdão de 13 de Janeiro de 2005)

SUMÁRIO:

I – O art. 36.º do DL n.º 448/91, de 29/11 dispõe a respeito da *alteração do alvará do loteamento*, não do ponto de vista da substância, da matéria e dimensão da alteração, mas somente do ponto de vista procedimental. Ali se define quem pode pedir a alteração (n.º 1), as formalidades a observar (n.os 2 e 3) e a entidade competente para a decisão (n.os 2 e 4).

II – Essa alteração, seja de fundo (n.os 1 a 3), seja de pormenor (n.os 4 e 5) implica uma modificação das *especificações* constantes do alvará, isto é, dos elementos essenciais que determinaram a aprovação do licenciamento da operação urbanística.

III – A *alteração do alvará* implica uma nova estatuição, um novo conteúdo, que há-de figurar no respectivo título através de um "aditamento" (n.º 2), salvo nos casos em que ela constitua mera "alteração de pormenor" ou simples alteração às especificações previstas nas líneas *g*) e *h*) do art. 29.º (n.º 4).

IV – Tendo um determinado acto deferido um pedido de ampliação de um muro de vedação, nada obsta a que venha a ser declarado nulo por acto administrativo posterior com fundamento em que o aumento pretendido estava em *desconformidade* com o alvará de loteamento, nos termos dos arts. 52.º, n.º 2, al. *b*) e 63.º, n.º 1, al. *a*), do DL n.º 445/91, de 20/11

V – É diferente o alcance do art. 36.º citado (aí, disciplina-se o procedimento de alteração de alvará) dos artigos referidos no ponto IV supra (ali, sanciona-se a actuação que esteja em desconformidade com o alvará).

VI – Assim, se o acto que declara a nulidade tem por fundamento a dita *desconformidade*, improcede o vício que lhe é imputado com base na violação do art. 36.º.

ACORDAM NA 1ª SUBSECÇÃO DA 1ª SECÇÃO DO STA:

I – Manuel Ferreira Pires, casado, residente na Rua Teixeira de Pascoais, n.º 442, 6.º andar, freguesia de Azurém, em Guimarães, recorre *jurisdicionalmente* da sentença proferida pelo TAC do Porto, que negou provimento ao recurso contencioso ali movido contra o acto de 15/07/2002 do Senhor **Vereador da Câmara Municipal de Guimarães** pelo qual declarou a nulidade de anterior despacho de 5/03/2002 de deferimento de pedido de alteração de muros de vedação da sua propriedade.

Alegou e **concluiu**, como segue:

«1 – Apuradas que foram as diferenças de área do lote, e as que constavam do alvará de loteamento, houve efectiva necessidade de construir cerca de 1.30 metros de muro, assim ficando salvaguardado o direito do recorrente, que não poderá ser violado, de murar o seu prédio, consagrado no art. 1356.º do Código Civil;

2 – Com efeito, tratando-se de uma alteração de pormenor, e por isso, cabendo na excepção constante dos n.os 4.º e 5.º do art. 36.º do Decreto-lei 448/91, e pelo que o M.mo Juiz "*a quo*" ao assim não concluir fez errada interpretação da lei;

3 – Estando a área de implantação relacionada com a volumetria de construção verificada no referido lote, e não apenas à construção do referido muro, sendo a partir daí que poderá apurar-se a área de implantação e saber se excede ou não os 3% de diferença relativamente ao constante do alvará de loteamento para o referido lote;

4 – O M.mo Juiz não se pronunciou sobre a área do lote, questão determinante para averiguar sobre a validade do despacho que foi declarado nulo, essa sim relevante para se saber se estaria ou não dentro das alterações ditas de pormenor de acordo com alvará de loteamento e para a área de construção permitida por este;

5 – Assim, a sentença recorrida violou, para além de outros, os n.os 4.º e 5.º do art. 36.º do Decreto-lei 448/91 e art. 668.º n.º 1 al. *b*) e *c*) do C.P.C.».

Alegou, também, a autoridade recorrida, **concluindo**:

«1. Como resulta das doutas "*conclusões*" das alegações apresentadas pelo recorrente, não são apontados erros da sentença que, porventura, sejam susceptíveis de alcançar a sua reforma.

2. São, assim, suscitadas "*questões novas*" que, nos termos do art. 690.º do CPC, devem conduzir à rejeição do presente recurso jurisdicional.

3. A douta sentença recorrida, não violando os preceitos invocados pelo recorrente, deve, pois, ser mantida».

O digno Magistrado do MP opinou no sentido do improvimento da ulidade invocada e do próprio recurso.

Cumpre decidir.

II – OS FACTOS

A sentença recorrida deu por assente a seguinte factualidade:

«1. Por requerimento de 14/05/2001, que tomou o n.º 07744 datado de 25/06/2001, o recorrente solicitou ao Presidente da Câmara Municipal de Guimarães, o licenciamento da construção de um muro de vedação de lote de terreno de sua propriedade situado no lugar de Sobreiro, Freguesia de Azurém. (fls. 3 do Processo Administrativo cujo teor aqui se dá por integralmente reproduzido);

2. Foram anexos ao requerimento termo de responsabilidade do autor do projecto de arquitectura, calendarização da obra, estimativa do custo, memória descritiva e justificativa, cópia de alvará de licença de construção n.º 1653/99, planta de implantação à escala 1/500, e pormenor de alçados do muro à escala 1/100 (fls. 4 a 10 do Processo Administrativo, cujo teor aqui se dá por reproduzido);

3. Em 12.07.2001 foi informado pela Divisão de Gestão Urbanística da CM de Guimarães, "*não existir inconveniente no deferimento da pretensão em causa*" (fls. 13 do Processo Administrativo, cujo teor aqui se dá por reproduzido);

4. Tendo sido deferido o pedido em 17/7/2001 (fls. 14 do Processo Administrativo, cujo teor aqui se dá por integralmente reproduzido);

5. Tendo o requerente sido notificado da decisão por ofício n.º 11789 de 20/7/2001 (fls. 16 do Processo Administrativo, cujo teor aqui se dá por integralmente reproduzido);

6. E emitido o alvará de licença de construção n.º 1248/01 em 24/8/2001 (fls. 24 do Processo Administrativo, cujo teor aqui se dá por integralmente reproduzido);

7. Por requerimento de 24/09/2001, que tomou o n.º 11527, e datado de 25/09/2001, o recorrente solicitou ao Presidente da Câmara Municipal de Guimarães, aditamento aos projectos de muro licenciados ao abrigo dos alvarás de licença nos 1653/99 e 1248/01 (fls. 25 do Processo Administrativo cujo teor aqui se dá por integralmente reproduzido);

8. Foram anexos ao requerimento termo de responsabilidade do autor do projecto de arquitectura, memória descritiva e justificativa, e pormenor de alçados do muro à escala 1/100 (fls. 26 a 29 do Processo Administrativo, cujo teor aqui se dá por reproduzido);

9. Em 20.12.2001 foi informado pela Divisão de Gestão Urbanística da CM de Guimarães, "*o pedido deveria ficar condicionado à apresentação de planta de implantação identificando os muros que pretende construir*" (fls. 38 do Processo Administrativo, cujo teor aqui se dá por reproduzido);

10. Tendo o requerente sido notificado em sede de audiência prévia para apresentação dos elementos referidos supra em 9 por ofício n.º 20169 de 27/12/2001 (fls. 39 do Processo Administrativo, cujo teor aqui se dá por integralmente reproduzido);

11. Tendo apresentado o recorrente a planta de implantação à escala 1/500 por requerimento de 4 de Janeiro de 2002 registado sob o n.º 54 da mesma data (fls. 41 e 42 do Processo Administrativo, cujo teor aqui se dá por integralmente reproduzido);

12. Foram ainda juntos, após solicitação dos serviços camarários, declaração da associação dos agentes técnicos de arquitectura e engenharia, termo de responsabilidade relativo às condições de segurança e solidez e declaração de conformidade dos desenhos apresentados com o correcto levantamento da obra (fls. 43 a 52 do Processo Administrativo, cujo teor aqui se dá por integralmente reproduzido);

13. Tendo sido deferido o pedido de licenciamento em 05/03/2002 (fls. 55 do Processo Administrativo, cujo teor aqui se dá por integralmente reproduzido);

14. E emitido o alvará de licença de construção n.º 301/ /2002 em 11/03/2002 (fls. 64 do Processo Administrativo, cujo teor aqui se dá por integralmente reproduzido);

15. Em 05/04/2002 pelo Director de Planeamento e Gestão Urbanística foi elaborada a seguinte informação sobre o licenciamento de muro de vedação, que se transcreve:

"Assunto: Licenciamento de muro de vedação (reg.º 11527/01) Requerente: Manuel Ferreira Pires

Local: Sobreiro (Lote 20, Lot.º 41/89) Azurém

Informação

Reanalisado o processo de licenciamento do muro de vedação, junto ao arruamento, (reg.º 11527/01, de 25/9), onde se requer o prolongamento do mesmo em 1,80 metros, passando a totalizar 31,80 metros (o inicialmente aprovado tinha apenas 30 metros), verifica-se, assim, existir uma desconformidade entre o agora proposto e o previsto e aprovado no alvará de loteamento.

De acordo com a planta do projecto de loteamento aprovado, onde se insere aquele lote, este possui uma frente entre 30.00 metros e 30.50 metros, (existe dificuldade em se obter uma maior precisão devido à escala em que o desenho é apresentado e ainda ao mesmo não estar cotado).

Daqui se conclui que o despacho de licenciamento que recaiu sobre o pedido datado de 5.03.2002, está ferido de nulidade nos termos da alínea b) do n.º 2, do artigo 52.°, do Decreto-Lei n.º 445/91, pelo que a mesma deverá ser reconhecida e o respectivo pedido indeferido, ao abrigo da alínea a), do n.º 1, do artigo 63.º, do Decreto-Lei n.º 445/91.

Em sequência, deverá o processo ser enviado aos Serviços de Fiscalização, para cassação do alvará de licença n.º 301/02, referente às obras em causa." (fls. 65 do Processo Administrativo);

16. Foi efectuada audiência prévia conforme ofícios de fls. 66 e 67;

17. Foi elaborada informação final em 15/07/2002 pelo Director de Planeamento e Gestão Urbanística que se transcreve:

"O despacho de licenciamento de 02103/05 que recaiu sobre o registo 1595/02 está ferido de nulidade, pelo que

a mesma deverá ser reconhecida nos termos da alínea b) do n.º 2 do art. 520.º do Decreto-Lei 445/91." (fls. 71 do Processo Administrativo);

18. E na mesma data proferida decisão final (ACTO RECORRIDO) pelo Vereador António Castro, que se transcreve:

"Concordo.

Nos termos do n.º 2 do art. 134.º do C.P.A. declaro a nulidade do despacho de 02.03.05 que licenciou as obras referentes ao reg. 1595/02." (fls. 71 do Processo Administrativo);

19. A decisão foi notificada ao recorrente por ofício de 16/07/2002. (fls. 72 do Processo Administrativo, cujo teor aqui se dá por integralmente reproduzido);

20. O presente recurso contencioso de anulação deu entrada neste tribunal em 16/09/2002».

III – O DIREITO

Da nulidade

Para sustentar a existência da nulidade a que se refere o art. 668.º, n.º 1, al.*b*), do CPC, o recorrente afirma que o juiz " a quo" não teve em consideração que a área do último lote (o seu) constante do projecto de loteamento não coincide com a área real e efectiva verificada no local (única razão que o levou à necessidade de requerer o aditamento ao pedido inicial de construção do muro de vedação, ampliando-o em cerca de 1,30 metros, como "alteração de pormenor").

Não concordamos.

Na verdade, o julgador disse que o recorrente nunca suscitou que a questão da ampliação da dimensão do muro corresponde a mera "alteração de pormenor". E disse ainda que, de todo o modo, o aumento pretendido pelo recorrente (cerca de 1,30 metros) representaria um aumento superior a 3% de variação relativamente à dimensão inicialmente aprovada de 30,50 metros.

Ou seja, o julgador da 1ª instância não relacionou a "alteração de pormenor" com a mancha de construção, mas sim e apenas com o comprimento do muro, tal como havia sido inicialmente projectado e aprovado.

Pode isto, eventualmente, representar um erro de julgamento, mas se na sua óptica era assim que a questão devia ser apreciada, não faz sentido apelar a omissão de pronúncia que leve à nulidade da sentença.

Do mérito do recurso

A sentença sob censura considerou que nenhuma das violações à lei imputadas pela recorrente se verificava.

Em causa estavam as disposições seguintes:

– Arts. 1.º, 3.º, al. *a*), 29.º, n.º 1, al. *e*) e 36.º, n.ºs 2, 4 e 5 do DL n.º 448/91, de 29/11;

– Art. 133.º do CPA;

– Art. 28.º, n.º 3, do Código de Registo Predial.

Nas alegações, porém, o recorrente apenas assaca à sentença a violação dos n.ºs 4 e 5 do art. 36.º do DL n.º 448/91.

Vejamos.

O artigo em apreço dispõe da seguinte maneira:

«Artigo 36.º

Alteração ao alvará

1 – As especificações do alvará de loteamento podem ser alteradas a requerimento do interessado.

2 – A alteração das especificações do alvará de licença de loteamento constará de aditamento ao alvará inicial e obedece, com as necessárias adaptações, ao disposto no presente diploma para o licenciamento da operação de loteamento e das obras de urbanização, designadamente em matéria de pareceres, autorizações e aprovações exigidos por lei, mas ficando, no entanto, o requerente dispensado de apresentar os documentos utilizados no processo anterior que se mantenham válidos e adequados.

3 – As alterações às especificações previstas na alínea *e*) do n.º 1 do artigo 29.º só podem ser licenciadas mediante autorização escrita de dois terços dos proprietários dos lotes abrangidos pelo alvará, dos edifícios neles construídos ou das suas fracções autónomas.

4 – Exceptuam-se do disposto no n.º 2 as alterações às especificações previstas nas alíneas *g*) e *h*) do n.º 1 do artigo 29.º, bem como as de pormenor, que são autorizadas por simples deliberação fundamentada da câmara municipal, com dispensa de quaisquer outras formalidades.

5 – Consideram-se alterações de pormenor apenas as que se traduzem na variação das áreas de implantação e de construção até 3%, desde que não implique aumento do número de fogos e alteração dos parâmetros urbanísticos fixados nos planos municipais de ordenamento do território».

Trata-se, como é evidente, de um dispositivo que preceitua a respeito da alteração do alvará de loteamento, não do ponto de vista da substância, da matéria e dimensão das alterações, mas somente do ponto de vista procedimental. Ali se define quem pode pedir a alteração (n.º 1), as formalidades a observar (n.ºs 2 e 3) e a entidade competente para a decisão (n.ºs 2 e 4).

Note-se, por outro lado, que essa *alteração*, seja ela de *fundo* (n.ºs 1 a 3), seja de *pormenor* (n.ºs 4 e 5), tem que implicar uma modificação das *especificações*, isto é, dos elementos essenciais que determinaram a aprovação do licenciamento da operação urbanística e que hão-de ser cumpridos à risca na sua execução.

E atente-se, por fim, que as alterações implicam uma nova estatuição, um novo conteúdo que há-de figurar no respectivo título, através de *aditamento* (n.º 2), salvo as que constituam mera *"alteração de pormenor"* ou traduzam simples alterações às especificações previstas nas alíneas *g*) e *h*) do n.º 1 do art. 29.º (n.º 3). Enfim, a alteração do artigo corresponde a uma efectiva alteração material e substantiva do alvará.

Ora, *in casu*, não se coloca de maneira nenhuma a questão da alteração das especificações do alvará. Isto é, nem o recorrente alguma vez manifestou expressamente a vontade de alterar as especificações do alvará (nunca houve requerimento nesse sentido), nem a Câmara tomou a decisão em crise com base nesse fundamento. Com efeito, o acto impugnado não declarou a nulidade do anterior (que havia deferido o licenciamento de construção do muro) por o deferimento tomado constituir uma alteração ao alvará. A decisão administrativa de que foi interposto o recurso contencioso, diferentemente, fundou-se na circunstância de o acto anterior corresponder a uma *"desconformidade"* entre o alvará e o licenciamento de construção do muro na extensão desejada. O que é totalmente diferente. Ou seja, o acto declarou a nulidade, não por estar em causa uma pretensão de alteração do alvará (pretensão inexistente, aliás), mas sim por o pedido do particular atentar contra o loteamento titulado pelo alvará.

"Desconformidade" que, por isso, representaria uma *invalidade do licenciamento*, tal como decorre do art. 52.º, n.º 2, al. *b*), do DL n.º 445/91, de 20/11.

A circunstância de a ampliação do muro poder ser ou não considerada "alteração de pormenor" nenhuma influência pode ter para a presente apreciação, senão apenas para aquilatar da possibilidade de ser a Câmara a proceder à alteração do alvará, «*com dispensa de quaisquer outras formalidades*», como reza o n.º 2, "*in fine*".

Quer dizer, mesmo que a simples ampliação de 1,30 metros representasse simples "alteração de pormenor", *isso apenas permitiria que a Câmara actuasse por simples deliberação autorizativa, sem ter que respeitar os passos procedimentais previstos nos n.os 2 e 3 do art. 36.º citado.* Quer dizer, o facto de ser simples "alteração de pormenor" não deixaria de ser motivo para a alteração do título de alvará, caso o interessado o pretendesse. E isso, como se viu, nunca esteve em causa.

Na verdade, o recorrente não pretendeu "alterar o alvará". Limitou-se a fazer um pedido no sentido da autorização para construção de um muro de vedação da propriedade, que a Câmara entendeu estar em desconformidade com o acto de aprovação do loteamento e do alvará, já que o projecto de loteamento apresentava para o seu lote uma frente de 30,00 metros ou 30,50 metros, quando a pretensão actual era de o levantar em 31,80 metros.

E esse foi o logro em que involuntariamente caiu. É que o recorrente entendeu que a "*desconformidade com o alvará de loteamento*" invocada pelo acto significava "*alteração do alvará*". Daí que tenha dirigido a sua investida contra um actuação alegadamente profanadora do mencionado art. 36.º, quando, de facto, se trata de preceito que nada tem que ver com o caso (por serem coisas diferentes, para não se dizer que as alterações dum projecto de construção ofendem as especificações do alvará de loteamento, terá que haver previamente a alteração do alvará nos termos do citado art. 36.º).

A contenda prende-se antes com as *regras sobre os licenciamentos de obras particulares*, como bem foi dito na sentença.

O acto sindicado pressupôs que a anterior decisão de licenciamento não estava em conformidade com o alvará de loteamento em vigor e que, por isso, era nula, face ao disposto no art. 52.º, n.º 2, al. *b*), do DL n.º 445/91.

A questão deveria, portanto, ser colocada desta maneira:

Havia *desconformidade* com o alvará de loteamento, sim ou não? O aumento do muro em cerca de 1,30 metros representaria violação do alvará?

Sendo negativa a resposta, haveria erro sobre os pressupostos de facto e de direito e o acto seria anulável por ofensa aos arts. 52.º, n.º 2, al. *b*) e 63.º, n.º 1, al. *a*), do DL n.º 445/91. Sendo afirmativa, então a legalidade do acto estaria incólume.

Ora, a sentença não abordou o tema desse modo, uma vez que o recorrente contencioso o não tinha colocado dessa maneira nas alegações finais do recurso contencioso (embora na petição inicial no art. 44.º tivesse feito breve alusão àqueles dispositivos legais, não os reeditou na peça alegatória final).

Deste modo, porque o fundamento do presente recurso jurisdicional continua centrado numa pretensa ofensa do art. 36.º, n.os 4 e 5, do DL n.º 448/91, é patente que ele não pode proceder por serem diferentes os alcances dos preceitos subjacentes ao acto sindicado (por remissão).

O licenciamento da ampliação do muro só será possível depois de alterado o alvará de loteamento nessa parte.

IV – DECIDINDO

Face ao exposto, acordam em negar provimento ao recurso, confirmando a sentença recorrida.

Custas pelo recorrente.

Taxa de justiça: € 300.

Procuradoria: € 150.

Lisboa, 13 de Janeiro de 2005.

Cândido de Pinho (Relator)
Azevedo Moreira
Pais Borges

Recurso n.º 294/04-11

CONCURSO DE PROVIMENTO. HOMOLOGAÇÃO DA LISTA DE CLASSIFICAÇÃO. NOMEAÇÃO. ANULAÇÃO DO ACTO DE HOMOLOGAÇÃO. INÍCIO DA PRODUÇÃO DE EFEITOS DO NOVO ACTO.

(Acórdão de 17 de Fevereiro de 2005)

SUMÁRIO:

I – O acto de nomeação de concorrente a um concurso de provimento é acto consequente do despacho homologatório da lista de classificação final.

II – O acto de nomeação, apesar de constitutivo de direitos, não produz efeitos na esfera do interessado enquanto este não declarar a aceitação do lugar.

III – Só depois de o acto de homologação da lista de classificação adquirir estabilidade é que se pode proceder à nomeação.
Anulado em recurso hierárquico o acto de homologação da lista final de classificação num concurso de provimento, nulo será o acto consequente de nomeação.

IV – Se no prosseguimento do concurso, os mesmos concorrentes vêm a ficar posicionados nos mesmos lugares que ocupavam na primitiva lista, a homologação da nova lista e a consequente nomeação não lhes confere o direito à antiguidade reportada ao momento em que foi prolatado o anterior acto de homologação.

ACORDAM NA 1ª SUBSECÇÃO DA 1ª SECÇÃO DO STA:

I – MARIA TERESA DIOGO DA SILVA RODRIGUES MISSIONÁRIO e OUTROS, devidamente identificados nos autos, recorrem jurisdicionalmente do acórdão do TCA que negou provimento ao recurso contencioso que ali interpuseram do acto do **Senhor Secretário de Estado dos Assuntos Fiscais** de 21/09/2002.

Concluíram as suas alegações do seguinte modo:

«1 – Recorrentes movimentam-se no quadro do seu "direito à carreira" (o qual é "subjectivo público"), gozando o desenvolvimento na mesma da "protecção que o legislador constitucional dispensa ao trabalho, em condições de estabilidade",

2 – Em 16/Janeiro/2001 estava adquirido que eles reuniam os requisitos legalmente exigidos para acederem à categoria a que se candidataram (e, por isso, logo foram aprovados ficando posicionados dentro das vagas);

3 – A acta do Júri do Concurso contendo a lista de classificação final homologada em 9/Janeiro/2002 confirma aquela outra – e, por isso, os Recorrentes mantiveram a aprovação e posicionamento dentro das vagas;

4 – Estando legalmente fixados os requisitos necessários para acesso a categoria superior dentro da carreira o Júri do Concurso, analisando a situação dos candidatos parametrizadamente àqueles requisitos, limita-se a reconhecer que eles os já reuniam à data do encerramento do prazo de apresentação das candidaturas – seriando-os em função dos respectivos "méritos";

5 – O acto homologatório da acta do Júri do Concurso contendo a lista de classificação final é, assim, um "acto de verificação constitutiva";

6 – A circunstância de o acto homologatório (o de 16/Janeiro/2001) ter sido revogado (atentos os "motivos formais" e por que o foi) nada releva – no plano em que os Recorrentes se colocam em nada foi beliscado (pelo contrário, veio a ser confirmado) o "reconhecimento" que eles já reuniam os requisitos legalmente exigidos para, no quadro do seu "direito à carreira", acederem à categoria a que se candidataram.

7 – Deste modo, à data a que pretendem seja remontada a eficácia do acto já existiam os pressupostos justificativos – sendo que tal retroactividade é favorável aos seus interesses e não lesa direitos ou interesses legalmente protegidos de terceiros –, verificando-se mesmo que, desde aí, desempenham as funções próprias da categoria a que se candidataram, com a "capacidade técnica" que lhes foi reconhecida: cfr. art. 111.º do Decreto-Lei n.º 252-N82, de 28 de Junho, que fixa o "conteúdo funcional" do "pessoal aduaneiro técnico superior", sem qualquer escalonamento por degraus, aferidamente às categorias.

8 – Assim, o acto recorrido (mantendo o hierarquicamente impugnado) não fez boa interpretação e aplicação do direito aos factos, e, por isso, enferma do VÍCIO DE VIOLAÇÃO DE LEI: art. 7.º, n.º 2, da Constituição, arts 127.º, n.º 1, segundo segmento, e 128.º, n.º 2, *a*), do Código do Procedimento Administrativo – este por referência ao art. 266.º, n.º 2, da Constituição ("princípio da justiça"), associadamente com o art. 6.º do Código do Procedimento Administrativo».

Alegou, igualmente, a entidade recorrida, batendo-se pelo improvimento do recurso.

O digno Magistrado do MP opinou no sentido da improcedência do recurso.

Cumpre decidir.

II – OS FACTOS

O acórdão recorrido deu por assente a seguinte factualidade:

«*A – Os ora recorrentes interpuseram para a Ministra de Estado e das Finanças, em 5/6/02, recurso hierárquico do despacho do Subdirector-Geral das Alfândegas e dos Impostos Especiais sobre o Consumo, de 2/4/2002, que os nomeou na categoria de Reverificadores Assessores, da Carreira Técnica Superior Aduaneira do quadro de pessoal da DGAIEC, "com efeitos a partir de 3 de Abril de 2002", alegando o que consta de fls. 26 e segs. dos autos, e solicitando que tal nomeação, por força da aplicação do princípio da justiça, produza efeitos a 16/1//2001, momento em que foi homologada por despacho do DGAIEC, a primitiva lista de classificação final do concurso de acesso para provimento de lugares nessa categoria, aberto por Aviso publicado no DR, II Série, de 10/4/99.*

B – A autoridade recorrida por despacho de 21/9/02, aposto no "rosto" da Informação da DSGRH, n.º 317-2002, de 12/9/02, decidiu: "Concordo, pelo que nego provimento ao recurso. " (Cfr. fls. 11)

C – Nessa informação, que aqui se dá por reproduzida e que consta de fls. 11 a 24 dos autos, concluiu-se:

"a) O acto recorrido não enferma de qualquer ilegalidade.

b) Não existe fundamento legal, antes pelo contrário a lei é em sentido inverso, que permita atribuir às nomeações determinadas pelo despacho recorrido, efeitos retroactivos a 16/01/01."».

III – O DIREITO

Do que se cura nos presentes autos é saber se, anulado um acto anterior de nomeação de concorrentes num concurso de provimento, e vindo os mesmos candidatos a ser graduados nas mesmas posições relativas que detinham na 1ª lista de classificação, a antiguidade destes se deve reportar à data do 1.º acto (tese dos recorrentes) ou se os efeitos do novo acto se produzem somente para futuro (posição do julgado).

Deve adiantar-se que o acórdão recorrido andou bem.

Como se tem já dito, o acto de *nomeação* de concorrente a um concurso de provimento, é acto consequente do despacho homologatório da lista de classificação final do mesmo concurso (ex: Ac. do STA de 17/06/98, Proc. n.º 039998).

A *nomeação*, já o dizia MARCELO CAETANO, é *o acto administrativo que provê um indivíduo na qualidade de agente mas ficando a investidura nas funções dependentes de posterior aceitação do nomeado* (*Manual de Direito Administrativo*, 10ª ed., II Vol., pag. 655). Quer dizer, o acto de nomeação habilita o indivíduo a manifestar a vontade de aceitar a investidura no lugar para que tenha sido designado.

Tratando-se de um acto unilateral da Administração, não carece da vontade do particular para que o seu efeito jurídico primário se produza. No entanto, por si só, o acto administrativo de nomeação não traz imediatamente qualquer benefício para o interessado. Este, se quiser que o acto se reflicta positivamente na sua esfera, produzindo efeitos (direitos e deveres) deverá manifestar a sua vontade através da *aceitação* (M. Esteves de Oliveira, in ***Direito Administrativo, vol. I,*** pág. 376).

Porque a eficácia da nomeação está dependente de um acto do particular, diz-se que se trata de *acto carecido de colaboração* (Rogério Soares, in ***Direito Administrativo,*** 1978, pag. 179).

Por conseguinte, sem aceitação, o acto de nomeação não está consolidado e é ineficaz em qualquer das suas vertentes, seja no que concerne aos efeitos imediatos da relação de serviço funcional para que tende, isto é, à situação do funcionário no activo, seja no que se refere aos efeitos futuros que derivem duma relação já extinta, como é o caso da situação do funcionário na aposentação (cfr. Art. 11.º, n.º 1, do DL n.º 427/89, de 7/12).

Ora, sendo isto assim, se por si só o acto de nomeação que decorreu do acto de homologação de 16/01//2001 não chegou verdadeiramente a produzir efeitos imediatos na esfera dos interessados, uma vez que não tomaram posse, por maioria de razão dele nenhum efeito se pode extrair se o acto de que dependia – o acto de homologação da lista de classificação – veio a ser anulado em sede de recurso hierárquico interposto por concorrentes não aprovados no concurso.

Na verdade, sendo certo que a aprovação confere o direito à nomeação, não se pode perder de vista que, como resulta do art. 41.º, n.º 2 do DL n.º 204/98, de 11/07, «não podem ser efectuadas quaisquer nomeações antes de decorrido o prazo de interposição de recurso hierárquico da homologação da lista de classificação final, ou, sendo interposto, da sua decisão, expressa ou tácita». O que significa que só depois de o acto de homologação adquirir estabilidade é que se pode avançar para o acto consequente de nomeação e, posteriormente, para a respectiva aceitação. A nomeação operada na sequência do acto de homologação, entretanto anulado em recurso administrativo, é nula (*Ac. do STA de 17/06/98, Proc. n.º 039998, in BMJ n.º 478/428*).

Desta maneira, improcederão os argumentos trazidos no recurso.

Em 1.º lugar, apesar de *constitutivo* de direitos, o acto de nomeação não chegou a produzi-los, uma vez que a Administração procedeu à *revogação anulatória* do acto de homologação, como se disse, retroagindo os seus efeitos destrutivos à data em que aquele fora praticado. A revogação nesse caso opera "*ex tunc*", suprimindo todos os efeitos do acto revogado (diferente seria se a revogação tivesse sido *ab-rogatória*, fundada em mera inconveniência ou oportunidade, pois então os seus efeitos se projectariam só para o futuro: neste sentido, entre outros o Ac. do STA, de 23/6/94, in DR, de 31/12/96, pag. 5111; tb. João Raposo, in *"Da revogação dos actos administrativos"*, in «Contencioso Administrativo», Livraria Cruz, 1986, Braga, pag.172 e sgs).

Em segundo lugar, esta questão nada tem que ver com o direito à carreira ou com o direito de acesso à função pública. Uma coisa é o direito abstractamente considerado (art. 47.º da CRP), outra é a sua concretização, esta dependente da verificação dos requisitos exigíveis em cada caso. Aliás, nem se pode dizer que esse direito lhe tenha sido sonegado, visto que na segunda graduação os recorrentes voltaram a ficar posicionados nos lugares das vagas que ocuparam no início e, por isso, de novo foram nomeados. A questão da antiguidade é diferente e nada tem que ver com o direito de acesso e à carreira.

Também não faz sentido falar em acto confirmativo. Os recorrentes entendem que o segundo acto confirma o primeiro (na classificação e na nomeação) e, portanto, os efeitos do segundo também por essa razão se devem reportar ao momento em que o primeiro fora prolatado.

Mas não têm razão. Só se pode falar em confirmatividade, para além do mais, entre dois actos com existência jurídica plena. Ora, no caso concreto, o argumento aduzido a este respeito é inócuo, dado que o acto anterior fora, como se viu, eliminado da ordem jurídica.

E pouco importa que à data do acto anulado (16/01//2001) os recorrentes possuíssem os "pressupostos justificativos", como dizem. Na verdade, para o efeito o que conta é o acto homologatório concreto que, porque integrativo de eficácia ou mesmo porque de verificação constitutiva, reconhece a existência desses pressupostos. Ora, o procedimento concursal, uma vez anulado o acto de 16/01/2001, só atingiu o seu termo com a homologação desta segunda classificação.

Por tal motivo, e não havendo razões para que lhe fosse atribuída eficácia retroactiva (art. 127.º, n.º 1 e 128.º, n.º 2, al. *a*), do CPA) os seus efeitos só *desde então* poderiam inteiramente produzir-se.

Eis por que o acórdão impugnado não merece censura.

IV – DECIDINDO

Face ao exposto, acordam em negar provimento ao recurso, confirmando o acórdão recorrido.

Custas pelos recorrentes.

Taxa de justiça: 300 (trezentos) euros.

Procuradoria: 150 (cento e cinquenta) euros.

Lisboa, 17 de Fevereiro de 2005.

Cândido de Pinho (Relator)
Pais Borges
Rui Botelho

Recurso n.º 931/04-11

CONCURSO. FUNÇÃO PÚBLICA. PRINCÍPIO DA IMPARCIALIDADE. JÚRI. AVISO DE ABERTURA. CRITÉRIOS DE AVALIAÇÃO.

(Acórdão de 13 de Janeiro de 2005)

SUMÁRIO:

I – **A objectividade, a neutralidade e a transparência são alguns corolários do princípio da imparcialidade.**

II – **A violação do princípio da imparcialidade consagrado no n.º 2, do art. 266.º do C.P.C. e também no art. 6.º do C.P.A., não está dependente da prova de concretas actuações parciais, verificando-se sempre que um determinado procedimento faz perigar as garantias de isenção, de transparência e de imparcialidade.**

III – É que, no fundo, à Administração não basta ser imparcial, exigindo-se também que pareça imparcial.

IV – Essencialmente, o que se visa é evitar a prática de certas condutas da Administração, que possam ser tidas como susceptíveis de afectar a imagem pública de imparcialidade.

V – De resto, a este nível, a imparcialidade acaba por se assumir também como uma regra de deontologia administrativa.

ACORDAM, EM CONFERÊNCIA, NA 1ª SECÇÃO DO SUPREMO TRIBUNAL ADMINISTRATIVO:

1 – RELATÓRIO

1.1 A Ministra de Justiça recorre do Acórdão do TCA Sul, de 19-2-04, que, concedendo provimento ao recurso contencioso interposto por João Luís de Oliveira Neto, declarou a nulidade do seu despacho, de 7-8-01, que tinha indeferido o recurso hierárquico interposto do despacho, de 27-4-01, do Director Nacional da Polícia Judiciária, que tinha homologado a lista de classificação final relativa ao concurso interno para preenchimento de 12 lugares de inspector coordenador de nível I do quadro de pessoal da Polícia Judiciária, aberto por aviso publicado no DR, II Série, de 11-6-99.

Nas suas alegações formula as seguintes conclusões:

"1ª Em primeiro lugar, e por norma, a apresentação a um concurso deste tipo é feita mediante um processo de candidatura, composto por um requerimento e por documentos anexos, entre os quais, quando exigido, se inclui o currículo profissional do oponente.

2ª Assim aconteceu no concurso em causa, como resulta, claramente, do ponto 8. do aviso de abertura.

3ª As candidaturas foram formalizadas mediante requerimento, que foi acompanhado de currículo profissional.

4ª Deste modo, o júri, para analisar as condições ou os requisitos de candidatura dos oponentes ao concurso, não precisa de ter na sua posse ou de consultar os currícula dos candidatos.

5ª Estes dados devem constar dos requerimentos e nestes ser verificados pelo júri, como aconteceu no presente concurso.

6ª Na Polícia Judiciária existe o Departamento de Recurso Humanos, que tem atribuições específicas na área de pessoal e que, em matéria de concursos, tem um papel fundamental na preparação e organização dos mesmos e na sua tramitação e acompanhamento.

7ª Assim, em funções de apoio administrativo e logística aos júris e aos candidatos, procede nomeadamente, à recepção e organização das candidaturas, à sua pré-análise – com verificação das condições e junção de documentação necessária e constante dos processos individuais – e às notificações e publicações necessárias.

8ª E, no âmbito destas funções de secretariado e retaguarda, este Departamento de Recursos Humanos conserva na sua posse os processos de candidatura, incluindo os curricula, levando-os aos membros do júri quando necessário ou quando por estes são solicitados.

9ª Porém, estas tarefas em nada interferem com as competências do júri e com a sua autonomia.

10ª Esta forma de actuação está plasmada, precisamente e com exactidão, na acta do júri de 21.1.2000, quando relata: "Mais deliberou o júri agendar uma nova reunião para o dia 28 do mês de Janeiro, na qual o Departamento de Recurso Humanos, fará a entrega ao júri dos trabalhos dos candidatos, recebidos nesse Serviço, até ao terminus do prazo definido anteriormente (17 de Janeiro), bem como do expediente referente a todos os candidatos, nomeadamente, requerimentos de candidatura e elementos curriculares demonstrativos dos méritos dos mesmos, entregues, igualmente nesse Departamento".

11ª Em nossa opinião, prova-se, assim, que o júri, aquando da definição dos critérios, com a aprovação da Ficha de Análise, não estava ainda na posse dos curricula dos candidatos, que lhe foram presentes em momento muito posterior.

12ª Deste modo, aceita-se que, como se refere no Acórdão recorrido "ao particular apenas deve caber o ónus de provar o não cumprimento total ou parcial da formalidade prevista na lei não lhe sendo exigido, contudo, que demonstre que o interesse legal não foi alcançado. O órgão administrativo é que deve provar que esse interesse foi integralmente satisfeito, embora por outra via".

13ª Ora o recorrente nada provou quanto a incumprimento da lei.

14ª E não lhe era exigível que demonstrasse que o júri fixou os critérios em função dos candidatos.

15ª Mas, neste caso, e aqui, há prova da Administração em contrário, ou seja, há prova suficiente de que o júri não ficou os critérios em função dos candidatos, ou que não os fixou com prévio conhecimento dos currícula

16ª Por conseguinte a alegação em abstracto terá que ceder ou ser suplantada pela prova, em concreto, apresentada e demonstrada, de forma inequívoca, pela Administração.

17ª É o reconhecimento e aceitação dessa prova que se reivindica ao Tribunal.

18ª Não ocorreu, assim, qualquer violação da lei ou dos princípios da imparcialidade, da transparência ou da objectividade, que fossem repercutíveis e invalidantes das deliberações do júri, do acto de homologação ou da decisão do recurso hierárquico.

19ª Como não derivou da actuação do júri qualquer prejudicialidade para o interesse do candidato recorrente ou dos candidatos em geral.

20ª Termos em que o recurso deve improceder." – cfr. fls. 513-516.

1.2 Tendo contra-alegado, o agora Recorrido vem sustentar a manutenção do Acórdão do TCA Sul, por nele se ter feito correcta aplicação da lei aos factos apurados.

Concretamente, defende que, no caso em apreço, se verifica a por si arguida violação do princípio da imparcialidade, atenta a alteração que ocorreu em sede dos critérios de selecção publicitados no aviso de abertura do concurso.

1.3 No seu Parecer de fls. 532-534, o Magistrado do M. Público considera ser de negar provimento ao recurso jurisdicional.

1.4 Colhidos os vistos cumpre decidir.

FUNDAMENTAÇÃO

2 – A MATÉRIA DE FACTO

A matéria de facto pertinente é a dada como provada no Acórdão recorrido, que aqui considerámos reproduzida, como estabelece o n.º 6, do artigo 713.º do CPC.

3 – O DIREITO

3.1 Tal como decorre dos autos o Acórdão recorrido concedeu provimento ao recurso contencioso e declarou "a nulidade do despacho de 27.04.2001 do Director da Polícia Judiciária, confirmado por despacho de Sua Exa. o Ministro de Justiça de 7.08.2001, que homologou a classificação e ordenação definitivas da lista de candidatos ao concurso interno aberto por aviso n.º 988/99 publicado no DR, II Série, n.º 134, de 11.6.99." – cfr. fls. 476.

Para assim decidir julgou procedentes as conclusões 1, 2 e 3 da alegação do agora Recorrido – cfr. fls. 475.

Ou seja, teve por verificada a arguida violação do princípio da imparcialidade, consagrado no n.º 2, do artigo 266.º da CRP e no n.º 1, e na alínea *c*), do n.º 2, do artigo 5.º do DL 204/98, de 11-7.

E, isto, por o Júri do concurso, já depois de conhecer os candidatos e os processos de candidatura, incluindo os respectivos currículos profissionais, ter aprovado a ficha de análise e avaliação dos concorrentes, onde fixou os sub-factores e os critérios de pontuação e ponderação da apreciação e discussão do currículo, bem como a fórmula da classificação final da nota curricular, sendo que, inclusivamente, acabou, ulteriormente, por adoptar e corrigir alguns dos critérios estabelecidos na ficha de análise, deste modo alterando os "critérios de selecção publicitados no aviso de concurso e, simultaneamente, deliberou sobre o mérito e a classificação dos candidatos admitidos a concurso, já na posse dos elementos curriculares e trabalhos por estes apresentados." – cfr. fls. 474.

Este foi, em síntese, o quadro em que se moveu o Acórdão recorrido e que conduziu à já referenciada declaração de nulidade.

3.2 Outra é, porém, a posição defendida pela agora Recorrente.

Com efeito, na sua óptica, não procede a invocada violação do princípio da imparcialidade.

É que, segundo refere, o Júri, ao analisar as condições ou requisitos de candidatura dos oponentes ao concurso, não precisa de ter na sua posse ou de consultar os currículos dos candidatos, sendo que, no caso em apreço, tais elementos ficaram ao cuidado do Departamento de Recursos Humanos de Polícia Judiciária, só os apresentando ao Júri quando necessário ou quando por este sejam solicitados.

O Júri, aquando da definição dos critérios, com a aprovação da ficha de análise, não estava ainda na posse dos ditos currículos, não tendo os critérios sido fixados em função dos candidatos.

Vejamos, então, se lhe assiste razão.

3.3 Como já se viu anteriormente, a fonte de invalidade em que assentou o Acórdão recorrido consistiu na violação do princípio da imparcialidade.

Ora, perante tal especifica fonte geradora de invalidade temos, desde já, oportunidade para desfazer um equívoco em que incorre a tese propugnada pela Recorrente.

Na verdade, para a procedência do aludido vício não é necessária a demonstração, por parte do Recorrente contencioso, de que, efectivamente, o Júri, ao definir os critérios de selecção, tenha tido em mente os elementos curriculares dos diferentes candidatos.

Ou seja, nesta sede é irrelevante apurar sobre se o Júri foi ou não influenciado pelos aludidos elementos curriculares.

De facto, o valor que aqui se pretende tutelar tem a ver a transparência e neutralidade da Administração, criando condições para que dúvidas não possam existir quanto à imparcialidade não só subjectiva como também objectiva da Administração, por isso é que se postulam toda uma série de comportamentos precisamente vocacionados para atingir tal desiderato.

É que, como é sabido, o princípio da imparcialidade não se dirige apenas aos titulares de órgãos e agentes da Administração mas também ao próprio Legislador. Por isso é usual a lei prever diversos mecanismos e instrumentos, enquanto condições ou pressupostos do desenvolvimento imparcial da função administração.

De resto, temos para nós que a objectividade, a neutralidade e a transparência são alguns dos corolários do princípio da imparcialidade.

Vide, nesta linha, Maria Teresa Ribeiro, in "O Princípio da Imparcialidade da Administração Pública", a págs. 163 e seguintes.

Em suma, a violação do princípio da imparcialidade consagrado no n.º 2, do artigo 266.º da CRP e também no artigo 6.º do CPA, não está dependente da prova de concretas actuações parciais, verificando-se sempre que um determinado procedimento faz perigar as garantias de isenção, de transparência e de imparcialidade.

É que, no fundo, à Administração não basta ser imparcial exigindo-se também que pareça imparcial.

Cfr., neste sentido, entre outros, o Ac. deste STA, de 24-9-96 – Rec. 36719.

Essencialmente, o que se visa evitar é a prática de certas condutas da Administração que possam ser tidas como susceptíveis de afectar a imagem pública de imparcialidade, independentemente de precisar de se se saber se na mente dos membros do órgão em causa esse tenha ou não sido o desígnio que os norteou.

De resto, a este nível, a imparcialidade acaba por se assumir também como uma regra de deontologia administrativa.

Por outro lado, na sua acepção objectiva, a imparcialidade está mais ligada com uma perspectiva orgânica e funcional da actuação administrativa e já não com a dimensão pessoal, daí que a imparcialidade objectiva se apresente antes como um princípio de funcionamento dos órgãos administrativos, onde, como já se atrás se assinalou, não relevam os eventuais fins tidos em vista pelos membros do órgão em questão, na medida em que o que se trata é de preservar aquela imagem de independência, isenção e transparência de que se deve revestir a actuação administrativa.

Ora, no caso em apreço, o Júri alterou os critérios de avaliação constantes do aviso de abertura do concurso, ao aprovar, em 21-1-00, a ficha de análise, a que se reporta o ponto 8 da matéria de facto dada como provada, fixando-se sub-factores, critérios e parâmetros de avaliação.

E, isto, num momento em que já tinham sido entregues os currículos dos candidatos admitidos a concurso.

Por outro lado, como decorre da acta referente à reunião realizada em 13-2-01, o Júri procedeu à alteração dos critérios de avaliação, estabelecendo "regras de preenchimento da ficha previamente elaborada", sendo que, de acordo com a acta referente à reunião de 21-1-00, tinha ficado estabelecido que o Departamento de Recursos Humanos faria entrega ao Júri no dia 28-100, dos trabalhos apresentados pelos candidatos, bem como do demais expediente – cfr. os pontos 7 e 9 da matéria de facto dada como provada.

Sucede que, à luz das regras já atrás enunciadas, decorrentes do princípio da imparcialidade e do disposto no n.ºs 1 e 2, alínea *c*), do artigo 5.º e das alíneas *f*) e *g*), n.º 1, do artigo 27.º, todos do DL 240/98, de 11-7, os critérios e parâmetros de avaliação, bem como o sistema de classificação dos concorrentes deveria ter sido estabelecido antes de o Júri ter possibilidade de conhecer os currículos e demais elementos apresentados pelos candidatos.

Ver, nesta linha, os Acs. deste STA, de 30-3-93 – Rec. 28031, de 12-4-94 – Rec. 30968, de 16-11-95 – Rec. 31932, de 14-5-96 – Rec. 36164, de 24-9-96 – Rec. 36719 e de 2-4-98 – Rec. 41906

Existiu, assim, uma violação ao princípio da pré-determinação dos critérios da avaliação, pondo-se em causa o princípio da estabilidade das regras do concurso.

Ora, se é certo que a Administração goza, usualmente, de uma certa margem de manobra nos procedimentos concursais não é menos certo que não deve modificar as regras do jogo, uma vez definido o quadro de um concurso e convidados a definirem-se perante ele os potenciais concorrentes.

A descrita actuação da Administração no caso dos autos afecta a imagem de imparcialidade que deve manter, daí que bem andou o Acórdão recorrido ao ter por violado o princípio da imparcialidade, com inobservância dos preceitos indicados no dito aresto, destarte procedendo o vício arguido pelo Recorrente contencioso e, consequentemente, improcedendo todas as conclusões da alegação da Recorrente jurisdicional.

Importa, porém, alterar o decidido no Acórdão recorrido no concernente à consequência jurídica nele retirada em face da procedência do aludido vício.

Com efeito, a violação do princípio da imparcialidade e dos preceitos indicados no questionado aresto não geram a declaração de nulidade do acto, como aqui erradamente se concluiu no Acórdão do TCA mas, apenas, a mera anulação.

É que, contra o que se refere no Acórdão recorrido, a situação em análise não se reconduz à previsão do n.º 1, do artigo 133.º do CPA.

De facto, para além da a lei não cominar expressamente essa forma de invalidade (nulidade) para casos como o dos autos, também se verifica que não estamos perante um acto a que falte qualquer dos seus elementos essenciais, sendo que, por elementos essenciais do acto podemos entender aqueles aspectos que integram o próprio conceito de acto administrativo, o que, manifestamente, se não integra na situação sub judice, em que tudo se reconduz à alteração dos critérios de selecção publicitados no aviso.

4 – DECISÃO

Nestes termos, acordam em negar provimento ao recuso jurisdicional, mantendo-se o Acórdão recorrido, ainda que com a alteração acabada de enunciar, qual seja a de que a consequência é a anulação e não a declaração de nulidade do acto.

Sem custas.

Lisboa, 13 de Janeiro de 2005.

Santos Botelho (Relator)
Adérito Santos
Cândido de Pinho

Recurso n.º 730/04-11

CONFIANÇA DE PROCESSO. PROCESSO ADMINISTRATIVO. ACESSO AO DIREITO E AOS TRIBUNAIS. TUTELA JURISDICIONAL EFECTIVA.

(Acórdão de 11 de Janeiro de 2005)

SUMÁRIO:

I – O processo administrativo é o conjunto de documentos onde se encontra plasmada a formação da vontade administrativa e onde consta o exarar do próprio acto administrativo.

II – Todos estes documentos, nos termos dos arts. 46.º da LPTA e 84.º do CPTA, devem ser remetidos ao tribunal juntamente com a resposta ou contestação, ou na falta destas, até ao termo do prazo em que as mesmas deviam ser apresentadas.

III – Não especifica a lei se tais documentos devem ser juntos ou apensos ao processo de recurso contencioso, nem tal operação material de junção ou incorporação contende com a natureza e o valor de tais documentos.

IV – Entende-se que serão razões de ordem físico-material que ora impõem a apensação ora a junção do PA aos autos. É que se normalmente um processo administrativo terá uma certa dimensão física, situações poderá haver em que o mesmo será composto por uma ou duas folhas de papel, como por exemplo, nas situações de acto administrativo sem procedimento (*ordens de polícia, actos certificativos, etc.*). Porém, quer tais documentos que suportam o processo administrativo e o próprio acto administrativo, ou só este, estejam incorporados ou apensos ao processo do recurso contencioso fazem parte integrante do mesmo.

V – Assim, quando no n.º 1 do art. 169.º do Código de Processo Civil se refere que *“os mandatários judiciais constituídos pelas partes, os magistrados do Ministério Público e os que exerçam o patrocínio por nomeação oficiosa podem solicitar, por escrito ou verbalmente, que os processos pendentes lhes sejam confiados para exame fora da secretaria do tribunal”*, a expressão *processos pendentes* abrange todos os documentos que nele constem, estejam apensos ou incorporados, pois seja qual for a sua origem os mesmos fazem parte do processo, independentemente de qual o seu destino quando tal processo deixe de estar pendente, ou seja, quando tiver terminado seus termos.

VI – A não se interpretar deste modo este preceito, estar-se-ia a violar o direito de acesso aos tribunais e ao direito por parte dos cidadãos e a uma tutela jurisdicional efectiva, consagrados no art. 20.º da CRP.

ACORDAM NA 1ª SECÇÃO DO SUPREMO TRIBUNAL ADMINISTRATIVO:

Conceição & Correia, Lda., com escritórios na Rua Rancho das Cantarinhas, Urbanização da Quinta do Viso, Bloco 1, Figueira da Foz, impugnou contenciosamente a deliberação da Câmara Municipal da Figueira da Foz (doravante, CMFF) de 18/2/98 que lhe ordenava a demolição do edifício denominado "Novo Mercado", por tal acto estar inquinado com vários vícios.

Por sentença do Tribunal Administrativo de Círculo de Coimbra de 5/3/2001 foi concedido provimento ao recurso contencioso e anulada a deliberação impugnada (fls. 225 a 227).

Não se conformando com esta decisão da mesma interpôs a recorrente CMFF o presente recurso jurisdicional, em cujas alegações formula as seguintes conclusões:

"A) As obras executadas pela sociedade Conceição & Correia, Lda., com base numa licença para terraplanagens e fundações com o n.º 2118/87, e que em muito exorbitaram o seu âmbito, terão de considerar-se executadas sem o prévio licenciamento;

B) À data do seu início vigorava o RGEU e o DL. n.º 166/70;

C) Aliás, o DL. n.º 445/91, de 20/11, só se aplica aos procedimentos iniciados após a sua vigência (20/2/92) a menos que os interessados ou a entidade administrativa expressamente o declarem;

D) Deste modo, a competência para demolir quaisquer obras não licenciadas cabe às Câmaras Municipais nos termos do art. 165.º do RGEU;

E) Mas, mesmo que se entenda que o art. 165.º do RGEU e o art. 58.º do RLMOP pudessem coexistir no caso vertente, a verdade é que é distinto o seu âmbito de aplicação;

O poder de demolição do art. 58.º n.º 1 do DL. n.º 445/ /91 exerce-se sobre as obras que se encontrem em desconformidade com uma das normas do diploma acima referido.

O poder de demolição do art. 165.º do RGEU, exerce-se sobre as disposições dos arts. 1.º a 7.º, nomeadamente as executadas sem licenciamento;

F) Assim sendo, competia igualmente à Câmara ordenar a sua demolição;

G) Deste modo, deverá ser proferido douto acórdão que revogue a sentença recorrida, por violação do art. 165.º do RGEU, aplicável ao caso vertente, assim se fazendo justiça".

Nas suas contra-alegações defende a recorrida que deve ser negado provimento ao presente recurso, devendo a sentença ser mantida.

Também a recorrida interpôs recurso do despacho de fls. 245 que lhe negou a confiança do PA apenso a estes autos para a sua consulta afim de serem elaboradas as suas contra-alegações, e termina as suas alegações deste recurso com as seguintes conclusões:

"1ª Sendo o processo administrativo um elemento essencial e decisivo para averiguar a legalidade do acto administrativo impugnado e tendo este sido enviado ao Tribunal pela entidade recorrida, a sua confiança aos mandatários das partes para o consultarem e analisarem no seu escritório a fim de elaborarem as respectivas alegações judiciais no âmbito de um recurso contencioso constitui um requisito necessário e essencial para o exercício dos direitos fundamentais de acesso ao Direito e aos tribunais, bem como a uma tutela judicial efectiva (arts. 20.º e 268.º n.º 4 da Constituição) – neste sentido, expressamente, o Acórdão do Tribunal Central Administrativo, de 8/10/98, BMJ n.º 480, pág. 572;

2ª Interpretar o art. 169.º do CPC no sentido de não permitir a confiança do processo administrativo apenso ao processo judicial para a sua consulta no escritório do mandatário da recorrente, viola os arts. 13.º, 20.º e 268.º n.º 4 da Constituição, pois, para além do que ficou referido na conclusão anterior, sempre coloca a entidade recorrida numa situação privilegiada face aos recorrentes – o seu mandatário, ao contrário do mandatário dos recorrentes, pode consultar o processo administrativo no seu escritório;

3ª Os arts. 13.º, 20.º e 268.º n.º 4, consagram direitos, liberdades e garantias, pelo que encontram submetidos ao regime do art. 18.º da Constituição – aplicação directa e imediata e referências hermenêuticas decisivas na análise do contencioso administrativo infra-constitucional;

4ª Independentemente da «propriedade» dos documentos que integram um processo judicial ou a ele estejam apensos, o domínio sobre esses documentos é efectivamente do tribunal em que se encontram e, na medida em que revelem na decisão a proferir no âmbito desse processo judicial, o estatuto desses documentos é o mesmo do próprio processo judicial, pelo que, tal como relativamente ao processo judicial, as partes não podem deixar de os poder consultar, mesmo fora do tribunal. Na lógica da tese deste despacho recorrido, quaisquer documentos solicitados pelo Tribunal a entidades estranhas ao processo judicial e «proprietárias» dos mesmos (arts. 531.º e 535.º do CPC) também não poderiam ser confiados às partes, o que não faz qualquer sentido e contraria expressamente a letra e o espírito da Lei;

5ª Independentemente da qualificação jurídica a efectuar quanto à relação física que se estabelece entre os dois processos (judicial e administrativo), que a generalidade da jurisprudência dos nossos tribunais superiores até entende ser de efectiva apensação (cfr. os 3 acórdãos anexos a estas alegações), mais do que referências formais para designar essa relação, valem aqui critérios materiais para se averiguar se, tal como relativamente ao processo judicial, uma adequada consulta e análise do processo administrativo (no escritório do mandatário) releva na defesa de legalidade e dos direitos ou interesses legalmente protegidos que o recorrente, num recurso contencioso, se propõe no exercício de um direito fundamental. Neste processo judicial a questão da «apensação» ao mesmo do processo administrativo até se encontra superada, pois, ao contrário do que se pressupõe no despacho recorrido, foi efectuada e reconhecida pelo próprio tribunal a fls. 92 (por não se ter a certeza desta numeração junta-se a respectiva cópia) esta apensação."

Emitiu douto parecer o Ex.mo Magistrado do M.º P.º, com o seguinte teor:

"– Recurso interposto da sentença de fls. 225:

A sentença sob recurso ao anular a deliberação impugnada por enfermar do vício de incompetência, não suscita, em meu entender qualquer censura, porquanto traduz correcta interpretação e aplicação de direito.

Com efeito, acompanhando os termos da alegação da recorrida, afigura-se-me incontornável a contestação da identidade da realidade jurídica sobre que versam os artigos 58.º de DL. n.º 445/91, de 15/10 e 165.º do RGEU.

Ambos os normativos possuem o mesmo âmbito de aplicação como decorrência da competência para demolir estar ligada ou associada à competência para licenciar.

Daí que, face à incompatibilidade dos regimes aí previstos no tocante à atribuição e órgãos diferentes da competência para ordenar a demolição de obras não licenciadas, se tenha de concluir pela revogação da disciplina constante do art. 165.º do RGEU pela do art. 58.º n.º 1 do DL. n.º 445/91 (lei posterior revoga a anterior) – confrontar art. 73.º deste último diploma.

Nestes termos, sou de parecer que o recurso deverá ser improvido.

– Recurso interposto do despacho de fls. 245:

O recurso, a meu ver, merece provimento.

Com efeito, acompanhando os termos da alegação da recorrente, igualmente se me afigura que a confiança de processo judicial (art. 169.º do CPC), abrange necessariamente a confiança do processo instrutor apenso, enquanto elemento de consulta indispensável a uma efectiva tutela judicial a exercer pelos mandatários judiciais".

Colhidos os vistos legais cumpre decidir.

***

Na sentença recorrida foram dados como provados os seguintes factos:

1 – A recorrente é uma sociedade que se dedica à construção e comercialização de imóveis;

2 – Em 26/12/85 celebrou com a Câmara recorrida um contrato de urbanização relacionado com a desafectação e nova utilização do terreno do actual Mercado Eng. Silva e com a construção de um novo Mercado integrado num edifício da recorrente;

3 – Após apresentação do projecto de arquitectura a Câmara recorrida emitiu o alvará de licença para trabalhos de terraplanagem, fundações e muros de suporte de terras referentes à construção do Novo Mercado Municipal, que foi sucessivamente prorrogada;

4 – Em 18/5/91 a Câmara deliberou que o projecto da recorrente aguardasse a aprovação do novo plano de Urbanização;

5 – Em 20/5/91 a recorrente foi notificada da deliberação camarária que indeferia um seu novo pedido de prorrogação da referida licença, uma vez que a construção do Mercado não tinha licença de construção e a licença emitida respeitava apenas às terraplanagens, fundações e muros de suporte;

6 – Em 11/10/95 a recorrente solicitou à Câmara recorrida o deferimento do projecto de construção do Novo Mercado;

7 – Em 18/2/98 a Câmara deliberou mandar proceder à demolição do edifício designado de Mercado Novo;

8 – Por deliberação de 6/7/93 a Câmara deliberou a rescisão do contrato celebrado com a recorrente.

A estes factos podemos acrescentar mais os seguintes, por resultarem dos autos e poderem ter interesse para a decisão.

9 – O projecto de obras denominado edifício "Novo Mercado" deu entrada na CMFF em 20/11/86, ao qual foi atribuído o n.º 3 472/86;

10 – A CMFF, por deliberação de 14/4/87, aprovou o anteprojecto (projecto de arquitectura nos termos do DL. n.º 445/91) para a construção de um edifício destinado a habitação e comércio com 14 pisos, sendo a área de construção de 20 687m2;

11 – A Sociedade Conceição & Correia, Lda., posteriormente a 14/4/1987, apresentou os projectos de especialidade e com inúmeras alterações ao projecto inicial, e quer uns quer outros não foram aprovados pela CMFF ou pelas entidades legalmente competentes para emitir os respectivos pareceres;

12 – Assim o projecto relativo ao Novo Mercado foi indeferido em 9/4/1991 (fls. 230), em 21/6/1996 (fls. 237) e em 12/11/1996 (fls. 268);

13 – A Sociedade Conceição & Correia, Lda. foi convidado formalmente pela CMFF a apresentar um projecto de alterações, no quadro do Novo Plano de Urbanização, aprovado pela Portaria n.º 519/95, de 31/5.

Foi com base nestes factos que o tribunal "a quo" concedeu provimento ao recurso contencioso e anulou o acto impugnado, por estar inquinado com o vício de incompetência, pois a competência para ordenar a demolição em causa pertencia ao Presidente da CMFF e não a esta Câmara.

Há que conhecer, prioritariamente, do recurso interposto do despacho de fls. 245 que negou à recorrente contenciosa a confiança do PA apenso a estes autos para a sua consulta, afim de serem elaboradas as suas contra-alegações no recurso jurisdicional interposto para este tribunal da decisão que, concedendo provimento ao recurso contencioso, anulou a deliberação impugnada.

Na verdade, impõe-se tal ordem de conhecimento, uma vez que visando o recurso jurisdicional a apreciação da decisão impugnada, ou seja, a sindicação de eventuais erros de julgamento ou ilegalidades contidas nessa decisão do tribunal "a quo" e sendo o âmbito do mesmo tipo de recurso limitado nas conclusões das alegações apresentadas pelo recorrente (Acs. do TP de 21/9/2000-rec. n.º 38 828 e de 3/4/2001-rec. n.º 39 531 e do STA de 19/6/2002-rec. n.º 47 367, de 24/10/2002-rec. n.º 43 420 e de 16/1/2003-rec. n.º 604/2002) decorre do princípio do contraditório que a parte recorrida se possa pronunciar sobre a posição discordante tomada pela recorrente face à sentença agravada.

A recusa da confiança ao mandatário da recorrente Conceição & Correia, Ldª do processo instrutor baseou-se em que *"o PA não pertence a este TAC e do qual não pode, portanto dispor, mesmo em sede de confiança prevista no art.º169.º do CPC. Nem sequer se trata de um processo «apenso» a estes autos de RCA, pois que, nenhuma norma prevê tal apensação. De modo que aquele PA poderá apenas ser consultado neste tribunal".*

Defende a recorrente nas conclusões das suas alegações, em síntese e com interesse, que a não confiança do PA viola o princípio de acesso ao Direito e aos tribunais, bem como a tutela judicial efectiva e, ao sim interpretado, o art. 169.º do CPC viola os arts. 13.º, 20.º e 268.º n.º 4 da Constituição da República Portuguesa.

Esta mesma posição defende o Ex.mo Magistrado do Ministério Público, entendendo que *"a confiança do processo judicial (art. 169.º do CPC) abrange necessariamente a confiança do processo instrutor".*

Estatui o art. 46.º da LPTA (DL. n.º 267/85, de 16/7):

"1 – Com a resposta ou contestação, ou dentro do respectivo prazo, a autoridade recorrida é obrigada a remeter ao tribunal o original do processo administrativo em que foi praticado o acto recorrido e os demais documentos relativos à matéria de recurso.

2 – O envio do original do processo só pode ser substituído pelo de fotocópias autenticadas e devidamente ordenadas, mediante justificação fundamentada da autoridade recorrida, com base em prejuízo considerável para o interesse público.

3 – No caso previsto no número anterior, o tribunal pode requisitar o original do processo, se considerar injustificada a sua falta e conveniente o seu envio".

Face ao disposto neste preceito, deve ser junto ao processo de recurso contencioso o processo administrativo onde tenha sido praticado o acto administrativo impugnado contenciosamente naquele processo.

O que deve entender-se por processo administrativo resulta do art. 1.º n.º 2 do Código do Procedimento Administrativo, ao defini-lo como *"o conjunto de documentos em que se traduzem os actos e formalidades que integram o procedimento administrativo"*.

O Procedimento Administrativo *«é a sucessão ordenada de actos e formalidades tendentes á formação e manifestação da vontade da Administração Pública ou à sua execução»*.

Resulta deste preceito, prima facie, que o processo administrativo é o conjunto de documentos onde se encontra plasmada a formação da vontade administrativa e onde consta o exarar do próprio acto administrativo.

Ora, todos estes documentos, nos termos do citado art. 46.º da LPTA devem ser remetidos ao tribunal juntamente com a resposta ou contestação, ou na falta destas, até ao termo do prazo em que as mesmas deviam ser apresentadas.

Não especifica a lei se tais documentos devem ser juntos ou apensos ao processo de recurso contencioso, nem tal operação material de junção ou incorporação contende com a natureza e o valor de tais documentos.

O actual Código de Processo nos Tribunais Administrativos (art. 84.º) também nada adianta para a resolução deste problema, pois que se no seu n.º 1 fala em *apensação* aos autos, já o seu n.º 6 refere a *junção* aos autos do processo administrativo.

Entende-se que serão razões de ordem físico-material que ora impõem a apensação ora a junção do PA aos autos. É que se normalmente um processo administrativo terá uma certa dimensão física, situações poderá haver em que o mesmo será composto por uma ou duas folhas de papel, como por exemplo, nas situações de acto administrativo sem procedimento (*ordens de polícia, actos certificativos, etc.*).

Porém, quer tais documentos que suportam o processo administrativo e o próprio acto administrativo, ou só este, estejam incorporados ou apensos ao processo do recurso contencioso fazem parte integrante do mesmo.

Assim, quando no n.º 1 do art. 169.º do Código de Processo Civil se refere que "os mandatários judiciais constituídos pelas partes, os magistrados do Ministério Público e os que exerçam o patrocínio por nomeação oficiosa podem solicitar, por escrito ou verbalmente, que os processos pendentes lhes sejam confiados para exame fora da secretaria do tribunal", a expressão *processos pendentes* abrange todos os documentos que nele constem, estejam apensos ou incorporados, pois seja qual for a sua origem os mesmos fazem parte do processo, independentemente de qual o seu destino quando tal processo deixe de estar pendente, ou seja, quando tiver terminado seus termos.

A não se interpretar deste modo este preceito, estar-se-ia a violar o direito de acesso aos tribunais e ao direito por parte dos cidadãos e a uma tutela jurisdicional efectiva, consagrados no art. 20.º da CRP.

De acordo com tudo o exposto, procedendo as conclusões das alegações da recorrente Conceição & Correia, Ldª, concede-se provimento a este recurso jurisdicional, revoga-se o despacho de fls. 245, devendo ser substituído por outro que permita a confiança do processo contencioso e do respectivo PA, considerando-se, neste momento, desatempado o conhecimento do recurso interposto pela recorrente CMFF.

Sem custas.

Lisboa, 11 de Janeiro de 2005.

Pires Esteves (Relator)
António Madureira
Fernanda Xavier

Recurso n.º 48 429-12

DEMOLIÇÃO DE EDIFÍCIO. RECURSO CONTENCIOSO DE ANULAÇÃO. EFEITO SUSPENSIVO.

(Acórdão de 23 de Fevereiro de 2005)

SUMÁRIO:

I – A interpretação do art. 115.º, n.º 3 do D.L. 555/99, de 16-12 terá de considerar que a concessão do efeito meramente devolutivo ao recurso é excepcional e só pode basear-se, designadamente quando assente em razões de improcedência, numa ostensiva inviabilidade do êxito do recurso.

II – Não pode ser considerado manifestamente improcedente, para o efeito apontado no aludido n.º 3 do art. 115.º do D.L. 555/99, o recurso contencioso interposto do despacho do Presidente da Câmara que ordena a demolição de uma moradia, considerando que a mesma é insusceptível de legalização por se inserir em área destinada pelo PDM a zona verde e edifícios de utilização colectiva.

III – De facto, não sendo os instrumentos de gestão territorial inalteráveis, no caso, a moradia em questão foi construída muito antes de o PDM em causa ter sido aprovado, tendo o Município partido do princípio que o terreno onde se localiza a construção era sua propriedade, o que não é ainda certo, pois sobre ele existe litígio judicial ainda não decidido.

ACORDAM EM CONFERÊNCIA NA 1ª SECÇÃO DO SUPREMO TRIBUNAL ADMINISTRATIVO:

1.1. O Presidente da Câmara Municipal da Amadora, inconformado com o despacho do Senhor Juiz do T.A.C. de Lisboa, proferido a fls. 38 e 39 dos autos, que indeferiu o seu requerimento no sentido de ser atribuído efeito meramente devolutivo ao recurso contencioso, interposto por José Rosa Pinto e mulher, do despacho da mesma entidade de 12.6.03, que ordenou a demolição de construção erigida sem licença pertencente aos R^tes^ contenciosos, recorreu jurisdicionalmente para este S.T.A.

1.2. Concluiu as alegações de fls. 41 e segs, do seguinte modo:

"I. A douta decisão recorrida foi proferida sem a consulta prévia do Regulamento do Plano Director Municipal, o qual se encontra publicado no Diário da República I Série n.º 142/94 de 22 de Junho;

II. A construção cuja demolição foi ordenada situa-se na unidade operativa o 4 (Damaia) em espaço classificado no art. 67.º do Regulamento do Plano Director Municipal como *"verde de protecção e enquadramento";*

III. Conforme dispõe também o art. 36.º do RPDMA, estes espaços encontram-se delimitados na planta de ordenamento e podem permitir intervenção que se destinem especialmente a oferecer estruturas de equipamentos destinadas à satisfação de procuras da população urbana;

IV. Resulta pois, que por força do PDM é proibida a implantação de qualquer construção que não se destine a equipamentos de utilização colectiva;

V. Sendo proibida a construção de habitações;

VI. Pelo que no caso vertente a construção cuja demolição foi ordenada pelo despacho recorrido é insusceptível de legalização;

VII. Nesta conformidade há de concluir que o recurso contencioso de anulação está condenado à improcedência, encontrando-se desta forma preenchido o requisito que a lei estabelece para que seja concedido ao recurso, pelo Tribunal, efeito meramente devolutivo nos termos do art. 115.º, n.º 3 do D.L. n.º 555/99 de 16 de Dezembro na sua actual redacção;

VIII. No caso vertente, foi proferida decisão a qual não tomou em consideração todos os elementos carreados para os autos, cuja ponderação e análise implicaria necessariamente uma decisão diferente daquela que afinal veio a ser proferida;

IX. Ao decidir como decidiu a decisão recorrida violou o art. 115.º, n.º 3 do D.L. n.º 555/99, de 16 de Dezembro, na redacção que lhe foi dada pelo D.L. n.º 177/2001, de 4 de Junho."

1.3. Neste S.T.A., a Srª Procuradora-Geral-Adjunta emitiu o parecer de fls. 151 e 152, do seguinte teor:

"Afigura-se-nos que o recurso jurisdicional não merece provimento.

A entidade recorrente funda o recurso, essencialmente, na alegação de que a construção cuja demolição foi ordenada se situa em espaço classificado no art. 67.º do Regulamento do Plano Director Municipal da Amadora, onde é proibida a implantação de qualquer construção que não se destine a equipamentos de utilização colectiva, e que assim, sendo a construção insusceptível de legalização, está o recurso contencioso condenado à improcedência, pelo que lhe deveria ter sido concedido efeito devolutivo.

Acontece que na actual fase do processo principal a situação do prédio não se encontra completamente esclarecida. Decorre da alegação dos recorrentes contenciosos ter a obra sido levada a cabo muitos anos antes da entrada em vigor do Regulamento do Plano Director Municipal da Amadora, sendo alegado, ainda e além do mais, serem proprietários do terreno onde foi implantada a construção, e, estar a correr no Tribunal Cível uma acção para reconhecimento desse direito de propriedade, tendo o acto contenciosamente recorrido o sentido de uma expropriação e não, simplesmente, o de um acto de demolição.

Ora, conforme ponderou o acórdão deste STA de 2003.04.09, no processo n.º 09/03, das disposições do n.º 2 do art. 106.º e do n.º 1 do art. 115.º, ambos do DL 555/99, de 16.12, conclui-se que vigoram em matéria de demolição de construções ilegais as regras de que a demolição só deve ser ordenada se não for possível a legalização, com ou sem a realização de trabalhos de correcção ou alteração, e que, em caso de litígio, deve ser mantida a situação existente até ele estar decidido, isto é, enquanto se mantiver uma situação de dúvida sobre a possibilidade de legalização, pelo que a demolição de obras tem de ser considerada como um último recurso para a reposição da legalidade, só devendo ser ordenada quando não subsistam dúvidas razoáveis sobre a possibilidade de legalização.

Pelo que acima se deixou referido afigura-se-nos que não é líquida a inexistência de dúvidas sobre a possibilidade de legalização, pelo que nos parece que deverá ser mantido o despacho recorrido que manteve o efeito suspensivo do recurso contencioso.

Neste sentido e em caso em tudo idêntico a este se pronunciou o acórdão deste STA de 2004.05.19, no processo n.º 177/04.

Nestes termos, emitimos parecer no sentido de que deverá ser negado provimento ao recurso jurisdicional."

2. Colhidos os vistos legais, cumpre apreciar a decidir.

2.1. Com interesse para a decisão, consideram-se assentes os seguintes factos:

A – Por despacho do Presidente da Câmara Municipal da Amadora de 12.6.03, concordante com a Informação e proposta dos Serviços Camarários, documentada a fls. 100 a 103, inc., foi ordenada a demolição da casa de habitação dos recorrentes, com os fundamentos e constantes da aludida informação, que se dá por reproduzida.

B – Os proprietários da construção interpuseram recurso do despacho referido em A.

C – Na contestação do recurso contencioso, o Presidente da Câmara Municipal da Amadora requereu que, nos termos do art. 115.º, n.º 3 do DL 555/99, de 16.12, fosse atribuído efeito meramente devolutivo ao aludido recurso.

D – A fls. 38 e 39, foi proferido o despacho recorrido, pelo qual o Senhor Juiz a quo indeferiu o requerimento referido em C e manteve o efeito suspensivo do recurso contencioso.

E – Os R^tes^ contenciosos intentaram no Tribunal Judicial da Comarca da Amadora acção com vista ao reconhecimento do direito de propriedade sobre a parcela de terreno onde se encontra edificada a moradia cuja demolição foi ordenada pelo despacho referido em A, a qual corre termos no 1.º Juízo Cível daquela Comarca, sob o n.º 531/2002.

2.2. O Direito

A entidade recorrente discorda do despacho judicial impugnado por entender que, o referido despacho não levou em consideração o disposto no Plano Director Municipal da Amadora e respectivo Regulamento, por força do qual, o edifício em causa se insere em espaço classificado como "verde de protecção e enquadramento", onde é proibida a implantação de qualquer construção que não se destine a equipamentos de utilização colectiva. Deste modo, argumenta, a construção cuja demolição foi ordenada pelo despacho recorrido é insusceptível de legalização, pelo que o recurso contencioso de anulação está condenado à improcedência.

Assim, ao invés do decidido, encontrar-se-ia preenchido o requisito estabelecido por lei para ser concedido efeito meramente devolutivo ao recurso, nos termos do art. 555/99, de 16.12 (redacção dada pelo D.L. 177/2001, de 4 de Junho), preceito que o despacho recorrido teria violado.

Não tem, porém, razão.

Vejamos:

2.2.2. Dispõe o art. 115.º do D.L. 555/99, de 16.12, na redacção resultante do D.L. 177/2001, de 4 de Junho:

"1 – O recurso contencioso dos actos previstos no artigo 106.º tem efeito suspensivo.

2 – Com a citação da petição de recurso, a autoridade administrativa tem o dever de impedir, com urgência, o início ou a prossecução da execução do acto recorrido.

3 – A todo o tempo e até à decisão em 1.ª instância, o juiz pode conceder o efeito meramente devolutivo ao recurso, oficiosamente ou a requerimento do recorrido ou do Ministério Público, caso do mesmo resultem indícios da ilegalidade da sua interposição ou da sua improcedência.

4 – Da decisão referida no número anterior cabe recurso com efeito meramente devolutivo, que sobe imediatamente, em separado."

O ora Recorrente não suscitou a *existência de ilegalidade* na interposição do recurso contencioso mas sim a respectiva *improcedência*, logo, respeitante ao juízo de mérito do aludido processo.

Porém, uma interpretação correcta do preceito legal em análise, logo sugere que a concessão do efeito meramente devolutivo ao recurso é excepcional e só pode basear-se, designadamente quando assente em razões de improcedência, numa ostensiva inviabilidade do êxito do recurso, atentos, nomeadamente, os diversos vícios imputados pelo recorrente contencioso ao acto administrativo impugnado.

De facto, não faz sentido outra interpretação, sob pena de, além do mais, se atentar contra o direito constitucionalmente consagrado ao recurso contencioso de actos administrativos tidos por ilegais e adopção de medidas cautelares adequadas (268.º, n.º 4 do C.P.A.), considerando o teor dos n.ºs 1 e 2 do artigo 115.º em referência e, por outro, a circunstância de ainda não existir decisão judicial sobre a pretensão deduzida no recurso contencioso, quando é proferido o despacho a que se reporta o n.º 3 do aludido artigo.

Por seu turno, o art. 106.º do DL 555/99, de 16 de Dezembro – diploma que estabelece o regime jurídico da urbanização e edificação – atribui, no n.º 1, ao presidente da Câmara Municipal o poder de ordenar a demolição total ou parcial da obra ou a reposição do terreno nas condições em que se encontrava antes da data de início das obras ou trabalhos, fixando um prazo para o efeito; porém, o n.º 2 do mesmo artigo prescreve que "*a demolição não pode ser ordenada se a obra for susceptível de ser licenciada ou autorizada ou se for possível assegurar a sua conformidade com as disposições legais e regulamentares que lhe são aplicáveis mediante a realização de trabalhos de correcção ou alteração*".

Conforme bem se faz notar no acórdão desta Subsecção do S.T.A., de 9.04.03, rec. 9/03 (também citado na decisão recorrida), destas disposições "*conclui-se que vigoram em matéria de demolição de construções ilegais as regras de que a demolição só deve ser ordenada se não for possível a legalização, com ou sem a realização de trabalhos de correcção ou alterações, e que, em caso de litígio, deve ser mantida a situação existente até ele estar decidido, isto é, enquanto se mantiver uma situação de dúvida sobre a possibilidade de legalização.*

Assim, a demolição de obras ilegais tem de ser considerada como um último recurso para a reposição da legalidade, só devendo ser ordenada quando não subsistam dúvidas razoáveis sobre a possibilidade de legalização.

Está-se perante um afloramento do princípio constitucional da proporcionalidade (art. 18.º, n.º 2, da C.R.P.)

(Princípio este reafirmado, a nível da actividade administrativa nos arts. 266.º, n.º 2, da C.R.P. e 5.º do C.P.A.) que impõe que não sejam infligidos sacrifícios aos cidadãos quando não existam razões de interesse público que os possam justificar"

É tendo em conta o que se deixou exposto que a questão colocada no presente recurso jurisdicional, sobre a existência ou não de um dever de suspensão do procedimento administrativo, deve ser apreciada.

A entidade recorrente defende que a construção em causa tem de ser demolida por ter sido erigida sem licença e ser insusceptível de legalização por se situar em espaço onde o P.D.M. da Amadora não prevê moradias particulares, como é o caso.

Todavia, por um lado, não leva em consideração que a moradia em questão foi construída muito antes de ser aprovado o Plano Director Municipal da Amadora e respectivo Regulamento, pela Resolução do Conselho de Ministros n.º 44/94 publicado no DR I Série B de 22-6-94. Por outro, que os instrumentos de planeamento territorial "não são definitivos e inalteráveis, prevendo-se expressamente na lei a possibilidade de eles serem alterados e revistos (arts. 93.º a 38.º do Decreto-Lei n.º 380/99, de 22 de Setembro", conforme também se observou no acórdão de 9.4.03, acima citado. E, a este propósito, cabe notar que, o resultado da acção judicial intentada pelos R^tes contenciosos contra o Município de Amadora, sobre a propriedade do terreno onde se encontra implantada a moradia em questão (v.2.1.E), não é despiciendo, dado que, quando o P.D.M. foi aprovado, o Município partiu do princípio – certo ou errado, ver-se-á, com o resultado de tal acção – que o terreno em causa lhe pertencia.

Por último, o ora recorrente também não desenvolveu qualquer esforço argumentativo, quer no T.A.C., quer no presente recurso jurisdicional, no sentido de evidenciar a suposta manifesta improcedência dos *vícios* concretamente imputados pelos Recorrentes contenciosos ao acto administrativo impugnado.

De resto, em processo onde se debateu questão idêntica à dos presentes autos, quer nos contornos fácticos, quer jurídicos, esta Subsecção do S.T.A. concluiu pela improcedência do recurso jurisdicional – ac. de 9.5.04, rec. 177/04.

3. Nos termos e com os fundamentos expostos, acordam em negar provimento ao recurso jurisdicional e confirmar o despacho recorrido.

Sem custas, por delas estar isento o Recorrente.

Lisboa, 23 de Fevereiro de 2005.

Maria Angelina Domingues (Relatora)
Costa Reis
Madeira dos Santos

Recurso n.º 1204/04-13

DIRECTIVAS COMUNITÁRIAS. IMPORTAÇÃO DE PAÍS TERCEIRO DE CARNE DE CAÇA SELVAGEM.

(Acórdão de 3 de Fevereiro de 2005)

SUMÁRIO:

I – A possibilidade de invocação directa por um particular do regime normativo estabelecido em directiva comunitária, depende, para além de mais, de já ter expirado o prazo fixado para a sua transposição.

II – O Estado, por via directa, não pode opor a uma pretensão formulada por um particular, o regime jurídico de uma directiva que ainda não tenha transposto, sendo-lhe, no entanto, lícito opor, por via de excepção, a invocação do regime jurídico da normativa contra pretensão com base nele formulado.

III – Quando, em invocação do efeito vertical de uma directiva comunitária se formula uma pretensão, terá de se aceitar a globalidade do regime comunitário invocado.

IV – A importação da carne de caça selvagem de um país terceiro depende da sua inscrição em lista própria elaborada pela comissão mediante parecer favorável do comité veterinário, podendo, no entanto, tal importação ser realizada ao abrigo de um tratado bilateral celebrado entre um país comunitário e o país exportador.

ACORDAM EM CONFERÊNCIA NA 1ª SECÇÃO DO STA:

Oportunamente e com petição entrada na Secretaria do TAC/L em 11-10-95, NATURGEL – IMPORTAÇÃO, EXPORTAÇÃO e COMÉRCIO de PRODUTOS ALIMENTARES LDA. intentou a presente acção contra o ESTADO, pedindo a sua condenação no pagamento da indemnização que liquida em 9 763 166$00 acrescida de juros legais desde a citação para reparação dos danos sofridos em virtude de injustificada e ilegal recusa de autorização de livre prática aduaneira para importação da Argentina de 27 765kg de lebres congeladas com pele e vísceras, para comercialização em Portugal.

A acção foi contestada pelo M°P°, pedindo-se a absolvição do Estado do pedido formulado.

Foi elaborado despacho saneador em que se julgou improcedente uma excepção peremptória suscitada, elaborando-se, em ordem ao prosseguimento dos autos, despacho de especificação e questionário.

A final, e por sentença de 19-1-99, foi a acção julgada procedente.

Apelou o M°P°, suscitando nas conclusões das suas alegações as seguintes questões:

– Da não verificação dos pressupostos materiais da ilicitude e da culpa;

– Da existência no ordenamento jurídico interno de fundamentação da recusa do pedido de concessão de livre prática. (Portaria 576/93 de 4-6 e não a Portaria 774/93 de 3-9.)

– Da falta de suporte fáctico suficiente ao juízo do nexo de causalidade.

A agravada pede a confirmação do julgado.

O processo correu os vistos legais, cumprindo-nos, agora a decisão:

Nos termos do p. no art. 713º/6 do CPC, dá-se, aqui, por reproduzido o julgamento da matéria de facto realizado na 1ª instância.

Vem aqui impugnada a decisão judicial condenando o Estado no pedido formulado para ressarcimento dos prejuízos decorrentes da negação pelo IPPA, em decisão de 13-10-93, de pedida autorização de livre prática aduaneira para a importação de lebres congeladas, com pele e vísceras, provenientes da Argentina.

O pedido foi, então, formulado, com invocação do regime estabelecido pela Directiva 92/45/CEE do Conselho editada em 16-6-92 e a recusa foi, então fundamentada na circunstância da inexistência de acordo bilateral entre Portugal e a Argentina sobre trocas de carnes de caça selvagem, não se cumprindo, quanto à apresentação do produto, o disposto na Directiva invocada.

Na bem elaborada sentença, o senhor juiz começa por referir o regime da directivas comunitárias decorrente do art. 189.º do Tratado de Roma, mencionando a vinculação do Estado membro quanto ao resultado a alcançar, o regime de aplicabilidade directa, invocável pelos particulares, ou seja, o seu chamado efeito vertical.

Refere-se que a invocada directiva deveria ter sido transposta para o direito interno até ao dia 1-1-1994, concluindo-se, por evidente lapso, que, à data do acto, isto é, em 13-10-93, já estava expirado o prazo da sua transposição.

A ilicitude da actuação da Administração fez-se decorrer da indevida invocação contra a pretensão da empresa ora autora do regime p. na directiva comunitária, que, culposamente, ainda se não transpusera para o direito interno, pelo que a recusa foi ilegal, por falta de base legal, sendo, em tal conformidade, uma actuação ilícita e culposa e, como tal, fundamento da pedida responsabilidade civil extracontratual do Estado.

Ora, desde já temos de formalizar o reparo, aliás adiantado, de, ao tempo dos factos, ainda não ser possível a invocação do efeito directo vertical da directiva comunitária, não estando, ainda criados os direitos subjectivos invocados, pois ainda não havia decorrido o prazo da sua transposição (art. 23.º da Directiva).

Depois, e mais decisivamente quanto à análise da questão suscitada, diremos que, sendo correctas as considerações tecidas quanto à possibilidade de invocação directa das directivas pelos particulares e da impossibilidade de tais directivas não transpostas serem invocadas directamente pelo Estado contra um particular, este regime carece de outras e necessárias precisões.

Em tais circunstâncias, quando o particular pode invocar e pretender a aplicação directa de uma directiva comunitária, não o poderá fazer, apenas quanto a uma norma ou a um segmento de uma norma, mas sim em relação à totalidade do regime comunitário invocado.

Depois e em tal quadro, e de acordo com o princípio geral de direito de que o que por via de acção é condicionalmente invocável, pode ser, em quaisquer circunstâncias, invocado, por via de excepção.

A autora, na ocasião, para justificar a importação das lebres congeladas da Argentina, que, sem quaisquer dúvidas, é um país terceiro, em relação ao espaço comunitário, invocou, como fundamento da sua pretensão, o estabelecido na directiva 92/45/CEE, relativa aos problemas sanitários e de policia sanitária referentes ao abate e à colocação no mercado das respectivas carnes, num dos declarados intuitos de incentivar o comércio intra comunitário de tais produtos, na perspectiva de realização do mercado interno.

No art. 15.º da referida directiva fixou-se a correcta estatuição de que as condições aplicáveis à colocação no mercado de carnes de caça selvagem importadas de países terceiros deverão, pelo menos ser equivalentes às previstas para o mercado interno, designadamente, com a intervenção de estabelecimentos reconhecidos de controle sanitário, organizados nos termos dos arts. 6.º e 8.º, logo se estabelecendo que tais importações só seriam possíveis se os respectivos produtos tivessem proveniência de países terceiros em condições de satisfazer requisitos impostos na directiva, e constantes de uma lista a elaborar e aprovar pela Comissão desde que obtido parecer favorável do Comité veterinário (art. 16º/3 e 22.º), podendo tal comércio ser realizado por acordos bilaterais do país de destino (art. 17º/2 -3º travessão).

Neste quadro, sendo a Argentina um país terceiro com que Portugal não tinha acordo bilateral para a importação de carnes selvagens, na ausência da lista acabada de referir, à luz do regime jurídico fixado na directiva invocada, contrariamente à conclusão da sentença, a recusa da autorização de importação, ou seja, a negação da livre prática aduaneira teve plena cobertura legal, não sendo, por isso, um acto ilícito.

A recusa da concessão de livre prática, com este fundamento, que não pela interpretação possível mas que se nos afigura de eventual menos acerto da norma do n.º 2 do art. 5.º da Directiva 92/45:

Em nosso entender, com tal normativo, não se proíbe a importação de peças inteiras de caça menor não esfolada, não esviscerada em estado de congelação ou ultracongelação, mas sim a manipulação e armazenagem de tal carne quando não congelada, em eventual mistura com carnes de capoeira e com as carnes de caça selvagem esfolada ou depenada

A idêntica conclusão e por estas últimas razões, tendo em atenção que as carnes de caça constam da lista de produtos do anexo II do Tratado, em que é imperativa a harmonização do regime de comercialização, se chegaria com a aplicação do regime então vigente da Portaria 774/93 de 3-9, sem dúvida o diploma legal regulador da situação de controle sanitário de produto animal proveniente de país terceiro, sendo que, por tal diploma se completou a transposição para o direito interno da anterior Directiva 90/675/CEE do Conselho de 10-12, então aplicável.

Nos termos das disposições conjugadas do ponto *i)* da al. *a)* do n.º 5 do art. 3.º e al. *a)* do n.º 1 do art. 16.º de tal diploma regulamentar, uma vez que o produto provinha de um país terceiro ainda não inscrito em lista elaborada nos termos da regulamentação comunitária e com que inexistia, na ocasião tratado bilateral sobre a matéria, a introdução em Portugal da carne de caça, nas descritas condições não podia ser permitida, sendo no entanto possível a reexpedição para país que a tal importação pudesse aceder, nomeadamente, por ter com o país exportador um tratado sobre a matéria, como parece ser a situação, ao tempo, da Itália e dos mais países a que a autora se refere.

Nestes termos, em contrário do que foi julgado, a actuação da Administração, na situação, não se nos afigura ilícita, nem culposa, pelo que não se verificando estes pressupostos, não poderá ser declarada a peticionada responsabilidade.

Pelo exposto, com prejuízo da apreciação das demais questões suscitadas, desde já, se acorda em conceder provimento ao recurso jurisdicional, revogando-se a sentença recorrida e, em consequência, absolvendo-se o Estado do pedido.

Custas pela A., com procuradoria mínima.

Lisboa 3 de Fevereiro de 2005.

João Cordeiro (Relator)
Azevedo Moreira
Santos Botelho

Recurso n.º 46 639-11

DIRIGENTES SINDICAIS. DISPENSA DE SERVIÇO.

(Acórdão de 15 de Março de 2005)

SUMÁRIO:

I – Pode ser concedida a dispensa de serviço lectivo aos professores, membros dos corpos gerentes das Associações Sindicais, devendo a associação sindical interessada comunicar, por meios idóneos, aos serviços competentes as datas e os números de dias de que os mesmos necessitam para o exercício das respectivas funções (art. 10.º e 14.º do Dec. Lei 84/99, de 19/3).

II – Cabe nas atribuições da Administração a verificação dos pressupostos de facto e de direito de que depende a concessão da referida dis-

pensa de serviço lectivo, podendo inclusivamente recusá-la por razões de "grave prejuízo para a realização do interesse público" (art. 18.º, 1 do referido Dec. Lei 84/99).

III – A cessação da dispensa de serviço, por desaparecimento dos requisitos da sua concessão, designadamente, por ter terminado o exercício de "funções sindicais", pressupõe uma deliberação da associação sindical nesse sentido, cabendo, todavia, na esfera de atribuições da Administração a verificação não só da existência dessa deliberação, mas ainda da sua exactidão e validade.

IV – Se essa deliberação for produzida por um órgão incompetente o acto administrativo que determina a cessação da dispensa de serviço lectivo é ilegal por erro nos pressupostos de direito.

ACORDAM NA 1ª SECÇÃO DO SUPREMO TRIBUNAL ADMINISTRATIVO:

1. RELATÓRIO

O SINAPE-SINDICATO NACIONAL DOS PROFESSORES DE EDUCAÇÃO e o SECRETÁRIO DE ESTADO DA ADMINISTRAÇÃO EDUCATIVA, recorreram para este Supremo Tribunal do Acórdão do Tribunal Central Administrativo que anulou o despacho de 27-4-2000, pelo qual foi "autorizada a cessação da dispensa da componente lectiva" de MARIA FILOMENA GONÇALVES SOBRAL e PAULO PIRES, para exercício da actividade sindical que lhes havia sido concedida.

O SINAPE – Sindicato Nacional dos Professores de Educação, concluiu, em síntese:

– é uma associação sindical, cujo regime se encontra previsto no Dec. Lei 215/B/75, de 30/4, e nos respectivos estatutos;

– no âmbito das suas competências, solicitou ao Secretário de Estado da Administração Educativa, a dispensa de funções lectivas dos ora recorrentes, com fundamento na necessidade do desempenho da actividade sindical;

– Oportunamente comunicaram ao Ministro da Educação a proposta da dispensa dos professores Maria Filomena Gonçalves Sobral e Paulo Pires, por estes terem deixado de exercer as funções sindicais que originaram tal dispensa;

– O pedido de cessação foi deliberado pelo órgão do SINAPE com competência para tal, nos termos do art. 32.º, n.º 1 dos Estatutos;

– A competência para deliberar sobre a cessação da dispensa competia ao Secretariado Executivo, como também lhe competiu o pedido de dispensa;

– Não se verifica qualquer desvio do poder, nem qualquer outro vício;

– Aos recorrentes apenas foi atribuída a dispensa do exercício das funções lectivas, pelo facto de lhes ter sido depositada confiança para o desempenhar a actividade sindical;

– A partir do momento em que essa actuação não se paute pelos critérios inicialmente veiculados, não existe fundamento para a manutenção da dispensa;

– A dispensa apenas se justifica durante o período em que os recorrentes exerciam funções sindicais;

– No acórdão recorrido não é julgado procedente o vício de incompetência alegado;

– É dado provimento ao recurso com base nos vícios de obscuridade da fundamentação e erro sobre os pressupostos de facto que lhe são imputados;

– O acto praticado pelo SINAPE está devidamente fundamentado, conforme consta do próprio acórdão recorrido;

– Mesmo que assim não fosse, o acto em causa não necessitava de fundamentação;

– Quanto ao vício de erro, o mesmo só poderia, eventualmente proceder caso fosse julgado procedente o vício de incompetência, o que não aconteceu;

– O facto do SEAE ter alegadamente actuado em erro, por si só, não produz qualquer efeito negativo na deliberação do SINAPE;

– E a esta não é assacado qualquer vício que possa proceder, nomeadamente, o de incompetência.

O SECRETÁRIO DE ESTADO DA ADMINISTRAÇÃO EXECUTIVA, por seu turno, formulou as seguintes conclusões:

– Em execução da lei, o SINAPE, comunicou aos órgãos públicos competentes a identificação dos seus delegados sindicais, bem como a sua substituição e cessação de funções;

– Nesta sequência, o pedido de cessação total de dispensa de serviço para o exercício da actividade sindical dos ora recorridos consubstanciou-se n uma decisão unânime dos seus órgãos competentes;

– Com base naquele pedido e na sucessiva solicitação de esclarecimentos o recorrente autorizou a cessação da dispensa de serviço para o exercício de funções sindicais, com a fundamentação constante do pedido e dos esclarecimentos apresentados pelo SINAPE;

– Não se descortina assim qualquer justificação para o provimento do recurso com base em obscuridade sobre a fundamentação legal ou erro sobre os pressupostos de facto.

Não foram produzidas contra-alegações.

O Ex.mo Procurador-Geral Adjunto, neste Supremo Tribunal, emitiu parecer no sentido de ser negado provimento ao recurso, por entender dever manter-se a anulação do acto, embora apenas com fundamento erro sobre os pressupostos de facto.

Colhidos os vistos legais, é o processo submetido à conferência para julgamento.

2. FUNDAMENTAÇÃO

2.1. MATÉRIA DE FACTO

O Acórdão recorrido deu como assente a seguinte matéria de facto:

a) A recorrida Maria Filomena Sobral é professora do 7.º Grupo do quadro de nomeação definitiva da Escola Secundária Braacamp Freire, na Pontinha;

b) O recorrido Paulo Pires é professor do 10.º Grupo do quadro de nomeação definitiva da Escola Secundária de S. João da Talha;

c) por despacho do SEAE de 6-9-1999, foi autorizada aos recorridos a dispensa total do serviço lectivo no ano de 1999/200, para o exercício da actividade sindical, sendo que a 1ª recorrida desempenhava o cargo de presidente do Conselho de Jurisdição e Disciplina e o 2.º recorrido o cargo de secretário nacional do SINAPE.

d) Pelos ofícios de 17-3-2000 e 27-3-2000, documentados respectivamente a fls. 20 e a fls. 17/18, o SINAPE solicitou ao SEAE a cessação da dispensa de serviço concedida aos recorrentes, invocando a "total perda de confiança politico-sindical" neles depositada, em resultado de apreciação de apreciação efectuada pelo Secretariado Executivo Nacional daquele Sindicato.

e) Sobre aquela solicitação (ofício SPE 456/2000, de 27/3/2000) incidiu despacho do SEAE, de 27/4/2000, do seguinte teor: "Autorizo. Conhecimento ao SINAPE, à DREL, ao DGAE e aos professores em causa" – fls. 17.

f) Em reunião extraordinária ocorrida em 11-3-2000, o Secretariado Executivo do SINAPE deliberou por unanimidade pedir a cessação imediata da dispensa de serviço de que beneficiavam os ora recorrentes, para o exercício de actividades sindicais, com fundamento em "perda de confiança político-sindical" naqueles dois dirigentes – cfr. doc. de fls. 171/173.

2.2. MATÉRIA DE DIREITO

O Tribunal Central Administrativo anulou o acto recorrido concluindo: "*atento o teor da fundamentação do acto e a errada pressuposição pelo SEAE de que o pedido de cessação da dispensa da componente lectiva dos ora recorrentes era feito em execução de uma deliberação (na realidade inexistente) do Secretariado Nacional do SINAPE, é indubitável que são procedentes os vícios de obscuridade da fundamentação e erro sobre os pressupostos de facto que lhe são imputados*" – cfr. fls. 180.

Como se vê, o Acórdão do TCA considerou verificados dois vícios: falta de fundamentação e erro nos pressupostos de facto.

Vejamos a tese do acórdão, analisando a questão enquadrando-a juridicamente em três categorias: (i) obscuridade da fundamentação; ii) erro sobre os pressupostos de facto e iii) erro sobre os pressupostos de direito.

i) obscuridade da fundamentação.

A *obscuridade da fundamentação*, no entendimento sufragado no Acórdão, decorre da alegação do Secretario de Estado (quer na resposta, quer nas alegações do recurso contencioso) persistindo na ideia de que, no caso, "*este secretariado executivo não fez mais do que dar execução à decisão tomada, por unanimidade, do Secretariado Nacional*", o que por si só justificaria a "perplexidade dos recorrentes quanto à acuidade da fundamentação, sendo certo que a própria deliberação de perda de confiança política é imputada ao "Secretariado Executivo Nacional", que não consta do elenco dos órgãos do sindicato (cfr. art. 22.º dos Estatutos do Sindicato). A obscuridade decorria, assim, de duas circunstâncias:

– o *erro de interpretação patenteado pelo Secretario de Estado da Administração Educativa*, representando uma deliberação que nunca foi proferida a que a deliberação do Secretariado Executivo se limitava a dar execução;

– *a inexistência do órgão "Secretariado Executivo Nacional"* a quem foi imputada a deliberação de perda de confiança politico-sindical e pedido de cessação da dispensa da componente lectiva das funções docentes.

Quanto à primeira componente da obscuridade, o que se diz nos pontos 3 e 4 do ofício (no rosto do qual foi proferido o acto impugnado) é o seguinte:

"3. *Ora, a actuação dos mesmos professores, em inúmeras situações, afastou-se dos pressupostos que estiveram na base do pedido de dispensa, situação que, nos últimos tempos, foi agravada por diversas atitudes e comportamentos que, apreciados pelo Secretariado Executivo Nacional deste Sindicato, justificam, conforme decisão unânime, a total perda de confiança político-sindical, estando inviabilizada a sua continuidade ao serviço.*

4. Foram estes os motivos que, ao abrigo dos artigos 30.º e 32.º dos Estatutos do SINAPE, forçaram a formulação de cessação das dispensas".

O acto recorrido aposto no referido ofício, limitou-se a dizer: "*Autorizo. Conhecimento aos ...*".

No referido ofício não havia qualquer referência a uma deliberação tomada pelo Secretariado Nacional, a que o Secretariado Executivo se limitava a dar execução, pelo que a alegação da entidade recorrida no recurso contencioso – onde defende efectivamente esta versão – não tem no texto e contexto do acto qualquer suporte literal. Com de resto reconheceu o próprio Acórdão: "*Com efeito, resulta inequivocamente da documentação dos autos (maxime do documento de fls. 171/173) e conforma-se pela leitura das peças processuais apresentadas pelo SINAPE, que o pedido de cessação da dispensa de serviço lectivo dos ora recorrentes foi deliberado pelo Secretariado Executivo*" (fls. 179 dos autos). Contudo, mesmo que tivesse havido uma *errada representação* da identidade do órgão do sindicato que deliberou pedir a cessação da dispensa de serviço, tal erro não se repercute sobre a falta de fundamentação do acto. O erro da Administração sobre a existência de um pressuposto do acto administrativo não é uma questão de externação do seu percurso cognoscitivo, mas sim uma questão do próprio conteúdo decisório, mais concretamente um *erro na formação da convicção, que tanto pode ser de facto, como de direito*).

Quanto à segunda componente da obscuridade (referência a órgão inexistente) julgamos que a mesma não tem, também, o relevo de tornar obscura a fundamentação do acto. Os órgãos do sindicato vêm previstos no art. 22.º do Estatuto do Sindicato. Diz este preceito:

São órgãos centrais do sindicato:

"*a*) A assembleia-geral;

b) o Conselho geral;

c) a mesa da assembleia geral;

d) *o secretariado nacional*;

e) o conselho de fiscalização de contas;

f) o conselho de jurisdição e disciplina;

g) o conselho científico;

h) os núcleos profissionais".

O *Conselho Executivo* é uma formação restrita do Conselho Nacional – prevista no art. 31.º – composto pelo Secretario – geral e por um mínimo de quatro e um máximo de oito secretários nacionais. Existem assim: o Secretariado Nacional (previsto no art. 22.º), e o Secretariado Executivo (previsto no art. 31.º).

A referência a *Secretariado Executivo Nacional*, nos termos em que consta do ofício, não reproduz com os termos literais exactos do órgão do sindicato – Secretariado Executivo – mas não pode deixar de ser a esse órgão que se pretende reportar, uma vez que o Secretariado Executivo é uma formação restrita do Secretariado Nacional. Não é desta forma abusiva a referência "Nacional" a qualificar o Secretariado Executivo. Portanto, não tem, a nosso ver, qualquer reflexo na clareza da fundamentação do acto a sua imputação ao *Secretariado Executivo Nacional*. A designação dada ao órgão que deliberou pedir a cessação da dispensa de serviço, não é de molde a impedir um destinatário normal do acto de o entender, tal como foi proferido, isto é, emergente de uma deliberação do *Secretariado Executivo*.

Julgamos, por isso, que o acto está fundamentado, sem prejuízo de poder sofrer o vício de erro nos pressupostos de facto, ou de direito, questões que a seguir abordaremos.

iii) erro nos pressupostos de facto

Quanto ao *erro nos pressupostos de facto,* o Acórdão recorrido apelou aos termos em que a entidade, na resposta e nas alegações se referiu ao despacho recorrido, pressupondo que tinha havido uma deliberação do Secretariado Nacional a que o Secretariado Executivo dera execução.

E, se assim, fosse, isto é se o acto recorrido tivesse autorizado a cessação de dispensa de serviço baseando-se numa deliberação do Secretariado Nacional executada pelo Secretariado Executivo, haveria erro nos pressupostos de facto, uma vez que da acta junta a fls. 171 decorre que não foi assim que as coisas se passaram, houve apenas uma deliberação do Secretariado Executivo.

Contudo, nada nos permite concluir que a entidade recorrida tenha interpretado o ofício, como agora o interpreta, sendo que os titulares do cargo são pessoas físicas distintas (quem proferiu o acto não é a mesma pessoa física que respondeu ao recurso), nem tal interpretação é a que normalmente decorre dos termos do ofício junto. Na alínea anterior concluímos que um destinatário normal do acto, tendo em consideração os termos do ofício do sindicato, concluía facilmente que não havia duas deliberações, uma do Secretariado Nacional e outra do Secretariado Executivo, mas apenas a deste último órgão.

Ora, o acto recorrido foi proferido no rosto do ofício do Sindicato, tomando como base da sua decisão precisamente esse ofício. Assim os seus pressupostos de facto (a existência de uma comunicação do Sindicato, emanada do Secretariado Executivo, a pedir a cessação da dispensa de serviço) têm total correspondência com a realidade. É patente que o acto recorrido tomou em conta a comunicação correcta e que não adulterou o seu sentido ou conteúdo. Deste modo, não existe o apontado erro sobre os pressupostos de facto, uma vez que não se verifica qualquer divergência entre o facto representado no acto, e a realidade (erro ontológico). Existe, sim, um erro de interpretação desse mesmo acto pela entidade recorrida na resposta e alegações de recurso, mas não é este o erro relevante para apurar a validade dos actos administrativos, como é evidente.

Improcedem, assim, os vícios de falta de fundamentação e erro nos pressupostos de facto, admitidos no Acórdão do Tribunal Central Administrativo.

Subsiste, todavia a questão de saber se a validade do acto é afectada pelo facto da deliberação do sindicato ter sido proferido por *órgão incompetente*, questão que todavia não se reconduz ao *erro nos pressupostos de facto*, pelo que se impõe tomar agora em consideração este aspecto.

iv) prosseguimento do recurso – erro sobre os pressupostos de direito.

Até aqui afastamos os vícios de falta de fundamentação e erro sobre os pressupostos de facto. Esta conclusão não significa que as questões da *competência* do órgão do Sindicato que deliberou a perda de confiança política dos recorridos, e, consequentemente, da *validade desta deliberação*, sejam irrelevantes para o apuramento da ilegalidade do acto contenciosamente impugnado. Tais questões são essenciais para o julgamento do recurso, e pressupõem, tal como foi alegado pelo Sindicato recorrido, apreciar a competência do Secretariado Executivo para a deliberação que esteve na base da fundamentação do acto recorrido, e das repercussões de um eventual vício de incompetência desse órgão, sobre acto final – questões estas relativas aos *pressupostos de direito do acto recorrido*.

Coloca-se, então e em primeiro lugar a questão de saber se tal matéria foi apreciada no Acórdão recorrido e, portanto, se ainda faz parte do objecto do recurso.

O recorrente (Sindicato) nas suas alegações reconhece que o vício de erro só poderia eventualmente proceder caso fosse julgado procedente o vício de incompetência, o que não aconteceu.

Mas, a nosso ver, não tem razão.

O Acórdão recorrido tomou posição sobre a competência, ou melhor sobre a incompetência do órgão do Sindicato que deliberou a perda de confiança política – só que não extraiu desse julgamento a ilação jurídica que se impunha, como vamos ver.

"*Acresce dizer* (diz o Acórdão) *que o Secretariado Executivo, no figurino que se recorta dos artigos 31.º e 32.º dos Estatutos do SINAPE, é um órgão ao qual estão cometidas meras funções de gestão corrente, nas áreas financeira, patrimonial e de recursos humanos, afigurando-se que não cabem nesse âmbito as questões relativas à perda de confiança politico-sindical nos dirigentes eleitos. Na verdade, a perda da confiança politico-sindical nos dirigentes teria que relevar, em última análise do confronto com as orientações superiormente definidas pelo Conselho Geral e portanto, da perspectiva da gestão dos recursos humanos, deveria ser objecto de apreciação e deliberação pelo órgão que é dotado de competência plena na matéria, no caso o Secretariado Nacional, nos termos dos artigos 30.º, 1, a) e m) dos citados estatutos*" (fls. 180).

Deste modo, o Acórdão entendeu de forma inequívoca que o Secretariado Executivo não tinha competência para deliberar a "cessação imediata da dispensa de serviço". A questão fora, de resto, claramente colocada pelo TCA quando disse, no início da matéria de direito, "...Em termos sintéticos, os recorrentes põem em causa a legalidade do acto, *considerando que se fundamentou na deliberação de um órgão incompetente*, ou ..." (fls. 179). E, em boa verdade essa questão foi julgada, embora as consequências jurídicas extraídas pelo Tribunal Central Administrativo, que concluiu pela verificação de erro nos pressupostos de facto, tivessem sido, como vimos acima, afastadas.

Porém, para o que agora interessa, julgamos que ainda faz parte do objecto deste recurso saber se a deliberação de um órgão incompetente do SINAPE afecta ou não a validade do acto, *isto é saber se há ou não erro sobre os pressupostos de direito*. Faz parte do objecto do recurso na medida em que a questão foi apreciada no acórdão recorrido, embora com diferente qualificação jurídica.

Sendo assim, impõe-se (re)apreciar a questão da competência do Secretariado Executivo para proferir a deliberação, e os seus reflexos sobre a validade do acto.

Para tanto torna-se necessário recortar, ainda que sinteticamente, o regime legal da intervenção da Administração na "dispensa de serviço" dos dirigentes sindicais.

O Dec. Lei 84/99, de 19/3, assegura a liberdade sindical dos trabalhadores da Administração Pública e regula o seu exercício, garantindo, desta forma, o direito constitucionalmente reconhecido a todos os trabalhadores. – cfr. o respectivo preâmbulo e o seu art. 1.º. E, de acordo com o que ali se estabelece, são concedidos diversos direitos aos dirigentes sindicais. No art. 10.º é conferido aos dirigentes sindicais "*o direito de exercício da actividade sindical e, designadamente, o de faltar ao serviço para o exercício das suas funções, nos termos do presente diploma e, subsidiariamente, do Decreto-Lei n.º 215-B/75, de 30 de Abril*". Tais faltas considerem-se justificadas e contam, "*para todos os efeitos legais, como serviço efectivo, salvo quanto à remuneração*" e o de que parte dessas faltas serem remuneradas, uma vez que *têm direito "a um crédito de quatro dias remunerados por mês para o exercício das suas funções, que podem utilizar em períodos de meio-dia.*" – cfr. n.ºs 1 e 2 do seu art. 12.º, com sublinhado nosso.

Antes da publicação deste Diploma legal, o regime jurídico da actividade sindical dos professores era regulado no Despacho 68/M/82 do Ministro da Educação que estabelecia o seguinte, na parte que interessa para este processo:

"1. – *Os membros dos corpos gerentes das associações sindicais representativas dos professores poderão solicitar ao Director Geral de que dependem a sua dispensa total ou parcial de serviço enquanto membros daqueles corpos gerentes.*

2. – As faltas dadas por aqueles membros para desempenho das suas funções sindicais consideram-se faltas justificadas e contam para todos efeitos, menos o da remuneração, como tempo de serviço efectivo.

3. – Para o exercício das suas funções cada membro da direcção beneficia do crédito de 4 dias por mês com direito a remuneração.

4. – .....

5. – ....

(.....) ".

O regime procedimental vem previsto no art. 14.º do Dec. Lei 84/99, com a seguinte redacção:

"*Artigo 14.º*

Formalidades

1. A associação sindical interessada comunicará, por meios idóneos e seguros, aos serviços de que dependem os membros dos órgãos referidos nos artigos anteriores as datas e os números de dias de que os mesmos necessitam para o exercício das respectivas funções.

2 – A comunicação prevista no número anterior será feita com um dia útil de antecedência ou, em caso de impossibilidade, num dos dois dias úteis imediatos."

Nos termos do art. 18.º, n.º 1 do Dec. Lei 84/99 "*A acumulação ou cessão de créditos só pode ser recusada por razões de grave prejuízo para a realização do interesse público, por despacho fundamentado do membro do Governo que superintenda ou tutele o serviço ou organismo a que pertença o interessado*".

No caso dos autos, os recorridos eram dirigentes sindicais e o Sindicato respectivo pediu ao Ministério da Educação a dispensa total de serviço lectivo, para o exercício de actividade sindical ao abrigo do despacho 68/M/82 e Despacho 15/MEC/86 de 3/2. Tal dispensa foi concedida com a seguinte fundamentação: "*Face à publicação do Decreto-Lei 84/99, de 19/3, que engloba as situações previstas no Dec. Lei 215/B/75, Despacho n.º 68/ME/82 e Despacho 15/MEC/86, é de autorizar o pedido ao abrigo daquele diploma e em conformidade com o proposto pelo referido Sindicato*" – cfr. fls. 40 dos autos.

A concessão da dispensa de serviço lectivo está assim dependente da verificação de determinados pressupostos positivos: (qualidade de corpo gerente, exercício de actividade sindical e comunicação pelo Sindicato através de meio idóneo) e negativos: (não haver razões de interesse público justificativas da recusa).

A cessação da dispensa de serviço não vem expressamente regulada na lei, devendo assim ter idêntico regime ao da concessão.

No caso dos autos, a cessação foi pedida por ter havido uma deliberação *nesse sentido do Secretariado Executivo do sindicato, por razões de perda de confiança política.* Tal motivo reconduz-se, a nosso ver, ao desaparecimento de um pressuposto do acto: *a existência de uma deliberação determinando o exercício de actividade sindical.* Atento o regime legal do acto, acima definido, pensamos que a Administração poderia não autorizar a dispensa de serviço caso não se verificassem os pressupostos vinculados da sua actuação, como sejam a existência de um pedido de dispensa pelo Sindicato, ou quando ocorressem motivos justificativos. Tal poder de verificação dos pressupostos de uma ocorrência complexa (deliberação válida de um órgão sindical) que interfere na relação funcional cabe naturalmente nas suas atribuições. Tanto é assim que, em casos justificados, pode recusar a dispensa. Nada vindo regulado sobre a cessação de tal dispensa, deve aplicar-se "mutatus mutandis" o mesmo regime.

Cabendo na esfera das suas atribuições a verificação dos pressupostos determinantes da "dispensa de serviço", tal incluirá necessariamente a *verificação da existência de uma deliberação válida do órgão sindical.* Esta verificação, por seu turno, contém avaliações de facto e de direito. Avaliações de facto, como por exemplo, a existência da deliberação, a exactidão dos factos aí narrados, a identificação dos professores, etc.. Avaliações de direito, como será, por exemplo, o caso da validade das deliberações e das mesmas caberem na previsão da lei que permite a dispensa de serviço.

Deste modo, julgamos que a Administração tem o poder (e o dever) de apreciar não só a existência e correspondência com a realidade dos factos subjacentes à deliberação, mas também a sua validade (jurídica). Seria inaceitável que um funcionário do Sindicato pedisse, em nome deste e sem quaisquer poderes de representação, a cessação de dispensa de funções docentes v. g. do seu Presidente, e a Administração não pudesse apreciar a competência do seu autor para esse efeito (dispensa de funções docentes).

O acórdão recorrido decidiu, e nesse aspecto sem merecer qualquer censura como vamos ver, que o Secretariado Executivo não tinha competência para deliberar a "cessação imediata de funções" com fundamento na "perda de confiança politico-sindical".

Na verdade, nos termos do art. 30.º dos respectivos Estatutos são competências do Secretariado: *a) dirigir e coordenar a actividade do Sindicato de acordo com os Estatutos e as orientações definidas pelo conselho geral* (...) m) *fazer a gestão dos recursos humanos e exercer o poder disciplinar sobre os trabalhadores do sindicato, de acordo com as normas legais*".

Nos termos do art. 32.º é da competência do Secretariado Executivo: "1... *gerir os recursos humanos, financeiros e patrimoniais do Sindicato e assegurar a gestão corrente, competindo-lhe nomeadamente: a) executar as deliberações do secretariado nacional*".

A deliberação de fazer cessar a confiança politico-sindical em dirigentes eleitos pelos sócios de um sindicato não é uma questão de "gestão corrente" de "recursos humanos". A distribuição de actividade sindical pelos dirigentes eleitos deve ser enquadrada na direcção e coordenação da actividade do Sindicato, uma vez que se prende com a linha de acção e os objectivos prosseguidos – portanto ao mais alto nível de orientação do Sindicato.

No caso concreto a deliberação fundamentou-se na perda de confiança político-sindical, o que também não pode considerar-se matéria de "gestão corrente de recursos humanos". Este aspecto é, a nosso ver, evidente: não é o Secretariado Executivo que tem atribuições para definir a confiança político-sindical do Sindicato, nos seus dirigentes – tanto mais que é um órgão de composição reduzida face ao Secretariado Nacional, podendo a vontade de tais membros não fazer ali vencimento – e muito menos invocando meros poderes gestão corrente em matéria de "recursos humanos".

Podemos, assim, concluir que o Secretariado Executivo não tinha competência para deliberar a cessação imediata da dispensa de serviço lectivo e que essa incompetência implicava necessariamente o indeferimento dessa proposta. Assim, tendo sido autorizada a cessação da dispensa, nestas condições, verifica-se erro *de direito* nos pressupostos, devendo em consequência ser anulado o acto impugnado.

3. DECISÃO

Face ao exposto, os juízes da 1ª Secção do Supremo Tribunal Administrativo acordam em negar provimento ao recurso e, embora com a fundamentação referida, anular o acto recorrido.

Sem custas – por isenção dos recorrentes.

Lisboa, 15 de Março de 2005.

São Pedro (Relator)
João Belchior
Fernanda Xavier

Recurso n.º 644/04-12

ESTATUTO DA ORDEM DOS ADVOGADOS. REGULAMENTO REGULAMENTOS DOS CENTROS DISTRITAIS DE ESTÁGIO. INSCRIÇÃO COMO ADVOGADO. INTERPRETAÇÃO DE NORMAS.

(Acórdão de 3 de Março de 2005)

SUMÁRIO:

I – De acordo com o preceituado no art. 170.º do Estatuto da Ordem dos Advogados, aprovado pelo DL 84/84, de 16.3, na redacção da Lei n.º 33/94, de 6.9, "*A inscrição como advogado depende do cumprimento das obrigações de estágio com classificação positiva, nos termos do Regulamentos dos Centros Distritais de Estágio*" (RCDEOA)

II – O elemento literal contido no segmento "*cumprimento das obrigações de estágio com classificação positiva*" é inequívoco no sentido de que o processo encerra mais do que uma obrigação de estágio e que, a cada uma delas há-de corresponder uma classificação positiva.

III – O elemento teleológico, o da finalidade da norma, no caso em apreço, reside, exclusivamente, na escolha dos mais aptos segundo padrões técnicos e deontológicos, de modo a garantir a dignidade e o prestígio da profissão e assim assegurar, como servidor do direito e da justiça, a melhor defesa dos direitos, garantias e liberdades individuais.

IV – Ora, tudo isso se assegura, tendencialmente, com a escolha daqueles que obtenham classificações positivas em todas as áreas. Portanto, fazendo apelo às regras de interpretação contempladas no art. 9.º do CC, ter-se-á de concluir que, para obter a inscrição como advogado, nos termos do art. 170.º do EOA, o candidato terá de conseguir classificações positivas em todas as obrigações do estágio, e, assim, também, na prova final de agregação prevista no art. 17.º do RCDEOA.

ACORDAM NA SECÇÃO DE CONTENCIOSO ADMINISTRATIVO DO SUPREMO TRIBUNAL ADMINISTRATIVO:

I – RELATÓRIO

O **Bastonário da Ordem dos Advogados** vem recorrer da decisão do Tribunal Administrativo de Círculo de Coimbra (TAC), de 7.5.04, que concedeu provimento ao recurso contencioso interposto do seu despacho, de 17.8.00, por **Sílvio Pereira Guerra Pessanha,** que lhe negara a inscrição na Ordem.

Terminou a sua alegação formulando as seguintes conclusões:

1 – Da *análise literal* da norma contida no art. 170.º do E.O.A., na redacção introduzida pela Lei n.º 33/94, de 6 de Setembro, ressalta que deverão ser cumpridas as **obrigações de estágio** (e não a "obrigação de estágio") com classificação positiva.

2 – Donde se poderá concluir que o candidato a advogado deverá obter classificação positiva em todas as obrigações de estágio a que se encontra adstrito, individualmente consideradas, para poder inscrever-se como advogado.

3 – No que respeita ao *elemento teleológico* da referida disposição legal, facilmente se poderá concluir que a mesma tem como escopo garantir a dignidade e o prestígio da profissão de advogado.

4 – Na verdade, sendo o advogado um servidor da justiça e do direito, assim como um defensor dos direitos, garantias e liberdades individuais (cfr. arts. 76.º e 78.º do Estatuto da Ordem dos Advogados) deverá orientar a sua actuação por elevados padrões de conhecimento técnico e deontológico.

5 – Compete à Ordem dos Advogados, enquanto instituição representativa dos licenciados em Direito (cfr. art. 1.°, n.º 1 do E.O.A.), zelar pela função social, dignidade e prestígio da profissão de advogado e promover o respeito pelos respectivos princípios deontológicos (vide art. 3.º do E.O.A.).

6 – Ora, a regulamentação do acesso à profissão de advogado, nomeadamente através da submissão de todos os candidatos a um estágio rigoroso e avaliativo das suas capacidades técnico/científicas e deontológicas, constitui uma das vias utilizadas pela Ordem dos Advogados para garantir a dignidade de acesso à profissão, como é exigência do interesse público.

7 – Assim sendo, a inscrição como advogado, tal como resulta do disposto no art. 170.º, depende do cumprimento das obrigações de estágio com classificação positiva.

8 – De todas as obrigações de estágio, pois, de contrário, estar-se-ia a desconsiderar o elemento teleológico do mencionado preceito normativo.

9 – A douta sentença ora recorrida extrai o sentido e interpretação final do art. 170.º do Estatuto da Ordem dos Advogados do diploma regulamentar em vigor à data dos factos em apreço e para o qual aquele preceito normativo remete, o que não se afigura admissível face à hierarquia dos actos do Estado.

10 – Pelo contrário, é o art. 19.º do RCDEOA que deverá ser interpretado à luz do art. 170.º do E.O.A., sendo que *ratio legis* deste último preceito normativo, tal como se deixou supra referido, obriga a que o candidato a advogado obtenha classificação positiva em todas as obrigações de estágio.

11 – O facto de o art. 19.º do RCDEOA referir que a informação final atribuída pelo Júri constitui elemento integrador da informação final de estágio a conceder pelo conselho distrital respectivo, não pode deixar de ser interpretado no sentido de que tal informação se integra, efectivamente, numa avaliação global, em que cada um dos vários parâmetros avaliativos deverá ser positivo.

12 – Tão pouco o facto de ter havido necessidade de, em posteriores alterações ao Regulamento de Estágio supra citado, clarificar qual o peso da avaliação da prova final da prova de agregação, permitirá sustentar a interpretação do art. 170.º do E.O.A propugnado pelo Tribunal *a quo*.

13 – Se houve necessidade de fazer essa clarificação, tal apenas poderá significar que, com tais alterações, apenas se procurou adequar o texto do decreto regulamentar àquilo que j á resultava do espírito da disposição legal que aquele devia executar.

14 – Existindo uma norma (o artigo 7.º, n.º 3, do RCDEOA) que, quanto ao teste escrito final do primeiro período de formação, impede a passagem à fase seguinte em caso de classificação negativa, dever-se-á entender, por maioria de razão, e por analogia com o disposto nessa mesma norma, que a classificação negativa na prova final de agregação reveste natureza eliminatória.

O recorrido pronunciou-se pala manutenção do julgado.

O Magistrado do Ministério Público emitiu o seguinte Parecer:

“A sentença recorrida, julgando procedente o recurso contencioso que fora interposto, anulou o despacho do Bastonário da Ordem dos Advogados, datado de 17 de Agosto de 2.000, que indeferira a inscrição do ora recorrido na Ordem dos Advogados.

Alicerçando essa decisão, ponderou-se na sentença que “a fundamentação de direito do acto recorrido indicia uma errónea aplicação do citado art. 170.º do EOA, quando interpretado no sentido de, ao arrepio do disposto no art. 19.º do RCDEOA, aprovado pelo art. 5.º da Lei n.º 34/94, uma classificação negativa obtida na prova de agregação ser determinante para que a informação final do estágio seja igualmente negativa, sem necessidade da ponderação com os demais elementos avaliativos”.

Na sua alegação de recurso, vem o Bastonário da Ordem dos Advogados, em suma, defender que, à luz duma análise literal do artigo 170.º do EOA e respeitando o respectivo elemento teleológico, a inscrição como advogado depende do cumprimento de todas as obrigações de estágio com classificação positiva, aí se incluindo a prova de agregação em que o recorrido obtivera nota negativa.

Mais alegou que em contrário nenhum argumento poderia ser retirado da previsão constante do artigo 19.º do RCDEOA, já que este normativo tinha de ser interpretado no sentido que a informação aí referida se integrava, de facto, numa avaliação global, mas em que cada um dos vários parâmetros deveria ser positivo.

Afigura-se-nos que assiste total razão ao recorrente.

Na verdade, o entendimento perfilhado na alegação de recurso, para além de encontrar apoio na própria literalidade dos preceitos constantes do artigos 170.º do EOA e 19.º do RCDEOA, é o único que dá satisfação ao respectivo elemento teleológico enquanto exigência de rigor e dignidade no acesso à profissão de advogado, a qual não poderia ser satisfeita se acaso a classificação negativa na prova final de agregação não revestisse natureza eliminatória, para mais se impondo como decorrência duma necessária articulação lógica e coerente com o facto da prova escrita da 1.ª fase ser ela própria eliminatória – art. 7.º, n.º 3 do RCDEOA.

Termos em que se é de parecer que o recurso merece obter provimento, revogando-se, em consequência, a sentença recorrida.”

Colhidos os vistos cumpre decidir.

II – FACTOS

Matéria de facto dada como assente no TAC:

1. O Requerente foi inscrito como advogado estagiário em 5 de Junho de 1996 (cfr. fls. 11 e 12 do processo instrutor em apenso);
2. Frequentou o respectivo curso de estágio, tendo terminado a primeira fase com classificação final de Muito Bom – (17) (cfr. fls. 13 do processo instrutor);
3. Após frequência da segunda fase do estágio, requereu a sua inscrição como advogado (cfr. fls. 31 do processo instrutor);
4. Aberto o processo de inscrição como advogado, foi o recorrente admitido à prova de agregação, a realizar no dia 13 de Outubro de 1997, na qual obteve a classificação final de medíocre (cfr. fls. 14 e 16 do Processo instrutor);
5. A 16 de Outubro de 1997, por requerimento dirigido ao Presidente do Conselho Distrital da Ordem dos Advogados de Lisboa, o requerente solicitou a marcação de nova data para repetição da prova (cfr. fls. 17 do Processo instrutor);

6. A 20 de Outubro, foi remetido pelo Conselho Distrital de Lisboa, ofício n.º 4012, dirigido ao recorrente, deferindo o pedido supra mencionado no ponto 5 da matéria de facto dada como provada, com a menção de que a nova prova se realizaria com as do curso de estágio seguinte (cfr. fls. 17 e 19 do Processo Instrutor);

7. A segunda prova de agregação efectuou-se no dia 10 de Fevereiro de 1998, na qual o requerente obteve a classificação de medíocre (cfr. fls. 23 do Processo instrutor);

8. A 18 de Fevereiro de 1998, o recorrente apresentou, no Conselho Distrital de Lisboa da Ordem dos Advogados, requerimento com o seguinte teor (cfr. fls. 24 do Processo instrutor) "Ex.mo Senhor Presidente do Conselho Distrital de Lisboa da Ordem dos Advogados Sílvio Pereira Guerra Pessanha, advogado estagiário com cédula n.º 16124, na posse desse Conselho Distrital, com domicilio profissional no Campo dos Mártires da Pátria, 110, 2° N, em Lisboa, tendo requerido a sua inscrição como advogado em 8/09/1997, e tendo em 10/02/1998 concluído a última das provas de estágio previstas na lei, vem requerer se digne certificar o seguinte:

a) se esse Conselho Distrital já proferiu despacho sobre o dito pedido de inscrição como advogado;

b) qual o teor de tal despacho e seus fundamentos;

c) se o processo de inscrição como advogado foi ou não, e quando, enviado ao Conselho Geral para confirmação de inscrição.

Lisboa, 18 de Fevereiro de 1998

E.D.

O Requerente

(assinatura ilegível)"

9. A 28 de Abril de 1998 foi expedida, através do ofício n.º 2574, dirigido ao recorrente, a certidão de um despacho do Vogal do Conselho Distrital de Lisboa, com o seguinte teor (cfr. fls. 25 dos autos de inscrição de advogado e doc. n.º 2 junto fls.14 dos presentes autos):

"CERTIDÃO

LUÍS DO AMARAL FRAZÃO, Chefe da Secretaria do Conselho Distrital de Lisboa da Ordem dos Advogados. CERTIFICO, para os devidos efeitos, que, quanto ao requerido em dezoito de Fevereiro de mil novecentos e noventa oito, pelo Dr. SÍLVIO PERELRA GUERRA PESSANHA, não foi proferido qualquer despacho, atento o resultado negativo da prova de agregação pelo mesmo prestada em dez de Fevereiro de mil novecentos e noventa oito. Por ser verdade e ter sido requerida, passo a presente que vai por mim assinada e aposto o selo branco em uso neste Conselho Distrital, aos vinte e oito de Abril de mil novecentos e noventa e oito.

O Chefe da Secretaria,

(assinatura ilegível)"

10. A 14 de Maio de 1998, o recorrente interpôs recurso, dirigido ao Presidente do Conselho Superior da Ordem dos Advogados, do supra identificado despacho do Vogal do Conselho Distrital de Lisboa (cfr. doc. n.º 3 junto a fls. 17 dos presentes autos);

11. Ao processo de recurso de inscrição em causa foi atribuído o n.º RI/11/99;

12. A 28 de Dezembro de 1998, foi assinado o aviso de recepção da correspondência expedida em nome do recorrente, através do ofício n.º 658/98, que continha as cópias do parecer e acórdão aprovado a 27 de Novembro do mesmo ano, pelo Plenário do Conselho Superior da Ordem dos Advogados, em que se decidiu pela incompetência deste Conselho para tomar conhecimento do objecto do recurso (cfr. docs. juntos a fls. 26 a 31 dos presentes autos e a fls. 48 a 49 vs. do processo de inscrição);

13. A 4 de Março de 1999 foi elaborado termo de remessa dos autos de inscrição como advogado, ao Conselho Geral "por ser ele o órgão competente para dele conhecer", tendo sido recebido e distribuído no mesmo dia (cfr. teor de fls. 50 e 51 do referido processo e doc. n.º 4 junto a fls. 30 dos presentes autos);

14. A 8 de Maio de 2000 o recorrente dirigiu ao Bastonário da Ordem dos Advogados uma exposição, na qual solicitava "as providências necessárias no sentido de que a decisão que aguarda venha a ser proferida em tempo útil" (cfr. doc. n.º 5 junto a fls. 32 e 33 dos presentes autos);

15. A 21 de Julho de 2000, foi expedido o ofício n.º 1646/00, dirigido ao recorrente, com o qual se remetia cópia do projecto de decisão elaborada pelo Bastonário da Ordem dos Advogados no processo de recurso de inscrição identificado no ponto 11 da matéria de facto dada como provada, para que o recorrente se pronunciasse, querendo, sobre o mesmo no prazo de 10 dias, nos termos do art. 101 do CPA (cfr. doc. n.º 6 junto a fls. 34 a 37 dos presentes autos);

16. A 9 de Agosto de 2000, O recorrente apresentou na Ordem dos Advogados, o articulado de resposta à notificação supra identificada no ponto anterior da matéria de facto dada como provada (cfr. doc. n.º 7, junto a fls. 38 a 60 dos presentes autos);

17. A 21 de Agosto de 2000, foi expedido o ofício n.º 1791/2000, dirigido ao recorrente, com o qual se remetia cópia do despacho do Bastonário da Ordem dos Advogados, que aqui se considera integralmente reproduzido, para todos os efeitos legais, proferido no processo de recurso de inscrição supra identificado no ponto 11 da matéria de facto dada como provada, e que decidiu nos seguintes termos (cfr. doc. n.º 8, junto a fls. 61 a 66).

"(...) 6. Termos em que se declara a improcedência do recurso, expressando-se que o Recorrente, não tendo tido aproveitamento na Prova de Agregação, não preenche os requisitos previstos no Artigo 170" do E.O.A, razão porque não é deferida a inscrição.

Assim decido, ao abrigo do disposto na al. *o*) do n.º 1 do Artigo 37.º do E.O.A.

Lisboa 17 de Agosto de 2000."

III – DIREITO

1. Vejamos, antes de mais, a matéria de facto relevante. O recorrente contencioso foi inscrito como advogado estagiário em 5 de Junho de 1996 (ponto **1** da matéria de facto); frequentou o respectivo curso de estágio, tendo terminado a primeira fase com classificação final de Muito Bom (**2**); após frequência da segunda fase do estágio, requereu a sua inscrição como advogado (**3**); aberto o processo de inscrição como advogado, foi admitido à prova de agregação, a realizar no dia 13 de Outubro de 1997, na qual obteve a classificação final de medíocre (**4**); a 16 de Outubro de 1997, por requerimento dirigido ao Presidente do Conselho Distrital da Ordem dos Advogados de Lisboa, o recorrente solicitou a marcação de nova data para repetição da prova, o que lhe foi deferido (**5** e **6**); a segunda prova de agregação efectuou-se no dia 10 de Fevereiro de 1998, tendo obtido a classificação de medíocre (**7**); por despacho do Bastonário da Ordem dos Advogados, o acto recorrido, foi indeferida a sua pretensão de inscrição na Ordem já que "... não tendo tido aproveitamento na Prova de Agregação, não preenche os requisitos previstos no Artigo 170.º do E.O.A, razão porque não é deferida a inscrição." (**17**)

2. A decisão recorrida, que concedeu provimento ao recurso contencioso, fê-lo sintetizando os argumentos aduzidos deste modo:

"Conclui-se assim, que o acto recorrido padece de vício de violação de lei em virtude da norma invocada – o supra citado art. 170.º do EOA – não suportar, só por si, a decisão tomada, impondo-se a sua anulação ao abrigo do art. 135.º do Código do Procedimento Administrativo. Na verdade, no caso em apreço, a fundamentação de direito do acto recorrido indicia uma errónea aplicação do citado art. 170.º do EOA, quando interpretado no sentido de, ao arrepio do disposto no art. 19.º do RCDEOA, aprovado pelo art. 5.º da Lei n.º 34/94, uma classificação negativa obtida na prova de agregação ser determinante para que a informação final de estágio seja igualmente negativa, sem necessidade de ponderação com os demais elementos avaliativos.

Isto não significa que a inscrição como Advogado, do recorrente, tivesse de ser deferida. O que não se pode olvidar é a necessidade, em sede de decisão pelo Conselho Distrital de Lisboa, de ponderação dos parâmetros avaliativos, conforme supra exposto.

Nestes termos, considero prejudicado o conhecimento dos restantes vícios alegados, designadamente os de procedimento."

3. Os preceitos ali chamados à colação são, essencialmente o art. 170.º do Estatuto da Ordem dos Advogados, aprovado pelo DL 84/84, de 16.3, na redacção da Lei n.º 33/94, de 6.9, segundo o qual "*A inscrição como advogado depende do cumprimento das obrigações de estágio com classificação positiva, nos termos do Regulamentos dos Centros Distritais de Estágio*" (RCDEOA) e o art. 19.º desse Regulamento, aprovado pelo art. 5.º da referida lei e publicado em anexo, e sob a epígrafe de "Informação final do estágio" dispõe que "*A classificação final atribuída pelo júri constitui elemento integrador da informação final do estágio a conceder pelo conselho distrital respectivo com vista à sua inscrição como advogado*".

Dir-se-á, desde já, que o recurso é para proceder.

Com efeito, a redacção do citado art. 170.º não deixa margem para grandes dúvidas, não se mostrando necessário o apelo a sofisticadas doutrinas de interpretação das normas. O elemento literal contido no segmento "*cumprimento das obrigações de estágio com classificação positiva*" é inequívoco no sentido de que o processo encerra (ou pode encerrar) mais do que uma obrigação de estágio ("*obrigações de estágio*") e que, a cada uma delas há-de corresponder uma classificação positiva. O elemento teleológico, ou racional, o da finalidade da norma, no caso em apreço, reside, exclusivamente, na preocupação de selecção dos mais aptos, segundo padrões técnicos e deontológicos, de modo a garantir a dignidade e o prestígio da profissão e assim assegurar, como servidor do direito e da justiça, a mais ampla defesa dos direitos, garantias e liberdades individuais. Ora, tudo isso se assegura melhor, tendencialmente, com a escolha daqueles que obtenham classificações positivas em todas as áreas, tanto nas deontológicas como nas técnicas. Portanto, fazendo apelo às regras de interpretação contempladas no art. 9.º do CC, ter-se-á de concluir que, para obter a inscrição como advogado, nos termos do art. 170.º do EOA, o candidato terá de conseguir classificações positivas em todas as obrigações do estágio, e, assim, também, na prova final de agregação prevista no art. 17.º do RCDEOA.

E não pode agir-se, como se faz na decisão recorrida, procurando interpretar um preceito de uma Lei fazendo apelo a várias normas de um regulamento. A ordem natural das coisas imporia exactamente o contrário. O art. 112.º da CRP, que identifica as fontes de direito com origem normativa, estabelece igualmente uma hierarquia entre elas, colocando à cabeça as leis e no fim os regulamentos, seja qual for a sua natureza, explicitando de forma clara que um regulamento está, em todos os casos, subordinado a uma lei. Mas sendo assim, nunca seria aceitável pretender interpretar uma Lei apelando, como elemento interpretativo, a um regulamento pré-existente ou mesmo a um regulamento nela previsto. O contrário é que seria, naturalmente, possível. Desde logo, porque a lei existe autonomamente e o regulamento não, sendo que este está dependente daquela. Portanto, a pretensão expressa na sentença, de procurar interpretar o art. 170.º do EOA – uma Lei – com o recurso a normas do RCDEOA – um Regulamento – não é admissível. O que seria admissível seria a postura contrária, interpretar normas do RCDEOA recorrendo às do EOA.

De resto, nenhum dos argumentos invocados na sentença colhe. O conteúdo do art. 19.º não altera minimamente a conclusão a que se chegou. Pois se aí se afirma que "*A classificação final atribuída pelo júri constitui elemento integrador da informação final do estágio a conceder pelo conselho distrital respectivo com vista à sua inscrição como advogado*" apenas se pode concluir que, no juízo a emitir a coberto do art. 170.º do EOA, a classificação final atribuída pelo júri terá que ser ponderada. Nada mais do que isso. O art. 7.º reporta-se, exclusivamente, ao primeiro período de formação, que obedece a pressupostos distintos, não tendo aplicação à 2.ª fase, que tem regras próprias, sendo abusiva qualquer pretensão de misturar uma e outra.

Como também não colhe o argumento de que as alterações introduzidas no RCDEOA abonem a tese contida na decisão. Na verdade, se o Regulamento foi alterado, mas sempre no sentido de que a não obtenção de uma classificação positiva impedia a inscrição como advogado, daí só pode concluir-se, que não tendo havido alteração da Lei, houve o propósito de explicitar o regulamento, melhor o conformando com ela. O que nos conduz, justamente, à conclusão oposta.

É também esta a posição do Magistrado do Ministério Público quando sublinha, no seu parecer. "Na verdade, o entendimento perfilhado na alegação de recurso, para além de encontrar apoio na própria literalidade dos preceitos constantes do artigos 170.º do EOA e 19.º do RCDEOA, é o único que dá satisfação ao respectivo elemento teleológico enquanto exigência de rigor e dignidade no acesso à profissão de advogado, a qual não poderia ser satisfeita se acaso a classificação negativa na prova final de agregação não revestisse natureza eliminatória, para mais se impondo como decorrência duma necessária articulação lógica e coerente com o facto da prova escrita da 1.ª fase ser ela própria eliminatória – art. 7.º, n.º 3 do RCDEOA."

Procedem, assim, todas as conclusões da alegação do recorrente.

IV – DECISÃO

Nos termos e com os fundamentos expostos, acordam em conceder provimento ao recurso, em revogar a sentença recorrida e em ordenar que os autos baixem ao TAC para apreciação dos restantes vícios suscitados.

Custas a cargo do recorrido, fixando-se a Taxa de Justiça e a Procuradoria em, respectivamente, 300 e 150 euros.

Lisboa, 3 de Março de 2005.

Rui Botelho (Relator)
Santos Botelho
Freitas Carvalho

Recurso n.º 1203/04-11

FORMAÇÃO DOS CONTRATOS. AQUISIÇÃO DE SERVIÇOS DE ILUMINAÇÕES DE NATAL. CONCURSO LIMITADO SEM APRESENTAÇÃO DE CANDIDATURAS. APRECIAÇÃO DAS PROPOSTAS. RECLAMAÇÃO. RECURSO ADMINISTRATIVO FACULTATIVO.

(Acórdão de 1 de Fevereiro de 2005)

SUMÁRIO:

I – No concurso limitado sem apresentação de candidaturas regulado nos artigos 127.º a 131.º do DL 197/99, de 8/6, haverá um júri, como no concurso público, que efectua um acto público para abertura das propostas e admissão dos concorrentes segundo critérios formais (atinentes apenas à suficiência dos documentos e modo de apresentação das propostas) e posteriormente aprecia a capacidade técnica e financeira dos concorrentes e a valia das propostas face aos critérios de adjudicação e apresenta um relatório final depois da audiência prévia dos concorrentes acerca da sua proposta de adjudicação.

II – As reclamações e recursos administrativos dos actos do júri, no âmbito dos concursos de aquisição de bens e serviços regulados pelo DL 197/99 são sempre facultativos, como decorre quanto às reclamações dos artigos 101.º n.º 7; 103.º n.º 5 e 104.º n.º 6 e quanto aos recursos do disposto nos artigos 180.º n.º 1 e 184.º n.º 1.

ACORDAM EM CONFERÊNCIA NA SECÇÃO DO CONTENCIOSO ADMINISTRATIVO DO STA:

I – RELATÓRIO

O Presidente da Câmara Municipal de Guimarães, entidade demandada como autor do despacho de 19 de Novembro de 2003 autorizou a prestação de serviços e adjudicou à ILUMINARTE – Armando Barreira, Sociedade Unipessoal, Ld.ª a montagem de iluminações de Natal, viu anulado pela sentença do TAF do Porto, de 22/07/2004, aquele acto, a requerimento da firma A. BARREIRA, Ld.ª.

Inconformado recorreu para o TCA Norte, onde, em Acórdão de 16 de Dezembro último, foi declarada a incompetência em razão da hierarquia para conhecer do recurso.

Requerida e efectuada a remessa a este STA o EMMP emitiu douto parecer em que o recurso deverá improceder em virtude de não ser obrigatória a reclamação para abrir a via contenciosa.

Importa pois apreciar se a competência cabe a este STA e em caso afirmativo conhecer da questão proposta.

II – A MATÉRIA DE FACTO

A sentença do TAC deu como provada a seguinte matéria de facto:

1. Por despacho de 07 de Outubro de 2003 o Presidente da Câmara Municipal de Guimarães ordenou a abertura de um concurso limitado sem apresentação de candidaturas para "Prestação de Serviços – Iluminação de Natal 2003", com o valor estimado de € 65.000,00 acrescido de I.V.A., nos termos do artigo 127.º do D.L. 197/99, de 08/06, o qual correu termos sob o n.º 29/03, nomeando o Júri respectivo (fls. 29 destes autos).

2. No dia 08-10-2003, o Júri nomeado reuniu para definir a ponderação a aplicar aos diferentes elementos que interferem na aplicação do critério de adjudicação estabelecido no programa do concurso nos termos do n.º 1 do art. 94.º do D.L. n.º 197/99, de 08-06 tal como se alcança da acta de definição de critérios que consta de fls. 173 do PA apenso, tendo sido estabelecido o seguinte:

Critério de Avaliação:

O critério de apreciação das propostas para adjudicação é o da proposta economicamente mais vantajosa tendo em conta os seguintes factores:

– Características técnicas e estéticas 50%;
– Preço 50%;

Factor 1 – Características técnicas e estéticas

A avaliação das propostas neste factor tem em conta o quadro a seguir definido, sendo atribuída a pontuação em função das características técnicas e estéticas

Suficiente ——— 10 a 14 valores
Bom ——— 15 a 17 valores
Muito Bom ——— 18 a 20 valores

Factor 2 – Preço

A classificação das propostas relativamente a este factor é efectuada atribuindo-se 20 valores à proposta de preço mais baixo. Seguidamente calcular-se-ão os desvios percentuais relativamente ao preço mais baixo e retirar-se-á a percentagem encontrada à classificação máxima (fls. 173 do PA apenso).

3. No âmbito desse concurso, e através do oficio n.º 653/A, de 08-10-03, o recorrido convidou a recorrente a apresentar proposta de preço para a prestação de serviços de iluminação e decoração de algumas artérias,

praças e edificios da cidade de Guimarães para os dias 26 de Novembro de 2003 e 9 de Janeiro de 2004 (fls. 159 a 162 do PA apenso).

4. De acordo com o programa de concurso e o caderno de encargos, foi exigido aos concorrentes, além do mais, o seguinte:

A – quando em arco sobre as artérias, a ornamentação deverá ter um mínimo de 5,5 metros de altura;

B – as propostas deveriam ser acompanhadas de maquetes a cores com o formato mínimo de A4 de todas as ornamentações previstas para os locais a decorar.

C – o critério adoptado para a adjudicação desses serviços foi o da proposta economicamente mais vantajosa, tendo em conta dois únicos factores: *a*) as características técnicas, na percentagem de 50%; e, *b*) o preço, também em 50%.

5. Foram apresentadas apenas duas propostas: uma formulada pela ora recorrente, e outra por Iluminarte – Armando Barreira, Unipessoal, Lda., ora recorrida particular, tendo a primeira proposto o preço de € 50.000,00, enquanto a segunda propôs o preço de € 45.000,00, tendo os concorrentes sido admitidos, conforme resulta da Acta de Acto Público de Abertura de Propostas datada de 20-10-2003 (fls. 62 do PA apenso).

6. Dou aqui por reproduzido o teor da proposta apresentada por Iluminarte – Armando Barreira, Unipessoal, Lda., ora recorrida particular e que consta de fls. 107 a 145 do PA apenso.

7. Dou aqui por reproduzido o teor da proposta apresentada pela ora recorrente "A. Barreira, Lda." e que consta de fls. 65 a 106 do PA apenso.

8. Por ofício datado de 30-10-2003, o recorrido notificou a ora Recorrente o projecto de decisão tal como se alcança de fls. 55 do PA apenso no sentido de adjudicar os mencionados serviços à concorrente "Iluminarte – Armando Barreira, Unipessoal, Lda", de acordo com o relatório de análise das propostas efectuada pelo júri do concurso.

9. Nesse relatório de análises das propostas, o júri deliberou atribuir aos concorrentes Iluminarte e A. Barreira a mesma pontuação (40%) às características técnicas e estéticas das respectivas propostas e, em factor dos preços apresentados, concedeu 50% à Iluminarte e 44,45% à ora recorrente (fls. 57-58 do PA apenso cujo teor aqui se dá por reproduzido)

10. Em virtude do exposto em 9., a Iluminarte foi a final classificada em primeiro lugar, com 90% e a recorrente em segundo com 84,45%, mais deliberando o júri propor o fornecimento dos serviços à concorrente Iluminarte, pelo preço de € 45.000, acrescido de I.V.A. (fls. 57-58 do PA apenso cujo teor aqui se dá por reproduzido).

11. Nos anos de 2001 e 2002 a Câmara Municipal de Guimarães abriu concurso limitado para a ornamentação das mesmas artérias e praças da cidade de Guimarães nos respectivos períodos natalício e de fim-de-ano.

12. A esses concursos concorreram também a Iluminarte e a ora recorrente A. Barreira.

13. Em ambos os concursos os trabalhos foram adjudicados à Ilurninarte, que foi ainda quem realizou as ornamentações dos mesmos locais da cidade de Guimarães no período de decurso das festas da cidade (festas Gualterianas) no mês de Agosto de 2003.

14. Nos concursos referidos no artigo 21.º supra era obrigação do adjudicatário remover as estruturas respeitantes às ornamentações até ao dia 15 de Janeiro de 2002 e 15 de Janeiro de 2003, respectivamente.

15. A data em que foram apresentadas as propostas de ambos os concorrentes, e à data do relatório elaborado pelo júri para apreciação e valoração das propostas, a Iluminarte mantinha as estruturas de ornamentação (tais como cabos de aço para suporte, cabos eléctricos e quadros de electricidade) dos trabalhos realizados no âmbito dos concursos anteriores em locais e abrangidos pelo concurso limitado n.º 29/03, tais como: Rua Paio Galvão, Rua de Santo António, Rua da Rainha (D. Maria), Rua da Tulha, Rua de Camões, Rua de Gil Vicente e Avenida Conde de Margaride.

16. Em 15-12-2003, o recorrido subscreveu a resposta que consta de fls. 14-15 destes autos cujo teor aqui se dá por reproduzido à exposição apresentada pela recorrente, através dos seus mandatários e que deu entrada nos Serviços da Câmara em 21-11-2003 e que consta de fls. 18-20 do PA apenso cujo teor aqui se dá por reproduzido, onde se refere, além do mais que "os equipamentos utilizados nas iluminações do Natal de 2001 e Natal de 2002" ainda permaneciam instalados à data da abertura do concurso n.º 29/03 e que "esta situação resultou do incumprimento dos contratos anteriores relativos às iluminações de Natal e festas Gualterianas"

17. Com data de 03-11-2003, a Recorrente subscreveu reclamação que dirigiu ao recorrido alegando, além do mais, que a recorrida particular se encontra em situação de vantagem em função do incumprimento de concursos anteriores, a proposta da recorrida particular não cumpre integralmente o caderno de encargos (fls. 51-52 do PA apenso).

18. Por ofício datado de 19-11-2003, o recorrido comunicou à Recorrente que por despacho de 19-11-2003 foi adjudicada a prestação de serviços acima identificada (Concurso Limitado n.º 29/2003 – Prestação de Serviços – Iluminação de Natal 2003) à concorrente "Iluminarte – Armando Barreira, Unipessoal, Lda." Pelo preço de € 45.000,00, acrescido do I.V.A. à taxa legal em vigor, conforme o relatório final em anexo (fls. 34 e 36 do PA apenso).

19. Dou aqui por reproduzido o relatório final que consta de fls.36 do PA apenso, datado de 19-11-2003, nos termos do qual, o Júri deliberou por unanimidade, propor a adjudicação da presente prestação de serviços à concorrente "Iluminarte – Armando Barreira, Unipessoal, Lda." pelo preço de € 45.000,00, acrescido do I.V.A. à taxa legal em vigor, aí se referindo quanto à reclamação apresentada pela ora recorrente o seguinte:

"Quanto ao primeiro motivo (A concorrente Iluminarte parte para o concurso em situação de vantagem "uma vez que beneficia do facto de ter colocadas previamente todas as espias de segurança os respectivos cabos e alguns quadros eléctricos):

Que o Júri não é competente para sobre ele se pronunciar.

Quando ao segundo motivo (por não constar da "proposta apresentada pela concorrente Iluminarte qualquer maquete elucidativa da respectiva proposta para as quatro entradas da cidade", tal como exigido no caderno de encargos):

Que face às razões aduzidas na nossa informação de 12 de Novembro, e que o referido parecer classifica de "fundamentadas" acrescida do facto de uma reclamação com base nesse motivo dever ser apresentada, não em fase de audiência prévia, mas sim no acto público, entendemos ser de considerar improcedente a presente reclamação, pelo que mantemos a sugestão de intenção de adjudicação constante do Relatório de 28 de Outubro de 2003" (fls. 36 do PA apenso)

20. Sobre o relatório final id. em 19., o recorrido proferiu em 19-11-2003 o seguinte despacho: "Adjudico, nos termos da informação" (Acto Recorrido).

21. O recorrido notificou a adjudicação do concurso público ao concorrente "Iluminarte – Armando Barreira, Lda." nos termos do oficio que consta de fls. 29 do PA apenso com data de 19-11-2003 (fls. 29 do PA apenso).

22. No decurso do procedimento do concurso, e antes do acto de adjudicação que sobre o mesmo recaiu, a Iluminarte não só mantinha montadas as instalações nos termos supra alegados, como procedeu à montagem das ornamentações em diversas artérias da cidade.

23. Dou aqui por reproduzido o teor da Requisição Interna n.º 4163 que consta de fls. 179 do PA apenso onde, além do mais, consta despacho proferido pelo recorrido em 19-11-2003 nos seguintes termos: "Autorizo a aquisição por ajuste directo. Proceda-se à emissão de proposta de cabimento de despesa, assunção do respectivo compromisso e adjudicação ao preço mais baixo" (fls. 179 do PA apenso).

24. Dou aqui por reproduzido o teor da informação prestada pelo recorrido nos termos de fls. 248 a 250 destes autos na sequência do despacho proferido a fls. 244 destes autos.

25. A recorrente veio intentar o presente recurso em 18-12-2003 (fls. 2 destes autos).

III – APRECIAÇÃO

1. A competência.

O TCA – N considerou que o artigo 4.º n.º 1 do DL 134/98 de 15.5 determina a aplicação do disposto no ETAF e na LPTA, mas apenas aos recursos contenciosos de actos administrativos e não aos recursos jurisdicionais, designadamente quanto a competência do TCA. Considera também que o facto de o recurso ser urgente não contende com as normas de distribuição das competências entre o TCA e o STA.

Vejamos:

O art. 4.º n.º 1 do DL 134/98 que manteve a redacção durante todo o período em que vigorou é aplicável dado que o processo se iniciou no seu âmbito de vigência temporal, determina:

"Aos recursos previstos neste diploma é aplicável o disposto no Estatuto dos Tribunais Administrativos e Fiscais e na Lei de Processo nos Tribunais Administrativos relativamente aos recursos contenciosos de actos administrativos, salvo o preceituado nos números seguintes".

De notar que este artigo tem, a epígrafe "tramitação" e o seu n.º 4 tem a redacção seguinte:

"Os recursos têm carácter urgente, devendo observar-se os seguintes prazos:

a) Quinze dias para a resposta ou contestação e para as alegações, correndo simultaneamente para todos os recorrentes ou para todos os recorridos;

b) Dez dias para a decisão do juiz ou do relator ou para este submeter o processo a julgamento;

c) Cinco dias para os restantes casos."

De notar que a alínea *b*) se pode em abstracto referir tanto ao processamento do recurso contencioso em tribunal superior, como do recurso jurisdicional.

Quanto à regra de competência do TCA, no que ao caso interessa, é a que consta do artigo 40.º al. *a*) última parte que comete a este o conhecimento dos recursos" que tenham sido proferidos em meios processuais acessórios".

Ora, o meio em causa não era acessório, mas sim o meio principal, o recurso contencioso de anulação com carácter urgente regulado no referido DL 134/98.

Assim há que concluir que embora não seja vulgar a solução de separar a competência para conhecer do recurso jurisdicional em matéria cautelar da competência para conhecer do recurso sobre a causa principal, o certo é que no caso é esta a a solução que resulta da lei e a que se deve obediência.

2. A Questão de fundo.

2.1. No recurso jurisdicional o recorrente formula as seguintes conclusões:

– A Iluminarte foi intimada a retirar todo o equipamento sobrante de anteriores iluminações, o que foi cumprido, tendo sido posteriormente instalado todo o material necessário sem recurso a qualquer elemento previamente instalado, pelo que não foi violado o princípio da imparcialidade.

– A recorrente não reclamou nem apresentou recurso hierárquico da decisão do júri do acto público do concurso, de 20.10.2003 pelo que se formou caso decidido, e a sentença violou o art. 99.º n.º 2 *c*) em conjugação com o art. 180.º do DL 197/99, de 8/6.

Não houve contra alegação.

O EMMP junto do TCA entende que a matéria de facto dada como provada é em contrário do que o recorrente afirma, e por outro lado a intervenção do júri é regulada pelo artigo 107.º do DL 197/99, não estando prevista reclamação ou recurso administrativo, pelo que não deverá proceder o recurso contencioso.

Vejamos se tem razão o recorrente.

2.2. Quanto ao primeiro ponto, a matéria de facto dada como provada é no sentido de que não foi cumprida a ordem de retirar as partes de instalações anteriores que se encontravam nas ruas e mais do que isso, tendo sido alegado, em sede de audiência prévia, que a Iluminarte beneficiava do facto de ter colocadas previamente (de iluminações anteriores de que fora adjudicatária), todas as espias de segurança, os respectivos cabos e alguns quadros eléctricos, também ficou provado que "No decurso do procedimento do concurso e antes do acto de adjudicação que sobre o mesmo recaiu, a Iluminarte não só mantinha montadas as instalações nos termos supra alegados, como procedeu à montagem das ornamentações em diversas artérias da cidade".

Desta factualidade se infere que a alegação da entidade ora recorrente de que em nada beneficiou da anterior instalação se encontra perfeitamente afastada pela aludida matéria de facto pelo que não podem colher neste Tribunal de recurso simples afirmações em contrário dos factos apurados.

2.3. Quanto à necessidade de recurso administrativo prévio da decisão do júri (ou comissão, uma vez que o DL 197/99 usa o termo júri para o concurso público e Comissão para os demais e este era um concurso limitado sem apresentação de candidaturas, regulado nos artigos 127.º a 131.º do referido diploma) rege o artigo 107.º a 109.º que dispõe quanto à apresentação de um relatório fundamentado sobre o mérito das propostas (n.º 1) com base no qual a entidade competente para autorizar a despesa escolhe o adjudicatário. Não está em causa a exclusão de candidatos nem há lugar a outras diligências atento o carácter simplificado deste procedimento.

No caso de concurso limitado sem apresentação de candidaturas, regulado nos artigos 127.º a 131.º do DL 197/99, de 8/6, haverá um júri (como no concurso público) que efectua um acto público para abertura das propostas e admissão dos concorrentes segundo critérios formais (atinentes apenas à suficiência dos documentos e modo de apresentação das propostas) e posteriormente aprecia a capacidade técnica e financeira dos concorrentes e a valia das propostas face aos critérios de adjudicação e apresenta um relatório final depois da audiência prévia dos concorrentes acerca da sua proposta de adjudicação.

As reclamações e recursos administrativos dos actos do júri, no âmbito dos concursos de aquisição de bens e serviços regulados pelo DL 197/99 são sempre facultativos, como decorre quanto às reclamações dos artigos 101.º n.º 7; 103.º n.º 5 e 104.º n.º 6 e quanto aos recursos do disposto nos artigos 180.º n.º 1 e 184.º n.º 1.

Efectivamente as normas aplicáveis nunca referem que haverá reclamação de certo acto, mas apenas que o júri delibera "sobre as eventuais reclamações" e quanto ao recurso as normas apontadas dizem de forma directa que é sempre meramente facultativo.

De qualquer modo, no caso, não haveria, ainda por outra razão, lugar a reclamação ou recurso algum sobre a matéria que depois é questionada no recurso contencioso, atento que a queixa da recorrente é relativa à avaliação e apreciação das propostas, nunca haveria lugar a reclamação de decisões tomadas no acto público, dado que, nessa oportunidade, não é efectuada a apreciação da valia relativa das propostas que estava em causa nesta espécie.

Portanto, a lei não prevê nem exige para o acesso dos eventuais lesados à via contenciosa nenhuma reclamação ou recurso administrativo quer da admissão ou rejeição das propostas, quer da respectiva apreciação.

Improcedem, portanto, todas a alegações do recorrente.

IV – DECISÃO

Em conformidade com o exposto acordam em negar provimento ao recurso.

Sem custas, atenta a isenção do recorrente.

Lisboa, 1 de Fevereiro de 2005.

Rosendo José (Relator)
António Madureira
São Pedro

Recurso n.º 48/05-12

FUNCIONALISMO PÚBLICO. CARREIRAS. DOTAÇÕES GLOBAIS (DL 141/01, DE 24.4).

(Acórdão de 13 de Janeiro de 2005)

SUMÁRIO:

I – O DL 141/01, entrado em vigor no dia seguinte ao da sua publicação, visou, apenas, fixar "... o regime de dotação global dos quadros de pessoal, para as carreiras de regime geral, de regime especial e com designações específicas" (art. 1.º).

II – O seu único objectivo foi o de transformar as dotações previstas para cada uma das diferentes categorias de uma carreira numa dotação global dessa carreira, cujo resultado era a soma das parcelas correspondentes a cada uma dessas categorias (art. 3.º, n.º 2).

III – O seu art. 4.º, segundo o qual "O disposto no presente diploma não prejudica os concursos que se encontrem pendentes à data da sua entrada em vigor" é neutro em matéria de concursos e não pretendeu nem dar nada a mais, que já não existisse, nem retirar algo que já tivesse sido concedido.

IV – Assim, o que esse preceito veio afirmar foi que os concursos que estivessem a decorrer continuariam o seu curso normal, sujeitos às regras com base nas quais haviam sido lançados.

V – Com uma particularidade, os lugares previstos nos concursos que estivessem em curso passavam a ser providos como lugares da carreira e não como lugares da categoria.

VI – Se um concurso foi lançado para 14 vagas, e se esses 14 candidatos foram nomeados, cumprindo-se integralmente as finalidades assinaladas no aviso de abertura do concurso, a nomeação de um candidato mais, o 15.º, seria ilegal, como seria ilegal a nomeação do candidato graduado em 18.º lugar.

ACORDAM NA SECÇÃO DE CONTENCIOSO ADMINISTRATIVO DO SUPREMO TRIBUNAL ADMINISTRATIVO:

I – RELATÓRIO

O Ministro da Agricultura Desenvolvimento Rural e Pescas, vem recorrer do acórdão do Tribunal Central Administrativo (TCA), de 29.4.04, que concedeu provimento ao recurso contencioso interposto por António dos Anjos Carvalho Meireles do seu despacho, de 28.12.01, que indeferiu o recurso hierárquico deduzido do despacho do Director Regional de Agricultura de Trás-os-Montes que indeferiu o pedido de provimento do recorrente na categoria de técnico profissional de 1.ª Classe, na sequência de concurso aberto para esse efeito.

Terminou a sua alegação formulando as seguintes conclusões:

1.ª – A Administração está obrigada à gestão racional dos seus recursos humanos e financeiros, o que faz também através da abertura de concursos.

2.ª – Da abertura do concurso resultam direitos e obrigações recíprocas para a Administração e concorrentes os quais estão definidos nas normas vigentes à data da sua abertura.

3.ª – A alteração das normas vigentes à data da abertura, não pode impor maiores deveres e obrigações aos intervenientes sob pena de violação do princípio da irretroactividade das normas.

4.ª – A interpretação perfilhada no douto acórdão relativamente à norma transitória consagrada no art. 4.º do D.L. nº 141/2001, de 24 de Abril, no sentido de que os concorrentes admitidos a concursos pendentes à data da entrada em vigor daquele diploma devem ser providos, imediatamente, uma vez que a dotação da categoria passa a ser a da carreira, viola os princípios referidos na cláusula anterior .

5.ª – A interpretação a dar aquele preceito, e predominante no TCA é a de que se mantêm válidos os concursos pendentes, mas apenas relativamente no número de lugares postos a concurso, sendo o provimento como lugar da carreira e não da categoria.

6.ª – O douto acórdão, por errónea interpretação, viola o art. 4.º do DL n.º 141/01, de 24 de Abril e o art. 9.º do C. Civil.

Não foi apresentada contra-alegação.

O Magistrado do Ministério Público emitiu parecer no sentido do provimento do recurso.

Colhidos os vistos cumpre decidir.

II – FACTOS

Matéria de facto fixada no TCA:

1 – Em 17 de Julho de 2000 foi aberto concurso para o preenchimento de 14 vagas na categoria de Técnico Profissional de 1ª classe pela Direcção Regional da Agricultura de Trás-os-Montes.

2 – O ora recorrente concorreu ao concurso em 1), vindo, a final, a ser posicionado em 18° lugar da lista de classificação final.

3 – Com a publicação do Dec-Lei n.º 141/2001, de 24 de Abril, que fixou um novo regime de dotação global para os quadros de pessoal, em 11 de Setembro de 2001, o ora recorrente requereu ao Senhor Director Regional de Agricultura de Trás-os-Montes se dignasse "mandar tomar posse aos concorrentes colocados a partir do número 15, inclusive, conforme lista classificativa homologada. .."

4 – Em resposta, mediante oficio datado de 1 de Outubro de 2001, o Senhor Director da Direcção Regional de Agricultura de Trás-os-Montes (ORA TM) indeferiu o pedido, em virtude "(...) das recomendações relativas ao disposto no Dec-Lei n.º 141/2001, de 24 de Abril, exaradas na Circular n.º 1/OGAP/2001, de 18 de Junho (...) dado a mesma conter uma orientação clara no sentido de ser observada por todos os Serviços".

5 – Em 16 de Novembro de 2001, o ora recorrente interpôs recurso hierárquico do despacho mencionado em 4) para o Senhor Ministro da Agricultura, pugnando no sentido de ser aplicável ao concurso em análise o regime das dotações globais, por via de cujo art. 4.º deveria ser promovido de imediato para a categoria posta a concurso.

6 – Sobre tal recurso incidiu a informação n.º 433/ /2001 da Auditoria Jurídica do Ministério da Agricultura, na qual veio a ser proferido pela autoridade recorrida, em 28 de Dezembro de 2001, despacho de indeferimento, pelas razões aludidas naquela informação.

III – DIREITO

Vejamos a matéria de facto relevante.

Em 17.7.00 foi aberto concurso para o preenchimento de 14 vagas na categoria de Técnico Profissional de 1.ª classe pela Direcção Regional da Agricultura de Trás-os-Montes (n.º 1 dos factos provados). O recorrente candidatou-se a esse concurso, tendo, na respectiva lista de classificação final, ficado posicionado em 18° lugar (n.º 2). "Com a publicação do Dec-Lei n.º 141/2001, de 24 de Abril, que fixou um novo regime de dotação global para os quadros de pessoal, em 11 de Setembro de 2001, o recorrente requereu ao Director Regional de Agricultura de Trás-os-Montes se dignasse "mandar tomar posse aos concorrentes colocados a partir do número 15, inclusive, conforme lista classificativa homologada. .." (n.º 3), pedido que veio a ser indeferido, indeferimento confirmado pela autoridade recorrida (n.ºs 4 a 6).

O discurso do acórdão recorrido é o seguinte:

"Resulta do preâmbulo do Dec-Lei n.º 141/2001, de 24 de Abril, que: "(..,) o Governo assumiu o compromisso de proceder à fixação do princípio das dotações globais no que toca às carreiras de regime geral, de regime especial e com designações específicas. Este compromisso inclui também a globalização das dotações das categorias da carreira técnica superior.

Com o presente diploma pretende-se dar corpo à fixação do aludido princípio. Mantêm-se válidos os concursos pendentes, com as adaptações decorrentes da globalização da dotação, uma vez que os lugares passam a ser previstos na carreira e não por categoria".

Na prossecução de tal objectivo, o citado diploma, no seu art. 3.º, n.º 1, fez consagrar a alteração automática e imediata dos quadros de pessoal dos serviços e organismos por ele abrangidos, consignando ainda (n.º 2) que "as dotações globais resultantes (do seu n.º 1) correspondem à soma dos lugares das categorias abrangidas".

Por último, como já referimos, o art. 4.º do mesmo diploma diz que "o disposto no presente diploma não prejudica os concursos que se encontrem pendentes à data da sua entrada em vigor".

Da conjugação do preâmbulo e dos arts. 3.º e 4.º do Dec-Lei n.º 141/2001, afigura-se-nos que o concurso em causa nos autos não resulta prejudicado e se mantém válido com as adaptações decorrentes da globalização da dotação, uma vez que os lugares passam a ser previstos na carreira e não por categoria.

Assim, encontrando-se pendente o concurso à data da entrada em vigor daquele diploma, que alterou automaticamente os quadros de pessoal, convertendo em dotação global as dotações das categorias, deve entender-se que o mesmo passou validamente a prosseguir o objectivo da globalização da dotação que não já só o provimento dos lugares da categoria postos a concurso.

Ou seja, nas palavras do recorrente, "convertendo-se automaticamente em dotação global a categoria da carreira para o qual o concurso em apreço foi aberto, ao serem aprovados no concurso, os candidatos "arrastaram" consigo as vagas para os lugares postos a concurso; de modo que o provimento dos mesmos, de entre os quais o recorrente, num lugar da categoria para a qual concorreram, deveria ter sido imediato à publicação do dito diploma legal".

Por conseguinte, em sintonia com a argumentação expendida pelo recorrente e pelo Exmo Magistrado do M.P no seu douto parecer, concluímos que o despacho recorrido enferma do invocado vício de violação da lei (arts. 3.º, n.º 1, n.º 2 e 4.º do Dec-Lei n.º 141/2001, de 24-4), pelo que deve ser anulado."

Dir-se-á, desde já, que o recurso merece provimento.

Sobre esta matéria pronunciou-se este Tribunal, recentemente, no acórdão de 24.11.04 proferido no recurso 967/04[1], que se irá acompanhar de perto.

Vejamos. O recorrente contencioso, apesar de aprovado, não foi nomeado pretendendo, todavia, que o deveria ter sido à luz do art. 4.º do DL 141/01, de 24.4, segundo o qual "*O disposto no presente diploma não prejudica os concursos que se encontrem pendentes à data da sua entrada em vigor.*" Este diploma legal visou, apenas, fixar "*... o regime de dotação global dos quadros de pessoal, para as carreiras de regime geral, de regime especial e com designações específicas*" (art. 1.º) O que significa, por outras palavras, que o seu único objectivo foi o de transformar as dotações previstas para cada uma das diferentes categorias de uma carreira numa dotação global dessa carreira, cujo resultado era a soma das parcelas correspondentes a cada uma dessas categorias (art. 3.º, n.º 2).

Da simples leitura do referido art. 4.º[2] decorre, claramente, que o DL 141/01 é neutro em matéria de concursos e não pretendeu nem dar nada a mais, que já não existisse, nem retirar algo que já tivesse sido concedido. Assim, o que esse preceito veio afirmar foi que os concursos que estivessem a decorrer continuariam o seu curso normal, sujeitos às regras com base nas quais haviam sido lançados. Foi justamente isso que aconteceu. O concurso foi lançado para 14. Esses 14 candidatos foram nomeados, cumprindo-se integralmente as finalidades assinaladas no aviso de abertura do concurso. A nomeação de um candidato mais, o 15.º, seria, por isso, ilegal. Como seria ilegal a nomeação do recorrente, graduado em 18.º lugar.

Contrariamente ao defendido no acórdão recorrido, o preâmbulo do DL 141/01 não retira nem acrescenta nada ao que se disse. Em primeiro lugar, o preâmbulo de um diploma legal é algo que, seguramente, ajuda a interpretar o seu texto se aí se observarem dúvidas interpretativas consistentes, mas não pode pretender adulterar o seu sentido ou criar uma normatividade própria que se sobreponha à que decorre do preceito interpretando. Ora, no caso dos autos o texto a interpretar é claro não suscitando qualquer dúvida razoável. Em segundo lugar, o segmento que se refere a este assunto – "*Mantêm-se válidos os concursos pendentes, com as adaptações decorrentes da globalização da dotação, uma vez que os lugares passam a ser previstos na carreira e não na categoria*" – não infirma minimamente a interpretação a que se chegou antes se limitando a afirmar uma decorrência lógica resultante da alteração legislativa imposta por esse DL. Apenas significa isto: os lugares previstos nos concursos que estiverem em curso (e no caso dos autos eram apenas 14 como se viu) passam a ser providos como lugares da carreira e não como lugares da categoria.

[1] No mesmo sentido o acórdão de 16.11.04 proferido no recurso 871/04.

[2] Trata-se de uma norma semelhante a muitas outras que visa salvaguardar as expectativas de opositores a concursos no âmbito do funcionalismo público, que são apanhados a meio do processo por alterações legislativas de vária ordem (a do concurso dos autos é meramente formal) e que sem elas poderiam sair prejudicados.

Finalmente, a solução sustentada no acórdão conduziria a um resultado inadmissível, violador do próprio DL 141/01. Se, por mera hipótese, numa carreira com duas categorias cujo quadro previsse 10 lugares para cada uma delas, estivessem em curso dois concursos para cinco lugares (ou mesmo um só concurso com mais candidatos aprovados do que todos os lugares previstos no quadro para a soma das duas categorias da carreira), também em cada uma delas, com quinze candidatos aprovados em ambos os concursos, teriam que ser nomeados os 30, assim se ultrapassando os 20 lugares da carreira (10+10), e assim se violando o n.º 2, do art. 3.º desse diploma legal quando dispõe "*que as dotações globais resultantes do disposto no número anterior correspondem à soma dos lugares das categorias abrangidas.*"

Procedem assim todas as conclusões da alegação do recorrente.

IV – DECISÃO

Nos termos e com os fundamentos expostos acordam em conceder provimento ao recurso e, em consequência, em revogar o acórdão recorrido e em negar provimento ao recurso contencioso..

Custas a cargo do recorrente, apenas no TCA, fixando-se a Taxa de Justiça e a Procuradoria em, respectivamente, 200 e 100 euros.

Lisboa, 13 de Janeiro de 2005.

Rui Botelho (Relator)
Santos Botelho
Freitas Carvalho

Recurso n.º 1147/04-11

FUNCIONÁRIO JUDICIAL. CLASSIFICAÇÃO DE SERVIÇO. C.O.J.. C.S.M.P.. ESTATUTO DOS FUNCIONÁRIOS JUDICIAIS. CONSTITUCIONALIDADE. FUNDAMENTAÇÃO DO ACTO ADMINISTRATIVO.

(Acórdão de 13 de Janeiro de 2005)

SUMÁRIO:

I – A nova redacção dada aos artigos 98.º e 111.º do E.F.J. pelo D. Lei n.º 96/2002, de 12/4, não viola o n.º 3, do artigo 218.º da CRP.

II – O facto de o n.º 2, do artigo 118.º do E.F.J. prever recurso das deliberações do C.O.J., consoante os casos para o C.S.M.P., o C.S.T.A.F. ou o C.S.M.P. não consubstancia qualquer tipo de arbítrio ou discriminação ilegítima, não afrontando o princípio constitucional da igualdade.

ACORDAM, EM CONFERÊNCIA, NA 1ª SECÇÃO DO SUPREMO TRIBUNAL ADMINISTRATIVO:

1 – RELATÓRIO

1.1 F......................, técnico de justiça auxiliar, residente na Rua (................) recorre do Acórdão do Conselho Superior do Ministério Público (CSMP), que negou provimento ao recurso por ele interposto para aquele Conselho da deliberação do Conselho dos Oficiais de Justiça (COJ), de 15-5-02, que, em processo inspectivo, lhe atribuiu a classificação de medíocre.

Nas suas alegações formula as seguintes conclusões:

"1) Nulidade da deliberação do COJ em apreciação por violação do n.º 3, do artigo 218.º da CRP, por oposição a normas constantes do EFJ/99 atrás enunciadas, ainda que, a alteração legislativa produzida ao abrigo do DL n.º 96/2002 em nada veio alterar tal situação, antes pelo contrário, veio agravar o vício de que tal EFJ já estava ferido.

2) A atribuição de tal competência em termos de recurso hierárquico impróprio para o CSMP, é manifestamente inconstitucional, pelas razões aduzidas na petição de recurso, quer em termos orgânicos, materiais, quer ainda procedimentais, em flagrante violação dos arts. 13.º e 18.º da CRP.

3) Falta de fundamentação de facto e de direito, sendo certo que em observância dos arts. 124.º e 125.º do CPA, todos os actos administrativos que restrinjam ou afectem direitos ou imponham encargos ou sanções – como é caso do acórdão recorrido – devem ser expressamente fundamentados, com clara enunciação, não só das disposições legais em que se fundamentam, com dos factos em causa;

4) Tal violação dos arts. 124.º e 125.º do CPA implica vício de forma por absoluta falta de fundamentação e consequente anulação da deliberação posta em causa.

Assim, tomando em conta tais factos deve decidir-se como peticionado no articulado de recurso, anulando-se o acto posto em causa, tendo ainda em conta a nulidade ora invocada" – cfr. fls. 39-40.

1.2 A Entidade Recorrida não contra-alegou.

1.3 No seu Parecer de fls. 70-72, a Magistrada do M. Público pronuncia-se pelo não provimento do recurso contencioso.

1.4 Colhidos os vistos cumpre decidir.

FUNDAMENTAÇÃO

2 – A MATÉRIA DE FACTO

Com relevância para a decisão a proferir, consideram-se provados os seguintes factos:

a) O Recorrente é Oficial de Justiça, com a categoria de Técnico de Justiça Auxiliar, exercendo funções nos Serviços do Ministério Público junto do Tribunal Judicial da Comarca de Silves (cfr. a petição de recurso, a fls. 2);

b) No âmbito do processo de inspecção aos serviços do Recorrente, relativa ao período entre 09.2.2000 e 18.12.2002, e por deliberação do COJ, de 15-5-02, foi-lhe atribuída a classificação de "Medíocre" – cfr. o doc. de fls. 212-213 do I Vol. do p.i., do processo instrutor, cujo teor aqui se dá por reproduzido.

c) Para assim decidir o COJ baseou-se no Relatório elaborado pelo Inspector, a fls. 190-205 do I Vol. do p.i., – que aqui se dá por integralmente reproduzido –, sendo que tal órgão exprimiu a sua inteira concordância com o dito Relatório – cfr. fls., 212 do I Vol. do p.i.;

d) Da deliberação do COJ, referenciada em *b*), interpôs o agora Recorrente recurso para o CSMP, ao abrigo do disposto do artigo 118.º, n.º 2 do Estatuto dos Funcionários de Justiça (EFJ) – cfr. doc. de fls. 1/5, do Vol. II, do p.i., cujo teor aqui se dá por reproduzido;

e) Por Acórdão, de 27-11-02, o CSMP negou provimento a esse recurso – cfr. o doc. de fls. 14-20 dos autos, cujo teor aqui se dá por reproduzido.

3 – O DIREITO

3.1 Em causa está o Acórdão do CSMP, de 27-12-02, que negou provimento ao recurso interposto pelo Recorrente da deliberação do COJ, de 15-5-02, que, na sequência de um processo de inspecção ao serviço por si prestado, lhe atribuiu a classificação de "Medíocre".

3.2 Sucede que um caso similar ao agora em apreciação foi recentemente decidido nesta 1ª Subsecção, concretamente, em 2-12-04, no Rec. n.º 718/04.

Na verdade, ressalvando aqui que no aludido Recurso a classificação em questão foi a de "Suficiente", tudo o resto é, no essencial, coincidente com o que nos presentes autos se pretende dirimir, sendo que, inclusivamente, se trata, nos dois casos, de Técnicos de Justiça Auxiliares, em exercício de funções nos serviços do MP, ao que acresce a circunstância de as conclusões formuladas nos dois processos serem praticamente idênticas.

Ora, por aqui se aderir ao entendimento acolhido no dito Acórdão, de 2-12-04, a ele iremos fazer apelo, aproveitando para transcrever o seu discurso argumentativo.

3.3 "Alega o recorrente, em primeiro lugar, a nulidade da deliberação recorrida, por as normas do EFJ/99 em que se apoia a decisão do COJ violarem o n.º 3 do art. 218.º da CRP, referindo que a alteração legislativa produzida pelo DL n.º 96/2002, de 12 de Abril (dando nova redacção a essas normas), em nada veio alterar tal situação, antes pelo contrário, veio agravar o vício de que tal EFJ já enfermava.

Vejamos.

O Estatuto dos Funcionários de Justiça (EFJ) aprovado pelo DL n.º 343/99, de 26 de Agosto, prescrevia nos seus arts. 98.º e 111.º (na sua redacção original):

Art. 98.º

(...)

Art. 111.º

(...)

O Tribunal Constitucional declarou a inconstitucionalidade, com força obrigatória geral, destas normas do EFJ, "na parte em que delas resulta a atribuição ao Conselho dos Oficiais de Justiça da competência para apreciar o mérito e exercer a acção disciplinar relativamente aos oficias de justiça", alinhando, em síntese, os seguintes fundamentos:

«A CRP, quando prescreve (no n.º 3 do art. 218.º) que do Conselho Superior da Magistratura podem fazer parte funcionários de justiça que intervirão apenas na apreciação do mérito profissional e no exercício da função disciplinar relativa a tais funcionários autoriza a lei a prever que do CSM façam parte funcionários. Não impõe, porém, tal intervenção. A Constituição não consente, porém, que o legislador atribua tal competência a órgão diferente do CSM. Essa competência só o CSM a pode exercer.

(...)

Da norma do n.º 3 do art. 218.º da CRP decorre, indiscutivelmente, a competência do CSM em matérias relacionadas com a apreciação do mérito profissional e com o exercício da função disciplinar relativamente aos funcionários de justiça.

Perante esta norma, não é, portanto, constitucionalmente admissível que a lei ordinária exclua de todo a competência do CSM para se pronunciar sobre tais matérias.

O que vale por dizer que são materialmente inconstitucionais as normas agora em análise, que atribuem ao COJ a competência para apreciar o mérito profissional e para exercer a função disciplinar relativamente aos funcionários de justiça, excluindo por completo, neste domínio, qualquer competência do CSM»

(...)

O alcance do juízo de inconstitucionalidade emitido neste aresto é, manifestamente, o de não ser admissível a exclusão, pela lei ordinária, em tais matérias, da competência do CSM, por violação do art. 218.º, n.º 3 da CRP.

Como se afirmou em recente acórdão deste STA (ac. de 26.05.2004 – Rec. 742/03), «de acordo com esta jurisprudência, o que determinou a declaração de inconstitucionalidade daquelas normas foi o facto de as mesmas atribuírem ao COJ a competência para exercer administrativamente e em última instância, a função disciplinar ou para apreciar o mérito profissional dos funcionários de justiça, competência que o Tribunal Constitucional considerou estar sedeada no CSM, por o n.º 3 do art. 218.º da CRP prever que desse Conselho pudessem fazer parte oficiais de justiça quando nele se tratassem questões relacionadas com aquelas matérias».

Na sequência daquela pronúncia de inconstitucionalidade, foi publicado o DL n.º 96/2002, de 12 de Abril (...).

A esta luz se introduziu uma nova redacção dos citados preceitos do EFJ (...).

E, por evidente necessidade de articulação, foi dada igualmente nova redacção ao n.º 2 do art. 118.º (...).

A questão que então se coloca é a de saber se estas disposições, com, a nova redacção introduzida pelo DL n.º 96/2002, de 12 de Abril, continuam a ser inconstitucionais por violação do art. 218.º, n.º 3 da CRP, como pretende o recorrente.

Cremos, manifestamente, que não. Entendemos, face ao teor do juízo de constitucionalidade formulado no citado Ac. do TC n.º 73/2002, que a nova redacção dos aludidos preceitos do EFJ dá resposta adequada à questão colocada pelo Tribunal Constitucional, de não atribuição de competência exclusiva, nas referidas matérias, ao COJ, assegurando sempre a competência, em última instância, dos Conselhos Superiores respectivos, assim respeitando integralmente o disposto no art. 218.º, n.º 3 da Lei fundamental.

A questão foi abordada por este STA, no citado Acórdão de 26.05.2004, versando situação idêntica, no caso relativa ao exercício da acção disciplinar, e que se pronunciou do seguinte modo:

«A leitura das novas redacções destas normas evidencia que o legislador do DL 96/02 considerou que a razão que tinha motivado o juízo de inconstitucionalidade das suas primitivas redacções fora a atribuição de competência exclusiva ao COJ para decidir sobre o mérito profissional e o exercício da acção disciplinar dos funcionários de justiça e, nesse convencimento, retirou-lhe essa competência e atribui-a, consoante os casos, ao Conselho Superior da Magistratura, ao Conselho Superior dos Tribunais Administrativos e Fiscais e ao Conselho Superior do Ministério Público, para quem cabe recurso hierárquico necessário das deliberações daquele Conselho.

E esta interpretação é inteiramente correcta porquanto, por um lado, o citado preceito constitucional não impõe que do Conselho Superior da Magistratura façam parte funcionários judiciais quando nele se apreciem as referidas matérias, prevendo apenas essa possibilidade, e, por outro, porque o Conselho Superior da Magistratura e o Conselho Superior do Ministério Públicos são órgãos com assento constitucional e com igual dignidade que, em boa parte, têm atribuições e competências semelhantes, pelo que a referência feita no art. 218.º, n.º 3 da CRP ao Conselho Superior da Magistratura não significa que este seja o único a quem possa ser atribuída a competência para decidir as supra referidas matérias.

E, sendo assim, nenhuma inconstitucionalidade pode ser apontada aos arts. 98.º e 111.º do Estatuto dos Oficiais de Justiça, nas redacções que lhes foram dadas pelo DL 96/02, pelo que se impõe concluir que o Conselho Superior do Ministério Público tinha competência para deliberar...»" sobre a situação do Recorrente, já que este estava afecto aos serviços do M. Público.

"Não se vê qualquer razão para dissentir desta orientação jurisprudencial, que inteiramente se reitera, sendo útil sublinhar que a nova redacção das citadas disposições do EFJ pelo DL n.º 96/2002, de 12 de Abril, é" anterior quer ao acórdão do CSMP quer à deliberação do COJ, "pelo que, tendo-se limitado a expurgar as inconstitucionalidades contidas na redacção original, a sua aplicação à situação dos autos é inteiramente justificável, não padecendo pois o acórdão recorrido da apontada invalidade."

Improcede, assim, a 1ª conclusão da alegação do Recorrente.

"Vem, seguidamente alegado que a atribuição de competência para conhecer de tais matérias, em sede de recurso hierárquico, ao CSMP, pelo art. 118.º do EFJ (redacção introduzida pelo DL n.º 96/2002), disposição em que se apoia a deliberação recorrida, é manifestamente inconstitucional, por flagrante violação do princípio da igualdade, consagrado nos artigos 13.º e 18.º da CRP.

Refere o recorrente que, ao prever a impugnação hierárquica das deliberações do COJ para o CSM, o CSTAF ou o CSMP, consoante os casos, ou seja, consoante o tipo de funções a que o funcionário se encontra adstrito, o art. 118.º, n.º 2 do EFJ criou "uma perfeita desigualdade de critérios na apreciação das mesmas questões de classificação e disciplinares", desigualdade que se manifesta "no facto de serem diferentes órgãos, com composições diferentes e critérios diferentes a apreciar questões de igual teor".

Não assiste qualquer razão ao recorrente.

O princípio constitucional da igualdade, que implica a proibição do arbítrio e de discriminações ilegítimas, vincula todas as funções estaduais, constituindo uma determinante heterónima da legislação, da administração e da jurisdição.

Relativamente à actividade legislativa, o princípio da igualdade assume relevância na forma de igualdade perante a lei e na forma de igualdade por via da lei (proibição do arbítrio legislativo e de discriminações positivas).

Mas – como advertem Gomes Canotilho e Vital Moreira, "a vinculação jurídico-material do legislador ao princípio da igualdade não elimina a liberdade de conformação legislativa, pois a ele pertence, dentro dos limites constitucionais, definir ou qualificar as situações de facto ou as relações da vida que hão-de funcionar como elementos de referência a tratar igual ou desigualmente. Só quando os limites externos da «discricionariedade legislativa» são violados, isto é, quando a medida legislativa não tem adequado suporte material, é que existe uma «infracção» do princípio da igualdade enquanto proibição do arbítrio". – in Constituição da República Anotada", 3ª edição, a pags. 127.

"Ora, a circunstância de o art. 118.º, n.º 2 do EFJ prever o recurso hierárquico das deliberações do COJ, relativas à classificação de serviço ou à acção disciplinar, para o CSM, o CSTAF ou o CSMP, consoante os casos, ou seja, consoante o tipo de funções a que o funcionário se encontra adstrito, não consubstancia qualquer tipo de arbítrio ou discriminação ilegítima, pois que a diversidade do órgão competente para a apreciação daquele recurso decorre justamente da diversidade da situação fáctica subjacente, ou seja, de o funcionário prestar serviço nas secretarias judiciais, nas secretarias dos tribunais administrativos e fiscais, ou nos serviços do ministério público, implicando naturalmente uma específica e adequada capacidade dos serviços inspectivos de cada um dos referidos Conselhos para uma correcta apreciação de tais matérias.

E tão-pouco incorre em qualquer restrição ilegal de direitos, o que, aliás, o recorrente não concretiza.

É o que se passa, aliás, com a classificação de serviço e a acção disciplinar relativas aos magistrados judiciais e do ministério público, igualmente levada a cabo pelos referidos Conselhos Superiores, consoante as funções e tribunais em que prestam serviço, nos termos dos respectivos Estatutos orgânicos.

A solução legislativa adoptada pela norma em causa tem, pois, adequado suporte material, não implicando qualquer violação dos limites externos da "discricionariedade legislativa", pelo que não afronta os invocados preceitos constitucionais"

Pelas razões expostas improcede, por isso, a 2ª conclusão da alegação do Recorrente.

Por fim, alega o recorrente que o acórdão recorrido enferma de vício de forma por falta de fundamentação de facto e de direito, (...) em violação dos arts. 124.º e 125.º do CPA, o que geraria a sua anulabilidade.

Também aqui não lhe assiste qualquer razão.

"Como é entendimento jurisprudencial pacífico, a fundamentação dos actos administrativos é um conceito relativo que varia em função do tipo legal de acto, que visa responder às necessidades de esclarecimento do administrado, informando-o do itinerário valorativo e cognoscitivo seguido pela autoridade administrativa, de forma a que ele possa optar conscientemente pela aceitação do acto ou pela sua impugnação legal.

O acto estará, assim, suficientemente fundamentado sempre que um destinatário normal possa apreender o sentido da decisão administrativa.

E, como a jurisprudência tem igualmente salientado, essa fundamentação não necessita de ser exaustiva, bastando-se a lei com uma "sucinta exposição dos fundamentos de facto e de direito da decisão", que poderá mesmo "consistir em mera declaração de concordância com os fundamentos de anteriores pareceres, informações ou propostas, que constituirão neste caso parte integrante do respectivo acto" (art. 125.º, n.º 2 do CPA).

Ora, dúvidas não há de que o acórdão do CSMP, objecto da presente impugnação, se mostra suficientemente esclarecedor das razões que determinaram" o não provimento "do recurso hierárquico interposto da deliberação do COJ que, em processo inspectivo, atribuiu ao recorrente a classificação de" medíocre.

"Aliás, o acórdão sob recurso pronuncia-se sobre um único vício imputado pelo recorrente à deliberação do COJ hierarquicamente impugnada: justamente o de falta de fundamentação" – cfr. fls. 1 do recurso hierárquico interposto pelo Recorrente, no Vol II, do processo instrutor em apenso.

"E fá-lo, de forma clara, fundamentada e objectiva, reportando a enumeração dos factos constantes do relatório do Inspector (...) e que foram devidamente ponderados pelo COJ, constituindo a factualidade em que este se baseou para a atribuição da classificação."

É, assim, patente que o Acórdão do CSMP acabou por adoptar e fazer seus os "fundamentos e os termos" da deliberação do COJ – cfr. fls. 20 dos autos – deliberação essa que, por sua vez, como já atrás se assinalou, se baseou no Relatório do Inspector, de onde constam, por forma clara e suficiente, as razões que levaram à atribuição da classificação de medíocre, como se pode retirar, designadamente, das considerações produzidas sob os itens "A qualidade do trabalho e a produtividade"; "Preparação técnica e intelectual", "Espírito de iniciativa e colaboração" e "A simplificação dos actos processuais".

Em suma, nas se vislumbra qualquer obscuridade ou insuficiência de fundamentação, quer do acórdão do CSMP, aqui recorrido, quer da deliberação do COJ para a qual ele remete, e que acolheu o conteúdo do relatório do Inspector, onde são exaustivamente elencados os factos e as circunstâncias inerentes ao desempenho funcional do recorrente, justificativos da classificação que lhe foi atribuída, consequentemente improcedendo as conclusões 3ª e 4ª da alegação do Recorrente.

3.4 Improcedem, assim, todas as conclusões da alegação do Recorrente, não tendo sido violado qualquer dos preceitos nelas indicados.

4 – DECISÃO

Nestes termos, acordam em negar provimento ao recurso contencioso.

Custas pelo Recorrente, fixando-se a taxa de justiça em 200 Euros e a procuradoria em 100 Euros.

Lisboa, 13 de Janeiro de 2005.

Santos Botelho (Relator)
Adérito Santos
Cândido Pinho

Recurso n.º 694/04-11

HABILITAÇÕES PRÓPRIAS PARA A DOCÊNCIA. ENSINO PREPARATÓRIO E SECUNDÁRIO. TRABALHOS MANUAIS.

(Acórdão de 17 de Março de 2005)

SUMÁRIO:

I – O Despacho Normativo n.º 32/84, de 9.2, com a redacção do D.N. n.º 112/84, de 28.5, fixava no n.º 1 "As habilitações consideradas como próprias e suficientes para a leccionação nos diversos grupos, subgrupos e especialidades dos ensinos preparatórios e secundário",

II – O mapa referido nesse n.º 1 estabelecia, no que aos trabalhos manuais dizia respeito, que apenas eram consideradas como "habilitação própria" as licenciaturas e os bacharelatos aí indicados, com as restrições aí também apontadas.

III – Não estava previsto nesse mapa que o curso de Formação Feminina constituísse habilitação própria para a docência da disciplina de trabalhos manuais.

IV – Todavia, nos termos do seu n.º 9 "os candidatos que se encontrassem colocados até à data da publicação do aviso de abertura do concurso relativo ao ano escolar de 1984-1985 (28.02.84 DR II Série) mantinham, independentemente do grupo, subgrupo, disciplina, ou especialidade em que obtiveram colocação a titularidade de habilitação própria ou suficiente, de acordo com a legislação em vigor à data imediatamente anterior à da publicação do presente despacho e com respeito pelos escalões nela fixados."

V – Tendo a recorrente contenciosa iniciado funções docentes apenas em 26.12.84, não só não se encontrava colocada à data da publicação do aviso relativo ao concurso para o ano escolar 84/85, como também não era titular do Curso de Formação Feminina, um dos abrangidos pela legislação a que alude a parte final do número anterior.

VI – Sendo assim, não podia estar, nem estava, abrangida pela cláusula de salvaguarda prevista no n.º 9 da DN n.º 32/84, já que não preenchia nenhuma das condições lá previstas (nem tinha a habilitação nem estava colocada naquela data).

ACORDAM NA SECÇÃO DE CONTENCIOSO ADMINISTRATIVO DO SUPREMO TRIBUNAL ADMINISTRATIVO:

I – RELATÓRIO

O **Secretário de Estado da Administração Educativa**, vem recorrer do acórdão do Tribunal Central Administrativo (TCA), de 22.9.04, que concedeu provimento ao recurso contencioso interposto, por **Maria de Lurdes Simões Fonseca,** do seu despacho, de 11.9.00, que indeferiu o recurso hierárquico interposto da sua exclusão da 1.ª fase do Concurso de Professores do Ensino Básico e Secundário para o ano lectivo 2001/2002.

Terminou a sua alegação formulando as seguintes conclusões:

1ª O presente recurso, que se processa como agravo, vem interposto do douto Acórdão proferido em 22 de Setembro de 2004, que concedeu provimento ao recurso apresentado e anulou o acto recorrido.

2ª O acto recorrido de que se defende a legalidade, foi proferido por Sua Excelência o Secretário de Estado da Administração Educativa, em 11 de Setembro de 2000, e negou provimento ao Recurso Hierárquico interposto pela recorrente, mantendo a exclusão do concurso de professores do ensino básico, 2° e 3° ciclos e ensino secundário (primeira parte), com fundamento na falta de habilitação própria para a docência, no Grupo 08 – Trabalhos Manuais.

3ª Ao anular o despacho supra, e aplicar ao caso o Despacho Normativo n° 3-A/2000, na salvaguarda dos direitos adquiridos – habilitação própria para a docência no grupo de código 08, o douto Acórdão ora recorrido viola «frontalmente» a lei, por erro nos pressupostos, quer de facto, quer de direito. Senão vejamos.

4ª A recorrente não leccionou no ensino secundário «ininterruptamente» desde Dezembro de 1984, conforme consta do respectivo Registo Biográfico (documento constante do processo instrutor), já que não exerceu funções docentes no ano escolar 1989/1990.

5ª Nem à data em que iniciou funções lectivas (*Dezembro de 1984*, ano escolar 1984/85) a recorrente era detentora do Curso de Formação Feminina *COMPLETO,* conforme resulta da certidão de habilitações passada pela Escola Secundária Emídio Navarro em Viseu, e que *consta do processo instrutor*), e onde se pode ler na página 1 que, "para conclusão de ***Curso***, falta-lhe o exame de *Aptidão Profissional*" (do qual veio a ser dispensada, em 1999).

6ª Tal curso, *só o viria a concluir em 31 de Marco de 1999*, fruto do despacho favorável proferido pelo Director do Departamento da Educação Básica, que a dispensou do respectivo exame de Aptidão Profissional (elemento essencial e indispensável para a conclusão do referido curso), (cfr. *Carta de Curso constante no processo instrutor*).

7ª Em consequência, foi-lhe passada a respectiva Carta de Curso, pela Escola Secundária Emídio Navarro, em Viseu (cfr. *documento que consta do processo instrutor*).

8ª Assim, só à data do referido despacho (31 de Março), a recorrente viu o Curso de Formação Feminina concluído.

9ª Razão pelo qual, só a partir do ano escolar 2000/ /2001 (agora, já com o Curso de Formação Feminina concluído), a recorrente passou a candidatar-se à 1ª parte do concurso de professores do ensino básico e secundário.

10ª Desde o ano escolar (1984/85) e até ao ano escolar 1999/2000, a recorrente tem vindo a concorrer com o *Curso de Formação Feminina* incompleto, motivo pelo qual, os vários serviços e organismos do Ministério da Educação, nas suas informações e decisões, sempre tivessem considerado que a recorrente não era titular de habilitações próprias para a docência no Grupo 08 – Trabalhos Manuais (cfr. *documentos constantes do processo instrutor*).

11ª Porquanto, desde que iniciou funções (Dezembro de 1984) e até ao ano escolar 1999/2000, sempre concorreu a nível de escola, daí que ao longo do seu percurso como docente lhe tenham sido atribuídos (quase sempre) horários semanais reduzidos (cfr. respectivo Registo Biográfico, que consta do processo instrutor).

12ª No nosso sistema jurídico, o reconhecimento da habilitação (profissional/académica) para o exercício da docência está fixado e delimitado legalmente, baseando-se numa listagem nominativa de cursos, e, *são aferidas à data da candidatura.*

13ª *À data em que iniciou funções (Dezembro de 1984*, ano escolar 1984/85), em matéria de habilitações para a leccionação nos ensinos preparatório e secundário, *regia o Despacho Normativo n.º 32/84, de 9 Fevereiro.*

14ª Com a publicação do Despacho Normativo n.º 32/84, ficaram definidas as habilitações próprias e suficientes para a leccionação nos diversos grupos, subgrupos, disciplinas e especialidades dos ensinos preparatório e secundário (as quais constam do mapa anexo ao diploma referido, e do qual faz parte integrante).

15ª Passou a exigir-se, *no recrutamento*, **qualificação académica de nível superior,** bacharelatos e licenciaturas.

16ª *Tais habilitações* (consignadas no mapa anexo do Despacho Normativo n.º 32/84), ***passaram a ser aplicadas aos concursos para professores provisórios dos ensinos preparatório e secundário, desde o ano escolar de 1984/85***, conforme o preceituado no ponto 7 do citado diploma.

17ª No entanto, e *apesar da exigência de habilitações de nível superior, o legislador*, no n.º 9 do Despacho Normativo n.º 32/84, na nova redacção que lhe foi dada pelo Despacho Normativo n.º 112/84, de 28 de Maio, *veio salvaguardar os direitos daqueles professores que, não tendo habilitação de nível superior se encontravam colocados até à data da publicação do aviso de abertura do concurso relativo ao ano escolar 1984/85, situação em que não se encontra a recorrente.*

18ª *Tal salvaguarda de direitos adquiridos* (i.e. a manutenção da habilitação própria ou suficiente) aplica-se, *exclusivamente, àqueles docentes que, não tendo habilitação de nível relativo ao ano escolar 1984/85* e não aos docentes que se encontravam colocados no ano escolar 1984/85, como refere (mal, diga-se) o acórdão ora recorrido (cfr. 3°, supra).

19ª Daí que, *tendo a recorrente iniciado funções docentes, apenas, em Dezembro de 1984*, conforme consta do respectivo registo biográfico (*documento que faz parte do processo instrutor*), não poderia gozar daquela prerrogativa (a manutenção da habilitação própria ou suficiente).

20ª Daí que não possa ver salvaguardados *direitos que nunca teve*, já que não se encontrava a leccionar em 28 de Fevereiro de 1984, data da publicação do aviso de abertura do concurso relativo ao ano escolar 1984/85, conforme resulta da conjugação do n.º 9 do Despacho Normativo n.º 32/84, com a alteração introduzida pelo Despacho Normativo n.º 112/84, com os elementos constantes do Registo Biográfico.

21ª Porquanto, da conjugação do n.º 9 do Despacho Normativo n.º 32/84, com a alteração introduzida pelo Despacho Normativo n.º 112/84, *não resulta a salvaguarda da habilitação* (própria e suficiente) *dos docentes que se encontravam colocados no ano escolar 1984/85* (como refere, erradamente, o acórdão ora recorrido), mas antes, *a salvaguarda dos direitos daqueles professores que, não tendo habilitação de nível superior se encontravam colocados até à data da publicação do aviso de abertura do concurso relativo ao ano escolar 1984/85, i é em 28 de Maio de 1984, o que é manifestamente diferente.*

22ª E, assim, *não se encontrando a recorrente abrangida, pela excepção prevista no n.º 9 do Despacho Normativo n.º 32/84, na redacção dada pelo Despacho Normativo n.º 112/84,* como ficou demonstrado, *as habilitações exigidas* (à data em que iniciou funções, Dezembro de 1984) *são as consignadas no mapa anexo ao Despacho Normativo n.º 32/84, "ex vi"* do n.º 1 conjugado com o n.º 7, ambos do normativo citado.

"Despacho Normativo n.º 32/84

n.º1

as habilitações consideradas como próprias e *suficientes para a leccionação nos diversos grupos, subgrupos* e *especialidades dos ensinos preparatórios* e *secundário são as constantes do mapa anexo ao presente despacho.*

n.º 7

As habilitações consignadas no referido anexo são já aplicáveis aos concursos para professores provisórios dos ensinos preparatório e secundário a realizar para o ano escolar 1984-1985"

23ª E, no âmbito do Despacho Normativo n.º 32/84, para o grupo de docência 08 (Trabalhos Manuais), só existem habilitações próprias, 1° escalão, **atribuídas pela titularidade de licenciaturas ou bacharelatos**, constantes do referido anexo.

24ª Ora, *no ano escolar 1984/85* (ano em que iniciou funções docentes), início da vigência do Despacho Normativo n.º 32/84, *a ora recorrente não era titular de nenhum dos cursos de licenciatura ou bacharelato* constantes do anexo ao referido normativo, e que conferem habilitação própria para o grupo de docência em causa.

25ª E, *não o sendo*, não se lhe podia reconhecer, por isso, a titularidade de habilitação própria para o grupo em questão.

26° Daí que, nem à data em que iniciou funções a recorrente era titular do *Curso de Formação Feminina completo.*

27ª Nem se encontrava colocada à data da publicação do aviso de abertura do concurso relativo ao ano escolar 1984/85 (em 28 de Maio de 1984), conforme resulta da conjugação do n° 9 do Despacho Normativo n.º 32/84, com a alteração introduzida pelo Despacho Normativo n.º 112/84.

28ª Nem leccionou no ensino secundário «ininterruptamente» desde Dezembro de 1984, conforme consta do respectivo Registo Biográfico, já que *não exerceu funções docentes no ano escolar 1989/1990.*

29ª Daí que, não lhe podia ser aplicado, *ao contrário do que fez o acórdão recorrido*, o disposto no Despacho Normativo n.º 3-A/2000, *que reconhece a manutenção dos direitos adquiridos.*

30ª E, nessa medida, porque, à data em que iniciou funções (Dezembro de 1984) não tinha habilitação própria para o exercício de funções no grupo 08 – Trabalhos Manuais, nos termos do Despacho Normativo n.º 32/84, *não podia ser opositora aos concursos de Professores* dos ensinos básico (2° e 3° ciclos) e ensino secundário

(1ª parte e Quadro de Zona Pedagógica), *como o fez*, uma vez que ambos exigem *como requisito* essencial, a titularidade de habilitação própria.

31ª Motivo pelo qual *se defende e sustenta* a legalidade da decisão proferida pelo Senhor Secretário de Estado da Administração Educativa, em 11 de Setembro de 2000 (escorada na Inf. N.º 182/2000/DSAJC, e que consta do processo instrutor), a qual, em resposta ao Recurso Hierárquico, manteve a exclusão da recorrente do concurso de professores do ensino básico, 2° e 3° ciclos e ensino secundário (primeira parte), com fundamento na falta de habilitação própria para a docência, no Grupo 08 – Trabalhos Manuais.

32ª Ficou, assim, demonstrado que a argumentação expendida no acórdão ora recorrido está inquinada do vício de *violação de lei, por erro nos pressupostos*, quer *de facto*, quer *de direito*, porquanto,

33ª Por um lado, faz uma apreciação «manifestamente» errónea de factos (cfr. 3º e 4º, supra) que objectivamente se encontram documentados no processo instrutor.

34ª E, por outro lado, faz uma interpretação e aplicação igualmente errónea do direito aplicável ao caso concreto, designadamente, do Despacho Normativo n.º 32/84, na redacção que lhe foi dada pelo Despacho Normativo n.º 112/84, e bem assim, do Despacho Normativo n.º 3-A/ /2000.

A recorrida conclui, assim, a sua contra-alegação:

1ª O mui Douto Acórdão ora recorrido não enferma de violação de lei por erro nos pressupostos, quer de direito quer de facto;

2ª Face à legislação aplicável, é a entidade ora recorrente quem tem dúvidas sobre a legalidade do seu acto;

3ª *a*) A ora recorrida é titular do Curso de Formação Feminina, prestando, de forma continuada, ensino público desde o ano escolar de 1984/1985;

b) O Despacho Normativo n.º 32/84, de 11 de Fevereiro veio determinar quais as habilitações que deviam ser vistas como próprias ou suficientes;

c) Aquele curso confere habilitação;

d) Foi o próprio legislador quem ordena o especial cuidado na manutenção dos direitos adquiridos aos docentes que prestem serviço no ensino público desde o ano escolar de 1986/1987, até ao ano escolar de 1999/2000;

4ª *a*) Estes dois Diplomas – Desp. Normativo n.º 32/84 e n.º 3-A/2000, devem ser conjugados de modo a salvaguardar a habilitação de que a ora recorrida é portadora;

b) Tal como conclui o Douto Acórdão ora recorrido, tratou-se de ressalvar os direitos adquiridos dos docentes que mantiveram a indicada titularidade da habilitação própria anterior, de cuja certidão de habilitações constava a conclusão do curso e a dispensa do exame de aptidão;

c) Pelo que, do mesmo Douto Acórdão, não devem ser de excluir da 1ª fase os docentes como a recorrente.

5ª *a*) As dúvidas levantadas na informação jurídica que serviu de base motivadora do acto recorrido tiveram razão de ser;

b) A ora recorrida concorreu nos Concursos para Docentes para o ano lectivo de 2004/2005, não tendo sido excluída;

c) Estando colocada nas Listas Graduadas emitidas pela entidade recorrente – Ministério da Educação;

d) E com habilitação própria.

O Magistrado do Ministério Público junto deste Tribunal emitiu Parecer no sentido do provimento do recurso apoiando-se, essencialmente, nas razões invocadas pela autoridade recorrente.

Colhidos os vistos cumpre decidir.

II – FACTOS

Matéria de facto dada como assente no TCA:

a) A recorrente é professora do ensino secundário desde 1984, sendo possuidora do Curso Industrial de Formação Feminina, regulado pelo Decreto 37.029;

b) E tem leccionado no Ensino Secundário, ininterruptamente, desde 1984;

c) No ano lectivo de 2000/2001, a recorrente concorreu à 1ª fase do Concurso de Professores do Ensino Básico e Secundário;

d) Tendo sido excluída por, alegadamente, não possuir habilitações próprias;

e) Em 22.03.00, a recorrente reclamou de tal exclusão, reclamação essa que foi indeferida;

f) Em 14.04.00, a Direcção Geral da Administração Educativa confirmou, por despacho, a referida exclusão;

g) Em 22.5.00, a recorrente interpôs recurso hierárquico para o Sr. Ministro da Educação, ao qual foi negado provimento com os fundamentos da Informação n.º 182/ /2000/DSAJC, na qual foi exarado o respectivo despacho (cfr. fls. 21 e seguintes dos autos).

Matéria que importa fixar nos termos do art. 712.º do CPC:

h) A recorrente não exerceu funções docentes no ano lectivo 1989/1990, como resulta do seu registo biográfico junto a fls. 1/2 do processo instrutor; assim, introduz-se esta correcção na matéria de facto contida na alínea *b*);

i) Durante o período em que exerceu funções apenas era portadora da parte escolar do Curso de Formação Feminina, conseguida no ano lectivo 1877/1978, que completou com a parte referente à Aptidão Profissional no ano lectivo 1997/1998, com a média final de 10.9 valores, ano em que terminou o referido curso. (docs. de fls. 5, 17 e 18 do mesmo processo);

j) A recorrente iniciou a sua carreira docente, apenas, no dia 26.12.84 (fls. 6 e 2), em data posterior à da publicação do aviso de abertura do concurso relativo ao ano escolar de 1984-1985, que teve lugar em 28.2.84, DR, II Série (artigo 16 da resposta da autoridade recorrida).

III – DIREITO

1. Vejamos o que se decidiu no acórdão impugnado.

“Nas conclusões da sua alegação, a recorrente afirma que o acto recorrido padece de erro nos pressupostos de facto, tendo partido do princípio erróneo de que a mesma recorrente não possuía habilitações próprias para leccionar a disciplina de Trabalhos Manuais, não podendo por isso ser opositora ao concurso da 1ª fase para professores do ensino básico e secundário do ano lectivo 2000/2001, dado não preencher os requisitos que o Dec-Lei n° 384/89, de 18 de Novembro, exige para tal.

Na verdade, a entidade recorrida concluiu que a recorrente não possuía habilitação própria para trabalhos manuais, pelo que a sua admissão ao concurso para a 1ª fase violaria o disposto no Despacho normativo n.º 3-A/ /2000, de 18 de Janeiro, embora a Informação Jurídica que serviu de base motivadora do acto recorrido manifeste a dúvida acerca da intenção de o aludido Despacho Normativo salvaguardar ou não a situação da recorrente pelo exercício de funções docentes desde Dezembro de 1984.

Vejamos:

A ora recorrente concluiu a parte escolar do Curso Geral de Formação Feminina no ano lectivo de 1977/78, curso esse que é regulado no Dec-Lei n.º 37029, de 25.08.1948, e tem leccionado no Ensino Secundário, ininterruptamente, desde Dezembro de 1984.

Em 1997, requereu a dispensa do exame de aptidão profissional, ao abrigo do Despacho n.º 54/SEAM/85, publicado na II Série do Diário da República n.º 71, de 26 de Março, tendo tal dispensa sido deferida pelo Ministério da Educação. – Acresce que o Despacho Normativo n.º 32/84, de 11 de Fevereiro, veio determinar quais as *habilitações que deviam ser consideradas como próprias e suficientes*, considerando que o Curso de Formação Feminina de que a recorrente é titular conferia habilitação própria.

A recorrente adquiriu, portanto, um direito, sendo certo que o Despacho Normativo n.º 3-A/2000, de 18 de Janeiro referiu no respectivo Preâmbulo o (...) "especial cuidado na manutenção dos direitos adquiridos (...) desde que tenham prestado serviço docente no ensino público desde o ano escolar de 1986/87, até ao ano escolar de 1999/2000, inclusive (...)".

Em face de tal intenção legislativa, não se compreende bem a posição da entidade requerida, uma vez que a recorrente presta serviço no ensino secundário, ininterruptamente, desde o ano lectivo de 1984/85.

Como escreve o Digno Magistrado do Ministério Público no seu douto parecer (...) "Decorre, na realidade, que o Despacho Normativo n.º 3-A/2000, no respectivo Preâmbulo revela "o especial cuidado na manutenção dos direitos adquiridos (...) desde que tenham prestado serviço docente no ensino público desde o ano escolar de 1986/87 até ao ano escolar de 1999/2000, inclusive", que ao conjugar-se com o estatuído no n.º 9 do Despacho Normativo n.º 32/84, com a alteração introduzida pelo Dec-Lei n.º 112/84, de salvaguarda dos direitos dos docentes que não detinham habilitação de nível superior e se encontravam colocados no ano escolar de 1984/85, visa desse modo salvaguardar, além do mais, o valor da habilitação própria decorrente do Curso de Formação Feminina, regulado pelo anterior Dec-Lei n.º 37029".

Ou seja: trata-se de ressalvar os direitos adquiridos dos docentes que mantiveram a indicada titularidade da habilitação própria, anterior, de cuja certidão de habilitações constava a conclusão do indicado curso e a dispensa do exame de aptidão.

Conclui-se, assim, que não serão de excluir da 1ª fase os docentes como a recorrente, que exerceram funções de modo ininterrupto desde o ano escolar de 1984/85 até ao ano de 1999/00, com o referido Curso de Formação Feminina.

O acto recorrido padece, portanto, do alegado vício de violação de lei, procedendo na íntegra as conclusões da alegação da recorrente.

2. O acórdão recorrido sustenta-se num conjunto de factos que não são verdadeiros e num encadeado de normas cuja interpretação, por isso, se mostra viciada. De resto, a interpretação mais favorável desse conjunto de normas para os interesses da recorrente pressupunha a existência de uma formação académica mínima e de um vínculo ao Ministério da Educação que não podia ser cortado, sob pena de se esfumarem os eventuais direitos adquiridos.

Assim, não é verdade que a recorrente tenha leccionado ininterruptamente desde Dezembro de 1984 até 2000. Na verdade, e como resulta da alínea *h*) da matéria de facto, a recorrente não exerceu funções docentes no ano lectivo 1989/1990. Depois, e como resulta da alínea *i*), também não é verdade que as habilitações que a recorrente possuía em 1984 estivessem abrangidas pelo Despacho Normativo n.º 32/84, de 11.2, no sentido de serem consideradas habilitação própria, "considerando que o Curso de Formação Feminina de que a recorrente é titular conferia habilitação própria" já que, nessa altura a recorrente "apenas era portadora da parte escolar do Curso de Formação Feminina[1], conseguida no ano lectivo 1877/1978, que completou com a parte referente à Aptidão Profissional no ano lectivo 1997/1998, com a média final de 10.9 valores, ano em que terminou o referido curso" (alínea i). Finalmente, também não é verdade que o DN n.º 32/84 considerasse o curso de Formação Feminina como "habilitação própria" para a docência. Para esse efeito, esse Despacho exigia habilitação superior, só que, para além disso, contemplava a protecção de direitos adquiridos anteriormente como se irá ver adiante.

3. Como decorre da alínea *j*) da matéria de facto a recorrente contenciosa iniciou funções docentes, como professora de trabalhos manuais, no dia 26.12.84. Nessa altura, o diploma que regia a matéria respeitante a habilitações próprias e suficientes nos ensinos Preparatório e Secundário era o Despacho Normativo n.º 32/84, de 11.2, com a redacção do D.N. n.º 112/84, de 28.5, onde se via, como disposições mais relevantes para o caso presente, que:

"n.º 1

As habilitações consideradas como próprias e suficientes para a leccionação nos diversos grupos, subgrupos e especialidades dos ensinos preparatórios e secundário são as constantes do mapa anexo ao presente despacho.

(...)

n.º 7

As habilitações consignadas no referido anexo são já aplicáveis aos concursos para professores provisórios dos ensinos preparatório e secundário a realizar para o ano escolar 1984-1985.

(...)

n.º 9

Salvo nos casos em que deste despacho resultar benefício de situação, os candidatos que se encontrem colocados até à data da publicação do aviso de abertura do concurso relativo ao ano escolar de 1984-1985 mantêm, independentemente do grupo, subgrupo; disciplina, ou especialidade em que obtiveram colocação a titularidade de habilitação própria ou suficiente, de acordo com a legislação em vigor à data imediatamente anterior à da publicação do presente despacho e com respeito pelos escalões nela fixados."

O mapa referido no n.º 1 estabelece, no que aos trabalhos manuais diz respeito, que apenas são consideradas como "habilitação própria" as licenciaturas e os bacharelatos aí indicados, com as restrições também aí apontadas. Portanto, não está previsto nesse mapa que o curso de Formação Feminina constitua habilitação própria para a docência da disciplina de trabalhos manuais.

[1] Cuja disciplina se encontra no Decreto n.º 37.029, de 25.8.48.

E aqui está mais um erro em que o acórdão recorrido incorre, como se disse atrás. O que resulta deste DN, e por força apenas do supra citado n.º 9 é que "os candidatos que se encontrem colocados **até à data da publicação do aviso de abertura do concurso relativo ao ano escolar de 1984-1985** mantêm, independentemente do grupo, subgrupo, disciplina, ou especialidade em que obtiveram colocação a titularidade de habilitação própria ou suficiente, de acordo com a legislação em vigor à data imediatamente anterior à da publicação do presente despacho e com respeito pelos escalões nela fixados." Essa legislação eram o DL 94/82, de 25.3 e o DL 311/84, de 26.9, que conferiam a habilitação própria aos detentores de cursos não superiores – nos quais estava incluído o curso de Formação Feminina – que estivessem em exercício. Ora, a recorrente contenciosa não só não se encontrava colocada à data da publicação do aviso relativo ao concurso para o ano escolar 84/85, como também não era titular do Curso de Formação Feminina. E sendo assim, não podia estar, nem estava, abrangida pela cláusula de salvaguarda contida no n.º 9 da DN n.º 32/84, já que não preenchia nenhuma das condições lá previstas (nem tinha a habilitação nem estava colocada naquela data).

Todos os diplomas legais publicados posteriormente sobre habilitações literárias para o exercício da docência nos ensinos Preparatório e Secundário continuaram a exigir uma licenciatura ou um bacharelato, para o ensino dos trabalhos manuais, mantendo todavia, nos termos atrás apontados, isto é com a recorrente de fora, a salvaguarda dos direitos adquiridos com o Despacho Normativo n.º 32/84, de 11.2, com a redacção do D.N. n.º 112/84, de 28.5.

Esses diplomas, que se foram sucedendo ao longo dos anos, estão indicados no n.º 1 do Despacho Normativo n.º 3-A/2000, de 18.1, que se aplicava ao concurso a que aludem os autos.

Mas, o n.º 4 desse Despacho, que o acórdão recorrido invoca indevidamente em seu abono, segundo o qual "Os docentes que tiverem prestado serviço docente no grupo 07/08 – Trabalhos Manuais, no período compreendido entre os anos escolares de 1986-1987 e de 1999-2000, inclusive, **mantêm** a titularidade de habilitação própria de 1.º escalão, de acordo com o Despacho Normativo n.º 11-A/86, de 12 de Fevereiro" (que também já só abrangia licenciados e bacharéis, mas que continuava a proteger os menos habilitados que estivessem a exercer ao abrigo da legislação anterior, situação em que a recorrente se não encontrava. Do preâmbulo "... como salvaguarda das expectativas e direitos adquiridos pelos professores que já exercem funções.") apenas pode entender-se como visando salvaguardar o que já vinha salvaguardado. O que, de resto, é explicitado, ainda, por um outro trecho do preâmbulo, onde se diz dever salientar-se "... no entanto, o especial cuidado na manutenção dos direitos adquiridos pelos docentes do grupo 07/08 – Trabalhos Manuais, cujos cursos conferentes de habilitação própria deixam de o ser, através da adopção expressa de disposição que mantém a titularidade de habilitação própria, desde que tenham prestado serviço docente no ensino público, desde o ano escolar de 1986-1987 até ao ano escolar de 1999-2000, inclusive, de acordo com a legislação em vigor à data imediatamente anterior à da publicação do presente despacho normativo."

Só que a recorrente, quando se apresentou ao concurso para o ano lectivo 2000/2001, não era portadora de formação académica superior, não beneficiava de qualquer protecção anterior à publicação do DN n.º 3-A/ /2000, de 18.1, nem de qualquer protecção posterior já que o citado n.º 4 só visou proteger situações já salvaguardadas, onde se não incluía a sua, como se viu. A sua candidatura não podia, por isso, ser admitida, tal como decidiu a autoridade recorrida, aqui recorrente.

Procedem, assim, todas as conclusões da alegação da autoridade recorrente.

IV – DECISÃO

Nos termos e com os fundamentos expostos, acordam em julgar procedente o presente recurso, em revogar o acórdão recorrido e em negar provimento ao recurso contencioso.

Custas a cargo da recorrente contenciosa, fixando-se a Taxa de Justiça e a Procuradoria, em, respectivamente, 150 e 75 Euros no TCA e 300 e 150 neste Tribunal.

Lisboa, 17 de Março de 2005.

Rui Botelho (Relator)
Santos Botelho
Freitas Carvalho

Recurso n.º 47/05-11

LICENCIAMENTO DE OBRAS. OBRAS CLANDESTINAS. LEGALIZAÇÃO DE OBRAS.

(Acórdão de 2 de Fevereiro de 2005)

SUMÁRIO:

I – A proibição de demolir obras clandestinas que possam ser legalizadas é corolário do princípio constitucional da necessidade, que obsta a que sejam impostas aos particulares restrições desnecessárias.

II – Assim, se as obras, apesar de ilegalmente efectuadas, satisfazem os requisitos legais e regulamentares de urbanização, de estética, de segurança e de salubridade, ou são susceptíveis de os virem a satisfazer, não é permitida a demolição (art. 167.º do R.G.E.U.).

III – Essa apreciação da satisfação ou possibilidade de satisfação dos requisitos legais e regulamentares tem de anteceder a ordem de demolição prevista no art. 165.º do mesmo diploma, independentemente de existir ou não pedido de legalização apresentado pelo interessado.

ACORDAM NA SECÇÃO DO CONTENCIOSO ADMINISTRATIVO DO SUPREMO TRIBUNAL ADMINISTRATIVO:

1 – Carlos Manuel Corte da Silva e U.A. – ULTRA AUTOMÓVEIS, LDA, interpuseram no Tribunal Adminis-

trativo de Círculo de Lisboa recurso contencioso de anulação do acto recorrido do Senhor Vereador da Câmara Municipal de Cascais, de 2-1-2002, praticado ao abrigo de competência delegada pelo Senhor Presidente da mesma, que ordenou a demolição de um telheiro.

Aquele Tribunal negou provimento ao recurso.

Inconformados, os Recorrentes interpuseram o presente recurso para este Supremo Tribunal Administrativo, apresentando alegações com as seguintes conclusões:

a) Na douta sentença recorrida, o Mmo. Juiz "a quo" entendeu que competia aos recorrente provar que, à data da audiência prévia, a autoridade recorrida sabia que a obra em causa pertencia à segunda recorrente;

b) Porém, o que interessava efectivamente é que, à data em que proferiu a decisão final, a Câmara Municipal de Cascais tivesse tal conhecimento, porque é esta decisão que não pode ser tomada sem audiência dos interessados;

c) À data em que tal decisão foi tomada, a Câmara efectivamente já tinha tal conhecimento, como resulta da alínea f) dos factos assentes;

d) A autoridade recorrida sabendo antes da decisão final que a dona da obra era a U.A. – Ultra Automóveis, Lda., não poderia ter tomado a decisão final sem promover a sua audiência prévia, como tomou, tendo violado os artigos 100.º e seguintes do Código do Procedimento Administrativo;

e) A douta sentença recorrida ao entender que competia aos recorrentes provar que, à data da promoção da audiência prévia, a Câmara Municipal de Cascais conhecia a identidade da interessada é manifestamente errada e viola o direito de audiência consagrado nos artigos 100.º e seguintes do Código do Procedimento Administrativo;

f) No caso vertente, não ocorreu qualquer sanação da ilegitimidade pela intervenção da recorrente no recurso contencioso, porque esta nunca interveio no procedimento administrativo, sendo certo que, para haver sanação, teria de ocorrer pela prática de qualquer acto nesse procedimento que implicasse aceitação dos actos praticados pelo sócio;

g) Também não é suficiente a junção de qualquer requerimento praticado pelo sócio em nome próprio e não em nome da sociedade, porque o sócio não tem poderes para, por si só, obrigar a sociedade, visto que esta apenas se obriga mediante a intervenção de ambos os sócios gerentes;

h) Assim a douta sentença "a quo" igualmente viola o artigo 252.º do Código das Sociedades Comerciais e o artigo 53.º, n.º 1, do Código do Procedimento Administrativo;

i) No caso vertente, o interesse público é acautelado com a legalização da obra nos termos do artigo 167.º do Regulamento Geral das Edificações Urbanas (RGEU) e não com a sua demolição, tanto mais que a actividade administrativa deverá reduzir ao mínimo estritamente necessário o prejuízo dos direitos dos cidadãos, neste caso, dos recorrentes;

j) Não pode, por isso, ser tomada decisão que afecte de forma tão drástica os direitos dos interessados, como é o caso da demolição, sem que todas as cautelas sejam tomadas;

k) Uma interpretação do artigo 167.º do RGEU segundo a qual a autoridade recorrida pode decidir a demolição de uma construção não licenciada sem se certificar, oficiosa e previamente, de que a mesma não tem qualquer viabilidade de legalização, é uma interpretação que viola frontalmente o princípio da proporcionalidade consagrado no artigo 266.º da Constituição;

l) A obrigação que recai sobre a autoridade recorrida de, antes de proferir a decisão de demolição, se certificar da inviabilidade de legalização da obra, não depende de qualquer iniciativa prévia do interessado;

m) No caso vertente, a autoridade recorrida não se certificou da inviabilidade relativa ou absoluta de legalização da obra, violando frontalmente o artigo 167.º do RGEU e o artigo 266.º, n.º 2, da Constituição

n) O mesmo aconteceu com a douta sentença recorrida, ao entender erradamente que a autoridade recorrida, no momento em que decidiu a demolição, não tinha de se certificar, pelo menos, da inviabilidade absoluta de legalização da obra;

o) A mesma sentença violou, também, os citados preceitos quando entendeu que só aquando da execução da ordem de demolição teria a autoridade recorrida de certificar-se da inviabilidade de legalização, evidenciando desconhecimento quer o teor do acto impugnado quer o artigo 58.º, n.º 3, do Decreto-Lei n.º 445/91, de 20 de Novembro, na redacção ao tempo em vigor.

Pelo que, Ilustres Conselheiros, concedendo provimento ao recurso jurisdicional e, revogando a sentença recorrida e declarando ilegal e anulando o acto administrativo impugnado no recurso contencioso, V. Exas, farão JUSTIÇA e cumprirão a LEI.

A Autoridade Recorrida contra-alegou, defendendo o não provimento do recurso jurisdicional.

O Excelentíssimo Procurador-Geral Adjunto emitiu douto parecer nos seguintes termos:

A sentença recorrida negou provimento ao recurso contencioso interposto de despacho de Vereador da Câmara Municipal de Cascais, datado de 2 de Janeiro de 2002, nos termos do qual foi ordenada a demolição de um abrigo para carros, alegadamente construído sem licença camarária.

Inconformados com a decisão proferida, vêm em sede de recurso jurisdicional reiterar que o despacho impugnado contenciosamente teria violado o artigo 100.º do CPA (falta de audiência prévia) e o disposto nos artigos 167.º do RGEU e 266.º, n.º 2 da CRP, uma vez que autoridade recorrida não se certificara previamente da inviabilidade relativa ou absoluta da legalização da obra.

Vejamos.

Relativamente ao primeiro daqueles vícios, os recorrentes pretendem retirar o incumprimento da formalidade essencial da audiência prévia do facto de para o efeito ter sido notificado o R. Carlos Manuel e não a R. U.A., Ultra Automóveis, LDA, quando é certo que seria esta a proprietária da obra clandestina em causa.

A argumentação a este respeito produzida pelos recorrentes constitui, salvo o devido respeito, uma verdadeira falácia.

Na verdade, confundindo-se, como se confunde na mesma pessoa o R. Carlos Manuel e o gerente da R. U.A., a questão que vem suscitada perde todo o seu sentido, tanto mais que estará por demonstrar que o despacho impugnado é que tenha laborado em erro ao indicar o primeiro como o proprietário da obra referida.

De todo o modo, como se afirma na sentença, ou o primeiro recorrente agiu em nome próprio ao intervir no procedimento no âmbito do artigo 100.º do CPA e não se entende como logo não tenha suscitado a questão da sua legitimidade, ou agiu como representante legal da segunda recorrente e a questão deixa de poder colocar-se.

Importará ainda referir que os recorrentes não dirigem qualquer ataque à sentença quando esta apelou ao princípio do aproveitamento dos actos administrativos para concluir que, a ter-se verificado, o vício decorrente do eventual incumprimento do artigo 100.º do CPA nunca revestiria efeitos invalidantes do despacho.

Daí que a solução não invalidante definida na sentença a esse respeito sempre teria de manter-se incólume.

Já a razão me parece assistir aos recorrentes quando defendem que o despacho impugnado teria violado o artigo 167.º do RGEU ao ordenar a demolição da obra sem que previamente tivesse ocorrido pronúncia quanto à viabilidade da sua legalização.

Com efeito, se é certo que é discricionário o momento da escolha entre a demolição e a legalização das obras clandestinas, a verdade é que a decisão de demolição está sujeita à verificação de um pressuposto vinculado e que se traduz na constatação da inviabilidade da legalização, como resultado de não poderem satisfazer os "requisitos legais e regulamentares de urbanização, de estética, de segurança e de salubridade", juízo este que não foi feito no despacho e que por esse motivo resulta invalidado – cfr. acórdãos de 24-4-96, 19-5-98 e 6-3-02, nos recursos n.os 27.415, 43.433 e 46.744.

Termos em que se é de parecer que o recurso merece obter provimento, revogando-se, em consequência, a sentença recorrida.

As partes foram notificadas deste douto parecer, nada vindo dizer.

Corridos os vistos legais, cumpre decidir.

2 – Na sentença recorrida deu-se como assente a seguinte matéria de facto:

a) Através de participação datada de 6 de Março de 2001, foi pela Divisão de Fiscalização do Departamento da Polícia Municipal dado conhecimento ao Sector de Fiscalização de Licenciamentos Urbanísticos da CMC de que Carlos Manuel Corte da Silva, ora primeiro recorrente, levara a efeito, sem que para tal possuísse licença camarária, "a construção de um telheiro para abrigo de carros em vigas em I assentes numa sapata em cimento tendo como cobertura chapas metálicas e uma área aproximada de 36 m2" – participação que deu origem ao Processo de Demolição n.º 58/01, de 12 de Março de 2001 (fls. 10 do processo instrutor).

b) Através do ofício n.º 16 441, de 22 de Março de 2001, dirigido a Carlos Manuel Corte Silva e expedido sob registo com aviso de recepção para Av. Eng.º. Adelino Amaro da Costa, n.º 1327-A – 2750 – 280 Cascais, foi dado ao destinatário conhecimento do (anexo) projecto de despacho, de 14 de Março de 2001, do Vereador da CMC, Dr. António dos Anjos Mendes do Carmo, e convidando-o a pronunciar-se, no prazo de 8 dias, sobre o mesmo, nomeadamente sobre a intenção nele expressa de ordenar a demolição da obra referida supra em a) – tudo ao abrigo da competência delegada pelo Presidente da CMC através do Despacho n.º 82/99, de 1 de Julho (fls. 6 a 9 do processo instrutor).

c) Por requerimento dirigido ao Presidente da CMC e com data de entrada nos serviços camarários de 18 de Abril de 2001, Carlos Manuel Corte da Silva solicitou a suspensão da projectada ordem de demolição "até decisão final do processo de legalização que o requerente conta apresentar nesta Câmara em prazo não superior a dez dias" (fls. 5 do processo instrutor).

d) Pelo ofício n.º 054 951, de 22 de Novembro de 2001, dirigido ao referido Carlos Manuel Corte da Silva, foi este informado de que "como até à presente data não deu entrada de processo de legalização, foi solicitado Despacho de Decisão Final" (fls. 4 do processo instrutor).

e) Em 2 de Janeiro de 2002, o Vereador da CMC, Dr. António dos Anjos Venda do Carmo, assinou um despacho do seguinte teor:

"No uso da competência conferida pela alínea m) do n.º 2 do Art. 68.º da Lei n.º 169/99, de 18 de Setembro, e pelo n.º 1 do Art. 58.º do Decreto-Lei n.º 445/91, de 20 de Novembro, e ainda na que me foi delegada pelo Sr. Presidente da Câmara Municipal de Cascais através do Despacho n.º 82/99, de 01 de Julho.

Na sequência da participação n.º 58/01, onde se descreve a situação da obra tal como se encontrava à data da sua detecção.

Tendo-se procedido à audiência do interessado e não procedendo os fundamentos de facto e de direito invocados pelo interessado.

Mantém-se, assim, a existência de urna obra levada a efeito sem a competente licença camarária, violando o disposto na alínea a) do n.º 1 e no n.º 2 do Art. 1.º do Decreto-Lei n.º 445/91, de 21 de Novembro, com a redacção dada pela Lei n.º 29/92, 5 de Setembro.

1 – Determino a demolição da obra de construção de um telheiro para abrigo de carros em vigas em I assentes numa sapata em cimento, tendo como cobertura chapas metálicas e uma área aproximada de 36 m2.

2 – A demolição voluntária deverá ter início no prazo de 30 dias, após a notificação, e deverá ser concluída em 10 dias.

3 – Decorrido o prazo para o início ou a conclusão dos trabalhos de demolição sem que a ordem se mostre cumprida, poderá ser ordenada a demolição da obra por conta do infractor, ordenando-se a tomada de posse administrativa do terreno para aí ser instalado o estaleiro de apoio.

Notifique" (fls. 3 do processo instrutor).

f) Com base no Auto de Notícia n.º 260, de 6 de Julho de 2001, foi pela Secção de Contra-Ordenações da CMC instaurado o Processo de Contra-Ordenação n.º 386/2001 contra a sociedade Ultra Automóveis, Lda., representada por Carlos Manuel Corte da Silva e com sede social na Av. Eng.º Adelino Amaro da Costa, n.º 1327 – Cascais, "por estar a levar a efeito a construção de um abrigo para carros em I assentes em sapatas de cimento e cobertura de chapas metálicas com área aproximada de 36 m2, na morada acima indicada" (fls. 16 e 17).

g) Processo esse cuja instauração foi comunicada à dita sociedade através do ofício da CMC n.º 045 678, de 24 de Setembro de 2001, com as informações necessárias à organização da respectiva defesa (fls. 15).

h) Carlos Manuel Corte da Silva é, juntamente com Carlos Manuel Peralta Duarte, sócio e gerente da sociedade por quotas U.A. – Ultra Automóveis, Lda. (fls. 11 a 14).

3 – A primeira questão colocada pelos Recorrentes é a da falta de audiência prévia da Recorrente U.A. ULTRA AUTOMÓVEIS.

Na sentença recorrida entendeu-se que não se provou que a Autoridade Recorrida sabia, à data da audiência prévia, que a obra em causa pertencia à Recorrente U.A. ULTRA AUTOMÓVEIS.

Para além disso, entendeu-se que sendo o Recorrente Carlos Silva gerente desta empresa e constituindo a ordem de demolição, numa prognose póstuma, a única decisão que podia ser tomada no caso concreto, tem aplicação o princípio do aproveitamento do acto administrativo, tanto mais que esta empresa ao impugnar o acto recorrido aceita implicitamente a autoria da obra e sanciona a intervenção e actuação do Recorrente Carlos Silva, sanando, por esta via, qualquer irregularidade que pudesse ter ocorrido no procedimento.

Há, aqui, uma tripla fundamentação para considerar irrelevante a falta de audiência da Recorrente U.A. ULTRA AUTOMÓVEIS:

– não se provar que a Autoridade Recorrida sabia, à data da audiência prévia que a obra lhe pertencia;

– o facto de a demolição ser a única decisão possível permitir fazer aplicação do princípio do aproveitamento do acto administrativo;

– a eventual irregularidade derivada da falta de audiência dever considerar-se sanada pela intervenção da Recorrente U.A. ULTRA AUTOMÓVEIS no recurso contencioso.

Como bem nota o Excelentíssimo Procurador-Geral Adjunto, no presente recurso jurisdicional (sem oposição dos Recorrentes, apesar de terem sido notificados para se pronunciarem sobre o douto parecer daquele distinto Magistrado), os Recorrentes atacam o decidido quanto ao primeiro e último fundamento invocados, mas não quanto ao segundo.

Na verdade, nem no texto da sua alegação nem nas respectivas conclusões os Recorrentes defendem que não pode ter aplicação o princípio do aproveitamento do acto administrativo, ou manifestam oposição ao entendimento de que a demolição era a única solução possível, que foi considerado pressuposto da aplicação daquele princípio, limitando-se a fazer-lhe referência para afirmar que também deve ser admitido o princípio do aproveitamento das construções legalizáveis (fls. 99), posição esta com que implicitamente até aceita a aplicabilidade daquele primeiro princípio.

Nos termos do art. 684.º, n.os 2 e 3, do C.P.C., quando a parte dispositiva da sentença contiver decisões distintas, é igualmente lícito ao recorrente restringir o recurso a qualquer delas, uma vez que especifique no requerimento a decisão de que recorre. Na falta de especificação, o recurso abrange tudo o que na parte dispositiva da sentença for desfavorável ao recorrente, mas, nas conclusões da alegação, pode o recorrente restringir, expressa ou tacitamente, o objecto inicial do recurso. Assim, as conclusões das alegações do recurso jurisdicional delimitam o seu objecto e, nos casos em que o recurso jurisdicional não abrange a globalidade das decisões contidas na sentença, «*os efeitos do julgado, na parte não recorrida, não podem ser prejudicados pela decisão do recurso nem pela anulação do processo*» (n.º 4 do mesmo artigo).

Na sentença recorrida contém-se uma decisão sobre aplicação do princípio do aproveitamento do acto administrativo que não é impugnada no presente recurso jurisdicional, pelo que tem de considerar-se processualmente assente que tal princípio tem aplicação à situação dos autos.

Nestas condições, assente que, a existir violação do direito de audiência da Recorrente U.A. – ULTRA AUTOMÓVEIS, o princípio do aproveitamento do acto obsta à sua relevância invalidante, não teria qualquer utilidade apreciar se tal violação existiu ou não, por estar afastada a possibilidade de o acto ser anulado com fundamento nesse hipotético vício.

Assim, tem de se concluir que o presente recurso jurisdicional não pode ser provido, nesta parte.

4 – Os Recorrentes defendem que o acto é ilegal por ter sido ordenada a demolição da construção sem que houvesse qualquer pronúncia sobre a viabilidade da legalização, prevista no art. 167.º do Regulamento Geral das Edificações Urbanas.

O art. 167.º do R.G.E.U., na redacção dada pelo Decreto-Lei n.º 44258, de 31-3-1962, estabelece que «a demolição das obras referidas no artigo 165.º só poderá ser evitada desde que a câmara municipal ou o seu presidente, conforme os casos, reconheça que são susceptíveis de vir a satisfazer aos requisitos legais e regulamentares de urbanização, de estética, de segurança e de salubridade».

Na sentença recorrida foi interpretada esta norma como obstando apenas a que a execução seja concretizada, mas não que ela seja ordenada, pelo que apenas depois da ordem de demolição não cumprida haveria que tomar posição, antes de concretizar a demolição, sobre a possibilidade de legalização.

Esta interpretação, se bem que pudesse enquadrar-se no teor literal deste art. 167.º, não pode considerar-se uma solução congruente e acertada.

Na verdade, a proibição de demolir obras clandestinas que possam ser legalizadas é corolário do princípio constitucional da necessidade, que obsta a que sejam impostas aos particulares restrições desnecessárias (um afloramento desse princípio encontra-se no n.º 2 do art. 18.º da C.R.P.).

Assim, se as obras, apesar de ilegalmente efectuadas, satisfazem os requisitos legais e regulamentares de urbanização, de estética, de segurança e de salubridade ou são susceptíveis de os virem a satisfazer não se justificará a demolição.

Mas se, na perspectiva legislativa, a constatação da possibilidade de legalização tem forçosamente de conduzir à conclusão da desnecessidade de demolição, não se poderia justificar que, nestes casos em que é desnecessária, a demolição pudesse ser ordenada, pois não só a ordem de demolição seria também desnecessária como o seria o seu resultado se o administrado cumpridor a acatasse.

Isto é, se com o art. 167.º se pretende obstar a que sejam demolidas construções legalizáveis, por a sua manutenção, ponderados os interesses públicos e privados em presença, ser preferível à sua destruição, não se poderia compreender que essa mesma ponderação não valesse no momento de ordenar a demolição obstando a que fosse dada a respectiva ordem.

Por isso, deve entender-se que a opção camarária pela demolição não pode deixar de ser antecedida de um apreciação da viabilidade de legalização, no próprio momento em que se coloca a questão de decidir dar ou não a ordem de demolição.[1]

Por outro lado, não há qualquer elemento no texto daquele art. 167.º que permita concluir que esta ponderação de interesses só possa e deva ser feita quando tenha de existir um pedido de legalização, ou tenha sido apresentado um projecto.

Na verdade, para obstar à demolição não se exige uma decisão definitiva sobre a legalização, bastando que se possa concluir que as obras «*são susceptíveis de vir a satisfazer aos requisitos legais e regulamentares de urbanização, de estética, de segurança e de salubridade*», como se refere naquele art. 167.º.

Por outro lado, não se pode considerar absurdo que tal juízo possa ser formulado sem o impulso processual do interessado, pois não é apenas o interesse dele que releva para decidir pela legalização, nem é mesmo o interesse primacial em grande parte dos casos, sendo antes o interesse público que poderá conduzir à decisão de não demolição.[2]

Pelo exposto, é de entender que a ordem de demolição prevista no art. 165.º do R.G.E.U. não pode deixar de ser antecedida de uma apreciação da possibilidade de as obras satisfazerem ou poderem vir a satisfazer os requisitos legais e regulamentares de urbanização, de estética, de segurança e de salubridade, nos termos do art. 167.º do mesmo diploma.

No caso em apreço, não foi efectuada essa apreciação e, por isso, o acto recorrido, que ordenou a demolição, enferma de vício de violação de lei, que justifica a sua anulação (art. 135.º do C.P.A.).

Termos em que acordam em

– conceder provimento ao recurso jurisdicional;

– revogar a sentença recorrida;

– conceder provimento ao recurso contencioso;

– anular o acto recorrido com fundamento no vício de violação de lei referido.

Sem custas, por a Autoridade Recorrida estar isenta (art. 2.º da Tabela de Custas).

Lisboa, 2 de Fevereiro de 2005.

Jorge de Sousa (relator)
Edmundo Moscoso
Costa Reis.

(vencido. Entendo que, nos termos do art. 167 do RGEU, a demolição das obras ilegais só poderá ser evitada se a C.M. ou o seu Presidente reconhecer que as mesmas podem ser ainda legalizadas. Deste modo, a regra geral é a da demolição das obras ilegais, a qual só pode ser postergada se o interessado demonstrar, através dos respectivos projectos, que as obras poderão ser legalizadas.

E porque assim, o recorrente requereu a suspensão da ordem de demolição comprometendo-se a apresentar os elementos necessários à legalização das obras.

Assim, e porque a recorrente nada fez, nenhuma censura merece o acto que ordenou essa demolição.)

[1] Neste sentido, pode ver-se o acórdão deste Supremo Tribunal Administrativo de 19-5-98, proferido no recurso n.º 43433, publicado em *Cadernos de Justiça Administrativa*, n.º 19, página 39.

[2] Pense-se, por exemplo, nas situações de prédios clandestinos já habitados, em que a demolição pode acarretar consequências dramáticas para os moradores, normalmente pessoas de fraquíssimos recursos económicos.

Em situações deste tipo, independentemente da apresentação de projecto, poderá entender-se, com razoabilidade evidente, que se o prédio for susceptível de legalização, com consequente satisfação do interesse público urbanístico, será de evitar os dramas sociais inerentes à demolição.

Recurso n.º 633/04-13

MAGISTRADO DO M.º P.º. ANTIGUIDADE. GRADUAÇÃO. ERRO MATERIAL.

(Acórdão de 16 de Março de 2005)

SUMÁRIO:

I – O posicionamento dos Magistrados do M.ºP.º na respectiva lista de antiguidade depende da sua graduação à saída do CEJ e da subsequente ordem por que o CSMP os nomeou na categoria de ingresso.

II – Tal ordem não pode ser alterada através da imputação, na antiguidade de um Magistrado formado no CEJ, do tempo de serviço que ele anteriormente prestara como Delegado do Procurador da República até ser exonerado dessas funções.

III – A não consideração desse tempo de serviço não constitui um qualquer erro material na graduação, justificativo da correcção das listas de antiguidade em qualquer momento.

ACORDAM NA 1.ª SECÇÃO DO SUPREMO TRIBUNAL ADMINISTRATIVO:

O Dr. Pedro Manuel de Oliveira Lopes Dias, Procurador-Adjunto identificado nos autos, intentou a presente acção administrativa especial contra o Conselho Superior do Ministério Público (doravante designado como CSMP) a fim de, a título principal, obter a anulação do acórdão de 7/6/04, em que o referido órgão indeferiu a pretensão de que fosse corrigido o posicionamento do autor na lista de antiguidade da respectiva carreira; e o autor pediu ainda que se reconheçam os seus direitos «a ver contado, na carreira de magistrado, o tempo de serviço como Delegado do Procurador da República», de 22/3/68 a 22/8/73, e a ser promovido «por antiguidade à categoria de Procurador».

O autor disse que foi Delegado do Procurador da República entre 22/3/68 e 22/8/73, data em que pediu a exoneração para logo tomar posse do lugar de Conservador do Registo Civil e Notário de Penamacor; e que, depois disso, exerceu as funções próprias desta carreira até ser admitido a estágio no CEJ, em 1986, após o que foi nomeado Delegado do Procurador da República efectivo em 1/6/88. Na óptica do autor, o acto do CSMP, ao considerar que aquele seu primeiro tempo de serviço como Delegado não releva no posicionamento dele na lista de antiguidade dos actuais Procuradores-Adjuntos, enferma de violação de lei, por erro nos seus pressupostos de direito derivado de errada interpretação das normas aplicáveis, por afectar os direitos constitucionais do autor, de acesso à função pública e de acesso a cargos públicos, e por ofender os princípios da igualdade, da proporcionalidade e da justiça. Daí que o autor peça a anulação do acto e, em consequência, a condenação do CSMP a reconhecer que ele tem os direitos de ver contado o tempo desatendido e de ser promovido à categoria de Procurador da República.

O CSMP contestou dizendo que o tempo de serviço prestado pelo autor entre 22/3/68 e 22/8/73, relevando embora para efeitos da sua antiguidade geral na Magistratura, não pode ser imputado na antiguidade dele na actual categoria, pois esta antiguidade reporta-se ao provimento subsequente à frequência do CEJ, fazendo-se a graduação do autor por referência aos Magistrados que com ele foram Auditores de Justiça. Assim, o CSMP concluiu pela inteira legalidade do acto e pela improcedência total da acção.

À decisão interessam os factos seguintes, que consideramos assentes:

1 – O autor foi Delegado do Procurador da República entre 22/3/68 e 22/8/73, tendo sido exonerado dessas funções a seu pedido.

2 – Ainda em 22/8/73, o autor tomou posse como Conservador do Registo Civil e Notário de Penamacor, tendo exercido funções na carreira dos Registos e Notariado até 30/3/82.

3 – A partir de então, o autor exerceu, em comissão de serviço, as funções de Juiz de Instrução Criminal.

4 – Em 1/10/86, o autor, mediante requisição à Direcção-Geral dos Registos e do Notariado, tomou posse como Auditor de Justiça no CEJ, qualidade a que acedera sem prévia prestação de provas.

5 – Tendo concluído a formação do CEJ com aproveitamento, o autor foi aí graduado com os demais Auditores e foi nomeado pelo CSMP Delegado do Procurador da República em regime de estágio, tendo tomado posse do respectivo lugar em 15/6/88.

6 – Em 15/2/89, o autor tomou posse, agora como efectivo, do lugar de Delegado do Procurador da República da comarca de Idanha-a-Nova, continuando ainda hoje na Magistratura do M.ºP.º.

7 – Em 18/11/03, o autor solicitou à PGR a «recontagem do tempo de serviço e respectiva graduação na lista de antiguidades».

8 – Por ofício de 20/11/03, foi remetida ao autor a certidão cuja cópia consta de fls. 54 e s., onde se computa em vinte e dois anos, sete meses e sete dias o tempo de serviço dele na Magistratura, em 20/1/03, e onde se diz que ele se encontra graduado na lista de antiguidades com o n.º 136.

9 – Em 9/12/03, o autor requereu à PGR que, atenta aquela sua antiguidade, por ele aceite, se rectificasse o seu número de ordem na lista de graduação em que ele figurava como graduado no n.º 136, estendendo-se essa rectificação a todas as listas anteriores, desde 30/9/86.

10 – O CSMP, por acórdão de 7/6/04, cuja cópia consta de fls. 23 a 26 dos autos, negou que houvesse um qualquer «erro material na graduação» do autor, pelo que indeferiu o requerimento que ele apresentara em 9/12/03.

Passemos ao direito.

A presente acção acomete directamente o acórdão do CSMP que, não reconhecendo haver um qualquer erro material na graduação do autor, recusou imputar a antiguidade dele como Delegado do Procurador da República, respeitante ao período em que exercera essas funções até delas ser exonerado, na lista de antiguidade de que o autor agora consta, lista esta que já inclui a graduação dos Magistrados que, com ele, frequentaram um curso aberto no CEJ em 1986 para ingresso na Magistratura. E é óbvio que os direitos, invocados pelo autor, à consideração daquela antiguidade e à consequente promoção dependem absolutamente da ilegalidade do acto do CSMP.

Ora, a primeira dúvida a superar prende-se com a impugnabilidade do acórdão, pois este, ao menos «prima facie», poderia ser encarado como meramente confirmativo das listas cuja rectificação o autor pediu e às quais se não opôs no prazo de sessenta dias a que alude o art. 158.º do EMP – já que, como é sabido, as listas de antiguidade se consolidam se não forem oportunamente impugnadas. No entanto, a correcção de erros materiais porventura insinuados na graduação dos Magistrados do M.ºP.º é admitida «ex officio» e a todo o tempo pelo art. 160.º do EMP. Foi, aliás, ao abrigo deste preceito que o CSMP abordou e decidiu o requerimento apresentado pelo autor, concluindo, pelas razões constantes do acórdão, que não houvera qualquer erro material na graduação dele. Sendo as coisas assim, detecta-se no acto uma pronúncia inovatória mínima, respeitante à inexistência desse erro, motivo por que admitimos a sua impugnabilidade contenciosa, tendente a demonstrar que tal erro efectivamente existira. E, nesta conformidade, julgamo-nos em condições de atentar nos vícios que o autor atribui ao acórdão do CSMP, dando primazia à denunciada violação de lei de fundo.

O art. 153.º do EMP dispõe que a antiguidade dos Magistrados do M.ºP.º no quadro e na categoria se conta desde a data da publicação do respectivo provimento no Diário da República, devendo a publicação dos provimentos respeitar a ordem definida na graduação efectuada pelo CSMP. E o art. 156.º do mesmo diploma estatui que, quando as nomeações forem precedidas de cursos terminados por lista de graduação, aquela antiguidade dos Magistrados é determinada segundo a ordem constante da lista. E foi assim que as coisas se passaram relativamente ao autor que, tendo frequentado o CEJ a partir de 1986, acabou por integrar a lista de graduação prevista no art. 53.º do DL n.º 374-A/9, de 10/9, que incluía os demais Auditores aprovados, após o que foi nomeado Delegado do Procurador da República conjuntamente com eles, ocupando então, na escala de antiguidade, o lugar que lhe cabia relativamente a esses ex-Auditores e aos demais Magistrados da mesma categoria.

Embora os preceitos «supra» referidos pareçam ter sido bem aplicados ao autor, suscita-se a dúvida sobre se essas normas não terão olvidado a situação «sui generis» em que ele se encontra, de modo que o seu âmbito verdadeiramente não reja para o caso presente. E é o que, no fundo, o autor pretende dizer quando assegura que o seu tempo de exercício das funções de Delegado, ocorrido entre 22/3/68 e 22/8/73, não pode deixar de ser atendido na sua antiguidade na categoria de Procurador-Adjunto, melhorando o seu posicionamento na respectiva lista e impondo mesmo a sua promoção imediata à categoria seguinte.

O fundamental argumento esgrimido pelo autor, em torno do qual gravitam todos os outros, consiste no facto de ele, ao obter em 22/8/73 a exoneração das funções de Delegado, não ter quebrado o vínculo que o ligava ao Estado, pois logo iniciou a actividade de Conservador e Notário em Penamacor. Todavia, ele esquece que a persistência da sua vinculação ao Estado só releva para efeitos de contagem da sua antiguidade na Função Pública, nada decidindo acerca da antiguidade na categoria actual. Portanto, o que verdadeiramente importa à resolução do problema dos autos não é que o autor haja mantido a sua ligação ao Estado no período que mediou entre as suas duas presenças na Magistratura; o que se mostra decisivo é determinar o sentido da mencionada exoneração e, depois, relacionar a conclusão obtida com o ulterior retorno do autor ao Ministério Público, pela via do CEJ.

Ora, a exoneração das funções de Delegado, ocorrida em 1973, significou a extinção da relação jurídica de emprego público que o autor então mantinha e, nessa medida, o fim da carreira de Magistrado que ele encetara vários anos antes. Não se tratou, portanto, de algo assimilável a uma suspensão de um adquirido «status» que ainda poderia ser retomado num momento futuro, mas antes o ponto final na qualidade de Magistrado até então detida. E é claro que a natureza e os efeitos da exoneração não se alteram pelos factos posteriores de o autor, imediatamente a seguir, ter passado a exercer outra profissão de índole jurídica por conta do Estado ou de, durante parte do tempo correspondente a esse exercício, ter sido Juiz de Instrução Criminal em comissão de serviço.

Sendo assim, é vão o intuito do autor de usar em seu proveito do que no art. 155.º, al. *a*), do EMP, se estatui. Esta norma subtrai à antiguidade dos Magistrados o tempo em que eles se encontrem «na situação de inactividade ou de licença sem vencimento de longa duração»; e, do mesmo passo, a norma reconhece que a antiguidade anterior àquelas situações voltará a ser atendida quando elas findarem com o regresso do respectivo beneficiário à Magistratura. Evidentemente que tais situações de inactividade ou licença sem vencimento referem-se a casos em que a relação funcional ficara meramente suspensa. Mas, como a primeira ligação do autor ao M.ºP.º não se suspendeu em 22/8/73, e antes cessou efectivamente devido à aludida exoneração, temos que o preceito é imprestável como motivo da ilegalidade do acto. Aliás, o art. 155.º, al. *a*), do EMP é reversível contra o autor através de um argumento «a contrario»; pois, se a norma manda indirectamente contar, para efeitos de antiguidade, o tempo anterior àquelas inactividades ou licença, mostra-se aí indiciado que não há lugar a tal contagem nos casos em que as pretéritas funções cessaram por exoneração. Realce-se também que a mesma distinção entre exoneração e mera suspensão temporária da actividade condena ainda o argumento «ad majorem» que o autor também tenta extrair da norma – argumento que consistiria em ele ter exercido funções públicas entre os dois períodos de tempo em que esteve na Magistratura, enquanto que os beneficiários das ditas inactividade ou licença podem, durante o tempo delas, não exercer tais funções. Pois o que realmente decide da aplicação do art. 155.º, isto é, da relevância do tempo pretérito para a antiguidade na categoria, não é aquilo que fez o Magistrado depois de iniciar uma situação de inactividade ou de licença, mas a circunstância de ele a ter iniciado na qualidade de Magistrado, a cuja plenitude poderia ulteriormente regressar.

Em suma: a exoneração do autor, ocorrida em 22/8/73, fez então cessar o seu vínculo à Magistratura; e, se é verdade que ele continuou vinculado ao Estado, por via da sua contemporânea aceitação do lugar de Conservador e Notário para que fora nomeado, também é certo que este novo vínculo era distinto do anterior, em nada influindo na natureza e nos efeitos da exoneração havida.

Em 1986, o autor entrou no CEJ ao abrigo do art. 28.º do DL n.º 374-A/79, de 10/9, que permitia o ingresso sem prévia prestação de provas a candidatos tipicamente determinados. Ora, é patente que o facto de o autor haver ingressado no CEJ sem prestar as provas normalmente exigíveis, aparentemente devido à sua qualidade de Conservador ou Notário, traduziu o reconhecimento do vínculo que ele mantinha com o Estado, nessa mesma qualidade – mas não o reconhecimento da sua vinculação à Magistratura, pois essa há muito findara, como explicámos. Aliás, vê-se logo a inconcludência de, a partir das categorias tipificadas naquele art. 28.º, se pretender extrair algo de verdadeiramente significativo para o singular problema que ora nos ocupa.

A frequência do curso do CEJ com aproveitamento determinou que o autor voltasse à carreira de agente do M.ºP.º e, até, à categoria que já detivera. Dado que a sua anterior vinculação à Magistratura terminara no momento em que fora exonerado, o regresso do autor constituiu realmente o recomeço de uma carreira nova, e não o mero prosseguimento de um percurso entretanto paralisado ou suspenso. É fundamental entender que a carreira de Magistrado do autor cessou com a exoneração que ele pediu e obteve; portanto, a carreira subsequente à frequência do CEJ tem de ser vista como nova e distinta da anterior, designadamente para efeitos de se determinar o posicionamento do autor na respectiva categoria e de se decidir da sua promoção a Procurador da República. Evidentemente que o tempo de serviço que o autor prestou como Delegado entre 22/3/68 e 22/8/73 releva na antiguidade geral do autor na Função Pública; e, segundo o próprio acórdão impugnado, releva ainda como tempo de serviço na magistratura, o que tem efeitos em sede remuneratória. Simplesmente, o mesmo tempo de serviço não permite ao autor posicionar-se na lista de antiguidade num lugar diferente do que lhe compete na ordenação advinda do CEJ e acolhida pelo CSMP aquando da nomeação dos ex-Auditores como Delegados do Procurador da República.

Note-se ainda quão bizarro seria que a pretérita antiguidade como Delegado, que em nada relevara no acesso do autor à nova carreira de Magistrado, relevasse logo após esse acesso se fazer; pois a relevância da antiga qualidade de Magistrado, se acaso ocorresse, operaria se um modo muito mais natural se distinguisse o autor dos demais Auditores, conduzindo-o à Magistratura sem o risco de eliminação que o curso do CEJ comportava. Mas, como o autor frequentou esse curso em flagrante paridade com os demais Auditores, temos que essa igualdade de origem reforça a ideia de que a antiguidade a ter em conta só podia ser a resultante da ordenação final do mesmo curso – como inequivocamente decorre do art. 54.º do DL n.º 374-A/79, de 10/9.

Também não convence o argumento que, em prol da sua tese, o autor extrai do art. 219.º do EMP. Esta norma estabelece que a antiguidade dos Magistrados do M.ºP.º compreende o tempo de serviço prestado na magistratura judicial, como subdelegado do procurador da República licenciado em direito e delegado estagiário; e o autor diz que, a ser assim, também o seu tempo de serviço entre 22/3/86 e 22/8/73 há-de contar para o mesmo efeito. Todavia, aquele art. 219.º pressupõe uma continuidade entre o tempo de serviço recuperado e a carreira do M.ºP.º, onde se faria a imputação dele. Ora, tal não é o caso do autor que, como vimos, pôs voluntariamente fim ao «status» de Magistrado que detinha, pelo que o seu ulterior ingresso na Magistratura se fez através de uma carreira inteiramente nova, desligada da que anteriormente cessara.

O autor também invoca em seu proveito o disposto no DR n.º 82/83, de 30/11. Mas este diploma, que veio regulamentar algumas disposições do DL n.º 191-C/79, de 25/6, nada tem a ver com a situação que nos ocupa, pois visava determinar a situação futura dos funcionários cujas categoria ou carreira, devido a reestruturação orgânica, fossem subitamente extintas «ex vi legis». Também aqui se pressupunha a continuidade de um vínculo funcional que haveria de sofrer as modificações resultantes da extinção operada; enquanto que, no caso do autor, não foi a categoria de Delegado ou a respectiva carreira que terminaram aquando da sua exoneração, mas foi o vínculo que pessoalmente o ligava à carreira que findou nesse preciso momento.

O autor também censura o acórdão do CSMP por ele sugerir a existência de duas listas de antiguidade de Delegados do Procurador da República – uma «primeira», em que ele figurara entre 1968 e 1973, e a actual – quando só poderia haver uma lista desse género. Há aqui uma nítida tentativa do autor de extrair vantagens de algum défice de expressão do acto. Ora, o que o acórdão pretendeu claramente dizer foi que, naquele recuado período, houvera uma lista de antiguidade de Delegados, que o autor integrara e donde fora depois excluído; e que, agora, há uma outra lista de que ele faz parte no lugar que lhe compete por via da graduação operada no CEJ. Pode legitimamente falar-se de duas listas diferentes quanto ao seu conteúdo, embora apenas na estrita medida em que delas constavam Magistrados diversos; mas, se abstrairmos da natural renovação dos membros da lista, resultante do decurso do tempo, já se tratará sempre da mesma lista, ou seja, da lista de antiguidade dos Delegados do Procurador da República, agora Procuradores-Adjuntos. Portanto, a alusão do acto a uma «primeira» lista, sugerindo a existência de uma segunda, justificava-se à luz da perspectiva que atentava na identidade dos membros da lista, não significando um qualquer erro grosseiro relativo à existência de várias listas de antiguidade para uma mesma categoria.

O autor também não tem razão quando afirma que o acórdão ofendeu os princípios da igualdade, da proporcionalidade e da justiça. Desde logo, ele deixou por explicar, ao menos com a minúcia devida, o modo preciso como essa ofensa se teria produzido. Mas importa sobretudo dizer que era mesmo impossível que o acto tivesse violado tais princípios, pois estes constituem limites internos do exercício de poderes discricionários e o acto, ao recusar a existência de um qualquer erro material, com a consequente manutenção do posicionamento do autor na lista de antiguidade, decidiu sob a vinculação estrita do que o art. 54.º do DL n.º 374-A/79 preceituava. Para encerrarmos este ponto, acrescentaremos ainda que o autor não sustentou que tal preceito devesse ser desaplicado por, hipoteticamente, ofender os referidos princípios, agora na sua dignidade constitucional; e, como também cremos que essa ofensa não existe, forçoso é concluir que, à luz de qualquer uma das perspectivas possíveis, os princípios invocados pelo autor não foram objecto de uma ofensa determinante da anulação do acto.

É ainda manifesto que o acórdão do CSMP não violou o disposto nos arts. 47.º e 50.º da CRP. Na verdade, e quanto ao primeiro daqueles preceitos, é fantasioso entrever-se no «direito de acesso à função pública» uma «vertente» de proibição de retrocesso na carreira, pois o acesso e a progressão são coisas diversas e inconfundíveis. Por outro lado, o prejuízo que o autor detecta na não consideração do seu inicial tempo de serviço como Delegado radica somente na exoneração que pediu e obteve – não sendo causado pelo «exercício de direitos políticos» ou pelo «desempenho de cargos públicos», aludidos no dito art. 50.º.

Ante o exposto, é seguro que o acórdão impugnado, ao dizer que não houvera um qualquer erro material na graduação do autor, está imune às ilegalidades que este lhe atribuiu. E, assim sendo, o acto deve persistir na ordem jurídica, motivo por que improcedem também os pedidos de reconhecimento de direitos que vêm formulados na acção.

Nestes termos, acordam em julgar totalmente improcedente a presente acção administrativa especial.

Custas pelo autor.

Lisboa, 16 de Março de 2005.

Madeira dos Santos (Relator)
Angelina Domingues
Costa Reis

Recurso n.º 912/04-13

PESSOAL DA POLÍCIA JUDICIÁRIA. SUPLEMENTO DE RISCO. DL 53-A/98.

(Acórdão de 16 de Março de 2005)

SUMÁRIO:

I – Por força do disposto no DL295-A/90, de 21/9, todos os funcionários da PJ – mesmo o pessoal operário e auxiliar – tinham direito a um suplemento de risco cuja graduação era feita em função da categoria funcional que os mesmos tivessem na sua estrutura organizativa e não em função da perigosidade da actividade nela desempenhada.

II – Tal suplemento integrava os subsídios de Natal e de férias, pelo que funcionava como um complemento fixo da sua remuneração mensal e, porque assim, só teoricamente se destinava a compensar os riscos inerentes ao trabalho prestado.

III – Este regime não veio a ser alterado pela publicação do DL 275-A/2000, de 9/11 – que aprovou a nova Lei Orgânica da Polícia Judiciária – pois que pela nova lei os funcionários da PJ continuaram a ter direito a um suplemento de risco, cuja regulamentação seria publicada posteriormente. Todavia, e enquanto a nova regulamentação não fosse publicada, o regime anterior de atribuição mantinha-se.

IV – As compensações criadas pelo DL 53-A/98, "*que se fundamentam na prestação de trabalho em condições de risco, penosidade e insalubridade*", obedecem a uma filosofia inteiramente diferente do suplemento de risco criado nas leis de organização da PJ, pois que enquanto que este tem uma natureza exclusivamente financeira e funciona como uma parcela integrante do vencimento, aquelas podem traduzir-se em *suplemento remuneratório,* na *duração e horários adequados, em dias suplementares de férias* e em *benefícios para efeitos de aposentação* e são atribuídas caso a caso em face das suas condições concretas.

V – Sendo assim, não é legítimo estabelecer-se um paralelo entre o tipo de suplemento fixado na LOPJ e as compensações previstas no DL 53--A/98, atentas as suas diferentes naturezas, as suas incomparáveis filosofias e as suas finalidades distintas.

VI – E, porque assim, não é legal recusar-se a atribuição do suplemento de risco próprio dos funcionários da PJ com fundamento no que se dispõe no citado DL 53-A/98.

ACORDAM NA 1.ª SECÇÃO DO SUPREMO TRIBUNAL ADMINISTRATIVO:

Pedro Simões da Costa, aluno do 37.º Curso de Formação de Inspectores Estagiários, intentou, no Tribunal Central Administrativo, **recurso contencioso de anulação do despacho de 27/7/03**, proferido pelo Sr. Secretário de Estado Adjunto da Ministra da Justiça que, indeferindo o recurso hierárquico que dirigira contra o despacho do Sr. Director do Instituto Superior de Polícia Judiciária e Ciências Criminais, **lhe negou a atribuição do suplemento de risco durante a frequência daquele Curso**, alegando que o mesmo estava ferido de vício de violação de lei por erro sobre os pressupostos de facto e por erro de direito e incorrecta interpretação da lei, violando o disposto nos arts. 13.º da CRP, 91.º e 162.º, n.º 2, da LOPJ e 6.º e 7.º do DL n.º 53-A/98, de 2/7.

Mas sem êxito, **já que por Acórdão de 27/5/004 foi--lhe negado provimento.**

Inconformado com esse julgamento o **Recorrente agravou para este Tribunal, concluindo as suas alegações da seguinte forma:**

1. A Lei Orgânica da Polícia Judiciária é lei especial face à lei da função pública pelo que respeita à regulamentação desses serviços de segurança.

2. Não poderia, assim, ter o Tribunal a quo resumido a questão a dirimir no presente caso simplesmente à verificação da aplicação, ou não, do Decreto-Lei 53-A/98 ao Recorrente, sem antes apreciar da sua força normativa, face à lei Orgânica da PJ.

3. A LOPJ define um critério de graduação do suplemento de risco aos funcionários da Polícia Judiciária, o que permite concluir que a todos é devido tal suplemento.

4. Afirmação disso é o facto da LOPJ ter estabelecido que tal suplemento faz parte da remuneração dos funcionários e é contemplado para efeitos de subsídio de Férias e de Natal.

5. O risco inerente à função do Recorrente que sustenta o seu direito ao respectivo subsidio é próprio do tipo de serviço que é o serviço de segurança em si, e não decorrente do género de funções individualmente consideradas do Recorrente.

6. E como do supra referido é o facto do Recorrente não poder deixar, completamente, de ser Polícia quando acaba o seu horário de trabalho diário, ou quando suspende temporariamente o exercício das suas funções, ou quando entra em comissão extraordinária de serviços, neste caso porque se encontra a frequentar um curso de formação de inspector.

7. Veja-se que o funcionário da PJ, neste caso o Recorrente, não poderá deixar de estar atento a um facto importante para uma investigação, só porque se encontra fora do horário de trabalho, igualmente não poderá deixar de guardar segredo de justiça, não poderá deixar de denunciar um crime.

8. O Polícia, não deixará de ser alvo de retaliação do marginal só porque agora frequenta um curso, em comissão extraordinária de serviço, talvez até incorra numa situação de maior risco porque se encontra mais vulnerável.

9. É que o risco inerente ao serviço que é o da Polícia é um risco inerente à actividade policial e só por isso do indivíduo que o encabeça, e não o contrário, não é um risco do indivíduo, porque desempenha determinadas funções.

10. A LOPJ e o Decreto Lei 53-A/98 regem a matérias sob campos de visão distintos, enquanto o primeiro caracterizando a natureza do serviço de segurança que é, como de elevada perigosidade indiscutível, procura definir um critério de graduação do subsidio a pagar aos respectivos funcionários – e sempre; o segundo trata a perigosidade, penosidade e insalubridade de alguns serviços da função pública, anunciando medidas para o eliminar e por isso gerindo a aplicação do subsidio – daí excluindo algumas aplicações.

A Autoridade Recorrida contra alegou, concluindo:

a) A disciplina do Dec.-Lei n.º 53-A/98 aplica-se à Polícia Judiciária.

b) Se assim não fosse, a norma da alínea *a*) do n.º 3 do Dec.-Lei n.º 53-A/98 não faria o menor sentido, ao excluir do âmbito de aplicação do diploma unicamente o pessoal integrado na carreira de investigação criminal.

c) o que significa, sem sombra de dúvida, que todo o restante pessoal se encontra abrangido pela disciplina daquele Decreto-Lei.

d) De resto, quer o artigo 99.º do Dec.-Lei n.º 295-A/90 (anterior L.O.P.J.), quer o art. 91.º do DL n.º 275-A/2000 (que actualmente rege aquele corpo policial), sublinham esta orientação legislativa, ao prescreverem que o suplemento de risco dos funcionários da Polícia Judiciária é graduado de acordo com o ónus dos diferentes grupos de pessoal.

e) Ora, o recorrente, não obstante a sua qualidade de funcionário da P.J., não se encontrava ainda integrado na carreira de investigação criminal, durante a frequência do curso de formação profissional, a que se reporta o n.º 2 do artigo 126.º do Dec.-Lei n.º 275-A/ /2000 de 09/11.

f) Apenas frequenta esse curso, em regime de comissão extraordinária de serviço, consoante lhe faculta o n.º 2 do artigo 126.º da L.O.P.J. sendo remunerado nos termos desse regime, o que lhe permite optar pela remuneração correspondente ao seu lugar de origem.

g) Assim, sendo certo que o recorrente, no exercício efectivo das funções do seu lugar de origem, usufruía de um suplemento de risco, calculado e graduado de acordo com o ónus das funções que efectivamente desempenhava (n.os 1 e 5 do art. 99.º do DL n.º 295-A/90, mantido em vigor pelo D.L. n.º 275-A/2000),

h) Não é menos certo que esse ónus se encontrava ligado à execução da respectiva actividade (condições de risco, perigosidade e penosidade), a qual está intrinsecamente adstrita ao efectivo desempenho do cargo, e daí o nexo de causalidade que o legislador do artigo 99.º do D.L. n.º 295-A/90 entendeu dever estabelecer entre esse ónus e as funções efectivamente desempenhadas pelos diversos grupos de pessoal.

i) É este, de resto, o sentido do DL n.º 53-A/98, diploma que incontornavelmente se aplica ao pessoal da Policia Judiciária, com exclusão do pessoal integrado na carreira de investigação criminal, que o próprio legislador expressamente excepcionou do seu âmbito de aplicação.

j) Fá-lo, em plena vigência do DL n.º 295-A/90, acolhendo precisamente a orientação que o legislador daquele diploma havia expressado, quanto a este ponto, e que o artigo 91.º do D.L. n.º 275-A/2000 manteve.

k) Portanto, o recorrente não tem direito ao pretendido suplemento de risco porquanto, durante a frequência do curso de formação profissional, não estava, por um lado, a exercer as funções próprias do seu cargo, cujo ónus justificava que lhe fosse atribuído esse suplemento (n.os 1 e 5 do artigo 99.º do Decreto-Lei n.º 295-A/90) e, por outro, não se encontrava ainda integrado na carreira de investigação criminal da P.J, o que lhe não permitia beneficiar da excepção da alínea *a*) do n.º 3 do artigo 30 do Decreto-Lei n.º 53-A/98.

l) Com efeito, o entendimento que o recorrente parece sustentar de que «o carácter de risco de qualquer funcionário da P.J. é imanente e constante ao facto de simplesmente se ser agregado de tal serviço de segurança", não só configuraria um total absurdo porque estaria a relacionar directamente a filosofia do suplemento com o simples facto de se pertencer a uma determinada corporação, como vai frontalmente contra a "ratio" do artigo 91.º da L.O.P.J.

m) O douto acórdão recorrido ao entender (de resto, em total consonância com o parecer do MP), que a disciplina do Decreto-Lei n.º 53-A/98 se aplica no caso do recorrente, ou seja, que o mesmo durante o curso de formação não está a exercer efectivamente as funções próprias do seu cargo, cujo risco, penosidade e perigosidade lhe proporcionavam auferir de um suplemento de risco e, tão pouco se encontra ainda integrado na carreira de investigação criminal da P.J., pelo que não pode beneficiar da excepção do artigo n.º 3 alínea *a*) do D.L. n.º 53-A/98.

n) Procedeu de forma correcta e cabal à interpretação e aplicação das normas legais que regem a sua situação, falecendo total e completamente todas as patologias que o mesmo recorrente lhe assaca, pelo que aquele aresto é perfeitamente válido e legal, devendo como tal ser mantido na ordem jurídica.

O Exmo. Sr. Procurador-geral Adjunto emitiu parecer no sentido do **não provimento do recurso.**

Mostrando-se colhidos os vistos legais cumpre decidir.

FUNDAMENTAÇÃO

I – MATÉRIA DE FACTO.

A decisão recorrida julgou **provados os seguintes factos**:

a) O recorrente Pedro Simões da Costa é aluno do 37.º Curso de Formação de Inspectores Estagiários (CFIE) da Polícia Judiciária;

b) E, nessa qualidade, requereu a atribuição do suplemento de risco durante a frequência do curso, pretensão essa que foi indeferida;

c) De tal indeferimento interpôs o recorrente recurso hierárquico, igualmente julgado improcedente, por despacho de 27/7/03, do Sr. Secretário de Estado Adjunto da Ministra da Justiça;

d) Em 3.10.2003, o recorrente interpôs o presente recurso contencioso.

II – O DIREITO.

O antecedente relato revela-nos que o Recorrente, funcionário da Polícia Judiciária, iniciou a frequência do Curso de Formação de Inspectores Estagiários daquela Corporação e que **tal determinou a cessação do pagamento do suplemento de risco que lhe vinha sendo abonado**, decisão que a Autoridade Recorrida justificou do seguinte modo:

"a) A frequência do curso de formação, a que se refere o n.º 2 do art. 126.º da LOPJ, não confere aos formandos a qualidade de pessoal integrado na carreira de investigação criminal.

b) O Recorrente, enquanto funcionário da PJ, frequenta o curso de formação profissional em regime de comissão extraordinária de serviço, nos termos e ao abrigo do n.º 2, do art. 126.º da LOPJ, sendo remunerado pelo vencimento correspondente ao seu lugar de origem.

c) A atribuição do suplemento de risco implica o exercício efectivo das funções correspondentes aos cargos a que foi atribuída, em função do respectivo ónus – al. a) do n.º 3 do art. 3.º do DL 53-A/98, conjugado com o art. 10.º do mesmo diploma, corroborados in casu pelos arts. 99.º do DL 275/90 e 91.º da LOPJ.

d) O Recorrente não tem, consequentemente, direito à atribuição do pretendido suplemento de risco, por um lado, estando em comissão extraordinária de serviço, não exerce efectivamente as funções próprias do cargo,

e) Por outro, não se encontrando integrado na carreira de investigação criminal da PJ não pode, por esse motivo, beneficiar da excepção da al. a) do n.º 3 do art. 3.º do DL 53-A/98."

Inconformado, **o Recorrente impugnou essa decisão** reputando-a de ilegal, por considerar, por um lado, que **a percepção do suplemento de risco era inerente à qualidade de funcionário da PJ** e, por isso, que a sua atribuição não estava relacionada com a actividade nela desempenhada e com a perigosidade a ela inerente e, por outro, que **o DL 53-A/98 não lhe era aplicável** uma vez que as condições nele previstas não respeitavam à actividade policial.

Tal recurso, porém, **não foi provido por o Tribunal recorrido ter entendido** que o citado DL 53-A/98 se aplicava a todo o pessoal da PJ, com excepção do elementos inseridos na carreira de investigação criminal [art. 3.º, n.º 3, al. *a*)] e que, por isso, se aplicava ao Recorrente, pois que este não se achava integrado naquela carreira. Acrescia que o referido diploma fazia depender a atribuição daquele subsídio da perigosidade das actividades exercidas e a frequência de um curso de formação não comportava perigo que justificasse a sua atribuição.

Decisão com o que o Recorrente se não conforma e, daí, o presente agravo.

A questão que se nos coloca é, pois, como se vê, a de **saber se o Agravante tem direito ao subsídio de risco que reclama.**

Vejamos.

1. O DL 295-A/90, de 21/9, que actualizou o regime orgânico da Polícia Judiciária (doravante PJ), estatuiu que **os funcionários que estivessem ao seu serviço tinham direito a "*suplemento de risco,*** *graduado de acordo com o ónus da função dos diferentes grupos de pessoal*", o qual foi fixado para o pessoal dirigente e de chefia em 20% da remuneração base mensal do respectivo cargo, para os funcionários da carreira de investigação criminal e para os funcionários integrados nas áreas funcionais de criminalística, de telecomunicações e de segurança em 25% do índice 100 da respectiva tabela indiciária e para os funcionários que integravam o grupo de pessoal de apoio à investigação criminal e para o pessoal operário e auxiliar em 20% do índice 100 da respectiva tabela indiciária. – n.ºs 1 a 6 do seu art. 99.º, com sublinhado nosso.

Suplemento esse que era *"considerado para efeitos do subsídio de férias e de Natal, estando sujeito ao desconto de quota para a aposentação e sobrevivência."* – n.º 6 do mesmo preceito, com sublinhado nosso.

O que significa que **todos os funcionários da PJ** – mesmo o pessoal operário e auxiliar – **tinham direito ao referido suplemento,** que a sua **graduação se fazia em função da categoria funcional** que os mesmos tivessem na sua estrutura organizativa, e não em função da perigosidade da actividade nela desempenhada, e que se **tratava de um complemento fixo da sua remuneração,** uma vez que, integrando os subsídios de Natal e de férias, não correspondia a uma retribuição do trabalho prestado. Ou seja, **o suplemento de risco** dos funcionários da PJ não se destinava a compensar os riscos inerentes ao trabalho prestado, **constituindo uma parcela fixa integrante do seu vencimento mensal.**

E, porque assim, a prescrição legal de que o mesmo deveria ser graduado *de acordo com o ónus da função dos diferentes grupos de pessoal* **não significava que só seria atribuído aos funcionários que exercessem actividades perigosas e que o seu montante variaria em função dessa perigosidade,** pois que não só não excluía dessa retribuição nenhuma categoria funcional, como também era omisso na identificação das actividades que envolviam perigo e, portanto, das que deviam ser contempladas com aquele subsídio e, muito menos, não sequenciava de entre elas as mais perigosas das menos perigosas.

1.1. Este diploma veio, contudo, a ser revogado pelo DL 275-A/2000, de 9/11 – que aprovou a nova Lei Orgânica da Polícia Judiciária – mas **esta alteração legislativa não teve consequências nesta matéria**, já que o novo diploma não veio modificar o regime anteriormente estabelecido e, porque assim foi, os **funcionários da PJ continuaram a ter direito a um suplemento de risco** *"graduado de acordo com o ónus da função dos diferentes grupos de pessoal",* o qual seria definido em diploma próprio, *"sem prejuízo do disposto no art. 161.º"* – vd. seu art. 91.º.

E de acordo com este art. 161.º "*o pessoal dirigente e de chefia, enquanto no exercício de tais funções, mantém o direito a suplemento de risco de montante igual ao fixado à data da entrada em vigor deste diploma"* – vd. seu n.º 1 – e *"o restante pessoal da PJ mantém o direito ao suplemento de risco segundo o critério em vigor à data da entrada em vigor do presente diploma, até à regulamentação prevista no art. 91.º"* – vd. seu n.º 3, com sublinhados nossos –. No mesmo sentido, o seu art. 178.º estatuiu que "*no prazo de 180 dias a contar da entrada em vigor do presente diploma deve ser publicada a respectiva legislação regulamentadora*" e que enquanto esta não fosse publicada continuavam a "*aplicar-se, com as necessárias adaptações, os regulamentos actualmente em vigor para a Polícia Judiciária.*" – vd. seus n.ºs 1 e 3.

Ou seja, por força do disposto nos arts. 91.º, 161.º e 178.º do DL 275-A/2000, o *regime de atribuição do suplemento de risco estabelecido no DL 295-A/90 continuou em vigor nos seus precisos termos* enquanto não foi publicada nova regulamentação, o que vale por dizer que *todos funcionários da PJ continuaram a ter o direito ao suplemento de risco* nos moldes anteriormente fixados.

Sendo assim, o Recorrente que pertencia aos quadros daquela Polícia e nessa qualidade passou a frequentar um Curso de Formação de Inspectores Estagiários, em regime de comissão extraordinária de serviço, *continuou a ter direito ao suplemento de risco inerente aos servidores daquela Corporação,* pelo que litiga com razão quando reclama o seu pagamento.

2. A Autoridade Recorrida assim não entende e tem recusado o pagamento daquele subsídio, justificando essa recusa com o que se estabelece no DL 53-A/98, de 11/3.

Mas sem razão.

Com efeito, e muito embora este DL 53-A/98 tenha criado compensações "*que se fundamentam na prestação de trabalho em condições de risco penosidade e insalubridade*", certo é que a atribuição das mesmas **obedecem a uma filosofia inteiramente diferente do suplemento criado nas leis de organização da PJ e têm expressão mais alargada que este suplemento,** pois que enquanto que este tem uma natureza exclusivamente financeira, aquelas podem traduzir-se em *suplemento remuneratório,* na *duração e horários adequados, em dias suplementares de férias* e em *benefícios para efeitos de aposentação.* – Vd. n.º 1 do seu art. 5.º

Por outro lado, as condições de risco, penosidade e insalubridade estavam claramente definidas na lei – vd. seu art. 4.º – e o montante do seu suplemento remuneratório não era fixo e era calculado em função do mesmo ser *alto, médio* ou *baixo* e só era devido "*relativamente aos dias em que se verifique prestação efectiva de trabalho ou situações legalmente equiparadas*", pelo que não era "*considerado para efeitos de cálculo dos subsídios de férias e Natal.*" – vd n.os 1, 3 e 5, do seu art. 6.º.

Acresce que o processo da sua atribuição estava rigidamente regulamentado sendo que as respectivas propostas tinham de ser fundamentadas e dependiam de parecer concordante do Conselho de Saúde e Segurança no Trabalho para a Administração Pública o qual ficava sujeito a homologação ministerial. Em suma, a atribuição das compensações previstas no DL 53-A/98 era individual e dependia das condições do caso concreto. – vd. seu art. 11.º.

Nesta conformidade, *não é legítimo estabelecer-se um paralelo entre o tipo de suplemento fixado na LOPJ e as compensações previstas no DL 53-A/98* e considerar que se tratava de subsídios da mesma natureza e atribuíveis a situações idênticas, pois que a sua natureza é bem diferente, a sua filosofia não é comparável e a sua finalidade é recompensar situações inteiramente distintas.

E, porque assim, não é legal recusar-se a atribuição do suplemento de risco próprio dos funcionários da PJ com fundamento no que se dispõe no citado DL 53-A/98.

Face ao exposto, e sendo que *a pretensão do Recorrente é o pagamento do suplemento de risco previsto nas leis que regulamentam a PJ* e sendo que, como se viu, o mesmo tem direito a esse pagamento, atenta a sua condição de funcionário daquela Corporação, impõe-se concluir que **o despacho recorrido é ilegal** por vício de violação de lei e, consequentemente, que se não se pode sufragar o decidido no Tribunal recorrido.

Termos em que acordam os Juízes que compõem este Tribunal em **conceder provimento ao presente recurso jurisdicional** e, revogando a douta decisão recorrida, conceder provimento ao recurso contencioso e **anular o acto impugnado.**

Sem custas.

Lisboa, 16 de Março de 2005.

Costa Reis (Relator)
Edmundo Moscoso
Maria Angelina Domingues

Recurso n.º 1148/04-13

PROCEDIMENTO DISCIPLINAR. ACTO PREPARATÓRIO. SUSPENSÃO DO PROCEDIMENTO. IRRECORRIBILIDADE CONTENCIOSA. ACTO LESIVO.

(Acórdão de 11 de Janeiro de 2005)

SUMÁRIO:

I – A eliminação, na revisão constitucional de 1989, das referências às características da definitividade e da executoriedade dos actos administrativos relativamente aos quais era garantido o recurso contencioso com o fundamento da ilegalidade, veio centrar o critério de selecção dos actos sindicáveis na susceptibilidade de esses actos lesarem direitos ou interesses legalmente tutelados dos recorrentes.

II – Os actos praticados durante o procedimento disciplinar, por nada definirem em concreto, limitando-se a preparar uma outra decisão – a *decisão final condenatória*, serão irrecorríveis contenciosamente, embora, se portadores de qualquer ilegalidade, sirvam de fundamento de impugnação do acto administrativo final. Assumem, assim, estes actos uma natureza preparatória.

III – Acto lesivo é o que atinge por forma negativa direito ou interesse legalmente protegido do administrado.

IV – Esta lesividade, para ser permitida a sindicabilidade contenciosa do acto administrativo, não é uma categoria abstracta, devendo antes aferir-se em função das circunstâncias concretas do caso.

V – O acto que determina a suspensão de um processo disciplinar, por estar dependente de decisão do tribunal competente, quanto à qualificação dos factos como ilícitos penais, face à Lei n.º29/99, de 12/5, para eventual aplicação da amnistia, é um acto preparatório da decisão final, não lesivo, por isso não contenciosamente impugnável.

ACORDAM NA SECÇÃO DO CONTENCIOSO ADMINISTRATIVO DO SUPREMO TRIBUNAL ADMINISTRATIVO:

José Luís Catela Rangel de Lima, contribuinte n.º1203999393, residente na Avenida dos Estados Unidos, n.º 35, 5.º, Dt.º, 1700 Lisboa, interpôs o presente recurso jurisdicional do acórdão do Tribunal Central Administrativo de 10/4/2003 que rejeitou o recurso contencioso que interpusera do despacho do Sr. Ministro das Obras Públicas Transportes e Habitação, de 22/9/1999 que suspendeu o processo disciplinar n.º 178/98 em que o recorrente é arguido.

Termina o recorrente as suas alegações com as seguintes conclusões:

"1ª – O art. 25.º da LPTA ao dispor que só é admissível recurso contencioso de *actos definitivos e executórios* deve ser conjugado a actual redacção do n.º 4 do art. 268.º da Constituição da república, que expressamente garante a tutela judicial efectiva, incluindo o recurso contencioso por parte dos administrados contra *«quaisquer os actos administrativos que os lesem, independentemente da sua forma»;*

2ª – O critério da recorribilidade contenciosa de actos administrativos, assenta apenas e só na idoneidade do acto para lesar direitos ou interesses legalmente protegidos, o que deve ser aferido em função das normas cuja violação o recorrente invoca para fundar o pedido de anulação e dos direitos ou interesses que essas normas visam tutelar e que o recorrente pretende tutelar no recurso, só dessa forma se respeitando a garantia constitucional da *tutela judicial efectiva* (cfr. arts. 20.º e 268.º n.º 4 da CRP).

3ª – Ao rejeitar o recurso contencioso com fundamento na irrecorribilidade do despacho impugnado (despacho que determinou a suspensão do processo disciplinar), o acórdão recorrido enferma de erro de julgamento e viola por errada interpretação e aplicação o disposto no art. 25.º da LPTA e nos arts. 20.º, n.ºs 1, 4 e 5 e 268.º, n.º 4 da Constituição da República;

4ª – Ao contrário do decidido no acórdão recorrido, um despacho que em sede de procedimento disciplinar determina que o processo fique *dependente da qualificação dos factos como ilícitos penais pelo tribunal competente,* é uma decisão potencialmente lesiva de direitos e interesses legítimos do arguido, sendo susceptível de impugnação contenciosa, tanto mais quando o recorrente ataca o acto questionando a verificação dos pressupostos legais para a sua prática;

5ª – A decisão de suspensão do procedimento administrativo traduz o exercício de um poder vinculado, sendo lesiva dos interesses legítimos do requerente e por isso, susceptível de impugnação contenciosa – cf. Ac. STA de 25.10.2001, no Proc. n.º 47 769 – para mais em procedimentos do tipo sancionatório onde o respeito pelo princípio da legalidade se encontra constitucionalmente tutelado a coberto das garantias de aplicação da lei criminal, aqui aplicáveis".

Contra-alegou a entidade recorrida defendendo a manutenção do acórdão recorrido e que seja negado provimento ao recurso jurisdicional.

Emitiu douto parecer o Ex.mo Magistrado do Ministério Público com o seguinte teor:

"A meu ver, improcede a alegação do recorrente.

Desde logo, o acórdão de 25/10/2001 (rec. n.º 47 769) deste STA, invocado pelo recorrente, assenta em pressupostos diversos da situação aqui em apreço, nada tendo a ver com processo disciplinar no âmbito do Estatuto Disciplinar dos Funcionários e Agentes da Administração Central, Regional e Local.

Ora, o despacho impugnado contenciosamente determinou a suspensão do procedimento disciplinar, por estar dependente de decisão do tribunal competente, quanto à qualificação dos factos como ilícitos penais, face à Lei n.º 29/99, de 12/5, para eventual aplicação da amnistia.

Será, então, que este acto, que não põe fim ou decide o processo disciplinar, atinge por forma negativa direito ou interesse legalmente protegido do recorrente, sendo consequentemente lesivo?

Com efeito, é sabido que o núcleo da alteração introduzida no art. 268.º da CRP, pela Lei Constitucional n.º 1/89, consistiu em fazer recair a recorribilidade contenciosa na circunstância da efectiva lesividade do acto, consagrando-se assim como garantia de accionabilidade em relação aos actos que lesem direitos ou interesses legalmente protegidos dos particulares. Como tal, o n.º 1 do art. 25.º da LPTA terá de ser interpretado à luz do regime decorrente do n.º 4 do art. 268.º da CRP.

Creio, no entanto, que o despacho recorrido não produz efeitos imediatos na esfera jurídica do recorrente, nem é idóneo a lesar os seus direitos ou interesses ou sequer compromete irremediavelmente a sua situação jurídica.

Na verdade, é a factualidade descrita na acusação que define e fixa o objecto do processo disciplinar e os limites da decisão. Só que, no caso em análise, não foi proferida decisão sobre a acusação, encontrando-se ainda em curso o processo disciplinar que pode vir ser arquivado, podendo ainda a acusação vir a ser anulada e ser deduzida uma outra que inclua todos os factos apurados, incluindo os resultantes das diligências complementares.

Por fim, e contrariamente ao alegado pelo recorrente, entendo que os vícios assacados ao acto ora recorrido, se não forem sanados, poderão ser transpostos para o acto final, hipótese em que aquele acto poderá ser impugnado com a decisão final.

Do exposto, sou de parecer que o presente recurso jurisdicional, não merece provimento".

Colhidos os vistos legais cumpre decidir.

No acórdão recorrido foi dado como assente a seguinte matéria de facto:

A – Ao recorrente foi mandado instaurar processo disciplinar por despacho de 1.07.98 do então Ministro do Equipamento, do Planeamento e da Administração do Território, despacho que resultou na sequência da proposta apresentada no relatório de um inquérito à JAE.

B – Em 11.01.99, os Srs. Instrutores deduziram contra o recorrente a acusação de fls.965 a 968 do PA, aqui dada por reproduzida.

C – Realizadas as diligências requeridas pelo recorrente, em 8.04.99, os Srs. Instrutores elaboraram o "Relatório Final", de fls. 1047 a 1067 do PA, aqui dado por reproduzido, onde se conclui e propõe:

"Face ao exposto, nomeadamente no ponto 6.3.10, considera-se dirimida a responsabilidade disciplinar do arguido, nos termos da alínea *d)* do artigo 32.º do ED, pelo que, ao abrigo do artigo 65.º, n.º 1 do mesmo diploma, se propõe o arquivamento dos presentes autos".

D – Em 12.04.99, o Sub-inspector Geral emitiu parecer de concordância com a proposta dos Srs. Instrutores e propôs o arquivamento dos autos.

E – Em 19.04.99, o Ministro do Equipamento, do Planeamento e da Administração do Território exarou o despacho: "Remeta-se o presente processo à Auditoria Jurídica a fim de ser emitido parecer previsto no n.º 5 do art. 66.º do Decreto-Lei 24/84, de 16 de Janeiro."

F – Remetidos os autos à Auditoria Jurídica, por ofício datado de 19.04.99, esta em 7.05.99, prestou a informação n.º 0001.82/99, de fls.1073 a 1084 do PA, aqui dada por reproduzida, onde após análise dos autos, conclui: "22...., Somos de opinião de que o presente processo disciplinar não se encontra em condições de ser decidido por Vossa Excelência.

Atrevemo-nos assim a sugerir a Vossa Excelência que, ao abrigo do disposto no artigo 66.º, n.º1 do Estatuto Disciplinar, ordene a realização das diligências necessárias para completo apuramento da prática pelo funcionário visado das faltas que determinaram a instauração do processo disciplinar, designadamente através da audição dos funcionários da Junta que tiveram intervenção na realização das obras em causa."

G – Em 10.05.99, no canto superior da referida informação foi emitido parecer de concordância com a mesma, onde a final, é sugerido que "seja ordenado o prosseguir da instrução tal como consta no ponto 22 (n.os 17 e segs), aguardando-se a pronúncia quanto aos demais (n.º 16) para decisão a proferir na sequência do relatório «complementar» a elaborar após a sobredita instrução."

H – Realizadas as diligências sugeridas na informação supra referida, os Srs. Instrutores elaboraram o "Relatório", de fls. 1181 a 1192 do PA, aqui dado por reproduzido, onde se conclui, que "H.) A conduta do Sr. Eng.º Rangel de Lima, ao autorizar a realização de trabalhos de remodelação no edifício da Presidência sem recurso a uma adjudicação autónoma precedida de concurso, entendendo, ao invés, que esses trabalhos deviam qualificar-se como adicionais à empreitada de construção da Nova Sede da JAE, poderá ter violado o dever geral de zelo, previsto no art. 3.º, n.os 4, alínea *b*) e 6 do Estatuto Disciplinar aprovado pelo Decreto-Lei n.º 24/84, de 16 de Janeiro, incorrendo, assim, em infracção disciplinar que, porém, nunca poderia conduzir à aplicação de pena superior à suspensão prevista na alínea *c*) do n.º 1 do artigo 11.º, do Estatuto Disciplinar. (cfr. ponto 3.2);

I) Assim, essa infracção disciplinar encontra-se amnistiada por força do disposto no artigo 7.º, alínea *c*) da Lei n.º 29/99, de 12 de Maio (cfr. ponto 4.)

J) Esta amnistia poderá, contudo ser prejudicada se o arguido vier a ser penalmente responsabilizado, o que neste momento é impossível conhecer (cfr. ponto 5).

6.2 Atendendo às conclusões acima expostas, propõe-se que, relativamente aos factos objecto destas diligências, o eventual procedimento disciplinar fique dependente da qualificação desses factos como ilícito penal pelo tribunal competente, procedendo-se, caso contrário, por força da Lei n.º 29/99, ao automático arquivamento dos autos, logo que de tal haja conhecimento."

I – Em 15.09.99, o Sub-inspector – Geral emitiu o parecer de fls.1193 a 1195, aqui dado por reproduzido, do qual se destaca: "2. Aquelas diligências tiveram por objecto o completo apuramento da prática, pelo funcionário visado, das faltas que determinaram a instauração daquele processo disciplinar, concretamente quanto à responsabilidade do arguido da inclusão dos trabalhos do edifício da presidência em adicional à empreitada da construção da nova sede da JAE.

3. Dos depoimentos de vários funcionários da JAE e de outros ...., ficam confirmados os factos constantes do Capítulo 3 do Relatório Final de fls. 1181/1192 susceptíveis de censura disciplinar por violação do dever de zelo, previsto no artigo 3.º, n.º 4, alínea *b*) e 6.º do Estatuto Disciplinar aprovado pelo Decreto-Lei n.º 24/84, de 16 de Janeiro, punível nos termos do art. 24.º com pena de suspensão prevista na alínea *e*) do n.º 1 do art. 11.º, ambos do mesmo diploma, bem como factos que indiciam a prática do crime de falsificação de documento previsto no art. 256.º do Código Penal, entretanto comunicados ao delegado do Ministério Público na sequência de processo de inquérito instaurado para apuramento de eventuais irregularidades no contrato de empreitada relativo às obras de construção da nova sede da JAE (Proc. n.º 150/97-I)

4. Considerando que a Lei n.º 29/99, de 12 de Maio prevê a amnistia das infracções praticadas até 25 de Março de 199, que não constituem simultaneamente ilícito penal (art. 7.º, al.*c*)), e cuja sanção aplicável não seja superior à suspensão, e considerando ainda que as circunstâncias da infracção em termos disciplinares, indiciam que à mesma não caberá pena superior à suspensão, há que reconhecer e declarar que esta se encontra amnistiada caso o arguido não venha a ser penalmente responsabilizado, o que neste momento é impossível conhecer.

5. Pelas razões expostas, e concordando com as apreciações dos senhores inspectores instrutores, subscrevo a proposta por eles apresentada no sentido de que, relativamente aos factos objecto das diligências ora concluídas, o eventual procedimento disciplinar fique dependente da decisão judicial face ao que a Lei n.º 29/99 veio estatuir nos termos e condições de amnistia..."

J – No canto superior deste parecer, em 22.09.99, a autoridade recorrida exarou o despacho recorrido do seguinte teor: "Concordo".

Foi com base nestes factos que o douto acórdão recorrido rejeitou o recurso contencioso, entendo que "*o acto recorrido é um mero acto de trâmite do procedimento administrativo – processo disciplinar – insusceptível de lesar direitos ou interesses e, portanto irrecorrível*".

O que está em causa neste processo é apurar se o acto contenciosamente impugnado – *o despacho que ordenou a suspensão do processo disciplinar em que o recorrente é arguido* – é lesivo, ou não, dos seus direitos ou interesses legalmente protegidos.

Na verdade, o art. 268.º n.º 4 da CRP "garante aos interessados recurso contencioso com fundamento em ilegalidade, contra quaisquer actos, independentemente da sua forma, que lesem os seus direitos ou interesses legalmente protegidos".

A eliminação, na revisão constitucional de 1989, das referências às características da definitividade e da executoriedade dos actos administrativos relativamente aos quais era garantido o recurso contencioso com o fundamento da ilegalidade, veio centrar o critério de selecção dos actos sindicáveis na susceptibilidade de esses actos lesarem direitos ou interesses legalmente tutelados dos recorrentes (Ac. do STA de 22/9/1994-rec. n.º 32 357).

Assim, se aquele acto for lesivo terá, de acordo com o texto constitucional, de ser passível de impugnação contenciosa.

Vasta jurisprudência se debruçou sobre o conceito de *acto lesivo*, podendo-se, de acordo com a orientação nela traçada, considerar acto lesivo o que atinge por forma negativa direito ou interesse legalmente protegido do administrado (Acs. do STA de 30/5/1996-rec. n.º 24 392, de 7/7/1998-rec. n.º 42 215, de 27/6/2000-rec. n.º 46 127, de 4/7/2000-rec. n.º 44 812 e de 27/9//2000-rec. n.º 44 194).

Esta lesividade, para ser permitida a sindicabilidade contenciosa do acto administrativo, não é uma categoria abstracta, devendo antes aferir-se em função das circunstâncias concretas do caso (Acs. do TP de 17/12//1999-rec. n.º 40 313 e do STA de 26/4/2000-rec. n.º 46 099).

Há, pois, que apurar qual a repercussão do acto administrativo na esfera jurídica do recorrente, dado que para ser lesivo tal acto terá de ser modificativo da sua situação jurídica concreta (Ac. do TP de 6/2/2002-rec. n.º 42 271).

Visando um procedimento disciplinar o apuramento dos factos que possam tipificar uma infracção à qual corresponderá uma reacção jurídico-funcional, consubstanciada numa sanção disciplinar, será a aplicação desta sanção a decisão final concreta, ou seja o acto administrativo.

Só este acto é que vai produzir efeitos concretos e lesivos na esfera jurídica do infractor, é que se vai repercutir na sua esfera jurídica, comprimindo-a, de uma forma negativa.

Todos os actos praticados durante o procedimento disciplinar, por nada definirem em concreto, limitando-se a preparar uma outra decisão – a *decisão final condenatória*, serão irrecorríveis contenciosamente, embora, se portadores de qualquer ilegalidade, sirvam de fundamento de impugnação do acto administrativo final.

Assumem, assim, estes actos uma natureza preparatória, cujos vícios de cristalizam no acto que preparam.

No caso concreto, o acto contenciosamente impugnado reveste esta natureza, pois, limita-se a suspender o andamento do processo disciplinar instaurado contra o arguido – recorrente até se apurarem certos factos e a sua natureza criminal. Todavia, nenhuma lesão acarreta para a esfera jurídica do recorrente, ou seja, em nada esta fica diminuída por aquele processo estar suspenso.

Bem andou, assim, o tribunal *a quo* ao considerar o acto contenciosamente impugnado como destituído de lesividade e, consequentemente, rejeitando o recurso contencioso do mesmo interposto, por o mesmo ser insindicável para os tribunais desta jurisdição.

Não viola, por estas razões, o acórdão recorrido o disposto nos arts. 25.º da LPTA, 20.º, n.os 1, 4 e 5 e 268.º, n.º 4 da Constituição da República.

Em concordância com tudo o exposto, improcedendo todas as conclusões das alegações do recorrente, nega-se provimento ao presente recurso jurisdicional, confirmando-se o acórdão recorrido.

Taxa de justiça e procuradoria pelo recorrente que fixam, respectivamente, em duzentos euros e cem euros.

Lisboa, 11 de Janeiro de 2005.

Pires Esteves (Relator)
António Madureira
Fernanda Xavier

Recurso n.º 1626/03-12

PROFESSORES. SISTEMA REMUNERATÓRIO. PROGRESSÃO NA CARREIRA. DL 312/99, DE 10 DE AGOSTO.

(Acórdão de 15 de Fevereiro de 2005)

SUMÁRIO:

I – O tempo de serviço dos professores para efeitos de integração no sistema retributivo estabelecido pelo Decreto-Lei n.º 312/99, de 10 de Agosto, é todo o tempo de serviço prestado de acordo com o estabelecido nos artigos 128.º do Estatuto da Carreira Docente, aprovado pelo Decreto-Lei n.º 139-A/90, de 28/4, e artigo 2.º da Portaria n.º 584/89, de 2/8.

II – Aquele diploma só entrou em vigor, no que respeita aos módulos de tempo necessários para a progressão na carreira, em 1/10/2001 (artigo 20.º, n.º 1), pelo que, até essa data, a progressão era feita de acordo com o estabelecido no artigo 8.º do Decreto-Lei n.º 409/89, de 18/11 (n.º 2 do referido artigo 20.º do Decreto-Lei n.º 312/99).

III – O referido artigo 20.º estabeleceu, contudo, uma redução faseada dos módulos de tempo, antes da referida data de 10/10/2001 (n.os 3 a 5), repercutindo-se essas reduções nos índices dos professores que se encontrassem em índices inferiores (n.º 6, por força do disposto no artigo 16.º, n.º 2, do mesmo diploma legal).

IV – Assim sendo, uma professora do nível 2 que, em 1/10/2000, já tinha mais de 18 anos de serviço, devia ser integrada no 5.º índice, pois que, por força das reduções operadas nos módulos de tempo pelos n.os 3 e 4 do referido artigo 20.º, eram exigíveis para integrar o 5.º índice (índice 150) apenas 17 anos de serviço (artigos 16.º e 20.º do Decreto-Lei n.º 312/99, 8.º do Decreto-Lei n.º 409/89, 128.º do ECD e 2.º da Portaria n.º 584/99).

ACORDAM, EM CONFERÊNCIA, NA 2.ª SUBSECÇÃO DA SECÇÃO DO CONTENCIOSO ADMINISTRATIVO DO SUPREMO TRIBUNAL ADMINISTRATIVO:

1. RELATÓRIO

ELISABETH AREZ DA SILVA FERNANDES, com os demais sinais nos autos, interpôs recurso do acórdão do Tribunal Central Administrativo (TCA) de 29/4/2004, que negou provimento ao recurso contencioso por ela interposto do despacho da Secretária de Estado da Administração Educativa de 14/12/2000, que negou provimento ao recurso hierárquico do despacho da DGAE de 2/03/2000, que a integrou no índice 135.

Apresentou alegações, nas quais formulou as seguintes conclusões:

1.ª) – Aquando da transição para a nova estrutura da carreira docente e novo sistema retributivo, a Recorrente era professora profissionalizada, com 8 anos de serviço, e estava na 2.ª fase com a letra H.

2.ª) – A recorrente encontrava-se no nível 2 de qualificação, uma vez que era professora com habilitação sem grau superior.

3.ª) – A transição para a nova estrutura da carreira fez-se de acordo com o art. 17.º do anexo II do Decreto-lei n.º 409/89. Tendo por isso sido integrada no índice 95.

4.ª) – O Decreto-lei n° 312/99 reduziu faseadamente os módulos de tempo de serviço dos escalões.

5.ª) – Ou seja: a *partir de 1 de Outubro de 2000* os módulos de tempo de serviço dos 1° e 9° escalões têm a duração de dois e cinco anos, respectivamente" (art. 20.º, n.º 4) – sublinhado nosso.

6.ª) – "A partir de 1 de Outubro de 2001, o módulo de tempo de serviço do 6° escalão tem a duração de 3 anos" (art. 200.º, n.º 5) – sublinhado nosso.

7.ª) – O módulo do tempo de serviço do 3° escalão é reduzido a partir de 1 de Outubro/99.

8.ª) – O módulo do tempo de serviço dos 1° e 9° escalões é reduzido a partir de 1 de Outubro/00.

9.ª) – De acordo com o disposto no n.º 6 do art. 20.º do Decreto-lei n.º 312/99 "As reduções de duração dos módulos de tempo de serviço a que se referem os números anteriores definem o reposicionamento na carreira dos docentes que se encontrem em escalões posteriores...".

10.ª) – O art. 9.º do citado normativo é a versão final dos módulos do tempo de serviço em cada escalão e esse sim, na íntegra e com os respectivos anos começa a vigorar a partir de Outubro/2001.

11.ª) – Relativamente aos índices previstos para os professores do nível 2, no Decreto-lei n.º 409/89: 95, 100, 120, 130 e 145 passaram a ter correspondência no Decreto-lei n.º 312/99 como: 125, 130, 135, 145 e 150 respectivamente.

12.ª) – Ora se a recorrente em Setembro de 1999 já tinha 17 anos de serviço tinha direito a ser reposicionada no índice 145 por força do art. 16.º do decreto-lei n.º 312/99 que correspondia ao índice 130 do decreto-lei n.º 409/89 – art. 17.º.

13.ª) – Em Março/2000 com 19 anos de serviço tinha direito a progredir ao índice 15.º do decreto-lei n.º 312/99.

14.ª) – Por isso o acórdão ora recorrido continua a incorrer em violação da lei, nomeadamente os Decreto-lei n.º 312/99 e 409/89 e além do C.P.A. e da C.R.P.

15.ª) – Além disso baseia-se também, o presente acórdão, em errada interpretação do direito.

A autoridade recorrida contra-alegou, tendo formulado as seguintes conclusões:

1.ª) – Até à entrada em vigor do art. 90.º do D.L. n.º 312/99, que se verificou a partir de 1-1-2000, os módulos do tempo de serviço tinham a dimensão prevista no D.L. n.º 409/89, de 18-11, apenas com as alterações a que se refere a Circular em causa e traduzem a letra da lei (art. 20.º do D.L. n.º 312/99).

2.ª) – Assim encontrando-se a recorrente na 2.ª fase em 1989, apenas tinha direito ao índice 135 a partir de 15-8-99, segundo o art. 16.º do D.L. n.º 312/99 e aos índices 139 e 149, a partir de 1-7-2000 e 1-10-2000 respectivamente, nos termos da mesma disposição legal, conjugada com o art. 20.º, n.ºs 3 e 6.

1.2. O Exm.º Magistrado do Ministério Público emitiu o parecer de fls 92, no qual considerou que o acórdão recorrido fez correcta ponderação dos factos e adequada interpretação da lei aplicável, pelo que o recurso não merece provimento.

1.3. Foram colhidos os vistos dos Exm.ºs Juízes Adjuntos, pelo que cumpre decidir.

2. FUNDAMENTAÇÃO

2.1. OS FACTOS:

O acórdão recorrido considerou provados os seguintes factos, que não foram postos em causa e se mostram suficientes para a decisão do presente recurso:

1. A recorrente pertence ao quadro de nomeação definitiva da Escola Secundária Inês de Castro, com habilitação própria sem grau superior.

2. A data da transição para a nova estrutura da carreira e novo sistema retributivo, era professora profissionalizada, na 2ª fase da carreira, com 8 anos de serviço, sendo integrada no índice 95.

3. Com a publicação do Dec. Lei n.º 312/99, a partir de 15.08.99, a recorrente transitou para o índice 135.

4. Entendendo a recorrente que tinha o direito de, a partir de Setembro de 1999, ao índice 145, reclamou e, por despacho da DGAE foi reconhecido à recorrente a progressão ao índice 135 a partir de 15.08.99.

5. Inconformada, a recorrente interpôs recurso hierárquico do despacho referido em 4. dirigido ao Sr. Ministro da Educação.

6. Em 27.10.2000, o Técnico Superior Principal prestou a informação n.º 268/2000-DSAJC, junta a fls.14 e 15, aqui dada por reproduzida, onde conclui no sentido de "deverá ser negado provimento ao presente recurso hierárquico, pois encontrando-se a recorrente na 2.ª fase em 1989, apenas tinha direito ao índice 135 a partir de 15-08-99, segundo o art. 16.º do DL 312/99, e ao índice 139 e 149, a partir de 01-07-2000 e 01-10-2000 respectivamente, nos termos da mesma disposição legal, conjugada com o art. 20.º n.ºs 3 e 6."

7. Com os pareceres de concordância da Direcção dos Serviços Jurídicos e Contencioso, no canto superior da referida informação, em 14.12.2000, a autoridade recorrida exarou o despacho recorrido do seguinte teor: "Concordo. Nego provimento ao recurso. Informe-se a docente dos seus direitos.

2.2. O DIREITO:

O acórdão recorrido considerou legal o indeferimento do pedido da recorrente de ser integrada no índice 145, a partir de Setembro de 1999, e no índice 150, a partir de Março de 2000, considerando que apenas tinha direito a ser integrada no índice 135, a partir de 15/8/99, no índice 139, a partir de 1/7/2000, e no índice 141, a partir de 1/10//2001, como decidiu o acto contenciosamente impugnado.

Fundamentou tal decisão no facto dos módulos de tempo de serviço dos escalões da carreira docente estabelecidos no artigo 9.º do Decreto-Lei n.º 312/99, de 10/8, que definiu a estrutura do pessoal docente da educação pré-escolar e dos ensinos básico e secundário e o seu estatuto remuneratório, apenas ter entrado em vigor em 1/10/2001, em face do disposto no n.º 1 do artigo 20.º deste diploma, pelo que, até essa data, a progressão era feita de acordo com o estabelecido no artigo 8.º do Decreto-Lei n.º 409/89, de 18/11 (n.º 2 do referido artigo 20.º do Decreto-Lei n.º 312/99), por força do qual lhe correspondia, em 15/8/99, o índice 135. Com base neste índice, que foi o que lhe foi atribuído, só podia ascender aos índices 145 e 150 quando perfizesse os módulos de tempo de serviço previstos no artigo 9.º do Decreto-Lei n.º 312/99, para além de satisfazer a avaliação de desempenho (artigo 16.º, n.º 2), pelo que não satisfazendo essas condições, apenas tinha direito ao índice 135, a partir de 15/8/99, ao índice 139 a partir de 1/7//2000 e ao índice 141, a partir de 1/10/2 001, de acordo com o anexo II a este diploma.

A recorrente discorda, alegando, em síntese, que o acórdão recorrido apenas atendeu ao n.º 1 do artigo 20.º do Decreto-Lei n.º 312/99, segundo o qual os módulos de tempo de serviço para efeitos de progressão na carreira só entravam em vigor em 1/10/2001, ignorando os números seguintes, por força dos quais havia uma redução faseada desses módulos de tempo, redução essa que determinava o reposicionamento dos docentes que se encontrassem em escalões mais baixos.

E, a nosso ver, a razão está do lado da recorrente.

Na verdade, de acordo com o estatuído no n.º 1 do artigo 16.º do Decreto-Lei n.º 312/99, aos docentes a que se refere o artigo 17.º do Decreto-Lei n.º 409/89, de 18/11, entre os quais se encontra a recorrente, aplicam-se os índices constantes do anexo II ao presente diploma, sendo que a progressão aos índices 125, 130, 135, 145 e 150, constantes do anexo II ao mesmo diploma fica reservada aos docentes profissionalizados e depende da verificação dos módulos de tempo de serviço previstos neste diploma para os docentes profissionalizados com o grau académico de bacharelato e de avaliação do desempenho (n.º 2 do mesmo preceito).

Como este diploma legal entrou em vigor em 15/8/99, mas os módulos de tempo de serviço nele estabelecidos só se aplicam a partir de 1/10/2001, a transição era efectuada com base nos módulos do tempo de serviço, que era todo o prestado na função docente, de acordo com o estabelecido nos artigos 128.º do Estatuto da Carreira Docente, aprovado pelo Dec.139-A/90, de 28/4, e artigo 2.º da Portaria n.º 584/99, de 2/8, estabelecidos no Decreto-Lei n.º 409/89 (artigo 20.º n.º 2, do Decreto-Lei n.º 312/99). Em face dos elementos constantes dos autos e dados como provados, a recorrente, em 15/8/99, já tinha, assim, mais de 17 anos de serviço (cfr. fls 17 dos autos e n.º 2 da matéria de facto), pelo que devia ter sido integrada, como defende, no índice 145.

Acontece que, de acordo com o estabelecido no n.º 3 do artigo 20.º do referido Decreto-Lei n.º 312/99, o módulo do tempo de serviço do 3.º escalão passou a ser, a partir de 1/10/1999, de 3 anos (contra os 4 do Decreto-Lei n.º 409/89) e, a partir de 1/10/2000, o módulo de tempo do 1.º escalão passou a ser de 2 anos (contra os 3 do Decreto-Lei n.º 409/89) – n.º 4 do mesmo preceito – repercutindo-se estas reduções nos índices dos professores que se encontrassem em índices inferiores, por força da conjugação do n.º 6 do artigo 20.º e do n.º 2 do artigo 16.º do Decreto-Lei n.º 312/99. Donde resulta que, a partir de 1/10/2000 eram exigíveis para integrar o 5.º índice apenas 17 anos de serviço e a recorrente já tinha mais de 18, pelo que devia ser integrada no índice 150.

É certo que, para tal, precisava a recorrente de ter ainda a competente avaliação de desempenho (artigo 16.º, n.º 2, e 20.º, n.º 6, do Decreto-Lei n.º 312/99). Tal obstáculo não foi, contudo, levantado pela autoridade recorrida, que se baseou apenas, para a integração e progressão da recorrente, no tempo de serviço, o que significa que tal questão não foi equacionada.

Assim sendo, o acto impugnado, ao negar à recorrente a sua colocação, com os fundamentos em que o fez, nos índices 145, a partir de 15 de Agosto de 1999 (data da entrada em vigor do diploma e a partir da qual se operou o reposicionamento na carreira) e no índice 150, a partir de 1 de Novembro de 2000 (mês seguinte àquele em que ficou em condições de a ele ascender – artigo 10.º, n.º 2, do Decreto-Lei n.º 312/99), violou os preceitos legais acima referenciados (artigos 16.º e 20.º do Decreto-Lei n.º 312/99, artigo 8.º do Decreto-Lei n.º 409/89, artigo 128.º do ECD e artigo 2.º da Portaria n.º 584/99), tendo o acórdão recorrido, ao assim não julgar, interpretado e aplicado incorrectamente esses preceitos legais, pelo que incorreu em erro de julgamento, que determina a sua revogação.

3. DECISÃO

Nesta conformidade, acorda-se em, concedendo provimento ao recurso, revogar o acórdão recorrido, julgar procedente o recurso contencioso e anular o acto contenciosamente impugnado.

Sem custas (em ambas as instâncias).

Lisboa, 15 de Fevereiro de 2005.

António Madureira (Relator)
São Pedro
Fernanda Xavier

Recurso n.º 1037/04-12

PROJECTO DE ARQUITECTURA. CADUCIDADE DA SUA APROVAÇÃO. SUCESSÃO DE LEIS NO TEMPO.

(Acórdão de 2 de Março de 2005)

SUMÁRIO:

I – Em princípio, a «lex posterior» de natureza procedimental é de aplicação imediata aos processos pendentes.

II – Se um projecto de arquitectura obteve aprovação tácita em 28/1/95, iniciou-se então o prazo de 180 dias – previsto no art. 17.º-A do DL n.º 445/91, de 20/11, na redacção introduzida pelo DL n.º 250/94, de 15/10 – para o oferecimento dos projectos das especialidades, sob pena de a referida aprovação caducar.

III – Esse prazo de 180 dias ainda não estava esgotado em 3/10/95, data em que foi praticado um acto que expressamente indeferiu o dito projecto de arquitectura.

IV – A mera emergência deste acto impossibilitava que o interessado, aproveitando a fracção ainda não decorrida do prazo de 180 dias, insistisse na apresentação dos projectos das especialidades.

V – Assim, o posterior despacho que revogou o acto de 3/10/95 e que logo declarou a caducidade da aprovação do mesmo projecto por já estar decorrido aquele prazo de 180 dias enferma, neste segundo segmento, de erro nos seus pressupostos de direito.

ACORDAM NA 1.ª SECÇÃO DO SUPREMO TRIBUNAL ADMINISTRATIVO:

AGOSTINHO SILVA RIBEIRO GOMES, identificado nos autos, interpôs recurso jurisdicional da sentença do TAC de Lisboa que negou provimento ao recurso por ele deduzido do despacho do Presidente da CM Cascais, de 7/2/96, na parte em que aí se declarou a caducidade da aprovação de um projecto de arquitectura apresentado pelo ora recorrente e se ordenou o arquivamento do respectivo processo de licenciamento de obras.

O recorrente terminou a sua alegação de recurso enunciando as seguintes conclusões:

1 – Contrariamente ao decidido na douta sentença recorrida, o deferimento da pretensão do ora recorrente não caducou, pois este nunca foi notificado para apresentar os projectos referidos no art. 15.º/2/b) a *h*) do DL 445/91, de 20/11 (v. art. 47.º/5 e 6 do DL 445/91; cfr. Ac. STA de 16/3/93, proc. 31.663), não sendo aplicável «in casu» o disposto no art. 17.º-A do DL 445/91, aditado pelo DL 250/94, de 15/10, «ex vi» do art. 122.º da CRP, do art. 12.º do C. Civil e do art. 10.º do DL 250/94.

2 – O art. 47.º do DL 445/91, de 20/11, na redacção inicial, aplicável «in casu», apenas previa a caducidade da aprovação do projecto de arquitectura se os projectos das especialidades não fossem apresentados no prazo fixado pela câmara municipal (v. arts. 15.º/2/b) a *h*) e 47.º/5 e 6 do DL 445/91, de 20/11, na redacção inicial; cfr. art. 10.º do DL 250/94, de 15/10).

3 – No caso «sub judice», o ora recorrente nunca foi notificado do deferimento da sua pretensão nem foi fixado qualquer prazo para apresentar os projectos das especialidades, pelo que a aprovação dos projectos de arquitectura nunca poderia ter caducado (v. art. 268.º/3 da CRP).

4 – A aprovação tácita do projecto de arquitectura apresentado pelo ora recorrente foi revogada em 13/10/95, pelo que, terminando o prazo para apresentar os projectos das especialidades pelo menos em 10/11/95, o referido deferimento tácito nunca poderia ter caducado à data da prática do despacho «sub judice» (v. arts. 17.º-A, 47.º e 61.º do DL 445/91; cfr. arts. 72.º e 108.º do CPA e 298.º/2 e 329.º do C. Civil)

5 – A declaração de caducidade da aprovação do projecto apresentado, constante do despacho «sub judice», constitui assim manifesto «venire contra factum proprium» por parte da entidade recorrida, atentatório dos princípios da boa fé e da legalidade (v. art. 266.º da CRP; cfr. art. 334.º do C. Civil e arts. 3.º, 4.º, 5.º, 6.º e 6.º-A do CPA).

6 – A pretensão apresentada pelo recorrente em 27/5/04 foi tacitamente deferida em 28/1/95, conforme referido no despacho «sub judice», ou, pelo menos, em 22/2/95, «ex vi» dos arts. 47.º e 61.º do DL 445/91, de 20/11 (cfr. arts. 72.º e 108.º do CPA).

7 – O despacho «sub judice» revogou ilegalmente o referido acto tácito constitutivo de direitos, cuja verificação não foi sequer considerada na douta sentença recorrida, tendo violado frontalmente o disposto no art. 77.º/b) do DL 100/84, de 29/3, e os arts. 140.º/1/b) e 141.º do CPA, pois não se verifica «in casu» qualquer ilegalidade do acto revogado, que nem sequer foi invocada.

8 – O ora recorrente nunca foi notificado do início do procedimento administrativo destinado à prática do acto «sub judice», pelo que foi frontalmente violado o art. 55.º/1 do CPA.

9 – O acto «sub judice» não foi antecedido de audição do ora recorrente, sendo irrelevante que, no caso em análise, esteja em causa o exercício de poderes vinculados (v. art. 266.º da CRP e art. 3.º do CPA), conforme se decidiu na sentença em análise, pelo que foram frontalmente violados os arts. 8.º, 100.º e ss. do CPA, bem como o princípio da participação dos particulares na actividade administrativa, constitucionalmente consagrado (v. art. 267.º/4 da CRP), sendo assim nulo (v. art. 133.º/2/d) do CPA).

10 – O despacho «sub judice», ao declarar a caducidade da aprovação dos projectos apresentados pelo ora recorrente e ao revogar anterior acto constitutivo de direitos, negou, restringiu e afectou os seus direitos e interesses legítimos, pelo que, contrariamente ao decidido na sentença recorrida, não tendo sido indicados em termos claros, suficientes e congruentes os fundamentos da decisão tomada, violou frontalmente o art. 268.º/3 da CRP, os arts. 124.º e 125.º do CPA, o art. 83.º do DL 100/84, de 20/3, e o art. 63.º/3 do DL 445/91, de 20/11.

11 – O direito de propriedade privada consagrado no art. 62.º/1 da Constituição é um direito fundamental de natureza análoga aos direitos, liberdades e garantias pelo que se lhe estende o regime material destes, nomeadamente o que resulta do art. 18.º, «ex vi» do disposto no art. 17.º da CRP.

12 – A entidade recorrida, ao declarar a caducidade do deferimento tácito e ordenar o arquivamento do processo camarário em análise, restringiu ilegal e abusivamente a faculdade expressamente reconhecida de o recorrente construir no seu terreno.

13 – O acto «sub judice» violou ainda frontalmente os princípios da igualdade, proporcionalidade, confiança, justiça e boa fé, constitucionalmente consagrados, pois determinou a extinção de direitos do ora recorrente com fundamento em normas posteriores que nunca poderiam ser aplicáveis «in casu».

14 – O despacho em análise, ao violar princípios e direitos fundamentais, constitucionalmente consagrados, é nulo, «ex vi» do art. 133.º/2/d) do CPA.

15 – A douta sentença recorrida enferma assim de manifestos erros de julgamento, tendo sido violado frontalmente, além do mais, o disposto nos arts. 13.º, 62.º, 266.º e 268.º da CRP, no art. 12.º do C. Civil, nos arts. 3.º, 8.º, 55.º, 100.º, 103.º, 108.º, 124.º, 125.º e 138.º e ss. do CPA, nos arts. 15.º, 47.º e 61.º do DL 445/91, de 20/11, bem como no art. 10.º do DL 250/94, de 15/10.

Não houve contra-alegação.

O EX.º Magistrado do M.ºP.º emitiu douto parecer no sentido do provimento do recurso em virtude de, ao invés do pressuposto pela sentença recorrida, o art. 17.º-A do DL n.º 445/91, de 20/11, não ser aplicável ao caso dos autos por não comportar eficácia retroactiva.

A matéria de facto pertinente é a dada como provada na decisão «a quo», que aqui damos por reproduzida – como estabelece o art. 713.º, n.º 6, do CPC.

Passemos ao direito.

O ora recorrente vira indeferido – por despacho de 3/10/95, praticado pelo Vereador do Pelouro do Urbanismo da CM Cascais – o seu projecto de arquitectura de uma moradia. Impugnou então esse acto em juízo, vindo tal recurso a findar por, no prazo da contestação, ter sido prolatado pelo Presidente da CM Cascais o despacho que constitui o objecto do recurso contencioso destes autos.

Este despacho, cuja cópia integral consta de fls. 8 e 9 do processo, é analisável em dois distintos segmentos: um, puramente destrutivo, em que se revogava o acto de indeferimento de 3/10/95; e outro, de índole construtiva, em que, após se reconhecer que o pedido de arquitectura do aqui recorrente fora tacitamente aprovado em 28/1/95, se declarava a caducidade desse deferimento em virtude de o interessado não haver solicitado a aprovação dos projectos das especialidades no prazo de 180 dias a contar daquela data, em que o deferimento tácito se formara. É claro que o recurso contencioso dos autos apenas acometeu esta vertente construtiva, imputando-lhe múltiplos vícios. Mas a sentença «a quo» desatendeu a arguição de todos eles e negou provimento ao recurso.

No presente recurso jurisdicional, o recorrente reedita as censuras que movera ao referido segmento do acto impugnado, intentando assim dizer que a sentença errou ao recusar a existência dos vícios arguidos. Como se vê das conclusões da alegação, o recorrente acha que o efeito a extrair da eventual procedência das denunciadas violações do seu direito de audiência e dos princípios constitucionais da igualdade, da proporcionalidade, da confiança, da justiça e da boa fé será a nulidade do acto. Todavia, a forma de invalidade que verdadeiramente corresponde a tais vícios é, ainda, a anulabilidade (cfr. o art. 135.º do CPA), pois o modo como os vícios foram alegados não traduz qualquer ofensa do conteúdo essencial de algum direito fundamental; e, por via disso, não se justifica que concedamos prioridade à apreciação desses vícios. Posto este breve esclarecimento, que unicamente se prende com a disposição a adoptar no presente aresto, passaremos, sem mais delongas, para os vícios que, de entre os alegados, incorporam o ataque mais sério e mais fecundo ao acto, vícios esses que constam das primeiras conclusões da alegação de recurso e que gravitam em torno da aplicabilidade ao caso do art. 17.º-A do DL n.º 445/91, de 20/11, na redacção introduzida pelo DL n.º 250/94, de 15/10.

A factualidade provada diz-nos que o aqui recorrente, em 27/5/94, requereu na CM Cascais a aprovação do projecto de arquitectura de uma moradia, tendo a propósito entregue nos serviços camarários, em 19/9/94, outros elementos que lhe haviam sido solicitados. Como a pretendida construção se inseria em área não abrangida por plano municipal de ordenamento do território ou alvará de loteamento – como a própria autoridade recorrida reconheceu no n.º 5 da contestação – a câmara, se não tivesse de colher quaisquer pareceres, autorizações ou aprovações exteriores, haveria de deliberar sobre o projecto de arquitectura no prazo máximo de 90 dias a contar de 19/9/94, sob pena de se formar deferimento tácito (cfr. os artigos 47.º, n.º 2, e 61.º, n.º 1, da primitiva redacção do DL n.º 445/91). Ora, a CM Cascais não solicitou então a pronúncia de entidades externas sobre o projecto de arquitectura apresentado pelo ora recorrente; e, como o aludido prazo de 90 dias se contava nos termos do art. 72.º do CPA, ou seja, como ele se suspendia nos sábados domingos e feriados, ocorreu que, em 1/1/95, o prazo ainda não estava inteiramente decorrido, embora na altura faltassem menos de 45 dias para se completar. Portanto, é seguro que, no limiar do ano de 1995, o projecto de arquitectura não se mostrava tacitamente deferido.

Em 1/1/95, entraram em vigor as alterações ao DL n.º 445/91, introduzidas pelo DL n.º 250/94. Sendo as normas em questão de natureza procedimental, era inquestionável que, em princípio, se aplicaria imediatamente a «lex posterior», ainda que sem efeitos retroactivos (cfr. o art. 12.º, n.º 1, do Código Civil) – pois essa aplicabilidade imediata constitui a regra que genericamente rege os casos de sucessão no tempo de leis instrumentais. E, tendo em conta que a nova redacção dada ao art. 47.º pelo DL n.º 445/91 viera dispor que aquele prazo de 90 dias passava a ser de 45, suscitava-se um problema de mera sucessão de prazos, a resolver à luz do disposto no art. 297.º, n.º 1, do Código Civil. Assim, e porque o tempo que, em 1/1/95, faltava para se completar o prazo de 90 dias era menor do que os 45 dias previstos na lei nova, haveria de se continuar a aplicar o prazo pretérito; e, aplicando-o, constatava-se que a data limite para a CM Cascais deliberar sobre o projecto de arquitectura do recorrente expirara ainda em Janeiro de 1995 – razão por que o acto contenciosamente impugnado admitiu que o projecto de arquitectura do recorrente obtivera aprovação tácita em 28/1/95.

O deferimento tácito recaído sobre os projectos de arquitectura tinha de ser seguido pela apresentação dos projectos das especialidades. Na redacção original do DL n.º 445/91, o prazo para o oferecimento deles, que poderia variar entre 30 e 180 dias, iniciava-se com a notificação da deliberação que o fixasse; e, se os projectos não fossem apresentados dentro desse prazo, seguir-se-ia «a caducidade da aprovação do projecto de arquitectura e o arquivamento oficioso do processo» (cfr. os n.os 5 e 6 do art. 47.º de então).

Contudo, em 18/1/95 já estavam plenamente em vigor as alterações que o DL 250/94 introduzira no DL 445/91, as quais incluíam a inserção do art. 17.º-A. Nos seus n.os 1 e 4, esta norma dispunha que o interessado deveria solicitar a aprovação dos projectos das especialidades no prazo de 180 dias a contar da formação do deferimento tácito do pedido de aprovação do projecto de arquitectura, se fosse esse o caso, e que a falta de apresentação dos projectos nesse prazo implicaria «a caducidade da aprovação do projecto de arquitectura e o arquivamento oficioso do processo».

Ora, e ao invés do que asseveram o recorrente e o M.ºP.º, nada obstava a que, seguidamente ao deferimento tácito ocorrido em 28/1/95, o art. 17.º-A regesse para o procedimento que estava em curso, porque natureza procedimental da norma tornava-a de aplicação imediata aos processos pendentes, como acima vimos, e porque nenhum dos artigos do DL n.º 250/94 dispunha em contrário. Portanto, não tem cabimento a ideia de que a introdução do comando previsto no art. 17.º-A no processo de licenciamento em curso equivaleria a uma aplicação retroactiva do preceito; pois é óbvio que ele, estando em vigor desde 1/1/95, era aplicado «in futurum» ao incidir sobre uma situação apenas surgida em 28/1/95.

Sendo as coisas assim, temos que, segundo a perspectiva do próprio acto recorrido, iniciou-se em 28/1/95 o prazo de 180 dias de que o aqui recorrente dispunha para oferecer nos serviços camarários os projectos das especialidades. A contagem desse prazo também estava sujeita à redacção primitiva do art. 72.º do CPA (que só veio a ser alterada pelo DL n.º 6/96, de 31/1); e, contando-o por forma a dele excluir os sábados, domingos e feriados, como impunha a al. b) do referido artigo, conclui-se que esse prazo de 180 dias ainda não estava esgotado em 3/10/95 – data em que, como «supra» dissemos, o Vereador do Pelouro do Urbanismo da CM Cascais indeferiu o pedido de licenciamento do aqui recorrente.

A mera emergência deste despacho de indeferimento – que aliás se fundara na suposta ilegalidade da pretensão construtiva e que era, por isso, alheio à caducidade da aprovação tácita do projecto de arquitectura – impossibilitava, e impossibilitaria enquanto subsistisse, que o ora recorrente porventura aproveitasse a fracção ainda não decorrida do prazo de 180 dias para vir a apresentar na câmara os projectos das especialidades com o fito de evitar a caducidade prevista no n.º 4 do art. 17.º-A do DL n.º 445/91; pois seria absolutamente inútil que ele perseverasse nessa apresentação enquanto o acto do Vereador, que excluía a possibilidade dela, permanecesse de pé. Nesta medida, não é defensável que o dito prazo de 180 dias tenha continuado a correr depois de 3/10/95, por forma a que, num qualquer momento ulterior, se pudesse concluir pelo seu completo esgotamento.

Mas, assim sendo, torna-se evidente a ilegalidade do despacho contenciosamente recorrido. Este não podia, após revogar o acto do Vereador, emitir uma pronúncia que pressupusesse que o prazo de 180 dias continuara em curso depois da prolação dele. Ademais, sendo o despacho recorrido um acto sobre um acto, haveria de reflectir a situação existente à data do despacho revogado, pois a nova definição que a sua vertente construtiva intentava estabelecer haveria de erigir-se «in situ». Ora, ao declarar uma caducidade, necessariamente reportada a 3/10/95, que na data em questão ainda não ocorrera, o acto acometido no recurso contencioso ofendeu o disposto no art. 17.º-A, n.º 4, do DL n.º 445/91. E a sentença «a quo», na medida em que denegou a existência desse vício, incorreu em erro de julgamento e deve ser revogada, como o recorrente sustenta na sua conclusão 4.ª.

Resta dizer que, por estar assente a procedência da questão que esteve em apreço, fica prejudicado o conhecimento das demais matérias colocadas no recurso.

Nestes termos acordam:

a) Em conceder provimento ao presente recurso jurisdicional e em revogar a sentença recorrida;

b) Em conceder provimento ao recurso contencioso e em anular, pelos motivos expostos, o despacho impugnado, emitido pelo Presidente da CM Cascais em 7/2/96.

Sem custas.

Lisboa, 2 de Março de 2005.

Madeira dos Santos (Relator)
António Samagaio
Jorge de Sousa

Recurso n.º 1140/04-13

RECORRIBILIDADE CONTENCIOSA. ACTO LESIVO. RECLAMAÇÃO FACULTATIVA. MILITARES.

(Acórdão de 17 de Março de 2005)

SUMÁRIO:

I – Independentemente do posicionamento relativo em que um determinado militar figure nas listas das próximas promoções ao posto seguinte da carreira, desde que ele tome conhecimento, por publicação em boletim oficial, que um colega foi, por despacho do CEMGFA, mantido em efectividade de serviço num certo lugar (não obstante ter passado à situação de reserva) provocando demora na *sua* progressão, o despacho que assim procedeu é lesivo da sua esfera de direitos e interesses e, por isso, recorrível contenciosamente.

II – Sendo recorrível contenciosamente aquele acto do CEMGFA, a reclamação que o militar lesado apresente com vista à reposição da legalidade é meramente facultativa e sem efeito suspensivo.

III – Nesse caso, o despacho que venha a ser praticado de indeferir a reclamação, porque não lesivo, não inovador e não definidor de situações jurídicas, não é recorrível contenciosamente, devendo ser rejeitado o recurso contencioso que o tenha por objecto.

ACORDAM NA 1ª SUBSECÇÃO DA 1ª SECÇÃO DO STA:

I – Artur José Pedro dos Santos, Tenente Coronel com a especialidade de *administração aeronáutica*, com os demais sinais dos autos, recorre jurisdicionalmente do acórdão do TCA que rejeitou o recurso contencioso que ali havia interposto contra o acto do General Chefe do Estado Maior da Força Aérea de 3/12/1999, pelo qual fora inferido requerimento por si apresentado com vista à reposição da legalidade do despacho que permitiu ao recorrido particular Pedro José Carvalho Afonso Pinheiro continuar em efectividade de serviço na IGFAR após ter passado à situação de reserva, impedindo a sua promoção em 16/06/99.

Concluiu as suas alegações como segue:

«A – Ao entender que o ora recorrente deveria ter recorrido do despacho que deferiu o requerimento do recorrido particular por ser facto impeditivo da sua promoção, a decisão recorrida distorce os factos e viola a lei.

Com efeito os factos são diversos:

a) Foi autorizado, por despacho de 15ABR99, o pedido do recorrido particular para continuar a prestar serviço na IGFAR;

b) Pelo que quando em 18ABR99, isto é, três dias depois, aquele militar transitou para a situação de reserva por limite de idade, não foi aberta qualquer vaga, mantendo-se o lugar ilegalmente preenchido;

c) Não sendo o n.º 1 da respectiva lista de promoção não podia o ora recorrente recorrer do citado despacho de 15ABR99 por para tal carecer de legitimidade por falta de interesse pessoal e directo art. 46.º do RSTA;

d) O recorrente só teve conhecimento de que reunia todas as condições de promoção mediante a publicação da lista de promoções na Ordem da Força Aérea, 23 Série, n.º 32 de 09AGO99.

B) A abertura duma vaga não significa o seu preenchimento imediato e obrigatório pelo oficial colocado em primeiro lugar na lista de promoção, dado que a promoção ao posto de coronel é feita por escolha – art. 217.º alínea *a*) do EMFAR e art. 235.º alínea *a*) do EMFAR de 1990;

C) Continuando preenchida pelo recorrido particular uma vaga de coronel no IGFAR, foi a passagem à situação de reserva de outro coronel que motivou a promoção do oficial colocado em primeiro lugar na lista de promoção efectuada pela Portaria n.º 993/99 publicada no Diário da República (23 Série) de 20 de Setembro de 1999.

Tal promoção, realizada segundo o ordenamento estabelecido na lista de promoção do quadro ADMAER, respeitou, assim, a lei e dela não tinha, nem podia, o ora recorrente recorrer;

D) Ou seja, o ora recorrente

a) Não podia, por falta de legitimidade, recorrer do acto que, deferindo a continuidade do exercício de funções de militar que iria transitar para a situação de reserva, impediu a abertura da vaga;

b) Não podia, por estar em causa um acto inteiramente legal, recorrer da promoção do oficial que o antecedia na lista de promoção;

c) Nem podia impor a sua própria promoção, já que esta é feita por escolha.

E) Pelo que, contrariamente ao que entendeu a decisão recorrida, o recorrente não podia recorrer contenciosamente.

Aliás, para interpor recurso do despacho de 15ABR99 que deferiu o requerimento do recorrido particular, após reunir condições de promoção, isto é, após a publicação da Portaria n.º 993/99 de 20 de Setembro, não o faria tempestivamente -LPTA, art. 28.º;

F) Não estando em causa um acto susceptível de ser impugnado, pelo ora recorrente, não tinha este qualquer outro meio legal ao seu alcance do que expor, como fez, a ilegalidade da situação e os prejuízos, morais e materiais, para si decorrentes, pelo que tal exposição/requerimento não pode ser entendida como reclamação ou recurso.

G) O seu indeferimento, bem como o acto que mandou instaurar um processo de averiguações ao ora recorrente, são actos recorríveis e não um acto confirmativo, uma vez que alterou a definição jurídica do recorrente NEGANDO a abertura de vaga que era condição de sua promoção – art. 52.º do EMFAR (56.º do EMFAR de 1990).

Assim, a decisão recorrida viola a lei por erro de facto nos seus pressupostos, errada interpretação do disposto nos arts. 102.º e seguintes do EMFAR, bem como dos arts. 11.º n.º 1 e 12.º n.º 2 da Lei n.º 11/89 de 1 de Junho e viola ainda a lei – art. 268.º da Constituição da República – impedindo o recurso de acto que determinou uma alteração na definição jurídica do recorrente, configurando lesão da sua esfera jurídica. Termos em que deve ser anulada a decisão recorrida devendo os autos de recurso contencioso prosseguir os seus termos».

***

Alegou, igualmente, a entidade recorrida, defendendo a confirmação do acórdão recorrido.

***

O digno Magistrado do MP opinou no sentido de que o recurso não merece provimento.

***

Cumpre decidir.

II – OS FACTOS

O acórdão recorrido deu por provada a seguinte factualidade:

«1 – O recorrido particular, Coronel ADMAER, encontrava-se a prestar serviço na Inspecção-Geral das Forças Armadas (IGFAR) desde 01/07/97.

2 – Transitando para a situação de reserva por limite de idade, em 18/04/99, e pretendendo continuar na IGFAR solicitou autorização para prestação de serviço na reserva efectiva até ao fim do ano de 1999, o que foi autorizado por despacho, de 15/04/99, do CEMFA.

3 – No DR, 2ª série, n.º 248, de 25/10/97, foi publicado o Despacho n.º 9875/97, do Sr. Ministro da Defesa Nacional, determinando no seu n.º 1 que " Os quantitativos máximos dos militares dos quadros permanentes das Forças Armadas .,. são os fixados nos mapas A e B anexos ao presente despacho que dele fazem parte integrante" (fls. 93).

4 – Naquela publicação do DR não consta o mapa 21-B, junto a fls. 26 (fls. 94).

5 – Através da Portaria n.º 993/99 publicada no DR, 2ª série, n.º 220, de 20/09/99 foi promovido a Coronel do quadro de oficiais ADMAER, um outro tenente coronel, que não o recorrente, com efeitos desde 16/06/99, pela passagem à reserva, nesta data, de um outro coronel, que não o recorrido particular (fls. 221).

6 – O recorrente, perante tal Portaria, em 17/11/99, dirigiu ao CEMFA uma exposição/reclamação sobre o que considerava como "preenchimento ilegal de uma vaga pelo recorrido particular na reserva", o que patenteava "o não preenchimento do lugar vago de efectivos militares do quadro da IGFAR e quedaram o recorrente em número um na lista de promoção de oficiais para a especialidade ADMAER.

7 – Sobre tal exposição/reclamação recaiu o despacho de indeferimento do CEMFA de 03/12/99, junto a fls. 9, que aqui se dá por integralmente reproduzido, notificado ao recorrente em 20/12/99.

8 – Desse despacho foi interposto o presente recurso contencioso em 10/02/2000.

9 – Pela Portaria n.º 1334/2000, publicada no DR, 2ª série, n.º 205, de 05/09/2000, o recorrente foi promovido a Coronel do quadro de oficiais ADMAER, com efeitos desde 15/06/2000, pela promoção nessa data ao posto imediato de um terceiro, Coronel ADMAER (fls. 51).*

Nos termos do art. 712.º do CPC adita-se ainda a seguinte factualidade:

10 – O recorrido contencioso particular, Coronel Pedro José Carvalho Afonso Pinheiro, havia requerido em 11/03/1999 autorização para permanência na efectividade de serviço a partir de 18/04/1999, data em que passaria à situação de Reserva (*fls. 4 do p.i.*)

11 – Foi proposto a satisfação dessa pretensão de prestação de serviço na reserva somente até ao final do ano (*fls. 1 do p.i.*), o que foi deferido pelo CEFA em 15/04/99 (*loc. cit.* e *fls. 5 do p.i.*).

12 – Este recorrido particular, Coronel Pedro Pinheiro, foi obtendo autorização para se manter nessa situação até final do ano de 2003 através dos despachos do CEMFA de 16/12/99 (ano de 2000), 18/12/2000 (ano de 2001), 06/12/2001 (ano de 2002) e 22/11/2002 (ano de 2003) – *fls. 119 e sgs. dos autos.*

13 – O acto que autorizou este Coronel Pedro Pinheiro foi publicado na "Ordem à Força Aérea", 2ª série, de 3/05/1999, a fls. 170 (*cfr. fls. 218/220*).

14 – O oficial promovido a Coronel ADMAER, conforme ponto 5 supra da matéria de facto, foi o Tenente Coronel Adérito Cardoso e o despacho respectivo do CEMFA data de 23/08/99 (*cfr. fls. 221*).

III – O DIREITO

No recurso contencioso, o recorrente intentava demonstrar a ilegalidade do despacho que indeferiu o seu pedido tendo em vista a reposição da legalidade no acto de nomeação do recorrido particular para o preenchimento de um lugar na Inspecção Geral das Forças Armadas, após a sua passagem à situação de reserva, nomeação que em sua óptica o impediu de progredir na carreira, com a sua ascensão ao posto de coronel em 16/06/1999.

O acórdão recorrido considerou, porém, que se o que estava verdadeiramente em causa era a nomeação de um militar na reserva para ocupar um lugar que deveria ter sido preenchido por um militar na situação de activo (o que na perspectiva do recorrente ofenderia os arts. 35.º e sgs. do EMFA de 1990, 33.º e sgs. do EMFA de 1999 e 9.º da Portaria n.º 1247/90, de 31/12, 3.º do CPA e 266.º, n.º 2, da CRP), então deveria ter-se insurgido contenciosamente contra o despacho que deferiu o pedido do contra-interessado em permanecer na efectividade de serviço (não obstante a situação de reserva em que na ocasião se encontrava) ou contra o despacho contido na Portaria n.º 993/99, e não contra o despacho recorrido, não definitivo, não lesivo e meramente confirmativo daquele.

Vejamos.

A base factual que sustenta o recurso contencioso é a seguinte:

O Tenente-coronel Pedro Pinheiro transitou para a situação de reserva em 18/04/99. No entanto, por autorização superior, manteve-se em efectividade de serviço na reserva na IGFAR (*Inspecção Geral das Forças Armadas*), num primeiro momento até final de 1999 e, posteriormente, até final do ano de 2003.

A primeira autorização foi publicada na "Ordem à Força Aérea", 2ª série, de 03/05/99, mas o recorrente não impugnou a decisão.

Em 20/09/99 foi publicada a Portaria n.º 993/99, no D.R., II série, através da qual o Chefe do Estado Maior da Força Aérea promoveu ao posto de Coronel o Tenente Coronel Adérito Cardoso para preencher a vaga aberta no quadro especial da ADMAER pela passagem à situação de reserva do Coronel Mário Joaquim Duarte Cotovio, com efeitos reportados a 16/06/ /1999 (cfr. fls. 221).

Deste despacho o recorrente igualmente não apresentou recurso contencioso.

Perante tal decisão, limitou-se a fazer uma exposição para o Chefe de Estado-Maior da Força Aérea, em *17/ /11/99* (cfr. fls.13/21 dos autos).

Pretendia o interessado chamar a atenção do CEMFA para algumas coisas, a saber:

1ª A passagem de um militar à reserva abre vaga no lugar, que deve ser preenchida pelos *efectivos* (i.é., pelos militares no activo) legalmente aprovados.

E assim, não obstante a possibilidade conferida pelo art. 170.º do EMFAR, aprovado pelo DL n.º 34-A/90, de 24/01, de o mesmo militar, já na reserva, ser chamado a voltar a desempenhar o cargo que até então vinha ocupando, deve entender-se, segundo o n.º 4, do citado artigo, que essa possibilidade não é absoluta, mas condicionada aos termos definidos na Portaria n.º 1247/90, de 31/12, segundo a qual o militar na reserva só pode ser chamado a desempenhar cargos que «não sejam possíveis de prover, na estrutura orgânica das Forças Armadas, com militares no activo na efectividade de serviço» (art. 2.º da Portaria).

2ª A IGFAR é um órgão do Ministério da Defesa (art. 9.º, n.º 2, al. *a*) do DL n.º 47/93, de 26/02, e art. 1.º do DL n.º 133/95, de 9/06) que não pertence à estrutura orgânica das Forças Armadas.

No entanto, tal não significa que o militar na reserva possa ser chamado a desempenhar cargos militares fora do âmbito das Forças Armadas.

3ª No quadro da IGFAR estão previstos dois lugares de Coronel para a Força Aérea na situação de activo e nenhum para a situação de reserva.

4ª Assim, é ilegal a continuação do recorrido particular Pedro Pinheiro para, na situação de reserva, desempenhar funções na IGFAR.

5ª A passagem de um Coronel ADMAER à situação de adido ao quadro em 15/06/99, e a promoção em 16/ /06/99 do Tenente Coronel Adérito Cardoso a Coronel significam o não preenchimento dos lugares vagos por efectivos militares e a sua colocação em número um da lista de promoção de oficiais para a especialidade ADMAER.

6ª Mas, se tudo tivesse corrido em conformidade com os regulamentos, a sua promoção ao posto de coronel ter-se-ia verificado em 16/06/1999.

E, com tais fundamentos, viria a pedir:

«Nestes termos, e porquanto a situação verificada se afigura violadora da lei e causadora de evidentes prejuízos, materiais e morais para o signatário, requeiro a Vossa Excelência se digne actuar no sentido de repor a legalidade e fazer cessar os prejuízos causados».

Parece-nos evidente que a pretensão exposta é, mesmo sem lá estar expressamente vertida, a revogação do acto de 15/04/99 que colocou em efectividade de serviço o Coronel Pedro Pinheiro, não obstante se encontrar na situação de reserva.

E se assim é, deveria ter apresentado impugnação contenciosa desse acto, posto que lhe fosse prejudicial, a partir do momento em que dele teve conhecimento através da publicação do boletim "Ordem à Força Aérea", de 3/05/99.

Refutando tal ideia, o recorrente apresenta o argumento de que só teve conhecimento da sua posição relativa na lista de promoções através do referido boletim, datado de 9/08/99.

Não nos parece muito claro o raciocínio exposto no argumento. Ainda assim, sempre adiantaremos: se só então o recorrente passou a conhecer a sua posição na lista de promoções e se a colocação daquele Coronel Pedro Pinheiro em efectividade de serviço iria atrasar necessariamente o *seu* acesso ao posto imediato (Tenente Coronel), então não importa que estivesse em segundo ou terceiro lugares da mencionada lista. Na verdade, não interessaria conhecer o momento exacto em que a sua promoção se poderia vir a verificar, mas sim tomar consciência de que a autorização para a prestação de serviço na reserva daquele oficial, em vez do "recrutamento" para o correspondente lugar de um oficial no activo, *sempre importaria uma demora na progressão da sua carreira de militar.* E isso, ninguém o negará, foi imediata fonte de lesão na sua esfera de direitos e interesses.

Consequentemente, dispondo ele de todos os requisitos para sindicar a legalidade desse despacho partir do momento em que o conheceu, deveria ter avançado para a impugnação.

Advirta-se que solução diferente não se achará se deslocarmos o momento decisivo do conhecimento do direito para a ocasião concreta em que o recorrente vem a descobrir estar no 1.º lugar da lista de promoções. Isto é, dando-se a supremacia à circunstância de alguém, imediatamente à sua frente, ter sido beneficiado com uma promoção em 16/06/99 – aquela que nesse tempo para si o recorrente reclamava – só porque antes dessa data um militar reservista foi, na sua opinião, ilegalmente colocado em efectividade de serviço, então, ao menos *nessa altura*, o visado, sentindo uma lesão directa e imediata, estaria de posse de todos os pressupostos para uma impugnação reparadora.

E essa impugnação seria a contenciosa, porque a incidir sobre despachos do CEMFA, tanto no primeiro caso, como no segundo, nos termos do art. 106.º do DL n.º 236/99, de 25/06 (Estatuto dos Militares das Forças Armadas: EMFA).

Significa que no momento em que apresentou a dita exposição/reclamação (ver ponto 6 da matéria de facto) a situação do reservista (pontos 2, 11, 12, 13 da matéria de facto) e do oficial promovido com efeitos a 16/06/99 (pontos 5 e 14 da matéria de facto) estava firme e consolidada. Estava definitivamente amparada pelo caso decidido.

Queremos com isto dizer que, sufragando o acórdão recorrido, a reclamação atrás referida não tinha quaisquer virtualidades suspensivas, nem era modelo de impugnação administrativa necessária que levasse à prática da última palavra da Administração Militar nessa matéria, que fosse apta à tomada do acto definitivo e executório para só então desencadear o recurso contencioso (cfr. arts. 102.º, n.º 3, 104.º, n.º 4, 106.º do EMFA, 120.º do CPA e 25.º da LPTA).

Efectivamente, porque em cada uma das hipóteses anteriormente aludidas o acto definitivo tinha sido já obtido, aquela reclamação tinha somente um carácter facultativo e sem efeito suspensivo (art. 163.º, n.ºs 1 e 2, do CPA).

Portanto, a decisão tomada nenhuma carga adicional de lesão trouxe de novo à que o despacho de 15/04/99 (também o de 20/09/99) provocou directamente na esfera da recorrente. E, portanto, não era susceptível de impugnação contenciosa (cfr. art. 268.º, n.º4, da CRP).

Com tal postulado, pode dizer-se que o acto que indefere reclamação interposta de acto contenciosamente recorrível, mantendo o despacho reclamado, é insusceptível de impugnação contenciosa, porque, nada inovando na ordem jurídica, não é um acto administrativo definidor de situações jurídicas (*cfr. Acs. do STA de 11/6/97, Proc. n.º 040.567; e do Pleno/STA: de 6/7/93, Proc. n.º 24.943 e de 20/1/94, Proc. n.º 025586; tb. Ac. do TCA, de 17/02//2000, Proc. n.º 01561/98*).

A esta luz, pode dizer-se, um pouco na esteira do acórdão recorrido – excepção feita à mera confirmatividade do acto, por a este faltarem os requisitos que normalmente andam associados ao instituto, nomeadamente a identidade de pretensão e de partes – que o acto reclamado permaneceu intocado e sem qualquer alteração qualitativa na sua substância. Por conseguinte, sendo o acto objecto de reclamação já definitivo e executório – logo, recorrível contenciosamente – a decisão que o recorrente aqui censura nada àquele acrescenta ou tira e, assim, não sendo autonomamente lesivo, também não é recorrível contenciosamente.

Em suma, porque se verificam os pressupostos do art. 57.º, §4 do RSTA, andou bem o acórdão recorrido.

IV – DECISÃO

Face ao exposto, acordam em negar provimento ao recurso, confirmando o acórdão recorrido.

Custas pelo recorrente.

Taxa de justiça: 200 €.

Procuradoria: 100 €.

Lisboa, 17 de Março de 2005.

Cândido de Pinho (Relator)
Azevedo Moreira
Pais Borges

Recurso n.º 1039/04-11

RECURSO CONTENCIOSO. REJEIÇÃO. ACTO LESIVO. DELIBERAÇÃO CAMARÁRIA. OBRAS DE URBANIZAÇÃO. RECEPÇÃO DEFINITIVA.

(Acórdão de 17 de Março de 2005)

SUMÁRIO:

I – É acto administrativo, susceptível de impugnação contenciosa, a deliberação camarária que, indeferindo requerimento da interessada loteadora, recusa a recepção definitiva de obras de urbanização de loteamento, com fundamento em que a requerente não realizou construção a que estava obrigada, nos termos de deliberação anterior, que reformulou o alvará de loteamento.

II – Entre as duas referidas deliberações não existe relação de confirmatividade.

ACORDAM, NA SECÇÃO DO CONTENCIOSO ADMINISTRATIVO, DO SUPREMO TRIBUNAL ADMINISTRATIVO:

1. *Melo, Batista e Mota, Lda.*, com sede na Avenida João XXIII, n.º 10, 3.º andar, lado direito, em Ponta Delgada, vem interpor recurso da sentença, proferida, em 5.3.04, no Tribunal Administrativo e Fiscal Agregado de Ponta Delgada, que rejeitou, por ilegalidade na respectiva interposição, o recurso contencioso de anulação interposto pela recorrente da deliberação da Câmara Municipal de Ponta Delgada, de 3 de Março de 2003, na parte em que condiciona a recepção definitiva das obras de urbanização do loteamento designado por Vila Faia, situada naquele concelho, à realização de todos os espaços verdes privados e de utilização colectiva e equipamentos de utilização colectiva.

Apresentou alegação, com as seguintes **conclusões**:

a) Só pode falar-se em acto confirmativo doutro acto quando, além do mais, ambos têm o mesmo objecto;

b) A deliberação da Câmara Municipal de Ponta Delgada agora impugnada tem por objecto o condicionamento da recepção das infra estruturas urbanísticas e a correspondente libertação da caução à conclusão dos espaços verdes e outros equipamentos colectivos; porém;

c) A deliberação de 12 de Junho de 1995 tem por objecto fixar o prazo para a realização de zonas verdes e equipamentos colectivos privados coincidente com o da realização das infra estruturas;

d) A deliberação recorrida, tem por objecto condicionar a recepção definitiva das infra estruturas e a libertação da caução para garantir a realização das mesmas à construção das zonas verdes e restantes equipamentos privados; por isso,

e) A deliberação recorrida não é acto confirmativo daquela (de 12-06-1995), pelo que é legal a sua impugnação.

f) As obras de urbanização previstas no Decreto-Lei n.º 448/91, de 29 de Novembro são apenas as definidas na alínea *b*) do seu artigo 3.º;

g) Em tais obras não se integram os equipamentos de utilização colectiva definidos na Portaria 1118/91, de 22 de Dezembro;

h) O alvará de loteamento e planta anexa, após o aditamento de 5 de Novembro de 1995, não prevê a existência de espaços verdes de utilização colectiva ou outros da mesma natureza;

i) As obras de urbanização a levar a efeito pelo loteador são necessariamente objecto de projecto a submeter à aprovação da câmara, como condição *"sine qua non"* do licenciamento do loteamento;

j) Nenhum projecto foi apresentado ou exigido pela câmara para além dos relativos às infra-estruturas de rede viária, saneamento, abastecimento de água e energia eléctrica;

k) Não pode ser exigida a execução de quaisquer outras obras de urbanização que não as constantes do projecto aprovado;

l) Por outro lado, o artigo 50.º do Decreto-lei n.º 448/91, de 29 de Novembro, apenas faz depender a recepção definitiva das obras de urbanização dos requisitos ali estabelecidos e previstos nos artigos 198.º, n.os 4 e 5 e 199.º, 200.º, 208.º e 209.º do Decreto-lei n.º 405/93, de 10 de Dezembro; e

m) Entre esses requisitos não se inclui o da execução de espaços verdes privados e de utilização colectiva e equipamentos de utilização colectiva; aliás,

n) Estes dois últimos nem sequer estão previstos no alvará de loteamento após o aditamento de 1995.

O M.mo Juiz "a quo" violou os artigos 55.º da LPTA e 57.º, § 4º do RSTA.

Nestes termos, deve o presente recurso ser julgado procedente e em consequência a sentença recorrida ser revogada e substituída por outra que, conhecendo do mérito, anule a deliberação recorrida por violação dos artigos 3.º, al. *b*) e 50.º do Decreto-Lei n.º 448/91, de 29 de Novembro.

A Câmara Municipal recorrida apresentou contra-alegação, na qual formulou as seguintes **conclusões**:

1. Os espaços verdes privados e pelo menos parte dos equipamentos de utilização colectiva mencionados nos autos enquadram-se no conceito de obras de urbanização aprovadas no âmbito de uma operação de loteamento, designadamente, o jardim infantil, o parque de estacionamento, o campo polidesportivo, e os espaços sobrantes com áreas de lazer, percursos pedonais e circuito de manutenção.

2. De resto, tendo fixado o prazo para a execução dessas infra-estruturas no prazo de conclusão das infra-estruturas gerais do loteamento, a câmara transportou para a loteadora, ora recorrente, a obrigação de, em tempo útil, apresentar os projectos para aprovação por forma a serem executados dentro do prazo fixado.

3. Mas da omissão da câmara na exigência de projectos e de reforço do montante da garantia de boa execução das obras de urbanização em causa não altera a natureza dessas obras nem da obrigação da recorrente de as executar, e muito menos poderia exonerar a loteadora do cumprimento de todas as condições do loteamento, designadamente a de, dentro do prazo de execução das infra-estruturas, executar *os espaços verdes e outros espaços de utilização colectiva e os equipamentos de utilização colectiva* incluídas no alvará.

4. O Alvará de loteamento e seu Aditamento, nas condições descritas na douta sentença recorrida, foram aceites pela Loteadora, que lhes deu execução em tudo o que lhe interessava, designadamente no tocante ao fraccionamento dos imóveis rústicos abrangidos na operação em 155 lotes urbanos para construção e sua venda.

5. As obrigações decorrentes de um alvará de loteamento são incindíveis, pois a decisão urbanística de o aprovar constitui o resultado da ponderação do interesse privado de rentabilização da propriedade por parte do loteador com o interesse público de adequado ordenamento da zona abrangida pela operação e ainda com os interesses dos futuros adquirentes dos lotes a constituir; trata-se, pois, de um somatório de vantagens e de obrigações, que não pode, depois de ter sido aceite e executado na parte favorável à Loteadora, ser por esta posta em causa na outra, que lhe traz obrigações e encargos.

6. Por isso, tornaram-se definitivos, e insusceptíveis de serem postos em causa, nomeadamente pela recorrente, que os aceitou e deles se aproveitou em tudo aquilo que lhe era favorável – art. 47.º do RSTA.

7. Nestas condições, o acto recorrido mais não é do que uma confirmação dos actos anteriores praticados pela Câmara, ao aprovar e emitir o alvará de loteamento e seu aditamento; o acto recorrido limita-se a fazer uma interpretação dos actos que o precederam no âmbito do procedimento administrativo em apreço, não tendo conteúdo inovador que possa ser impugnado autonomamente.

8. Para esta questão não releva o disposto nos artigos 198.º, n.os 4 e 5, 199.º, 200.º, 208.º e 209.º do DL n.º 405/93, de 10 de Dezembro (Regime Jurídico das Empreitadas de Obras Públicas), aplicáveis por força do

disposto no artigo 50.º n.º 3 do DL n.º 448/91, pois trata-se de normas de procedimento para a recepção provisória e definitiva das empreitadas de obras públicas, aplicáveis à recepção provisória e definitiva das obras de urbanização, sem contudo, terem a possibilidade de influir no conceito e regime destas.

9. Se a loteadora entendia que não era obrigada a cumprir a condicionante de "instalação e construção dos espaços verdes e equipamentos colectivos (...) dentro dos prazos de execução das infra-estruturas", deveria não ter se conformado com as deliberações que aprovaram o loteamento e seu aditamento bem como com os respectivos títulos – alvará e seu aditamento impugnando-os na altura devida.

10. O Alvará de loteamento e seu Aditamento não só não foram impugnados como foram aceites pela Loteadora, que lhes deu execução, designadamente no tocante ao fraccionamento dos imóveis rústicos abrangidos na operação em 155 lotes urbanos para construção.

11. Depois de ter sido aceite e executada a operação de loteamento parte na favorável à entidade loteadora, ora recorrente, não pode esta pôr em causa a outra parte da decisão que lhe traz obrigações e encargos.

12. O acto recorrido limita-se a fazer uma interpretação dos actos que o precederam no âmbito do procedimento administrativo em apreço, não tendo conteúdo inovador que possa ser impugnado autonomamente.

13. A existir desconformidade com o disposto no D.L n.º 448/91, de 29 de Novembro, designadamente com os seus artigos 3.º al. *b*) e 50.º, ela teria ocorrido no acto de aprovação do loteamento e do seu aditamento, e não na prolação do acto recorrido.

14. E esses actos tornaram-se insusceptíveis de serem postos em causa, nomeadamente pela recorrente, que os aceitou e deles se aproveitou em tudo aquilo que lhe era favorável – art. 47.º do RSTA.

15. Não pode agora a recorrente, por via da impugnação do acto recorrido, vir discutir a legalidade ou a conformidade de actos anteriores irrecorríveis.

16. Pelo que a douta sentença decidiu fez correcta interpretação e aplicação da lei ao caso, rejeitando o recurso contencioso, por ilegalidade na sua interposição, (artigos 24.º, n.º 1 e 55.º da LPTA, e 57.º § 4º do RSTA).

Termos em que deve ser negado provimento ao presente recurso, com todas as consequências legais.

Como é de inteira
JUSTIÇA!

A Exma Magistrada do **Ministério Público** junto deste Supremo Tribunal emitiu o seguinte parecer:

O presente recurso vem interposto da douta decisão proferida em 5 de Março de 2004 no TAF de Ponta Delgada, a qual rejeitou, por ilegalidade na sua interposição, recurso contencioso que a sociedade "Melo; BATISTA e MOTA, Lda." interpusera de deliberação camarária de 3 de Março de 2003, na parte que condiciona a recepção definitiva de obras de urbanização do loteamento designado por Vila Faia à realização de todas os espaços verdes privados e de utilização colectiva e equipamentos de utilização colectiva.

O que está pois em causa é saber se a decisão, que não conheceu do objecto do recurso, deve ser mantida ou revogada e substituída por outra que julgue improcedente a ilegalidade da interposição do recurso e ordene o seu prosseguimento até ser pronunciada a legalidade ou ilegalidade daquela deliberação.

Compulsados os autos e o processo instrutor apenso verifica-se que a deliberação lesiva é a de 12.06.05, na medida em que, reformulado o licenciamento do loteamento operado pela deliberação de 5.12.94 impôs a instalação e a construção dos espaços verdes e equipamentos colectivos (previstos para o lote B) e fixou o prazo para a respectiva execução (dentro dos prazos de execução de infra-estruturas, nomeadamente as viárias, de saneamento básico, telecomunicações, eléctricas).

Ao contrário do que a recorrente sustenta na sua alegação de recurso jurisdicional, esta deliberação (de 12.06.95) não se limita a fixar o prazo para a execução dos trabalhos relativos aos espaços verdes e equipamentos colectivos. Supõe e impõe que constituem um ónus do Recorrente, que é ele quem tem de os executar. E não foi impugnada, bem como o Alvará subsequente e seu aditamento (os quais foram aceites e cumpridos sem reservas na parte que respeitava à divisão do imóvel rústico em 155 lotes para construção).

A deliberação em causa – cf. fls. 270 B do processo instrutor – definiu claramente quais as áreas a integrar no domínio público municipal e quais os espaços e equipamentos de utilização colectiva, de natureza privada, sendo evidente que o encargo da execução das respectivas estruturas recai sobre a recorrente.

O acto contenciosamente impugnado não revela, relativamente aquela deliberação, qualquer conteúdo inovatório. Limita-se a condicionar a recepção das obras à execução daqueles espaços e equipamentos, reafirmando o ónus e o prazo da sua execução. E é este segmento que a recorrente contesta, nele fundando a sua impugnação contenciosa. Irreleva pois a regulamentação de que uma e outra deliberação têm conteúdo e objecto diversos, com a qual se pretende abalar a natureza confirmativa do acto contenciosamente recorrido.

Por isso hão-de improceder as conclusões *a*) a *e*), inclusive, da alegação da Recorrente, mantendo-se a douta decisão recorrida.

O conhecimento, nesta sede, das demais conclusões, que se dirigem total e expressamente ao acto que foi objecto de recurso contencioso, está vedado pois extravasa do âmbito do recurso jurisdicional, que é a douta decisão recorrida, a qual não conheceu do mérito do recurso contencioso.

Cumpre decidir.

2. A sentença recorrida baseou-se na seguinte matéria de facto:

1) Conhecendo de requerimento feito pela recorrente a Câmara Municipal de Ponta Delgada, ora recorrida, deliberou no dia 3/3/2003, no que ora releva, que:

«(...) com base na informação do Departamento de Planeamento, Urbanismo e Ambiente, cuja cópia se anexa, (...) proceder à recepção provisória das infra-estruturas eléctricas e, consequentemente, à libertação de parte da caução (...) e permanecer cativo o montante de (...) até à recepção definitiva das infra-estruturas de saneamento básico, eléctricas e telefónicas, o que poderá ocorrer um ano após a recepção provisória das mesmas;

Notificar para, no prazo de 90 dias proceder à realização dos trabalhos necessários de modo a corrigir a situação actual. Alertar para o facto de as espécies arbóreas a colocar deverão ser (...) faias, incenço e metrosídeos.»

2) Da informação do Departamento de Planeamento, Urbanismo e Ambiente, consta, relevantemente, o seguinte:

«(...) a área destinada aos espaços verdes privados, bem como os restantes espaços verdes e equipamentos de utilização colectiva, entre o alvará de loteamento n.º 30/95 e aditamento àquele alvará, mantêm-se, alterando-se apenas a disposição e natureza dos seus componentes (...). (...) assim, entende-se que a recepção definitiva das obras de urbanização do loteamento designado como "Loteamento Vila Faia", só poderá ocorrer após realização de todos os espaços verdes privados e de utilização colectiva e equipamentos de utilização colectiva».

3) O referido loteamento foi aprovado por deliberação da recorrida em 5/12/ 1994.

4) Do respectivo projecto constava, entre o mais, a descrição dos espaços e respectiva ocupação, bem assim como os equipamentos a criar.

5) Na sequência dessa deliberação a recorrente requereu, então, a reforma da mesma na parte respeitante à natureza pública de determinados espaços.

6) Vindo por essa razão, em 12/6/1995, a ser produzida nova deliberação, que alterou a anterior, fixando, no que releva, as áreas a ceder ao município e estabelecendo que a instalação e construção dos espaços verdes e equipamentos colectivos teriam de ser efectuados dentro dos prazos de execução das infra-estruturas.

3. Alega a recorrente que a sentença julgou erradamente, ao decidir pela rejeição do recurso contencioso, cujo objecto era a deliberação camarária que, acolhendo parecer indeferiu o requerimento da recorrente para que fosse feita a recepção definitiva das obras do loteamento em causa e libertada a caução prestada pela mesma recorrente, baseada na informação do Departamento de Planeamento, Urbanismo e Ambiente, no qual se considerou que essa recepção definitiva das obras só poderia ocorrer após a realização de todos os espaços verdes privados e de utilização colectiva e equipamentos de utilização colectiva.

Defende a recorrente, em suma, que a deliberação impugnada não é confirmativa da deliberação, de 12.6.95, que, segundo também sustenta, não prevê a existência de espaços verdes de utilização colectiva ou outros equipamentos da mesma natureza, os quais não foram objecto de licenciamento municipal nem constituem obras de urbanização que, de acordo com o DL 448/91, de 29.11, o loteador deva levar a efeito. Pelo que, segundo conclui, a deliberação impugnada é ilegal, ao condicionar a recepção definitiva das obras, e consequente libertação da caução, à construção desses espaços verdes e equipamentos.

Em sentido oposto, a Câmara recorrida e a Exma. Magistrada do Ministério Público manifestam concordância com o entendimento seguido na sentença recorrida, defendendo que a deliberação impugnada não tem alcance inovatório, relativamente à de 12.6.95, de que seria mera explicitação e confirmação.

Vejamos, pois.

Antes de mais, importa notar que, destinando-se o recurso jurisdicional a apreciar do acerto da sentença recorrida e não a emitir decisão sobre matéria nova, o respectivo objecto, no presente caso, se limita à questão de saber se foi ou não acertada a decisão, na sentença afirmada, de rejeição do recurso contencioso. Pelo que, como bem nota a Magistrada do Ministério Público, não tem que conhecer-se, no presente recurso, da eventual ilegalidade da deliberação impugnada.

A sentença recorrida decidiu pela apontada rejeição do recurso contencioso, com base no seguinte discurso argumentativo:

Como a recorrente bem sabe o licenciamento do aludido loteamento foi reformulado em 12/6/1995. E bem o sabe, porque o foi a seu requerimento.

Em sequência disso fixou-se como condição do loteamento a realização das obras de espaços verdes e equipamentos, a concluir no mesmo prazo das infra-estruturas, nos termos ali definidos. E a recorrente conformou-se com tais termos, não os tendo então impugnado. «A aceitação tácita como causa excludente do direito ao recurso, deriva da prática, espontânea e sem reserva, de facto incompatível com a vontade de recorrer (cf. § 1.º do artigo 47.º do RSTA)[1].

Ficou, assim, precludido o direito de impugnação posterior, nomeadamente agora, perante decisão que é no essencial apenas explicitadora daqueles termos antes fixados e aceites pela recorrente.

Isto mesmo é o suficiente e determinativo da rejeição do recurso contencioso, por ilegalidade da sua interposição – cf. artigos 24, n.º 1, e 55, da LPTA, e 57, § 4.º, do RSTA.

Sempre se dirá, no entanto, que a decisão recorrida, pese embora a imprecisão terminológica (na informação da DPUA) definir as obrigações a cargo da recorrente, se integram (como não podia deixar de ser) no disposto na al. *b*) do artigo 3.º do DL n.º 448/91.

A decisão de rejeição do recurso contencioso, afirmada na sentença, baseou-se, pois, em que a recorrente aceitou a obrigação de construção dos referidos espaços verdes e equipamentos, estabelecida pela deliberação, de 12.6.95, que reformulou o alvará de loteamento. Para além disso, e como decorre da invocação do art. 55 da LPTA, a sentença considerou ainda que, relativamente a essa deliberação, o acto impugnado tem natureza meramente confirmativa.

Ora, quanto à eventual aceitação da obrigação de construção, por parte da ora recorrente, ela só poderia afastar a possibilidade de impugnação contenciosa da deliberação, de 12.6.95, que estabeleceu essa obrigação. Mas já não justifica, por si só, que à mesma recorrente não seja reconhecido o direito de impugnar a posterior deliberação que indeferiu o pedido de aceitação definitiva das obras de urbanização.

Para além disso, importa reconhecer que não existe entre as duas deliberações qualquer relação de confirmatividade. Que pressuporia a existência entre ambas de identidade não só de sujeitos como de objecto e de decisão (cfr. p. ex. ac. 28.5.96-R.º 34407).

Com efeito, as referenciadas deliberações, que apreciaram diferentes pedidos da recorrente, têm conteúdos distintos, que correspondem a diferentes efeitos jurídicos: no primeiro caso, a reformulação do alvará de loteamento, com a definição das áreas a ceder ao município

[1] Cf. Ac. STA, de 25/9/1991, 2ª Subsecção do CA, em que foi relator o Cons. João Belchior.

e a vinculação da recorrente à construção dos mencionados espaços verdes e equipamentos; no caso da deliberação impugnada, a não aceitação definitiva das obras de urbanização, com a consequente retenção de garantias prestadas pela recorrente.

Trata-se, neste caso, de um verdadeiro acto administrativo, segundo o conceito estabelecido no art. 120.º do CPA, ou seja, a definição de uma situação jurídica individual e concreta, por um órgão da Administração, ao abrigo de normas de direito público. No caso concreto, a decisão de indeferimento do pedido da interessada foi proferida no âmbito de previsão do art. 50.º do DL 448/91, de 29.11, que, sob a epígrafe '*recepção provisória e definitiva*', dispõe que «*1. Cabe à Câmara Municipal deliberar sobre a recepção provisória ou definitiva das obras de urbanização após a sua conclusão ou depois de findo o correspondente prazo de garantia, respectivamente, mediante requerimento do interessado. 2. A recepção é precedida de vistoria por uma comissão, da qual fazem parte o interessado, ou um seu representante, e dois representantes da câmara municipal. 3. ...*».

E, para além disso, é claro o alcance lesivo deste acto para a interessada requerente. Na medida em que indeferiu a pretensão por esta formulada, no sentido da recepção definitiva das obras, decidindo ainda pela retenção do montante correspondente à garantia que a mesma interessada havia prestado. O que é contrário aos interesses desta, pelo prejuízo económico que tal decisão implica.

Em suma: o acto impugnado assume natureza de verdadeiro acto administrativo lesivo, susceptível, por isso, de recurso contencioso (art. 25.º, n.º 1 LPTA e 268.º, n.º 4 CRP).

Questão distinta é a de saber se são ou não verdadeiros os pressupostos em que se baseou a deliberação em causa: a falta de construção dos referidos espaços verdes e equipamentos e a própria existência e validade da obrigação, para a recorrente, de realização dessa construção.

Porém, essa é, já, matéria de mérito do recurso contencioso. Cuja consideração, por isso, não releva para apreciação da questão em apreço, da (i)recorribilidade da deliberação em causa e da rejeição do mesmo recurso.

4. Pelo exposto, acordam em conceder provimento ao recurso jurisdicional, ordenando a baixa dos autos ao tribunal recorrido, para conhecimento dos vícios imputados ao acto impugnado, se a tanto outra razão não obstar.

Sem custas.

Lisboa, 17 de Março de 2005.

Adérito Santos (Relator)
Cândido de Pinho
Azevedo Moreira

Recurso n.º 1108/04-11

REGIME JURÍDICO DA URBANIZAÇÃO E EDIFICAÇÃO. EDIFICAÇÕES EXISTENTES. GARANTIA DE EXISTÊNCIA ACTIVA.

(Acórdão de 1 de Março de 2005)

SUMÁRIO:

O n.º 2 do artigo 60.º do Regime Jurídico da Urbanização e Edificação (DL 555/99, de 16.12, alterado pelo DL 177/2001, de 04.06) pretende compatibilizar dois interesses, por um lado, o do proprietário ou utilizador do prédio, estabelecendo a chamada garantia de existência activa, por outro lado, o interesse público na manutenção das finalidades consagradas nos planos que vigoram sobre as áreas em causa.

ACORDAM, EM SUBSECÇÃO, NA SECÇÃO DO CONTENCIOSO ADMINISTRATIVO DO SUPREMO TRIBUNAL ADMINISTRATIVO:

1.

1.1. Carlos Alberto Fernandes Cadilha, com os sinais dos autos, deduziu recurso contencioso de anulação contra o Vereador da Área de Planeamento e Gestão Urbanística da Câmara Municipal de Viana do Castelo, pedindo a anulação do seu despacho datado de 27/5//2002, que indeferiu a sua pretensão construtiva.

Imputou-lhe os vícios de violação de lei, por desrespeito dos princípios da não retroactividade das leis e da protecção da confiança e do disposto no art. 60.º, n.os 1 e 2 do DL n.º 555/99, de 16/12, que corporiza aqueles princípios no domínio do direito de edificação, e alegou a inconstitucionalidade daquelas disposições, "por violação do direito de propriedade privada consagrado no artigo 62.º, n.º 1 da Constituição Portuguesa, quando interpretadas no sentido de que não consentem, em edifício existente, a execução de obras de diminuta relevância, destinadas a melhorar a estética e a qualidade dos espaços envolventes e a preservar a capacidade funcional do prédio."

1.2. Por sentença do Tribunal Administrativo do Círculo do Porto, de fls. 54-57, foi concedido provimento ao recurso.

1.3. Inconformado, o autor do acto administrativo vem recorrer, concluindo nas respectivas alegações:

"I. O facto de um prédio integrado na área da RAN incluir uma moradia não implica que toda a área do prédio, designadamente, do respectivo terreno, esteja artificializado e se encontre adstrita ao uso funcional do prédio (da moradia), nem que a sua aplicação à agricultura resultaria na desconsideração da garantia de existência passiva prevista no art. 60º/1 do RJUE.

II. Não o implica, quer em relação aos prédios que incluíam moradias anteriormente à entrada em vigor do PDM do concelho, quer em relação aos prédios nos quais foram posteriormente a tal data construídas moradias, mediante a desafectação de terreno para a respectiva construção.

III. Apenas o terreno onde se encontra implantada a moradia passa a estar afecto a outro fim, mantendo o restante terreno a sua afectação resultante da sua integração na RAN, ou seja, a agricultura, e não a "área de lazer da moradia" ou a outro qualquer fim.

IV. Se bem que se possa colocar a questão de saber-se se, existindo previamente uma moradia, todo o terreno que constitui o prédio (com excepção daquele em que se encontra implantada a construção) deve estar afecto à agricultura, no caso de o mesmo vir a ser integrado na RAN num PDM, ou se, pelo contrário, parte da sua área deveria ficar afecta à habitação, a verdade é que a lei não prevê a criação de qualquer área envolvente à construção que deva ser destinada a outro fim que não o agrícola, nem fixa qualquer critério para o cálculo dessa eventual área, pelo que não pode ser a Câmara Municipal, discricionariamente, a fixá-lo, muito menos num processo de licenciamento de obras.

V. Tal posição, acolhida no acto sindicado, na medida em que não interfere minimamente com o edifício construído, tal como existe, nem com o seu destino – habitação –, nem com o direito à execução de obras de remodelação ou de reconstrução, não contende com o princípio da garantia da existência ou manutenção passiva no art. 60.º/1 do RJUE.

VI. O acto impugnado também não viola a garantia da existência activa prevista no art. 60º/2 do RJUE, sabido que é que as obras pretendidas se traduzem na ampliação do edifício existente, através da construção de alpendres, um dos quais fechado por uma estrutura em vidro.

VII. No ordenamento Jurídico português, a garantia constitucional da propriedade privada, donde decorre o princípio da garantia da existência activa, encontra-se densificada na lei ordinária, sendo as suas únicas manifestações as dos arts. 60.º do RJUE e 11774 do DL. 380//99, alterado pelo DL. 53/2000, de 7.04.

VIII. No art. 60º/2 do RJUE, o legislador admitiu o princípio com sérias limitações, apenas admitindo que o mesmo opere sempre e quando as obras a licenciar ou a autorizar não originem ou agravem desconformidade com as normas em vigor, ou tenham como resultado a melhoria das condições de segurança e de salubridade da edificação.

IX. Um primeiro limite, resulta do facto de o preceito apenas se referir a obras de reconstrução ou de alteração, que não equivalem, não se confundem, nem englobam, as obras de ampliação, como é o caso dos autos.

X. O próprio RJUE distingue e define, com absoluta clareza, aquilo que deve entender-se por obras de reconstrução, obras de alteração e obras de ampliação. – als. c), e) e d), respectivamente, do art. 2.º –, sendo as obras de ampliação as únicas que implicam, por contraposição às obras de reconstrução e de alteração, o aumento da área de pavimento ou de implantação, da cércea ou do volume de uma edificação existente.

XI. Não é aceitável, por isso, que esses conceitos sejam utilizados com conteúdo e sentido distintos daqueles que o diploma define, ainda mais quando se trata da interpretação e da aplicação de um preceito do mesmo.

XII. O segundo limite consiste em que as obras de reconstrução ou de alteração – e apenas estas – originem ou agravem desconformidade com as normas em vigor.

XIII. Tratando-se, como se trata, de obras de ampliação, é evidente que elas se projectam sobre o solo que se encontra integrado na RAN, pelo que terá de se concluir que as obras pretendidas manifestamente agravam desconformidade com as normas em vigor, designadamente, com as normas dos arts. 8º/1 do DL. 196/89, de 14.06, e 7275 do Regulamento do PDM de Viana do Castelo.

XIV. Não visando as obras melhorar as condições de segurança e de salubridade da edificação – o que nem sequer vem posto em causa –, o licenciamento teria de ser, como foi, indeferido.

XV. Salvo o devido respeito, foram violados, entre outros, os preceitos dos arts. 8.º/1 do DL. 196/89, de 14.06, 60.º/1 e 2 do DL. 555/99, de 16.12, alterado pelo DL. 177/2001, de 04.06 e do art. 72.º/5 do Regulamento do PDM de Viana do Castelo".

1.4. O recorrente contencioso contra-alegou, concluindo:

"A) Tendo considerado o Mmo juiz a quo que "o solo sobre que se incide a obra projectada já está artificializado e encontra-se adstrito ao uso habitacional de prédio" e que, por isso, a obra não origina nem agrava a desconformidade com as normas urbanísticas em vigor, não é lícita a ilação que o recorrente daí pretende retirar de que é toda a área envolvente do edifício poderia ficar desafectada da RAN e, assim, submetida a um ilimitado direito de transformação urbana;

B) Uma interpretação – como a sustentada nas conclusões II a V da alegação do recurso – segundo a qual o interessado deverá afectar para fins agrícolas todo o espaço envolvente à construção já existente, por efeito da sua inserção na RAN, incluindo as zonas imediatamente contíguas às fachadas do edifício, impede-o de conferir um uso adequado à sua habitação, mormente no plano da sua relação com o espaço exterior, e retira qualquer conteúdo útil e finalidade prática à norma do citado o artigo 60.º, n.º 2, do Decreto-Lei n.º 555/99, que pretende instituir o princípio da garantia de existência passiva, na modalidade de "manutenção da anterior função do prédio";

C) Uma obra constituída por um prolongamento mínimo do plano da cobertura do telhado, suportada por uma estrutura em madeira e destinada a funcionar como espaço aberto ao exterior, é susceptível de ser caracterizada como uma obra de alteração do edifício existente, no ponto em que implica uma mera modificação da forma do telhado, nada obstando a que se considere subsumível ao conceito a que se reporta o artigo 2.º, alínea e), do Decreto-Lei n.º 555/99;

D) Todavia, o que qualifica as obras para efeito de poderem representar ou não um agravamento da situação preexistente, é, não a sua específica natureza, à luz dos critérios estabelecidos no artigo 2.º desse diploma, mas antes as respectivas características físicas e a sua amplitude ou dimensão, sendo elemento fulcral da interpretação e aplicação do direito o preenchimento do conceito indeterminado a que corresponde a fórmula jurídica "que não originem ou agravem desconformidade com as normas em vigor", que consta do n.º 2 do artigo 60.º do Decreto-Lei n.º 555/99.

E) A concretização do referido conceito indeterminado não poderá ser preenchido pela Administração de forma arbitrária, mas antes de acordo com critérios de proporcionalidade, de modo que a decisão administrativa não venha a representar um desnecessário gravame ao direito de propriedade privada, e implica assim um juízo valorativo sobre o impacto construtivo da operação urbanística que está em causa;

F) No caso em apreço, a obra projectada, se não puder justificar-se, pelo seu insignificante impacto urbanístico, no quadro do mais elementar direito do proprietário à manutenção da funcionalidade da sua habitação, encontra-se necessariamente coberta pela chamada garantia de existência activa – também prevista no n.º 2 do artigo 60.º Decreto-Lei n.º 555/99 –, que, segundo se entende, poderá fundamentar um "alargamento limitado da construção";

G) Mesmo a admitir-se que a alteração prevista para a fachada traseira implica um agravamento da situação jurídica anterior, à luz das prescrições constantes do actual PDM, ela encontrar-se-ia legitimada pela conveniência de melhorar as condições de salubridade do prédio, conforme a matéria de facto alegada e que deverá ter-se como provada, mostrando-se do mesmo modo abrangida pela garantia de existência activa, tal como está prevista na segunda parte do n.º 2 do artigo 60.º do Decreto-Lei n.º 555/99;

H) A disposição do 2 do artigo 60.º do Decreto-Lei n.º 555/99 deve ser tida como inconstitucional, por violação do direito de propriedade privada consagrado no artigo 62.º, n.º 1, da Constituição da República, quando interpretada no sentido de que não consente, em edifício existente, a execução de obras de diminuta relevância, destinadas a melhorar a estética e a qualidade dos espaços envolventes e a preservar a capacidade funcional do prédio.

I) Tendo julgado procedente o recurso contencioso e anulado o acto impugnado com base em vício de violação de lei por infracção ao disposto no n.º 2 do artigo 60.º do Decreto-Lei n.º 555/99, numa interpretação conforme à Constituição, a sentença recorrida não merece qualquer censura".

1.5. O EMMP, aderindo às contra-alegações do recorrente contencioso, emitiu parecer no sentido da confirmação da sentença.

Colhidos os vistos, cumpre apreciar e decidir.

2.

2.1. A sentença deu como assente a seguinte matéria:

"O recorrente requereu o licenciamento da remodelação e ampliação de uma sua moradia nos termos das plantas juntas ao PA apenso a págs. 36, 39 e 41, cujo teor se dá aqui integralmente por reproduzido, ficando a fazer parte integrante desta sentença;

Dá-se aqui integralmente por reproduzido o teor do documento junto aos autos a fls. 8, que fica a fazer parte integrante desta sentença;

Dá-se aqui integralmente por reproduzido o teor do documento junto aos autos a fls. 9 e 10, que fica a fazer parte integrante desta sentença;

Dá-se aqui integralmente por reproduzido o teor do documento junto aos autos a fls. 11 e 12, que fica a fazer parte integrante desta sentença;

Dá-se aqui integralmente por reproduzido o teor do documento junto aos autos a fls. 113, que fica a fazer parte integrante desta sentença".

2.2. Como escreve o recorrente, no corpo das suas alegações, "*1. A única questão a apreciar gira à volta da aplicação do art. 60.º do RJUE (DL 555/99, de 16.12., alterado pelo DL 177/2001, de 04.06) e da extensão das normas deste preceito.*

É um dado que o prédio do recorrido, constituído por moradia e terreno, se situa, de acordo com o PDM em vigor, em plena área da RAN".

Convém recordar o artigo 60.º.

"Artigo 60.º

Edificações existentes

1 – As edificações construídas ao abrigo do direito anterior e as utilizações respectivas não são afectadas por normas legais e regulamentares supervenientes.

2 – A concessão de licença ou autorização para a realização de obras de reconstrução ou de alteração das edificações não pode ser recusada com fundamento em normas legais ou regulamentares supervenientes à construção originária, desde que tais obras não originem ou agravem desconformidade com as normas em vigor, ou tenham como resultado a melhoria das condições de segurança e de salubridade da edificação".

A sentença considerou que o pedido formulado à autoridade administrativa pelo recorrente contencioso se continha na previsão daquele artigo e, por isso, anulou o acto que o indeferiu.

2.2.1. O ponto de partida essencial para a decisão do caso teve a ver na sentença e tem a ver neste recurso com o não agravamento da desconformidade com as normas em vigor.

Trata-se de saber se as obras projectadas determinam agravamento da desconformidade com as normas da RAN em que o prédio passou a ficar integrado com a publicação do Regulamento PDM de Viana do Castelo.

Esta matéria vem suscitada, em termos finais, na conclusão XIII das alegações do recorrente. Ela, radica, porém, numa crítica feita no corpo das alegações, sintetizada na conclusão I, quanto ao seguinte passo sentença:

"O solo sobre que incide a obra projectada já está artificializado e encontra-se adstrito ao uso funcional do prédio"

Opera a sentença, como se vê, duas precisas determinações de facto, a artificialização do solo e a adstrição ao uso funcional do prédio.

O recorrente procede, nas alegações, a algumas considerações gerais, questionando o itinerário seguido pela sentença para chegar àquelas duas determinações, mas não as impugna nos seus termos concretos.

É que, procede ao ataque à sentença expressando, basicamente, o seguinte raciocínio:

"A Área da RAN é diminuída na exacta medida em que cresce a área da habitação, pelo que sempre se terá de concluir que as obras pretendidas manifestamente agravam a desconformidade com as normas em vigor, designadamente, com as normas dos arts. 8.º/1 do DL 196/89, de 14.06, e 72.º/5 do Regulamento do PDM de Viana do Castelo" (no ponto 7 do corpo das alegações).

Ora, se o solo em questão, e é só dele que se cuida, se encontrava artificializado e adstrito ao uso funcional do prédio não é a obra em causa que contraria aqueles preceitos, pois que ela nem faz diminuir a área de afectação à agricultura, nem diminui ou destrói a sua potencialidade agrícola. Aquele solo não estava afecto à agricultura, e já estava excluída a sua potencialidade agrícola. Ou seja, nas palavras da sentença, acolhendo, aliás, os termos do parecer do Ministério Público, "*não sendo, assim, afectada a utilização agrícola do solo sobre que incide a obra projectada, esta não origina nem agrava a desconformidade com a referida norma legal do DL 196/89, para a qual, no caso concreto, remete o artigo 60.º, n.º 2 do DL n.º 555/99*".

Acresce que os elementos dos autos não conduzem a que, oficiosamente, se proceda a qualquer alteração das duas determinações operadas pela sentença.

Nestas circunstâncias, não pode acolher-se a crítica que vem feita à sentença por não ter considerado o agravamento da desconformidade.

2.2.2. O segundo ponto em equação centra-se em saber se a obra cujo deferimento foi solicitado cabe no conceito de obras de reconstrução ou de alteração a que se reporta, ainda, o n.º 2 do artigo 60.º.

A questão foi enfrentada pela sentença, nos seguintes termos:

"Ainda de acordo com A. Correia, mesma obra citada [refere-se a Fernando Alves Correia, "Manual de Direito do Urbanismo", Vol. I, Almedina 2001] *pág. 432, nota 267, "A garantia de existência activa pode fundamentar também um alargamento limitado da construção, desde que uma utilização adequada ao tempo» e ajustada à função o exija (v.g. a edificação de garagens)".*

Objecta a entidade recorrida que o artigo 60.º, n.º 2 apenas permite a alteração, mas não a ampliação. Parece, porém, que no conceito de alteração cabe sem esforço o de ampliação e/ou modificação.

Saber se é ou não admissível uma ampliação tem a ver com os objectivos das normas em vigor que podem ser afectadas, e com o particular juízo valorativo que ao intérprete-aplicador compete formular, tendo em conta os interesses em presença juridicamente relevantes.

No caso presente já se viu que as alterações/ampliações/modificações pretendidas pelo recorrente, de acordo com a realidade existente e objectivos da RAN, nenhum agravamento de desconformidade com as normas em vigor acarretam".

Como resulta do texto, a sentença descobriu o sentido decisivo do n.º 2 do artigo 60.º fazendo subordinar os seus diversos componentes linguísticos aos dois objectivos que o preceito pretende compatibilizar: por um lado, a chamada garantia de existência activa, da qual é titular o proprietário ou utilizador do prédio; por outro lado, a não afectação das finalidades consagradas nos planos que vigoram sobre as áreas em causa, que correspondem, imediatamente, ao interesse público.

E é, sem dúvida, essa preocupação de "*justa ponderação e superação dos conflitos de interesses coenvolvidos nos planos*" (Alves Correia) que está plasmada no artigo 60.º.

Observa-se dificuldade na qualificação precisa da obra como de alteração, ou ampliação, em face das respectivas definições conceptuais inscritas no artigo 2.º do RJUE.

Com efeito, dispõe o artigo 2.º que se entende por:

"d) Obras de ampliação: as obras de que resulte o aumento da área de pavimento ou de implantação, da cércea ou do volume de uma edificação existente;

e) Obras de alteração: as obras de que resulte a modificação das características físicas de uma edificação existente ou sua fracção, designadamente a respectiva estrutura resistente, o número de fogos ou divisões interiores, ou a natureza e cor dos materiais de revestimento exterior, sem aumento da área de pavimento ou de implantação ou da cércea".

Recorde-se que está em discussão, apenas, o indeferimento do pedido do recorrente contencioso no respeitante a obra a executar nas traseiras do edifício.

O acto administrativo julgou que se tratava "*de área fechada, constituindo área habitacional, e redundando, por isso, um aumentar de área de construção*". E o autor do acto continua a sustentar, como fizera na fase contenciosa, que se trata de obra de ampliação.

Por sua vez, defende o recorrido que *"uma obra constituída por um prolongamento mínimo do plano da cobertura do telhado, suportada por uma estrutura em madeira e destinada a funcionar como espaço aberto ao exterior, é susceptível de ser caracterizada como uma obra de alteração do edifício existente, no ponto em que implica uma mera modificação da forma do telhado, nada obstando a que se considere subsumível ao conceito a que se reporta o artigo 2.º, alínea e), do Decreto-Lei n.º 555/99*".

Afigura-se que se tem, na verdade, de chamar à colação os dois interesses coenvolvidos no artigo 60.º, n.º 2.

O preceito não textualizou a possibilidade de obras de ampliação. Mas podem existir obras de ampliação (necessariamente limitadas), no sentido do artigo 2.º, que não originem nem agravem a desconformidade com as normas em vigor.

Nessas circunstâncias, e perante os interesses que o preceito visa assegurar, não há razão que justifique tratamento diverso do tratamento das obras de alteração ou reconstrução, no sentido do mesmo artigo 2.º.

Uma interpretação adequada da lei deve levar-nos a concluir que o legislador disse menos do que queria.

No caso, está assente que a obra não origina nem agrava desconformidade com as normas invocadas pelo acto administrativo, podendo dizer-se, ademais, que não acarreta alteração *"da identidade do edifício originário"* **(Alves Correia)**.

A controvérsia sobre a exacta caracterização da obra, de alteração ou de ampliação, por reporte aos conceitos do artigo 2.º, fica, assim, prejudicada.

O que releva é que, na perspectiva assinalada, ela se integra no âmbito da protecção de interesses dos requerentes titulada pelo n.º 2 do artigo 60.º, e, simultaneamente, não colide com o interesse público que o mesmo acautela, na concretização que dele é feita pelo acto contenciosamente impugnado.

A sentença não incorreu, pois, em nenhuma das alegadas violações na aplicação da lei.

3. Pelo exposto, nega-se provimento ao presente recurso jurisdicional.

Sem custas.

Lisboa, 1 de Março de 2005.

Alberto Augusto Oliveira (Relator)
Políbio Henriques
Rosendo José

Recurso n.º 291/04-12

RESPONSABILIDADE CIVIL EXTRACONTRATUAL DO ESTADO. ADMINISTRAÇÃO DA JUSTIÇA. 'PRAZO RAZOÁVEL'.

(Acórdão de 17 de Março de 2005)

SUMÁRIO:

I – A responsabilidade civil extracontratual do Estado e demais dos entes públicos, por facto ilícito de gestão pública, assenta na verificação cumulativa dos pressupostos da idêntica responsabilidade prevista na lei civil, que são o facto, a ilicitude, a imputação do facto ao lesante, o prejuízo ou dano e o nexo de causalidade entre este e o facto.

II – Os preceitos legais que estabelecem os prazos para a prática, no processo, dos actos de magistrados e funcionários são normas disciplinadoras da actividade processual, cuja violação, por si só, não constitui facto ilícito.

III – Todavia, a não efectivação desses actos processuais num prazo razoável contraria o preceituado no art. 20º/1 da Constituição da República Portuguesa e viola também o artigo 6.º, número um da Convenção Europeia dos Direitos do Homem, ratificada pela Lei n.º 65/78, de 13.10, e aplicável por isso, na nossa ordem jurídica interna.

IV – A determinação do que seja, para esse efeito, um prazo razoável não pode fazer-se em abstracto, antes havendo que ter em consideração as circunstâncias concretas do caso.

V – Não constitui, em concreto, violação do direito à administração da justiça em prazo razoável a demora, relativamente aos prazos legalmente estabelecidos, na instrução e julgamento de processos-crime, na qual se não apurou conduta negligente ou culposa dos diversos operadores judiciários, sendo tal demora causada pelo inusual número de processos (muitas dezenas) com o mesmo arguido e pela natureza dos crimes (burla, usura e extorsão), de investigação complexa e morosa.

ACORDAM, NA SECÇÃO DO CONTENCIOSO ADMINISTRATIVO, DO SUPREMO TRIBUNAL ADMINISTRATIVO:

RELATÓRIO

1. José Carlos Borges Mesquita, casado, gerente comercial, residente na Rua Pinho Leal, n.º 304, Porto, intentou, no Tribunal Administrativo do Circulo (TAC) do Porto, acção de condenação, sob a forma de processo ordinário, contra o Estado Português, pedindo a condenação deste no pagamento da quantia de 4.000.000$00, acrescida de juros de mora contados à taxa legal desde a citação, com fundamento em responsabilidade civil do Estado, decorrente de actos de gestão pública.

Para sustentar o pedido, o autor enunciou diversos factos, todos relacionados com procedimentos criminais e exercício da acção penal em processos em que foi arguido.

Por despacho proferido a fls. 106 a 108, dos autos, foi julgado o TAC materialmente incompetente para conhecer do pedido formulado, absolvendo-se o réu da instância, com base em que os invocados actos danosos foram praticados no âmbito de um processo de inquérito, estando, por isso, a apreciação das acções ou recursos que sobre eles versem excluídos do âmbito da jurisdição dos tribunais administrativos, nos termos do art. 4.º, n.º 1, al. *d*) do ETAF.

Esse despacho foi, porém, revogado por acórdão deste Supremo Tribunal, proferido a fls. 126 a fls. 133, dos autos, considerando que aquela acção de condenação foi proposta ao abrigo do art. 51.º, n.º 1, al. *h*) do ETAF contra o Estado Português, por alegadamente ser responsável pelos prejuízos que o autor, ora recorrente, teve com as referidas condutas, que levaram ao atraso incomportável na decisão definitiva dos processos-crime em que foi arguido. Pelo que considerou o TAC do Porto o competente para conhecer da mesma acção.

Esta veio a ser julgada improcedente, sendo absolvido o réu Estado do pedido formulado, por sentença proferida a fls. 233 a 245, dos autos.

Inconformado com tal decisão, o autor veio interpor o presente recurso, tendo apresentado alegação, com as seguintes **conclusões**:

a) – Viola o **artigo 659.º, n.º 3, IIª parte, do C.P.C., como os artigos 349.º e 351.º do C.C., a decisão em sede de sentença que**, *face a uma resposta em matéria de facto, que não dá relevo a duas possíveis causas* – item 7° da base instrutória – se permite concluir que *uma delas é a essencial.*

b) – Dar como assente que o A. experimentou, ao longo de quase 5 anos, *grande esforço psicológico e até físico, de que lhe* advieram grandes transtornos psicológicos e físicos, traduzidos em perda de humor, apatia e sintomas de úlcera, a que acresce ter sofrido o drama de, Pai extremoso que era, ver perder o convívio com os Filhos, então de menor idade, e que não podia acompanhar no seu desenvolvimento, em fase de puberdade ou quase adolescência, e *desconsiderar tal* como dano não patrimonial merecedor de tutela é violar o regime do artigo 496.º, n.º 1 do C.C.

c.5) – um inquérito iniciado em 1989 – ou seja, mais de DEZ (!!) ANOS sobre o início do processo de inquérito 2405, onde o mesmo denunciante Jose Adérito Seixas Santos Cardoso, fora ouvido inicialmente, só vem a ter despacho em 08.05.98, proferido no P.º 115/98 da 2ª Vara Criminal do Porto (doc. n.º 10 junto com a p.i.);

c.6) – entre *o interrogatório de validação, em condições de exiguidade temporal, e a data em que foi ouvido pela 1ª vez, decorre um longo lapso* de *51 (!!) dias, em que nunca pôde ter conhecimento das imputações que contra ele se iam recolhendo* – cfr. P.º 2405 dos Serviços do Ministério Público;

c.7) – Embora em reclusão, por virtude de sucessivas faltas de testemunhas, **acumulação de serviço nos Tribunais** e <u>*adiamentos*</u> sucessivos, *factos que se devem a insuficiência de resposta do Estado, através do seu órgão de soberania e dos colaboradores que recruta,* o aqui A. teve que **suportar**, em 4 anos de reclusão, 427 (!!) deslocações a Tribunais documento não impugnado junto como doc. n.º 4 – o que *favorece a exposição à avidez da comunicação;*

c.8) – suportar **nova situação de prisão preventiva**, *na proximidade da concessão de liberdade condicional,* porque, apesar de a pronúncia ser por crime cuja moldura penal não excede os TRÊS anos !!!, pelo que, nos termos do artigo 202.º do C.P. P., ou seja, num caso de **legal admissibilidade da mesma, tal se decidiu, e se manteve, apesar da** reacção pronta do seu Mandatário (docs. n.os 18 e 19) e de tal ter sido objecto de posterior **reconhecimento do agravo cometido**, não é violar a regra do processo "célere" e do *"due process"*, é fazer errónea aplicação e interpretação do regime dos artigos – artigos 20.º, 32.º, n.os 1 e 2 e 26.º, n.º 1 da Const. Rep., 6.º, n.os 1 e 2 da Convenção Europeia dos Direitos do Homem, 8º e 11º da Dec. Un. D. H., artigos 105.º, n.º 2, 276.º, 306.º e 312.º, n.º 1 do C.P.P., 219.º, n.º 2, 222.º, n.º 2 da C. Rep., ao tempo, e 109.º, n.º 5, *d)* e 6, como 105.º, n.os 1 e 2 do C.P.P., na redacção vigente ao tempo dos factos, bem como os artigos 2.º e 6.º do Dec-Lei 48.051 de 21.11.67.

Condenar o Estado Português, numa situação destas, que "Kafka" não anteveria, em montantes de 20.000 Euros, quanto aos danos não patrimoniais e 20.000 Euros quanto ao dano por violação do "direito ao acesso ao direito" e ao *"due process",* é prestigiando a justiça e os Tribunais, que não podem pactuar com omissões ou desinteresse funcional, fazer JUSTIÇA.

O **Ministério Público**, em representação do Estado, apresentou contra-alegação, na qual defende que deve ser confirmada a sentença recorrida. Refere, em síntese, que – face à matéria de facto provada, a acção foi julgada improcedente, porque se ter concluído, em face da matéria de facto provada, que a situação prisional do autor não foi agravada por causa dos atrasos na administração da justiça, mas antes pelo respectivo envolvimento, como arguido e como queixoso, em inúmeros processos-crime, de tramitação complexa e morosa, pela natureza dos crimes em causa. O que acarretou ou exigiu prazos mais dilatados, quer para a tramitação processual quer para a realização dos julgamentos.

– os prazos processuais são meramente ordenadores e o respectivo incumprimento não constitui, por si só, facto ilícito, devendo ser cumpridos pelos operadores judiciários dentro do que é razoável exigir-se-lhes, no circunstancialismo concreto de cada caso.

– na situação do autor, face ao número de processos em que, por culpa sua, se viu envolvido, à complexidade da investigação decorrente do tipo de crimes em investigação e ao adiamento de diligências que a própria lei prevê ou impõe, não pode concluir-se que esse prazo razoável foi inadmissível e injustificadamente ultrapassado, por forma a ter-se por negligente ou culposa a actuação dos "operadores judiciários" envolvidos.

– a situação física e psíquica invocada pelo autor como fundamento da acção proposta, sendo própria das circunstâncias em que se encontrava, ficou a dever-se ao tempo que esteve preso e, essencialmente, à ampla divulgação feita pela comunicação social, a que o réu Estado Português é, naturalmente, alheio.

– assim, não ocorrem, no caso concreto em apreço, os pressupostos da responsabilidade extracontratual, nomeadamente o facto ilícito e a culpa e o nexo de causalidade entre a conduta e os danos de natureza não patrimonial invocados, (cujo montante peticionado sempre seria, aliás, exagerado, atentos, até, a valores fixados em casos semelhantes pelo Tribunal Europeu dos Direitos do Homem) que não podem ser, por isso, imputados ao recorrido Estado.

Colhidos os vistos, cumpre decidir.

FUNDAMENTAÇÃO
OS FACTOS

2. A sentença recorrida deu como provados os seguintes **factos**:

Por processo instaurado em 11 de Abril de 1988, e que deu origem ao inquérito n.º 2405/88 – que veio a dar origem ao P.º 105/89 da 2ª Secção do 2º Juízo Criminal do Porto –, foi ao A. imputada dada matéria que integraria ilícito criminal;

Apesar de tal denúncia ser contra o A. e por factos determinados, nenhuma diligência foi ordenada para a sua constituição como arguido até 13 de Junho de 1988;

Nesta data, muito embora tivesse sido ordenada e efectivada busca em casa destinada a habitação e para apreensão de dados documentos que estariam em poder do aqui A., também não foi o mesmo constituído como arguido;

Só em finais de Novembro de 1988 e com base em promoção do Magistrado do Ministério Público, foi ordenada pelo Juiz do 2º Juízo-A do T.I.C., a detenção do aqui A.;

Que, finalmente, em 5 de Dezembro de 1988, foi constituído como arguido para ver apreciada a legalidade e validade da sua detenção, levada a cabo, junto a sua casa, pela Polícia Judiciária;

A detenção ocorreu numa tarde de Sábado, a seguir ao feriado do 1.º de Dezembro;

O interrogatório desenrolou-se, em dia de greve dos Magistrados Judiciais, sob a "avidez" dos órgãos de comunicação que, anunciavam a sua detenção e publicitavam o epíteto de "O Conde";

Validada a detenção, pela madrugada desse dia 5 de Dezembro de 1988 o A. foi recolhido no anexo do estabelecimento prisional em S. Bento da Vitória;

Aquando do interrogatório judicial o A. foi confrontado com algumas das denúncias que contra ele se tinha formulado sobre que, entre as 12 horas e as 02 horas, a Juíza teve que se debruçar e sobre algumas delas ouvir o aqui A.;

Ordenada a prisão preventiva, o facto mereceu – como tudo indicava – grande alarido da imprensa;

Após isto, permaneceu sem qualquer interrogatório complementar até 8 de Fevereiro de 1989;

Nesse intervalo, e apesar de ter sido ordenada a prisão preventiva por haver "documentos", cuja referenciação se fazia a fundamentar os pressupostos adjectivos da aplicação de medidas de coacção, requisitos essenciais para apoiar a tese da necessidade da prisão;

Nunca teve acesso aos mesmos, por lhe ter sido indeferido esse conhecimento, mesmo quando disso necessitava para instruir recurso, a subir em separado, do douto despacho que ordenou a prisão preventiva;

Em 30 de Dezembro de 1989, decorridos mais de 9 meses sobre a instauração do inquérito dirigido contra pessoa determinada, ao menos desde a data da busca efectuada – o que ocorreu no já referido dia 13 de Junho de 1988 – mantendo – se o aqui A. preso preventivamente, não tendo mais sido ouvido, senão aquando da sua detenção;

O A requereu aceleração processual, que, entrada na Procuradoria Geral da República, em 30 de Dezembro de 1988, veio a ser decidida em 18 de Janeiro de 1989, com o despacho de indeferimento;

Tal despacho, como dos autos de vê, indica que atenta a complexidade do processo, pois há que averiguar vários factos conexos, legítima duas conclusões:

– o prazo pode ir até 12 meses;

– o prazo de 6 meses só começa a contar a partir da prisão;

Apesar desta decisão, verdade é que, só em 8 de Fevereiro de 1989 – quase um ano após a instauração do processo e mais de 2 meses sobre a sua prisão –, o aqui A começa a ser ouvido pelo Magistrado do Ministério Público, sobre os vários actos que lhe eram assacados tendo-se seguido sessões – interpoladas ou seguidas – de interrogatório, sempre sem possibilidade de o respondente se valer de documentos que tivesse na sua casa e/ou escritório, e sem que lhe fossem exibidos os documentos que pudessem apoiar a tese sensacionalista da "corrupção de magistrado", "corrupção de menores" e ...... "intervenção na venda de componentes para bomba atómica destinada a um País de África" – que estava na base do "furo" sensacionalista dos jornais dos dias 5 e 7 de Dezembro de 1988;

Interposto recurso extraordinário de "habeas corpus", onde se apontava a violação do prazo legal de prisão preventiva e o errado enquadramento da matéria de facto, única razão para legitimar a prisão preventiva, escorando-se o S.T.J., "embora com dúvidas" (sic), no seu entendimento pregresso de que não tem que fazer senão controle dilibatório da decisão judicial que ordenou a prisão preventiva, tudo ficou na mesma;

Só em 29 de Março de 1989 – mais de 90 dias após prisão preventiva e quase um ano sobre início do processo –, veio a ser deduzido despacho final no inquérito que, no dizer da Procuradoria Geral da República, implicaria conexão;

Num longo despacho, em que se decidiu ordenar o arquivamento de várias situações e mesmo gravosas;

Desdiz-se o que antes se aceitaria como bom e fundamento da recusa de aceleração processual: a conexão;

Neste douto despacho de 29 de Março de 1989, a conexão já não é relevante para que o aqui A. fosse acusado por factos relativos a um só dos denunciantes e.....o desdobramento do processo inicial em 51 outros;

Deduzida acusação no processo n.º 2405, este vai dar origem ao Processo n.º 105/89, pendente na 2ª Secção do 2º Juízo Criminal, onde, designado dia para julgamento em 13.06.89 é adiado, para vir a ter lugar em Setembro, sendo a sentença publicada em 18.10.89;

Ou seja, o primeiro – e por factos não imputáveis ao aqui A. só termina 18 meses depois de iniciado o inquérito e por factos que remontariam a 1983;

Nos outros 51 processos, alguns com desdobramento, gotejantemente, deduzidas mais 18 acusações entre aquela data e o dia 07.11.1994;

Com factos apontados em Abril de 1988, investigados durante mais de 11 meses, foram necessários mais 5 anos e 8 meses, para que toda a actividade investigatória relativa ao aqui A. fosse concluída;

como em 07.11.90, ainda não houvesse notícia do estado de adiantamento de 26 processos de inquérito, e já tivessem decorrido 23 meses sobre, ao menos a prisão do arguido, este entendeu que era de provocar a aceleração processual;

Assim é que, em Outubro de 1990 fez apresentar novo pedido que fundamentou, e que deu origem ao Processo de Aceleração Processual 26/90.PGR.;

Desta vez, porque já se não podia falar em conexão desculpante, a Procuradoria Geral exarou em 16.11.90, despacho a ordenar no prazo de dois meses o encerramento dos 22 inquéritos ainda pendentes e que no mesmo douto despacho se referenciam, escrevendo-se porque:

"é manifesto o excesso de prazo de duração máximo dos inquéritos atrás referidos, já considerando o momento da sua instauração "Qua tale", já em razão de se dirigirem contra pessoa determinada – o ora requerente" (sic);

Todavia, nesta data referida acima, o aqui A. podia concluir que:

– das acusações deduzidas, tinha sido condenado nos processos em que eram ofendidos: Avelino João Vieira; José Oliveira Novais, Augusto Ferreira Alves e Joaquim Alberto Pereira Monteiro;

E nesse "período" de quase 6 anos, dos "traslados" do inicial 2405, tinham visto fim, por arquivamento, mais 32 processos, a que a seguir se identificam:

– 1724/89/A – 2ª Secção – M.p. – 1707/89/A – 3ª Secção – Mp.

– 1792/89/B – 1ª Secção – Mp – 1716/89/A – 1ª Secção – Mp.

– 1992/89/ – 3ª Secção – Mp – 1790/89/C – 2ª Secção – Mp.

– 1711/89/D – 2ª Secção – Mp. – 1859/89/A – 1ª Secção – Mp

– 1904/89/C – 1ª Secção – Mp. – 1744/89/C – 1ª Secção – Mp.

– 1906/89/C– 2ª Secção – Mp. -1770/89/D – 1ª Secção – Mp

– 2673/89/A -2ª Secção – Mp . -1753/89/ – 1ª Secção – Mp

– 1777/89/A – 2ª Secção – Mp. -1821/89/ A – 1ª Secção – Mp

– 2126/89/A – 1ª Secção – Mp -1843/89/C – 3ª Secção – Mp

– 1844/89/A – 3ª Secção – Mp -12691/89/C – 3ª Secção – Mp.

– 4705/89/D – 1ª Secção – Mp. – 2373/89/B – 3ª Secção – Mp

– 1829/89-1ª Secção – Mp. – 1827 /89/D – 1ª Secção – Mp.

– 2626/89/ A – 1ª Secção – Mp. -1846/89/ A – 3a Secção – Mp

– 1791/89/B – 1ª Secção – Mp. -1712/89/D-1ª Secção – Mp

– 1879/89/B – 2ª Secção – Mp. -1745/89/B – 2ª Secção – Mp

– 1905/89 – 1ª Secção – Mp -1781/89/C – 2ª Secção – Mp;

O último destes despachos é datado de 08.05.98, proferido no P. 115/98 da 2ª Vara Criminal do Porto, relativo a um inquérito iniciado em 1989 – ou seja, mais de 10 anos sobre o início do processo de inquérito 2405, onde o mesmo denunciante José Adérito Seixas Santos Cardoso, fora inicialmente ouvido;

Como entretanto requereu instrução em alguns deles, foi sobre eles prestar declarações e participar em julgamento;

Porque muitos dos casos eram contra-queixa de denúncias que o aqui A. apresentara, àquelas diligências acresciam as dos processos em que o aqui A. era queixoso, num total de cerca de outros cerca de 30 casos;

Simultaneamente em 1988, ou seja, na altura em que surge o caso "o Conde" – é deduzida acusação num processo que pendia desde 1979;

Tal processo foi remetido para Aveiro, teve diligência marcada para Junho de 1991, coincidentemente com a data em que iria ser apreciado o seu pedido de liberdade condicional;

A ausência, mais uma vez da prova da acusação determinou um adiamento para alguns meses após, vindo a ser absolvido das acusações aí deduzidas;

Na mesma altura em que deveria ser apreciada a sua liberdade condicional, no processo n.º 48/91 do 1.º Juízo-A do TIC, originando no P. 1724-A/89 da 2ª Sec. do Mp em que era denunciante Fernando Cristo Machado, foi definido o regime de prisão preventiva;

Um delinquente primário, com um comportamento prisional enaltecido, com as melhores referências no I.R.S. e entidades que acompanharam o seu viver prisional, condenado a 5 anos de prisão, reduzidos a 4 por diploma amnistiante, como sublinhado no despacho que, finalmente, e em 18 de Setembro de 1992, o restitui à liberdade;

A este delinquente primário, com esta conduta, só se concede a restituição à liberdade a menos de 3 meses do termo da pena;

O A alertou para o quadro vivencial que se lhe deparava, como sublinhou em requerimento de 1 de Julho de 1992;

E depois desta situação, ainda houve "gotejar" de processos, o último dos quais originado no P. 225/92 da 2ª Sec. do 2° Juízo Criminal, após resolução de conflito de competências, só veio a ser definido em 08.05.98, com arquivamento, notificado em 13.05.98, no tal processo 115/98 da 2ª Vara Criminal;

da matéria de facto constitutiva da base instrutória

Durante o período em que esteve preso o A. teve que efectuar 427 saídas motivadas pelos vários processos pendentes;

De todo o desenrolar dos vários processos instaurados contra o autor, no período de tempo, que passou em prisão preventiva e ainda da publicitação da sua situação advieram para o autor grandes transtornos psicológicos e físicos traduzidos em perda de humor, apatia e sintomas de úlcera;

A sua estigmatização face aos factos foi potenciada pela comunicação social, tanto que, em 2.10.90 e 15.2.91, o "Jornal de Notícias" fazia "relembrar" aos leitores que ainda pendiam processos contra o aqui autor;

Sofreu ainda o drama de, Pai extremoso que era, ver perder o convívio com os filhos, então de menor idade, e que não podia acompanhar no seu desenvolvimento, em fase de puberdade ou quase adolescência;

O A. esteve envolvido em muitas dezenas de processos-crime, sendo arguido nuns e queixoso noutros.

O DIREITO

3. Como ficou decidido no acórdão de fls. 126 a 133, dos autos, que julgou competente o TAC/Porto para conhecer da acção proposta, esta visou a condenação do Estado Português pelos prejuízos morais que o autor, ora recorrente, alega ter tido com a delonga de vários processos-crime, por razões que imputa e circunscreve apenas a tais processos, no vector de comportamentos pretensamente inadequados na sua condução, que não personalizou mas atribuiu genericamente ao Ministério público e aos Tribunais, naquilo que se reporta a actos de movimentação e calendarização processual.

Assim, não está em causa apurar o fundamento legal da responsabilidade civil extracontratual do Estado decorrente da função jurisdicional, que pudesse resultar de factos ilícitos eventualmente praticados por juízes ou agentes do Ministério Público no desempenho das respectivas funções.

Daí que improceda a alegação do recorrente, desde logo, na parte em que alude a incorrecta utilização do mecanismo da conexão de processos e indevida aplicação da prisão preventiva.

Com efeito, o próprio recorrente assinala que a causa de pedir na acção a que respeitam os autos «assenta na preterição dum direito fundamental, que é ter 'acesso a justiça célere' e a um 'due process'». O que, como se referiu, não tem que ver com a indagação da ilegalidade material de decisões de magistrados, mas tão-só do fundamento da responsabilidade extracontratual derivada da ilegalidade funcional e consubstanciada, apenas, no deficiente funcionamento dos serviços de justiça. Vejam-se, a propósito, os acórdãos de 7.3.89-R.º 26525 e de 1.2.01-R.º 46805.

Consagra esta responsabilidade, desde logo, o art. 22.º da Constituição da República Portuguesa, ao estabelecer que «*o Estado e as demais entidades públicas são civilmente responsáveis, em forma solidária com os titulares dos seus órgãos, funcionários e agentes, por acções ou omissões praticadas no exercício das suas funções e por causa desse exercício, de que resulte violação dos direitos, liberdades e garantias ou prejuízo para outrem*».

A concretização desta responsabilidade é feita pelo DL 48051, de 21.11.67, que estabelece o princípio geral de que «*o Estado e demais pessoas colectivas públicas respondem civilmente perante terceiros pelas ofensas dos direitos destes ou das disposições legais destinadas a proteger os seus interesses, resultantes de actos ilícitos culposamente praticados pelos respectivos órgãos ou agentes administrativos no exercício das suas funções e por causa desse exercício*» (art. 2.º).

E, como reiteradamente e de modo pacífico tem vindo a decidir a jurisprudência deste Supremo Tribunal[1], a responsabilidade civil extracontratual do Estado por factos ilícitos praticados pelos seus órgãos ou agentes corresponde, no essencial, ao conceito civilista de responsabilidade civil consagrado no art. 483.º, n.º 1 do CCivil, que exige a verificação cumulativa dos seguintes pressupostos: *(i)* o facto do lesante, constituído por um comportamento voluntário, que pode revestir a forma de acção ou omissão; *(ii)* a ilicitude, advinda da ofensa de direitos de terceiros ou disposições legais emitidas com vista à protecção de interesses alheios; *(iii)* a culpa, nexo de imputação ético-jurídica que, na forma de mera culpa, traduz a censura dirigida ao autor do facto por

[1] vd., p. ex., ac. de 17.01.02 – R.º 44476, de 6.03. 02, de 28.06.02 – R.º 47263, de 06.05.03 – R.º 1449/02 e de 10.03.94 – R.º 694/02.

não ter usado da diligência que teria um homem normal perante as circunstâncias do caso concreto ou, no âmbito da responsabilidade civil extracontratual do estado ou das autarquias locais por facto ilícito, face à definição de ilícito contida no art. 6.º do DL 48 051, é difícil estabelecer a linha de fronteira entre a ilicitude e a culpa, pois que a omissão negligente de deveres funcionais preenche simultaneamente os dois conceitos, concluindo-se assim, que, existindo o ilícito, tem de aceitar-se a culpa; *(iv)* o dano, lesão de ordem patrimonial ou não patrimonial, só havendo direito a indemnização, no caso desta última, quando o dano, pela sua gravidade, avaliada segundo um padrão objectivo e não à luz de factores subjectivos, mereça a tutela do direito; *(v)* o nexo de causalidade entre a conduta e o dano, apurado segundo a teoria da causalidade adequada.

A sentença recorrida decidiu pela improcedência da acção, julgando não verificados esses pressupostos da obrigação de indemnizar, designadamente a ilicitude, a culpa e o nexo de causalidade, baseada na seguinte argumentação:

...

Pretende o autor com a presente acção demandar o réu no pagamento de uma indemnização pecuniária respeitante aos danos não patrimoniais por si sofridos em virtude da actividade ilícita consistente em atraso intolerável na administração da justiça.

Dispõe o art. 2.º, n.º 1 do DL n.º 48051 de 21/11/67 que, o Estado e demais pessoas colectivas públicas respondem civilmente perante terceiros pelas ofensas dos direitos destes ou das disposições legais destinadas a proteger os seus interesses, resultantes de actos ilícitos culposamente praticados pelos respectivos órgãos ou agentes administrativos no exercício das suas funções e por causa desse exercício.

A responsabilidade civil extracontratual a que se refere esta responsabilidade normativo coincide, no essencial, com a consagrada no art. 483.º do CC.

A causa de pedir numa acção deste tipo é complexa, desdobrando-se, no acto em si mesmo considerado, nos danos emergentes e lucros cessantes – que em virtude daquele se verificam, e por fim, mas não menos importante, nos elementos, nos pressupostos, que necessariamente têm que se verificar, para que nasça e exista um direito a ser ressarcido dos eventuais danos sofridos, bem como a correspectiva obrigação indemnizatória.

Também facilmente nos apercebemos que estamos perante um tipo de situações concretas que caem no âmbito de aplicação das regras da responsabilidade civil extracontratual, já que, nenhuma relação obrigacional liga as partes.

Exige aquela norma vários pressupostos para que alguém se constitua na obrigação de indemnizar outrem, com base na culpa (dolo ou negligência).

Antes de mais, a entidade, há-de praticar uma conduta ilícita, isto é, contrária às normas jurídicas, também tem que se verificar um vínculo de imputação do facto à entidade, danos, sem os quais não haverá obrigação de indemnizar, e por fim terá que existir um nexo causal entre o facto praticado pela entidade e os danos concretos que se verificaram.

Da matéria de facto que temos por assente parece não se poder concluir com alguma certeza que o autor tenha visto a sua situação prisional agravada em virtude de atrasos indevidos na administração da justiça. Efectivamente o autor esteve envolvido, quer como queixoso, quer como arguido, em muitos processos-crime que o obrigaram a um grande esforço psicológico e até físico, no entanto esse volume processual inusual teve uma tramitação morosa, desde logo pelo tipo de crimes que se encontravam a ser apurados, o que acarretou necessariamente uma maior delonga na prolação das acusações e realização de julgamentos.

No entanto, não se vislumbra que os "agentes", "magistrados do Ministério Público", "juízes" e outros "operadores judiciários" tenham agido de forma negligente ou de qualquer modo culposa – efectivamente não se equaciona sequer a questão do dolo – na aparente demora da resolução dos vários processos em que o autor esteve envolvido.

Ou seja, não se vislumbra que tenha havido culpa da parte daqueles vários "operadores judiciários" que possa constituir o "Estado" na obrigação de indemnizar o autor.

De resto, o que o colectivo dos "juízes" conseguiu apurar foi que, no essencial, a situação de debilidade física e psíquica sobreveio ao autor, não só em virtude do tempo em que passou preso, preventivo ou em cumprimento de pena, mas essencialmente pelo facto de a sua situação ter sido amplamente difundida pela comunicação social, cfr. os quesitos 7º e 8º. Contudo, ao surgimento de tais notícias é o "Estado" completamente alheio uma vez que não foram agentes ou funcionários seus que lhes deram azo, tal matéria nem sequer vem alegada.

Ou seja, daqui se pode concluir que, se por um lado não se consegue descortinar que tenha havido culpa dos serviços do "Estado" na resolução da situação do autor, por outro os danos não patrimoniais por si sofridos são os próprios de quem se encontra numa situação idêntica à sua – privado da liberdade – ampliados pela comunicação social, à qual o "Estado" é alheio.

Pelo que fica exposto, e na improcedência da acção absolve-se o réu "Estado" do pedido que contra si foi deduzido.

Alega o recorrente que a sentença, ao considerar que a invocada debilidade física e mental lhe sobreveio «não só em virtude do tempo em que passou preso, preventivo ou em cumprimento de pena, mas essencialmente pelo facto de a sua situação ter sido amplamente difundida pela comunicação social», extraiu uma ilação não consentida pela matéria de facto provada, violando o preceituado na segunda parte do n.º 3 do art. 659 do CPCivil e os arts 349 e 351 do CCivil.

Mas, sem razão.

Tal consideração da sentença corresponde a adequada ponderação da matéria de facto provada e, designadamente, da resposta positiva dada aos quesitos 7.º (*"De todo o desenrolar dos vários processos instaurados contra o autor, no período de tempo que passou em prisão preventiva e ainda da publicitação da sua situação advieram para o autor grandes transtornos psicológicos e físicos traduzidos em perda de humor, apatia e sintomas de úlcera?"*) e 8.º (*"A sua estigmatização face aos factos foi potenciada pela comunicação social, tanto que, em 2.10.90 e 15.2.91, o 'Jornal de Notícias' fazia 'relembrar' aos leitores que ainda pendiam processos contra o aqui autor?"*) – vd. respostas aos quesitos de fls. 228, dos autos.

Daqui resulta, com efeito, que, dos dois motivos causadores da referenciada debilidade física e psíquica do autor – o tempo que passou em prisão preventiva ou em cumprimento de pena e a publicitação dessa situação – o segundo tem importância ou alcance relativamente superior, pois que «foi potenciado pela comunicação social».

Assim sendo, conclui-se que, diversamente do que alega o recorrente, a referida consideração da sentença mostra-se conforme ao preceituado no citado art. 659, n.º 3 do CPCivil, segundo o qual, o juiz, na fundamentação da sentença, tomará em consideração, além do mais, os factos que o tribunal colectivo deu como provados.

Por outro lado, não colhe também a alegação do recorrente, ao afirmar que a sentença violou o art. 496, n.º 1 do CCivil, ao «desconsiderar» a relevância, como dano não patrimonial, o grande esforço psicológico e até físico que experimentou ao longo de 5 anos e de que lhe advieram grandes transtornos psicológicos e até físicos, traduzidos em perda de humor, apatia e sintomas de úlcera, a que acresce ter sofrido o drama de, Pai extremoso que era, ver perder o convívio com os Filhos, então de menor idade, e que não podia acompanhar no seu desenvolvimento, em fase de puberdade ou quase adolescência, conforme resulta das respostas positivas aos quesitos n.º 8 e 9.

Com efeito, tal como se vê da transcrita passagem da sentença, nela se reconhece que o autor esteve envolvido, como arguido e como queixoso, em muitos processos-crime, que obrigaram a um grande esforço psicológico e até físico.

Todavia, a sentença pondera, e bem, que tais danos não patrimoniais são inerentes à situação de privação da liberdade em que se encontrava o autor e foram ampliados pela comunicação social, circunstância esta a que é alheio o réu Estado. Sendo que, como também refere a sentença, a matéria de facto apurada não consente a conclusão de que aquela situação prisional do autor tenha sido agravada por virtude de atrasos indevidos na movimentação dos referenciados processos-crime.

A propósito, cabe notar que os preceitos legais que fixam os prazos para, designadamente os magistrados, praticarem no processo os respectivos actos, sejam pareceres, despachos ou sentenças, contêm normas disciplinadoras da actividade processual. Pelo que a simples não observância dessas normas, por si só, não constitui facto ilícito (ac. 7.3.89-R.º 26 525).

Mas, a não efectivação desses actos processuais num *prazo razoável* contraria o preceituado no art. 20º/1 da CRP. Pois que o direito à via judiciária para defesa dos direitos, aí consagrado, inclui o direito à decisão jurisdicional num prazo temporalmente adequado, segundo as circunstâncias do caso. E viola também o disposto no n.º 1 do art. 6.º da Convenção Europeia dos Direitos do Homem, ratificada pela Lei n.º 65/78, de 13.10, e aplicável, por isso, na nossa ordem jurídica interna.

Todavia, como reiteradamente tem afirmado a jurisprudência deste Supremo Tribunal, a determinação do que seja, para esse efeito, um *prazo razoável* não pode fazer-se em abstracto, antes havendo que ter em consideração as circunstâncias concretas do caso (vd., p.ex., acs. de 7.3.89-R.º 26 525 e de 15.10.98-R.º 38 811).

Assim, é perante cada processo concreto, ponderadas as circunstâncias inerentes e apreciadas globalmente, que há-de apurar-se se houve ou não violação daquele direito a decisão jurisdicional num *prazo razoável*.

Esta mesma orientação, contrariamente ao que sugere o recorrente, é seguida pela jurisprudência da Comissão Europeia dos Direitos do Homem (CEDH) e do Tribunal Europeu dos Direitos do Homem (TEDH), perante o citado art. 6.º, n.º 1 da Convenção. Veja-se, neste sentido, as decisões da Comissão e do Tribunal, respectivamente, de 6 de Julho de 1982 (Caso Manuel Guincho contra Portugal) e de 26.10.88 (caso Martins Moreira contra Portugal), respectivamente. E, ainda, Ireneu Cabral Barreto, *in Convenção Europeia dos Direitos do Homem*, 1995, p. 103.

No caso concreto, e como bem salienta a sentença, o autor, ora recorrente, esteve envolvido, designadamente como arguido, em inusual número de processos (muitas dezenas), sendo essa a causa da invocada demora na tramitação processual, agravada pela própria natureza dos crimes investigados (burla, usura, extorsão), de investigação complexa e morosa.

Nestas circunstâncias, contra o que pretende o recorrente, na respectiva alegação, não pode concluir-se que tenha ocorrido demora desrazoável na investigação e ultimação de tais processos. Sendo que, como refere a sentença recorrida, a matéria de facto apurada não permite afirmar «*que os "agentes", "magistrados do Ministério Público", "juízes" e outros "operadores judiciários" tenham agido de forma negligente ou de qualquer modo culposa – efectivamente não se equaciona sequer a questão do dolo – na aparente demora da resolução dos vários processos em que o autor esteve envolvido. Ou seja, não se vislumbra que tenha havido culpa da parte daqueles vários "operadores judiciários" que possa constituir o "Estado" na obrigação de indemnizar o autor*».

Em suma: não se verificam no caso concreto, os pressupostos da invocada responsabilidade civil extracontratual do Estado, designadamente, a ilicitude a culpa e nexo de causalidade. Pelo que não existe, por isso, obrigação de indemnizar, tal como decidiu a sentença recorrida. Que não incorreu em violação de qualquer das normas jurídicas invocadas pelo recorrente na respectiva alegação. A qual se mostra, pois, completamente improcedente.

DECISÃO

4. Pelo exposto acordam em negar provimento ao recurso e em manter a sentença recorrida.

Custas pelo recorrente.

Lisboa, 17 de Março de 2005.

Adérito Santos (Relator)
Cândido de Pinho
Azevedo Moreira

Recurso n.º 230/03-11

RESPONSABILIDADE CIVIL EXTRACONTRATUAL. COMPANHIA DE SEGUROS. COMPETÊNCIA DOS TRIBUNAIS ADMINISTRATIVOS. COMPETÊNCIA EM RAZÃO DA MATÉRIA.

(Acórdão de 18 de Janeiro de 2005)

SUMÁRIO:

I – As acções emergentes de responsabilidade civil extracontratual de entidade pública, por acto de gestão pública, podem ser intentadas também contra a pessoa jurídica privada para quem aquela, por contrato de seguro anterior, haja transferido a sua responsabilidade.

II – Os tribunais administrativos são competentes, em razão da matéria, para conhecer e julgar actos de gestão pública, mas esta conclusão não se altera pelo facto de intervir, no lado passivo da acção, uma entidade privada.

III – Com efeito, a competência que se discute é em razão da matéria controvertida, ou seja, a natureza dos actos ou factos causadores dos danos cujo ressarcimento se imputa ao ente público. O contrato de seguro apenas faz transferir o "quantum" indemnizatório para a empresa seguradora, não a responsabilidade jurídica pelo evento.

ACORDAM NA 1ª SECÇÃO DO SUPREMO TRIBUNAL ADMINISTRATIVO:

1. RELATÓRIO

Sérgio Manuel Figueiredo Raposo, identificado nos autos, recorreu para este Supremo Tribunal da sentença proferida no Tribunal Administrativo de Coimbra, que julgou o tribunal incompetente, em razão da matéria, e absolveu da instância a ALLIANZ – COMPANHIA DE SEGUROS, SA, na acção ordinária, onde era pedido o pagamento de uma indemnização emergente de responsabilidade civil extracontratual por acto de gestão pública, transferida por contrato de seguro para a ré.

Concluiu as alegações, formulando as seguintes conclusões:

a) Compete à Câmara Municipal promover todas as acções necessárias à conservação do património municipal, deliberar sobre tudo o que interessa à comodidade do trânsito nos lugares públicos e sobre a construção e reparação de pontes;

b) "*In casu*", o recorrente exige o pagamento de uma indemnização pelos danos que sofreu, emergentes de um acidente ocorrido numa via pública, na ponte pedonal que liga as duas margens do Rio Vouga, por erro manifesto na concepção do seu sistema de protecção lateral, bem como por falta de sinalização e de iluminação na zona;

c) Logo, a responsabilidade pelo pagamento dos danos reclamados pelo recorrente cabe ao Município de S. Pedro do Sul, através da sua Câmara Municipal;

d) A recorrida é demandada em razão do contrato de seguro de responsabilidade civil que outorgou com a Câmara Municipal de S. Pedro do Sul, que cobre os danos reclamados nestes autos;

e) A qualidade das partes, enquanto elemento importante na determinação da relação jurídico – processual, não é critério para a determinação da competência, em razão da matéria, do Tribunal, antes si, tal competência deve-se apurar com base na relação jurídica material do caso concreto.

f) Nos termos do art. 44.º, n.º 1 do ETAF "compete aos Tribunais Administrativos de Círculo conhecer, em 1ª instância, de todos os processos do âmbito da jurisdição administrativa", esclarecendo o art. 4.º, n.º 1, al. *f*) do mesmo diploma legal que "compete aos tribunais da jurisdição administrativa e fiscal a apreciação de litígios que tenham nomeadamente por objecto questões em que, nos termos da lei, haja lugar a responsabilidade civil extracontratual das pessoas colectivas de direito público".

g) Assim sendo, o Tribunal competente para dirimir o presente litígio é o Administrativo de Círculo de Coimbra.

h) Ao decidir da forma como o fez o M.mo Juiz "a quo" violou, entre outras as seguintes normas: art. 211.º da CRP; 44.º, n.º 1 e 4.º n.º 1 al. *f*) do ETAF (à data da decisão: art. 51.º, n.º 1, al. *h*) e 3.º do ETAF); art. 2.º, n.º 1 do Dec. Lei 48.051 de 21-11-67; art. 2.º, n.º 1, al. *a*) e 51.º, n.ºs 1, al. *h*) als. *e*) e *l*) do Dec. Lei 100/84, de 29/3 (em vigor à data dos factos), ao delas não ter feito a interpretação defendida nestas alegações de recurso.

Não foram proferidas contra-alegações.

Neste Supremo Tribunal o Ex.mo Procurador-geral Adjunto emitiu parecer no sentido de ser negado provimento ao recurso.

Colhidos os vistos legais, foi o processo submetido à conferência para julgamento do recurso.

2. FUNDAMENTAÇÃO

2.1. MATÉRIA DE FACTO

A sentença recorrida, embora sem destacar no local adequado, deu como assente a seguinte matéria de facto:

a) O autor pretende efectivar a responsabilidade civil extracontratual do Município de S. Pedro do Sul, por alegado erro na concepção do sistema de protecção lateral da ponte pedonal, sob jurisdição do Município de S. Pedro do Sul e que por isso a este compete a alegada falta de sinalização;

b) O autor porém, demanda, nestes autos, não o Município mas antes uma empresa privada, para quem fora transferida a responsabilidade civil extracontratual, mediante contrato de seguro.

2.2. MATÉRIA DE DIREITO

A sentença recorrida considerou os tribunais administrativos incompetentes, por entender que apesar da matéria ser "*manifestamente da competência dos tribunais administrativos – que não são tribunais comuns – já não se pode conhecer dos autos, porque vem demandada um entidade privada, como é uma companhia de seguros. O que o autor deveria ter demandado era o Município de S. Pedro do Sul e, este se o entendesse, por via do contrato de seguro celebrado com a aqui ré, chamá-*

-la a título de intervenção acessória, que não principal, para exercitação de eventual acção de regresso, nos termos dos arts. 330.º e seguintes do C.P.Civil. Assim, no caso dos autos, não podemos deixar de considerar os tribunais administrativos incompetentes para apreciar os presentes autos, em razão dos sujeitos, o que não é infirmado pela decisão que promana do Ac. da Relação de Coimbra, atento o que dispõe o n.º 2 do art. 107.º do C. Proc. Civil." – cfr. fls. 100.

A argumentação da sentença recorrida é posta em causa, defendendo o autor, no essencial, que não é a qualidade das partes que condiciona a competência e que a causa de pedir consiste na verificação dos pressupostos da responsabilidade civil extracontratual do Município de S. Pedro do Sul – por actos de gestão pública – transferida por contrato de seguro para a ré (Allianz – Companhia de Seguros, SA), sendo assim competentes os tribunais da jurisdição administrativa.

Vejamos a questão.

A competência do tribunal, em geral, não depende da personalidade judiciária dos pleitantes, da legitimidade das partes, nem da procedência da acção. É ponto a resolver de acordo com a identidade das partes e com os termos da pretensão do autor (compreendidos aí os respectivos fundamentos), não importando averiguar quais deveriam ser as partes e os termos dessa pretensão – Manuel de Andrade, Noções elementares de processo civil, Coimbra, 1979, pág. 91.

Porém, a delimitação da jurisdição administrativa e, dentro desta a competência material dos tribunais administrativos, pode depender muitas vezes da qualidade do sujeito passivo da relação jurídica processual. Uma interpretação literal do art. 51.º, 1, al. *h*) do ETAF poderia, com efeito, limitar a competência dos tribunais administrativos ao conhecimento das acções de responsabilidade civil do Estado, dos *titulares dos seus órgãos e agentes*. A lei refere-se à efectivação da responsabilidade civil de determinados entes, e, desse modo, a qualidade dos sujeitos processuais poderia ser vista como elemento de conexão ou índice de competência escolhido pelo legislador, excluindo da jurisdição administrativa as acções para efectivação da responsabilidade civil dirigidas contra entidade particulares. Existe uma firme corrente jurisprudencial neste sentido – cfr. Ac. do STA de 8/2004, recurso 0500/04; 11-5-2004, recurso 0546/03; 24-1-95, recurso 35.230; de 26-11-96, recurso 41.222; de 2-2-00, recurso 44.920, de 6-12-01; recurso 48.207, de 23-10-02; recurso 48.415 e de 11-2-03, recurso 127/02. E, portanto, a qualidade das partes pode ser efectivamente um *índice da competência* dos tribunais administrativos, nas acções para efectivação da responsabilidade civil extracontratual dos "entes públicos".

Porém, ultimamente, a jurisprudência deste Supremo Tribunal, tem admitido alguns "desvios" a esta interpretação, aceitando a intervenção de entidades particulares no lado passivo da relação jurídica processual.

Tem admitido a intervenção acessória dos empreiteiros de obras públicas ao lado do dono da obra, nas acções de responsabilidade civil por danos provocados pela realização dos trabalhos, embora sem conceder que esteja perante uma alteração das regras de competência. "(...) *E nem se diga que esta intervenção violaria também as regras de competência dos TAC,s (cfr. artigo 51.º, n.º 1, alínea g) do ETAF), que só abrangem o conhecimento da responsabilidade civil do Estado e demais entes públicos, seus órgãos e agentes, argumento utilizado para a não admissão da intervenção principal, porquanto, no incidente da intervenção acessória, a inclusão de terceiro não é acompanhada de qualquer alteração do objecto da causa e o chamado não está sujeito a condenação a pedido algum (cfr. acórdão de 15/6/99, recurso n.º 44 947), pois que a única consequência derivada da omissão do chamamento é a de a sentença de condenação que haja não produzir efeitos de caso julgado na segunda acção (Salvador da Costa, Os Incidentes da Instância, 3ª edição, pág. 132)*" – Acórdão do STA 9-10-2003, recurso 547/03.

E tem admitido (embora não possa, aqui falar-se de uma linha uniforme e pacífica) a intervenção principal das seguradoras, nos casos em que se discute a responsabilidade civil por actos de gestão pública, transferida para estas entidades – cfr. neste sentido os Acórdãos do STA de 17/3/98, recurso n.º 42 122; 6/03/2001, recurso n.º 46913; 6/12/2001, recurso n.º 48027; 29/05/2003, recurso n.º 09160/02; 16/03/2004, recurso n.º 0715/03); 1.2.2000, recurso 45222; 22/9/04, recurso 528/04; não *admitindo a intervenção principal da companhia de seguros para quem foi transferida a responsabilidade de município,* os Acórdãos do STA de 9/07/98, recurso n.º 41935; 26/02/2002, recurso n.º 048 118; 3/04/2003, recurso n.º 01630/02; 4/03/2004, recurso n.º 01039/03).

Nos presentes autos, a questão, é aparentemente mais complexa uma vez que o autor demandou apenas a seguradora, e, portanto, a acção de responsabilidade civil – embora fundada em actos de gestão pública – é intentada *apenas* contra uma entidade privada.

No entanto, julgamos que este aspecto particular – não estar em juízo o ente público – para efeitos de competência do tribunal é irrelevante.

A questão de saber se a ré – seguradora *pode ser* demandada a título principal e, portanto, também *como parte*, e a questão subsequente de saber, se o pode ser apenas acompanhada da entidade a quem é imputado o facto gerador da responsabilidade civil é, a nosso ver, uma questão de legitimidade passiva e não de competência material. Julgamos metodologicamente errado afastar a competência material, com fundamento na preterição do litisconsórcio necessário, ou afastar a competência com o argumento (usado na sentença recorrida) de que só seria admissível a intervenção da seguradora a título de *intervenção acessória*, chamada pelo réu. Estas questões não são relevantes para determinar a competência do tribunal...

Correcto, em nosso entender, é distinguir:

– (i) os *pressupostos processuais relativos ao tribunal.* Na verificação deste pressuposto, inclui-se a questão de saber se a qualidade das partes – ente publico/entidades seguradoras – nas acções de responsabilidade civil por actos de gestão pública, cuja responsabilidade tenha sido transferida, é um *elemento de conexão ou um índice de competência*;

– (ii) e os *pressupostos processuais relativos às partes.* Na verificação deste pressuposto, está incluída a questão de saber se a seguradora pode estar sozinha em juízo, como parte principal, ou se há preterição do litisconsórcio voluntário, questão que há-de ser apreciada pelo tribunal competente, que não foi apreciada na sentença e que por isso não faz parte do objecto do presente recurso.

Julgamos, assim que a questão, objecto do presente recurso, – limitando-a metodologicamente à definição dos indíces de competência – radica em saber se os Tribunais Administrativos têm competência para julgar o pedido formulado numa acção de responsabilidade civil, por actos de gestão pública, *contra a seguradora*, para quem foi transferida a responsabilidade civil, emergente dos factos ilícitos invocados na causa de pedir.

A resposta, a nosso ver é afirmativa.

Como se disse no recente Acórdão deste Supremo Tribunal de 22-9-04 (recurso 529/04), referindo-se a esta corrente, e explicitando as suas razões fundamentais: "(...) *A jurisprudência deste Tribunal tem repetidamente afirmado que nas acções emergentes de responsabilidade civil de pessoa colectiva pública, por acto de gestão pública, podem ser chamadas a intervir as entidades seguradoras para quem aquela tenha transferido a sua responsabilidade. Entendimento que o Acórdão de 6-3--2001 (rec. 46.913) justificou assim: "É que os Tribunais Administrativos são efectivamente competentes para conhecer e julgar os actos de gestão pública que, obviamente, subjazem numa relação jurídica administrativa, nos termos do artigo 3.º do ETAF, e que não sejam excepcionados pelo art. 4.º, questão pacífica nos autos. E essa conclusão não se altera pelo facto de intervir, no lado passivo da acção, uma entidade privada.Com efeito, a competência do Tribunal que se discute, é em função da matéria controvertida, ou seja, a natureza dos actos ou factos causantes dos danos cujo ressarcimento se imputa à responsabilidade da CMG. É bom não esquecer que a responsabilidade dos danos alegados, é sempre e apenas do autor do facto lesivo, no caso imputado à CMG, haja ou não contrato de seguro a transferi-la, que é alheio a esta questão. Acontece é que, se este existir, lhe serve para cobrar do tomador a medida da responsabilidade, em espécie ou equivalente. Mas apenas para isso e não para alterar os dados da questão subjacente da responsabilidade, ou seja, a natureza dos actos responsáveis, que sempre pertenceram ao ente público, no que de gestão pública forem, e só em função deste têm que ser aferidos. O contrato de seguro faz transferir o quantum indemnizatório para a entidade seguradora, suposta a legalidade dele, não a responsabilidade jurídica pelo evento e a sua autoria. Assim, a função do interveniente principal passivo reduz-se a mero auxiliar ou associado na defesa dos interesses do réu que, se também são seus, são-no porém só reflexamente, na medida das vicissitudes da acção. Assim também, o seu posicionamento na relação jurídica processual tem por objecto os mesmos actos causantes do dano alegado, a mesma causa de pedir e o mesmo pedido do réu, e não os factos jurídicos derivados do contrato de seguro que os liga. Logo, a pedra de toque que serve para julgar da competência do Tribunal em razão da matéria na acção, é só uma e a mesma, seja para as partes principais, seja para os chamados, tanto quanto são únicos e os mesmos os factos geradores da responsabilidade que são trazidos pelo autor à colação. Este não imputa à CMG responsabilidade pelo alegado contrato de seguro, mas por actos ou omissões dela, no exercício de função pública, que lhe causaram danos. Quem responde por eles é a Câmara e só a Câmara. Quem lhos pagará efectivamente é outra coisa". No mesmo sentido podem ainda ver-se os Acórdãos de 1/2/2000 (recurso 45.222), de 29/5/03 (recurso 1960/02) e de 16/3/04 (recurso 1715/3). Deste modo, e muito embora seja certo que, in casu, os factos materiais que se formará o juízo de ilicitude são imputados aos entes públicos e que os mesmos decorrem de actos de gestão pública e, por isso, que a relação material controvertida é, apenas e tão só, de natureza administrativa, também o é que a ré seguradora tem interesse em contradizer pelo prejuízo que lhe advirá da procedência da acção. Ou seja, o Tribunal administrativo tem competência para apreciar a matéria aqui controvertida em função do pedido formulado e a companhia de seguros demandada tem interesse em contradizer esse pedido e, por isso, tem legitimidade para a presente acção".*

No presente caso, como se pode ver, do art. 15.º da petição inicial a é imputado o acidente à "*culpa da Câmara Municipal, por erro manifesto de concepção do sistema de protecção lateral da ponte, que é um imóvel seu e por falta de iluminação da zona onde a mesma está desprovida de corrimões e onde existe o buraco onde o autor caiu*".

O que se pede ao tribunal é que aprecie um facto ilícito imputado a um ente público, gerador de responsabilidade civil extracontratual. O pedido de condenação da seguradora em virtude da transferência da responsabilidade civil, emergente de actos de gestão pública, ainda que *possa* envolver questões de direito privado (nulidade do contrato de seguro, eficácia do mesmo perante terceiros, amplitude dos danos transferidos, franquias, etc.) não deve *implicar a incompetência do tribunal para o julgamento da questão principal, ou seja da existência de responsabilidade civil extracontratual do ente público*. E se o tribunal adquire competência para julgar a existência da obrigação de indemnizar, parece normal que adquira também competência para determinar quem nessa acção possa ser parte principal ou parte acessória, isto é, para decidir, no caso concreto, se a seguradora pode intervir como parte principal, ou se apenas pode intervir como parte acessória.

É verdade que o caso dos autos, cuja causa de pedir assenta em duas relações jurídicas conexas, uma de <u>direito público</u> (a génese da obrigação de responsabilidade civil) e outra de <u>direito privado</u> (a transferência dessa responsabilidade civil para uma Seguradora, através de um contrato de seguro), as quais, de acordo com as regras gerais, implicaria a competência de tribunais diferentes para o julgamento de cada uma delas.

Nestes autos o recorrente começou por intentar a acção apenas contra a Seguradora nos tribunais judiciais. Porém, estes tribunais declinaram a competência, alegando que a relação subjacente ao pedido de condenação da seguradora era a apuramento da responsabilidade civil extracontratual de um ente público. O recorrente acabou por deixar transitar a decisão da relação, por não ter validamente recorrido para o Tribunal de Conflitos – que, oportunamente rejeitou o recurso.

Assim, para que o recorrente possa exercer plenamente o seu direito de acção haveria dois caminhos abstractamente possíveis:

– (i) *propor em cada ordem de tribunais, a acção relativa a cada questão*;

– (ii) *propor a acção no tribunal competente para uma das questões, que por extensão conhecerá da outra.*

Consideramos, sem qualquer hesitação, que o Tribunal competente para uma questão fundamental adquira, verificados certos condicionalismos, competência para conhecer das questões conexas.

O art. 96.º do C. Proc. Civil prevê os casos em que tal acontece, permitindo uma extensão da competência do tribunal competente para a questão principal, para o conhecimento das questões incidentais *ou daquelas que o réu suscite como meio de defesa* (competência por conexão). Por questões incidentais deve entender-se, conforme já referia ALBERTO DOS REIS (Código de Processo Civil anotado, Vol. I, 1948, pág. 236, "*não só os incidentes propriamente ditos, como também as questões que o réu suscitar como meio de defesa*". Estas questões suscitadas pela defesa, contrariamente ao que acontece no pedido reconvencional – art. 98.º, 1 do CPC – são julgadas pelo tribunal da questão principal *mesmo que não tenha competência material para tanto.* Neste caso, previsto no art. 96.º, 2 do CPC, o julgamento da questão "*não constitui caso julgado fora do processo, a não ser que alguma das partes requeira o julgamento com essa amplitude*", mas não há dúvida que – com as limitações ou condições referidas – se atribui competência a um tribunal que dela carece, para julgar questões suscitadas pelo réu como meio defesa.

Por outro lado, colocando-se a questão de saber qual dos tribunais deve ser competente, julgamos que o critério deve assentar *na competência para julgamento da questão determinante: quem for competente para julgar a questão determinante é também competente para julgamento das questões conexas ao abrigo do art. 96.º, 2 do C.P.Civil.*

Tendo em conta os termos em que a acção é proposta, verificamos que o autor pretende ver reconhecido o direito a uma indemnização por actos de gestão pública, imputados ao Município de S. Pedro do Sul. O julgamento desta pretensão, isto é, o apuramento dos pressupostos da respectiva responsabilidade deve ser determinante para aferir a competência, uma vez que a transferência da responsabilidade civil (contrato de seguro) só surge se esta também existir.

Assim, em nosso entender, caberá aos Tribunais Administrativos o julgamento das acções para efectivação da responsabilidade civil extracontratual, por actos de gestão pública, não sendo tal competência afastada quanto ao julgamento dos pedidos formulados contra as seguradoras para quem tais entidades tenham transferido a respectiva responsabilidade civil – competência que *subsistirá* mesmo para o julgamento de questões de direito privado, suscitadas pela ré na sua defesa relativamente ao contrato de seguro invocado.

Reconhecida a sua competência material, caberá aos Tribunais Administrativos julgar uma outra questão, ou seja a de saber *se a seguradora pode estar em juízo desacompanhada do Município*, questão que, todavia, já não faz parte do objecto deste recurso.

3. DECISÃO

Face ao exposto, os juízes da 1ª Secção do Supremo Tribunal Administrativo acordam em conceder provimento ao recurso, revogar a decisão recorrida, considerar competentes os tribunais administrativos para julgar a presente acção, e ordenar o prosseguimento dos autos, se nada mais obstar.

Sem custas.

Lisboa, 18 de Janeiro de 2005.

São Pedro (Relator)
Fernanda Xavier
João Belchior

Recurso n.º 555/04-12

RESPONSABILIDADE CIVIL EXTRACONTRATUAL. ESTRADA MUNICIPAL. PRESUNÇÃO DE CULPA.

(Acórdão de 15 de Março de 2005)

SUMÁRIO:

I – **A presunção de culpa in vigilando estabelecida no art. 493.º, n.º 1 do C. Civil é aplicável no domínio da responsabilidade civil extracontratual do Estado e demais pessoas colectivas públicas por factos ilícitos.**

II – **O município é responsável pelos danos provocados num veículo que se despistou por causa de um lençol de água, não sinalizado, existente numa estrada municipal se (i) não ilide a presunção de culpa provando que está devidamente organizado e fiscaliza, com diligencia, regular e sistematicamente as estradas e que circunstâncias fortuitas ou absolutamente imprevisíveis explicam a falta de sinalização e (ii) não demonstra a ocorrência de um outro processo causal que os teria igualmente produzido ainda que não houvesse culpa sua.**

ACORDAM NA SECÇÃO DO CONTENCIOSO ADMINISTRATIVO DO SUPREMO TRIBUNAL ADMINISTRATIVO:

1. RELATÓRIO

1.1.António Amândio Serra Vilar, casado, residente na Rua dos Crastos, n.º 10, S. Pedro da Torre, Valença, instaurou, no Tribunal Administrativo do Circulo do Porto, contra o município de Braga, acção para efectivação de responsabilidade civil emergente de acidente de viação, pedindo a condenação do Réu no pagamento da indemnização de € 3102,53, a título de danos patrimoniais, acrescida de juros legais desde a data da citação até integral e efectivo pagamento e ainda na quantia de € 22,41, a título de juros compensatórios.

Por sentença de 30 de Setembro de 2003, o Tribunal Central Administrativo julgou a acção parcialmente procedente e, em consequência, condenou o Réu a pagar ao Autor a quantia de € 3124,94, acrescida de juros de mora, à taxa legal, desde a citação até efectivo e integral pagamento.

Inconformado, o município de Braga recorre da sentença para este Supremo Tribunal apresentando alegações com as seguintes conclusões:

1. O acidente dos autos ocorreu numa variante interna da cidade de Braga, isto é, dentro de uma localidade, onde a velocidade máxima instantânea permitida é de 50 Km/hora.

2. O condutor do veículo não regulou a velocidade de modo a, em condições de segurança, fazer parar a viatura no espaço livre e visível à sua frente.

3. O acidente teve como causa produtora a negligência do condutor do veículo que desrespeitou as normas de condução estradal.

4. Por regra de experiência comum não é possível ocorrer de surpresa uma situação que motive um acidente quando se circula dentro do limite máximo de 50 Km/hora e, sobretudo, numa via com as características da dos autos.

5. O tribunal comete um erro de juízo sobre a matéria de facto ao não considerar provada e ao não ter em consideração a matéria constante das conclusões precedentes.

6. O Município de Braga não é proprietário da zona relvada existente do lado direito da via, assim como do cano e da água que nele circula, não tendo cometido por isso qualquer facto ilícito.

7. Não foi provado que o recorrente tivesse conhecimento da situação de escorrência eventual de água proveniente da propriedade de terceiros, para que possa considerar-se a existência de um comportamento culposo por omissão.

8. A douta sentença em mérito viola, de entre outras, as disposições constantes dos artigos 1.º, 24.º, n.º 1 e 27.º C.E., artigo 493.º, n.º 1, C.C., art. 90.º, DL n.º 100/84, de 29 de Março.

1.2. O Autor contra-alegou propugnando pela manutenção da sentença.

1.3. O Exm.º Magistrado do Ministério Público emitiu o seu douto parecer nos seguintes termos:

"É aplicável à responsabilidade civil extracontratual dos municípios, por actos de gestão pública, designadamente os que resultam da omissão do dever de vigilância, conservação das estradas e sinalização dos obstáculos neles existentes, o disposto no art. 493.º do C. Civil.

Para além da verificação de caso fortuito ou de força maior, ou da verificação da culpa de terceiro, a entidade pública demandada pode ilidir a presunção alegando e provando que adoptou todas as medidas para prevenir acidentes como o que se considera.

O que no caso «sub judice» o município não logrou fazer.

Tendo a decisão recorrida imputado a prática do facto ilícito a agentes daquele por falta de vigilância e/ou de sinalização do estado da via.

Ora, este dever não se considera afastado pelo facto de a água provir de instalações alheias.

O Recorrente vem invocar erro na apreciação da matéria de facto.

O Tribunal aprecia livremente as provas, decidindo segundo a sua prudente convicção (art. 655.º, n.º 1 do C.P.C.).

A decisão sobre matéria de facto só poderia agora ser modificada, nas hipóteses previstas no art. 712.º do C.P.C. que não se verificam.

A prova testemunhal foi produzida em audiência de julgamento de que não há registo.

Deverá, assim, ser negado provimento ao recurso.

2. RELATÓRIO

2.1. OS FACTOS

Na sentença recorrida foram dados como provados os seguintes factos:

a) No dia 12.JUN.99, pelas 05H00, na Variante de Lamaçães, Braga, ocorreu um acidente de viação com o veículo automóvel de matrícula XN-19-58, propriedade do A. e conduzido pelo seu filho João Miguel de Oliveira Vilar;

b) O XN circulava no sentido Fraião-Rodovia;

c) Ao chegar ao local do acidente, o condutor do XN foi surpreendido por um "lençol" de água que ocupava a faixa de rodagem em toda a sua largura;

d) De imediato, o XN entrou em "aquaplaning", perdeu o controle, despistou-se e colidiu com outro veículo automóvel que circulava no mesmo sentido;

e) A água existente na faixa de rodagem era proveniente da área relvada existente no lado direito, atento o sentido de marcha do XN, e ficou a dever-se à danificação de um cano de onde saía livremente;

f) Em consequência do acidente, o XN sofreu danos, cuja reparação foi orçamentada em 2 950, 48 euros;

g) Pela recolha do XN, entre a data do acidente e 05.JUL.99, o A. pagou a quantia de 109, 74 euros;

h) O A. adquiriu o XN, em 31.OUT.96, pela quantia de 6 234,97 euros;

i) Em virtude de não ter possibilidades económicas para custear a reparação do XN, o A. procedeu à sua venda pelo montante de 1 745,79 euros;

j) À data do acidente o XN possuía o valor económico de 4 738,58 euros.

2.2. O DIREITO

Apreciando, importa precisar, antes de mais, que a questão releva no âmbito do instituto da responsabilidade civil extracontratual das autarquias locais por acto ilícito cuja norma matriz era, ao tempo dos factos, o art. 90.º do DL n.º 100/84, de 29 de Março (que não sofreu alteração com a Lei n.º 18/91 de 12.6), com a seguinte redacção: "as autarquias locais respondem civilmente perante terceiros por ofensa de direitos destes ou das disposições legais destinadas a proteger os seus interesses, resultantes de actos ilícitos culposamente praticados pelos respectivos órgãos ou agentes no exercício das suas funções ou por causa desse exercício." Deste preceito decorre, como afirmado na sentença, que esta espécie de responsabilidade civil tem como pressupostos o facto ilícito, a culpa, o dano e o nexo de causalidade.

2.2.1. Na sentença recorrida, a responsabilidade foi atribuída ao Réu com a justificação que se transcreve:

" (...) Ao chegar ao local do acidente, o condutor do XN foi surpreendido por um "lençol" de água que ocupava a faixa de rodagem em toda a sua largura.

A água existente na faixa de rodagem era proveniente da área relvada existente no lado direito, atento o sentido de marcha do XN, e ficou a dever-se à danificação de um cano de onde saía livremente.

De imediato o XN entrou em "aquaplaning", perdeu o controle, despistou-se e colidiu com um outro veículo automóvel que circulava no mesmo sentido.

Ora, tratando-se de dano provocado pela existência de um "lençol" de água que ocupava a faixa de rodagem em toda a sua largura, que era proveniente da área relvada existente no lado direito, atento o sentido de marcha do XN, e que ficou a dever-se à danificação de um cano de onde saía livremente – uma vez que compete ao R. a obrigação de vigiar e de sinalizar as vias municipais – tem o A. a seu favor a presunção legal de culpa estabelecida pelo art. 493.º – 1 do C.C.

Tal presunção assenta na ideia de que não foram tomadas as medidas necessárias para evitar o dano, recaindo a presunção sobre a pessoa que detém a coisa, com o dever de a vigiar ou se sinalizar o seu estado.

Assim, conforme dispõe o art. 493.º 1 do CC, "quem tiver em seu poder coisa móvel ou imóvel, com o dever de a vigiar ..., responde pelos danos que a coisa causar ..., salvo se provar que nenhuma culpa houve da sua parte ou que os danos se teriam igualmente produzido ainda que não houvesse culpa sua " (relevância negativa da causa virtual expressa no segundo caso).

Efectivamente, conforme dispõem os arts. 13.º do DL n.º 190/94, de 18.JUL e 5.º do Código da Estrada, as vias públicas devem estar convenientemente sinalizadas, designadamente, nos pontos em que o trânsito esteja sujeito a restrições, onde existam obstáculos ou outras circunstâncias imponham aos condutores precauções especiais, competindo tal sinalização, aos municípios nas vias públicas municipais.

No caso vertente, atenta a matéria de facto provada, não resulta ter o R. logrado provar que nenhuma culpa houve da sua parte na produção dos danos causados com a ocorrência do acidente ou que os danos se teriam igualmente produzido ainda que não houvesse culpa sua, como lhe impunha aquele normativo legal, em ordem a ilidir a presunção de culpa nele estabelecida.

Assim, em face da aludida presunção de culpa e perante a falta de ilisão, temos de assentar caber a responsabilidade civil, no caso sob apreciação, ao R."

Este discurso mostra que a sentença foi construída com base no entendimento, comum ao da jurisprudência deste Supremo Tribunal, que à responsabilidade civil extracontratual dos entes públicos por facto ilícito de gestão pública é aplicável a presunção de culpa prevista no art. 493.º n.º 1 do C.Civil (vide, entre outros os acórdãos do Pleno de 2000.10.25 – rec.º n.º 37 510, de 2002.03.20 – rec.º n.º 45 831 e de 2002.10.03 – rec.º n.º 45 621) e que, por beneficiar dessa presunção, o Autor só tem que demonstrar a realidade dos factos causais que servem de base àquela para que se dê como provada a culpa da Réu (art. 349.º e 350.º n.º 1 C.Civil), cabendo a este ilidir a presunção (art. 350.º n.º 2 do C. Civil).

Este regime, no domínio das relações privadas, radica nas seguintes razões (vide, para o caso paralelo do art. 491.º, Antunes Varela in *"Das Obrigações Em Geral"* I, 10ª ed.., pp. 590/591):

– num dado da experiência (segundo o qual boa parte dos danos provocados por coisas procedem de falta de adequada vigilância);

– na necessidade de acautelar o direito de indemnização do lesado contra a extrema dificuldade de provar, neste tipo de casos, os factos negativos que consubstanciam a violação do dever objectivo de cuidado;

– na conveniência de estimular o cumprimento dos deveres de vigilância que recaem sobre o detentor da coisa.

A sua aplicação no âmbito da gestão pública foi justificado no acórdão de 1996.05.16 – in AP.DR de 1998.1023, p. 3697, nos seguintes termos:

"(...) estas razões da inversão do ónus da prova perante danos causados por coisas, em qualquer das vertentes que justificam a presunção no direito civil, estão igualmente presentes quando se trata de tornar efectiva a responsabilidade da Administração por actos de gestão pública.

Com efeito, também relativamente a danos que radiquem em actividades de gestão pública, tanto ou mais do que aqueles que provêm de actividades de gestão privada, a tarefa de demonstração do incumprimento culposo dos deveres de organização e de actuação necessários para prevenir o dano por coisas se apresenta como excessivamente onerosa para o lesado. Trata-se de demonstrar factos negativos – a inobservância do dever de adequada, continuada e sistemática fiscalização técnica – que, por via de regra, não estão numa relação de simultaneidade com o evento e são relativos ao modo de organização ou disciplina de acção dos serviços e, portanto, sem a inerente visibilidade e acessibilidade de prova para o particular lesado. Por tudo isto, o lesado teria muita dificuldade em identificar e provar em juízo a conduta omissiva.

Ao invés, o regime da presunção de culpa nada tem de violento, injusto, ou desrazoavelmente oneroso para os entes públicos, uma vez que o serviço público obrigado a vigilância pode ilidir a presunção demonstrando quer a intercorrência de caso fortuito ou de força maior, quer a adopção das providências para uma adequada, continuada e sistemática fiscalização do estado e comportamento da coisa em ordem a evitar o evento danoso. Trata-se de factos positivos, estes últimos inerentes à organização e desenvolvimento da actividade do ente público, cuja demonstração em juízo está ao seu alcance em regra por meios probatórios extraídos dos seus próprios serviços".

Não se vê razão para, divergindo, passarmos a perfilhar solução diversa.

2.2.2. O Réu, aliás, também a não questiona.

Na sua alegação pretende demonstrar que, ao contrário do que decidiu a sentença, não é responsável pelos danos uma vez que, por um lado, nenhuma culpa houve da sua parte e, por outro lado os danos se teriam igualmente verificado ainda que não houvesse culpa sua.

Dito isto, por precedência lógica começaremos por apreciar a matéria das conclusões 6. e 7. supra transcritas em 1.1.

Vejamos.

Na audiência de julgamento, o Réu solicitou ao tribunal que diligenciasse no sentido de esclarecer a quem pertence a "titularidade da área" relvada e respectivo sistema de rega que existe do lado direito do passeio e de onde seria proveniente a água que invadiu a estrada.

O tribunal *a quo* indeferiu a pretensão do Réu, com os seguintes fundamentos:

"Atento quer o pedido quer a causa de pedir da acção e da matéria da base instrutória maxime os arts. 3.º a 5.º bem como o teor dos documentos juntos aos autos de modo especial os docs. de fls. 25 e 26 configura-se como irrelevante indagar da titularidade da zona envolvente da faixa de rodagem."

Nesta sede de recurso jurisdicional, o Réu reitera que "é imprescindível, para que o tribunal considere o facto ilícito culposo, saber-se quem é o proprietário da área relvada existente no lado direito, assim como quem é o proprietário do cano e o beneficiário dessa água" e que importa esclarecer esses factos.

Ora, a materialidade em causa não foi alegada pelo Réu na sua contestação. E à margem da questão de saber se a propriedade do relvado e do cano da água são factos susceptíveis de consideração na decisão, nos termos previstos no art. 264.º, n.º 3 do C.P.C. certo é que a pretensão consubstancia um pedido de ampliação da base instrutória, que o indeferimento da mesma teve por fundamento a irrelevância dos factos novos para a decisão da causa e que o despacho, nos termos das disposições combinadas dos artigos 650.º n.º 2, alínea *f*) e n.º 5 e 511.º, n.º 3 do CPC é impugnável no recurso interposto da decisão final.

Posto isto, sendo inequívoco que só os factos relevantes devem fazer parte da base instrutória – art. 511.º, n.º 1 do CPC – apreciando, importa saber se os factos em causa se revestem, ou não, dessa natureza.

Como dissemos atrás, em 2.2.1., nos termos do disposto no art. 493.º/1 do C. Civil, presume-se a culpa do Réu.

"Agir com culpa significa actuar em termos de a conduta do agente merecer a reprovação ou censura do direito. E a conduta do lesante é reprovável quando, pela sua capacidade e em face das circunstâncias concretas da situação, se concluir que ele podia e devia ter agido de outro modo" (Antunes Varela, "Das Obrigações Em Geral", I, p. 571).

Por força do disposto do art. 4.º do DL n.º 48 051, a culpa é apreciada, nos termos do art. 487.º n.º 2 do C. Civil, isto é, "na falta de outro critério legal, pela diligência de um bom pai de família, em face das circunstâncias de cada caso."

Este paradigma da conduta diligente implica, no âmbito da responsabilidade civil extracontratual dos entes públicos, a comparação do concreto comportamento apurado, com o que seria de exigir a um funcionário ou agente zeloso e cumpridor (vide acórdão deste STA de 1999.03.25 – rec.º n.º 41 297) e, quando transposto para a falta do serviço, sem imputação do comportamento censurável a um certo e determinado funcionário ou agente, a comparação com os *standards* de actuação que se devem esperar daquele serviço a funcionar normalmente, isto é com o nível médio de funcionamento que, com razoabilidade, se pode reclamar dele (vide, Jean Rivero, "Direito Administrativo", pp. 320/321 e Margarida Cortez, "Responsabilidade Civil da Administração Por Actos Administrativos Ilegais e Concurso de Omissão Culposa do Lesado", p. 96).

No caso em apreço, a conduta omissiva causal não vem assacada a um certo e determinado funcionário, termos em que a responsabilidade civil decorrerá do mau funcionamento dos serviços do Réu e cumpria a este, para ilidir a presunção de culpa, alegar e provar que está devidamente organizado, que fiscaliza, com diligência, regular e sistematicamente as estradas e caminhos municipais e que só as particulares circunstâncias do caso concreto, por fortuitas ou absolutamente imprevisíveis, explicam a falta de sinalização da existência de água no pavimento. Isto é, cumpria-lhe demonstrar que a sua conduta não se situava abaixo do nível médio de funcionamento que lhe era exigível.

Ora o Réu, na acção, não alegou qualquer facto capaz de provar que os seus serviços procedem à vigilância das estradas e que o fazem de acordo com o standard médio de actuação exigível. Não ilide, pois, a presunção da sua culpa. E, como decorre do exposto, não a ilidiria ainda se demonstrasse que não era sua a fonte da água que invadiu a via, uma vez que nem por isso se veria desobrigado de vigiar a estrada e sinalizar o obstáculo.

Neste quadro, como bem decidiu o juiz *a quo* os factos a aditar à base instrutória eram irrelevantes. Com eles não provaria o Réu que "nenhum culpa houve da sua parte" de molde a ficar exonerado da sua responsabilidade, nos termos previstos no art. 493.º, n.º 1 do C. C.

Não procede, pois, a alegação nesta parte.

2.2.3. Porém, o Réu, na sua alegação, numa outra linha – conclusões 1. a 5. – ataca a sentença condenatória, por erro de "juízo sobre a matéria de facto" por não ter tido em consideração que *(i)* o acidente ocorreu dentro de uma localidade onde a velocidade instantânea permitida é de 50 Km/hora, *(ii)* o condutor não regulou a velocidade de modo a, em condições de segurança fazer parar a viatura no espaço livre e visível à sua frente, *(iii)* o acidente teve como causa produtora a negligência do condutor que desrespeitou as normas de condução estradal e *(iv)* por regra de experiência comum não é possível ocorrer de surpresa uma situação que motive um acidente quando se circula dentro do limite máximo de 50 Km/hora e, sobretudo, numa via com as características da dos autos.

Não discorda, pois, da decisão quanto à aplicação, neste caso da norma do art. 493.º, n.º 1 do C.Civil. Nem quanto aos factos dados como provados. A alegação não envolve qualquer crítica a esse respeito, não vindo pedida a alteração da matéria de facto fixada na sentença, nos termos do disposto no art. 690.º-A do C.P.C. O erro reporta-se ao juízo feito com base neles quanto ao desencadeamento do acidente e à relação de causa a efeito com o dano. Na óptica do Réu, os factos provados permitem, por ilação presuntiva com base nas regras de experiência comum, firmar os factos que agora invoca e que afastam a sua responsabilidade.

Porém, a alegação não procede.

Em primeiro lugar, porque estando provado que "ao chegar ao local do acidente, o condutor do XN foi surpreendido por um lençol de água que ocupava a faixa de rodagem em toda a sua largura" e que "de imediato o XN entrou em "aquaplaning", perdeu o controle, despistou-se e colidiu com outro veículo automóvel que circulava no mesmo sentido", é forçoso concluir que a existência de água no pavimento e a falta da respectiva sinalização foram, no plano naturalístico, condição real do dano. E, no plano normativo, este antecedente do dano pode considerar-se, em abstracto, de acordo com o curso normal das coisas, com aptidão para o produzir, assumindo-se assim como sua causa adequada.

Depois os factos conhecidos não permitem que com base neles, por mera presunção judicial, se firmem estes outros ora alegados. Nada está provado quanto à velocidade a que o condutor fazia deslocar a sua viatura. E as considerações acerca da sua negligência, se podem ter algum apoio na experiência comum, inscrevem-se num juízo de mera probabilidade que, no caso concreto não alcança um grau de tal modo elevado que produza a plena convicção do julgador, nesse sentido. É certo que, a experiência da vida ensina, seguramente, que a circulação de um veículo a 50Km/hora ou a velocidade inferior, diminui a probabilidade de acidente por despiste em consequência de um lençol de água na estrada. Todavia, essa mesma experiência dá-nos também a saber que cada acidente tem a sua realidade própria, na dependência de uma multiplicidade de factores que importa conhecer caso a caso e que não é possível afirmar como enunciado universal que nenhum veículo a circular naquelas condições se despistará. Sem ir tão longe, não pode, sequer, o tribunal, só com base nos factos provados e sem outros elementos de prova (exames periciais, elementos estatísticos, etc.) avançar para a fixação de um nível de probabilidade que lhe permita asseverar que, no caso em apreço, o comportamento do condutor foi condição do dano.

Isto é, na acção, a matéria de facto assente permite estabelecer, com certeza, o nexo de causalidade real e adequada entre a conduta omissiva do Réu e o dano. Não suporta, ainda que por ilação presuntiva, o juízo de que o comportamento do condutor tenha sido condição do dano, quer num processo causal concorrente, quer num outro que o viria a produzir se não tivesse operado a causa real.

Com isto se dirá que sentença também não enferma do erro de julgamento que o Réu, ora recorrente, lhe atribui na parte da alegação cuja síntese consta das conclusões 1. a 5., sendo que este não logrou provar, como lhe competia, para afastar a sua responsabilidade, "que os danos se teriam igualmente produzido ainda que não houvesse culpa sua" (art. 493.º, n.º 1 C. C.).

Em suma:improcedem todas as conclusões da alegação do recorrente.

3. DECISÃO

Pelo exposto **acordam** em negar provimento ao recurso.

Sem custas.

Lisboa, 15 de Março de 2005.

Políbio Henriques (Relator)
António Madureira
Rosendo José

Recurso n.º 36/04-12

RESPONSABILIDADE CIVIL EXTRACONTRATUAL. ILICITUDE. INTERVENÇÃO DA COMISSÃO DE PROTECÇÃO DE MENORES.

(Acórdão de 8 de Março de 2005)

SUMÁRIO:

I– Para efeitos de responsabilidade civil extracontratual do Estado a ilicitude consiste na violação das normas legais e regulamentares, nos princípios aplicáveis e ainda nas regras de ordem técnica e de prudência comum – art. 6.º do Dec. Lei 48051, de 21 de Novembro.

II– A intervenção das comissões de protecção das crianças em risco depende do consentimento expresso dos seus pais ou legal representante, ou pessoa que tenha a guarda de facto, consoante o caso – art. 9.º da Lei 147/99, de 1 de Setembro.

III– Recebida a comunicação da situação ou *depois de proceder a diligências sumárias que a confirmem*, a comissão deve contactar a criança ou jovem, bem como os titulares do poder paternal, informando-os além do mais do seu direito de não autorizarem a intervenção – art. 94.º da Lei 147/99, de 1 de Setembro.

IV– Do exposto resulta que a Comissão pode proceder a diligências sumárias com vista a confirmar uma situação denunciada, antes de obter a autorização para a intervenção propriamente dita.

V– Não é ilícita, por não violar o referido art. 9.º da Lei 147/99, de 1/9, a actividade de uma Comissão de Protecção de Menores que, perante a denúncia anónima de que uma mãe abusava sexualmente do filho menor, indagou junto do estabelecimento de ensino que o mesmo frequentava, qual o seu comportamento e aproveitamento escolar, e procurou obter do pai do menor o consentimento para a sua intervenção, tendo cessado de imediato todas as averiguações perante a falta de autorização deste.

ACORDAM NA 1ª SECÇÃO DO SUPREMO TRIBUNAL ADMINISTRATIVO:

1. RELATÓRIO

ISABEL MARIA CARDOSO DE ALBUQUERQUE DUNÕES, recorreu para este Supremo Tribunal da sentença proferida no Tribunal Administrativo de Coimbra que julgou improcedente a ACÇÃO ORDINÁRIA que intentara contra o ESTADO PORTUGUÊS, formulando as seguintes conclusões:

– a afirmação pelo pai do menor de que autoriza a intervenção da Comissão desde que lhe seja facultado o número de origem da chamada e que a intervenção ocorra só no fim do ano lectivo equivale a uma não autorização;

– o contacto com a Directora de Turma consubstancia um contacto formal com uma organização do circulo de relações obrigatórias do menor e dos seus pais, ou seja a escola frequentada pelo mesmo;

– o impacto dessa informação é necessariamente negativo;

– o número de chamadas efectuadas não é factor suficiente para atribuir consistência a qualquer denúncia;

– a aparente consistência da denúncia não justifica de forma válida e apta a excluir um juízo positivo de responsabilidade, a adopção de formas de procedimento divergentes das previstas na lei;

– ao restringir a responsabilidade do Estado a danos susceptíveis de serem considerados especiais e anormais o legislador não atendeu apenas a critérios economicistas;

– pretendeu antes tornar exigível o ressarcimento de danos extraordinários na medida em que ultrapassem o admissivelmente suportável;

– dando-se como provado que pelo período de três anos a recorrente sofreu danos psicológicos traduzidos em manifestações de irritabilidade, inquietude, ansiedade, angústia e sensações de apatia e distanciamento emocional, não pode senão considerar-se que o dano moral em causa reveste particular e acentuada gravidade sendo por isso susceptível de modelar enquadramento naqueles conceitos de especialidade e anormalidade;

– subordinando a lei a intervenção da Comissão aos princípios da privacidade, da obrigatoriedade de informação e da audiência obrigatória do menor e dos pais, concretizando essa subordinação em fazer depender aquela intervenção do consentimento expresso dos pais do menor, inexistem dúvidas de que a actuação da Comissão, não precedidas de um contacto prévio com os pais, é ilegal e culposa;

– desta forma de procedimento adoptada resultaram danos para a recorrente;

– danos que são especiais e anormais;

Em representação do Estado Português o M.P junto do Tribunal recorrido contra alegou, defendendo a manutenção da sentença, concluindo:

– a verificação, ou não, dos pressupostos da responsabilidade civil extracontratual, depende da factualidade tida por provada e da sua adequada interpretação e subsunção ao direito;

– os contactos efectuados por elementos da Comissão de protecção de Menores, independentemente do consentimento do pai do menor, foram-no no âmbito de intervenções preliminares, pressupostas no art. 94.º, n.º 1 da Lei da Protecção anexa à Lei 147/99, de 1/09;

– tais intervenções mostraram-se adequadas, necessárias, pertinentes e ajustadas à gravidade da situação, e em conformidade com os princípios da prossecução do interesse superior da criança e do jovem e da intervenção precoce;

– ficou provado que nenhum dos elementos da Comissão de Protecção de Menores de Aveiro não divulgou o conteúdo das denúncias anónimas que envolviam o menor e a Autora, não cometendo qualquer acto ilícito.

Colhidos os vistos legais, é o processo submetido à conferência para julgamento do recurso.

2. FUNDAMENTAÇÃO

2.1. MATÉRIA DE FACTO

a) Pedro Manuel de Albuquerque Dunões, nasceu em 02 de Novembro de 1987 – Alínea A) dos Factos Assentes.

b) A Autora é mãe do menor Pedro Dunões – Alínea B) dos Factos Assentes.

c) Dá-se por reproduzido o teor de fls. 16 dos autos, onde se refere que o Gabinete de Apoio à Vítima de Coimbra foi, em Maio de 2001, informado via telefone – "denúncia anónima", que o menor Pedro Dunões, era vítima de maus tratos por parte da mãe, bem como, os restantes factos ali constantes – Alínea C) dos Factos Assentes.

d) A denúncia acima referida foi comunicada pela APAV, ao Procurador Adjunto do Ministério Público de Aveiro em 09-05-2001, a qual deu entrada no Tribunal de Família e Menores em 14-05-2001, com o n.º de registo n.º 5465, tendo a referida participação sido remetida à Comissão de Protecção de Menores de Aveiro, mediante despacho proferido em 14-05-2001 – cfr. teor de fls. 16 dos autos – Alínea D) dos Factos Assentes.

e) No dia 17-05-2001, a Comissão de Protecção de Menores de Aveiro, constituída pelas pessoas ali identificadas, efectuou uma reunião ordinária nos termos constantes de fls. 17 e 18 dos autos, cujo teor se dá aqui, por integralmente reproduzido – Alínea E) dos Factos Assentes.

f) No dia 31-05-2001, a Comissão de Protecção de Menores de Aveiro, constituída pelas pessoas ali identificadas, efectuou uma reunião ordinária nos termos constantes de fls. 19 e 20 dos autos, cujo teor se dá aqui, por integralmente reproduzido – Alínea F) dos Factos Assentes.

g) Com data de 23-07-2001, a Presidente da Comissão de Protecção de Menores dirigiu à Gestora do Gabinete da APAV, Coimbra, o ofício n° 504, cujo teor se dá aqui, por integralmente reproduzido, nele constando que, os pais do menor, Pedro Dunões, não haviam autorizado a intervenção da Comissão, nos termos do art. 90.º da Lei n.º 147/99 de 01-09, nem permitindo que o menor fosse entrevistado, sem terem conhecimento prévio do número a partir do qual foi efectuado o referido telefonema – Alínea G) dos Factos Assentes.

h) Remetido o processo para o Tribunal de Família e Menores de Aveiro, foi o mesmo arquivado em 30-10--2001, face às declarações proferidas pelo menor Pedro Dunões – processo de promoção e protecção n.º 692//2001 – cfr. auto de declarações que constitui fls. 23 e 24 dos autos, cujo teor se dá aqui, por integralmente reproduzido – Alínea H) dos Factos Assentes.

i) Mediante ofício n.º 15084, datado de 10-05-2002, emitido pela Procuradoria Geral da República, a Autora foi notificada de que "O Magistrado do Ministério Público, que exerce as funções previstas no art 72.º da Lei de Protecção de Crianças e Jovens, procedeu às diligências pertinentes e concluiu que a intervenção da referida C.P.C.J não é merecedora de qualquer censura ou reparo" – cfr. teor de fls. 45 que aqui se dá por reproduzido – Alínea I) dos Factos Assentes.

j) A Comissão de Protecção de Crianças e Jovens de Aveiro, iniciou a sua intervenção sem previamente recolher o consentimento dos pais do menor Pedro e sem um contacto inicial com o mesmo, quer para confirmar a denúncia feita, quer para saber se, da parte dos pais havia ou não oposição à intervenção da Comissão – Alínea J) dos Factos Assentes.

k) A Autora, encontra-se bem integrada na comunidade, sendo por todos, com quem lida, respeitada e, ti da como pessoa séria e de bem e, considerada como mãe extremosa e dedicada – Alínea L) dos Factos Assentes.

l) A partir do conhecimento dos factos constantes nas alíneas dos Factos Assentes, relacionadas com o facto de a "acusarem" de abusar sexualmente do seu filho Pedro, a Autora mudou o seu comportamento quotidiano, com manifestações pontuais de irritabilidade, inquietude, ansiedade, angústia e sensações de apatia ou distanciamento emocional – resposta aos arts. 10 e 20 da Base Instrutória.

m) Para os factos referidos em 10 e 20, contribuiu, ainda, o facto de o processo ter sido do conhecimento das pessoas que integraram a referida comissão e participaram nas actas que constituem fls. 17 a 20 – resposta ao art. 30.º da Base Instrutória.

n) A Autora, sentiu ainda angústia pela salvaguarda do menor, do teor das acusações, durante o período de tempo que mediou entre o contacto com os pais e o arquivamento judicial – resposta ao art° 40 da Base Instrutória.

m) A Autora, ainda hoje se sente emocionalmente perturbada – resposta ao art° 80 da Base Instrutória.

n) A A. dificilmente esquecerá estes factos – resposta ao art. 90.º da Base Instrutória.

o) Aquando do contacto realizado junto do Estabelecimento de ensino frequentado pelo menor Pedro (referido na acta de fls. 17 e 18), o elemento da Comissão de Protecção não revelou a existência da denúncia nem o seu contèúdo, solicitando apenas dados relativos ao nome, data de nascimento, filiação, nome da Directora de Turma, data/hora em que esta teria disponibilidade para atender um elemento da Comissão, morada e profissão dos pais do menor Pedro – resposta ao art. 10.º da Base Instrutória.

p) Aquando do contacto pessoal com a referida Directora de Turma, Prof. Maria Paula Carvalho, o elemento da Comissão de Protecção, Dra. Ana Cristina Mortágua, deu-lhe conhecimento da existência de uma denúncia de maus tratos, por parte da A., alertando-a, porém, expressamente, para a natureza sigilosa da matéria denunciada – resposta ao art. 11.º da Base Instrutória.

q) Foram registados alguns pedidos de ajuda, via telefone, através da linha APAV por um denunciante que se identificava como sendo o menor Pedro, prestando os elementos referidos a fls. 16 dos autos – resposta ao art. 12.º da Base Instrutória.

r) Num primeiro contacto com o pai do menor, este autorizou verbalmente a intervenção da Comissão de Protecção, apesar de se mostrar incrédulo relativamente à denúncia, esclarecendo que, tal autorização estava condicionada à identificação do número de telefone de onde foram feitas as chamadas e, após o terminús do ano escolar – resposta ao art. 13.º da Base Instrutória.

2.2. MATÉRIA DE DIREITO

a) a sentença recorrida

A sentença recorrida considerou que no presente caso não poderia imputar-se aos membros da Comissão de Protecção de Menores de Aveiro qualquer conduta "culposa ou ilícita". "Com efeito, argumenta a sentença, pese embora a falta de consentimento expresso do pai do menor, à intervenção da Comissão, esta, ou melhor, apenas um seu elemento, deu a conhecer a denúncia, na vertente dos maus-tratos e, sempre referindo a natureza sigilosa da matéria em causa; e, assim sendo, teremos de concluir que a única intervenção efectuada pela Comissão de Protecção, referida na alínea J) consistiu nos contactos referidos nas respostas aos arts. 10.º e 11.º da Base Instrutória, que não cremos de classificar de ilícitos e culposos". Afastou assim a responsabilidade civil por factos ilícitos.

Afastou ainda a responsabilidade civil por factos lícitos por não terem sido alegados pela autora elementos que pudessem conduzir a tal tipo de responsabilidade, uma vez que os danos provados não poderem ser "considerados especiais e anormais".

b) análise do recurso e dos seus fundamentos

Os recorrentes estruturam o ataque à sentença através da refutação ou desvalorização dos seguintes argumentos: i) autorização do pai do menor para intervenção da Comissão; ii) a extensão com que os factos foram transmitidos à Directora de Turma; iii) a consistência à denúncia; iv) a especialidade e anormalidade dos danos.

A sentença concluiu que não havia ilicitude e culpa, tecendo para tanto considerações sobre os factos dados como provados, dando relevo aos aspectos que a recorrente, agora, põe em causa, como a autorização do pai, a consistência da queixa, e o teor da comunicação feita por um dos membros da Comissão à Directora de Turma. A nosso ver, a argumentação da sentença recorrida não é clara, nem concludente. Não é clara, pois não distingue a culpa da ilicitude, e não faz uma subsunção dos factos reportando-os a cada um desses elementos da responsabilidade civil. Nem é concludente, porque os aspectos que sublinhou não permitem, só por si, afastar a ilicitude. Rejeitou ainda responsabilidade civil por factos lícitos, quando a autora não formulara (expressa ou implicitamente) o seu pedido em função dessa espécie de responsabilidade.

Assim, por razões de clareza, julgamos adequada uma abordagem que averigue a verificação sucessiva dos requisitos da responsabilidade civil, começando pela ilicitude, prosseguindo apenas na caso desta se verificar. É este o método correcto, uma vez que o juízo de responsabilização pressupõe a verificação cumulativa dos respectivos requisitos.

i) ilicitude

A ilicitude, nos termos do art. 6.º do Dec. Lei 48051 de 21 de Novembro de 1967, consiste na *violação das normas legais e regulamentares, nos princípios gerais aplicáveis e ainda nas regras de ordem técnica e de prudência comum que devessem ser tidas em consideração.* Este artigo deve articular-se com o art. 2.º do mesmo diploma legal, que se refere ao direito a ser indemnizado *pela lesão de direitos subjectivos, ou interesses legalmente protegidos.*

Há-de verificar-se assim, a lesão de um direito subjectivo através da violação de regras legais ou regulamentares aplicáveis.

No presente caso a lesão do direito subjectivo não se questiona – o sofrimento e lesões na saúde da autora.

Questiona-se, sim, saber qual a norma jurídica violada pela Comissão de Protecção de Menores. Esta é a questão relevante para recortar a ilicitude: saber se houve regras jurídicas violadas pelos Membros da Comissão.

As regras violadas no entendimento da recorrente foram os artigos 9.º e 10.º da Lei 147/99, de 1 de Setembro, com a seguinte redacção:

"Artigo 9.º
Consentimento
A intervenção das comissões de protecção das crianças e jovens depende do consentimento expresso dos seus pais, do representante legal ou da pessoa que tenha a guarda de facto, consoante o caso.

Artigo 10.º
Não oposição da criança e do jovem
1 – A intervenção das entidades referidas nos artigos 7.º e 8.º depende da não oposição da criança ou do jovem com idade igual ou superior a 12 anos.
2 – A oposição da criança com idade inferior a 12 anos é considerada relevante de acordo com a sua capacidade para compreender o sentido da intervenção."

Por seu turno o art. 94.º da mesma Lei tem a seguinte redacção:

"Artigo 94.º
Informação e audição dos interessados
1 – A comissão de protecção, recebida a comunicação da situação ou depois de proceder a diligências sumárias que a confirmem, deve contactar a criança ou o jovem, os titulares do poder paternal ou a pessoa com quem a criança ou o jovem residam, informando-os da situação e ouvindo-os sobre ela.
2 – A comissão de protecção deve informar as pessoas referidas no número anterior do modo como se processa a sua intervenção, das medidas que pode tomar, do direito de não autorizarem a intervenção e suas possíveis consequências e do seu direito a fazerem-se acompanhar de advogado."

Da leitura das disposições legais transcritas resulta que o procedimento legal é o seguinte:

1 – recebida a comunicação deve a Comissão proceder a diligências sumárias que a confirmem;

2 – de seguida deve contactar a criança ou jovem bem como os titulares do poder paternal ou a pessoa com quem a criança resida, informando-os da situação e ouvindo-os sobre ela; deve informar, ainda, as pessoas referidas do direito de não autorizarem a intervenção.

Há, assim, duas fases de intervenção da comissão juridicamente distintas: (i) *as diligências sumárias destinadas a confirmar a comunicação* (intervenção prévia) e (ii) *a intervenção propriamente dita, culminando numa das medidas legalmente previstas.*

A fase de intervenção, propriamente dita, exige autorização expressa, e consciente de que essa autorização é pressuposto da intervenção.

A fase anterior, de diligências sumárias com vista a confirmar a comunicação é anterior ao consentimento, e, destina-se apenas a confirmar a situação comunicada.

No caso dos autos, não há qualquer dúvida, sobre a fase em que a Comissão interveio.

Na matéria provada consta, além do mais, que *"j) A Comissão de Protecção de Crianças e Jovens de Aveiro, iniciou a sua intervenção sem previamente recolher o consentimento dos pais do menor Pedro e sem um contacto inicial com o mesmo, quer para confirmar a denúncia feita, quer para saber se, da parte dos pais havia ou não oposição à intervenção da Comissão* – Alínea J) dos Factos Assentes.

A matéria provada (embora conclusiva) é clara no sentido de que a Comissão não pediu autorização para a confirmação da denúncia, quer para saber se da parte dos pais havia ou não oposição. Portanto, parece certo e seguro que o início da intervenção a que alude a al. *j)* é apenas a que tem em vista decidir se há ou não lugar a uma intervenção propriamente dita.

Note-se ainda que a Comissão em 23-7-2001 comunicou à APAV que não foi autorizada a intervir, nem lhe foi permitido que o menor fosse entrevistado, e portanto deu por finda a sua actividade. – cfr. *al. g) da matéria de facto.* Na acta de 31-5-2001 a Comissão deliberou remeter o processo ao Tribunal de Família e Menores *"por faltar o consentimento dos pais do jovem para a intervenção da Comissão"*. – cfr. *al. f) da matéria de facto.* Toda a actividade da Comissão enquadra-se claramente no âmbito da confirmação da denúncia e nas diligências preliminares com vista a obter o consentimento do pai do menor.

Não tem assim qualquer utilidade para a discussão da ilicitude o relevo do consentimento condicional do pai, para uma intervenção no fim do ano lectivo – uma vez que a Comissão, depois de contactado o pai do menor, entendeu que não havia autorização deste, tendo por isso cessado de imediato a sua actividade.

Deste modo, não se verifica invocada ilicitude por violação do art. 9.º e 10.º da Lei 147/99, uma vez que a Comissão não chegou a iniciar a fase de actuação, para a qual era exigível o consentimento.

Terá, não obstante, violado o art. 94.º da mesma Lei e exorbitando os seus poderes de diligenciar no sentido de confirmar a comunicação que lhe foi feita?

A Comissão, na sua reunião de 17-5-2001, descreveu o comportamento da Dra. Ana Paula, nos seguintes termos: *"estabeleceu um contacto telefónico com a Escola Aires Barbosa, estabelecimento de ensino que o jovem Pedro Manuel frequenta, tendo a Directora de Turma informado que aquele é um aluno desinteressado, relativamente a algumas disciplinas. Informou, ainda, que os pais do jovem pertencem a nível sócio-económico elevado, com formação superior na área da engenharia, parecendo-lhe responsáveis e colaboradores, pois comparecem na escola sempre que são chamados. A Dra. Ana Paula referiu que, tratando-se de uma denúncia anónima, a situação torna-se ainda mais delicada pois requer muito tacto e cautela ao nível da abordagem aos pais e na averiguação dos factos, pelo que sugeriu que a Directora de Turma (...) fosse contactada pessoalmente, a fim obter mais informações sobre o aluno e o respectivo agregado familiar. A Dra. Ana Cristina informou conhecer o jovem e a família, pois o Pedro frequentou o infantário do Centro de Acolhimento de Emergência Infantil, o qual é aberto à comunidade em geral, tendo boas referências desta família, aos diversos níveis. Face ao exposto, foi decidido, por unanimidade que fosse a Dra. Ana Cristina a contactar directamente a Directora de Turma do jovem Pedro Dunões, a fim de obter mais informações sobre a situação denunciada"* – cfr. *al. e) da matéria de facto remetendo para o teor de fls. 16 dos autos.*

A finalidade da Comissão como, acima se mostrou, era, nesta fase, *"obter mais informações sobre a situação denunciada"*, com vista a deliberar a passagem à fase seguinte. A delicadeza dos factos da denúncia (abuso sexual de mãe a filho) a forma da denúncia (telefonema anónimo para a APAV) exigiam especiais cuidados no sentido de confirmar a situação denunciada, antes de passar à intervenção propriamente dita. A actividade da Comissão foi a nosso ver, perfeitamente enquadrada no âmbito das diligências prévias, destinadas a confirmar a comunicação, e a obter o consentimento do pai do menor, com vista a uma intervenção.

Tanto foi assim, de resto, que perante a recusa de autorização do pai do menor, a Comissão deliberou remeter o processo ao Tribunal de Família e Menores "*por faltar o consentimento dos pais do jovem para a intervenção da Comissão*" – cfr. acta de 31-5-2001 – e cessar de imediato a sua actividade.

Deste modo, a actuação da comissão integrou-se no âmbito das diligências permitidas pelo art. 94.º da Lei 147/99, de 1 de Setembro, como refere e bem o M. P. nas suas contra alegações, pelo que não foi violado qualquer preceito legal.

Falta assim o requisito da ilicitude para que possa nascer a obrigação de indemnizar, com fundamento na responsabilidade civil extracontratual por factos ilícitos.

Torna-se desnecessário apreciar a "culpa", uma vez que sem ilicitude deixa de haver responsabilidade civil aquiliana. O recurso da autora deve, assim, ser julgado improcedente, nesta parte. Quanto à alegada "anormalidade e especialidade" do prejuízo sofrido, a questão só tem relevo no âmbito da responsabilidade por factos lícitos – cfr. art. 9.º do Dec. Lei 48.051/67, de 21/11 – que se analisará de seguida.

ii) responsabilidade por factos lícitos

A autora na petição inicial não invocou a responsabilidade civil por factos lícitos, tanto que nem sequer alegou – como se impunha – que o seu prejuízo fosse especial, ou anormal. Sempre considerou que a responsabilidade civil do Estado tinha a génese na violação do art. 9.º e 10.º da Lei 147/99, de 1 de Setembro. Apesar disso, a sentença recorrida afastou esse tipo de responsabilidade (prevista no art. 9.º do Dec. Lei 48051) por ter entendido, em primeiro lugar que a autora não alegou quaisquer factos que pudessem conduzir à responsabilidade civil por facto lícito, e, em segundo lugar, que os danos provados não poderiam ser considerados "*especiais e anormais*".

No seu recurso, a autora ao refutar a sentença recorrida e considerar que os danos são especiais e anormais, pelas "características que assumem", volta a reconduzir a origem de tais danos à *ilicitude* da Comissão de Protecção de Menores – cfr. Conclusão XV, considerando violado apenas o art. 2.º, n.º 1 da Lei 48.051 de 21/11 de 1967 – também sem mostrar as razões por que tais danos devem ser considerados especiais e anormais, para efeitos da responsabilidade civil por factos lícitos.

Deste modo, não tendo a autora configurado a presente acção em função da verificação dos pressupostos do art. 9.º do Dec. Lei 48051 de 21/11, nem resultando dos autos que os prejuízos sejam "anormais e especiais" para aquele efeito – o recurso também deve improceder nesta parte.

"O princípio geral da igualdade de contribuição dos cidadãos para os encargos públicos é o fundamento axiológico essencial da indemnização por actos lícitos, exigindo a lei a especialidade e a anormalidade do dano, como elementos-travão de uma total socialização dos prejuízos, em ordem a (Gomes Canotilho, "o problema...", p. 238): – evitar a sobrecarga do tesouro público, limitando o reconhecimento de um dever indemnizatório do Estado e demais entes públicos ao caso de danos inequivocamente graves; – procurar ressarcir os danos que, sendo graves, incidiram desigualmente sobre certos cidadãos" – cfr. entre outros o Acórdão deste STA de 13-1-2004, recurso 40581, bem como a doutrina e jurisprudência aí citada.

Os danos sofridos pela autora – *para além de não estar demonstrada a causalidade adequada entre o facto lícito e os danos* – são iguais aos que sofre qualquer pessoa, alvo de uma denúncia anónima, devido à intervenção lícita dos órgãos públicos, não se enquadrando no âmbito de protecção do citado art. 9.º – como de resto nunca a autora pretendeu.

Deve, assim, embora com a fundamentação acima exposta, ser negado provimento ao recurso.

3. DECISÃO

Face ao exposto, os juízes da 1ª Secção do Supremo Tribunal Administrativo acordam em negar provimento ao recurso.

Custas pela recorrente/autora.

Lisboa, 8 de Março de 2005.

São Pedro (Relator)
António Madureira
Fernanda Xavier

Recurso n.º 1232/04-12

RESPONSABILIDADE CIVIL EXTRACONTRATUAL POR FACTO ILÍCITO. RESPONSABILIDADE PELO RISCO. CONVOLAÇÃO.

(Acórdão de 3 de Março de 2005)

SUMÁRIO:

I – A responsabilidade civil extracontratual por factos ilícitos, prevista no art. 2.º, n.º 1 do DL n.º 48.051, de 21.11.67, corresponde ao conceito civilista de responsabilidade civil extracontratual vertido no art. 483.º do C.Civil, assentando na verificação cumulativa dos pressupostos ali considerados (*facto ilícito*, *culpa*, *dano* e *nexo de causalidade entre o facto e o dano*).

II – É inadmissível a convolação de acção de responsabilidade civil extracontratual por acto ilícito e culposo (art. 2.º do DL n.º 48.051, de 21/ /11/1967) em acção de responsabilidade pelo risco (art. 8.º do mesmo diploma), não só por tal representar o desrespeito do princípio da estabilidade da instância, que só consente a alteração do pedido e da causa de pedir se houver acordo das partes (art. 272.º do CPCivil), mas também – e decisivamente – porque os factos que ser-

viram de fundamento à imputação de conduta ilícita e culposa não constituem suporte bastante para a responsabilização com base no risco.

ACORDAM, EM CONFERÊNCIA, NA SECÇÃO DO CONTENCIOSO ADMINISTRATIVO DO SUPREMO TRIBUNAL ADMINISTRATIVO:

RELATÓRIO

I. Luís Filipe dos Santos Oliveira, assistente administrativo, com os restantes sinais de fls. 2, instaurou no Tribunal Administrativo do Círculo de Coimbra, contra o INSTITUTO POLITÉCNICO DA GUARDA (IPG), acção ordinária nos termos do art. 71.º da LPTA, pedindo a condenação do Réu a pagar-lhe uma indemnização no valor global de 18.000.000$00, acrescido de juros legais até integral pagamento.

Por sentença daquele tribunal, de 05.12.2003 (fls. 137 e segs.), foi a acção julgada improcedente, por não provada, e, em consequência, o Réu absolvido do pedido.

É desta acção que vem interposto o presente recurso jurisdicional, em cuja alegação o recorrente formula as seguintes conclusões:

1. Ficou demonstrada a relação de causalidade, não só entre o acidente e os danos, como entre os danos e a demora na assistência ao autor.

2. O Réu tinha o dever, que não cumpriu, não só de garantir ao Autor um ambiente de trabalho livre de riscos, como também de o socorrer pronta e eficazmente em caso de sinistro.

3. Atendendo aos perigos a que o Autor estava sujeito, por força das substâncias perigosas que era obrigado a manusear, era o Réu quem tinha de provar, o que não fez, que empregou todas as providências destinadas a prevenir os danos e a efectivação dos riscos.

4. Violou assim o Douto Acórdão recorrido as seguintes disposições legais: art. 8.º, n.º 2, alíneas *c*) e *i*) do 441/91, de 14 de Novembro; arts. 483.º e 496.º do Código Civil – para além do artigo 59.º, n.º 1, alínea *c*), da Constituição da República Portuguesa.

Termos em que deverá ser revogado o Douto Acórdão recorrido, sendo o Réu condenado no pedido.

II. Não foram apresentadas contra-alegações, e o Exmo magistrado do Ministério Público neste Supremo Tribunal emitiu o parecer de fls. 181 e segs., sustentando a improcedência do recurso.

***

Colhidos os vistos, cumpre decidir.

FUNDAMENTAÇÃO

OS FACTOS

A sentença recorrida considerou provados, com interesse para a decisão a proferir, os seguintes factos:

1. Em 18 de Abril de 1997, o A. (então com a categoria de torneiro mecânico) sofreu um acidente de trabalho no Laboratório de Engenharia Civil da Escola Superior de Tecnologia e Gestão (ESTG) do Instituto Politécnico da Guarda (IPG) – *alínea A) da matéria assente.*

2. Na sequência desse acidente, o A. foi declarado pela Junta Médica da ADSE incapaz para o exercício das suas funções de torneiro mecânico mas capaz para o exercício de outras funções compatíveis com o seu estado – doc. de fls. 23 – *alínea B) da matéria assente.*

3. Tendo requerido a sua reconversão profissional, que lhe foi deferida, classificando-o como assistente administrativo, celebrou em 21/1/2000, com efeitos a 19/11/99, contrato administrativo de provimento, nos termos do documento de fls. 25 dos autos – *alínea C) da matéria assente.*

4. No dia do acidente dos autos, não havia médico no Posto Médico da ESTG do IPG, local onde o A. se dirigiu – *alínea D) da matéria assente.*

5. O acidente de trabalho dos autos deu-se pelas 14.20h (do dia 18/4/97) – *resposta ao artigo 1.º da base instrutória.*

6. Quando o A. estava a deitar o produto químico WA-4002 para uma proveta de uma bilha de 10 litros – *resposta ao artigo 2.º da base instrutória.*

7. Ao manusear o produto, o líquido saltou-lhe à cara, apanhando o olho esquerdo – *resposta ao artigo 3.º da base instrutória.*

8. O WA-4002 é uma base – *resposta ao artigo 6.º da base instrutória.*

9. De imediato, o A. lavou o olho e cara com água – *resposta ao artigo 7º da base instrutória.*

10. O olho esquerdo estava raiado com sangue, era necessário a aplicação urgente de um quelante, apenas disponível no Hospital Distrital da Guarda – *resposta ao artigo 8.º da base instrutória.*

11. Sentindo necessidade de ser assistido, o A. foi ter com Maria Fernanda Cruz Santos (secretária do Director da ESTG do IPG), a quem comunicou o acidente – *resposta ao artigo 9.º da base instrutória.*

12. A Maria Fernanda aconselhou-o a lavar o olho com água – *resposta ao artigo 10.º da base instrutória.*

13. O A. deslocou-se ao Hospital Distrital da Guarda (HDG) – *resposta ao artigo 12.º da base instrutória.*

14. No Hospital foi-lhe feita uma lavagem ao olho, anestesiado e tapado e encaminhado para o oftalmologista – *resposta ao artigo 13.º da base instrutória.*

15. O A. voltou ao IPG pedir os boletins de acidente de serviço – *resposta ao artigo 14.º da base instrutória.*

16. Em consequência do acidente, o A. ficou com perda de visão de 8/10 no olho esquerdo, a que corresponde uma IPP de 25% – *resposta ao artigo 16.º da base instrutória.*

17. O A. não teria essa incapacidade se tivesse sido atempadamente socorrido – *resposta ao artigo 17.º da base instrutória.*

18. Esse socorro apenas podia ser efectuado através de lavagem ocular com produtos adequados (quelante) – *resposta ao artigo 18.º da base instrutória.*

19. O A. sofre de dores fortes e contínuas, que o impedem de dormir normalmente – *resposta ao artigo 20.º da base instrutória.*

20. Impedindo-o de levar uma vida normal, sendo obrigado a tomar diariamente diversos medicamentos, sobretudo analgésicos – *resposta ao artigo 21.º da base instrutória.*

21. A nível psiquiátrico, o A. apresenta sintomas ansiosos e depressivos e insónia, associados a alterações de personalidade, directamente relacionados com o acidente e os danos físicos consequentes – *resposta ao artigo 22.º da base instrutória.*

22. A ansiedade e o stress provocam-lhe hipertensão, que implicam medicação permanente – *resposta ao artigo 23.º da base instrutória.*

23. No dia 29/1/2002, o A. fez um estudo poligráfico do sono – *resposta ao artigo 26.º da base instrutória.*

24. Até à data do acidente, o A. era atleta de alta competição – *resposta ao artigo 27.º da base instrutória.*

25. Competia em provas de velocidade, de 100, 200 e 400 metros – *resposta ao artigo 28.º da base instrutória.*

26. Após o acidente o A. deixou de correr – *resposta ao artigo 30.º da base instrutória.*

27. Os danos que o A. sofreu foram agravados pela falta de assistência médica atempada – *resposta ao artigo 31.º da base instrutória.*

28. Na embalagem do WA-4002 constava do Rótulo, numa cruz preta, sobre fundo laranja a indicação de "*Nocivo*" e ainda constava "*Precauções, evitar o contacto com a pele e olhos. Em caso de contacto lavar a zona atingida abundantemente com água e sabão. Em caso de ingestão provocar o vómito (caso a pessoa se mantenha consciente)*" – *resposta ao artigo 32.º da base instrutória.*

O DIREITO

A sentença impugnada julgou improcedente, por não provada, a acção de responsabilidade civil extracontratual por facto ilícito intentada pelo A. contra o Instituto Politécnico da Guarda (IPG), na qual pediu a condenação do Réu a pagar-lhe uma indemnização por danos não patrimoniais consequentes ao acidente de trabalho sofrido no Laboratório de Engenharia Civil da Escola Superior de Tecnologia e Gestão (ESTG) daquele IPG, ao manusear o produto químico WA-4002, que lhe saltou para o olho esquerdo, e lhe veio a provocar nesse olho uma perda de visão de 8/10, a que corresponde uma IPP de 25%.

Considerou a sentença que, atenta a matéria de facto dada como provada, em contraponto com a não provada, resulta indemonstrada a verificação de quaisquer factos ilícitos praticados pelo Réu ou por qualquer dos seus órgãos ou agentes, pelo que, na ausência de prova da ilicitude, a acção teria inevitavelmente de improceder.

Insurge-se o recorrente contra tal decisão, sustentando a verificação de facto ilícito culposo gerador da responsabilidade do Réu, ou, em alternativa, da sua responsabilidade pelo risco, por apelo à violação de normas do DL n.º 441/91, de 14 de Novembro, e do art. 59.º, n.º 1, al. *c*) da CRP (sobre segurança e higiene no trabalho).

Não lhe assiste qualquer razão.

1. Como bem se referiu na sentença sob impugnação, a acção intentada pelo ora recorrente foi proposta nos termos do disposto no art. 71.º da LPTA, e fundou-se – face aos termos da causa de pedir em que a petição se mostra estruturada (*factos jurídicos de que emerge o direito invocado*) – na responsabilidade extracontratual do Réu IPG por factos ilícitos praticados pelos seus órgãos ou agentes, prevista no art. 2.º, n.º 1 do DL n.º 48.051, de 21.11.67, e que corresponde ao conceito civilista de responsabilidade civil extracontratual vertido no art. 483.º do C.Civil, assentando na verificação cumulativa dos pressupostos ali considerados (*facto ilícito, culpa, dano* e *nexo de causalidade entre o facto e o dano*).

O que equivale, desde já, a que se considere de todo improcedente a alegação, ainda que alternativa, de uma eventual responsabilidade objectiva ou pelo risco, assacada ao Réu por pretensa violação de normas do DL n.º 441/91, de 14 de Novembro, e do art. 59.º, n.º 1 da CRP (sobre segurança e higiene no trabalho), uma vez que essa convolação se mostra inadmissível, desde logo por nenhum facto relativo a esse tipo de responsabilidade ter sido invocado na petição inicial, a qual assenta exclusivamente na imputação de uma responsabilidade subjectiva do Réu por factos ilícitos culposos.

Como se afirmou, a tal propósito, no Ac. deste STA de 25.11.98 – Rec. 38.737:

"*É inadmissível a convolação de acção de responsabilidade civil extracontratual por acto ilícito e culposo (art. 2.º do DL n.º 48.051, de 21/11/1967) em acção de responsabilidade pelo risco (art. 8.º do mesmo diploma), não só por tal representar o desrespeito do princípio da estabilidade da instância, que só consente a alteração do pedido e da causa de pedir se houver acordo das partes (art. 272.º do CPC), mas também – e decisivamente – porque os factos que serviram de fundamento à imputação de conduta ilícita e culposa não constituem suporte bastante para a responsabilização com base no risco.*"

O que basta para concluir que a sentença sob recurso não violou, contrariamente ao alegado pelo recorrente, a referida norma do DL n.º 441/91, nem o art. 59.º, n.º 1, al. *c*) da CRP, disposições que ali não foram (não tinham que ser) sequer consideradas.

2. Assim restringidos ao âmbito da responsabilidade extracontratual por facto ilícito (art. 2.º, n.º 1 do DL n.º 48.051), dir-se-á que a pronúncia decisória quanto à inverificação do requisito *ilicitude*, determinante da improcedência da acção, não foi eficazmente afrontada pelo recorrente na sua alegação, na qual ele se limita a invocar a omissão de auxílio por parte da secretária do Director da ESTG, e a falta de pronta e adequada assistência médica por ausência de pessoal qualificado (médico ou enfermeiro) no Posto Médico da instituição.

2.1. Ora, no que toca à alegada conduta omissiva da secretária do Director da ESTG, nenhuma prova de ilicitude foi conseguida, dadas as respostas negativas e restritivas do tribunal colectivo aos quesitos 9 a 11 e 14 da base instrutória.

Ali se perguntando se "Sentindo necessidade urgente de ser assistido, o A. foi ter com Maria ..., a quem pediu que fosse chamado um carro de serviço ou ambulância para o levar ao hospital porque se tinha queimado com ácido no olho", foi respondido "Provado apenas que, sentindo necessidade de ser assistido, o A. foi ter com Maria ..., a quem comunicou o acidente".

E perguntando-se se "Após se ter dirigido ao Posto Médico [onde, naquela altura, inexistia pessoal médico] o A. voltou à Direcção, onde a referida Maria ... lhe disse que estava muito ocupada e com muito serviço, aconselhando-o a ir a casa pôr gotas", respondeu-se "Não provado".

Estas respostas do colectivo foram determinantes para a pronúncia sobre a inexistência de ilicitude, na medida em que afastaram decisivamente a imputada omissão ilícita de prestação de auxílio.

Face a elas, forçoso é concluir que não resultou provado que a dita secretária do Presidente da ESTG se tivesse apercebido da gravidade da lesão, e que tivesse negligenciado a prestação de auxílio ao A.

Aliás, como bem se refere na sentença, "*nem o próprio A. se apercebeu da gravidade da lesão, pois que se se tivesse apercebido, logo teria aceite a "boleia" que um professor (Eng.º Carlos Alberto Ramos) lhe ofereceu, para o levar ao Hospital, mas o A. recusou (sendo que tal facto é anterior à deslocação à Direcção da ESTG e quase concomitante, pois o Eng.º Carlos Ramos foi a primeira pessoa a falar com o A., logo após o acidente)*" (vd. fundamentação das respostas aos quesitos).

2.2. No que toca à falta de pronta e adequada assistência médica por ausência de pessoal qualificado no Posto Médico da instituição, também aqui nenhuma ilicitude ficou demonstrada, como bem se decidiu.

Primeiro, porque nenhuma norma legal ou regulamentar, designadamente os Estatutos do IPG (DR, I Série B, N.º 273, de 25.11.94) ou da ESTG (DR, II Série, N.º 2, de 03.01.96) impõe a existência de um serviço de atendimento médico permanente nas instalações da instituição.

Depois – e decisivamente – porque ficou provado (cfr. n.os 10 e 18 da matéria de facto) que o socorro ao A. "*apenas podia ser efectuado através de lavagem ocular com produtos adequados (quelante)*", e que esse produto era "*apenas disponível no Hospital Distrital da Guarda*".

Acrescendo ainda, neste ponto, para o afastamento da ilicitude, o facto (igualmente provado – n.º 28 da matéria de facto) de o rótulo da embalagem do WA-4002 conter a errada indicação de a precaução a ter em caso de contacto com a pele ser a de "lavar a zona atingida abundantemente com água e sabão", sem qualquer alusão à necessidade do citado "quelante", circunstância que terá sido determinante para o agravamento da lesão sofrida pelo A., mas à qual o Réu é naturalmente alheio.

Bem andou, pois, a sentença impugnada ao decidir que, em face da prova feita em audiência de discussão e julgamento, o A. não logrou demonstrar qualquer actuação ilícita por parte dos agentes ou funcionários do Réu.

Improcedem, deste modo, todas as conclusões da alegação do recorrente.

DECISÃO

Com os fundamentos expostos, acordam em negar provimento ao recurso, confirmando a decisão impugnada.

Custas pelo A., sem prejuízo do apoio judiciário concedido (fls. 16 dos autos).

Lisboa, 3 de Março de 2005.

Pais Borges (Relator)
Rui Botelho
Freitas Carvalho

Recurso n.º 745/04-11

REVISORES OFICIAIS DE CONTAS. RESSALVA DOS DIREITOS ADQUIRIDOS.

(Acórdão de 13 de Janeiro de 2005)

SUMÁRIO:

I – Para o efeito da ressalva dos direitos adquiridos, nos termos dos n.º 3 e 4, do artigo 164, do DL n.º 487/99, de 16-11 (Estatuto dos ROC), a qualificação das funções exercidas como de "auditoria e serviços relacionados", é da competência exclusiva da Ordem dos Revisores Oficiais de Contas.

II – Uma declaração, ainda que constitua um documento autêntico, donde conste terem sido realizados trabalhos de que resultaram "relatórios e pareceres de auditoria " não tem qualquer valor probatório especial, traduzindo um mero juízo de valor da entidade emissora que, nos termos do artigo 371.º, n.º 1, do C. Civil, é livremente apreciada pela entidade competente.

III – Não padece de violação lei por erro nos pressupostos a deliberação do Conselho Directivo da Ordem dos ROC que, face ao documento referido em II, indeferiu o pedido de ressalva dos direitos adquiridos formulado pelo requerente por considerar que não foi feita prova do requisito exigido pelo n.º 3, do artigo 164.º, do DL n.º 487/99 – exercício das funções de " auditoria e serviços relacionados".

ACORDAM EM CONFERÊNCIA NA SECÇÃO DO CONTENCIOSO ADMINISTRATIVO DO SUPREMO TRIBUNAL ADMINISTRATIVO:

I. Carlos Fernando de Oliveira da Silva, identificado nos autos, recorre da sentença de 18-06-2003, do Tribunal Administrativo do Círculo do Porto, que negou provimento ao recurso contencioso que interpôs da deliberação de 21-06-2001, do Conselho Directivo da Ordem dos Revisores Oficiais de Contas, que indeferiu o pedido de reconhecimento de direitos adquiridos relativos ao exercício de actividade de auditoria às contas e serviços, formulado pelo recorrente ao abrigo do n.º 3, do artigo 164.º do DL n.º 487/89, de 16-11.

Nas suas alegações formula as conclusões seguintes:

A) Neste recurso jurisdicional coloca-se a questão de saber se, para efeitos de cláusula de reconhecimento de direitos previsto nos n.º 3 e 4 do artigo 164.º do D.L. 487/ /99, é suficiente a declaração emitida por entidade pública pela qual se reconhece que ter o recorrente elaborado ao longo de um período de 2 anos uma série de pareceres e relatórios de auditoria;

B) Diferentemente da posição acolhida na sentença impugnada, a resposta à questão que se colocou não pode (não podia) deixar de ser positiva;

C) E não pode deixar de ser positiva, porquanto a declaração emitida pela ESTSP (a certificar o exercício pelo recorrente de actividades profissionais de auditorias às contas) tem por efeito jurídico próprio e específico (unilateral e autoritário) precisamente o tornar certa e incontestável pelos demais operadores jurídicos (incluindo os outros entes públicos administrativos) a existência do facto ou documento atestado (artigos 369.º n.º 1 e 371.º do Código Civil);

D) Em consequência do exposto, a livre apreciação de prova da autoridade requerida entra em confronto com a força probatória plena que a lei reconhece a um determinado documento certificativo emitido por uma autoridade pública;

E) Sendo certo que no caso em apreço, a solução desse confronto passa, no caso em apreço, pela cedência da margem de livre apreciação reconhecida ao competente órgão da Ordem dos ROC face ao valor probatório pleno do documento emitido pela autoridade pública;

Por consequência,

F) A autoridade requerida e tribunal *a quo* (através da sentença recorrida) deveriam ter reconhecido prova plena à declaração pela ESTSP e, por arrastamento, julgar preenchidos os pressupostos de que, nos termos da lei, depende o reconhecimento de direitos adquiridos relativos ao exercício de actividades designadas de auditoria às contas e serviços relacionados;

A entidade recorrida contra-alegou, formulando as seguintes conclusões:

1.ª Face à prova produzida, o R não conseguiu demonstrar, como lhe competia, o exercício efectivo de funções de "auditoria às contas e serviços relacionados", na vigência da legislação anterior ao Decreto-Lei 487/99, de 16/11, por forma a poder beneficiar do regime de ressalva de direitos adquiridos contemplada nos n.os 3 e 4 do seu art. 164.º;

2.ª A certidão da ESTSP, por não ter sido emitida no âmbito das respectivas atribuições, não pode ser considerado documento autêntico com força probatória plena, à luz do regime fixado pelos n.os 1 do art.º 369.º e n.º 1 do art. 371.º do Código Civil;

3.ª À Ordem dos Revisores Oficiais de Contas compete, no domínio das suas atribuições, apreciar o conteúdo daquele documento de modo a ajuizar da respectiva adequação à prova do real desempenho de funções de "auditoria e serviços relacionados" por todos os candidatos à ressalva de direitos adquiridos [alínea *a*) do art. 5.º, art. 40.º e n.º 4 do art. 164.º do Estatuto da Ordem];

4ª A sentença recorrida efectuou adequada avaliação da prova produzida e correcto enquadramento jurídico dos factos, pelo que não enferma de erro de julgamento.

O Exm.º Procurador Geral Adjunto emitiu o parecer no sentido do improvimento do recurso, nos termos seguintes:

"....

Não se crê que assista razão ao recorrente.

De facto, importa acentuar que a declaração em questão não pode ser qualificada como documento autêntico já que não foi emitida pela ESTCP nos limites da sua competência (artigo 363.º, n.º 2 do CC), desde logo porque disposição legal alguma lhe conferiu ou atribuiu poderes para certificar o exercício dessas actividades de auditoria, dela constando apenas um mero juízo pessoal relativo à percepção da entidade documentadora quanto a esse exercício e daí que, como documento informativo, estivesse sujeita à livre apreciação da entidade recorrida e, mais tarde do próprio tribunal, por via da impugnação contenciosa da deliberação a esse respeito proferida.

Não vindo questionado o acerto do juízo de livre apreciação que foi feita da declaração da ESTCP enquanto documento probatório destituído de força probatória plena, a sentença terá, a meu ver, de ser confirmada.

Termos em que se é de parecer que o recurso deverá ser improvido."

II. A sentença recorrida considerou, com interesse para a decisão, assentes os seguintes factos:

I) O recorrente dirigiu ao ente recorrido requerimento, registado e recebido em 21/11/2000 sob o n.º 012097, no qual, alegando reunir as condições exigidas pelo D.L. n.º 487/99 veio requerer nos termos e para efeitos dos n.os 3 e 4 do art. 164.º do D.L. n.º 487/99, de 16/11, a sua inscrição na Ordem dos R.O.C. para efeitos do exercício de actividades de auditoria, juntando documentos em anexo (cfr. fls. 01 a 10 do processo administrativo apenso cujo teor aqui se dá por reproduzido);

II) Sobre tal pretensão o Sr. Bastonário da Ordem do R.O.C. enviou ao recorrente duas cartas, sendo a primeira datada de 04/12/2000 e enviada sob registo com A/R não recepcionado e a segunda datada de 08/01//2001 e enviada sob registo com A/R recepcionada em 17/01/2001, na qual concedia ao mesmo o prazo de 10 dias para envio de cópias dos relatórios de auditoria que o mesmo tivesse elaborado, de preferência em empresas ou entidades distintas, se for o caso (cfr. fls. 11/16 do administrativo apenso cujo teor aqui se dá por reproduzido);

III) O recorrente, em 25/01/2001, enviou aos serviços competentes da autoridade recorrida requerimento contendo em anexo declaração subscrita pela Sra. Directora da E.S.T.S.P. (cfr. fls. 17 e 18 do referido processo administrativo apenso cujo teor aqui se dá por reproduzido);

IV) Após pelo Departamento Jurídico da Ordem dos R.O.C. foi elaborada informação datada de 25/01/2001 no sentido de que do ponto de vista formal o requerimento do recorrente visa a ressalva dos direitos adquiridos pelo interessado (cfr. fls. 19 do processo administrativo apenso cujo teor aqui se dá por reproduzido);

V) De seguida pelo Presidente da Comissão de Inscrição da Ordem dos R.O.C., em 04/06/2001, foi elaborada proposta no sentido do indeferimento da pretensão do recorrente (cfr. fls. 20 do processo administrativo apenso cujo teor aqui se dá por reproduzido);

VI) A Comissão de Inscrição da Ordem dos R.O.C, deliberou em 04/06/2001 indeferir a pretensão do recorrente e determinar a submissão da deliberação/proposta a homologação da autoridade recorrida (cfr. fls. 21 a 28 do processo administrativo apenso cujo teor aqui se dá por reproduzido);

VII) A autoridade recorrida reunida em 21/06/2001 deliberou homologar aquela deliberação referida em VI) (cfr. fls. 29 a 32 do processo administrativo apenso cujo teor aqui se dá por reproduzido) – (acto recorrido);

VIII) Em 12/08/2003 o recorrente foi notificado da deliberação referida em VII) (cfr. art. 11.º p.i., fls. 32 dos presentes autos e fls. 33/34 do processo administrativo apenso cujo teor aqui se dá por reproduzido;

IX) A autoridade recorrida havia tomado em 02/03//2000 deliberação divulgada e publicitada através da circular n.º 18/2000, de 08/03, com o teor constante de fls. 58 a 67 dos presentes autos cujo teor aqui se dá por reproduzido;

X) O recorrente instaurou recurso contencioso de anulação da deliberação referida em VII) em 12/10/2001; (cfr. fls. 02 dos presentes autos).

III. Como ressalta das conclusões da alegação do recorrente a sua discordância com a decisão recorrida cinge-se à parte em que esta julgou improcedente o vício de violação de lei por erro nos pressupostos de facto uma vez que, em seu entender e ao contrário do decidido, provou que reunia todos os requisitos previstos no n.º 3, do artigo 164, do DL n.º 487/99, de 16-11, para a sua inscrição como Revisor Oficial de Contas.

Imputa-lhe, assim, um erro de julgamento por incorrecta aplicação daquela disposição legal.

Vejamos.

O DL n.º 487/99, de 16 de Novembro, que aprovou o Estatuto dos Revisores Oficiais de Contas, no artigo 164, sob a epígrafe "Direitos Adquiridos", dispõe:

1 – ...

2 – ...

3 – Ficam ainda ressalvados, vitaliciamente ou durante cinco anos contados do início do ano seguinte ao da entrada em vigor do presente diploma, os direitos adquiridos, respectivamente, por pessoas singulares ou colectivas que, não sendo revisores oficiais de contas, já exerciam, na vigência da legislação anterior, as actividades agora designadas por auditoria às contas e serviços relacionados, decorrentes de disposição estatutária ou contratual.

4 – As pessoas singulares ou colectivas que estejam, abrangidas pelo disposto no número anterior deverão no prazo de um ano a contar da data da entrada em vigor do presente diploma, comprová-la perante a Ordem, entregando, para o efeito, a documentação que esta considere adequada.

As disposições transcritas estabelecem a ressalva dos direitos adquiridos a quem, não sendo revisor oficial de contas, já exercia, na vigência da legislação anterior, as actividades agora designadas por "auditoria às contas e serviços relacionados".

Relativamente à prova do exercício de tais actividades a lei remete para a documentação que a Ordem dos R.O.C. "considere adequada" – parte final do n.º 4, do artigo 164; no uso dessa competência, em 2-03-200 o Conselho Directivo da Ordem deliberou, além do mais, que o exercício das actividades de auditoria às contas e serviços relacionados, devia ser comprovada documentalmente, reservando, ainda, o direito de solicitar outra documentação que considere adequada – cfr. fls. 61 dos autos.

No caso em apreço, como enuncia o próprio recorrente, a questão que se coloca no presente recurso jurisdicional é a "saber se, para efeitos de cláusula de reconhecimento de direitos previsto nos n.º 3 e 4 do artigo 164.º do D.L. 487/99, é suficiente a declaração emitida por entidade pública pela qual se reconhece que ter o recorrente elaborado ao longo de um período de 2 anos uma série de pareceres e relatórios de auditoria".

O recorrente instruiu o requerimento que, ao abrigo dos n.ºs 3 e 4, do artigo 164, do DL n.º 487/99, apresentou à Ordem dos ROC com um curriculum vitae em que se identifica como " Técnico Oficial de Contas, inscrito na CTOC com o n.º 40923" e com duas declarações de cujo teor consta que "presta serviços de auditoria" – cfr. fls. 4 a 7, do processo instrutor.

Notificado pela entidade recorrida para juntar cópia dos relatórios de auditoria que haja elaborado, não o fez, juntando apenas uma declaração subscrita pela Directora da Escola Superior de Tecnologia da Saúde do Porto (ESTSP) da qual consta que, no estabelecimento em causa foram realizados trabalhos – apelidados pela entidade declarante como relatórios e pareceres de auditoria – versando sobre os temas que enumera, e que na ESTSP existe comprovação documental da relação dos ditos relatórios e pareceres – cfr. fls. 18 do processo instrutor.

A sentença recorrida considerou que tal declaração não é idónea uma vez que não cabe nas competências da ESTSP a certificação de actividade profissional de auditoria às contas, pelo que a tal documento não tem qualquer força vinculativa nem faz prova plena, razão por que a decisão da entidade recorrida ao considerar que o recorrente não fez prova do requisito exigido pelo n.º 3, do artigo 164.º do DL 487/99 – exercício de actividades de auditoria às contas e serviços relacionados – não violava tal dispositivo legal.

O recorrente sustenta, porém, que tal declaração constitui um documento autêntico cujo conteúdo se impõe a todas as entidades, pelo que certificando "o exercício pelo recorrente de actividades profissionais de auditorias às contas" a entidade recorrida ao considerar não preenchido o requisito do n.º 3, do artigo 164.º, do DL 487/99, incorreu no vício de violação de lei, pelo que a sentença recorrida, decidindo em contrário, incorreu em erro de julgamento.

Não tem, porém, o recorrente razão porque não fez prova do requisito "exercício de actividades de auditoria às contas e serviços relacionados".

Na verdade, o único elemento probatório que apresentou à entidade recorrida foi a declaração junta a fls. 18 do processo instrutor, sem data e subscrita pela Directora da Escola Superior de Tecnologia da Saúde do Porto (ESTSP), com o seguinte teor:

"No sentido de corresponder ao solicitado pelo Sr. Carlos Fernando Oliveira da Silva Pereira e tendo em conta o carácter de confidencialidade inerente aos pareceres e relatórios de auditoria elaborados, poderemos apenas enumerar as temáticas versadas na sequência dos trabalhos realizados na Escola Superior de Tecnologia da Saúde do Porto (ESTSP).

Os relatórios e pareceres de auditoria versaram os seguintes temas:

• Relatório da situação na ESTSP

– Execução financeira do Programa Sócrates/Erasmus

• Financiamento em rubricas no âmbito dos projectos cofinanciados pelo Fundo Social Europeu

• Procedimentos para efeitos de conferência Tesouraria

• Pagamento de compensações a trabalhadores independentes

• Retenção na fonte de rendimentos de trabalhadores independentes

• Alteração para o ano 2000 de algumas classificações contabilísticas

• Parecer sobre Orçamento Ordinário 2000 e 1ª Alteração Orçamental

• Procedimentos para a Aquisição de Bens e Serviços

• Cabimentação de despesas

Declaramos que existe comprovação documental na ESTSP da relação de relatórios e pareceres de auditoria acima mencionados."

Como se vê, ao contrário do alegado pelo recorrente, o documento junto, para além de não conter data, não certifica "o exercício pelo recorrente de actividades profissionais de auditorias às contas", não tendo, pois, o valor probatório que o recorrente lhe pretende atribuir.

Na verdade, de acordo com o disposto no artigo 371.º, n.º 1, do C. Civil os documentos autênticos fazem prova plena apenas quanto à materialidade dos factos nele atestados, e não quanto à veracidade dos mesmos[1]; no caso em apreço só fazem prova dos factos nele narrados, isto é que na ESTSP foram realizados trabalhos versando sobre os temas que são enumerados no documento, e que existe comprovação documental dos mesmos trabalhos, apelidados pela autora da declaração de "relatórios e pareceres de auditoria". Repare-se que nem sequer se refere quem realizou tais trabalhos.

O facto de a subscritora do documento apelidar tais trabalhos de "pareceres e relatórios de auditoria" não tem qualquer relevância probatória constituindo um mero juízo de valor sujeito a livre apreciação – cfr. artigo 371, n.º 1, do C. Civil – da Ordem dos ROC que, nos termos e para os efeitos dos n.ºs 3 e 4, do artigo 164, do DL 487/99, é a entidade competente para a qualificação das actividades invocadas pelos interessados como de "auditoria às contas e serviços relacionados".

Conclui-se assim, que o documento em causa não constitui prova de o recorrente ser detentor do requisito exigido pelo n.º 3 do artigo 164.º, do DL n.º 487/99, pelo que bem andou a sentença recorrida ao considerar que a deliberação contenciosamente impugnada não assentava em pressupostos de facto errados.

Não ocorrendo, assim, o invocado erro de julgamento, improcedem todas as conclusões do recorrente.

IV. Nos termos expostos acordam em negar provimento ao recurso, mantendo a decisão recorrida.

Custas pelo recorrente que se fixam em 400 Euros (taxa de justiça) e 200 Euros (procuradoria).

Lisboa, 13 de Janeiro de 2005.

Freitas Carvalho (Relator)
Santos Botelho
Adérito Santos

Recurso n.º 2003/03-11

2.ª Secção (Contencioso Tributário)

ANATOCISMO

(Acórdão de 16 de Fevereiro de 2005)

SUMÁRIO:

Não dizendo os juros sobre juros respeito ao mesmo período de tempo, não há anatocismo proibido pelo art. 560.º do Código Civil, mas juros de mora pela mora no pagamento ao Estado de uma receita que lhe era devida nos termos do art. 1.º, n.º 1, al. *a*) e n.º 3, do Decreto-Lei n.º 49.168 de 5.8.1969.

ACORDAM NA SECÇÃO DO CONTENCIOSO TRIBUTÁRIO DO STA:

1.º RELATÓRIO

Com fundamento em vício de violação de lei – violação do art. 560.º, n.º 1, do Código Civil, que proíbe o anatocismo – RESENDE – ACTIVIDADES TURÍSTICAS, SA, com sede na Rua Conde S. Salvador, 47, Matosinhos, deduziu recurso contencioso de anulação contra o despacho do Director Geral dos Impostos praticado no uso de subdelegação de poderes do Ministro das Finanças, de 3.7.98, que indeferiu o pedido de restituição de juros de mora incidentes sobre juros de mora de natureza sancionatória pelo facto de a recorrente não ter cumprido as condições sob as quais fora concedido o incentivo para a renovação da frota de veículos pela Direcção-Geral de Transportes Terrestres.

O despacho de indeferimento da reclamação diz o seguinte (fls. 20):

"Fundamentou-se tal decisão no facto de os referidos juros de mora, liquidados ao abrigo do DL 49.168, de 5.8.69, revestirem carácter meramente indemnizatório pela mora no pagamento, sendo assim de natureza diferente dos juros liquidados nos termos dos n.ºs 21 e 22 dos despachos 42/88 e 19/89 – XI MOPTC, os quais têm carácter marcadamente sancionatório, consubstanciando uma penalização pelo uso indevido dos benefícios".

O recurso contencioso foi interposto para o Tribunal Central Administrativo, o qual, por acórdão de fls. 72 e seguintes, declarou competente o Tribunal Tributário de 1ª Instância do Porto.

Remetido o processo à 1ª instância, por sentença de fls. 85 e seguintes o M.º Juiz de Direito anulou o acto impugnado e ordenou a restituição dos juros, por violação da norma legal invocada no recurso.

Agora quem não se conforma é a autoridade recorrida, a qual recorreu para o TCA nos termos das suas alegações de fls. 102 e seguintes, nas quais concluiu que o meio próprio para reagir contra a liquidação de juros de mora não é o recurso contencioso, mas a impugnação

[1] Neste sentido *"Noções Elementares de Processo Civil"*, Domingues de Andrade, Coimbra Editora Limitada, 1976, págs 225/226 e " *Código Civil Anotado* ", Vol. I, Pires de Lima e Antunes Varela, Coimbra Editora Limitada, 3 – Edição Revista e Actualizada, 1982, págs 325/326, e Acórdãos de 2-01-88, Proc.º n.º 19226, do Pleno, in BMJ 373, 566, de 28-02-89, Proc.º n.º 24146, e de 21-12-93, Proc.º n.º 32484, ambos da 1ª Secção, in Ap DR de 14-11-94, 1496, e de 15-10-96, 7294, respectivamente.

judicial. Por outro lado, o acto recorrido é irrecorrível por se ter constituído caso resolvido ou caso decidido, pois a recorrente não usou a impugnação judicial na altura própria. Por outro lado, o art. 560.º do CC aplica-se às dívidas de direito privado e não às dívidas de direito público. Os juros em causa integram-se, com o montante correspondente à restituição do benefício auferido, na obrigação principal, com todas as garantias aplicáveis à mesma.

A RESENDE contra-alegou a fls. 117 e seguintes, sustentando a sentença recorrida.

Pelo facto de o recurso versar matéria exclusivamente de direito, o TCA, por acórdão de fls. 131 e seguintes, declarou-se incompetente em razão da hierarquia.

Remetido o processo a este STA, o M.º P.º emitiu douto parecer nos termos do qual se deve conceder provimento ao recurso, pois a recorrente tinha o dever legal, para se defender, de utilizar as vias próprias, exclusivas e imperativas, que eram a reclamação graciosa, a impugnação judicial ou o pedido de revisão.

Corridos os vistos cumpre decidir a questão de saber se a decisão recorrida deve ser confirmada ou reformada, começando pelas questões prévias postas no recurso da autoridade recorrida.

2.º FUNDAMENTOS

São os seguintes os factos dados como provados pela 1ª instância:

a) Por não ter cumprido as condições sob as quais lhe fora concedido o incentivo para a renovação da sua frota de veículos, foi comunicado à recorrente (ora recorrida) por ofício de 24.3.94 e 26.5.94 que lhe seria emitida uma guia de reposição no valor de 77.205.578$00, sendo 39.456.000$00 referentes a verbas recebidas e 37.749.578$00 relativas a juros calculados, tudo de acordo com os documentos juntos ao processo instrutor;

b) Pela 1ª Repartição de Finanças de Matosinhos foi emitida a guia pagamento, onde se apura o valor de 90.764.568400, sendo 39.456.000$00 de reposições não abatidas nos pagamentos, 37.749.578$00 de juros, 3.220.515$00 e 1.073.505$00 de taxa de justiça, 300$00 de papel e portes de correio e 9.264.670$00 de juros de mora;

c) Em 30.5.95 a recorrente pagou a quantia referida na alínea anterior;

d) Em 3.4.96 a recorrente requereu ao Ministro das Finanças que lhe fossam restituídos os juros de mora pagos e liquidados sobre os juros exequendos;

e) Esse requerimento foi indeferido pelo acto recorrido.

Como resulta deste probatório, a RESENDE pagou a quantia, pelo total, em 30.5.95, mas o seu requerimento ao Ministro das Finanças apenas foi apresentado em 3.4.96. Por sua vez, o recurso contencioso deu entrada em 22.9.98.

Sustenta a recorrente autoridade fiscal que o recurso contencioso não é o meio próprio para reagir contra a liquidação de juros de mora, pois esse meio ou é a reclamação graciosa ou a impugnação judicial. Não tendo a RESENDE usado qualquer desses meios, a liquidação passou a caso decidido ou caso resolvido, não podendo ser contenciosamente sindicado por efeito de um requerimento anómalo de restituição dos juros de mora.

O M.º P.º tem a mesma posição.

Vejamos:

A RESENDE PAGOU os juros de mora em 30.5.95.

Se não concordasse com essa liquidação, tinha o prazo de 90 dias a contar do termo do prazo para pagamento voluntário para deduzir impugnação judicial (art. 123.º, n.º 1, do Código de Processo Tributário, então em vigor).

Mas a RESENDE deixou passar esse prazo para deduzir impugnação judicial.

Se não quisesse seguir a via judicial, a RESENDE podia seguir a via administrativa mediante uma reclamação graciosa no prazo de 90 dias (art. 97.º, n.º 1, do Código de Processo Tributário). Também não utilizou este meio dentro do prazo legal.

Sucede que a contribuinte ainda tinha à sua disposição outro meio de defesa. Com efeito, nos termos do art.º 93.º do CPT, então em vigor, o acto tributário podia ser objecto de revisão oficiosa pela entidade que o praticou, por sua iniciativa ou por ordem do superior hierárquico, com fundamento no errado apuramento da situação tributária do interessado. E, nos termos do art. 94.º, n.º 1, al. *b*) do mesmo CPT, a Administração tinha o prazo de cinco anos para proceder a essa revisão.

Ora, se A Administração tinha cinco anos para proceder à revisão do acto tributário a favor do contribuinte, nada impedia que fosse este a sugerir à Administração essa revisão, fazendo um requerimento a pedir a restituição do imposto pago por erro imputável aos serviços.

Foi o que a RESENDE fez no requerimento dirigido ao Ministro das Finanças, e que se encontra no processo instrutor com data de 20 de Março de 1996.

Esta interpretação dos arts. 93.º e 94.º do CPT foi, depois, aclarada e confirmada pelo art. 78.º, n.º 6, da Lei Geral Tributária, que passou a n.º 7 com a Lei n.º 55-B/2004, de 30 de Dezembro. Assim, em 1996 o contribuinte bem podia sugerir à Administração que usasse os seus poderes de revisão oficiosa dos actos tributários que enfermassem de erro imputável aos serviços.

E então, tal como hoje, o indeferimento desses pedidos ou sugestões era passível de recurso contencioso para os tribunais.

Assim, bem andou a RESENDE em interpor um recurso contencioso contra o despacho que lhe indeferiu o pedido de restituição de juros de mora incidentes sobre juros de mora de natureza sancionatória.

Como resulta da douta sentença recorrida, o M.º Juiz *a quo* entendeu anular o acto impugnado pelo facto de o anatocismo (juros sobre juros) ser proibido pelo art. 560.º do Código Civil, e não se estar em face de qualquer das três excepções em que esses juros sobre juros são permitidos. Por outro lado, entendeu o M.º Juiz de 1ª instância que nada na lei autoriza a liquidação e cobrança de juros com carácter sancionatório e indemnizatório.

Entende a recorrente que o art. 560.º do CC não se aplica às relações jurídicas tributárias, mas apenas às relações jurídicas de direito privado.

Ora, sempre se aceitou que o direito tributário é regido pelas leis tributárias e, supletivamente, pelo direito civil, que é o direito comum. Isso está hoje claramente consagrado no art. 2.º, al. *d*) da Lei Geral Tributária, que manda aplicar o Código Civil como legislação complementar do direito dos impostos. Não pode ser de outro modo, pois o direito fiscal é um direito de sobreposição que tem sempre de fazer apelo a outros ramos do direito na falta de disposições fiscais especiais.

Sucede que há disposições fiscais especiais que levam a considerar válidas as liquidações que foram feitas.

Vejamos.

Como resulta das certidões de dívidas de fls. 22 e 23, foram liquidadas à recorrente (do recurso contencioso) as seguintes verbas:

Sanção (restituição do benefício auferido) 39.456.000$00 +

Juros de mora sobre essa sanção

Juros acrescidos sobre a sanção anterior 37.749.578$00 +

Juros de mora sobre os juros acrescidos.

Tanto a sanção (ou restituição dos benefícios auferidos) como os juros acrescidos a essa sanção resultam dos n.os 21 e 22 dos Despachos MOPTC 42/88-XI e 19//89-XI, publicados na II Série do DR de 26.7.88 e 8.6.89, respectivamente.

Por sua vez, os juros de mora de 4% resultam de a RESENDE "não ter efectuado voluntariamente o pagamento em causa no decurso do prazo constante da notificação para o efeito elaborada de conformidade com o art. 110.º do D.L. 154/91 de 25/04", como se refere nas duas certidões de dívida.

Esses juros de mora por falta de pagamento depois do prazo pagamento voluntário fundam-se no disposto no art. 1.º, n.º 3, do Decreto-Lei n.º 49 168, de 5 de Agosto de 1969.

Com efeito, o art. 1.º, al. *a*), desse diploma diz que estão sujeitas a juros de mora as dívidas ao Estado provenientes de rendimentos diferentes de impostos, taxas ou contribuições.

O conceito de rendimento, utilizado nesta norma, tem um sentido amplo de qualquer importância que seja de considerar receita do Estado. Não tem o sentido restrito que lhe deu a RESENDE. Se dentro de certo prazo certa receita tem de dar entrada nos cofres do Estado e não dá, então o Estado passa a estar prejudicado e o particular, obrigado ao seu pagamento, passa a estar beneficiado. Segundo a regra de direito *neminem laedere*, o Estado não pode ficar prejudicado pela falta de pagamento voluntário dentro do prazo que a lei estabelece.

Ora, os juros de mora visam, precisamente, compensar o Estado pelo período em que esteve sem a verba a que tem direito.

Como estão sujeitos a juros de mora tanto a importância do benefício a restituir como os juros "acrescidos" – para utilizar a expressão dos Despachos – a autoridade fiscal fez uma liquidação única de juros de mora – 9.264.670$00 – como se vê de fls. 27. De facto, se sobre ambas as verbas – 39.456.000$00 e 37.749.578 – recaíam juros de mora, não valia a pena fazer duas liquidações distintas de juros de mora.

A Resende insiste que estamos em face de juros sobre juros, ou anatocismo, o mesmo sucedendo com a sentença recorrida.

Mas essa é uma falsa questão, pois o que está em causa não é uma questão de juros sobre juros, mas de juros de mora de uma quantia global que deveria ser paga dentro de certo prazo e não foi. Estaríamos em face de anatocismo ou de juros sobre juros se os juros de mora fossem liquidados desde o início e não, somente, a partir do final do prazo para pagamento voluntário.

Acontece que a Direcção Geral dos Transportes Terrestres somente enviou a certidão de dívida às finanças porque a RESENDE não procedeu ao pagamento voluntário dentro do prazo legal.

Ora, resulta do despacho recorrido que os juros que a Resende reputa de ilegais são juros de mora "liquidados ao abrigo do DL 49.168 de 5.8.69", pelo facto de os mesmos revestirem carácter meramente indemnizatório pela mora no pagamento. Os juros de 37.749.578$00 "têm carácter marcadamente sancionatório, consubstanciando uma penalização pelo uso indevido dos benefícios", para usar as expressões da autoridade fiscal. Na realidade, estamos perante juros compensatórios, ainda que os Despachos publicados no DR lhe chamem de "sanção".

Logo, o que foi exigido à RESENDE foi o seguinte:

– benefício auferido;

– juros compensatórios desse benefício auferido;

– juros de mora pelo pagamento tardio.

Assim, não há juros sobre juros ou anatocismo, pelo que a sentença não se pode manter.

Só assim faz sentido o n.º 3 do art. 1.º, na parte em que se refere a "os juros de mora incidirão sobre o montante da prestação a pagar, acrescida do referido juro de 4%.

3.º DECISÃO

Nestes termos, acordam os juízes deste STA em conceder provimento ao recurso jurisdicional, em revogar a sentença recorrida e em negar provimento ao recurso contencioso, mantendo-se a liquidação.

Custas na 1ª instância e neste STA a cargo da RESENDE, fixando-se as taxas de justiça de 250 e 350 euros, respectivamente, sendo de 50% daquelas verbas a procuradoria.

Lisboa, 16 de Fevereiro de 2005.

Almeida Lopes (Relator)
Fonseca Limão
Pimenta do Vale

Recurso n.º 1671/03-30

ANULABILIDADE. TEMPESTIVIDADE DA IMPUGNAÇÃO.

(Acórdão de 12 de Janeiro de 2005)

SUMÁRIO:

I – O acto administrativo que aplica norma inconstitucional não é nulo, estando viciado por erro nos pressupostos de direito, que integra violação de lei, causal de mera anulabilidade.

II – Como assim, se não atacado nos termos e prazo impostos por lei, consolida-se na ordem jurídica como caso resolvido ou caso decidido.

ACORDAM, EM CONFERÊNCIA, NA SECÇÃO DE CONTENCIOSO TRIBUTÁRIO DO STA:

Diogo de Brito Subtil Fonseca e Silva, residente na Avenida Ressano Garcia, 14, 1.º, em Lisboa, inconformado com o acórdão do TCA de fls. 261-271 v.º, confirmativo de sentença do *5.º* Juízo do TT de 1ª Instância de Lisboa que julgou improcedente esta impugnação judicial, por si deduzida contra liquidação, pela CM de Lisboa, de taxa urbanística no montante de esc. 2002 000$00, vem até nós, culminando a sua alegação de recurso com as seguintes conclusões:

1ª Contrariamente ao decidido no acórdão *sub judice,* o tributo em causa integra uma contribuição especial não permitida por lei, não existindo qualquer normativo que possibilite a sua liquidação e cobrança.

2ª O tributo exigido ao ora recorrente assenta na realização de obras públicas e na criação ou ampliação de serviços públicos de carácter geral, não estando em causa qualquer prestação ou serviço concreto do Município de Lisboa, dirigido individual e especificamente ao recorrente, em consequência de licenciamento da sua construção, pelo que a sua qualificação como contribuição especial é inquestionável (v. art. 4.º, 3, da LGT), enfermando assim o acórdão recorrido de manifesto erro ao ter qualificado a TRIU como taxa.

3ª As normas do Regulamento da Taxa pela Realização de Infra-Estruturas Urbanísticas do Município de Lisboa (RTMIEU), que prevêem a TRIU, são inconstitucionais e inaplicáveis *in casu,* pois criaram uma contribuição especial, que, nos termos do art. 4.º, 3, da LGT, tem a natureza de imposto não previsto na lei (v. arts. 103.º, 2, e 165.º, 1, 1), da CRP).

4ª. Os órgãos e serviços do Município de Lisboa criaram uma contribuição especial não prevista em qualquer norma legal ou regulamento válido e eficaz, pelo que os actos de liquidação e cobrança *sub judice* são nulos (v. art. 1.º, 4, da Lei 1/87, art. 88.º,1, *a*), do DL 100/ /84, de 29.III, arts. 103.º e 165.º, 1, l), da CRP, art. 133.º, 2, *a*) e *b*), do CPA e art. 1.º, 4, do DL 98/84, de 29.III).

5ª Os actos de liquidação e cobrança *sub judice* criaram contribuições especiais ou impostos não previstos na lei, pelo que são nulos por falta de atribuições, *ex vi* arts. 106.º e 168.º, 1, 1), da CRP (cfr. arts. 103.º e 165.º, 1, 1), da CRP, na sua versão actual), art. 1.º, 4, da Lei 1/87, de 06.1, (cfr. art. 2.º, 4, da Lei 42/98, de 06.VIII), art. 88.º, 1, *a*), do DL 100/84, de 29.111, e arts. 133.º,1, e 2, *b*), e 134.º do CPA).

6ª A CML não invocou, demonstrou ou provou a realização de quaisquer infra-estruturas urbanísticas cuja construção ou ampliação tenha constituído consequência necessária das obras de alteração da fracção do ora recorrente.

7ª As normas do RTMIEU que prevêem a "taxa de urbanização" exigida ao recorrente, bem como o art. 11.º, *a*), e *b*), da Lei 1/87, de 06.I, sempre seriam inaplicáveis *in casu,* pois não foi invocada ou demonstrada a verificação dos pressupostos de que dependeria a exigência de tal tributo, não existindo qualquer facto tributário que permitisse a sua liquidação e cobrança.

8ª O ora recorrente nunca foi notificado dos actos de liquidação e cobrança *sub judice,* não constando das alíneas da matéria de facto dada como provada qualquer referência a tal facto, sendo certo que, actualmente, só a notificação da autoria, data, sentido, fundamentação e objecto de actos de liquidação releva para efeitos de início do respectivo prazo de impugnação (v. art. 268.º, 3, da CRP e art. 64.º do CPT).

9ª Os actos de liquidação e cobrança do tributo em análise são nulos, podendo a impugnação *sub judice* ser deduzida a todo o tempo (v. art. 88.º, 1, *a*) e *c*), e 2, do DL 100/84, de 29 de Março, e art. 134.º, 2, do CPA; cfr. art. 828.º, § único, 1, do CA).

10ª O acórdão recorrido enferma assim de manifestos erros de julgamento, tendo violado frontalmente, além do mais, o disposto nos arts. 103.º, 115.º, 165.º, 1,1), 266.º, 267.º, 4, e 268.º, 3, da CRP, nos arts. 37.º, 123.º a 125.º, 134.º e 138.º e segs. do CPA, nos arts. 51.º e 52.º do DL 100/84, de 29.III, e nos arts. 63.º e 68.º do RLOP.

Contra-alegando, o Município de Lisboa conclui:

I – O raciocínio do Rct. assenta no pressuposto de que a TRIU não tem natureza de taxa, por não ter, segundo diz, contrapartida específica. O que, por si só, inviabiliza qualquer hipótese de sucesso do presente recurso.

II – Desde logo, é o próprio elemento literal do RTRIU que aponta no sentido de que estamos perante uma verdadeira taxa, na medida em que, se o autor da norma lhe atribuiu essa nomenclatura, devemos presumir, à luz do disposto no n.º 3 do artigo 9.º do CC, que aquele *soube exprimir o seu pensamento em termos adequados.*

III – Não é verdade que na TRIU não existe a sinalagmaticidade que caracteriza e distingue a figura da taxa da do imposto, pois que, em bom rigor, na TRIU existe uma contrapartida que corresponde a um serviço público, o qual se traduz, por sua vez e no caso vertente, nos encargos municipais inerentes às infra-estruturas urbanísticas que, de qualquer forma, são utilizadas ou pelo menos susceptíveis de o serem, pelo sujeito passivo.

IV – Perante a impossibilidade técnica de determinar, em termos concretos, qual o momento e o quantitativo exacto das despesas que cada operação de construção, reconstrução, ampliação e alteração de uso implicará, criou-se uma presunção legal do montante que deve ser imputado a cada (uma) daquelas operações, de acordo com critérios pré-definidos e conhecidos dos cidadãos, sem que esta circunstância retire à TRIU a qualificação de taxa.

V – Pese embora não seja possível individualizar a prestação do Município que caberá a cada sujeito passivo, uma vez que as utilidades prestadas são, nas mais das vezes, indivisíveis, tais utilidades não deixam, por essa razão, de se conexionar com a actividade do sujeito passivo, assim como também não deixam de estar ao seu alcance, pelo que continua a existir o mencionado sinalagma.

VI – O sujeito passivo da TRIU beneficia das utilidades (de oferta e fruição permanentes) relacionadas com aquela taxa pelo simples facto de fazer parte da malha urbana da cidade, mesmo que, na maior parte das vezes, os serviços prestados pelo Município não revertam em seu beneficio exclusivo. Contudo, tal facto não é descaracterizador da TRIU enquanto taxa.

VII – As utilidades prestadas pelo Município ao nível da criação, remodelação e reforço das infra-estruturas urbanísticas estão directamente conexionadas com a actividade do particular que, com a emissão da licença de construção, fica investido no direito à construção de um prédio, o qual, se por um lado beneficia das infra-estruturas realizadas, por outro, contribui para o desenvolvimento e crescimento urbanístico e, em consequência, para a necessidade do permanente redimensionamento daquelas infra-estruturas.

VIII – A ampliação de um prédio, seja em que zona for da cidade, determina necessariamente uma sobrecarga para as infra-estruturas existentes, para a sua manutenção, determinando até, eventualmente, o seu acréscimo, pois contribui de forma acentuada para a necessidade de reequacionar a cidade de modo a manter ou promover a qualidade de vida.

IX – Ainda que o Rct. estivesse correcto (no que não se concede), no sentido de que não existe na TRIU a contrapartida a que corresponde a satisfação subjectiva efectivamente proporcionada pelas utilidades criadas pelo Município, mesmo assim, tal não determinaria a inexigibilidade da taxa em causa, atendendo a que o Rct. sempre beneficiará das utilidades sociais objectivas que a sua intervenção urbanística, se não exige directamente, no mínimo contribui para sobrecarregar.

X – No que concerne à simultaneidade ou contemporaneidade das prestações que o Rct. entende que deve estar presente no sinalagma caracterizador da figura da taxa, o Tribunal Constitucional entendeu, (...), a propósito das propinas e licenças, que, para serem devidas taxas, nem sempre é necessária a efectiva utilização dos bens, porque "as conveniências da cobrança fazem com que elas sejam devidas pela simples possibilidade dessa utilização". Por conseguinte, a satisfação proporcionada pelo serviço público prestado pelo Município pode perfeitamente ser futura.

XI – Por estas razões, e nomeadamente porque não estamos perante qualquer imposto, mas, sim, perante a cobrança de uma taxa municipal legalmente admitida por via da al. *a*) do art. 11.º da Lei 1/87, de 06.I, já revogada, e da al. *a*) do art. 19.º da Lei n.º 42/98, de 06.VIII, actualmente em vigor, com contornos específicos que, contudo, não colidem com o conceito jurídico de taxa, são improcedentes os alegados vícios de inconstitucionalidade e de nulidade por cobrança de um imposto ilegal.

XII – Relativamente à alegada tempestividade da interposição da impugnação judicial, nunca antes havia o Rct. invocado a falta de notificação, pelo que, como bem entendeu o acórdão recorrido, esta é "uma questão nova, insusceptível de ser conhecida em sede de recurso".

XIII – Sendo certo que, pelo menos desde o pagamento da taxa em apreço, em 31 .VII.1995, ou se assim não se entender, desde a apresentação da reclamação graciosa, em 28.XII.1995 (em que o ora Rct. demonstrou cabal conhecimento do acto de liquidação em todas as suas vertentes), se deve considerar que aquele teve acesso a uma notificação completa do conteúdo, data e autoria do acto, impõe-se a conclusão de que, pelo menos em Março de 1996, operou a caducidade do direito de interpor a impugnação judicial dos autos.

XIV – E, sendo o prazo de impugnação judicial peremptório, de caducidade e de conhecimento oficioso, o seu decurso extingue o direito de impugnação, pelo que deveria, até, a sentença ter, desde logo, rejeitado a impugnação judicial apresentada pelo ora Rct., com fundamento na sua extemporaneidade.

XV – Em qualquer caso, sempre se impõe a absolvição do Rcd.º do pedido.

XVI – Portanto, ainda que, por mera cautela de patrocínio, se considerasse tempestiva a impugnação judicial dos presentes autos, mesmo assim não procederia nenhum dos argumentos esgrimidos e atrás contestados, por não existirem os vícios que o Rct. invoca, determinantes da anulabilidade e/ou da nulidade do acto. Igualmente, não existe qualquer erro de julgamento em relação ao acórdão recorrido.

O distinto PGA entende que o recurso não merece provimento.

Corridos os vistos, cumpre decidir.

Em sede factual, temos:

a) A ora impugnante requereu na Câmara Municipal de Lisboa (CML), em 01.IX.94, a aprovação e licenciamento de um projecto de arquitectura de obras de alteração que pretendia levar a efeito na sua fracção designada pela letra "E", correspondente ao 2.º andar do imóvel sito na Rua Eduardo Coelho, n.º 46, em Lisboa.

b) Tal projecto de arquitectura foi aprovado por despacho do Director do Departamento de Gestão Urbanística de *23.III.1995,* tendo o ora impugnante sido notificado em 30.III.1995 de que tal projecto fora aprovado e determinado o envio do processo ao Departamento de Património, para cálculo da TRIU;

c) Através da informação n.º 771/DP/95, constante de fls. 81 do proc. 2786/OB/94, de 02.V. *1995,* foi efectuado o cálculo da taxa pela realização de infra-estruturas urbanísticas, adiante designada TRIU, de esc. 2 002 000$00;

d) A informação a que se alude em *c*), mereceu despacho de "Concordo", proferido pelo Presidente da CMLisboa, em 04.VII.1995, que, nessa mesma data, deferiu o processo de licenciamento e que condicionou a emissão da licença de construção ao pagamento daquela TRIU, tendo o impugnante obtido autorização para aumentar a área de construção em 35,2 m2;

e) Em 12.V11.1995, os serviços da CML notificaram o impugnante do deferimento deste processo e, nesse mesmo mês de Julho de 1995, expediram aviso ao impugnante para proceder ao pagamento da licença de obras, no valor de esc. 41 190$00, e do valor da TRIU referida em e), no montante de esc. 2 002 000$00, no prazo de 30 dias, a contar desse mês de Julho de 1995;

f) Em 31.VII.1995, o impugnante procedeu ao pagamento da licença de obras e da TRIU referidas em e);

g) Em 28.XII.1995, o impugnante reclamou por via graciosa dessa liquidação, pondo em causa a legalidade de aplicação da TRIU, dando origem ao proc. 5403/ /PGU/95, que depois de devidamente apreciada, foi indeferida por despacho de 23.V.1996 do Presidente da CML, com fundamento em extemporaneidade, decisão que foi comunicada ao impugnante por ofício n.º 945, de 29.V.1996.

h) Os serviços da CML informam que a quantia referida em *e*) foi liquidada com base no Regulamento da TRIU, constante do Edital n.º 22/94, publicado no Diário Municipal no 16 816, de 14.II.1994;

i) A petição inicial que originou estes autos de impugnação deu entrada nos serviços competentes da CML em 16.IX.1996, mostrando-se observado pelos serviços da CML o disposto nos arts. 129.º e 130.º do CPT, tendo sido mantido na totalidade o acto tributário de liquidação ora impugnado, por despacho de 12.V.1997, do Presidente da CML.

Exposta a factualidade disponível, importa, desde logo, registar que, como bem nota o EMMP, "o Mmo Juiz da 1ª Instância julgou intempestiva a impugnação judicial, por ter sido deduzida fora do prazo legal (cfr. fls. 168-188).

O Tribunal Central Administrativo confirmou a sentença da 1ª instância, esclarecendo, porém, que a intempestividade radica na circunstância de a reclamação graciosa prévia ter sido deduzida fora do prazo legal (fls. 261-271)."

Ora, nas expostas conclusões da alegação do recurso ataque algum é expressamente desfechado contra tal decisão, que, por isso, se mantém incólume.

É certo que, na conclusão 8ª, o Rct. afirma que "nunca foi notificado dos actos de liquidação e cobrança *sub judice,* não constando das alíneas da matéria de facto dada como provada qualquer referência a tal facto, ..."

Quanto a este último ponto, o teor das alíneas *e*), *f*) e g) do probatório evidencia o infundado de tal afirmação. Na verdade, não só em 12.VII.1995 os serviços da CML notificaram o impugnante do deferimento do processo de licenciamento (condicionado ao pagamento da TRIU), como lhe enviaram aviso de pagamento da licença de obras no montante de esc. 41 190$00 e da TRIU no valor de esc. 2 002 000$00, com indicação do atinente prazo legal.

E que tal notificação continha os elementos essenciais é claramente revelado pelo facto de que o seu destinatário, "não só pagou, como até recorreu em termos claros e precisos, demonstrando ter cabal conhecimento do acto na reclamação graciosa que deu origem ao Processo n.º 54/PGU/95."

Ademais, como se observa no aresto recorrido, "se tal notificação ou aviso não cumpriu todas as formalidades legais de uma verdadeira notificação (art. 21.º, n.º 2, do CPT), sempre o recorrente teria ao seu alcance o comando da norma do art. 22.º do mesmo Código, desta forma lhe permitindo tomar conhecimento integral de todos os elementos dessa liquidação, o que não invoca tenha feito." Naturalmente, porque ao corrente de todos os elementos essenciais da notificação!

Mas, reiterando posição abertamente assumida na petição inicial, na conclusão 9ª o recorrente diz que "os actos de liquidação e cobrança do tributo em análise são nulos, podendo a impugnação *sub judice* ser deduzida a todo o tempo (v. art. 88.º, 1, *a*) e *c*), e 2, do DL 100/84, de 29 de Março, e art. 134.º, 2, do CPA; cfr. art. 828.º, § único, 1, do CA).

Não tem, porém, razão.

É que, como se entendeu no acórdão desta Secção de 28.I.1998 – rec. 21 770 (em que o relator do presente interveio como 1.º Adjunto), "os efeitos de tal nulidade quedam-se no quadro do acto normativo, não se projectando tal e qual nos actos tributários a que serve de fonte de direito regulamentar, atentas as razões de certeza e segurança jurídicas que estão na base da perduração de efeitos jurídicos a 'situações de facto decorrentes de actos nulos' considerados no regime da nulidade dos actos administrativos previstos no artigo 134.º do CPA."

É que uma coisa é o vício da norma, outra, diversa, é o vício do acto.

Como bem se nota no acórdão do Pleno da 1ª Secção do STA de 29.II.92, rec. n.º 26 478, "além, uma norma ferida de morte, de nulidade, que os tribunais têm de ignorar; aqui, um acto administrativo fazendo aplicação de uma norma no errado pressuposto da sua validade, da sua existência ou relevância jurídica, o que integra o vício de violação de lei por erro no pressuposto de direito (...), causa de mera anulabilidade (...)".

Também no acórdão do mesmo Pleno de 27.VI.1995 – rec. 26 483, se entendeu que "o acto administrativo que aplica norma inconstitucional não é nulo, estando viciado por erro nos pressupostos de direito, que integra violação de lei, causal de mera anulabilidade."

Igualmente no acórdão de 9.X.96 – rec. 20 873 se entendeu que "o acto que aplica norma interna desconforme àqueles direitos (constitucional ou comunitário) não é nulo, antes está viciado por erro nos pressupostos de direito, que integra a dita violação de lei, causa de mera anulabilidade."

De concluir é, pois, que o acto impugnado nos presentes autos é meramente anulável (ficando precludido o direito de arguição da respectiva ilegalidade pelo decurso do tempo) susceptível de formar caso resolvido ou caso decidido se não atacado nos termos e no prazo impostos por lei.

Termos em que se acorda negar provimento ao recurso, confirmando-se o aresto recorrido.

Custas pelo recorrente, com procuradoria de 50%.

Lisboa, 12 de Janeiro de 2005.

Mendes Pimentel (Relator)
Vítor Meira
Baeta de Queiroz

Recurso n.º 19/04-30

AUTARQUIAS LOCAIS. TAXA MUNICIPAL PELA REALIZAÇÃO DE INFRA-ESTRUTURAS URBANÍSTICAS. REGULAMENTOS INDEPENDENTES. LEIS N.^{OS} 1/87 E 42/98. REVOGAÇÃO DA LEI HABILITANTE. CONSEQUÊNCIAS.

(Acórdão de 19 de Janeiro de 2005)

SUMÁRIO:

I – O Regulamento Municipal de Obras da Câmara Municipal do Porto que criou a taxa municipal pela realização de infra-estruturas urbanísticas, aprovado pela Assembleia Municipal em 09/06/ /1989, deve ser qualificado como independente, já que a lei – art. 11.º, al. *a*) da Lei n.º 1/87 – se limita a definir a competência objectiva (a matéria sobre que pode incidir o regulamento) e subjectiva (a entidade competente para emitir o regulamento), sem que este desenvolva ou complemente nenhuma lei em especial.

II – O regulamento independente não caduca, em princípio, com a revogação da lei habilitante.

III – Revogada a Lei n.º 1/87 pela Lei n.º 42/98 mas mantendo-se a normação em causa – cobrança de taxas pelos municípios, por realização de infra-estruturas urbanísticas [cfr., respectivamente, arts. 11.º, al. *a*) e 19.º, al. *a*)] –, aquele RMO não cessa a sua vigência.

ACORDAM NA SECÇÃO DO CONTENCIOSO TRIBUTÁRIO DO STA:

Vem o presente recurso jurisdicional, interposto pela CÂMARA MUNICIPAL DO PORTO, da sentença do então Tribunal Tributário de 1ª Instância da mesma cidade, que julgou procedente a impugnação judicial deduzida por CONSTRUÇÕES BARROS E FELGUEIRAS, LDA, contra a liquidação de taxa de urbanização, no valor de 4.623.694$00, que consequentemente anulou.

Fundamentou-se a decisão na inconstitucionalidade formal dos regulamentos municipais que fundamentam a liquidação ocorrida em Julho de 1999, por falta de indicação da lei habilitante, já que, fundados na Lei n.º 1/87, de 06 de Janeiro, esta foi revogada pelo art. 36.º da Lei n.º 42/98, entrada em vigor em 01/01/1999; assim, «não tendo o dito regulamento sido compatibilizado com a actual Lei n.º 42/98, de 06 de Agosto, carece o mesmo, desde 01 de Janeiro de 1999, de indicação de lei habilitante – já que se mostra habilitado por uma lei revogada, o que equivale à falta de lei habilitante – padecendo, assim, de inconstitucionalidade formal».

Por outro lado – continua – também o Regulamento de Liquidação e Cobrança de Taxas e Licenças Municipais – Tabela de Taxas e Licenças – não continha, à data da liquidação da taxa em causa, qualquer indicação de lei habilitante.

A Câmara Municipal recorrente formulou as seguintes conclusões:

«1. A douta sentença não teve em conta o texto do respectivo aviso publicado no Diário da República n.º 61 – II Série – de 12/03/1996, que publicou o Regulamento da Tabela de Taxas e Licenças em vigor à data dos factos.

2. Entende a recorrente que a lei habilitante afere-se à data em que foi aprovado o respectivo regulamento ou alterações.

3. Sendo revogada a lei habilitante, nem por isso caduca automaticamente o respectivo regulamento.

4. O Regulamento Municipal de Obras da Câmara Municipal do Porto é um «regulamento autónomo», na medida em que a lei habilitante apenas define a sua competência subjectiva e objectiva para a sua emissão.

5. Ainda que se entenda, por mera hipótese académica, que o Regulamento Municipal de Obras do Porto é um regulamento de execução, sempre haveria que recorrer ao disposto no n.º 1 do art. 119.º do CPA, sob pena de se criar um "vazio" normativo em consequência da substituição da lei habilitante.

6. A Lei n.º 42/98, de 06 de Agosto, não restringiu o conteúdo do disposto na alínea *a*) do art. 11.º da Lei n.º 1/87, antes veio clarificar as situações em que é permitido aos municípios cobrarem taxas pela realização (incluindo manutenção e reforço) das infra-estruturas urbanísticas.

7. No que respeita ao Regulamento da Tabela de Taxas e Licenças, a sua aplicação é residual, já que o seu art. 17.º, n.º 8 limita-se a remeter para o disposto no Regulamento Municipal de Obras, sendo que, conforme supra se disse, no respectivo aviso publicado no DR n.º 61 – II Série – de 12/03/1996 se menciona como lei habilitante o DL n.º 445/91, de 15/10.

8. Conjugando os dois regulamentos e as leis habilitantes neles referidas, mostram-se perfeitamente garantidas perante o impugnante a segurança e a transparência jurídica necessárias, ao mesmo tempo que ficou disciplinado o uso do poder regulamentar, isto é, ficaram devidamente salvaguardadas as funções de exigência constitucional de menção expressa de lei habilitante.

Termos em que se conclui pela revogação da douta sentença.»

Não houve contra-alegações.

O Ex.mo magistrado do Ministério Público emitiu parecer no sentido do provimento do recurso já que: o dito Regulamento Municipal de Obras foi rectificado por deliberação da Assembleia Municipal de 27/05/1997, no sentido da indicação da lei habilitante, sanando-se assim a inconstitucionalidade formal que o inquinava, sendo que a liquidação impugnada teve lugar em 02/07/ /1999; «a conformidade constitucional do regulamento afere-se pela indicação da lei habilitante em vigor na data da aprovação pela Assembleia Municipal, sendo irrelevante a sua posterior revogação» que «não determina a caducidade automática do regulamento habilitado».

Sendo que as leis habilitantes do Regulamento da Tabela de Taxas e Licenças para 1996, aprovado por deliberação da Assembleia Municipal da Câmara do Porto em 16/01/1996, em vigor na data da liquidação, constam do aviso publicado no DR n.º 61 – II Série – de 12 de Março de 1996: DL n.º 445/91, de 20 de Novembro e DL n.º 250/94, de 15 de Outubro.

E, corridos os vistos legais, nada obsta à decisão.

Em sede factual, vem apurado que:

«– Em 08 de Junho de 1999 o impugnante solicitou emissão de alvará de licenciamento, o que foi deferido em 22 de Junho de 1999;

– Em 02 de Julho de 1999 foi liquidada a taxa de urbanização impugnada de acordo com os arts. 8.º, 9.º, 10.º, 11.º, 17.º e 74.º do Regulamento da Tabela de Taxas e Licenças em vigor, 97.º e 98.º e as als. *a*) e *b*), respectivamente dos n.ºs 1 e 2 do art. 99.º e 102.º, do Regulamento Municipal de Obras, alterado pelo edital n.º 1/92, e ainda atendendo à imposição legal constante do art. 19.º, al. *a*) da Lei n.º 42/98, o n.º 2 do art. 21.º e n.º 2 do art. 68.º do DL n.º 445/91;

– O montante de taxa liquidado foi pago pelo impugnante em 02 de Julho de 1999;

– O Regulamento Municipal de Obras da CMP – que criou a taxa municipal pela realização de infra-estruturas urbanísticas – foi aprovado pela Assembleia Municipal em 09 de Junho de 1989, e, tornado público pelo edital n.º 11/89, de 14/08, e, posteriormente alterado pelos editais n.ºs 23/91 e 1/92;

– No dia 27 de Maio de 1997 foi aprovada, por unanimidade, a deliberação da Assembleia Municipal da CMP, segundo a qual naquele Regulamento Municipal de Obras passaria a constar que o regulamento foi aprovado pela Assembleia Municipal ao abrigo do determinado no art. 11.º, al. *a*) da Lei n.º 1/87, de 06 de Janeiro, art. 39.º, n.º 2, al. 1) do DL n.º 100/84, de 29 de Março, art. 43.º, n.º 1 do DL n.º 400/84, de 31 de Dezembro, DL n.º 448/91, de 29 de Novembro, com as alterações introduzidas pelo DL n.º 334/95, de 28 de Dezembro e Lei n.º 26/96, de 01 de Agosto.

– A impugnação foi interposta em 08 de Dezembro de 1999.»

Vejamos, pois:

O art. 11.º, al. *a*) da Lei n.º 1/87, de 06 de Janeiro preceituava que «os municípios podem cobrar taxas por realização de infra-estruturas urbanísticas».

Com base em tal normativo, a Assembleia Municipal da Câmara Municipal do Porto aprovou, em 09/06/1989 o Regulamento Municipal de Obras (doravante, RMO) que criou a taxa municipal pela realização de infra-estruturas urbanísticas.

Tal regulamento, na sua versão originária, foi julgado organicamente inconstitucional por acórdão do TC de 28/11/2000, rec. 501/00.

Todavia, a mesma Assembleia Municipal, em 27/05//1997, aprovou a rectificação do edital n.º 11/89, de 14 de Agosto, no sentido de nele ser feita menção da lei habilitante para a aprovação do dito RMO.

Assim se sanando a inconstitucionalidade formal, ainda que com efeitos *ex nunc* – cfr. acórdão citado.

Sendo que a liquidação em causa é posterior – Julho de 1999.

Trata-se de um regulamento independente, isto é, elaborado pelo órgão administrativo «no exercício da sua competência, para assegurar a realização das suas atribuições específicas, sem cuidar de desenvolver ou complementar nenhuma lei em especial».

São regulamentos em que a lei se limita a definir a competência objectiva (matéria sobre que há-de incidir o regulamento) e subjectiva (a entidade competente para emitir o regulamento), «sem necessidade de definição do conteúdo dos comandos normativos a emitir pelo regulamento (liberdade de definição do conteúdo normativo)».

É o caso dos regulamentos elaborados pelas autarquias, no âmbito da prossecução das suas atribuições exemplificativamente enunciadas pelo art. 13.º, n.º 1 da Lei n.º 159/99, de 14 de Setembro, competência regulamentar, aliás, com assento constitucional.

«Tais regulamentos não vêm, assim, completar qualquer lei anterior, eventualmente carecida de regulamentação por via administrativa: a sua missão é, antes, estabelecer autonomamente a disciplina jurídica que há-de pautar a realização das atribuições específicas cometidas pelo legislador aos entes públicos considerados.

Os regulamentos independentes são, afinal de contas, expressão da autonomia com que a lei quer distinguir certas entidades públicas, confiando na sua capacidade de autodeterminação e no melhor conhecimento de que normalmente desfrutam acerca das realidades com que têm de lidar».

Cfr. Freitas do Amaral, Curso de Direito Administrativo, Vol. II, 2001, págs. 160/61 e 190/91 e Gomes Canotilho e Vital Moreira, Constituição da República Portuguesa Anotada, 3 edição, Coimbra, 1993, págs. 513/14.

É o que, aliás, expressamente resulta dos n.os 7 e 8 do art. 112.º da CRP – revisão de 1982.

Todavia, a Lei n.º 1/87, de 06 de Janeiro foi revogada pelo art. 36.º da Lei n.º 42/98, de 06 de Agosto.

Mas de tal não resulta, ao contrário do que vem sentenciado, a revogação do dito RMO.

Desde logo, a Lei n.º 42/98 mantém – art. 19.º, al. *a*) – a possibilidade legal de os municípios cobrarem taxas pela realização de infra-estruturas (bem como pela sua manutenção e reforço).

– Ou seja: a revogação da lei não impede, no caso, em substância, a manutenção do conteúdo da respectiva formação.

E, por outro lado, ao contrário do regulamento de execução, o independente não caduca, em princípio, com a revogação da lei habilitante.

«Propõe-se esta diferente solução porque, enquanto com a queda da lei exequenda se dá um verdadeiro vazio normativo, ficando o regulamento complementar, de execução ou de desenvolvimento a "pairar no vácuo" ... já o mesmo não acontece com o desaparecimento da lei habilitante, se lhe sobreviver outra que confira a outro órgão a competência nela prevista, podendo sempre a autoridade que "herda" a competência autónoma ou independente optar, ora pela "adopção" ou manutenção do regulamento ora pela sua revogação».

Cfr. Esteves de Oliveira e outros, Código de Procedimento Administrativo, Comentado, 2ª edição, págs. 536/37.

Ora, como se disse, a nova lei manteve, no ponto, a normação anterior.

De qualquer modo, como assinalam aqueles autores, mesmo quanto ao regulamento independente, ele sempre se manteria em vigor, ainda que a lei habilitante pusesse termo à respectiva habilitação regulamentar, «nos casos em que o vazio jurídico assim criado deixasse sem qualquer disciplina normativa matérias ou relações jurídicas subsistentes (sobretudo, as fundamentais) que continuem a carecer de protecção do direito, mantendo-se, então, esses regulamentos, até serem substituídos por nova disciplina legal».

Como é o caso: mantendo-se, tanto mais, a normação anterior, seria incompreensível que deixassem de ser cobradas as taxas previstas na lei, pela dita realização de infra-estruturas urbanísticas.

É, pois, de concluir, no ponto, que, revogada embora a Lei n.º 1/87 pela Lei n.º 42/98, o dito RMO da Câmara Municipal do Porto não cessou, por tal facto, a sua vigência.

A questão não é, pois, propriamente, a da habilitação do regulamento por uma lei revogada, que equivaleria, segundo a sentença, à falta de menção de lei habilitante.

Aquela afere-se à data da aprovação do respectivo regulamento e já vimos que, nos autos, a falta de indicação da lei habilitante está sanada com efeitos *ex nunc*.

A questão é, antes, a da caducidade ou da vigência do regulamento, nos apontados termos.

Claro que, se à data da aprovação do regulamento, a lei habilitante está revogada, a habilitação já não pode servir de suporte ao regulamento, sendo este ilegal mas não formalmente inconstitucional por nele não ser feita menção da lei habilitante.

Tratar-se-á, então, de ilegalidade ou de inconstitucionalidade – por falta de lei válida habilitante – mas não de inconstitucionalidade formal por falta de menção da lei habilitante.

Uma coisa é a falta de lei habilitante, outra a da respectiva menção – mas sendo sempre ambas aferíveis ou reportáveis à data da aprovação do regulamento.

Refira-se finalmente que, ainda ao contrário do sentenciado, o Regulamento de Liquidação e Cobrança das Taxas e Licenças Municipais – Tabela de Taxas e

Licenças – aprovado por deliberação da Assembleia Municipal da Câmara do Porto, em 16/01/1996, em vigor na data da liquidação, não carece de indicação das leis habilitantes respectivas que constam do aviso publicado no DR n.º 61, II Série, de 12 de Março de 1996: os DL n.ºs 445/91, de 20 de Novembro e 250/94, de 15 de Outubro.

Aliás, o seu art. 17.º, n.º 8 limita-se a remeter para o disposto no RMO.

Termos em que se acorda conceder provimento ao recurso, revogando-se a decisão recorrida, para ser substituída por outra que, se a tal nada mais obstar, conheça das ilegalidades imputadas ao acto de liquidação impugnado.

Sem custas.

Lisboa, 19 de Janeiro de 2005.

Brandão de Pinho (Relator)
Lúcio Barbosa
Jorge de Sousa

Recurso n.º 1086/04-30

COBRANÇA COERCIVA DE TAXAS LANÇADAS PELO MUNICÍPIO RELATIVAS AOS ANOS DE 1993 A 1997. REVERSÃO CONTRA RESPONSÁVEL SUBSIDIÁRIO. LEI GERAL TRIBUTÁRIA.

(Acórdão de 16 de Fevereiro de 2005)

SUMÁRIO:

I – A lei que rege a responsabilidade subsidiária dos gerentes por dívidas da sociedade sua gerida é a vigente no momento do nascimento da dívida.

II – Não consagrando o Código de Processo Tributário essa responsabilidade senão por dívidas de contribuições e impostos, não podem ser responsabilizados subsidiariamente por taxas lançadas por um município, relativas aos anos de 1993 a 1997, em que vigorava esse diploma, os gerentes da sociedade devedora.

III – A subsistência da obrigação da sociedade, na falta de pagamento da dívida, aquando da entrada em vigor da Lei Geral Tributária, não tem qualquer consequência no âmbito da responsabilidade subsidiária.

ACORDAM NA SECÇÃO DO CONTENCIOSO TRIBUTÁRIO DO STA:

1.1. A **PRESIDENTE DA CÂMARA MUNICIPAL DE ALMADA**, em representação do respectivo município, recorre da sentença do Mm.º Juiz do Tribunal Administrativo e Fiscal de Almada que julgou procedente a oposição deduzida por **RUI DA SILVA BORDADÁGUA** e **ADOSINDA MENDES CARDOSO E SILVA**, residentes em Foros de Amora, Seixal, à execução fiscal que contra si revertera, enquanto responsáveis subsidiários, depois de inicialmente instaurada contra BORDADÁGUA, LDA., com sede em Corroios, Seixal, para cobrança de dívida de «taxas de conservação da rede de saneamento, encargos de urbanização e taxas de ligação», liquidada pela Câmara Municipal de Almada.

Formula as seguintes conclusões:

«A) A Lei Geral Tributária, aprovada pelo Decreto-Lei n.º 398/98, de 17 de Dezembro, revogou expressamente a norma prevista no artigo 13.º do Código de Processo Tributário (CPT);

B) O Código de Procedimento e de Processo Tributário (CPPT), aprovado pelo Decreto – Lei n.º 433/99, de 26 de Outubro, após a entrada em vigor da Lei 15/2001, de 05 de Julho, revogou integralmente o CPT, bem como toda a legislação contrária ao mesmo e passou a aplicar-se a todos os processo de execução fiscal;

C) Manteve todavia em vigor determinadas disposições legais que expressamente enunciou, não sendo nenhuma delas o artigo 13.º do CPT, nem tal poderia acontecer uma vez que aquela norma já se encontrava revogada pelo Decreto – Lei n.º 398/98, de 17 de Dezembro;

D) Por todo o exposto, só poderia ser aplicado ao caso concreto o regime previsto na LGT e os executados por reversão não poderiam deixar de ser citados nos termos do artigo 23.º daquele diploma;

E) Os pressupostos em que assenta a responsabilidade dos devedores subsidiários apontam para que os gerentes são responsáveis pelas dívidas nascidas e não pagas no período da sua gerência;

F) As dívidas objecto do caso em apreço foram lançadas na vigência do CPT, mas não foram pagas, nem durante o período em que este esteve em vigor, nem posteriormente, já na vigência do CPPT e da LGT, pelo que a obrigação de pagamento se mantém;

G) Pelo que, à situação sub judice não poderia ser aplicado regime diverso do previsto nos artigos 23.º e 24.º da LGT;

H) A obrigação tributária nasce para o devedor principal no momento da constituição do facto tributário;

I) Porém, os responsáveis subsidiários nos casos de reversão da execução, só se constituem devedores em momento posterior – após a reversão;

J) É após a reversão da execução fiscal que a obrigação de pagamento surge na esfera jurídica dos devedores subsidiários e é nesse momento que aos mesmos são facultadas todas as prerrogativas legais, como se fosse naquele momento que nasceu a obrigação tributária;

K) Existem dois momentos distintos e em cada um deles, a responsabilidade pelo pagamento recai sobre sujeitos diferentes, surgindo essa responsabilidade, na esfera jurídica de cada um, em espaços temporais diversos;

L) Surgindo tal obrigação na esfera jurídica dos responsáveis subsidiários já na vigência da LGT e do CPPT, só poderia ser aplicado ao caso concreto, o regime previsto nos artigos 23.º e 24.º da LGT.

Normas violadas

Artigos 23.º e 24.º da Lei Geral Tributária, aprovada pelo Decreto-Lei 398/98, de 17 de Dezembro.

Termos em que deve a sentença proferida pelo TAF de Almada ser revogada e substituída por outra a ser proferida pelo STA, julgando-se a oposição não procedente pelos motivos expostos».

1.2. Não há contra-alegações.

1.3. O Exm.º. Procurador-Geral Adjunto é de parecer que o recurso merece provimento, pois segundo o regime aplicável, do Código de Processo Tributário (CPT), estavam excluídos da responsabilidade subsidiária dos administradores e gerentes das sociedades as taxas municipais e encargos de urbanização.

1.4. O processo tem os vistos dos Exm.ºs Adjuntos.

***

2. Vem fixada a factualidade seguinte:

«1.º No gabinete de execuções fiscais da C. M. de Almada foi instaurada execução contra Bordadágua, lda., para efeitos da cobrança de € 21.776,10 relativos a taxas de ligação à rede de saneamento, taxas de conservação da rede e encargos de urbanização, respeitantes aos anos de 1993 a 1997.

2.º Por despacho de 9/12/2002 foi a execução revertida contra os aqui oponentes».

***

3.1. A sentença recorrida julgou procedente a oposição deduzida pelos ora recorridos na consideração de que procedia a arguida ilegitimidade substantiva dos então oponentes, por não resultar a dívida exequenda de impostos ou contribuições; assim, face ao disposto no artigo 13.º do Código de Processo Tributário (CPT), que é a norma aplicável, por a dívida ter nascido na sua vigência, a reversão ordenada contra os oponentes era ilegal.

É contra o assim decidido que se insurge o recorrente, defendendo, em súmula, que a reversão, contra os responsáveis subsidiários, da execução fiscal instaurada para cobrança de dívida que não tenha origem em contribuições ou impostos, é admitida pela lei, nos termos dos artigos 23.º e 24.º da Lei Geral Tributária, aplicável ao caso, por a dívida, embora nascida antes da vigência desta lei, subsistir aquando da sua entrada em vigor, não podendo a reversão ser determinada nos seus termos, e não nos do artigo 13.º do CPT, já revogado pelo decreto-lei n.º 398/98, de 17 de Dezembro.

Esta a questão de que nos devemos ocupar.

3.2. No regime do Código de Processo das Contribuições e Impostos consagrava-se a responsabilidade subsidiária dos administradores ou gerentes das sociedades «por todas as contribuições, impostos, multas e quaisquer outras dívidas ao Estado» «liquidadas ou impostas a empresas ou sociedades de responsabilidade limitada» – cfr. o artigo 16.º do Código.

Mas o CPT, cujo artigo 13.º corresponde àquele artigo 16.º, faz uma clara restrição ao anterior regime substantivo, estabelecendo a responsabilidade subsidiária dos gerentes e administradores no que respeita, apenas, às dívidas provenientes de «contribuições e impostos».

Não obstante, continuam a ser cobradas mediante execução fiscal, quer os reembolsos e reposições, quer outras dívidas equiparadas por lei aos créditos do Estado, quer receitas parafiscais, como estabelece o artigo 233.º do CPT.

O n.º 1 do artigo 239.º do CPT confere legitimidade passiva na execução fiscal aos «devedores originários e seus sucessores dos impostos e demais dívidas referidas no artigo 233.º», não abrangendo, pois, os responsáveis subsidiários, dos quais se ocupa o n.º 2. Estabelecem-se aí as circunstâncias cuja verificação se impõe para o chamamento à execução dos responsáveis subsidiários.

O artigo 24.º da Lei Geral Tributária (LGT), entretanto entrada em vigor, mantém a limitação da responsabilidade subsidiária dos gerentes e administradores às «dívidas tributárias».

Ora, perante o conjunto normativo a que nos referimos e que, no CPT, trata da responsabilidade subsidiária dos gerentes e administradores das sociedades, e das condições da sua chamada à execução fiscal, fica claro que, no nosso caso, não está consagrada essa responsabilidade, no que concerne aos recorridos, posto que a dívida em execução não respeita a contribuições e impostos.

3.3. Nem outra coisa defende o recorrente que consagra o CPT. Pretende, todavia, que o regime aplicável ao caso não é o deste Código, mas o da LGT. Isto porque o CPT foi revogado pelo diploma que aprovou o Código de Procedimento e de Processo Tributário (CPPT), razão por que «só poderia ser aplicado o regime previsto na Lei Geral Tributária e os executados por reversão não poderiam deixar de ser citados nos termos do artigo 23.º» desta última lei.

Mas o regime substantivo aqui aplicável é o do artigo 13.º do CPT, que era a norma que, ao tempo do aparecimento da dívida, regulava a matéria da responsabilidade dos gerentes. Como se escreveu no sumário do acórdão de 9 de Dezembro de 1998, recurso n.º 22670, deste Tribunal, «as normas com base nas quais se determina a responsabilidade subsidiária, inclusivamente aquelas que determinam as condições da sua efectivação, devem considerar-se como normas de carácter substantivo, pois a sua aplicação tem reflexos materiais na esfera jurídica dos revertidos. Por isso, se os períodos de constituição das dívidas e da sua cobrança voluntária ocorreram no domínio da vigência do C.P.C.I., é este o diploma aplicável para regular as condições da reversão contra os responsáveis subsidiários». Doutrina que, obviamente, vale, também, no caso de o diploma vigente naquele momento histórico ser o CPT, como é, aqui, o caso.

Ou seja, o regime de responsabilidade subsidiária consagrado no artigo 24.º da LGT não é aplicável a situações em que os factos geradores da responsabilidade ocorreram na vigência do CPT – contra o entendimento do recorrente.

Como também o não é o artigo 23.º do mesmo diploma, que estabelece o modo como se efectiva essa responsabilidade, e que, consequentemente, só vale relativamente a quem a lei substantiva aplicável aponte como responsável subsidiário. Lei que é, como se viu, no presente caso, o CPT.

Improcedem, pelo exposto, as conclusões das alegações de recurso, devendo manter-se a sentença recorrida.

4. Termos em que acordam, em conferência, os juízes da Secção de Contencioso Tributário deste Supremo Tribunal Administrativo em, negando provimento ao recurso, confirmar a sentença impugnada.

Sem custas.

Lisboa, 16 de Fevereiro de 2005.

Baeta de Queiroz (Relator)
Brandão de Pinho
Fonseca Limão

Recurso n.º 1340/04-30

CONTENCIOSO ADUANEIRO. INCOMPETÊNCIA DOS TRIBUNAIS TRIBUTÁRIO EM RAZÃO DA MATÉRIA. ART. 4.º, 2, *C*) DO ETAF. ART. 143.º DO CPPT.

(Acórdão de 10 de Maio de 2005)

SUMÁRIO:

I – Os Tribunais Tributários são incompetentes, em razão da matéria, para decidir sobre o levantamento de uma apreensão de bens, se tal apreensão foi determinada, pela competente autoridade aduaneira, com instauração imediatamente subsequente de um processo criminal – art. 4.º, 2, *c*) do ETAF.

II – Não é aplicável, no caso, o disposto no art. 143.º do CPPT.

ACORDAM, EM CONFERÊNCIA, NA SECÇÃO DE CONTENCIOSO TRIBUTÁRIO DO SUPREMO TRIBUNAL ADMINISTRATIVO:

1. ADLI – LOGÍSTICA INFORMÁTICA, SA, com sede em C Mecânicos, 1, Pol. Ind. Pinares LLanos, Villaviciosa de Odón, Madrid, Espanha, impugnou, junto do TAF de Lisboa, nos termos do art. 143.º do CPPT, o acto de apreensão de mercadoria sua.

O Mm. Juiz julgou o Tribunal Tributário incompetente, em razão da matéria, para conhecer do pedido.

Inconformada, a impugnante interpôs recurso para este Supremo Tribunal.

Formulou as seguintes conclusões nas respectivas alegações de recurso:

1. O Tribunal a quo proferiu sentença, ora recorrida, em que se julgou incompetente em razão da matéria para julgar a causa.

2. Tal decisão assentou, em suma, no facto de o Tribunal *a quo* considerar que não assistia à ora Recorrente a possibilidade de impugnar a apreensão de que a sua mercadoria foi objecto, porquanto o acto teria sido praticado "para efeitos de instauração de um procedimento criminal".

3. Fundamentou legalmente a sua decisão com o disposto na al. *c*) do n.º 2 do art. 4.º do ETAF, pelo qual se determina que se encontram excluídos do âmbito da jurisdição administrativa e fiscal a apreciação de litígios que tenham por objecto a impugnação de, designadamente, *actos relativos a inquérito e instruções criminais, ao exercício da acção penal e à execução das respectivas decisões.*

4. Ora, não pode a ora conformar-se com tal decisão pois que o acto impugnado foi praticado no âmbito de um procedimento aduaneiro, por uma autoridade aduaneira, pelo que não pode deixar de lhe ser reconhecida a sua natureza aduaneira,

5. Não obstante o procedimento aduaneiro ter posteriormente, em virtude da remessa do auto de apreensão ao Ministério Público, despoletado o procedimento criminal, *alegadamente* pela existência de indícios do crime de contrabando.

6. Pelo que o acto de apreensão não se confunde com o procedimento criminal que se lhe seguiu, nem pode ser tido como acto relativo ao inquérito ou à instrução criminais.

7. Na verdade, o n.º 1 do art. 143.º do Regime Geral das Infracções Tributárias (RGIT) é claro ao estipular que é admitida a *impugnação judicial dos actos de apreensão de bens praticados pela Administração Tributária.*

8. Mais estipula o n.º 3 do mesmo dispositivo legal que *é competente para o conhecimento da impugnação o tribunal tributário de 1ª instância da área em que a apreensão tiver sido efectuada.*

9. Também do disposto nos n.os 6 e 7 do mesmo artigo claramente resulta que mesmo estando pendente um processo de contra ordenação ou de crime aduaneiro ou fiscal, o procedimento correcto é o da impugnação da apreensão, nos termos do artigo 143.º CPPT.

10. Por outro lado, a Lei Geral Tributária, enquanto lei estruturante do sistema tributário português, consagra, no seu art. 95.º, n.º 2, alínea 1) o direito de impugnação da medida de apreensão de bens, quando realizada por uma entidade tributária.

11. Acresce que, a Constituição da República Portuguesa, no n.º 4 do artigo 268.º, consagra o direito de impugnação de actos praticados pela Administração Fiscal que lesem direitos e interesses protegidos, e a legislação ordinária, por seu turno, concede uma forma de processo especial e específico para a impugnação da medida de apreensão.

12. A ora Recorrente impugnou oportunamente o acto de apreensão, na convicção firme de que a mesma é ilegal, junto do Tribunal Administrativo e Fiscal de Lisboa, por ser este o Tribunal competente em razão da matéria e do território, já que integra a jurisdição com competência para dirimir este tipo de conflitos, nos termos da al. *c*) do n.º 1 do art. 4.º do ETAF.

Não houve contra-alegações.

Neste STA, o EPGA defende que o tribunal é hierarquicamente incompetente para conhecer do recurso.

A recorrente discorda.

Com dispensa dos vistos, vêm os autos à conferência.

2. Importa liminarmente decidir a questão prévia suscitada pelo Exm.º Magistrado do MP.

Na verdade, o seu conhecimento precede o de qualquer outra matéria (vide arts. 101.º e 102.º do C. P. Civil, 16.º do CPPT e 7.º do ETAF), prejudicando, se procedente, a apreciação e julgamento de todas as restantes questões suscitadas no recurso.

Vejamos então.

Dispõe o art. 26.º, al. *b*) do ETAF:

"Compete à Secção de Contencioso Tributário do Supremo Tribunal Administrativo conhecer:

"...

"b) Dos recursos interpostos de decisões dos tribunais tributários com exclusivo fundamento em matéria de direito".

Quer isto significar que, se o recurso versar unicamente matéria de direito, este Supremo Tribunal será competente para o apreciar.

Porém, se o recurso envolver a apreciação de matéria de facto, não será este Supremo Tribunal o competente mas sim a Secção de Contencioso Tributário do Tribunal Central Administrativo, face ao disposto no art. 38.º, al. *a*) do referido ETAF.

O EPGA suscita, como vimos, a questão da incompetência, em razão da hierarquia, deste Supremo Tribunal.

Vejamos então.

Escreveu o EPGA no seu douto parecer:

"Para decidir como decidiu, o Mm. Juiz *a quo* estabeleceu que o auto de apreensão em causa se inscreveu num procedimento criminal («a mercadoria foi apreendida por crime aduaneiro»).

"Ora o recorrente vem, no recurso, sustentar matéria de facto distinta: que a apreensão «foi praticada no âmbito de um procedimento aduaneiro» e que o procedimento criminal só foi despoletado «posteriormente em virtude da remessa do auto de apreensão ao Ministério Público» – conclusões 4ª e 5ª das alegações".

Que dizer?

O Mm. Juiz escreveu o seguinte na decisão sob censura:

"Com efeito, embora a mercadoria tenha sido apreendida pela Direcção Geral das Alfândegas e dos Impostos Especiais sobre o Consumo, conforme auto de apreensão de fls. 69 a 70, que se dá por reproduzido, a verdade é que a mercadoria foi apreendida por crime aduaneiro, tendo o respectivo auto sido entregue ao Procurador da República ... e se foi entregue ao Procurador da República obviamente que foi para efeitos de instauração de procedimento criminal".

São do seguinte teor as citadas conclusões das respectivas alegações de recurso:

"4ª Ora, não pode a ora conformar-se com tal decisão pois que o acto impugnado foi praticado no âmbito de um procedimento aduaneiro, por uma autoridade aduaneira, pelo que não pode deixar de lhe ser reconhecida a sua natureza aduaneira,

"5ª Não obstante o procedimento aduaneiro ter posteriormente, em virtude da remessa do auto de apreensão ao Ministério Público, despoletado o procedimento criminal, *alegadamente* pela existência de indícios do crime de contrabando".

Confrontado o trecho da decisão recorrida com as conclusões citadas não vemos qualquer antinomia entre si.

Na verdade, o que está em causa é o teor de um auto de apreensão e a interpretação jurídica que dele fazem um e outro.

Auto que se encontra incorporado no processo.

A nosso ver não há pois dissensão em questão de juízo de facto.

Não procede assim a questão prévia suscitada pelo EPGA.

3. Importa agora apreciar a questão de fundo, a saber: é o tribunal tributário competente, em razão da matéria, para conhecer da questão suscitada nos autos?

A mercadoria em causa ("quatro contentores ... contendo 900 cartões de monitores de vídeo a cores..."), está descrita no auto de apreensão, tendo o auto sido "feito em triplicado", tendo os exemplares "sido entregues ao Ministério Público, Procurador e para o processo". É isto que consta do referido auto.

Neste Supremo Tribunal, o ora relator lavrou o seguinte despacho:

"Oficie à competente autoridade aduaneira, perguntando à ordem de quem se encontram apreendidos os bens".

A resposta foi do seguinte teor:

"A conduta da empresa ADLI – Logística Informática, SA motivou a elaboração de um auto de notícia no âmbito penal...

"Na sequência deste auto de notícia foi a mercadoria apreendida nos termos dos arts. 149.º e 178.º do CPP, conjugado com o disposto nos arts. 18.º e 38.º do RGIT ..., tendo a mesma sido validada de acordo com o disposto no n.º 5 do art. 175.º ...

"A empresa solicitou a reversão da mercadoria, o que lhe foi indeferido por despacho do Exm.º Sr. Juiz de Instrução Criminal, do qual foi interposto recurso.

"A mercadoria encontra-se assim apreendida à ordem do Ministério Público/DIAP, nos termos da legislação processual penal em vigor".

Notificada desta informação, a recorrente nada disse.

Diga-se desde já que o escopo deste pedido de informação tinha em vista clarificar a situação.

E a resposta que a competente autoridade aduaneira deu dissipou qualquer dúvida que porventura houvesse: na verdade, temos que o pedido de reversão da mercadoria foi indeferido por despacho do juiz de instrução. O que significa que estamos patentemente perante um inquérito criminal. E a referência à apreensão, nos termos do art. 178.º do CPP, não deixa qualquer dúvida sobre a natureza processual penal dessa apreensão.

É certo que o art. 143.º, 1, do CPPT admite a impugnação judicial da apreensão de bens praticada pela administração tributária. Reconhece-se igualmente que a apreensão de bens lesa o respectivo interessado, sendo que este pode impugnar a decisão, como se reconhece expressamente no art. 95.º, 2, l) da LGT.

Isto naturalmente no âmbito de um procedimento tributário (no caso, mais especificamente no âmbito de um processo aduaneiro).

Defende a recorrente que a apreensão precedeu a instauração de um procedimento criminal. Porém, a questão é anódina, por isso que os bens estão apreendidos no âmbito de um processo-crime, como se viu.

Isto aliás é o que resulta também do auto de apreensão de fls. 69 e 70. Aí se refere expressamente que a mercadoria foi apreendida por "crime aduaneiro", fazendo-se referência ao "artigo 92.º do Regime Geral das Infracções Tributárias" que trata do crime de "contrabando" (inserindo-se sistematicamente no Capítulo II, sob a epígrafe "crimes aduaneiros"). Nesse auto se fala também em "violação do disposto do artigo 20.º do Código Aduaneiro Comunitário ... conjugado com o do artigo 178.º do Código de Processo Penal", sendo que este último artigo se reporta à apreensão de objectos em processo criminal.

Quer isto dizer que a apreensão é contemporânea do levantamento de um auto de notícia por indiciado crime de contrabando.

Daí que seja manifesto que os tribunais tributários sejam realmente incompetentes, em razão da matéria, para conhecer da legalidade da apreensão, como decorre do art. 4.º, 2, *c*) do ETAF.

Nem se diga, como o faz a recorrente que dos n.os 6 e 7 do art. 143.º do CPPT decorre que, mesmo estando pendente um processo de contra ordenação ou de *crime aduaneiro ou fiscal*, o procedimento correcto é o da impugnação da apreensão.

É exacto que isso é assim no tocante ao processo de contra-ordenação. Mas não quanto ao processo-crime. O que se compreende. É que na contra-ordenação os tribunais tributários são ainda os competentes para conhecer das indiciadas contra-ordenações. Mas não assim quanto aos crimes. Aliás é o que resulta do citado n.º 6, onde se fala de contra-ordenação, mas *não* de *crime*.

Nem vale dizer, como o faz a recorrente que "o acto impugnado foi praticado no âmbito de um procedimento aduaneiro, por uma autoridade aduaneira, pelo que não pode deixar de lhe ser reconhecida a sua natureza aduaneira, não obstante o procedimento aduaneiro ter posteriormente, em virtude da remessa do auto de apreensão ao Ministério Público, despoletado o procedimento criminal, alegadamente pela existência de indícios do crime de contrabando".

Na verdade, a apreensão é contemporânea com a aquisição da notícia do alegado crime, pelo que o procedimento próprio é o previsto no art. 35.º do RGIT, sendo que esse procedimento aduaneiro está já integrado no processo penal tributário.

Não há assim, na hipótese dos autos, que autonomizar um alegado "procedimento aduaneiro", tornando-o independente de um procedimento criminal.

Nem vale acenar com a Constituição da República Portuguesa, (no caso o n.º 4 do artigo 268.º), que consagra o direito de impugnação de actos praticados pela Administração Fiscal que lesem direitos e interesses protegidos. É que no caso, essa protecção está assegurada, mas no processo penal e não no procedimento tributário.

4. Face ao exposto, acorda-se em negar provimento ao recurso.

Custas pela recorrente, fixando-se a procuradoria em 1/6 (um sexto).

Lisboa, 10 de Março de 2005.

Lúcio Barbosa (Relator)
António Pimpão
Pimento do Vale

Recurso n.º 1221/04-30

CONTRA-ORDENAÇÃO ADUANEIRA. PRESCRIÇÃO DO PROCEDIMENTO.

(Acórdão de 19 de Janeiro de 2005)

SUMÁRIO:

No regime anterior à Lei 109/2001 de 24.12, que alterou o artigo 27.º-A do Regime Geral das Contra-ordenações, a interposição do recurso da decisão que aplicou a coima não suspendia o prazo prescricional, sendo subsidiariamente aplicável às contra-ordenações aduaneiras o disposto no artigo 121.º n.º 3 do C. Penal.

ACORDAM NA SECÇÃO DO CONTENCIOSO TRIBUTÁRIO DO SUPREMO TRIBUNAL ADMINISTRATIVO:

Inconformado com a decisão do M.º Juiz do Tribunal Tributário de 1ª Instância de Aveiro que declarou a prescrição do procedimento por contra-ordenação e ordenou o arquivamento dos autos, recorreu o Ministério Público para este Supremo Tribunal Administrativo formulando as seguintes conclusões:

1.º A decisão recorrida ao declarar a prescrição do procedimento por contra-ordenação, fez uma errada aplicação dos artigos 27.º-A do Decreto-Lei 433/82 de 27 de Outubro, na redacção dada pelo Decreto-Lei 244/95 de 14 de Setembro e 1200 n.º 1 al. *b*) e n.º 2 do Código Penal.

2.º Atento o estabelecido no Acórdão n.º 6/2001 do Supremo Tribunal de Justiça é aplicável ao regime das contra-ordenações a regra do n.º 3 do artigo 121.º do Código Penal quanto à prescrição do procedimento por contra-ordenações.

3.º O regime da suspensão da prescrição do procedimento criminal é aplicável ao regime da prescrição do procedimento contra-ordenacional, tal como fixou o Acórdão do Supremo Tribunal de Justiça n.º 2/2002.

4.º A notificação da decisão que aplicou a coima interrompeu o prazo da prescrição pelo começou nova contagem em 20 de Julho de 1998.

5.º A notificação do despacho que recebeu o recurso e designou data para julgamento, de 22 de Junho de 1999, suspendeu a contagem do prazo de prescrição em curso durante três anos, prazo que, ainda, não terminou.

6.º O douto despacho ora recorrido deverá ser substituído por outro que designe data para continuação do julgamento.

7.º Foram violados os artigos 27.º-A do Decreto-Lei 433/82 de 27 de Outubro, na redacção dada pelo Decreto-Lei 244/95 de 14 de Setembro e 1200 n.º 1 al. *b*) e n.º 2 do Código Penal.

Este recurso é igual ao interposto pelo Ministério Público e julgado no em 22.9.2004 (recurso n.º 570/04), apenas sendo diferente o montante da coima que aqui é de 2.095.100$00 e na data em que ocorreram os factos, aqui em 28. 4.98. Não tendo estas diferenças qualquer influência na apreciação do prazo prescricional limitar-nos-emos a transcrever o que naquele aresto, no qual o actual relator foi adjunto, se escreveu.

"Em matéria de direito sancionatório, vale o princípio constitucional da aplicação do regime globalmente mais favorável ao infractor que, embora apenas previsto expressamente para as infracções criminais (art. 29.º, n.º 4, da C.R.P.), é de aplicar analogicamente aos outros direitos sancionatórios.

Por isso, para além de nunca poder ser aplicável uma lei sobre prescrição mais gravosa para o arguido do que a vigente no momento da prática da infracção, será mesmo aplicável retroactivamente o regime que, globalmente, mais favoreça o infractor.

Assim, para apreciar se ocorreu ou não a prescrição, deverá apreciar-se se ela ocorre à face de qualquer dos regimes vigentes desde a data da infracção e o presente.

Tendo o decurso do prazo de prescrição o efeito de extinguir o procedimento – art. 27.º do Decreto-Lei n.º 433/82, de 27 de Outubro e, consequentemente, a responsabilidade do arguido pela infracção, será de aplicar em tal matéria qualquer dos regimes vigentes desde a prática da infracção que conduza a tal extinção, pois, obviamente, não poderá haver regime mais favorável do que algum que extinga a responsabilidade do arguido.

Na aplicação de tais regimes, deverá considerar-se a aplicação em bloco das normas de cada um deles e não a parte mais favorável de cada um deles, como vem sendo jurisprudência pacífica.

Por força de tal princípio constitucional, estará afastada, também, a possibilidade de fazer aplicação, nesta matéria, da norma sobre sucessão no tempo de leis sobre prazos, contida no art. ***297.º*** *do Código Civil.*

Por outro lado, verificando-se actos interruptivos da prescrição do procedimento, é aplicável subsidiariamente, nesta matéria, por força do preceituado no art. ***32.º*** *do Decreto-Lei n.º 433/82 a norma do n.º 3 do art. 121.º do Código Penal (na redacção do Decreto-Lei n.º 48/95, de 15 de Março, a que correspondia o art. 120.º, n.º 3, na redacção inicial), que determina que a prescrição ocorrerá sempre que, ressalvado o tempo de suspensão, tiver decorrido o prazo normal de prescrição acrescido de metade.*

3 – A infracção foi praticada na vigência do Regime Jurídico das Infracções Fiscais Aduaneiras, aprovado pelo Decreto-Lei n.º 376-A/89, de 25 de Outubro.

Nos termos do art. 20.º do R.J.I.F.A., o prazo de prescrição das contraordenações fiscais aduaneiras puníveis com coima superior a 100.000$00, como sucede no caso dos autos, era de dois anos.

Assim, por força do disposto no art. 121.º n.º 3, do Código Penal, o prazo máximo de prescrição, havendo actos interruptivos, era de três anos a contar da data da prática a infracção, ressalvado o prazo de suspensão.

Na redacção do R.G.C.O. vigente à data da prática da infracção, o regime da suspensão do procedimento contra-ordenacional era regulado pelo seu art. 27.º-A que estabelecia, na redacção inicial, introduzida pelo Decreto-Lei n.º 244/95, de 14 de Setembro, que «a prescrição do procedimento por contra-ordenação suspende-se, para além dos casos previstos na lei, durante o tempo em que o procedimento não puder legalmente iniciar-se ou continuar por falta de autorização legal».

A existência desta norma especial sobre o regime da suspensão da prescrição do procedimento contra-ordenacional, que reproduz uma das situações de suspensão previstas no art. 120.º, n.º 1, do Código Penal (o procedimento não puder legalmente iniciar-se ou continuar por falta de autorização legal), leva a concluir que não eram aplicáveis neste procedimento as restantes causas admitidas no processo penal que tinham potencialidade para ser aplicadas em processo contra-ordenacional, pois, se a referência aos «casos previstos na lei» se reportasse às previstas naquele art. 120.º não se justificaria a reprodução daquela.

A redacção introduzida pela Lei n.º 109/2001, aditando duas novas causas de suspensão, reforça a ideia de que só vigoram no processo contra-ordenacional as causas de suspensão próprias.

Por isso, não é de aceitar a Jurisprudência do Supremo Tribunal de Justiça, adoptada no acórdão proferido em 17-1-2002 para fixação de jurisprudência, que teve o n.º 2/2002, publicado no Diário da República, 1 Série, de 5-3-2002, que decidiu que «o regime da suspensão da prescrição do procedimento criminal é extensivo, com as devidas adaptações, ao regime de suspensão prescricional das contra-ordenações, previsto no artigo 27.º-A do Decreto-Lei n.º 433/82, de 17 de Outubro, na redacção dada pelo Decreto-Lei n.º 244/95, de 14 de Setembro».

Aliás, sendo o prazo de prescrição das coimas por contra-ordenações fiscais aduaneiras de dois anos e um ano, seria incongruente aplicar um prazo de suspensão da prescrição de três anos a contar da notificação da acusação (situação que nem existe no processo contra-ordenacional em que o que é notificado ao arguido é a decisão de aplicação de coima), derivado da aplicação do art. 120, n.º 1, alínea b), e n.º 2, do Código Penal. O exagero de um prazo desse tipo é patenteado pela redacção introduzida pela Lei n.º 109/2001, de 24 de Dezembro, a estabelecer que, nos casos de suspensão a partir da notificação do despacho que procede ao exame preliminar do recurso da decisão da autoridade administrativa, ela não pode exceder 6 meses.

Assim, é de concluir que, à face do regime anterior a esta Lei, não havia suspensão da prescrição derivada apenas da pendência do processo, após a interposição do recurso judicial da decisão de aplicação de coima.

Nestes termos, não havendo qualquer causa de suspensão da prescrição aplicável ao caso em apreço, à face da redacção inicial do art 27.º-A do R.G.C.O., é manifesto que ocorreu a prescrição, por desde a data da prática da infracção terem decorrido mais de três anos".

Em conformidade com o exposto, acorda-se em conferência neste Supremo Tribunal Administrativo em negar provimento ao recurso e confirmar a decisão recorrida.

Sem custas por o recorrente delas estar isento.

Lisboa, 19 de Janeiro de 2005.

Vítor Meira (Relator)
António Pimpão
Brandão de Pinho

Recurso n.º 1294/04-40

CONTRIBUIÇÕES PARA A SEGURANÇA SOCIAL. EXPLORAÇÃO AGRÍCOLA. PRINCÍPIO DA HIERARQUIA DAS NORMAS. INCONSTITUCIONALIDADE ORGÂNICA. INCONSTITUCIONALIDADE MATERIAL.

(Acórdão de 23 de Fevereiro de 2005)

SUMÁRIO:

I – O n.º 2 do art. 4.º do Decreto Regulamentar n.º 75/86, introduzido pelo Decreto Regulamentar n.º 9/88, ao excluir do âmbito do Decreto-Lei n.º 401/86 as explorações agrícolas «*que se destinem essencialmente à produção de matérias-primas para indústrias transformadoras que constituam, em si mesmas, objectivos dessas empresas*», tem um alcance restritivo que não tinha este último diploma, que incluía no âmbito do regime especial de contribuições para a Segurança Social a generalidade dos trabalhadores agrícolas por contra de outrem, independentemente da natureza da exploração agrícola em que desenvolviam a sua actividade.

II – Nestas condições, quer se atribua carácter interpretativo quer se reconheça carácter inovador e revogatório àquele Decreto Regulamentar n.º 9/88, ele será orgânica e materialmente inconstitucional, por violar o n.º 5 do art. 115.º da C.R.P. (na redacção de 1982) que, proíbe que diplomas legislativos sejam interpretados ou revogados, em qualquer dos seus preceitos, por diplomas de natureza não legislativa.

ACORDAM NA SECÇÃO DO CONTENCIOSO TRIBUTÁRIO DO SUPREMO TRIBUNAL ADMINISTRATIVO:

1 – FORRESTER & C.ª, S.A. impugnou uma liquidação efectuada pelo Centro Regional de Segurança Social de Vila Real, no valor de 375.921$00, relativa a contribuições para a segurança social.

O Tribunal Tributário de Viseu julgou a impugnação improcedente.

Inconformada, a impugnante interpôs o presente recurso para este Supremo Tribunal Administrativo, apresentado alegações com as seguintes conclusões:

1ª O n.º 2 do artigo 4.º do Decreto Regulamentar n.º 75/86, que foi introduzido pelo Decreto Regulamentar n.º 9/88, é ilegal porque viola o n.º 2 do artigo 5.º do Decreto-Lei n.º 401/86;

2ª Essa disposição regulamentar é também inconstitucional, por força do actual n.º 6 do artigo 112.º da Constituição (o então n.º 5 do artigo 115.º da Constituição);

3ª A douta sentença objecto do presente recurso jurisdicional, ao aplicar, in casu, o referido n.º 2 do artigo 4.º do Decreto Regulamentar n.º 75/86, que foi acrescentado pelo Decreto Regulamentar n.º 9/88, incorreu em erro de julgamento;

4ª A douta sentença fez essa aplicação, ao considerar que um acto de liquidação de contribuições para a segurança social baseado nesse n.º 2 do artigo 4.º é válido;

5ª O Supremo Tribunal Administrativo, por douto acórdão de 16 de Junho de 2004, já veio, noutro processo, reconhecer que a razão está com a Recorrente (Proc. 297/04 – 2.ª Secção)

Nestes termos e nos demais que serão superiormente supridos, deve ser revogada, por erro de julgamento, a douta sentença de que agora se recorre, sendo julgada procedente a impugnação «sub judice».

Não foram apresentadas contra-alegações.

O Excelentíssimo Procurador-Geral Adjunto emitiu douto parecer no sentido do não provimento do recurso, nos seguintes termos:

O recurso merece provimento, nos termos da jurisprudência pacífica da Secção, tirada em casos idênticos: ac. de 16-6-04, r. 297/04-30; de 13-10-04, recs. N.os 311//03-30, 332/04-30 e 374/04-30.

Corridos os vistos legais, cumpre decidir.

2 – Na sentença recorrida deu-se como assente a seguinte matéria de facto:

1. Em 15 de Junho de 1998 a Impugnante apurou e pagou contribuições para a Segurança Social no montante de 1.875,09 Euros (Esc. 375.921$00), referente ao mês de Junho de 1998, aplicando a taxa social única) – documento de fls. 15.

2. A Impugnação foi deduzida em 11-9-1998 – fls. 1.

3. A liquidação foi efectuada pela Impugnante na sequência de instruções expressas dos Serviços da Segurança Social – documentos juntos pelo Instituto de Gestão Financeira da Segurança Social.

3 – O objecto do recurso jurisdicional é delimitado pelas conclusões das alegações (art. 684.º, n.º 3, do C.P.C.).

Por isso, não há que apreciar a decisão recorrida na parte em que não foi atacada no presente recurso jurisdicional.

Assim, as únicas questões a apreciar, são as da legalidade e constitucionalidade do n.º 2 do art. 4.º do Decreto Regulamentar n.º 75/86, de 30 de Dezembro, na redacção dada pelo Decreto Regulamentar n.º 9/88, de 3 de Março, por violação do preceituado no n.º 2 do art. 5.º do Decreto-Lei n.º 401/86, de 2 de Dezembro, e do art. 112.º, n.º 6 (anterior art. 115.º, n.º 5, da C.R.P.).

4 – Antes de mais, importa indicar o conteúdo de toda esta legislação.

O Decreto-Lei n.º 401/86, de 2 de Dezembro, alargou o âmbito do regime geral de segurança social a todos os trabalhadores que exerçam actividades agrícolas através da vinculação obrigatória ao regime geral dos trabalhadores por conta de outrem ou ao regime dos trabalhadores independentes.

No seu art. 5.º, este diploma estabelece o seguinte:

ARTIGO 5.º

Regime contributivo dos trabalhadores agrícolas por conta de outrem

1 – As contribuições relativas aos trabalhadores agrícolas por conta de outrem são calculadas pela aplicação da taxa global de 29%, correspondendo 21% às enti-

dades patronais e 8% aos trabalhadores, sobre o valor da remuneração mínima mensal do sector, proporcional ao número de dias de trabalho efectivamente prestado.

2 – São abrangidos pelo regime contributivo definido no número anterior os trabalhadores agrícolas referidos nas alíneas a) e e) do artigo 3.º do Decreto-Lei n.º 81/85 e respectivas entidades patronais.

3 – A taxa global fixada no n.º 1 será gradualmente atingida até ao ano de 1993, em termos a regulamentar.

As referidas alíneas *a*) e *e*) do art. 3.º do Decreto-Lei n.º 81/85 reportam-se a «*trabalhadores agrícolas permanentes, independentemente da natureza e dimensão da exploração agrícola*» e aos «*que, sendo profissionalmente indiferenciados, prestem serviço, embora a título eventual, a empresas individuais ou colectivas com 5 ou mais trabalhadores permanentes*».

O Decreto Regulamentar n.º 75/86, que veio regulamentar aquele Decreto-Lei n.º 401/86, estabeleceu, no seu art. 4.º, o seguinte:

ARTIGO 4.º

Actividades equiparadas a actividades agrícolas

Para efeitos do presente diploma as actividades e explorações de silvicultura, pecuária, horto-fruticultura, floricultura, avicultura e apicultura, ainda que nelas a terra tenha uma função de mero suporte de instalações, são equiparadas a actividades e explorações agrícolas.

O Decreto Regulamentar n.º 9/88 deu a seguinte redacção a este art. 4.º, atribuindo o n.º 1 à redacção inicial e aditando-lhe um n.º 2 com a seguinte redacção:

2 – Não se consideram explorações agrícolas para os efeitos deste diploma as que se destinem essencialmente à produção de matérias-primas para indústrias transformadoras que constituam, em si mesmas, objectivos dessas empresas.

O art. 115.º, n.º 5, da C.R.P., na redacção vigente em 1988, quando foi dada a referida redacção ao art. 4.º, n.º 2, do Decreto Regulamentar n.º 75/86, tinha a seguinte redacção[1]:

5. Nenhuma lei pode criar outras categorias de actos legislativos ou conferir a actos de outra natureza o poder de, com eficácia externa, interpretar, integrar, modificar, suspender ou revogar qualquer dos seus preceitos.

5 – O Decreto-Lei n.º 401/86 alargou o âmbito do regime geral da segurança social à generalidade dos trabalhadores que exerciam actividade profissional no domínio da agricultura, como se conclui do seu art. 1.º que se reporta, expressamente, «***todos os trabalhadores*** *que exerçam actividades agrícolas*».

O seu art. 5.º, n.º 2, que fixou as taxas das contribuições para os trabalhadores agrícolas por conta de outrem, através da remissão para as alíneas *a*) e *e*) do art. 3.º do Decreto-Lei n.º 81/85, inclui neste regime contributivo especial os «*trabalhadores agrícolas permanentes, independentemente da natureza e dimensão da exploração agrícola*» e os «*que, sendo profissionalmente indiferenciados, prestem serviço, embora a título eventual, a empresas individuais ou colectivas com 5 ou mais trabalhadores permanentes*».

Não há assim, à face desta norma, suporte para excluir deste regime especial de tributação quaisquer trabalhadores agrícolas permanentes por conta de outrem, com base na natureza da exploração agrícola, pois expressamente se refere que a inclusão nesse regime é feita «***independentemente da natureza e dimensão da exploração agrícola***».

Não se excluem, assim, deste regime especial os trabalhadores de empresas que não se dedicam apenas ao sector primário da produção agrícola mas também têm actividade no sector secundário (indústrias transformadoras), designadamente aquelas que se dedicam à produção agrícola de matérias-primas para o fornecimento e manutenção dessas indústrias.

Assim, é inequívoco que o n.º 2 do art. 4.º do Decreto Regulamentar n.º 75/86, introduzido pelo Decreto Regulamentar n.º 9/88, ao excluir do âmbito do Decreto-Lei n.º 401/86 as explorações agrícolas «*que se destinem essencialmente à produção de matérias-primas para indústrias transformadoras que constituam, em si mesmas, objectivos dessas empresas*», tem um alcance restritivo que não tinha este último diploma.

Nestas condições, tem de concluir-se que esta nova redacção, quer se lhe atribua carácter interpretativo quer se lhe reconheça carácter inovador e revogatório do anteriormente vigente, sempre será orgânica e materialmente inconstitucional, pois viola aquele n.º 5 do art. 115.º da C.R.P. que, proíbe que diplomas legislativos sejam interpretados ou revogados, em qualquer dos seus preceitos, por diplomas de natureza não legislativa e altera a incidência subjectiva daquele regime especial de contribuições para a Segurança Social sem credencial parlamentar, em matéria que se englobava na reserva relativa de competência legislativa da Assembleia da República [arts. 168.º, n.º 1, alínea *l*), e 106.º, n.º 2, da C.R.P. na redacção de 1982].

6 – Conclui-se, assim, que ocorreu erro de julgamento na sentença recorrida, ao considerar como constitucionalmente admissível a restrição do âmbito do Decreto-Lei n.º 401/86 operada por aquele Decreto Regulamentar n.º 9/88.

Termos em que acordam nesta Secção do Contencioso Tributário em

- conceder provimento ao recurso jurisdicional;
- revogar a sentença recorrida;
- julgar procedente a impugnação e
- anular a liquidação impugnada.

Sem custas.

Lisboa, 23 de Fevereiro de 2005.

Jorge de Sousa (Relator)
Pimenta do Vale
Vítor Meira

Recurso n.º 1283/04-30

[1] Esta norma, a partir da revisão constitucional de 1997, passou a ser o n.º 6 do art. 112.º.

CUMULAÇÃO INDEVIDA DE IMPUGNAÇÕES JUDICIAIS. INDEFERIMENTO LIMINAR. NOTIFICAÇÃO DO IMPUGNANTE PARA ESCOLHER A IMPUGNAÇÃO QUE QUER VER APRECIADA.

(Acórdão de 10 de Março de 2005)

SUMÁRIO:

I – Não é possível cumular as impugnações de liquidações de imposto sobre o rendimento das pessoas colectivas e de imposto sobre o valor acrescentado, por faltar a identidade de natureza dos dois tributos exigida pelo artigo 104.º do Código de Procedimento e de Processo Tributário.

II – Apresentada, em 30 de Março de 2004, uma petição de impugnação judicial naquelas condições, não deve ser liminarmente indeferida, mas notificar-se o impugnante para indicar qual das liquidações pretende ver apreciada, nos termos do disposto no artigo 47.º n.º 5 do Código de Processo nos Tribunais Administrativos, aplicável por força dos artigos 2.º n.º 1 alínea *c*) do Código de Procedimento e de Processo Tributário e 4.º n.º 5 do Código de Processo nos Tribunais Administrativos.

ACORDAM NA SECÇÃO DO CONTENCIOSO TRIBUTÁRIO DO SUPREMO TRIBUNAL ADMINISTRATIVO:

1.1. ABRANTINO EXPRESSO, LDA., com sede no Rossio ao Sul do Tejo, Abrantes, recorre do despacho do Mm.º. Juiz do Tribunal Administrativo e Fiscal de Leiria que liminarmente, por ilegal cumulação de pedidos, indeferiu a petição inicial de impugnação de actos de liquidação de imposto sobre o rendimento das pessoas colectivas (IRC) e imposto sobre o valor acrescentado (IVA) relativos aos exercícios dos anos de 1999 a 2001.

Formula as seguintes conclusões:

«1 – Neste caso concreto é possível a cumulação de pedidos uma vez que são os mesmos os fundamentos de facto e de direito que os sustentam;

2 – A douta sentença sob recurso violou o disposto no artigo 38.º da LPTA, *ex vi* do artigo 2.º e 2.º alínea *b*) do CPPT;

3 – Se assim não se entender deve decidir-se que o Meritíssimo Juiz do Tribunal a quo deveria ter convidado a parte a suprir essa excepção dilatória, optando a recorrente por um dos pedidos e deduzindo o outro autonomamente;

4 – A omissão da prática desse acto, importa a violação do disposto nos artigos 265.º n.º 2 e 508.º n.º 2 do CPC, ex vi artigo 2.º alínea *b*) do CPPT.

5 – Por último, à cautela, se não se seguir aquele entendimento deve ser dada à Recorrente a faculdade de deduzir novas impugnações, no prazo de um mês, a contar do trânsito em julgado da decisão, devendo-se considerar que as respectivas petições foram apresentas na data de entrada da primeira, nos termos do art. 289.º n.º 2 do CPC».

1.2. Não há contra-alegações.

1.3. O Mm.º. Juiz proferiu despacho mantendo a decisão recorrida.

1.4. O Exm.º. Procurador-Geral Adjunto junto deste Tribunal é de parecer que o recurso merece provimento, pois embora não seja admissível a cumulação de pedidos, «a recorrente deve ser notificada para indicação do pedido que pretende ver apreciado no processo, sob cominação de absolvição da instância quanto a todos os pedidos».

1.5. O processo tem os vistos dos Exm.ºs. Adjuntos.

***

2. As questões a decidir no presente recurso jurisdicional consistem em saber

1ª – se é possível atacar, no mesmo processo de impugnação judicial, actos de liquidação de IRC e IVA;

2ª – se, em caso de resposta negativa, deve o impugnante ser notificado para optar pelo acto de liquidação que pretende ver apreciado.

Para abordar estas questões importa ter presente que estamos perante um processo iniciado em 30 de Março de 2004, datando a decisão recorrida de 9 de Abril seguinte.

O processo rege-se, pois, pelo Código de Procedimento e de Processo Tributário (CPPT), por força do artigo 4.º do decreto-lei n.º 433/99, de 26 de Outubro.

3.2. À primeira das identificadas contendas se referem as duas primeiras conclusões das alegações da recorrente.

Trata-se de questão que vem merecendo deste Tribunal inequívoca resposta negativa, à luz do que estabelece o artigo 104.º do CPPT.

De entre os acórdãos que se debruçaram sobre o tema podem ver-se os de 3 de Julho de 2003, 26 de Março de 2003, 13 de Março de 2002, e 10 de Abril de 2004, nos recursos n.ºs 538/03, 131/03, 26752 1911/03, respectivamente.

Essa resposta é negativa é também, dada, *de jure contendo*, pelo autor a que, para defender o contrário, se arrima a recorrente – JORGE LOPES DE SOUSA, *in* CÓDIGO DE PROCEDIMENTO E DE PROCESSO TRIBUTÁRIO ANOTADO, 4ª edição, pág. 470.

Aí se pode ler que «No processo de impugnação judicial, esta cumulação de pedidos relativa a mais que um acto, só pode suceder quando estes se reportam a um mesmo tributo, sejam idênticos os fundamentos de facto e de direito e seja o mesmo o tribunal competente para a decisão (...). (...) não se enquadram na previsão deste artigo (...) aquelas [situações] em que há uma mesma materialidade que é subjacente à liquidação de tributos distintos. Será, por exemplo, o caso de uma liquidação adicional de I.V.A. baseada numa correcção à matéria tributável fundamentada em correcção de escrita e uma liquidação adicional de I.R.C. fundada na mesma correcção. Existiria uma conexão entre as duas liquidações, por serem os mesmos os factos que estão na origem a ambas as liquidações, pelo que a cumulação de pedidos de anulação seria viável à face daquela regra do n.º 1 do art. 38.º da L.P.T.A.. Mas, não será possível a cumulação de impugnações judiciais dos referidos actos, por serem diferentes os tributos».

Na verdade, a norma legal em causa dispõe que «Na impugnação judicial podem, nos termos legais, cumular-se pedidos e coligar-se os autores em caso de identidade da natureza dos tributos, dos fundamentos de facto e de direito invocados e do tribunal competente para a decisão».

Não se basta, pois, esta disposição, com a existência de uma relação de dependência e de conexão entre os actos impugnados. Para que a cumulação seja autorizada é preciso que se verifiquem três pressupostos:

– que o tribunal seja competente para todas as impugnações;

– que haja identidade dos fundamentos de facto e de direito em que assentam essas impugnações;

– que os actos impugnados respeitem a tributos da mesma natureza.

Ora, é gritante a diversidade da natureza do IVA e do IRC – aquele, um imposto sobre o consumo, este, um tributo sobre o rendimento.

Falta, pois, um dos pressupostos para que seja legítima a cumulação de impugnações, o que inviabiliza essa cumulação.

Daí o acerto do despacho recorrido, neste segmento, e a improcedência das duas primeiras conclusões das alegações da recorrente.

3.3. Resta saber se, verificada a ilegalidade da cumulação, o juiz devia ter convidado a recorrente a escolher o acto de liquidação a ser apreciado pelo tribunal.

Não se encontra no CPPT, norma que dite as consequências da cumulação em caso de não verificação dos respectivos pressupostos – designadamente, como é, aqui, o caso, quando falte a «identidade da natureza dos tributos».

É, pois, admissível a posição dos que defendem que devia procurar-se o regime para esta situação no artigo 38.º n.º 4 da Lei de Processo nos Tribunais Administrativos (LPTA), chamado a aplicar-se pela alínea *c*) do do n.º 2 do artigo 2.º do CPPT (cfr. obra e autor citados, pág. 470).

Mas acontece que a LPTA cessou a sua vigência em 1 de Janeiro de 2004, data em que foi substituída pelo Código de Processo nos Tribunais Administrativos (CPTA) aprovado pela lei n.º 15/2002 de 22 de Fevereiro (cfr. o artigo 2.º da lei n.º 4-A/2003 de 19 de Fevereiro).

Assim, aquela alínea *c*) do artigo 2.º do CPPT deixou de apelar à aplicação subsidiária da desaparecida LPTA.

Daí que, contra o entendimento da recorrente, expresso nas segunda e terceira conclusões das suas alegações, não haja que considerar a disposição do artigo 38.º n.º 4 da LPTA – norma cuja aplicação subsidiária, de resto, o artigo 104.º do CPPT afastaria (cfr., a este respeito, o autor e obra citados, pág. 469).

Ora, o artigo 4.º n.º 5 do CPTA, que sucedeu à LPTA, estabelece que «A cumulação de impugnações de actos administrativos rege-se pelo disposto no artigo 47.º», cujo n.º 5 dispõe:

«Havendo cumulação, sem que entre os pedidos exista a conexão exigida no número anterior, o juiz notifica o autor ou autores para, no prazo de 10 dias, indicarem o pedido que pretendem ver apreciado no processo, sob pena de, não o fazendo, haver absolvição da instância quanto a todos os pedidos».

Por fim, o n.º 6 do mesmo artigo permite que, em caso de absolvição da instância por ilegal cumulação de impugnações, possam ser «apresentadas novas petições, no prazo de um mês a contar do trânsito em julgado, considerando-se estas apresentadas na data de entrada da primeira para efeitos da tempestividade da sua apresentação».

Conclui-se, deste modo, que o Tribunal recorrido, verificando, como verificou, estar perante uma cumulação ilegal de impugnações, devia – neste ponto, como pretende a recorrente – ter notificado a impugnante para, em dez dias, indicar a impugnação que pretendia ver apreciada no processo, sob pena de integral absolvição da instância; sobrando ainda à impugnante, se não reagisse à notificação, a possibilidade de deduzir novas impugnação separadas, no prazo de um mês, contado do trânsito em julgado da decisão que extinguisse a instância, com o benefício de se consideraram, essas novas impugnações, como apresentadas na data da entrada daquela em se verificara a ilegal cumulação, para efeitos da tempestividade da sua apresentação.

4. Termos em que acordam, em conferência, os juízes da Secção de Contencioso Tributário deste Supremo Tribunal Administrativo em, concedendo provimento ao recurso, revogar o despacho recorrido, para ser substituído por outro que determine a notificação da recorrente, nos termos e para os efeitos do artigo 47.º n.º 5 do Código de Processo nos Tribunais Administrativos.

Sem custas.

Lisboa, 10 de Março de 2005.

Baeta de Queiroz (relator)
Brandão de Pinho
Fonseca Limão

Recurso n.º 1390/04-30

DERROGAÇÃO DO SIGILO BANCÁRIO. ART. 63.º-B, N.OS 1 E 2 DA LGT. AUTORIZAÇÃO PARA CONSULTA DA DOCUMENTAÇÃO BANCÁRIA.

(Acórdão de 16 de Fevereiro de 2005)

SUMÁRIO:

I – Nos termos dos n.os 1 e 2 do art. 63.º-B da LGT, a derrogação do sigilo bancário por acto da Administração Fiscal só pode ocorrer nas situações de recusa da sua exibição ou de autorização para a sua consulta.

II – O legislador, ao usar naquele normativo a expressão nas "situações de recusa" no plural, é patente que a conjunção "ou" é ali utilizada, não para separar as duas expressões, mas para as unir.

III – Sendo assim, é fundamento do acesso directo da administração tributária à documentação

bancária do contribuinte não só a recusa da sua exibição, mas também a falta de autorização deste para a sua consulta.

IV – Esta interpretação não viola o princípio da boa-fé.

ACORDAM NESTA SECÇÃO DO CONTENCIOSO TRIBUTÁRIO DO SUPREMO TRIBUNAL ADMINISTRATIVO:

1 – Gil & Pinho, SA, contribuinte n.º 500 441 596, com sede na Rua Cidade de Lisboa, n.º 107, Montijo, não se conformando com a sentença do Tribunal Administrativo e Fiscal de Almada que julgou improcedente, por não provado, o recurso da decisão do Director-Geral dos Impostos, que autorizou o acesso directo aos documentos existentes nas contas bancárias de que aquele é titular, dela vem interpor o presente recurso, formulando as seguintes conclusões:

I. No artigo 63.º-B, n.º 1 e n.º 2 da LGT o legislador, apenas previu como fundamento de acesso directo da Administração Fiscal aos documentos bancários dos contribuintes, a recusa de exibição destes, ou autorização para tal dada pelo sujeito passivo.

II. Não é previsto em tal norma, como fundamento de acesso directo aos documentos bancários do contribuinte, a recusa de autorização do sujeito passivo para consulta dos mesmos, solicitada pela administração fiscal.

III. Tal resulta, desde logo, do emprego da conjunção coordenativa alternativa, "ou", que de acordo com as regras de sintaxe, liga dois termos ou orações de sentido distinto, indicando que ao cumprir-se um facto, o outro não se cumpre.

IV. Caso assim se não entenda, teria o legislador recorrido no texto da norma em análise, à utilização de uma figura de sintaxe, a "elipse", na forma de "zeugma".

V. De acordo com as regras de gramática, a "elipse" consiste na omissão de um termo que o contexto ou a situação permitem facilmente supor, só devendo ser invocada quando manifesta, e ainda assim, com extrema prudência, sendo usada de preferência naqueles tipo de enunciado que se devem caracterizar pela concisão ou pela rapidez.

VI. O termo omitido na norma em causa, (recusa), não é, tendo em conta o contexto ou a situação facilmente suposto, e muito menos manifesto.

VII. Acresce que, uma lei não é seguramente um enunciado que se deva caracterizar pela concisão e rapidez, pelo menos, sendo essas entendidas como supressão de termos ou expressões necessárias à compreensão da sua estatuição.

VIII. O recurso a tal figura de sintaxe, por parte do legislador consistiria, in casu, num devaneio estilístico ao arrepio das mais elementares regras de sintaxe, bem como, um desrespeito pelas exigências de determinação a que se encontra vinculado.

IX. Segundo o entendimento propugnado na douta sentença, ora recorrida, caso o contribuinte autorize o acesso directo aos seus documentos bancários, pode a Administração Fiscal aceder aos mesmos, caso não seja concedida autorização, pode na mesma.

X. O conceito de autorização, é identificado com permissão, consentimento expresso, licença para a prática de um acto, remoção de um limite à actuação de alguém (in casu, da Administração Tributária), permissão para fazer algo que sem autorização não pode ser legitimamente feito.

XI. Ora, se em tais casos existe necessidade de autorização, entender-se que na situação da sua recusa, da mesma forma a Administração Fiscal alcançaria o resultado recusado, é contraditório nos termos.

XII. A referência a "autorização para consulta", na norma em análise, reporta-se à legitimação necessária para que a Administração Fiscal possa exigir às entidades bancárias a derrogação do segredo bancário a que estas se encontram vinculadas, caso o contribuinte o autorize.

XIII. De acordo com o entendimento propugnado na douta sentença em crise, o procedimento conducente à obtenção da autorização do contribuinte seria inútil, consubstanciando uma violação do princípio da celeridade consagrado nos art. 57.º do CPA e art. 55.º da LGT, que impede a prática de actos inúteis.

XIV. Acresce que, com o pedido de autorização a Administração Fiscal, cria no contribuinte a legítima expectativa, de que aquela pode ser recusada, sendo a recusa de autorização, considerada fundamento de acesso directo aos documentos bancários, tal legítima expectativa seria injustamente defraudada, e em consequência violado o princípio da boa-fé, que decorre dos artigos 266.º, n.º 2 da Constituição da República Portuguesa (CRP), 6.º do CPA e 59.º, n.º 2 da LGT.

XV. Nos termos do art. 9.º, n.º 3 do CC, o intérprete presumirá que o legislador consagrou as soluções mais acertadas e soube exprimir o seu pensamento em termos adequados, pelo que resulta claro da letra e do espírito do art. 63-B, n.º 1 e n.º 2 da LGT, que apenas se reporta à recusa de exibição dos documentos bancários e não à recusa de autorização.

XVI. O objectivo legislativo de combate à evasão e fraudes fiscais, não legitima o acesso da Administração Fiscal aos documentos bancários do contribuinte em todas as situações, mas apenas nas expressamente previstas.

Violou a sentença recorrida, entre outros, o disposto nos artigos 266.º, n.º 2 da CRP, 9.º, n.º 3 do CC, art. 6.º e 57.º do CPA, bem como, o disposto nos artigos 55.º, 59.º, n.º 2 e 63-B, n.º 1 e n.º 2 da LGT.

O Magistrado do Ministério Público e a entidade recorrida contra-alegaram nos termos que constam de fls. 209 a 216 e 217 a 221, que aqui se dão por integralmente reproduzidos para todos os efeitos legais.

Não foram colhidos vistos legais, dado o carácter urgente do processo.

Uma vez que não vem posta em causa no presente recurso, nos termos do disposto nos arts. 713.º, n.º 6 e 726.º do CPC remete-se para a matéria de facto fixada na decisão recorrida.

Cumpre decidir.

2 – A questão que constitui o objecto do presente recurso consiste em saber, a propósito da derrogação do sigilo bancário, se o acto de recusa que o legislador refere no art. 63.º-B, n.os 1, al. *a*) e 2, al. *a*) da LGT diz respeito apenas à "exibição dos documentos bancários" ou também à falta "de autorização para a sua consulta".

Como é sabido, o sigilo bancário tem como finalidade última a salvaguarda de interesses públicos e privados.

"Os primeiros têm a ver com regular funcionamento da actividade bancária, o qual pressupõe a existência de um clima generalizado de confiança nas instituições que a exercem, que se revela de importância fundamental para o correcto e regular funcionamento da actividade creditícia e, em especial, no domínio do incentivo ao aforro.

E os segundos com o facto de que "a finalidade do instituto do segredo bancário é também o interesse dos clientes, para quem o aspecto mais significativo do encorajamento e tutela do aforro é a garantia da máxima reserva a respeito dos próprios negócios e relações com a banca.

Com o sigilo bancário, o legislador pretende, pois, rodear da máxima discrição a vida privada das pessoas, quer no domínio dos negócios, quer dos actos pessoais a eles ligados".

Cfr. o ac. do TC de 31/05/1995, Colectânea, 31.º vol., 1995, págs. 371 e segts., que, aliás, aqui se seguiu de perto.

Assim, o segredo ou sigilo bancário dimana da boa fé e é condição sine qua non do negócio bancário, pelo que não pode confinar-se a uma natureza contratualista bilateral, antes tendo a ver com direitos de personalidade e inerente tutela constitucional.

Nos termos da jurisprudência do TC, o sigilo bancário integra-se, pois na própria intimidade da vida privada – art. 26.º, n.º 1 da CRP – pelo que, aí, se justificará numa intromissão externa nos casos especialmente previstos e em articulação com os respectivos mecanismos do direito processual.

Para outros, porém, o bem jurídico protegido é apenas o da reserva da privacidade, o que consentirá uma maior compressão, em função de valores ou interesses supra-individuais, justificando-se então mais facilmente o dever de cooperação das instituições de crédito nomeadamente para com a Administração Fiscal com base na necessidade de harmonizar esses valores com o dever fundamental de pagar impostos e com as exigências sociais de arrecadar justa e atempadamente as receitas fiscais...

Como se refere no mesmo aresto, "tendo em conta a extensão que assume na vida moderna o uso de depósitos bancários em conta corrente, é, pois, de ver que o conhecimento dos seus movimentos activos e passivos reflecte grande parte das particularidades da vida económica, pessoal e familiar dos respectivos titulares. Através da investigação e análise das contas bancárias, torna-se, assim, possível penetrar na zona mais estrita da vida privada. Pode dizer-se, de facto, que, na sociedade moderna, uma conta corrente pode constituir "a biografia pessoal em números"...

O segredo bancário constitui, assim, um dever geral de conduta, a observar pelas instituições de crédito e seus representantes, um princípio de ética profissional, que tem como principal finalidade a eficaz protecção do consumidor de serviços financeiros, nos termos do Regime Geral das Instituições de Crédito...

Todavia, o segredo bancário não é um direito absoluto, antes podendo sofrer restrições impostas pela necessidade de salvaguardar outros direitos ou interesses também constitucionalmente protegidos: cooperação com a justiça, combate à corrupção e criminalidade económica e financeira, dever fundamental de pagamento dos impostos, etc.

...Por outro lado, e como é sabido, na actividade interpretativa, a letra da lei constitui o primeiro passo da interpretação, constituindo simultaneamente seu ponto de partida e seu limite – cfr. art. 9.º do CC.

Mas, assim sendo, o intérprete não pode limitar-se ao sentido aparente e imediato, ao seu sentido literal, antes tendo que perscrutar a sua finalidade, em suma, o seu sentido e força normativa...

Pelo que, para se fixar o sentido e alcance da norma jurídica, intervêm, para além, desde logo, do elemento gramatical (o texto ou letra da lei) elementos vários que a doutrina vem considerando: de ordem sistemática, histórica e racional ou teleológica.

Consiste este na razão de ser da lei (ratio legis), no fim visado pelo legislador ao editar a norma.

Como escreve Baptista Machado, in Introdução ao Direito e ao Discurso Legitimador, págs. 182/183, "o conhecimento desse fim, sobretudo quando acompanhado do conhecimento das circunstâncias (políticas, sociais, económicas, morais, etc.) em que a norma foi elaborada ou da conjuntura político-económico-social que motivou a "decisão" legislativa (ocasio legis) constitui um subsídio da maior importância para determinar o sentido da norma. Basta lembrar que o esclarecimento da ratio legis nos revela a "valoração" ou a ponderação de diversos interesses que a norma regula e, portanto, o peso relativo desses interesses, a opção entre eles traduzida pela solução que a norma exprime. Sem esquecer, ainda, que, pela descoberta daquela "racionalidade" que (por vezes inconscientemente) inspirou o legislador na fixação de certo regime jurídico particular, o intérprete se apodera de um ponto de referência que ao mesmo tempo o habilita a definir o exacto alcance da norma e a advinhar outras situações típicas com o mesmo ou diferente recorte".

Toda a norma assenta, pois, num certo fundamento ou razão de ser que é a finalidade a que se dirige, sendo a ratio legis reveladora da valoração ou ponderação dos diversos interesses que a norma jurídica disciplina.

Por sua vez, o elemento sistemático "funda-se na circunstância de que um preceito jurídico não existe por si só, isoladamente, antes se encontrando ligado a vários outros de modo a constituírem todos eles um sistema", podendo a sua confrontação "vir a revelar um nexo de subordinação, uma relação de analogia ou paralelismo (lugares paralelos) ou ainda um certo grau de conexão".

Cfr. parecer da PGR, de 27/02/2003 in DR, II série, de 05/08/2004, que, aliás, aqui se segue de perto" (Acórdão desta Secção do STA de 13/10/04, in rec. n.º 950/04).

3 – Voltando ao caso dos autos e como é sabido, em matéria de acesso à informação protegida pelo sigilo bancário, a regra é de o mesmo depender de autorização judicial (cfr. art. 63.º, n.º 2 deste diploma legal).

A derrogação do dever do sigilo bancário pela administração fiscal constitui uma excepção, que tem como pressupostos os que constam das alíneas dos n.os 1 e 2 do art. 63.º-B da LGT.

Assim, prescreve o predito art. 63.º-B, n.os 1 e 2 que a administração fiscal tem o poder de aceder directamente a documentos bancários ou a todos esses documentos, nas situações de recusa da sua exibição ou de autorização para a sua consulta.

A questão dos autos, como vimos supra é a da interpretação deste preceito legal.

Em síntese, fazendo uma interpretação literal daquele artigo, alega a recorrente que não está prevista em tal norma, como fundamento de acesso directo aos documentos bancários do contribuinte, a recusa de autorização do sujeito passivo para consulta dos mesmos, solicitada pela Administração Fiscal. Tal resulta da conjunção "ou" que, de acordo com as regras da sintaxe, liga dois termos ou orações de sentido distinto, indicando que ao cumprir-se um facto, o outro não se cumpre e, se em tais casos existe necessidade de autorização, entender-se que na situação da sua recusa, da mesma forma a Administração Fiscal alcançaria o resultado recusado, é contraditório nos termos.

E acrescenta, ainda, que, com o pedido de autorização a Administração Fiscal cria no contribuinte a legítima expectativa de que aquela pode ser recusada, sendo a recusa da autorização considerada fundamento de acesso directo aos documentos bancários, tal legítima expectativa seria injustamente defraudada e, em consequência, violado o princípio da boa-fé, que decorre dos arts. 266.º, n.º 2 da CRP, 6-A do CPA e 59.º, n.º 2 da LGT.

Salvo o devido respeito que sempre nos merece opinião contrária, não lhe assiste qualquer razão.

Desde logo e mesmo no aspecto da respectiva literalidade, existe uma outra explicação para o uso da conjunção "ou".

Com efeito, esta conjunção é ali utilizada, não para separar as duas expressões, mas para as unir.

Como, aliás, resulta de naquele normativo o legislador usar a expressão "nas situações de recusa", isto é, no plural. Sendo assim, é patente que, em qualquer dos referidos normativos, no acesso directo da administração tributária à documentação bancária, o que terá que estar sempre em causa é não só a recusa da sua exibição, mas também a falta de autorização para a sua consulta.

Tal derrogação terá que abranger sempre estas duas situações, pois, caso contrário, o uso no plural da referida expressão deixaria de ter qualquer sentido.

E não colhe o argumento invocado pela recorrente de que é contraditório nos termos, o facto de a Administração Fiscal aceder à documentação bancária quer obtenha ou não autorização do contribuinte.

Como bem anota o Exm.º Magistrado do Ministério Público junto da 1ª instância "não podemos esquecer que estamos perante um procedimento da Administração Tributária na âmbito do seus poderes inspectivos e que sobre o contribuinte recai o dever de cooperação. Ora se em regra o acesso à informação protegida pelo segredo bancário depende de autorização judicial – n.º 2 do art. 63.º da LGT –, tal não ocorre quando a lei admite a derrogação do dever do sigilo bancário pela administração tributária, o que ocorre nos casos expressamente previstos no art. 63.º-B da L.G.T.. E nestes casos a falta de cooperação não é legítima, como resulta da alínea *b*) do n.º 4 do art. 63.º da L.G.T..

Temos assim que uma diferente conduta do contribuinte entre o dar o consentimento ou recusar a autorização para a consulta da documentação bancária só ganha relevância se esta recusa está relacionada com a discussão sobre os pressupostos em que pode haver lugar a derrogação do sigilo bancário, e não propriamente com o exercício de um direito que lhe assista, como parece pretender a recorrente".

Por outro lado e como vimos supra, para "fixar o sentido e alcance da norma jurídica, intervêm, para além, desde logo do elemento gramatical (o texto ou letra da lei) elementos vários que a doutrina vem considerando: de ordem sistemática, histórica e racional ou teleológica.

Consiste este na razão de ser da lei (ratio legis), no fim visado pelo legislador ao editar a norma".

Ora, a tese que, aliás, temos vindo a defender está de acordo com a ratio, mesmo constitucional, do preceito, que visa o interesse da administração tributária em apurar com rigor a situação tributária dos contribuintes e levar a cabo com eficiência acções de fiscalização em casos em que tal está dependente da colaboração dos contribuintes e que tem como objectivo último o combate à evasão e fraude fiscais.

Deste modo, não pode ser a mera existência da conjunção "ou" a ditar, em definitivo, a interpretação do preceito em causa.

Pelo que é, assim, de concluir que a derrogação do sigilo bancário nos termos do prédito art. 63.º-B, n.os 1 e 2 da LGT por acto da Administração Tributária pode ter lugar mesmo no caso de recusa de autorização do contribuinte para a consulta dos seus documentos bancários, desde que, evidentemente, estejam verificados os pressupostos previstos nas suas alíneas.

Como referem Leite Campos, Benjamim Rodrigues e Jorge Sousa, in LGT anotada, ed. 3ª, pág. 317, em anotação ao art. 63.º-B, "nos n.os 1 e 2 prevêem-se situações em que a administração tributária tem acesso directo a determinados documentos cobertos pelo sigilo bancário.

Trata-se de situações em que é a própria administração tributária, independentemente de autorização do tribunal ou do interessado, que decide aceder a esses documentos...

Em qualquer das situações referidas nos n.os 1 e 2, a possibilidade de acesso directo a documentação bancária só pode ter lugar perante uma recusa da sua exibição e falta de autorização para a sua consulta, o que supõe que a administração tributária contacte previamente o titular dos direitos sobre a documentação e que ele não aceda ao pedido de exibição ou não dê autorização para a consulta".

4 – Nestes termos, acorda-se em negar provimento ao recurso e manter a decisão recorrida.

Custas pela recorrente, fixando-se a taxa de justiça em 5 ucs e a procuradoria em 1/6.

Lisboa, 16 de Fevereiro de 2005.

Pimenta do Vale (Relator)
Vitor Meira
Jorge de Sousa

Recurso n.º 35/05-30

EMBARGOS DE TERCEIRO. TERCEIRO. ARROMBAMENTO DA PORTA DE IMÓVEL. DIREITO AO TRESPASSE E ARRENDAMENTO. ACÇÃO DE RESOLUÇÃO DO CONTRATO. ABUSO DO DIREITO.

(Acórdão de 9 de Fevereiro de 2005)

SUMÁRIO:

I – Os locadores do imóvel aonde se localiza o estabelecimento comercial de sociedade comercial executada, cujo direito ao trespasse e arrendamento foi penhorado, sendo da sociedade, também, sócios e gerentes, mantêm a sua qualidade de terceiros, para efeitos de dedução de embargos de terceiro.

II – Aqueles senhorios não estão impedidos de, após a penhora do direito ao trespasse e arrendamento, intentarem acção de despejo do locado, com fundamento em falta de pagamento da renda, sendo a sentença que decreta o despejo, depois de transitada em julgado, eficaz perante o exequente.

III – Só o juiz da acção de despejo, que não o dos embargos posteriormente deduzidos, pode julgar se, ao intentarem aquela acção, eles usaram abusivamente do seu direito à resolução do contrato de arrendamento.

IV – O arrombamento das portas do local aonde funcionava o estabelecimento, para possibilitar o seu acesso ao encarregado da venda executiva, quando já fora proferida e transitara a sentença que declarou a resolução do contrato de arrendamento, constitui diligência ofensiva da propriedade e posse dos proprietários, que podem atacá-la mediante embargos.

V – Esse arrombamento não deixa de ser ofensivo pela circunstância de ser realizado na sequência da penhora, e ter em vista possibilitar a venda do bem penhorado.

ACORDAM NESTA SECÇÃO DO CONTENCIOSO TRIBUTÁRIO DO SUPREMO TRIBUNAL ADMINISTRATIVO:

1.1. MARIA EUGÉNIA PIRES DE ALMEIDA CANCELA e **JAIME DE ALMEIDA AFONSO CANCELA**, a primeira residente em Lisboa e o segundo em Aldeia de Irmãos, Azeitão, recorrem da sentença do Mm.º Juiz da 2ª Secção do 2.º Juízo do Tribunal Tributário de 1ª Instância de Lisboa que julgou improcedentes os embargos deduzidos contra a diligência de arrombamento das portas de imóvel efectuada em execução fiscal pendente contra Comatril – Companhia Internacional de Máquinas de Costura e Tricotar, Lda..

Formulam as seguintes conclusões:

«Os Recorrentes entendem, com o devido respeito, que a douta decisão recorrida não procedeu a correcta apreciação da matéria de facto.

Porquanto,

I. Da subsunção jurídica da matéria de facto dada como provada resulta a verificação, *in casu*, de todos os requisitos essenciais da atendibilidade do processo de embargos de terceiro, de acordo com a lei processual tributária:

– a tempestividade da petição de embargos deduzidos em 2000-01-11;

– a qualidade dos Recorrentes de terceiros face ao processo de execução no âmbito do qual se verificou a diligência ofensiva da posse;

– a ofensa da posse, consubstanciada no acto de arrombamento, ocorrido em 1999-12-14.

II. Foram os embargos de terceiro deduzidos tempestivamente, no prazo de 30 dias contados do dia em que foi praticado o acto lesivo da posse – diligência judicial do arrombamento, acto no qual se traduziu a agressão patrimonial, nos termos do artigo 319.º, n.º 2, do Código de Processo Tributário e conforme decisão deste Venerando T.C.A., na sua douta decisão, proferida em 4 de Julho de 2000, concedendo provimento ao recurso interposto do douto despacho do Mm.º Juiz a *quo* que indeferiu *in limine* a petição inicial dos embargos com fundamento na procedência da excepção dilatória de caducidade do direito de acção.

III. Considerando a lei (*vide* artigo 351.º, n.º 1, do Código de Processo Civil) terceiro, em relação a qualquer acção judicial, todo aquele que não seja parte na causa, os Embargantes, na qualidade de representantes legais da firma executada, não se consideram terceiros face ao acto da penhora realizado em 9 de Março de 1994 (cfr. ponto 1.3. da matéria de facto provada).

IV. Porém, os Recorrentes, mediante a dedução de embargos, reagiram contra o arrombamento e selagem da porta – *recte*, contra a ordem de efectivação desse acto – do imóvel em causa (e não contra a penhora levada a cabo no ano de 1994), facto no qual se consubstanciou a violação da propriedade e da posse e perante o qual assumem a qualidade de terceiros.

V. Saliente-se, ainda, que contra esta penhora o senhorio-proprietário não tinha fundamento para embargar, uma vez que apenas detinha a posse jurídica do bem, sendo-lhe irrelevante o facto da penhora do direito ao arrendamento e trespasse.

VI. O cerne da questão radica no facto da extinção do direito ao arrendamento e trespasse sobre a loja n.º 32-C, sita na Rua Oliveira Martins, em Lisboa, operada com a sentença de despejo do imóvel em causa proferida contra a firma executada "Comatril, L.da", no processo n.º 268/95, que correu termos pela 2.ª Secção, do 5.º Juízo da Comarca de Lisboa, questão esta essencial à decisão dos presentes embargos e que o douto despacho recorrido, ressalvado do devido respeito, não a apreciou devidamente.

VII. Com a decisão judicial que decreta o despejo, ocorrido em 6 de Novembro de 1995, ocorre a inexistência superveniente do objecto da penhora, efectuada em 19 de Março de 1994, consequentemente os ora Recorrentes entram na posse real e causal do imóvel, com efectiva correspondência na situação de facto ("corpus *da* posse" – componente material ou objectiva e *"animus da* posse" – componente subjectiva ou intencional"), a qual é susceptível de fundamentar os embargos de terceiro contra os actos ofensivos da mesma.

VIII. Nesta conformidade, em 14 de Dezembro de 1999, vendo os Recorrentes a sua posse ofendida pela diligência do arrombamento (e subsequente impedimento de entrada e uso) ordenado pela Repartição de Finanças, vieram defendê-la mediante a proposição de embargos de terceiro, apresentados em 11 de Janeiro de 2000, por ser este o meio processual próprio para a defesa da posse real, efectiva e causal, com contra os actos que a ofendam, nos termos definidos na lei de processo ex *vi* do disposto no artigo 1285.º, do Código Civil.

IX. Os Recorrentes viram, assim, a sua posse turbada por uma diligência judicial de arrombamento manifestamente inútil, em virtude de se enquadrar na sequência de uma penhora de estabelecimento comercial e ter por objectivo possibilitar a venda judicial do direito penhorado inexistente.

X. Este entendimento é perfilhado quer pela Fazenda Pública, quer pelo Digno Magistrado do Ministério Publico que pugnaram, nos presentes autos, no sentido da procedência dos embargos de terceiro e consequente restituição da posse o imóvel aos Recorrentes.

XI. Finalmente, quanto a questão da alegada possibilidade de enquadramento da acção de despejo do locado contra a firma executada no instituto do abuso de direito, colocada pelo Tribunal a *quo* em virtude da reunião na esfera jurídica do Recorrente Jaime de Almeida Afonso Cancela da qualidade de co-senhorio e co-proprietário da loja locada e sócio gerente da firma executada.

XII. Convém não fazer a confusão entre as esferas jurídicas da pessoa jurídica da sociedade e da pessoa jurídica dos seus sócios gerentes, bem como não fazer um uso discricionário da figura da desconsideração da personalidade jurídica – entendimento em que laborou o Mm.º Juiz a *quo*.

XIII. A acção judicial teve o seu propriíssimo objectivo: fazer cessar um contrato de arrendamento, com fundamento em falta de pagamento de rendas, dívidas estas que ficavam desta forma judicialmente reconhecidas e imputadas à esfera jurídica da sociedade devedora.

XIV. Na posse da sentença judicial os Recorrentes apenas promoveram o efectivo despejo, não foi a decisão levada ao processo de execução fiscal com o objectivo de fazer sustar a instância, o facto este que seria imprescindível para a verificação do abuso do direito, pelo que, não se poderá do facto extrair nem a manifesta má fé do ainda co-senhorio, nem intenção alguma de prejuízo do Fisco, igualmente credor da sociedade, porquanto, só existe abuso se o direito for exercido com manifesto excesso dos limites impostos pela boa fé, pelos bons costumes ou pelo fim económico e social do mesmo.

XV. Com a agravante de os Recorrentes, enquanto gerentes da sociedade executada, verem contra si reverter a responsabilidade tributária, subsidiariamente em relação à sociedade executada e solidariamente entre si, no caso da falta ou insuficiência de bens penhoráveis do devedor originário – art. 23.º, da Lei Geral Tributária, em consequência da desconsideração da personalidade colectiva e consideração da responsabilidade dos membros dos corpos sociais, "pelas dívidas tributárias cujo facto constitutivo se tenha verificado no período de exercício do seu cargo ou cujo prazo legal de pagamento ou entrega tenha terminado depois deste quando, em qualquer dos casos, tiver sido por culpa sua que o património da pessoa colectiva ou ente fiscalmente equiparado se tomou insuficiente para a sua satisfação" (cfr. n.º 1, alínea *a*), do art. 24.º, da L.G.T.).

XVI. Assim sendo, verificada a falta de objecto da penhora (por extinção do direito ao arrendamento e ao trespasse na esfera jurídica da firma executada), deveria a Administração Fiscal tomar as providências processualmente adequadas (art. 153.º e 159.º, do C.P.P.T.) e não prosseguir com diligências atentatórias da posse de terceiro, independentemente de quem quer que sejam esses terceiros, *in casu*, os Recorrentes na qualidade de proprietários do imóvel em causa.

XVII. Posto isto, poderá seguramente concluir-se que os embargos deverão ser julgados procedentes e, em consequência, restituídos os Recorrentes à sua posse.

TERMOS EM QUE DEVE SER CONCEDIDO PROVIMENTO AO PRESENTE RECURSO E, EM CONSEQUÊNCIA, REVOGAR-SE O DOUTO DESPACHO RECORRIDO (...)».

1.2. Não há contra-alegações.

1.3. O Exm.º. Procurador-Geral Adjunto junto deste Tribunal é de parecer que o recurso não merece provimento, palas razões constantes do parecer oportunamente emitido no Tribunal Central Administrativo (TCA).

1.4. O processo tem os vistos dos Exm.ºs Adjuntos.

2. Acerca da factualidade fez a sentença impugnada o seguinte julgamento:

«Factos Provados

1 – Em 9/3/94, para garantia do pagamento de divida de I.V.A., no montante global de Esc. 8.013.063$00, objecto do processo de execução fiscal n.º 3298-93/ /101482.0 e apensos, o qual corria seus termos pela R. F. do então 15.º Bairro Fiscal de Lisboa, no mesmo figurando como executado a firma "Comatril – Companhia Internacional de Máquinas de Costura e Tricotar, Lda.", foi efectuada a penhora do direito ao arrendamento e trespasse de loja sita na Rua Oliveira Martins, n.º 31-C, em Lisboa, loja essa na qual se encontrava instalada a executada, pagando a renda mensal de Esc. 90.000$00, ao senhorio, "Jaime Augusto Afonso Cancela – Herdeiros de", com sede na Praça de Londres, n.º 3, 1.º Dt.º, em Lisboa (cfr. auto de penhora cuja cópia se encontra junta a fls. 18 dos presentes autos; informação exarada a fls. 54 dos autos);

2 – Em 17/3/94, "Jaime Augusto Afonso Cancela – Herdeiros de", na qualidade de senhorio do imóvel sobre o qual incidia o direito ao trespasse e arrendamento objecto da penhora identificada no n.º 1, foi notificado da mesma (cfr. informação exarada a fls. 54 dos autos; documento junto a fls. 19 dos autos);

3 – Os embargantes são sócios e gerentes da firma executada, "Comatril – Companhia Internacional de Máquinas de Costura e Tricotar, Lda." (cfr. cópia de certidão do registo comercial junta a fls. 11 a 15 dos autos);

4 – Os embargantes são comproprietários da loja com entrada pelo n.º. 31-C, da Rua Oliveira Martins, em Lisboa (cfr. certidão junta a fls. 36 a 42 dos autos);

5 – Através de sentença datada de 6/11/95 e já transitada, exarada na acção ordinária de despejo que correu termos sob o n.º 268/95, na 5ª Vara Cível, 2ª. Secção,

da comarca de Lisboa, foi ordenado o despejo, além do mais, da loja com entrada pelo n.º. 31-C, da Rua Oliveira Martins, em Lisboa (cfr. certidão junta a fls. 43 a 52 dos autos);

6 – Em 30/7/99, a firma encarregada da venda por negociação particular do direito penhorado e identificado no n.º 1, juntou requerimento ao processo executivo informando que não conseguia proporcionar a visita às instalações em causa, em virtude de não conseguir contactar com o fiel depositário dos bens penhorados nem com o senhorio do imóvel em causa (cfr. documento junto a fls. 25 dos autos);

7 – Em 14/12/99, com base na informação referida no n.º 6, foi efectuada a diligência judicial de arrombamento da porta de entrada da loja identificada no n.º 1, tudo conforme cópia do auto respectivo junta a fls. 27 e que se dá aqui por integralmente reproduzida;

8 – Em 11/1/2000, deu entrada na R. F. do 5.º Bairro Fiscal de Lisboa a p.i. de embargos apresentada pelos embargantes (cfr. carimbo de entrada aposto a fls. 2 dos autos).

Factos não Provados

Dos factos, com interesse para a decisão da causa, constantes da petição de embargos de terceiro, todos objecto de análise concreta, não se provaram os que não constam da factualidade supra descrita».

3.1. Resulta da factualidade dada por provada na sentença, e dos documentos por ela acolhidos, que, em execução fiscal instaurada contra uma sociedade comercial de que os ora recorrentes são sócios e gerentes, foi penhorado o direito ao trespasse e arrendamento de um estabelecimento dela, instalado em local de que são proprietários os mesmos ora recorrentes, enquanto herdeiros de Jaime Augusto Afonso Cancela, e nomeado fiel depositário Carlos Alberto da Rocha Pinto da Silva.

Os recorrentes foram notificados da penhora em 17 de Março de 1994.

Em 11 de Abril de 1995 Manuel António Vicente, que da mesma sociedade havia sido sócio e gerente, alegando ter dado de arrendamento o aludido local à sociedade executada, por contrato verbal, e invocando a falta de pagamento das rendas de todos os meses dos anos de 1990 a 1994, e Janeiro a Março de 1995, instaurou contra ela acção de despejo, que não foi contestada, e que obteve sentença favorável, em 6 de Novembro de 1995, a qual transitou em julgado.

Em 14 de Dezembro de 1999, no âmbito da execução fiscal, procedeu-se ao arrombamento do local, na sequência de informação prestada pelo encarregado da venda do bem penhorado, que afirmou não poder facultar a visita às instalações, não lhe tendo sido possível contactar, nem o fiel depositário, nem o senhorio.

Deduzidos embargos contra esta diligência pelos agora recorrentes, foram julgados improcedentes pela sentença recorrida. Fundamentaram essa improcedência «a falta de qualidade de terceiros dos embargantes, dado que legais representantes da firma executada», e a ausência de prova «de que exerciam a posse real e efectiva do estabelecimento penhorado à data da penhora», ao que acresceu que «a diligência judicial de arrombamento levada a feito pela administração fiscal não pode considerar-se ofensiva da posse, ou propriedade dos embargantes, visto se enquadrar na sequência da diligência de penhora do estabelecimento previamente efectuada e ter por objectivo possibilitar a venda judicial do direito penhorado». «Por outro lado, (...) não ofende a posse do senhorio a penhora do "direito ao arrendamento e trespasse" de estabelecimento». «Por último, (...) a acção de despejo do local intentada (...) se deve considerar como enquadrável no instituto do abuso do direito».

3.2. Cumpre lembrar que a diligência contra a qual os ora recorrentes reagiram mediante embargos de terceiro não é a penhora, que teve lugar em 9 de Março de 1994, mas o arrombamento do local de que são proprietários, diligência que se concretizou em 14 de Dezembro de 1999.

Vigorava, então, o artigo 319.º n.º 1 do Código de Processo Tributário (CPT), em cujos termos os embargos de terceiro constituem o meio processual para o terceiro cuja posse seja lesada por qualquer «diligência judicial» se fazer restituir à sua posse.

Na definição do artigo 1251.º do Código Civil (CC), a «posse é o poder que se manifesta quando alguém actua por forma correspondente ao exercício do direito de propriedade ou de outro direito real».

Já então estava em vigor a redacção do artigo 351.º do Código de Processo Civil introduzida pelo decreto-lei n.º 329-A/95, de 12 de Dezembro, que é a seguinte:

«1 – Se qualquer acto, judicialmente ordenado, de apreensão ou entrega de bens ofender a posse ou qualquer direito incompatível com a realização ou o âmbito da diligência, de que seja titular quem não é parte na causa, pode o lesado fazê-lo valer, deduzindo embargos de terceiro».

3.3. Os agora recorrentes, não sendo executados (nem obviamente, exequentes, posto que estamos perante uma execução fiscal), são terceiros, de acordo com a definição do artigo 351.º n.º 1 do Código de Processo Civil.

Não nos deve impressionar a dupla qualidade de representantes da sociedade executada e senhorios, que conflui nos recorrentes.

Enquanto sócios e gerentes da sociedade, os recorrentes não fazem senão participar na formação e exteriorização da sua vontade, executando-a, e representando sociedade.

Não deixam de ser pessoas diferentes dela, mantendo a sua personalidade jurídica própria, diferente da sociedade, e conservando uma esfera jurídica autónoma, na qual se inserem os direitos de que são titulares, designadamente, o de propriedade, com o respectivo conteúdo, que se consubstancia em gozar «de modo pleno e exclusivo dos direitos de uso, fruição e disposição das coisas que lhe pertencem, dentro dos limites da lei e com observância das restrições por ela impostas», de acordo com a estatuição do artigo 1305.º do Código Civil.

Não é, pois, de sufragar a decisão recorrida, no segmento em que julgou não terem os embargantes a qualidade de terceiros, por serem representantes da sociedade executada.

3.4. Ponderou a sentença que não se provou que os embargantes «exerciam a posse real e efectiva do estabelecimento penhorado à data da penhora».

Quanto a este ponto, importa relembrar que a diligência judicial que suscitou os embargos não foi a penhora, mas o arrombamento das portas do imóvel.

Tal diligência foi levada a cabo em 14 de Dezembro de 1999 (a penhora remonta a 9 de Março de 1994), num momento em que os embargantes, proprietários do imóvel, tinham obtido sentença (em 6 de Novembro de 1995) ordenando o despejo, por cessação do contrato de arrendamento, face à falta de pagamento das rendas contratadas (cfr. os pontos 4, 5 e 7 da matéria de facto dada por provada).

Não releva, portanto, nos presentes embargos, a posse à data da penhora, posto que esta não é a diligência por eles visada.

3.5. Como também não importa a posse do estabelecimento, na qual a sentença fez radicar, também, a improcedência dos embargos: os embargantes não provaram «que exerciam a posse real e efectiva do estabelecimento penhorado à data da penhora».

Ainda aqui há uma confusão: o que foi invocado pelos embargantes foi a sua qualidade de proprietários e possuidores do imóvel aonde estava instalado o estabelecimento cujo direito ao arrendamento e trespasse fora penhorado.

Não invocaram a posse do estabelecimento, nem com êxito o poderiam fazer, enquanto locadores, pois, como bem se afirma na sentença recorrida, «não ofende a posse do senhorio a penhora do "direito ao arrendamento e trepasse" de estabelecimento».

Porém, tendo os embargantes alegado a posse do local – assente na sua qualidade de proprietários dele, e na cessação do contrato de arrendamento que os vinculava –, é claro que a prova da «posse real e efectiva do estabelecimento penhorado» não estava em causa.

E menos ainda estava essa posse «à data da penhora», posto que, como já se apontou, os embargos não foram deduzidos contra a penhora, mas contra o arrombamento, diligência que, de acordo com a factualidade estabelecida na sentença, só ocorreu mais de cinco anos após a penhora.

3.6. A improcedência dos embargos radicou, ainda, em que «a diligência judicial de arrombamento levada a efeito pela administração fiscal não pode considerar-se ofensiva da posse, ou propriedade dos embargantes, visto se enquadrar na sequência da diligência de penhora do estabelecimento previamente efectuada e ter por objectivo possibilitar a venda do bem penhorado».

Não se vê como é que o facto de o arrombamento surgir na sequência da penhora, e ter em vista possibilitar o acesso ao local, para permitir a sua venda, evita a turbação da posse ou propriedade dos recorrentes.

A ofensa a que se refere o artigo 351.º n.º 1 do Código de Processo Civil é objectiva, não relevando, nem a sequência de actos em que surge a prática da diligência, nem a sua finalidade.

A lei basta-se com que o acto judicialmente ordenado ofenda «a posse ou qualquer direito incompatível com a realização ou o âmbito da diligência, de que seja titular quem não é parte na causa».

Não importa, pois, nem o momento em que a diligência é praticada, nem a razão por que foi ordenada. Sendo o processo executivo fiscal uma sequência de actos preordenados a um fim – a cobrança coerciva do crédito –, todos os actos nele praticados se dirigem a esse fim último. Mas, se a "ofensa" dos direitos patrimoniais do devedor é fatal, para que se satisfaça o direito do seu credor, a lei já não aceita, porque nada o justifica, que sejam ofendidos direitos de quem não é parte na causa, seja qual for o momento em que isso ocorra, ou a justificação para o acto; por isso possibilita ao ofendido a reacção mediante embargos.

Ora, o arrombamento da porta de entrada de uma loja, feito sem o acordo dos titulares do respectivo direito de propriedade – que no processo judicial em que a diligência foi ordenada não são parte –, para possibilitar ao encarregado o acesso ao local, independentemente da vontade dos seus donos, num momento em que a loja deixara de estar arrendada, por força de decisão judicial transitada em julgado, é diligência que ofende os direitos de propriedade e a posse dos senhorios, impedindo-os de gozar «de modo pleno e exclusivo dos direitos de uso, fruição e disposição das coisas que lhe pertencem, dentro dos limites da lei e com observância das restrições por ela impostas», na expressão do artigo 1305.º do Código Civil.

3.7. Viu-se já que a sentença, ao apoiar-se, para decretar a improcedência dos embargos, no facto de a posse do senhorio não ser ofendida pela penhora do direito ao trespasse e arrendamento de estabelecimento instalado no local de que é locador, assenta em alicerce nada firme.

É que a posse aqui questionável não é a do estabelecimento, mas a do imóvel – ou parte dele – em que esse estabelecimento estivera instalado. Os embargantes deduziram os embargos fundados, não na qualidade de possuidores do estabelecimento, mas na de proprietários e possuidores do local cuja porta fora arrombada, num momento em que, ademais, fora já judicialmente resolvido o contrato de arrendamento.

Daí que não valha, no caso, o argumento da sentença recorrida, segundo o qual «não ofende a posse do senhorio a penhora do "direito ao arrendamento e trespasse" de estabelecimento».

3.8. Afirma-se, por último, na sentença em apreciação, que «a acção de despejo do local intentada (...) se deve considerar como enquadrável no instituto do abuso do direito».

A afirmação radica, ao que parece, na dupla qualidade de senhorios, sócios e gerentes da sociedade, que conflui nos embargantes. Se bem entendemos a sentença, os embargantes, ao actuar como actuaram, fizeram-no para prejudicar o fisco, abusando do seu direito enquanto senhorios.

Ora, a resolução do contrato de arrendamento não operou por declaração unilateral dos senhorios, embora tenha ocorrido por iniciativa sua, ao intentarem a já falada acção de despejo; nem resultou de um acordo de vontades entre locadores e locatária.

Como assim, o abuso do direito dos senhorios à resolução do contrato, a ter existido, consubstanciou-se na propositura dessa acção, como, de resto, a sentença refere, ao afirmar que é enquadrável na figura do abuso do direito a acção de despejo que intentaram.

O artigo 334.º do Código Civil estabelece que «é ilegítimo o exercício de um direito, quando o titular exceda manifestamente os limites impostos pela boa fé, pelos bons costumes ou pelo fim social ou económico desse direito».

Mas, para ajuizar sobre se os autores daquela acção agiram para além dos fins visados pelo direito que lhes é conferido de obter a resolução do contrato pela via judicial, ou ultrapassaram os limites da boa fé e/ou pelos bons costumes, não é competente o juiz dos embargos que os mesmos autores venham, mais tarde, a deduzir, no âmbito de uma acção executiva, mas o juiz da acção de despejo.

Se, nesta última demanda, as partes actuaram abusivamente, cumpria ao respectivo juiz obstar a isso, como lhe possibilita o artigo 665.º do Código de Processo Civil. Mas não há notícia de que tenha detectado, ou na conduta das partes, ou em qualquer circunstancialismo da acção, o abuso do direito de que se fala na sentença proferida nos presentes embargos. Daí que aquela acção tenha atingido, sem impedimento oposto pelo juiz, o seu objectivo próprio, tendo nela sido declarada a resolução do contrato de arrendamento e o despejo do inquilino, a sociedade executada.

Agora, transitada em julgado, com está, a decisão judicial que declarou resolvido o contrato de arrendamento, só mediante o recurso a que se refere o artigo 778.º do Código de Processo Civil seria possível atacá-la.

Não pode, pois, obstar ao eventual sucesso dos embargos o também eventual abuso do direito dos senhorios, ao intentarem a acção de despejo.

3.9. Nos termos o disposto no artigo 820.º do Código Civil, «sendo penhorado algum crédito do devedor, a extinção dele por causa dependente da vontade do executado ou do seu credor, verificada depois da penhora, é igualmente ineficaz em relação ao exequente».

Na execução fiscal por apenso a que foram deduzidos os presentes embargos ocorreu a penhora de um crédito da sociedade executada – o seu direito ao trespasse e arrendamento –, do qual, no que toca ao arrendamento, são devedores os senhorios, obrigados como estão a permitir ao arrendatário o uso do locado, proporcionando o gozo do imóvel e mantendo-o em estado capaz de servir para o respectivo fim. O direito ao arrendamento extinguiu-se com o trânsito em julgado da sentença proferida em 6 de Novembro de 1995, em acção que fora intentada, forçosamente, após a penhora (9 de Março de 1994), como se conclui de nessa acção se acusar a falta do pagamentos das rendas relativas a todo o ano de 1994, e, ainda, a Janeiro a Março de 1995.

Daí que fosse ineficaz, relativamente ao exequente, a extinção do direito ao arrendamento, quer por causa dependente da vontade da sociedade executada – de que os embargantes são sócios e gerentes – quer por causa dependente da vontade dos senhorios – que os embargantes também são.

Porém, como, peremptoriamente, escrevem PIRES DE LIMA e ANTUNES VARELA, no seu CÓDIGO CIVIL ANOTADO, em nota ao referido artigo 820.º, a pág. 82 do volume II, 2ª edição, «se o direito penhorado for o direito ao arrendamento e ao trespasse, **nada obsta a que o locador requeira e obtenha o despejo do imóvel por falta de pagamento da renda**, visto que a extinção do direito não depende apenas, nesse aspecto, da vontade do executado» (destaque nosso).

É que são coisas diferentes os factos extintivos do direito dependentes da vontade dos respectivos sujeitos (a isso, e só a isso, se refere o apontado artigo 820.º), e a verificação de uma condição resolutiva do mesmo direito – no caso, a falta de pagamento das rendas.

Assim, aquele transcrito artigo 820.º não impede a eficácia da extinção do direito ao arrendamento penhorado relativamente ao exequente.

Nem, no caso, se poderia dizer que aquela falta de pagamento das rendas é apenas imputável à sociedade executada, sabendo-se, como se sabe, que o contrato foi resolvido por falta de pagamento das relativas a todo os meses dos anos de 1990 a 1994 e Janeiro a Março de 1995, e que o locado fora entregue a um fiel depositário em 9 de Março de 1994, na sequência da penhora da mesma data, cumprindo a esse fiel depositário, a partir de então – e não à sociedade executada –, pagar as correspondentes rendas.

3.10. Temos, pois, que, conforme alegam e concluem os recorrentes, no presente recurso jurisdicional, estão verificados «todos os requisitos essenciais da atendibilidade do processo de embargos de terceiro», ao contrário do que entendeu a sentença recorrida.

Procedem, pelo exposto, as conclusões das alegações do recurso, não podendo manter-se a sentença impugnada.

4. Termos em que acordam, em conferência, os juízes da Secção de Contencioso Tributário deste Supremo Tribunal Administrativo em, concedendo provimento ao recurso, revogar a sentença impugnada, julgando procedentes os embargos de terceiro deduzidos pelos ora recorrentes.

Sem custas.

Lisboa, 9 de Fevereiro de 2005.

Baeta de Queiroz (Relator)
Brandão de Pinho
Fonseca Limão

Recurso n.º 1180/04-30

HONORÁRIOS AO PATRONO OFICIOSO NOMEADO AO CONTRIBUINTE PARA O PATROCINAR NA OPOSIÇÃO À EXECUÇÃO FISCAL. LEGITIMIDADE PARA RECORRER DA DECISÃO QUE DETERMINA QUE O PAGAMENTO DAQUELES SEJA SUPORTADO PELO FUNDO A QUE SE REFERE O ART. 3.º N.º 3 DO D.L. 29/98, DE 12/02.

(Acórdão de 19 de Janeiro de 2005)

SUMÁRIO:

A Fazenda Pública não tem legitimidade para recorrer jurisdicionalmente da decisão que, proferida em oposição à execução fiscal, determinou o pagamento dos honorários devidos ao advogado que, no âmbito do patrocínio oficioso,

representou o oponente, pelo fundo a que se refere o art. 3.º n.º 3 do D.L. 29/98, de 12/2.

ACORDAM NESTA SECÇÃO DO CONTENCIOSO TRIBUTÁRIO DO SUPREMO TRIBUNAL ADMINISTRATIVO:

A Fazenda Pública, inconformada com o despacho, a fls. 45, do M.º Juiz do T.T. de 1ª Instância de Santarém, dele interpôs recurso para este S.T.A., terminando as suas alegações com a formulação do seguinte quadro conclusivo:

1 – "Uma vez admitido o presente recurso, requer a Fazenda Pública, seja considerado haver violação de Lei no despacho recorrido, porquanto, a decisão do Meritíssimo Juiz a quo incorre em manifesto lapso no tangente à entidade responsável pelo pagamento dos honorários a patrono, que no caso sub judice será o Cofre Geral dos Tribunais (ex vi art. 11.º do DL 391/88, de 26/10 com a redacção que lhe foi dada pelo DL 231/99, de 24/6) e não o fundo previsto no n.º 3 do art. 3.º do DL 29/98, de 12/2, conforme erroneamente foi qualificado pelo Doutor Juiz de Direito.

2 – O Meritíssimo Juiz a quo proferiu o despacho que determinou o pagamento de honorários a patrono escolhido, pagamento este a suportar pelo fundo previsto no art. 3.º n.º 3 do DL 29/98 de 11.2.

3 – Este fundo respeita aos encargos expressamente elencados no art. 20.º do Regulamento das Custas dos Processos Tributários.

4 – Não consta de tal preceito normativo qualquer referência a pagamento de honorários de patrono escolhido.

5 – Sendo portanto de aplicar o Regime de Acesso ao Direito e aos Tribunais – DL n.º 30–E/2000, de 20 de Dezembro (última alteração através do DL 38/2003, de 08.03) que expressamente prevê este pagamento de honorários do patrono escolhido pela parte, no seu art. 15.º, alínea a) in fine.

6 – Sendo certo que o Regulamento das Custas dos Processos Tributários, na parte respeitante a apoio judiciário, apenas abrange o art. 20.º do mesmo diploma, de modo algum se pode entender que fazem parte destes encargos expressamente definidos, o pagamento de honorários a patrono escolhido (modalidade prevista apenas pelo Regime de Acesso ao Direito e aos Tribunais).

***

Não foram apresentadas contra-alegações.

O Exm.º Magistrado do M.º P.º, junto deste S.T.A., foi de parecer que o recurso merece provimento, pois que e em síntese, "a norma constante do art. 3.º n.º 3 DL 29/98, 11 Fevereiro deve ser interpretada no sentido de não considerar como encargos decorrentes do apoio judiciário, a suportar pelo fundo da DGCI, o montante dos honorários atribuídos ao patrono, mas apenas os encargos suportados com o exercício do patrocínio contemplados no art. 20.º n.º 1 RCPT.

Corridos os vistos, cumpre decidir.

A fls. 42, o Dr. António dos Reis, Advogado, mandatário da oponente Maria Emília Falcão dos Santos, com apoio judiciário, apresentou a conta dos seus honorários pelos serviços que lhe prestou, requerendo o respectivo pagamento.

A fls. 45, o M.º Juiz "a quo" proferiu, na parte que ora interessa, o seguinte despacho:

"... deferindo ao requerido a fls. 42, determina-se o pagamento ao Sr. Dr. António dos Reis, da importância de 259, 38 Euros ... a título de honorários ... a qual será suportada pelo fundo previsto no art. 3.º n.º 3 do DL 29/98 de 11.2."

E, dispõe este preceito legal, o seguinte:

"A DGCI procederá, no prazo de 180 dias, à constituição de um fundo destinado a suportar os encargos, incluindo os decorrentes do apoio judiciário."

Foi, pois, contra a decisão que ordenou o pagamento dos ditos honorários, através deste fundo, que, no recurso, se insurgiu a F.P..

Mas será que a F.P. tem legitimidade para recorrer de tal decisão?

A esta questão respondeu já este S.T.A., através do acórdão de 15/12/04, rec. 1130/04, também subscrito pelo ora relator, em termos que merecem o nosso aplauso e que são os seguintes:

"**3.2.** Antes de entrarmos na apreciação do fundo da questão que assim vem recortada, importa verificar se o Representante da Fazenda Pública tem legitimidade para recorrer da decisão judicial que determinou que fosse o Fundo a que se refere o artigo 3.º n.º 3 do decreto-lei n.º 29/98, de 11 Fevereiro, a suportar os honorários.

Trata-se de questão que, não tendo sido suscitada no processo, deve ser conhecida por dever de ofício, pois os recursos jurisdicionais «só podem ser interpostos por quem, sendo parte principal na causa, tenha ficado vencido», ou pelas pessoas «directa e efectivamente prejudicadas pela decisão (...) ainda que não sejam partes na causa ou sejam apenas partes acessórias», no dizer do artigo 680.º do Código de Processo Civil (CPC).

Também o Código de Procedimento e de Processo Tributário (CPPT) estabelece, no seu artigo 280.º n.º 1, que os recursos pedem ser interpostos «pelo impugnante, recorrente, executado, oponente ou embargante, pelo Ministério Público, pelo representante da Fazenda Pública e por qualquer outro interveniente que no processo fique vencido», considerando o n.º 3 que é «vencida, para efeitos da interposição do recurso jurisdicional, a parte que não obteve plena satisfação dos seus interesses na causa».

Acresce que «a decisão que admita o recurso (...) não vincula o tribunal superior» – artigo 687.º n.º 4 do CPC.

3.3. Ao representante da Fazenda Pública junto dos tribunais tributários cabe a defesa dos interesses dela, como dispõe o artigo 53.º do actual Estatuto dos Tribunais Administrativos e Fiscais (ETAF), à semelhança do que estabelecia o artigo 72.º do Anterior ETAF, o qual se referia aos seus «legítimos interesses».

As funções que desempenham, junto destes tribunais, os representantes do Ministério Público e da Fazenda Pública estão, desde o anterior ETAF, claramente separadas, incumbindo ao Ministério Público a defesa da legalidade e a promoção da realização do interesse público – vejam-se os artigos 69.º n.º 1 do revogado ETAF e 51.º do actual.

Para quem conceba o processo judicial tributário como um processo de partes, o representante da Fazenda Pública age, no âmbito do processo, como parte, e o representante do Ministério Público actua «supra partes» –

vd., neste sentido, o acórdão de 28 de Outubro de 1998, desta Secção, no recurso n.º 22736.

De todo o modo, o representante da Fazenda Pública não faz, no processo judicial tributário, senão representar os interesses dela, Fazenda, concebida como administração tributária, e de outras entidades públicas, competindo-lhe «defender, no processo judicial, os interesses que aí se discutem ou são controvertidos que são prosseguidos pela administração fiscal e que são os interesses relativos às atribuições cuja prossecução a lei lhe comete ou seja, primacialmente, os interesses concernentes à liquidação e cobrança das contribuições e impostos em que poderá sair prejudicada. A Fazenda Pública encarna o sector da administração do Estado conhecido pelo *Fiscum* a quem historicamente foi atribuída a tarefa da arrecadação dos impostos e que, ao mesmo tempo, respondia perante os particulares pelas responsabilidades do Estado» – do acórdão de 20 de Janeiro de 1999, recurso n.º 23271, desta Secção.

Esta a razão por que a jurisprudência deste Tribunal vem recusando reconhecer ao representante da Fazenda Pública junto dos tribunais tributários legitimidade para discutir as decisões judiciais relativas a custas: as custas não cabem no acervo de interesses que à Fazenda Pública cumpre prosseguir, emergindo de um acto jurisdicional, e não de um acto que a administração haja praticado e no processo seja discutido, em termos de poder afirmar-se que a decisão do juiz neste segmento pode prejudicar, patrimonialmente, a administração tributária, ou ferir os interesses que ela defende no processo (neste sentido, o último dos citados acórdãos).

Assim, a Fazenda Pública carece de legitimidade para contestar, no processo judicial tributário, quer a decisão que condena, ou não condena, alguém em custas – excepto, claro, se condenada for a própria Fazenda –, quer, naquele caso, o montante da condenação, quer, ainda, o destino dado às custas.

Isto mesmo que a lei atribua as receitas provenientes de custas, ou parte delas, à Direcção-Geral dos Impostos, ou que esta deva suportar, ou adiantar, encargos relativos aos processos judiciais tributários.

Em qualquer caso, nunca os interesses respeitantes à arrecadação das custas, ou às despesas a fazer no âmbito dos processos judiciais, são interesses cuja defesa esteja atribuída ao representante da Fazenda Pública junto dos tribunais tributários.

Nem às entidades que beneficiam das receitas emergentes de custas, ou que suportam os encargos a assumir no âmbito dos processos judiciais, é conferida legitimidade para intervir neles.

As questões que neste âmbito possam surgir são de legalidade, e a respectiva defesa cabe ao Ministério Público.

3.4. No nosso caso, o que se questiona é de onde deve sair o quantitativo necessário para satisfazer os honorários fixados ao patrono oficiosamente nomeado à oponente, para a patrocinar na oposição à execução fiscal.

Quer esse quantitativo deva ir buscar-se ao fundo previsto no n.º 3 do artigo 3.º do decreto-lei n.º 29/98, de 12 de Fevereiro, constituído no âmbito da Direcção-Geral dos Impostos – como decidiu o despacho impugnado –, quer ao Cofre Geral dos Tribunais – como defende a Fazenda Pública –, nem esta, nem aquele Cofre, têm legitimidade para discutir, no processo de oposição à execução fiscal, a decisão judicial que determina que os honorários sejam suportados por um ou outro, ou, sequer, o quantitativo em que tais honorários foram fixados.

A legitimidade para questionar a decisão judicial que determina qual a entidade que deve suportar os honorários devidos ao patrono oficioso cabe ao Ministério Público, enquanto defensor da legalidade, nos termos do estabelecido nos artigos 219.º n.º 1 alínea *a)* da lei n.º 47/86, de 15 de Outubro, e 51.º do ETAF.

É, aliás, neste pendor, a jurisprudência consolidada deste Tribunal, de entre a qual se podem ver, além dos acórdãos citados, os que neles vêm apontados."

***

Termos em que se acorda em não tomar conhecimento do objecto do presente recurso jurisdicional, por a Fazenda Pública não ter legitimidade para a sua interposição.

Sem custas.

Lisboa, 19 de Janeiro de 2005.

Fonseca Limão (Relator)
Jorge de Sousa
Vítor Meira

Recurso n.º 1158/04-30

IMPOSTO AUTOMÓVEL. PRAZO PARA PEDIR A REVISÃO DA LIQUIDAÇÃO. RECURSO CONTENCIOSO. ERRO NA FORMA DE PROCESSO.

(Acórdão de 16 de Fevereiro de 2005)

SUMÁRIO:

I – Tendo a liquidação do IA tido lugar antes de 1.1.98 era de cinco anos o prazo que o interessado tinha para pedir a revisão oficiosa do acto tributário (artigo 94.º do CPT).

II – Do indeferimento do pedido de revisão da liquidação que não aprecie a legalidade dela cabe recurso contencioso e não impugnação judicial – artigo 97.º n.ºs 1 *d)* e *f)* e 2 do CPPT.

III – O erro na forma de processo constitui nulidade de conhecimento oficioso – arts. 199.º CPC, 98.º n.º 3 CPPT e 97.º n.º 3 LGT – que importa a anulação dos actos que não possam aproveitar-se, devendo o processo ser convolado para a forma adequada.

ACORDAM NESTA SECÇÃO DO CONTENCIOSO TRIBUTÁRIO DO SUPREMO TRIBUNAL ADMINISTRATIVO:

Anacleto José Inês, não se conformando com o despacho do Director da Alfândega de Peniche que lhe indeferiu o pedido de revisão do acto de liquidação do imposto automóvel (IA) considerando não haver dever de decidir tal pedido veio contra tal acto deduzir impugnação judicial.

Por sentença do M.º Juiz do Tribunal Administrativo e Fiscal de Leiria foi julgada improcedente a impugnação.

Inconformado com o decidido recorreu o impugnante para este Supremo Tribunal Administrativo pedindo a sua revogação, tendo formulado as seguintes conclusões:

1. Segundo o art. 78.º n.º 1 da LGT, a revisão dos actos tributários pela entidade que os praticou pode ser efectuada por iniciativa do sujeito passivo, no prazo de reclamação administrativa e com fundamento em qualquer ilegalidade, ou, por iniciativa da administração tributária, no prazo de quatro anos após a liquidação ou a todo o tempo se o tributo ainda não tiver sido pago, com fundamento em erro imputável aos serviços.

2. O n.º 6 do art. 5.º do DL n.º 398/98, de 17.XII (diploma que aprovou tal lei), estabelece que tal prazo apenas tem aplicação relativamente aos tributos cujos factos tributários tenham ocorrido depois de 01.01.98.

3. Tendo a importação do veículo determinante da liquidação de IA em causa ocorrido em antes dessa data, é inaplicável tal prazo de quatro anos, sendo aplicável o de 5 anos, previsto na al. *b*) n.º do art 94.º do CPT.

4. A revisão oficiosa também pode ser fundamentada num pedido dos contribuintes.

5. O pedido do recorrente dirigido ao Director da Alfândega tem suporte legal e é tempestivo, tendo em conta a data da liquidação, o termo do prazo de pagamento e o disposto na al. *b*) do n.º 1 do art. 94.º do CPT.

6. A sentença contraria, por aplicação e interpretação, o disposto nos arts. 56.º e 78.º da LGT, 93.º e 94.º n.º 1 al. *b*) do CPT, 102.º n.º 1 al. *e*) do CPPT, 9.º, 133.º a 135.º do CPA, 266.º n.º 2 da CRP e a jurisprudência deste STA.

Não houve contra-alegações.

Pelo Exmo Magistrado do Ministério Público foi emitido parecer no sentido do provimento do recurso por ser tempestivo o pedido de revisão, devendo a Alfândega de Peniche apreciar o mérito do pedido.

Colhidos os vistos legais cumpre decidir.

A sentença recorrida considerou provados os seguintes factos:

1. Com data de 7/2/1997, o impugnante adquiriu na Alemanha o veiculo marca "Mercedes-Benz" mod. 190-D.

2. O impugnante trouxe o veículo para Portugal, tendo pago a quantia de Esc. 758.586$ que lhe foi liquidada pela Alfândega de Peniche conforme registo de liquidação n.º 97/31840 de 17/4/1997.

3. O pagamento do imposto foi efectuado na mesma data, isto é, 17/4/1997.

4. O impugnante suscitou a revisão do acto tributário de liquidação do IA, o que foi indeferido por despacho de 2/7/2002, por extemporaneidade [cfr. fls. finais do apenso cujo conteúdo se dá por integralmente reproduzido].

Assentes tais factos apreciemos o recurso.

São duas as questões a apreciar: tempestividade do pedido de revisão e forma do processo aplicável ao indeferimento do pedido de revisão, sendo que só interessará apreciar este se aquele tiver sido requerido no prazo legalmente previsto.

Como se vê do probatório o veículo foi importado da Alemanha e efectuada a liquidação dos tributos devidos em 17 de Abril de 1997, data em que o recorrente efectuou também o pagamento. Por seu turno o pedido de revisão foi apresentado na Alfândega em 15 de Abril de 2002, conforme carimbo aposto no respectivo requerimento e que consta do processo apenso. O pagamento do imposto ocorreu, como dissemos, em 17 de Abril de 1997 pelo que o pedido de revisão por parte do contribuinte poderia ter lugar, nos termos do artigo 94.º do CPT, nos cinco anos posteriores ao termo do prazo de pagamento voluntário, isto é, até 17 de Abril de 2002. Tratando-se de liquidação anterior a 1 de Janeiro de 1998 não era aplicável o prazo de quatro anos previsto no artigo 78.º da LGT, atento o disposto no artigo 5.º n.ºs 5 e 6 do DL 398/98 que determina a sua aplicação apenas aos factos tributários ocorridos a partir daquela data. Tendo o pedido de revisão sido apresentado antes do termo do prazo de 5 anos ele era tempestivo.

Vejamos agora se o meio processual utilizado pelo recorrente foi o correcto. Este Supremo Tribunal Administrativo tem reiteradamente vindo a decidir que o meio processual próprio para reagir contra o despacho de indeferimento do pedido de revisão oficiosa com fundamento em extemporaneidade do pedido é o recurso contencioso. Podem ver-se nesse sentido, a título exemplificativo, os acórdãos deste Tribunal de 20.5.03 (recurso 638/03), 19.11.03 (recurso 1258/03) e 26.11.03 (recurso 1261/03). Constituindo o erro na forma de processo nulidade de conhecimento oficioso, pode o mesmo ser convolado para a forma adequada, anulando-se os actos que não possam ser aproveitados para aquela forma (arts. 199.º CPC, 98.º n.º 3 CPPT e 97.º n.º 3 LGT). Posto é que o recurso contencioso seja tempestivo. Ora tendo o despacho de indeferimento do pedido de revisão sido notificado ao recorrente por ofício de 15 de Julho de 2002, conforme cópia existente no processo apenso, e tendo este apresentado o recurso em 11 de Setembro de 2002, não subsistem dúvidas quanto à sua tempestividade. Donde nada obstar à convolação.

Em conformidade com o exposto, acorda-se em conferência neste Supremo Tribunal Administrativo em anular todo o processado a partir da petição inicial, dando-se provimento ao recurso jurisdicional, devendo os autos prosseguir como recurso contencioso.

Sem custas.

Lisboa, 16 de Fevereiro de 2005.

Vítor Meira (Relator)
António Pimpão
Brandão de Pinho

Recurso n.º 960/04-40

IMPUGNAÇÃO DE ACTO DE LIQUIDAÇÃO DE EMOLUMENTOS REGISTRAIS. DISSOLUÇÃO DE SOCIEDADE COM TRANSMISSÃO DO SEU PATRIMÓNIO. CONSTITUCIONALIDADE. DIREITO COMUNITÁRIO. REENVIO PREJUDICIAL.

(Acórdão de 19 de Janeiro de 2005)

SUMÁRIO:

I – Não viola a alínea *c*) do artigo 10.º da Directiva 69/335/CEE, do Conselho, de 17 de Setembro, alterada pela Directiva n.º 85/303/CEE, do Conselho, o artigo 1.º, n.ºs 2 e 3, da portaria n.º 996/ /98, de 25 de Novembro, em que se baseia a liquidação de emolumentos devidos pelo registo do acto de dissolução e extinção de uma sociedade, com transmissão global de todo o seu património, activo, passivo, e actividade, a favor de uma outra sociedade, pois este acto não cabe na previsão dos artigos 4.º e 10.º daquela Directiva.

II – Não é de proceder a reenvio prévio para o Tribunal de Justiça da Comunidade Europeia se a questão de direito comunitário que no processo se coloca tem sido objecto de jurisprudência recente do TJCE que a clarifica de modo a não deixar dúvidas de interpretação ao tribunal nacional.

III – A questão de constitucionalidade suscitada pelo impugnante na 1ª instância e aí expressamente desatendida não pode ser reapreciada pelo tribunal de revista, ainda que se trate de questão de conhecimento oficioso, se o mesmo impugnante não critica a sentença, neste segmento, nas alegações e conclusões do recurso jurisdicional.

ACORDAM NESTA SECÇÃO DO CONTENCIOSO TRIBUTÁRIO DO SUPREMO TRIBUNAL ADMINISTRATIVO:

1.1. RENAULT CRÉDIT INTERNATIONAL, S.A., com sede em Noysy Le Grand, França, recorre da sentença do Mm.º Juiz da 1ª Secção do 1.º Juízo do Tribunal Tributário de 1ª Instância de Lisboa que julgou improcedente a impugnação da liquidação de emolumentos relativos ao registo da dissolução da sociedade suadominada Renault Gest – Sociedade Financeira para Aquisições a Crédito, S.A..

Formula as seguintes conclusões:

«I. Vem o recurso interposto da douta sentença recorrida por ter considerado não verificadas as ilegalidades imputadas ao acto impugnado, designadamente a violação da Directiva do Conselho n.º 69/335CEE;

II. A Jurisprudência do TJCE é clara e constante ao entender como "direitos com carácter remuneratório" apenas aqueles que abrangem as retribuições cujo montante é calculado com base no custo do serviço prestado;

III. Os emolumentos do registo comercial, na medida em que aumentam directamente na proporção do capital social da sociedade não são "direitos com carácter remuneratório", assumindo a natureza de imposições proibidas pelo artigo 10.º, alínea *c*) da Directiva 69/335;

IV. A Directiva 69/335 visa promover a liberdade de circulação de capitais, proibindo quaisquer imposições derivadas de registos obrigatórios, de forma a evitar que os Estados-Membros defraudem os objectivos da Directiva;

V. A dissolução e liquidação registada no Registo Comercial, que está na base do acto de liquidação impugnado, foi realizada ao abrigo do artigo 148.º CSC, tendo por fim a reunião de capitais entre uma sociedade e a sua sócia, no caso sociedades de dois Estados-Membros;

VI. A imposição de emolumentos elevados ao simples registo comercial da dissolução e liquidação afectou a prossecução da actividade da recorrente e criou uma ilegal discriminação entre sociedades de diferentes Estados-Membros;

VII. O Registo comercial dessa operação de reunião de capitais é obrigatório, condicionando a eficácia da mesma e, consequentemente da actividade bancária em Portugal da recorrente;

VIII. A Directiva do Conselho n.º 69/335/CEE foi, assim, manifestamente violada, designadamente a sua alínea *c*) do artigo 10.º;

IX. O STA tem uma clara jurisprudência consentânea com a jurisprudência do TJCE, designadamente não existindo até hoje, qualquer Acórdão que considere legais os emolumentos do Registo Comercial;

X. Caso o STA tenha dúvidas sobre a plena aplicabilidade aos presentes autos da Directiva 69/335, deve suscitar o reenvio pré-judicial ao TJCE para interpretação de normas comunitárias, nos termos do artigo 234.º TUE;

XI. Anulada a douta sentença recorrida e o acto impugnado, verifica-se erro imputável aos serviços, sendo devidos juros indemnizatórios, contados à taxa legal, desde a data do seu pagamento (29/09/2000), nos termos do artigo 43.º LGT e jurisprudência pacífica do STA.

Termos em que, (...) deve a douta sentença recorrida ser anulada e o acto impugnado julgado ilegal, ordenando-se a restituição dos emolumentos pagos acrescidos dos legais juros indemnizatórios (...)».

1.2. Não há contra-alegações.

1.3. O Exm.º. Procurador-Geral Adjunto junto deste Tribunal é de parecer que o recurso não merece provimento, por os emolumentos do registo de liquidação de sociedade não estarem incluídos na previsão da Directiva comunitária invocada pela recorrente.

1.4. O processo tem os vistos dos Exm.ºs Adjuntos.

2. Vem fixada a factualidade seguinte:

«– a impugnante, em 11/07/2000, celebrou escritura pública de dissolução e extinção de sociedade sua participada, com transmissão global de todo o património, activo e passivo a favor da impugnante (cfr. fls. 10 e ss.);

– do que fez registo, em 29/09/2000, na Conservatória do Registo Comercial de Lisboa, sendo-lhe liquidados emolumentos, que então pagou – cfr. fls. 15 e 18».

3.1. Os emolumentos cujo acto de liquidação aqui é impugnado respeitam ao registo, em 29 de Setembro de 2000, do acto, formalizado em anterior escritura pública, de dissolução e extinção de sociedade participada da recorrente, com transmissão global de todo o património, activo e passivo, a seu favor.

A agora recorrente invocou, na petição inicial, violação do direito comunitário – alínea *c*) do artigo 10.º da Directiva n.º 69/335/CEE, do Conselho, de 17 de Setembro, alterada pela Directiva n.º 85/303/CEE, do Conselho, de 10 de Junho –, e do direito constitucional – artigos 266.º n.º 2 (com referência ao artigo 55.º da Lei Geral Tributária), 103.º e 165.º n.º 1 alínea *i*) da Constituição.

A sentença impugnada apreciou, primeiro, o vício de violação de lei constitucional e, depois, o de violação de lei comunitária, concluindo pela não constatação de qualquer deles, por isso que julgou improcedente a impugnação.

No recurso que dessa sentença interpôs e nos cumpre apreciar a recorrente abandona a invocação do vício de inconstitucionalidade, criticando, porém, a sentença, por não ter reconhecido que o acto impugnado aplicou norma jurídica nacional – o artigo 1.º, n.ºs 2 e 3, da portaria n.º 996/98, de 25 de Novembro – que afronta as já apontadas disposições da identificada Directiva comunitária, pedindo que, na dúvida, se proceda a reenvio prejudicial para o Tribunal de Justiça das Comunidades Europeias.

Fundamenta-se a recorrente em que, com a dissolução e extinção da sociedade sua participada, não ocorreu, apenas, a cessação da sua actividade, nem o seu património foi afecto ao pagamento do passivo. Esse património («activo e passivo e actividade») foi, antes, transferido para si, que, forçada a pagar os emolumentos liquidados, sofreu uma discriminação, vendo afectada a prossecução da sua actividade.

Para a sentença, da dissolução e extinção de sociedade participada da recorrente, com transmissão global de todo o património, activo e passivo e actividade a seu favor, resulta um «fluxo patrimonial», mas não uma «circulação de capitais», pelo que não saem ofendidas as normas comunitárias que visam eliminar restrições a essa circulação; enquanto que a recorrente defende que a operação registada envolve uma «transferência de património», ou seja, uma «reunião de capitais», sobre a qual não pode o Estado fazer incidir direitos que, como os emolumentos liquidados, não têm carácter remuneratório.

3.2. O artigo 4.º da Directiva sujeita ao imposto sobre as entradas de capital, designadamente, «a constituição de uma sociedade de capitais», «a transformação em sociedade de capitais de uma sociedade, associação ou pessoa colectiva que não seja sociedade de capitais» e «o aumento do capital social de uma sociedade de capitais mediante a entrada de bens de qualquer espécie» (alíneas *a*) a *c*) do n.º 1).

O artigo 10.º proíbe a cobrança, com respeito às sociedades, associações ou pessoas colectivas com fins lucrativos, de qualquer imposição (além do imposto sobre as entradas de capital), seja sob que forma for, em relação:

a) às operações referidas no artigo 4.º;

b) às entradas de capital, empréstimos ou prestações, efectuadas no âmbito das operações referidas no mesmo normativo;

c) ao registo ou qualquer outra formalidade prévia ao exercício de uma actividade a que uma sociedade, associação ou pessoa colectiva com fins lucrativos esteja sujeita, em consequência da sua forma jurídica.

Porém, o artigo 12.º, n.º 1, alínea *e*), "em derrogação do disposto nos artigos 10.º e 10.º", permite aos Estados-membros cobrar "direitos com carácter remuneratório".

3.3. O Tribunal de Justiça das Comunidades Europeias (TJCE), cuja jurisprudência este Supremo Tribunal Administrativo vem secundando, em inúmeros casos respeitantes a emolumentos notariais e registrais, já teve oportunidade de explicar e justificar a razão de ser desta disciplina normativa:

A Directiva visa promover a livre circulação de capitais, fazendo desaparecer os impostos indirectos aplicados pelos vários Estados-membros, e instituindo um imposto cobrado de uma só vez e de igual nível, independentemente do Estado que o aplicar. Considerando essencial, para alcançar uma união económica com características análogas às de um mercado interno, promover a livre circulação de capitais, harmoniza os impostos indirectos que incidem sobre as uniões de capitais, evitando discriminações, duplas tributações e disparidades que dificultam tal circulação. Determina, pois, que «a aplicação do imposto sobre as reuniões de capitais aos capitais reunidos no âmbito de uma sociedade, só pode ocorrer uma única vez no mercado comum e (...) esta tributação, a fim de não perturbar a circulação de capitais, deve ser de vínculo idêntico em todos os estados-membros», procurando harmonizar o imposto sobre as entradas de capital, «tanto no que respeita à sua estrutura como às taxas respectivas», abolindo outros impostos indirectos, com características idênticas àquele.

Prevê, portanto, a Directiva, um único imposto sobre as entradas de capital – constituição, transformação e aumento do capital –, cobrado por uma vez só, vedando qualquer outra imposição sem carácter remuneratório. A tributação a propósito da constituição da sociedade obsta a nova tributação a pretexto da alteração do seu pacto (a não ser que ele consubstancie um aumento de capital, que poderá ser tributado, como reunião de capitais que é, também uma só vez). Mesmo nos casos em que se não trate, directamente, de imposições incidentes sobre reuniões de capitais, a sua exigência é vedada, pois poria em causa esses objectivos; sendo cobradas por causa de formalidades legadas à vida jurídica da sociedade, condiciona, quando a formalidade seja obrigatória, o exercício da actividade social, de forma, aliás, desigual, conforme o Estado-membro. Ou seja: se o Estado-membro se abstiver de cobrar qualquer imposição aquando da formalidade constitutiva da sociedade, acatando a Directiva, mas o fizer adiante, quando a sociedade pretenda introduzir qualquer alteração no pacto, e ele exija o cumprimento de nova formalidade, arrecadando, então, a imposição, frustrar-se-iam os intentos da Directiva, se tal imposição fosse autorizada, a pretexto de não respeitar a reuniões de capitais.

Mas a Directiva não proíbe imposições que não respeitem a reuniões de capitais, ainda que possam relacionar-se com incrementos patrimoniais, como é o caso dos emolumentos notariais e registrais cobrados a propósito da aquisição de imóveis, constituição de propriedade horizontal, e outros que este Tribunal vem julgado estarem fora do seu âmbito de aplicação – cfr. os acórdãos de 2 de Abril de 2003, 9 de Julho de 2003, 19 de Novembro de 2003, e 21 de Janeiro de 2004, nos recursos n.os 1909/02, 1713/02, 1140/03 e 1216/03, respectivamente, entre muitos outros que poderiam apontar-se.

3.4. No nosso caso, o acto impugnado é o de liquidação de emolumentos devidos pelo registo da dissolução e liquidação da sociedade Renault Gest – Sociedade Financeira para Aquisições a Crédito, S.A., de que a impugnante, agora recorrente, era, segundo alega, accionista única.

Não é posto em causa, nem se noticia que exista, qualquer acto de liquidação a propósito de um registo relativo à impugnante, Renault Crédit International, S.A..

Quem impugna o acto de liquidação de emolumentos não é a sociedade dissolvida e extinta, mas a sociedade sua única sócia, que beneficiou da transmissão, a seu favor, do património daquela, e que o não faz em nome e/ou representação dela, mas no seu próprio. É o que resulta dos termos da petição inicial, como, aliás, dos da procuração que conferiu mandato ao Ilustre Advogado seu subscritor.

Assim vistas as coisas, dir-se-ia que nem nos importa a perspectiva da sociedade extinta, porque esta nada impugna; nem nos interessa a da sociedade impugnante porque, no tocante a ela, não houve nenhum registo que tenha implicado o pagamento de emolumentos...

Porém, a impugnante parece pretender que o Tribunal avalie, à luz da Directiva comunitária, não as consequências provocadas pelo acto impugnado na esfera da sociedade extinta, mas na sua própria: é o que resulta do facto de colocar a tónica na reunião de capitais que, em seu entender, resulta da transmissão em seu benefício de tudo quanto integrava o património da sociedade extinta.

Há que começar por ver se a imposição em causa está incluída na previsão de alguma das alíneas do artigo 10.º da Directiva.

Do ponto de vista da sociedade extinta, afigura-se evidente que tal imposição não cabe em nenhuma dessas alíneas, posto que o registo onerado respeita à dissolução e extinção da sociedade, sem nenhuma relação, quer com a sua constituição, quer com a sua transformação em sociedade de capitais, quer com o aumento do seu capital, quer, ainda, com a alteração do seu pacto.

Do ponto de vista da sociedade transmissária, como a própria recorrente alegou, no artigo 2.º da petição inicial, o acto levado ao registo foi o de dissolução e liquidação da sociedade sua participada – não a integração no seu do património dela, que não é, aliás, facto sujeito a registo obrigatório – vd. os artigos 15.º n.º 1 e 3.º n.º 1 alínea *g*) do Código do Registo Comercial, de resto, invocados, também, pela recorrente no artigo 11.º da petição de impugnação.

É certo que o património que era da sociedade dissolvida e extinta, e a sua actividade, se transferiram para a sociedade transmissária, a aqui recorrente, passando, pois, a inteirar o seu acervo patrimonial.

Mas não integra, necessariamente, o seu capital social. Nem vem alegado que, na sequência, a sociedade recorrente haja procedido a qualquer aumento de capital, nem isso resulta do registo efectuado, ou da liquidação emolumentar impugnada.

Estamos, pois, perante uma formalidade concernente a uma mera transferência patrimonial a favor da recorrente, que não é situação prevista no artigo 10.º da Directiva, nem por ele visada.

Por outro lado, o acto de registo que justificou a liquidação de emolumentos impugnada não consubstancia formalidade prévia ao exercício da actividade a que a sociedade esteja sujeita, em consequência da sua forma jurídica.

Do ponto de vista da sociedade extinta:

A dissolução e extinção das sociedades implica, entre nós, o respectivo registo, por força do disposto no artigo 3.º alínea *q*) do Código do Registo Comercial.

Estamos, pois, perante uma formalidade a que está sujeita a sociedade participada da recorrente, em consequência da sua forma jurídica.

Mas tal formalidade não é prévia ao exercício da sua actividade.

Esta formalidade, sendo essencial e ligada à forma jurídica da sociedade dissolvida, não condiciona o exercício da sua actividade – nem o início, nem, sequer, a continuação –, por isso que, dissolvida e extinta, ela deixa de exercer e prosseguir qualquer actividade.

Também do ponto de vista da sociedade recorrente o registo da dissolução e extinção da sua participada, com ingresso do respectivo património no seu, não é formalidade prévia ao exercício da actividade a que aquela sociedade esteja sujeita, em consequência da sua forma jurídica.

Em súmula, o acto de registo que provocou o de liquidação impugnado não respeita, nem à «constituição de uma sociedade de capitais», nem à «transformação em sociedade de capitais de uma sociedade, associação ou pessoa colectiva que não seja sociedade de capitais», nem ao «aumento do capital social de uma sociedade de capitais mediante a entrada de bens de qualquer espécie»; nem se relaciona com nenhuma dessas operações, nem respeita a entradas de capital, empréstimos ou prestações, efectuadas no âmbito das mesmas operações, nem com o registo ou qualquer outra formalidade prévia ao exercício de uma actividade a que uma sociedade, associação ou pessoa colectiva com fins lucrativos esteja sujeita, em consequência da sua forma jurídica.

Daí que não caiba no âmbito previsional da Directiva apontada pela recorrente, não podendo, por isso, contrariá-la a norma legal nacional em que se apoiou a liquidação.

3.5. Viu-se já que o vício imputado ao acto impugnado pela recorrente na petição inicial, de violação de direito constitucional – artigos 266.º n.º 2 (com referência ao artigo 55.º da Lei Geral Tributária), 103.º e 165.º n.º 1 alínea *i*) da Constituição – foi por ela abandonada no presente recurso jurisdicional.

Trata-se, é certo, de questão de conhecimento oficioso, o que vale por dizer que não é o facto de a recorrente a não abordar que impede que este Tribunal a aprecie.

O que obsta a que o Tribunal sobre ela se debruce é, antes, o facto de a sentença recorrida dela ter conhecido, fazendo-o, aliás, de modo com o qual a recorrente se conformou, pois só isso explica que este segmento da sentença lhe não mereça crítica, no recurso jurisdicional que dela interpôs.

3.6. Por último, e perante o que ficou exposto, resta dizer que não é de consultar previamente o TJCE, consulta que a recorrente sugeriu, aliás, só para o caso de este Tribunal ter «dúvidas sobre a plena aplicabilidade aos presentes autos da Directiva 69/335», como se lê na conclusão X. das suas alegações.

Na ausência dessas dúvidas, não há que proceder a reenvio prejudicial para o TJCE, como, de resto, é jurisprudência firme do Tribunal – cfr., entre outros, os acórdãos de 8 de Outubro de 1997, 28 de Janeiro de 1998, 4 de Fevereiro de 2008, 12 de Dezembro de 2001, 30 de Janeiro de 2002, 4 de Dezembro de 2002, 12 de Março de 2003, 26 de Março de 2003 e 4 de Junho de 2003, nos recursos n.os 21012, 22401, 22429, 26233, 26231, 1261/02, 2031/02, 1754/02 e 61/03, respectivamente. Tanto mais quando, como é o caso, a compreensibilidade com que a questão se nos apresenta resulta, em larga medida, da luz que a jurisprudência recentemente produzida pelo TJCE tem lançado sobre a matéria.

4. Termos em que acordam, em conferência, os juízes da Secção de Contencioso Tributário deste Supremo Tribunal Administrativo em, negando provimento ao recurso, confirmar a sentença impugnada.

Custas a cargo da recorrente, com 50% de procuradoria.

Lisboa, 19 de Janeiro de 2005.

Baeta de Queiroz (relator)
Brandão de Pinho
Fonseca Limão

Recurso n.º 1005/04-30

IMPUGNAÇÃO JUDICIAL. OBJECTO. RECLAMAÇÃO GRACIOSA. ACTO TÁCITO DE INDEFERIMENTO. ACTO EXPRESSO. IMPOSSIBILIDADE DA LIDE. DUPLICAÇÃO DE COLECTA. ART. 287.º, N.º 1 DO CPT.

(Acórdão de 12 de Janeiro de 2005)

SUMÁRIO:

I – No caso de impugnação judicial, subsequente a reclamação graciosa, o acto tributário de liquidação integra também o objecto da mesma impugnação.

II – Todavia, para o efeito, mister se torna que se impugne o mesmo acto de liquidação que foi objecto da decisão da reclamação.

III – Formado acto tácito de indeferimento de reclamação graciosa e proferido posteriormente acto expresso apenas sobre a liquidação de juros compensatórios, carece de objecto a impugnação judicial que, na sequência de tal acto expresso, põe em causa igualmente a liquidação do imposto, no que a este respeita.

IV – Pelo que deve, no ponto, julgar-se extinta a instância por impossibilidade da lide – art. 287.º, al. *e*) do CPC..

V – Nos termos do art. 287.º, n.º 1 do CPT, são requisitos cumulativos da duplicação da colecta a unicidade dos factos tributários, a identidade de natureza entre a contribuição e o imposto já pago e o que de novo se exige – impostos não periódicos.

VI – Assim, a duplicação de colecta resulta da aplicação, por mais de uma vez, do mesmo preceito legal à mesma situação ou facto tributário, procurando-se consequentemente impedir a repetição da cobrança do respectivo tributo.

VII – Todavia, para que ocorra uma situação de duplicação de colecta, é necessário que a dívida esteja paga por inteiro.

ACORDAM NA SECÇÃO DO CONTENCIOSO TRIBUTÁRIO DO STA:

Vem o presente recurso jurisdicional, interposto pela FAZENDA PÚBLICA, da sentença do TAF de Penafiel, que julgou procedente a impugnação judicial deduzida por ARBORFIL-COMÉRCIO TÊXTIL, S.A. contra a liquidação adicional do IVA de 1994 e respectivos juros compensatórios, no montante global de €14.593,61.

Fundamentou-se a decisão, no que ora interessa, em que as importâncias em causa "foram pagas por dedução no reembolso relativo ao período de Julho de 1995", mostrando-se, assim, regularizada a dívida, "por via da compensação", nos termos do art. 83.º-B, n.º 1 do CIVA.

A Fazenda recorrente formulou as seguintes conclusões:

«1. A impugnação deduzida, na parte que tem por objecto a liquidação do IVA na quantia de 2 616 124$00, revela-se intempestiva, dado não ter sido deduzida no prazo de 90 dias contados do termo do prazo para pagamento voluntário, de harmonia com o consignado no art. 123.º, n.º 1, alínea *a*) do CPT, em virtude de a reclamação graciosa, cujo indeferimento originou a presente impugnação, não contemplar a liquidação do imposto mas apenas dos juros compensatórios;

2. A douta sentença recorrida julga a impugnação procedente face à verificação do vício de extinção (regularização) da dívida fiscal por compensação, de entre os invocados que alicerçam a impugnação;

3. Ao julgar a impugnação procedente e anular, em consequência, as liquidações impugnadas, a sentença conduzirá inevitavelmente à devolução ao contribuinte das quantias liquidadas e pagas por compensação, ficando o Estado sem se ressarcir dos tributos que, tendo liquidado, são devidos, dado não estarmos aqui em presença de eventual duplicação de colecta;

4. Em causa, nos autos, estão liquidações adicionais de IVA (imposto e JC) com origem na circunstância de a impugnante ter utilizado na declaração periódica do

mês de Julho/94 como "imposto a recuperar" o valor do reembolso solicitado, referido na declaração do mês anterior, sem que, para tal, tivesse obtido a necessária autorização;

5. Uma vez apresentado o pedido de reembolso, o sujeito passivo fica impedido de proceder à dedução prevista no art. 22.º, n.º 4 do CIVA, pela importância do reembolso, até à comunicação da decisão que recair sobre o pedido, de harmonia com o previsto no art. 14.º, n.º 2 do DL n.º 229/95, de 11 de Setembro, relativo à regulamentação da cobrança e reembolsos do IVA, aplicável;

6. Tendo a impugnante utilizado o valor do crédito do imposto na totalidade na declaração do mês de Julho, não foi este tido em conta na liquidação efectuada informaticamente pelos serviços do IVA, originando as liquidações postas em crise, que se mostram pagas por dedução no reembolso, e não estão a ser novamente exigidas, assim se cumprindo o art 83.º-B, 1 do CIVA;

7. Acresce que a procedência da impugnação nunca se poderia basear, como baseia, no pagamento ou regularização da divida por compensação, por não estarmos em presença de qualquer ilegalidade de entre as elencadas no art. 99.º do CPPT, de vício que afecte a validade ou existência do acto impugnado, não sendo assim, tal fundamento, susceptível de alicerçar impugnação;

8. A extinção, por compensação, das dívidas fiscais por iniciativa da AT (obrigatória sempre que se verifiquem os requisitos contidos no art. 89.º, n.º 1 do CPPT), e com fundamento legal no art. 83.º-B do CIVA, é apenas uma forma legítima de extinção da obrigação tributária – cfr. art. 40.º, n.º 2 LGT;

9. Tendo as dívidas, objecto de compensação, nos termos do art. 83.º-B do Código do IVA, subjacentes liquidações adicionais (LAs) efectuadas nos termos dos arts. 82.º e 89.º do CIVA, com tal fundamento não podem ser anuladas;

10. A douta sentença recorrida violou o disposto nos arts. 22.º, n.º 4, e 83.º-B do CIVA, 14.º, n.º 2 do DL n.º 229/95, de 11/09, 89.º e 99.º do CPPT e 40.º, n.º 2 da LGT.

Termos em que deve ser dado provimento ao presente recurso, revogando-se a douta sentença recorrida.»

E contra-alegou a impugnante, concluindo por sua vez:

«1 – A impugnação judicial é tempestiva, porquanto na reclamação graciosa encontram-se claramente reclamados o acto de liquidação de juros compensatórios e acto de liquidação adicional de IVA.

2 – O pagamento de uma liquidação constitui vício susceptível de originar a sua anulação quando esse mesmo pagamento consubstancia, como sucede no caso em apreço, uma situação de duplicação de colecta.

3 – Efectivamente, no caso em apreço, temos uma situação de dupla "liquidação" e um duplo "pagamento" do IVA relativo a Julho de 1994, a saber:

a) Liquidação quando a Administração Fiscal indefere o reporte em Julho de 1994 e emite adicionalmente os actos tributários aqui em crise, e que foram pagos através de compensação;

b) Liquidação quando a Administração Fiscal indefere o pedido de reembolso.

4 – É verdade que, uma vez apresentado o pedido de reembolso, o sujeito passivo fica impedido de proceder à dedução prevista no artigo 22.º, n.º 4 do CIVA, pela importância do reembolso até à comunicação da decisão que recair sobre o pedido, de harmonia com o previsto no artigo 14.º, n.º 2 do DL n.º 229/95, de 11/09.

5 – Contudo, também é verdade que a aqui recorrida obteve a referida autorização, como expressamente reconhece a DSRIVA (cfr. doc. de fls. 79 junto aos autos).

Nestes termos, nos melhores de Direito e com o Douto suprimento de V. Ex.as deverá ser negado provimento ao presente recurso, mantendo-se a douta decisão recorrida que concedeu provimento à impugnação judicial apresentada.»

O Ex.mo magistrado do Ministério Público emitiu parecer no sentido da confirmação do julgado, face à bondade da decisão recorrida quer no que se refere ao âmbito da reclamação em que se «ataca a liquidação dos juros compensatórios e também a liquidação do imposto» quer porque, «do julgado não resultam as consequências referidas na 3ª conclusão das alegações, uma vez que a impugnante não pagou (de novo) os montantes (já pagos por compensação) das liquidações impugnadas».

E, corridos os vistos legais, nada obsta à decisão.

Em sede factual, vem apurado que:

«1.º – Em 26 de Agosto de 1994 a impugnante apresentou no Serviço de Administração do IVA (SAIVA) a Declaração Periódica – Modelo A, referente ao período de 01/06/94 a 30/06/94 (cfr.fls. 11 e 33 do PA);

2.º – Na declaração supra referida, a impugnante inscreveu no campo 94 – "Imposto a Recuperar" – o montante global de "8 783 154$00", no campo 95 – "Solicito o Reembolso de" – o valor de "7 000 000$00" e no campo 96 – "Excesso a Reportar" – a quantia de "1 783 154$00" (cfr. fls. 11 e 33 do PA);

3.º – Em 27 de Setembro de 1994 a impugnante enviou um "fax" ao "Director Serviços Reembolsos", no qual consta o seguinte: «Solicitamos anulação do pedido de reembolso relativo ao mês de Junho no valor de 7 000 000$00 (sete milhões escudos) a fim de podermos utilizar esse valor como excesso a reportar no período de Julho (...)» (cfr. fls. 38 dos autos, fls. 12 e 13 do PA e depoimento da primeira testemunha, a fls. 75 dos autos);

4.º – Em 28 de Setembro de 1994 a impugnante apresentou no Serviço de Administração do IVA (SAIVA) a Declaração Periódica – Modelo A, referente ao período de 01/07/94 a 31/07/94 (cfr. fls. 14 do PA);

5.º – Na declaração supra referida, a impugnante inscreveu no campo 94 – "Imposto a Recuperar" – o montante global de "4 383 879$00", no campo 95 – "Solicito o Reembolso de" – o valor de "2 500 000$00" e no campo 96 – "Excesso a Reportar" – a quantia de "1 883 879$00" (cfr. fls. 14 e 33 do PA);

6.º – Na declaração mencionada no ponto 4.º, a impugnante inscreveu no campo 61 o valor de "8 783 154$00" (cfr. fls. 14 e 33 do PA);

7.º – Em 06 de Outubro de 1994 foi indeferido o pedido de reembolso na totalidade, no montante de "7 000 000$00", relativo à declaração periódica n.º 0101415197082, de Junho de 1994 (cfr. fls. 81 dos autos);

8.º – Em 20 de Dezembro de 1995 foi emitida à impugnante a liquidação adicional n.º 95367434, relativa ao IVA de 1994, no montante global de "2 616 124$00" (cfr. fls. 24 dos autos, cujo teor aqui se dá por integralmente reproduzido, e fls. 10, 29 e 33 do PA);

9.º – Em 20 de Dezembro de 1995 foi emitida à impugnante a liquidação de juros compensatórios n.º 95367433 sobre a quantia de "2 616 124$00", relativa ao período de Julho de 1994, no valor total de "309 634$00" (cfr. fls. 26 dos autos, cujo teor aqui se dá por integralmente reproduzido, e fls. 9, 29, 31 e 33 do PA);

10.º – Em 28 de Fevereiro de 1996, através do ofício n.º 020028 da Direcção de Serviços de Reembolsos do Imposto Sobre o Valor Acrescentado, a impugnante foi notificada do despacho de 19/02/96, proferido no pedido de reembolso relativo ao período de Julho de 1995, no qual, foi comunicada a dedução a título de compensação por dívidas do IVA e acréscimos legais referente a Julho de 1994, no montante de "2 925 758$00" (cfr. fls. 43 dos autos, cujo teor aqui se dá por integralmente reproduzido, e fls. 22, 30 e 33 do PA);

11.º – Em 18 de Junho de 1996 a impugnante apresentou uma reclamação graciosa na 2ª Repartição de Finanças de Santo Tirso (cfr. fls. 28 a 34 dos autos e fls. 2 a 22 do PA, cujo teor aqui se dá por integralmente reproduzido);

12.º – A reclamação supra foi totalmente indeferida pelo despacho de 25 de Julho de 2000 (cfr. fls. 33, 34, 37 a 43 e 65, todas do PA, cujo teor aqui se dá por integralmente reproduzido);

13.º – Em 31 de Agosto de 2000 foi emitido pela Direcção de Finanças do Porto o ofício n.º 10822, registado com aviso de recepção, relativo à notificação do despacho acima referido (cfr. fls. 65 do PA);

14.º – O ofício mencionado no ponto anterior foi entregue à impugnante no dia 06 de Setembro de 2000 (cfr. fls. 64 e 65 dos autos);

15.º – A presente impugnação deu entrada na Repartição de Finanças da Trofa no dia 14 de Setembro de 2000 (cfr. fls. 2 dos autos).

Quanto aos *factos provados*, o Tribunal formou a sua convicção com base nos documentos indicados relativamente a cada um dos factos, os quais não foram impugnados.

Tendo em conta a prova documental apresentada e os depoimentos das testemunhas (cfr. fls. 75 e 76 dos autos), *não se provou* que o alegado técnico do SAIVA tenha expressamente autorizado (deferido) o pedido de anulação do reembolso solicitado na declaração periódica de Junho de 1994, nem a proceder com a operação de "reporte".»

Vejamos, pois:

QUANTO AO ÂMBITO DA RECLAMAÇÃO:

Apesar do disposto no art. 96.º do CPT, que estabelece as «regras fundamentais do processo gracioso de reclamação», de que se salientam as suas alíneas *a*) e *b*) – «simplicidade de termos» e «dispensa de formalidades essenciais» –, a verdade é que tem de se tratar de uma peça inteligível que permita apreender correctamente o respectivo conteúdo, no mínimo os seus fundamentos – os mesmos da impugnação judicial – art. 97.º, n.º 1 – e a pretensão.

Ora, não é o que se passa com a reclamação em causa que tanto se refere só aos juros como à própria liquidação do imposto, tudo sob a designação confusa «dos actos tributários».

O elemento mais esclarecedor – mas não definitivo – será, ainda assim, o enunciado da pretensão, onde – aí inequivocamente – se solicita a «anulação parcial do acto de liquidação supracitado na parte referente aos juros compensatórios, no montante de 309.634$00, devendo ser ordenada a sua restituição à ora reclamante», acrescentando-se, todavia, já de modo ambíguo, «uma vez que tais actos tributários enfermam de errónea fundamentação e ilegalidade».

Seja porém como for, o certo é que a questão não, tem o relevo que lhe vem atribuído quer pelas partes, quer na sentença.

Na verdade, a reclamação foi instaurada em 18/06/ /1996, tendo sido expressamente decidida em 25/07/ /2000, decisão notificada à contribuinte por ofício de 31 de Agosto seguinte.

Formou-se, assim, indeferimento tácito – art. 125.º e 123.º, n.º 1, al. *d*) do CPT.

O qual não foi judicialmente impugnado.

Ora, o dito acto expresso de indeferimento apenas teve em conta a liquidação dos juros pelo que a impugnação judicial extravasa do respectivo objecto.

Certo que, como é jurisprudência deste STA – cfr. os Ac. de 07/11/2001 rec. 25.896, 07/06/2000 recs. 21.556 e 24.503 –, no caso de impugnação judicial subsequente a reclamação, o acto tributário de liquidação integra também o objecto da mesma impugnação.

Todavia, para o efeito, mister se torna que se impugne o mesmo acto de liquidação que foi objecto da decisão na reclamação graciosa – Ac. do STA de 14/01/2004 rec. 01363/03.

Ora, a decisão da reclamação em causa apenas teve em conta a liquidação dos juros compensatórios pelo que não pode agora a impugnante, à míngua de impugnação do indeferimento tácito, socorrer-se da decisão da reclamação para impugnar também a liquidação do imposto.

Ou seja: o acto tácito não foi impugnado e o acto expresso apenas diz respeito aos juros que não ao imposto.

Mas, assim sendo e no que à liquidação deste diz respeito, a impugnação carece de objecto, tornando a lide, no ponto, impossível, a determinar a respectiva extinção da instância – cfr. art. 287.º, al. *e*) do CPC.

QUANTO AOS JUROS:

Como resulta documentalmente dos autos e a sentença acentua, os juros compensatórios em causa «foram pagos por dedução no reembolso relativo ao período de Julho de 1995 (fls. 28 e 29) – cfr. fl. 30 e item 10 do probatório –, nos termos do art. 83.º-B, n.º 1 do CIVA, que estabelece que, «no pagamento de reembolsos, o Serviço de Administração do IVA levará em conta, por dedução, as diferenças de imposto apuradas pelos serviços que se mostrem devidas... até à concorrência do montante dos reembolsos pedidos ...».

Pelo que se concretiza uma situação de duplicação de colecta, nos termos do art. 287.º do CPT – já que estão presentes, no caso, cumulativamente, as três identidades aí referenciadas: facto, tributo e período.

Na verdade, a duplicação de colecta resulta da aplicação, por mais de uma vez, do mesmo preceito legal à mesma situação ou facto tributário, procurando-se consequentemente impedir a repetição da cobrança do respectivo tributo.

Para que ocorra tal situação, é, todavia, necessário que a dívida esteja paga por inteiro, como é o caso, nos sobreditos termos.

Cfr. os Acórdãos do STA de 08/05/2002 rec. 183/02 e de 08/11/2000 rec. 25.477.

Assim, como vem sentenciado, a liquidação dos juros compensatórios em causa é ilegal.

Termos em que se acorda em:

a) Declarar extinta a instância, por impossibilidade da lide, quanto à impugnação do imposto.

b) Negar, no mais, provimento ao recurso.

Custas pela impugnante que contra-alegou, na 1ª instância e neste STA, sempre na proporção do vencido, fixando-se aqui a procuradoria em 50%.

Lisboa, 12 de Janeiro de 2005.

Brandão de Pinho (Relator)
Lúcio Barbosa
Baeta de Queiroz

Recurso n.º 949/04-30

IMPUGNAÇÃO. ART. 10.º, N.º 5, DO CIRS. MAIS-VALIAS. REINVESTIMENTO DO PRODUTO DA ALIENAÇÃO DE UM IMÓVEL DESTINADO A HABITAÇÃO NA AQUISIÇÃO DE OUTRO IMÓVEL COM A MESMA FINALIDADE.

(Acórdão de 2 de Fevereiro de 2005)

SUMÁRIO:

I – São excluídos da tributação (em mais-valias) os ganhos provenientes da transmissão onerosa de imóveis destinados a habitação do sujeito passivo ou do seu agregado familiar se, no prazo de 24 meses contados da data da realização, o produto da alienação for reinvestido na aquisição de outro imóvel, isto nos termos do n.º 5 do art. 10.º do CIRS.

II – Porém, se o contribuinte contrair empréstimo bancário para adquirir novo imóvel para habitação, não reinvestindo nele os ganhos obtidos com a alienação daquele primeiro imóvel, não beneficia da exclusão da tributação prevista naquele normativo.

ACORDAM, EM CONFERÊNCIA, NA SECÇÃO DE CONTENCIOSO TRIBUTÁRIO DO SUPREMO TRIBUNAL ADMINISTRATIVO:

1. Rui Fernando de Maia Oliva Teles, identificado nos autos, impugnou judicialmente, junto do então Tribunal Tributário de 1ª Instância do Porto, a liquidação de IRS de 1998.

O Mm. Juiz do 3.º Juízo daquele Tribunal julgou a impugnação procedente.

Inconformada, a Fazenda Pública interpôs recurso para este Supremo Tribunal. Formulou as seguintes conclusões nas respectivas alegações de recurso:

1. A sentença ora recorrida deu como provados todos os factos que levaram a Administração Fiscal a elaborar a liquidação de IRS n. 5323202422, relativa ao ano de 1998, de forma legal e congruente, atendendo aos preceitos legais em vigor à data da prática do facto tributário.

2. Havendo a douta sentença recorrida reconhecido a existência dos factos dados como provados e que estiveram na base de todo o procedimento de apuramento do Imposto de Mais Valias, aqui impugnado, impunha-se o reconhecimento da sua validade, face ao estrito respeito da lei demonstrado pela Administração Fiscal.

3. Pela douta sentença recorrida foram violadas as seguintes normas legais: art. 10.º, n.º 5, al. *a*); art. 10.º, n.º 7, do CIRS.

Não houve contra-alegações.

Neste STA, o EPGA defende que o recurso merece provimento.

Colhidos os vistos legais, cumpre decidir.

2. É a seguinte a matéria de facto fixada na instância:

– Em 12/12/89 o impugnante adquiriu um imóvel destinado à habitação própria e permanente por 6.100.000$00.

– O impugnante vendeu o referido imóvel em 16/10/98 pelo preço de 19.500.000$00.

– Em 23/4/99 o impugnante adquiriu um outro imóvel, destinado à habitação própria e permanente, por 20.000.000$00, tendo recorrido a crédito bancário no valor global de 20.000.000$00.

– Em 25/5/99 o impugnante apresentou a declaração modelo 3 de imposto sobre o rendimento de pessoas singulares, respeitante a 1998, acompanhada dos anexos B e G.

– Do anexo G constava que havia alienado pelo valor de 97.265,59 €, que havia adquirido por 30.426,67 €.

– No campo 13 do anexo G o impugnante declarou a intenção de reinvestir 97.265,59 €.

– Na sequência da análise da referida declaração de rendimentos foi elaborada em 18/8/2002 o acto de liquidação impugnado n.º 5 323 202 422, onde se apurou imposto sobre o rendimento das pessoas singulares a pagar pelo impugnante no valor de 9.205,44 €.

– O montante liquidado foi pago em 1/4/2002.

– A data limite de pagamento voluntário da referida quantia era de 7/10/2002.

– O impugnante apresentou em 19/9/2002 que não foi decidida.

– O impugnante pagou o montante liquidado em 6/ /11/2002.

– O presente processo foi instaurado em 13/6/2002.

3. Sendo estes os factos, vejamos agora o direito.

Está em causa a interpretação do art. 10.º, n.º 1, al. *a*) e n.º 5 do CIRS.

Concretamente, está em causa saber se o produto da alienação da venda do primitivo imóvel foi reinvestido na aquisição de outro imóvel, caso em que, nos termos do n.º 5 do citado diploma legal, os ganhos provenientes da transmissão onerosa do imóvel destinado à habitação própria e permanente do sujeito passivo ou do seu agregado familiar são excluídos da tributação.

Pois bem.

A leitura do probatório, a nosso ver, é bastante para dar resposta à questão.

Na verdade, e como resulta da já citada alínea 3ª do probatório, a aquisição da nova casa de habitação foi paga integralmente com um empréstimo contraído para esse fim.

Ou seja: o produto da venda não se destinou ao reinvestimento na aquisição de nova habitação.

Logo não funciona a exclusão prevista no n.º 5 do citado artigo 10.º do CIRS.

E porque assim é, parece ser logo de concluir que a impugnação está inevitavelmente condenada ao insucesso.

Mas será de sufragar o entendimento do Mm. Juiz quando defende que o empréstimo bancário caberia na previsão do citado normativo?

Escreveu:

"O referido preceito não faz qualquer distinção sobre se a aquisição é feita ou não com recurso a crédito bancário, sendo certo que o recurso ao crédito bancário pode ser uma forma de investimento na medida em que, de outro modo muitas pessoas não disporiam de meios financeiros para adquirirem um imóvel".

Não concordamos.

Na verdade, o que o legislador pretende é o reinvestimento do produto da venda numa nova aquisição, e num prazo limite, e não a utilização do produto da venda noutro fim que não o aludido reinvestimento, não contemplando a hipótese de ser aplicada nesse novo investimento um empréstimo bancário contraído com tal finalidade.

Versando questão idêntica escreveu-se no acórdão deste Supremo Tribunal de 12/3/2003 (rec. n.º 1721/02):

"A lei não aludia, exclusivamente, ao reinvestimento, o que por si já chegava para se concluir que esse reinvestimento era do *produto da alienação*, com *exclusão do empréstimo bancário*. Porém, a lei foi mais precisa, para acabar com as dúvidas: o que é *reinvestido* é o *produto da alienação*. Costuma dizer-se que a lei não contém palavras inúteis, e, de facto, não é inútil a lei utilizar as palavras *produto da alienação*. É que se o vendedor da primeira habitação comprar uma segunda habitação (outro imóvel) com dinheiro emprestado por um banco, em rigor não há um reinvestimento, mas um novo investimento, sem nexo de causalidade com a primeira venda. Somente está excluída a tributação quando o produto da alienação for reinvestido, pois se também estivesse excluída a tributação quando o dinheiro para a nova aquisição for emprestado pelo banco, então tínhamos que o contribuinte lucrava duas vezes: por um lado, a mais-valia resultante da venda do imóvel anterior não era tributada e, por outro, o contribuinte tinha direito às deduções fiscais resultantes de empréstimo para aquisição de casa própria. São os abatimentos a que se referia o art. 55.º, n.º 1, al. *e*)-l) do CIRS.

"O *reinvestimento* a que se refere aquele preceito – reinvestimento do produto da alienação – é o do "produto da realização" ou "valor da realização" (cfr. Código do IRS Comentado e Anotado, 2ª edição da DCGI, de 1990, pág. 120).

"E a prova de que é esta a melhor interpretação daquele tipo de reinvestimento está no n.º 7 do art. 10.º, nos termos do qual "no caso de reinvestimento parcial do valor de realização (...) o benefício a que se refere o n.º 5 respeitará apenas à parte proporcional dos ganhos correspondentes ao valor reinvestido".

"Quer isto dizer que se a segunda habitação fosse comprada em parte com o produto da alienação e em parte com dinheiro obtido de empréstimo bancário, sempre o contribuinte pagaria algum IRS, em proporção com o capital reinvestido e com o capital mutuado pelo banco.

"O conceito de *reinvestimento* é um conceito económico e não jurídico. Ora, nos termos do art. 11.º, n.º 3, da Lei Geral Tributária, persistindo a dúvida sobre o sentido das normas de incidência a aplicar, deve atender-se à substância económica dos factos tributários".

É este um entendimento que sufragamos sem reservas.

A decisão recorrida não pode assim manter-se

5. Face ao exposto, acorda-se em conceder provimento ao recurso interposto pela Fazenda Pública, revogando-se a sentença recorrida, julgando-se consequentemente improcedente a impugnação.

Custas pelo impugnante, mas apenas na 1ª Instância.

Lisboa, 2 de Fevereiro de 2005.

Lúcio Barbosa (relator)
Fonseca Limão
Pimenta do Vale

Recurso n.º 1124/04-30

INDEFERIMENTO TÁCITO DE PEDIDO DE REVISÃO DE ACTO TRIBUTÁRIO. MEIO PROCESSUAL DE REACÇÃO. PRAZO.

(Acórdão de 2 de Fevereiro de 2005)

SUMÁRIO:

I – O meio processual adequado para reagir contenciosamente contra o acto silente atribuído a director-geral que não decidiu o pedido de revisão oficiosa de um acto de liquidação de um tributo é a impugnação judicial.

II – O prazo para deduzir a impugnação é de 90 dias e conta-se a partir da formação da presunção de formação de indeferimento tácito.

ACORDAM, EM CONFERÊNCIA, NA SECÇÃO DE CONTENCIOSO TRIBUTÁRIO DO SUPREMO TRIBUNAL ADMINISTRATIVO:

1.1. PINGO DOCE – DISTRIBUIÇÃO ALIMENTAR, S.A., com sede em Lisboa, recorre da sentença do Mm.º Juiz do 2.º Juízo do Tribunal Administrativo e Fiscal de Lisboa que julgou «improcedente, dada a verificação de uma nulidade insanável», o recurso contencioso do acto silente do **DIRECTOR-GERAL DOS REGISTOS E DO NOTARIADO** ocorrido na sequência do pedido de revisão oficiosa de acto de liquidação de emolumentos registrais.

Formula as seguintes conclusões:

«1ª O recurso contencioso de anulação tem por objecto o acto de indeferimento tácito do pedido de revisão oficiosa de uma liquidação emolumentar;

2ª Sem prescindir, existindo erro na forma de processo, por alegadamente ser a impugnação judicial o meio adequado para atacar judicialmente esse indeferimento, deveria o tribunal *a quo* ter procedido à respectiva convolação, nos termos da lei;

3ª A revisão oficiosa de um acto tributário pode ser desencadeada por um pedido do contribuinte: existindo um erro imputável aos serviços, fica a administração constituída num dever legal de rever o acto;

4ª É ilegal o indeferimento do tempestivo pedido de revisão oficiosa de liquidação emolumentar calculada em violação de normas do Direito Comunitário;

PORQUE

5ª Inexistem, no presente processo, quaisquer causas que obstem ao conhecimento do pedido: o mesmo é tempestivo e a eventual impropriedade do meio processual utilizado não pode determinar a absolvição do pedido, mas tão somente a convolação para o meio adequado;

6ª Tendo o STA afirmado que o prazo de 90 dias previsto para a impugnação judicial era incompatível, porque exíguo, com o principio comunitário da efectividade, apontou o pedido de revisão oficiosa como meio ajustado para obter a repetição do indevido e assim tornar o sistema processual português, globalmente considerado, compatível com tal principio.

7ª A negação, por intermédio da sentença aqui recorrida, do meio processual afirmado pelo STA como legítimo e adequado, tendo em vista o cumprimento do princípio da efectividade, equivale a uma violação da ordem jurídica comunitária, pois que os tribunais nacionais têm a obrigação de interpretar e aplicar a lei interna por forma a garantir, em toda a medida do possível, a vigência efectiva do direito comunitário

8ª Subsistindo quaisquer dúvidas quanto à determinação e alcance dos princípios de direito comunitário do primado, da efectividade e da protecção da confiança legítima cabe questionar o TJCE quanto à correcta interpretação de tais princípios no contexto da situação *sub judice.*

Termos em que deverá dar-se provimento ao presente recurso e, em consequência, revogar-se a sentença recorrida, por inexistência de erro na forma do processo, ordenando-se ao tribunal a *quo* o conhecimento dos fundamentos do recurso contencioso ou, em alternativa, convidar as partes a produzir alegações sobre a questão do mérito, de acordo com o previsto no n.º 1 do art. 753.º do Código de Processo Civil, ou, subsidiariamente, deverá ordenar-se a convolação do recurso contencioso em impugnação judicial do indeferimento, com todas as consequências legais.

Sugere-se, ainda, que, se existirem dúvidas sobre a interpretação dada pelo TJCE aos aludidos artigo 10.º CE e aos princípios comunitários do primado, da efectividade e da confiança legitima, a instância seja desde já suspensa e, nos termos do art. 234.º do Tratado de Roma, formulada ao TJCE a seguinte questão prejudicial:

Os princípios fundamentais do ordenamento comunitário, nomeadamente o princípio da efectividade, o princípio da protecção da confiança legítima, o art. 10.º do Tratado de Roma ou qualquer outra disposição de direito comunitário, impedem que o meio da revisão oficiosa previsto no sistema procedimental e processual tributário português, tido pelo próprio STA em inúmeras decisões como forma adequada de protecção dos direitos dos particulares em sede de restituição de quantias emolumentares indevidamente liquidadas por violação do direito comunitário (e não impugnadas judicialmente no prazo de noventa dias), possa ser negado com o argumento de ser este último e não aquele o meio processual nacional adequado?».

1.2. O recorrido conclui assim as suas contra-alegações:

«1.ª Não existindo uma norma que preveja a aplicação da LGT de forma expressa, ou mesmo subsidiária, às taxas, terá de entender-se que o regime dela constante é simplesmente aplicável às taxas a título de analogia legis e como método de integração de lacunas. Essa aplicação analógica deverá ser demonstrada e justificada caso a caso.

2.ª As situações jurídicas que fundamentam a existência do procedimento de revisão oficiosa nas taxas e nos impostos são radicalmente distintas, o que, em regra, afasta a aplicação analógica do artigo 78.º da LGT, atentas as especificidades da situação jurídico-tributária emolumentar.

3.ª Existindo lei especial que regule os termos subjacentes a uma situação jurídica de taxa, a LGT não poderá ser aplicada por analogia, salvo quando se demonstre a existência de lacunas de previsão.

4.ª Os termos da revisão das contas emolumentares por parte do Director-Geral dos Registos e do Notariado previstos no n.º 2 do artigo 128.º do Decreto Regulamentar n.º 55/80 não podem ser ignorados caso se pretenda proceder à integração de lacunas de direito tributário emolumentar através do procedimento de revisão oficiosa previsto no artigo 78.º da LGT.

5.ª Sem prejuízo do exposto quanto à inaplicabilidade do artigo 78.º dir-se-á que ao contrário do que alega a recorrente para fundamentar o seu direito de acesso à justiça tributária, não existe nos presentes autos a prática de um acto lesivo de direitos e muito menos a prática de um acto lesivo de direitos em matéria tributária para efeitos do disposto nos artigos 9.º, n.º 2 e 95.º, n.os 1 e a alínea *d*) da LGT.

6.ª Pois, como refere Lima Guerreiro, " (...) *não é destacável o indeferimento referido (...) na alínea d) dos recursos ou pedidos de revisão ou reforma da liquidação. O objecto da impugnação continua a ser o acto tributário, sendo desprovida de qualquer recorte autónomo a rejeição da sua revisão. A liquidação do imposto mantém-se como verdadeiro acto lesivo da esfera jurídica do contribuinte e não o pretenso acto administrativo de indeferimento da reclamação graciosa ou do recurso hierárquico que sobre ele recaiu."* (Lei Geral Tributária Anotada, Rei dos Livros, 2000, pág. 406).

7.ª O acto de indeferimento em causa não pode ser objecto de impugnação autónoma, sem se colocar em causa o acto de liquidação, e para se colocar em causa esse acto, correm os prazos constantes na alínea a) do n.º 1 do artigo 102.º do C.P.P.T., ou seja, 90 dias contados a partir do termo do prazo para pagamento voluntário dos emolumentos em causa.

8.ª Pois, se o que a autora pretende é impugnar o acto de liquidação, então os únicos meios serão a reclamação graciosa ou a impugnação judicial do acto de liquidação, E tais procedimentos deveriam ter sido desencadeados em tempo útil, tendo em consideração o efeito directo da Directiva em causa.

9.ª Refira-se que sociedade ora recorrente só em 13 de Julho de 2001 veio interpor uma acção para o reconhecimento de um direito, posteriormente convolada em processo de impugnação judicial, no Tribunal Tributário de 1.ª Instância de Lisboa, na qual é sindicado o acto de liquidação em causa no presente recurso. A referida acção corre termos no referido Tribunal sob o n.º 138//2001, do 3.º Juízo, 2.ª Secção, encontrando-se a mesma pendente de decisão judicial.

10.ª De facto, de acordo com o artigo 102.º do Código de Procedimento e de Processo Tributário, a impugnação deveria ter sido apresentada no prazo de 90 dias contados a partir do termo do prazo de pagamento dos emolumentos em causa.

11.ª Por seu turno o artigo 70.º do Código de Procedimento e de Processo Tributário dispõe que "a *reclamação graciosa pode ser deduzida com os mesmos fundamentos previstos para a impugnação judicial e será apresentada no prazo fixado no n.º 1 do artigo 102.º*".

12.ª Ora o prazo de 90 dias previsto no n.º 1 do artigo 102.º do CPPT não ofende o direito comunitário. De facto, o Tribunal de Justiça das Comunidades Europeias por acórdão proferido em 17 de Junho de 2004, no processo C-30/02 (Recheio – Cash & Carry vs Fazenda Pública/Registo Nacional de Pessoas Colectivas), e que se junta como doc. n.º 2, relativamente às questões prejudicais submetidas pelo Tribunal Tributário de 1ª Instância de Lisboa, decidiu que:

«O princípio da efectividade do direito comunitário não se opõe à fixação de um prazo de caducidade de 90 dias para apresentação do pedido de reembolso de um imposto cobrado em violação do direito comunitário, contados a partir do termo do prazo de pagamento voluntário do referido imposto.»

13.ª Liminarmente, deverá referir-se que o artigo 78.º da Lei Geral Tributária, distingue claramente entre a revisão dos actos tributários pela entidade que os praticou desencadeada por iniciativa do contribuinte ou por iniciativa da Administração Tributária.

14.ª O legislador foi coerente a este respeito: o pedido de revisão dos actos tributários por iniciativa do contribuinte previsto na primeira parte do n.º 1 do artigo 78.º da LGT não é mais do que uma reclamação graciosa (apesar da LGT a denominar como reclamação administrativa), pelo que o seu prazo é coincidente com o desta, bem como os fundamentos: "(...) *qualquer ilegalidade*".

15.ª Em termos de harmonia sistemática, o procedimento encontra-se bem construído. O contribuinte pode alegar qualquer ilegalidade verificada no procedimento no prazo normal de reclamação. Tal é totalmente conforme com o regime de anulabilidade do acto, que impede que a liquidação em causa possa ser impugnada a todo o tempo, mas apenas no prazo previsto no n.º 1 do artigo 102.º do CPPT: 90 dias a contar da data do pagamento da liquidação impugnada (cfr., por exemplo, Acórdão do STA de 20 de Março de 2002, referente ao processo n.º 026774).

16.ª Esse é um corolário do princípio da segurança jurídica, corporizado na estabilidade dos actos de liquidação de tributos, pois, a possibilidade de utilização do regime da revisão oficiosa do acto tributário como meio de impugnação indirecta de actos de liquidação já há muito estabilizados tem como consequência a total supressão dos prazos de impugnação e reclamação para todos os actos da Administração praticados em violação de lei, mormente naqueles casos em que o tributo não tenha sido pago, em que a revisão se pode fazer a todo o tempo.

17.ª Por seu lado, de acordo com a segunda parte do n.º 1 do artigo 78.º, a Administração Tributária, pode iniciar um procedimento de revisão oficiosa com fundamento em erro imputável ao serviço.

18.ª O procedimento de revisão oficiosa de iniciativa da administração, mesmo entendendo-se que o particular o pode desencadear, não pode englobar juízos de legalidade ou ilegalidade da liquidação, limitando-se a Administração à apreciação e eventual correcção de erros materiais.

19.ª De facto, uma análise atenta da natureza jurídica do acto de revisão revela a sua natureza de acto administrativo secundário do tipo rectificativo, enquanto subespécie dos actos modificativos, tendencialmente semelhante ao dispositivo normativo que consta do artigo 148.º do Código do Procedimento Administrativo (CPA) nos termos do qual englobam-se na rectificação dos actos administrativos «os *erros de cálculo e os erros materiais na expressão da vontade do órgão administrativo, quando manifestos*», os quais «*podem ser rectificados, a todo o tempo, pelos órgãos competentes para a revogação do* acto».

20.ª Qualquer outro entendimento que se possa avançar é desequilibrado em sede de harmonia do sistema e um alargamento dos casos de aplicação do artigo 78.º da L.G.T. às situações de erro de direito não só é totalmente contrário ao espírito da lei, como redundaria em total insegurança jurídica. Note-se que o erro de direito não integra – nem poderia integrar – o elenco das causas de rectificação dos actos administrativos previstas no artigo 148.º do CPA e *rectius* no artigo 78.º da LGT.

21.ª Veja-se, por exemplo, os termos restritos com que os n.os 3 e 4 do artigo 78.º, estabelecem a intervenção do dirigente máximo do serviço na revisão da matéria tributável – erro muito manifesto e de correcção muito mais simplificada e justificada, que o erro alegado no caso sub judice. Neste caso, o dirigente máximo *pode* autorizar no prazo de 3 anos, *excepcionalmente*, a revisão, com fundamento em *injustiça grave e notória*. Não satisfeito com os termos restritos previstos no n.º 3 o legislador sentiu a necessidade de restringir ainda mais os termos enquadrantes da decisão definindo que "[...] *apenas se considera notória, a injustiça ostensiva e inequívoca, e grave, a resultante de tributação manifestamente exagerada e desproporcionada com a realidade* [...]".

22.ª Como refere Lima Guerreiro, o n.º 3 do artigo 78.º *"visa resolver apenas os casos mais escandalosos e gritantes de injustiça fiscal, não devendo constituir um meio sistemático de o contribuinte obter a revisão dos actos tributários para além dos prazos normais de reclamação ou impugnação, o que comprometeria a eficácia e racionalidade do actual sistema de garantias dos contribuintes"*. (Lei Geral Tributária Anotada, cit, pág. 346).

23.ª O mesmo argumento é aplicável tomando em consideração o n.º 5 do artigo 78.º. Nesse número refere-se que "a *revisão do acto tributário por motivo de duplicação de colecta* (causada por erro material, na esmagadora maioria das situações) *pode efectuar-se, seja qual for o fundamento, no prazo de quatro anos"*. Citando, novamente, Lima Guerreiro (ob. cit, pág. 347), esta norma é justificada atendendo o *"carácter escandaloso desse vício da liquidação, que justifica poder sempre ser conhecido até ao termo do prazo de caducidade da liquidação e, mesmo, invocado como fundamento da oposição à execução* (...)".

24.ª Assim, e atendendo ao carácter excepcional das referidas situações, não fará sentido qualquer interpretação que advogue uma solução mais atentatória da estabilidade do acto tributário – logo do princípio da segurança jurídica – noutras situações do que nestes casos denominados excepcionais face à injustiça grave e notória manifestamente causada na esfera patrimonial do contribuinte. Tal interpretação, a efectuar-se, seria totalmente desfasada da realidade sistemática do processo tributário.

25.ª Qualquer juízo de legalidade efectuado pela Administração Tributária fora dos prazos de reclamação ou impugnação judicial é extemporâneo, logo, insusceptível de ser efectuado. Como refere Alberto Xavier, o processo de impugnação é *«um processo de anulação do acto tributário que tem por objecto necessário demonstrar a sua desconformidade com a lei. Esgotados os prazos que a lei lhe assinala, caduca o direito processual do contribuinte de obter a invalidação do acto, que adquire a sua eficácia preclusiva plena» (in* Conceito e Natureza do Acto Tributário, Coimbra, Almedina, 1972, pp. 587).

26.ª Defender que o erro de direito está englobado no conceito de «erro imputável aos serviços» previsto na segunda parte do n.º i do artigo 78.º da LGT seria atribuir mais poder à Administração Tributária em sede de revisão oficiosa do acto tributário, do que aquele que decorre do regime geral de revogação administrativa regulada no artigo 141.º do CPA nos termos do qual "os *actos administrativos que sejam inválidos só podem ser revogados com fundamento na sua invalidade e dentro do prazo do respectivo recurso contencioso ou até à resposta da entidade recorrida".*

27.ª Segundo Freitas do Amaral: *"se a revogação tem por fundamento a invalidade do acto anterior, só tem sentido que ela possa ter lugar enquanto essa invalidade puder ser invocada; ora, decorrido o prazo de recurso contencioso sem que do acto inválido haja sido interposto o recurso adequado, a invalidade fica sanada, e portanto deixa de poder ser alegada; o órgão administrativo deixa, consequentemente, de poder invocar o fundamento do exercício da sua competência revogatória, que é a invalidade."* (Curso, cit, pág. 450-451).

27.ª A expressão «erro imputável aos serviços» encontra-se directamente relacionada com a actividade operacional da Administração (o erro de facto, operacional ou material) e não com o erro de direito.

28.ª A Administração Tributária não pode actuar de forma mais ampla em matéria de revisão oficiosa dos actos tributários do que em sede de revogação fundada em ilegalidade, sob pena de total incoerência sistemática.

29.ª Por essa razão, reitera-se, o legislador efectuou a distinção entre a primeira parte do n.º 1 do artigo 78.º da LGT – que regula a revogação provocada por iniciativa do contribuinte, com fundamento em ilegalidade geradora de invalidade – e a segunda parte do mesmo número – que regula a possibilidade da Administração Tributária poder revogar o acto em razão de erro imputável ao serviço – que não a ilegalidade.

30.ª Actos de revogação supervenientes ao decurso do prazo de impugnação contenciosa só podem ter como fundamento apreciações de mérito e não de legalidade. Daí que, ultrapassado o prazo para o recurso contencioso, o acto tributário só possa ser revogado com fundamento em "injustiça grave ou notória".

31.ª Conclui-se, assim que, o artigo 78.º, n.º i, 2.ª parte, da LGT é insusceptível de aplicação como meio de impugnação de liquidações emolumentares definitivamente consolidadas na ordem jurídica em virtude de ter sido ultrapassado o respectivo prazo de impugnação com fundamento em ilegalidade.

Nestes termos e nos demais de direito que V. Ex.as doutamente suprirão, deve o presente recurso ser julgado totalmente improcedente, mantendo-se a douta decisão recorrida (...)».

1.3. O Exm.º. Procurador-Geral Adjunto junto deste Tribunal é de parecer que o recurso merece provimento, pois o acto administrativo que a recorrente ataca era passível de recurso contencioso e não de impugnação judicial, posto que não apreciou a legalidade da liquidação.

1.4. O processo tem os vistos dos Exm.ºs Adjuntos.

2. A sentença julgou provados os seguintes factos:

«1) A recorrente liquidou a quantia relativa a emolumentos devidos pela inscrição de um aumento de capital social e alteração do contrato de sociedade no Ficheiro Central de Pessoas Colectivas, em 16/7/1998.

2) A recorrente apresentou, na Conservatória do Registo Comercial de Lisboa, um pedido de revisão oficiosa do referido acto de liquidação de emolumentos, em 14/5/ /2002.

3) A recorrente interpôs um recurso contencioso de anulação do indeferimento tácito do pedido de revisão oficiosa, em 10/1/2003.

4) Foi alegado e não contestado pela recorrente que estava pendente no Tribunal Tributário de Lisboa, 3.º Juízo, 2.ª Secção, o processo de impugnação n.º 138/ /2001, onde se discute o acto de liquidação aqui em causa».

3.1. A sociedade agora recorrente solicitou um registo na Conservatória do Registo Comercial de Lisboa, tendo-lhe sido liquidados e cobrados os correspondentes emolumentos.

Discordando da liquidação, por a entender ofensiva de disposições de direito comunitário, e considerando que fora liquidado tributo em excesso, solicitou ao Director-Geral dos Registos e Notariado a respectiva revisão, não obtendo resposta no prazo de seis meses.

Perante ao silêncio da autoridade requerida, veio então a juízo interpor recurso contencioso de anulação do presumido indeferimento, sob invocação do n.º 2 (é lapso: trata-se, antes, do n.º 5 do artigo 57.º da Lei Geral Tributária (LGT), pedindo, a final, que fosse anulado «o indeferimento do pedido de revisão oficiosa, (...) ordenando-se a prática do acto devido, consistente na revisão da liquidação emolumentar por erro imputável aos serviços e na consequente restituição à recorrente da quantia de € 48.640,28, acrescida dos juros legais (...)».

A petição mereceu do Tribunal que em 1.º grau a apreciou a decisão agora jurisdicionalmente recorrida, a qual entendeu haver erro na forma de processo, por a discussão da legalidade da liquidação ter sede própria no processo de impugnação judicial, e não poder emendar-se esse erro, já que, sendo a liquidação meramente anulável, a recorrente não estava em tempo para a impugnar judicialmente, o que inviabilizava a eventual convolação da petição para a forma de processo adequada. Além de que a impugnação judicial do acto de liquidação fora já deduzida, e dessa convolação resultaria litispendência, a demandar a absolvição da instância.

Isto porque, ponderou o Tribunal, «a recorrente pretende a anulação do indeferimento do pedido de revisão oficiosa, com reflexos na revisão da liquidação emolumentar e consequente restituição da quantia liquidada, acrescida dos juros legais, desde a data do pagamento até ao efectivo e integral reembolso».

3.2. O acto contenciosamente impugnado é aquele que o Director-Geral requerido deixou de praticar no lapso de tempo de que dispunha, e que, nos termos do artigo 57.º n.º 5 da LGT, fez presumir o indeferimento do pedido de revisão da liquidação que a recorrente perante ele formulara, para efeitos de recurso contencioso ou impugnação judicial.

No acórdão de 20 de Maio de 2003 deste Tribunal, proferido no recurso n.º 305/03, em que foi relator o mesmo do presente, escreveu-se:

«O artigo 95.º da Lei Geral Tributária (LGT) reconhece "o direito de impugnar ou recorrer de todo o acto lesivo (...) segundo as formas de processo prescritas na lei". O CPPT, por seu turno (...), esclarece que são impugnáveis "os actos administrativos em matéria tributária que comportem a apreciação da legalidade do acto de liquidação", e recorríveis os "os actos administrativos em matéria tributária, que não comportem a apreciação da legalidade do acto de liquidação".

(...)

Se o acto administrativo em matéria tributária comporta a apreciação do de liquidação, a legalidade deste último, não obstante não ser ele o objecto imediato do recurso, é nele indirectamente apreciada pelo tribunal, justificando-se, por este motivo, a adopção do processo judicial de impugnação.

Já se o acto administrativo não comporta a apreciação do de liquidação, não há razão para seguir a forma do processo de impugnação judicial, melhor cabendo a do recurso contencioso.

Assim, e em regra, o acto que indefere o pedido de revisão de um acto tributário de liquidação deve atacar-se através da impugnação judicial, pois esse acto aprecia a legalidade da liquidação, não a reconhecendo, e esta questão vai ser submetida ao tribunal, no processo de impugnação.

Mas se o mesmo acto não aprecia a legalidade da liquidação, recusando fazê-lo, então, o tribunal só vai ver se a autoridade administrativa, ao decidir desse modo, o fez, ou não, conforme a lei. E como esta tarefa do tribunal deixa intocada a liquidação, a forma processual é o recurso contencioso. Só se o juiz concluir que houve ilegalidade é que a mesma autoridade vai, então, e em princípio, ter de apreciar a legalidade da liquidação. Desta vez, se indeferir o pedido de revisão, não reconhecendo ilegalidade no acto de liquidação, e o requerente se não conformar, então o tribunal chamado a apreciar o acto de indeferimento, porque vai pronunciar-se sobre a legalidade da liquidação, deve seguir o processo de impugnação judicial (...)».

E no acórdão de 8 de Outubro de 2003, no recurso n.º 870/03:

«Em matéria de impugnação dos actos administrativos em matéria tributária, o art. 97.º do CPPT, consagra a existência de dois meios processuais: a impugnação judicial quando esteja em causa "a apreciação da legalidade do acto de liquidação" – al. *d*) do n.º 1; e recurso contencioso quando esta não está em causa – al. *f*) in fine e seu n.º 2.

Nos autos, vem judicialmente impugnado o acto de indeferimento de pedido de revisão de liquidação emolumentar, cuja apreciação comporta a apreciação da legalidade desta.

Pelo que efectivamente lhe cabe impugnação judicial e não recurso contencioso, nos termos das disposições legais referidas.

(...)

Por outro lado, o prazo respectivo conta-se da notificação do indeferimento do pedido de revisão, nos termos do art. 102.º n.º 1 al. *e*) do CPPT: notificação dos restantes actos que possam ser objecto de impugnação autónoma nos termos deste Código».

No nosso caso, o embaraço está em que o acto recorrido – releve-se-nos a expressão –, nem apreciou, nem deixou de apreciar a legalidade da liquidação...

Mas a verdade é que o conteúdo do acto é o indeferimento do pedido de revisão formulado pela recorrente.

A revisão dos actos tributários pela entidade que os praticou pode ser despoletada por iniciativa do contribuinte, e ter por fundamento qualquer ilegalidade do acto, sendo seu objectivo a respectiva anulação – cfr. o artigo 78.º n.º 1 da LGT.

Deste modo, ao deixar de se pronunciar sobre a pretensão da recorrente, a autoridade recorrida indeferiu-a, ou seja, não reconheceu, no acto de liquidação em causa, as ilegalidades que a requerente lhe imputava.

Em causa está, pois, mediatamente, a legalidade do acto tributário de liquidação: apreciar o acto recorrido – saber se a pretensão da recorrente, de que fosse revisto aquele acto, merecia, ou não, ser indeferida (ainda que presumidamente) – implica sindicar a legalidade da liquidação.

Daí que, conforme a jurisprudência do Tribunal, de que acima transcreveram excertos de dois exemplos, o acto tácito contenciosamente atacado o devesse ser pela via da impugnação judicial, e não pela do recurso contencioso de anulação.

No segmento em que assim julgou, a sentença recorrida não merece, pois, qualquer censura.

3.3. A sentença, apesar de julgar verificada a existência de erro na forma de processo, e de apontar como adequado o processo de impugnação judicial, não determinou a correcção da forma de processo, por duas ordens de razões:

– primeiro, porque estava caducado o direito à impugnação judicial;

– segundo, porque já estava pendente impugnação judicial do acto de liquidação.

Quanto ao primeiro obstáculo detectado, não tem razão a sentença: o prazo para impugnação, deduzida na sequência de indeferimento não expresso de pedido de revisão oficiosa, conta-se da «formação da presunção de indeferimento tácito», de acordo com o disposto no artigo 102.º n.º 1 alínea *d*) do Código de Procedimento e de Processo Tributário (CPPT).

Ora, o pedido de revisão foi apresentado em 14 de Maio de 2002, e a autoridade requerida tinha o prazo de seis meses para decidir – artigo 57.º n.º 1 da Lei Geral Tributária. Como assim, a presunção de indeferimento tácito formou-se em 15 de Novembro de 2002. Consequentemente, o recurso contencioso, que deu entrada em 13 de Janeiro de 2003, estava dentro do prazo de 90 dias da alínea *d*) do n.º 1 do artigo 102.º do CPPT.

Quanto ao segundo obstáculo – a pendência de impugnação judicial do acto de liquidação, que conduziria à litispendência –, não é questão que deva neste momento apreciar-se.

Com efeito, por ora, o que importa é emendar o erro na forma de processo, fazendo o necessário para que este siga o formalismo adequado – artigo 98.º n.º 4 do CPPT.

Só impedimentos evidentes, seguros, e absolutamente impeditivos de que o processo prossiga sob a forma própria, poderão estorvar inultrapassavelmente essa correcção.

A pendência de um outro processo com o mesmo objecto só poderia impedir a convolação se, no momento em que se proferisse o despacho a determiná-la, houvesse a certeza de que ocorreria litispendência.

Porém, no caso vertente, não há essa segurança. Por um lado, a impugnação pendente, ao que se alcança da factualidade dada por provada, respeita ao acto tributário de liquidação. No presente processo o objecto imediato é o acto tácito de indeferimento do pedido de revisão do mesmo acto, só mediatamente se incluindo nesse objecto a apreciação da legalidade da liquidação. Daí que seja precipitado falar, sem melhor ponderação, de litispendência. Por outro lado, ignora-se a fase em que se encontra tal processo, não sendo de excluir que já não esteja em curso, e tinha findado sem apreciação de mérito. Também neste caso se não poderá falar-se em litispendência. E o juiz, não decretando a convolação, com tal fundamento, estaria a afrontar o comando do legislador.

Daí que se entenda que a litispendência invocada na sentença recorrida não pode constituir impedimento à correcção do erro na forma de processo, sem embargo da sua posterior e oportuna consideração, porventura impeditiva do prosseguimento da demanda, já na sua forma adequada.

3.4. A autoridade recorrida suscita, nas conclusões das suas contra-alegações – bem mais longas do que as formuladas pela recorrente... –, várias questões, designadamente, a de saber se, no caso, cabe o pedido de revisão, já que o tributo em causa será taxa e não imposto, e o 78.º da LGT só é directamente aplicável aos impostos; a da falta de lesividade do acto.

Nenhum destes temas foi abordado pela sentença recorrida, apresentando-se como questões novas, fora do objecto do presente recurso, sem embargo de virem a ser consideradas, em momento oportuno, pela 1ª instância.

4. Termos em que acordam, em conferência, os juízes da Secção de Contencioso Tributário deste Supremo Tribunal Administrativo em, concedendo provimento ao recurso, revogar a sentença recorrida, julgando verificada a nulidade do processo, por erro na sua forma, e determinando a convolação para a de impugnação judicial, anulando todo o processado a partir da petição inicial.

Sem custas.

Lisboa, 2 de Fevereiro de 2005.

Baeta de Queiroz (Relator)
Brandão de Pinho
Fonseca Limão

Recurso n.º 1171/04-30

I.R.C.. DEDUÇÃO DE PREJUÍZOS FISCAIS. ACTIVIDADES QUE BENEFICIAM DE ISENÇÃO PARCIAL E OU DE REDUÇÃO DE TAXA. REPORTE DE PREJUÍZOS.

(Acórdão de 19 de Janeiro de 2005)

SUMÁRIO:

O art. 46.º, n.º 4, do C.I.R.C. (na redacção inicial, a que corresponde actualmente o n.º 5 do art. 47.º) não proíbe o reporte de prejuízos sofridos em explorações ou actividades que beneficiem de isenção parcial e ou de redução de taxa.

ACORDAM NA SECÇÃO DO CONTENCIOSO TRIBUTÁRIO DO SUPREMO TRIBUNAL ADMINISTRATIVO:

1 – SPAGRE – SOCIEDADE AGRO PECUÁRIA DE CARVALHAS, LDA, impugnou judicialmente no Tribunal Tributário de 1.ª Instância de Viseu uma liquidação de I.R.C. relativa aos anos de 1994 e 1995, nos montantes de 1.740.882$00 e 274.556$00, respectivamente.

O Tribunal Administrativo e Fiscal de Viseu, que sucedeu na competência do Tribunal Tributário de 1.ª Instância de Viseu, julgou procedente a impugnação e anulou o acto impugnado.

Inconformada a Fazenda Pública interpôs o presente recurso para este Supremo Tribunal Administrativo, apresentado alegações com as seguintes conclusões:

A) A presente impugnação vem interposta contra as liquidações adicionais de IRC relativas aos exercícios de 1994 e 1995;

B) Na base de tais liquidações, esteve a alteração à matéria tributável declarada pela impugnante nas suas declarações periódicas M/22;

C) Tal alteração teve por base correcções meramente aritméticas consubstanciadas na dedução indevida de prejuízos fiscais de exercícios anteriores que foram reportados para os exercícios em causa;

D) O reporte de prejuízos mostrou-se indevido por a impugnante ter passado a ser tributada pelo regime geral;

E) O regime especial de tributação (redução de taxa), apenas foi extensivo até aos rendimentos do exercício de 1993, conforme art. 18.º do DL n.º 442-B/88, de 30 de Novembro;

F) Ainda que nos exercícios seguintes, a impugnante haja continuado a exercer a mesma actividade, os prejuízos advenientes dos exercícios anteriores, não poderão ser reportados para os exercícios seguintes, atento o tratamento excepcional, ainda que transitório, que já haviam tido;

G) Do exposto se infere que a sentença recorrida, fez uma aplicação inadequada do disposto nos arts. 18.º do DL n.º 442-B/88, de 30/11 e 46, n.º 4, do CIRC, aprovado pelo mesmo Decreto Lei.

Termos em que, deve ser dado provimento ao presente recurso ordenando-se, em consequência, a substituição da douta sentença recorrida, por outra em que se julgue improcedente, por não provada a presente impugnação, com as legais consequências.

A impugnante contra-alegou, concluindo da seguinte forma:

O Código do IRC criou um regime transitório relativamente aos exercícios de 1989 a 1993, estabelecendo uma redução da taxa geral prevista no art. 69.º do Código, para as taxas estabelecidas nas alíneas a) a e) do n.º 1 do art. 18.º do Decreto que aprovou o referido Código do IRC e só a partir de 01/01/94, os rendimentos das actividades agrícola, silvícola ou pecuária, das empresas tributadas em IRC, deixaram de estar sujeitas às taxas referidas no já citado art. 18.º.

O artigo 46.º do Código do IRC permite a utilização dos prejuízos referentes a exercícios anteriores a 1993 inclusive, os quais estão abrangidos pelo Regime Especial mm redução de Taxa, determinado expressamente o n.º 4 do referido artigo que "no caso de o contribuinte Denodar de isento parcial e ou de redução de IRC os prejuízos fiscais sofridos nas respectivas explorações ou actividades não poderão ser deduzidos em cada exercício, dos lucros <u>das restantes</u> (sublinhados nossos).

Ficou provado que os prejuízos deduzidos pela recorrida foram originados pela mesma actividade que gerou os lucros de 1994 e 1995, a qual tem carácter continuado, gerando prejuízos e lucros e o próprio art. 46.º, n.º 1 do Código do IRC consagra o princípio da solidariedade fiscal entre os diversos exercícios.

A recorrida não infringiu a referida disposição legal, antes sendo ILEGAL a liquidação efectuada por não respeitar a referida norma.

Deverá assim ser mantida a sentença no sentido de permitir à ora recorrida ser restituída do imposto indevidamente liquidado e pago, referente às notas de liquidação n.os 8310020892 e 8310021622, de 07 e 16 de Dezembro de 1999, respectivamente e relativas a IRC de 1994, no montante de Esc. 1.740.882$00, incluindo juros compensatórios de Esc. 717.246$00 e IRC de 1995, no montante de Esc. 274.556$00, incluindo juros compensatórios de Esc.: 87.704$00, acrescido do pagamento de juros de mora que forem devidos à contribuinte, já que, como foi dito e considerado provado, a fim de não virem a ser recusadas certidões de inexistência de dividas fiscais, a recorrida pagou as dívidas em causa através do Plano Mateus, por adesão extemporânea, de acordo com o Oficio Circulado n.º 60.008, de 09.04.99, da D.S.J.T..

2 – Na sentença recorrida deu-se como assente a seguinte matéria de facto:

A) A impugnante é uma sociedade comercial por quotas que se dedica à viticultura;

B) As declarações de IRC dos anos de 1994 e 1995 foram corrigidas pelos Serviços de Fiscalização;

C) Em 1999.11.15, no relatório elaborado pela Divisão de Tributação, o Director de Finanças exarou despacho:

Concordo. Proceda-se conforme indicado e notifique--se o sujeito passivo (a fls. 10 dos autos);

D) Deste relatório extracta-se: face aos elementos existentes nesta DDF, e em cumprimento do estipulado no artigo 46/1/2/3 do CIRC o S.P. praticou as seguintes irregularidades que vão ser objecto de correcção técnica: anos de 1994 e 1995: não pode utilizar quaisquer prejuízos referentes aos exercícios anteriores a 1993 inclusive, dado que estes estavam abrangidos pelo regime especial c/ redução de taxa. Ora, de acordo com o artigo 46/4 do CIRC prejuízos não podem ser utilizados em anos seguintes nos lucros tributáveis das restantes explorações da empresa... (a fls. 10 dos autos);

E) Foi emitido o documento de cobrança de n.º 1999 8310020892, relativo ao IRC de 1994, no montante de PTE 1.740.882$00, com data limite de pagamento de 2000.01.20 (a fls. 7 dos autos);

F) Foi emitido o documento de cobrança n.º 1999 8310021622, relativo ao IRC de 1995, no montante de PTE 274.556$00 (a fls. 8 dos autos);

G) Em 2000.01.19 a solicitou o pagamento do imposto em dívida ao abrigo dos artigos 4.º e 5.º do DL 124/96, de 10 de Agosto (a fls. 16 dos autos);

H) E em 2000.01.19 efectuou o pagamento do imposto em dívida com redução dos juros a 20% (a fls. 18 e 19 dos autos e que aqui se dão por reproduzidos);

I) A petição de impugnação deu entrada na Repartição de Finanças de Carregal do Sal em 2000.04.18.

3 – No art. 18.º do Decreto-Lei n.º 442-B/88, de 30 de Novembro, que aprovou o C.I.R.C., estabeleceu-se um regime especial transitório de tributação de rendimentos dos sujeitos passivos de IRC que exercessem, a título predominante, actividades agrícolas, silvícolas ou pecuárias cujos lucros se encontravam anteriormente sujeitos a imposto sobre a indústria agrícola.

Esse regime consubstanciava-se em serem aplicadas taxas de I.R.C. mais reduzidas do que a taxa geral, prevista no art. 69.º, relativamente aos exercícios de 1989 a 1993.

A administração tributária corrigiu as declarações de I.R.C. apresentadas pela impugnante relativas aos anos de 1994 e 1995, não considerando dedutíveis ao lucro tributável prejuízos sofridos pela impugnante em anos anteriores em actividades que beneficiaram de redução de taxa, por ter entendido que a sua consideração era proibida pelo n.º 4 do art. 46.º do C.I.R.C..

4 – O n.º 1 do art. 46.º do C.I.R.C., na redacção inicial, vigente em 1994 e 1995 (a que corresponde actualmente o n.º 5 do art. 47.º), estabelecia que «*os prejuízos fiscais apurados em determinado exercício, nos termos das disposições anteriores, serão deduzidos dos lucros tributáveis, havendo-os, de um ou mais dos cinco exercícios posteriores*».

O n.º 4 do mesmo artigo estabelecia que «*no caso de o contribuinte beneficiar de isenção parcial e ou de redução de IRC, os prejuízos fiscais sofridos nas respectivas explorações ou actividades não poderão ser deduzidos, em cada exercício, dos lucros tributáveis das restantes».*

O que resulta do teor literal esta norma é que «***em cada exercício***», os prejuízos das explorações ou actividades que beneficiavam de isenção parcial ou redução de I.R.C. fossem «*deduzidos (...) dos lucros tributáveis* ***das restantes***».

Assim, como resulta claramente daquela expressão «*em cada exercício*», esta norma tem aplicação em situações em que está em causa a relevância dos prejuízos fiscais sofridos nas explorações ou actividades no lucro tributável do respectivo exercício, visando proibir que esses prejuízos possam ser deduzidos no lucro tributável ***das restantes***» explorações ou actividades. Como é óbvio, se a proibição de dedução de prejuízos se reportasse ao lucro tributável de exercícios futuros não se incluiria aquela referência a «*cada exercício*» nem se conteria, na parte final, a expressão *aos lucros tributáveis* ***das restantes***» (no feminino, reportando-se às «*explorações ou actividades*»), mas sim «*aos lucros tributáveis* ***dos seguintes***» ou semelhante (mas sempre no masculino, reportando-se aos exercícios).

Por isso, não há o mínimo suporte textual para fazer assentar nesta norma uma proibição de reporte de prejuízos de «*cada exercício*» no lucro tributável de ***outros exercícios***, sendo de concluir que o que se consagra é a autonomia entre as actividades e explorações beneficiadas e as não beneficiadas, para formação do lucro tributável de cada exercício.

Por outro lado, o argumento invocado pela Excelentíssima Representante da Fazenda Pública nas alegações do presente recurso jurisdicional, de que se pretendeu no n.º 4 do art. 46.º evitar que fosse concedido um duplo benefício ao contribuinte (redução de taxa e possibilidade de reporte de prejuízos), para além de não ter qualquer suporte legal, não procede, pois nos casos em que o contribuinte teve prejuízos nas actividades ou explorações que beneficiavam de isenção de taxa não teve qualquer benefício com a redução, pois não é devido I.R.C. relativo a prejuízos fiscais. Pelo contrário, o que deriva desta proibição, como é próprio de qualquer restrição dos direitos dos contribuintes, até é uma penalização para o contribuinte que exerce as actividades potencialmente beneficiadas, pois fica impedido de deduzir os prejuízos fiscais que nelas sofra no lucro tributável obtido, no mesmo exercício, em actividades ou explorações não beneficiadas, ao contrário do que sucederia se aquele benefício não fosse atribuído.

Assim, não resultando do referido n.º 4 do art. 46.º a proibição de dedução dos prejuízos sofridos nos anos anteriores a 1994 e 1995, aplica-se a regra do n.º 1 do mesmo artigo, que possibilita tal dedução.

Termos em que acordam em negar provimento ao recurso e em confirmar a decisão recorrida.

Sem custas, por a Fazenda Pública estar isenta.

Lisboa, 19 de Janeiro de 2005.

Jorge de Sousa (relator)
Pimenta do Vale
Vítor Meira

Recurso n.º 1214/04-30

IRC. NOTIFICAÇÃO DE LIQUIDAÇÃO ADICIONAL A SOCIEDADE. CARTA REGISTADA SIMPLES. CADUCIDADE DA LIQUIDAÇÃO. AMPLIAÇÃO DA MATÉRIA DE FACTO.

(Acórdão de 10 de Março de 2005)

SUMÁRIO:

I – Com a nova redacção que foi dada ao art. 87.º do CIRC pelo Decreto-lei n.º 7/96 de 7/2 ficou afastada, neste âmbito, a regra do n.º 1 do art. 65.º do CPT, tendo assim de se concluir que a notificação a uma sociedade da liquidação adicional de IRC pode validamente ser efectuada através de carta registada sem aviso de recepção.

II – O citado art. 87.º consagra no seu n.º 2 uma presunção ilidível, que só operará validamente se e na medida em que o destinatário do acto não alegue nem demonstre que não chegou a ter conhecimento do acto por facto que lhe não seja imputável.

III – Deste modo, para apreciar a questão da caducidade da liquidação colocada pelo impugnante, há que saber em que data é que ele foi notificado, na medida em que existe um ónus deste em diligenciar para ser ilidida a referida presunção.

IV – Assim, à míngua de elementos que nos permitam saber quando é que o impugnante foi notificado, importa ampliar a matéria de facto a fim de ser apurado tal facto, para o efeito acima descrito.

ACORDAM NESTA SECÇÃO DO CONTENCIOSO TRIBUTÁRIO DO SUPREMO TRIBUNAL ADMINISTRATIVO:

1 – A Fazenda Pública, não se conformando com a sentença do Tribunal Administrativo e Fiscal do Porto que julgou procedente a impugnação judicial deduzida pela firma A..., com sede na Avenida da Boavista, n.º 1.681, Porto, contra o acto de liquidação adicional de IRC, respeitante ao ano de 1993, no valor de 6.575,32 euros, vem dela interpor o presente recurso, formulando as seguintes conclusões:

1 – A Notificação da Liquidação do IRC do ano de 1993, foi regularmente efectuada à impugnante, para a sede constante no cadastro e declarada pela firma em questão, em Dezembro de 1998, de acordo com o preceituado no art. 87.º n.os 1 e 2 do C.I.R.C. na sequência das alterações produzidas em sede do Dec. Lei n.º 7/ /1996, de 07 de Fevereiro;

2 – Não foi apresentado qualquer documento a demonstrar a alteração da sede no Registo Nacional de Pessoas Colectivas, ou mesmo a comunicar a morada de contacto durante um período de ausência superior a dez dias;

3 – Pela douta sentença recorrida foram violadas as seguintes normas legais: arts. 87.º e 79.º do CIRC; arts. 66.º e 70.º do Código de Processo Tributário, à data aplicáveis.

A recorrida não contra-alegou.

O Exm.º Procurador-Geral Adjunto, sustentando-se em jurisprudência desta Secção do STA, emitiu douto parecer no sentido da improcedência do presente recurso, uma vez que "se mostra provado que a carta foi enviada sem aviso de recepção e mostrando-se não provado que a sociedade comercial tenha recebido efectivamente a carta, há que confirmar o julgado".

Colhidos os vistos legais, cumpre decidir.

2 – A sentença recorrida fixou a seguinte matéria de facto:

A) Na sequência de acção inspectiva realizada pelos Serviços de Inspecção Tributária, foi emitida a liquidação de IRC/93, n.º 8310020447, de 1998/12/03, no valor de 6.575,32€;

B) Para notificação dessa liquidação à sociedade foi expedida carta registada simples, com data de registo nos CTT de 14.12.1998.

C) Em 1999.01.08 a impugnante solicitou à Administração fiscal o envio da fundamentação do acto tributário referido em A);

D) Pelo ofício n.º 379 da Direcção-Geral das Contribuições e Impostos, datado de 1999/01/13, foi satisfeito o pedido formulado pela impugnante e referido no ponto C) que antecede.

E) A impugnante encerra todos os anos para férias de Natal na última quinzena de Dezembro.

F) Em 1999/01/26 a impugnante apresentou reclamação graciosa contra o acto de liquidação identificado no ponto A);

G) Em 2001/03/12 foi proferido despacho de indeferimento da reclamação graciosa a que aludida no ponto F);

H) A presente impugnação judicial deu entrada em 2001/04/10.

3 – A questão dos autos prende-se com a validade da notificação da liquidação adicional de IRC à sociedade recorrida feita através da expedição de carta registada simples, com data de registo nos CTT de 14/12/98, enviada para a morada indicada por esta (vide doc. de fls. 5 do processo de reclamação graciosa apenso) e o efeito que a mesma possa produzir na caducidade da liquidação.

Dispõe o art. 33.º do CPT, aqui aplicável, que "o direito à liquidação de impostos e outras prestações tributárias caduca se a liquidação não for notificada ao contribuinte no prazo de cinco anos contados, nos impostos periódicos, a partir do termo daquele em que ocorreu o facto tributário ou, nos impostos de obrigação única, a partir da data em que o facto tributário ocorreu".

Por sua vez, estabelece o art. 65.º, n.º 1 do CPT que "as notificações são efectuadas obrigatoriamente por carta registada com aviso de recepção, sempre que tenham por objecto actos ou decisões susceptíveis de alterarem a situação tributária dos contribuintes ou a convocação para estes assistirem ou participarem em actos ou diligências".

Ora e como vimos supra, o que aqui está em causa é a notificação de uma liquidação adicional de IRC, que é, assim, um acto que altera a situação tributária da recorrida, que, por isso, cai no âmbito do predito art. 65.º, n.º 1.

Entretanto e com a entrada em vigor do CPT, dispunha o art. 11.º do Decreto-lei n.º 154/91 de 23/4 que era revogada toda a legislação contrária ao referido Código e, sendo assim, o art.º 65.º citado só pode ser revogado por norma legal posterior.

Ora, acontece que com a entrada em vigor do Decreto-lei n.º 7/96 de 7/2, o art. 87.º do CIRC passou a ter a seguinte redacção:

"1 – Nos casos de liquidação efectuada pelos serviços a que se refere o art. 70.º, o contribuinte será notificado para pagar o imposto e juros que se mostrem devidos, no prazo de 30 dias a contar da notificação.

2 – A notificação a que se refere o número anterior será feita por carta registada, considerando-se efectuada no terceiro dia posterior ao registo...".

"O n.º 2 deste artigo, como resulta do seu texto, reporta-se às situações de "liquidação efectuada pelos serviços a que se refere o art. 70.º".

No art. 70.º do C.I.R.C., na redacção dada pelo Decreto-lei n.º 7/96 de 7 de Fevereiro, estabelecia-se o seguinte:...a liquidação do IRC será efectuada... pelos serviços centrais da Direcção-Geral das Contribuições e Impostos, nos restantes casos.

Assim, a "liquidação efectuada pelos serviços a que se refere o artigo 70.º" era a liquidação efectuada pelos serviços centrais, que tinha lugar em todos os casos em que não fosse efectuada pelo próprio contribuinte.

Entre as situações em que a liquidação era efectuada por aqueles serviços referidos no art. 70.º do C.I.R.C. incluía-se a da liquidação adicional, indicado no art. 77.º, em que expressamente se estabelecia que "os serviços referidos no artigo 70.º deverão proceder a liquidação adicional (...) e em que se não previa qualquer situação em que fossem outros serviços a efectuá-la.

A referência que no n.º 1 do art. 87.º fez para o art. 70.º estendeu o âmbito de aplicação do regime de notificação previsto no n.º 2 daquele artigo a todos os casos em que a liquidação era feita pelos serviços centrais da Direcção-Geral de Impostos incluindo, assim, as situações previstas no art. 77.º.

Por isso, por força deste regime especial de notificação, introduzido depois da entrada em vigor do C.P.T., ficou afastado, neste âmbito, a regra do n.º 1 do art. 65.º daquele Código, tendo de se concluir que a notificação da liquidação adicional podia ser validamente efectuada através de carta registada sem aviso de recepção" (Acórdão desta Secção do STA de 30/11/04, in rec. n.º 816/04).

4 – Assim sendo, concluindo que a notificação da liquidação adicional de IRC efectuada à sociedade recorrida obedecia às formalidades legais, importa agora saber se aquela foi efectivamente notificada, a fim de obstar à caducidade do direito de liquidação, o que teria que ocorrer até ao dia 31/12/98.

Como vimos, nos termos do citado art. 87.º, n.º 2 do CIRC, com a redacção que lhe foi dada pelo Decreto-lei n.º 7/96 de 7/2, a notificação a que se refere o número anterior será feita por carta registada, considerando-se efectuada no terceiro dia posterior ao registo.

Ou seja, o regime legal ali consagrado, neste domínio, aproxima-se não só do fixado no CPT, mas também no CPPT e até no CPC.

Este normativo consagra, assim, uma presunção ilidível, que só operará validamente se e na medida em que o destinatário do acto não alegue nem demonstre que não chegou a ter conhecimento do acto por facto que lhe não seja imputável.

Ora, no caso em apreço, resulta apenas provado que, para notificação da liquidação foi expedida carta simples, com data de registo nos CTT de 14/12/98 (al. B) do probatório).

Também resulta provado dos autos que a impugnante encerra todos os anos para férias de Natal na última quinzena de Dezembro (al. E) do probatório).

Por outro lado, sabe-se, por que o impugnante o afirma, que a carta foi por ele recebida, muito embora este alegue que tal só aconteceu, pela razão anteriormente referida, no dia 5 de Janeiro de 1999.

Deste modo, para apreciar a questão da caducidade da liquidação colocada pelo impugnante há que saber em que data é que ele foi notificado.

Sendo assim, há um ónus do recorrido em diligenciar para ser ilidida a referida presunção, já que a sentença é omissa a tal respeito.

Ou seja, importa averiguar se a carta registada, que foi remetida ao recorrido, contendo a liquidação adicional de IRC, lhe chegou ou não às mãos e em que momento.

Impõe-se, pois, saber em que data aquele foi, efectivamente, notificado.

Não havendo, assim, elementos que permitam saber quando é que o impugnante foi notificado, importa ordenar a ampliação da matéria de facto, nos termos do disposto no art.º 729.º, n.º 3 do CPC, a fim de ser apurado tal facto.

5 – Nestes termos, acorda-se em conceder provimento ao presente recurso, anular a decisão recorrida e ordenar que os autos baixem ao Tribunal Administrativo e Fiscal do Porto a fim de ser ampliada a matéria de facto nos termos e para o efeito acima descritos.

Sem custas.

Lisboa, 10 de Março de 2005.

Pimenta do Vale (Relator)
Lúcio Barbosa
António Pimpão

Recurso n.º 1099/04-30

IVA. ART. 23.º DO CIVA. DIREITO À DEDUÇÃO DO IMPOSTO. MÉTODO *PRO RATA* OU DA PERCENTAGEM. MÉTODO DA AFECTAÇÃO REAL.

(Acórdão de 9 de Fevereiro de 2005)

SUMÁRIO:

I – O art. 23.º do CIVA, no que ao direito de dedução do imposto se refere, permite ao sujeito passivo a utilização do método pro rata ou da percentagem, podendo, todavia, utilizar o método da afectação real, desde que previamente comunique o facto à DGCI que o pode também impor no caso de exercício de actividades económicas distintas ou de a aplicação daquele primeiro critério conduzir a distorções significativas na tributação, como a Administração entende acontecer relativamente ao exercício de operações imobiliárias – art. 9.º, n.os 30 e 31.

II – Todavia, não é este o caso se a actividade principal do contribuinte consiste na realização de obras de infra-estruturas, com vista à realização de um loteamento, sem quaisquer operações imobiliárias de venda.

III – Mostrando-se, em tal hipótese, adequada à respectiva contabilidade e exercício de actividade, a utilização do método *pro rata*, é ilegal a liquidação do IVA, no entendimento da inexistência de direito a qualquer dedução do imposto.

ACORDAM NA SECÇÃO DO CONTENCIOSO TRIBUTÁRIO DO STA:

Vem o presente recurso jurisdicional, interposto por SAPEC – PARQUES INDUSTRIAIS, S.A., da sentença do TAF de Almada, que julgou improcedente a impugnação judicial que a mesma deduzira contra a liquidação de IVA e respectivos juros compensatórios, com referência ao ano de 1991, nos montantes de, respectivamente, 9.043.470$00 e 9.171.540$00, no total de 18.215.010$00.

Fundamentou-se a decisão em que, exercendo a impugnante actividades isentas nos termos dos n.os 30 e 31 do art. 9.º do CIVA, sem que tenha renunciado à isenção – art. 12.º, n.os 4 e 5 –, só pode proceder à dedução do imposto a que se refere o art. 20.º, al. *a*), ou seja, o «que tenha incidido sobre bens ou serviços, adquiridos, importados ou utilizados pelo sujeito passivo para a realização de transmissões de bens e prestações de serviços sujeitas a imposto e dele não isentas», o que não é o caso.

A recorrente formulou as seguintes conclusões:

«a) Violação do artigo 20.º do Código do IVA

a') Ao considerar erroneamente que a actividade desempenhada pela ora recorrente se enquadra globalmente nas normas de isenção do artigo 9.º (especificamente os números 30 e 31), tal teria como única consequência a existência de operações que não conferem o direito à dedução.

a") Ora, como resulta do exposto nas alegações da ora recorrente, esta efectua simultaneamente operações tributadas que conferem o direito à dedução e operações que não conferem tal direito.

a") Assim, de acordo com a decisão do tribunal recorrido, a ora recorrente vê-se impossibilitada de deduzir regularmente o imposto incorrido com a realização de operações tributadas.

a"")Tendo em consideração o exposto, a ora recorrente entende que a decisão do tribunal recorrido viola frontalmente o disposto na alínea a) do numero 1 do artigo 20.º do Código do IVA.

b) Violação do artigo 23.º do Código do IVA

b') Adicionalmente, entende a ora recorrente que o tribunal recorrido viola também o disposto no artigo 23.º do Código do IVA, ao impossibilitar a utilização do método de dedução de imposto através do método do *pro rata* de dedução.

b") De facto, o mencionado preceito normativo possibilita ao sujeito passivo utilizar ambos os métodos de dedução de acordo com as especificidades da sua actividade» sendo o *pro rata* calculado quando o sujeito passivo pratique simultaneamente operações com e sem direito à dedução.

b"') De acordo com o disposto na alínea *b*) do número 3 do artigo 23.º, a Administração Fiscal poderá impor ao sujeito passivo a aplicação do método de afectação real quando a utilização do *pro rata* conduza a distorções significativas na tributação.

b"") Ora, no caso em apreço não foram apresentadas quaisquer justificações legais das quais se concluísse haver, no cálculo do *pro rata* de dedução da ora recorrente, distorções na tributação.

b""') Assim, entende a ora recorrente ter-lhe sido negada, por frontal violação do disposto no número 1 do artigo 23.º do Código do IVA, a utilização de um método legal e facultativo de dedução do imposto.

Nestes termos, e em face do supra exposto, requer-se a Vossas Excelências que se dignem revogar a sentença emanada pelo Tribunal Administrativo e Fiscal de Almada em virtude de contrariar o disposto nos números 30 e 31 do artigo 9.º, a alínea *a*) do número 1 do artigo 20.º e o artigo 23.º, todos do Código do IVA.»

A Fazenda Pública não contra-alegou.

O Ex.mo magistrado do Ministério Público emitiu parecer no sentido do provimento do recurso, no entendimento da possibilidade legal – art. 23.º, n.º 1 do CIVA – de a impugnante utilizar o método *pro rata*, pois que exerce actividades envolvendo operações sujeitas e operações isentas pelo que «o imposto suportado a montante nas aquisições (em cada período temporal fiscalmente relevante) é dedutível apenas na percentagem correspondente ao montante anual de operações que dêem lugar à dedução», percentagem que os SFT devem quantificar.

E, corridos os vistos legais, nada obsta à decisão.

Em sede factual, vem apurado que:

«1 – A impugnante é uma sociedade anónima cujo objecto social consiste no desenvolvimento e gestão de parques industriais, promovendo a realização de obras de urbanização para a instalação de indústrias e serviços e respectivas actividades de apoio (depoimento das testemunhas conforme acta da inquirição de fls. 48/50, e Portaria n.º 63/94 de 28 de Janeiro, de fls. 86/88).

2 – Em 07/06/1990, foi apresentada a declaração de inscrição no registo/início de actividade para efeitos de IRC e IVA, tendo sido indicado no quadro 8 como actividade principal – Código CAE 831900 "desenvolver e gerir parques industriais e neles promover a instalação de indústrias e serviços e bem assim as respectivas actividades de apoio" e sido assinalado o campo 1 do quadro 10, qualificando a actividade como inteiramente sujeita a IVA e como tal conferindo o direito à dedução da totalidade o IVA suportado (doc. de fls. 13/14 e acta da inquirição das testemunhas de fls. 48/50).

3 – Os serviços de inspecção tributária, aquando da análise de pedidos de reembolso de IVA relativos aos períodos de 11/93 a 6/94, procederam a uma acção de inspecção abrangendo todo o período de actividade da empresa tendo sido elaborado o respectivo relatório de fls. 80/114, cujo teor se dá por integralmente reproduzido.

4 – Nesse relatório consta que: "A empresa apresentou a declaração de início de actividade em 01/06/1990 onde assinalou no quadro 10 o campo 1, isto é: realizar apenas transmissões de bens e produtos que conferem o direito à dedução, tendo sido enquadrada no regime normal de periodicidade mensal.

Pela análise dos documentos de apoio aos registos contabilísticos, verifica-se que a actividade principal, até à presente data, tem sido a realização de obras de infra-estruturas com vista à realização do loteamento, tendo os respectivos custos sido lançados em "obras em curso".

Como operações secundárias a empresa procedeu à venda de árvores, cujo arranque foi motivado pelas obras e ainda ao arrendamento de espaços e cedência de combustíveis.

Quanto ao IVA: liquidou imposto na venda de árvores, na cedência de combustíveis, nas operações de arrendamento de espaços, considerou umas isentas nos termos do art. 9.º, n.º 30 e outras como cedência de exploração e liquidando o IVA correspondente.

A empresa contabiliza como "IVA dedutível" o imposto suportado em todas as aquisições de bens e serviços, o que origina que a empresa se encontre em situação de crédito permanente e a consequente solicitação de pedidos de reembolso.

Dado que a actividade da empresa é uma actividade imobiliária (...), e por isso isenta nos termos do art. 9.º n.º 30, o IVA suportado a montante não é susceptível de ser deduzido, tendo em conta o disposto no art. 20.º, n.º 1 alínea *a*), pelo que se procede à correcção da situação descrita, liquidando todo o imposto deduzido relativamente ao ano de 1991" (cfr. relatório de fls. 81/114).

5 – O relatório obteve parecer concordante do coordenador no qual é referido "atendendo a que procedeu à dedução de todo o IVA suportado, quer para a actividade isenta, quer para a sujeita, e que as possíveis deduções afectas ao sector estão condicionadas, conforme alínea *b*) do n.º 3 do art. 23.º do Código do IVA, à aplicação do método da afectação real, o que não acontece, considera-se que todo o IVA suportado a montante não é susceptível de ser deduzido ao abrigo do disposto na alínea *a*) do n.º 1 do art. 20.º do Código do IVA" (cfr. fls. 81 e 81 verso).

6 – A empresa contabilizou o IVA dedutível – Imobilizado na conta 24322 no valor total de 7.958.449$00 (doc. de fls. 90/93).

7 – E contabilizou o IVA dedutível – Outros bens e serviços na conta 24323 no montante de 1.086.974$00 (doc. de fls. 94/101).

8 – Os valores referidos em 6. e 7. originaram a correcção efectuada pelos serviços de inspecção no valor total de 9.043.470$00 (cfr. relatório de inspecção).

9 – Em 27/12/1996 a ora impugnante foi notificada para proceder ao pagamento das liquidações de IVA de 1991 e respectivos juros compensatórios, no valor total de 18.215.010$00 (cfr. doc. de fls. 30 e 30 verso dos autos de reclamação graciosa).

10 – Em 30/01/1997 é apresentado pela SAPEC – Parques Industriais, S.A. o requerimento de regularização de dívidas a que se refere o n.º 1 do art. 14.º do Decreto-lei n.º 124/96, de 10 de Agosto, tendo incluído o valor em dívida de IVA/1991 – 9.043.470$00, e juros compensatórios de 9.171.540$00 (cfr. doc. de fls. 17/18).

11 – Em 21/04/1997 foi apresentada a reclamação graciosa relativamente à liquidação adicional de IVA do

ano de 1991 e respectivos juros compensatórios (cfr. processo de reclamação graciosa em apenso).

12 – Em 15/10/1997 foi apresentada a presente impugnação judicial.»

Vejamos, pois:

A questão dos autos – só ao de leve equacionada na sentença que, todavia, não vem arguida de qualquer nulidade – é a de saber se a impugnante pode, ora, utilizar o método *pro rata* na determinação do IVA devido em 1991 e que os SFT apuraram em inspecção realizada em 1996.

O art. 23.º, n.º 1 do CIVA permite ao sujeito passivo que exerça actividades isentas e não isentas, não conferindo estas o direito à dedução, deduzir o imposto suportado nas aquisições mas «apenas na percentagem correspondente ao montante anual de operações que dêem lugar à dedução» – é o chamado método *pro rata* ou da percentagem.

Entendeu o legislador que, em geral, o volume de negócios (transmissões de bens e prestações de serviços) de cada grupo de operações (as que conferem e as que não conferem o direito à dedução) é um bom critério para o cálculo do imposto a deduzir.

Por sua vez, o n.º 2 consagra o método da afectação real, a solicitar pelo contribuinte à DGCI e que esta pode também ordenar – n.º 3.

Como é sabido, aquele caracteriza-se pelo direito à dedução ser proporcional ao valor das operações tributáveis e isentas, com direito à dedução relativamente a todas as operações efectuadas pelo sujeito passivo, incluindo as isentas ou fora do campo do imposto.

E, no último, não é permitida qualquer dedução relativamente ao imposto dos *inputs* destinados à realização de operações isentas sem direito à dedução mas efectuando-se a dedução integral – salvo o disposto no art. 21.º – quanto ao imposto incidente sobre os *inputs* destinados à realização de operações tributadas ou isentas com direito à dedução.

Nos termos da lei – dito art. 23.º – a Administração não admite a prática do primeiro método nomeadamente quando ela «conduza a distorções significativas na tributação».

Ora, como resulta do probatório, a impugnante apresentou a declaração de início de actividade em 01/06//1990, assinalando, no quadro 10, o campo 1: realizar apenas transmissões de bens e produtos que conferem o direito à dedução, tendo sido enquadrada no regime normal de periodicidade mensal: «desenvolver e gerir parques industriais e neles promover a instalação de indústrias e serviços e, bem assim, as respectivas actividades de apoio».

Bem assim, que a sua «actividade principal ... tem sido a realização de obras de infra-estruturas com vista à realização do loteamento (em Setúbal), tendo os respectivos custos sido lançados em "obras em curso"».

«Como operações secundárias, a empresa procedeu à venda de árvores, cujo arranque foi motivado pelas obras e ainda ao arrendamento de espaços e cedência de combustíveis».

«Quanto ao IVA: liquidou imposto na venda de árvores, na cedência de combustíveis, nas operações de arrendamento de espaços, considerou umas isentas nos termos do art. 9.º, n.º 30 e outras como cedência de exploração e liquidando o IVA correspondente», contabilizando como «IVA dedutível o imposto suportado em todas as aquisições de bens e serviços».

Exerceu, pois, actividades isentas e não isentas.

Ora, quanto às «operações imobiliárias», a Administração tem entendido não poder aplicar-se o método *pro rata* por este gerar as referidas «distorções significativas na tributação» – dito art. 23.º, n.º 3, al. *b*) – não correspondendo à actividade exercida, já que «a dimensão das obras faz com que as vendas se não repartam com regularidade por diversos exercícios, concentrando-se, por sua vez, num único ano, vendas respeitantes a obras que demoraram anos a construir»; por isso é que, para os contribuintes que renunciarem à isenção, o art. 5.º, n.º 1 do DL n.º 241/86, de 20 de Agosto, determina que a dedução do imposto relativo a cada imóvel ou parte autónoma, relativamente àqueles que tenham optado pela sujeição a imposto, se deve efectuar segundo o método da afectação real de todos os bens e serviços, *ut* dito art. 23.º, n.º 2, condição facilitada pela exigência de contabilidade separada para os imóveis e partes autónomas a alienar com sujeição ao imposto – art. 12.º, n.º 5 do CIVA.

Trata-se, aí, de casos em que o mesmo sujeito passivo realiza operações imobiliárias sujeitas a imposto e dele não isentas, ao mesmo tempo que constrói prédios ou fracções autónomas cuja venda está isenta.

Cfr. Emanuel Vidal Lima, Código do Imposto Sobre o Valor Acrescentado, 9ª edição, págs. 407/08.

Nos autos, vem provado que a contabilidade da impugnante não permite a aplicação do método da afectação real.

Nem o contribuinte o solicitou nem a Administração o podia ter ordenado já que, como se disse, apenas declarou exercer actividades não isentas.

Todavia, a aplicação, nos autos, do método *pro rata*, ora pretendido pela recorrente, não tem os inconvenientes assinalados já que, como se referiu, a actividade principal tem sido a realização de obras de infra-estruturas, com vista à realização do loteamento, sem quaisquer operações imobiliárias de venda.

Mas, assim sendo e como bem refere o Ex.mo magistrado do MP, «o sujeito passivo foi indevidamente impedido do exercício do direito à dedução do imposto segundo o método *pro rata* (em percentagem que os STF deveriam ter apurado mediante análise à contabilidade, aplicando a forma de cálculo legalmente prevista)».

Termos em que se acorda conceder provimento ao recurso, revogando-se a sentença recorrida e anulando-se a liquidação impugnada quanto ao montante de €44.206,47 (8.862.601$00) e respectivos juros compensatórios.

Sem custas.

Lisboa, 9 de Fevereiro de 2005.

Brandão de Pinho (Relator)
Lúcio Barbosa
Jorge de Sousa

Recurso n.º 860/04-30

IVA. CRÉDITOS INCOBRÁVEIS. DIREITO Á DEDUÇÃO OU REEMBOLSO. PRAZO PARA O EXERCÍCIO DO DIREITO.

(Acórdão de 23 de Fevereiro de 2005)

SUMÁRIO:

De harmonia com as disposições conjugadas dos artigos 71.º n.º 8 e 91.º n.º 2 do CIVA o início do prazo para o exercício do direito à dedução ou reembolso do imposto referente a créditos incobráveis, em casos de falência ou insolvência, nasce com o trânsito em julgado da respectiva declaração judicial e só pode ser exercido no prazo fixado por este último – agora quatro anos – cfr. DL n.º 472/99, de 8 de Novembro.

EM CONFERÊNCIA, ACORDAM OS JUÍZES DA SECÇÃO DE CONTENCIOSO TRIBUTÁRIO DO SUPREMO TRIBUNAL ADMINISTRATIVO.

Inconformada com a aliás douta sentença, proferida pelo Tribunal Tributário de 1ª Instância de Leiria, que julgou improcedente a impugnação judicial deduzida contra a liquidação adicional de IVA e juros compensatórios no montante global de 42.571,59 euros, dela interpôs o presente recurso para esta Secção do Supremo Tribunal Administrativo, a Impugnante DAMASO – VIDROS DE PORTUGAL, SA, nos autos convenientemente identificada.

Apresentou tempestivamente as respectivas alegações e, pugnando pela revogação do julgado, formulou, a final, as seguintes conclusões:

I) O processo de falência apenas é declarado findo, após a declaração da insuficiência de bens ou distribuição do produto da venda do activo da falida pelos credores.

II) O n.º 8 do Art. 71.º do Código do IVA, diz expressamente que os sujeitos passivos poderão deduzir o imposto, respeitante a créditos considerados incobráveis em processo de execução, processo especial de recuperação de empresa ou créditos de falidos ou insolventes, quando for decretada a falência ou insolvência.

III) O Art. 71.º/13, por sua vez refere que nos casos em que se verificar a recuperação dos créditos, total ou parcialmente, os sujeitos passivos são obrigados a proceder à entrega do imposto no período em que se verificar o seu recebimento.

IV) O n.º 2 do art. 91.º do mesmo diploma legal, com a anterior redacção, aplicável ao caso concreto, prevê, ainda, que o direito à dedução ou ao reembolso do imposto entregue em excesso só poderá ser exercido até ao decurso de cinco anos, após o nascimento do direito à dedução ou pagamento em excesso do imposto respectivamente.

V) A incobrabilidade total, ou de uma fracção de um crédito resultante de uma falência, materializa-se não quando a mesma é decretada, mas somente com a distribuição e rateio final do produto da liquidação, devidamente confirmadas e autorizadas.

VI) Por isso o sujeito passivo pode guardar pelo fim do processo, para deduzir os seus respectivos impostos, aliás, deve fazê-lo.

VII) A falência pode improceder pelos motivos supra mencionados, mas, mesmo que a falência não improceda, pode, o sujeito passivo, na fase da liquidação, receber o seu crédito e, por isso, apenas com o trânsito em julgado do despacho de liquidação, se inicia o prazo dos cinco anos, previsto no Art. 91.º/2 do CIVA.

VIII) A douta sentença, nestes termos, interpreta incorrectamente o disposto nos Arts. 71.º/8 e n.º 13, bem como o disposto no Art. 91.º/2, ambos do CIVA.

Não foram apresentadas quaisquer contra-alegações.

E o Ex.mo Magistrado do Ministério Público junto deste Supremo Tribunal emitiu depois sucinto mas douto parecer opinando pela improcedência do recurso e consequentemente confirmação do julgado que, em seu esclarecido entendimento, opera antes bem adequada interpretação legal do controvertido preceito do CIVA, o art. 91.º n.º 2.

Colhidos os vistos legais e porque nada obsta cumpre apreciar e decidir.

O tribunal ora recorrido deu por assente, fixando a seguinte matéria de facto:

1. Na declaração periódica do IVA do período 99.06, a impugnante 99.06, a impugnante solicitou o reembolso do IVA, no montante de Esc. 15.186.339$00, resultante da regularização do IVA, resultante da regularização de IVA, no montante de 8.363 218$00 a favor da empresa;

2. Tendo sido notificada para proceder á liquidação adicional de IVA no montante de 8.363.218$00 e juros compensatórios no montante 171. 618$00, a impugnante apresentou a Reclamação Graciosa nos termos que constam de fls. 4 e segs. do apenso, cujo conteúdo aqui se dá por integralmente reproduzido;

3. Tal reclamação foi indeferida por despacho de 16/4/1998 do Sub Director Geral do IVA, junto a fls. 24 dos autos apenso e cujo conteúdo aqui se dá por integralmente reproduzido;

4. A sociedade "Esperança Reis" foi declarada falida por sentença transitada em julgado em 17 de Dezembro de 1993;

5. O Despacho Saneador Sentença referente ao reconhecimento e graduação de créditos foi proferido em 10 de Novembro de 1995 (documento de fls. 22 cujo conteúdo aqui se dá por integralmente reproduzido).

E, com base na apontada factualidade, julgou improcedente a impugnação judicial que apreciava, assim mantendo na ordem jurídica a questionada liquidação adicional de IVA no referido valor de € 41.715,56, acrescidos de juros compensatórios no valor de € 856,03,

Pois, ao contrário do sustentado pela Impugnante, deu antes acolhimento ao entendimento de que o prazo do invocado direito à dedução ou reembolso do IVA, previsto no convocado artigo 91.º n.º 2 do CIVA (primeiro cinco e agora quatro anos, nova redacção dada pelo DL n.º 472/99, de 8 de Novembro), haveria de contar-se a partir da data do trânsito da declaração judicial da falência e não como a Impugnante pretendia a partir da subsequente liquidação ou declaração de insuficiência de bens.

Considerando, consequentemente, precludido já, ao tempo da declaração periódica de Junho de 1999 – cfr. facto 1 do probatório – o direito à dedução/reembolso do IVA antes liquidado e pago a empresa entretanto declarada falida por sentença transitada em julgado em 17 de Dezembro de 1993 – cfr. ponto 4 da matéria de facto fixada e assente –.

É contra o assim decidido que continua a insurgir-se a Impugnante, reiterando anterior argumentação, para persistir em sustentar a tempestividade do exercício daquele direito e a consequente procedência da impugnação judicial, pois, mediante invocação do disposto no artigo 71.º n.º 8 e n.º 13 do CIVA, alega dever iniciar-se a contagem daquele prazo " ... *somente com a distribuição e rateio final do produto da liquidação ...*".

Não lhe assiste porém qualquer razão.

A questão jurídica a dirimir é tão só a de saber quando nasce o direito à dedução ou reembolso a que se refere o citado artigo 91.º n.º 2 do CIVA, relativamente a créditos sobre empresa entretanto declarada falida, face ao disposto no artigo 71.º n.º 8 do mesmo Código.

Dispõem estes preceitos na parte que releva para a decisão a proferir que:

Artigo 71.º n.º 8

Os sujeitos passivos poderão deduzir ainda o imposto respeitante a créditos incobráveis em processo de execução, processo ou medida especial de recuperação de empresas ou a créditos de falidos ou insolventes, quando for decretada a falência ou insolvência.

Artigo 91.º n.º 2

Sem prejuízo de disposições especiais, o direito à dedução ou reembolso do imposto entregue em excesso só poderá ser exercido até ao decurso de quatro anos após o nascimento do direito à dedução ou pagamento em excesso do imposto, respectivamente.

Assim, diferindo a lei, nestes casos, expressamente, o *nascimento do direito à dedução ou reembolso do imposto*, à declaração da falência ou insolvência (*quando for decretada*) não poderá deixar de entender-se, tal como vem julgado, que é com o trânsito em julgado da sentença que decreta a falência ou insolvência que se inicia aquele prazo pois só nessa altura aquela sentença e a consequente declaração assume força obrigatória no processo respectivo e fora dele – cfr. Art.º 671.º n.º 1 do CPC –.

Acresce ainda, ao contrário do sustentado pela ora Recorrente e tal como também se evidenciou na sindicada sentença, não ser para o controvertido efeito – o nascimento do direito à dedução ou reembolso e consequente início de contagem do prazo de exercício deste direito – relevante a invocada incobrabilidade total ou parcial do crédito.

Esta relevará, com efeito e consoante os casos, na distribuição e rateio final do produto da liquidação do activo, mas em nada altera o sentido e a interpretação que se deu e aqui se acolhe dos transcritos preceitos legais.

Na verdade, tal como ali se sublinhou, "... *o risco de incobrabilidade do crédito está devidamente justificado e assumido na lei (cfr. art. 35.º n.º 1 al. a) do CIRS), podendo inclusivamente ser custo ou perda de exercício nas condições previstas no artigo 39 do CIRS. Este risco de incobrabilidade foi assumido de modo idêntico pelo legislador do IVA, facultando desde logo ao sujeito passivo (após a declaração de falência) o direito à dedução*".

Não merece pois qualquer censura a sentença impugnada e que assim julgou.

Pelo exposto e sem necessidade de outros ou melhores considerandos, acordam os Juízes deste Supremo Tribunal Administrativo e Secção de Contencioso Tributário em negar provimento ao presente recurso jurisdicional, confirmando antes aquela sentença.

Custas pela Recorrente, fixando a procuradoria em 50%.

Lisboa, 23 de Fevereiro de 2005.

Alfredo Madureira (Relator)
Baeta de Queiroz
Lúcio Barbosa

Recurso n.º 888/03-30

IVA. IMPUGNAÇÃO JUDICIAL. RECLAMAÇÃO GRACIOSA.

(Acórdão de 19 de Janeiro de 2005)

SUMÁRIO:

Tendo sido deduzida reclamação anteriormente à dedução de impugnação e tendo a mesma sido decidida depois, não podia o tribunal, que dessa decisão tinha conhecimento, deixar de a considerar na decisão da impugnação.

ACORDAM NA SECÇÃO DO CONTENCIOSO TRIBUTÁRIO DO STA:

Ângelo Alves Silva impugnou no Tribunal Tributário de 1ª Instância de Coimbra a liquidação de IVA referente aos anos de 1992 e 1993 que lhe foi efectuada na sequência de fiscalização.

Por sentença do M.º Juiz daquele Tribunal foi a impugnação julgada improcedente.

Inconformado com a decisão recorreu o impugnante para o Tribunal Central Administrativo que anulou a sentença recorrida e, decidindo em substituição, não tomou conhecimento do objecto da impugnação na parte referente à quantificação da matéria colectável e julgou a impugnação improcedente na parte referente à ilegalidade do recurso aos métodos indiciários, mantendo a liquidação impugnada.

Do decidido recorreu o impugnante para este Supremo Tribunal Administrativo, pedindo a anulação ou revogação do acórdão, formulando as seguintes conclusões:

a) O acórdão recorrido padece de nulidade por não ter julgado cada uma das questões de erro de julgamento cometido pela 1ª instância que o recorrente lhe colocou nas conclusões *e*) e *f*) das conclusões – art. 668.º n.º 1 al. *d*), primeira parte, do CPC, sendo certo que nenhuma delas estava prejudicada com a resposta dada a outras questões, como se deixou demonstrado nestas alegações e ainda por não ter conhecido da questão colocada quanto ao erro da sentença quanto aos pressupostos de direito por a administração o ter praticado a coberto de um errado entendimento do que é o método presuntivo, na medida em que esse método pressupõe não só a determinação dos proveitos corno também a determinação dos custos presumidos e a administração entendeu-o, e assim o aplicou, como obrigando apenas à presunção de proveitos – arts. 660.º n.º 2 e 668.º n.º 1 al. *d*), primeira parte, do CPC;

b) O acórdão recorrido padece de erro de julgamento ao anular a sentença de 1ª instância por esta ter errado ao dar como provados factos que são absolutamente irrelevantes para a decisão da causa por relativos a outro período de tributação e ao formar a sua convicção em elementos probatórios relativos a esse outro período,

c) pois o caso não é caso de falta de especificação dos fundamentos de facto e de direito que justificam a decisão (al. *b*) do n.º 1 do art. 688.º do CPC), como considerou, mas de um erro de julgamento relativo aos factos e às provas a ter em conta para a decisão do mérito da causa, o qual, mesmo prejudicando a Fazenda Publica, não pode ser alterado na parte não recorrida pelo recorrente por a Fazenda Pública não o ter atacado por meio de recurso, nem através da ampliação do seu objecto de acordo cem o disposto no art.º 684.º-A do CPC;

d) pelo que o acórdão recorrido violou os princípios dispositivo do processo, o princípio da não reformatio in pejus constante do n.º 4 do art.º 684.º do CPC e os arts. 712.º n.º 1 al. *a*), 684.º, 684.º-A e 690.º do CPC;

e) O acórdão recorrido errou ainda ao não conhecer do erro na quantificação da matéria colectável sob pretexto de não estar ainda decidida a reclamação feita para a Comissão Distrital;

f) O não conhecimento da impugnação, nesta dimensão, quando a reclamação foi já decidida na pendência do processo de impugnação e antes da sentença ofende os princípios da celeridade do processo, da utilidade dos actos processuais e do sagrado princípio do pro actione, tudo a evitar a repetição de actos cujo conteúdo poderia ser aproveitado;

g) A decisão de reclamação não é um pressuposto da instauração do processo de impugnação, mas uma condição relativa ao âmbito de conhecimento do fundo da causa (Cf. José Carlos Vieira de Andrade, Justiça Administrativa);

h) Existindo essa condição a quando do conhecimento pelo tribunal do fundo da causa ou seja, a quando da sentença, deve ter-se por satisfeita essa condição de acordo, aliás, com o previsto no art. 663.º do CPC, e o juiz deve tomar conhecimento do mérito da quantificação, sob pena da existência de uma manipulação simplesmente formalista do preceito legal que obriga à apresentação da reclamação para a Comissão e da sua *ratio*, nos termos dos art.ºs 84.º n.º 3 e 136.º n.º1 do CPT;

i) A não consideração para os efeitos do âmbito do conhecimento do mérito da causa da decisão da reclamação apresentada, acontecida antes da sentença, viola o direito de acesso aos tribunais, na sua dimensão de exigência de um direito de acção que propicie uma tutela rápida e eficaz, consagrado nos arts. 20.º e 268.º n.ºs 4 e 5 da CRP e do princípio da Justiça ínsito no princípio do Estado de Direito (arts. 2.º e 3.º da CRP);

j) Nada há na lei que permita equiparar a não dedução da reclamação para a Comissão dentro do prazo já esgotado a quando da apresentação do processo de impugnação judicial com a existência de uma reclamação apresentada tempestivamente para essa Comissão a quando da apresentação do processo de impugnação judicial e a existência de uma decisão dessa Comissão a quando da apreciação da questão da quantificação na sentença;

k) A consideração da decisão da Comissão impõe-se até pelo facto do acto tributário permanecer o mesmo na parte em que não tenha sido reformada pela decisão da Comissão, pois, no IVA, a situação substantiva que existe é a de um acto de liquidação que é reclamado por aspectos relacionados com a matéria colectável nele considerada e que é reformado no caso da mesma proceder, de acordo com o disposto nos arts. 84.º e 85.º do CIVA, na redacção ao tempo dos factos, pelo que o tribunal ao conhecer do acto na parte que não foi reformada está sempre a conhecer do mesmo acto;

l) Quando muito, a apresentação da impugnação judicial antes da decisão da reclamação efectivamente apresentada nos termos dos arts. 84.º n.º 3 e 136.º n.º 1 do CPT teria que ser vista apenas corno uma apresentação antes de tempo na parte em que a decisão da reclamação manteve o utilidade da acção judicial, de acordo com a jurisprudência desse STA segundo a qual não é intempestiva uma acção apresentada ainda antes de estar a decorrer o prazo a cujo decurso o início e o termo do mesmo se encontram associados.

Não houve contra-alegações.

O Tribunal Central Administrativo pronunciou-se no sentido da improcedência da nulidade invocada na 1ª conclusão das alegações, entendendo dever manter-se a decisão recorrida.

Pelo Exmo Magistrado do Ministério Público foi emitido parecer no sentido do parcial provimento do recurso, devendo revogar-se a decisão de anulação da sentença do Tribunal Tributário de 1ª Instância, substituindo-se o acórdão impugnado por outro que declare a improcedência da impugnação.

Colhidos os vistos legais cumpre decidir.

O acórdão recorrido considerou provados os seguintes factos:

a) Para efeitos de IVA e IRS dos exercícios de 1989 a 1991 foi a escrita do recorrente sujeita a acção de fiscalização tributária, a qual acabou por abarcar também os anos de 1992 e 1993, tendo sido produzido o relatório que constitui fls. 70 e segs.

b) Relativamente a estes dois últimos exercícios detectaram-se as seguintes anomalias:

– falta de correspondência entre o livro de registos de entradas e saídas de hóspedes (este relativamente ao período compreendido entre 3.10.1992 e 4.1.94) e as facturas processadas, onde se pode verificar que existem, na maior parte dos casos, registos de entradas e saídas de hóspedes sem as correspondentes facturas (conforme exemplos referidos a fls. 75 e 76 os quais de dão por reproduzidos);

– existência de algumas facturas emitidas sem qualquer registo no livro de entradas e saídas do livro de hóspedes (v. facturas n.ºs 1004, 1005 de 26.7.93 e 1208 e 1499 de 29.10. 93 evidenciadas nos mapas do anexo n.º 1 – fls. 90 e segs.);

– o livro de registo de entradas e saídas de hóspedes referente ao período referido acima não permite saber o número de utentes nem o número de dormidas correspondentes a cada utente e sua facturação, pois um registo no livro de hóspedes pode corresponder a vários utentes e a um determinado número de noites;

– o recorrente, após dois dias de utilização procede à destruição das folhas de movimento de hóspedes, não sendo assim possível proceder ao apuramento dos valores indicados no parágrafo antecedente;

– existem facturas com menção de quarto, sem qualquer valor cobrado pelo alojamento;

– existem facturas emitidas com datas muito posteriores ao prazo legal estipulado para a sua emissão, algumas delas com serviço prestado num ano e emitidas passados três, quatro ou mais meses;

– os pagamentos das agências de viagens são registados de modo que por caixa entra toda a receita e por caixa saem todos os pagamentos e quando as saídas são maiores que as entradas é usado o expediente dos empréstimos, suportado apenas por notas de lançamento interno, de forma a que o saldo seja positivo;

– não utiliza qualquer conta de depósitos bancários, apesar de existirem contas em bancos, por onde transitam os cheques recebidos, pagamento por multibanco ou visa e cheques emitidos;

– não regista os custos inerentes aqueles pagamentos (5% de comissões no caso de pagamento com cartão visa.

c) Perante tais anomalias procedeu-se à fixação da matéria tributável referente àqueles anos por métodos indiciários e com os critérios referidos a fls. 86 do relatório, tendo sido apurados os valores de IVA nos montantes de 1.413.934$00 e 1.676.048$00, respectivamente em relação a 1992 e a 1993 (V. fls. 86 e 87).

d) O recorrente apresentou reclamação relativa à quantificação da matéria tributável para a Comissão de Revisão em 7.8.95 (v. fls. 43).

e) A petição desta impugnação deu entrada em 1.9.95 (v. fls. 2).

f) A Comissão de Revisão deliberou sobre a reclamação do recorrente em 22.6.96, tendo-a atendido parcialmente com a redução do imposto para 1.388.759$00, em relação a 1992 e 1.654.152$00 em relação a 1993 (V. fls. 68).

g) Muitas vezes as facturas eram debitadas a empresas e não propriamente aos viajantes que por ali passavam (depoimento das testemunhas Maria Cristina e Maria do Rosário – fls. 254 e 255).

h) O Hotel fica na zona interior do país e a sua capacidade de funcionamento foi afectado pela abertura do IP-5 que desviou a clientela, ao contrário do que sucedia com a utilização da nacional n.º 1 (mesmos depoimentos).

i) Também na mesma altura foram criadas muitas outras infra-estruturas hoteleiras que vieram fazer concorrência ao hotel (mesmos depoimentos).

Assentes tais factos apreciemos o recurso.

São de duas ordens as questões suscitadas no recurso. Por um lado o recorrente vem arguir a nulidade do acórdão por omissão de pronúncia, por outro invoca erros de julgamento por parte do acórdão recorrido por conhecer de factos que considera irrelevantes e por não haver tomado em consideração a decisão da reclamação, valorando mal o facto de a impugnação ter sido apresentada antes de decidida a reclamação.

Começando pela arguida nulidade de omissão de pronúncia por parte do acórdão recorrido, a mesma não ocorre. Na verdade o referido aresto fixou a matéria de facto que considerou provada indicando a fundamentação da mesma e considerou não provados os demais factos alegados, ou por os mesmos serem irrelevantes ou por, atenta a sua generalidade, não permitirem só por si afastar a versão da Fazenda Pública, não logrando assim convencer o tribunal. O recorrente pode não concordar com o entendimento expresso pelo tribunal mas tal entendimento não consubstancia qualquer nulidade de omissão de pronúncia. Não pode pois proceder a nulidade invocada.

Questiona também o recorrente a decisão do Tribunal Central Administrativo que, substituindo-se à 1ª instância, fixou os factos que considerava provados. Nos termos do artigo 712.º n.º 1 alínea a) do CPC pode a 2ª instância alterar a matéria de facto se do processo constarem todos os elementos de prova que serviram de base à decisão sobre os pontos da matéria de facto em causa. Ora a censura da matéria de facto não cabe no âmbito dos poderes deste Supremo Tribunal Administrativo pelo que terá a mesma que dar-se por assente. Assim sendo, não pode também nesta parte aceitar-se o invocado pelo recorrente.

Vejamos agora a questão das relações entre a reclamação e a impugnação. Consta do probatório que o recorrente apresentou reclamação para a Comissão de Revisão, relativa à quantificação da matéria tributável, em 7 de Agosto de 1995 (alínea *d*), que a impugnação deu entrada em 1 de Setembro de 1995 (alínea *e*) e que aquela Comissão deliberou sobre a mesma em 22 de Junho de 1996, tendo-a atendido parcialmente, reduzindo o imposto para os anos de 1992 e 1993 para os montantes que aí se indicam (alínea *f*). O acórdão recorrido considerou porém que, tendo o recorrente impugnado a liquidação com fundamento na errónea quantificação da matéria tributável e na ilegalidade do recurso aos métodos indiciários antes de decidida a reclamação, não podia a questão da quantificação ser apreciada na impugnação, não tendo por isso tomado conhecimento nessa parte do objecto do recurso. Estará este entendimento correcto? O acórdão recorrido foi proferido em 13 de Maio de 2003 e a reclamação foi decidida pela Comissão de Revisão em 22 de Junho de 1996. Para fundamentar o seu entendimento o tribunal recorrido chama à colação o acórdão n.º 15810 de 3.2.99, deste Supremo Tribunal Administrativo. Afigura-se-nos porém não ter feito uma leitura correcta de tal aresto. O que nele se diz é que, recusando os artigos 84.º e 86.º do CIVA a impugnabilidade contenciosa da "fixação definitiva do imposto", nada impede que na impugnação se alegue o recurso ilegal a estimativas e presunções, independentemente da dedução de reclamação. Mas o que se verifica no caso vertente é que na decisão da reclamação foi fixado um valor de imposto diferente do liquidado e que o tribunal recorrido tinha disso conhecimento. Por isso, não estando o imposto definitivamente fixado quando foi deduzida a impugnação, nada impedia que tal facto jurídico superveniente fosse considerado na decisão, atento o artigo 663.º do CPC. Note-se aliás que o artigo 86.º do CIVA, na redacção do DL 7/96 de 7 de Fevereiro, prescreve que as decisões das comissões de revisão não são susceptíveis de impugnação judicial autónoma, sem prejuízo de na reclamação ou impugnação da liquidação poder ser invocada qualquer ilegalidade ou a sua errónea quantificação. Assim sendo deveria o tribunal recorrido ter tomado em consideração a decisão da Comissão de Revisão já que, nos termos do artigo 90.º do CPT, a dedução da reclamação suspendia a liquidação. Tendo a decisão da Comissão reduzido o imposto devido de 1.413.934$00 para 1.388.759$00, relativamente ao ano de 1992, e de 1.676.048$00 para 1.654.152$00, relativamente a 1993, ocorre quanto às diferenças aceites inutilidade superveniente da lide, mantendo-se a liquidação quanto ao restante fixado pela Comissão.

Em conformidade com o exposto, acorda-se em conferência neste Supremo Tribunal Administrativo em conceder parcial provimento ao recurso, anulando-se as liquidações quanto às diferenças supra referidas, negando-se-lhe no mais.

Custa pelo recorrente na proporção do vencido, fixando em 50% a procuradoria.

Lisboa, 19 de Janeiro de 2005.

Vítor Meira (Relator)
António Pimpão
Brandão de Pinho

Recurso n.º 118/04-30

LGT. CADUCIDADE DO DIREITO À LIQUIDAÇÃO.

(Acórdão de 2 de Fevereiro de 2005)

SUMÁRIO:

I – Nos termos do artigo 5.º n.º 5 do DL 398/98, o prazo de caducidade do direito à liquidação dos tributos e respectiva contagem apenas se aplica aos factos tributários ocorridos a partir de 1.1.98,

II – Estando em causa tributos de 1993 a Setembro de 1995 e tendo a notificação da liquidação ocorrido em Novembro de 2000, caducara já o direito à liquidação dos mesmos.

ACORDAM NA SECÇÃO DO CONTENCIOSO TRIBUTÁRIO DO STA:

"Autoeuropa, Automóveis, Lda." deduziu, no Tribunal Tributário de 1ª Instância de Setúbal, impugnação judicial do indeferimento da reclamação graciosa que apresentara contra a liquidação adicional de imposto de selo e respectivos juros compensatórios, no montante de 37.574.728$00.

Por sentença do M.º Juiz daquele Tribunal foi a impugnação julgada parcialmente procedente, anulando-se a liquidação do imposto relativo a Dezembro de 1993 e respectivos juros compensatórios, mantendo-se as demais liquidações.

Inconformada com a sentença recorreu a impugnante para o Tribunal Central Administrativo que se declarou incompetente em razão da hierarquia para conhecer do recurso por o mesmo ter por exclusivo fundamento matéria de direito, tendo os autos sido remetidos a este Supremo Tribunal Administrativo.

A recorrente formulou nas alegações as seguintes conclusões:

1) O artigo 46.º da Lei Geral Tributária entrou em vigor em 01.01.1999, aplicando-se os prazos nele dispostos às liquidações cujo facto gerador tenha ocorrido a partir de 01.01.1998 conforme disposto no artigo 5.º, n.º 5 do Decreto-Lei n.º 398/98 de 17 de Dezembro.

2) A Douta sentença recorrida erra ao entender que o prazo de caducidade de 5 anos previsto no artigo 33.º do CPT está suspenso por aplicação do disposto no artigo 46.º, n.º 2 alínea *b*) da LGT uma vez que este artigo entrou em vigor em 01.01.1999 aplicando-se aos prazos em curso por força do disposto no artigo 297.º do Código Civil.

3) A douta sentença recorrida viola assim o disposto nos artigos 33.º do CPT, artigo 5.º, n.º 5 do Decreto-lei n.º 398/98 de 17 de Dezembro e artigo 46.º da LGT.

4) No entendimento da Douta sentença recorrida as liquidações de imposto cujo facto gerador tenha ocorrido até 31 de Dezembro de 1993 caducaram em 31 de Dezembro de 1998 por aplicação do disposto no artigo 33.º do CPT.

5) A Douta sentença recorrida erra ao anular unicamente a liquidação de imposto do selo e juros compensatórios de montante de 174.023$00 e respectivos juros compensatórios no montante de 197.471$00.

6) Deveria também ter anulado as liquidações do imposto do selo nos montantes de 191.895$00 e 16.374.407$00 e juros compensatórios nos montantes de 202.883$00 e 16.580.690$00 respectivamente, uma vez que o facto gerador ocorreu em 30.12.1993 e 04.11.1993, respectivamente.

7) A douta sentença recorrida viola assim o disposto nos artigo 33.º do CPT.

Não houve contra-alegações.

Pelo Exmo Magistrado do Ministério Público foi emitido parecer no sentido do provimento do recurso por ter ocorrido a caducidade do direito de liquidação incidente sobre os factos tributários objecto das liquidações inscritas no âmbito do recurso.

Colhidos os vistos legais cumpre decidir.

A sentença recorrida considerou provados os seguintes factos:

1.º – A impugnante, AUTOEUROPA-Automóveis, Lda., contribuinte n.º 502616695, com sede na Quinta da Marquesa – Quinta do Anjo – Palmela, desenvolve a actividade de "Fabricação de Veículos Automóveis" a que corresponde o CAE 034100, estando enquadrada em sede de IVA no regime normal de periodicidade mensal.

2.º – Em actividade desenvolvida pela Direcção de Serviços de Prevenção e Inspecção Tributária da Direcção-Geral dos Impostos foi apurado que os vários benefícios usufruídos a título de incentivos concedidos ao abrigo da Resolução do Conselho de Ministros n.º 25/91, de 20.06.91 se encontravam excedidos, (informação n.º 01-ITR/2000, fls. 13 a 16 do proc. de reclamação graciosa).

3.º – Por parecer exarado a 24.01.00 pelo Coordenador-Chefe da DSPIT e posteriormente sancionado por despacho de 04.02.00 do Director de Serviços, foi ordenada a remessa da referida informação ao Serviço de Finanças de Palmela, com vista à instauração de processo administrativo de liquidação e cobrança do imposto do selo discriminado no ponto 10 da referida informação (idem).

4.º – Em obediência ao despacho do Chefe do Serviço de Finanças de Palmela, por despacho de 30.10.00 foi discriminado o imposto de selo em dívida relativo a cada mês e respectivos juros compensatórios e ordenada a notificação da impugnante para pagar o montante total de Esc. 18.781.178$00 acrescido de juros compensatórios no valor de Esc. 20.267.597$00, cujo prazo de cobrança voluntária terminava em 27 de Dezembro de 2000 – fls. 12 do processo de reclamação graciosa.

5.º – Notificação esta que aconteceu através do ofício n.º 9774 de 16.11.00 – fls. 12 do processo reclamação graciosa.

6.º – Em 22.12.00 a impugnante procedeu ao pagamento do Imposto do Selo e respectivos juros compensatórios relativo às comissões pagas ao BES e ao BCI em 12/95 e nos anos de 1996 e 1997, no montante total de Esc. 1.474.047$00, que corresponde a Esc. 1.059.893$00 de I.S. e Esc. 414.154$00 de J.C. (fls. 51).

7.º – Em 22.01.01 a impugnante apresentou reclamação graciosa quanto ao montante de Esc. 37.574.728$00, alegando a sua caducidade, constituindo o processo n.º 2208-01/400010.2, correspondendo Esc. 17.721.285$00 a I.S. e Esc. 19.853.443$00 a J.C., relativo às comissões ao BES e BCI durante os anos de 1993, 1994 e 1995 (à excepção da referente a 28 de Dezembro de 1995), bem como o imposto do selo devido por uma garantia prestada ao IAPMEI em 1993 (fls. 2 do proc. de rec. Grac.).

8.º – Em 14.02.01 é elaborado o projecto de decisão pela Divisão de Justiça Tributária da Direcção de Finanças de Setúbal (fls. 19 a 22 do proc. de rec. Grac.).

9.º – Em 15.02.01 é notificada a impugnante através do ofício n.º 4003 do mesmo serviço para exercer o direito de audição (fls. 23 do proc. de rec. Grac.).

9.º – Em 28.02.01 a impugnante exerceu o direito de audição, (idem fls. 25 a 30)

10.º – Em 06.03.01 é indeferida a reclamação graciosa (idem fls. 35).

11.º – Em 08.03.01 foi emitida a certidão de dívida pela falta de pagamento no prazo de cobrança voluntária do imposto do selo e respectivos juros compensatórios, sendo instaurado o inerente processo de execução fiscal pelo Serviço de Finanças de Palmela em 15.03.01, com o n.º 2208-01/100365.8 – fls. 52 e 53.

12.º – Em 28.03.01 a impugnante é notificada do despacho de indeferimento que recaiu sobre a reclamação graciosa (fls. 37 do proc. de rec. Grac.).

13.º – Em 11.04.01 a impugnante deduziu a presente impugnação judicial (fls. 2).

14.º – Em 19.04.01 a impugnante pagou a dívida instaurada em execução fiscal (fls. 46).

15.º – Em 27.04.01 a impugnante vem requerer a anulação das liquidações de imposto do selo e respectivos juros compensatórios, bem como a restituição da quantia paga no montante de Esc. 39.662.778$00 e a condenação da AF no pagamento de juros indemnizatórios a seu favor (fls. 42 a 45).

Assentes tais factos apreciemos o recurso.

A questão que se coloca no presente recurso e que terá de ser resolvida respeita ao modo de contagem do prazo de caducidade da liquidação de tributos cujo facto gerador tenha ocorrido antes da entrada em vigor da Lei Geral Tributária (LGT).

Prescreve o artigo 5.º n.º 5 do DL 398/98 de 17/12 que aprova e põe em vigor a LGT, que o novo prazo de caducidade do direito de liquidação dos tributos aplica-se aos factos tributários ocorridos a partir de 1 de Janeiro de 1998, consignando o artigo 46.º de tal lei os termos em que tal prazo se suspende ou interrompe.

Os tributos em causa reportam-se aos anos de 1993, 1994 e 1995 pelo que não pode aos mesmos ser aplicado o disposto na LGT que, como acima se referiu, só se aplica aos factos tributários ocorridos a partir de 1.1.1998. Assim sendo terá que apreciar-se a ocorrência ou não da caducidade face aos dispositivos legais então vigentes.

Prescrevia o artigo 33.º do CPT que o direito à liquidação de impostos e outras prestações tributárias caducava se a liquidação não fosse notificada ao contribuinte no prazo de cinco anos a partir do termo daquele em que ocorreu o facto tributário, nos impostos periódicos, ou da data em que o facto tributário ocorreu, nos impostos de obrigação única. E o n.º 2 do mesmo artigo estabelecia que a instauração da acção judicial determinava a suspensão do prazo de caducidade até ao trânsito em julgado da decisão.

Assim sendo, tendo a recorrente sido notificada da liquidação em 16 de Novembro de 2000, consignando-lhe um prazo para pagamento voluntário até 27 de Dezembro de 2000, conforme consta do n.º 4 do probatório, já havia então caducado o prazo de 5 anos para a liquidação dos tributos de 1993, 1994 e o de 1995 aqui em causa.

Em conformidade com o exposto, acorda-se em conferência neste Supremo Tribunal Administrativo em conceder provimento ao recurso julgando-se procedente a impugnação.

Sem custas.

Lisboa, 2 de Fevereiro de 2005.

Vítor Meira (relator)
António Pimpão
Brandão de Pinho

Recurso n.º 928/04-30

PRESCRIÇÃO DA OBRIGAÇÃO TRIBUTÁRIA. INTERRUPÇÃO DERIVADA DE DEDUÇÃO DE IMPUGNAÇÃO JUDICIAL. CESSAÇÃO DA INTERRUPÇÃO. PARAGEM DO PROCESSO DE EXECUÇÃO FISCAL IMPUTÁVEL AO CONTRIBUINTE.

(Acórdão de 23 de Fevereiro de 2005)

SUMÁRIO:

I – Nos termos do n.º 3 do art. 34.º do C.P.T., o decurso do prazo de prescrição da obrigação tributária é interrompido com a instauração de execução fiscal.

II – Se, na pendência dessa execução fiscal é deduzida impugnação judicial e suspensa a execução fiscal, com prestação de garantia (nos termos do art. 255.º, n.º 1, do mesmo Código), a paragem do processo de execução fiscal derivada desse facto é imputável ao contribuinte.

III – Se o processo de impugnação judicial estiver parado por mais de um ano, por facto não imputável ao contribuinte, recomeça, a partir do termo desse ano, a contar-se o prazo de prescrição, acrescido do período de tempo que decorreu até à instauração da execução fiscal.

ACORDAM NA SECÇÃO DO CONTENCIOSO TRIBUTÁRIO DO SUPREMO TRIBUNAL ADMINISTRATIVO:

1 – IBEROMOLDES, S.A., reclamou judicialmente de um despacho do Senhor Chefe do Serviço de Finanças da Marinha Grande que indeferiu um pedido de declaração de prescrição da dívida exequenda do processo de execução fiscal n.º 95/100127.2.

O Tribunal Administrativo e Fiscal de Leiria julgou improcedente a reclamação.

Inconformada, a Reclamante interpôs o presente recurso para este Supremo Tribunal Administrativo, apresentando alegações com as seguintes conclusões:

A) – A dívida exequenda, relativa a IRC de 1989, foi objecto de impugnação judicial e em consequência desta e por imposição legal, foi pela recorrente prestada garantia, pelo que o processo de execução fiscal ficou parado desde 11 de Abril de 2000 até à presente data.

B) – O exercício do direito de impugnar os actos tributários previsto na alínea d) do artigo 23.º do CPT, aplicável no caso dos autos, não constitui um facto imputável à recorrente que possa ser qualificado como motivo que impeça a contagem do prazo de prescrição da dívida exequenda, a partir de 11 de Abril de 2000.

C) – Só a partir de 1 de Janeiro de 1999, mais concretamente pelo n.º 3 do artigo 49.º da LGT, passou a existir norma legal que prevê como causa de suspensão da contagem do prazo de prescrição da divida, a impugnação judicial.

D) – Pelo contrário, até 31 de Dezembro de 1998, nem a letra nem o sentido do artigo 34.º do CPT permitiam concluir que a suspensão do processo de execução equivale a suspensão do prazo de prescrição.

E) – Em face do exposto, a dívida exequenda de 1989 prescreveu em 1 de Julho de 2001.

F) – A douta sentença recorrida fez incorrecta aplicação dos artigos 34.º e 255.º do CPT.

Termos em que deve o presente recurso ser julgado procedente e em consequência ser declarada prescrita a divida exequenda.

Não foram apresentadas contra-alegações.

O Excelentíssimo Procurador-Geral Adjunto emitiu douto parecer nos seguintes termos:

1. No caso sub judicio é aplicável o regime de prescrição da dívida tributária previsto no art. 34.º CPT, por cotejo com o regime dos arts. 48.º e 49.º LGT (art. 297.º CCivil).

A instauração da execução em 20.01.95 interrompeu o prazo prescricional; a interrupção inutiliza todo o tempo decorrido anteriormente, começando a correr novo prazo (10 anos) a partir do acto interruptivo (art. 326.º n.º 1 CCivil).

O efeito interruptivo não cessou, porquanto a suspensão da execução ordenada com fundamento na garantia bancária prestada pelo recorrente-executado não pode ser interpretada como inércia da administração tributária no prosseguimento da execução (art. 34.º n.º 3 CPT).

2. A sentença não aplicou a norma constante do art. 49.º n.º 3 LGT (cfr. n.º I).

O prazo de prescrição ainda não se esgotou, em consequência da interrupção operada pela instauração da execução.

CONCLUSÃO

O recurso não merece provimento.

A sentença impugnada deve ser confirmada.

Sem vistos, vêm os autos à conferência para decisão:

2 – Na sentença recorrida deu-se como assente a seguinte matéria de facto:

1. Em 20/1/1995 foi instaurado processo de execução fiscal contra a reclamante para pagamento da dívida de IRC respeitante ao ano de 1989. A reclamante foi citada para a execução em 16/2/1995 [Documentos 1 e 2 juntos com a douta resposta cujo conteúdo se dá por integralmente reproduzido].

2. Em 8/9/1995 a reclamante apresentou garantia bancária com vista à suspensão da execução.

3. Por despacho de 11 de Abril de 2000 foi ordenada a suspensão da execução (documento 3 junto com as resposta)

4. Foi deduzida impugnação judicial a correr seus termos neste TAF.

5. Através de requerimento dirigido ao Exmo. Chefe do Serviço de Finanças da Marinha Grande, a reclamante formulou o pedido de declaração de prescrição da dívida exequenda.

6. Esta pretensão foi indeferida por despacho de 16/9//2004, junto a fls. 9 cujo conteúdo se dá por integralmente reproduzido.

3 – A questão que é objecto do presente recurso jurisdicional é a de saber se ocorreu a prescrição da dívida de I.R.C., relativo ao ano de 1989.

Ao tempo em que ocorreu o facto tributário, o prazo de prescrição das dívidas tributárias era o de 20 anos, previsto no art. 27.º do C.P.C.I., que é manifesto que não ocorreu ainda.

Com o C.P.T., que entrou em vigor em 1-7-1991, por força do disposto no art. 2.º, n.º 1, do C.P.T., o prazo de prescrição passo a ser de 10 anos, nos termos do art. 34.º n.º 1, deste Código.

A L.G.T., aprovada pelo Decreto-Lei n.º 398/98, de 17 de Dezembro, reduziu o prazo de prescrição para oito anos (art. 48.º, n.º 1). Mas, no art. 5.º daquele Decreto-Lei estabeleceu-se que, com excepção dos impostos abolidos, ao novo prazo de prescrição aplica-se o disposto no artigo 297.º do Código Civil.

Este art. 297.º estabelece, relativamente à aplicação no tempo de leis novas que vêm estabelecer prazos mais curtos do que os fixados nas leis anteriores, que o novo prazo é também aplicável aos prazos que já estiverem em curso, mas o prazo só se conta a partir da entrada em vigor da nova lei, a não ser que, segundo a lei antiga, falte menos tempo para o prazo se completar.

Tendo a L.G.T. entrado em vigor em 1-1-1999 (art. 6.º do Decreto-Lei n.º 398/98), é manifesto que não ocorreu a prescrição à face da nova lei, pois não decorreram mais de oito anos desde aquela data.

Por isso, apenas há que apreciar se a prescrição ocorreu à face do regime previsto no C.P.T.

Também em relação a este prazo, este Supremo Tribunal Administrativo tem vindo a entender que se aplica o regime daquele art. 297.º do Código Civil, o que é implicitamente aceite pela Recorrente, ao defender que a prescrição ocorreu em 1-7-2001, no dia em que se completaram 10 anos sobre a data da entrada em vigor do C.P.T.

4 – A execução fiscal relativa à cobrança coerciva da dívida referida foi instaurada em 20-1-1995.

O regime da prescrição de dívidas tributárias era, ao tempo, regulado pelo art. 34.º do C.P.T., que estabelecia o seguinte:

Artigo 34.º

Prescrição das obrigações tributárias

1 – A obrigação tributária prescreve no prazo de 10 anos, salvo se outro mais curto estiver fixado na lei.

2 – O prazo de prescrição conta-se desde o início do ano seguinte àquele em que tiver ocorrido o facto tributário, salvo regime especial.

3 – A reclamação, o recurso hierárquico, a impugnação e a instauração da execução interrompem a prescrição, cessando, porém, esse efeito se o processo estiver parado por facto não imputável ao contribuinte durante mais de um ano, somando-se, neste caso, o tempo que decorrer após este período ao que tiver decorrido até à data da autuação.

Por força do disposto neste n.º 3, com a instauração da execução, em 20-1-1995 (ponto 1 da matéria de facto fixada), interrompeu-se o prazo de prescrição e a sua contagem só recomeçaria, acrescida do período anterior à instauração da execução fiscal, a partir do dia em a se completasse um ano de paragem do processo por facto não imputável ao contribuinte.

Antes de o processo de execução fiscal parar por mais de um ano, a ora Recorrente apresentou uma garantia bancária, com o fim de ser ordenada a suspensão da execução fiscal, por ter sido deduzida uma impugnação judicial, que ainda se encontrava a correr termos no Tribunal Administrativo e Fiscal de Leiria, no momento em que foi proferida a sentença recorrida.

A paragem da execução fiscal por motivo de suspensão requerida pelo contribuinte e da dedução de impugnação judicial é imputável ao contribuinte, pois a sua actuação impede o órgão da execução fiscal de prosseguir com ela (art. 255.º, n.º 1, do C.P.T.).

No entanto, se posteriormente a essa suspensão se verificou uma paragem do processo de impugnação judicial, por período superior a um ano, por motivo não imputável ao contribuinte, recomeçar-se-á a contar o prazo de prescrição, acrescido do período de tempo que decorreu antes da instauração da execução fiscal, pois, a paragem do processo de execução fiscal derivada da pendência da impugnação judicial não pode ser imputada ao contribuinte se não é a este imputável a paragem deste último processo,

Assim, para apreciar a questão da prescrição colocada pela Recorrente importa saber se o processo de impugnação judicial esteve parado por mais de um ano por causa não imputável ao contribuinte.

Se tal paragem ocorreu, a partir da data em que esse ano se completou, recomeçar-se-á a contar o prazo de prescrição, contando-se para esse efeito também o período que decorreu entre 1-7-91 (data da entrada em vigor do C.P.T., por força do disposto no art. 297.º do Código Civil) e 20-1-95 (data da instauração da execução fiscal).

Não havendo elementos que permitam saber se o processo de impugnação judicial esteve parado por mais de um ano por causa não imputável ao contribuinte, impõe-se ordenar a ampliação da matéria de facto, nos termos do art. 729.º, n.º 3, do C.P.C., a fim de ser apurado tal facto e aplicado o regime jurídico aqui referido (art. 730.º, n.º 1, do mesmo Código, aplicáveis por força do disposto no art. 281.º do C.P.P.T. e nos arts. 749.º e 762.º, n.º 1, do C.P.C.).

Termos em que acordam neste Supremo Tribunal Administrativo em:

– conceder provimento ao recurso jurisdicional, com a fundamentação referida;

– anular a decisão recorrida;

– ordenar que os autos baixem a Tribunal Administrativo e Fiscal de Leiria a fim de ser ampliada a matéria de facto relativamente à eventual paragem do processo de impugnação judicial por facto não imputável à Recorrente e proferida decisão apreciando a questão da prescrição à face do regime jurídico atrás definido.

Custas pela Fazenda Pública, com a redução prevista no art. 73.º-E, alínea *h*), do C.C.J.

Lisboa, 23 de Fevereiro de 2005.

Jorge de Sousa (Relator)
Brandão de Pinho
Fonseca Limão

Recurso n.º 116/05-30

PRESCRIÇÃO DO PROCEDIMENTO CONTRA-ORDENACIONAL.

(Acórdão de 10 de Março de 2005)

SUMÁRIO:

Nos termos do regime vigente até à entrada em vigor da Lei 109-2001, de 24-12, que alterou o art. 27.º A do RGCO, não havia suspensão da prescrição do procedimento contra-ordenacional resultante da pendência do processo de contra-ordenação, após a interposição de recurso judicial da decisão de aplicação de coima sendo aplicável, subsidiariamente, às contra-ordenações aduaneiras o art. 121.º 3 do C. Penal.

ACORDAM, EM CONFERÊNCIA, NA 2ª SECÇÃO DO SUPREMO TRIBUNAL ADMINISTRATIVO:

1. O EMMP recorre da sentença que, no Tribunal Administrativo e Fiscal de Viseu, declarou "a prescrição do procedimento por contra-ordenação e, em consequência, procedente o recurso e ordeno (u) o arquivamento dos autos".

Alegou formulando o seguinte quadro conclusivo:

1.º A decisão recorrida ao declarar a prescrição do procedimento por contra-ordenação, fez uma errada aplicação dos artigos 27.º A do Decreto-Lei 433/82 de 27 de Outubro, na redacção dada pelo Decreto-Lei 244/95, de 14 de Setembro e 120.º n.º 1 al. *b*) n.º 2 do Código Penal.

2.º Atento o estabelecido no Acórdão n.º 6/2001 do Supremo Tribunal de Justiça é aplicável ao regime das contra-ordenações a regra do n.º 3 do artigo 121.º do Código Penal quanto à prescrição do procedimento por contra-ordenações.

3.º O regime da suspensão da prescrição do procedimento criminal é aplicável ao regime da prescrição do procedimento contra-ordenacional, tal como fixou o Acórdão do Supremo Tribunal de Justiça n.º 2/2002.

4.º A notificação da decisão que aplicou a coima interrompeu o prazo da prescrição pelo que começou nova contagem em 31.8.98.

5.º A notificação do despacho que recebeu o recurso e designou data para julgamento, suspendeu a contagem do prazo de prescrição durante três anos.

6.º Face ao atrás exposto não pode considerar-se ter decorrido o prazo prescricional.

7.º Pelo que o despacho ora recorrido deverá ser substituído por outro que designe data para julgamento.

8.º Normas jurídicas violadas: artigos 27-A do Decreto-Lei n.º 433/82 de 27 de Outubro, na redacção dada pelo DL n.º 244/95 de 14 de Setembro e 120.º n.º 1 al. *b*) e n.º 2 do Código Penal.

2. A decisão recorrida é do seguinte teor:

"À data da prática da infracção em causa nestes autos, encontrava-se em vigor o DL 433/82, de 27.10, aplicável à presente infracção, por força do disposto no art. 4.º, *b*), do DL 376/A/89, de 27.10, que prevê, no seu art. 27.º, a prescrição do procedimento criminal logo que hajam decorridos dois anos sobre a prática da infracção.

Nos presentes autos não se verifica nenhuma das situações em que a lei determina a suspensão da prescrição.

Haveríamos que ter em conta com as várias situações em que foi interrompida a prescrição, por força do disposto no art. 28.º, do DL 433/ 82, de 27.10, reiniciando-se novo prazo de prescrição depois de cada interrupção.

Porém, dispõe o art. 121, n.º 3, do C.P., aplicável a estes autos por força do disposto no art. 32 do DL 433/82, de 27.10, que a prescrição tem sempre lugar quando desde o seu início e, ressalvado o tempo de suspensão, tiver decorrido o prazo normal de prescrição acrescido de metade e que, no caso concreto é um período de três anos, há muito decorrido.

A prescrição do procedimento por contra-ordenação é de conhecimento oficioso.

Posteriormente o Regime Geral das Infracções Tributárias que veio dar um tratamento unitário às infracções dos regimes tributários aduaneiro e fiscal, estabelece no seu art. 21.º um prazo de prescrição do procedimento de cinco anos, art. 21.º do Regime Geral das Infracções Tributárias, aprovado pela L. 15/2001, de 5 de Junho. Porém, aplicável aos presentes autos é o regime vigente à data da prática da infracção por ser em concreto o regime mais favorável ao arguido e por estarem em causa normas de conteúdo material.

Assim, declaro a prescrição do procedimento por contra – ordenação e, em consequência, procedente o recurso e ordeno o arquivo dos autos.

Sem custas.".

3.1. A decisão recorrida declarou "a prescrição do procedimento por contra-ordenação e, em consequência, procedente o recurso e ordenou o arquivamento dos autos.

De tal decisão recorre o MP sustentando, em síntese, que ao declarar a prescrição do procedimento por contra-ordenação fez uma errada aplicação dos artigos 27.º A do Decreto-Lei 433/82 de 27 de Outubro, na redacção dada pelo Decreto-Lei 244/95, de 14 de Setembro e 120.º n.º 1 al. *b*) e n.º 2 do Código Penal pois que atento o estabelecido no Acórdão n.º 6/2001 do Supremo Tribunal de Justiça é aplicável ao regime das contra-ordenações a regra do n.º 3 do artigo 121.º do Código Penal quanto à prescrição do procedimento por contra-ordenações tendo ocorrido a suspensão da prescrição do procedimento tal como fixou o Acórdão do Supremo Tribunal de Justiça n.º 2/2002 pois que a notificação da decisão que aplicou a coima interrompeu o prazo da prescrição pelo que começou nova contagem em 31.8.98.

Acrescenta que a notificação do despacho que recebeu o recurso e designou data para julgamento, suspendeu a contagem do prazo de prescrição durante três anos pelo que não pode considerar-se ter decorrido o prazo prescricional.

3.2. Resulta de fls. 17 que à arguida foi aplicada a coima de 200.000$00 por factos ocorridos em Maio de 1998 e relativamente a infracção ao art. 61.º A, n.º 1, al. *e*) do DL 325/93, de 25-9.

É controvertida a questão de saber se ocorreu a prescrição do procedimento contra-ordenacional.

Sobre a questão a que se referem os presentes autos pronunciou-se já este STA em acórdãos diversos e nomeadamente em 22-09-2004, Rec. 570-04, em que igualmente era recorrente o MP e recorrida a mesma arguida.

Acompanha-se a doutrina de tal acórdão, por inexistirem motivos para do mesmo discordar, pelo que se entende transcrever a parte reputada relevante e com interesse para a resolução da questão dos presentes autos enquanto afirma que:

"A infracção foi praticada na vigência do Regime Jurídico das Infracções Fiscais Aduaneiras, aprovado pelo Decreto-Lei n.º 376-A/89, de 25 de Outubro.

Nos termos do art. 20.º do R.J.I.F.A., o prazo de prescrição das contra-ordenações fiscais aduaneiras puníveis com coima superior a 1 00.000$00, como sucede no caso dos autos, era de dois anos.

Assim, por força do disposto no art. 121.º, n.º 3, do Código Penal, o prazo máximo de prescrição, havendo actos interruptivos, era de três anos a contar da data da prática a infracção, ressalvado o prazo de suspensão.

Na redacção do R.G.C.O. vigente à data da prática da Infracção, o regime da suspensão do procedimento contra-ordenacional era regulado pelo seu art. 27.º-A que estabelecia, na redacção inicial, introduzida pelo Decreto-Lei n.º 244/95, de 14 de Setembro, que «a prescrição do procedimento por contra-ordenação suspende-se, para além dos casos previstos na lei, durante o tempo em que o procedimento não puder legalmente iniciar-se ou continuar por falta de autorização legal».

A existência desta norma especial sobre o regime da suspensão da prescrição do procedimento contra-ordenacional, que reproduz uma das situações de suspensão previstas no art. 120.º, n.º 1, do Código Penal (o procedimento não puder legalmente iniciar-se ou continuar por falta de autorização legal), leva a concluir que não eram aplicáveis neste procedimento as restantes causas admitidas no processo penal que tinham potencialidade para ser aplicadas em processo contra-ordenacional, pois, se a referência aos «casos previstos na lei» se reportasse às previstas naquele art. 120.º não se justificaria a reprodução daquela.

A redacção introduzida pela Lei n.º 109/2001, aditando duas novas causas de suspensão, reforça a ideia de que só vigoram no processo contra-ordenacional as causas de suspensão próprias.

Por isso, não é de aceitar a jurisprudência do Supremo Tribunal de Justiça, adoptada no acórdão proferido em 17-1-2002 para fixação de jurisprudência, que teve o n.º 2/2002, publicado no Diário da República, I Série, de 5-3-2002, que decidiu que «o regime da suspensão da prescrição do procedimento criminal é extensivo, com as devidas adaptações, ao regime de suspensão prescricional das contra-ordenações, previsto no artigo 27.º-A do Decreto-Lei 433/82, de 17 de Outubro, na redacção dada pelo Decreto-Lei n.º 244/95, de 14 de Setembro».

Aliás, sendo o prazo de prescrição das coimas por contra-ordenações fiscais aduaneiras de dois anos e um ano, seria incongruente aplicar um prazo de suspensão da prescrição de três anos a contar da notificação da acusação (situação que nem existe no processo contra-ordenacional em que o que é notificado ao arguido é a decisão de aplicação de coima), derivado da aplicação do art. 120.º, n.º 1, alínea *b*), e n.º 2, do Código Penal. O exagero de um prazo desse tipo é patenteado pela redacção introduzida pela Lei n.º 109/2001, de 24 de Dezembro, a estabelecer que, nos casos de suspensão a partir da notificação do despacho que procede ao exame preliminar do recurso da decisão da autoridade administrativa, ela não pode exceder 6 meses.

Assim, é de concluir que, à face do regime anterior a esta Lei, não havia suspensão da prescrição derivada apenas da pendência do processo, após a interposição do recurso judicial da decisão de aplicação de coima.

(Neste sentido da não suspensão do processo contra-ordenacional durante a sua pendência após a notificação da decisão de aplicação de coima podem ver-se os seguintes acórdãos deste Supremo Tribunal Administrativo:

– de 15-11-95, proferido no recurso n.2 11928;

– de 6-5-1998, proferido no recurso n.2 18173, publicado no Apêndice ao Diário da República de 30-11--2001, página 1622;

– de 18-11-2000, proferido no recurso n.º 24512;

– de 15-11-2000, proferido no recurso n.º 25225.)

Nestes termos, não havendo qualquer causa de suspensão da prescrição aplicável no caso em apreço, à face da redacção inicial do art. 27.º-A do R.G.C.O., é manifesto que ocorreu a prescrição, por desde a data da prática da infracções terem decorrido mais de três anos.".

4. Termos em que se acorda em negar provimento ao recurso jurisdicional e confirmar a decisão recorrida.

Sem custas.

Lisboa, 10 de Março de 2005.

António Pimpão (Relator)
Baeta de Queiroz
Lúcio Barbosa

Recurso n.º 1290/04-40

PROCEDIMENTO DE INSPECÇÃO.

(Acórdão de 10 de Março de 2005)

SUMÁRIO:

Se a AF procedeu à alteração dos elementos declarados pelo contribuinte e praticou, por isso, nova liquidação, não ocorrendo procedimento de inspecção, nos termos do RCPIT, não é este diploma aplicável, não ocorrendo violações das normas deste mesmo diploma legal.

ACORDAM, EM CONFERÊNCIA, NA 2ª SECÇÃO DO SUPREMO TRIBUNAL ADMINISTRATIVO:

1. Ismael Fernandes Pires e mulher recorrem da sentença que, no Tribunal Administrativo e Fiscal de Braga, negou provimento à impugnação do acto tributário da liquidação de IRS referente de 1999.

Alegou formulando o seguinte quadro conclusivo:

1. Ao não notificar o casal impugnante nos termos da alínea *a*) do artigo 60.º da Lei Geral Tributária, a AF,

violou o artigo 12.º e 60.º da Lei Geral Tributária, uma vez que houve diminuição das garantias procedimentais dos contribuintes, pelo que deverá se anulado tudo o processado após a notificação do despacho do projecto de liquidação.

Sem prescindir de

2. Ao não notificar o casal impugnante da liquidação no prazo de seis meses a contar da iniciação do processo de inspecção tributária, caducou o direito de exigir a liquidação a que se alude, de acordo com o disposto no n.º 5 do artigo 45.º do Lei Geral Tributária, então em vigor e artigos 2.º 1 e 2.º *a*) e 13.º a do regime aprovado pelo DL. 413/98, de 31 de Dezembro e dos artigos 11.º e 14.º da Lei 15/01 de 5 de Junho.

3. Deverá ser revogada a sentença e ser reconhecido o direito a juros indemnizatórios, contados desde 29 de Abril de 2003, data em que os impugnantes efectuaram o pagamento.

O EMMP sustenta que o recurso não merece provimento pois que:

A actividade da AF enquadra-se no art. 66.º do CIRS e não como pretendem os recorrentes em qualquer norma do R. C. P. Inspecção Tributária.

Foi cumprido o comando do art. 60.º 1ª) da LGT, mesmo na sua versão inicial, pois que, como ressalta do probatório, os recorrentes foram notificados, em 30-12--2000, do projecto de decisão da AF sobre alteração dos elementos que tinham declarado e a liquidação subsequente só ocorreu em 12-3-03 sendo certo que aquela alteração dos elementos declarados levou, necessariamente, aquela liquidação. É que os recorrentes foram ouvidos antes da liquidação e nada justificava a pretendida segunda audição por inútil e redundante.

2. A sentença recorrida fixou o seguinte quadro factual:

1. Em 06/07/1995, foi emitido atestado médico de incapacidade a favor do impugnante, no qual se lhe conferia um grau de incapacidade de 80,75%;

2. Na mesma data foi emitido idêntico atestado a favor de um dependente dos impugnantes;

3. Em 01/03/2000, os impugnantes apresentaram a sua declaração de IRS relativa ao ano fiscal de 1999, na qual mencionaram que o impugnante e um dependente possuíam um grau de invalidez permanente igual ou superior a 60%;

4. Em 28/07/2000, foi lançada uma nota de reembolso relativa aos rendimentos de 1999, no montante de € 6.953,14;

5. Por ofício de 03/10/2000 foi o impugnante notificado de um projecto de decisão sobre a alteração dos elementos declarados (n.º 4 do art. 64.º CIRS), sendo-lhe estabelecido o prazo de 10 dias para exercer o direito de audição;

6. Por ofício de 24/01/2002, foi o impugnante notificado do Despacho do Director Distrital de Finanças de Viana do Castelo que convertia em definitivo o projecto de decisão supra referido em 5;

7. Em 12/03/2003, foi emitida a liquidação oficiosa n.º 4320030395, proveniente da liquidação de IRS de 1999, no valor de € 5.034,68, paga a 29/04/2003.

3.1. A sentença recorrida entendeu, contrariamente ao sustentado pelos impugnantes, que a Administração Fiscal procedeu à alteração dos elementos declarados não se tendo socorrido do procedimento de inspecção tributária regulado no RCPIT.

Sustentando os impugnantes que não foram notificados, nem nos termos do da alínea *a*) do n.º 1 do art. 60.º da LGT, nem conforme o preceituado no art. 77.º do mesmo diploma entendeu a sentença recorrida que, sendo a lei nova de aplicação imediata e tendo sido o acto de liquidação processado já na vigência da nova lei, não carecia de ser cumprido o disposto na alínea *a*) do n.º 1 do art. 60.º da LGT, porque já se mostrava cumprido o direito de audiência referido na alínea *c*) do mesmo diploma (n.º 3 do art. 60.º LGT) e que relativamente ao art. 77.º da LGT foi o mesmo cumprido uma vez que as notificações (quer a 1a – a do «projecto de decisão», quer a que converteu este projecto em definitivo), foram acompanhadas do designado «projecto de decisão», no qual se explicavam os fundamentos de facto e de direito para a alteração a efectuar em sede de IRS.

3.2. O Regime Complementar do Procedimento de Inspecção Tributária, aprovado pelo DL 413/98, de 31-12 estabelece no art. 1.º que o presente diploma regula o procedimento de inspecção tributária, definindo, sem prejuízo de legislação especial, os princípios e as regras aplicáveis aos actos de inspecção.

Da matéria factual assente resulta que os impugnantes não foram objecto de qualquer inspecção pois que, como se escreve na decisão recorrida, nunca foram notificados que sobre eles incidia qualquer acto de inspecção o que é exigido pelo art. 37.º e seguintes do RCPIT.

E igualmente não resulta da matéria factual assente que o procedimento de inspecção tenha sido preparado, programado e planeado nos termos do art. 44.º e seguintes do mesmo Regulamento.

Não resulta, ainda, que tenham sido praticados os actos do procedimento de inspecção a que se refere o art.º 53.º e seguintes, como não foram os impugnante notificados das conclusões de qualquer relatório como se encontra estabelecido no art. 60.º e seguintes do citado regulamento.

Como se escreve na sentença recorrida os impugnantes somente foram notificados do «projecto de decisão» referido no ponto 5 da matéria de facto dada como assente, situação que é diferente de uma inspecção e daí que não tendo sido notificados que contra eles se encontrava a decorrer um procedimento de inspecção, não podiam os impugnantes presumir que qualquer notificação ou qualquer acto de liquidação é efectuado com base no RCPIT.

Não ocorrendo procedimento de inspecção, nos termos do RCPIT, não é este diploma aplicável, não ocorrendo, por isso, as alegadas violações do mesmo diploma legal.

É que a Administração Fiscal apenas enviou aos impugnantes o ofício de fls. 16, acompanhado do projecto de fls. 17, no qual, depois de afirmar que os atestados não justificavam, à face dos novos preceitos legais, a incapacidade, referia que se procedia à alteração dos elementos declarados "pelo que na nova liquidação a efectuar, não serão considerados os benefícios fiscais ..." resultantes da apresentação daqueles atestados.

Como do mesmo projecto resulta a AF serviu-se não do citado RCPIT mas antes do preceito normativo que invoca ao afirmar que "*usando a faculdade que me é conferida pelo n.º 4 do Art. 66.º do código do IRS, proce-*

do à alteração dos elementos declarados, pelo que na nova liquidação a efectuar, não serão considerados os benefícios fiscais a que se refere o Art. 44.º do Estatuto dos Benefícios Fiscais".

E dispunha o n.º 4 do art. 66.º do CIRS (actual n.º 4 do art. 65.º), que a AF pode proceder à alteração dos elementos sempre que devam ser efectuadas correcções decorrentes de erros evidenciados nas próprias declarações, de omissões nelas praticadas ou correcções decorrentes de divergência dos actos, factos ou documentos com relevância para a liquidação do imposto.

Não sendo aplicável à situação dos autos o RCPIT não pode ocorrer violação dos seus preceitos normativos.

3.3. Continuam a defender os impugnantes que não foram notificados, nem nos termos do da alínea *a*) do n.º 1 do art. 60.º da LGT nem conforme o preceituado no art. 77.º do mesmo diploma.

Conforme se escreveu na sentença recorrida quando os impugnantes receberam a notificação informando-os de que o projecto de decisão se convertera em definitivo, ainda não estava em vigor a redacção dada ao n.º 3 do art. 60.º da LGT (a qual foi introduzida pela Lei 16-A/2002, de 31 de Maio), mas quando foram notificados da liquidação, já tal preceito se encontrava em vigor.

E por força dessa alteração legislativa podia tal procedimento ser dispensado uma vez que, conforme resulta do art. 12.º 3 da LGT as normas sobre procedimento são de aplicação imediata, sem prejuízo das garantias, direitos e interesses legítimos anteriormente constituídos e daí que, como se escreveu na sentença recorrida, as referidas garantias, direitos ou interesses se tenham de analisar no âmbito procedimental ou processual.

No caso dos autos o «projecto de decisão» notificado é claro quanto às intenções da AF, pelo que, ao não haver uma segunda audição dos contribuintes, sobre o mesmo assunto e porque não ocorreu qualquer alteração substancial da questão é de concluir que não ocorre diminuição das garantias, direitos ou interesses dos impugnantes.

Acresce, como se escreve na mesma sentença em apreciação, que a modificação legislativa não veio alterar nenhum aspecto procedimental que se tivesse consolidado na esfera jurídica dos contribuintes como seria o caso, por exemplo, se estivesse a correr prazo para apresentar resposta e este fosse diminuído ou se na pendência deste mesmo prazo fosse revogada a formalidade para a qual os contribuintes tivessem sido notificados (e esta lhes fosse favorável).

É, por isso, de concluir que sendo a lei nova de aplicação imediata e tendo sido o acto de liquidação processado já na vigência da nova lei, não carecia de ser cumprido o disposto na alínea *a*) do n.º 1 do art. 60.º da LGT, porque já se mostrava cumprido o direito de audiência referido na alínea *c*) do mesmo diploma (n.º 3 do art. 60.º LGT).

Acompanha-se, ainda, a sentença recorrida quando afirma que foi dado cumprimento ao invocado art. 77.º da LGT uma vez que as notificações, quer a que lhe comunicou o «projecto de decisão», quer a que o converteu em projecto definitivo, foram acompanhadas do mencionado «projecto de decisão», no qual se explicavam os fundamentos de facto e de direito para a alteração a efectuar em sede de IRS e do qual resulta com clareza que a não aceitação do atestado médico, por haver sido alterado o critério da atribuição de incapacidades, conduziria à alteração da liquidação anterior.

Foi, por isso, fundamentada de facto e de direito a actuação da Administração Fiscal pois que de tal projecto constam as razões de facto e de direito que motivaram a nova liquidação o que conduz ao cumprimento dos n.os 1 e 2 do art.º 77.º da LGT.

Como se escreveu na sentença em recurso percebe-se perfeitamente que o que esteve na base da alteração da liquidação do IRS foi o facto de o impugnante ter declarado uma deficiência superior a 60%, para si e para o seu dependente, não comprovadas nos termos do Decreto-Lei 202/96, de 23 de Outubro e que a AF entendeu não considerar, para efeitos de benefícios fiscais, tais incapacidades pelo que notificou o contribuinte no sentido de o informar de que tal facto não seria levado em conta, convidando-o a pronunciar-se sobre o assunto o que sempre permitiria ao interessado apresentar novos atestados de incapacidades de acordo com o DL 202/96 o que este não fez.

Por isso os impugnantes ficaram a saber que AF efectuou tal liquidação em sede de IRS não considerando a incapacidade referida na declaração uma vez que o atestado apresentado não respeitava os novos critérios legais, posteriormente estabelecidos.

4. Nos termos expostos nega-se provimento ao recurso e confirma-se a sentença recorrida

Custas pelos impugnantes fixando-se em 50% a procuradoria.

Lisboa, 10 de Março de 2005.

António Pimpão (Relator)
Baeta de Queiroz
Lúcio Barbosa

Recurso n.º 1227-04.30

RECLAMAÇÃO GRACIOSA. RECURSO HIERÁRQUICO. ACTO EXPRESSO DE INDEFERIMENTO. OBJECTO. CONVOLAÇÃO DO PROCESSO. TUTELA JUDICIAL EFECTIVA. PRINCÍPIO PRO ACTIONE. ARTS. 97.º DA LGT E 98.º DO CPPT.

(Acórdão de 19 de Janeiro de 2005)

SUMÁRIO:

I – O indeferimento tanto de reclamação graciosa deduzida contra o acto tributário de liquidação como do subsequente recurso hierárquico pode constituir objecto de impugnação judicial.

II – E, uma vez que consubstanciam a manutenção de tal acto, integram também o objecto desta.

III – Nos termos do art. 97.º, n.º 3 da LGT, deve ordenar-se "a correcção do processo quando o meio usado não for o adequado segundo a lei".

IV – Tal correcção ou "convolação" traduz-se na anulação dos actos que não possam ser aproveitados, quer em função do rito processual próprio quer por diminuírem as garantias de defesa, devendo praticar-se os que forem estritamente necessários para que o processo se aproxime, tanto quanto possível, da forma estabelecida na lei – art. 98.º, n.os 3 e 4 do CPPT.

V – O que tudo concretiza a aplicação dos princípios da tutela judicial efectiva, pro actione ou anti-formalista e da obtenção da justiça material.

ACORDAM NA SECÇÃO DO CONTENCIOSO TRIBUTÁRIO DO STA:

Vem o presente recurso jurisdicional, interposto por ANTÓNIO ROBALO, SA, da sentença do TAF de Lisboa II, que absolveu da instância a autoridade recorrida – Subdirector-Geral dos Impostos – no recurso contencioso que aquela havia deduzido contra acto desta, não conhecendo do mérito da causa.

Fundamentou-se a decisão na ilegalidade da interposição daquele meio processual, uma vez que, estando "na disponibilidade do administrado a escolha arbitrária do tipo de acção a que pode recorrer na defesa dos seus direitos", o meio próprio não é, no caso, o recurso contencioso mas, antes, a impugnação judicial que "tem por função, precisamente, a apreciação da legalidade do acto tributário" não podendo o recurso contencioso ter por objecto a apreciação da legalidade da liquidação, "sendo que o recurso hierárquico tem natureza meramente facultativa e efeito devolutivo e não suspende o prazo de dedução de impugnação judicial consequente ao indeferimento da reclamação graciosa (cfr– arts. 67.º, 76.º e 102.º, n.º 2 do CPPT)" pelo que "a recorrente deveria ter deduzido impugnação judicial tendo por objecto o acto de liquidação de IRC relativo ao ano de 1992 e aquando do indeferimento da reclamação graciosa, sendo esse o meio processual adequado à análise contenciosa da legalidade da mesma liquidação, tendo sido devidamente informada dessa possibilidade".

A recorrente formulou as seguintes conclusões:

"Do ensinamento do Meritíssimo Sr. Juiz Conselheiro Jorge Lopes de Sousa expresso em anotação ao art. 102.º no Código Anotado, Ed. Vislis, pág. 460 e 461, resulta claro que a decisão de indeferimento do recurso hierárquico é passível de recurso contencioso seguindo este a tramitação do processo de impugnação judicial como se deduz do preceituado no art. 97.º, n.º 1, alíneas *d*) e *p*) do CPPT.

A previsão de um prazo de caducidade do direito de impugnação contenciosa inferior ao que seja necessário para assegurar os interesses da segurança jurídica poderá considerar-se inconstitucional, por violação do princípio da necessidade, da proporcionalidade e da proibição do excesso no condicionalismo de direitos fundamentais ou análogos, consagrados no art. 18.º, n.º 2 da CRP.

Não sendo descortináveis razões de segurança jurídica e de necessidade de estabilidade que possam justificar que se vedem ao interessado o acesso à via judicial para apreciação contenciosa da mesma situação na sequência da decisão de um recurso hierárquico que vier a ser interposto.

Termos em que se requer que, ponderados os argumentos aqui aduzidos, colhidos da douta opinião do senhor Juiz Conselheiro da Secção do Contencioso Tributário do STA, seja revogada a decisão recorrida e seja admitido o recurso contencioso, convolado em impugnação judicial, para que possa seguir os ulteriores termos do processo."

A autoridade recorrida contra-alegou, pugnando pelo acerto da sentença, tanto mais que a recorrente apenas ataca ou imputa vícios respeitantes à liquidação pelo que "o meio processual próprio é sempre a impugnação judicial".

O Ex.mo magistrado do Ministério Público emitiu parecer no sentido do provimento do recurso, dada a possibilidade legal de impugnar judicialmente o indeferimento de recurso hierárquico de decisão que indefere reclamação graciosa de liquidação tributária pelo que se deve, "ao abrigo do art. 97.º, n.º 3 da LGT, ordenar a convolação da petição inicial em petição de impugnação judicial, já que o pedido é a anulação do acto tributário e foi deduzido em tempo".

E, corridos os vistos legais, nada obsta à decisão.

Em sede factual, vem apurado que:

"1 – Em 27/05/1993, a recorrente apresentou junto do 1.º Serviço de Finanças de Vila Franca de Xira a sua declaração de rendimentos, mod. 22 de IRC, relativa ao ano fiscal de 1992 (cfr. documento junto a fls. 23 a 29 dos autos);

2 – Em 12/04/1995, a Administração Fiscal estruturou liquidação de IRC, com o n.º 8310007497, relativa ao ano fiscal de 1992, na qual surge como sujeito passivo a firma recorrente, "António Robalo, S.A.", e tendo por fundamento a não aceitação como custo fiscal do referido exercício de provisão para créditos de cobrança duvidosa, no montante de € 10.445,18 (cfr. documentos juntos a fls. 21, 22, 33 e 34 dos presentes autos);

3 – Em 19/09/1995, a recorrente deduziu reclamação graciosa tendo por objecto a liquidação identificada no n.º 2 (cfr. data aposta a fls. 80 do apenso de reclamação);

4 – Através de carta registada em 25/02/2002, foi a recorrente notificada com vista ao exercício do direito de audição prévia no prazo de quinze dias e nos termos previstos no art. 60.º, da LGT (cfr. documentos juntos a fls. 115, 116 e 122 do apenso de reclamação);

5 – Em 25/03/2002, não tendo a recorrente exercido o direito de audição prévia para que fora notificada, a Direcção Distrital de Finanças de Lisboa indeferiu a reclamação graciosa identificada no n.º 3 (cfr. documentos juntos a fls.123 a 128 do apenso de reclamação);

6 – Em 05/04/2002, a recorrente foi notificada do indeferimento identificado no n.º 5, além do mais tendo sido informada da possibilidade de dedução de impugnação judicial nos termos do art. 102.º, n.º 2, do CPPT (cfr. documentos juntos a fls. 129 e 130 do apenso de reclamação);

7 – Em 26/04/2002, a firma "António Robalo, S.A." deduziu recurso hierárquico tendo por objecto a decisão de indeferimento identificada no n.º 5 (cfr. data aposta a fls. 2 do apenso de recurso hierárquico);

8 – Em 26/02/2003, o Subdirector-Geral dos Impostos indeferiu o recurso hierárquico deduzido pela recor-

rente, concordando com prévios informação e parecer, nos quais, além do mais, se propõe a dispensa de audição prévia da recorrente dado já ter sido ouvida sobre a factualidade em discussão, não tendo carreado factos novos para o processo (cfr. documentos juntos a fls. 30 a 36 do apenso de recurso hierárquico);

9 – Em 01/04/2003 a recorrente foi notificada do indeferimento identificado no n.º 8 (cfr. documentos juntos a fls. 37 e 38 do apenso de recurso hierárquico);

10 – Em 16/04/2003, a firma "António Robalo, S.A." deduziu o presente recurso, no qual termina pugnando, além do mais, pela anulação da liquidação adicional de IRC relativa ao ano fiscal de 1992 e identificada no n.º 2 (cfr. data de entrada aposta a fls. 2 deste processo)."

Vejamos, pois:

Nos termos do art. 76.º do CPPT, cabe recurso hierárquico do indeferimento total ou parcial da reclamação graciosa, sendo a decisão daquele "passível de recurso contencioso, salvo se de tal decisão já tiver sido deduzida impugnação judicial com o mesmo objecto".

Nos autos, não foi judicialmente impugnada a liquidação mas, antes, foi deduzida reclamação graciosa e consequente recurso hierárquico.

Aquele art. 76.º prevê, pois, "recurso contencioso" da decisão proferida no recurso hierárquico.

Mas tal norma tem de ser entendida em termos hábeis, concordantes com o preceituado no art. 97.º do mesmo código, particularmente as als. *d*) e *p*) do n.º 1 e n.º 2 e art. 101.º, als. *a*) e *j*) da LGT.

Em síntese, pode dizer-se resultar daquele normativo, caber impugnação judicial quer da liquidação stricto sensu quer dos actos administrativos em matéria tributária ou relativos a questões tributárias que comportem a apreciação da legalidade daquele primeiro acto e recurso contencioso dos demais actos tributários que não comportem, pois, a apreciação da legalidade do acto de liquidação, sendo tal meio impugnatório "regulado pelas normas sobre processo nos tribunais administrativos".

Mas, assim sendo e conjugando o disposto nos ditos arts. 76.º e 97.º, conclui-se que, da decisão do recurso hierárquico cabe impugnação judicial se estiver em causa a apreciação da legalidade da liquidação e recurso contencioso no caso negativo

Cfr., por mais recentes, os Ac'ds do STA de 07/07//2004 rec. 1780/03, 04/02/2004 recs. 1846/03 e 1259/03, 20/05/2003 recs. 638/03 e 305/03, 20/04/2004 rec. 2031/03, 24/03/2004 rec. 1588/03.

Como escreve Jorge de Sousa, CPPT Anotado, 4ª edição, pág. 361:

"Apesar da referência a "recurso contencioso" feita no n.º 2 deste art. 76.º, a impugnação contenciosa dos actos administrativos proferidos em recurso hierárquico interposto de indeferimento de reclamação graciosa, comportando a apreciação da legalidade de actos de liquidação, deve ser feita através do processo de impugnação judicial e não através do processo de recurso contencioso que é reservado para a impugnação de actos que não comportem a apreciação de actos de liquidação ...", o que se impõe "por considerações de razoabilidade e por exigência de coerência valorativa postulada pelo princípio da unidade do sistema jurídico que se sobrepõe à letra da lei (art. 9.º, n.º 1 do CC) ...".

"Por isso, a redacção do n.º 2 deste art. 76.º, que reproduz o n.º 2 do art. 100.º do CPT, mostra-se deficiente, pois não teve em atenção que, agora, à face dos arts. 101.º, alíneas *a*) e *j*) da LGT e 97.º, alíneas *d*) e *p*) deste código, é claro que é o processo de impugnação judicial e não o recurso contencioso o meio processual adequado para impugnar contenciosamente actos que apreciem actos de liquidação, quaisquer que sejam".

E, assim, porque da liquidação não cabe nunca recurso hierárquico mas, antes, reclamação graciosa – art. 97.º, n.º 1, al. *c*) e 102.º, n.º 2 do CPPT –, "é de concluir que, neste, a impugnação judicial é sempre o meio processual adequado para impugnar contenciosamente uma decisão proferida num recurso hierárquico interposto de decisão de reclamação graciosa" – pág. 362 –, impugnação judicial que só não é admissível, no ponto, se outra já estiver pendente "que tenha por objecto, mediato ou imediato, o mesmo acto tributário" – de liquidação, entenda-se – ou se a decisão do recurso hierárquico não tiver por objecto a legalidade do mesmo acto.

Ora, no caso concreto, como resulta do probatório, a liquidação teve por fundamento a não aceitação como custo fiscal do exercício de 1992, de provisão constituída pelo contribuinte, para créditos de cobrança duvidosa, no montante de € 10.445,18.

Liquidação de que o contribuinte reclamou, recorrendo depois hierarquicamente do seu indeferimento e deste interpondo recurso contencioso.

Sempre esteve, pois, em causa a legalidade da liquidação pelo que de tal indeferimento cabe impugnação judicial.

E impugnação judicial de tal indeferimento, nos preditos termos – art. 76.º, n.º 2 do CPPT.

Ora a recorrente invocou, nos ditos meios processuais graciosos, vícios tanto da liquidação propriamente dita como do procedimento em tais meios.

(Aliás, a solução seria a mesma se apenas se tivessem invocado ilegalidades da liquidação).

Pelo que há, desde logo, que definir o objecto da impugnação contenciosa do indeferimento da reclamação e do subsequente recurso hierárquico: se a própria liquidação, se a decisão do procedimento gracioso, se ambas.

Segundo dispõe o art. 68.º, n.º 1 do CPPT, reclamação "visa a anulação total ou parcial dos actos tributários" e – art. 70.º, n.º 1 – "pode ser deduzida com os mesmos fundamentos previstos para a impugnação judicial".

A interligação entre os dois processos é tal que o n.º 2 daquele primeiro normativo proíbe a reclamação "quando tiver sido apresentada impugnação judicial com o mesmo fundamento".

O que está em sintonia com o disposto no art. 111.º, 3 e 4, donde "resulta uma preferência absoluta do processo judicial sobre o processo administrativo de impugnação de um mesmo acto tributário, impedindo-se que seja apreciada, por via administrativa, a legalidade de um acto tributário que seja objecto de impugnação judicial – cfr. CPPT, cit., pág. 342, nota 11.

Assim, do indeferimento da reclamação, sem dúvida que emerge a manutenção do acto tributário de liquidação.

Todavia, também a própria decisão de indeferimento está em causa, pois dela cabe impugnação judicial, nos termos expostos.

Propendemos, até, ao entendimento de que esta constitui o seu objecto imediato e a liquidação o seu objecto mediato – cfr. o Ac. deste STA, de 07/06/2000 rec. 21.556.

Todavia, tal diferenciação não tem relevo uma vez que, assim sendo, os dois integram o conhecimento do tribunal: o acórdão do STA de 06/11/1996 rec. 20.519, seguido pelo aresto daquela mesma data proferido no recurso 24.803, considera objecto imediato da impugnação o acto de liquidação mas logo acrescenta que aí se conhece tanto dos aspectos atinentes aos vícios próprios do indeferimento da reclamação como das ilegalidades imputadas ao acto tributário que aquele considerou não existirem.

Como ali se refere, ainda que a decisão da reclamação não constitua um acto tributário "stricto sensu", "não estava o legislador impedido de o fazer equivaler a um acto tributário para efeitos de escolha do respectivo processo judicial, desde que esse meio processual se revelasse como sendo o mais funcionalmente adequado à defesa do direito em causa".

E o mesmo se diga, mutatis mutandis, relativamente à decisão e subsequente impugnação contenciosa do recurso hierárquico.

Ainda aí está em causa a legalidade da liquidação.

E tanto assim é, como se disse, que tal impugnação não é possível se tiver sido apresentada impugnação judicial com o mesmo objecto – art. 76.º, n.º 2 do CPPT.

Ou seja: estando em causa a legalidade da liquidação, na reclamação graciosa – art. 68.º, n.º 2 – ou no recurso hierárquico – art. 76.º, n. 2 –, o objecto é o mesmo da subsequente impugnação judicial pelo que esta só é possível se não tiver sido impugnada directamente a mesma liquidação.

Não é, pois, correcto o sentenciado entendimento de que, estando em causa a legalidade da liquidação, e tendo o contribuinte reclamado e deduzido depois recurso hierárquico da decisão da reclamação, já não possa deduzir impugnação judicial da decisão proferida em tal recurso.

Certo que, como ali se refere, o recurso hierárquico tem, nos termos do art. 87.º, n.º 1 do CPPT, "natureza meramente falcultativa e efeito devolutivo", "salvo disposição, em contrário, das leis tributárias", ressalva que se não vislumbra, no ponto específico.

E não suspende – como a própria reclamação graciosa – o prazo de dedução da impugnação judicial que continua a ser de 90 dias, nos termos do n.º 1 do art. 102.º do CPPT.

Isto no sentido de que é vedado ao contribuinte impugnar directamente a liquidação passado aquele prazo apesar da pendência da reclamação ou do recurso hierárquico, pois que só pode impugnar o respectivo indeferimento tácito, formado este – al. *d*) do n.º 1 do mesmo normativo.

Todavia, é-lhe lícito impugnar o acto expresso, nos termos legais – arts. 102.º, n.º 2 e 76.º, n.º 2 do CPPT.

O contribuinte pode, pois, desde logo, impugnar judicialmente o acto de liquidação ou dele reclamar graciosamente.

No caso de deduzir reclamação, pode impugnar judicialmente ou recorrer hierarquicamente tanto do acto tácito de indeferimento como do acto expresso respectivo.

E pode finalmente impugnar judicialmente tanto o acto tácito como o expresso de indeferimento do recurso hierárquico, desde que aí esteja em causa a legalidade da liquidação; caso contrário, haverá lugar ao recurso contencioso.

Cfr. Jorge de Sousa, cit., anotação ao art. 102.º e jurisprudência atrás citada.

Sendo que, nos termos expostos, é igualmente objecto – mediato ou imediato, pouco importa – da impugnação judicial, o acto de liquidação.

No caso – impugnação contenciosa de acto expresso de indeferimento de recurso hierárquico proferido na sequência de igual indeferimento expresso de reclamação graciosa deduzida contra a liquidação de IRC relativo ao exercício de 1992 em que está em causa, pois, a legalidade desta (admissibilidade ou não de provisão para créditos de cobrança duvidosa) – cabe impugnação e não recurso contencioso.

Pelo que há que apreciar a possibilidade da chamada "convolação" do processo.

O art. 97.º, n.º 3 da LGT prescreve, em ordem à "celeridade da justiça tributária" e à concessão de uma tutela jurisdicional efectiva e plena – cfr. n.ºs 1 e 2 – "a correcção do processo quando o meio usado não for o adequado segundo a lei", procurando evitar-se que, apesar de uma errada eleição da forma processual idónea, o tribunal deixe de pronunciar-se sobre o mérito da causa.

Como escrevem Leite de Campos e outros, LGT Anotada, 2ª edição, pág. 422, nota 3, "trata-se de uma injunção ao próprio juiz" que "só estará desonerado da obrigação de ordenar a correcção da forma de processo quando ela se mostre de todo inviável".

Há, pois, que efectivar a chamada "convolação do processo", unanimemente admitida e frequentemente praticada, no STA, em ordem à concretização das preditas finalidades.

Trata-se, ao fim e ao cabo, de anular os actos que não possam ser aproveitados quer em função do rito processual próprio quer por diminuírem as garantias de defesa – "sendo o processo expressão de normas de direito público que ditam as regras sob as quais deve correr a actividade das partes na defesa das suas pretensões e do tribunal na sua apreciação, a todos vinculando, nunca as partes ou o tribunal poderão dispor do processo" – (cfr. cit., nota 7) –, praticando-se os que forem estritamente necessários para que o processo se aproxime, tanto quanto possível, da forma estabelecida na lei.

O que tudo não constitui mais do que a aplicação dos princípios anti-formalista, pro actione e favorecimento do processo.

Ou seja: corrigir os defeitos de ordem processual, atenta a necessidade de sobreposição do imperativo de obtenção da justiça material aos entraves de índole formalista.

Cfr., aliás, os arts. 98.º, n.ºs 3 e 4 do CPPT e 199.º, n.º 1 do CPC.

Ora, nos autos e no lado passivo da relação processual, interveio o Subdirector-Geral dos Impostos – art. 43.º da LPTA – e não a Fazenda Pública – art. 110.º do CPPT –, o qual respondeu e contra-alegou no recurso contencioso.

Pelo que todo o processado a partir de fls. 40/v., despacho de notificação para resposta incluído, tem de ser anulado, apenas com ressalva do despacho de fls. 80 e tramitação subsequente a este respeitante, para que o processo siga a forma da impugnação judicial.

Para o que não existe qualquer óbice de natureza substantiva ou processual.

Na verdade, a impugnação é tempestiva: o acto expresso de indeferimento do recurso hierárquico foi notificado à recorrente em 01/04/2003 – item n.º 9 do probatório – e o presente recurso contencioso foi deduzido em 16 seguinte.

E a petição é idónea para o efeito já que vêm invocados vícios de forma tanto daquele acto de indeferimento como da liquidação e vícios de violação de lei desta (erro nos pressupostos de direito e violação dos princípios da igualdade e capacidade contributiva).

Sendo o pedido compatível: declaração de nulidade do acto.

Termos em que se acorda anular todo o processado a partir de fls. 40/v. inclusive, apenas com ressalva do despacho de fls. 80 e tramitação subsequente a este respeitante, devendo os autos seguir a forma da impugnação judicial, assim se provendo o recurso.

Sem custas.

Lisboa, 19 de Janeiro de 2005.

Brandão de Pinho (Relator)
Lúcio Barbosa
Jorge de Sousa

Recurso n.º 1021/04-30

RESPONSABILIDADE SOLIDÁRIA.

(Acórdão de 26 de Janeiro de 2005)

SUMÁRIO:

Estabelecendo a última parte do n.º 1 do art. 8.º da Convenção TIR que "a referida associação será responsabilizada, conjunta e solidariamente com as pessoas devedoras das quantias acima mencionadas, pelo pagamento dessas quantias" cada um dos devedores responde pela totalidade da dívida não lhe aproveitando eventuais direitos pessoais de outros devedores solidários.

ACORDAM, EM CONFERÊNCIA, NA 2ª SECÇÃO DO SUPREMO TRIBUNAL ADMINISTRATIVO:

1. A FP recorre do acórdão que, no Tribunal Central Administrativo, concedendo provimento ao recurso, revogou a sentença recorrida e julgou procedente a impugnação do acto tributário de imposto sobre o tabaco e de direitos aduaneiros.

Alegou formulando o seguinte quadro conclusivo:

1) O douto acórdão recorrido faz assentar exclusivamente a decisão de procedência do recurso na falta de suficiente fundamentação formal do acto de liquidação impugnado, pelo que é esta exclusivamente a questão de direito a submeter à apreciação deste Tribunal.

2) Considera assim o douto acórdão que: Consoante a respectiva notificação, apurada nos termos do impresso de liquidação em anexo, a liquidação aduaneira não goza de suficiente fundamentação formal, se do mesmo acto não puder colher-se um texto, expresso e coetâneo, explicativo dessa liquidação, no tocante mormente à verificação do facto tributário relevante, à base tributável considerada, e à taxa aplicada".

3) No entanto, tal não quer dizer que o acto de liquidação impugnado careça de fundamentação ou que ela não esteja ao alcance da recorrente que, por toda a argumentação que utiliza, bem demonstra conhecê-la.

4) Pois, como tem sido sustentado por toda uma jurisprudência uniforme e assente sobre as matérias da fundamentação do acto recorrido e da respectiva notificação (de que se destacam apenas alguns acórdãos do STA):

"Não é pela notificação do acto praticado que há-de aferir-se da fundamentação deste.

A notificação do acto administrativo constitui um acto complementar que apenas assegura a plena eficácia do acto comunicado e nada tem a ver com a fundamentação a que respeita" (Ac. do STA de 3/5/90 – Rec. n.º 26086).

"A notificação irregular de um acto administrativo não determina, só por si, a ilegalidade deste acto" (Ac. do STA de 4/2/92 – Rec. n.º 12 074).

5) Assim, poder-se-ia falar, quando muito de ineficácia do acto de liquidação por a respectiva notificação não reunir, desde logo, todos os requisitos legais, mas não da sua invalidade.

6) No entanto, tal notificação chegou mesmo a ser complementada, fornecendo, a pedido da impugnante, todos os elementos que esta considerava essenciais para conhecer da fundamentação do acto de liquidação, como resulta da matéria de facto assente e, em especial, das alíneas *e*) e *f*) do ponto 2.1. do acórdão recorrido. Pelo que não deve relevar a argumentação do tribunal *a quo,* que por considerar tal fundamentação fornecida *a posteriori* não a considera válida.

7) Acresce que o próprio impresso de liquidação, em anexo à primeira notificação e que para ele remete para efeitos de fundamentação do acto de liquidação, tem os elementos de tributação bastantes – base tributável, taxa e código pautal – para efeitos de cálculo da dívida, sendo que o facto tributário relevante – apuramento fraudulento da caderneta TIR – consta do próprio corpo da notificação, conforme resulta da alínea *a*) do ponto 2.1. da matéria de facto dada como assente no acórdão recorrido.

8) Assim, poder-se-ia falar, quando muito, de ineficácia do acto de liquidação por a respectiva notificação não reunir, desde logo, todos os requisitos legais, mas não da sua invalidade.

9) No entanto, tal notificação chegou mesmo a ser complementada, fornecendo, a pedido da impugnante, todos os elementos que esta considerava essenciais para conhecer da fundamentação do acto de liquidação, como resulta da matéria de facto assente e, em especial, das alíneas *e*) e *f*) do ponto 2.1. do acórdão recorrido. Pelo que não deve relevar a argumentação do tribunal *a quo,* que por considerar tal fundamentação fornecida *a posteriori* não a considera válida.

10) Acresce que o próprio impresso de liquidação, em anexo à primeira notificação e que para ele remete para efeitos de fundamentação do acto de liquidação, tem os elementos de tributação bastantes – base tribu-

tável, taxa e código pautal – para efeitos de cálculo da dívida, sendo que o facto tributário relevante – apuramento fraudulento da caderneta TIR – consta do próprio corpo da notificação, conforme resulta da alínea *a*) do ponto 2.1. da matéria de facto dada como assente no acórdão recorrido.

11) Pelo que, se não o Tribunal *a quo,* certamente a impugnante e, por maioria de razão, o seu despachante que se presume especialista na matéria, ou qualquer destinatário normal mas diligente conseguiria perceber o impresso de liquidação em causa, o qual, complementado com os fundamentos constantes da 1ª notificação e das demais notificações complementares não podem deixar qualquer dúvida quanto à sustentação e perfeição do acto de liquidação impugnado.

12) Pelo que, se não o Tribunal *a quo,* certamente a impugnante e, por maioria de razão, o seu despachante que se presume especialista na matéria, ou qualquer destinatário normal mas diligente conseguiria perceber o impresso de liquidação em causa, o qual, complementado com os fundamentos constantes da 1ª da notificação e das demais notificações complementares não podem deixar qualquer dúvida quanto à sustentação e perfeição do acto de liquidação impugnado.

13) Assim, o código pautal, constante da Pauta Aduaneira determina a taxa a aplicar. E o montante pelo qual a impugnante é chamada a responder, tal como explicitado em complemento da notificação referida na alínea *f*) do ponto 2.1. do acórdão recorrido, foi o estipulado na Decisão do Conselho de 10 de Março de 1994 como montante máximo exigível às associações garantes.

Contra-alegou a recorrida formulando as seguintes conclusões:

1) A decisão recorrida não merece qualquer censura, ao ter revogado a sentença recorrida, entendendo que o acto de liquidação impugnado não continha as razões de facto ou de direito que servem de fundamento à liquidação e padecendo do vício de forma por falta de fundamentação, em violação do disposto no artigo 268.º da CRP e artigo 77.º da LGT, tanto por manifesta falta de fundamentação na sua vertente de fundamentação insuficiente, como ao nível das exigências de uma fundamentação contextual e contemporânea e não de uma mera fundamentação *a posteriori.*

2) Ainda que não se tenha pronunciado sobre a necessidade de revogar a sentença recorrida pelos vícios de violação de lei (uma vez que ela bastou analisar o vício de forma para revogar a sentença recorrida), a verdade é que tal censura também se justificaria, a vários títulos. Primeiro, verifica-se que tendo a infracção subjacente à liquidação do imposto sido detectada em Espanha, a competência para reclamar a dívida aduaneira dos Autos à sociedade transportadora e da associação garante era das autoridades espanholas e, consequentemente, as diligência das autoridades portuguesas violaram o artigo 37.º da Convenção TIR e, também a este título, deveria a decisão da 1.ª Instância ter sido diferente, ordenando a anulação do acto impugnado;

3) Na medida em que no caso *sub judice* se discute um caso de não quitação – e não de quitação fraudulenta – a Alfândega de Setúbal estava obrigada ao respeito do prazo de caducidade de um ano para notificar a associação garante e, conforme decorre dos Autos, esse prazo já havia decorrido à data da notificação da Recorrida, pelo que igualmente a este título deveria ter sido outra a decisão da 1.ª Instância, anulando o acto impugnado;

4) Igualmente, a inexistência de qualquer intimação da sociedade transportadora, a "Schriber Gmbh" para o pagamento dos impostos e direitos aduaneiros em dívida por parte da Alfândega de Setúbal, consubstancia uma flagrante violação do disposto no artigo 8.º, n.º 7 da Convenção TIR, e também, por isso, se impunha censurar a sentença da 1.ª Instância e anular o acto impugnado;

5) Finalmente, nos termos do artigo 221.º do Código Aduaneiro Comunitário, a Alfandega de Setúbal apenas dispunha do prazo de 3 anos a contar da data de constituição da dívida aduaneira para comunicar ao devedor o montante dos direitos devidos, prazo esse que aproveita à Recorrida, e, por isso, igualmente determinada a inexigibilidade da liquidação e a necessidade da sua anulação.

O EMMP entende que o recurso merece provimento pois que:

Não são de acompanhar as considerações do acórdão sustentando a conclusão de que o acto tributário *sub judicio* padece de vício de forma por insuficiente fundamentação.

Esta discordância radica:

a) no erro na identificação do acto tributário impugnado, que o acórdão considera ser a liquidação constante do impresso de liquidação no montante de esc.212 811 748$00 (fls.33) e não no montante de esc. 34 266 000$00, transmitida pelo oficio n.º 2523, 12.08.96 da Alfandega de Setúbal (probatório als. *a*) *b*) e *f*);

b) na adesão à argumentação vertida na sentença do TT 1ª instância Setúbal, onde se acentua que as razões de facto e direito determinantes da liquidação impugnada, no montante de esc. 34 266 000$00, são claramente compreensíveis para o destinatário do acto, à luz da troca de correspondência e faxes anteriormente estabelecida entre a Alfandega de Setúbal e a ANTRAM, designadamente:

– o aviso de não quitação de caderneta TIR transmitido pelo oficio n.º 2523,14.02.96 da Alfândega e Setúbal (probatório al. *d*);

– o fax n.º 392,6.03.96 enviado pela Alfândega de Setúbal (probatório al. *c*);

– o teor do ofício n.º 2523,12.08.96 onde consta a fundamentação fáctica e jurídica da liquidação efectuada (probatório al. *f*).

Acrescenta que não se verificando o vício de forma do acto tributário, fundamento da decisão de provimento do recurso, deverá o STA conhecer os vícios de violação de lei cuja apreciação ficou prejudicada pela decisão da questão resolvida (art. 715.º n.º 2 CPC /art. 726.º CPC/ /art. 2.º al. *e*) CPPT) devendo sufragar-se a apreciação do TT 1ª instância sustentando a inexistência dos apontados vícios de violação de lei: violações da Convenção TIR, violação do CAC (sentença fls. 532/534).

2. O acórdão recorrido fixou o seguinte quadro factual:

a) Por seu oficio n.º 1593, não datado, o Director da Alfândega de Setúbal enviou à impugnante, ora recorrente, essencialmente o seguinte texto:

«Apuramento fraudulento da caderneta TIR n.º 10964587 da ASTAG – Suiça. Na sequência do aviso de não quitação efectuado através do ofício n.º 506 de

96-02-14, desta Alfândega, tenho a honra de notificar V. Ex.a, nos termos dos n.os 2 e 3 do a 11.º da Convenção TIR, para no prazo de três meses, a contar da presente notificação efectuar o pagamento da dívida, apurada nos termos do impresso de liquidação em anexo» – cf. fls. 344 (anexo 17).

b) Este «*impresso de liquidação em anexo*», aludido na alínea anterior, reza mormente o seguinte: *código das mercadorias 24D220P0000000; base tributável de direitos aduaneiros 65 790 720; à taxa de 90%*, o montante *de 59 211 648; base tributável de "outras imposições" 300$x640 000, à taxa de 80%o, o montante de 153 600 000; e o total de 212 811 748* – cf. fls. 343.

c) Datado de 6-3-1996, o Director da Alfândega de Setúbal enviou à impugnante, ora recorrente, o fax n.º 392 do seguinte teor: «*Caderneta TIR n.º 10964587 emitida pela ASTAG – Suiça. Conforme solicitado por V. Ex.as no fax em apreço remete-se por cópia o Volet de apuramento recebido nesta Alfândega. Mais se informa que o carimbo posto, e que indicia a correcta quitação pela Alfândega de Algeciras, é falso. Estas informações foram veiculadas pela Inspecção das Alfândegas Espanholas em Madrid e transmitida a esta Alfândega pela Direcção de Serviços de Prevenção e Repressão da Fraude da Direcção Geral das Alfândegas de Portugal*» – cf. fls. 328 (anexo 15).

d) Já anteriormente, em data que não consegue ler-se, a impugnante, ora recorrente, havia recebido do Director da Alfândega de Setúbal o ofício com o texto seguinte: «*quitação fraudulenta da caderneta TIR n.º 10964587 da ASTAG – Suiça. Nos termos do n.º 1 do artigo 11.º da Convenção TIR avisa-se V. Exa da quitação fraudulenta da caderneta supra referenciada. Mais se informa que nos termos do n.º 2 do mesmo artigo poderão v. Ex.as vir a ser notificados do pagamento da quantia de direitos aduaneiros e demais imposições os quais perfazem um montante aproximado de 213 000 000$00*» – cf. fls. 325 (anexo 325).

e) Por seu ofício datado de 9-7-1996, a impugnante, ora recorrente, expôs e requereu ao Director da Alfândega de Setúbal o seguinte: «*Por ofício n.º 1593, Proc.* 5.5.1., *de 28 de Maio de 1996, veio a Alfândega de Setúbal notificar a ANTRAN para o pagamento da dívida aduaneira de 21 811 748$00, respeitante ao apuramento fraudulento da caderneta TIR n.º 10964587, emitida pela nossa congénere suiça, ASTAG. Sobre a caderneta TIR em causa havia já a ANTRAN colocado observações de fundo, através do seu ofício n.º 700 de 1 de Abril último, as quais até ao momento não mereceram qualquer resposta. Assim, renovam-se as observações contidas no supra referido ofício, de que junta cópia, e tendo em vista, se for caso disso, preparar o respectivo recurso da liquidação a que se alude solicita-se de se digne ordenar seja o acto de liquidação completado com os fundamentos que justificam o accionamento da ANTRAM, bem como nele passe a constar qual a via e prazos que aquela tem para impugnar. Ainda com relação ao montante pelo qual a ATRAM é chamada a responder, há manifesta discrepância com os limites de responsabilidade previstos na Convenção TIR no n.º 3 do artigo 8.º e ponto 0.8.3 do seu Anexo 6 (US$ 50 000 por caderneta TIR). Pelo que por este motivo se requer que seja o acto precisado.*

Com este pedido exerce a ANTRAM a faculdade prevista nos artigos 21.º e 22.º do Código de Processo Tributário aprovado pelo Decreto-Lei n.º154/N de 23 de Abril» – cf. fls. 248.

f) A este ofício da impugnante, ora recorrente, veio o Director da Alfândega de Setúbal responder do seguinte modo: «*Considerando o requerimento de V. V.Ex.as com o n.º de registo de entrada 2325 de 96.07.10 desta Alfândega, o qual referenciava a notificação de pagamento transmitida pelo ofício n.º 1593 de* 96.05.25 *também desta Estância Aduaneira. Visto o despacho de 96.08.07 do Ex.mo Senhor Subdirector Geral que impende sobre o assunto, pelo presente ofício se procede ao complemento da notificação referida no 1.º parágrafo. Assim deverá ser efectuado pagamento da parte correspondente ao que lhe é imputável, no caso vertente de US$ 200.000, conforme estipulado na Decisão do Conselho de 10 de Março de 1994, como montante máximo exigível às Associações garantes no caso de transporte a coberto de Carnet's TIR para tabaco. A liquidação deste montante corresponde ao valor de 34* 266 *000$00, calculados à taxa de câmbio de 171$330, valor que vigorava à data de emissão do Carnet TIR em apreço (n.º 2 do artigo 202 do Reg. (CEE) n.º 2913/92 do Conselho de 12 de Outubro de 1992), e os quais serão receitados a título de Recursos Próprios Comunitários, acrescidos de 100$00 a título de pagamento do impresso de liquidação. Mais se refere que para pagamento de tal montante prevalece o prazo da 1.ª notificação. Informa-se ainda que do acto de liquidação cabe a V. Ex.as a possibilidade de impugnação judicial nos termos da alínea a) do n.º 1 do artigo 88.º do Estatuto dos Tribunais Administrativos e Fiscais – ETAF – publicado pelo Decreto-Lei n.º 129/84 de 27 de Abril*» – cf. fls. 33.

3.1. O acórdão recorrido depois de se pronunciar sobre o conceito de fundamentação acrescentou (cfr. fls. 628 e v.º) que "não é possível a um destinatário considerado normal, colocado na posição do real destinatário, como a impugnante, ora recorrente, perceber o caminho escolhido e percorrido pela entidade liquidadora para alcançar os valores constantes do «*impresso de liquidação em anexo*» acima referido (como o código das mercadorias; a base tributável de direitos aduaneiros; a taxa de 90%; bem como a base tributável de "outras imposições"; a taxa de 80%; e, por fim, o montante total da liquidação – montante em que a entidade recorrida não esteve sempre de acordo consigo própria).

De resto, da matéria de facto que se deixou especificada para sustentar a decisão a encontrar no presente acórdão, logo se vê também que a fundamentação apresentada neste processo pela Administração Aduaneira é sempre, para além de insuficiente, uma fundamentação *"a posteriori"* e nunca contextual.

Na verdade, não se vê no presente processo que a liquidação aduaneira em causa tenha sido precedida ou acompanhada da produção e documentação escrita pela entidade ora recorrida das razões de facto e direito que servem de fundamento a essa liquidação.

É que o dever de a Administração fundamentar os seus actos obedece sobretudo a razões endógenas, decorrentes da necessidade de garantir, como acima se deixou dito, que os agentes ponderaram de forma cuidada toda a problemática envolvente, incluindo as próprias definições legais.

E o que é certo é que a fundamentação dos actos administrativos tem de ser expressa e contextual, isto é, tem de ser coeva e estar compreendida, ou apropriada, no mesmo texto de produção do acto em causa – e não se vê que neste caso, aquando da liquidação em questão, tenha sido explicitada alguma razão fundamentadora ou justificativa dessa mesma liquidação.

Assim sendo, como é, concluímos ... que a liquidação em causa não goza de suficiente fundamentação formal.".

A sentença proferida em primeira instância entendeu que não ocorria tal vício de falta de fundamentação.

Sustentou, para tanto, cfr. fls. 528 a 530, que do acto de liquidação consta que:

"Assim deverá ser efectuado o pagamento da parte correspondente ao que lhe é imputável, no caso vertente de US$ 200.000, conforme estipulado na decisão do Conselho de 10 de Março de 1994, como montante máximo exigível às Associações garantes no caso de transporte a coberto de Carnet's TIR para tabaco.

À liquidação deste montante corresponde o valor de 34.266.000$00, calculados à taxa de câmbio de esc: 171$330, valor que vigorava à data da emissão do Carnet TIR em apreço (n.º 2 do art. 202.º do REG (CEE) n.º 2913/92 do Conselho de 12 de Outubro de 1992), e os quais serão receitados a título de Recursos Próprios Comunitários, acrescidos de 100$00 a título de pagamento do Impresso de Liquidação.

Mais se refere que para pagamento de tal montante prevalece o prazo da 1ª notificação.

Informa-se ainda que do acto de liquidação cabe a V. Exas. a possibilidade de impugnação judicial nos termos da alínea *a*) do art. 88.º do Estatuto do Tribunais Administrativos e Fiscais – ETAF – publicado pelo Dec-lei n.º 128/84 de 27 de Abril".

Segundo a mesma sentença "este acto é complemento e correcção da primeira notificação de liquidação, portanto dela incindível. Nesta disse-se:

"Na sequência do aviso de não quitação, efectuado através do ofício n.º 506 de 96.02.14, desta Alfândega, tenho a honra de notificar V. Exa., nos termos dos n.os 2 e 3 do art. 11.º, da Convenção TIR, para no prazo de três meses, a contar da presente notificação, efectuar o pagamento da dívida, apurada nos termos do Impresso de Liquidação em anexo".

Ainda segundo a sentença proferida em primeira instância "esta liquidação remete em termos de início lógico de fundamentação para a matéria constante do ofício n.º 506, que a ANTRAM já tinha recebido, conhecia e, portanto, deve-se considerar também deste aviso incindível. Neste aviso disse-se:

"Assunto: quitação fraudulenta da caderneta TIR n.º 10964587 da ASTAG – Suíça.

Nos termos do n.º 1 do art.º 11 da Convenção TIR, avisa-se V. Exa. da quitação fraudulenta da caderneta supra referenciada.

Mais se informa que nos termos do n.º 2 do mesmo artigo poderão V. Exas. vir a ser notificados do pagamento da quantia de direitos aduaneiros e demais imposições os quais perfazem um montante aproximado, de 213.000.000$00".

A sentença refere que, por seu turno, este ofício foi complementado pelo ofício remetido em 6/3/96 através do fax n.º 392, no qual se diz:

"Conforme solicitado por V. Exas. no fax em apreço remete-se por cópia o volet de apuramento recebido nesta Alfandega.

Mais se informa que o carimbo aposto, e que indicia a correcta quitação pela Alfândega de Algeciras, é falso.

Estas informações foram veiculadas pela Inspecção Geral das Alfandegas Espanholas em Madrid e transmitidas pela Direcção de Serviços de Prevenção e Repressão da Fraude da Direcção Geral das Alfândegas de Portugal".

Por isso equacionou a sentença proferida em 1ª instância a questão nos seguintes termos:

"Conhecendo já a ANTRAM toda a problemática constante das notificações referidas, por ela recebidas, remetendo a liquidação para essas notificações, que conjugadas com a liquidação explicavam e justificavam toda a liquidação em sede de facto e de direito, era a Alfândega obrigada a repetir na liquidação final tudo o que tinha dito anteriormente?"

E respondendo a tal questão afirmou que com a exigência de fundamentação do acto de liquidação procura-se pôr o notificado em condições de saber tudo o que precisa de saber para reagir contra o acto, se com ele não concordar acrescentando que com a notificação da liquidação dos autos, corolário 1ógico do processo desenvolvido com a troca de correspondência e faxes entre a Alfândega e a ANTRAM, na sequência das notificações que a Alfândega fez à ANTRAM, remetendo a liquidação para essas notificações, é evidente que a impugnante ficou em perfeitas condições de saber o que se estava a liquidar, porquê, quais os meios de reagir, como aliás a petição inicial o comprova abundantemente".

É entendimento doutrinal e jurisprudencial uniforme que a fundamentação quer do acto administrativo em geral quer do acto tributário da liquidação deve ser expressa, através de sucinta exposição dos fundamentos de facto e de direito podendo consistir em remissão para os fundamentos de parecer, informação ou proposta.

Pretende-se com a fundamentação que o administrado possa conhecer as razões de facto e de direito em que o acto assentou para que o mesmo possa optar entre a aceitação do acto e a sua

Impugnação.

E da leitura da matéria factual assente resulta que a recorrida, pela correspondência e faxes que recebeu da Alfândega, ficou a saber que, como garante, lhe era exigida a quantia de 34.266.000$00, calculados à taxa de câmbio de esc: 171$330, valor que vigorava à data da emissão do Carnet TIR em apreço (n.º 2 do art. 202.º do REG (CEE) n.º 2913/92 do Conselho de 12 de Outubro de 1992), e que tal quantia lhe era exigida a título de Recursos Próprios Comunitários, acrescidos de 100$00 a título de pagamento do Impresso de Liquidação.

É certo que foi comunicado à recorrida que os direitos aduaneiros e demais imposições perfaziam um montante aproximado, de 213.000.000$00 contudo e porque a sua responsabilidade estava limitada à quantia de 34.266.000$00 só esta acabou por lhe ser exigida.

É que, conforme refere o EMMP, não existe erro na identificação do acto tributário impugnado, que o acórdão considera ser a liquidação constante do impresso de liquidação no montante de esc. 212 811 748$00 (fls.33) e não no montante de esc. 34 266 000$00, transmitida pelo ofício n.º 2523, 12.08.96 da Alfandega de Setúbal (probatório als. *a*) *b*) e *f*).

Com efeito basta ler o cabeçalho da petição para verificar que é este o acto impugnado sendo esta última quantia exigida e que a impugnante questiona e não aquela.

E são perfeitamente compreensíveis as razões de facto e de direito do acto impugnado face à troca de correspondência e faxes anteriormente estabelecida entre a Alfandega de Setúbal e a ANTRAM, designadamente e em particular o aviso de não quitação de caderneta TIR transmitido pelo ofício n.º 2523 de 14.02.96 da Alfândega de Setúbal (probatório al. *d*), o fax n.º 392 de 6.03.96 enviado pela Alfândega de Setúbal (probatório al. *c*) e o teor do ofício n.º 2523, de 12.08.96 onde consta a fundamentação fáctica e jurídica da liquidação efectuada (probatório al. *f*), conforme igualmente refere o EMMP.

Assim sendo ficou a recorrida a conhecer o que lhe era exigido e porque lhe era solicitado o seu pagamento, o que foi liquidado e quais os motivos porque lhe estava a ser exigida tal quantia bem como os meios de reacção que podia utilizar e que efectivamente utilizou.

Isto nos basta para concluirmos que a liquidação impugnada se encontrava fundamentada não sofrendo, por isso, do questionado vício de forma o que conduz à revogação do acórdão recorrido com a confirmação, nesta parte, da sentença proferida no tribunal tributário de 1ª instância.

3.2. Importa, por isso, conhecer dos vícios de violação de lei cuja apreciação ficou prejudicada pela decisão que entendeu não se encontrar fundamentado o acto tributário da liquidação impugnado.

Defende a impugnante que tendo a infracção subjacente à liquidação do imposto sido detectada em Espanha, a competência para reclamar a dívida aduaneira dos Autos à sociedade transportadora e da associação garante era das autoridades espanholas e, consequentemente, as diligência das autoridades portuguesas violaram o artigo 37.º da Convenção TIR e, também a este título, deveria a decisão da 1.ª Instância ter sido diferente, ordenando a anulação do acto impugnado.

O art. 36.º da dita Convenção estabelece que "qualquer infracção às disposições da presente convenção tornará o contraventor passível, no país onde a infracção for cometida, das sanções previstas na legislação desse país" acrescentando o art.º« 37.º "quando não for possível determinar o território onde a irregularidade foi cometida, considerar-se-á ter sido cometida no território da Parte contratante onde foi constatada".

Como se escreveu na sentença, proferida em 1ª instância, no caso concreto foram apresentados dois carnet's TIR com números diferentes um para a mercadoria vir da Suíça para Portugal, sobre o qual não se levantam problemas e um segundo, a que se reportam os presentes autos, para a mercadoria partir de Setúbal para Marrocos, via Algeciras, tendo ambos sido emitidos pela ASTAG.

Como foi a Alfândega de partida do segundo (Setúbal) que detectou as irregularidades é esta a competente para efectuar as respectivas liquidações nos termos do artigo 8.4. da Convenção TIR pois que a responsabilidade da associação responsável perante as autoridades do país onde está situada a estância aduaneira de partida, começa a partir do momento em que a caderneta TIR for aceite pela estância uma vez que do art. 37.º da mesma convenção resulta que quando não for possível determinar o território onde a irregularidade foi cometida, considerar-se-á ter sido cometida no território da parte contratante onde foi constatada.

Não se sabendo onde a irregularidade foi cometida o certo é que foi a Alfândega e Setúbal que recebeu a quitação falsificada ou como refere a sentença em apreciação a quitação a "simular que era enviada pela Alfândega Espanhola".

Se como se escreveu na dita sentença não se sabe concretamente onde é que essa falsidade foi materialmente praticada, nem tal é relevante o que importa é que a entidade que se procurou enganar é a portuguesa devendo a irregularidade considerar-se cometida em Setúbal o certo é que do probatório nada resulta além da informação de que a mercadoria não deu entrada em Algecires.

Daí que não se possa afirmar que a infracção subjacente à liquidação do imposto tenha sido detectada em Espanha e que igualmente não se possa concluir que a competência para reclamar a dívida aduaneira dos autos à sociedade transportadora e à associação garante pertencesse às autoridades espanholas.

Não ocorre, nos termos expostos, a questionada violação de lei.

3.3. Defende a impugnante que no caso *sub judice* se discute um caso de não quitação e não de quitação fraudulenta pelo que a Alfândega de Setúbal estava obrigada ao respeito do prazo de caducidade de um ano para notificar a associação garante e esse prazo já havia decorrido à data da notificação.

A sentença em apreciação entendeu ocorrer, na situação concreta dos presentes autos, quitação fraudulenta e não falta de quitação.

Com efeito depois de afirmar que quitar uma caderneta é dar recibo, é entregar comprovativo de um acto pelo que quitar uma caderneta TIR, para efeitos alfandegários, é entregar a uma alfândega o recibo da caderneta. No caso dos autos consistirá no acto de enviar à Alfândega de Setúbal o volet da caderneta.

E tal quitação serve para que a Alfandega se certifique que a operação decorreu dentro da legalidade e que é desnecessário activar os mecanismos de controlo policiais, fiscais ou aduaneiros.

Daí que, conforme afirma a mesma sentença, todo o acto que vise convencer a Alfândega que é desnecessário activar os referidos mecanismos de controlo, é um acto de quitação fraudulento.

Nesta perspectiva só a falta absoluta do envio do volet é que é falta de quitação.

Assim o acto de quitação fraudulento tanto pode concretizar-se, como a mesma sentença afirma, com o recurso a outras alfândegas, agentes aduaneiros, polícias, ou realizado apenas pelos infractores.

Acompanha-se, por isso, a sentença recorrida quando afirma que, no caso dos autos, estamos perante uma quitação fraudulenta pelo que não ocorre a invocada caducidade, pois que a notificação da impugnante, nos termos e para os efeitos do art. 11.º 1 da convenção TIR, ocorreu em 14/2/96 sendo o prazo de caducidade de dois anos por força da última parte do preceito normativo acabado de mencionar.

3.4. Sustenta a impugnante que a inexistência de qualquer intimação da sociedade transportadora, a "Schriber Gmbh" para o pagamento dos impostos e direitos aduaneiros em dívida por parte da Alfândega de Setúbal, consubstancia uma flagrante violação do disposto no artigo 8.º, n.º 7 da Convenção TIR.

Estabelece a última parte do n.º 1 do art. 8.º da dita convenção que "a referida associação será responsabilizada, conjunta e solidariamente com as pessoas devedoras das quantias acima mencionadas, pelo pagamento dessas quantias".

O mencionado n.º 7 do mesmo artigo acrescenta que "quando as quantias visadas nos parágrafos 1 e 2 deste artigo se tornarem exigíveis, as autoridades competentes devem, na medida do possível, intimar a (ou as) pessoa(s) directamente responsáveis por essas quantias a efectuar o pagamento antes de apresentarem a reclamação à associação responsável".

Afirmou a sentença em apreciação que, nos termos da cláusula 8.7. da convenção TIR, a Alfândega de Setúbal deve tentar intimar as pessoas responsáveis pelas quantias a cobrar antes de accionar a ANTRAM tendo acrescentado que se o não fizer, tal não é causa de nulidade, já que a responsabilidade das associações é "conjunta e solidária", nos termos da cláusula 8.1. da convenção.

E sendo a dita responsabilidade conjunta e solidária o que não é questionado pela impugnante e até limitada, como já anteriormente se referiu, não se encontra em tal falta de intimação qualquer vício invalidante do acto tributário da liquidação em apreciação.

3.5. Defende a impugnante que, nos termos do artigo 221.º do Código Aduaneiro Comunitário, a Alfândega de Setúbal apenas dispunha do prazo de 3 anos a contar da data de constituição da dívida aduaneira para comunicar ao devedor o montante dos direitos devidos, prazo esse que aproveita à Recorrida, e, por isso, igualmente determinada a inexigibilidade da liquidação e a necessidade da sua anulação.

É que, segundo a impugnante, a Alfandega de Setúbal não teria comunicado, dentro de tal prazo, o montante dos direitos devidos à "Schriber Transport GmbH".

E sobre tal questão entendeu a sentença questionada que sendo a responsabilidade da impugnante conjunta e solidária por força da referida cláusula 8.1. da convenção e sendo, por isso a ANTRAM uma das devedoras é suficiente a sua notificação sendo irrelevante a não notificação daquela outra responsável.

Com efeito estabelece o art. 512.º 1 do C. Civil que a obrigação é solidária "quando cada um dos devedores responde pela prestação integral e esta a todos libera".

Acrescenta o art. 514.º do mesmo C. Civil que "o devedor solidário pode defender-se por todos os meios que pessoalmente lhe competem ou que são comuns a todos os condevedores" não podendo, por isso, como escreve Almeida Costa, Dir. das Obrigações, 3.º 439, um condevedor valer-se das excepções pessoais de outro condevedor.

Daí que sendo a responsabilidade da impugnante solidária responda pela totalidade da dívida não lhe aproveitando eventuais direitos pessoais de outros devedores solidários.

Assim sendo a sentença proferida em primeira instância é de confirmar.

4. Nos termos expostos acorda-se em conceder provimento ao recurso, em revogar o acórdão recorrido e, mantendo-se a sentença proferida em 1ª instância, não se anular o acto tributário da liquidação impugnada.

Custas pela impugnante na 1ª instância e no STA fixando-se, neste, em 50% a procuradoria.

Lisboa, 26 de Janeiro de 2005.

António Pimpão (Relator)
Baeta de Queiroz
Lúcio Barbosa

Recurso n.º 582/04-40

TAXA DE PUBLICIDADE.

(Acórdão de 26 de Janeiro de 2005)

SUMÁRIO:

A taxa de publicidade, questionada nos presentes autos e cobrada pela Câmara Municipal de Lisboa, relativamente a instalação de reclamos luminosos, em prédios urbanos particulares, é de qualificar como imposto estando a sua criação, através de diploma não legislativo, ferida de inconstitucionalidade, por violar o preceituado nos artigos 106.º, 2, e 168.º, 1, *i*), da CRP.

ACORDAM, EM CONFERÊNCIA, NA 2ª SECÇÃO DO SUPREMO TRIBUNAL ADMINISTRATIVO:

1. A Câmara Municipal de Lisboa recorre da sentença que, no Tribunal Administrativo e Fiscal de Lisboa, julgou procedente a impugnação do acto tributário da liquidação de taxa de publicidade e, por isso, anulou a respectiva liquidação.

Alegou formulando o seguinte quadro conclusivo:

1. É com base no conceito de taxa estabelecido no n.º 2 do artigo 4.º da LGT, que se deve aferir da qualificação do tributo presente nestes autos, como taxa ou imposto (prevalecendo, como demonstrámos, a primeira) e, em consequência, da constitucionalidade ou inconstitucionalidade de tal tributo.

2. O tributo exigido pela Recorrente resulta directamente da remoção de um limite jurídico à actividade dos particulares, em razão da imposição legal de aqueles serem obrigados a requerer uma licença para o exercício da actividade publicitária, para a qual se exige a verificação dos requisitos decorrentes das normas legais e regulamentares aplicáveis, cujo cumprimento à autoridade licenciadora cabe assegurar.

3. A verificação da compatibilidade dos reclamos publicitários com a área envolvente e a segurança dos dispositivos, prende-se directamente com um serviço prestado pelo Município, inerente à emissão da correspondente licença, esta indispensável ao exercício da actividade publicitária.

4. A licença de publicidade permite fazer publicidade na via pública ou no espaço aéreo, independentemente do meio ou do suporte, propiciando a utilização de um bem público, consubstanciado nas ruas avenidas, praças,

jardins, e espaço aéreo onde a mesma é visível, onde circulam as pessoas com as quais se estabelece o diálogo publicitário, com aproveitamento exclusivo para o beneficiário, o que legitima a exigência de uma taxa, contrapartida dessa utilização.

5. Do exposto, resulta manifesta a existência da sinalagmaticidade, pressuposto da qualificação do tributo que ora nos ocupa como taxa, a qual se basta com a existência de um mínimo de equilíbrio jurídico entre ambas as prestações, bem patente no presente caso.

6. O tributo cobrado em virtude do licenciamento prévio e da manutenção dos meios publicitários, objecto dos presentes autos, reveste, assim, a natureza de taxa.

7. Revestindo tal natureza, ao referido tributo não é aplicável o princípio constitucional da legalidade dos impostos, previsto no artigo 103.º da CRP, pelo que não padece o mesmo do vício de inconstitucionalidade.

8. É inconcebível e inaceitável que, prestando o Município um serviço de análise, fiscalização e emissão da respectiva licença de publicidade, não deva existir uma contrapartida por tal serviço, através da cobrança da respectiva taxa.

9. Aliás, tal taxa constitui uma receita própria dos municípios, consagrada na Lei das Finanças Locais, que concorre para a autonomia financeira e, consequentemente, para a autonomia local, princípios constitucionalmente consagrados, designadamente, no artigo 238.º da CRP.

10. Nesta conformidade, os artigos 3.º e 16.º do Regulamento de Publicidade não são inconstitucionais, não padecendo as liquidações de qualquer ilegalidade.

11. Assim, concluímos pela procedência do presente recurso, dada a manifesta constitucionalidade do tributo liquidado e cobrado, por configurar uma verdadeira taxa, devendo, por conseguinte, ser revogada a decisão judicial recorrida.

O EMMP entende que o recurso não merece provimento nos termos da jurisprudência reiterada do TC acatada pelo STA.

2. A sentença recorrida fixou o seguinte quadro factual:

1) A impugnante foi notificada para pagamento da quantia relativa a licença para exercício da actividade publicitária e ocupação da via pública, como resulta dos docs. de fls. 9 a 12.

2) A denominada licença respeita a anúncios publicitários dos Hotéis IBIS José Malhoa e IBIS Saldanha (estabelecimentos hoteleiros propriedade da impugnante) colocados nos mesmos.

3.1. A sentença recorrida julgou a impugnação procedente e por isso anulou a respectiva liquidação por ocorrer inconstitucionalidade orgânica da norma que prevê a cobrança da taxa de publicidade quando as mensagens publicitárias se encontrem colocadas em bens pertencentes a particulares.

É esta decisão que vem questionada pela recorrente C. M. de Lisboa.

A sentença recorrida acompanha jurisprudência corrente do Tribunal Constitucional que vem sendo acompanhada por este STA, inexistindo motivo para dela discordar.

Na verdade a distinção entre imposto e taxa assenta na unilateralidade ou bilateral idade dos tributos pois que enquanto o imposto tem estrutura unilateral, a taxa caracteriza-se pelo seu carácter bilateral e sinalagmático assumindo tal diferenciação quer a doutrina quer a jurisprudência.

E de tal distinção resulta a afirmação do carácter sinalagmático das taxas o que implica reconhecer que a sua estrutura "supõe a existência de uma correspectividade entre a prestação pecuniária a pagar e a prestação de um serviço pelo Estado ou por outra entidade pública", contrapartida essa que foi expressamente acolhida no n.º 2 do artigo 4.º da Lei Geral Tributária ao afirmar a "utilização de um serviço público de que beneficiará o tributado, (..) utilização, pelo menos, de um bem público ou semi-público ou de um bem do domínio público e, finalmente, (..) remoção de um obstáculo jurídico ao exercício de determinadas actividades por parte dos particulares".

Tal relação sinalagmática entre a contrapartida e o montante a pagar não pode deixar de ter um carácter substancial ou material, e não meramente formal o que não implica, porém, que se exija uma equivalência económica rigorosa entre ambos, não sendo incompatível com a natureza sinalagmática da taxa o facto de o seu montante ser "superior (e, porventura, até consideravelmente superior) ao custo do serviço prestado" contudo o que não pode é ocorrer uma «desproporção intolerável»", ou seja, "manifesta" e comprometedora, "de modo inequívoco, da correspectividade pressuposta na relação sinalagmática", devendo a respectiva aferição tomar em conta, não apenas o valor da quantia a pagar, mas também a utilidade do serviço prestado.

Conforme se refere na sentença recorrida os anúncios a que se referem os presentes autos não foram colocados em espaço público e não foi prestada qualquer contrapartida por parte da Câmara à impugnante pois que, como refere o TC, Ac. n.º 313/92 de 6 de Outubro, Proc. 435/91, e reafirmou no Ac. n.º 453/03 de 14 de Outubro, Proc. 410/03, "mesmo nas hipóteses em que a actividade dos particulares sofre uma limitação, aqueloutra actividade estadual, consistente na retirada do obstáculo à mencionada limitação mediante o pagamento de um tributo, é vista pela doutrina como a imposição de uma «taxa» somente desde que tal retirada se traduza na dação de possibilidade de utilização de um bem público ou semi-público".

Daí que seja de concluir, com a sentença recorrida, que não havendo qualquer oneração especial de um serviço público, nem qualquer utilização de um bem público ou semi-público, dado que o local pertence a particulares, terá que considerar-se o tributo em causa como um imposto.

Neste sentido se tem pronunciado o TC em casos semelhantes aos dos presentes autos e nomeadamente nos Ac. n.º 558/98 de 29 de Setembro, Proc. 240/97, n.º 63/99 de 2 de Fevereiro, Proc. 513/97, n.º 32/00 de 12 de Janeiro, Proc. 104/99, n.º 437/03 de 30 de Setembro, Proc. 540/02, n.º 453/03 de 14 de Outubro, Proc. 410/03, n.º 34/04 de 14 de Janeiro, Proc. 33/03) e n.º 109/04 de 11 de Fevereiro, Proc. 409/03.

E na verdade, conforme se escreveu no referido Ac. do TC n.º 32/00 de 12 de Janeiro, Proc. 104/99, estando em causa a afixação de um reclamo e de um friso luminosos nas fachadas de um prédio urbano tal afixação não constitui qualquer «ocupação» minimamente relevante do «espaço público».

Afirmou, ainda, o TC que não estando em causa nos autos a utilização de veículos para publicidade, mas a colocação de reclamos luminosos em telhados de prédios urbanos tal facto porém, em nada impede a aplicação da doutrina fixada em jurisprudência anterior uma vez que igualmente não ocorreria utilização de bens ou locais públicos ou semi-públicos, mas sim de bens ou locais pertencentes a particulares, Ac. n.º 63/99 de 2 de Fevereiro, Proc. 513/97, e n.º 453/03 de 14 de Outubro, Proc. 410/03, e daí que não ocorra a contrapartida específica, na utilização de um bem semipúblico, para a remuneração periódica da mera permanência do reclamo e friso em questão, Ac. n.º 34/04 de 14 de Janeiro, Proc. 33/03.

Assim é de concluir que as taxas de publicidade, questionadas nos presentes autos e cobrados pela Câmara Municipal de Lisboa, relativamente a instalação de reclamos luminosos, em prédios urbanos particulares, sejam de qualificar como impostos estando a sua criação, através de diploma não legislativo, ferida de inconstitucionalidade por violar o preceituado nos artigos 106.º, 2, e 168.º, 1, *i*), da CRP.

É, por isso, de afirmar, com a sentença recorrida, que as normas contidas nos arts. 3.º e 16.º do Regulamento de Publicidade da Câmara Municipal de Lisboa, nas quais se baseia a taxa constante do art. 23.º, obs. 4, al. *b*) da TTORM, padecem de inconstitucionalidade orgânica por violação dos anteriores art. 106.º, n.º 2, e 168.º, n.º 1, al. *i*), da Constituição da República (actuais artigos 103.º, n.º 2, e 165.º, n.º 1, al. *i*)).

4. Nos termos expostos nega-se provimento ao recurso.

Sem custas.

Lisboa, 26 de Janeiro de 2005.

António Pimpão (Relator)
Baeta de Queiroz (com a declaração de que voto o acórdão apenas considerando que segue a jurisprudência firme do Tribunal Constitucional)
Lúcio Barbosa

Recurso n.º 1167/04-30

Tribunal Central Administrativo

1.ª Secção (Contencioso Administrativo)

APOSENTAÇÃO POR INCAPACIDADE. ACIDENTE EM CONDIÇÕES DE RISCO AGRAVADO. HOMOLOGAÇÃO DE PARECER DA PGR.

(Acórdão de 16 de Março de 2005)

SUMÁRIO:

I – Mediante homologação ministerial as conclusões e fundamentação do parecer da PGR passam a ser a decisão e fundamentos do acto administrativo homologatório, pelo qual é atribuída eficácia jurídica ao parecer homologado – art. 40.º n.º 1 da Lei 47/86 de 15.10, Lei Orgânica do Ministério Público.

II – A homologação do parecer da PGR que apreciou e subsumiu na previsão do art. 2.º n.º 4 DL 43/76 de 20.01 o acidente de serviço como ocorrido em condições de risco agravado, confere a este pressuposto eficácia jurídica vinculativa da deliberação da Caixa Geral de Aposentações que reconhece o direito à pensão de aposentação por incapacidade e determina o valor desta.

III – Mostra-se inquinada de violação de lei por erro sobre os pressupostos de facto e de direito a deliberação da CGA que, ao fixar o valor da pensão por incapacidade, não leva em conta a qualificação do risco agravado na ocorrência do acidente de serviço constante do parecer técnico elaborado, à data, na sequência do evento.

IV – Os efeitos da revogação com fundamento na invalidade substantiva do acto revogado projectam-se retroactivamente à data dos efeitos deste, ou seja, produzem-se *ex tunc*.

V – Cumpre reportar os efeitos jurídicos da deliberação revogatória da Caixa Geral de Aposentações à data em que a incapacidade foi declarada pela Junta de Saúde da Força Aérea, data assumida na deliberação revogada e inquinada de erro sobre os pressupostos – cfr. art. 58.º n.º 2 *a*) *in fine* do Estatuto da Aposentação.

A Direcção da Caixa Geral de Aposentações, inconformada com a sentença proferida pela Mma. Senhora Juiz do Tribunal Administrativo de Círculo de Lisboa, dela vem recorrer concluindo como segue:

a) A alteração produzida pelo despacho impugnado não pode produzir os seus efeitos à data de 91.04.18, mas sim de 98.01.15, data do despacho do Senhor Secretário de Estado da Defesa Nacional, que homologou o Parecer n.º 60/96 DA Procuradoria-Geral da República.

b) Na verdade, o sobredito parecer da PGR, homologado pelo SEDN, reconheceu que as circunstâncias em que o recorrente, em 90.01.15, sofreu o acidente resultante de um salto em pára-quedas envolvem um risco equiparável ao das situações de campanha e, por isso, subsumível ao n.º 4 do art. 2.º do DL n.º 43/76, de 20 de Janeiro.

c) Assim, a pensão do ora recorrente foi fixada pelo despacho inicial, proferido em 92.02.27. tendo em conta a situação de facto, então, existente (acidente de serviço) – cfr. fls. 1 a 15 do processo instrutor. E, só muito posteriormente, por despacho de 98.01.15, do Senhor Secretário de Estado da Defesa, veio o acidente a ser qualificado como equiparado ao serviço de campanha – aliás, como a própria lei o reconhece, as situações a que se refere o n.º 4 do art. 2.º do DL 43/76, são situações especiais, não previsíveis, pelo que compete a qualificação desses casos ao Ministro da Defesa Nacional, após parecer da Procuradoria-Geral da República.

d) Ou seja, o despacho inicial não enferma de qualquer ilegalidade, para que, nos termos do art. 58.º, n.º 2, *a*) do EA, os efeitos de alteração se devessem reportar à data em que a resolução anterior os produziu, como ditou a Sentença de que se recorre.

e) Por outro lado, atento o disposto no art. 43.º do Estatuto da Aposentação, nunca a sobredita qualificação do acidente poderia relevar, quanto ao despacho inicial, que concedeu a aposentação ao recorrente, dado que, por esta norma, é dada relevância jurídica ao facto ou à data determinativos da aposentação, sendo, portanto, afastados os factos ocorridos posteriormente ao momento da aposentação. Razão pela qual, o acto impugnado, de fls. 36, perante os sobreditos novos factos, consubstancia, relativamente ao despacho de aposentação de fls. 15, uma resolução nova, definidora de novas condições de aposentação.

f) Do exposto, resulta que a sentença recorrida, ao decidir como decidiu, violou a norma em questão do art. 58.º, n.º 2, *a)* do E.A., pelo que deverá ser revogada, mantendo-se a resolução da Caixa que aplicou a regra geral, constante do n.º 1 do mesmo artigo 58.º do E.A.

***

O Recorrido contra-alegou, pugnando pela bondade do julgado.

***

O EMMP emitiu parecer no sentido que se transcreve:

"(..)

A meu ver a sentença recorrida não merece qualquer censura, dado haver feito correcta interpretação e aplicação da lei à factualidade que, com pertinência, vem fixada.

Efectivamente (v. fls. 36 do processo instrutor), sendo indubitável ter a decisão de 30.3.98 da C.G.A. revogado parte da precedente deliberação de 27.2.92 (que estabeleceu as condições de aposentação de João Lança e fixou a produção de efeitos a contar de 17.4.91). não se poderia deixar de lhe atribuir eficácia retroactiva, nos termos das disposições combinadas dos artigos 128 n.º 1 alínea *c)* do CPA e 58 n.º 2 alínea *a)* do Estatuto da Aposentação.

E a tal se não opõe, obviamente, a circunstância de alteração haver recaído sobre acto válido (como decorre, designadamente, do disposto nos artigos 138,140 e 148 do CPA).

Por outro lado, resulta do preceituado no artigo 46.º n.º 1 alínea *a)* do Estatuto da Aposentação, que o regime desta é fixado "com base na lei em vigor e na situação existente à data em que seja declarada a incapacidade pela competente junta médica, ou homologado o parecer desta, quando lei especial o exija".

Ora, tratando-se dos mesmos factos, embora sob diferente qualificação da respectiva natureza (o acidente de 15.1.90 e as inerentes consequências), não se vislumbra realmente a que factos novos e posteriores se refere a recorrente CGA, que modificam a qualificação da situação existente à data do acidente. (..)"

Colhidos os vistos legais e entregues as competentes cópias aos Exmos Desembargadores Adjuntos, vem para decisão em conferência.

***

Pela Senhora Juiz foi fixada a seguinte factualidade:

1. O Recorrente é 1.º Cabo Pára-quedista n.º 86361.

2. Em 15.01.1990, no decurso de um salto em pára-quedas na zona de desembarque aéreo de Montevil, o recorrente embateu no solo, ao efectuar a aterragem.

3. Em 17.4.1991 o Recorrente submeteu-se a exame médico realizado por Junta de Saúde da Força Aérea que lhe atribui uma incapacidade com coeficiente de desvalorização de 15%, em resultado das lesões sofridas no acidente discriminado no ponto anterior.

4. Por deliberação da Direcção da Caixa Geral de Aposentação, proferida em 27.2.1992, foi atribuída uma pensão de reforma definitiva por aposentação por invalidez, com fundamento em incapacidade, com efeitos reportados a 17.4.1991.

5. Em 23.7.1993, o Recorrente requereu a reabertura e revisão do seu processo.

6. Reaberto o processo, a Procuradoria Geral da República emitiu o Parecer n.º 60/96 de 16.12.1997, nos termos constantes no processo instrutor, aqui dado por reproduzido.

7. Por despacho do Secretário de Estado da Defesa Nacional de 15.1.1998 foi homologado o Parecer referido em 6.

8. Em 11.3.1998, a Direcção de Pessoal da Força Aérea comunicou à CGA, para efeitos de alteração da pensão de aposentação por invalidez, a reabertura do processo de averiguações por acidente em serviço do Recorrente, juntando o despacho discriminado em 7.

9. Em 30.3.1998, a Direcção da CGA proferiu decisão de alteração da pensão do Recorrente, com o teor "Concordamos", exarado sobre a Informação SAC332AF, cujo teor se dá por reproduzido.

10. A CGA, através de ofício datado de 30.3.1998, deu conhecimento ao Recorrente do ofício enviado, na mesma data, à Direcção de Pessoal da Força Aérea, cujos termos constantes a fls 34 dos autos se dão aqui por reproduzidos.

11. Por carta de 13.5.1998, o Recorrente solicitou ao Administrador da CGA que os efeitos da alteração das condições de aposentação se reportassem à data em que foi atribuída a pensão – 18.4.1991.

12. Em 19.10.1998, o Director Coordenador da CGA respondeu nos termos constantes a fls. 38 dos autos, aqui dados por reproduzidos.

13. Em 12.11.1998, o Recorrente requereu certidão da resolução da CGA de 30.3.1998 e do Parecer n.º 60/96 da PGR.

14. A CGA emitiu a certidão requerida em 18.12.1998 e enviou-a por ofício datado de 23.12.1998, tendo sido recebida pelo Recorrente a 28.12.1998.

15. O Recorrente interpôs recurso contencioso do acto de 30.3.1998, entrada em juízo em 26.2.1999.

16. Ao 1.º Cabo Pára-quedista João Carlos Martins Macedo foi o acidente em serviço, por ele sofrido em 15.01.1990, qualificado como de risco agravado equiparável a campanha e fixada a pensão em consonância, nos termos expressos no respectivo processo instrutor, aqui dados por reproduzidos.

Nos termos do art. 712.º n.º 1 *a)* CPC *ex vi* art. 1.º LPTA adita-se ao probatório a seguinte factualidade:

17. A Informação SAC332AF que fundamenta o despacho de 30.3.1998 da Direcção da CGA referido supra no ponto 9., é do seguinte teor:

"As condições de aposentação fixadas a fls. 16 deverão ser alteradas, devido a (fls. 18/29). Por o acidente em serviço de que o interessado foi vítima ter sido, agora, considerado como risco agravado (equiparável a campanha) enquadrável no n.º 2 do art. 1.º do Dec. Lei 43/76. de 20/01, conforme Parecer da Procuradoria Geral da República, homologado por despacho de 98/01/15.

Acto Determinante: 98-01-15.

(..)

Nos termos do n.º 1 do art. 58.º são devidas as correspondentes diferenças: Abonos a conceder pela C.G.A desde 98-01-15 (..)" – fls. 36 do processo instrutor apenso.

18. As conclusões do Parecer da PGR n.º 60/96 referido no ponto 6. supra são as seguintes:

"(..)

1. O salto de pára-quedas de uma aeronave em voo corresponde a um tipo de actividade de risco agravado

enquadrável no n.º 4 do art. 2.º, reportado ao n.º 2 do art. 1.º, ambos do DL n.º 43/76 de 20 de Janeiro;

2. É condição indispensável para atribuição da condição de deficiente das forças armadas, nos termos da alínea *b*) do n.º 1 do art. 2.º do aludido diploma legal, a verificação dum grau mínimo de 30% de incapacidade geral de ganho;

3. O acidente de que foi vítima o então 1CAB/PARAQ João Paulo Garrido Pereira Lança integra-se na situação descrita na conclusão 1ª mas, porque do mesmo resultou uma incapacidade de 15%, não é possível qualificar este militar como deficiente das forças armadas. (..)" – fls. 18 do processo instrutor apenso.

DO DIREITO

Vem a sentença assacada de incorrer em violação primária de lei substantiva por erro de julgamento em matéria de:

– âmbito de eficácia do despacho da Direcção da CGA de 30.3.1998 .... ítens *a*) a *f*) das conclusões de recurso.

A questão que cumpre analisar no presente recurso centra-se na determinação da data a que devem ser reportados os efeitos da deliberação de 30.3.98 da Direcção da CGA no procedimento de aposentação reaberto em via da homologação do Parecer n.º 60/96 de 16.12.97 da PGR por despacho de Sua Exa. o Secretário de Estado da Defesa Nacional (=SEDN), no uso de delegação de competências conferida por despacho de 15.01.98 de Sua Exa. o Ministro da Defesa Nacional.

As datas em causa são as seguintes:

a) homologação do SEDN por despacho de 15.JAN.98 – pontos 6 e 7 do probatório;

b) deliberação da Junta de Saúde da Força Aérea de 17.ABR.1991, atributiva da incapacidade de ganho de 15% – pontos 2 e 3 do probatório.

a) causa da aposentação extraordinária

Decorre dos pontos 2, 3 e 4 do probatório que o Recorrido, na condição de militar, sofreu no dia 15.JAN.90 um acidente em serviço por cujas consequências físicas foi declarado em junta médica incapaz de todo o serviço militar, com o coeficiente de desvalorização na capacidade de ganho de 15%.

O facto causal que fundamenta a passagem à reforma centra-se na ocorrência deste acidente de serviço, factualidade subsumível no regime do art. 118.º n.º 1 *b*) e n.º 2 *a*) do EA, na redacção anterior à introduzida pelo DL 503/99 de 20.01.

Para o que interessa, dizem os citados comandos do art. 118.º n.º 1 *b*) e n.º 2 *a*);

"1. Transitam para a situação de reforma os subscritores que estejam nas condições do n.º 1 do art. 37.º e o requeiram e aqueles que, verificados os requisitos de idade e de tempo de serviço exigidos pelo n.º 2 do art. 37.º:

a) (..)

b) Sejam julgados incapazes de todo o serviço militar, mediante exame da junta médica competente; (..)".

"2. A reforma extraordinária tem lugar, independentemente dos requisitos mínimos de idade e tempo de serviço, quando o subscritor:

a) For julgado incapaz nos termos da alínea *b*) do número anterior, pelas causas previstas no art. 38.º; (..)"

Antes da redacção dada pelo DL 503/99 de 20/11, nos termos do art. 36.º n.º 2 in fine EA, a aposentação extraordinária era definida nos seguintes termos:

"2. A aposentação é ordinária quando pressupõe o exercício de funções pelo tempo mínimo fixado no art. seguinte; é extraordinária quando a natureza da sua causa dispensa esse pressuposto. (..)"

De entre as causas de reforma extraordinária apenas importa a hipótese legal do art. 38.º *a*) EA, que diz o seguinte:

"art. 38.º – (..)

a) Incapacidade permanente e absoluta do subscritor para o exercício das suas funções em virtude de acidentes de serviço ou de doença contraída neste ou por motivo do seu desempenho; (..)"

No tocante à reforma de militares, dispõe o art. 112.º n.º 2 EA:

"2. À matéria da reforma é aplicável o regime gera das aposentações, em tudo o que não for contrariado por disposição especial do presente capítulo."

Por este motivo e na ausência de disposição específica no Capítulo I reportado à reforma de militares, rege o disposto no art. 43.º n.º 1 *b*) EA:

"1. O regime da aposentação fixa-se com base na lei em vigor e na situação existente à data em que:

a) (..)

b) Seja declarada a incapacidade pela competente junta médica, *ou* homologado o parecer desta quando lei especial o exija."

Em resumo, num primeiro momento, a situação jurídica de aposentação do Recorrido derivada do acidente de serviço ocorrido em 15.01.90, foi definida por deliberação da Direcção da CGA de 27.02.1992 – ponto 4. do probatório – no quadro dos seguintes pressupostos:

a) causa – acidente de serviço ocorrido em 15.JAN.90

b) exame pericial – Junta de Saúde da Força Aérea de 17.ABR.1991

c) consequência das lesões sofridas – julgado incapaz de todo o serviço militar

d) desvalorização de ganho atribuída – 15%

e) data relevante para início da situação jurídica de aposentação – 17.ABR.1991

b) homologação da deliberação da junta de saúde – art. 6.º n.º 4, DL 43/76 de 20.01 *ex vi* art.º 43.º n.º 1 *b*) *in fine* EA; homologação do parecer da PGR – art. 2.º n.º 4, DL 43/76 de 20.01

Posteriormente, o Recorrido requereu o reconhecimento da qualidade de Deficiente das Forças Armadas, à luz do disposto no DL 43/76 de 20.01, cujo procedimento, nos termos do art. 2.º n.º 4 *in fine*, tem como uma das formalidades essenciais a emissão de parecer pela Procuradoria Geral da República, o que foi observado no caso.

O referido Parecer n.º 60/96 de 16.12.97 dado por reproduzido no ponto 6. do probatório, diz o seguinte em sede de conclusões:

"(..)

4. O salto de pára-quedas de uma aeronave em voo corresponde a um tipo de actividade de *risco agravado enquadrável no n.º 4 do art. 2.º, reportado ao n.º 2 do art. 1.º, ambos do DL n.º 43/76 de 20 de Janeiro*;

5. É condição indispensável para atribuição da condição de deficiente das forças armadas, nos termos da alínea *b*) do n.º 1 do art. 2.º do aludido diploma legal, a

verificação dum grau mínimo de 30% de incapacidade geral de ganho;

6. O acidente de que foi vítima o então 1CAB/PARAQ João Paulo Garrido Pereira Lança integra-se na situação descrita na conclusão 1ª mas, porque do mesmo resultou uma incapacidade de 15%, não é possível qualificar este militar como deficiente das forças armadas. (..)"

Tendo em conta a matéria de facto provada e os normativos transcritos não podemos acompanhar o entendimento sufragado pelo Recorrente no sentido da relevância da data de homologação do Parecer da PGR pelo SEDN – despacho de 15.1.1998, ponto 7. do probatório – em ordem a reportar a essa data os efeitos jurídicos do despacho da Direcção da CGA de 30.03.98, tese constante da informação SAC332AF que fundamenta este citado despacho.

Em primeiro lugar, o momento a partir do qual se reflectem na esfera jurídica do sujeito subscritor da CGA os efeitos jurídicos próprios ao estatuto de aposentado por incapacidade, é determinado, como já foi dito supra,

c) ou pela data do parecer emitido pela Junta Médica,

d) ou pela data do despacho que homologa o parecer da Junta Médica, nos casos em que esta homologação constitui exigência legal – cfr. art. 43.º n.º 1 *b*) EA e art. 6.º n.º 4 DL 43/76.

Em segundo lugar, a homologação do parecer da PGR pelo Ministro da Defesa Nacional (art. 2.º n.º 4 DL 43/76 de 20.01) tem exactamente os mesmos efeitos que a homologação do parecer da junta médica (art. 43.º n.º 1 *b*) EA) – a de conferir eficácia ao acto homologado no domínio do procedimento em que o acto homologado se insere.

O mesmo é dizer que na relação jurídica de aposentação, o acto de homologação ministerial do parecer da PGR tem e eficácia jurídica que a lei lhe determina.

***

O parecer da PGR constitui o acto administrativo pelo qual aquele órgão se pronuncia sobre o *enquadramento jurídico do caso concreto a si apresentado*, tendo por objecto a verificação dos pressupostos legais do conceito de Deficiente das Forças Armadas ou da ocorrência do acidente em condições de *risco agravado* – cfr. art. 1.º n.º 2 e art. 2.º n.º 4 DL 43/76 de 20.01.

O despacho homologatório do parecer da PGR constitui o acto administrativo do procedimento de aposentação pelo qual, apreciando a proposta constante do acto do outro órgão e concordando com ela, o Ministro da Defesa Nacional faz suas as conclusões e fundamentação ali expressas, que assim se transmutam no objecto imediato (efeito jurídico declarado) e fundamentos próprios do acto administrativo de homologação.

A homologação ministerial traduz-se na atribuição de *eficácia jurídica* ao parecer da PGR, mero acto interino e preparatório que só através deste mecanismo adquire eficácia, qualidade jurídica que lhe é alheia como expressa o art. 40.º n.º 1 da Lei 47/86 de 15.10, Lei Orgânica do Ministério Público, onde se diz que a homologação ministerial é-lhes necessária "(..) *para valerem como interpretação oficial, perante os respectivos serviços, das matérias que se destinam a esclarecer*:" [1].

***

O parecer da junta médica consubstancia um *acto de perícia necessária*, acto instrutório respeitante à *recolha e produção de provas reais no procedimento administrativo gracioso*, realizadas não pelo órgão administrativa a quem compete a decisão procedimental mas por um terceiro – o *perito* médico – "(..) cujas declarações atinentes à valoração das provas constituem meio de convicção daquela mesma autoridade ou revestem até carácter definitivo no processo. (..)"[2].

O despacho homologatório do parecer da junta médica transforma o acto meramente instrutor no acto que consubstancia a decisão administrativa procedimental da fase instrutória do caso concreto de aposentação por incapacidade, ao incorporar a declaração de concordância com a valoração pericial.

Neste caso, o acto de perícia passa, também ele, a deter uma qualidade jurídica que não tinha, na medida em que a homologação serve para conferir eficácia no procedimento ao juízo técnico de perícia, ou seja, o parecer da Junta de Saúde transmuta-se em acto administrativo pelo qual a Administração define a situação jurídica do subscritor no procedimento de aposentação por incapacidade, na medida e que constitui um dos pressupostos do acto administrativo da CGA de reconhecimento do direito à aposentação e determinação do valor da pensão.

e) acidente em condições de risco agravado – art. 2.º n.º 4, DL 43/76 de 20.01

A homologação a que respeita o caso dos autos constitui a declaração de concordância com a valoração jurídica e conclusões insertas no parecer da Procuradoria Geral da República.

Por este despacho homologatório no domínio do procedimento relativo à aposentação por incapacidade do ora Recorrido foi definida a situação jurídica do ora Recorrido no tocante à aposentação extraordinária derivada do concreto acidente de serviço de que foi vítima em 15.01.1990 aquando do salto de pára-quedas na zona de desembarque aéreo de Montevil, na medida em que este acidente foi qualificado como tendo ocorrido em condições de *risco agravado*.

Através do despacho homologatório do parecer da PGR, despacho de 15.01.98, o SEDN no uso de competência ministerial delegada fez sua a apreciação e subsunção jurídica das circunstâncias em que ocorreu o citado acidente de serviço para os efeitos de subsunção no conceito qualificativo de *risco agravado* do art. 2.º n.º 4 conjugado com a parte da previsão do art. 1.º n.º 2, ambos do DL 43/76 de 20.01, conferindo-lhe eficácia jurídica vinculativa no quadro dos pressupostos de facto e de direito da deliberação da CGA determinativa do valor da pensão de aposentação por incapacidade do Recorrido.

Retenha-se que o parecer se reporta às circunstâncias em que ocorreu o acidente e não às lesões físicas sofridas pelo acidentado, como expressamente vem fundamentado, nos termos que se transcrevem de fls. 20 a 18 do processo instrutor apenso, com evidenciação a negrito nossa:

"(..) 5.

---

[1] Esteves de Oliveira, Costa Gonçalves, Pacheco de Amorim, *CPA – Comentado*, Almedina, 2ª edição, págs. 442/443; Freitas do Amaral, *Direito Administrativo*, Vol. III, Lições/1989, pág. 139

[2] Alberto Xavier, *Conceito e natureza do acto tributário*, Almedina, 1972, pág. 216.

A exigência, constante do artigo 2.º, n.º 1, alínea *b*), do Decreto-Lei n.º 43/76, de verificação de um grau mínimo de incapacidade geral de ganho, resultante do acidente, de 30%, obsta a que o requerente possa, no presente, ser qualificado deficiente das Forças Armadas.

Com efeito, apenas lhe foi determinado um coeficiente de desvalorização global de 15%.

Não obstante, e de acordo com o critério desde sempre seguido por este corpo consultivo, não deixará de se apurar se a situação verificada, o acidente ocorrido e as lesões comprovadas poderão ser abrangidos pelo enquadramento legal relativo à caracterização como DFA, abstracção feita do aludido aspecto referente à percentagem de incapacidade geral de ganho.

É que não está excluído que esta última possa vir a agravar-se, em termos de justificar a revisão do processo.

6. Nesta perspectiva, cabe partir da consideração de que "para que se possa qualificar como deficiente das Forças Armadas o militar autor de actos subsumíveis nos diversos itens do n.º 2 do artigo 1.º do Decreto-Lei n.º 43/76 é necessário que exista um duplo nexo causal, concebido em termos de causalidade adequada, entre o acto (situação) e o acidente e entre este último e a incapacidade" [3). Pareceres deste Conselho n.os 159/88, de 9/2/89, e 67/93d6 24/10/93.]

Não cabe a este corpo consultivo pronunciar-se sobre este aspecto.

Do processo decorre, de qualquer modo, que as entidades para tanto competentes consideram existir tal duplo nexo, causal.

7. Por seu turno, este corpo consultivo firmou já doutrina no sentido de o salto em pára-quedas, de uma aeronave, envolver um risco agravado em relação às actividades militares comuns (4). [Cfr. o parecer n.º 33/86, de 29/7/87, bem como os pareceres n.os 4/80, de 7/2/80, 86/81, de 11/6/81, 147/81, de 22/10/81; 219/81, de 4/3//82, 42/82 de 1/4/82, 6/86, de 27/2/86, 55/90, de 6/12/90, 89/90, de 6/12/90, 58/90, de 6/12/90, 7/91 de 27/1/91, 24/92, de 9/7/92, 54/92, de 8/10/92, 59/92, de 15/12/91, 65/92, de 29/10/92, 12/93, de 1/9/93, 24/93, de 20/4/93, 26/93, de 6/5/93, 27/93, de 1/7/93, 36/93, de 17/6/93, 14/94, de 14/4/94, 49/94, de 27/10/94 e 10/95, de 9/3/95.]

E, isto, em termos de ser legítima a sua equiparação abstracta a qualquer das outras actividades directamente contempladas na lei.

Na verdade, os acidentes desta natureza revelam uma tipicidade característica que integra a relevância de certa margem de risco. Mostram-se, com efeito, respeitadas as regras técnicas e de segurança, verifica-se ausência de culpabilidade do sinistrado ou de outrem. Mas observa-se nestes casos a influência tão frequente de factores condicionantes ou agravantes (fortes rajadas de vento, dificuldades na abertura do pára-quedas ou "enganche" deste noutros), que os mesmos não podem já ser considerados como imprevistos ou ocasionais, surgindo antes integrados no próprio processo causal normal e típico.

Refira-se, a propósito, que também resultaram de súbitas variações na força e/ou direcção do vento – tal como no caso presente – os acidentes ocorridos na aterragem de saltos em pára-quedas apreciados, designadamente, nos pareceres deste Conselho n.os 24/93, 14/94, 49/94 e 10/95.

No que concretamente concerne ao caso ora em análise, o parecer técnico àcerca dele elaborado, por entender que tal acidente se integrou "naquelas situações de risco imputáveis à imprevisibilidade das situações meteorológicas" que o originaram, concluiu propondo que ele "seja enquadrado nas circunstâncias típicas de grande perigosidade, logo, ser considerado em condições de risco agravado".

8. No caso concreto, o acidente deu-se sem culpa do sinistrado ou de outrem, havendo sido observadas as regras técnicas e de segurança.

O acidente foi, sim, provocado por súbito aumento da força e alteração da direcção do vento, o que impossibilitou o integral controlo do processo de aterragem por parte do requerente.

Patenteia-se, pois, uma situação de risco agravado equiparável às descritas na lei, nos termos da remissão do n.º 4 do artigo 2.º do Decreto-Lei n.º 43/76. (..)"

***

Do que vem transcrito resultam duas conclusões:

1. a qualificação de acidente em condições de risco agravado já constava do parecer técnico elaborado por dois oficiais da Força Aérea peritos na matéria relativamente às causas da ocorrência, vd. fls. 24 do processo instrutor;

2. na deliberação de 27.02.1992 da Direcção da CGA, este enquadramento técnico não foi tido em conta nas condições de aposentação.

Pelo que vem dito, o despacho de 15.01.98 do SEDN homologatório do parecer da PGR não releva como referência temporal de eficácia jurídica da deliberação da Direcção da CGA de 30.03.1998 para efeitos da alteração do valor da pensão de aposentação resultante da qualificação do acidente como ocorrido em condições de risco agravado, por duas ordens de razões:

1. a data de homologação de parecer só releva se se tratar de parecer de junta médica (art. 43.º n.º 1 *b*) EA), o que não é o caso;

2. a qualificação do acidente como ocorrido em condições de risco agravado constitui um pressuposto legal qualificativo do acidente causal da aposentação por incapacidade do Recorrido, conforme parecer técnico sobre a ocorrência, elaborado à data por dois oficiais peritos na matéria (art. 2.º n.º 4 DL 43/76 de 20.01).

Conclui-se daqui que o risco agravado tem a natureza de pressuposto legal qualificativo das circunstâncias que desencadearam o processo causal da ocorrência do acidente de serviço que, por sua vez, deu causa à aposentação por incapacidade.

Deste modo, a situação dos autos é subsumível no disposto no art. 43.º n.º 1 *b*) EA no sentido de se considerar a data em que a incapacidade foi declarada pela Junta de Saúde da Força Aérea, ou seja, a data de 17.04.1991.

É, pois, a esta data que cumpre reportar os efeitos jurídicos da deliberação da Direcção da CGA de 30.03.1998.

No tocante aos efeitos modificativos do valor pecuniário da pensão, tem amparo legal no art. 58.º n.º 2 *a*) *in fine* EA reportar a eficácia à data da deliberação da Junta de Saúde da Força Aérea de 17.ABR.1991, assumida na deliberação anterior de 27.02.1998 da CGA em que reconheceu o direito à aposentação e determinou o valor em função dos pressupostos inerentes ao facto determinativo da aposentação.

Desde logo, os pressupostos "causais" evidenciados no quadro das circunstâncias de facto e de direito inerentes ao evento que determina a aposentação estão incindivelmente ligadas aos pressupostos do cálculo pecuniário da pensão correspondente.

Contrariamente ao que afirma o Recorrente nas conclusões sob os ítens *c*) e *d*), está demonstrado que a deliberação de 27.02.1998 não teve em conta o pressuposto de facto (porque se reporta ao acidente) e de direito (porque fundado em qualificação legal) do risco agravado na ocorrência do acidente de serviço, pressupostos constante do parecer técnico às circunstâncias elaborado, à data, na sequência do mesmo.

Razão por que é evidente que a deliberação revogatória que compete não pode deixar de ter eficácia retroactiva pois que a deliberação de 27.02.1998 revogada pela tomada em 30.03.1998 se mostra inquinada de violação de lei por erro sobre os pressupostos de facto e de direito, na medida em que não levou em conta as condições de risco agravado da sua ocorrência.

Do que vem dito há-de concluir-se que tanto nos termos gerais como no especificamente disposto no art. 58.º n.º 2 *a*) *in fine* EA, os efeitos da revogação com fundamento na invalidade substantiva (revogação anulatória) do acto revogado projectam-se retroactivamente à data dos efeitos deste, ou seja, os efeitos produzem-se *ex tunc*, cumprindo reportar os efeitos jurídicos da deliberação da Direcção da CGA de 30.03.1998 à data em que a incapacidade foi declarada pela Junta de Saúde da Força Aérea, ou seja, a data de 17.04.1991.

***

Pelo exposto improcede o erro de julgamento assacado à sentença nos ítens *a*) a *f*) das conclusões de recurso.

Termos em que acordam, em conferência, os juízes da Secção de Contencioso Administrativo do Tribunal Central Administrativo Sul – 1.º Juízo Liquidatário em negar provimento ao recurso e confirmar a sentença recorrida.

Isenção legal subjectiva de tributação – art. 2.º da Tabela de custas do STA, Tribunal Central Administrativo Sul e TAC's.

Lisboa, 16 de Março de 2005.

Cristina dos Santos
Teresa de Sousa
Coelho da Cunha

Recurso n.º 12137/03

APOSENTAÇÃO. PENSÕES. ACTUALIZAÇÃO.

(Acórdão de 3 de Fevereiro de 2005)

SUMÁRIO:

As normas dos artigos 18.º das Portarias 79-A/94, de 4 de Fevereiro, 1093-A/94, de 7 de Dezembro, e 101-A/96, de 4 de Abril são inaplicáveis, por desconformidade com a regra de actualização das pensões prevista no artigo 59.º do Estatuto da Aposentação, ao terem por efeito a não actualização de determinadas pensões a pretexto da implementação de um princípio de proibição de ultrapassagem da remuneração líquida do pessoal no activo que não se encontrava consagrado na lei geral à data da sua vigência.

ACORDAM EM CONFERÊNCIA OS JUIZES DO TCAS

RELATÓRIO

Raul Mota Pereira de Campos, inconformado com a sentença do Tribunal Administrativo de Círculo de Lisboa que negou provimento ao recurso contencioso de anulação (Proc. n.º 782/96 da 3ª Secção) do despacho de 21-05-1996 da Direcção dos Serviços da Caixa Geral de Aposentações que aplicou à pensão por si auferida a limitação imposta pelo artigo 18.º da Portaria n.º 101-A/96, de 4/4.

Interpuseram ainda recurso Alda Gaspar e outros, por na mesma sentença se negar provimento ao recurso contencioso (Proc. n.º 210/00 da 3ª Secção do TACL) do despacho da mesma entidade, que lhes negou a aquisição do direito à actualização da pensão desde as datas que indicam.

Os recorrentes formularam as seguintes conclusões:

I – Da violação do direito à actualização anual da pensão

1ª O artigo 59.º do EA, consagra o princípio da actualização periódica das pensões e define os critérios básicos a ter em conta na sua fixação: o da elevação geral dos vencimentos dos funcionários.

2ª Daí decorre que os Recorrentes adquiriram no momento da fixação da sua pensão, o direito a vê-la aumentada sempre que se verifique o aumento das remunerações dos funcionários.

3ª A salvaguarda de direitos adquiridos à data da assunção da qualidade de funcionários e da inscrição na CGA, quanto ao direito à pensão e à sua actualização, em termos não menos favoráveis dos então vigentes, constitui, num Estado de Direito, um princípio fundamental inderrogável ou, nas palavras de João Alfaia "o direito à pensão e à sua actualização constituem situações jurídicas individuais indestrutíveis (cfr. Princípios Fundamentais do regime jurídico do funcionalismo público, 2.º Vol., pp. 1085).

4ª Nesta conformidade, a pensão dos Recorrentes devia ter sido aumentada, nos termos do artigo 59.º do

EA, nas percentagens fixadas nas Portarias impugnadas, e não o foram.

5ª E não o foram, segundo a CGA, porque "as portarias cuja legalidade os recorrentes contestam, prevêem todas elas que nas remunerações em vigor a partir de (...) até à data da entrada em vigor da presente portaria será deduzida a percentagem correspondente aos descontos legais para a CGA (...)".

6ª Isto é, a CGA, com fundamento nesta norma das portarias impugnadas, manteve inalterados os valores ilíquidos e líquidos das pensões dos recorrentes, deduzindo nas mesmas pensões o valor dos descontos de 10% que o pessoal do activo desconta para a mesma CGA.

7ª Mas, esta dedução de 10% no valor das pensões, não está previsto em nenhuma lei, e muito menos no DL 353-A/89, cujo n.º 4 do seu artigo 45.º se limita a estabelecer que "A revisão anual das pensões da competência da Caixa Geral de Aposentações (...) são fixadas em Portaria do Ministério das Finanças".

8ª Ora, esta Portaria, ou o mesmo é dizer, as Portarias impugnadas, inovaram em matéria de pensões, introduzindo uma alteração profunda do regime vigente fixado no artigo 57.º, 1 e 3, do EA, que apenas consente que nas pensões sejam descontadas as importâncias em dívida referidas no artigo 18.º, bem como as indemnizações que, por motivo de elevação geral dos vencimentos, a lei estabeleça.

9ª E, assim sendo, tais preceitos, que têm natureza regulamentar, colidem frontalmente com os artigos 59.º e 57.º, 1 e 3, do EA, pelo que são ilegais. Por outro lado,

10ª É incontroverso que o princípio da legalidade da Administração no que respeita aos regulamentos implica, numa das suas vertentes, que o regulamento não pode contrariar a lei e, designadamente, a lei que aquele visa regular ou ao abrigo do qual foi emitido. E a eventual desconformidade de um regulamento com a lei configurará uma violação directa da lei e, indirectamente, um desrespeito pelo princípio constitucional da legalidade da Administração.

11ª Os regulamentos são sempre actos legalmente derivados, com necessária referência a uma lei ou diploma equiparado (artigo 112.º, n.º 8, da Constituição da República) e mesmo no caso de regulamentos independentes exige-se sempre uma referência à lei (cfr. Gomes Canotilho/Vital Moreira, Constituição da República Portuguesa Anotada, pág. 781).

12ª Além disso, a competência conferida ao Governo para fazer regulamentos necessários à boa execução das leis [al. *c*) do artigo 199.º da CRP] implica, desde logo, a preexistência das leis que sejam susceptíveis e careçam de execução a nível normativo por parte da Administração, não podendo haver regulamentos sem lei, ou contrários à lei.

13ª Ora, é por demais evidente que os incisos do n.º 18 das Portarias 79-A/94, 1093-A/94 e 101-A/96, não visam regulamentar qualquer preceito do AE ou de uma outra qualquer lei e muito menos o n.º 4 do artigo 45.º do DL 353-A/89, de 16 de Outubro. Bem pelo contrário, antes derrogam os artigos 59.º e 57.º, 1 e 3, do mesmo EA que, como atrás se disse, consagram o direito inderrogável ao aumento anual das pensões.

14ª O reenvio normativo da lei para regulamento está sujeito ao limite da reserva de lei, não podendo a lei, no âmbito da reserva, deixar de esgotar toda a regulamentação primária das matérias, só podendo remeter para regulamento os aspectos secundários. Ora, a dedução de 10% introduzido pela Portaria n.º 79-A/94 e seguintes não constitui um aspecto secundário do regime das pensões.

15ª Por tudo isto, o n.º 18 das Portarias 79-A/94, 1093-A/94 e 101-A/96 são ilegais por desrespeito do princípio constitucional da hierarquia das normas, na medida em que desrespeitam os princípios contidos nos artigos 59.º e 57.º n.º 1 e 3, do EA.

Daí que,

16ª A douta sentença recorrida, ao considerar que o acto da CGA, "se limitou a aplicar a disciplina jurídica introduzida pelo artigo 18.º, da Portaria 79-A/94, não padece dos vícios que os recorrentes lhe assacam", incorre em manifesto erro de interpretação e aplicação das supracitadas normas, e consequentemente em erro de julgamento.

II – Da inconstitudonalidade indirecta do artigo 18.º, das portarias em questão:

17ª Nenhuma das normas habilitantes invocada nas Portarias impugnadas, e que são o "artigo 25.º do Decreto-Lei n.º 110-A/81 e dos n.º 3 e 4, do artigo 4.º e 6 do artigo 45.º do Decreto-Lei n.º 343-A/89" – habilitavam o Governo a legislar em matéria de aposentação e muito menos a fazê-lo *ex novo*. Com efeito,

18ª Das normas habilitantes, constantes das Portarias, a única que tem a ver com a aposentação é a do n.º 4, do artigo 45.º do Decreto-Lei n.º 353-A/89. Só que esta norma apenas consente ao governo fixar por portaria os vencimentos dos funcionários e a proceder à actualização das pensões. Mas não foi isso que o governo fez.

19ª Aquilo que o Governo efectivamente fez, foi aproveitar-se dessa disposição, como se de uma norma habilitante se tratasse, para estabelecer a igualização da situação contributiva dos aposentados com a dos funcionários públicos no activo, e impor, sorrateiramente, pela via regulamentar, uma dedução de 10% sobre o valor ilíquido das pensões.

20ª Assim, a previsão normativa do artigo 45.º, n.º4, do DL 353-A/89, (que nem sequer é citada) foi adulterada, pois, aquilo que o preceito passou a permitir ao Governo, foi, tão-só, poder passar a actualizar as pensões, por mera portaria, em vez de fazê-lo por Decreto-Lei, como vinha acontecendo desde 1997.[1]

21ª Porém, o Governo, dando a tal norma um conteúdo que ela não tinha, serviu-se dela, não para actualizar as pensões, mas para as diminuir, em 10%, ainda que não duma vez só!

E não só,

22ª Ao fazer aos pensionistas uma dedução de 10% sobre o valor ilíquido da pensão, criou um verdadeiro imposto vitalício.

23ª Assim, do ponto de vista formal e material, as normas do Decreto-Lei n.º 353-A/89,invocadas nas portarias, não constituem norma habilitante dos n.º 13, da Portaria n.º 79-A/94, de 4 de Fevereiro, nem dos n.º 14,

[1] Até essa altura discutia-se se o governo não teria de o fazer por lei da Assembleia da Repúlica. Esta questão foi resolvida pela Comissão Constitucional, que se pronunciou pela legitimidade do Governo para fixar a tabela de remunerações, por Decreto-Lei.

15 e 18, da Portaria n.º 1093-A/94, de 27 de Dezembro e idênticas disposições das portarias que lhes sucederam no tempo, e o n.º 4, do artigo 45.º, apenas consente ao Governo fixar por Portaria o *quantum* do aumento, e nunca a modificação dos critérios fixados nos artigos 57.º e 59.º, do EA.

24ª É, assim, por demais evidente, até por impossibilidade constitucional, que os incisos questionados não podiam introduzir qualquer alteração no Estatuto da Aposentação, e muito menos derrogar os artigos 59.º e 57.º, n.os 1 e 3, do mesmo EA, que consagram o direito inderrogável ao aumento das pensões.

25ª E, a verificar-se uma desconformidade entre aquelas disposições das Portarias e as normas de um diploma legislativo, como são os artigos 59.º e 57.º, do EA, não se prefigura assim um vício de inconstitucionalidade, mas, antes, uma situação de ilegalidade, que só indirectamente pode ser aferida face ao texto constitucional; aferição essa que está excluída do controlo do Tribunal Constitucional, pois são taxativos os casos de ilegalidade qualificada que a Constituição elenca no artigo 280.º (cfr. Acórdãos do tribunal Constitucional, in internet, wtvw.dgsi.pt – ACTC00004749/94-209-1/91--0031 DR, II Série, 160).

Por outro lado,

26ª Diferentemente do decidido, a matéria da aposentação, como se diz no Ac. do TC n.º 267/88, faz parte do estatuto próprio da função pública, e o seu regime consta de um diploma legal, o EA – pelo que existe uma lei quadro, a fixar o regime da aposentação. Consequentemente,

27ª Qualquer alteração do artigo 59.º, do EA, tinha e tem que constar, forçosamente, de Lei formal ou de DL autorizado (Cfr. Ac. do TC n.º 267/88). Também,

28ª E, contrariamente ao sustentado na douta sentença recorrida, a jurisprudência do tribunal constitucional tem sido unânime em reconhecer que se existe uma lei quadro do regime da função pública, toda a legislação governamental se deve conformar com ela, sob pena de inconstitucionalidade orgânica, e quando não há tal lei, as normas que, pela natureza e relevância das soluções que contenham, afectem aspectos que hajam de ser considerados como integrantes das bases do regime da função pública terão de ser aprovadas pela Assembleia da República ou mediante autorização (Cfr. Ac. Trib. Const. n.º 154/86, in Col., pág. 200 e segts). Os poderes habilitantes apenas conferiam ao Executivo poderes para dispor no sentido da fixação do *quantum* do aumento das pensões, e não para introduzir alterações no critério da actualização fixado no EA, e fê-lo. Ora,

29ª A matéria do direito de inscrição na CGA, (artigo 1.º), o tempo de subscritor, artigo 24.º, e artigo 63.º/4, da CRP), as formas de aposentação (artigo 36.º), o direito à pensão (artigo 46.º), a fórmula de cálculo da pensão (artigo 53.º) e o critério de actualização da pensão (59.º), reguladas no estatuto da aposentação, constituem os princípios basilares do EA ou, se se preferir, o núcleo duro da aposentação. E sendo assim,

30ª O Governo, ao introduzir uma alteração do regime de fixação da actualização das pensões, por meio de Portaria, violou os princípios da precedência da lei e da reserva de lei, ínsitos nos artigos 112.º/8 e 165.º 1l, alínea *t*) da CRP. Com efeito,

31ª A fixação do desconto da quota de 10% sobre as pensões afecta perenemente um dos aspectos mais relevantes do regime da aposentação, fixado no artigos 59.º, do EA, base integrante do regime da função pública. Além disso,

32ª As portarias impugnadas violam também o artigo 199.º, alínea *c*) da CRP, porquanto o Executivo, não teve em conta que a competência conferida ao Governo "para fazer os regulamentos necessários à boa execução das leis" implica desde logo a preexistência de leis que sejam susceptíveis de regulamentação e careçam de execução a nível normativo, por parte da Administração, não podendo haver regulamentos sem lei, em concreto.

33ª Ora, sendo evidente que o n.º 18 das Portarias 79-A/94, 1093-A/94 e 101-A/96 não regulam qualquer preceito do EA nem do DL 353-A/89, antes inovam em matéria tributária, violam, também, frontalmente o artigo 199.º, alínea *c*) da CRP. Deste modo,

34ª É patente o erro de julgamento do tribunal *a quo*, quando, na interpretação e aplicação que dá aos artigos 18.º, das portarias, e normas relacionadas, considera que os mesmos normativos não ofendem o disposto nos artigos 112.º n.º 8, 165.º n.º 1 *t*) e 199.º *c*), da CRP. E também,

35ª Quando considera que "o n.º 18 da Portaria não regula sobre o núcleo essencial de tal matéria, mas apenas num dos seus aspectos não abrangidos por essa reserva".

III – A questão da violação do princípio da primazia ou precedência e da reserva de lei

36ª A invocada infracção ao princípio da primazia ou precedência da lei, decorrente da circunstância de o executivo ter regulado por portaria e de forma inovatória, em matéria do regime de aposentação, contrapõe o tribunal *a quo* que "nenhuma inovação existe dado que o princípio plasmado nos preâmbulos das portarias 1093--A/94 e 101-A/96, não foi instituído pelas portarias 79-A//94"; e conclui que "ele ancora-se no art. 7.º, n.º 1, do Decreto-Lei n.º 110-A/81 de 14 de Maio, e no princípio contido no próprio EA, de que a pensão não pode exceder o montante da remuneração que lhe serve de base (art. 53.º, n.º 2)".

37ª Esta consideração da douta sentença, incorre em evidente erro de julgamento, e consequente violação de lei. Pois salta à vista que nenhuma destas disposições consente o entendimento retirado na douta sentença. Relevando, contudo, o facto surpreendente de, na douta sentença, se confundir a formula de cálculo da pensão (artigo 53.º, do EA), com o critério de actualização da pensão (artigo 59.º, do EA).

38ª Há, ainda, erro de julgamento, quando a douta sentença recorrida, baseia a sua decisão, nas disposições dos "art. 7.º, n.º 1, do Decreto-lei n.º 110-A/81 de 14 de Maio, e o art. 53.º, n.º 2, do EA", e não nos fundamentos invocados no acto recorrido. Pois,

39ª Não se ponderou na douta decisão, como devia, que os recursos contenciosos são de mera legalidade (art. 6.º da L.P.T.A.), visando-se neles apreciar a legalidade da actuação da Administração tal como ela ocorreu, não podendo o tribunal, perante a constatação da invocação de um fundamento ilegal como suporte da decisão administrativa, apreciar se a sua actuação poderia basear-se noutros fundamentos, designadamente os invocados a posteriori na resposta ou nas alegações do recurso contencioso (cfr. AC. STA n.º 046544, de 29/05//2002, 3ª Subsecção do CA).

VI – A questão da inconstitucionalidade do n.º 18, da Portaria 79-A/94 e seguintes, à luz do artigo 165.º, *i*) da CRP

40ª O n.º 18, das Portarias em questão, ao determinarem no cálculo da pensão "a dedução da percentagem correspondente aos descontos legais para a Caixa Geral de Aposentações", introduziram uma inovação em matéria fiscal.

41ª Com efeito, o Executivo serviu-se da via regulamentar para lançar um imposto sobre parte dos aposentados do Estado, ao arrepio dos princípios constitucionais. Porém,

42ª A douta sentença recorrida, louvando-se em José Casalta Nabais, e tomando-o pelo todo da doutrina, na medida em que omite ou esquece as posições dos Profs. Doutores Sousa Franco e Jorge de Miranda, de sentido oposto, nega o carácter de imposto às contribuições dos trabalhadores para a segurança social, afastando-se, aí, da jurisprudência uniforme do Tribunal Constitucional, que as considera um verdadeiro imposto. De facto,

43ª As contribuições dos trabalhadores para a segurança social têm natureza parafiscal, configurando-se (como diz Sousa Franco, in Finanças do Sector Público, introdução aos subsectores institucionais) como "contribuições especiais", por serem consequência da detenção de uma qualidade social específica que é o fundamento para a assunção pelo Estado de certos encargos ou a atribuição de certos benefícios. Não podem, em caso algum, ser consideradas meros preços ou receitas de tipo associativo, como nos sistemas privados. Todavia, nos últimos anos elas têm convergido com as típicas receitas fiscais: legalidade, orçamentação, afectação a uma amplíssima categoria de despesas (as do orçamento da segurança social), integração (apôs 1984) deste orçamento no Orçamento do Estado (revisão constitucional de 1982), a sua "tributarização" é um fenómeno geral, que também ocorre em Portugal (o. c., pág. 156).

44ª E, assim sendo, o Governo não podia, por mero regulamento, criar um imposto. O princípio da igualdade tributária, como é consabido, traduz-se, desde logo, na regra da reserva de lei para a criação e determinação dos elementos essenciais dos impostos. O imposto há-de ser desenhado na lei de forma suficientemente determinada, sem margem para qualquer discricionariedade administrativa quanto àqueles elementos essenciais (cfr. AC do Tribunal Constitucional n.º 1203/96, de 27 de Novembro de 1996, Col. AC TC, pág. 123 e Jorge Miranda "A competência legislativa no domínio dos impostos e as chamadas receitas parafiscais", in revista da Faculdade de Direito da Universidade de Lisboa, Vol XXIX, 1988, pp. 9 e segts.).

45ª Deste modo, as Portarias em causa violam os artigos 103.º, n.º 2 e 165.º, alínea *i*), da Constituição.

E consequentemente, não decidindo assim, a douta sentença enferma do vício de erro de julgamento em violação dos dispositivos citados.

VII – A questão da violação do princípio da confiança legítima, da proporcionalidade e da igualdade

46ª O acto impugnado viola, também, o princípio da protecção da confiança legítima, consagrado no artigo 2.º da CRP, na medida em que frustra legítimas expectativas alicerçadas no regime antecedente e vigente (artigo 59.º do EA), regime esse que constitui factor determinante da opção dos Recorrentes pelo regime de trabalho da função pública (cfr. no mesmo sentido o AC. STA, de 14.5.96, recurso 33 243).

47ª Com efeito, o cidadão deve poder prever as intervenções que o Estado poderá levar a cabo sobre ele, ou perante ele e preparar-se para se adequar a elas. Ele deve poder confiar em que a sua actuação de acordo com o direito, seja reconhecida pela ordem jurídica e assim permaneça em todas as suas consequências juridicamente relevantes. Esta confiança é violada, sempre que o legislador ligue a situações de factos constituídas e desenvolvidas no passado, consequências jurídicas mais desfavoráveis do que aquelas com que o atingido podia e devia contar. Um tal procedimento legislativo violará frontalmente o princípio do Estado de direito democrático.

48ª Daí que se possa falar em que os cidadãos tenham, fundamentalmente, a expectativa na manutenção de situações de facto já alcançadas, como consequência do direito em vigor. Mas, se não obstante esse alcance, normativo posterior vier, acentuada ou patentemente, alterar o conteúdo dessas situações, a confiança dos cidadãos no ordenamento jurídico ficará fortemente abalada, frustrando as expectativas que detinham da anterior tutela conferida pelo direito e que fora determinante na opção da relação de emprego público.

49ª Também o acto recorrido, contrariamente ao decidido sofre de violação de lei, por infringir o princípio da proporcionalidade administrativa (artigo 18.º/2 da CRP), porquanto nem se demonstra a indispensabilidade do meio adoptado para servir o interesse público em causa, nem existe um mínimo de equilíbrio entre os eventuais efeitos positivos do acto e os efeitos negativos decorrentes não só para os Recorrentes mas para terceiros.

50ª Acresce, ainda, que o motivo da diferenciação de tratamento constante do n.º 18 das Portarias citadas e presente no acto impugnado, no que toca às pensões que são ou não actualizadas, tendo por referente simples razão de data, é arbitrário, insusceptível de postular a diferenciação de regimes, tais normativos violam, por isso, e enquanto estabelecem um regime excepcional desfavorável, o princípio da igualdade ínsito no artigo 13.º da CRP.

***

A Recorrida contra alegou em sustentação da sentença, com as seguintes conclusões:

1ª O direito à actualização consagrado no artigo 59.º do Estatuto da Aposentação não é afectado pela introdução de critérios práticos da sua concretização, como foi doutamente explicitado pela sentença a quo.

2ª Aliás, o princípio em causa, da limitação da actualização das pensões, dos funcionários públicos aposentados, em função da percentagem de desconto para a CGA, de moda a assegurar, em termos líquidos, a equivalência aos funcionários do activo de igual categoria, foi desenvolvido após a nova redacção dada pelo DL 341//77, de 19/8 e DL 191-A/79, de 25 de Junho, ao n.º 2 do art. 53.º do Estatuto da Aposentação o qual estabelecia que a "pensão não pode, em caso algum, exceder o montante da remuneração líquida a que se refere o n.º 7".

3ª A medida constante do n.º 4 do art. 45.º do DL n.º 353-A/89 foi tomada através de diploma de desenvolvimento dos princípios estabelecidos no D.L. n.º 184/89, de 2 de Junho, sendo certo que este diploma foi emitido no uso da autorização legislativa conferida através da Lei n.º 114/88, de 30 de Dezembro.

4ª Em todo o caso, a alteração em causa não dependia de autorização legislativa, dado que incidia em matéria excluída do conceito "Bases do regime e âmbito da função pública" (art.168.º, n.º I, alínea *v*), da CRP). Com efeito, a substituição da expressão "Regime e âmbito da função pública" por "Bases do regime e âmbito da função pública", operada por revisão constitucional, tornou patente que a reserva relativa da competência da A.R. nesta matéria se circunscreve à definição dos princípios fundamentais do regime da função pública e à delimitação do seu âmbito, sem prejuízo da competência legislativa própria do Governo em matérias que não contendam com esses princípios.

5ª Ora, embora o regime de previdência da função pública seja apenas uma das bases do regime da função pública, e ainda que se considere a "actualização das pensões" como um desses princípios, não se poderá sobrepor ao da proibição da atribuição e pagamento de pensões de aposentação superiores às remunerações líquidas efectivamente auferidas por funcionários de igual categoria.

6ª A limitação temporária de actualização das pensões até nivelar as remunerações líquidas dos funcionários no activo com os na situação de aposentado não afecta qualquer núcleo fundamental do princípio da confiança legítima da actualização das pensões, como foi doutamente desenvolvido na sentença a quo, para a qual se remete.

7ª Termos em que deverá ser confirmada por esse Venerando Tribunal a sentença proferida pelo Tribunal a quo, de que os actos recorridos pelos quais foram realizadas as actualizações foram efectuados em conformidade com as normas aplicáveis contidas nos n.º 18 das Portarias n.os 1093-A/94 e 101-A/96, as quais não contendem com qualquer preceito ou princípio constitucional.

***

O MP propugnou confirmação da sentença.

***

Neste recurso assaca-se ao Tribunal *a quo* erro de julgamento ao concluir pela improcedência dos vícios imputados aos actos que aplicaram à pensão dos Recorrentes o inciso normativo final dos n.º 18 das Portarias 79-A/94, de 4 de Fevereiro, 1093-A/94, de 7 de Dezembro e 101-A/96, de 4 de Abril, em cujos termos "será deduzida a percentagem correspondente aos descontos legais para a CGA" na actualização das pensões dos funcionários e agentes da Administração Pública.

Na tese dos Recorrentes, repudiada na sentença, a referida norma sofreria de ilegalidade por violação dos artigos 57.º/1 e 3 e 59.º do Estatuto da Aposentação (EA) além de desconformidade constitucional a vários títulos.

Cumpre decidir.

FUNDAMENTAÇÃO

De facto

Estão provados ou admitidos por acordo os seguintes factos relevantes:

a) Por requerimento datado de 3 de Fevereiro de 1994, o recorrente Raul Mota Pereira de Campos, com o cargo de consultor jurídico da A. R., requereu a sua aposentação extraordinária voluntária ao abrigo do disposto na al. *b*) do n.º 1 e n.º 2 do art. 17.º da Lei n.º 59/ /93, de 17 de Agosto.

b) O requerimento foi deferido por despacho do Presidente da A.R., da mesma data.

c) Em 94.02.23 foi reconhecido, pela Direcção de Serviços da Caixa Geral de Aposentações, no uso de delegação de poderes publicada no DR, II Série, n.º 220, de 1993/09/18, o direito à aposentação nos termos da al. *b*) do n.º 1 do art. 17.º da Lei anteriormente referida, tendo sido fixada uma pensão transitória de Esc. 593.266$00, com base em 30 anos e 5 meses de serviço.

d) Nessa data a remuneração do recorrente era de Esc. 695.430$00, sendo Esc. 385.000$00 de vencimento base, 296.800$00 de remuneração suplementar e Esc. 13.630$00 de adicional ao vencimento.

e) Por despacho de 16.11.94, da Direcção dos Serviços da Caixa Geral de Aposentações, foi fixada a pensão definitiva em Esc. 605.604$00, com base no tempo referido em *c*), e na remuneração total referida na alínea anterior.

f) Por despacho de 28.11.94, da Direcção dos Serviços da Caixa Geral de Aposentações, o montante da pensão (unificada) foi alterado para Esc. 619.008$00, dos quais 524.869$00 correspondiam a encargo da CGD e 94.139$00 a encargo do CNP.

g) O despacho referido na al. anterior foi comunicado à Assembleia da República por ofício da CGA de 94/12/12, mencionando-se no ofício que "o pagamento da pensão já actualizada e a cobrança de eventuais débitos de quotas, serão feitos oportunamente pelo Serviço de Abono de Pensões da Caixa Geral de Aposentações".

h) A CGD enviou ao recorrente Raul Mota Pereira de Campos uma declaração para efeitos de IRS (categoria H), relativa ao ano de 1995, nela se mencionando Esc. 8.047.104$00 a título de pensão ilíquida e Esc. 1.170.340$00 a título de retenção de IRS.

i) Por requerimento datado de 16 de Março de 1996 o recorrente Raul Mota Pereira de Campos requereu ao Presidente do Conselho de Administração da Caixa Geral de Aposentações, a rectificação da declaração de IRS do ano de 1995, a actualização da pensão nos termos dos artigos 14.º e 15.º da Portaria n.º 1093-A/94 e a indicação do normativo legal em que a CGA fundamenta a dedução integral das actualizações da pensão do referido recorrente posteriores à data da sua aposentação.

j) A CGA veio a responder ao requerimento referido na al. anterior através do ofício fotocopiado a fls. 35, n.º NER JL 506546, de 2.5.96, cujo teor se dá aqui por reproduzido, informando que os descontos efectuados na pensão do recorrente não foram objecto de menção na declaração de IRS por não se enquadrarem nos abatimentos previstos na a. *f*) do n.º 1 do art. 55.º do CIRS, e que a não actualização da pensão se ficou a dever à aplicação do n.º 18 da Portaria n.º 1093-A/94, de 7/12, visto que a percentagem dos descontos para a CGA era superior à percentagem de aumento fixada pela referida Portaria.

k) Em 8 de Maio de 1996 o recorrente requereu a notificação integral do acto a que respeita o ofício referido na al. anterior, bem como o seu autor, e no caso de ter sido praticado no uso de delegação ou subdelegação de competência, a qualidade em que decidiu, com menção dos despachos de delegação ou subdelegação de competência e local da sua publicação.

l) A CGA só respondeu ao requerimento referido na alínea anterior pelo ofício de 19/6/96, n.º NER JL 506546 (cujo teor se dá por integralmente reproduzido), informando que por despacho de 96.05.21, da Direcção dos Serviços da Caixa Geral de Aposentações, proferido no uso de delegação de poderes publicada no D.R., II Série, n.º 242, de 95.11.24, foi confirmado o acto dos Serviços que aplicou às pensões as disposições da Portaria n.º 101-A/96, de 4 de Abril, nomeadamente a limitação imposta pelo n.º 18 deste diploma, nas quais se incluiu a do recorrente.

m) Por requerimento de 93/08/25, a recorrente Alda Cabral Barbosa de Oliveira Gaspar, com o cargo de Directora de Serviços de Documentação e informação da A. R., requereu a sua aposentação extraordinária voluntária ao abrigo do disposto na al. *b*) do n.º 1 e n.º 2 do art. 17.º da Lei n.º 59/93, de 17 de Agosto.

n) O requerimento foi deferido por despacho do Presidente da A.R., da mesma data.

o) Por despacho de 93/10/28, da Direcção dos Serviços da C.G.A., proferido no uso de delegação de poderes publicada no DR, II, n.º 220, de 93/09/18, foi fixada à recorrente Alda Cabral Barbosa Oliveira Gaspar a pensão definitiva de Esc. 714.000$00, calculada com base no tempo efectivo de 33 anos e um mês de serviço, e o tempo considerado de 36 anos (nos termos do n.º 2 do art. 17.º da Lei n.º 59/93), e Esc. 403.200$00 de remuneração base e Esc. 310.800 de remuneração suplementar.

p) Por requerimento de 93.01-19, o recorrente José Alberto Pires, com o cargo de Chefe de Divisão da A. R., requereu a sua aposentação extraordinária voluntária ao abrigo do disposto na al. *b*) do n.º 1 e n.º 2 do art. 17.º da Lei n.º 59/93, de 17 de Agosto.

q) O requerimento foi deferido por despacho do Presidente da A.R., da mesma data.

r) Por despacho de 93.02.11, da Direcção dos Serviços da C.G.A., proferido no uso de delegação de poderes publicada no DR, II, n.º 178, de 90/00/03, foi fixada ao recorrente José Alberto Pires a pensão definitiva de Esc. 624.800$00, calculada com base em 36 anos de tempo efectivo de serviço, a Esc. 352.800$00 de remuneração base e Esc. 272.000$00 de remuneração suplementar.

s) Por requerimento de 93.08.25, o recorrente Filomeno António Monteiro Sobreiro, com o cargo de Chefe de Divisão da A. R., requereu a sua aposentação extraordinária voluntária ao abrigo do disposto na al. *b*) do n.º 1 e n.º 2 do art. 17.º da Lei n.º 59/93, de 17 de Agosto.

t) O requerimento foi deferido por despacho do Presidente da A.R., da mesma data.

u) Por despacho de 19.11.93, da Direcção dos Serviços da C.G.A., proferido no uso de delegação de poderes publicada no DR, II, n.º 220, de 93/09/18, foi fixada ao recorrente Filomeno António Monteiro Sobreiro, a pensão definitiva de Esc. 624.800$00, calculada com base em 35 anos e sete meses de serviço, e o tempo considerado de 36 anos (nos termos do n.º 2 do art. 17.º da Lei n.º 59/93), e Esc. 352.800$00 de remuneração base e Esc. 272.000SOO de remuneração suplementar.

v) Por requerimento de 93.08.25, a recorrente Noémia Rodrigues de Oliveira, com o cargo de Chefe de Divisão da A. R., requereu a sua aposentação extraordinária voluntária ao abrigo do disposto na al. *b*) do n.º 1 e n.º 2 do art. 17.º da Lei n.º 59/93, de 17 de Agosto.

w) O requerimento foi deferido por despacho do Presidente da A.R., da mesma data.

x) Por despacho de 28.10.93, da Direcção dos Serviços da C.G.A., proferido no uso de delegação de poderes publicada no DR, II, n.º 220, de 93/09/18, foi fixada à recorrente Noémia Rodrigues de Oliveira, a pensão definitiva de Esc. 624.800$, calculada com base no tempo efectivo de 32 anos e 6 meses de serviço efectivo, e o tempo considerado de 36 anos (nos termos do n.º 2 do art. 17.º da Lei n.º 59/93), e Esc. 352.800$00 de remuneração base e Esc. 272.000$00 de remuneração suplementar.

y) Por requerimento de 93.08.25, o recorrente José Manuel Martins Cerqueira, com o cargo de Director-Geral da A. R., requereu a sua aposentação extraordinária voluntária ao abrigo do disposto na al. *b*) do n.º 1 e n.º 2 do art. 17.º da Lei n.º 59/93, de 17 de Agosto.

z) O requerimento foi deferido por despacho do Presidente da A.R., da mesma data.

aa) Por despacho de 23.11.93, da Direcção dos Serviços da C.G.A., proferido no uso de delegação de poderes publicada no DR, II, n.º 220, de 93/09/18, foi fixada ao recorrente José Manuel de Almeida Cerqueira a pensão definitiva de Esc. 769.732$00, calculada com base em 30 anos e 3 meses de serviço efectivo, e o tempo de serviço considerado de 36 anos (nos termos do n.º 2 do art. 17.º da Lei n.º 59/93), e Esc. 769.732$00 de remuneração média.

bb) Por requerimento de 93.08.25, o recorrente Carlos Manuel de Brito Montez, com o cargo de Director de Serviços da A.R., requereu a sua aposentação extraordinária voluntária ao abrigo do disposto na al. *b*) do n.º 1 e n.º 2 do art. 17.º da Lei n.º 59/93, de 17 de Agosto;

cc) O requerimento foi deferido por despacho do Presidente da A.R., da mesma data.

dd) Por despacho de 19.11.93, da Direcção dos Serviços da C.G.A., proferido no uso de delegação de poderes publicada no DR, II, n.º 220, de 93/09/18, foi fixada ao recorrente Carlos Manuel de Brito Montez a pensão definitiva de Esc. 714.000$00, calculada com base no tempo de serviço efectivo de 31 anos e 2 meses, e o tempo considerado de 36 anos (nos termos do n.º 2 do art. 17.º da Lei n.º 59/93), e Esc. 403.200$00 de remuneração base e Esc. 310.800$00 de remuneração suplementar;

ee) Por requerimento de 93.12.09, a recorrente Maria Fernanda Lopes da Fonte, com o cargo de Director de Serviços da A.R., requereu a sua aposentação extraordinária voluntária ao abrigo do disposto na al. *b*) do n.º 1 e n.º 2 do art. 17.º da Lei n.º 59/93, de 17 de Agosto.

ff) O requerimento foi deferido por despacho do Presidente da A.R., da mesma data.

gg) Por despacho de 6.6.94, da Direcção dos Serviços da C.G.A., proferido no uso de delegação de poderes publicada no DR, II, n.º 87, de 94/04/14, foi fixada à recorrente Maria Fernanda Lopes da Fonte a pensão definitiva unificada de Esc. 465.352$00, calculada com base em 24 anos e 10 meses de serviço efectivo, e o tempo considerado de 30 e 10 meses (nos termos do n.º 2 do art. 17.º da Lei n.º 59/93), e a remuneração base de Esc. 277.200$00 e a remuneração suplementar de Esc. 213.700$00, e na pensão estatutária do regime da segurança social, de Esc. 59.050$00.

hh) Por requerimentos recebidos nos serviços da CGA em 99/12/29, cujos duplicados se acham juntos aos autos de fls. 40 a fls. 48 (e cujo teor se dá aqui por reproduzido), os recorrentes supra referidos em *m*), *p*), *s*), *v*) *y*), *ss*) e *ee*), requereram ao Presidente da Caixa Geral de Aposentações a rectificação das suas pensões, em resultado das actualizações efectuadas pelas Portarias n.º 79-A/94, de 4 de Fevereiro, 1093-A/94, de 7 de Dezembro, 101-A/96, de 4 de Abril, 60/97, de 25 de Janeiro, 29-A/98, de 16 de Janeiro e 147/99, de 27 de Fevereiro.

ii) A CGA enviou aos mesmos recorrentes os ofícios constantes de fls. 26 a 39 dos autos, neles se referindo que as pensões dos recorrentes ficaram independentes, nos termos do art. 43.º, n.º 3, do EA, das alterações remuneratórias ou funcionais respeitantes ao pessoal em exercício efectivo de funções, e que se encontra em vigor o princípio da limitação introduzido pelo Dec.-Lei n.º 106-A/83, de 18 de Fevereiro, segundo o qual as pensões actualizadas não podem ultrapassar as que seriam devidas com base nas correspondentes remunerações do pessoal do activo, "líquidas do desconto de quotas para a CGA"", pelo que as pensões não foram actualizadas até a percentagem de actualização atingir os 10%, passando a ser actualizadas após esse limite ter sido ultrapassado.

DE DIREITO

Como se refere num douto acórdão do Tribunal Constitucional citado na alegação dos Recorrentes, "a admitir-se que são divergentes os conteúdos preceptivos de uma lei e de uma portaria, a invalidade que afecta a norma regulamentar deve qualificar-se como ilegalidade e não também inconstitucionalidade directa ou indirecta". Este é um corolário lógico da primazia da lei sobre o regulamento, na hierarquia dos actos normativos estabelecida no artigo 112.º da Constituição. Deste modo, havendo conformidade entre a norma regulamentar e a norma constante de lei geral da República (lei ou decreto-lei) sobre esta última é que poderia incidir um eventual juízo de inconstitucionalidade.

Nesta perspectiva, pela ordem inversa à utilizada na sentença, a primeira questão a conhecer será concernente à pretensa ilegalidade da norma constante dos incisos finais dos artigos 18.º das Portarias 79-A/94, de 4 de Fevereiro, 1093-A/94, de 7 de Dezembro, e 101-A/96, de 4 de Abril e, consequentemente, dos actos administrativos impugnados que os levaram à prática, atenta a sua hipotética desconformidade com as disposições conjugadas dos artigos 57.º/1 e 3 e 59.º do EA.

Sobre esta matéria, ponderou-se na sentença:

«O art. 18.º da Portaria 79-A/94 tem a seguinte redacção: Na actualização das pensões calculadas com base nas remunerações em vigor a partir de 1 de Janeiro de 1992 até à data da entrada em vigor da presente portaria será deduzida a percentagem correspondente aos descontos legais para a Caixa Geral de Aposentações".

E o mesmo artigo 18.º, das Portarias 1093-A/94 e 101-A/96, a seguinte:

18.º No valor já actualizado das pensões calculadas com base nas remunerações em vigor a partir de 1 de Janeiro de 1993 até 31 de Dezembro de 1995 será deduzida a percentagem correspondente aos descontos legais para a Caixa Geral de Aposentações.

Quer no preâmbulo da Portaria n.º 1093-A/96, quer no da Portaria n.º 101-A/96 diz-se, a dado passo, o seguinte: Tal como nos anos anteriores, mantém-se o princípio decorrente de as pensões actualizadas em conformidade com a presente portaria não poderem ultrapassar as que seriam devidas se calculadas com base nas correspondentes remunerações do pessoal do activo, líquidas do desconto de quotas para a Caixa Geral de Aposentações.

Todas elas convocam os n.os 3 e 4 do artigo 4.º e 6 do artigo 45.º do Decreto-Lei n.º 353-A/89, de 16 de Outubro. Para o caso sub judice interessa especialmente este último normativo, que dispõe: A portaria referida no n.º 4 fixa o montante do subsídio de refeição, subsídios de viagem e marcha e ajudas de custo a partir de 1 de Janeiro de 1990. Portaria essa, do Ministro das Finanças, que procede à revisão anual, além do mais, das pensões da competência da Caixa Geral de Aposentações.

Na tese dos recorrentes, a infracção ao princípio da primazia ou precedência da lei decorreria da circunstância do Governe legislar, por via regulamentar e de forma inovatória, em matéria do regime de aposentação.

Só que nenhuma inovação existe dado que o princípio plasmado nos preâmbulos das Portarias 1093-A/94 e 101-A/96, não foi instituído pela Portaria 79-A/94; ele ancora-se no art. 7.º, n.º 1, do Decreto-Lei n.º 110-A/81, de 14 de Maio, e no princípio contido no próprio EA, de que a pensão não pode exceder o montante da remuneração que lhe serve de base (art. 53.º, n.º 2).

(...)

Decorre do atrás exposto, que o acto recorrido não agride o referido princípio de actualização, porquanto apenas procede a uma adequação dos montantes das pensões de certos aposentados, entre os quais os recorrentes, às remunerações dos funcionários de idêntica categoria, no activo, por um período necessariamente transitório, até ser obtida essa equiparação.

(...)

Do que fica dito pode retirar-se a conclusão que também não ocorrem as invocadas violações dos artigos 57.º, n.º 1 e 3, e 59.º, ambos do Estatuto da Aposentação. No segundo caso, já se salientou que não está em causa o princípio da actualização anual das pensões de aposentação, mas a mera adequação, necessariamente transitória, do montante de determinadas pensões ao valor das remunerações de funcionários de idêntica categoria no activo; por outro lado, como não há efectiva dedução de qualquer montante, mas apenas o congelamento das pensões segundo um critério legalmente definido, não ocorre qualquer violação dos primeiros normativos citados.»

No preâmbulo das portarias 1093-A/94 e 101-A/96 revela-se a *ratio* subjacente à consagração da norma regulamentar cuja aplicação os Recorrentes contestam (artigo 18.º, supra transcrito daquelas portarias e também da Portaria 79-A/94), nestes termos (há uma ligeira diferença meramente literal nos textos daqueles preâmbulos que se despreza porque em nada afecta a subsistente identidade de sentido): "Tal como nos anos anteriores, mantém-se o princípio decorrente de as pensões actualizadas em conformidade com a presente portaria não poderem ultrapassar as que seriam devidas se calculadas com base nas correspondentes remunerações do pessoal do activo, líquidas do desconto de quotas para a Caixa Geral de Aposentações".

Na sua análise, o M.º Juiz *a quo* admitiu como assente que o aludido princípio de adequação entre o montante máximo das pensões e o valor líquido das remunerações dos funcionários de idêntica categoria no activo se encontrava consagrado na lei, designadamente nos artigos 7.º/1 do DL 110-A/81, de 14 de Maio, e 53.º/2 do EA, não existindo portanto nesta matéria qualquer inovação relevante introduzida pela via regulamentar.

Todavia, não é rigorosamente assim.

À data da emissão dos actos administrativos em causa, o artigo 53.º/1 e 2 do EA tinha a configuração introduzida pelo DL 191-A/79, de 25 de Junho:

Artigo 53.º

(Cálculo da pensão)

1 – A pensão de aposentação é igual à trigésima sexta parte da remuneração que lhe serve de base multiplicada pela expressão em anos do número de meses de serviço contados para a aposentação, até ao limite máximo de trinta e seis anos.

2 – A pensão não pode, em caso algum, exceder o montante da remuneração a que se refere o número anterior.

Quanto ao artigo 7.º/1 do DL 110-A/81 nada dispunha sobre o limite máximo da pensão.

Significa isto que o "tecto" consagrado no EA para o montante das pensões de aposentação era definido pela remuneração da categoria no activo, simplesmente, sem qualquer atributo de "liquidez" e sem qualquer referência ao "desconto de quotas para a CGA".

Só com a Lei 32-B/2002, de 30 de Dezembro (Orçamento de Estado para 2003), curiosamente em data pouco posterior à da sentença sob recurso, veio a ser introduzida a redacção do artigo 53.º/1 e 2 do EA que consagra o princípio de que a pensão "não pode, em caso algum, exceder o montante da remuneração *líquida* a que se refere o n.º 1", ou seja, o montante da remuneração mensal relevante "deduzida da percentagem da quota para efeitos de aposentação".

Afigura-se quase evidente que o regime assim instaurado para o ano de 2003 foi inovatório, na medida em que a remuneração atendível como tecto máximo da pensão sofreu uma redução de 10%, equivalente à quota para a CGA a deduzir pelo pessoal no activo. Neste sentido se expressou o ilustre Conselheiro J. Cândido de Pinho, ao escrever, em anotação ao artigo 53.º do EA do seu "Estatuto da Aposentação", pág. 219:

«Ora, o n.º 2 anterior não introduzia este novo factor: liquidez remuneratória. O que, mais uma vez, representa um rude golpe nas expectativas dos subscritores, sempre com o invocado fundamento de aliviar os cofres da Caixa. Com a redução dos parâmetros valorativos do cálculo da pensão (pois, face ao n.º 1, na remuneração mensal relevante não entram as percentagens da quota para efeito de aposentação e de sobrevivência) também agora se estatui que, doravante, nunca a pensão poderá ser superior ao valor da massa remuneratória líquida que o subscritor "levava para casa" no final do mês.»

Obviamente, não se releva aqui a crítica à opção legislativa, mas a ideia de que a sua introdução apenas veio a ser feita em sede de lei em sentido estrito (excluindo os regulamentos) e sem efeitos retroactivos, com a Lei 32-B/2002, de 30 de Dezembro. O que se afigura é que o legislador, sensível à necessidade de restringir o valor das pensões nos seus níveis mais elevados como uma das formas de garantir a solvência do sistema a médio/longo prazo, aproveitou a maior agilidade legislativa propiciada em sede regulamentar para introduzir nas portarias citadas, referentes à actualização anual das pensões, a regra segundo a qual estas não poderiam ultrapassar os montantes que teriam se fossem calculadas com base nas remunerações do pessoal do activo, líquidas do desconto de quotas para a CGA. Isto, volta a frisar-se, antes que se mostrasse possível ou oportuno introduzir este mesmo princípio na lei em sentido estrito, *maxime*, no artigo 53.º do DL 498/72, de 9 de Dezembro (EA).

Porém, abriu-se assim uma frente de incompatibilidade entre o regime novo introduzido nas portarias e o regime até então estabelecido no EA. Uma das formas dessa incompatibilidade aflora exactamente nos casos vertentes, de negação aos Recorrentes do direito à actualização anual das pensões, com o fundamento de que estas pensões, se actualizadas, ultrapassariam a bitola das correspondentes remunerações do pessoal do activo líquidas do desconto de quotas para a CGA.

Esta decisão afigura-se violadora do artigo 59.º do EA, porque se traduziu efectivamente num "critério de (não) actualização" (sic, na expressão que consta da própria sentença, a fls. 206) quando parece seguro que aquele preceito deve funcionar como uma garantia de actualização tendencialmente universal para todas as pensões, como instituto que visa a finalidade de recuperação do poder de compra face à subida geral de preços, embora se relegue para diploma do Governo a fixação dos critérios e do *quantum* dessa "actualização" (leia-se, aumento, pelo menos em termos nominais, isto é, desprezada a taxa de inflação).

Em sentido similar, embora no contexto da inconstitucionalidade orgânica, se decidiu no Ac. STA de 11-06-97, Proc. 041742:

«A limitação resultante da norma do n.º 18 da Portaria n.º 79-A794, de 4 de Fevereiro, na medida em que é susceptível de levar à não actualização do montante de certa pensão de aposentação em consequência da actualização de vencimentos do pessoal activo constante do mesmo diploma, representa uma excepção no princípio geral de tal actualização constante do art. 59.º do Estatuto de Aposentação, matéria que se integra nas bases do regime da função pública, da competência reservada da Assembleia República (art. 168.º, n.º 1, al. v), da Constituição). II – É pois, tal norma do n.º 18 da Portaria n.º 79-A/94 organicamente inconstitucional, uma vez que tal diploma, na parte analisada, foi emitido abrigo do n.º 6 do art. 45.º do D.L. n.º 353-A/89, de 16 de Outubro, acontecendo que este diploma, bem como aquele cujo regime visou desenvolver – o D.L. n.º 184/89 de 2 de Junho – não apresenta credencial parlamentar matéria de aposentação».

Em suma, as normas dos artigos 18.º das Portarias 79-A/94, de 4 de Fevereiro, 1093-A/94, de 7 de Dezembro, e 101-A/96, de 4 de Abril são inaplicáveis, por desconformidade com a regra de actualização das pensões prevista em fonte normativa superior – no caso, o artigo 59.º do Estatuto da Aposentação – ao terem por efeito a não actualização de determinadas pensões a pretexto da implementação de um princípio de proibição de ultrapassagem da remuneração líquida do pessoal no activo que não se encontrava consagrado na lei geral à data da sua vigência.

Daí decorre que os Recorrentes tinham o direito a ver as suas pensões actualizadas nos termos gerais do artigo 59.º do EA e do restante acervo normativo, não afectado de ilegalidade, das mencionadas portarias.

Quanto à pretensa violação do artigo 57.º do EA entende-se não verificada, visto as deduções na pensão se referirem a situações específicas, independentes das regras de cálculo e de actualização das pensões, sobre as quais não se suscita nestes autos qualquer litígio.

Finalmente e reatando o que ficou expresso no início desta fundamentação de direito, não há que conhecer das inconstitucionalidades invocadas.

DECISÃO

Pelo exposto, considerando verificado o vício de ilegalidade imputado ao acto, com referência ao artigo 59.º do EA, e procedentes as conclusões dos Recorrentes em que tal vício se mostra alegado, acordam em conceder provimento ao recurso, revogar a sentença e determinar a anulação dos actos impugnados.

Sem custas, visto a recorrida ser entidade isenta.

Lisboa, 3 de Fevereiro de 2005

Beato de Sousa
António Forte
Carlos Araújo

Recurso n.º 12276/03

ASILO POLÍTICO. LEI N.º 15/98, DE 26 DE MARÇO. PRÁTICA DE ACTIVIDADES. EXCLUSÃO DO DIREITO AO ASILO OU AUTORIZAÇÃO DE RESIDÊNCIA.

(Acórdão de 3 de Fevereiro de 2005)

SUMÁRIO:

I – Incumbe ao requerente do pedido de asilo político a prova de factos concretos demonstrativos da perseguição de que tenha sido objecto, por virtude das suas convicções políticas ou da sua actividade em favor da democracia, da liberdade e dos direitos humanos.

II – A simples prova de envolvimento em conflitos armados não constitui base para a concessão do asilo ou autorização de residência.

III – A prática de atrocidades tipificadoras de crimes de guerra, incompatível com os valores vigentes numa sociedade democrática, exclui a possibilidade de concessão do asilo ou autorização de residência (art. 13.º n.º 1 da Lei 15/98 e apartado F. do n.º B1 da Convenção de Genebra).

ACORDAM NO 2.º JUÍZO DO T.C.A. – SUL

1. RELATÓRIO

Abdul Kamara, nacional de Serra Leoa, requerente de asilo político em Portugal com o processo de Asilo n.º 254-c/99 no Serviço de Estrangeiros e Fronteiras; interpôs no T.C.A.L. recurso contencioso de anulação da decisão final do Sr. Comissário Nacional para os Refugiados, de 12.01.00, que confirmou a decisão do Sr. Director do S.E.F. de recusa do pedido de asilo e de autorização de residência por motivos humanitários.

O Mmo. Juiz do T.A.C.L., por decisão de 7.11.02, negou provimento ao recurso.

O recorrente interpôs para este T.C.A. recurso jurisdicional, no qual enuncia as conclusões seguintes:

1ª) O ora recorrente logrou demonstrar, inequivocamente, a existência de motivos concretos que fundamentam, objectivamente, que o regresso ao pais de origem constitui um sério e fundado receio de insegurança, perseguição e ameaças;

2ª) O Sr. Juiz "a quo" não rebateu nenhum dos factos alegados pelo ora recorrente.

3ª) Tais factos, na verdade, preenchem os requisitos do direito de asilo e da autorização de residência por razões humanitárias;

4ª) A posição do ora recorrente foi sustentada nas alegações finais;

5ª) O Sr. Juiz "a quo" apenas e tão só aprecia, vaga e subjectivamente, a acção do ora recorrente, separando-o do grupo social organizado a que pertenceu e do cenário de guerra civil que viveu, já que omite tomar posição quanto aos factos alegados na petição de recurso, nomeadamente nos seus artigos 4.º, 5.º, 6.º, 7.º e 19.º.

6ª) A devolução do ora recorrente ao pais de origem viola o princípio do "non refoulement" (princípio de expulsar e repelir), previsto no art. 33.º da Convenção de Genebra e Protocolo de Nova Iorque e art. 3.º da Convenção Europeia dos Direitos do Homem;

7ª) Na douta decisão recorrida, o Sr. Juiz "a quo" não tomou, pois, posição quanto ao alegado pelo ora recorrente nos arts. 4.º, 5.º, 6.º, 7.º, 10.º, 11.º, 12.º, 13.º, 14.º, 15.º, 16.º, 17.º, 18.º, 19.º, 20.º e 21.º da petição de recurso;

8ª) A decisão "a quo" não julga bem, tendo sido cometido erro de julgamento, com fundamento em vício de violação de lei;

9ª) E é nula, uma vez que o Sr. Juiz "a quo" não se pronunciou sobre questões que devia apreciar;

10ª) Foram violadas as normas jurídicas dos artigos 1.º e 8.º da Lei n.º 15/98, de 26 de Março, 1.º e 33.º da Convenção de Genebra e Protocolo de Nova Iorque e 3.º da Convenção Europeia dos Direitos do Homem, e também as normas dos arts. 659.º n.º 3 e 668.º n.º 1, alínea d), primeira parte, ambos do C.P. Civil;

11ª) No entender do ora recorrente, as normas jurídicas dos arts. 1.º e 8.º da Lei n.º 15/98, de 26 de Março, deviam ter sido interpretadas e aplicadas no sentido da concessão do direito de asilo ou da autorização de residência por razões humanitárias;

Não houve contra-alegações.

O Digno Magistrado do Ministério Público emitiu douto parecer no sentido de ser negado provimento ao recurso.

Colhidos os vistos legais, cumpre decidir.

2. MATÉRIA DE FACTO

A matéria de facto é a fixada na decisão de 1ª instância, para cujos termos se remete na íntegra (cfr. art. 713.º n.º 6 do Cod. Proc. Civil).

3. DIREITO APLICÁVEL

A decisão "a quo" considerou improcedente o vício de lei invocado pelo requerente Abdul Kamara, e que consistiria na pretensa violação do art. 33.º da Convenção de Genebra e Protocolo de Nova Iorque, no art. 3.º da Convenção Europeia dos Direitos Humanos e nos artigos 1.º e 8.º da Lei 15/98, por parte do acto recorrido. Entendeu, pelo contrário, que no caso concreto existem motivos para a exclusão do pedido de asilo, por via da verificação do circunstancialismo contido no art. 8.º da Lei n.º 15/98, de 26 de Março.

Insurgindo-se contra tal entendimento, vem o recorrente invocar a nulidade da sentença por omissão de pronúncia e a violação das normas jurídicas dos arts. 1.º e 8.º da Lei 15/98, de 26 de Março, 1.º e 33.º da Convenção de Genebra e Protocolo de Nova Iorque e 3.º da Convenção Europeia dos Direitos do Homem.

O Digno Magistrado do Ministério Público no seu douto parecer, salienta que o recorrente não foi perseguido ou ameaçado em consequência de actividade a favor da democracia, da libertação e nacional e dos direitos da pessoa humana, pelo que se não pode incluir na previsão do art. 1.º da Lei 15/98. Por outro, não se demonstrou impedido de regressar ao seu pais por motivos de grave insegurança, pelo que se não pode incluir na previsão do art. 8.º do mesmo diploma, de molde a beneficiar da autorização de residência.

É esta a questão a analisar

No tocante à pretensa nulidade da sentença, esta não se verifica. Como é sabido, o julgador não tem que analisar todas as razões jurídicas que cada uma das partes invoque em abono das suas posições, embora lhe incumba resolver todas as questões suscitadas pelas partes; a fundamentação da sentença contenta-se com a indicação das razões jurídicas que servem de apoio à solução adoptada pelo julgador (cfr. Antunes Varela, "Manual de Processo Civil", 2ª edição, p. 688). Além disso, é sabido que o conhecimento de algumas questões pode ficar prejudicado pela solução dada a outras (cfr. art. 660 n.º 2 do Cód. Proc. Civil).

Ora, no caso concreto, a decisão recorrida considerou provada a matéria de facto de forma suficiente e de acordo com os dados emergentes do processo instrutor, mostrando-se os factos alegados pelo recorrente, face a tal matéria inidóneos e insuficientes para integrar os pressupostos legais da concessão de asilo. Na verdade, e como é sabido, o requerente de asilo tem de alegar *factos concretos* demonstrativos de perseguição ou ameaça de que tenha sido objecto em consequência da sua actividade em favor da democracia, da libertação social e nacional, da paz entre os povos, da liberdade e dos direitos da pessoa humana, exercida no Estado da sua nacionalidade ou residência (cfr. Ac. STA Pleno de 30.5.96; Ac. STA Pleno de 9.11.99, Rec. 37809, in "Antologia de Acórdãos do STA e do TCA, Ano III, n.º 1, p. 6 e seguintes), não bastando a mera invocação de um medo ou inquietação pessoal.

O recorrente alega que a decisão recorrida não tomou posição quanto ao alegados artigos 4.º, 5.º, 6.º, 7.º, 10.º, 11.º, 12.º, 13.º, 14.º, 15.º, 16.º, 17.º, 18.º, 19.º, 20.º e 21.º da petição, daí pretendendo inferir a invocada omissão de pronúncia.

Mas não lhe assiste razão.

A decisão recorrida teve em conta a alegação da referida matéria de facto, aliás efectuada de forma muito vaga, genérica, e até contraditória, tendo-a por isso considerado insuficiente e contraria à informação constante do processo instrutor, além de insusceptível de contrariar o teor do despacho recorrido, do Sr. Comissário Nacional para os Refugiados, de 12.1.00.

Senão vejamos:

Como se notou na decisão recorrida, os requisitos da admissibilidade do pedido de asilo são os seguintes:

a) que o requerente preencha os elementos objectivos e constitutivos do direito de asilo, consagrados nos números 1 e 2 do art.º 1.º da Lei n.º 15/98, de 26 de Março.

Como é sabido, tais elementos consistem em não possuir nacionalidade portuguesa ou ser apátrida e haver sido objectivamente perseguido no seu pais de origem por ter lutado pelas causas acima indicadas (democracia, liberdade e defesa dos direitos humanos);

b) Que, como se disse, a situação de inquietação e intranquilidade não seja meramente subjectiva, mas derive de uma perseguição ou ameaça efectiva; derivada das opiniões políticas, religião ou inserção em determinado grupo social;

c) Que não se verifique a situação prevista no art. 13.º da Lei n.º 15/98, em virtude do cometimento de crimes de guerra ou contra a humanidade (cfr. o apartado F. do n.º B.1 da Convenção de Genebra de 1951).

Tais requisitos não se verificam, manifestamente, no caso concreto.

Em primeiro lugar não se vislumbra que o recorrente tenha alguma vez lutado pela liberdade e democracia, e nem o mesmo sequer invoca esses valores na sua petição, limitando-se a assinalar as suas ligações com a Armed Forces Revolucionary Council até Fevereiro de 1998, "altura em que foram expulsas, o que lhe causou represálias, tendo até a sua casa em Bo sido destruída", razão pela qual se terá integrado nas forças rebeldes desde Fevereiro de 1998 até Novembro de 1999 (arts. 4.º e 5.º da petição).

Em segundo lugar, e contraditoriamente, o recorrente declara e assume ter cometido atrocidades, quando integrado nessas forças, facto que integra o fundamento nuclear do indeferimento do pedido, como se verifica pela declaração destacada na sentença recorrida: "Durante o tempo que permaneci com os rebeldes participei em muitos ataques efectuados pelos rebeldes, incluindo o ataque a Freetown em Janeiro passado, e cometi muitas atrocidades, tais como matar pessoas e cortar braços e pernas". – cfr. fls. 19, da informação do S.E.F.

Na mesma declaração, o recorrente afirma ter tido consciência do cometimento de tais atrocidades, e que abandonou os rebeldes por estar em curso um processo de paz e temer que as pessoas o reconhecessem. Por este motivo, o acto recorrido considerou, com justeza, que as declarações do demandante, reafirmadas no requerimento para reapreciação do pedido, permitem concluir que a sua actuação, enquanto elemento pertencente às forças rebeldes, é de molde a permitir o seu enquadramento nas alíneas *a*), *b*) e *c*) do apartado F) n.º 1 da alínea B) do art. 1.º da Convenção Relativa ao Estatuto de Refugiado, de 28-7-1951, sendo inadmissível, por via do art. 13.º da Lei n.º 15/98, de 26 de Março, a concessão do asilo ao requerente. Fundamentação esta que a sentença recorrida acolheu na íntegra, acentuando que o princípio do "non refoulement" não pode ser aplicado a pessoas que praticaram crimes de guerra, sob pena de permitir a inserção na sociedade democrática de pessoas que demonstraram "não ter qualquer respeito pela vida humana, a não ser pela própria (que pretende salvar a todo o custo)".

É de concluir, portanto, que o ora recorrente não só não demonstra a sua participação em quaisquer actos na defesa da democracia, liberdade ou direitos humanos, como até confessa a prática de actos incompatíveis com os princípios que regem o direito de protecção humanitária, excludentes da protecção asilar, e pelos quais poderia e deveria ser julgado. E que, por outro lado não se encontra suficientemente indiciada qualquer perseguição por este sofrida no seu pais de origem em virtude das suas convicções políticas, mas tão somente o seu envolvimento em conflitos armados, verificando-se todavia uma evolução positiva na actual situação político-militar, ocorrida na Serra Leoa, com a celebração de um acordo de paz entre as forças governamentais e as forças alinhadas com a facção rebelde.

Bem andou, pois, a decisão recorrida, ao concluir pela verificação do condicionalismo previsto no art. 13.º n.º 1 da Lei 15/98 e apartado F do n.º B1 da Convenção de Genebra, assim fundamentando com justeza o indeferimento da pretensão do recorrente.

4. DECISÃO

Em face do exposto acordam em negar provimento ao recurso e em confirmar a sentença recorrida.

Custas pelo recorrente, fixando a taxa de justiça em 200 Euros e a procuradoria em 100 Euros, sem prejuízo do benefício de apoio judiciário concedido.

Lisboa, 3 de Fevereiro de 2005

as.) António de Almeida Coelho da Cunha (Relator)
Maria Cristina Gallego dos Santos
Teresa Maria Sena Ferreira de Sousa

Recurso n.º 218/04

CARREIRA DE ESCRITURÁRIA-DACTILÓGRAFA. CARREIRA DE OFICIAL-ADMINISTRATIVO.

(Acórdão de 6 de Janeiro de 2005)

SUMÁRIO:

I – A carreira de escriturária-dactilógrafa desenvolvia-se em três níveis de categoria, com progressão por mero decurso de 5 anos em cada uma, a saber, *2ª classe* a mais baixa, *1ª classe* a intermédia, atingindo-se o tecto da carreira com o nível de categoria *principal*.– art. 12.º n.ºs 1, 2 e 3, DL 191-C/79, 25.06.

II – A categoria de *3.º oficial* integrava o nível mais baixo da carreira de oficiais-administrativos, a seguir *2.º oficial* e o tecto da carreira era atingido no nível de categoria de *1.º oficial* segundo o art. 11.º n.ºs 1, 2 e 5, DL 191-C/79 e de *administrativo-principal* segundo o art. 22.º n.º 1 *a*), DL 248/85, 15.07 (cujo art. 44.º revogou o DL 191-C/79).

III – O ingresso na categoria de escriturário-dactilógrafo de *2.º classe* exigia a quarta-classe (*habilitação mínima da escolaridade obrigatória)* e saber escrever à máquina; o ingresso em *3.º oficial-administrativo* exigia o 7.º ano do Liceu ou equivalente (*curso geral do ensino secundário),* não carecendo de se saber escrever à máquina – cfr. arts. 12.º n.º 2 e 11.º n.º 2, DL 191-C/79, 25.06.

IV – O DL 248/85 extinguiu a carreira de escriturárias-dactilógrafas, passando os *3.ºs. oficiais* e ter que saber escrever à máquina e prestar provas para o efeito.

V – O recrutamento para ingresso na carreira de oficial-administrativo obedece à realização de provas de selecção em concurso de acesso – cfr. art. 15.º n.º 2, 17.º n.ºs 1 e 4 *a*), 22.º n.ºs 1 *b*) e 2, DL 248/85, 15.07.

VI – No domínio do DL n.º 248/85, 15.07, a carreira de escriturário-dactilógrafo assumiu carácter residual com regras próprias de recrutamento e progressão (n.ºs 2 e 3 do art. 40.º) constituindo, face à de oficial-administrativo, carreiras de grupos de pessoal diferentes, ainda que pertencentes à mesma área funcional – cfr. arts. 22.º, 40.º n.ºs 2 e 3 e 17.º n.º 2, DL 248/85, 15.07.

ACORDAM DO T.C.A.

O Conselho de Administração do Hospital de Pulido Valente, com os sinais nos autos, inconformado coma sentença proferida pelo Mmo. Juiz do Tribunal Administrativo do Círculo de Lisboa que julgou procedente o recurso contencioso de anulação, dela vem recorrer concluindo como segue:

1. Para efeito do disposto no n.º 9 do art. 38.º do Decreto-Lei n.º 427/89, de 7 de Dezembro, só o tempo de serviço prestado no exercício, em situação irregular, das funções próprias da categoria de ingresso é susceptível de ser contado para efeito de ingresso e progressão na carreira;

2. A consideração do tempo de serviço prestado pela interessada no exercício das funções de escriturária-dactilógrafa, em situação irregular, para efeito de ingresso e progressão na carreira de oficial administrativo constitui uma manifesta violação do princípio da igualdade relativamente aos funcionários do quadro que, provenientes da carreira de escriturários-dactilógrafos, ingressaram na carreira de oficial administrativo como terceiros-oficiais, ao abrigo do disposto na alínea *b*) do n.º 1 do art. 22.º do Decreto-Lei n.º 248/85, de 15 de Julho e nela progrediram nos termos da legislação posteriormente publicada, nomeadamente a referente ao Novo

Sistema Retributivo da Função Pública, os quais não beneficiaram da contagem do tempo de serviço prestado enquanto escriturários-dactilógrafos para efeito de integração e de progressão nessa carreira;

3. Ao decidir em contrário deste entendimento, a sentença recorrida violou o disposto no n.º 9 do art. 38.º do Decreto-Lei n.º 427/89, de 7 de Dezembro, com a redacção que lhe foi dada pelo Decreto-Lei n.º 407/91, de 17 de Outubro, bem como as alíneas *a*) e *b*) do n.º 2 do art. 2.º do Decreto-Lei n.º 61/92, de 15 de Abril, o art. 18.º do Decreto-Lei n.º 353-A/89, de 17 de Outubro e a alínea *a*) do n.º 1 do art. 2.º do Decreto-Lei n.º 420/91, de 29 de Outubro e o mapa I a este anexo, tendo igualmente violado o princípio da igualdade, consagrado no n.º 1 do art. 5.º do Código do Procedimento Administrativo;

4. Constituindo cada acto de processamento de vencimentos, gratificações ou abonos um verdadeiro acto administrativo, consolidando-se na ordem jurídica como "caso decidido" ou "caso resolvido" se não for objecto de atempada impugnação graciosa ou contenciosa, é manifesta a extemporaneidade do procedimento administrativo iniciado pela interessada em 1995 e do recurso contencioso que se lhe seguiu, relativamente às remunerações decorrentes do seu posicionamento nos escalões no período compreendido entre 1 de Outubro de 1992 e 31 de Agosto de 1993;

5. Não impondo a lei outra forma de notificação, cada acto de processamento de vencimento corresponde, com efeito, a uma notificação desse processamento ao respectivo beneficiário, recaindo sobre este, caso o mesmo lhe suscite dúvidas ou discordância, o ónus de recorrer, atempadamente, aos meios que a lei lhe confere para conhecer integralmente o conteúdo da respectiva fundamentação;

6. Entender que esta questão pode ser suscitada a todo o tempo, como o faz a sentença recorrida, carece de suporte legal e constitui uma violação do princípio da segurança e da estabilidade das relações jurídicas que informa a nossa ordem jurídica, princípio esse que foi violado pela decisão posta em crise, sendo-o igualmente o art. 28.º da Lei de Processo nos Tribunais Administrativos.

***

A Recorrida contra-alegou pugnando pela manutenção do decidido, concluindo como segue:

1. Na douta sentença foi feito o adequado enquadramento técnico jurídico à materialidade assente.

2. As normas que a recorrente considera violadas foram devidamente aplicadas, não colidindo com o princípio da segurança e da estabilidade do sistema jurídico.

***

O EMMP junto do Tribunal Central Administrativo Sul emitiu parecer no sentido que se transcreve:

Vem o presente recurso jurisdicional interposto pelo Conselho de Administração do Hospital Pulido Valente (CAHPV), da decisão proferida pelo TAC de Lisboa (fls 132 a 141), que deu provimento ao recurso contencioso interposto por Carla Maria Adelaide Lourenço Borges de Sá, por ter considerado verificado o vício de violação de lei e, em consequência, ter anulado o acto impugnado: a deliberação de 9-10-95, daquele CAHPV, que à. última indeferiu o pedido de contagem de tempo prestado na categoria de terceiro oficial.

Afigura-se-nos que sem razão.

Com efeito, resulta dos autos que o contrato de provimento foi celebrado na categoria de terceiro oficial, tendo a ora recorrida sido nomeada, por despacho de 6-3-92, para essa categoria após aprovação no correspondente concurso, pelo que o tempo de serviço prestado em situação irregular e na vigência do aludido contrato de provimento releva na categoria de terceiro oficial, por força do disposto pelo n.º 9 do artigo 38.º do DL n.º 427/89, de 7 de Dezembro, na redacção que lhe foi dada pelo DL n.º 427/91, de 17 de Outubro.

Quanto à possibilidade de agora se apreciar a situação relativa às remunerações atribuídas à ora recorrida, no período compreendido entre 1-10-92 e 31-8-93, subscrevemos inteiramente o entendimento da decisão sob recurso, no sentido de aquela situação não se mostrar consolidada na ordem jurídica como "caso decidido" ou "caso resolvido".

Assim, somos de parecer que a decisão recorrida fez correcta apreciação dos factos, interpretação e aplicação do direito, não merecendo qualquer reparo, pelo que deverá ser mantida, negando-se provimento ao recurso.

Colhidos os vistos legais e entregues as competentes cópias, vem para decisão em conferência.

Pelo Senhor Juiz foi julgada provada a seguinte factualidade:

1. A recorrente, iniciou funções no Hospital de Pulido Valente, em 1-2-83, com a categoria de escriturária dactilógrafa, em regime de prestação eventual de serviços, nos termos do n.º 3 do artigo 3.º do DL n.º 166/82, tendo continuado nessa categoria até 30-3-87.

2. Entre 30-3-87 e 28-3-90, a recorrente foi remunerada pela categoria de terceiro oficial administrativo, tendo em 29-3-90 celebrado contrato administrativo de provimento, nos termos do disposto no artigo 37.º do DL n.º 427/89, de 7/1 2.

3. Tendo sido aprovada em concurso, a recorrente foi nomeada terceiro oficial do quadro do Hospital de Pulido Valente, por despacho de 6-3-92, do Conselho de Administração, tendo-lhe sido atribuído o escalão 2, índice 190 [Cfr. docs. de fls. 26/29 do processo instrutor apenso, cujo teor aqui se dá por integralmente reproduzido].

4. Após concurso, a recorrente tomou posse, em 1-9--93, na Faculdade de Ciências Médicas da Universidade Nova de Lisboa, como segundo oficial, tendo-lhe sido atribuído o índice 200, correspondente ao escalão 1 da categoria.

5. Por requerimento datado de 19-4-95, entrado em 20-4-95 nos serviços da Faculdade de Ciências Médicas, dirigido ao respectivo Director, a recorrente solicitou que fosse revisto o seu posicionamento nos escalões do sistema retributivo, defendendo que deveria ser retribuída pelo índice 230 da categoria de segundo oficial [Cfr. doc. de fls. 11 dos autos, cujo teor aqui se dá por integralmente reproduzido].

6. O requerimento referido em v. foi enviado ao Hospital de Pulido Valente para apreciação e decisão [Cfr. doe. de fls. 1 do processo instrutor apenso, cujo teor aqui se dá por integralmente reproduzido].

7. A recorrente foi notificada do projecto de decisão de indeferimento e respectivos fundamentos, para efeitos de se pronunciar [Cfr. docs. de fls. 4/5 do processo instrutor apenso, cujo teor aqui se dá por integralmente reproduzido].

8. A recorrente apresentou a sua resposta, nos termos do requerimento que constitui fls. 8/14 do processo instrutor apenso, cujo teor aqui se dá por integralmente reproduzido.

9. Por despacho de 9-10-95, do Conselho de Administração do Hospital de Pulido Valente, foi indeferido o pedido da recorrente, com os fundamentos constantes do parecer datado de 6-10-95, de que aquele se apropriou, e que constitui fls. 15/19 do processo instrutor apenso, cujo teor aqui se dá por integralmente reproduzido.

10. O acto recorrido é o indicado em 9.

DO DIREITO

Vem assacada a sentença de incorrer em violação primária de direito substantivo por erro de julgamento nas seguintes matérias:

1. interpretação da lei ordinária em sede de Novo Sistema Retributivo (NSR) nas carreiras da função pública de oficiais-administrativos e escriturários-dactilógrafos no que respeita aos seguintes normativos:

a. art. 38.º n.º 9 do DL 427/89, de 7.12;

b. art. 2.º n.º 2 *a*) e *b*) do DL n.º 61/92, de 15.4;

c. art. 18.º do DL n.º 353-A/89, de 17.10;

d. art. 2.º n.º 1 *a*) do DL n.º 420/91, de 29.10 e o mapa I a este anexo;

e. art. 5.º n.º 1 do CPA (princípio da igualdade) .... ítens 1 a 3 das conclusões de recurso;

2. interpretação do disposto no art. 28.º da LPTA (violação do "caso resolvido" em sede de processamento de vencimentos no período de 1.10.1992 e 31.08.1993) .... ítens 4 a 6 das conclusões de recurso.

a) carreiras de oficiais-administrativos e de escriturários-dactilógrafos

Do corpo alegatório da Autoridade Recorrente, por se entender relevante para a decisão da questão enunciada nas conclusões sob os ítens 1 a 3, transcreve-se o trecho que segue, com relevos a negrito nossos:

"(..) conforme decorre do processo instrutor e é reconhecido na sentença recorrida, a recorrente iniciou funções correspondentes à categoria de escriturária-dactilógrafa no Hospital de Pulido Valente em I de Fevereiro de 1983, no regime de prestação eventual de serviços, tendo continuado nessa categoria até 30 de Março de 1987.

Entre 31 de Março de 1987 e 28 de Março de 1990, a recorrente esteve contratada para o exercício de funções administrativas, sendo remunerada pela categoria de terceiro-oficial da carreira de oficial administrativo, tendo em 29 de Março de 1990 celebrado contrato administrativo de provimento nessa categoria, nos termos do art. 37.º do Decreto-Lei n.º 427/89, de 7 de Dezembro, acima parcialmente transcrito.

Tendo sido aprovada em concurso, a recorrente foi nomeada terceiro-oficial do quadro do Hospital de Pulido Valente, por despacho de 6 de Março de 1992, sendo-lhe atribuído o escalão 2, índice 190.

Após novo concurso, a recorrente tomou posse, em 1 de Setembro de 1993, na Faculdade de Ciências Médicas da Universidade Nova de Lisboa, como segundo-oficial, tendo-lhe sido atribuído o índice 200, correspondente ao escalão I dessa categoria.

Para este efeito, foi sempre considerado pela Administração unicamente o período de exercício de funções, em situação irregular, como terceiro-oficial, no período compreendido entre 30 de Março de 1987 e 28 de Março de 1990, para além, naturalmente, das funções posteriormente exercidas ao abrigo do contrato administrativo de provimento.

E, não obstante a letra do n.º 9 do art. 38.º do Decreto-Lei n.º 427/89, a Administração não poderia ter actuado de modo diferente.

É que, em Fevereiro de 1983, data em que a interessada iniciou funções, em regime de prestação eventual de serviços, como escriturária-dactilógrafa, os oficiais administrativos e os escriturários-dactilógrafos estavam abrangidos por carreiras distintas, com diferentes níveis de exigência de habilitações literárias de ingresso conforme decorre dos arts. 11.º e 12.º do Decreto-Lei n.º 191-C/79, de 25 de Junho, então em vigor.

Posteriormente, o Decreto-Lei n.º 248/85, de 15 de Julho, embora conferindo carácter residual à carreira de escriturários-dactilógrafos, face ao novo conteúdo funcional atribuído à carreira de oficial administrativo (cfr. arts. 22.º e 40.º), manteve temporariamente em vigor a carreira de escriturários-dactilógrafos, com regras próprias de recrutamento e progressão (n.os 2 e 3 do art. 40.º).

Tratava-se, assim, de carreiras de grupos de pessoal diferentes, ainda que pertencentes à mesma área funcional (n.º 2 do art. 17.º do mesmo diploma).

Sendo este o enquadramento jurídico das carreiras em causa na data em que ocorreram os factos a que se reportam os presentes autos, conferir relevância ao tempo prestado pela recorrente como escriturária-dactilógrafa. aquando do seu ingresso no quadro de pessoal do Hospital de Pulido Valente e na posterior progressão na carreira, constituiria uma grosseira violação do princípio da igualdade relativamente aos funcionários do quadro que, provenientes da carreira de escriturários-dactilógrafos, ingressaram na careira de oficial administrativo como terceiros-oficiais, ao abrigo do disposto na alínea *b*) do n.º 1 do art. 22.º do Decreto-Lei n.º 248/85 e nela progrediram ao abrigo da nova legislação entretanto publicada, nomeadamente a referente ao Novo Sistema Retributivo da Função Pública.

Efectivamente, esses funcionários não beneficiaram da contagem do tempo de serviço prestado enquanto escriturários-dactilógrafos para efeitos de ingresso e progressão na carreira de oficial administrativo, ao contrário do entendimento expresso na douta sentença recorrida no que respeita à situação da recorrente.

Consequentemente, a norma do n.º 9 do art. 38.º do Decreto-Lei n.º 427/89 deve interpretar-se como abrangendo unicamente o tempo de serviço prestado em situação irregular na categoria correspondente à do ingresso – no caso dos autos, a de terceiro-oficial. (..)".

***

Diga-se, desde já, que na questão suscitada nos ítens 1 a 3 das conclusões de recurso assiste razão à Recorrente pelas razões de facto e de direito que seguem.

b) contratação em regime de "prestação eventual de serviços" – DL 166/82 de 10.5, art. 3.º n.º 3

c) categorias de escriturária-dactilógrafa de 2ª classe e de 3.º oficial, e respectivo ingresso – DL

191-C/79 de 25.6, art. 12.º n.os 1, 2 e 3 art. 11.º n.os 1, 2 e 5 e art. 2.º n.º 1 *a*).

Da NOTA BIOGRÁFICA da Recorrida, a fls. 25 do processo administrativo apenso aos autos, consta o seguinte:

"(..) Por despacho do Conselho de Gerência deste Hospital de 1 de Fevereiro de 1983, foi admitida nos termos do n.º 3 do art. 3.º do DL n.º 166/82 de 10.5, em regime de prestação eventual de serviços, como escriturária-dactilógrafa de 2ª classe, com início de funções em 1 de Fevereiro de 1983.

Por despacho do Administrador-Geral de 1 de Abril de 1987, foi contratada para o exercício de funções administrativas, com o vencimento correspondente à categoria de 3.º Oficial, de acordo com o art. 17.º do DL 41/84, funções que tem desempenhado até à presente data.

Contratada em regime de contrato administrativo de provimento, visado pelo T.C. em 8.3.90 e publicado no D. R. n.º 74 de 29.3.90.

Nas condições da proposta de nomeação é abonada pelo 2.º escalão, índice 190, desde 29.3.91. Lisboa, 20 de Fevereiro de 1992 (..)".

É esta a base documental probatória do ponto 1. do elenco da matéria de facto fixada em 1ª Instância, que as partes não controvertem e que nesta Instância de recurso não merece reparo.

Portanto, em primeiro lugar, temos *duas* questões distintas a considerar:

1. contratação em regime de "*prestação eventual de serviços*" - DL 166/82 de 10.5, art. 3.º n.º 3;

2. *categorias nas carreiras de* escriturária-dactilógrafa de 2ª classe e de 3.º oficial, e respectivo *ingresso* - DL 191-C/79 de 25.6, art. 12.º n.os 1, 2 e 3, art. 11.º n.os 1, 2 e 5 e art. 2.º n.º 1 *a*).

***

Desenvolvendo:

1. a contratação em regime de "prestação eventual de serviços" rege-se pelo DL 166/82 de 10.5, cujo art. 3.º n.º 3 nos diz:

a. "**3** – *Os contratos de pessoal fora dos quadros celebrados por período não superior a 6 meses são dispensados da redução a escrito e de visto do Tribunal de Contas, mas a sua continuação ou qualquer novo contrato para o mesmo serviço sem que haja decorrido pelo menos 6 meses após o termo do último estão sujeitos às regras do n.º 2.*"

b. o mencionado **n.º 2 do art. 3.º** diz que "**2** – *A celebração de contratos ao abrigo das alíneas do número anterior está sujeita ao disposto no presente diploma sobre o controlo das admissões dispensadas da redução a escrito e do visto do Tribunal de Constas.*"

c. O mencionado **n.º 1** diz que "**1** – *Fica proibida a celebração, por prazo superior a 6 meses, de novos contratos de pessoal além dos quadros, em regime de prestação eventual de serviço, que revistam a natureza de trabalho subordinado e de assalariamento,* **salvo** *nos seguintes casos: (..)* **b)** *De pessoal dos serviços em que (..) a contratação fora dos quadros (..) se revele absolutamente indispensável à manutenção das condições mínimas de funcionamento do serviço; (..)*".

2. a categoria de **escriturária-dactilógrafa de 2ª classe** subordina-se ao disposto no DL 191-C/79 de 25.6, cujo art. 12.º n.os 1, 2 e 3 nos diz:

a. "**1** – *A carreira de escriturário-dactilógrafo desenvolve-se pelas categorias de principal, de 1ª e 2ª classes, a que correspondem, respectivamente, as letras N, Q e S.*"

b. "**2** – *O ingresso é condicionado à habilitação mínima da escolaridade obrigatória e prática comprovada de dactilografia.*"

c. "**3** – *A mudança de categoria verificar-se-á após a permanência de cinco aos na categoria anterior com classificação de serviço não inferior a Bom.*"

3. a categoria de **oficial-administrativo** subordina-se ao disposto no DL 191-C/79 de 25.6, cujo art. 11.º n.os 1, 2 e 5 nos diz:

a. "**1** – *A carreira de oficiais-administrativos desenvolve-se pelas categorias de primeiro-oficial, segundo-oficial e terceiro-oficial, a que correspondem, respectivamente, as letras J, L e M.*"

b. "**2** – *O ingresso na carreira do pessoal administrativo fica condicionado à posse do curso geral do ensino secundário ou equiparado.*"

c. "**5** – *Para efeitos de ingresso na carreira terão preferência, em igualdade de circunstâncias, os escriturários-dactilógrafos que possuam as habilitações fixadas no n.º 2 deste artigo.*"

4. as *regras gerais de ingresso* impunham que, nos termos do art. 2.º n.º 1 *a*): "*– O ingresso efectuar-se-á mediante provas de selecção na categoria mais baixa de cada carreira, observados os requisitos habilitacionais previstos no presente diploma, salvo nos casos de intercomunicabilidade legalmente estabelecida e de extinção de lugares, categorias ou carreiras.*"

5. o sistema da *carreira de oficial administrativo* e regras gerais de *ingresso* manteve-se, no essencial, com o DL 248/85 de 15.07, cujo art. 22.º n.º 1 *a*) e *b*) e n.º 2 nos diz:

a. "**1** – *O recrutamento para as categorias da carreira de oficial administrativo obedece às seguintes regras:*

a) *Oficial administrativo principal, primeiro-oficial e segundo-oficial, de entre, respectivamente, primeiros-oficiais, segundos-oficiais e terceiros-oficiais com um mínimo de 3 anos na categoria anterior, classificados de Bom;*

b) *Terceiros-oficiais:*

De entre indivíduos possuidores de curso geral de ensino secundário ou equivalente, com conhecimentos práticos de dactilografia; e

Escriturários-dactilógrafos e auxiliares técnicos administrativos com um mínimo de 3 anos na categoria de principal, em qualquer das carreiras, nos termos e com as condições previstos no art.º 17.º."

b. "2 – *As provas de selecção dos concursos a efectuar para provimento de lugares de terceiro-oficial devem integrar uma prova prática de dactilografia.*"

6. a carreira de *escriturário-dactilógrafo* foi extinta pelo DL 248/85 de 15.07, cujo art. 40.º n.os 1 e 4 nos diz:

a. "**1** – *A partir da data de entrada em vigor do presente decreto-lei, tendo presente o conteúdo funcional da carreira de oficial administrativo, não deverão prever-se nos novos quadros de pessoal lugares de escriturários-dactilógrafos, nem poderão aumentar-se as respectivas dotações nos quadros já existentes, podendo ainda proceder-se à extinção de lugares não preenchidos.*"

b. "**2** – *São extintos os lugares de escriturário-dactilógrafo que vagarem por motivo do ingresso dos respectivos titulares na carreira de oficial administrativo.*"

Do normativo exposto decorre que a *carreira de escriturária-dactilógrafa* (dactilógrafas *tout court*) desenvolvia-

-se em três níveis de categoria, com progressão por mero decurso de 5 anos em cada uma, a saber, *2ª classe* a mais baixo, *1ª classe* a intermédia, atingindo-se o tecto da carreira com o nível de categoria *principal*.

A categoria de *3.º oficial* integrava o nível mais baixo da *carreira de oficiais-administrativos*, a seguir *2.º oficial* e o tecto da carreira era atingido no nível de categoria de *1.º oficial* no DL 191-C/79, e de *administrativo-principal* no DL 248/85 (cujo art. 44.º revogou o DL 191-C/79).

Pelo DL 191-C/79 para se ser dactilógrafa de *2.º classe* bastava a **quarta-classe** (*habilitação mínima da escolaridade obrigatória)* e saber escrever à máquina; para se ser *3.º oficial* era preciso ter feito o **7.º ano do Liceu** ou equivalente (*curso geral do ensino secundário),* não carecendo de se saber escrever à máquina.

Sinal dos tempos de modernidade na função pública, o DL 248/85 **extinguiu** a carreira de escriturárias-dactilógrafas, passando os *3.ºs oficiais* e ter que saber escrever à máquina e prestar provas para o efeito[1] [2].

Dos dispositivos legais decorre, à evidência, não só a diferenciação como a estanquicidade de carreira nos estratos laborais de regime público em causa nos presentes autos – dactilógrafas e funcionários administrativos.

Consequentemente, tem razão a Recorrente, a propósito do disposto no DL 248/85 de 15.7 diploma substitutivo na "(..) reformulação dos parâmetros balizadores das carreiras (..)" por revogação do DL 191-C/79 de 25.6, quando afirma no corpo alegatório supra transcrito que "(..) Tratava-se, assim, de carreiras de grupos de pessoal diferentes, ainda que pertencentes à mesma área funcional (n.º 2 do art. 17.º do mesmo diploma), (..)".

d) contrato administrativo de provimento do "pessoal sem título jurídico adequado" - DL 427/89 de 7.12, art. 37.º n.os 1 e 3;

e) conceito de "tempo de serviço prestado em situação irregular pelo pessoal aprovado no concurso a que se referem os números anteriores" - DL 427/89 de 7.12, art. 38.º n.os 2 e 9.

Relembrando, do probatório e normativos citados decorre que a Recorrida foi contratada em 1.FEV.1983 em regime de prestação eventual de serviço por prazo não superior a 6 meses na categoria de escriturária dactilógrafa de 2ª classe, e novamente contratada em 1.ABR.1987 para funções administrativas com o vencimento de 3.º oficial.

Ou seja, em 1.ABR.87 transitou de título remuneratório da carreira de escriturário-dactilógrafo para a de oficial-administrativo, no domínio de carreira para a qual a lei exigia provas de selecção por concurso de ingresso na categoria de 3.º oficial, sem que as tivesse prestado, sendo certo que a 3.º oficial podiam aceder, por provas em concurso, quer os dactilógrafos quer os contínuos (agora denominados de auxiliares administrativos, art. 27.º DL 248/85) vindos do regime legal anterior.

Desde 1.ABR.87 até 28.MAR.90 a Recorrida foi remunerada como 3.º oficial administrativo, por mero despacho, sem prestação prévia de provas de acesso em via de concurso.

Em 29.MAR.90, por força do disposto no art. 37.º do DL 427/89 de 7.12 foi contratada em regime de contrato administrativo de provimento.

Daqui decorrem, em segundo lugar, mais duas questões distintas a levar em conta:

1. o contrato administrativo de provimento visado pelo T.C. em 8.3.90 e publicado no D. R. n.º 74 de 29.3.90 – DL 427/89 de 7.12, art. 37.º n.os 1 e 3;

2. conceito de "tempo de serviço prestado em situação irregular pelo pessoal aprovado no concurso a que se referem os números anteriores" - DL 427/89 de 7.12, art. 38.º n.os 2 e 9.

***

Desenvolvendo:

1. os requisitos do lado do *trabalhador em situação jurídica irregular* e do lado do factor tempo no *objecto do contrato de provimento* a celebrar vêm fixados no DL 427/89 de 7.12, cujo art. 37.º n.os 1 e 3 nos diz:

a. "**1** – *É contratado em regime de contrato administrativo de provimento o pessoal sem título jurídico adequado que à data de entrada em vigor do presente diploma conte mais de três anos de exercício de funções nos serviços e organismos referidos no artigo 2.º, com sujeição à disciplina e hierarquia e com horário de trabalho completo."*

b. "**3** – *O contrato administrativo de provimento previsto no n.º 1 faz-se na categoria de ingresso da carreira correspondente às funções desempenhadas, sem prejuízo das habilitações literárias e profissionais legalmente exigidas."*

2. o factor tempo de trabalho efectuado "*sem título jurídico adequado*" que releva na sequência da oposição obrigatória ao concurso aberto pós ingresso *de direito* da categoria de ingresso correspondente ao exercício funcional *de facto*, vêm fixados no DL 427/89 de 7.12, cujo art. 38.º n.os 2 e 9 nos dizem:

a. "**2** – *O pessoal que seja contratado em regime de contrato administrativo de provimento é candidato obrigatório ao primeiro concurso interno aberto no respectivo serviço para a sua categoria."*

b. "**9** – *Sem prejuízo da aplicação de regimes mais favoráveis, o tempo de serviço prestado em situação irregular pelo pessoal aprovado no concurso a que se referem os números anteriores releva na categoria de ingresso em que sejam contratados, bem como para efeitos de aposentação e sobrevivência, mediante o pagamento dos correspondentes descontos."*

Ou seja, o legislador, teve consciência da deriva perigosa, em plano inclinado – quanto mais não seja na despesa pública corrente – adveniente quer das circunstâncias irregulares de admissão de pessoas na função pública, quer das "causas do patrocínio" dessas mesmas

[1] Como mero apontamento histórico-laboral, recorda-se que ainda na década de 90, antes da vulgarização da informática nos serviços públicos, os funcionários da carreira administrativa anterior ao DL 248/85 de 15.7 [v.g. na 1ª Instância dos Tribunais Tributários] não viam com "bons olhos" a exigência funcional de escreverem "*à máquina*" porque, caso demonstrassem fazê-lo com propriedade, era sintoma de que tinham vindo da classe "inferior" das **dactilógrafas** – maioritária, senão exclusivamente, mulheres – e não da classe "superior" dos **3.ºs. Oficiais** – assim mesmo, com capitular inicial – maioritáriamente homens, classe que "*já*" escrevia "*a caneta de tinta permanente*", ou seja, à mão.

[2] Ana Fernanda Neves, *Relação jurídica de emprego público,* Coimbra Editora, 1999, pág. 117, nota 369 – "(..) A intervenção em áreas específicas e em áreas, em certa perspectiva, novas, requer pessoal com específicas formações (v.g. "técnicos ambientalistas") e certas categorias vão dando lugar a outras (por exemplo, proíbe o art. 40.º do DL n.º 248/85, de 15.07, a previsão nos novos quadros de pessoal de lugares de escriturários-dactilógrafos o aumento de dotações respectivas nos quadros já existentes e determina a extinção dos lugares que forem vagando. O DL n.º 404/98, de 18.12, veio actualizar o sistema de carreiras, criando, por exemplo, a figura do assistente administrativo em substituição do oficial administrativo. (..)".

circunstâncias irregulares e tentou pôr um ponto final com o DL 427/89 de 7.12.

Mas o legislador foi obrigado a atender também a que essas concretas pessoas criaram expectativas de estabilidade de vida e que não podiam ser postas no desemprego à conta das tais "causas do patrocínio" por razões também elas muito concretas mas não de índole jurídica, como seja de Administração temer a procedência do "*venire contra factum proprium*" pois que, claramente não havia lugar à invocação do princípio da boa fé contratual a favor dos trabalhadores nestas situações de facto porque o princípio da boa fé não protege expectativas ilegítimas, como é patente pelo contexto legal em que é consagrado, por exemplo, nos arts. 334.º, 406.º n.º 1 e 762.º n.º 2 do Código Civil, entre outros.

Óbviamente que no meio de toda a floresta de anomalias o legislador tentou ver acima da copa das árvores e pôr alguma ordem e coerência a partir do estabelecimento autoritário de parâmetros, no pressuposto da conciliação dos diversos interesses "de facto" e de direito, v.g.:

– o "exercício de facto" da prestação de trabalho em categorias da função pública alheias, em absoluto, a qualquer titulação jurídica da qualidade de funcionário ou agente,

– o exercício de funções públicas por trabalhadores que, na estrita observância dos requisitos legais e, por isso, devidamente titulados, acederam à carreira administrativa de acordo com os parâmetros do concurso ou da nomeação e, por fim,

– o interesse público na eficência da Administração.

***

Em via de expressão simples e directa.

Ninguém gosta – e quando são largas centenas o "*ninguém*" transmuta-se, para o bem e para o mal, em "*todo o mundo*" – de passar por concursos legalmente previstos, selectivos no acesso a quadro limitado de categoria de carreira, cumprir com os anos de permanência, fazer mais concursos e assim por diante e, de repente, ver-se ultrapassado por quem não fez concurso nenhum e, à conta de desígnios do legislador mas, para si, "inexplicáveis", beneficia da contagem como tempo de serviço na categoria, do período em que exerceu funções sem prévio concurso, como os outros e, portanto, sem título.

Daí a delicadeza da tarefa do legislador na titularização de direito das irregularidades *de facto*.

O equilíbrio entre situações para que a Administração Pública concorreu e o próprio legislador tolerou, uma vez fixados os seus parâmetros na lei, têm estes de ser escrupulosamente cumpridos, em consonância e na exacta medida da prova factual produzida pelas partes no processo levado a julgamento, sob pena de também os Tribunais concorrerem para alimentar a espiral do desconcerto sem fim.

A própria Doutrina dá conta desta problemática, como claramente se expõe no texto que, com a devida vénia, se transcreve:

"(..) O pulular de indivíduos que prestam serviço na Administração ao abrigo de vínculos jurídicos de natureza precária irregulares ou sem titulação jurídica adequada (modalidades patológicas de utilização do trabalho precário) assegurando de forma subordinada, o exercício de funções próprias e permanentes e que permanecem eles próprios, ao arrepio da vocação para a satisfação de necessidades transitórias e/ou específicas de tais títulos, com um consequente desfasamento entre a situação de facto e de direito, constitui uma realidade com repercussões várias [Na qual o Estado Português, como o italiano "*non ha dato certo buon esemplio ai datori privati*"(..)"]. É um exemplo de verdadeira "função pública paralela" (..)

(..) Converte-se numa forma de admissão à função pública sem concurso ou mediante a realização de concursos dessubstantivizados e num elemento de desvirtuamento (questionamento) dos preceitos legais que parametrizam o emprego público e da tipicidade da relação jurídica de emprego público (..)

(..) A problemática é o reflexo do encontro de duas pressões. A um lado, a pressão da dinâmica evolutiva, v.g. sócio-económica, impositiva de diversificação, agilização, modernização da Administração Pública e redução das despesas públicas, e ambas da sua transposição em dinâmica legal. Em outra face, a que se enraíza nas dificuldades de emprego que, a um tempo, leva os indivíduos, sem alternativa, ao estabelecimento de vínculos precários, acalentando, não obstante, a expectativa da sua consolidação jurídica [(..) o criticável na situação portuguesa é que, ao contrário do que acontece em Espanha onde têm vindo a ser integrados mediante concurso e o que se discute são os termos desses concursos, os contratados começam a ser integrados pelos próprios Tribunais, aplicando desvirtuadamente o regime geral do trabalho atinente, sem articulação compreensiva do regime geral da função pública (..)] e consequente segurança, pela integração orgânica no aparelho administrativo, numa sorte de antecâmara do vínculo estável (..)" [3].

***

Verifica-se no caso dos autos, como repetidamente é afirmado, que a *situação irregular* da Recorrida – irregular porque por despacho de 1.ABR.87 vinha sendo remunerada como 3.º oficial, sem que tivesse prestado provas em concurso interno aberto para acesso à carreira de oficial administrativo – foi normalizada por despacho de 29.MAR.90, por aplicação do estatuído no art. 37.º n.ᵒˢ 1 e 3 do DL 427/89 de 7.12, que obrigava à celebração de um contrato administrativo de provimento "(..) *na categoria de ingresso na carreira correspondente às funções desempenhadas* (..)".

Foi o modo encontrado pelo legislador do DL 427/89 para endireitar o que estava "*torto*", trazendo aqui à colação o sentido original do termo, ou seja, endireitar o que era ilícito por violação de deveres jurídicos.

A aplicação do disposto no art. 38.º n.ᵒˢ 2 e 9 do DL 427/89 de 7.12 surge com o concurso interno aberto para 3.º oficial do quadro do mesmo Hospital de Pulido Valente, de oposição obrigatória em que a Recorrida obteve aprovação, sendo nomeada na categoria de 3.º oficial administrativo por despacho de 6.MAR.92.

Diz-nos o n.º 9 do citado art. 38.º DL 427/89 de 7.12 que "(..), *o tempo de serviço prestado em situação irregular pelo pessoal aprovado no concurso a que se referem os números anteriores releva na categoria de ingresso em que sejam contratados, (..)*".

Mais uma vez, cabe relembrar a situação de facto fixada no probatório, não controvertida pelas partes nem posta em causa por este Tribunal.

[3] ANA FERNANDA NEVES, *Obra* citada na nota (2), págs.117 a 120.

Do que vem dito na Nota Biográfica e tendo em conta os normativos transcritos, temos que a Recorrida iniciou funções no Hospital de Pulido Valente como escriturária-dactilógrafa em 1.FEV.83, categoria em que se manteve e foi remunerada como tal durante 1 ano e 2 meses até 30.MAR.87, tendo passado a receber o vencimento de 3.º oficial por despacho de 1.ABR.87, sem que tal despacho fosse o acto administrativo de nomeação em sede de procedimento de prestação e aproveitamento em provas de selecção em concurso aberto para ingresso na categoria mais baixa da respectiva carreira – cfr. art. 15.º n.º 2, 17.º n.º 1 e 4 *a*), 22.º n.ºs 1 *b*) e 2, DL 248/85, 15.07.

Daí que, por aplicação do art. 37.º n.ºs 1 e 3 do DL 427/89 de 7.12, foi contratada em regime de contrato administrativo de provimento por despacho de 29.MAR.90.

A aprovação em concurso surge cerca de 5 anos depois, como antecedente procedimental do despacho de 6.MAR.92 de nomeação na categoria de 3.º oficial do quadro do mesmo Hospital de Pulido Valente.

***

Dos pressupostos insertos nos normativos citados e por subsunção na previsão legal da factualidade provada, claramente se conclui que o tempo de serviço prestado em situação irregular (art. 39.º n.º 9) relevante para a categoria de 3.º oficial em que foi nomeada pelo despacho de 6.MAR.92, na sequência do concurso de oposição obrigatória aberto para o efeito (art. 38.º n.º 2), coincide com o tempo em que recebeu o vencimento de 3.º oficial sem que tivesse ingressado na carreira de oficial-administrativo por concurso, até à regularização por contrato administrativo de provimento (art. 37.º n.ºs 1 e 3).

Ou seja, o tempo de serviço prestado entre os despachos de 1.ABR.87 e 29.MAR.90.

Por isso assiste razão à Autoridade Recorrente ao afirmar que "(..) foi sempre considerado pela Administração unicamente o período de exercício de funções, em situação irregular, como terceiro-oficial, no período compreendido entre 30 de Março de 1987 e 28 de Março de 1990, para além, naturalmente, das funções posteriormente exercidas ao abrigo do contrato administrativo de provimento.

O erro de julgamento incorrido em sede de sentença da 1ª Instância torna-se evidente no trecho que se transcreve, com relevo a negrito sublinhado:

"(..) Assim sendo, não só por força do citado normativo – artigo 38.º, n.º 9 do DL n.º 427/89, de 7/12 –, como também por força do descongelamento operado pelo DL n.º 61/92, de 15/4, a recorrente deveria ter sido posicionada, após 16-4-92, no escalão 3, índice 200, da categoria de 3.º oficial, posto que contava à data 9 anos, 2 meses e 15 dias de tempo de serviço prestado em categoria idêntica [escriturária dactilógrafa], o que perfaz dois módulos de tempo de serviço de 4 anos e, após 1-10-92, deveria ter sido posicionada no escalão 4, índice 21 5, daquela mesma categoria, por o seu tempo de serviço já prestado corresponder a três módulos de 3 anos. (..)"

A categoria de escriturária-dactilógrafa, porque não é "categoria idêntica" à de 3.º oficial não releva para a contagem do tempo na categoria de 3.º oficial obtida por nomeação em despacho de 6.MAR.92 na sequência do concurso de oposição obrigatório, *ex vi* art. 38.º n.ºs 2 e 9 do DL 427/89 de 7.12.

***

Na medida em que a sentença sob recurso levou em conta o tempo de exercício de funções da Recorrida como escriturária-dactilógrafa na contagem de tempo de exercício irregular na categoria de 3.º oficial-administrativo, todo o raciocínio consequente se mostra viciado, mormente, para efeitos de diferenciais remuneratórios na progressão da carreira que, por isso, perdem base de sustentação legal.

Pelo que vem dito, procedem as questões enunciadas nas conclusões de recurso sob os ítens 1 a 3 pela Autoridade Recorrente.

Decorre da solução dada aos ítens 1 a 3 que a questão enunciada nos ítens 4 a 6 das conclusões de recurso – interpretação do disposto no art. 28.º da LPTA (violação do "caso resolvido" em sede de processamento de vencimentos no período de 1.10.1992 e 31.08.1993) – se mostra prejudicada pelo que dela não se toma conhecimento – cfr. art. 660.º n.º 2, 1ª parte, C.P.C., aplicável *ex vi* art. 1.º LPTA.

Tudo visto, acordam, em conferência, os juízes da Secção de Contencioso Administrativo do Tribunal Central Administrativo Sul – 1.º Juízo Liquidatário em conceder provimento ao recurso e revogar a sentença proferida.

Custas pela Recorrida, fixando-se a taxa de justiça em 300 € (trezentos) e procuradoria em metade.

Lisboa, 6 de Janeiro de 2005.

Cristina dos Santos
Teresa de Sousa
Coelho da Cunha

Recurso n.º 12271/03

COMISSÃO DE SERVIÇO EXTRAORDINÁRIA. NOMEAÇÃO DE PESSOAL DOCENTE QUE JÁ TENHA NOMEAÇÃO DEFINITIVA (ARTS. 15.º, N.º 2 ALÍNEA *b*) *IN FINE* E 29.º N.º 2 DO DEC. LEI N.º 427/89, DE 7.12, NA REDACÇÃO DADA PELO DEC. LEI N.º 218/98, DE 17.7).

(Acórdão de 3 de Março de 2005)

SUMÁRIO:

A nomeação em comissão de serviço extraordinária, do pessoal docente que já tenha nomeação definitiva, encontra-se expressamente regulada sob os arts. 15, n.º 2 alínea *b*) *in fine* e 29.º n.º 2 do Dec. Lei 427/89, na redacção dada pelo Dec. Lei n.º 218/98, de 17.7, constituindo uma excepção à regra da contratação estipulada nos estatutos dos estabelecimentos de ensino superior politécnico.

ACORDAM, EM CONFERÊNCIA, NA SECÇÃO DE CONTENCIOSO ADMINISTRATIVO, 1.º JUÍZO, DO TRIBUNAL CENTRAL ADMINISTRATIVO SUL:

AMÁLIA DO CÉU PINHEIRO SILVA, casada, professora do ensino secundário, residente na Av. Abade de Baçal, n.º 37, 5.º Esq., Tras, Bragança, inconformada com a sentença do TAC do Porto, de 28 de Fevereiro de 2002, que negou provimento ao recurso contencioso interposto do despacho, de 7 de Outubro de 1998, do Presidente do Instituto Politécnico de Bragança, que lhe indeferiu o pedido apresentado, em 14 de Setembro de 1998, para ser nomeada em comissão de serviço extraordinária, por três anos, para o lugar de assistente daquele Instituto, na sequência de concurso aberto para o efeito, em 19 de Julho de 1994, e em que ficara posicionada em primeiro lugar, dela recorreu, formulando, na respectiva alegação, as seguintes conclusões:

"1ª O estatuído no Dec. Lei n.º 427/89 ao caso dos autos não pode oferecer quaisquer dúvidas, face à expressa previsão da nomeação, em comissão de serviço extraordinária, do pessoal docente que já tenha nomeação definitiva: cfr. os seus arts. 15-2/b (in fine) e 24-2, na redacção dada pelo Dec. Lei n.º 218/98;

2ª Como bem assinala JOSÉ ALFAIA, in "Conceitos Fundamentais do Regime Jurídico do Funcionalismo Público, vol I, Coimbra, Almedina, 1985, pags 323-324", se um indivíduo que possui estabilidade num emprego vai, em virtude do interesse público, ocupar um outro lugar com investidura provisória, temporária ou transitória, há que salvaguardar-lhe o direito adquirido no lugar que ocupa até à investidura no novo lugar se converter em definitiva ou, (quando não haja hipótese disso) até ao regresso, ao lugar de origem;

3ª É essa a única interpretação constitucionalmente válida das normas supostamente em conflito (as do Estatuto da Carreira do Pessoal Docente do Ensino Superior Politécnico – ECPDESP – e as do falado Dec. Lei n.º 427/89);

4ª Ao decidir o contrário, a douta sentença em apreço violou, por errada interpretação e (des)aplicação, o preceituado nos arts. 15-2/b (in fine) e 24-2 daquele Dec.Lei n.º 427/89, sendo, ademais, a interpretação que deles foi feita violadora do principio consagrado no art. 53.º da CRP;

5ª O recorrido, ao não indicar quais os «efeitos jurídicos» que tinha em mente, deixou a recorrente sem elementos para apreender o raciocínio por ele seguido;

6ª Não é ao destinatário do acto que cabe «deduzir as razões, de facto e de direito, em que ele pretende basear-se, antes têm elas de ser expressamente invocadas (art. 125.º-2, CPA);

7ª A decisão sob censura fez, assim, errada interpretação do preceituado nos arts. 124-1/e e c e 125-1 do CPA".

***

Não foram apresentadas contra-alegações.

A Exma Magistrada do Ministério Público junto deste Tribunal emitiu douto parecer no sentido de ser concedido provimento ao recurso com a consequente revogação da sentença impugnada (cfr. fls 171 a 173 dos autos).

Colhidos os vistos legais foi o processo submetido à conferência para julgamento.

Nos termos do disposto no art. 713.º, n.º 6 do Cód. Proc. Civil, remete-se a fundamentação da matéria de facto para a constante da sentença recorrida.

***

Tudo visto, cumpre decidir:

Veio o presente recurso jurisdicional interposto da sentença do TAC do Porto que negou provimento ao recurso contencioso interposto pela recorrente, professora do ensino secundário, do despacho, de 7 de Outubro de 1998, do Presidente do Instituto Politécnico de Bragança, que lhe indeferiu o pedido apresentado, em 14 de Setembro de 1998, para ser nomeada em comissão de serviço extraordinária, por três anos, para o lugar de assistente daquele Instituto, na sequência de concurso aberto, em 19 de Julho de 1994, para o efeito, e em que a recorrente ficara posicionada em primeiro lugar.

A sentença recorrida julgou improcedentes os vícios invocados pela recorrente, a saber de violação de lei, mais concretamente do estatuído nos arts. 7.º, n.º 1 al. *c*), 15 n.º 2 al *b*) e 24.º n.º 1 a 4 do Dec.Lei n.º 427/89, "com as alterações introduzidas pelo Dec.Lei n.º 218/98, de 17-9; e de vício de forma por falta de fundamentação, em conformidade com o disposto no art 124.º do CPA.

1 – Em relação ao invocado vício de violação de lei o argumento da sentença recorrida foi o facto de existir diploma específico que prevê que a nomeação dos assistentes do Ensino Superior Politécnico se faz por contrato administrativo de provimento, por três anos (art. 9.º n.º 1 do Dec.Lei n.º 185/81, de 1-7), pelo que não seria possível, ao caso, a aplicação do regime geral decorrente do Dec.Lei n.º 427/89, de 7-12 (mesmo na redacção que lhe foi dada pelo Dec.Lei n.º 218/98, de 17-9), mormente dos seus arts. 7.º, 15.º, n.º 2, al *b*) e 24.º, n.º 2, que regulamentam o regime de nomeação em comissão de serviço extraordinária de pessoal já vinculado à função pública e que só possa, por via dos Estatutos do respectivo organismo, vincular-se por contrato administrativo de provimento.

Vejamos a questão.

Está assente nos autos que a recorrente foi classificada em 1.º lugar no concurso aberto, em 19 de Julho de 1994, para o preenchimento de lugar de assistente no Instituto Politécnico de Bragança.

Estando a recorrente vinculada ao funcionalismo público, por nomeação definitiva como professora do ensino secundário, discute-se apenas a forma como irá proceder-se ao preenchimento desse lugar, que por direito lhe assiste, já que foi classificada em 1.º lugar no concurso em apreço, ou seja, se por contrato administrativo de provimento como determinam os estatutos do Instituto Superior Politécnico de Bragança, e foi entendido na sentença recorrida, se em regime de comissão de serviço tal como estatui o Dec.Lei n.º 427/89, como pretende a recorrente.

Ora, a circunstância referida supra de a recorrente estar vinculada ao funcionalismo público, não é impeditiva de a mesma leccionar no referido Instituto, sobretudo porque não existe lei que o proíba, como o demonstra, aliás, o facto de ter podido concorrer ao concurso para preenchimento de dois lugares de português daquele Instituto.

Também não é aceitável que a recorrente seja obrigada a perder o vínculo à função pública só porque o diploma que regula a carreira do pessoal docente dos estabelecimentos do ensino superior politécnico, não prevê a possibilidade de nomeação em comissão de serviço.

Com efeito, tal implicaria que a recorrente, caso não pudesse aceder à categoria de professor adjunto, nos termos do n.º 3 do art. 9.º do Dec.Lei n.º 185/81, ficasse no desemprego.

Por conseguinte, afigura-se-nos que não poderá deixar de ser aplicável ao caso em apreço o mesmo regime da função pública em geral, ou seja, a possibilidade de nomeação em comissão de serviço para o lugar de assistente do Instituto em causa, caso o candidato já seja titular de nomeação definitiva em outro organismo Estado, como sucede com a recorrente.

Como assinala JOSÉ ALFAIA, in "Conceitos Fundamentais do Regime Jurídico do Funcionalismo Público, vol. I, 1985, pags 323-324, citado pela recorrente, "(...) se um indivíduo que possui estabilidade num emprego público vai, em virtude do interesse público, ocupar um outro lugar com investidura provisória, temporária, ou transitória, há que salvaguardar-lhe o direito adquirido no lugar que ocupa até à investidura no novo lugar se converter em definitiva ou, (quando não haja hipótese disso) até ao regresso, ao lugar de origem".

Deste modo, não pode deixar de se equiparar, por analogia, a situação do docente – assistente – à situação de funcionário em regime de estágio ou em período probatório, dada a natureza igualmente transitória daquela, devendo, consequentemente, aplicar-se à recorrente o regime estatuído na alínea *c*) do n.º 1 do art. 7.º e do n.º 1 do art. 24.º do Dec.Lei n.º 427/89.

Aliás, a interpretação analógica de tais preceitos deixou de ser necessária por força da alteração introduzida aos artigos 15.º e 24.º do citado Dec.Lei, pelo Dec.Lei n.º 218/98, de 17-7, nos termos do qual é evidente a possibilidade de docente com nomeação definitiva exercer o cargo de assistente em comissão de serviço, constituindo uma excepção à regra da contratação estipulada nos estatutos do respectivo organismo (cfr. arts. 15.º, n.º 2 alínea *b*) in fine e 24.º n.º 2 do Dec.Lei n.º 427//89, na redacção dada pelo Dec.Lei n.º 218/98, de 17-7).

Concluímos do exposto que a nomeação em comissão de serviço extraordinária, do pessoal docente que já tenha nomeação definitiva, se encontra expressamente regulada sob os arts. 15.º, n.º 2 alínea *b*) in fine e 24.º, n.º 2 do Dec.Lei n.º 427/89, na redacção dada pelo Dec. Lei n.º 218/98, de 17-7 o qual «como, aliás, decorre do respectivo preâmbulo, tem, manifestamente, natureza interpretativa» (para usar as palavras do Exmo Magistrado do Ministério Público junto do TAC do Porto no seu douto parecer final).

E se assim não fosse entendido, cabe indagar nos termos proferidos pela recorrente nas suas doutas alegações "em nome de que valores ou princípios jurídicos se imporia à recorrente que renunciasse a todos os direitos emergentes da sua nomeação definitiva e da sua posição na carreira docente do Ensino Secundário, para exercer funções no Ensino Superior por um simples triénio, sem qualquer garantia de progressão ou manutenção nessa carreira?!".

Sendo certo que à data da prolação do despacho impugnado – 7 de Outubro de 1998 – que indeferiu a pretensão da recorrente já vigorava o Dec.Lei n.º 218//98, de 17-7 –, e não se tratando de um acto inerente ao concurso que culminou com a lista de classificação final, necessariamente teria o acto recorrido que ser praticado de acordo com a lei vigente à data da sua prolação, de acordo com os princípios gerais que o regem.

Assim, dado que tal não sucedeu, o acto impugnado violou as citadas normas, tal como vem sustentado pela recorrente, pelo que, ficando prejudicada a apreciação do invocado vício de forma, o presente recurso jurisdicional merece provimento com a consequente revogação da sentença recorrida.

***

Acordam, pois, os juizes que compõem a secção de contencioso administrativo, 1.º Juízo, deste TCAS, em conceder provimento ao recurso e revogar a sentença recorrida.

Sem custas em ambas as instâncias.

Lisboa, 3 de Março de 2005

António Paulo Esteves Aguiar de Vasconcelos (Relator)
Magda Espinho Geraldes.
Mário Frederico Gonçalves Pereira

Recurso n.º 6405/02

COMPETÊNCIA TERRITORIAL DO TAF. ARTS. 16.º E 19.º DO CPTA. PROCEDIMENTO PRÉ-CONTRATUAL.

(Acórdão de 16 de Março de 2005)

SUMÁRIO:

I – ***"As pretensões relativas a contratos"*** **a que o art. 19.º do CPTA (competência em matéria relativa a contratos) alude são as pretensões que respeitam à existência, validade, interpretação, cumprimento, modificação, extinção do contrato, assim como às da responsabilidade civil derivada de condutas contratualmente ilícitas.**

II – **Neste conceito de "*pretensão*" contido na regra do art. 19.º do CPTA não cabem os pedidos de impugnação de normas e actos administrativos emitidos em execução de contratos administrativos, ao abrigo dos poderes de autoridade que cabem aí à Administração contratante, devendo este preceito ser interpretado «literalmente», como sendo de aplicação restrita aos litígios ou "*pretensões relativas a contratos*", não já a actos ou normas que tenham como objecto (mediato) uma relação contratual administrativa, nem mesmo que se trate de litígios entre os contraentes.**

III – **Sendo o pedido formulado ao tribunal respeitante a um acto administrativo praticado no âmbito de um procedimento pré-contratual e não respeitante a qualquer contrato já firmado, não se pode considerar estarmos perante qualquer "*pretensão relativa a contrato*", pelo que a regra do art. 19.º do CPTA não tem aplicação ao caso, impondo-se, atender à regra geral de**

competência territorial do art. 16.º do CPTA, ou seja, de o tribunal territorialmente competente ser o da residência habitual ou da sede do autor.

ACORDAM NO TCAS, SECÇÃO CONTENCIOSO ADMINISTRATIVO, 2.º JUÍZO

PAVIA – PAVIMENTOS E VIAS, SA, identificada a fls. 2 dos autos, interpôs recurso jurisdicional da decisão do TAF de Lisboa que declarou a incompetência territorial do tribunal para conhecer da acção administrativa especial por si interposta contra o **MUNICÍPIO DE TONDELA**.

São as seguintes as conclusões das alegações de recurso:

"a. O presente recurso é interposto do douto despacho de fls. que declarou incompetente o Tribunal recorrido em razão do território para conhecer da presente acção e ordenou a remessa dos autos para o Tribunal Administrativo e Fiscal de Viseu;

b. Na acção não se discute qualquer pretensão relativa a contratos, mas sim a impugnação de actos administrativos relativos à formação de um contrato (que ainda não existe);

c. O Tribunal competente para conhecer da acção dos autos é o da sede da A., de acordo com o disposto no art. 16.º do CPTA não se aplicando o art. 19.º do CPTA, já que não se pretende com a acção dos autos discutir a interpretação, validade ou execução de um contrato (que não existe).

d. Entendendo de forma diferente, a douta sentença recorrida violou, nomeadamente, os referidos arts. 19.º e 16.º do CPTA."

Neste TCAS o Exm.º Magistrado do M.ºP.º emitiu parecer no sentido de o recurso merecer provimento.

OS FACTOS

Mostram-se assentes os seguintes factos com interesse para a decisão, extraídos dos autos:

a) – os presentes autos foram instaurados como autos de contencioso pré-contratual, ao abrigo do disposto nos arts. 100.º e ss. do CPTA;

b) – a Autora tem sede na Rua Pêro da Covilhã, n.º 36, 1400-297 Lisboa;

c) – nos autos é Réu o Município de Tondela, com sede no Largo da República, 3460-532 Tondela;

d) – o pedido formulado nos presentes autos ao Tribunal é o de *"... o indeferimento tácito do recurso hierárquico – assim como as deliberações de 30 de Setembro de 2004 e de 21 de Outubro de 2004 tomadas pela Comissão da Abertura do Concurso – na medida em que excluiu a A. do concurso, ser anulado por ilegal e, em consequência, ser o Réu condenado a restabelecer a situação que existiria se tal exclusão não tivesse sido deliberada, com as legais consequências."*;

e) – o concurso referido em *d)* é o concurso público para adjudicação da empreitada "Pavimentação betuminosa de caminhos municipais na Serra do Caramulo", referido no Anúncio publicado no DR, III Série, de 13.05.2004.

O DIREITO

Nos termos do disposto no art. 13.º da CPTA, *"O âmbito da jurisdição administrativa e a competência dos tribunais administrativos, em qualquer das suas espécies, é de ordem pública e o seu conhecimento precede o de outra matéria."*

Como é sabido a competência do tribunal, em qualquer das suas espécies, afere-se em primeira mão pelo tipo de pretensão dirigida ao tribunal e pelas normas que a disciplinam.

Com se deixou registado na matéria de facto apurada nos autos, o pedido dirigido pela A. ao tribunal é o de *"... o indeferimento tácito do recurso hierárquico – assim como as deliberações de 30 de Setembro de 2004 e de 21 de Outubro de 2004 tomadas pela Comissão da Abertura do Concurso – na medida em que excluiu a A. do concurso, ser anulado por ilegal e, em consequência, ser o Réu condenado a restabelecer a situação que existiria se tal exclusão não tivesse sido deliberada, com as legais consequências."*

Inserindo-se tal pedido no âmbito de um procedimento pré-contratual, procedimento esse que culminará com a celebração de um contrato administrativo de empreitada, é certo que ainda se não está perante qualquer contrato já celebrado, nomeadamente o referido nos autos.

Ora, na decisão recorrida considerou-se que nos presentes autos se estava perante uma pretensão relativa a contrato, enquadrável no disposto no art. 19.º do CPTA, tendo-se afastado a regra geral da competência prevista no art. 16.º do CPTA, e decidiu-se que o tribunal territorialmente competente era o do lugar do cumprimento do contrato, atendendo-se a que não se convencionou o tribunal competente.

Todavia, este entendimento e decisão não podem manter-se, pois não têm fundamento legal.

Com efeito, nos termos do disposto no art. 19.º do CPTA, *"As pretensões relativas a contratos são deduzidas no tribunal convencionado ou, na falta de convenção, no tribunal do lugar de cumprimento do contrato."* Assim, as pretensões *"relativas a contratos"* que estejam sujeitos à jurisdição administrativa são deduzidas perante o tribunal convencionado pelas partes, seja tribunal do Estado (tribunal administrativo) ou tribunal arbitral constituído nos termos da lei, e, faltando a convenção das partes sobre o tribunal territorialmente competente, vale o tribunal do *"lugar do cumprimento do contrato"*.

Ora, *"as pretensões relativas a contratos"* a que o art. 19.º do CPTA alude são as pretensões que respeitam à existência, validade, interpretação, cumprimento, modificação, extinção do contrato, assim como às da responsabilidade civil derivada de condutas contratualmente ilícitas.

Neste conceito de *"pretensão"* contido na regra do art. 19.º do CPTA não cabem, sequer, os pedidos de impugnação de normas e actos administrativos emitidos em execução de contratos administrativos, ao abrigo dos poderes de autoridade que cabem aí à Administração contratante, devendo este preceito ser interpretado «literalmente», como sendo de aplicação restrita aos litígios ou *"pretensões relativas a contratos"*, não já a actos ou normas que tenham como objecto (mediato) uma relação contratual administrativa, nem mesmo que se trate de litígios entre os contraentes (neste sentido, cfr. Mário Esteves de Oliveira e Rodrigo Esteves de Oliveira, in CPTA, vol. I, anotado, Almedina, pag. 198/199).

Tendo em atenção que nos presentes autos o pedido formulado ao tribunal diz respeito a um acto administrativo praticado no âmbito de um procedimento pré-contratual e não respeita a qualquer contrato firmado, não se pode considerar estarmos perante qualquer "*pretensão relativa a contrato*", pelo que, atentos os fundamentos referidos e por maioria de razão, a regra do art. 19.º do CPTA não tem aplicação aos autos.

Impõe-se, com efeito, no presente caso, atender à regra geral de competência territorial do art. 16.º do CPTA: "*Sem prejuízo do disposto nos artigos seguintes e das soluções que resultem da distribuição das competências em função da hierarquia, os processos, em primeira instância, são intentados no tribunal da residência habitual ou da sede do autor ou da maioria dos autores*."

Em conclusão, atenta a sede da Autora e o pedido formulado em juízo, nos termos do disposto no art. 16.º do CPTA, o tribunal territorialmente competente para conhecer dos presentes autos é o TAF de Lisboa.

Face ao exposto, mostram-se procedentes as conclusões das alegações do presente recurso jurisdicional, tendo o tribunal *a quo* errado na aplicação da norma legal contida no art. 19.º do CPTA, incorrendo em erro de julgamento.

Acordam, pois, os juizes do TCAS, Secção Contencioso Administrativo, 2.º juízo, em:

a)- **conceder provimento ao recurso jurisdicional**, revogando a decisão recorrida e declarar o TAF de Lisboa territorialmente competente para conhecer do pedido formulado nos autos.

b)- Sem custas.

Lisboa, 16 de Março de 2005

Magda Geraldes
Gonçalves Pereira
António Vasconcelos

Recurso n.º 607/05

CONCURSO INTERNO DE PROVIMENTO. MÉTODOS DE SELECÇÃO. CRITÉRIOS DE AVALIAÇÃO CURRICULAR.

(Acórdão de 10 de Março de 2005)

SUMÁRIO:

I – A garantia de isenção, transparência e imparcialidade que o artigo 5.º n.º 1, alínea *d*), do Dec.Lei n.º 498/88 visava defender no processo concursal, são postas em causa se o Júri do concurso fixou as fórmulas e definiu os critérios a aplicar na avaliação curricular depois de conhecer os currículos dos candidatos e documentação que os acompanhava.

II – Operou-se, assim, violação do preceituado nos artigos 6.º do CPA e 266.º da CRP independentemente da sua violação ter tido ou não consequências lesivas para os direitos dos candidatos preteridos, cuja demonstração se mostra por isso irrelevante.

ACORDAM OS JUIZES DO 1.º JUÍZO, 1ª SECÇÃO, DO TRIBUNAL CENTRAL ADMINISTRATIVO SUL:

1. José Luís Cleto Craveiro, com os sinais dos autos, veio recorrer da sentença lavrada a fls. 152 e seguintes dos autos no TAC de Coimbra, que deu provimento ao recurso contencioso ali interposto por Maria Leonor Andrade Gomes Alvarinhas, decretando a anulação do despacho, de 16/5/97, do Director Geral do Departamento de Recursos Humanos da Saúde, que lhe indeferira o recurso hierárquico da homologação, pelo Conselho de Administração do Hospital Distrital da Covilhã, da lista de classificação final do concurso para provimento de um lugar de Chefe da Repartição de Gestão de Doentes, por o considerar violador dos princípios da imparcialidade e da boa fé na actuação administrativa.

Em sede de alegações, formulou as conclusões seguintes:

I – Os métodos de selecção do concurso constam do aviso de abertura deste, como claramente resulta do item 8, sendo que a "rectificação" desse aviso apenas se refere aos factores de apreciação a utilizar na avaliação curricular e entrevista.

II – Sustenta, todavia, o Mmo. Juiz *a quo* que, quer estes factores quer o sistema de classificação final, só foram estabelecidos depois de analisada a documentação do processo e conhecidos os currículos dos diversos candidatos.

III – O certo, não obstante, é que não foram retiradas de tais circunstâncias quaisquer consequências lesivas para os candidatos classificados a seguir ao ora recorrente, o que aliás também nem sequer ressuma da matéria de facto provada.

IV – E, por isso, não se verifica qualquer vício do acto administrativo e, designadamente, o que lhe é assacado pela sentença sob censura.

A autoridade recorrida não contra alegou, mas fê-lo a recorrida Maria Leonor Andrade Gomes Alvarinhas, concluindo do modo seguinte:

A) O acto administrativo impugnado anteriormente posterga os princípios da imparcialidade e da divulgação atempada dos métodos de selecção, contidos no artigo 5.º n.º 1, alíneas *e*) e *d*) do DL n.º 498/88, de 31/12, com a redacção introduzida pelo DL n.º 295/95, de 22/8.

B) Consequentemente, os candidatos ordenados em 2.º, 3.º e 4.º lugares viram-se prejudicados com a perda da garantia da imparcialidade com que a administração deveria pautar a sua actuação.

C) Deve por isso a douta sentença recorrida ser mantida e confirmada.

O Exm.º Procurador Geral Adjunto neste Tribunal pronuncia-se pelo provimento do recurso.

Colhidos os vistos legais, vem o processo à conferência.

2. OS FACTOS

Com relevância para a decisão da causa, resultam provados nos autos os factos seguintes:

a) Por aviso de 2/2/96, foi aberto concurso interno

para provimento de um lugar de Chefe de Repartição de Gestão de Doentes no Hospital da Covilhã (fls. 58).

b) Em 8/3/96, depois de apreciadas as candidaturas e verificada a respectiva documentação, o Júri deliberou admitir todos os recorrentes, entre os quais recorrente e recorrida (fls. 25).

c) Porém, com o argumento de insuficiência do aviso de abertura já mencionado, por incumprimento do disposto no artigo 16.º do Dec.Lei n.º 498/88, de 30 de Dezembro, com redacção do Dec.Lei n.º 215/95, de 22 de Agosto, o Júri procedeu em 15/4/96 a uma rectificação do dito aviso, enumerando os factores de apreciação a utilizar nos métodos de selecção avaliação curricular e entrevista (fls. 27).

d) Em 27/5/96, o mesmo Júri elaborou a fórmula de classificação dos candidatos, atribuindo determinada ponderação a cada método de selecção e determinada valorização a cada factor de apreciação relevante (fls. 29 a 32).

e) Em 11/7/96, foi elaborada a lista de classificação final, surgindo o recorrente José Luís Craveiro em 1.º lugar e a recorrida Maria Leonor Alvarinhas em 3.º (fls. 36).

f) Lista essa que foi homologada pelo Conselho de Administração do Hospital *(ibidem).*

g) Interposto recurso hierárquico dessa homologação, foi o mesmo indeferido pelo Director Geral do DRHS, no uso de competência delegada pelo Ministro da Saúde (fls. 78 a 83).

3. O DIREITO

Como ficou relatado, o recorrente José Luís Craveiro (contra interessado no recurso contencioso interposto por Maria Leonor Alvarinhas do indeferimento do recurso hierárquico do acto de homologação da lista que a classificara em 3.º lugar), veio recorrer da sentença do TAC de Coimbra que veio dar razão à dita Maria Leonor, anulando o despacho recorrido.

Na óptica do recorrente, muito embora aceite que os factores de apreciação e o sistema de classificação final só foram estabelecidos pelo Júri do concurso depois de analisada por ele a documentação e os currículos dos candidatos, essas "circunstâncias" não teriam ocasionado quaisquer consequências lesivas para os candidatos preteridos, pelo que não se teria verificado vício algum do acto contenciosamente recorrido.

Mas não tem razão.

Com efeito, como se decidiu no Ac. do STA de 24/9/96, citado na sentença, se o Júri fixou as fórmulas e estabeleceu os critérios a aplicar na avaliação curricular tendo presentes os currículos dos candidatos ao concurso de provimento, tal actuação faz perigar as garantias de isenção, transparência e imparcialidade impostas no artigo 5.º n.º 1, alínea *d*), do Dec.Lei n.º 498/88, norma que visa acautelar no processo concursal, violando assim aquela disposição legal.

Ora, no caso *sub judicio,* dúvidas não podem restar de que o Júri, ao proceder em 27/5/96 à rectificação do aviso de abertura do concurso, atribuindo ponderação a cada método de selecção e valorizando cada factor de apreciação relevante, já conhecia pelo menos desde 8 de Março anterior (acta de fls 25 e 26 dos autos) quer os currículos dos candidatos, quer a documentação que os acompanhava.

O que implicou, necessariamente, violação do preceito legal citado, por infracção dos princípios da imparcialidade (artigos 6.º do CPA e 266.º da CRP), e da boa fé na actuação administrativa, da transparência e da igualdade entre os concorrentes.

Isto, e ao contrário do que pretende o recorrente, independentemente de essa violação ter tido ou não consequências lesivas para os direitos dos candidatos preteridos.

Como se decidiu no recente Ac. deste Tribunal de 3/3/2005 (Rec. n.º 5923/01), seguindo orientação a que plenamente aderimos, *a definição dos critérios de avaliação e do sistema de classificação após o termo do prazo de apresentação das candidaturas – como aconteceu no caso dos autos – quando o júri já tem a possibilidade de saber quem são os concorrentes e até de conhecer os respectivos currículos, põe em causa a transparência e é susceptível de gerar desigualdades entre os concorrentes, assim como pode permitir aos membros júri afeiçoar o sistema classificativo aos elementos curriculares apresentados pelos candidatos, tudo podendo afectar os princípios da igualdade e da imparcialidade.*

Nessa conformidade, e como aí se sumariou, tendo o júri do concurso fixado os critérios de avaliação depois de conhecidos os currículos dos candidatos é ilegal, por violação do princípio da imparcialidade, a fixação de tais critérios, relevando nestas circunstâncias o simples perigo ou risco de um comportamento de favor, não sendo necessária a demonstração de que, em concreto, se verificou uma acção ferida de parcialidade.

No mesmo sentido decidiu o Ac. do STA de 1/6/2004 (Rec. n.º 189/04).

Improcedem, portanto, todas as conclusões do recurso, motivo porque será confirmada a decisão recorrida.

4. Pelo exposto, acordam no 1.º Juízo, 1ª Secção, do TCAS em negar provimento ao recurso interposto por José Luís Cleto Craveiro, confirmando inteiramente a sentença recorrida.

Custas a cargo do recorrente, com taxa de justiça que vai graduada em 200 €, e procuradoria em metade.

Lisboa, 10 de Março de 2 005

Mário Gonçalves Pereira
António Vasconcelos
Magda Geraldes

Recurso n.º 2907/99

CONCURSO INTERNO PARA ADMISSÃO DE CANDIDATOS AO CURSO DE FORMAÇÃO DE INSPECTORES DE NÍVEL 1. VÍCIOS DE VIOLAÇÃO DE LEI. PRINCÍPIO DA IGUALDADE. VÍCIO DE FORMA POR FALTA DE FUNDAMENTAÇÃO.

(Acórdão de 3 de Fevereiro de 2005)

SUMÁRIO:

I – Não se verifica a violação do princípio da igualdade, quando a comparação das habilitações literárias ou a adequação do Curso Superior exigido é feita entre dois concursos diferentes: o concurso em questão, nos autos, respeitava ao Curso de Formação de Inspectores de Nível 1» e o outro a um «Curso de formação de Inspectores».

II – Efectivamente, tratava-se de concursos para cursos de formação de «níveis» diferentes, não sendo legítima a referida comparação das habilitações literárias ou a adequação do Curso Superior exigido para ambos.

III – A exclusão do recorrente foi decidida por este não possuir uma licenciatura em direito , o que constituía requisito cumulativo exigido para o concurso ao Curso em questão, de acordo com o ponto 5, al. *a*), do aviso de abertura do mesmo.

IV – Conquanto o art. 122.º da LOPJ se refira a «licenciatura adequada», ao contrário do aviso de abertura, que exige a licenciatura em direito, o legislador ao introduzir aquela expressão teve naturalmente a intenção de deixar à entidade competente para a abertura do concurso a decisão sobre qual a licenciatura considerada adequada.

V – Tal decisão pode, naturalmente, variar de acordo com a ponderação de vários factores a ter em conta – por aquela entidade – designadamente da avaliação feita de anteriores concursos, da evolução das exigências próprias das funções, das carências constatadas em concreto, num determinado horizonte temporal, e das políticas definidas pela tutela.

VI – As referidas considerações não têm que ser feitas no acto de exclusão do recorrente, que não tinha a licenciatura em Direito, previamente definida, no uso de uma discricionaridade que lhe é conferida pelo próprio legislador, pela entidade competente para tal, como a licenciatura adequada.

VII – A eventual restrição feita pelo acto recorrido ao basear-se no ponto 5 , al. *a*), do aviso de abertura, não só não viola qualquer das normas invocadas pelo recorrente, como também não viola o espírito do Diploma citado – LOPJ –, dado que é o próprio legislador que introduz o conceito indeterminado na letra da lei, deixando a sua concretização à entidade a quem caberá promover os concursos respectivos.

VIII – Embora do aviso de abertura do concurso não se faça menção dos motivos pelos quais se considera como condição da candidatura a licenciatura em direito, quando a lei determina licenciatura adequada, o certo é que nenhuma norma impõe a inclusão, nos avisos de abertura de concursos, dos fundamentos da decisão relativa às habilitações tidas por adequadas e, por maioria de razão, não é exigível constar do aviso as considerações tecidas na proposta de abertura acerca da motivação para considerar a licenciatura em direito a adequada.

IX – Essa fundamentação tem de constar, isso sim, do despacho que autoriza a abertura do concurso, uma vez que é por este que a entidade competente procede à concretização do conceito «licenciatura adequada» utilizada pelo legislador.

X – Não tendo a Administração que dar explicações sobre a opção tomada, no próprio aviso de abertura, o certo, no entanto, é que as razões da escolha do curso de direito decorrem da própria definição do conteúdo funcional dos inspectores do n.º 3, do citado aviso, e ainda do despacho de autorização da abertura do concurso, onde se refere, no ponto 6 da proposta, que o precedeu, que a licenciatura em direito foi escolhida «dada a natureza, especificidade e caracterização da actual criminalidade».

ACORDAM DO T.C.A.

O recorrente veio interpor recurso contencioso de anulação do despacho de 01-06-1999, do DGPJ, proferido sobre recurso hierárquico necessário, por este interposto da deliberação do Júri do Concurso Interno de Ingresso, para admissão de 3 candidatos ao referido curso de formação de inspectores do nível 1, que o excluiu do mesmo.

Alega que o acto sindicado padece do vício de violação de lei por infracção dos arts. 13.º, da CRP, 121.º e 122.º, da LOPJ, a par do vício de forma por falta de fundamentação.

A fls. 377 e ss., foi proferida douta sentença, no TACL, datada de 02-11-2003, pela qual foi negado provimento ao presente recurso, mantendo o acto recorrido.

Inconformado com a sentença, o recorrente veio interpor recurso jurisdicional da mesma, a fls, 392 e ss., com as respectivas conclusões de fls. 401 a 403, que de seguida se juntam por fotocópia extraída dos autos.

Não foram apresentadas contra-alegações.

No seu douto e fundamentado parecer de fls. 413 e ss., a Srª Procuradora-Geral-Adjunta entendeu que deve ser negado provimento ao recurso jurisdicional.

MATÉRIA DE FACTO

Com interesse para a decisão considero provados e relevantes os seguintes factos:

1) – Por aviso publicado no DR, 2ª Série, de 16-02--1999, foi aberto concurso interno de ingresso para

admissão de 3 candidatos ao curso de formação de inspectores de nível i, do quadro de pessoal da PJ, nos moldes aqui dados por reproduzidos na íntegra.

2) – O recorrente, licenciado em Relações Internacionais, candidatou-se às vagas aludidas em 1.

3) – Acta de 18-03-99, em que o Júri deliberou admitir os candidatos, entre os quais se encontra o recorrente.

4) – Em 26-04-99, por deliberação do Júri do Concurso, o recorrente foi excluído por não possuir licenciatura em Direito, nos termos constantes de fls. 35 a 39, aqui dados por reproduzidos na íntegra. (cfr. Acta, de 26-04-99, do Júri do Concurso, de fls. 36 e ss., dos autos).

5) – O Júri refere, nessa acta, designadamente, que deliberou excluir estes candidatos, entre os quais está o recorrente. De acordo com a al. *a*), do n.º 5, do aviso de abertura do concurso, constitui requisito especial de admissão ao concurso, a posse de licenciatura em Direito, que os mesmos não possuem.

6) – Em 17-05-99, o recorrente interpôs recurso hierárquico necessário, para o Director-Geral da PJ, da deliberação precedente.

7) – Acta de 27-05-99, de fls. 23 e ss dos autos, pela qual se verifica que o Júri por votação nominal e por unanimidade, é de opinião que os recursos interpostos pelos candidatos, excluídos do concurso em apreço, não merecem provimento.

8) – Por sobre a Acta precedente, de 27-05-99, está exarado o despacho da autoridade recorrida , que é do seguinte teor:

«Concordo:
Nego provimento aos recursos.
1-6-99
Ass.) Ilegível».

9) – Por aviso publicado no DR, foi aberto concurso interno de ingresso para admissão ao curso de formação de inspectores do quadro de pessoal da Polícia Judiciária a subinspectores, não lhes exigindo licenciatura.

O DIREITO

No presente recurso jurisdicional, o recorrente conclui nas suas alegações, que a licenciatura adequada a que se reporta o normativo em causa – art. 121.º, n.º 4, al. *c*), da LOPJ – DL n.º 295-A/90, só pode reportar-se aos concursos externos e nunca aos internos, especialmente para polícias já com cinco anos de funções e classificação não inferior a bom com distinção.

A sentença recorrida ao julgar improcedente o invocado vício de violação de lei acima referidos é desconforme à justa interpretação e aplicação da lei orgânica da PJ, como se passa a demonstrar.

Com efeito, a sentença recorrida não conheceu do vício de violação de lei do acto recorrido, já que este baseando-se na al. *a*), do n.º 5, do aviso de abertura do concurso restringiu a admissão ao mesmo, única e exclusivamente aos funcionários de investigação criminal possuindo licenciatura em direito, o que viola frontalmente o espírito da lei e que se descortina no próprio preâmbulo da LOPJ, aprovada pelo DL n.º 295-A/90, de 21-09, e, ainda, os normativos contidos na al. *c*), do n.º 4, do art. 122.º, e alínea *c*), do n.º 1, do art. 122.º, da referida LOPJ, confrontando-se a al. *a*), do n.º 1, do mesmo dispositivo legal com a al. *c*).

A sentença ora recorrida também não deu por verificado o invocado vício de violação de lei do acto recorrido, o qual, ao restringir o concurso a licenciados em Direito tende para uma visão de retrocesso da própria investigação criminal, que não se coaduna com as actuais realidades e necessidades, regressando-se à antiga e revogada LOPJ, violando-se o actual DL n.º 295-A/90, de 21-09, no seu espírito e letra.

Quanto à violação do princípio da igualdade, a douta sentença recorrida entende, e bem, que improcede, pois estamos perante situações fácticas distintas que merecem diferentes tratamentos, sem que com isso tenham beliscado minimamente o enunciado princípio constitucional.

Com efeito, o concurso em análise nos autos foi aberto aos funcionários de investigação criminal com, pelo menos, cinco anos de investigação criminal. O outro concurso interno para admissão ao curso de inspectores destina-se a subinspectores. Em relação a estes, a lei não estabelece qualquer requisito habilitacional.

Trata-se, portanto, de diferentes destinatários, com experiências, formações profissionais e conteúdos funcionais, originariamente, distintos.

Como se refere, no douto Ac. do TCA, de 21-10-04, Rec. 27/04. Tratava-se, pois, de concursos para cursos de formação de Inspectores de «níveis» diferentes, não sendo legítima a comparação das habilitações literárias ou a adequação do Curso Superior exigido para ambos.

No que respeita à violação do espírito e da letra do Diploma que aprovou a LOPJ, a exclusão do recorrente foi decidida por este não possuir uma licenciatura em direito, o que constituía requisito cumulativamente exigido para o concurso ao Curso em causa, de acordo com o ponto 5, do aviso respectivo. (Licenciatura em Direito; pelo menos cinco anos na carreira de investigação criminal; classificação de serviço não inferior a Bom com distinção, nos últimos cinco anos).

Como muito bem decidiu a sentença recorrida, o espírito vertido no preâmbulo do DL n.º 259-A/90, conjugado com os moldes de redacção dos preceitos dos arts. 121.º, n.º 4, al. *c*) – os lugares de inspectores do nível 1 são providos entre (...), designadamente, funcionários de investigação criminal com licenciatura adequada – enquanto o art. 122.º-1, al. *a*), se refere a licenciados em Direito ou noutra licenciatura adequada, evidencia a vontade do legislador atribuir ao dirigente máximo do Serviço uma flexibilidade de opções na apreciação das licenciaturas a exigir, de harmonia com as necessidades subjacentes à abertura de cada concurso.

Aliás, como se refere no referido douto acórdão do TCA, o legislador, ao introduzir no art. 122.º, n.º 4, al. *c*), da LOPJ, aquela expressão, teve, naturalmente, por intenção deixar à entidade competente para a abertura do concurso a decisão sobre qual a licenciatura considerada adequada (que pode naturalmente variar, de acordo com vários factores a ponderar – por aquela entidade – designadamente da avaliação feita de anteriores concursos, da evolução das exigências próprias das funções, das carências constatadas em concreto, num determinado horizonte temporal, das políticas definidas pela tutela, etc..

Considerações essas que não têm que ser feitas no acto de exclusão do recorrente que não tinha a licenciatura em Direito, previamente definida, no uso de uma discricionaridade que lhe é conferida pelo próprio legislador, pela entidade competente para tal, como a licenciatura adequada.

A restrição que o recorrente alega ter sido feita pelo acto recorrido ao basear-se no ponto 5, al. *a*) do aviso de abertura do concurso, não viola qualquer das normas por si invocadas, nem se vê que viole o espírito do diploma citado, posto que é o próprio legislador que introduz o conceito indeterminado na letra da lei, do que pode apenas retirar-se uma intenção: a de deixar a sua concretização à entidade a quem caberá promover os concursos respectivos.

O que se aplica à visão de retrocesso na própria investigação criminal, que o recorrente imputa à entidade recorrida e que constitui uma violação do actual DL n.º 295-A/90, de 21-09, no seu espírito e letra: a investigação criminal é uma das tarefas do Estado, cabendo ao Governo e à Administração definir as políticas para o sector e dar-lhes execução.

Como bem refere o Digno Magistrado do M.ºP.º, nada impede que a Administração considere adequada apenas a licenciatura em Direito, para efeito do preenchimento de determinadas vagas.

E isto porque é à mesma que compete aferir das necessidades do serviço que levaram à abertura do concurso, o qual se destina, prioritariamente, a satisfazer o interesse público do serviço e só depois, os interesses individuais dos concorrentes.

É, aliás, isto que decorre do preâmbulo da LOPJ, ao considerar-se que a eficácia dos serviços passa por uma valorização pessoal dos seus funcionários o que não exclui a possibilidade de, entre os funcionários com um curso superior, a Administração considerar que são os licenciados em direito os que mais se adequam aos lugares a prover.

Também, as razões da escolha do curso de direito decorrem da própria definição do conteúdo funcional dos inspectores constantes do n.º 3, do aviso de abertura e ainda do despacho de autorização da abertura do concurso, onde se refere no ponto 6 da proposta que o precedeu que a licenciatura em direito foi escolhida «dada a natureza, especificidade e caracterização da actual criminalidade».

Quanto ao vício de forma por falta de fundamentação, o recorrente também não tem razão.

Efectivamente, nenhuma norma impõe a inclusão nos avisos de abertura de concursos dos fundamentos da decisão relativa às habilitações adequadas. E, por maioria de razão, não é exigível constar do aviso as considerações tecidas na proposta de abertura acerca da motivação para considerar a licenciatura em direito a adequada.

Apenas o art. 27.º, do DL 204/98, de 11-06, impõe que as exigências habilitacionais constem do aviso de abertura do concurso. Ora, tal disposição foi observada no n.º 5, do aviso.

Julgou, assim, a douta sentença os vícios apontados como não verificados e negou provimento ao recurso.

O acerto da decisão recorrida, perante a aplicação do direito aos factos, é evidente, é patente, não merecendo a mesma a censura que lhe é feita.

Acresce que o recorrente, nas suas alegações e respectivas conclusões, limita-se a repetir a argumentação que apresentou na 1ª Instância, quando impugnou contenciosamente o acto recorrido.

Por outro lado, é certo que o recorrente não aditou no recurso jurisdicional nenhum argumento que, pela sua novidade ou maior desenvolvimento em relação ao por ele já alegado em sede do pedido de anulação do acto impugnado contenciosamente, se impusesse debater na decisão a proferir por este TCAS.

Pelo exposto, a sentença recorrida não merece reparo, tendo feita correcta interpretação e aplicação do disposto nos arts. 124.º e 125.º do CPA, art. 13.º, da CRP, art. 122.º, n.º 1, al. *c*) e n.º 4 , al. *c*), da LOPJ – DL n.º 295-A/90 –, improcedendo todas as conclusões das alegações de recurso.

DECISÃO

Acordam os Juízes do TCA, em conformidade, em negar provimento ao recurso jurisdicional, mantendo-se a decisão recorrida nos seus precisos termos.

Custas pelo recorrente, fixando-se a taxa de justiça em € 200 e a procuradoria em € 100.

Lisboa, 3 de Fevereiro de 2005

António Forte
Carlos Araújo
Fonseca da Paz

Recurso n.º 00222/04

CONTEÚDO DO DEVER DE OBEDIÊNCIA. ÂMBITO DAS FUNÇÕES DE CANALIZADOR. PROCESSO DICIPLINAR. INEXISTÊNCIA DE CULPA.

(Acórdão de 27 de Janeiro de 2005)

SUMÁRIO:

I – O dever de obediência pressupõe a existência de uma ordem legal, dada por um legítimo superior hierárquico, no âmbito da função desempenhada.

II – Não integra a infracção disciplinar de desobediência a conduta de um canalizador que se recusa a conduzir uma viatura cujo funcionamento desconhece e que habitualmente não usa nas suas funções.

ACORDAM NO 1.º JUÍZO LIQUIDATÁRIO DO T.C.A.

1. RELATÓRIO

F........................., casado, funcionário da Câmara Municipal da Marinha Grande, interpôs no T.A.C. de Coimbra recurso contencioso contra a deliberação da Câmara Municipal da Marinha Grande que, em 23 de Março de 2000, deliberou aplicar-lhe a pena disciplinar de suspensão por 100 dias.

O Mmo. Juiz do T.A.C. de Coimbra, por decisão de 14.05.00, concedeu provimento ao recurso, anulando o acto recorrido.

É dessa decisão que vem interposto o presente recurso jurisdicional pela C.M. da Marinha Grande, a qual enuncia, nas conclusões das suas alegantes de fls. 124 e seguintes, cujo teor se dá por integralmente reproduzido.

Não houve contra-alegações.

O Digno Magistrado do Ministério Público emitiu douto parecer no sentido de ser negado provimento ao recurso.

Colhidos os vistos legais, cumpre decidir.

2. MATÉRIA DE FACTO

Emerge dos autos a seguinte factualidade relevante:

a) O recorrente é Canalizador Principal do quadro da C.M. da Marinha Grande;

b) Por despacho exarado em 29.09.99, foi instaurado procedimento disciplinar contra o ora recorrente;

c) Em 10.01.2000, foi deduzida acusação contra o arguido com fundamento no facto de ter desobedecido à ordem para conduzir um ciclomotor no exercício das suas funções;

d) Em 26 de Janeiro de 2000, o recorrente apresentou a sua defesa (doc. n.º 3);

e) Em 8 de Fevereiro de 2000, foi deduzido, num outro processo disciplinar, instaurado em 12.01.2000, uma outra acusação contra o recorrente;

f) No qual se acusava de ter desobedecido novamente à ordem anteriormente transmitida;

g) Em 18.02.2000, o recorrente a sua resposta à segunda acusação (doc. n.º 5).

h) Por ofício datado de 28.03.2000, o recorrente foi notificado de que, em reunião realizada em 23 do mesmo mês, a Câmara Municipal deliberara aplicar-lhe a pena disciplinar de suspensão por 180 dias.

i) A punição do recorrente baseou-se no facto de por duas vezes – primeiro no dia 28.09.99 e depois no dia 10 de Janeiro de 2000 – ter desobedecido à ordem para utilizar um ciclomotor de caixa fechada na execução das suas funções profissionais;

j) A deliberação recorrida foi tomada sem "quorum";

k) E não foi precedida do cumprido do art. 100.º do C.P.A.

3. DIREITO APLICÁVEL

Nas conclusões das suas alegações, a entidade recorrida alega que, ao contrário do decidido, não está em causa nos autos uma questão de conteudo funcional da categoria do ora recorrido, mas tão somente a emanação de uma ordem proferida por manifesto interesse público, pelo legítimo superior hierárquico do recorrido, para conduzir um veículo Ciclomotor de caixa fechada, em substituição de uma viatura Renault 4K anteriormente utilizada.

A ordem emanada teria decorrido, pois, da necessidade de a Câmara disponibilizar ao arguido uma viatura de substituição, que este se recusou a conduzir no exercício das suas funções.

Refere, ainda, a autoridade recorrida que, não obstante a disponibilidade da Câmara, o funcionário não tinha de conduzir aquela ou outra viatura, podendo efectuar as deslocações necessárias através de transportes públicos

Salvo o devido respeito, não cremos que assista razão à entidade recorrida.

Como resulta dos autos, o recorrente é canalizador principal do quadro da C.M. da Marinha Grande, e recusou-se a conduzir a viatura "Ciclomotor" propriedade da recorrida, com o fundamento de que não estava habilitado a conduzi-lo profissionalmente, não sabia conduzi-la e não era motorista, além de que razões do foro médico lhe impediam tal tipo de condução.

Como refere a factualidade fixada em 1ª instância, dos autos nada consta sobre declaração de anuência por parte do recorrente para a condução de viaturas por conta da recorrida.

A nosso ver a conduta imputada ao arguido não constitui infracção disciplinar, não se podendo concluir que este infringiu o art. 3.º n.º 7 do Dec. Lei 24/84, de 16 de Novembro: "Infracção do dever de desobediência".

Com efeito, "o dever de obediência consiste em acatar e cumprir as ordens dos seus legítimos superiores hierárquicos, dadas em objecto de serviço e sob a forma legal (art. 3.º n.º 7 do E.D.).

Mas a verdade é que, como justamente nota a sentença recorrida, em face da categoria detida pelo recorrente (canalizador), nenhuma norma lhe impõe a obrigação de condução de veículos automóveis ao serviço da C.M., designadamente para o desempenho das suas funções de canalisar.

Aliás, de acordo com o preceituado no n.º 1 do art. 1.º do Dec. Lei 490/99, de 17 de Novembro, as viaturas dos serviços só podem ser conduzidas por funcionários habilitados e posicionados na carreira de motorista, a não ser em certas circunstâncias de carência que não estão provadas nos autos.

É, pois, manifesto, que o recorrente não cometeu qualquer infracção disciplinar, por ter recusado cumprir uma ordem para executar funções que não pertenciam à sua categoria, que não sabia executar e que não estava habituado ou sequer autorizado a executar.

Bem andou, pois, o Mmo. Juiz "a quo" ao concluir que a recusa do recorrente foi legítima, sendo a ordem dada ilegal, por inobservância do formalismo previsto no art. 2.º do Dec. Lei 490/99 e porque o recorrente não deu previamente o seu acordo ou por qualquer forma não pediu ou requereu autorização para a condução de veículos.

Inexiste, portanto, qualquer infracção disciplinar.

4. DECISÃO

Em face do exposto acordam em negar provimento ao recurso e em confirmar a sentença recorrida.

Sem custas.

Lisboa, 27 de Janeiro de 2005

as.) António de Almeida Coelho da Cunha (Relator)
Maria Cristina Gallego dos Santos
Teresa Maria Sena Ferreira de Sousa

Recurso n.º 11006/01

DECLARAÇÃO DE ILEGALIDADE DE NORMAS. EFEITO MEDIATAMENTE OPERATIVO. NECESSIDADE DE ACTO POSTERIOR DE APLICAÇÃO.

(Acórdão de 16 de Fevereiro de 2005)

SUMÁRIO:

I – O pedido de declaração de ilegalidade de um despacho, com força obrigatória geral, só é admissível quando o mesmo possua efeitos imediatamente operativos, ofendendo os direitos ou interesses dos particulares pela simples circunstância da sua entrada em vigor.

II – Tal não sucede com o Despacho n.º 867/03/ /MEF, de 5 de Agosto, da Sra. Ministra de Estado e das Finanças, o qual, dirigindo-se aos serviços, depende da prática de actos administrativos posteriores de aplicação, nomeadamente do responsável da Caixa Geral de Aposentações a quem incumbe apreciar os pedidos administrados, formulados ao abrigo do Dec. Lei n.º 116/85.

ACORDAM NO 1.º JUÍZO LIQUIDATÁRIO DO T.C.A. – SUL

1. RELATÓRIO

Sindicato dos Professores da Grande Lisboa, Sindicato dos Professores do Norte, Sindicato dos Professores da Região Centro, Sindicato dos Professores da Zona Sul, Sindicato dos Professores da Madeira, Sindicato dos Professores da Região dos Açores e Sindicato dos Professores do Estrangeiro, vieram requerer a declaração de ilegalidade, com força obrigatória geral, do Despacho n.º 867/03/MEF, de 5 de Agosto, da Sra. Ministra de Estado e das Finanças.

Alegam, em síntese, que, para além de ser ilegal por violar o disposto no Dec. Lei n.º 116/85, de 19 de Dezembro, o Despacho n.º 867/03/MEF também é inconstitucional por contrariar o disposto no art. 112.º n.os 1 e 5 e no art. 56.º n.º 1, da C.R.P.

Junto aos autos o Despacho (não publicado) cuja declaração de ilegalidade foi pedida, o Digno Magistrado do Ministério Público, após vista inicial, pronunciou-se no sentido da rejeição do pedido, em virtude o identificado despacho não produzir efeitos imediatos, estando dependente do acto administrativo do responsável da Caixa Geral de Aposentações que aprecia o pedido do administrado formulado ao abrigo do Dec. Lei n.º 116/85.

Devidamente notificados, os requerentes vieram defender a eficácia imediatamente operativa do despacho n.º 867/03/MEF.

Colhidos os vistos legais, cumpre decidir.

2. MATÉRIA DE FACTO

Emerge dos autos a seguinte factualidade relevante:

a) Em 5 de Agosto de 2003, a Sra. Ministra de Estado e das Finanças emitiu o seguinte despacho:

«Despacho n.º 867/03/MEF.

A lei n.º 30-B/2002, de 30 de Dezembro determinou, no n.º 4 do art. 9.º, a revogação da possibilidade de aposentação antecipada dos funcionários prevista no Dec. Lei n.º 116/85, de 19 de Abril, a qual pressupunha uma avaliação das necessidades dos serviços.

A generalização indiscriminada do recurso à antecipação da aposentação, veio a traduzir-se numa situação de insustentável agravamento de custos da Caixa Geral de Depósitos, sem a correspondente e pretendida redução do mínimo de efectivos na Administração Pública. Pelo contrário, o automatismo e total ausência de fundamento de interesse público converteram em regra a aceitação dos pedidos muito antes da idade legalmente estabelecida, como é largamente demonstrado pelo número de aposentados em sectores carenciados, como a saúde, a educação e a justiça.

(...).

Docentes, quadros técnicos, médicos, juízes e funcionários integrados em muito outros cargos e carreiras, em que a Administração Pública evidencia necessidades permanentes ou mesmo crescentes, puderam retirar-se com a pensão completa, em período de plena capacidade de trabalho e máxima qualificação e experiência profissional.

(...).

Competindo à Caixa Geral de Aposentações verificar os requisitos legais para a determinação da aposentação e estando a possibilidade de antecipação condicionada à prévia verificação de inexistência de prejuízo para o serviço, determino:

1. A Caixa Geral de Aposentações só poderá proceder à apreciação dos pedidos apresentados ao abrigo do disposto no Dec. Lei 116/85 desde que o deferimento venha fundamentado pelo serviço de origem com base nos seguintes elementos:

a) Declaração do dirigente máximo de não ter havido qualquer aumento de pessoal na área funcional do funcionário, nomeadamente descongelamento de vagas, contratação a termo certo, avenças ou tarefas, nos últimos dois anos.

b) Mapa comparativo do número de aposentações e de novas admissões, caso tenha havido, nos últimos dois anos.

c) Clara identificação dos motivos funcionais que permitam assegurar que, com base em critérios gestionários, o serviço pode garantir a actividade com menos pessoal, tendo em conta o plano de actividades e o balanço social.

d) Informação, relativamente aos funcionários em processo de aposentação, do número de anos de serviço no organismo e fundamento legal para a sua admissão.

e) Informação sobre as respectivas classificações de serviço nos últimos três anos, data da ultima promoção, custos de formação efectuados em serviço e respectivos custos.

f) Quaisquer outros elementos relevantes de natureza funcional, que permitam confirmar a inexistência de prejuízo para o serviço.

(...)

A Ministra do Estado e das Finanças

É este o despacho cuja declaração de ilegalidade vem pedida.

3. DIREITO APLICÁVEL

Os Sindicatos requerentes alegam que o Despacho n.º 867/03/MEF, de 5 de Agosto, da Sra. Ministra de Estado e das Finanças, além de violar o disposto no Dec-Lei n.º 116/85, de 19 de Dezembro, é inconstitucional por contrariar o disposto no art. 112.º n.os 1 e 5 e 56.º n.º 1, alínea da Constituição da República Portuguesa.

Desde já se diga que, no tocante à alegada inconstitucionalidade do citado Despacho, esta não pode ser impugnada directamente pelos interessados junto dos tribunais administrativos.

Na verdade, o controlo da constitucionalidade das normas é da competência do Tribunal Constitucional, nos termos do art. 281.º n.º 1, al. *a*), da C.R.P., tendo legitimidade para a apresentação do pedido as entidades referidas no art. 2.º da referida norma.

Ocorre, portanto, a incompetência do Tribunal Central Administrativo, em razão da matéria, para conhecer do pedido de declaração de inconstitucionalidade, conhecimento esse em exclusivo assegurado pelo Tribunal Constitucional.

No tocante ao pedido de declaração de ilegalidade de normas quanto aos restantes fundamentos, as vias da impugnação contenciosa variam de acordo com o sujeito a quem são imputadas e também segundo o seu carácter imediata ou mediatamente operativo.

No caso concreto, os Sindicatos requerentes entendem que o Despacho 867/03/MEF veio estabelecer critérios para a aposentação mais restritivos que os previstos no Dec. Lei n.º 116/85, o que o torna ilegal, e que o mesmo Despacho opera por si, imediatamente, não dependendo da prática de actos administrativos para que se verifique a respectiva aplição.

Neste sentido, alegam os requerentes que a Caixa Geral de Aposentações não pode praticar actos administrativos de aplicação do Despacho em questão sem que o serviço de origem se pronuncie no sentido do indeferimento da pretensão.

Salvo o devido respeito, entendemos que os requerentes não têm razão.

Como é sabido, só são imediatamente operativas as normas cujos efeitos se produzem desde logo na esfera jurídica dos interessados, ofendendo os direitos ou os interesses dos particulares pelo simples facto de entrarem em vigor, sem necessidade de um acto administrativo de aplicação (cfr. arts. 40.º do E.T.A.F. e arts. 66.º e seguintes da L.P.T.A.; Freitas do Amaral, "Direito Administrativo", vol. IV, p. 269; Ac. T.C.A. de 25.10.01, in "Antologia de Acordãos do Supremo Tribunal Administrativo e do Tribunal Central Administrativo", Ano V, n.º 1, p. 274 e 275; Ac. STA de 19.11.2003, Rec. 01314/03).

Tal situação não se verifica no caso dos autos. Em primeiro lugar, o Despacho 867/03/MEF supra identificado apenas possui eficácia interna, dirigindo-se aos Serviços de Administração dependentes do Ministério das Finanças e vinculando-os a seguir determinados critérios no tocante à apreciação de pedidos de aposentação formulados ao abrigo do disposto no Dec. Lei 116/85.

Em segundo lugar, e como refere o Digno Magistrado do Ministério Público no seu parecer, é visível que a aplicação daquele Despacho, cuja declaração de ilegalidade vem pedida, depende da prática de um acto administrativo do responsável da Caixa Geral de Aposentações a quem incumbe apreciar o pedido do administrado.

Ou seja: os pedidos de aposentação formulados ao abrigo do Dec. Lei n.º 116/85 devem ser instruídos de acordo com as instruções relativas à fundamentação do deferimento pelos serviços de origem, contidas nas alíneas do n.º 1 do Despacho "sub judice".

Tal equivale a dizer, como salienta o Digno Magistrado do Ministério Público, que os Serviços a que os eventuais interessados pertençam terão de praticar actos de instrução que poderão ser actos lesivos destacáveis que, inexoravelmente, afastarão os requerentes da respectiva pretensão.

Esta circunstância ilustra e demonstra que o Despacho n.º 867/03/MEF, só por si, não é imediatamente operativo, dependendo sempre de um acto administrativo de aplicação.

4. DECISÃO

Em face do exposto acordam em:

a) Declarar o TCA incompetente em razão da matéria para conhecer do pedido na parte em que este se fundamenta na violação de princípios constitucionais.

b) Julgar procedente a questão prévia suscitada pelo Ministério Público, assim rejeitando o pedido de declaração de ilegalidade do Despacho supra identificado, quanto aos restantes fundamentos.

Sem custas por isenção.

Lisboa, 16 de Fevereiro de 2005

as.) António de Almeida Coelho da Cunha (Relator)
Maria Cristina Gallego dos Santos
Teresa Maria Sena Ferreira de Sousa

Recurso n.º 12786/03

INTIMAÇÃO JUDICIAL PARA A EMISSÃO DE ALVARÁ DE AUTORIZAÇÃO DE CONSTRUÇÃO. DEC. LEI 555/99. DEFERIMENTO TÁCITO. SUA REVOGAÇÃO. LEGALIDADE DO ACTO REVOGATÓRIO.

(Acórdão de 27 de Janeiro de 2005)

SUMÁRIO:

I – A intimação judicial para a emissão de alvará de autorização, nos termos do disposto na alínea *b*) do art. 111.º e no art. 113.º do Dec. Lei 555/99, de 16 de Dezembro, tem como primeiro pressuposto a existência de um acto de deferimento, ainda que tácito.

II – Todavia, não ocorre este primeiro pressuposto quando o hipotético deferimento tácito tenha sido revogado por posterior acto expresso de indeferimento a que não é atribuída ilegalidade geradora de nulidade.

III – A legalidade do acto revogatório não pode ser discutida no processo de intimação judicial, devendo antes ser suscitada em recurso contencioso que tenha por objecto esse acto revogatório.

ACORDAM NO 2.º JUÍZO DO T.C.A. – SUL

1. RELATÓRIO

Notemb – Imóveis e Investimentos, S.A., requereu, no T.A.F. de Sintra, a intimação judicial do Município de Sintra para a emissão de alvará de autorização, nos termos do disposto na alínea *b*) do art. 111.º e no art. 113.º do Dec. Lei 555/99, de 16 de Dezembro, relativo à construção de uma moradia no lote de terreno n.º 17, sito no Casal de Sto. António, no lugar de Mindelo, Praia das Maçãs, Azenhas do Mar, freguesia de Colares, descrito na 2ª Conservatória do Registo Predial de Sintra sob o n.º 6027 e inscrito na matriz sob o art. n.º 5772.

O Mmo. Juiz do T.A.F. de Sintra, por decisão de 13.10.2004, julgou improcedente o referido pedido de intimação para emissão de alvará.

A firma requerente interpôs recurso jurisdicional dessa decisão, enunciando nas suas alegações as conclusões de fls. 149 e seguintes, cujo teor aqui se dá por reproduzido.

O Digno Magistrado do Ministério Público emitiu douto parecer no sentido de ser negado provimento ao recurso.

2. MATÉRIA DE FACTO

A matéria de facto é a fixada na sentença de 1ª instância, para cujos termos se remete, ao abrigo do art. 713.º n.º 6 do Cód. Proc. Civil.

3. DIREITO APLICÁVEL

A sentença recorrida indeferiu o pedido de emissão de alvará, expendendo, nomeadamente, o seguinte: "Resulta da matéria de facto provada que o Presidente da Câmara Municipal de Sintra indeferiu expressamente, em 8 de Setembro de 2004, o pedido de autorização da operação urbanística em causa (cfr. alínea *o*) dos factos provados).

Este acto expresso de indeferimento da pretensão traduz-se numa revogação, mesmo que implícita, de um eventual acto de deferimento tácito anterior, que em virtude desta revogação anulatória deixa de ter existência jurídica.

Ou seja, ainda que se tivesse formado um acto tácito de deferimento sobre o pedido de autorização para a realização da operação urbanística, esse pedido foi indeferido por acto expresso posterior, o qual eliminou da ordem jurídica o eventual acto tácito de deferimento anterior – neste sentido tem decidido a jurisprudência do S.T.A. (cfr. entre outros, os Acs. de 19-11-2003, P. n.º 1503/03 e de 27.3.03, Proc. n.º 515/03), entendendo-se ainda que a legalidade do acto revogatório (o acto expresso de indeferimento da pretensão urbanística), não pode ser avaliada no processo de intimação judicial para emissão de alvará".

Considerou ainda a decisão recorrida que, mesmo que assim não se entendesse, ainda assim haveria que, concluir, face à matéria de facto provada, que não se verificam no presente caso os pressupostos para intimar a Administração a emitir o alvará.

Na verdade, o projecto de arquitectura inicialmente apresentado, ao propor um uso diferente de garagem para a cave, não respeita o disposto na licença de loteamento (Als. *b*) e *c*) dos factos provados), sendo, por isso, nos termos da alínea *a*) do art. 68.º do Dec. Lei 555/99, o acto de deferimento tácito produzido nulo.

Ora, sendo o acto nulo, não se subjectiva na esfera jurídica do requerente qualquer direito, pelo que o alvará não teria base legal, sendo justificada a falta da respectiva emissão".

Insurgindo-se contra este entendimento, a recorrente Notemb – Imóveis e Investimentos, S.A., veio alegar que o pedido de autorização para a construção da moradia, acompanhado de todos os projectos e elementos exigíveis, foi o entregue na Câmara Municipal de Sintra no dia 13.10.2003, sendo tal pedido considerado deferido tacitamente, nos termos da alínea *b*) do art. 111.º do D.L. 555/99, deferimento do qual resultaram as consequências previstas no art. 113.º desse diploma. Segundo a recorrente, o despacho de indeferimento da sua pretensão foi exarado em 8.09.04, ou seja, em data posterior ao termo indicado no n.º 5 do art. 112.º, pelo que tal despacho é inoponível ao acto de deferimento tácito. Logo, a sentença recorrida, ao negar provimento ao pedido com o fundamento de que o deferimento tácito foi revogado pelo referido despacho de indeferimento, o n.º 5 do art. 112.º e os n.ºs 1, 2, 3, 4 e 5 do art. 113.º do mesmo diploma (conclusões *a*) a *i*)).

Alega ainda a recorrente, dado o deferimento tácito verificado, o interessado pode dar início aos trabalhos depois de pagas ou depositadas as taxas devidas, como sucedeu, pelo que tranquilamente iniciou os trabalhos sem que da autoridade recorrida houvesse qualquer reacção, acrescendo que, para a realização de tais obras não é necessário que o interessado disponha de alvará de autorização de construção, como decorre do art. 113.º do D.L. 555/99.

Por isso, a intimação para emissão do alvará de autorização de construção da moradia foi feita por mera cautela, com vista a evitar problemas com a Câmara Municipal de Sintra e por receio da falta do alvará afastar eventuais interessados na compra da construção.

Finalmente, a recorrente alega que a junção de elementos feita em 29.07.2004 é irrelevante, destinando-se apenas a afastar dúvidas postas pelos Serviços Técnico-Municipais, e que o alvará de loteamento onde se insere a construção, não está em desconformidade com o Regulamento do Plano de Ordenamento da Orla Costeira Sintra-Sado, sendo que o Plano de Pormenor e o Projecto de Intervenção a que se refere o despacho de indeferimento é substituído pelo próprio alvará de loteamento, que se encontra válido e eficaz (als. *j*) a *ac*)).

Salvo o devido respeito, a recorrente não tem razão.

Em primeiro lugar, e como resulta dos autos, o lote de terreno no qual a firma recorrente pretende construir foi constituído mediante o alvará de loteamento n.º 6/99, emitido em 15 de Abril de 1999, tendo sido, depois disso, aprovado o Plano de Ordenamento da Orla Costeira de Sintra-Sado, aprovado pela Resolução do Conselho de Ministros n.º 86/2003, D.R. 1ª Série B, de 25 de Junho de 2003 (POOC), na qual se determinou que a área integrada na UOPG 5 – Praia das Maçãs, a ocupação de áreas deverá ser precedida por um *plano de pormenor*, ficando interdita a construção de edifícios até à respectiva aprovação. Estando o lote de terreno da requerente abrangido pela UOPG 5 –. Praia das Maçãs, o plano especial de ordenamento do território possui eficácia vinculativa directa e imediata para a requerente (art. 3.º do Dec. Lei 380/99), revestindo-se de um efeito imediato de ilegalização das situações desconformes com a nova definição do âmbito de permissão administrativa coonestada com a prossecução do interesse público, efeito esse que se assemelha ao efeito prático do acto administrativo, mas nem por isso altera a natureza geral e abstracta da opção enunciada pela expressão da vontade do órgão competente (cfr. Ac. STA de 11.11.03, Proc. 01215/02; Fernando Alves Correia, "Manual de Direito do Urbanismo", Almedina, vol. I, 2ª ed., p. 504 e seguintes).

Embora o POOC em referência não determine a ilegalidade da licença de loteamento em causa, constitui uma limitação ou condicionamento relativamente às obras de construção no local, determinando por ora a nulidade do acto administrativo de autorização de construção que possa ter sido praticado (cfr. art. 103.º do Dec. Lei 380/99, de 22 de Setembro e art. 68.º, alínea *a*) do Dec. Lei n.º 555/99, de 16 de Dezembro e arts. 74.º al. *a*) e 79 n.º 1 do Regulamento do POOC).

No entanto, como refere o Digno Magistrado do Ministério Público no seu parecer de fls. 167 e seguintes, "alguns dos efeitos que o recorrente pretende ver salvaguardados foram respeitados pela requerida, pois, se assim não fosse, teria sido ordenada a demolição da moradia o que, na realidade, não sucedeu".

Tal circunstância deixa o campo aberto para a recorrente regularizar o projecto de arquitectura e conformá-lo com o aprovado lote onde foi levantada a construção, o que conduzirá à emissão da licença de construção pela requerida, o que o recorrente aceitou, como se alcança da junção de documentos feita em 29.07.04, muito depois de instaurar a presente intimação.

Em segundo lugar, cumpre notar que não é correcta a tese segundo a qual o despacho de indeferimento da pretensão da recorrente seja inoponível ao acto de deferimento tácito.

Cremos que a decisão recorrida ajuizou correctamente, ao considerar que, ainda que se tivesse formado um acto tácito de deferimento sobre o pedido de autorização da operação urbanística, tal pedido foi indeferido por acto expresso posterior, o qual eliminou da ordem jurídica o eventual acto de deferimento.

Na verdade, tem sido entendido pela jurisprudência do S.T.A. que é improcedente, por falta do requisito legal da existência de deferimento do pedido de licenciamento, o pedido de intimação judicial para passagem de alvará (seja de loteamento, de licenciamento de obras ou de licença de utilização), sempre que o suposto deferimento tácito (ou expresso) do licenciamento em causa, em que aquele pedido se baseia, tiver sido *revogado* por certo acto expresso posterior a que não seja atribuída ilegalidade geradora de nulidade (cfr. Ac. STA de 19.11.03, P. 1503/03; Ac. STA de 4.5.2000, P. 45986).

Como se decidiu em 1ª instância, o facto de o acto expresso de indeferimento ter sido proferido após a entrada em juízo do pedido de intimação não obsta àquela conclusão, pois os pressupostos de procedência do pedido de intimação devem ser aferidos à data do conhecimento do pedido (cfr. art. 653.º do C. Proc. Civil; citado Ac. de 4.05.2000 do S.T.A).

O que bem se compreende, dado que, a não assim, o Tribunal poderia estar a compelir judicialmente a administração a emitir o título de um licenciamento que fora revogado, solução que comportaria complicações acrescidas, a partir do momento em que isso se passaria num meio processual em que se não pode discutir a legalidade do acto revogatório.

4. DECISÃO

Em face do exposto, acordam em negar provimento ao recurso e em confirmar a sentença recorrida.

Custas pela recorrente, em ambas as instâncias.

Lisboa, 27 de Janeiro de 2005.

as.) António de Almeida Coelho da Cunha (Relator)
Maria Cristina Gallego dos Santos
Teresa Maria Sena Ferreira de Sousa

Recurso n.º 462/04

INTIMAÇÃO PARA PROTECÇÃO DE DIREITOS, LIBERDADES E GARANTIAS. INIDONEIDADE DO MEIO PROCESSUAL.

(Acórdão de 16 de Fevereiro de 2005)

SUMÁRIO:

I – A intimação para protecção de direitos, liberdades e garantias pode ser utilizada quando a emissão urgente de uma decisão de fundo do processo é indispensável para a protecção de um direito, liberdade ou garantia e não é possível ou suficiente o decretamento de uma providência cautelar no âmbito de uma acção administrativa.

II – Se com a intimação se pretende a constituição de uma junta médica com elementos diferentes dos que até aí a tinham formado e a marcação, dentro de um prazo razoável, de data para a sua realização, independentemente da recepção de um relatório pericial e com convocação do médico assistente do recorrente, poderia este obter tal efeito se intentasse uma acção administrativa comum e uma providência cautelar de natureza antecipatória, de forma a intimar a Administração a constituir e a marcar a junta médica nos termos peticionados.

III – Com a decisão judicial de deferimento da referida providência cautelar, não haveria uma resolução definitiva da questão, com o esgotamento do objecto da causa principal, pois a improcedência desta teria como consequência a constituição de uma junta médica com os elementos que até agora a têm integrado e a marcação de nova data para a sua realização, após a obtenção do aludido relatório pericial.

IV – Assim, deve ser confirmada a sentença que julgou procedente a excepção da inidoneidade do

meio processual, não havendo que averiguar a possibilidade de convolação, por a sentença Ter decidido expressamente pela negativa e, nesta parte, não ter sido impugnada.

ACORDAM, EM CONFERÊNCIA, NA 1ª. SECÇÃO, 2.º JUÍZO, DO TRIBUNAL CENTRAL ADMINISTRATIVO SUL

1. Carlos Manuel Ferreira Fortuna dos Santos, professor, residente na Rua Francisco Eça, n.º 6, em Lisboa, inconformado com a sentença do T.A.F. de Lisboa que, no processo de intimação para a protecção de direitos, liberdades e garantias que intentara contra o Ministério da Educação, julgou procedente a excepção da inidoneidade do meio processual, absolvendo o requerido da instância e decidiu não proceder à convolação do processo, dela recorreu para este Tribunal, formulando, na respectiva alegação, as seguintes conclusões:

"A) O primeiro e segundo pedido em relação aos quais seria admissível, de per si analisados, que se considerasse a inidoneidade do meio processual utilizado – foram formulados na perspectiva de os factos em que assentam constituírem um antecedente necessário para a situação de lesividade em que, desde a sua prática, a Administração está a incorrer;

B) Quanto a esta situação prolongada de lesão, é inquestionável que o bem jurídico ofendido é o direito fundamental ao trabalho, à realização sócio-profissional e à estabilidade e segurança no emprego que há mais de dois anos vêm a ser coarctados ao ora recorrente;

C) E, para quanto a ela reagir, tanto mais que se não apoia em qualquer acto administrativo, o meio adequado é por certo a intimação requerida, sendo certo que as providências que em concreto foram pedidas não se podem configurar como antecipatórias de qualquer outras;

D) Decidindo em contrário, a douta sentença incorreu em violação, quer da regra do art. 109.º/1 do CPTA, quer dos arts. 53.º e 58.º da Constituição".

O recorrido contra-alegou, acompanhando a sentença recorrida e concluindo que esta deveria ser confirmada.

O digno Magistrado do M.P. emitiu parecer, onde concluíu pela improcedência do recurso.

Sem vistos, foi o processo submetido à Conferência para julgamento.

2.1. Com relevância para a decisão, consideramos provados os seguintes factos:

a) A Direcção Regional de Educação de Lisboa (DREL), em 22/10/2002, endereçou, à Escola Secundária Amélia Rey Colaço, convocatória para apresentação em Junta Médica, no dia 8/11/2002, do docente Carlos Manuel Ferreira Fortuna Santos;

b) Em 8/11/2002, a Junta Médica da DREL elaborou o "Boletim de Exame" constante de fls. 28 do processo administrativo apenso, cujo teor aqui se dá por reproduzido, de que o recorrente tomou conhecimento e do qual constava que se solicitava relatório psiquiátrico actualizado;

c) Em 14/11/2002, o recorrente apresentou o relatório psiquiátrico constante de fls. 31 e 32 do processo administrativo apenso e solicitou a marcação urgente de nova junta médica;

d) Em 29/11/2002, a Junta Médica da DREL elaborou o "Boletim de Exame" constante de fls. 36 do processo administrativo apenso, cujo teor aqui se dá por reproduzido, de que o recorrente tomou conhecimento naquela data e do qual constava que se pedia exame pericial;

e) Em 10/1/2003, a Junta Médica da DREL elaborou o "Boletim de Exame" constante de fls. 48 do processo administrativo apenso, cujo teor aqui se dá por reproduzido, de que o recorrente tomou conhecimento naquela data;

f) Em 30/1/2003, o recorrente enviou, ao Ministro da Educação, a carta de fls. 51 a 53 do processo administrativo apenso, cujo teor aqui se dá por reproduzido;

g) Em 7/2/2003, a Junta Médica da DREL elaborou o "Boletim de Exame" constante de fls. 59 do processo administrativo apenso, cujo teor aqui se dá por reproduzido, de que o recorrente tomou conhecimento naquela data e do qual constava, além do mais, o seguinte:

"O doente veio acompanhado pelo Dr. Alfredo Frade (psiquiatra do doente). Não trouxe o exame pericial para avaliação das suas capacidades para a docência";

h) Em 23/9/2003, a DREL enviou, ao Instituto de Medicina Legal, pedido de informação sobre a viabilidade de realização de exames periciais ao recorrente que não obteve qualquer resposta e que foi reiterado em 9/2//2004 e 5/3/2004;

i) Esse pedido de 5/3/2004 obteve a resposta constante do ofício de fls. 88 do processo principal, datado de 4/5/2004, cujo teor aqui se dá por reproduzido;

j) Por ofício datado de 18/5/2004, o Departamento de Psiquiatria e Saúde Mental do Hospital de São Francisco Xavier solicitou à DREL a identificação completa do recorrente e os quesitos e fotocópias das peças processuais relevantes para a realização do exame pericial.

2.2. No processo de intimação para a protecção de direitos, liberdades e garantias, intentado pelo ora recorrente, contra o Ministério da Educação, foram formulados, de forma subsidiária, os seguintes pedidos:

"1.º Que seja declarada a ilegalidade da submissão à junta médica objecto da convocação de 22/10/2002, com a consequente condenação da Administração em reconhecer que o ora requerente deve retomar imediatamente o serviço;

2.º Que, pressupondo a legalidade de tal submissão, seja declarada a ilegalidade da decisão da Junta Médica de 29/11/2002, com idêntica condenação;

3.º Que, a julgar-se necessária uma apresentação mais à junta médica, o Ministério requerido seja condenado a:

a) Solicitar de imediato ao Instituto de Medicina Legal a mais urgente tramitação do pedido de perícia que a este formulou, fixando-se prazo – que se julga dever ser de 48 horas – para o efeito;

b) Constituir uma junta médica com elementos diversos dos que até agora têm integrado aquela a que o ora requerente tem sido presente;

c) Proceder à marcação dessa junta, com convocação do médico assistente do ora requerente,

i. Ou logo após a recepção do relatório da perícia solicitada ao Instituto de Medicina Legal, se esse relatório for entregue em prazo razoável – que se julga poder ser fixado em 15 dias, atento o consignado no antecedente art. 56.º;

ii. Ou logo após decorrido o prazo que for fixado, se até ao seu termo o relatório não for recebido".

A sentença recorrida, considerando que o meio processual previsto no art. 109.º do CPTA só é adequado se a tutela do direito ou interesse em causa não for passível de ser assegurada por um processo principal não urgente (acção administrativa comum ou especial), ou por uma providência cautelar, ou pelo decretamento provisório (art. 131.º do CPTA) no âmbito de uma providência cautelar, julgou procedente a excepção dilatória inominada da inadequação do meio processual, absolvendo o ora recorrido da instância, por, no caso, ser possível e viável o recurso à acção administrativa especial conexa com actos administrativos e de condenação à prática do acto devido, bem como o recurso à tutela cautelar (antecipatória), de modo a decretar providência adequada a tutelar os interesses da recorrente, enquanto solução de regulação provisória da sua situação até à decisão do processo principal. E quanto à possibilidade de se convolar a intimação requerida noutro meio processual, a sentença decidiu pela negativa, "atenta a diferença de regime de instrução e modo de interposição, prazos e sujeição a custas".

No presente recurso jurisdicional, que o recorrente restringiu à matéria relativa ao 3.º pedido que formulara (cfr. ponto 3 das suas alegações), é impugnada a matéria de facto dada por provada na sentença e afirmado que não se pode configurar nenhum pedido principal a que correspondam, como providências cautelares, a marcação de nova Junta Médica ou a formulação do pedido de urgência na realização do exame pericial.

No que concerne à impugnação da matéria de facto, não assiste razão ao recorrente, quando pretende que dela conste a matéria referida nas als. *a*), *b*), *c*) e *f*) do ponto 5 das suas alegações. Efectivamente, não sendo de proferir decisão de mérito e estando apenas em causa a apreciação da excepção da inidoneidade do meio processual, mostram-se os referidos factos irrelevantes para a decisão a tomar.

Quanto à matéria aludida na al. *d*) do referido ponto 5, deve-se notar que dos factos provados só deveria constar o que resultava do teor do documento de fls. 36 do processo instrutor e não conclusões que se extraem desse teor, conforme é pretensão do recorrente.

E o mesmo se diga quanto à matéria referida na al. *e*), visto que o que se deu como provado foi o que constava do documento de fls. 59 do processo instrutor, onde fora escrito que o doente não trouxera o exame pericial.

No que respeita a al. *g*) do mesmo ponto 5, torna-se desnecessária a sua apreciação, visto que a matéria sobre que versa não foi dada como provada no presente acórdão, por se nos afigurar irrelevante para a decisão.

Finalmente, quanto à al. *h*) do aludido ponto 5, entende-se que assiste, em parte, razão ao recorrente, motivo por que no presente acórdão se deu como provado o facto constante da al. *j*). Entendemos, porém, que os elementos constantes do processo instrutor não permitem que se dê como provado que ao ofício de 18/5/2004 não foi dada qualquer resposta, visto que daquele processo só constam documentos anteriores ao mês de Maio de 2004.

Importa agora averiguar se a sentença é de manter quando decide pela procedência da excepção da inidoneidade do meio processual.

Vejamos então.

Conforme resulta do n.º 1 do art. 109.º do CPTA, a intimação para protecção de direitos, liberdades e garantias pode ser utilizada quando a emissão urgente de uma decisão de fundo do processo é indispensável para a protecção de um direito, liberdade ou garantia e não é possível ou suficiente o decretamento de uma providência cautelar no âmbito de uma acção administrativa normal, seja comum ou especial.

Analisando o 3.º pedido formulado pelo ora recorrente no processo de intimação (e só este), constata-se que o que ele pretende é que seja constituída uma junta médica com elementos diferentes dos que a haviam formado e que, dentro de um prazo razoável, se proceda à marcação de data para a sua realização, com convocação do seu médico assistente.

Para o efeito, poderia intentar uma acção administrativa comum (cfr. art. 37.º, n.ºs 1 e 2, als. *c*), 1ª parte e *d*), do CPTA) e uma providência cautelar de natureza antecipatória, de forma a intimar a Administração a constituir e a marcar a junta médica nos termos que peticionou (cfr. art. 112.º n.ºs 1 e 2, al. *f*), do CPTA).

E não se pode afirmar que a decisão judicial de deferimento da providência cautelar resolveria definitivamente a questão, esgotando o objecto da causa principal, pois a improcedência desta teria como consequência a constituição de uma junta médica com os mesmos elementos que até agora a têm integrado e a nova marcação de data para a sua realização.

Assim sendo, a sentença recorrida, ao julgar procedente a referida excepção, não merece a censura que lhe é dirigida pelo recorrente, devendo também manter-se na parte em que decidiu não proceder à convolação para outro meio processual por esta decisão não ter sido atacada no presente recurso jurisdicional.

3. Pelo exposto, acordam em negar provimento ao recurso, confirmando a sentença recorrida.

Sem Custas, por isenção (cfr. art. 73.º-C, n.º 2, al. *c*), do C.C.J., na redacção resultante do D.L. n.º 324/2003, de 27/12).

Lisboa, 16 de Fevereiro de 2005

as.) José Francisco Fonseca da Paz (Relator)
António Ferreira Xavier Forte
Carlos Evêncio Figueiredo Rodrigues de Almada Araújo

Recurso n.º 0542/05

INTIMAÇÃO PARA PASSAGEM DE CERTIDÕES. CONSELHO DE ADMINISTRAÇÃO DOS PORTOS DE SETÚBAL E SESIMBRA. LEGITIMIDADE PASSIVA.

(Acórdão de 20 de Janeiro de 2005)

SUMÁRIO:

I – De acordo com o artigo 10.º n.º 4 do CPTA, considera-se regularmente proposta a acção,

quando na petição haja sido indicada como parte demandada o órgão perante a qual tenha sido formulada a pretensão do interessado.

II – É o Conselho de Administração que deve ser intimado a passar certidões e proporcionar a consulta de processo que lhe haviam sido requeridas, e não o seu Presidente, não obstante ser este que comunicou o indeferimento às interessadas.

III – Devem ser consideradas interessadas na passagem das certidões e exame do processo as concorrentes excluídas do concurso por terem retirado validade às propostas que haviam apresentado, para além de certo prazo, sem ter sido proferida a prevista decisão de adjudicação.

ACORDAM OS JUIZES DO 2.º JUÍZO, 1ª SECÇÃO, DO TRIBUNAL CENTRAL ADMINISTRATIVO SUL:

1. Conselho de Administração da Administração dos Portos de Setúbal e Sesimbra, S.A.(APSS), com os sinais dos autos, veio recorrer da sentença lavrada a fls. 382 e seguintes no TAF de Almada que a intimou a passar certidões e a permitir a consulta de um processo concursal às recorridas Navipor – Operadora Portuária Geral, Lda. e Liscont – Operadores de Contentores, S.A.

Em sede de alegações, formularam as conclusões seguintes:

A) A entidade intimada, Conselho de Administração da APSS, SA, é parte ilegítima na intimação, pois esta deveria ter sido deduzida contra a própria APSS, SA, como decorre claramente dos arts. 10.º/1 e 104.º/1 do CPTA.

B) Pois face ao novo regime de legitimidade passiva constante do art. 10.º/1 do CPTA, a acção deveria ser proposta contra a outra parte na relação material controvertida ou contra a entidade titular de interesses contrapostos aos das requerentes.

C) O art. 104.º/1, como pressuposto deste meio processual, dispõe que o interessado pode requerer a intimação da entidade administrativa competente.

D) Da conjugação destes normativos resulta claramente que a entidade titular de interesses contrapostos aos das requerentes, a entidade administrativa competente é a APSS, SA, e não o seu Conselho de Administração, que é apenas um órgão social da empresa, como art. 5.º dos Estatutos aprovados pelo DL 338/98, 3.11, e certidão comercial junta como Doc. 1 na resposta.

E) Regras estas que não afastadas no caso pelo art. 10.º/4 do CPTA, só aplicável no caso da pessoa colectiva de direito público ou no caso de ser a acção proposta contra o Estado.

F) Pois estabelece o art. 10.º/4 do CPTA que se considera regularmente proposta a acção (...) *quando na petição tenha sido indicado como parte demandada o órgão que praticou o acto impugnado ou perante o qual tenha sido formulada a pretensão do interessado, considerando-se, nesse caso, a acção proposta contra a pessoa colectiva de direito público ou, no caso do Estado, contra o Ministério a que o órgão pertence.*

G) Ora, tendo deduzido as suas pretensões contra o Conselho de Administração da APSS, SA, só se poderia aplicar a regra do art. 10.º/4 nos precisos pressupostos deste preceito legal – se as recorridas estivessem a litigar ou perante uma pessoa colectiva de direito público ou contra o Estado, e a APSS, SA não é nem uma coisa nem outra.

H) E, mesmo que se entenda que o art. 10.º/4 do CPTA é aplicável, só e unicamente apenas como mera hipótese, a intimação continua a ser indevidamente intentada pois o acto de indeferimento foi claramente do Presidente do Conselho e teria sido contra este que a intimação deveria ter sido intentada.

I) Na verdade, as recorridas intentaram a intimação contra o Conselho de Administração mas o indeferimento da sua pretensão foi da autoria do Presidente do Conselho de Administração, que seria assim a *entidade administrativa competente.*

J) Ao qual compete, art. 13.º/1/b) dos Estatutos da APSS, S.A., anexos ao DL 338/98, de 3 de Novembro, e certidão registral como Doc. 1 na resposta, em especial, representar o Conselho, em juízo e fora dele.

K) Como o acto foi praticado pelo Presidente do Conselho de Administração da APSS, S.A., seria contra este, *entidade administrativa competente,* e não contra o Conselho de Administração que a intimação deveria ter sido deduzida, admitindo-se a aplicação do art. 10.º/4 do CPTA como mera hipótese.

L) Mesmo que se entenda que o art. 10.º/4 é aplicável não pode às ora recorridas, ao contrário do entendimento *a quo,* aproveitar este preceito legal, pois tinham que ter indicado como parte demandada o órgão que praticou o acto – Presidente do Conselho de Administração – o que não fizeram.

M) Verificando-se assim novamente, por outra via, a ilegitimidade passiva da entidade recorrida "Conselho de Administração".

N) Sem conceder, a decisão ora em crise decidiu que pela conjugação dos arts. 104.º, 55.º/3 do CPTA e 61.º/1 do CPA se justificava as recorridas terem acesso aos documentos e consultar o processo em causa.

O) Porém, segundo dispõe o art. 104.º/1 do CPTA, é a não satisfação do pedido formulado no exercício do direito à informação procedimental que poderá originar o pedido de intimação.

P) Ora dispõe o art. 62.º/3 do CPA que os interessados têm o direito de obter certidão, reprodução ou declaração autenticada dos documentos que constem dos processos a que tenham acesso.

Q) Processos esses que só poderão ser aqueles em que são directamente interessados, art. 61.º/1 do CPA.

R) Como claramente se encontra documentalmente exposto, as recorridas, nos termos do art. 61.º/1 do CPA, deixaram de ser directamente interessadas no procedimento e como tal não podem exigir a consulta do processo ou a passagem das certidões pedidas, face ao teor dos n.os 1 e 3 do art. 62.º daquele diploma.

S) Pois as recorridas deixaram bem expresso, sem margem para qualquer dúvida, que perderam o interesse no concurso, desvincularam-se do mesmo, como elas próprias referiram (...) *que não mantêm como válidas as suas propostas para além do dia 30 de Outubro de 2003, com todas as consequências que daí decorrem para o presente concurso.*

T) Para não deixar qualquer margem para dúvidas, pediram de imediato a devolução das cauções obrigatórias, que garantiam perante a APSS o seu interesse naquele concurso, e que, de acordo com o caderno de encargos do concurso, Doc. 1 das requerentes, só os concorrentes que vão até ao final do concurso têm o direito concursal de analisar a documentação dos concorrentes adversários e solicitar, querendo, certidões desses documentos, pontos 20.1 e 20.3.

U) Cauções essas que constituíam condição *sine qua non* para os concorrentes, que só seriam devolvidas no final do concurso como dispõe o Caderno de Encargos – cf. Ponto 8 do anúncio do concurso em Doc. 1 das recorridas.

V) A regra do art. 55.º/3 do CPTA é apenas e tão somente uma mera presunção de legitimidade, que no presente caso se encontra claramente ilidida pela inequívoca manifestação de vontade das recorridas, como aliás reconhecido na, aliás douta, sentença proferida Proc. 668/03 da 3ª Secção do TAC de Lisboa – Doc. 10 na resposta da APSS.

Contra alegaram as empresas recorridas, defendendo a manutenção do julgado, com o inteiro aplauso do Exm.º Procurador Geral Adjunto neste Tribunal.

2. OS FACTOS

Com relevo para a decisão, mostram-se provados nos autos os factos seguintes:

a) Com data de 21/6/2001 e conforme as condições fixadas no respectivo Processo de Concurso, foi aberto pela Administração dos Portos de Setúbal e Sesimbra, SA (APSS) concurso público para a concessão do Terminal Multiusos no Porto de Setúbal (fls. 18 a 71).

b) Apresentaram-se 2 concorrentes, na forma de consórcio: o Concorrente n.º 1, constituído pelas recorridas Navipor e Liscont; e o Concorrente n.º 2, constituído pelas empresas Setefrete – Sociedade de Tráfego e Cargas, SA, Mota & Companhia, SA, e ETE – Empresa de Tráfego e Estiva, Lda.

c) Por carta de 9/10/2002, o Presidente do Conselho de Administração da APSS deu conhecimento aos concorrentes que aquele Conselho aprovara o relatório da Comissão de Avaliação das Propostas e deliberara nomear a Comissão de Negociação, para negociar a adjudicação da concessão do Terminal Multiusos (zona 1) com o Concorrente n.º 2; e a adjudicação da concessão do Terminal Multiusos (zona 2) com o Concorrente n.º 1 (fls. 108 a 110).

d) Em 14/5/2003, o Presidente da Comissão de Negociação comunicou ao Concorrente n.º 1 que, face à informação veiculada nas cartas de 5 e 13 de Maio desse ano, onde o mesmo consórcio não aceitara os termos da carta da Comissão de 23/12/2002, iria recomeçar a fase I das negociações, agora com o Concorrente n.º 2 (fls. 158).

e) Por carta de 21/5/2003, o Concorrente n.º 1 respondeu àquela Comissão de Negociação, considerando injustificada e inaceitável essa posição, pedindo a revogação da decisão de dar por findas as negociações com esse consórcio, adiantando desde logo que pretendia impugnar, administrativa e contenciosamente, a referida decisão (fls. 159 a 164).

f) Tendo dela efectivamente interposto recurso hierárquico para o Conselho de Administração da APSS (fls. 165 e 166).

g) E, em 23/6/2003, o mesmo Concorrente n.º 1 acedeu em manter as suas propostas até 30/10/2003, conforme pedido da Comissão de Negociação, declarando partir do princípio de que as negociações para a concessão do Terminal Multiusos não tinham terminado para aquele consórcio (fls. 167 e 168).

h) O supra citado recurso hierárquico foi indeferido pelo C.A. da APSS, conforme comunicação de 23/7/ /2003 (fls. 176).

i) Em 22/10/2003, o Concorrente n.º 1 comunicou ao Presidente do C.A. da APSS que, face à falta de informações sobre a fase em que se encontravam as negociações, não aceitava o novo pedido de prorrogação solicitado por aquela entidade, não mantendo como válidas as suas propostas para além do dia 30/10/2003, com todas as consequências que daí decorressem para o concurso (fls. 187 e 188).

j) Por carta de 31/10/2003, dirigida ao Conselho de Administração da APSS, o consórcio Concorrente n.º 1, invocando a obrigação de a APSS proceder à anulação do concurso, por ter terminado o prazo de validade das propostas, não tendo sido tomada a decisão de adjudicação, requereu a liberação imediata das cauções por si prestadas (fls. 189 a 199).

k) Por Deliberação de 27/11/2003 do Conselho ora recorrente, foi decidido acolher a desvinculação do consórcio Navipor / Liscont do Concurso, com fundamento nos termos da sua supra dita carta de 22/10/2003, e em que o outro Concorrente declarara manter as suas propostas até 31/12/2003, mantendo-se o Concurso em tramitação com o Concorrente n.º 2, e deferir a liberação imediata das cauções prestadas por aquele consórcio (fls. 200).

l) Em 9/6/2004, as ora recorridas requereram ao Conselho de Administração da APSS, face à divulgação de que se encontrava marcada para 23 desse mês a assinatura do contrato de concessão do TMUS, a passagem urgente de certidão dos seguintes documentos (fls. 226 e 227):

– Relatório Final elaborado pela Comissão de Negociação.

Deliberação do C.A. da APSS de aprovação da minuta do contrato de concessão do TMUS que terá sido tomada pelo C.A. da APSS em 26/5/2004.

– Deliberação de adjudicação tomada pelo C.A. da APSS.

m) Mais requereram, na altura, nos termos do artigo 61.º n.º 1 do CPA, informação do dia e hora em que poderia ser consultado o processo administrativo relativo ao Concurso Público supra identificado (fls. 227).

n) Em 22/6/2004, o Presidente do C.A. da APSS comunicou às requerentes que o requerimento identificado em *l*) e *m*) fora indeferido, "já que, de acordo com os artigos 61.º e seguintes do CPA, não eram directamente interessadas no procedimento e não fora demonstrado um interesse legítimo no solicitado" (fls. 228).

3. O DIREITO

Começa o Conselho recorrente por arguir a sentença recorrida, na parte em que julgou improcedente a excepção de ilegitimidade passiva, que deduzira na sua resposta, entendendo mais uma vez que a entidade a intimar, porque competente para passar as certidões pretendidas e disponibilizar o processo do concurso seria a própria APSS, e não o seu Conselho de Administração.

Contudo sem razão.

Como decidiu o Tribunal recorrido, há que considerar bem proposta a presente Intimação, face ao disposto no artigo 10.º n.º 4 do CPTA.

Efectivamente, este dispositivo legal (pondo termo a uma querela antiga, no âmbito da lei anterior, sobre a recorribilidade dos actos) considera regularmente proposta a acção, quando na petição tenha sido indicado como parte demandada o órgão perante o qual tenha sido formulada a pretensão do interessado, considerando-se nesse caso a acção proposta contra a pessoa colectiva de direito público ou, no caso do Estado, contra o Ministério a que o órgão pertence.

Ora, como vem alegado pelo próprio recorrente, o Dec. Lei n.º 338/98 transformou a Administração dos Portos de Setúbal e Sesimbra de instituto público em sociedade anónima de capitais exclusivamente públicos, transferindo para esta todas as competências daquele, mantendo assim o seu objecto social, como se deduz da certidão da Conservatória do Registo Comercial junta pelo recorrente a fls. 244 e seguintes.

Não sofre, pois, qualquer dúvida que esta sociedade APSS, SA, dada a natureza dos capitais que a enformam, pertence à administração indirecta do Estado, figurando pois como requerida nos presentes autos de Intimação.

Mostram-se, desta forma, improcedentes as conclusões A) a G) das alegações do recorrente, que assim detém legitimidade bastante para receber a intimação pedida.

4. Mas o recorrente alega a sua ilegitimidade passiva também por outra via: a de que a entidade a demandar não deveria ser ele, Conselho de Administração da APSS, mas sim o seu Presidente, a quem deve ser atribuído o acto de indeferimento impugnado.

Nesta área, porém, as alegações do recorrente claudicam inteiramente:

Primeiro porque, conforme jurisprudência uniforme dos nossos tribunais, só podem ser conhecidos no recurso jurisdicional (como o presente) questões postas à consideração do Tribunal *a quo*, e não as que são suscitadas apenas nas alegações de recurso.

É o caso desta excepção, que não foi deduzida atempadamente na resposta do Conselho de Administração da APSS, pelo que não poderia ser decidida na 1ª instância nem pode ser conhecida agora.

Não obstante, sempre se dirá que também neste ponto não cabe razão ao recorrente, já que, como se mostra provado e consta de fls. 226 e 227 dos autos, a carta de 9/6/2004 das recorridas Navipor e Liscont em consórcio, requerendo a passagem das certidões e a consulta do processo concursal, foi dirigida ao Conselho de Administração da APSS, e não ao seu Presidente.

Tem pois aqui plena aplicação o citado artigo 10.º n.º 4 do CPTA, sendo correctamente indicado na petição como parte demandada o órgão da APSS que praticou o acto impugnado.

E nenhuma relevância tem o facto de o indeferimento ter sido comunicado pelo Presidente, já que, como alega o recorrente a fls. 397 dos autos, compete ao Presidente representar o Conselho de Administração, em juízo e fora dele.

Improcedem, portanto, também as conclusões H a M das alegações do recurso.

5. Finalmente, o recorrente fundamenta a sua recusa na falta de interesse das requerentes pelo procedimento do concurso, ao desvincularem-se voluntariamente da sorte do mesmo e pedindo a imediata devolução dos títulos das cauções que haviam prestado.

Vejamos se tem razão.

Como consta da matéria de facto provada, as requerentes Navipor e Liscont candidataram-se ao concurso para a concessão do Terminal Multiusos no Porto de Setúbal (TMUS), constituindo-se para tal em consórcio, como Concorrente n.º 1.

Ora também está provado que, perante diversas vicissitudes surgidas no mesmo concurso, o dito consórcio acabou em 22/10/2003 por não manter como válidas as suas propostas para além de 30/10/2003, termo do prazo então em curso.

Requerendo em 31/10/2003 a liberação imediata das cauções por si prestadas, por ver terminado o prazo de validade das propostas que apresentara, sem ter sido tomada a prevista decisão de adjudicação.

Como se surpreende já do teor da sua carta de 21/5/2003 (fls. 159 a 164 dos autos), este Concorrente n.º 1 estava interessado na anulação do Concurso, e não em ser dele excluído, como o foi por decisão da Comissão de Negociação nomeada pela APSS.

Isto significa que as requerentes da Intimação mantiveram sempre, não obstante a sua exclusão do concurso e o cancelamento das cauções que haviam prestado, interesse na sorte do dito concurso, cuja anulação alegaram pretender.

A prossecução desse interesse, porém, exigia que lhes fossem fornecidos os indispensáveis elementos de informação, constitucionalmente previstos, com a passagem de certidões e a consulta do processo concursal requeridas mas não deferidas, com expressa violação do disposto no artigo 61.º n.º 1 do CPA.

Como salienta Santos Botelho, no CPA Anotado e comentado, pgs. 278), em comentário à referida norma, *"este direito à informação é inovação importante, no campo da legislação ordinária e faz remeter para o passado o princípio de que, salvo casos pontuais, o processo administrativo era secreto.*

Nesse sentido decidiu o Ac. do STA de 13/10/94: *O direito à informação exclui qualquer direito ao segredo por parte da Administração, a não ser no que se refere às questões de defesa nacional, à segurança interna e política externa, à investigação criminal e à tutela de direitos fundamentais dos cidadãos, em especial o respeito da intimidade da sua vida privada e familiar.*

Mostrando-se pertinente a doutrina do Ac. daquele Supremo Tribunal de 20/8/97 (Rec. n.º 42 465), já anteriormente citado nos autos: *Para os efeitos do artigo 61.º n.º 1 do CPA, directamente interessados no procedimento administrativo são todas as pessoas cuja esfera jurídica resulte alterada pela própria instauração do procedimento ou aquelas que seriam beneficiadas ou desfavorecidas pela respectiva decisão final.*

Aliás, já o artigo 37.º n.º 1 da CRP assegurava a todos (incluindo as empresas requerentes) o direito de ser informados, sem impedimentos ou discriminações.

Improcedendo, assim, as demais conclusões do recurso, terá o mesmo que ser julgado improcedente.

6. Nestes termos, acordam no 2.º Juízo, 1ª Secção, do TCAS em negar provimento ao recurso interposto pelo Conselho de Administração da APSS, confirmando a sentença recorrida.

Sem custas, face à isenção prevista no artigo 73.º C n.º 2, alínea *b*), do CCJ.

Lisboa, 20 de Janeiro de 2 005

Mário Gonçalves Pereira
António Vasconcelos
Magda Geraldes

Recurso n.º 463/04

PENSÃO DE APOSENTAÇÃO. CAIXA GERAL DE DEPÓSITOS. ORDEM DE SERVIÇO N.º 7/95. SUBSÍDIO DE DESEMPENHO E DISPONIBILIDADE. PARTICIPAÇÃO NOS LUCROS.

(Acórdão de 13 de Janeiro de 2005)

SUMÁRIO:

I – A Ordem de Serviço (O. S.) n.º 7/95, aprovada por deliberação do Conselho de Administração da Caixa Geral de Depósitos e homologada pelo membro do Governo competente, constituindo uma faculdade estabelecida com força de lei, destina-se a harmonizar o regime de pensão de aposentação da C. G. D. com o vigente em relação ao restante sector bancário.

II – A participação nos lucros não constitui uma remuneração do trabalho, mas antes um abono isento de quotas, sem relevância no cômputo da pensão de aposentação.

ACORDAM NO 1.º JUÍZO LIQUIDATÁRIO DO T.C.A. – SUL

1. RELATÓRIO

César Costa de Sousa Mendes interpôs no T.A.C. de Lisboa recurso contencioso de anulação do despacho proferido pela Administração da Caixa Geral de Aposentações em 22.02.2001, pelo qual lhe foi reconhecido o direito à aposentação, com fixação da pensão mensal de 396.111$00, calculada em função dos montantes de 327.960$00, 59.033$00 e 53.130$00, respeitantes a retribuição base, acréscimo à retribuição base e diuturnidades, respectivamente.

Alegou, em síntese, que a Caixa Geral de Aposentações, no cálculo que efectuou da pensão do recorrente violou, nomeadamente, o disposto nos arts. 6.º, 47.º alínea *b*) e 48.º do Estatuto da Aposentação, consagrado no Dec. Lei n.º 498/72, de 9 de Dezembro.

O Mmo. Juiz do T.A.C. de Lisboa, por sentença de 15.7.02, concedeu provimento ao recurso e anulou o acto impugnado.

É dessa sentença que vem interposto o presente recurso jurisdicional pela Caixa Geral de Aposentações, no qual vêm enunciadas as conclusões seguintes:

a) A Ordem de Serviço da C.G.D. n.º 7/95 foi emitida no exercício de um poder próprio, conferido por lei, conforme se deixou demonstrado, não podendo a Caixa Geral de Aposentações ter deixado de a aplicar, no que respeita às regras específicas que estabelecem complementos calculados segundo essas regras, mais favoráveis, aliás, aos interessados do que o regime geral do Estatuto da Aposentação, na medida em que acrescem ao valor da pensão calculado segundo as regras gerais;

b) Pelos motivos que se deixaram expostos, a aplicação pela entidade recorrida da O.S. ao caso do recorrente, não padece de qualquer ilegalidade;

c) Relativamente à não consideração na participação nos lucros, nem ao desconto da respectiva quota, não está em causa uma remuneração de trabalho e, nessa medida, tratam-se de abonos isentos de quota, pelo que nunca poderão legalmente ter relevância alguma no cômputo da pensão de aposentação (cfr. arts. 6.º n.º 1 do Estatuto da Aposentação);

d) Assim deverá ser revogada a sentença recorrida, por ilegal, mantendo-se o acto recorrido, por não padecer da ilegalidade que lhe vinha assacada por aquela.

Não houve contra-alegações.

A Digna Magistrada do Ministério Público emitiu douto parecer no sentido de ser concedido parcial provimento ao recurso.

Colhidos os vistos legais, cumpre decidir.

2. MATÉRIA DE FACTO

A sentença recorrida considerou provada a seguinte factualidade relevante:

a) O recorrente, que se encontrava vinculado à Caixa Geral de Depósitos por contrato administrativo de provimento e, enquanto tal, inscrito na Caixa Geral de Aposentações, passou à situação de aposentação através do despacho impugnado de 22.02.2001, da Administração da Caixa Geral de Aposentações;

b) À data da passagem à situação de aposentação, o recorrente tinha ao serviço da Caixa Geral de Depósitos, a categoria profissional de Gerente, encontrando-se enquadrado no nível de retribuição 13 A, conforme documentos n.os 1 a 25 da petição de recurso;

c) No momento da aposentação, o recorrente auferia a seguinte retribuição mensal:

– 327.960$00 de remuneração de base;

– 53.130$00 de diuturnidades;

– 84.332$00 de subsídio de desempenho e disponibilidade, correspondente à media mensal dos últimos dois anos;

– 58.678$00 de participação nos lucros, correspondente à média mensal dos últimos dois anos;

d) Para efeitos de cálculo da pensão do recorrente, relativamente ao subsídio de desempenho e disponibilidade, a Caixa Geral de Aposentações considerou a importância de 59.033$00, conforme consta, sob a designação de acréscimo à retribuição base, no documento n.º 26 da petição de recurso, ou seja, 70% da média mensal da retribuição auferida nos últimos dois anos a título de subsídio de desempenho e disponibilidade.

3. DIREITO APLICÁVEL

No tocante ao subsídio de desempenho e disponibilidade, considerou o Mmo. Juiz "a quo" que o facto de esta parcela da remuneração ser abrangida pelos descontos obrigatórios é sinal evidente de que a mesma se inclui no conceito de remuneração para efeitos de aposentação;

Por outro lado, refere ainda o Mmo. Juiz "a quo", não há que considerar o regime instituído internamente, por via regulamentar para os empregados da Caixa Geral de Depósitos, de considerar apenas a percentagem de 70%, uma vez que esta é contrária ao regime que resulta do Estatuto da Aposentação, de valor hierarquicamente superior.

Salvo o devido respeito, e de acordo com as conclusões da agravante Caixa Geral de Aposentações, não podemos concordar com tal entendimento.

É que, como melhor se explica a fls. 90, "quanto ao facto de as remunerações em causa apenas relevarem no cálculo de aposentação dos autos, no montante correspondente a 70% da média ponderada das percentagens abonadas nos dois últimos anos, quando o desconto de quota para a aposentação incidiu na totalidade, não se trata de uma situação única, nem tão pouco estranha ao que acontece no âmbito do Estatuto da Aposentação".

Com efeito, embora no n.º 5 do art. 39.º da Lei n.º 48.953, de 5 de Abril de 1969, antiga Lei Orgânica da Caixa (nesta parte mantida em vigor pelo Dec-Lei n.º 287/93, de 20 de Agosto, art. 9.º n.º 2) se diga que os quantitativos das pensões do pessoal da Caixa e os critérios da sua actualização são os resultantes das normas em vigor no âmbito das pensões fixadas pela C.G.A., constata-se que nos n.os 6.º e 32.º do mesmo diploma (na redacção dada pelo Dec. Lei n.º 461/77 de 7.11), se prevê a *possibilidade de, por regulamento interno, aprovado pelo Conselho de Administração, serem aprovadas outras normas específicas* para o pessoal da Caixa Geral de Depósitos, tanto no que se refere ao regime de remunerações como em relação ao cálculo de pensões.

Como diz a entidade recorrida, o regulamento em questão – O.S. da C.G.D. n.º 7/95 – *foi emitido no exercício de um poder próprio, conferido por lei*, estabelecendo regras específicas mais favoráveis aos interessados do que o regime geral do Estatuto da Aposentação, *na medida em que estabelece complementos calculados segundo regras específicas que acrescem ao ao valor da pensão calculadas segundo as regras gerais.*

É de notar, pois, que o regime de providência do pessoal da C.G.D., estabelecido no *art. 39.º da respectiva lei orgânica* aprovada pelo Dec. Lei 48953, de 5.04.1969, embora subordinado às regras do E.A., *admite a possibilidade* de harmonização de condições com o regime de pensões da generalidade do sector bancário, mediante regulamento interno aprovado pelo Conselho da Administração e homologado pelo Ministro das Finanças, tal como está referido no n.º 6 da citada norma, na redacção introduzida pelo Dec. Lei n.º 211/89 de 30.6.

Ora, como diz a EMMP no seu douto parecer, a O.S. n.º 7/95, aprovada por deliberação do Conselho de Administração da C.G.D. e devidamente homologada pelo membro do Governo competente, *não é ilegal.*

Com efeito, tal O.S. não é uma regulamentação do E.A., mas tão somente a concretização de uma faculdade estabelecida com força de lei, concedida ao órgão que a produziu *no sentido de harmonizar o regime de pensões dos funcionários da Caixa com os do restante sector bancário.*

Conclui-se, pois, que a Ordem de Serviço da C.G.D. n.º 7/95, emitida no exercício de um poder próprio, conferido por lei, é de aplicação obrigatória por parte da Caixa Geral de Aposentações, não padecendo de qualquer ilegalidade.

No tocante à *participação nos lucros*, refere a decisão recorrida que a mesma se encontrava prevista como um direito dos trabalhadores nos preceitos do Dec-Lei n.º 48953, tendo permanecido inalterável quanto à sua natureza e integrando uma remuneração atendível para cálculo da pensão de reforma do recorrente.

Também neste ponto se não concorda com o decidido. A participação nos lucros não constitui uma remuneração do trabalho, tratando-se de um *abono isento de quotas*, sem relevância no cômputo da pensão de aposentação (cfr. arts. 6.º n.º 1 e 48.º do Estatuto da Aposentação), pelo que não pode o trabalhador ver incluída tal remuneração no cômputo da sua pensão de aposentação, como se decidiu nos Acs. do S.T.A. de 04.06.92, Proc. n.º 030173; Ac. STA de 25.02.93 Rec. 31498 e Ac. TCA de 17.12.03, P. 12338/03).

4. DECISÃO

Em face do exposto, acordam em revogar a sentença recorrida e em manter o acto impugnado.

Custas pelo recorrente em ambas as instâncias, fixando a taxa de justiça em 150 Euros e a procuradoria em 80 Euros.

Lisboa, 13 de Janeiro de 2005

António de Almeida Coelho da Cunha (Relator)
Carlos Evêncio Figueiredo Rodrigues de Almada Araújo
Teresa Maria Sena Ferreira de Sousa

Recurso n.º 11856/02

PRINCÍPIO *PRO ACTIONE*. INCOMPETÊNCIA MATERIAL DO TRIBUNAL DE RECURSO. ART. 4.º N.º 1 LPTA.

(Acórdão de 6 de Janeiro de 2005)

SUMÁRIO:

I – O princípio *pro actione* consagra a prevalência da decisão de mérito em desfavor da decisão de forma, permitindo que o juiz supra oficiosamente a falta de um pressuposto processual susceptível de sanação, visando, tanto quanto possível, diminuir as absolvições de instância e, quando tal seja viável, favorecer as decisões de fundo – cfr. arts. 265.º n.º 2, 288.º n.º 3, CPC e 7.º CPTA.

II – O afloramento deste princípio no art. 4.º n.º 1 LPTA confere à parte interessada a faculdade de obstar à absolvição da instância e permite

que o Tribunal *ad quem* remeta os autos ao Tribunal competente em razão da matéria, mediante requerimento expresso nesse sentido do Recorrente – cfr. arts. 105.º n.º 1 e 288.º n.º 1 *a*) CPC *ex vi* art. 1.º LPTA.

III – O art.º 4.º n.º 1 LPTA tem a natureza jurídica de regulação especial em matéria de competência absoluta, o que, nos termos gerais de direito, constitui obstáculo imperativo à aplicação supletiva do regime adjectivo cível, *maxime* o disposto no art. 288.º n.º 3 por referência aos arts. 101.º, 102.º e 494.º *a*), todos do CPC.

ACORDAM DO T.C.A.

O Município de Alcobaça, inconformado com o despacho proferido pelo Mmo. Juiz do Tribunal Administrativo do Círculo de Coimbra no domínio do art. 4.º n.º 1 LPTA, dele vem recorrer, concluindo como segue:

a) O despacho recorrido deve ser revogado e substituído por outro que envie o processo ao Tribunal Central Administrativo Sul o que mais uma vez se requer;

b) O despacho recorrido violou, entre o mais, o disposto nos arts. 1.º e 4.º n.º 1 da LPTA;

***

O Recorrido contra-alegou, como segue, por síntese:

1. A CMA, insistindo na perpetuação do processo com o intuito de impedir os requerentes aqui agravados de levarem a cabo a construção em causa nos autos, fazendo assim um uso abusivo e ilegítimo do processo, vem agora apresentar argumentos manifestamente contrários ao disposto na Lei, no caso no art. 4.º, n.º 1 da LPTA, e, pasme-se, desculpar-se com um suposto erro do Tribunal Administrativo do Círculo de Coimbra.

2. Como é evidente, o presente recurso carece de qualquer fundamento, devendo improceder.

3. Relativamente aos argumentos da CMA, oferece-se dizer o seguinte:

4. Em primeiro lugar, a expressão "pode" quer dizer que o demandante pode ainda pedir a remessa processo para o tribunal, não obstante o trânsito em julgado da decisão que declarou a incompetência absoluta.

5. O facto de o demandante não ter feito uso, no prazo legal e peremptório, da faculdade ali especialmente prevista tem como consequência a extinção do seu direito e não que o tribunal tenha a obrigação de ordenar a remessa oficiosa, ao contrário do que sucede nos casos de incompetência relativa.

6. Em segundo lugar, os aqui agravados [que não são recorridos particulares, como lhes chama a CMA, pois são recorrentes no recurso contencioso] e requerentes e agravados nos presentes autos dirigiram as suas alegações ao STA, porque o agravante CMA dirigiu o <u>seu</u> recurso a este Venerando Tribunal. Não pode vir agora tentar legitimar o seu erro e a sua omissão processual naquele facto.

7. Em terceiro lugar, não existiu qualquer erro por parte do TAC de Coimbra – a sua alegação é de todo abusiva e despropositada – porque apenas se limitou a remeter o processo em conformidade com o pedido expresso pela agravante CMA.

8. A CMA não se pode esquecer que nos seus requerimentos de interposição de recurso (nos dois) disse expressamente que "pretende interpor o competente recurso vara o Supremo Tribunal Administrativo" e que as suas alegações foram dirigidas aos "Excelentíssimos Senhores Conselheiros do SUPREMO TRIBUNAL ADMINISTRATIVO" (sublinhados nossos).

9. Em quarto lugar, vem a CMA defender que o processo deveria ser remetido ao TCA e que não seria exigível à recorrente vir dizer para o processo ser remetido para o tribunal competente, porque seria, na sua perspectiva, "um acto inútil" (pontos h) e segs.).

10. Ora, a CMA, aqui agravante, esquece, apenas, o que dita a LEI (o que aliás tem sido persistente ao longo de todo o processo, desde 1992 ...), no art. 4.º, n.º 1 da LPTA que atribuiu ao demandante, *in casu* a agravante, o ónus de requerer a remessa para o tribunal competente.

11. Acresce que a CMA também olvida o disposto no art. 687.º, n.º 3 do C.P.C, que permite ao Tribunal "corrigir" o requerimento de recurso somente quanto ao erro na espécie de recurso.

12. Uma vez decorrido o prazo peremptório previsto no art. 4.º, n.º 1 da LPTA, sem que a recorrente requeira a remessa do processo para o tribunal competente – que será o TCA – extingue-se o seu direito de requerer a remessa, devendo-se extinguir-se a instância e, consequentemente, transitando em julgado as decisões objecto do recurso jurisdicional.

13. Neste sentido se pronunciou o TCA, no seu mui douto Acórdão de 25-10-2001, proferido em situação idêntica aos dos presentes autos [Curiosamente, os tribunais envolvidos são os mesmos: o TAC de Coimbra, o STA e o Tribunal Central Administrativo Sul], no qual se decidiu o seguinte:

a. "**1.** Quando o agravante formule "petição" dirigida a tribunal incompetente, pode este, no prazo de 20 dias a contar do trânsito em julgado da decisão que declare a incompetência, requerer a remessa do processo ao tribunal competente (vide art. 4.º, n.º 1, da LPTA, aplicável *"mutatis mutandis"* ao recurso jurisdicional).

b. 2. A omissão do procedimento a que se reporta o ponto 1 deste sumário, extingue o direito do agravante de requerer a remessa do processo ao tribunal competente, atenta a natureza peremptória do prazo aí previsto (v. art. 145.º, n.ºs 1 e 3 do CPCivil).

c. 3. O art. 687.º, n.º 3, do CPCivil, exclui a possibilidade de o juiz se substituir à parte e de remeter o processo para tribunal diferente do expressamente indicado pelo recorrente (cfr. também o n.º 4 do art. 687.º do CPCivil)."

14. A outro passo esta douta decisão afirma ainda:

"(..) Os agravantes (...) não pediram a remessa do processo para o tribunal competente, no prazo estabelecido no n.º 1 do art. 4.º da LPTA – Tribunal Central Administrativo (Secção de Contencioso Administrativo).

Tal prazo é peremptório, pelo [que] o decurso deste extingue o direito de praticar o acto (v. art. 145.º, n.º 1 e 3 do CPCivil).

Assim sendo, extinguiu-se o direito dos agravantes de pedir a remessa do processo para este tribunal, o que determina o não conhecimento do objecto do recurso. (..)" (sublinhados nossos) in "Antologia de Acórdãos do Supremo Tribunal Administrativo e do Tribunal Central Administrativo", Ano V, n.º 1, Set/Dez, 2001, Almedina, págs. 282 a 284.

15. Ainda quanto a esta matéria e no sentido de que o impulso processual cabe exclusivamente ao recorrente e que a não apresentação do requerimento tem efeito

peremptório, referem-se a título de exemplo os doutos Acórdãos do STA de 20-03-1986 (Proc. n.o 12074, in www.dgsi.pt), de 14-07-1987 (Proc. n.º 24256, in www.dgsi.pt), de 25-01-1989 (Proc. n.º 5221, in www.dgsi.pt), de 30-06-1993 (Proc. n.º 15817, in www.dgsi.pt), 11-10-1995 (Proc. n.º 19569, in www.dgsi.pt), e do TCA de 18-06-2002 (Proc. n.º 4366/00, in www.dgsi.pt).

16. Sem necessidade de outras considerações e atenta a clareza e simplicidade da situação, impõe-se que seja julgado improcedente o presente recurso de agravo, com todas as suas consequências legais.

***

Substituídos os vistos legais pelas competentes cópias entregues aos Exmos Juízes Adjuntos atenta a necessidade de celeridade no julgamento do recurso, vem para decisão em conferência – art. 707.º n.º 1 CPC ex vi art. 102.º LPTA.

***

Interessa à decisão a sequência de actos processuais praticados nos presentes autos e no processo principal, que a seguir se especificam:

1. No recurso contencioso de anulação que correu termos no TAC de Coimbra, proc.º n.º 247/92 foi proferida sentença cuja fundamentação de direito e decisão se transcrevem:

"(..)

CUMPRE DECIDIR:

Importa, agora analisar se o acto recorrido padece do vício de violação de lei, nos termos suscitados pelos recorrentes, uma vez que, o alegado vício de usurpação de poderes, face ao teor do douto Acórdão proferido pelo STA, se encontra decidido no sentido da sua não verificação.

A questão prévia suscitada relativamente à propriedade do terreno, encontra-se decidida nos termos que constam da acção ordinária n.º 327/99, que correu termos no Tribunal Judicial da Comarca de Alcobaça, a que nos referimos nos factos provados e, onde os ora recorrentes foram absolvidos dos pedidos contra eles formulados pela ora recorrida.

Concluindo-se que a propriedade em causa não pertence à recorrida, nunca ela poderia ter deliberado revogar a anterior deliberação proferida em 06-01-92, uma vez que, a mesma é legal, porquanto o terreno não pertence à Câmara; ao invés, consta da certidão do registo predial que o referido prédio se encontra inscrito a favor dos recorrentes, não tendo esta presunção sido ilidida pela recorrida (art. 7.º do Cód. do Registo Predial).

Ocorreu, deste modo, erro nos pressupostos de facto aquando da deliberação proferida 27-04-92, quando a recorrida considerou que os recorrentes não eram proprietários do terreno, facto que faz com que, a anterior deliberação seja plenamente válida e eficaz e a revogatória, porque revogatória de acto legal, completamente ilegal.

DECISÃO

Nos termos e, com os fundamentos expostos decide-se conceder provimento ao recurso e, consequentemente, declarar nula a deliberação proferida pela recorrida em 27-04-92, com as legais consequências.

Sem custas, por delas estar isenta a parte que decaiu. Registe e Notifique.

Coimbra, 22 de Novembro de 2000. (..) – fls. 210/215 proc. principal.

2. Em 6.JUN.2001 deu entrada no TAC de Coimbra a petição de declaração de inexistência de causa legítima de inexecução, proc.º n.º 247-A/92 – fls. 2 dos autos.

3. Por sentença proferida em 20.FEV.02 no domínio do art. 8.º n.º 1 do DL 256-A/77 de 17.6, foi declarada a inexistência de causa legítima de inexecução da sentença de 22.11.00 – fls. 92/100 dos autos.

4. Por sentença proferida em 7.NOV.02 no domínio do art. 9.º n.º 1 do DL 256-A/77 de 17.6, foram especificados os actos devidos, como se transcreve:

"(..)

CUMPRE DECIDIR:

E, tendo sido declarada nula a deliberação de 27-04-92 (que revogou a deliberação de 06-01-92), tudo se passa, como se aquela não tivesse existido – art. 134.º do CPA, ou seja, mantém-se na ordem jurídica a deliberação de 06-01-92, que deferiu o pedido de licenciamento de uma construção, nos termos constantes da referida deliberação.

Acresce que, na sentença de fls. 92 a 100, igualmente, se considera nula (com base nos fundamentos ali expressos), que a deliberação tomada posteriormente pela requerida, CMA, em 01-10-2001, que mais uma vez revogou a deliberação de 06-01-92, é igualmente nula, pelo que, nada afecta a validade, eficácia e actualidade da deliberação de 06-01-92.

E, esta deliberação, é do seguinte teor: "Não existindo razões de ordem técnica que inviabilizem a aprovação do projecto, a Câmara, por maioria, deferiu o projecto, com o condicionamento do arruamento envolvente ser asfaltado e da construção de passeio, em calçada, a expensas do construtor", a qual foi proferida no âmbito do Processo de Obras n.º 1304/91, construção de um conjunto residencial, sito no Lugar de Paredes da Vitória, freguesia de Pataias, concelho de Alcobaça.

A este licenciamento é aplicável o disposto no DL n.º 166/70 de 15-10, por forçado disposto no art. 72.º, n.º 1, (regime transitório) do DL n.º 445/91 de 20-11, designadamente, quanto aos prazos legalmente previstos.

Assim sendo e, uma vez que, os condicionalismos impostos na referida deliberação, nada colidem com a emissão da licença de construção, impõe-se que, a requerida Câmara Municipal de Alcobaça, pratique todos os actos necessários e legalmente previstos, no citado diploma legal, com vista à emissão do alvará de licença de construção, sendo estes os actos ou operações materiais em que deve consistir a execução de sentença, neles se incluindo todos os necessários actos preparatórios, legalmente previstos e, que devem ser tomadas pela autoridade requerida, nos prazos estipulados no Dec. Lei, que desde já e, em termos decisórios, se declara, ao abrigo do disposto no art. 9.º, do DL n.º 256-A/77 de 17-06. (..) Coimbra, 07 de Novembro de 2002 (..) " – fls. 191/195 dos autos.

5. O Município de Alcobaça interpôs recurso de ambas as sentenças para o Supremo Tribunal Administrativo, conforme requerimentos de fls. 104 e fls. 199, cujo teor de ambos se dá por integralmente reproduzido, ambos admitidos o primeiro com subida diferida e o segundo com subida imediata.

6. Por acórdão do STA proferido em 25.06.2003, sobre ambos os recursos foi proferida a decisão que se transcreve na íntegra:

"(..)

RECURSO N.º 733/03-13

Acordam na 1.ª Secção do Supremo Tribunal Administrativo:

Nos autos principais, João da Cruz Metódio e mulher, Hortense Angelina Gomes, devidamente identificados, interpuseram no TAC de Coimbra um recurso contencioso que culminou pela declaração judicial da nulidade da deliberação da Câmara Municipal de Alcobaça, de 27/4/92, acto esse que revogou uma deliberação pretérita, que deferira um pedido de licenciamento de obras apresentado pelo recorrente.

Por apenso a esse recurso, aqueles recorrentes requereram a declaração de inexistência de causa legítima de inexecução, o que vieram a obter por decisão de fls. 92 e ss. destes autos – de que a CM Alcobaça interpôs recurso jurisdicional, admitido com subida diferida.

Seguidamente, o TAC de Coimbra, através da decisão de fls. 191 e ss., determinou o modo de executar a sentença proferida nos autos principais – tendo aquela câmara interposto então um outro recurso, admitido a subir imediatamente.

Remetidos os autos a este tribunal, o Ex.º Magistrado do MP, em douto parecer, defendeu a incompetência do STA para conhecer dos recursos, por entender que a competência para o efeito cabe à Secção de Contencioso Administrativo do Tribunal Central Administrativo.

Notificados a recorrente e os recorridos para se pronunciarem sobre esse parecer, só a CM Alcobaça o fez, admitindo que os recursos não deveriam ter sido interpostos para o STA, mas para o TCA.

Cumpre decidir.

Os presentes recursos jurisdicionais têm por objecto decisões proferidas em 2002, pelo que as suas interposição, alegação e remessa ocorreram nesse ano e no actual. Por outro lado, essas decisões judiciais foram proferidas no âmbito de um processo de execução de um julgado anterior (cfr. os artigos 96.º da LPTA e 9.º do DL n.º 256 – A/77, de 17/6).

O TCA foi declarado instalado a partir de 15/9/97 (cfr. a Portaria n.º 398/97, de 18/6), competindo-lhe conhecer, entre outras matérias, «dos recursos de decisões dos tribunais administrativos de círculo (...) que tenham sido proferidas em meios processuais acessórios» (art. 40.º, al. *a*),do ETAF).

A «execução de julgados» está prevista na secção V do capítulo VII da LPTA, o qual tem como título, precisamente, a expressão «meios processuais acessórios».

Portanto, todas as espécies legalmente previstas destes «meios», em que se inclui a constante daquela secção V, devem considerar-se incluídas na previsão daquele art. 40.º, al. *a*).

Para além desta razão estrutural, a acessoriedade das execuções de julgados em face dos processos em que tenham sido proferidas as decisões exequendas não sofre dúvidas sérias, dada a natural complementaridade ou dependência, tanto material como formal, que os procedimentos executivos apresentam em relação as declarações cuja efectividade prática servem.

Sendo assim, os presentes recursos, porque interpostos de decisões proferidas por um TAC em meio processual acessório, deviam ter sido interpostos para o TCA, carecendo o STA de competência material para deles conhecer (cfr. art. 26.º, n.º 1, al. *b*), do ETAF).

Nestes termos, acordam em julgar este STA incompetente para o conhecimento dos presentes recursos jurisdicionais.

Sem custas. Lisboa, 25.06.2003. (..)" – fls. 258/259 dos autos.

7. Por cota de 27.JUN.2003 foi feita menção nos autos de envio da cópia do Acórdão por carta registada para notificação das partes – fls. 261, 262 e 263 dos autos.

8. Por termo de 13.OUT.2003 foi feita remessa dos autos ao Tribunal Administrativo de Círculo de Coimbra – fls. 264 dos autos.

9. Em 29.OUT.2003 pelo Mmo. Juiz do TAC de Coimbra foi proferido o despacho recorrido, que se transcreve na íntegra:

"(..)

Na sequência do douto despacho do Exmo. Senhor Conselheiro, de fls. 252 v.º (notificado a ambas as partes), apenas o recorrente, Câmara Municipal de Alcobaça, se veio pronunciar, nos termos que constam de fls. 255, sem, no entanto, requerer a remessa dos autos ao Tribunal Central Administrativo Sul, como imposto pelo art. 4.º n.º 1 da LPTA.

Por esse motivo, o douto Acórdão do STA, que constitui fls. 258 e 259, apenas se pronuncia àcerca da incompetência material do STA para conhecer do mérito, não determinando a remessa para o Tribunal competente.

Acresce que, ambas as partes foram notificadas do douto Acórdão do STA (cfr. fls. 262 e 263) e nenhuma delas (designadamente o recorrente) veio requerer a remessa dos autos ao Tribunal Central Administrativo Sul, como estipulado no art. 4.º n.º 1 da LPTA.

Atento o exposto e, ultrapassado que está o prazo previsto no citado artigo, não se determina a remessa do processo ao Tribunal Central Administrativo Sul. Notifique. (..) » – fls. 265 dos autos.

10. O requerimento de interposição de recurso do Município de Alcobaça, entrado em 7.NOV.2003, sobre o despacho de 29.OUT.2003 transcrito supra em 9, é do teor que se transcreve:

"(..)

Exmo Senhor Doutor Juiz de Direito do
Tribunal Administrativo de Coimbra
Proc. 247-A/02 INEX. SENTENÇA

A Câmara Municipal de Alcobaça, no processo em referência, notificado do despacho de fls., dele pretende interpor recurso para o S.T.A (ou para o tribunal que for competente).

Requer, assim, que o mesmo seja admitido, seguindo-se os demais termos até final. (..)" – fls. 269 dos autos.

11. As alegações de recurso do Município de Alcobaça mostram-se dirigidas a "(..) Exmos. Senhores Conselheiros (..)" – fls. 273 dos autos

12. Por Acórdão do STA proferido em 30.MAR.2004 foi ordenada a remessa dos autos ao Tribunal Central Administrativo Sul – fls. 307 dos autos.

13. Por termo de 5.MAI.2004 foram os autos remetidos a este Tribunal Central Administrativo Sul, entrados em 10.MAI.2004 sob o registo n.º 5409 – fls. 310 e carimbo de entrada na capa do processo.

DO DIREITO

À luz do probatório supra, pontos 2 a 13, os presentes autos reportam-se a processo de inexecução de sentença pendente desde 6.JAN.2001, em que foi declarada nula a deliberação da Câmara Municipal de Alcobaça datada de 27.ABRIL.1992, revogatória da deliberação de 6.JAN.1992 que deferiu o pedido de licenciamento de construção formulado pelo ora Recorrido.

As sentenças de 20.FEV.02 e 7.NOV.02 proferidas em 1ª Instância no âmbito dos arts. 8.º n.º 1 e 9.º n.º 1 do DL 256-A/77 de 17.06, foram objecto de recurso pelo Município de Alcobaça *per saltum* para o Supremo Tribunal Administrativo, tendo este Alto Tribunal declarado por Acórdão de 25.06.2003 a sua incompetência em razão da matéria, à luz do direito objectivo e da fundamentação de direito explicativa dele constantes.

Todavia, no recurso interposto do despacho proferido em 1ª Instância, transcrito no ponto 9 do probatório supra, o Município de Alcobaça novamente interpõe recurso *per saltum* para o Supremo Tribunal Administrativo, pese embora o erro de direito por si cometido repousar sobre o direito objectivo já objecto da fundamentação do Acórdão do STA de 26.06.2003 citado.

No referido requerimento de interposição de recurso do despacho transcrito no ponto 9 do probatório, o Município de Alcobaça declarou ainda pretender "(..) *interpor recurso para o S.T.A (ou para o tribunal que for competente)* (..)", sendo que sobre a matéria dos recursos ordinários rege o disposto no art. 687.º n.º 1 CPC ex vi art. 102.º LPTA, que diz o seguinte, na parte que nos interessa: "Os recursos interpõem-se por meio de requerimento, dirigido ao tribunal que proferiu a decisão recorrida e no qual se indique a espécie de recurso interposto (..)".

Sobre este trecho, ensina a Doutrina que "(..) Não se pede a indicação de qual o tribunal para que se quer recorre, mas deve-se fazê-la, porque, embora haja certas regras de competência hierárquica, elas têm muitos desvios (..)"[1] o que, em sede de CPTA, ocorre no recurso de revista previsto no art. 151.º.

Se esta indicação não for feita, temos duas hipóteses possíveis de actuação.

Primeiro, aplicando analogicamente o disposto no art. 687.º n.º 3, 2ª parte CPC, o Tribunal *a quo* pode determinar a instância *ad quem* adequada; segundo, como tal intervenção nunca vincula o Tribunal Superior, pode nesta segunda Instância o Relator voltar a apreciar a questão ex vi art. 700.º n.º 1 *b*) e 701.º n.º 1, 1ª parte, ambos do CPC, aplicáveis ex vi art.º 102.º LPTA.

Daqui se conclui que a pronúncia do Tribunal *a quo* no domínio da indicação do Tribunal *ad quem* assume a natureza jurídica de mera faculdade, que pode ou não ser exercida, e não de um dever jurídico na exacta medida em que a lei adjectiva prevê a intervenção decisória do Tribunal para o qual se recorre.

***

Todavia, a intervenção do Tribunal *a quo* na determinação da instância *ad quem* adequada tem de ser entendida nos seus precisos limites, pois que não pode redundar num intervencionismo adjectivo a favor da parte Recorrente em claro violação dos princípios da imparcialidade e neutralidade do Tribunal e da igualdade das partes, este último consagrado no art. 3.º-A CPC, cujo destinatário é, precisamente, também o órgão a quem a Constituição atribui o exercício do Poder Judicial.

Ora, em nosso critério e salvo o devido respeito por entendimento distinto que não se desconhece, este art. 3.º-A CPC[2] no que tange à função do tribunal de garantir a igualdade substancial das partes, deve ser interpretado no sentido negativo, entendendo-se que se proíbe que o tribunal promova a desigualdade das partes, e não no sentido positivo de cometer ao juiz a promoção da igualdade das partes no processo e de, eventualmente, auxiliar a parte necessitada.

Em síntese, ao Tribunal é proibido promover a desigualdade das partes não tendo, contudo, o dever de a promover, pois que este dever cabe no domínio das atribuições gerais do legislador, aperfeiçoando o direito objectivo (substantivo ou processual), ou no domínio da competência do advogado constituído nos autos do caso concreto, no exercício do direito de defesa dos interesses do seu cliente na instância processual.

Ao juiz cabe, por atribuição constitucional, declarar o Direito e a Justiça do caso concreto; não lhe cabe substituir-se ao legislador nem ao advogado constituído nos autos para remediar as eventuais imperfeições da lei ou de exercício do direito de acção.

Mesmo que se sufragasse, o que não é o caso, a tese de sentido positivo na interpretação do art. 3.º-A, CPC, a dimensão normativa dos convites ao aperfeiçoamento de articulados, alegações e conclusões de recurso e requerimentos em geral, não consente interpretação a ponto de defender que o Tribunal, pela sua intervenção auxiliadora no processo, supra o incumprimento dos ónus que competem às partes.

A levar o sentido securitário e garantístico tão longe a autoria dos requerimentos, articulados, alegações e conclusões de recurso passaria a ser não da parte, mas do juiz, em desrespeito absoluto dos princípios constitucionais da independência dos tribunais e da insusceptibilidade de responsabilização do juiz pela decisão do processo, cfr. arts. 203.º e 216.º n.º 2 CRP.

A direcção da causa pelo juiz através do convite ao aperfeiçoamento a ponto de lhe autorizar ou cometer a iniciativa de alegação de direito substantivo e a condução da iniciativa processual a investir nos autos, traduz-se em que esse concreto juiz desse concreto processo deixa de ser o juiz da causa para se transmutar na causa do juiz.

Dito de outro modo, a função auxiliadora do Tribunal levada a este exagero configura o juiz como responsável pela decisão tomada, na medida em que o direito substantivo alegado e/ou a oportunidade de intervenção na instância são suas e não do advogado constituído, responsabilidade demonstrada em face do conteúdo dos despachos de aperfeiçoamento em matéria de direito substantivo e adjectivo, pelos quais, em concreto, auxiliou aquela concreta parte processual em desfavor da parte contrária.

Concluindo, não tem fundamento adjectivo declarar no requerimento de interposição de recurso que se pretende "(..) *interpor recurso para o S.T.A (ou para o tribunal que for competente)* (..)" porque nem o Tribunal *a quo* nem o *ad quem* têm o dever jurídico de determinar o Tribunal de recurso na vez da parte vencida e interessada – exactamente por isso é que a lei institui o patrocínio jurídico obrigatório, para que a parte seja assistida por pessoa profissionalmente qualificada em matéria de Direito.

[1] Adelino da Palma Carlos, *Direito processual civil – dos recursos*, Lições policopiadas, FDL/1962, pág. 27.

[2] Art. 3.º-A CPC – "O tribunal deve assegurar, ao longo de todo o processo, um estatuto de igualdade substancial das partes, designadamente no exercício de faculdades, no uso de meios de defesa e na aplicação de cominações ou de sanções processuais."

Ao que vem dito acresce o afloramento do princípio *pro actione* em sede de art. 4.º n.º 1 LPTA.

Princípio também denominado como *"prevalência da decisão de mérito"* em desfavor da decisão de forma e que permite, por esta via, que o Recorrente requeira a remessa do processo para o Tribunal que detém a competência absoluta, assim obstando a que o Recorrido seja absolvido da instância.

O princípio *pro actione* tem em sede adjectiva cível o seu lugar consagrado, prevalentemente, nos arts. 288.º n.º 3 in fine e 265.º n.º 3, ambos do CPC.

Pelo primeiro preceito, permite-se uma decisão de mérito mesmo que, por subsistir uma excepção dilatória, coubesse antes declarar a absolvição da instância ao abrigo dos arts. 105.º n.º 1, 288.º n.º 1 *a*), 493.º n.º 2 e 494.º n.º 1 *a*), CPC.

Pelo segundo preceito, permite-se que o juiz supra oficiosamente a falta de um pressuposto processual susceptível de sanação, visando, tanto quanto possível, diminuir as absolvições de instâncias e favorecer as decisões de mérito, quando tal seja viável.

O princípio *pro actione* teve acolhimento expresso em sede do CPTA, nos arts. 7.º e 12.º n.º 3[3].

Todavia, nenhum dos preceitos adjectivos cíveis é susceptível de ser aplicado em sede de LPTA, maxime o art. 288.º n.º 3 por referência aos arts. 101.º, 102.º e 494.º *a*), todos do CPC porque o art. 4.º n.º 1 LPTA tem a natureza jurídica de regulação especial em matéria de competência absoluta, o que, nos termos gerais de direito, constitui obstáculo imperativo à sua aplicação supletiva.

O afloramento deste princípio no art. 4.º n.º 1 LPTA confere à parte interessada a faculdade de obstar à absolvição da instância e permite que o Tribunal *ad quem* remeta os autos ao Tribunal competente em razão da matéria, mediante requerimento expresso nesse sentido do Recorrente – cfr. arts. 105.º n.º 1 e 288.º n.º 1 *a*) CPC ex vi art. 1.º LPTA

***

Neste sentido a fundamentação de direito proferida no recurso n.º 4340/00 deste Tribunal Central Administrativo, em acórdão de 25.20.2001 publicado na Antologia de Acórdãos do Supremo Tribunal Administrativo e do Tribunal Central Administrativo, Ano V, n.º 1, Set/Dez, Almedina/2001, págs. 282 a 284, cuja fundamentação de direito se transcreve na íntegra:

"(..)

2. FUNDAMENTAÇÃO.

2.1. Com interesse para a decisão da questão prévia I suscitada pelo M.P. dão-se como provadas as ocorrências processuais constantes dos pontos 1.2. a 1.8. do Relatório, aqui, dadas por reproduzidas, bem como as que a seguir se transcrevem:

a) Por requerimento entrado a 11 de Março de 1999, os recorrentes interpuseram recurso jurisdicional da sentença do TAC de Coimbra proferida nestes autos, cujo teor se transcreve: Tribunal Administrativo do Circulo de Coimbra Proc. n.º 337/98 Exmo. Senhor Dr. Juiz de Direito – Maria Graciela Lopes Correia e filhos, nos autos à margem referenciados em que é recorrida a Direcção dos Serviços da Caixa Geral de Aposentações, tendo sido notificada do teor da douta decisão proferida nos autos e não se conformando com o decidido, vêm, nos termos do disposto no art. 102.º da LPTA (...) interpor recurso para o Supremo Tribunal Administrativo. Pede a V. Exa. deferimento" (fls. 132);

b) Por despacho de fls. 133, foi proferido o seguinte despacho: "Admito o recurso interposto com o requerimento de fls. 132, a processar como agravo cível, com subida imediata, nos próprios autos e efeito suspensivo – arts.102.º e 105.º da LPTA;

c) As alegações de recurso foram dirigidas ao Supremo Tribunal Administrativo (v. fls. 136 e segs.)

2.2. Subsunção dos factos ao direito.

2.2.1. Da invocada não aplicabilidade do art. 4.º n.º 1, da LPTA, ao caso sub judice.

Dispõe o art. 4.º, sob a epígrafe "Petição a tribunal incompetente", no seu n.º 1, que: "Quando a petição seja dirigida a tribunal incompetente, pode o demandante, no prazo de 20 dias a contar do trânsito em julgado da decisão que declare a incompetência, requerer a remessa do processo ao tribunal competente".

Como é consabido, a incompetência do tribunal administrativo não acarreta necessariamente a rejeição do meio processual utilizado. Na verdade, nos casos de incompetência em razão da matéria e da hierarquia, a lei concede ao recorrente a possibilidade dê requerer, no prazo fixado no n.º 91 do art. 9.º 4.9, a remessa do processo ao tribunal administrativo competente, sendo que nos casos de incompetência territorial, essa remessa tem lugar oficiosamente (n.º 2 do art. 4.º).

O artigo em causa refere-se a petição (de recurso) e não a requerimento de interposição de recurso. Neste último, o que se pede é que o recurso jurisdicional seja admitido (n.º 4 do art. 687.º do CPCivil), sendo que o pedido de alteração ou a anulação da decisão recorrida é formulado na alegação de recurso (art. 690.º, n.1 do CPCivil). Ou seja, a situação sub judice não se encontra expressamente prevista na LPTA. Tal facto, contudo, não obsta a que se aplique "*mutatis mutandis*" o disposto no n.º 1 do art. 4.º ao pedido de alteração ou anulação da sentença recorrida (v. art. 10.º, n.º 1, do Código Civil).

Podemos, assim, formular a seguintes asserção: quando o agravante formule "petição" dirigida a tribunal incompetente, pode este, no prazo de 20 dias a contar do trânsito em julgado da decisão que declare a incompetência, requerer a remessa do processo ao tribunal competente (vide art. 4.º, n.º 1, da LPTA, aplicável "*mutatis mutandis*" ao recurso jurisdicional).

Concluímos, assim, pela aplicação do art. 4.º n.º 1, da LPTA, ao caso em análise.

2.2.2. Do dever do juiz recorrido de remeter o processo para o tribunal competente, atento o disposto no n.º 3 do art. 687.º do CPCivil.

Conforme se vê das alíneas *a*) e *c*) do ponto 2.1. deste Acórdão os agravantes interpuseram expressamente recurso para o Supremo Tribunal Administrativo, tendo as alegações sido também expressamente dirigidas àquele Tribunal.

Dispõe o art. 687.º n.º 3, do Código de Processo Civil, que: "Junto o requerimento ao processo, será indeferido quando se entenda que a decisão não admite recurso, ou que este foi interposto fora de tempo, ou que o requerente não tem condições necessárias para recorrer. Mas não pode ser indeferido com fundamento de ter

[3] Sérvulo Correia, *O principio pro actione no procedimento administrativo*, Cadernos de Justiça Administrativa (CJA) n.º 44, págs. 30 e segs.

havido erro na espécie de recurso; tendo-se interposto recurso diferente do que competia, mandar-se-ão seguir os termos do recurso que se julgue apropriado".

Da leitura do referido preceito podemos concluir que a única imposição que o mesmo atribuí ao juiz recorrido é o de, sendo caso disso, mandar seguir os termos do recurso que se julgue apropriado (cfr. também o n.º 4 do art. 687.º do CPCivil). Excluí-se, por isso, a possibilidade de o juiz se substituir à parte e de remeter o processo para tribunal diferente do expressamente indicado pelo recorrente.

Improcede, em consequência, o invocado fundamento.

2.2.3. Da questão prévia suscita pelo M.P.

Os agravantes, como resulta do probatório, não pediram a remessa do processo para o tribunal competente, no prazo estabelecido no n.º 1 do art. 4.º da LPTA – Tribunal Central Administrativo (Secção de Contencioso Administrativo).

Tal prazo é peremptório, pelo o decurso deste extingue o direito de praticar o acto (v. art. 145.º, n.os 1 e 3 do CPCivil).

Assim sendo, extinguiu-se o direito dos agravantes de pedir a remessa do processo para este tribunal, o que determina o não conhecimento do objecto do recurso.

Procede, por isso, a questão prévia suscitada pelo MP. (..)".

***

De todo o exposto decorre que carece de fundamento legal o assacado erro de julgamento ao despacho recorrido, a fls. 265 dos autos, quanto à interpretação e aplicação dos arts. 1.º e 4.º n.º 1 da LPTA.

Consequentemente, as sentenças a fls. 92/100 e 191/195 dos autos, proferidas em 20.FEV.2002 e 7.NOV.2002 pelo Tribunal Administrativo de Círculo de Coimbra no âmbito dos arts. 8.º n.º 1 e 9.º n.º 1 do DL 256-A/77 de 17.06, transitaram em julgado, cabendo à Administração dar cumprimento aos actos devidos, ou seja, conforme parte decisória da sentença proferida em 7.NOV.2002:

"(..) Assim sendo e, uma vez que, os condicionalismos impostos na referida deliberação, nada colidem com a emissão da licença de construção, impõe-se que, a requerida Câmara Municipal de Alcobaça, pratique todos os actos necessários e legalmente previstos, no citado diploma legal, com vista à emissão do alvará de licença de construção, sendo estes os actos ou operações materiais em que deve consistir a execução de sentença, neles se incluindo todos os necessários actos preparatórios, legalmente previstos e, que devem ser tomadas pela autoridade requerida, nos prazos estipulados no Dec. Lei, que desde já e, em termos decisórios, se declara, ao abrigo do disposto no art. 9.º, do DL n.º 256-A/77 de 17-06. (..) Coimbra, 07 de Novembro de 2002 (..) " – fls. 191/195 dos autos.

***

Termos em que acordam, em conferência, os juízes que constituem a Secção de Contencioso Administrativo do Tribunal Central Administrativo Sul – 2.º Juízo em negar provimento ao recurso e confirmar o despacho recorrido de fls. 265 destes autos.

O Município de Alcobaça mostra-se isento de custas, na medida em que o art. 14.º n.º 1 do DL 324/03 de 27.12, em vigor desde 1.01.04, que alterou e republicou o Código das Custas Judiciais aprovado pelo DL 224-A/96 de 26.11, impõe que as alterações nesta matéria "(..) só se aplicam aos processos instaurados após a sua entrada em vigor" e o presente processo deu entrada no TAC de Coimbra em 6.JUN.2001.

Lisboa, 6. de Janeiro de 2005.

Cristina dos Santos
Teresa de Sousa
Coelho da Cunha

Recurso n.º 157/04

PROCESSO DISCIPLINAR. CONSEQUÊNCIAS DA FALTA DE INQUIRIÇÃO DE TESTEMUNHA ARROLADA PELA DEFESA.

(Acórdão de 3 de Fevereiro de 2005)

SUMÁRIO:

I – Deve ser considerada nulidade insuprível do processo disciplinar, equiparada à de falta de audiência do arguido, conforme previsto no artigo 42.º n.º 1 do Estatuto Disciplinar, a não in-quirição de testemunha arrolada com a defesa.

II – No caso de falta da testemunha, residente fora da área do concelho onde corre termos o processo disciplinar, está ao alcance do respectivo instrutor pedir a sua inquirição a qualquer autoridade administrativa, nos termos do artigo 61.º n.º 4 do mesmo diploma.

III – Deve, assim, ser anulada a deliberação que optou pela demissão do arguido, sem cuidar da audição de testemunha considerada pela defesa como qualificada para atestar a atenuação da responsabilidade daquele.

ACORDAM OS JUIZES DO 1.º JUÍZO, 1ª SECÇÃO, DO TRIBUNAL CENTRAL ADMINISTRATIVO SUL:

1. Câmara Municipal de Condeixa-a-Nova vem recorrer da sentença lavrada a fls. 63 e seguintes no TAC de Coimbra, que anulou a deliberação municipal de 1/10/ /2001, que aplicara a pena disciplinar de demissão a F.................... por excesso de faltas injustificadas.

Em sede de alegações, terminou com as conclusões seguintes:

a) No processo disciplinar não é obrigatória a presença do advogado do arguido na inquirição de testemunhas por este oferecidas. A falta da sua notificação para tal inquirição não constitui a nulidade prevista na última parte do n.º 1 do art. 42.º do ED ou, quando assim se não entenda.

b) No processo disciplinar, a falta de notificação do advogado e do arguido da inquirição de testemunhas por este oferecidas, só constitui nulidade quando, comprovadamente, tal facto tenha prejudicado o arguido. Sendo as testemunhas oferecidas para fazer prova de determinados factos que, em consequência dessa inquirição, se deram por provados, em nada foi prejudicado o arguido. Tal omissão, na pior das hipóteses, poderá configurar apenas uma mera irregularidade que, se não for invocada até que seja proferida a decisão final, se deve considerar sanada. Quando assim se não entenda, sempre se terá de considerar que:

c) As nulidades no art. 42.º n.º 1 do ED são nulidades processuais, e têm necessariamente de ser invocadas pelo arguido / recorrente o que não foi o caso. Não figurando a falta de notificação do advogado e do arguido da inquirição de testemunhas por este oferecidas entre as conclusões do recurso e alegações oferecidas pelo arguido, estava vedado ao Mm.º Juiz *a quo* conhecer este vício.

O recorrido pugna pela confirmação do julgado, nisso contando com o apoio do Exm.º Procurador Geral Ajunto neste Tribunal.

Colhidos os vistos legais, vem o processo à conferência.

2. OS FACTOS

Ao abrigo do disposto no artigo 713.º n.º 6 do CPC, remete-se para a matéria de facto assente na sentença recorrida (fls. 64), à qual são aditados os factos seguintes, comprovados nos autos:

a) Na defesa que apresentou no processo disciplinar contra ele instaurado pela recorrente, o recorrido alegou sofrer doença psiquiátrica, de modo a atenuar a sua responsabilidade (artigos 7.º, 9.º, 11.º, 12.º e 13.º) – fls. 63 e 64 do Proc. Adm.

b) Para prova dessa matéria, arrolou como testemunha o médico psiquiatra Dr. Eurico Allen Revez, em serviço no Hospital Sobral Cid, de Coimbra (*ibidem*, fls. 65).

c) Por cartas de 20/3/2001, registadas com AR, a testemunha arrolada e o arguido foram notificados de que a inquirição da primeira fora marcada para 27 desse mês, às 10h, na C.M.Condeixa-a-Nova (*ibidem, fls. 83 e 84).*

d) Tendo o arguido constituído mandatário no processo disciplinar (fls. 66), não foi este notificado da marcação dessa diligência, nem da sua não realização.

3. O DIREITO

Aurélio Silvestre, jardineiro da C. M. Condeixa-a-Nova, viu-se alvo de um processo disciplinar por excesso de faltas injustificadas ocorridas no ano de 2000.

Em sua defesa, o arguido alegou ter tido necessidade de prestar assistência à mãe doente (para isso arrolando três testemunhas) e sofrer de doença psiquiátrica, o que lhe atenuaria a responsabilidade (para tanto arrolando uma testemunha, sem se comprometer a apresentá-la).

Para inquirição da última testemunha, médico psiquiatra em serviço no Hospital Sobral Cid, de Coimbra (portanto fora da área do município de Condeixa), o instrutor do processo designou o dia 27/3/2001, na C. M. Condeixa-a-Nova, disso notificando, por carta registada com AR, a própria testemunha e o arguido.

Absteve-se, porém, de notificar também o mandatário constituído pelo arguido, que arrolara as ditas testemunhas, prejudicando assim gravemente o direito de defesa, aliás com assento constitucional no artigo 20.º n.º 2 da CRP.

O certo é que as três primeiras testemunhas foram ouvidas na ausência do arguido e do seu advogado (que nem sequer tinham sido notificados da data marcada para a diligência) e a quarta faltou.

Em vez de procurar efectivar a diligência, como se impunha, marcando nova data ou solicitando a inquirição a qualquer autoridade administrativa de Coimbra, ao abrigo do disposto no artigo 61.º n.º 4 do Estatuto Disciplinar, o instrutor procedeu de imediato à elaboração do Relatório Final do processo disciplinar (fls. 89 e seguintes), obstando assim a que o arguido pudesse exercer cabalmente o contraditório, com a inquirição da testemunha que arrolara, e residente fora do concelho, na presença do seu mandatário.

Essa inquirição, atendendo à qualificação profissional da testemunha, mostrava-se crucial para a estratégia da defesa, que em parte assentou na atenuação da responsabilidade do arguido por razões psiquiátricas, como se depreende do respectivo articulado junto ao Proc. Adm.

Por isso, era obrigação do instrutor do processo dar conhecimento ao arguido (através do seu mandatário) da falta da testemunha, para que aquele requeresse o que tivesse por conveniente, para obviar ao contratempo.

A não realização da inquirição do médico psiquiatra arrolado, residente fora do concelho de Condeixa mas cuja audição cabia nos próprios meios postos à disposição do processo, como se demonstrou, prejudicou não só a defesa mas a própria realização da justiça disciplinar, objectivo que certamente é prosseguido pela recorrente, escamoteando ao julgador um dado considerado importante para aquilatar da responsabilidade do arguido.

Mostra-se, assim, correcta a decisão recorrida, ao julgar procedente o recurso contencioso, face à nulidade insuprível do processo, mas por falta de notificação do arguido e seu mandatário da não comparência da testemunha faltosa e residente fora do concelho.

Pois a omissão desta diligência requerida, essencial para a descoberta da verdade, como se deixou demonstrado, foi causa de nulidade insuprível, prevista no artigo 42.º n.º 1 do Estatuto, e aí equiparada à de falta de audiência do próprio arguido.

Como decidiu o Ac. do STA de 8/11/94 (*in* Apêndice ao DR de 30/12/94, pgs. 6263), *a falta de inquirição de testemunhas de defesa, indicadas nos termos da lei, gera nulidade insuprível equivalente à falta de audiência do arguido.*

No mesmo sentido se pronunciara já o Ac. do mesmo Supremo Tribunal de 19/12/91, *in* BMJ, 412, 530.

Também o Ac. de 4/11/93 (Rec. n.º 31 261) do STA julgou constituir falta de audiência do arguido não ter este sido notificado da falta de inquirição de testemunha de defesa, para sobre aquela ausência tomar posição, nomeadamente substituir a mesma testemunha.

Improcedem todas as conclusões das alegações da recorrente pois, como vimos, a comprovada omissão não deve ser considerada apenas ma irregularidade processual, mas sim uma nulidade insuprível do processo disciplinar, que inquinou a deliberação recorrida de violação de lei.

4. Pelo exposto, acordam no 1.º Juízo, 1ª Secção, do TCAS em negar provimento ao recurso interposto pela

Câmara Municipal de Condeixa-a-Nova, confirmando a sentença recorrida, embora por diferentes fundamentos.

Sem custas, por isenção da recorrente.

Lisboa, 3 de Fevereiro de 2 005

Mário Gonçalves Pereira
António Vasconcelos
Magda Geraldes

Recurso Jur. n.º 7344/03

REPOSIÇÃO DE VERBAS. PRESCRIÇÃO. ACTO DE PROCESSAMENTO DE VENCIMENTOS. ACTO CONSTITUTIVO DE DIREITOS. REVOGAÇÃO. ART. 40.º, DO DL N.º 155/92, DE 28-07.

(Acórdão de 16 de Março de 2005)

SUMÁRIO:

I – Cada um dos actos de processamento de vencimento e outros abonos são verdadeiros actos administrativos que se vão sucessivamente firmando, na ordem jurídica, se não forem objecto de oportuna impugnação ou revogação.

II – Tais actos administrativos só poderão ser revogados no estrito condicionalismo definido no n.º 1, do art. 141.º, do CPA.

III – O art. 40.º, do DL n.º 155/92, foi manifestamente concebido para a reposição de abonos ou pagamentos processados por erros de ordem material ou contabilística, v.g., de soma ou de cálculo por natureza rectificáveis a todo o tempo, nos termos do art. 148.º, do CPA.

IV – No caso dos autos, o erro cometido pelos serviços de uma Câmara Municipal não pode ser concebido como um mero erro de cálculo ou material ostensivos, mas como um erro jurídico (DL n.º 373/93).

V – O art. 40.º, do DL n.º 155/92 não era aplicável ao caso, pelo que o acto objecto do recurso contencioso padece de vício de violação de lei, por se consubstanciar na revogação dos actos processadores do vencimento do recorrente, após o decurso do prazo de um ano (cfr. arts. 141.º, do CPA, e 28.º, n.º 1, al. *c*), da LPTA).

VI – Daí que seja ilegal a ordem de reposição de quantias pagas a mais por acto proferido depois de ter sido definido o estatuto remuneratório dos bombeiros, por despacho consolidado na ordem jurídica, traduzindo os actos de processamento efectuados o estrito cumprimento desse despacho, por violar a regera geral de revogação de actos constitutivos de direitos.

ACORDAM DO T.C.A.

O recorrente veio interpor recurso contencioso de anulação do despacho do recorrido Vereador da CMS, de 17-07-2001, através do qual foi determinada a reposição da importância de Esc. 198.389$00 , por parte do recorrente.

Foi proferida douta sentença a fls. 62 e ss., no TACL, datada de 04-07-02, que negou provimento ao recurso, mantendo-se o acto impugnado.

Inconformado com a sentença, o recorrente veio interpor recurso jurisdicional da mesma, apresentando as suas alegações de fls. 78 e ss., com as respectivas conclusões de fls. 87 a 93, que de seguida se juntam por fotocópia extraída dos autos.

A fls. 98 e ss., a entidade recorrida veio apresentar as suas contra-alegações, que de seguida se juntam por fotocópia extraída dos autos.

No seu douto parecer, de fls. 109, o Digno Magistrado do M.ºP.º entendeu que o recurso não merece provimento.

MATÉRIA DE FACTO

Dão-se por reproduzidos os factos constantes de fls. 64 a 68, da douta sentença, nos termos do art. 713.º, 6, do CPC.

O DIREITO

Nas conclusões das suas alegações, o recorrente refere, designadamente, não pode o Mm.º Juiz considerar que, durante os três anos subsequentes à aplicação da tabela indiciária própria dos Bombeiros Sapadores, os cerca de trinta e seis actos de processamento de vencimentos constituem meras operações materiais, quando foram actos praticados voluntariamente pela CM que através deles, explicitamente, decidiu continuar a aplicar aos bombeiros a escala indiciária da PSP, e, assim, não cumprir o seu anterior despacho.

Pelo que, cada um desses sucessivos actos de processamento de vencimentos, constituem manifestações inequívocas da vontade unilateral e autoritária da entidade recorrida, no sentido de manter a aplicação da tabela indiciária da PSP aos bombeiros, mesmo já tendo sido publicada a tabela indiciária própria.

No caso concreto, os cerca de trinta e seis recibos de vencimento consubstanciam verdadeiros actos administrativos que viram a sua anulabilidade sanada por não terem sido revogados atempadamente, nem deles ter sido interposto recurso no prazo legal.

Ora a revogação de actos inválidos só pode ser feita no mesmo prazo do respectivo recurso contencioso ou até à resposta da entidade recorrida, prazo esse que é de um ano, nos termos do art. 28.º, n.º 1, al. *c*), e 47.º, da LPTA, e 18.º, da LOSTA.

É este o prazo que se aplica ao caso concreto e não o prazo de cinco anos previsto no art. 40.º, n.º 1, do DL n.º 155/92, de 28-07.

Sendo certo que a sanação converte o acto ilegal em acto válido desde a sua origem, tais actos (os de processamento de vencimentos), por não terem sido revogados atempadamente, nem deles ter sido interposto recurso contencioso de anulação, passaram a ser verdadeiros actos administrativos válidos.

Não poderá considerar-se o acto impugnado como rectificação de manifestos erros materiais, que, ao abrigo do regime especial previsto no art. 148.º, do CPA, poderia ser feita a todo o tempo.

O que se passa, no caso concreto, é que durante três anos a CM continuou, voluntariamente, a proceder aos pagamentos dos vencimentos do agravante, de acordo com a tabela indiciária da PSP, independentemente, de já ser conhecida e estar em vigor a tabela indiciária própria dos bombeiros, contrariando, assim, o disposto no DL n.º 373/93 e também o despacho 14/90.

Deve ser dado provimento ao recurso

O recorrido contra-alegou, referindo que o acto impugnado é irrecorrível, concluindo que deverá ser negado provimento ao presente recurso de agravo.

Resulta da matéria fáctica provada que O Vereador dos Recursos Humanos da Câmara Municipal de Setúbal, pelo despacho n.º 14/90, de 22-05, decidiu aplicar aos bombeiros, com as devidas adaptações, as escalas indiciárias da PSP até ser conhecida a tabela indiciária própria dos bombeiros, sendo então feitos os acertos, para mais ou para menos, a que houvesse lugar.

Apesar da entrada em vigor do DL n.º 373/93, de 04-11 (que estabeleceu o novo estatuto remuneratório dos bombeiros), os serviços administrativos da CMS, em vez de processarem os abonos do recorrente de acordo com esse diploma, continuaram a processá-los de harmonia com as escalas indiciárias da PSP.

Detectado o erro, o despacho recorrido determinou a notificação do recorrente, para devolver as quantias processadas em excesso, no período entre Janeiro/94 e Setembro/96, num total de Esc. 198.389$00.

A douta sentença recorrida considerou que os actos de processamento das quantias em causa não constituíam actos administrativos, por não definirem, por si só, a situação remuneratória do recorrente, traduzindo-se, em erradas operações materiais dos serviços da CMS.

No presente recurso jurisdicional, o recorrente continua a sustentar que a ordem de reposição da aludida quantia viola o disposto no arts. 28.º, n.º 1, al. *c*), e 47.º, da LPTA, e 141.º e 148.º, do CPA.

Entendemos que lhe assiste razão.

Constitui jurisprudência reiterada do STA que cada um dos actos de processamento de vencimento e outros abonos são verdadeiros actos administrativos que se vão sucessivamente firmando na ordem jurídica se não forem objecto de oportuna impugnação ou revogação.

Tais actos são constitutivos de direitos para os seus destinatários, só podendo ser revogados no prazo de um ano (cfr. arts. 141.º, do CPA, e 28.º, n.º 1, al. *c*), da LPTA.

Conforme é entendimento da jurisprudência dominante, este regime da revogabilidade dos actos administrativos não se confunde com a prescrição da reposição de verbas a que se refere o art. 40.º, do DL n.º 155/92, de 28-07, onde se fixou um prazo máximo para a possibilidade de cobrança dos créditos do Estado, independentemente da existência ou da inexistência de eventuais causas de inexigibilidade. (cfr. Acs. do Pleno da 1ª Secção do STA, de 17-12-97 – Proc. n.º 40 416, de 29-04-98 in Ant. de Acs. do STA e do TCA, Ano I, n.º 3, pág. 44 e de 10-11-98, na mesma Antologia de Acs. do STA e TCA, Ano II, n.º 1, pág. 39).

«É que, como se refere no Ac. do STA, de 12-05-96, P. n.º 36 163 – «a prescrição reporta-se à exigibilidade dos créditos existentes serem cobrados a favor do Estado e, portanto, à possibilidade desses créditos serem cobrados ainda que coercivamente.

Pelo contrário, a revogação dos actos administrativos insere-se no estrito plano da actividade jurídica da Administração e dos administrados, no âmbito da relação jurídica administrativa.

Os fundamentos da prescrição e da regra geral da revogabilidade dos actos administrativos são, pois, inteiramente diversos. A prescrição envolve uma reacção contra a inércia e desinteresse do titular do direito que deixa passar um apreciável intervalo de tempo sem exigir o cumprimento da dívida.

A revogação justifica-se pela necessidade de ajustamento da acção administrativa à variação do interesse público ou, no caso de revogação de actos ilegais, à exigência do cumprimento do princípio da legalidade.

O prazo de revogação dos actos administrativos não pode deixar de ser estabelecido na lei administrativa geral, assumindo aí relevância a distinção entre os actos constitutivos de direitos. E não se vê razão para alterar esse critério legal quando estejam em causa remunerações de funcionários ou agentes administrativos».

Não esteve subjacente ao espírito do legislador do DL n.º 155/92 pôr em causa o princípio do caso decidido ou do caso resolvido ou operar, no âmbito da aludida reposição, a revogação tácita dos arts. 18.º, n.º 2, da LOSTA e 141.º, do CPA; o citado art. 40.º foi manifestamente concebido para a reposição de abonos ou pagamentos processados por erros de ordem material ou contabilística, v.g., de soma ou de cálculo por natureza rectificáveis a todo o tempo, nos termos do art. 148.º, do CPA (cfr. Ac. do Pleno de 29-04-98).

No caso dos autos, entendemos que o erro cometido pelos serviços da CMS não pode ser concebido como mero erro de cálculo ou material ostensivos, mas como um erro jurídico eventualmente resultante do desconhecimento da entrada em vigor do novo estatuto remuneratório dos bombeiros, aprovado pelo DL n.º 373/93 ou da incorrecta interpretação deste diploma, ou do despacho n.º 14/90 do Vereador dos Recursos Humanos.

Assim, ao contrário do que se entendeu no acto objecto do recurso contencioso, o art. 40.º, do DL n.º 155/92 não era aplicável ao caso, pelo que aquele padece de vício de violação de lei, por se consubstanciar na revogação dos actos processadores do vencimento do recorrente, após o decurso do prazo de um ano (cfr. arts. 141.º, do CPA e 28.º, n.º 1, al. *c*), da LPTA).

Procedem, pois as conclusões da alegação do recorrente, o que implica a revogação da sentença recorrida e a concessão de provimento ao recurso contencioso. (cfr. Acs. do TCA, de 29-05-2003, Rec. n.º 12 155/03, o de 05-12-02, Rec. 6545/02, e o Ac. do STA, Pleno, de 17-12-97, P. n.º 40416.

Quanto à questão da irrecorribilidade do acto impugnado, por ter sido praticado no exercício de uma competência delegada, entendemos que o a entidade recorrida não tem razão.

Efectivamente, os actos praticados pelo orgão delegado passam a pertencer à sua esfera jurídica e para efeitos de impugnação contenciosa os actos praticados por delegação de poderes têm o mesmo carácter impugnável ou inimpugnável, definitivo ou não, correspondente ao acto, quando praticado pelo delegante. (cfr. arts. 7.º e 51.º, n.º 1, al. *a*), do ETAF).

Acresce que é manifesto o carácter de lesividade do acto ora impugnado, e como tal é susceptível de ser contenciosamente impugnado.

Daí, a sem razão da entidade recorrida.

DECISÃO

Acordam ps Juízes do TCA, em conformidade, em conceder provimento ao recurso jurisdicional, revogando a sentença recorrida e anulando o acto objecto do recurso contenciosos.

Sem custas em ambas as instâncias, por isenção do recorrido.

Lisboa, 16 de Março de 2005

António Forte
Carlos Araújo
Fonseca da Paz

Recurso n.º 11804/02

2.ª Secção (Contencioso Tributário)

COMISSÃO DE REVISÃO. REGRAS DE COMPETÊNCIA ORGÂNICA E DE FUNCIONAMENTO. CPT. ARTS. 85.º, N.º 1, NA REDACÇÃO DO DL N.º 47/95, DE 10 DE MARÇO, E 87.º, N.º 1, NA REDACÇÃO INICIAL. ORDEM DE CONHECIMENTO DOS VÍCIOS. ART. 124.º DO CPPT. CADUCIDADE DO DIREITO À LIQUIDAÇÃO. ART. 33.º DO CPT. FORMA DE NOTIFICAÇÃO DA LIQUIDAÇÃO ADICIONAL DE IRS. ART. 65.º DO CPT.

(Acórdão de 1 de Fevereiro de 2005)

SUMÁRIO:

I – De acordo com o princípio *tempus regit actum* (consagrado, à data, no art. 3.º do CPT), as regras de competência orgânica e de funcionamento das comissões de revisão são as que vigoram na data em que estas deliberam.

II – Com a redacção dada ao n.º 1 do art. 85.º do CPT pelo Decreto-Lei n.º 47/95, de 10 de Março, o director distrital de finanças que, até então, nos termos da redacção inicial do mesmo preceito, presidia à comissão de revisão sem direito a voto (incumbindo-lhe apenas promover o acordo entre os vogais do contribuinte e da Fazenda Pública e, na falta de acordo entre estes, decidir, mediante despacho devidamente fundamentado, nos termos do n.º 3 do art. 87.º do CPT), passou a ser membro decidente da comissão, com voto de qualidade fundamentado.

III – Significa isto que, nos termos da redacção dada ao art. 85.º, n.º 1, do CPT, pelo Decreto-Lei n.º 47/95, caso os vogais não cheguem a acordo e o presidente adira, sem mais, à posição de um dos vogais, forma-se assim maioria, que determina o sentido da deliberação.

IV – Nessa hipótese, e apesar da redacção do n.º 1 do art. 87.º do CPT, que foi pensada para a redacção inicial do art. 85.º do CPT, não faz sentido a exigência de que o vogal cuja posição fez vencimento lavre laudo, pois a sua posição consta da fundamentação aduzida como suporte da deliberação.

V – Ainda que não se aceite esta interpretação restritiva que propomos para o n.º 1 do art. 87.º do CPT, sempre haverá de considerar-se que aquele vogal lavrou o seu laudo, que não está sujeito a qualquer exigência de forma, se da acta da reunião consta detalhadamente qual a posição dele.

VI – Não tendo o impugnante indicado a ordem por que pretende que sejam conhecidos os vícios invocados e que apenas podem conduzir à anulação do acto impugnado, na ordem de precedência deve atender-se à execução do julgado anulatório e à influência que nela tem o tipo de vício que justificou a anulação, conhecendo primeiro dos vícios que garantam «mais estável ou eficaz tutela dos direitos ofendidos» (cfr. art. 124.º do CPPT).

VII – A liquidação adicional de IRS respeitante ao ano de 1991 deve ser notificada ao contribuinte até 31 de Dezembro de 1996, sob pena de caducar o direito do Estado à liquidação (art. 33.º do CPT).

VIII – Constituindo a liquidação um acto que altera a situação tributária do contribuinte, a respectiva notificação é a efectuar por carta registada com aviso de recepção, nos termos do art. 65.º, n.º 1, do CPT, em vigor à data, devendo considerar-se revogado, por força do art. 11.º do Decreto-Lei n.º 154/91, de 23 de Abril, diploma que aprovou o CPT, o n.º 2 do art. 139.º do CIRS, que admitia que tal notificação fosse efectuada por simples carta registada.

IX – Ainda que ao contribuinte tenha sido remetida simples carta registada para notificá-lo da liquidação, a notificação pode considerar-se perfeita desde que se prove que ela foi realmente efectuada, ou seja, que chegou ao conhecimento do contribuinte.

X – No entanto, se para notificar o contribuinte de uma liquidação adicional de IRS lhe foi remetida simples carta registada e esta foi devolvida ao remetente, nunca poderá considerar-se suprida a irregularidade resultante da não observância da forma de notificação prescrita na lei.

XI – Mesmo que fosse possível a notificação por simples carta registada (e não é), nunca poderia considerar-se perfeita a notificação se a carta foi devolvida ao remetente, pois nesse caso não funciona a presunção prevista no n.º 1 do art. 66.º do CPT, de recepção na carta no terceiro dia posterior ao do registo, como resulta do n.º 2 do mesmo preceito legal.

ACORDAM DO T.C.A.

1. RELATÓRIO

1.1 José Henrique Pinto Moreira e mulher, Ana Paula dos Santos Almeida Moreira (adiante Contribuintes, Impugnantes ou Recorridos) impugnaram judicialmente a liquidação adicional de Imposto sobre o Rendimento das Pessoas Singulares (IRS) e respectivos juros compensatórios, do montante global de esc. 17.076.401$00, que lhes foi efectuada relativamente ao ano de 1991, com base no rendimento colectável mantido pela Comissão de Revisão (CR) na reclamação deduzida pelos Contribuintes, depois da Administração tributária (AT), na sequência de uma visita de fiscalização, ter procedido à fixação daquele rendimento com recurso a métodos indiciários.

1.2 Na petição inicial, os Impugnantes pediram a anulação da referida liquidação, com base nas seguintes causas de pedir:

a) preterição de formalidades legais, por falta de notificação dos Contribuintes para o exercício do direito de audição prévia no âmbito do procedimento que culminou no acto impugnado, como o impunham o art. 8.º do Código do Procedimento Administrativo (CPA) e o art. 264.º, n.º 3, da Constituição da República Portuguesa (CRP), sendo inequívoca a aplicação dos arts. 100.º a 103.º do CPA ao procedimento tributário, por força do disposto no art. 2.º do mesmo Código;

b) incompetência da CR para a fixação da matéria colectável[1], pois, porque não houve acordo entre os vogais, a competência para decidir a reclamação era, já não da comissão, que deliberou mediante votação de todos os seus membros, incluindo o presidente, mas apenas do seu presidente, como resulta do art. 87.º do Código de Processo Tributário (CPT), sendo que a redacção dada ao n.º 1 do art. 85.º do mesmo Código pelo Decreto-Lei n.º 47/95, de 10 de Março, em nada alterou o modelo de funcionamento da comissão no que respeita à apreciação das questões de quantificação da matéria tributável;

c) insuficiência, equivalente à falta, de fundamentação de facto e de direito da liquidação, da deliberação da comissão de revisão que lhe serviu de base e do acto prévio de fixação da matéria tributável, designadamente quanto ao recurso aos métodos indiciários;

d) falta dos pressupostos que autorizam o recurso aos métodos indirectos para a fixação da matéria tributável;

e) erro na quantificação, por terem sido mal avaliadas as existências à data da abertura da escrita;

f) caducidade do direito à liquidação, por a AT, para notificar os Contribuintes daquele acto, lhes ter remetido carta registada simples, ao invés de carta registada com aviso de recepção, como o impunha o art. 65.º do CPT (devendo considerar-se revogado pelo art. 11.º do diploma que aprovou o CPT, o art. 139.º, n.º 2, do CIRS, que permitia a notificação por carta registada simples) e, ademais, tal carta nunca lhe ter sido entregue, nem o acto impugnado ter chegado ao seu conhecimento por qualquer outro meio.

Pediram ainda a condenação da AT a pagar-lhes juros indemnizatórios.

1.3 Na sentença recorrida, a Juíza do Tribunal Tributário de 1.ª Instância do Porto, referiu que iria conhecer «os vícios assacados e pela ordem por que foram invocados»[2].

Começou por conhecer do vício de preterição de formalidades, para considerar que o mesmo não se verificava. Isto, em resumo, porque considerou que, no âmbito do CPT e antes da entrada em vigor da Lei Geral Tributária (LGT)[3], o princípio da audiência prévia dos interessados, previsto no art. 100.º e segs. do CPA, não se aplicava no procedimento administrativo-tributário.

Depois, passou a apreciar o invocado vício de incompetência material do órgão que conheceu da reclamação, para concluir pela verificação do mesmo. Considerou, em síntese: que da acta da reunião da comissão de revisão resulta que a reclamação foi decidida pelo órgão colegial quando, atento o disposto nos arts. 85.º, n.os 1 e 2, na redacção do Decreto-Lei n.º 47/95, de 10 de Março, e 87.º, n.os 1 e 3, ambos do CPT, porque não houve acordo entre os vogais, a decisão deveria ter sido do director distrital de finanças, depois de cada um dos vogais ter lavrado o respectivo laudo, o que só o vogal dos Contribuintes fez; que tal ilegalidade, praticada na determinação da matéria tributável, determina a ilegalidade da liquidação que se lhe seguiu e podia ser, como foi, invocada na impugnação deste último acto.

Com base na procedência deste vício, considerou que a impugnação procedia e que ficava prejudicado o conhecimento dos demais vícios invocados.

Apesar disso, e num esforço persuasivo quanto à bondade do sentido da decisão, discreteou ainda sobre a invocada caducidade do direito à liquidação, para considerar que, ainda que a impugnação judicial não houvesse de proceder com base no referido vício de incompetência do órgão que, decidindo a reclamação, fixou a matéria tributável que serviu de base à liquidação impugnada, sempre procederia com base na invocada caducidade do direito à liquidação.

Concluiu julgando a impugnação procedente, pelo que anulou a liquidação impugnada e condenou a AT na devolução das quantias pagas pelos Contribuintes por conta da dívida, acrescidas de juros indemnizatórios.

1.4 A Fazenda Pública recorreu da sentença para esta Tribunal Central Administrativo, apresentando as alegações de recurso, que sintetizou em conclusões do seguinte teor:

«1. Inexiste qualquer preterição de formalidades legais na deliberação da comissão de revisão.

2. porquanto, na vigência da redacção dada pelo DL n.º 47/95 ao art. 85.º do CPT, o presidente da comissão

---

[1] Vício este que constitui também uma preterição de formalidades legais no procedimento revisão da matéria colectável.

[2] As partes entre aspas e com um tipo de letra diferente, aqui como adiante, constituem transcrições.

[3] A LGT entrou em vigor em 1 de Janeiro de 1999, como resulta do art. 6.º do Decreto-Lei n.º 398/98, de 17 de Dezembro, diploma que a aprovou.

tinha voto de qualidade e podia limitar-se a aderir a um dos laudos.

3. No caso dos autos, na falta de acordo entre os vogais, o presidente votou no sentido do laudo do vogal da Fazenda Pública, sendo esse o sentido da deliberação da comissão, não pelo voto de qualidade do presidente mas porque se fez maioria, não havendo necessidade de fazer funcionar o n.º 3 do art. 87.º do CPT, encontrando-se fundamentada a sua decisão por remissão ou integração ao concordar com a posição do vogal da Fazenda Pública, sem que se vislumbre qualquer preterição de formalidades essenciais (vid. Acórdão do STA n.º 25 522, de 20/12/2000 e Acórdão STA in recurso n.º 25 629, de 24/01/2001)

4. E outro tanto se diga no que concerne ao sentenciado vício da forma por ausência dos laudos, por a deliberação ter sido tomada por maioria dos seus membros por falta de acordo entre os vogais, com o voto favorável do presidente e do vogal da Fazenda Pública, a posição deste encontra-se expressa no relatório apresentado, inexistindo preterição de formalidade essencial.

5. Não se verifica a caducidade do direito à liquidação do imposto, pois de harmonia com o disposto no art. 139.º. do CIRS, só as notificações a que alude o art. 67.º do CIRS são efectuadas por carta registada com aviso de recepção, sendo as restantes efectuadas por carta registada e, considerando-se a notificação efectuada no terceiro dia posterior ao do registo, ou seja, no dia 22/ /12/96, nos termos do disposto no n.º 3 do art. 139.º do já referido Código, na redacção anterior à da Lei 30-G/ /2000, de 29/12, *e só por inércia do impugnante a mesma não foi levantada,* tendo a mesma notificação obedecido ao formalismo prescrito nos arts. 65 n.º 2, 66.º n.º 1 a 70.º do CPT.

6. A douta sentença sob recurso violou as disposições legais vertidas nos artigos n.ºs 65 n.º 2, 66 n.º 1, 70.º, 85.º e 87.º do CPT, bem como os arts. 139.º 67.º do CIRS.

Nestes termos deve ser dado provimento ao presente recurso, revogando-se a douta sentença recorrida».

1.5 O recurso foi admitido a subir imediatamente, nos próprios autos e com efeito devolutivo.

1.6 Os Impugnantes não contra alegaram.

1.7 Recebidos os autos neste Tribunal Central Administrativo, foi dada vista ao Ministério Público e o Procurador-Geral Adjunto emitiu parecer, que transcrevemos na íntegra:

«1. O recurso não merece provimento, porquanto se julgou e bem que a notificação não obedeceu aos trâmites legais (art. 65.º do CPT) pelo que se verifica a caducidade do direito à liquidação do IRS do ano de 1991, com as respectivas consequências legais, ou seja, direito às quantias pagas, acrescidas dos juros indemnizatórios peticionados».

1.8 Colhidos os vistos dos Juízes adjuntos, cumpre apreciar e decidir.

1.9 A única questão que cumpre apreciar e decidir, como procuraremos demonstrar, é a de saber se a sentença recorrida enferma de erro de julgamento por nela se ter considerado que a reclamação deduzida contra a fixação da matéria tributável não podia ter sido decidida pela comissão de revisão, por falta de acordo entre os respectivos vogais, mas antes o deveria ter sido pelo director distrital de finanças e que deveria o vogal da Fazenda Pública ter lavrado o seu laudo (cfr. conclusões sob os n.ºs 1 a 4).

Se essa questão merecer resposta negativa, nada mais haverá que apreciar; se for respondida afirmativamente, então haverá, ao abrigo do disposto no art. 715.º, n.º 2, do Código de Processo Civil (CPC), que apreciar as demais causas de pedir invocadas pelos Impugnantes e que a sentença considerou prejudicadas.

2. FUNDAMENTAÇÃO

2.1. De facto

2.1.1 A sentença recorrida efectuou o julgamento de facto nos seguintes termos:

«Factos Provados:

a) a impugnante adquiriu em 9/2/83, em compropriedade com uma irmã, um prédio rústico de que posteriormente procedeu a loteamento e urbanização, ainda antes de ter sido emitido o respectivo alvará, o qual veio a ser emitido em 1990, ano em que iniciou a venda dos lotes;

b) apresentou declaração de início de actividade com «compra e venda de bens imobiliários» em 4/10/94, fazendo reportar o início a Fevereiro de 1983;

c) os impugnantes em 1995 substituíram as declarações de rendimentos com referência aos anos anteriores, delas tendo feito constar os elementos contabilísticos relativamente ao loteamento, por considerarem haver incorrecções quer quanto ao início de actividade, quer quanto à valometria das existências;

d) a impugnante foi alvo de uma inspecção à sua escrita, e dela resultou o relatório que serviu de base à fixação do rendimento colectável;

e) da fixação da matéria colectável recorreram os impugnantes para a comissão de revisão, (composta por um presidente e dois vogais, um da Fazenda e outro dos impugnantes) a qual por acta n.º 206 do ano de 1996, «(...) resolveu por maioria dos seus membros, com voto favorável do seu presidente e do vogal da Fazenda Pública e voto desfavorável do contribuinte, (...)» fixar a matéria colectável através de decisão colegial no montante de esc. 28.098.759$00;

f) a liquidação oficiosa foi elaborada em 10/12/96 e para notificação dos impugnantes foi expedida carta registada em 19/12/96, para a morada constante do ficheiros da Administração Fiscal;

g) os impugnantes não receberam nem reclamaram a carta, motivo pelo qual esta foi devolvida pelos CTT, tendo depois sido entregue em mão, no ano de 1997 na repartição de finanças;

h) os impugnantes pagaram ao abrigo do DL 124/96 de 10/8, sete prestações mensais de esc. 569.624$00 por conta do imposto liquidado, entre 27/6/97 e 31/12/97.

FUNDAMENTAÇÃO

Os factos basearam-se nos documentos juntos aos autos, nomeadamente a acta da comissão de revisão e os documentos de pagamento de fls. 67».

2.1.2 Porque concordamos integralmente com o julgamento de facto efectuado em 1.ª instância e porque este não vem posto em causa pela Recorrente, consideramos fixada a matéria de facto acima transcrita. No entanto, entendemos ainda, e ao abrigo do disposto no art. 712.º do CPC, levar ao probatório a seguinte factualidade:

i) na acta da reunião da CR, depois de se expor por que motivo se procedeu à fixação da matéria tributável com recurso a métodos indiciários, quais os fundamentos da reclamação e as posições assumidas pelos vogais da Fazenda Pública e dos Contribuintes, tudo detalhadamente, ficou escrito, sob a epígrafe «Conclusão», «A Comissão resolveu por maioria dos seus membros, com voto favorável do Presidente e do vogal da Fazenda Pública e o voto desfavorável do vogal do contribuinte, conforme declaração de voto em anexo, indeferir a reclamação, em síntese, com os seguintes fundamentos:

– Duas valorizações para os mesmos lotes de terreno efectuadas pelo contribuinte, sem justificar os critérios de avaliação, utilizados na primeira, e os valores de mercado da segunda;

– Anulação dos registos nos livros selados dos valores da 1.ª valorização e escrituração, pelo novo valor, resultando num aumento da valorização dos lotes, diminuindo os lucros;

– A 2.ª valorização ocorreu já depois de conhecidos os preços de venda, tendo-se verificado que valorizou a custos mais elevados os lotes que foram vendidos a preços superiores, diminuindo desta forma igualmente os lucros;

– Não foram demonstrados os custos efectivos de aquisição ou de produção, nem foi demonstrado inequivocamente qual o preço de mercado, conforme *a*) do n.º 1 e n.º 3 do Art.º 25.º do Código do IRC, para efeitos de avaliação das existências iniciais;

– Para efeitos de garantia bancária exigida pela C.M.G. para obras de loteamento e infra estruturas, teve de ser apresentado um orçamento das mesmas para a concessão do alvará e que não foi exibido na fiscalização nem em sede desta comissão;

– O preço de custo a considerar será o constante do Alvará n.º 23/90 de 20/11/90, do custo do terreno, de facturas de urbanização constantes da escrita, à semelhança do que foi considerado a informação da fiscalização;

– Oscilações muito elevadas entre preços de custo e de venda de lotes com áreas e localizações idênticas, pelo que se mantêm os preços presumidos de venda constantes da informação da fiscalização» (cfr. cópia da acta, de fls. 69-A a 75);

j) A carta dita em *g*) foi devolvida à Repartição de Finanças de Vila Nova de Gaia em 23 de Janeiro de 1997, constando do verso do respectivo sobrescrito a seguinte inscrição, aposta pelo funcionário postal: «Av. 19/12» (cfr. a referida inscrição e o carimbo aposto pelos serviços postais no verso do sobrescrito, a fls. 85);

k) O requerimento efectuado pelos Contribuintes para pagamento da dívida ao abrigo das facilidades concedidas pelo Decreto-Lei n.º 124/96, de 10 de Agosto, foi efectuado em 20 de Janeiro de 1997 (cfr. cópia do requerimento, de fls. 61 a 65, bem como o carimbo de entrada que lhe foi aposto, cuja data é confirmada no ofício, com cópia a fls. 57, remetido pela 1.ª Repartição de Finanças de Gaia ao Contribuinte, para notificá-lo do deferimento do pedido).

2.2 De facto e de direito

2.2.1 As questões a apreciar e decidir

Na sequência de um exame à escrita dos Impugnantes, a AT, considerando que a declaração apresentada pelos Contribuinte para efeitos de IRS não merecia credibilidade e que não era possível calcular directa e exactamente a matéria tributável, fixou esta com recurso a métodos indiciários.

Os Contribuintes reclamaram do rendimento colectável fixado para a CR e esta Comissão, decidindo a reclamação com os votos a favor do Vogal da Fazenda Pública e do Presidente e o voto contra do Vogal dos Contribuintes, manteve o rendimento colectável antes fixado. Consequentemente, a AT procedeu à liquidação adicional de IRS e respectivos juros compensatórios.

Os Contribuintes, discordando dessa liquidação, impugnaram-na com diversos fundamentos; a saber: a preterição de formalidade legais por falta de audição dos Contribuintes no procedimento que culminou na liquidação impugnada, a incompetência da CR para decidir da reclamação, a insuficiência da fundamentação do acto de fixação do rendimento tributável, da decisão da CR e do acto de liquidação impugnado, a falta de verificação dos pressupostos para a fixação da matéria tributável por métodos indirectos, o erro na quantificação da matéria tributável e a caducidade do direito de liquidar.

Na sentença recorrida, a Juíza do Tribunal *a quo*, depois de dizer que iria apreciar «os vícios assacados e pela ordem por que foram invocados», começou por conhecer do vício de preterição de formalidades legais por falta de audição prévia dos Contribuintes no procedimento administrativo-tributário, para considerar que o mesmo não se verificava.

Depois, passou a apreciar o invocado vício de incompetência material do órgão que conheceu da reclamação, para concluir pela verificação do mesmo, pelo que julgou procedente a impugnação judicial e considerou prejudicado o conhecimento dos demais vícios invocados.

Não obstante, teceu ainda alguns considerandos sobre a invocada caducidade do direito à liquidação, para considerar que, ainda que a impugnação judicial não houvesse de proceder com base no referido vício de incompetência do órgão que, decidindo a reclamação, fixou a matéria tributável que serviu de base à liquidação impugnada, sempre procederia com base na invocada caducidade do direito à liquidação.

Discordando dessa sentença, o Representante da Fazenda Pública junto do Tribunal Tributário de 1.ª instância do Porto dela recorreu para este Tribunal Central Administrativo. Se bem interpretamos as alegações de recurso e respectivas conclusões, entende a Recorrente que aquela sentença fez errado julgamento quando considerou que se verificava a incompetência do órgão que decidiu a reclamação (cfr. conclusões com os n.ºs 1. a 4.), bem como fez errado julgamento quando considerou caducado o direito à liquidação (cfr. conclusões com os n.ºs 5. e 6.).

A única questão que cumpre apreciar e decidir, como deixámos já dito em 1.9, é a de saber se a sentença recorrida enferma de erro de julgamento por nela se ter considerado que a reclamação deduzida contra a fixação da matéria tributável não podia ter sido decidida pela comissão de revisão, por falta de acordo entre os respectivos vogais, mas antes o deveria ter sido pelo director distrital de finanças e que deveria o vogal da Fazenda Pública ter lavrado o seu laudo (cfr. conclusões sob os n.ºs 1 a 4).

Embora a Recorrente também assaque à sentença um outro erro de julgamento, respeitante à caducidade do direito de liquidação (cfr. conclusões sob os n.ºs 5 e 6), certo é que tal caducidade não constitui fundamento por que a sentença julgou improcedente a impugnação judicial. O que se fez na sentença, provavelmente numa tentativa de obter um maior convencimento quanto ao sentido da decisão de procedência da impugnação judicial, foi dizer que, ainda que esta não houvesse de proceder pelo fundamento por que procedeu, um outro fundamento determinaria a procedência. No entanto, os considerandos aí expendidos em torno deste outro fundamento – a caducidade do direito de liquidação – não têm outro valor para além desse que lhe indicamos, não podendo erigir-se em fundamento da decisão.

Assim, porque esses considerandos não integram fundamento da decisão e, em bom rigor, nem sequer a sentença os devia ter produzido, também não tinha a Recorrente que o atacar[4].

O que vimos de dizer não significa, necessariamente, que neste recurso não haja de conhecer-se da caducidade do direito de liquidação. Mas, o conhecimento dessa questão, se eventualmente se vier a impor, far-se-á, não em reapreciação do julgamento efectuado em 1.ª instância, que vimos já não ter conhecido dessa questão, mas no âmbito dos poderes de substituição deste Tribunal, que, no caso de procedência do recurso, lhe impõem o conhecimento das questões que o tribunal tenha deixado de apreciar, designadamente por as considerar prejudicadas pela solução adoptada (cfr. art. 715.º, n.º 2, do CPC).

Assim, como também deixámos já dito em 1.9, se a única questão que cumpre apreciar e decidir – a de saber se a sentença recorrida enferma de erro de julgamento por nela se ter considerado que a reclamação deduzida contra a fixação da matéria tributável não podia ter sido decidida pela comissão de revisão, por falta de acordo entre os respectivos vogais, mas antes o deveria ter sido pelo director distrital de finanças e que deveria o vogal da Fazenda Pública ter lavrado o seu laudo – merecer resposta negativa, nada mais haverá que apreciar; se for respondida afirmativamente, então haverá, ao abrigo do disposto no art. 715.º, n.º 2, do CPC, que apreciar as demais causas de pedir invocadas pelos Impugnantes e que a sentença considerou prejudicadas.

2.2.2 Sobre a preterição de formalidades legais no procedimento de revisão da matéria tributável por violação das regras de competência para a decisão

A Comissão de Revisão que apreciou a reclamação que os Contribuintes deduziram contra a fixação da matéria tributável com recurso a métodos indiciários reuniu para esse efeito em 16 de Julho de 1996.

Assim, atento o princípio de que a validade formal dos actos se afere pela lei em vigor à data em que foram praticados (*tempus regit actum*) – princípio consagrado, à data no art. 3.º do CPT[5] –, as regras de competência orgânica dos membros da comissão de revisão e do funcionamento da mesma são as que estiverem em vigor à data da reunião e deliberação da comissão, ou seja, no caso *sub judice* são as do art. 85.º, do CPT, na redacção que lhe foi dada pelo art. 2.º do Decreto-Lei n.º 47/95, de 10 de Março, e do art. 87.º do mesmo Código, na redacção inicial.

Dizia o art. 85.º, n.º 1, do CPT, na referida redacção:

«1 – A comissão de revisão será constituída pelo respectivo director distrital de finanças, que presidirá, com direito a voto de qualidade fundamentado, e por dois vogais, sendo um nomeado pela Fazenda Pública e o outro pelo contribuinte».

Isto, enquanto o mesmo artigo, na redacção inicial, dispunha:

«1 – A comissão de revisão será presidida pelo respectivo director distrital de finanças, sem direito a voto, e por dois vogais, sendo um nomeado pela Fazenda Pública e outro pelo contribuinte».

Já o artigo 87.º do CPT mantinha, então[6], a sua redacção inicial, dispondo do seguinte modo:

«1 – O director distrital de finanças procurara o estabelecimento de um acordo entre os vogais da comissão e, quando não seja possível, cada um dos vogais lavrará um laudo sucintamente fundamentado.

2 – Havendo acordo, o valor encontrado servirá de base à liquidação.

3 – Não havendo acordo, o director distrital de finanças decidirá fundamentadamente no prazo de oito dias».

Como se escreveu no acórdão do Supremo Tribunal Administrativo de 20 de Dezembro de 2000[7], «com aquela alteração [do art. 85.º CPT] abandonou-se a configuração orgânica da comissão de revisão que constava da versão original do preceito, nos termos da qual o director de finanças apenas presidia à comissão que era constituída por mais dois vogais – um nomeado pela Fazenda Pública e o outro pelo contribuinte – mas sem direito a voto, incumbindo-lhe apenas, nos termos dos n.os 1 e 3 do art. 87.º do mesmo compêndio normativo, respectivamente, procurar o estabelecimento de um acordo entre estes, e, caso não o conseguisse, decidir fundamentadamente a reclamação no prazo de oito dias.

De acordo com a nova redacção dada àquele preceito [pelo Decreto-Lei n.º 47/95], o director de finanças passou também a ser um membro decidente do órgão colegial administrativo em causa, com direito a voto como qualquer deles e ainda com o direito de voto de qualidade, embora neste caso devidamente fundamentado.

Quer isto dizer que, no âmbito de tal comissão, o director de finanças tanto poderia agir na qualidade de simples membro e fazer maioria com um dos vogais, aderindo à sua posição, como, invocando a sua qualidade de presidente, ter um voto de qualidade ou seja valer o seu voto mais do que o de qualquer dos dois vogais, no caso de existir empate entre estes, tendo nesta hipótese de fundamentar o exercício desse voto de qualidade, situação que bem se compreende por se depararem dois sentidos diferentes de decisão dos outros vogais».

---

[4] Note-se que a situação é distinta da sentença que houvesse julgado a impugnação judicial improcedente com dois fundamentos distintos. Nesta última situação, sim, exigir-se-ia à Recorrente que atacasse a sentença quanto a todos eles, sob pena de os efeitos da decisão, na parte não atacada, não poderem ser prejudicados pela decisão do recurso jurisdicional. A este propósito, *vide*, entre muitos outros, os seguintes acórdãos do Supremo Tribunal Administrativo:

– de 2 de Dezembro de 1998, proferido no processo com o n.º 22.848 e publicado no *Apêndice ao Diário da República* de 21 de Janeiro de 2002, págs. 3426 a 3430;

– de 13 de Outubro de 1999, proferido no processo com o n.º 22.468 e publicado no *Apêndice ao Diário da República* de 30 de Setembro de 2002, págs. 3221 a 3226;

– de 15 de Março de 2000, proferido no processo com o n.º 13.032, este do Pleno (e tirado por unanimidade), publicado no *Apêndice ao Diário da República* de 9 de Julho de 2001, págs. 7 a 13.

[5] Hoje, no art. 12.º, n.º 3, da LGT.

[6] O art. 87.º do CPT veio a ter nova redacção, dada pelo Decreto-Lei n.º 23/97, de 23 de Janeiro, e, por isso, inaplicável à situação *sub judice*.

[7] Proferido no processo com o n.º 25.522.

Por seu turno, no acórdão do Supremo Tribunal Administrativo de 24 de Janeiro de 2001[8] ficou claramente exposta a articulação entre o art. 85.º do CPT, na redacção do Decreto-Lei n.º 47/95, e o art. 87.º do mesmo código, na redacção inicial:

«Ao delinear nestes termos os poderes do presidente da Comissão de Revisão, o transcrito art. 85.º do CPT (na redacção do DL. n.º 47/95) acabou por alargar as hipóteses do resultado a que o funcionamento da Comissão de Revisão pode chegar que estavam previstas no art. 87.º do mesmo código.

Na verdade, enquanto antes dessa alteração eram apenas duas as únicas hipóteses possíveis de resultado do funcionamento da Comissão – ou os vogais chegavam a acordo com ou sem mediação do presidente da comissão e nesse caso a acta retrataria esse acordo, fundamentando-o devidamente, ou não chegavam e então cada um dos vogais teria de lavrar um laudo sucintamente fundamentado e o presidente da comissão teria de decidir fundamentadamente no prazo de oito dias –, já depois outras poderão ocorrer.

Assim poderá acontecer que os vogais cheguem a acordo quanto à quantificação da matéria colectável, com ou sem a mediação do presidente da comissão que continua a ter o dever de o procurar; que os vogais não cheguem a acordo e que o presidente adira simplesmente à posição de um dos vogais por concordar inteiramente com ela, fazendo maioria com um deles; que os vogais não cheguem a acordo e o presidente, invocando a sua qualidade e razões novas ou razões de preferência por um dos laudos, acabe por o fazer ganhar (voto de qualidade) e, finalmente, que não se faça qualquer maioria por o presidente apresentar um valor divergente dos sufragados pelos vogais, caso em que cada um dos vogais terá de apresentar o seu laudo sucintamente fundamentado e aquele presidente terá de decidir sozinho e fundamentadamente no prazo de oito dias.

Sendo assim o disposto no art. 87.º do CPT quanto às regras do funcionamento da comissão continua a fazer sentido e a poder casar-se com o disposto no art. 85.º do mesmo compêndio normativo, pelo que não será caso de se entender que o mesmo tenha sido parcialmente revogado pela lei nova (DL. n.º 47/95) com base numa pretensa incompatibilidade das suas prescrições (1) [(1) Cfr. art. 7.º do n.º 2 do c. Civil, nos termos do qual «a revogação pode resultar... da incompatibilidade entre as novas disposições e as regras precedentes»], mas sem que esgote todas as hipóteses de resultado do funcionamento da comissão».

Como ficou já dito, é pela redacção dada ao art. 85.º do CPT pelo art. 2.º do Decreto-Lei n.º 47/95, de 10 de Março, que se determinam as regras de competência orgânica dos membros da comissão e do seu funcionamento.

No caso *sub judice*, o Presidente da CR, quando da reunião para deliberar sobre a reclamação, concordou com a posição do Vogal da Fazenda Nacional quanto aos termos em que devia decidir-se a reclamação dos Contribuintes e votou no sentido do mesmo vogal, o que, como resulta do que ficou dito, era possível à data.

Nem se pretenda extrair qualquer argumento da passagem da sentença recorrida em que se diz que «inexistiu o laudo do vogal da Fazenda», para concluir, com base nalguma jurisprudência, que a omissão do laudo de qualquer dos vogais, no caso de estes não terem chegado a acordo, porque contraria o disposto no n.º 1 do art. 87.º do CPT, constitui preterição de formalidade essencial[9].

Desde logo, porque, a nosso ver, se os vogais não chegarem a acordo e o presidente da CR aderir, sem mais, à posição de um deles por concordar inteiramente com ela, assim se formando a maioria que determinará o sentido da deliberação (que deverá estar devidamente fundamentada), não se impõe que o vogal cuja posição ficou vencida lavre o seu laudo. É certo que a posição que ora defendemos, porque aparentemente em contradição com a letra do n.º 1 do art. 87.º do CPT, não será pacífica. No entanto, a nosso ver, na interpretação deste último preceito legal não podemos esquecer os elementos racional ou teleológico e histórico, imprescindíveis à tarefa hermenêutica[10]. Vejamos:

O art. 87.º, n.º 1, do CPT, na sua redacção original, que é a que ora nos interessa, não contemplava senão duas hipóteses de resultado do funcionamento da CR: ou os vogais chegavam a acordo, com ou sem mediação do presidente da comissão e, nesse caso, a acta espelharia esse acordo e os respectivos fundamentos, ou não chegavam e, então, cada um dos vogais teria de lavrar um laudo sucintamente fundamentado e o presidente da comissão teria de decidir fundamentadamente no prazo de oito dias.

Daí que bem se compreendesse a razão de, no caso de os vogais não chegarem a acordo, a lei lhes impor a elaboração de laudos fundamentados: eles constituíam um elemento imprescindível ao conhecimento e compreensão das teses em confronto e, para além disso, constituíam também um importante elemento de ponderação do presidente, a quem, nesse caso, incumbia decidir a reclamação.

No entanto, com a redacção dada ao n.º 1 do art. 85.º do CPT pelo Decreto-Lei n.º 47/95, de 10 de Março, e nos termos que ficaram já referidos, o funcionamento da CR passou a poder determinar muitos outros resultados, designadamente o que se verificou no caso *sub judice*, ou seja, a deliberação ser atingida por maioria formada com os votos do presidente e de um dos vogais.

Será que também neste caso se verificam as razões que determinaram o n.º 1 do art. 87.º do CPT a exigir que ambos os vogais lavrassem os seus laudos? Temos sérias dúvidas a esse respeito, afigurando-se-nos que a exigência daquele preceito, neste caso, só fará sentido quanto ao laudo do vogal que não logrou vencimento. Na verdade, nesta hipótese, a posição do vogal que fez maioria com o presidente há-de constar dos fundamentos da deliberação da CR consignados na acta da respectiva reunião, motivo por que, a nosso ver, sob pena de inutilidade por redundância e de manifesta desnecessidade, será dispensável que ele elabore laudo dando conta da sua posição. A *ratio legis* do n.º 1 do art. 87.º do CPT, não se verificaria nessa hipótese. Por outro

[8] Proferido no processo com o n.º 25.629.

[9] Cfr. os seguintes acórdãos do Supremo Tribunal Administrativo:
– de 13 de Dezembro de 2000, proferido no processo com o n.º 25.526 e publicado no *Apêndice ao Diário da República* de 31 de Janeiro de 2003, págs. 4565 a 4569;
– de 15 de Maio de 2002, proferido no processo com o n.º 86/02 e publicado no *Apêndice ao Diário da República* de 8 de Março de 2004, págs. 1483 a 1487.

[10] Quanto aos elementos de interpretação, *vide* Baptista Machado, *Introdução ao Direito e ao Discurso Legitimador*, 1983, pág. 181 e segs.

lado, pese embora a mesma hipótese aparentar caber na previsão do preceito, não podemos ignorar que tal hipótese só passou a ser configurável com a alteração que o Decreto-Lei n.º 47/95 introduziu no art. 85.º do CPT, não estando prevista *ab initio* pelo art. 87.º, n.º 1, do mesmo Código.

Assim, no referido caso, a nosso ver, a melhor interpretação deverá ter presente, não só a teleologia da norma, como também o facto de o art. 85.º, n.º 1, do CPT ter sofrido uma alteração, o que tudo conduzirá a uma interpretação que, quanto ao resultado, se deve ter como restritiva. Ou seja, o intérprete «não deve deixar-se arrastar pelo alcance aparente do texto, mas deve restringir este em termos de o tornar compatível com o pensamento legislativo», numa interpretação cujo argumento costuma ser expresso no seguinte brocardo: «*cessante ratione legis cessat eius dispositio* (lá onde termina a razão de ser da lei termina o seu alcance)»[11]. Ora, como ficou dito, a razão de ser pela qual o art. 87.º, n.º 1, do CPT, impõe que os vogais lavrem os seus laudos no caso de não chegarem a acordo, no caso de a deliberação se formar por maioria (ou seja, como o voto de um dos vogais e do presidente) não valem relativamente ao vogal cuja posição fez vencimento.

Mas, ainda que não se aceite esta nossa tese no sentido da interpretação restritiva do n.º 1 do art. 87.º do CPT no que concerne à referida hipótese e se sustente, com base no teor literal da norma, que *in casu*, porque os Vogais da Fazenda Pública e dos Contribuintes não chegaram a acordo, sempre haveriam de lavrar os respectivos laudos, sob pena de preterição de uma formalidade legal, então haveremos de considerar que o Vogal da Fazenda Pública, contrariamente ao que ficou dito na sentença, lavrou o seu laudo. É que este não obedece a qualquer forma específica. O laudo mais não é do que a expressão de uma opinião, de um parecer[12]. Ora, lido o teor da acta da reunião da CR que deliberou sobre a reclamação, ficamos perfeitamente inteirados da posição do Vogal da Fazenda Pública quanto à fixação da matéria tributável, designadamente quanto à quantificação da matéria tributável e quanto aos argumentos invocados pelos Contribuintes na reclamação.

A nosso ver, não restam dúvidas de que o Vogal da Fazenda Pública expressou a sua posição face à reclamação, o que, na ausência de norma legal que imponha a forma que deve revestir o laudo, nos permite considerar que aquele vogal emitiu o seu laudo.

Por tudo o que ficou dito, concluímos que não ocorreu a preterição de formalidade no procedimento de revisão da matéria tributável com base na qual (e também porque considerou que a mesma se repercutiria no acto de liquidação) a sentença recorrida julgou a impugnação judicial procedente. É neste sentido que o Supremo Tribunal Administrativo tem vindo a decidir[13]. Impõe-se, por isso, a revogação da sentença, como decidiremos a final.

2.2.3 Sobre os demais vícios invocados na petição inicial e sua ordem de conhecimento

Assente que ficou que a impugnação judicial não pode proceder com fundamento na preterição de formalidade legal no procedimento de revisão da matéria colectável, o que determina a revogação da sentença recorrida, cumpre-nos agora, por força do disposto no art. 715.º, n.º 2, do CPC, apreciar as demais causas de pedir invocadas como fundamento de impugnação e que a sentença considerou prejudicadas pela resposta que deu à questão da preterição de formalidade legal no procedimento de revisão da matéria tributável.

Na ordem por que serão conhecidos os vícios imputados pelos Contribuintes ao acto impugnado, haverá que observar o disposto no art. 124.º do Código de Procedimento e Processo Tributário (CPPT). Assim, porque os vícios invocados pelos Impugnantes apenas podem conduzir à anulação do acto impugnado e porque os Impugnantes não estabeleceram uma relação de subsidiariedade entre eles, a apreciação dos vícios haverá que fazer-se nos termos da alínea *a*) do n.º 2 do referido preceito legal, aplicável *ex vi* da alínea *b*), ou seja, haverá de conhecer-se primeiro «dos vícios cuja procedência determine, segundo o prudente critério do julgador, mais estável ou eficaz tutela dos interesses ofendidos». Significa isto que, na determinação da ordem de precedência do conhecimento dos vícios invocados, haverá que ter em conta a execução do julgado anulatório e a influência que nela tem o tipo de vício que justificou a anulação.

De acordo com o que vimos de dizer, afigura-se-nos que haverá de conhecer-se em primeiro lugar da caducidade do direito de liquidação. Na verdade, contrariamente aos demais vícios invocados, cuja verificação não impediria a AT de praticar novo acto no mesmo sentido do impugnado, desde que expurgado do vício que deu origem à decisão anulatória, a caducidade do direito de liquidar impedirá definitivamente a AT de praticar novo acto.

O conhecimento da questão da caducidade do direito de liquidar precederá, pois, o dos demais vícios invocados, pois a sua eventual procedência determinará uma mais estável tutela dos interesses dos Contribuintes.

Note-se, ainda, que não ordenamos previamente o cumprimento do disposto no n.º 3 do art. 715.º do CPC, relativamente à caducidade do direito de liquidar, porque as partes tiveram já oportunidade de se pronunciarem sobre esta questão, uma vez que a Recorrente a invocou nas alegações de recurso e respectivas conclusões.

2.2.4 Da caducidade do direito à liquidação

A liquidação respeita a IRS do ano de 1991, motivo por que, de acordo com o disposto no art. 33.º, n.º 1, do CPT – norma legal que, à data, previa o prazo de caducidade do direito de liquidar –, o direito à liquidação do imposto «caduca se a liquidação não foi notificada ao contribuinte no prazo de cinco anos» a contar do ano em que ocorreu o facto tributário, ou seja, o direito à liquidação daquele imposto caduca se a respectiva notificação não for efectuada até 31 de Dezembro de 1996.

[11] Baptista Machado, *ob. cit.*, pág. 186.

[12] Laudo, na definição do *Dicionário da Língua Portuguesa Contemporânea*, da Academia das Ciências de Lisboa, Verbo, pág. 2234, é o «Relatório em que um perito expõe e fundamenta as conclusões do estudo do caso que está a ser arbitrado».

[13] *Vide* os seguintes acórdãos do Supremo Tribunal Administrativo:
– de 20 de Dezembro de 2000, proferido no processo com o n.º 25.522 e publicado no *Apêndice ao Diário da República* de 31 de Janeiro de 2003, págs. 4651 a 4653;
– de 24 de Janeiro de 2001, proferido no processo com o n.º 25.629 e publicado no *Apêndice ao Diário da República* de 27 de Junho de 2003, págs. 237 a 240;
– de 30 de Janeiro de 2002, proferido no processo com o n.º 26.584 e publicado no *Apêndice ao Diário da República* de 16 de Fevereiro de 2004, págs. 296 a 298.

No caso *sub judice*, a questão da caducidade do direito de liquidar surge relacionada com o modo por que foi efectuada a notificação da liquidação. Recordemos aqui a factualidade dada como assente e pertinente para decidir esta questão:

Para notificar os Contribuintes da liquidação adicional de IRS do ano de 1991, a AT remeteu-lhes, para a morada constante dos registos fiscais como sendo a deles, carta registada simples em 19 de Dezembro de 1996. Essa carta não foi entregue aos Contribuintes, nem por estes reclamada nos serviços postais, apesar de o funcionário postal ter lavrado nota de que deixou aviso para o efeito. Por isso, foi devolvida à 1ª Repartição de Finanças de Vila Nova de Gaia em 23 de Janeiro de 1997. Não se demonstra que os Contribuintes tenham tido conhecimento da liquidação antes de 20 de Janeiro de 1997, data em que pediram o pagamento da dívida ao abrigo das facilidades concedidas pelo Decreto-Lei n.º 124/96, de 10 de Agosto.

Antes do mais, e decisivamente, cumpre realçar que a AT não cumpriu as formalidades prescritas na lei para a notificação do acto tributário em causa pois se limitou a remeter carta registada simples quando a lei exige também o aviso de recepção. Vejamos:

É certo que nos termos do art. 139.º, n.º 3, do Código do IRS (CIRS), na sua redacção inicial[14-15], a notificação daquele acto, era a efectuar por carta registada simples, ou seja, sem aviso de recepção. No entanto, à data em que foi remetida a carta para notificar os ora Recorridos da liquidação – 19 de Dezembro de 1996 –, estava em vigor o CPT (cfr. art. 2.º, n.º 1, do Decreto-Lei n.º 154/91, de 23 de Abril, diploma que aprovou aquele Código).

Ora, nos termos do n.º 1 do art. 65.º do CPT, «As notificações são efectuadas obrigatoriamente por carta registada com aviso de recepção, sempre que tenham por objecto actos ou decisões susceptíveis de alterarem a situação tributária dos contribuintes (...)».

Sem dúvida que o acto tributário de liquidação, que «define o conteúdo das posições jurídicas do Estado e do contribuinte, concretizando para o primeiro o direito a receber uma prestação pecuniária de determinado montante e para o segundo o dever de a prestar»[16], constitui acto susceptível de alterar a situação tributária do contribuinte[17].

Face ao exposto, o art. 139.º, n.º 3, do CIRC, na parte em que contraria o art. 65.º, n.º 1, do CPT, deve considerar-se revogado por este, *ex vi* do art. 11.º do Decreto-Lei n.º 154/91, diploma que aprovou o CPT[18].

Nem se argumente que o art. 139.º, n.º 3, do CIRC, não foi revogado pelo CPT, pois constitui norma especial em relação à norma geral do art. 65.º deste código. Isto, porque, no que se refere ao procedimento administrativo da liquidação dos impostos, o CPT surgiria como lei geral, enquanto os diversos códigos fiscais se apresentam como lei especial; e, nos termos do n.º 3 do art. 7.º do Código Civil (CC), «A lei geral não revoga a lei especial, excepto se outra for a intenção do legislador».

No que concerne à forma por que deve efectuar-se a notificação que tenha por objecto actos ou decisões susceptíveis de alterarem a situação tributária dos contribuintes, nomeadamente os actos tributários de liquidação, afigura-se-nos que a intenção do legislador do CPT resulta bem clara: com vista a garantir uma maior segurança da comunicação e uma maior certeza quanto ao efectivo recebimento da notificação (propósitos que se encontram intimamente conexionados com o direito de reclamação e de impugnação) exige-se carta registada com aviso de recepção.

Porque é essa a intenção do legislador do CPT, não pode deixar de considerar-se ter sido também sua intenção revogar (pelo n.º 1 do art. 65.º do CPT) as disposições dos diversos códigos fiscais que, como o n.º 2 do art. 87.º do CIRC, admitiam a notificação de actos tributários de liquidação por forma menos solene – carta registada.

Atento o que vem de se dizer, é de concluir que, nas diligências encetadas com vista à notificação, a AT não cumpriu com as exigências legais. Mesmo que se aceite que a notificação em processo administrativo não é um acto formal, nunca a falta dela se poderá ter como sanada, pois não se prova que o acto a comunicar (liquidação) tenha chegado ao conhecimento efectivo dos Contribuintes antes de 31 de Dezembro de 1996, antes se provando que a carta que lhes foi remetida para notificá-los da liquidação foi devolvida ao remetente.

Mesmo que a notificação pudesse ser feita por simples carta registada, e, como já vimos, não pode, nunca poderia aqui funcionar a presunção do art. 66.º, n.º 1, do CPT, pois a carta foi devolvida ao remetente. Como é manifesto, tal devolução impede que se presuma o seu recebimento.

---

[14] As referências ao CIRS, aqui como adiante, reportam-se à versão do Decreto-Lei n.º 442-A/88, de 30 de Novembro, ou seja, antes da revisão operada pelo Decreto-Lei n.º 198/2001, de 3 de Julho.

[15] O n.º 3 do art. 139.º do CIRS veio a ter nova redacção, dada pela Lei n.º 30-G/2000, de 29 de Dezembro, mas que é inaplicável ao caso *sub judice*.

[16] Cardoso da Costa, *Curso de Direito Fiscal*, 2.ª edição, pág. 414.

[17] No sentido de que os actos de liquidação de impostos alteram a situação tributária do contribuinte, Alfredo José de Sousa e José da Silva Paixão, *Código de Processo Tributário Comentado e Anotado*, 4.ª edição, nota 4 ao art. 65.º, pág. 144, Jorge Lopes de Sousa, *Código de Procedimento e de Processo Tributário Anotado*, 4.ª edição, nota 3 ao art. 38.º, págs. 224/225.

[18] No sentido das duas últimas proposições, Alfredo José de Sousa e José da Silva Paixão, *ob. cit.*, notas 4 e 8 ao art. 65.º, págs. 144/145, e Jorge Lopes de Sousa, *ob. cit.*, nota de rodapé com o n.º 295, pág. 223.

Na jurisprudência, *vide* os seguintes acórdãos do Supremo Tribunal Administrativo:

– de 10 de Dezembro de 1997, proferido no processo com o n.º 21.990 e publicado no *Apêndice ao Diário da República* de 30 de Março de 2001, págs. 3311 a 3315;

– de 13 de Outubro de 1999, proferido no processo com o n.º 23.067 e publicado no *Apêndice ao Diário da República* de 30 de Setembro de 2002, págs. 3237 a 3241;

– de 17 de Maio de 2000, proferido no processo com o n.º 25.040 e publicado no *Apêndice ao Diário da República* de 23 de Dezembro de 2002, págs. 2066 a 2067;

– de 27 de Setembro de 2000, proferido no processo com o n.º 25.273 e publicado no *Apêndice ao Diário da República* de 17 de Janeiro de 2003, págs. 3277 a 3280;

– de 18 de Outubro de 2000, proferido no processo com o n.º 25.310 e publicado no *Apêndice ao Diário da República* de 31 de Janeiro de 2003, págs. 3673 a 3679;

– de 15 de Novembro de 2000, proferido no processo com o n.º 25.233 e publicado no *Apêndice ao Diário da República* de 31 de Janeiro de 2003, págs. 4175 a 4179;

– de 23 de Maio de 2001, proferido no processo com o n.º 25.709 e publicado no *Apêndice ao Diário da República* de 8 de Julho de 2003, págs. 1388 a 1390;

– de 4 de Julho de 2001, proferido no processo com o n.º 26.263 e publicado no *Apêndice ao Diário da República* de 10 de Julho de 2003, págs. 1890 a 1897;

– de 10 de Outubro de 2001, proferido no processo com o n.º 26.310 e publicado no *Apêndice ao Diário da República* de 13 de Outubro de 2003, págs. 2263 a 2268.

Assim, não pode considerar-se efectuada a notificação da liquidação dentro do prazo fixado no art. 33.º do CPT.

Temos, pois, de concluir pela caducidade do direito à liquidação, motivo por que a impugnação judicial será de julgar procedente, como decidiremos a final.

2.2.5 Conclusões

Preparando a decisão, formulamos as seguintes conclusões:

XII – De acordo com o princípio *tempus regit actum* (consagrado, à data, no art. 3.º do CPT), as regras de competência orgânica e de funcionamento das comissões de revisão são as que vigoram na data em que estas deliberam.

XIII – Com a redacção dada ao n.º 1 do art. 85.º do CPT pelo Decreto-Lei n.º 47/95, de 10 de Março, o director distrital de finanças que, até então, nos termos da redacção inicial do mesmo preceito, presidia à comissão de revisão sem direito a voto (incumbindo-lhe apenas promover o acordo entre os vogais do contribuinte e da Fazenda Pública e, na falta de acordo entre estes, decidir, mediante despacho devidamente fundamentado, nos termos do n.º 3 do art. 87.º do CPT), passou a ser membro decidente da comissão, com voto de qualidade fundamentado.

XIV – Significa isto que, nos termos da redacção dada ao art. 85.º, n.º 1, do CPT, pelo Decreto-Lei n.º 47/95, caso os vogais não cheguem a acordo e o presidente adira, sem mais, à posição de um dos vogais, forma-se assim maioria, que determina o sentido da deliberação.

XV – Nessa hipótese, e apesar da redacção do n.º 1 do art. 87.º do CPT, que foi pensada para a redacção inicial do art. 85.º do CPT, não faz sentido a exigência de que o vogal cuja posição fez vencimento lavre laudo, pois a sua posição consta da fundamentação aduzida como suporte da deliberação.

XVI – Ainda que não se aceite esta interpretação restritiva que propomos para o n.º 1 do art. 87.º do CPT, sempre haverá de considerar-se que aquele vogal lavrou o seu laudo, que não está sujeito a qualquer exigência de forma, se da acta da reunião consta detalhadamente qual a posição dele.

XVII – Não tendo o impugnante indicado a ordem por que pretende que sejam conhecidos os vícios invocados e que apenas podem conduzir à anulação do acto impugnado, na ordem de precedência deve atender-se à execução do julgado anulatório e à influência que nela tem o tipo de vício que justificou a anulação, conhecendo primeiro dos vícios que garantam «mais estável ou eficaz tutela dos direitos ofendidos» (cfr. art. 124.º do CPPT).

XVIII – A liquidação adicional de IRS respeitante ao ano de 1991 deve ser notificada ao contribuinte até 31 de Dezembro de 1996, sob pena de caducar o direito do Estado à liquidação (art. 33.º do CPT).

XIX – Constituindo a liquidação um acto que altera a situação tributária do contribuinte, a respectiva notificação é a efectuar por carta registada com aviso de recepção, nos termos do art. 65.º, n.º 1, do CPT, em vigor à data, devendo considerar-se revogado, por força do art. 11.º do Decreto-Lei n.º 154/91, de 23 de Abril, diploma que aprovou o CPT, o n.º 2 do art. 139.º do CIRS, que admitia que tal notificação fosse efectuada por simples carta registada.

XX – Ainda que ao contribuinte tenha sido remetida simples carta registada para notificá-lo da liquidação, a notificação pode considerar-se perfeita desde que se prove que ela foi realmente efectuada, ou seja, que chegou ao conhecimento do contribuinte.

XXI – No entanto, se para notificar o contribuinte de uma liquidação adicional de IRS lhe foi remetida simples carta registada e esta foi devolvida ao remetente, nunca poderá considerar-se suprida a irregularidade resultante da não observância da forma de notificação prescrita na lei.

XXII – Mesmo que fosse possível a notificação por simples carta registada (e não é), nunca poderia considerar-se perfeita a notificação se a carta foi devolvida ao remetente, pois nesse caso não funciona a presunção prevista no n.º 1 do art. 66.º do CPT, de recepção na carta no terceiro dia posterior ao do registo, como resulta do n.º 2 do mesmo preceito legal.

3. DECISÃO

Face ao exposto, os juízes da Secção do Contencioso Tributário deste Tribunal Central Administrativo acordam, em conferência:

a) conceder provimento ao recurso, revogando a sentença recorrida;

b) julgar a impugnação judicial procedente, por caducidade do direito à liquidação;

c) condenar a AT a restituir os montantes pagos, acrescidos de juros indemnizatórios.

Sem custas.

Lisboa, 1 de Fevereiro de 2005

Francisco Rothes
Lucas Martins
Pereira Gameiro

Recurso n.º 5973/01

CONTRA-ORDENAÇÃO FISCAL. COIMA. FIXAÇÃO. ELEMENTOS. DECISÃO. REQUISITOS LEGAIS. FUNDAMENTAÇÃO FORMAL. NULIDADE INSANÁVEL.

(Acórdão de 11 de Janeiro de 2005)

SUMÁRIO:

I – A *indicação dos elementos que contribuíram para a fixação da coima* é um dos *requisitos legais da decisão de aplicação de coimas* em processo de contra-ordenação fiscal – de acordo com a alínea *c*) do artigo 212.º do Código de Processo Tributário.

II – A lei basta-se, no entanto, com uma *mera indicação ou referência* aos elementos que a decisão administrativa tenha realmente ponderado na fixação da coima que resolveu aplicar *(fundamentação formal*).

III – A *falta de requisitos legais* da decisão de aplicação de coimas constitui *nulidade insuprível* – nos termos da alínea *d*) do n.º 1 do artigo 195.º do Código de Processo Tributário.

IV – A *decisão de aplicação de coima* que, para a fixação desta, menciona, sem concretizar, os «elementos constantes do auto de notícia» e «as informações antecedentes», está manifestamente inquinada da *nulidade* prevista na alínea *d*) do n.º 1 do artigo 195.º do Código de Processo Tributário, por *falta de indicação dos elementos que contribuíram para a fixação da coima.*

1.1 "Batista & Irmãos, SA", devidamente identificada nos autos, vem interpor recurso jurisdicional da sentença do Tribunal Administrativo e Fiscal de Loures, de 5-4-2004, que julgou improcedente o recurso judicial por ela interposto da decisão de aplicação de coima – cf. fls. 83 e seguintes.

1.2 Em alegação, a recorrente formula conclusões que se apresentam do seguinte modo – cf. fls. 91 a 106.

a) A sentença proferida foi indevidamente omissa quanto à análise dos termos comparativos das duas decisões emitidas (a fls. 9, e fls. 30 e 31), bem como da informação de fls. 27 e do conteúdo do despacho de fls. 28, o que releva predominantemente em termos de contradição de julgados, e, por omissão, leva nesta parte a nulidade da sentença (artigo 379.º do Código de Processo Penal).

b) O despacho lavrado, com data de 13-2-2001, continua a manter um grave erro, ao escrever no seu ponto 1.3 que "à data da autuação em 24-11-98 a obrigação fiscal ainda não tinha sido cumprida", pois tal é falso e contrário ao que ocorreu, mas a sentença ignorou-o em termos de profunda valoração e análise crítica.

c) O despacho é omisso quanto à descrição da fundamentação, de facto e de direito, em que se alicerçou para concluir e escrever que a gravidade é acidental e que a culpa é negligente.

d) O mesmo despacho limita-se a aferir a situação económico-financeira da sociedade somente com base nos valores da declaração periódica de IVA, no mês de Junho do ano de 1998, não considerando qualquer outro momento, nem nomeadamente o estado financeiro da mesma no mês de Fevereiro de 2001 (data em que foi proferido).

e) É facilmente reconhecido que a recorrente não teve nenhum benefício económico com o pagamento para além da data limite fixada para o pagamento (porque feito 22 dias após); mas, mesmo que se entenda em sentido diverso, este benefício é brutalmente inferior (não superior a 50 000$00) ao valor da coima arbitrada.

f) Em face do concluído, parece evidente que o despacho objecto de recurso é nulo, por violar frontalmente os artigos 27.º, 79.º e 63.º do Regime Geral da Infracções Tributárias.

g) Ao comportamento da recorrente é aplicável o artigo 32.º do Regime Geral da Infracções Tributárias, por se terem verificado os seus pressupostos de aplicação, devendo ser dispensada a aplicação de coima, ou se esta for aplicada (eventualmente) ser reduzida até € 250.

1.3 Não houve contra-alegação.

1.4 O Ministério Público neste Tribunal emitiu o parecer de que o recurso não merece provimento – cf. fls. 120 e 121.

1.5 Colhidos os vistos, cumpre decidir, em conferência.

Atento o teor das conclusões da alegação, em que a ora recorrente chega a dizer que a decisão administrativa é omissa quanto à descrição da fundamentação de facto e de direito, a questão que, antes de todas, cumpre colocar – ficando prejudicado o conhecimento de qualquer outra, em caso de resposta afirmativa a esta – é a de saber se a decisão da autoridade administrativa de aplicação da coima sofre, ou não, da nulidade insuprível prevista na alínea *d*) do n.º 1 do artigo 195.º do Código de Processo Tributário.

2.1 Em matéria de facto, remetemos para os termos da decisão da 1.ª instância, de acordo com o disposto no n.º 6 do artigo 713.º do Código de Processo Civil.

2.2 A decisão de aplicação das coimas – dizem as várias alíneas do n.º 1 do artigo 212.º do Código de Processo Tributário (aplicável ao caso) – conterá a identificação do arguido e eventuais comparticipantes; a descrição sumária dos factos e indicação das normas violadas e punitivas; a coima e as sanções acessórias, com indicação dos elementos que contribuíram para a sua fixação; indicação de que não vigora o princípio da *reformatio in pejus*; e a condenação em custas.

A falta dos requisitos legais da decisão de aplicação das coimas – reza a alínea *d*) do n.º 1 do artigo 195.º do Código de Processo Tributário – constitui nulidade insuprível no processo de contra-ordenação fiscal.

A qualificação como insuprível da nulidade não significa que ela não possa ser sanada; significa apenas que o decurso do tempo não tem o efeito de poder suprir a nulidade. Pelo que a sanação da nulidade em causa só pode concretizar-se com a supressão da deficiência ou irregularidade, designadamente com a prática, de acordo com a lei, do acto omitido ou da irregularidade praticada. Assim, e designadamente, a nulidade por falta dos requisitos legais da decisão da aplicação de coima não impede que venha a ser proferida nova decisão em substituição da anulada – cf. no sentido exposto o acórdão da Secção de Contencioso Tributário do Supremo Tribunal Administrativo, de 22-9-2004, proferido no recurso n.º 531/04-30.

Para além de outros elementos consignados nas várias alíneas do n.º 1 do artigo 212.º do Código de Processo Tributário – como a identificação do arguido e eventuais comparticipantes, a descrição sumária dos factos e indicação das normas violadas e punitivas, a indicação de que não vigora o princípio da *reformatio in pejus*, e a condenação em custas – a coima e as sanções acessórias, com indicação dos elementos que contribuíram para a sua fixação, constitui, verdadeiramente, um dos requisitos legais da decisão de aplicação de coimas em processo de contra-ordenação fiscal.

Estamos claramente no campo de uma fundamentação de natureza meramente formal, que não substancial – cf. neste sentido, por todos, o acórdão desta Secção deste Tribunal Central Administrativo, de 1-2-2000, proferido no recurso n.º 2407-99, publicado na *Antologia de Acórdãos do Supremo Tribunal Administrativo e Tribunal Central Administrativo*, ano III, n.º 2, pp. 271 e seguintes.

Se a decisão de aplicação de coimas fez subsunção ou interpretação incompleta ou incorrecta dos factos realmente descritos de forma sumária; ou desajustada aplicação das normas que realmente indica, cometeu, não um vício de forma, mas laborou em erro substancial de apreciação ou de julgamento, que deve ser corrigido pelo Tribunal, não podendo, porém, em tal caso, essa decisão ser sancionada com a nulidade cominada na alínea *d*) do n.º 1 do artigo 195.º do Código de Processo Tributário, prevista para vícios *in procedendo*.

Com efeito, saber se a argumentação constante do conteúdo declarado é ou não suficiente para que o Tribunal a aceite como capaz de suportar materialmente a decisão é uma questão que não tem a ver com a fundamentação formal, respeitando exclusivamente à validade substancial do acto (fundamentação substancial) – cf. a este respeito o parecer da Procuradoria Geral da República n.º 76/84, de 11-10-1984, no *Boletim do Ministério da Justiça* n.º 230, p. 91 e seguintes; e o acórdão do Pleno da Secção de Contencioso Tributário do Supremo Tribunal Administrativo de 11-11-1998, proferido no recurso n.º 20 168.

Como é sabido, o conceito de fundamentação é, evidentemente, um conceito relativo, variando em função do tipo concreto de acto a fundamentar.

Para conduzir a um vício de forma equivalente à falta de fundamentação – defende José Carlos Vieira de Andrade, em *O Dever da Fundamentação Expressa de Actos Administrativos*, particularmente nas pp. 13, 231, 243, 251, 254, e 320 e 321 – a insuficiência de fundamentação há-de ser manifesta, no sentido de ser tal que fiquem por determinar os factos ou as considerações que levaram o órgão a agir ou a tomar a decisão que tomou.

Acresce que a fundamentação, como se sabe, pode ser feita por remissão, sendo necessário então que a indicação para onde a fundamentação do acto remeta seja feita, de forma expressa, concretizada e individualizadamente, para anterior parecer, informação, ou outra peça processual.

A falta dos requisitos legais da decisão de aplicação das coimas – reza a alínea *d*) do n.º 1 do artigo 195.º do Código de Processo Tributário – constitui nulidade insuprível no processo de contra-ordenação fiscal.

Estamos patentemente em face de uma sanção prevista para vícios *in procedendo*, que não para erros *in judicando*.

De resto, como se vê, o artigo 212.º do Código de Processo Tributário basta-se com uma simples referência, indicação, ou mera nomeação dos elementos que contribuíram para a fixação da coima aplicada.

Se a decisão de aplicação de coimas faz em concreto uma incorrecta indicação dos elementos legais apontados, ou uma subsunção, interpretação e aplicação desajustadas ao caso, isso releva, não de vício de forma, mas sim de erro de julgamento ou de apreciação – erro que, sendo de natureza substantiva, deve ser substantivamente corrigido pelo Tribunal, mas nunca, obviamente, por meio de aplicação da sanção da nulidade cominada na alínea *d*) do n.º 1 do artigo 195.º do Código de Processo Tributário, prevista para vícios formais *in procedendo*.

2.3 No caso *sub judicio* – e conforme se vê da decisão de aplicação de coima, de 30-3-1999, a fls. 9 dos autos – a fixação da coima foi operada, diz a autoridade decidente, «em face dos factos constantes do auto de notícia e de fls. 2 e considerando», nomeadamente, «as informações antecedentes que aqui se dão por inteiramente reproduzidas»; «a gravidade da contra-ordenação é acidental»; «a culpa é negligente»; e «a situação económica do agente é a constante do quadro 5 da informação anexa ao auto de notícia».

Ora, não concretizando a decisão de aplicação da coima, como não concretiza, mormente, o conteúdo dos «elementos constantes do auto de notícia» e das «informações antecedentes», em que se baseou a autoridade administrativa para a graduação da coima, fácil é conceder razão à ora recorrente, quando alega que a decisão de aplicação da coima «é omissa quanto à descrição da fundamentação de facto e de direito».

Bastava uma mera indicação, ou uma simples referência aos concretos e individualizáveis elementos ou factores constantes do auto de notícia.

Mas a autoridade administrativa nada especifica sobremaneira quanto aos «elementos constantes do auto de notícia» e das «informações antecedentes» que basearam a decisão de aplicação da coima.

Assim, por falta do requisito legal da decisão de aplicação de coima, de indicação dos elementos que contribuíram para a fixação da coima aplicada, resta-nos concluir que no presente caso ocorre a nulidade prevista na alínea *d*) do n.º 1 do artigo 195.º do Código de Processo Tributário.

Pelo que deve ser revogada a sentença recorrida que assim o não decretou.

2.4 Do exposto podemos extrair, entre outras, as seguintes proposições, que se alinham em súmula.

I. A *descrição sumária dos factos* é um dos *requisitos legais da decisão de aplicação de coimas* em processo de contra-ordenação fiscal – de acordo com a alínea *b*) do artigo 212.º do Código de Processo Tributário.

II. A lei basta-se, no entanto, com uma *mera indicação ou referência* aos elementos que a decisão administrativa tenha realmente ponderado na fixação da coima que resolveu aplicar *(fundamentação formal)*.

III. A *falta de requisitos legais* da decisão de aplicação de coimas constitui *nulidade insuprível* – nos termos da alínea *d*) do n.º 1 do artigo 195.º do Código de Processo Tributário.

IV. A *decisão de aplicação de coima* que, para a fixação desta, menciona, sem concretizar, os «elementos constantes do auto de notícia» e «as informações antecedentes», está manifestamente inquinada da *nulidade* prevista na alínea *d*) do n.º 1 do artigo 195.º do Código de Processo Tributário, por *falta de indicação dos elementos que contribuíram para a fixação da coima*.

3. Termos em que se decide:
– conceder provimento ao recurso;
– e, em consequência, revogar a sentença recorrida;
– e anular a decisão administrativa de aplicação da coima (devendo os autos baixar à Administração Tributária, para eventual sanação da nulidade e renovação do acto sancionatório).

Sem custas.

Lisboa, 11 de Janeiro de 2005

Jorge Lino Alves de Sousa (Relator)
Francisco Rothes
Gomes Correia (continuo a entender que o probatório deve conter os factos autonomamente discriminados)

Recurso n.º 239-04

CONTRA-ORDENAÇÃO. FALTA DE REMESSA DA DECLARAÇÃO PERIÓDICA E DO MEIO DE PAGAMENTO DO IVA. DIFICULDADES ECONÓMICAS. CAUSA DE EXCLUSÃO DA ILICITUDE E DA CULPA.

(Acordão de 1 de Março de 2005)

SUMÁRIO:

I – Sendo aplicada coima por infracção ao disposto nos arts. 40.º, n.º 1, alínea *a*), e 26.º, n.º 1, do CIVA, ou seja por falta de remessa da declaração periódica e do montante do imposto exigível no prazo legal para o efeito, a alegação da Arguida, de que foi por dificuldades económicas que não entregou oportunamente o imposto, é irrelevante quer como causa de exclusão da culpa quer como causa de exclusão da ilicitude da falta de entrega do IVA, pois não se trata de imposto cujo pagamento fosse ela a suportar, antes tendo cobrado o mesmo dos seus clientes para entregar nos cofres do Estado, motivo por que se não fez essa entrega é porque deu outro destino ao respectivo montante, que estava à sua guarda.

II – Sem prejuízo do que ficou dito, para que se pudesse verificar o estado de necessidade como causa de exclusão da ilicitude, seria necessário, para além do mais, que a Arguida tivesse alegado factualidade de que pudesse retirar-se que a entrega do imposto ao Estado teria como consequência a ocorrência de um mal superior ao resultante da infracção cometida, como exigido pelo art. 34.º do CP.

III – Por outro lado, e sempre sem prejuízo do que ficou dito em I, para que se pudesse verificar uma situação de exclusão da culpa, exigir-se-ia que ficasse provasse que o facto ilícito tinha sido praticado sob a pressão de uma situação exterior tal que não era possível exigir ao infractor diferente comportamento (cfr. art. 35.º do CP).

IV – O art. 29.º do RJIFNA constitui uma norma típica da incriminação, com a previsão e a respectiva sanção (coima), sendo esta a graduar, nos termos do art. 19.º do mesmo diploma e de acordo com os diversos parâmetros aí fixados («a determinação da medida das coimas far-se-á em função da gravidade da contra-ordenação, da culpa e da situação económica do agente e deverá, sempre que possível, exceder o benefício económico que o agente retirou da prática de contra-ordenação»), entre um mínimo e um máximo (cfr. art. 18.º ainda do mesmo diploma), motivo por que não lhe descortinamos a invocada inconstitucionalidade por violação do princípio da proporcionalidade.

ACORDAM DO T.C.A.

1. RELATÓRIO

1.1 NOVA SERVIÇOS, LDA. (adiante Recorrente ou Arguida) recorreu para este Tribunal Central Administrativo da sentença que negou provimento ao recurso por ela interposto, ao abrigo do disposto no art. 213.º do Código de Processo Tributário (CPT), da decisão do Director de Finanças Adjunto que, no uso de poderes delegados pelo Director de Finanças de Leiria, a condenou ao pagamento de uma coima de esc. 4.860.000$00, por não ter apresentado oportunamente nem a declaração periódica de Imposto sobre o Valor Acrescentado (IVA) respeitante ao mês de Junho de 1999 nem o respectivo meio de pagamento, o que constitui infracção ao disposto no art. 26.º, n.º 1, e 40.º, n.º 1, alínea *a*), do Código do IVA (CIVA), a qual integra o ilícito contra-ordenacional punível pelo art. 29.º, n.º 2, do Regime Jurídico das Infracções Fiscais Não Aduaneiras[1] (RJIFNA).

1.2 No recurso da decisão que lhe aplicou aquela coima alegou a Recorrente, em síntese, o seguinte:

– atento o teor da notificação que lhe foi efectuada, «desconhece inteiramente»[2] o teor do despacho administrativo que a condenou, «Pelo que o acto praticado sofre de ausência total de fundamentação», motivo por que deve ser anulado;

– se é certo que no período em causa não entregou nos cofres do Estado o IVA liquidado, foi unicamente porque nesse período «atravessou dificuldades financeiras imprevisíveis, resultantes do incumprimento de terceiros e principalmente entidades estatais, como, por exemplo, os hospitais públicos, que não pagaram, como ainda não pagam, atempadamente as facturas que lhes são enviadas para o efeito» colocando-a perante um «conflito de deveres» – «o pagamento imediato dos impostos ou o pagamento dos salários aos seus mais de 3.000 trabalhadores» – perante o qual optou pelo pagamento dos salários, por se afigurar o mais relevante;

– «Fica assim excluída toda a culpa, incluindo a negligência», na medida em que lhe não era exigível outro comportamento e que «foi o próprio Estado o causador desta situação» e, assim não se entendendo, «sempre terá que se reconhecer que a recorrente actuou ao abrigo de um estado de necessidade desculpante», o que também constitui motivo de exclusão da ilicitude da sua conduta, nos termos do disposto no art. 9.º do Decreto-Lei n.º 433/82, de 27 de Outubro, aplicável por força do estatuído no art. 4.º, n.º 2, do RJIFNA;

– considerar que o princípio da exclusão da ilicitude por conflito de deveres não é aplicável no domínio contra-ordenacional seria «interpretar em sentido desconforme os princípios constitucionais da necessidade e proporcionalidade das penas»;

– «É também inconstitucional o art. 29.º do RJIFNA na medida em que não respeita o princípio da proporcionalidade das penas».

1.3 Na sentença recorrida considerou-se, em resumo:

– que a falta de comunicação dos fundamentos da decisão que aplicou a coima não se confunde com a falta de fundamentação da mesma, sendo que aquela só poderia determinar a repetição da notificação e nunca a anulação da decisão;

[1] Em vigor à data.

[2] As partes entre aspas e com um tipo de letra diferente, aqui como adiante, constituem transcrições.

– que a decisão está devidamente fundamentada, de facto e de direito;

– quanto à invocada colisão de deveres, «pese embora se tenha provado que a recorrente sofreu atrasos no pagamento dos seus créditos, resultantes do incumprimento de terceiros, nomeadamente de entidades estatais (hospitais)», não só não se provou que a Arguida tenha destinado as quantias pecuniárias devidas por IVA para o pagamento de salários, «como *é forçado*, salvo o devido respeito, apelar-se ao estado de necessidade desculpante, que (...) supõe a obliteração do poder de agir e da liberdade de determinação por força de causas exógenas», sendo que no caso, por um lado, se demonstra que a recorrente não estava limitada ou coarctada na sua liberdade de agir e, por outro, «que não se antolha qual o perigo *actual ou iminente* (por referência à data dos factos) que não pudesse ser removido ou evitado de outro modo»;

– que inexiste o alegado conflito de deveres que constitua causa de exclusão da ilicitude, «à luz do art. 36.º, n.º 1, do Cód. Penal, *ex vi* do art. 191.º do CPT», pois o pagamento dos impostos, porque estes visam «a satisfação das necessidades vitais da comunidade» e «a sua falta pode colocar em crise a prestação de cuidados de saúde, a educação, a segurança, etc.», logra prioridade, na hierarquia de valores, sobre os invocados pela Recorrente, «que têm por base a satisfação de meros interesses patrimoniais»;

– que o art. 29.º do RJIFNA não infringe qualquer princípio constitucional da necessidade e proporcionalidade das penas.

1.4 Dessa sentença foi interposto o presente recurso, que a Recorrente motivou e no qual formulou as seguintes conclusões:

«*a*) A sentença recorrida errou ao não dar como provados os factos acima descritos no art. 4.º destas alegações de recurso em virtude desses factos constarem da escrita e contabilidade comerciais da ora recorrente e esta gozar de presunção de veracidade nos termos do art. 75.º n.º 1 da LGT que não foi abalada por qualquer meio de prova alegado pela administração ou invocado pelo tribunal.

b) A sentença recorrida errou ainda ao não dar como provado, de acordo com as regras de razoabilidade e de experiência comum e por presunção natural ou judicial construída sobre o volume dos créditos da recorrente sobre o Estado a que se refere a alínea anterior e sobre o facto das operações a que respeita o IVA dizerem respeito a prestações de serviços de limpeza, que "o Estado através dos seus Serviços Hospitalares não tinha também pago à ora recorrente IVA que lhe havia sido liquidado por esta de valor superior àquele que deixou de pagar em tempo em Junho de 1999 e que esta ficou incapacitada económica e financeiramente de pagar este imposto e os salários dos seus trabalhadores através dos quais foram realizadas as prestações de serviços de limpeza a que respeita o imposto".

c) O Estado está a *venire contra factum proprium* ao não ter pago em tempo os montantes de que era devedor à ora recorrente referidos na alínea *a*) supra e por outro lado ao agir contravencionalmente contra a mesma credora.

d) A ora recorrente agiu sem negligência pois foi colocada pelo Estado na posição de incumprir os seus deveres fiscais, não lhe sendo exigível outro comportamento.

e) Numa situação como esta em que é o próprio Estado a colocar o contribuinte numa situação de incumprimento pela qual depois o mesmo Estado o vem sancionar contravencionalmente, de autêntica imoralidade (!...), não pode deixar de considerar-se como inconstitucional a previsão da coima constante dos n.ºs 1, 2 e 9 do art. 29.º do RJIFNA, bem como o art. 21.º do mesmo RJIFNA, este enquanto impeditivo do juiz não aplicar a coima prevista abstractamente naquele preceito em circunstâncias como esta.

f) E tudo por violação do princípio da justiça ínsito no princípio do Estado de Direito proclamado no art. 2.º da CRP e do princípio da necessidade das penas e do princípio da proporcionalidade (Sobre estes princípios constitucionais de política criminal, cfr. José de *Sousa e Brito,* «A lei penal na Constituição» em *Estudos sobre a Constituição,* Lisboa, 1978, págs. 199 e segs. e, entre muitos outros, o acórdão do T. Constitucional n.º 202/ /2000, de 04/04/2000, publicado no D.R. II Série, de 11/10/ /2000), em ofensa à regra constitucional constante do art. 18.º n.º 2 da CRP, na restrição dos direitos fundamentais da liberdade, da autonomia privada e do direito de propriedade, reconhecidos, respectivamente, nos arts. 27.º, 29.º, 61.º e 62.º da mesma Lei Fundamental.

Termos em que se requer que seja dado provimento ao recurso e revogada a sentença recorrida, bem como a decisão administrativa que a condenou em coima, absolvendo-se a recorrente ou, quando assim se não entenda, e subsidiariamente, isenta de pena nos termos do art. 21.º do RJIFNA (arredando-se a sua aplicação por inconstitucional enquanto limitada aos pressupostos aí estabelecidos)».

1.5 O recurso foi admitido com subida imediata, nos próprios autos e efeito meramente devolutivo.

1.6 O Magistrado do Ministério Público junto deste Tribunal Central Administrativo emitiu parecer no sentido de que seja negado provimento ao recurso nos seguintes termos:

«Em face dos factos dados como provados na sentença – e que não sofrem contestação –, não nos merece qualquer censura a sentença recorrida.

Aliás, como bem se refere na sentença, não foram apresentadas provas de qual foi o destino dado ao montante do imposto retido. Também não foram apresentadas provas dos créditos referidos nas alegações e de qual a influência dos mesmos no valor dos impostos deduzidos.

Não nos merece censura a medida da pena».

1.7 Colhidos os vistos legais, cumpre apreciar e decidir.

1.8 As questões que cumpre apreciar e decidir são as seguintes:

1ª – saber se a sentença recorrida fez errado julgamento de facto

– ao não dar como provada a factualidade que a Recorrente alega sob o art. 4.º das alegações deste recurso jurisdicional, respeitante às quantias, nas quais se inclui o IVA, num total de esc. 379.251.562$00, que lhe estavam em dívida em Junho de 1999 por falta de pagamento pelos serviços hospitalares do Estado (cfr. conclusão da alínea *a)* e o referido artigo da motivação do recurso);

– ao não dar como provado que foi essa falta de pagamento do Estado («através dos seus serviços hospitalares») à Recorrente, designadamente do IVA que aquela lhe liquidara (e de montante superior ao que ela devia entregar com referência a Junho de 1999), que originou a incapacidade económica e financeira da Recorrente para pagar o IVA e os salários dos trabalhadores (cfr. conclusão da alínea *b*));

2ª – saber se a sentença recorrida fez errado julgamento de direito

– quando considerou que não ocorre a invocada causa de exclusão da culpa e da ilicitude (cfr. conclusões das alíneas *c*) e *d*));

– quando considerou que os arts. 29.º e 21.º do RJIFNA não violam os princípios constitucionais da justiça, da necessidade das penas e da proporcionalidade (cfr. conclusões das alíneas *c*), *e*) e *f*)).

2. FUNDAMENTAÇÃO

2.1 De facto

2.1.1 Na sentença recorrida, o julgamento de facto foi efectuado nos seguintes termos:

«*III – Fundamentação:*

III.1 – Factos provados:

a) A recorrente exerce a actividade de prestação de serviços a empresas diversas (CAE 074842);

b) A recorrente encontrando-se registada como sujeito passivo de IVA e enquadrada no regime mensal;

c) A recorrente entregou a 10-11-1999 o montante de Esc. 24.291.313$00, relativo à prestação do mês de Junho de 1999;

d) O prazo de apresentação da prestação referida na al. anterior havia terminado em 10-08-1999;

e) Foi notificada para pagar a coima no montante de Esc. 1.214.565$00, já com a redução prevista no art. 25.º do CPT;

f) Montante esse que não pagou;

g) Por infracção ao disposto na al. *a*) do n.º 1 do art. 40.º e n.º 1 do art. 26.º do CIVA, foi-lhe levantado, em 06-01-2000, o auto de notícia de fls. 5;

h) Notificada para deduzir defesa ou requerer o pagamento voluntário da coima, a arguida veio requerer a anulação da coima ou o seu pagamento pelo montante referido supra em *c*)[3];

i) Por despacho do Exmo. Director de Finanças, no uso de poderes delegados, foi condenada ao abrigo do disposto no art. 29.º, n.º 2, do RJIFNA, por infracção ao disposto nos artigos 26.º, n.º 1, e 40.º, n.º 1, al. *a*), do CIVA, na coima de 4.860.000$00.

j) A recorrente sofreu atrasos no pagamento dos seus créditos, resultante do incumprimento de terceiros, nomeadamente de entidades estatais (hospitais).

II.2 – Factos não provados:

Que a recorrente utilizou o montante referido em *b*) [4] para pagamento de salários.

II.3 – Motivação

II.3.1 – De facto:

A prova dos factos baseou-se nos documentos juntos aos autos, designadamente o auto de notícia de fls. 5 e informação anexa de fls. 6, bem como na prova testemunhal reduzida a escrito a fls. 92 e ss.

Quanto ao facto não provado, saliente-se que não foi carreado para os autos qualquer elemento documental donde se pudesse inferir o destino dado ao montante do imposto temporariamente retido, nem essa finalidade resulta do depoimento das testemunhas arroladas pela recorrente/arguida».

2.1.2 Com interesse para a decisão a proferir, entendemos ainda dar como provado o seguinte facto:

k) a Arguida apenas apresentou a declaração periódica relativa ao mês de Junho de 1999 em 10 de Novembro de 1999.

2.1.3 A Recorrente pretende que, para além dos factos que foram dados como assentes no Tribunal *a quo*, factos que não questionou e que, por isso, temos como assentes, deveria ainda aquele Tribunal ter dado como provada outra factualidade, que indicou.

Sobre essa questão, pronunciar-nos-emos adiante, no ponto 2.2.2.

2.2 De facto e de direito

2.2.1 As questões a apreciar e decidir

Inconformada com a sentença que julgou improcedente o recurso judicial por ela deduzido contra a decisão administrativa que lhe aplicou uma coima por não ter apresentado oportunamente nem a declaração periódica de IVA respeitante ao mês de Junho do ano de 1999 nem o pertinente meio de pagamento, a Arguida dela veio recorrer para este Tribunal Central Administrativo.

Começou por alegar que a sentença recorrida fez errado julgamento de facto quando não deu como provado que em Junho de 1999, o Estado, através dos seus Serviços Hospitalares, lhe devia esc. 379.251.562$00 (cfr. conclusão da alínea *a*) e art. 4.º da motivação do recurso) e que foi a falta de oportuno pagamento dessa dívida à Recorrente (na qual se inclui o IVA que esta liquidara e de montante superior ao que deixou de entregar em tempo respeitante ao mês de Junho de 1999) que originou a incapacidade económica e financeira da Recorrente para pagar o IVA e os salários dos trabalhadores (cfr. conclusão da alínea *b*)).

Depois, sustentou não ter culpa pelo incumprimento da obrigação, uma vez que foi o próprio Estado, através dos Serviços Hospitalares, quem a colocou «na posição de incumprir os seus deveres fiscais», motivo por que não lhe era exigível outro comportamento, padecendo de inconstitucionalidade, por violação do princípio da justiça ínsito no princípio do Estado de Direito consagrado no art. 2.º da Constituição da República Portuguesa (CRP), quer o disposto no art. 29.º, n.os 1, 2 e 9, do RJIFNA, quer o art. 21.º do mesmo diploma, este na medida em que não permite o afastamento da coima em situações como a presente.

Assim, cumpre verificar se a sentença enferma ou não dos invocados erros de julgamento de facto e de direito.

2.2.2 Do erro no julgamento de facto

A Recorrente pretende que a sentença recorrida deveria ter dado como provado:

– «Que no período a que respeita o imposto deixado de entregar à administração fiscal, ou seja, Junho de 1999, o Estado, pelos seus seguintes Serviços Hospita-

[3] A referência à alínea *c*) constitui lapso de escrita. Por certo, queria referir-se a alínea *e*).

[4] Também aqui terá havido lapso de escrito. Por certo, a referência seria para a alínea *c*).

lares lhe devia as seguintes importâncias nas quais se inclui o IVA à taxa de 17%:

[segue-se uma lista de hospitais e centros hospitalares com indicação do montante das dívidas de cada um]

tudo no total de 379 251 562$00»

(cfr. conclusão da alínea *a*) e art. 4.º da motivação do recurso);

– que foi essa falta de oportuno pagamento do Estado («através dos seus serviços hospitalares») à Recorrente (e na qual se inclui o IVA que esta lhe liquidara e de montante superior ao que deixou de entregar em tempo respeitante ao mês de Junho de 1999) que originou a incapacidade económica e financeira da Recorrente para pagar o IVA e os salários dos trabalhadores (cfr. conclusão da alínea *b*)).

Salvo o devido respeito, relativamente ao primeiro facto que a Recorrente considera que deveria ter sido dado como assente, o Tribunal *a quo* levou ao probatório, na alínea *j*), que «A recorrente sofreu atrasos no pagamento dos seus créditos, resultante do incumprimento de terceiros, nomeadamente de entidades estatais (hospitais)». Foi isso que foi alegado pela Arguida no recurso judicial que interpôs da decisão administrativa que a condenou e de que ora recorre para este Tribunal Central Administrativo (cfr. art. 8.º da petição daquele recurso, a fls. 31v.º/32) e foi isso que o Juiz do Tribunal Tributário de 1.ª instância de Leiria deu como provado. Afigura-se-nos, pois, que a sentença, neste aspecto, não merece censura.

Quanto ao segundo facto que a Recorrente pretende estar provado e omisso na sentença – que foi essa falta de pagamento que a impossibilitou, por falta de meios financeiros, de entregar em tempo o IVA respeitante ao mês de Julho de 1999 –, a nosso ver, face à prova produzida nos autos, nada mais podia ter sido levado ao probatório para além da factualidade aí consignada. Na verdade, nada nos permite estabelecer correspondência directa entre o atraso nos pagamentos dos clientes e a falta de entrega do IVA liquidado no mês de Junho de 1999. Certo é que não pode dar-se como provado (nem nada foi alegado nesse sentido) que a Recorrente não tenha recebido oportunamente dos seus clientes o IVA que liquidou e deveria ter entregue relativamente àquele período. Ora, tal facto era o único que poderia relevar para afastar a responsabilidade dela. Adiante se verá porquê.

Muito menos poderá estabelecer-se relação entre qualquer atraso ou falta de pagamento por parte dos clientes da Recorrente e a falta de oportuna remessa da declaração periódica, a qual sempre poderá e deverá ser remetida até ao dia 10 do 2.º mês seguinte àquele a que respeitam as operações (cfr. art. 40.º, n.º 1, alínea *a)*, do CIVA), independentemente da existência ou não de possibilidade de entrega ao Estado do IVA respeitante àquele período.

Por tudo isto, entendemos que a sentença não enferma dos erros de julgamento de facto que a Recorrente lhe assaca.

2.2.3 Do erro no julgamento de direito

No caso *sub judice*, a Arguida não põe em causa que o seu comportamento é abstractamente subsumível ao tipo legal de contra-ordenação que lhe foi imputado e por que veio a ser condenada pela autoridade administrativa.

A Arguida não questiona que era sujeito passivo de IVA, sujeita ao regime da periodicidade mensal e que lhe competia entregar nos serviços da AT as declarações periódicas a que alude o art. 40.º do Código daquele imposto (CIVA) e, simultaneamente com as declarações, o montante do imposto exigível, nos termos do art. 26.º, n.º 1, do mesmo código. Também não questiona que não remeteu oportunamente a declaração respeitante ao mês de Junho do ano de 1999 nem o meio de pagamento do imposto a entregar ao Estado, do montante de esc. 24.291.313$00, até ao termo do prazo para o efeito, que ocorreu em 10 de Agosto de 1999, apenas vindo a cumprir as duas referidas obrigações em 10 de Novembro de 1999, factos que determinaram a sua condenação por infracção ao disposto nos arts. 26.º, n.º 1, e 40.º, n.º 1, alínea *a*), do CIVA, a qual integra o ilícito contra-ordenacional punível pelo art. 29.º, n.º 2, do RJIFNA.

O que a Recorrente sustenta, quer no recurso que interpôs dessa decisão administrativa para o Tribunal Tributário de 1.ª instância de Leiria, como agora, no recurso que interpôs para este Tribunal Central Administrativo da sentença que julgou improcedente aquele recurso judicial, é que só não entregou oportunamente o IVA liquidado no mês de Junho de 1999, porque «naquele período, [...] atravessou dificuldades financeiras imprevisíveis, resultantes do incumprimento de terceiros e principalmente entidades estatais, como, por exemplo, os hospitais públicos, que não pagaram, como ainda não pagam, atempadamente as facturas que lhes são enviadas para o efeito». Essas dificuldades financeiras, na perspectiva dela, colocaram-na perante uma «colisão de deveres» – «o pagamento imediato dos impostos ou o pagamento dos salários aos seus mais de 3.000 empregados» –, tendo a Recorrente optado por «cumprir o que se [lhe] afigurava como o mais importante», ou seja, o pagamento dos salários, motivo por que, sempre na perspectiva da Recorrente, se verifica uma causa de exclusão da ilicitude ou, pelo menos, da culpa.

A sentença recorrida não acolheu essa tese. Desde logo, porque não ficou provado que a Recorrente tenha destinado as quantias referentes ao IVA ao pagamento de salários. Por outro lado, porque não se verifica qualquer conflito de deveres, tal como a define o art. 36.º do Código Penal (CP), que pudesse constituir causa de exclusão da ilicitude. Muito menos se verifica qualquer estado de necessidade desculpante que exigiria um perigo actual ou iminente que não pudesse ser removido ou evitado de outro modo.

A nosso ver, a sentença decidiu bem quando considerou não se verificar qualquer causa de exclusão da ilicitude ou da culpa.

Não se ignora que o estado de necessidade, de acordo com a teoria diferenciada[5] que vingou no nosso CP, pode constituir causa de exclusão da ilicitude ou da culpa (cfr. arts. 31.º, 34.º e 35.º). No entanto, nunca a factualidade alegada pela Recorrente poderia integrar causa de exclusão da ilicitude ou da culpa. Vejamos:

O método por que opera o IVA determina que não é a Recorrente, enquanto sujeito passivo do IVA, quem suporta o encargo do pagamento do imposto, que é

[5] Teoria segundo a qual o estado de necessidade constitui obstáculo à ilicitude quando o interesse protegido é sensivelmente superior ao sacrificado (art. 34.º do CP); e como obstáculo à culpa quando aquele interesse é igual ou inferior a este (art. 35.º do CP).

suportado pelos seus clientes, enquanto consumidores finais. Esclarecendo:

Nos termos do art. 1.º do respectivo código, o IVA é um imposto sobre as transmissões de bens e prestações de serviços efectuadas em território nacional, a título oneroso, por um sujeito passivo agindo como tal, e sobre as importações de bens.

No que respeita às operações internas, o facto gerador do imposto do imposto e a sua exigibilidade coincidem no tempo; assim, de acordo com disposto no art. 7.º, n.º 1, alíneas *a*) e *b*), do CIVA, o imposto é devido e torna-se exigível, nas transmissões de bens, no momento em que os bens são postos à disposição do adquirente e, nas prestações de serviços, no momento da sua realização.

No entanto, sempre que a transmissão do bem ou a prestação do serviço dê lugar, nos termos do art. 28.º, n.º 1, alínea *a*), do CIVA, à obrigação de emitir factura ou documento equivalente é, por regra, no momento da emissão da factura que o imposto se torna exigível (art. 8.º do CIVA). O que bem se compreende se tivermos em conta que o IVA opera pelo método do crédito do imposto ou "das facturas", que, de forma sintética e simplificada se pode explicar nos seguintes termos:

Cada um dos operadores económicos que se sucedem ao longo do circuito de produção e distribuição deverá deduzir do imposto liquidado nas suas vendas o montante do imposto que suportou nas suas compras, pelo que o imposto a entregar ao Estado relativamente ao período fiscal a considerar será a diferença entre o imposto que o operador facturou aos seus clientes e o imposto que o mesmo suportou nas suas compras.

Em termos ainda mais simples, pode dizer-se que as empresas têm direito a deduzir ao imposto que recebem dos clientes aquele que pagam aos fornecedores.

Assim, verificado o acto sujeito a imposto (transmissão de bens ou prestação de serviços), e dando este lugar à obrigação de emitir factura ou documento equivalente, o sujeito passivo deve nela liquidar o imposto ao adquirente do bem ou serviço, o qual, por sua vez, tem a obrigação de lho pagar. Ulteriormente, deve o sujeito passivo, entregar esse imposto nos cofres do Estado, sem prejuízo de, nos termos do método por que opera o IVA – o já referido método do crédito do imposto ou "das facturas" –, poder deduzir-lhe o imposto que suportou nas suas compras. Por seu turno, o adquirente do bem ou serviço que seja também sujeito passivo de IVA tem o direito de deduzir o imposto pago.

Dito isto, fácil se torna perceber porque se disse que não é a Recorrente quem suporta o IVA, mas antes os seus clientes, *rectius*, o consumidor final.

Daí que, como é jurisprudência pacífica deste TCA[6], nenhum relevo assuma em sede de recurso da decisão administrativa de aplicação da coima por falta de oportuna entrega do IVA a alegação de dificuldades económicas por parte da Recorrente. Na verdade, uma vez que o montante do IVA a entregar nos cofres do Estado tenha sido recebido pela Arguida dos seus clientes (e nada foi alegado em sentido contrário), não serão as alegadas dificuldades económicas que determinaram a não entrega ao Estado do imposto, mas antes o facto de a Arguida ter dado outro destino ao dinheiro que recebeu dos clientes a título de IVA e de que era mera detentora, a título precário.

Só assim não seria se a Recorrente alegasse e tivesse ficado provado que não recebera dos seus clientes o IVA que lhes liquidou no período em causa. Mas, nos termos da própria alegação da Recorrente, não terá sido isso que sucedeu; o que sucedeu foi que o atraso no pagamento por parte de clientes lhe criou dificuldades económicas. Assim, independentemente da situação económica da Recorrente, se esta não tem o montante de IVA a entregar ao Estado, é porque lhe deu destino diverso. Ora, como é manifesto face à natureza do IVA, o imposto a entregar pelos sujeitos passivos ao Estado não pode por estes ser considerado como receita sua e, consequentemente, não lhes assiste qualquer liberdade quanto ao destino a dar ao respectivo montante.

É certo que a Recorrente alegou que se verificava uma causa de exclusão da ilicitude. No entanto, como resulta do que vem de se dizer, porque o IVA nem está na disponibilidade do sujeito passivo, que mais não é do que um intermediário entre o Estado e os consumidores finais, nem é receita sua, não lhe assiste qualquer opção quanto ao destino a dar-lhe. Acresce que a factualidade alegada não preenche os requisitos do estado de necessidade como causa de exclusão da ilicitude. Na verdade, como ficou também já dito, a Recorrente, quando da petição por que recorreu da decisão administrativa que lhe aplicou a coima, limitou-se a alegar que não fez a entrega do IVA porque tinha dificuldades económicas. Para além destas dificuldades não justificarem a falta de entrega do IVA, que vimos já não constitui um pagamento mas uma mera entrega do imposto cobrado, a factualidade invocada pela Recorrente não integra a exigência do art. 34.º, alínea *b)*, do CP, de que a entrega do imposto ao Estado tivesse como consequência a ocorrência de um mal superior ao resultante da infracção cometida. Como bem se salientou na sentença recorrida, os impostos visam, para além do mais, a satisfação de necessidades vitais da comunidade, sendo que a sua falta pode colocar em crise a prestação pelo Estado de serviços essenciais nas áreas da saúde, segurança, educação, assistência social, etc., motivo por que não pode considerar-se que o pagamento de salários constitua um interesse sensivelmente superior ao da entrega ao Estado do IVA.

Sustenta ainda a Recorrente que se verifica uma causa de exclusão da culpa. Mas, a culpa só poderia considerar-se excluída se ficasse provasse (e no caso não se provou) que o facto ilícito tinha sido praticado sob a pressão de uma situação exterior tal que não era possível exigir ao infractor diferente comportamento (cfr. art. 35.º do CP).

Por tudo o que ficou dito, concluímos que não se verifica a invocada causa de exclusão da ilicitude e da culpa.

Alegou ainda a Recorrente que foi o Estado, através dos seus Serviços hospitalares, quem a colocou na

[6] *Vide*, entre muitos outros e por mais recentes, os seguintes acórdãos deste Tribunal Central Administrativo:
– de 22 de Fevereiro de 2000, proferido no recurso com o n.º 1986/99;
– de 25 de Junho de 2002, proferido no recurso com o n.º 6682/02;
– de 8 de Outubro de 2002, proferido no recurso com o n.º 6681/02;
– de 22 de Outubro de 2002, proferido no recurso com o n.º 7055/02;
– de 19 de Novembro de 2002, proferido no recurso com o n.º 6625/02;
– de 19 de Novembro de 2002, proferido no recurso com o n.º 6786/02, da mesma Recorrente e em que a situação fáctica e as questões suscitadas são em tudo idênticas às dos presentes autos, acórdão que confirmou a sentença, por remissão para os fundamentos da mesma;
– de 20 de Novembro de 2002, proferido no recurso com o n.º 6532/02;
– de 14 de Janeiro de 2003, proferido no recurso com o n.º 6277/02;
– de 14 de Outubro de 2003, proferido no recurso com o n.º 743/03.

situação de incumprimento, pelo que, ao sancioná-la por este facto, se verificaria abuso de direito, na modalidade de «*venire contra factum proprium*» (cfr. conclusão da alínea *c*)). Este argumento também não colhe, uma vez que, como ficou já dito, não ficou demonstrado que a Recorrente não tivesse recebido oportunamente dos seus clientes o IVA que liquidou no período em causa

Quanto à invocada inconstitucionalidade dos arts. 29.º e 21.º do RJIFNA, este na medida em que não permite a isenção de pena (cfr. conclusões das alíneas *e*) e *f*)), sempre se dirá que a Recorrente parte sempre de um pressuposto que não se verifica: o de que a falta de oportuna entrega do IVA em causa ao Estado se deve a dificuldades económicas que lhe foram criadas pelo próprio Estado.

Em todo o caso, quanto ao art. 29.º do RJIFNA, sempre diremos que obedece à estrutura típica das normas de incriminação, com a previsão e a respectiva sanção (coima). Porque esta é a graduar nos termos do art. 19.º do mesmo diploma e de acordo com os diversos parâmetros aí fixados («a determinação da medida das coimas far-se-á em função da gravidade da contra-ordenação, da culpa e da situação económica do agente e deverá, sempre que possível, exceder o benefício económico que o agente retirou da prática de contra-ordenação») e entre um mínimo e um máximo (cfr. art. 18.º ainda do mesmo diploma), não lhe descortinamos a invocada inconstitucionalidade por violação do princípio da proporcionalidade.

Por tudo o que vimos de dizer, o recurso judicial que a Recorrente deduziu contra a decisão administrativa que lhe aplicou a coima não podia proceder, como bem decidiu a sentença recorrida, motivo por que o presente recurso não merece provimento, como decidiremos a final.

2.2.4 Conclusões

Preparando a decisão, formulam-se as seguintes conclusões:

V – Sendo aplicada coima por infracção ao disposto nos arts. 40.º, n.º 1, alínea *a*), e 26.º, n.º 1, do CIVA, ou seja por falta de remessa da declaração periódica e do montante do imposto exigível no prazo legal para o efeito, a alegação da Arguida, de que foi por dificuldades económicas que não entregou oportunamente o imposto, é irrelevante quer como causa de exclusão da culpa quer como causa de exclusão da ilicitude da falta de entrega do IVA, pois não se trata de imposto cujo pagamento fosse ela a suportar, antes tendo cobrado o mesmo dos seus clientes para o entregar nos cofres do Estado, motivo por que se não fez essa entrega é porque deu outro destino ao respectivo montante, que estava à sua guarda.

VI – Sem prejuízo do que ficou dito, para que se pudesse verificar o estado de necessidade como causa de exclusão da ilicitude, seria necessário, para além do mais, que a Arguida tivesse alegado factualidade de que pudesse retirar-se que a entrega do imposto ao Estado teria como consequência a ocorrência de um mal superior ao resultante da infracção cometida, como exigido pelo art. 36.º do CP.

VII – Por outro lado, e sempre sem prejuízo do que ficou dito em I, para que se pudesse verificar uma situação de exclusão da culpa, exigir-se-ia que ficasse provasse que o facto ilícito tinha sido praticado sob a pressão de uma situação exterior tal que não era possível exigir ao infractor diferente comportamento (cfr. art. 35.º do CP).

VIII – O art. 29.º do RJIFNA constitui uma norma típica da incriminação, com a previsão e a respectiva sanção (coima), sendo esta a graduar, nos termos do art. 19.º do mesmo diploma e de acordo com os diversos parâmetros aí fixados («a determinação da medida das coimas far-se-á em função da gravidade da contra-ordenação, da culpa e da situação económica do agente e deverá, sempre que possível, exceder o benefício económico que o agente retirou da prática de contra-ordenação»), entre um mínimo e um máximo (cfr. art. 18.º ainda do mesmo diploma), motivo por que não lhe descortinamos a invocada inconstitucionalidade por violação do princípio da proporcionalidade.

3. DECISÃO

Face ao exposto, os juízes da Secção do Contencioso Tributário deste Tribunal Central Administrativo acordam, em conferência, em negar provimento ao recurso, mantendo a sentença recorrida.

Custas pela Recorrente, fixando-se a taxa de justiça em quatro UCs.

Lisboa, 1 de Março de 2005

Francisco Rothes
Lucas Martins
Ascensão Lopes

Recurso n.º 5802/01

EXECUÇÃO FISCAL. RECLAMAÇÃO DE CRÉDITOS. MÚTUO CIVIL E MÚTUO COMERCIAL. CASO JULGADO. PREFERÊNCIA CONFERIDA POR HIPOTECA E POR PENHORA NO ATINENTE A CAPITAL MUTUADO E AOS RESPECTIVOS JUROS.

(Acórdão de 1 de Fevereiro de 2005)

SUMÁRIO:

I – É sabido que uma sentença (ou Acórdão) constitui caso julgado logo que se torne imodificável por reclamação ou recurso ordinário. E o caso julgado que se fez é também material, o que significa que o decidido tem força obrigatória dentro do processo e fora dele, impedindo que o mesmo ou outro Tribunal ou qualquer autoridade possa definir em termos diferentes o direito aplicável à relação material litigada.

II – Teleologicamente, o que essencialmente se pretende com o caso julgado é que os tribunais e, por maioria de razão, as autoridades públicas, respeitem ou acatem a decisão, não julgando de novo a questão ou contrariando os efeitos daquela.

III – É certo que o caso julgado tem limites, uns de carácter objectivo, outros de natureza subjectiva que decorrem dos termos que está definida a excepção do caso julgado que pressupõe a repetição de uma causa (art. 497.º, n.º 1, do C.P.C.) e sua identidade quanto aos sujeitos, pedido e causa de pedir (art. 498.º, n.º 1 do C.P.C.).

IV – Mas também é certo que a eficácia do caso julgado se limita às partes (art. 674.º do C.P.C.) pelo que se pode concluir que com o caso julgado se visa evitar não a colisão apenas teórica de decisões, mas a contradição prática dos julgados, ou seja, a existência de decisões concretamente incompatíveis.

V – Donde que, tendo sido as questões objecto deste recurso sido decididas por acórdão transitado em julgado, a decisão desta causa terá de processar-se de harmonia com a daquele aresto, não se podendo, pois, alterar a fundamentação e valores após o trânsito em julgado da acórdão da Relação, o que é apanágio decisões judiciais e logo que se verifique, nos termos da lei, a sua insusceptibilidade de recurso ordinário, cumpridos e esgotados todos os trâmites legais atrás citados.

VI – O acto em análise nestes autos, de mútuo com hipoteca, não pode ser considerado nem objectiva nem subjectivamente de comércio, tal como o define o art. 2.º do C. Comercial, aqueles que são especificados no código e nas leis mercantis e para estes que são comerciais todos os actos de comerciantes desde que não se trate de actos por natureza insusceptíveis de comercialização e desde que do próprio acto, olhado em concreto, não resulte que ele é alheio ao exercício do comércio do seu autor.

VII – Por sua vez, o art. 394.º do C. Comercial considera que, para o contrato de empréstimo ser considerado como comercial seja mister que a coisa cedida seja destinada a qualquer acto mercantil, resulta de tal dispositivo que para um empréstimo ser considerado mercantil não basta que alguma das partes sejam comerciante – os recorrentes nunca foram comerciantes nem exerceram o comércio –, mas que tal empréstimo se destine a operação mercantil.

VIII – A ideia essencial da classificação de um empréstimo em civil ou comercial recai, segundo tal normativo, sobre o destino desse mesmo empréstimo pelo que provando-se que a actividade funcional do recorrente era de serralharia civil e torneiro mecânico, ainda que exercida, porventura, integrada em sociedade o destino do empréstimo não foi concretamente apurado, mas sabendo-se que não foi para acorrer a qualquer acto de comércio, não se pode concluir que se tratava de um mútuo comercial.

IX – Sendo de natureza civil o mútuo celebrado entre as partes, então o pagamento de juros remuneratórios serão à taxa de juros supletiva em vigor para as operações civis e não para as obrigações comerciais e, por outro lado, ter-se-á de dar cumprimento ainda ao estabelecido no art. 1146.º n.º do C Civil. Os juros a aplicar no cálculo do montante em dívida serão os juros legais.

X – Nos termos do disposto no artigo 693.º, n.º 2 do C. Civil, tratando-se de juros, a hipoteca nunca abrange, não obstante convenção em contrário, mais do que os relativos a três anos.

XI – Mas há que atender não só ao disposto no art. 693.º n.º 2 do CC que estatui que o crédito garantido por hipoteca abrange os juros até ao máximo de 3 anos, mas também ao estatuído no art. 822.º n.º 1 do Ccivil que estabelece que, salvo nos casos especialmente previstos na lei, o exequente adquire pela penhora o direito de ser pago com preferência a qualquer outro credor que não tenha garantia real anterior.

ACORDAM NA SECÇÃO DO CONTENCIOSO TRIBUTÁRIO DO TRIBUNAL CENTRAL ADMINISTRATIVO:

I – Inconformados com a sentença proferida pelo Tribunal Tributário de 1.ª Instância do Porto, 1.º Juízo – 2ª Secção, nos presentes autos de reclamação e graduação de créditos, dela interpuseram recurso jurisdicional para o STA MANUEL FERNANDO CASTRO DA SILVA e MARIA ROSA PEREIRA RODRIGUES DA SILVA, formulando as seguintes conclusões:

1. O presente recurso vem interposto da, aliás douta, sentença de verificação e de graduação créditos, proferida pelo Tribunal Tributário de r. Instância do Porto, que reconheceu, verificou, e graduou, na íntegra, e em primeiro lugar, sobre ambos os imóveis penhorados, o crédito reclamado pelo credor recorrido Basílio Moreira de Carvalho;

2. O recurso merece – com o devido respeito – inteiro provimento, devendo a decisão recorrida ser revogada, na procedência das razões invocadas pêlos aqui recorrentes;

3. Pois que mal andou, com o devido respeito, na óptica dos recorrentes, o Mmo. a quo, ao reconhecer, na íntegra, na sentença de verificação e de graduação de créditos, ora posta em crise, o crédito reclamado pelo credor recorrido, Basílio Moreira Carvalho, e ao desatender, assim, na totalidade, a impugnação dos aqui recorrentes;

4. Na verdade se é certo que os recorrentes devem ao recorrido todo o valor do capital mutuado (656.214,52), já o mesmo não acontece no tocante aos demais valores que vêm por aquele exigidos, quer a titulo de juros, quer de indemnização pela mora, quer ainda a título de despesas, os quais são, manifesta e ostensivamente, excessivos, indevidos, e até mesmo usurários;

5. Tanto mais que, no caso em apreço, estamos perante um empréstimo de natureza meramente civil, já que, por um lado, os recorrentes não são, nem nunca foram comerciantes, nem exercem, nem exerceram o comércio, a título individual – conforme certidões (da Conservatória do Registo Comercial e da Repartição de Finanças) que foram juntas aos autos pêlos recorrentes com a respectiva impugnação do crédito do recorrido – não se tendo destinado, por outro lado, o valor emprestado a qualquer acto de comércio ou mercantil.

6. Sendo certo que, em conformidade com o disposto no número 1, do artigo 1146.º, do C. Civil, por remissão do artigo 559.º-A do mesmo Código, é havido como usurário o contrato de mútuo em que sejam estipulados

juros anuais que excedam os Juros legais, acrescidos de 3% ou 5%, conforme exista ou não garantia real;

7. Ora, os princípios legais sobre as limitações dos juros devem reputar-se de interesse e de ordem pública, não sendo, por isso, arredáveis por vontade das partes;

8. Pelo que, tendo vigorado no período de 30 de Setembro de 1995 a 16 de Abril de 1999 uma taxa de juro, legal e anual, de 10%, e a partir de 17 de Abril de 1999 e até ao presente, uma taxa de juro, legal e anual, de 7%, apenas serão devidos ao credor recorrido, nos indicados períodos, juros, respectivamente, às taxas anuais de 13% (10% + 3%) e de 10% (7% + 3%) sobre o capital mutuado;

9. Por outro lado, nos termos do disposto no artigo 693.º, n.º 2 do C. Civil, tratando-se de juros, a hipoteca nunca abrange, não obstante convenção em contrário, mais do que os relativos a três anos, referindo-se o n.º 2 daquele artigo tanto aos juros remuneratórios, como aos juros moratórios;

10. E assim sendo, e tendo a reclamação do recorrido sido apresentada (cfr. carimbo de entrada) em 28 de Junho de 2002, apenas são exigíveis os juros correspondentes ao período de 29 de Junho de 1999 a 28 de Junho de 2002 (3 anos/1095 dias), período a que corresponde a taxa legal de 7%, em vigor desde 17 de Abril de 1999 em diante, pelo que, apenas poderia o ora recorrido reclamar juros à taxa anual de 10% (7% da taxa legal em vigor acrescida de 3%, conforme o já referido 1146.º, n.º 1 do C. Civil, e atenta a garantia real existente);

11. Pelo que, considerando o que precede, nunca poderia o recorrido ter exigido aos recorrentes, a título de juros, um valor superior a C 16.864,35, valor que se obtém pela aplicação da mencionada taxa de 10% ao valor do capital mutuado (E 56.214,52), no indicado período;

12. E, assim sendo, o valor global do capital e dos juros que poderiam ter sido reclamados, exigidos e reconhecidos ao credor recorrido seria apenas de E 73.078,87, valor este, portanto, muito inferior àquele que foi, efectivamente, reconhecido, e que consta da sentença recorrida, registando-se uma diferencade E 98.566.00;

13. No que se refere à indemnização, pela falta de restituição do empréstimo, esta apenas é devida na medida da aplicação da taxa de 7%, estipulada na cláusula penal, ao valor inicial e efectivo do empréstimo, desde o início da constituição em mora e relativamente ao tempo desta, tendo sempre em conta o limite imposto pelo artigo 693.º, n.º 2 do C. Civil, pelo que, a este titulo, nunca poderia ser exigido aos ora recorrentes um valor superior a E 11.805,05;

14. Além disso, o recorrido, na respectiva reclamação de créditos, pediu o valor de despesas judiciais e extrajudiciais, no montante de E 4.987,08, sem que, todavia, alegasse, esclarecesse e comprovasse, a que titulo eram as mesmas devidas e exigíveis, e a que se referiam tais despesas;

15. Ora, se as mesmas constituem despesas inerentes à mora, nunca estarão cobertas pelo registo da hipoteca, como deste se vê, e se, por outro lado, se trata de despesas não inerentes à mora, tal facto, jamais, poderá libertar o credor recorrido do ónus de as fundamentar, descriminar e comprovar, peto que, não o tendo feito, tais valores são, com o devido respeito, indevidos e inexigíveis;

16. Tanto mais que a petição (inicial) da reclamação de créditos tinha que conter, entre outros não só o pedido, mas igualmente a causa de pedir, exigindo-se quanto a esta a enunciação dos factos que constituem o direito do reclamante, sem o que se estaria a passar ao credor reclamante um verdadeiro "cheque em branco";

17. De todo o modo, a existirem e a serem devidas quaisquer despesas, e sem prescindir, sempre as mesmas se reduziriam ao valor efectiva e comprovadamente despendido pelo recorrido (não funciona aqui qualquer presunção), sempre, como é óbvio, com o limite máximo convencionado e constante do registo predial;

18. Tendo em consideração o que acima ficou invocado, os limites da garantia e o respectivo registo, unicamente, poderia o recorrido exigir dos aqui recorrentes, o valor de E 84.883,92, no qual se acha incluído o capital e os juros de três anos, pelo que o crédito reclamado pelo recorrido credor, deveria, assim, ter sido reconhecido, apenas, pelo indicado valor, e não pelo valor global reclamado, como o fez a, aliás douta, sentença ora posta em crise;

19. Registando-se, assim, uma diferença de E 85.058,56 (E 169.842,48 menos E 84.883,92) entre os valores efectiva e legalmente exigíveis pelo recorrido, e os que lhe são devidos pêlos ora recorrentes, carecendo o credor reclamante, e aqui recorrido, de título executivo no que se refere à indicada diferença, pelo que, nunca poderia, nem deveria, ter sido reconhecida, na íntegra, e considerando uma taxa de juro inalterável de 15%, a pretensão daquele;

20. Acresce que, em conformidade com o disposto no artigo 1146.º, 1 e 3 do C. Civil, por remissão do artigo 559.º-A do mesmo diploma, as taxas de juro devidas e exigíveis, no caso em apreço, são apenas as correspondentes à taxa legal, sucessivamente em vigor, acrescida de três por cento, atenta a garantia real existente, o que, como já supra se viu, permite contabilizar juros, às taxas de 13% (10% + 3%), e de 10% (7% + 3%) sobre o capital mutuado, respectivamente, no período de 30 de Setembro de 1995 a 16 de Abril de 1999 e de 17 de Abril de 1999 até à presente data;

21. Ora, nas notificações judiciais avulsas, invocadas pelo credor reclamante, os juros foram calculados e exigidos pôr aquele a taxas, manifestamente ilegais, e, ostensivamente, indevidas e usurárias, pelo que, não tendo aquelas notificações observado as regras impostas pelo C. Civil quanto ao limite dos juros passíveis de serem exigidos, nos termos do já referido artigo 1146.º, 1 e 3, há que considerar que a capitalização aí efectuada não produz qualquer efeito;

22. O montante daqueles juros (exorbitantes e usurários) não era, assim, legalmente devido, nem era exigível pelo recorrido aos recorrentes, razão porque jamais o seu valor poderia ser pago ou capitalizado, e, como tal, reconhecido na sentença recorrida;

23. E mesmo que – e sem prescindir – se pudesse proceder à capitalização, reduzindo esta aos valores legalmente admitidos, sempre seria necessário, também, ter em atenção o disposto no artigo 693.º, n.º 1, do C. Civil, pois que, de outra forma, seria, inequívoca e aberrantemente violada a proibição geral do anatocismo;

24. A sentença recorrida não teve, pois, em consideração, como, aliás, dela se vê, o facto de no caso em apreço se estar perante um empréstimo de natureza meramente civil, tendo-se partido naquela decisão do

pressuposto de que tendo sido fixada livremente na escritura de mútuo com hipoteca uma taxa de juro de 15% ao ano tal taxa seria de manter até integral pagamento, o que não é correcto, face às disposições legais supra citadas, pôr se tratar de disposições e princípios legais que devem reputar-se de interesse e de ordem pública, não estando, assim, no livre arbítrio e disposição das partes;

25. A sentença recorrida só estaria, pois, neste ponto, acertada na hipótese de se tratar de um mútuo de natureza comercial/bancário, o que, como é inequívoco, não é o caso, até porque o credor recorrido nem sequer está autorizado a faze-lo, pois que não exerce – e está-lhe, inclusive, vedada – a actividade bancária;

26. Na data do mútuo (14 de Julho de 1995) a taxa de juro supletiva legal para as obrigações de natureza civil era precisamente a convencionada na escritura de mútuo com hipoteca (15%, cfr. Portaria 339/87 de 24/04), pelo que apelando à taxa convencionada naquela escritura e tendo em consideração as certidões juntas pêlos recorrentes com a impugnação do crédito reclamado, há que concluir que as partes configuraram o empréstimo como de natureza civil;

27. Sendo em conformidade com aquela escritura e o respectivo registo que se determinam os limites da reclamação e do credito garantido, pelo que nunca poderia a sentença recorrida, desde logo, e a esse título, ter reconhecido, e graduado em primeiro lugar, um montante de crédito superior ao valor máximo garantido pela hipoteca, e constante do respectivo registo, que é, no caso dos autos, de E 98.304,09 (19.708.200$00);

28. Mal andou, pois, o Mmo. a quo, – na perspectiva dos recorrentes, e com o devido respeito – ao verificar e reconhecer, na íntegra, e ao graduar, em primeiro lugar, e pela totalidade, o crédito reclamado pelo credor recorrido, não obstante este ter calculado o montante do crédito reclamado a taxas manifestamente excessivas e ilegais, e, bem assim, considerando uma capitalização indevida de juros;

29. A, aliás douta, sentença recorrida não teve, por outro lado, em consideração na verificação e graduação dos créditos reclamados o facto de haver dois prédios penhorados, e que se encontram hipotecados a credores distintos, incidindo a hipoteca do credor recorrido sobre um dos prédios e onerando, por seu lado, a hipoteca do credor bancário reclamante o outro prédio;

30. Pelo que sempre haverá, assim, necessidade de fazer a graduação, quanto a cada um dos prédios, em separado, e não de forma conjunta como se verificou, devendo cada um dos credores reclamantes ser graduado em primeiro lugar quanto ao produto da venda do respectivo prédio hipotecado;

31. A, aliás douta, sentença recorrida violou, por erro de interpretação e de aplicação, nomeadamente, o disposto nos artigos os artigos 559.º-A, 560.º 687.º, 693.º 1 e 2, e 1146.º, 1 a 3, todos do C. Civil;

32. Pelo que, à luz do que precede, e do mais que, doutamente, será suprido, deverá ser dado inteiro provimento ao presente recurso, revogando-se, em consequência, a, aliás douta, sentença recorrida, a qual deverá ser substituída pôr outra, que, acolhendo as razoes invocadas petos recorrentes, aprecie e conheça das questões pelos mesmos suscitadas, verificando e graduando, em conformidade com o por eles sustentado, o crédito reclamado pelo recorrido na exacta medida defendida pelos recorrentes, com o que se fará inteira Justiça.

Nestes entendem que deverá ser dado inteiro provimento ao presente recurso, revogando-se, em consequência, a, aliás douta, sentença recorrida, a qual deverá ser substituída por outra que, acolhendo as razões invocadas pelos recorrentes, verifique e gradue, em conformidade com aquelas, o crédito que foi reclamado pelo recorrido, na exacta medida defendida pelos aqui recorrentes, tudo com as demais consequências legais, assim se fazendo justiça.

Houve contra-alegações, assim concluídas:

1ª – O Recurso não merece provimento.

2ª – As taxas de juros aplicadas estão correctas.

3ª – O credor pode reclamar na execução de divida com hipoteca ou na reclamação fiscal todos os juros que se vencerem até integral pagamento da dívida.

4ª – Quando muito, poderão os juros vencidos para além dos 3 anos não beneficiarem da garantia hipotecária, mas beneficiando do registo da penhora.

5ª – Não havendo problema nesta execução porque a 1ª penhora registada a seguir à hipoteca é a do Recorrido.

6ª – Os juros capitalizados vencem juros à taxa igual à do capital.

7ª – Os 1.000.000$ a título de despesas são indiscutíveis, pois foram livremente contratados.

8ª – A Taxa de juro de 15% foi a livremente contratada.

9ª – O empréstimo revestiu carácter comercial.

10ª – As "Conclusões" dos Recorrentes não merecem acolhimento.

Nestes termos, entende que deve o recurso ser julgado IMPROCEDENTE POR NÃO PROVADO, mantendo-se a douta Sentença recorrida, assim se fazendo inteira Justiça.

A EPGA emitiu o seguinte douto parecer que se encontra exarado a fls. 236:

"(...)

A sentença deu como provados os factos descritos a fls. 114/115 relativamente a estes créditos e reportando-se à impugnação de fls. 64/71, com os quais sustenta a decisão na parte agora recorrida.

II – Na Impugnação apresentada a fls. 64/71 destes autos, os agora recorrentes já Invocaram todos os argumentos que sustentam o presente recurso, sendo de realçar de entre todos, o argumento de o valor emprestado pelo recorrido não se ter destinado a qualquer acto de comércio, não serem os recorrentes comerciantes ou exercerem o comércio.(fls. 70)

Tal argumentação, que não foi tida em consideração na sentença recorrida, é relevante para a apreciação das questões suscitadas desde então sobre o reconhecimento do montante global do crédito, da contagem dos juros de mora, das despesas que o recorrido reclama mas não comprova.

III – Mostra-se agora junta aos autos (fls. 210 e segs.), certidão do acórdão do Tribunal da Relação do Porto, transitado em julgado, proferido em autos de embargo de executado e que apreciou o recurso interposto pelos aqui também recorrentes contra o aqui recorrido Basílio Carvalho, onde foram analisadas as questões atrás mencionadas.

Nesse acórdão foi considerado que o empréstimo reveste natureza civil, com todas as consequências legais daí decorrentes (fls. 223/224).

Foi também dada razão aos recorrentes na questão da contagem dos juros e respectiva capitalização de acordo com o estipulado no art. 693.º do C.Civil (fls. 224).

No que se refere ao montante das despesas apresentadas pelo recorrido, a decisão foi de estas não terem sido provadas e concretamente determinadas, pelo que não foram atendidas (fls. 225).

IV – Sendo as questões suscitadas nas conclusões deste recurso Idênticas nos argumentos e na fundamentação de facto e de direito, às que foram decididas no acórdão do Tribunal da Relação do Porto atrás referenciado, e não as tendo a sentença recorrida apreciado com rigor, aquando da sua apresentação na impugnação de fls. 78 e segs., o que determinou uma decisão arredada de uma correcta interpretação dos factos e dos preceitos legais aplicáveis, entende-se que tal decisão não pode ser mantida na ordem jurídica, sendo de conceder provimento ao recurso."

Satisfeitos os vistos legais, cumpre decidir.

2.– Atentas as posições marcadas pelos recorrentes, recorrido e M.ºP.º sobre a matéria de facto constante da sentença recorrida dão-se como provadas as seguintes realidades e ocorrências que são as relevantes para a questão a decidir tendo em conta o que consta dos documentos carreados para os autos, mormente a certidão do Acórdão da Relação do Porto cuja junção aos autos se providenciou sob promoção do MP:

a) Por apenso aos autos de execução fiscal n.º 1783-96/100260.0 e apensos, em que é executada Maria Rosa Pereira Rodrigues Carvalho da Silva, residente no Lugar de Jancido, Foz do Sousa, Gondomar, na qualidade de revertida da firma "Maquimet-Equipamentos Metalúrgicos, Lda", foram reclamados os créditos a seguir discriminados:

I – por parte de Basílio Moreira Carvalho e mulher, Maria Fernanda Moreira Martins, residentes na Rua Felgueira, 31, Campo, Valongo, o crédito hipotecário no valor global de 34.070.410$00, sendo:

– 11.270.000$00 de capital;

– 1.690.000$00 de Juros a 15% de 14/7/95 a 14/7/96 sobre 11.270.000$00;

– 1.944.075$00 Juros a 15% de 17/7/96 a 14/7/97 sobre 12.960.500$00;

– 2.235.600$00 Juros a 15% de 15/7/97 a 14/7/98 sobre 14.904.575$00;

– 2.571.026$00 Juros a 15% de 15/7/98 a 14/7/99 sobre 17.140.175$00;

– 118.300$ Juros a 7% sobre 1.690.000$00 de 15/7/96 a 14/7/97;

– 1.043.320$00 Juros a 7% sobre 14.904.575$00 de 15/7/97 a 14/7/98;

– 1.199.812$00 Juros a 7% sobre 17.140.175$00 de 15/7/98 a 14/7/99;

– 10.998.277SOO Juros a 22% (15+7) sobre 17.140.175$00 desde 15/7/99 até 14/6/02;

– 1.000.000$00 Despesas judiciais e extrajudiciais (crédito garantido por hipoteca inscrita a favor do reclamante marido através da Ap. 106/010895 sobre o prédio descrito na CRP de Gondomar sob o n.º 01116/14 04 94-Foz do Sousa com o art.º rústico 1234;

b) O reclamante instaurou execução que, com o n.º n.º 358/99, pendeu no 3.º Juízo Cível de Gondomar para execução do seu crédito, havendo, no seu decurso registado a penhora do prédio descrito na CRP de Gondomar sob o n.º 01116/14 04 94-Foz do Sousa com o art.º rústico 1234, em 14/02/2000 – cfr. o teor de fls. 03/05 e 149 e ss dos autos de execução, que aqui se dão por reproduzido para todos os efeitos;

c) O "Banco Comercial Português, SA", com sede na Rua Júlio Dinis, 705-719, no Porto, (que incorporou, por fusão, o "Banco Mello, SA") reclamou o crédito de 6 140.444, 60 correspondente a capital, Juros, Imposto de Selo e Despesas judiciais e extrajudiciais inerentes à garantia de cobrança do crédito.

d) O crédito identificado na antecedente alínea está garantido por hipoteca sobre o prédio urbano descrito na CRP de Gondomar sob o n.º 01115/14 04 94 – art.º 1029-hipoteca essa definitivamente registada a seu favor através da inscrição C-2 – Ap.58/281096 – cfr. o teor de 1B8 22/27, que aqui se dá por reproduzido para todos os efeitos;

e) por parte da exma. representante da Fazenda Pública foram reclamados diversos créditos por contribuições ao CRSS, acrescidos de juros de mora, nos termos que constam de fls. 58/59, cujo teor aqui se dá por reproduzido para todos os efeitos.

f) No processo principal, em que a quantia exequenda respeita a dívidas de IVA e Juros Compensatórios, foram penhorados bens imóveis – arts. 1029.º-U – e 1234.º-R- ambos da freguesia de Foz do Sousa, Gondomar, em **18/01/2002**.

g) Na execução dita em *b*), os executados, ora recorrentes, deduziram embargos de executado no âmbito do quais foi proferida sentença que foi revogada parcialmente pelo Acórdão da Relação do Porto certificado a fls. 210 e ss que transitou em julgado em 08/07/2004 conforme ofício de fls. 234, documentos que se dão por inteiramente reproduzidos para todos os legais efeitos.

h) O ora recorrido requereu as notificações judiciais avulsas dos embargantes, nos termos constantes de fls. 11 a 20 dos presentes autos.

i) Os Recorrentes nunca foram comerciantes nem exerceram o comércio e que o recorrente Manuel Silva exerce a actividade de torneiro mecânico e serralharia civil, tendo pedido dinheiro emprestado para acorrer a dificuldades financeiras – cfr. acórdão especificado em *g*).

j) O recorrente Manuel Silva exerce a actividade de torneiro mecânico e serralharia civil, tendo pedido o dinheiro emprestado para ocorrer a dificuldade financeiras – idem.

3.– A questão decidenda consiste, em primeiro lugar, em saber se o valor emprestado pelo recorrido não se destinou a qualquer acto de comércio e se os recorrentes eram comerciantes ou exerciam o comércio.

Resolvida essa questão, cumpre depois determinar qual o montante global do crédito, como se opera a contagem dos juros de mora e das despesas que o recorrido reclama mas não comprova.

Assim:

Vê-se do seu requerimento de fls. 64/71, tal como a Mª Juíza «a quo» refere, que a executada impugnou o montante do crédito reclamado em 1.º lugar. Não questionou o valor do capital mas invocou que aquela reclamação é parcialmente indevida, na parte em que excede o montante de 673.078,87, defendendo que o citado reclamante não tem título exequível, nem legitimidade, para reclamar o valor de 696.863,61, ou seja, impugnou o diferencial entre aqueles 2 quantitativos.

Sustentou ainda que os valores reclamados, quer a título de juros, quer de indemnização pela mora, quer a título de despesas, são manifestamente indevidos, e mesmo usurários.

Termina pedindo que o crédito reclamado pelo credor Basílio Moreira de Carvalho seja graduado apenas pelo montante de Euros 73.078,87, impugnando o valor diferencial de Euros 96.863.61.

Apreciando os fundamentos da impugnação considerou a Mª Juíza que dispondo o art. 686.º n.º 1 do C.Civil que "a hipoteca confere ao credor o direito de ser pago pelo valor de certas coisas imóveis, ou equiparadas, pertencentes ao devedor ou a terceiro com preferência sobre os demais credores que não gozem de privilégio especial ou de prioridade de registo", porque nos encontramos perante dois créditos hipotecários, atendendo ao registo das hipotecas, há que concluir que é mais antigo – princípio da prioridade do registo – art. 9.º n.º 2 do CRP – o do credor Basílio.

Por outro lado, em matéria de juros, diz-se na sentença recorrida que há que atender ao art. 693.º n.º 2 do C.Civil, que estatui que o crédito garantido por hipoteca abrange os juros até ao máximo de 3 anos e também ao art. 822.º n.º 1 do C.Civil, que estabelece que, salvo nos casos especialmente previstos na lei, o exequente adquire pela penhora o direito de ser pago com preferência a qualquer outro credor que não tenha garantia real anterior.

Porque assim, no caso, aquele credor também goza da garantia da penhora, havendo que reconhecer os juros vencidos que ultrapassam os 3 anos garantidos pela hipoteca, já que garantidos pela penhora.

Por fim, no que concerne à taxa de juro, sustenta a decisão da 1ª instância a reclamada foi a livremente contratada por escritura, pelo que assim terá de manter-se até integral pagamento, o mesmo sucedendo com as despesas peticionadas e indemnização pela mora, já que também elas foram livremente assumidas pelas partes, encontrando-se registadas – cfr. o art. 405.º n.º I do C. Civil, que consagra o princípio da liberdade contratual.

Com tal fundamentação foi desatendida a impugnação e reconhecido o crédito reclamado por Basílio Moreira Carvalho e mulher.

Quid juris?

Como salienta a EPGA no seu douto parecer na Impugnação apresentada a fls. 64/71 destes autos, os agora recorrentes já invocaram todos os argumentos que sustentam o presente recurso, sendo de realçar de entre todos, o argumento de o valor emprestado pelo recorrido não se ter destinado a qualquer acto de comércio, não serem os recorrentes comerciantes ou exercerem o comércio.(fls. 70)

E o certo é que os autos objectivam que essa questão não foi tomada em conta na sentença recorrida.

Nos auto desenvolveram-se diligências tendentes a para eles cerrear certidão do acórdão do Tribunal da Relação do Porto, transitado em julgado, proferido em autos de embargo de executado e que apreciou o recurso interposto pelos aqui também recorrentes contra o aqui recorrido Basílio Carvalho, onde foram analisadas tais questões.

Assim, nesse acórdão foi considerado que o empréstimo reveste natureza civil (fls. 223/224), foi dada razão aos recorrentes na questão da contagem dos juros e respectiva capitalização de acordo com o estipulado no art. 693.º do C.Civil (fls. 224) e, com atinência ao montante das despesas apresentadas pelo recorrido, foi decidido que estas não foram provadas e concretamente determinadas, pelo que não foram atendidas (fls. 225).

Propugna então a EPGA que, sen as questões suscitadas nas conclusões deste recurso Idênticas nos argumentos e na fundamentação de facto e de direito, às que foram decididas no acórdão do Tribunal da Relação do Porto atrás referenciado, e não as tendo a sentença recorrida apreciado com rigor, aquando da sua apresentação na impugnação de fls. 78 e segs., o que determinou uma decisão arredada de uma correcta interpretação dos factos e dos preceitos legais aplicáveis, entende-se que tal decisão não pode ser mantida na ordem jurídica, sendo de conceder provimento ao recurso.

Ou seja, a EPGA invoca implicitamente a verificação do «caso julgado» formado pelo Acórdão da Relação do Porto.

É sabido que uma sentença (ou Acórdão) constitui caso julgado logo que se torne imodificável por reclamação ou recurso ordinário (Prof. Antunes Varela, J.M. Bezerra e Sampaio e Nora, «Manual de Processo Civil, pág. 684»). E o caso julgado que se fez é também material, o que *«significa que o decidido tem força obrigatória dentro do processo e fora dele, impedindo que o mesmo ou outro Tribunal ou qualquer autoridade possa definir em termos diferentes o direito aplicável à relação material litigada».*

Teleologicamente, o que essencialmente se pretende com o caso julgado é que os tribunais e, por maioria de razão, as autoridades públicas, respeitem ou acatem a decisão, não julgando de novo a questão ou contrariando os efeitos daquela.

É certo que o caso julgado tem limites, uns de carácter objectivo, outros de natureza subjectiva que decorrem dos termos que está definida a excepção do caso julgado que pressupõe a repetição de uma causa (art. 497.º, n.º 1, do C.P.C.) e sua identidade quanto aos su-jeitos, peido e causa de pedir (art. 498.º, n.º 1 do C.P.C.).

Mas também é certo que a eficácia do caso julgado se limita às partes (art. 674.º do C.P.C.) pelo que se pode concluir que com o caso julgado se visa evitar não a colisão apenas teórica de decisões, mas a contradição prática dos julgados, ou seja, a existência de decisões concretamente incompatíveis.

Sobre esta questão se pronunciou com brilhantismo o Acórdão deste TCA de 30/06/98, tirado no recurso n.º 653/98, citado no Ac. do mesmo Tribunal Central Administrativo Sul de 21/09/2004, no Recurso n.º 17/04 em que se expende, com a devida vénia e por razões de uniformidade e economia, que:

"4.1.1. Nos termos do art. 673.º do CPC, a sentença constitui caso julgado, nos precisos limites e termos em que julga.

É função do caso julgado, assinalada no n.º 2 do art. 497.º do CPC, «evitar que o tribunal seja colocado na alternativa de contradizer ou de reproduzir uma decisão anterior»; é, pois, sobre a decisão contida na sentença, e não sobre os fundamentos desta, que se forma, em princípio, o caso julgado, embora a motivação da decisão seja de considerar quando se torne necessário reconstruir e fixar o seu conteúdo (cfr. Manuel de Andrade, Noções Elementares de Processo Civil, 124; A. Reis,

CPC Anotado, Vol. III, 139 e ss; Ac. STJ, de 17/1/80, BMJ, 253, 235, entre outros).

Os limites do caso julgado são traçados pelos elementos identificadores da relação ou situação jurídica substancial definida pela sentença: sujeitos, objecto e fonte ou título constitutivo (arts. 497.º e 498.º do CPC).

Quando na sentença se tenha conhecido da relação jurídica substancial forma-se caso julgado material (e não apenas caso julgado formal) que projecta a sua força e efeitos para fora do processo em que foi proferida.

Por isso, em princípio, a sentença só tem força de caso julgado entre as partes (n.º 2 do art. 498.º do CPC), considerando-se aqui não apenas a identidade física, mas também a da sua posição jurídica.

Relativamente a terceiros, que não tenham intervindo na acção em que o caso julgado se formou, a sentença é «res inter alios acta», ou seja, não lhes aproveita nem os prejudica.

4.1.2. Mas este princípio não é absoluto e a doutrina e a jurisprudência têm vindo a reconhecer a extensão a terceiros da eficácia do caso julgado material.

Assim, distingue-se entre os chamados «terceiros juridicamente indiferentes» (todos aqueles a quem a sentença não causa qualquer prejuízo jurídico, porque deixa íntegra a consistência jurídica do seu direito, embora lhes possa causar prejuízo económico, por ser afectada a solvabilidade do devedor) e os terceiros juridicamente interessados (aqueles a quem a sentença pode causar prejuízo jurídico, invalidando a própria existência ou reduzindo o conteúdo do seu direito).

Exemplo característico daquela primeira categoria é, precisamente, o do credor perante a sentença proferida em pleito em que seja parte o devedor. Tal sentença não invalida, nem, de qualquer modo, afecta o seu direito, na sua consistência jurídica, apenas o poderá afectar na sua consistência económica, enquanto reduz o património do devedor e, consequentemente, a sua solvabilidade.

Com efeito, com o reconhecimento do crédito da reclamante e da garantia real de que frui, por sentença judicial, o direito de crédito da recorrente não é afectado juridicamente, pois continua o mesmo, com o mesmo conteúdo e a mesma garantia hipotecária.

É certo que é afectado na prioridade da graduação, por passar a ficar a seguir ao crédito da reclamante, mas isso não configura um prejuízo de natureza jurídica, podendo ser, ou não, de natureza económica, consoante o património do devedor não chegue ou chegue para o pagar.

Assim sendo, e porque, atenta a distinção que deve fazer-se entre os «terceiros juridicamente indiferentes» e os «terceiros juridicamente interessados», se entende ser esta a posição mais consentânea com o regime legal da eficácia do caso julgado material, a sentença judicial que, no caso, reconheceu o crédito da reclamante e a respectiva garantia, é oponível à aqui recorrente, pese embora esta não tenha intervindo na acção judicial onde a mesma foi proferida (cfr. neste sentido, Ac. STJ, de 12/1/93, Proc. n.º 83928, CJ, I, 30; Ac. RL, de 22/3/90, Rec. 2975, CJ, 1990, II, 140; Ac. deste TCA, 2ª Secção, de 18/11/97, Rec. 65290; no sentido da não oponibilidade, cfr. Acs. STJ, de 10/10/89, Proc. n.º 77867, BMJ, 390, pgs. 363 ss. e de 15/12/92, Proc. n.º 82737, BMJ 421, 348 e ss.)."

De resto, é nosso entendimento que a «ratio» da suspensão do processo por vontade do juiz (cfr. art. 279.º do CPC) aguardando que o Acórdão junto transitasse em julgado foi justamente a de conformá-la com o que neste fosse nele decidido.

A suspensão nos casos – como o dos autos – em que há controvérsia judicial, seja quanto à forma, seja quanto à substância, quer mesmo quanto ao montante da dívida, tem que se aguardar pela decisão final da demanda, o julgamento final da causa, passando então a determinar-se a matéria factual e jurídica de harmonia com a decisão proferida.

É que a «ratio» do instituto da suspensão em apreço, foi, manifestamente, a de impedir a contradição de julgados, no que concerne à natureza do empréstimo, à contagem dos juros e respectiva capitalização de acordo com o estipulado no art. 693.º do C.Civil e ao montante das despesas, sendo que a decisão que venha a ser proferida na acção judicial constitui caso julgado sobre essas questões neste processo, sendo a decisão judicial vinculativa para toda e qualquer entidade pública e privada, *maxime*, à 1ª instância e a este tribunal ao qual as mesma questões foram postas.

Em suma, a suspensão justificava-se por haver nexo de prejudicialidade em relação a tais questões que eram causa de pedir naqueles autos, em termos de se evitar, mediante aquele regime, a possibilidade de desencontros ou incoerências sobre a natureza da relação jurídica, direitos dela emergentes e respectivo «quantum».

Donde que, tendo sido aquelas questões decididas por acórdão transitado em julgado, a decisão desta causa terá de processar-se de harmonia com daquele aresto.

Não se poderão, pois, alterar a fundamentação e valores após o trânsito em julgado da acórdão da Relação do Porto, o que é apanágio decisões judiciais e logo que se verifique, nos termos da lei, a sua insusceptibilidade de recurso ordinário, cumpridos e esgotados todos os trâmites legais atrás citados.

Assim, quanto à natureza do empréstimo, expendeu-se no falado aresto que:

"(...)

Provou-se, então, que a actividade funcional do embargante – aqui recorrente – era de serralharia civil e torneiro mecânico, ainda que exercida, porventura, integrada em sociedade. Sobre o destino do empréstimo, consideramos que não foi concretamente apurado, mas sabe-se que não foi para acorrer a qualquer acto de comércio.

Analisemos agora os vícios que os embargantes apontam à decisão, quais sejam; não conhecer questões sobre as quais não podia deixar de se pronunciar; não especificar os fundamentos de facto e de direito que justificaram a decisão; ao invocar fundamentos que estão em contradição com a decisão.

Tais vícios constam expressamente do art. 668.º n.º 1 alíneas *b*), *c*) e *d*) do CPC.

Desde logo pôr se ter considerado na sentença que se estava perante um empréstimo de natureza comercial quando devia ser civil.

De facto, consideramos também que se está perante um empréstimo que deve ser classificado como de natureza civil, (...).

O acto em análise nestes autos, de mútuo com hipoteca, não pode ser considerado nem objectiva nem subjectivamente de comércio, tal como o define o art. 2.º do C. Comercial, aqueles que são especificados no código e nas leis mercantis e para estes que são comerciais todos os actos de comerciantes desde que não se trate de actos por natureza insusceptíveis de comercialização e desde que do próprio acto, olhado em concreto, não resulte que ele é alheio ao exercício do comércio do seu autor – Lobo Xavier, Actos do Comércio, Polis, cols. 108

Por sua vez, o art. 394.º do C. Comercial considera que, para o contrato de empréstimo ser considerado como comercial seja mister que a coisa cedida seja destinada a qualquer acto mercantil.

Resulta de tal dispositivo que para um empréstimo ser considerado mercantil não basta que alguma das partes sejam comerciante – Os embargantes nunca foram comerciantes nem exerceram o comércio -, mas que tal empréstimo se destine a operação mercantil. A ideia essencial da classificação de um empréstimo em civil ou comercial recai, segundo tal normativo, sobre o destino desse mesmo empréstimo.

Ora, mesmo com a matéria dada como provada na 1ª instância, já não se podia concluir que se tratava de um mútuo comercial.

Assim e sem mais delongas, têm razão os apelantes quando pugnam para que seja considerado o empréstimo dos autos como de natureza civil."

Em reforço argumentativo, cita-se, *data venia,* a fundamentação do *Acórdão do STJ de 16/04/96, Recurso n.º 88422,* relatado pelo mestre Conselheiro Torres Paulo:

"Actividade comercial entendida como de mediação, ou seja, em sentido económico e não jurídico Professor P. Coelho Arrendamento, Lições, 1980 Página 41 (referido ao então artigo 1182 do Código Civil).

Actividade industrial com destino à produção de riqueza – Professor Pires de Lima e Antunes Varela, Anotado vol II, 2. edição, página 634, como Pais de Sousa "Anotações ao RAU, página 59 e Dr. Januário Gomes.

Arrendamentos Comerciais, 2. edição, Página 26.

Houve, desta forma, o abandono do critério fiscal para surpreender aquelas actividades, inserto no Acórdão único artigo 52 do Decreto 5411, onde se reputava como industrial todo o indivíduo que, como tal, estivesse sujeito à respectiva contribuição e que não fosse comerciante.

Pretendeu-se separar o "inconveniente grave de se subordinar a lei civil aos princípios tantas vezes sem lógica, ou sem técnica, das leis fiscais" – Rev. Leg. Jurp. ano 95, Página 41.

E a Relação – folha 125 verso e 126 – preenche o conceito de produção de riqueza com dois factos, o trespasse foi efectuado pelo preço de 3000000 escudos e a recusa expressa por parte do Centro Regional de Segurança Social do Porto em reconhecer a actividade da "Escola", como actividade "sem fins lucrativos".

7 – Perante estas sumárias considerações jurídicas e os factos provados, a tese do recorrente só poderá encontrar êxito se considerarmos taxativa a numeração das empresas comerciais inserta no artigo 230.º C.Comercial por efectivamente a actividade da "Escola" não constar daquela enumeração.

8 – Ao contrário do Código Comercial francês – artigo 632 – italiano de 1865, artigo 2; de 1882, artigo 3 e da Lei belga de 15 de Dezembro de 1872, artigo 2 o nosso Código Comercial artigo 230 não qualifica a empresa comercial como acto de comércio.

O nosso legislador na enumeração de empresas inserta no artigo 230 acompanhou o Código Italiano, que lhe serviu de fonte.

Mas o n.º 3, deste Código, não distinguia o acto de comércio da empresa comercial "são actos de comércio as empresas de..." Diferentemente o nosso legislador separa, tratando de acto de comércio no artigo 2 e de empresa no artigo 230.

Começa aqui por estatuir "Haver-se-ão por comerciais as empresas que se propuserem...".

Frisa-se o sentido subjectivista da empresa.

Daí que se atente o fundamento da indicação das sete empresas recebida nos sete números do artigo 230.º como comerciais, no facto de todas elas manifestarem pela sua constituição o "propósito firme" de exercerem a sua actividade como empresários.

Liga-se a comercialidade do empresário, como comerciante, à comercialidade da empresa.

O legislador foi buscar aquelas "sete" empresas à experiência da vida, todas portadoras de diferentes situações.

E verificou-as.

Fê-lo em torno da mesma estrutura relacional criando: tipo de empresa comercial.

Mas, dir-se-á que para além daquelas sete situações, pensadas e analisadas, outras poderão e deverão ser integradas, logo que a razão de ser do artigo 230.º, plena e eficazmente respeitada, o imponha.

"Desde que se constitua uma empresa com fins comerciais, que pela sua instalação manifeste o firme propósito de comerciar, por que motivo se não deve aplicar-lhe o artigo 230, se a Lei a isso se não opõe?" – Professor José Tavares, Empresas Página 737.

E responde afirmativamente através de analogia.

Paralelamente Professor Oliveira Ascensão – D. Com. I, 1988, páginas 129 e seguintes.

9 – É sabido que a norma decompõe-se sem previsão ou tipo (factispecie, tattestand ou faits juridiques, na linguagem respectivamente, italiana, alemã ou francesa) que consiste na descrição feita em termos gerais e abstractos das situações de facto a regular pela norma e em instituição, que contém a disciplina, o efeito jurídico aplicável às situações descritas.

Assim sempre que haja uma incompletude insatisfatória no seio do todo jurídico, estaremos perante uma lacuna.

Para Engisih as lacunas são deficiências do direito positivo, apreensíveis como faltas ou falhas de conteúdo de regulamentação jurídica para determinadas situações de facto em que é de esperar essa regulamentação e em que tais falhas postulam e admitem a sua remoção através de uma decisão judicial jurídico-integradora.

10 – Só que não é pacífica a compreensão subjectiva da empresa atrás formulada pelo Professor José Tavares, nem muito menos é pacífico o recurso à analogia.

Há pois, que delimitar o campo de aplicação dos artigos 2 – 1. parte; 13 e 230 do C.Com.

Há que interpretar o artigo 230.

A finalidade da interpretação é determinar o sentido objectivo da Lei.

Entender uma Lei é indagar com profundeza o pensamento legislativo descer da superfície verbal ao conceito intimo que o texto encerra e desenvolvê-lo em todas as suas direcções possíveis.

A nossa doutrina consagra a teoria dos actos de comércio, seguindo a francesa e a italiana.

Mesmo a não subjectivista de empresa do Professor José Tavares engloba em si uma vertente objectivista traduzida no efectivo exercício da actividade profissionalizada.

E daí a subordinação do artigo 230.º ao artigo 2.º, I parte. Guilherme Moreira sustentou uma tese objectivista – empresa como acto de comércio objectivo.

Teses conciliadoras houve: Cunha Gonçalves, Comentário Páginas 585 e seguintes e Fernando Olavo, direito comercial I, páginas 158 e seguintes – presença cumulativa do empresário profissional e da sua actividade.

Por outro lado é maioritária a corrente que recusa a analogia para alargamento do campo dos actos de comércio objectivo: Guilherme Moreira, embora a defenda de iure constituendo, Pires Coelho, Mário Figueiredo, Fernando Olavo. Defendem-na Barbosa Magalhães e Cunha Gonçalves.

A doutrina francesa admite-a, mormente, quanto às empresas não enumeradas do Cod. Com.; Legon Caen -Renault, Traite, I, 4 edição, páginas 103 e seguintes; Riport, Traite 1988, ns. 135 e 146.

Semelhantemente em Itália – por todos a obra básica de Montesson, il concetto di empresa, página 441.

11 – O artigo 2.º C.Com., à semelhança do C. Com. espanhol de 1829, seguiu um sistema de enumeração implícita.

A sua 1.ª parte é taxativa e não exemplificativa como querem C. Gonçalves e B. Magalhães, que seguem a escola histórico-evolutiva.

Aí se procede à qualificação, quer positiva, quer negativa, de actos de comércio ocasionais e objectivos.

Pelo artigo 13.º é comerciante quem exerce profissionalmente o comércio.

No ensinamento de Rocco só a prática habitual, regular, sistemática, de operações mercantis, decide da atribuição da qualidade de comerciante.

Ou seja, comerciante é quem exerce numa empresa comercial: é um empresário – Professor F. Correia, Lições vol. I, 1956, página 97.

O artigo 230.º trata da qualificação das empresas como comerciais.

E exclui daquela qualificação, no seu parágrafo 1, as empresas agrícolas, seus acessórios e pequenas empresas.

Naquela admissão e nesta exclusão está o suporte do critério qualificador de uma empresa como comercial.

O denominador comum de admissibilidade passa pela actividade contratual de cada uma frente ao mercado, actividade sistemática e uniforme. Surpreendido este critério globalizante, apurada fica a comercialidade de uma empresa.

O Dr. Paulo Dindim em Estudos de Homenagem ao Professor F. Correia, Boletim Faculdade Direito de Coimbra 1989, páginas 909 a 1064, sobre o artigo 230 do Código Comercial ensina que a analogia pode e deve ser excluída na qualificação positiva do artigo 2 – 1. parte. E a página 957 quanto à admissão na qualificação das empresas comerciais do artigo 230, escreve "são empresas comerciais todas as que correspondam a tais características jurídicas de comercialidade, independentemente de estarem ou não enumeradas ou serem análogas a alguma das que indica".

O artigo 230 reputa de empresa comercial a actividade jurídica profissionalizada de um empresário comerciante, concretizado em negócios comerciais.

Delimitado, assim, o seu campo de aplicação fácil é concluir pela sua autonomia frente aos artigos 2.º e 13.º"

Donde que, atenta a factualidade apurada, não é concebível que o negócio em causa (empréstimo) estivesse inserido na actividade jurídica profissionalizada do aqui recorrente, não obstante a sua qualidade de empresário comerciante.

Acresce que o artigo 99.º do Código Comercial estabelece que embora o acto seja mercantil só com relação a uma das partes será regulado pelas disposições da lei comercial quanto a todos os contratantes, salvas, as que só forem aplicáveis àquele ou àqueles por cujo respeito o acto é mercantil, ficando, porém, todos sujeitos a jurisdição comercial.

Este artigo consagra o princípio da unidade ao estabelecer que o acto de comercio unilateral ou misto será regulado pela lei comercial mesmo que para uma das partes revista natureza civil.

Consagra ainda a excepção de excluir a aplicação ao contraente cujo acto se revestiu de natureza civil daquelas disposições como a firma, registo, escrituração mercantil que só são aplicáveis aos comerciantes (cfr. Adriano Antero, Comentário ao Código Comercial Português, I, pagina 185 e Pinto Furtado, Disposições Gerais do Código Comercial, pagina 274).

Nesse perspectiva, bastava que um dos sujeitos seja comerciante para que se considerasse aplicável a lei comercial.

Ora, a nossa lei prevê o empréstimo como acto de comércio objectivo, isto é, na definição da 1ª parte do art. 2.º C. Com., como acto com regulamentação específica na lei comercial, no caso, nos seus arts. 394.º a 396.º.

Para que o empréstimo se possa qualificar como mercantil não basta que uma ou ambas as partes sejam comerciantes: o art. 394.º exige a alegação e prova de que o que for cedido se destina " a qualquer acto mercantil", entendendo-se por tal a sua afectação a acto comercial, por via da denominada teoria do acessório. Segundo essa teoria, devem considerar-se comerciais os actos que estejam em conexão com os visados pelo direito mercantil, e, deste modo, desde logo, com os definidos na sua primeira norma delimitadora, que é o art. 2.º C.Com..

Atribui-se, por este modo, comercialidade ao empréstimo em função do destino do que é cedido, em vista ou razão da sua afectação, e, assim, por um critério de acessoriedade, em função da sua conexão com uma operação mercantil.

Para que um empréstimo possa qualificar-se como comercial, isto é, como acto objectivo de comércio, especialmente regulado nos arts. 394.º a 396.º C.Com., a lei exige, pois, a alegação e prova da sua afectação a um acto de comércio objectivo (no sentido indicado na 1ª parte do art. 2.º C.Com.), ou de que se destina ao giro comercial do mutuário (ou seja, a alegação e prova da sua conexão com um acto objectiva, ou, por banda do mutuário, subjectivamente comercial, na definição de que de tal dá a 2ª parte daquele art. 2.º).

Quando apurado que se trata efectivamente de empréstimo comercial, o art. 396.º C.Com. estabelece, por sua vez, que "o empréstimo mercantil entre comerciantes admite, seja qual for o seu valor, todo o género de prova".

Os comerciantes a que este preceito alude são os referidos nas duas proposições do art.13.º dessa mesma lei: 1.º – as pessoas que fazem do comércio profissão, isto é, que a tal se dedicam com habitualidade, como modo de vida, ou seja, os comerciantes em nome individual; 2.º – as sociedades comerciais (a que alude o art. 104.º da mesma lei).

Mesmo, pois, que na realidade se estivesse perante acto objectivo de comércio, isto é, concretamente, diante de empréstimo mercantil, na definição que de tal dá o art. 394.º C.Com. – e já vimos que não estamos –, a informalidade do empréstimo depende ainda da "exigência de bilateralidade subjectiva" formulada no art. 396.º, que «*in casu*» não se verifica.

Dúvidas não restam, pois, sobre a natureza civil do empréstimo em apreço, conforme doutamente fundamentado e decidido no douto acórdão da Relação do Porto e dos aditamentos supra introduzidos.

E, na senda do mesmo aresto e por constituir caso julgado, terá de aceitar-se que "(...) sendo de natureza civil o mútuo celebrado entre as partes, então o pagamento de juros remuneratórios serão à taxa de juros supletiva em vigor para as operações civis e não para as obrigações comerciais e, por outro lado, ter-se-á de dar cumprimento ainda ao estabelecido no art. 1146.º n.º do C Civil. Os juros a aplicar no cálculo do montante em dívida serão os juros legais.

A dívida será, pois, de natureza civil, com todas as suas consequências legais."

"Relativamente aos juros remuneratórios têm também razão os apelantes.

Determina o art. 693.º n.º 1 do C. Civil que a hipoteca assegura os acessórios do crédito que constem do registo mas, quanto a juros, a hipoteca nunca abrange mais do que os relativos a três anos. Só este período poderá ser contabilizado, dentro do valor da hipoteca existente. Os que acrescem a estes três anos também podem ser pedidos, apenas estando excluídos desta garantia hipotecária, a menos que sobre eles e desde que incida nova hipoteca deste valor – n.º 3 do mesmo artigo.

Como ensina A Varela. C. Civil Anotado, vol. I, pág. 717.º, o n.º 3 admite-se que se convencione, então, nova hipoteca em relação a quaisquer juros em dívida, pretendendo-se com tal medida e da fixada no n.º 2 a protecção de terceiros.

A cláusula penal de 7% não oferece dúvidas e tem que ser aplicada ao caso concreto.

Agora, quanto às despesas judiciais e extrajudiciais.

É considerado como um acessório do crédito e consta expressamente do registo, sendo que o seu montante está fixado até I 000 000$00.

E como impõe o art. 693.º n.º 1 só os acessórios do crédito que constem do registo são compreendidos na hipoteca.

Porém, conforme se depreende de tal cláusula constante do registo, a possibilidade de pedir tal montante não funciona de forma automática, isto e, não funciona no sistema de que "não pagou atempadamente o mútuo, logo há I 000 000$00 devidos por despesas judiciais e extrajudiciais". O silogismo não é este.

É que em disposições deste tipo constantes do registo, não se está perante qualquer presunção legal ou judicial dos artigos 350.º e 351.º do C. Civil, funcionando, então e antes, a regra do art. 342.º do C. Civil em conjugação som o art. 45.º do CPC, no qual o título determina o fim e os limites da acção executiva.

Para pedir o valor das despesas judiciais e extrajudiciais que estavam abrangidas pela hipoteca, competia ao exequente alegar e provar que obteve despesas nesse montante porque, mesmo que superiores, apenas se poderiam conter nesse valor de I 000 000$00, e se inferiores, estão o sobrante não poderia ser cobrado com tal justificação. As despesas judiciais e extrajudiciais têm que se confinar ao valor efectiva e comprovadamente gastos pelo exequente.

Não estando concretamente determinado, não pode ser pedido.

A acção executiva tem de conter o pedido e a causa de pedir – artigos 467.º e 466.º do CPC.

Diferente seria se os executados aceitassem o montante pedido na execução a título de despesas judiciais e extrajudiciais, caso em que nada haveria a opor.

Agora, contestado esse montante, não pode aqui ser formulado e atendido.

Quanto à capitalização de juros.

Resulta da matéria provada que o embargante requereu as notificações judiciais avulsas dos embargantes.

A partir daqui é – lhe lícito passar a capitalizar juros vencidos a partir da data da respectiva notificação – art. 560 n.º 1 do C. Civil –.

No entanto, tal possibilidade deve ter como limite, por se tratar de juros, o fixado no art. 693.º n.º 1, ou seja, três anos e, por outro lado, a taxa sempre seria a legal, como vem fixada no art. 1146 n.º 1 do C. Civil.

Finalmente, expresse-se que o montante da execução nunca pode ser superior a Esc. 19 708 200$00, por ser o montante máximo garantido pela hipoteca é constante do seu registo – art. 693.º n.º 1 do C. Civil –.

Assim, consideramos que foi dada resposta total às questões suscitadas pêlos apelantes – artigos 668.º do CPC – em longas mas cuidadas alegações e conclusões de recurso, e, conjugando todo o exposto com os pedidos formulados na execução, havemos de considerar que obtiveram os apelantes parcial provimento no recurso de apelação interposto, com a consequente revogação parcial da sentença recorrida, tudo nos termos acima expostos.

A dívida – reclamada na execução – é, pois, superior à efectivamente devida, havendo lugar à correspondente redução, nos termos acima expostos."

Procedem, pois, as conclusoões de recurso no tocante à natureza, contagem dos juros e à exclusão das despesas.

Todavia, não se aceita a tese dos recorrentes sustentada nas conclusões 9ª e 10ª, segundo a qual, nos termos do disposto no artigo 693.º, n.º 2 do C. Civil, tratando-se de juros, a hipoteca nunca abrange, não obstante convenção em contrário, mais do que os relativos a três anos pelo que e tendo a reclamação do recorrido sido apresentada em 28 de Junho de 2002, apenas são exigíveis os juros correspondentes ao período de 29 de Junho de 1999 a 28 de Junho de 2002 (3 anos/1095 dias), período a que corresponde a taxa legal de 7%, em vigor desde 17 de Abril de 1999 em diante, pelo que, apenas poderia o ora recorrido reclamar juros à taxa anual de 10% (7% da taxa legal em vigor acrescida de 3%, conforme o já referido 1146.º, n.º 1 do C. Civil, e atenta a garantia real existente).

Neste particular, tem razão a Mª Juíza recorrida quando afirma que há que atender não só ao disposto no art. 693.º n.º 2 do CC que estatui que o crédito garantido por hipoteca abrange os juros até ao máximo de 3 anos, mas também ao estatuído no art. 822.º n.º 1 do Ccivil que estabelece que, salvo nos casos especialmente previstos na lei, o exequente adquire pela penhora o direito de ser pago com preferência a qualquer outro credor que não tenha garantia real anterior.

Ora, como evidencia o probatório, o credor Basílio, ora recorrido, tal como também defende na conclusão 4ª da sua alegação, fruiu da penhora registada anteriormente à do crédito exequendo e demais reclamados pelo que há que reconhecer os juros vencidos que ultrapassam os 3 anos garantidos pela hipoteca uma vez que estão garantidos pela penhora.

Por outro lado, como alegam os recorrentes nas conclusões 29. e 30. a sentença recorrida não teve em consideração na verificação e graduação dos créditos reclamados o facto de haver dois prédios penhorados, e que se encontram hipotecados a credores distintos, incidindo a hipoteca do credor recorrido sobre um dos prédios e onerando, por seu lado, a hipoteca do credor bancário reclamante o outro prédio.

A ser assim, assiste razão aos recorrentes quando defendem a necessidade de fazer a graduação, quanto a cada um dos prédios, em separado, e não de forma conjunta como se verificou, devendo cada um dos credores reclamantes ser graduado em primeiro lugar quanto ao produto da venda do respectivo prédio hipotecado.

Pelo exposto e tendo em conta que quanto aos demais créditos nenhum dissídio se levanta, nos termos das disposições legais atrás citadas, em conjugação com o preceituado no art. 748.º do CCivil há que alterar o julgado em 1ª instância, graduando os créditos reconhecidos e o exequendo pelo modo seguinte:

a) Quanto ao prédio descrito na crp de gondomar sob o n.º 01116/14 04 94-foz do sousa com o artigo rústico 1234.º:

1.º O crédito hipotecário de Basílio Moreira Carvalho e respectivos juros nos termos supra descritos;

2.º o crédito exequendo;

3.º os créditos do CRSS e respectivos juros de mora;

b) Quanto ao prédio urbano descrito na crp de gondomar sob o n.º 01115/14 04 94 com o art.º 1029:

1.º O crédito hipotecário do Banco Comercial Português, S. A.;

2.º o crédito exequendo;

3.º os créditos do CRSS e respectivos juros de mora;

4. Termos em que acordam, em conferência, os Juizes da Secção de Contencioso Tributário deste Tribunal Central Administrativo em, concedendo provimento ao recurso, revogar a sentença recorrida com a consequente admissão e graduação de créditos acima operadas.

Custas pelo recorrido, em ambas as instâncias fixando-se em 5 (cinco) UCs a taxa de justiça.

Lisboa, 1 de Fevereiro de 2005

Gomes Correia
Casimiro Gonçalves
Ascensão Lopes

Recurso n.º 1160/03

IMPUGNAÇÃO DE IVA. RECURSO SOBRE A MATÉRIA DE FACTO. ÓNUS DE ALEGAR E CONCLUIR NOS RECURSOS. ILEGAL APLICAÇÃO DOS MÉTODOS INDICIÁRIOS.

(Acordão de 1 de Março de 2005)

SUMÁRIO:

I – O art. 690.º do CPC faz recair sobre o recorrente o encargo de circunscrever com clareza o âmbito do litígio submetido ao escrutínio judicial, através da explicitação das razões da sua dissidência, o qual se desdobra em dois distintos ónus: o primeiro, o de alegar, sob pena de deserção do recurso; o segundo, o de formular conclusões da alegação, sob pena de não se tomar conhecimento do recurso.

II – O ónus de formular conclusões na respectiva alegação só pode considerar-se satisfeito quando o recorrente fecha a sua minuta pela enunciação de proposições que sintetizem com clareza, precisão e concisão os fundamentos ou razões jurídicas pelos quais se pretende obter o provimento do recurso (anulação, alteração ou revogação da decisão do tribunal "a quo").

III – Sendo nas conclusões de recurso apontados os concretos pontos de facto que a recorrente considera incorrectamente julgados, como lho impunha o art. 690.º A do CPC, e apontando-se nelas as *normas tributárias aplicáveis*, tal constitui inconformismo com a fundamentação da sentença em que a recorrente explicita o seu entendimento sobre quais as normas jurídicas que servindo de fundamento jurídico à sentença recorrida, deveriam ter sido de outro modo interpretadas.

IV – No nosso sistema fiscal vigora o princípio da declaração do contribuinte no apuramento da matéria tributável, o que implica um acréscimo dos deveres de colaboração do sujeito passivo para com a AT, entre os quais o de manter uma contabilidade organizada nos termos da lei comercial e fiscal e que permita o apuramento e fiscalização do imposto IVA (arts. 78.º do CPT, em vigor à data dos factos).

V – Excepcionalmente, quando a AT, através do controlo efectuado à situação tributária do contribuinte, fundamentadamente considere que nas declarações figura um imposto inferior ou uma dedução superior aos devidos, a lei permite-lhe que seja ela a quantificar a matéria tributável, o que será feito por métodos directos, no caso de tal ser possível e, não sendo possível, com recurso a métodos de prova indirecta ou presunções, impondo neste caso a lei

que a AT especifique os motivos daquela impossibilidade (cfr. arts. 51.º e 52.º do CIRC e 81.º do CPT).

VI – Ainda que a AT demonstre a existência de factos que permitem concluir que a contabilidade do contribuinte não merece credibilidade, não está legitimada a partir para a tributação por métodos indiciários se não alega e demonstra a impossibilidade de apurar a matéria tributável por métodos directos, ou seja, a impossibilidade de comprovar e quantificar, directa e exactamente, o volume de negócios da Contribuinte por falta dos elementos pertinentes para esse efeito.

VII – Quando a AT fala de omissão de vendas tem que fundamentar tal conclusão como e o facto de determinadas operações não serem contabilizadas nas contas devidas mas em outras contas não permite só por si concluir que houve omissão de contabilização de vendas. Em tal conspecto, a AT tinha elementos para ter procedido ao cálculo da matéria tributável através de simples operações correctivas.

VIII – Nas situações antes explanadas, a AF não especificou os motivos da impossibilidade da comprovação e quantificação directa e exacta da matéria tributável, nos termos exigidos pelo Art. 81.º do CPT, quedando-se por não aceitar os resultados apurados pela impugnante, pelo facto de não coincidirem com aqueles que a administração apurou e considerou como razoáveis sem nunca aludir quaisquer factos ou motivos que lhe permitissem concluir que a quantificação directa da matéria tributável não era possível, com os elementos constantes da contabilidade.

IX – Assim, a administração não provou, como lhe competia, que, não obstante as anomalias ou incorrecções detectadas na contabilidade da impugnante, existissem indícios de que a contabilidade não reflectia a exacta situação patrimonial e resultado efectivamente obtido e, bem assim, que não era possível a comprovação e quantificação directa e exacta da matéria tributável, segundo os princípios contabilísticos constantes do Art. 44.º e seguintes do CIVA, pelo que se mostram violados os Art. 51.º do CIRC, 81.º do CPT e 82.º do CIVA.

ACORDA-SE, EM CONFERÊNCIA, NA SECÇÃO DE CONTENCIOSO TRIBUTÁRIO (2.ª SECÇÃO) DO TRIBUNAL CENTRAL ADMINISTRATIVO SUL:

1. RELATÓRIO

1.1. A FAZENDA PÚBLICA, com os sinais dos autos, veio recorrer para este Tribunal Central Administrativo Sul (TCAS) da sentença que julgou procedente a impugnação deduzida por **SAPASSELO – Comércio de Pneus, Ldª** contra a liquidação adicional de IVA e respectivos juros compensatórios, no valor global de 3.316.280$00, que lhe foi efectuada com referência ao exercício do ano de 1991, cujas alegações de recurso concluiu nos seguintes termos por subordinação a alíneas por nossa iniciativa:

a) A douta sentença proferida pelo juiz "a quo" fez incorrecto entendimento da matéria de facto, com as necessárias implicações daí decorrentes ao nível da aplicação das normas jurídico-tributárias.

b) O relatório Inspectivo explicita todo o percurso e raciocínio lógico cognoscitivo de forma acessível e congruente, possibilitando manifestamente ao impugnante apreender das razões que levaram às correcções, bem como dos critérios por que se guiou a inspecção tributária para atingir o apuro tributável notificado ao impugnante.

c) O procedimento inspectivo mostra-se clara, suficiente e congruentemente fundamentado, à luz do exigido nos normativos fiscais aplicáveis.

d) A inspecção tributária, na determinação das correcções indiciárias que posteriormente vieram a ser efectuadas, baseou-se em elementos recolhidos da vida societária da impugnante.

e) A partir destes dados, foi possível apurar, através da análise comparativa dos testes de consistência efectuados e os valores declarados, que a margem bruta da actividade desenvolvida pela impugnante teria necessariamente de ser distinta da que resultava declarada pela impugnante.

f) Destarte, estava verificado o pressuposto contido na segunda parte da *d*) do artigo 51.º do CIRC, ou seja, a existência de fundados indícios de que a contabilidade da impugnante não reflectia a exacta situação patrimonial e o resultado efectivamente obtido e explicitada a motivação pela qual, nos termos do artigo 81.º do CPT estava impossibilitada a quantificação directa e exacta da matéria tributável.

g) Sendo que, a partir da existência deste fundado indício, estava legitimado o recurso à aplicação de métodos indiciários e à sua consequente determinação, nos termos da já citada *d*) do artigo 51.º do CIRC e 81.º do CPT.

h) Por tudo o que se tem vindo de firmar, forçoso será dissentir do sentido julgado pela douta sentença de que se recorre, porquanto as correcções levadas a efeito, nomeadamente por métodos indiciários, não merecem a menor censura nem ofendem os normativos jurídico – tributários aplicáveis ao caso *sub judicio,* sendo pelo exposto, estritamente cumpridoras da legalidade tributária a que a Administração Fiscal está vinculada.

Nestes termos entende que deve a sentença recorrida ser revogada e substituída por outra que julgue totalmente procedente o presente recurso.

Houve contra-alegações, assim concluídas:

I. – Não foi correctamente cumprido o ónus de alegar e formular conclusões, relativamente à matéria de facto e de direito, com indicação das normas jurídicas violadas, o sentido com que deviam ter sido interpretadas e aplicadas e com especificação dos pontos de facto que se considera incorrectamente julgados, como se exige nos artigos 690.º e 691.º do Código de Processo Civil.

II. – A contabilidade da recorrida estava totalmente organizada, em ordem e em dia, não havendo indícios mínimos de qualquer fuga de registo dos actos patrimoniais relativos ao exercício, pelo que não se verificavam os pressupostos do então vigente artigo 51.º do Código do IRC cuja aplicação é ilegal e estava vedada nas circunstâncias demonstradas.

III. – A douta sentença recorrida não merece qualquer censura visto que a Administração Fiscal não provou que existissem indícios de que a contabilidade da empresa recorrida não reflectia a sua exacta situação patrimonial.

IV. – Ademais não está sequer referenciada a suspeita de que haja omissão de vendas ou contabilização de custos, que não tenha sido suportados ou a contabilização de proveitos, nem a Administração Fiscal avança qualquer facto concreto que lance o descrédito sobre a contabilidade.

V. – Acresce que *«a tributação das empresas incide fundamentalmente sobre o seu rendimento real»*, nos termos do disposto no n.º 2 do artigo 104.º da Constituição da República Portuguesa.

VI. – Cabia à Administração Fiscal comprovar de modo convincente que não era possível apurar o lucro tributável com recurso a métodos directos, o que não logrou fazer.

VII. – Não tendo a recorrente mostrado que não era possível a comprovação e quantificação directa e exacta dos elementos necessários à determinação da matéria tributável pêlos métodos directos utilizados pela recorrida, foi violado o regime jurídico previsto no artigo 51.º do Código do IRC, na redacção coeva da acção inspectiva.

Termos em que sustenta que deve o recurso da Fazenda Pública ser julgado totalmente improcedente por não provado, mantendo-se na íntegra a douta sentença recorrida, que não merece qualquer censura. Assim se fará Justiça.

O EMMP pronunciou-se no sentido de que do Relatório dos SFT resulta que, após se ter procedido a correcções técnicas, se procedeu a cálculo, por amostragem, da margem de lucro, daí resultando um valor diferente do declarado pelo contribuinte pelo que, concludentemente, a contabilidade não merecia credibilidade o que justificava o recurso a métodos indirectos, não merecendo provimento o recurso.

Satisfeitos os vistos legais, cumpre decidir.

2. FUNDAMENTAÇÃO

2.1 Dos factos

Na sentença recorrida fixou-se a seguinte tela factual, com fundamento na prova documental e testemunhal produzida:

Factos provados:

A) A impugnante foi alvo de uma acção inspectiva extraordinária – 2ª fase, que incidiu sobre os exercícios de 1991 a 1994.

B) Pelos Serviços de Fiscalização Tributária foi elaborado o relatório de fls. 21 a 50, que se dá por integralmente reproduzido para todos os efeitos legais, onde consta, para além do mais, o seguinte:

«2.3 Organização contabilística

Sendo uma sociedade, é obrigada a possuir contabilidade organizada, estando esta devidamente organizada e em dia, encontrando-se os documentos de suporte devidamente organizados. A contabilidade está centralizada na sede da empresa, sendo o seu responsável, como já foi referido, um dos sócios da empresa.

3 – ANALISE CONTABILÍSTICO-FISCAL

3.1 Análise histórica

(...)

Segundo estes valores, verifica-se uma grande evolução no volume de negócios de ano para ano, quer em termos nominais, quer em termos relativos (na ordem dos 25% a 30%), a qual é acompanhada pela evolução dos custos em termos relativos (embora um pouco mais reduzida).

Verifica-se, igualmente, um aumento gradual bastante acentuado quer dos resultados contabilísticos quer do lucro tributável, que em nossa opinião, se deve à estrutura de custos em que a empresa assenta e à própria actividade desenvolvida.

Assim, pode-se facilmente constatar que, o aumento do volume de negócios só é acompanhado pelos custos variáveis, por via das existências vendidas, pois os restantes custos, nomeadamente, Fornecimentos e Serviços de Terceiros e Despesas com Pessoal (e mesmo as amortizações, se exceptuarmos o aumento em termos relativos no ano de 1994), praticamente mantêm os mesmos valores nominais nos últimos exercícios.

(...)

Deste modo, podemos concluir que face a esta estrutura de custos, em que um aumento das vendas é acompanhado a nível de custos, pelo próprio custo dessas vendas, há a tendência para um aumento cada vez maior em termos nominais dos resultados líquidos.

3.2 Análise da actividade desenvolvida

(...)

3.3 Incorrecções Detectadas

3.3.1 Pneus e câmaras de ar

As principais anomalias detectadas, dizem respeito à contabilização dos descontos e prémios que são concedidos pelas várias marcas fornecedoras de pneus e câmaras de ar, nomeadamente, no que diz respeito à observância do princípio da especialização dos exercícios, e ainda, no que diz respeito à natureza do desconto obtido relativamente à sua classificação contabilística.

Deste modo, verificaram-se duas situações:

• a empresa contabiliza o valor do desconto e/ou prémio concedido por determinada marca no exercido em que recebe a comunicação do mesmo, normalmente através de nota de crédito, independentemente do exercício a que esses descontos ou prémios dizem respeito;

• os "prémios de pontualidade concedidos pela marca "MICHELIN", são contabilizados na conta 31.8 – "Descontos obtidos em compras", e não na conta 78 – Descontos financeiros.

Estes dois procedimentos são, em nossa 'opinião, incorrectos e susceptíveis de gerarem transferências de resultados de um exercício para outro.

(...)

Para terminar este ponto, será de referir que o procedimento contabilístico utilizado no caso dos descontos de pontualidade atribuídos pela MICHELIN, permite à empresa apresentar uma margem de lucro superior àquela que resultaria se os créditos fossem considerados descontos financeiros.

Vejamos o seguinte exemplo:

Uma empresa tem como margem efectiva de lucro 10% sobre o preço de custo. Esta empresa, e porque não facturou determinadas vendas, vê a sua contabilidade apresentar uma margem de 7%. Ao aperceber-se desta situação, e de modo a aumentar a margem de lucro declarada, contabiliza os descontos financeiros, não numa subconta da 78 – Proveitos Financeiros, mas na subconta 31.8 – Descontos obtidos em compras, diminuindo assim, o valor da conta 31 – Compras, e consequentemente, o custo das existências vendidas, permitindo assim, que a margem declarada se aproxime da real, omitindo vendas.

(...)

Como se pode constatar, a contabilização dos descontos financeiros na conta 31.8, permitiu à empresa apresentar, nomeadamente, nos dois primeiros exercícios em análise, uma margem de lucro sobre o custo declarada mais aproximada (sendo mesmo superior nestes dois anos), da margem real praticada pela empresa, conforme se deduziu da amostragem realizada.

Deste modo, e como este procedimento, altera o valor do custo das existências vendidas, não sendo uma mera transferência entre contas, terá que se efectuar a respectiva correcção técnica.

Outra anomalia detectada diz respeito à valorização das existências, pois a mesma foi efectuada, em 1991 e 1992, com base nos preços de tabela, e como se referiu atrás, as diversas marcas concedem, além de descontos nas facturas, montantes elevados de descontos comerciais, que em nossa opinião, devem ser reflectidos na valorização das existências. No exercício de 1993, a empresa já valorizou as existências líquidas dos descontos nas facturas, embora não deduzisse, o valor do rappel, bónus e outros prémios. No que se refere ao exercício de 1994, verifica-se, que além dos descontos nas facturas, foi tido em conta o rappel e outros descontos comerciais.

Sendo assim, e como a alínea a) do n.º 1 do artigo 25.º do Código do IRC, refere que "Os valores das existências a considerar nos proveitos e custos a ter em conta na determinação do resultado do exercício são os que resultarem da aplicação do custo efectivo de aquisição", serão efectuadas as correcções necessárias de modo a que as existências apresentem os valores correctos

3.3.2 Recauchutagem

Nesta actividade, a empresa factura ao proprietário dos pneus os serviços prestados no momento em que os recebe da empresa especializada que executa o serviço. Efectuou-se, então, uma amostragem das facturas e guias de remessa dessas empresas verificando-se que os mesmos pneus tinham sido facturados. Esta verificação foi possível devido a que cada pneu tem um número próprio, que conta das duas guias de remessa. Deste modo, verificou-se que alguns pneus não foram facturados pela SAPASSELO, e como não existem existências (excepto nos exercícios de 1993 e 1994, embora de valor muito reduzido) deste tipo de produto, presume-se a sua venda.

(...)

3.3.5 Conclusões da análise Contabilístico-Fiscal

(...)

Deste modo, e em virtude de tais incorrecções influenciarem o resultado de cada exercício, sendo pôr isso um dos pressupostos para a determinação do lucro tributável pôr métodos indiciários, conforme se constata da alínea d) do n.º 1 do artigo 51.º do Código do IRC, irá efectuar-se, a par das correcções técnicas, o apuramento daquele lucro, através da aplicação de métodos indiciários conforme prevê a alínea a) do artigo 52.º do Código agora referido.

Convém, antes de se passar à determinação do lucro tributável, explicar o motivo, em nosso parecer, da origem do aumento da margem de lucro apurada na amostragem efectuada, nomeadamente o aumento de 1991 para 1992, e de 1992 para 1993 e 1994:

• estes aumentos estão directamente relacionados com a percentagem do " prémio de pontualidade" atribuído pela MICHELIN, pois, eram estes prémios que, a SAPASSELO, considerava como descontos comerciais, que esta empresa obtinha os lucros dos produtos desta Marca.

Como a percentagem do "prémio de pontualidade" baixou de 10% para 8%, do exercício de 1991 para 1992 (ou seja uma diferença de 2%), e de 8% para 2%, do exercício de 1992 para 1993 e 1994 (uma diferença de 6%), a SAPASSELO, por forma a continuar a ter os mesmos ganhos, viu-se "obrigada", a conceder menos descontos, o que levou ao aumento da margem de lucro. E, de facto, constata-se, que as margens de lucro apuradas nas amostragens têm um incremento igual aos destas diferenças e nos mesmos exercícios.

4 – DETERMINAÇÃO DO LUCRO TRIBUTÁVEL

O apuramento do lucro tributável será efectuado com recurso, como foi agora indicado, a correcções técnicas e a métodos indiciários.

Deste modo, teremos como correcções técnicas:

• inclusão dos vários descontos e prémios nos exercícios a que dizem respeito, nos termos referidos no ponto 3.3.1 deste Informação;

• considerar como desconto financeiro os " prémios de pontualidade" concedidos pela MICHELIN, e contabilizados como descontos comerciais na conta 31.8 – Descontos Obtidos em Compras;

• valorização das existências, efectuada em função dos descontos obtidos quer nas facturas, quer fora das facturas;

• consideração de uma taxa de 296 o valor de amortização do novo edifício com funções de armazém;

e, correcções através de Métodos Judiciários

• aplicando ao novo custo das existências vendidas (determinado em função das correcções técnicas agora indicadas), a margem de lucro global, calculada através de amostragens efectuadas à actividade de comércio de Pneus e Câmaras de ar e à actividade de Recauchutagem.

Antes de indicarmos os pressupostos em que se vai basear as presunções, será de referir a forma como foram elaboradas as amostragens para determinação das margens de lucro das actividades de comércio de Pneus e Câmaras de ar, e da actividade da recauchutagem:

• em virtude de se tornar extenso e moroso descrever em pormenor a referência do Pneu (p. ex. pneu Mabor 135 x 13 J. Sport TL), optou-se por apenas indicar, além da marca, o n.º de factura, o respectivo preço de venda nela inscrita, e o preço de tabela correspondente;

• com base nesta amostragem apurou-se, para cálculo da margem, o Valor Total de Tabela e o Valor Total de Venda; estes dois valores foram determinados por ponderação das quantidades vendidas;

• apenas se vai considerar para o cálculo da margem global os quatro principais fornecedores de pneus (MICHELIN, GOODYEAR, FIRESTONE, MABOR), que representam mais de 90% das compras efectuadas pela empresa, conforme se pode verificar pelo Quadro seguinte:

(...)

• em relação à recauchutagem, a amostragem foi elaborada a partir das guias de remessa emitidas pela SAPASSELO, onde está indicado, além da factura respectiva, a referência do pneu (que não se transcreve pelas mesmas razões atrás invocadas), e o valor fac-

turado; na posse da referência do pneu procurou-se nas facturas (indica-se o n.º do documento interno) dos prestadores de serviço o respectivo quem executou o serviço e o respectivo preço de custo.

4.1 Pressupostos de aplicação dos métodos indiciários

A) Em face das particularidades atrás referidas, a margem global de lucro será determinada do seguinte modo:

• o valor de custo será determinado pela aplicação do valor dos descontos comerciais obtidos (em percentagem), das principais marcas ao valor de tabela objecto da amostragem;

• na posse daquele valor e do valor de venda, igualmente objecto da amostragem, serão determinadas as margens sobre o custo, das várias marcas;

• serão calculadas as margens para as vendas a crédito e a dinheiro, pois as mesmas são diferentes;

• os valores das vendas a crédito e a dinheiro são calculados segundo os coeficientes calculados no Anexo 7;

• nas câmaras de ar, o valor das compras será determinado de uma forma indirecta, ou seja, dividindo os descontos obtidos na factura pelas respectivas percentagens de desconto atribuídas pelas diversas Marcas;

• nos pneus, o valor das compras será calculada pela diferença entre as compras totais efectuadas a cada Marca, e o valor das compras de câmaras de ar calculadas conforme se descreveu na alínea anterior;

• não se presumiram compras de câmaras de ar para a Marca FIRESTONE, em virtude de as que foram detectadas serem de valor insignificante.

B) O valor dos descontos comerciais obtidos das diversas marcas foi calculado da seguinte maneira:

• ao valor das compras de cada produto, calculado da forma descrita anteriormente, será adicionado os descontos das facturas, de modo a obter as Compras ao Valor de tabela;

• dividindo o valor do rappel e outros bónus, quer contabilizados no próprio ano. quer contabilizados no exercício seguinte mas referentes ao exercício anterior, pelas Compras ao Valor de tabela, obtem-se os descontos comerciais obtidos das diversas marcas, em face do valor de tabela.

C) As existências finais serão corrigidas, do seguinte modo:

• nos exercícios de 1991 e 1992, ao valor das existências finais de Pneus e Câmaras de ar, deduzir-se-á o valor do desconto comercial médio ponderado, apurado no anexo 4;

• no exercício de 1993, apenas será deduzido a percentagem de rappel, bónus e outros descontos obtidos, face às compras (a empresa deduziu neste exercício os descontos nas facturas);

• ao exercício de 1994, corrigir-se-á apenas a percentagem do rappel, devido às correcções efectuadas a estes descontos, em virtude do princípio da especialização dos exercícios, quer dos descontos financeiros.

(...)

4.2.2 Exercício de 1991

4.2.2. I – Correcções em IVA

4.1.2.1 – Correcções em IVA

Vendas Presumidas = C.E. V.C. corrigido X Margem global ponderada = 289.644.796$00 X 1, 07

= 309.919.993$00

Vendas Declaradas = 300.278.166$00

Acréscimo de Vendas

= 309.919.993$00 – 300.278.166$00

= 9.641.766$00

IVA a liquidar adicionalmente = 9.641.766$00X 17%

= 1.639.100$00

Este valor será repartido uniformemente ao longo do ano, conforme Nota de Apuramento elaborada para o efeito.

(...)

5 – CONCLUSÕES

A empresa SAPASSELO tem como actividade principal o comércio de pneus e câmaras de ar, desenvolvendo ainda prestações de serviços acessórias, nomeadamente, a recauchutagem.

A principal característica da actividade de comércio de pneus e câmaras de ar, reside no facto, de a margem de lucro obtida por esta empresa resultar da diferença entre os vários descontos obtidos pelas diversas Marcas, e os descontos concedidos aos seus clientes, principalmente, pequenos revendedores e oficinas de automóveis, pois, quer o preço de venda quer o de compra são tabelados por uma mesma tabela, consoante a Marca respectiva.

Assim, são vários os tipos de desconto concedidos pelas Marcas: desconto de rappel, prémio de evolução e de progresso, prémios de cadência e de cifra, prémio de pontualidade, desconto de pronto pagamento e de antecipação de pagamento. Estes descontos e/ou prémios são concedidos normalmente (salvo qualquer alteração ou descontos de campanhas especiais), no início do ano através de Circulares, onde são estabelecidos os pressupostos de atribuição dos vários descontos.

Através da análise destes descontos e/ou prémios, detectou-se que:

– a empresa contabiliza o valor destes créditos no exercício em que recebe a comunicação do mesmo, normalmente através de nota de crédito, independentemente do exercido a que estes dizem respeito, contrariando, assim, o principio da especialização dos exercícios, referido no artigo 18.º do Código do CIRC;

– os "prémios de pontualidade" concedidos pela Marca " MICHELIN", são verdadeiros descontos financeiros (como se demonstra da alínea a) do ponto 3.3.1 desta Informação), sendo contabilizados na conta 31.8 – "Descontos obtidos em compras", ou seja, como se de descontos comerciais se tratassem.

Além destas incorrecções, a empresa ao valorizar no final do ano as suas existências, não entra em linha de conta com os descontos praticados pelas diversas Marcas nas facturas (a SAPASSELO valoriza as existências ao preço de tabela), e ainda com os valores dos vários descontos extra-facturas, como sejam, rappel, descontos de evolução e de progresso, etc., de valor bastante significativo, contrariando, assim, a alínea a) do n.º 1 do artigo 23.º do Código supra referido.

Deste modo, e como todos estes procedimentos contabilísticos afectam o custo das existências, procedeu-se ao cálculo do seu novo valor:

(...)

*Por outro lado, será de acrescer na conta 78 – "proveitos Financeiros", os **"prémios de pontualidade"**, atribuídos pela " MICHELIN", e ainda, ter em conside-*

ração o princípio da especialização dos exercícios relativamente à contabilização destes prémios. Assim, aquela conta terá em cada exercício o seguinte valor:

(...)

Em virtude de, como já foi aliás referido, todas estas correcções alterarem o custo da existências vendidas foi efectuada uma amostragem para cálculo das margens da actividade de comércio de pneus e câmaras de ar, e à actividade da recauchutagem, tendo sido apurada a margem global (devidamente ponderada face às compras de pneus, câmaras de ar e pneus recauchutados) bastante diferente da margem declarada.

Apresenta-se então o seguinte quadro, onde se pode constatar esta diferença, indica-se também, a margem que seria declarada pela empresa se não tivessem praticado as incorrecções supra indicadas:

(...)

Sendo, assim, e devido a que todas estas divergências influenciarem o resultado de cada exercício, sendo pôr isso um dos pressupostos para a determinação do lucro tributável pôr métodos indiciários, conforme se constata da alínea a) do n.º 1 do artigo 51.º do Código do IRC, efectuou-se, a par de correcções técnicas, o apuramento daquele lucro, através da aplicação dos métodos indiciários conforme prevê a alínea a) do artigo 52.º do Código agora referido.

Os valores daqui resultantes são os seguintes: (...)"

C) Em 09/01/96, o Chefe de Divisão emitiu parecer, constante no referido relatório, com o seguinte teor:

"Com base nos fundamentos e cálculos efectuados no relatório de exame e respectivos anexos, confirmo a proposta de determinação do lucro tributável dos exercícios de 1991, 1992, 1993 e 1994 através dos métodos indiciários previstos e definidos nos artigos 51.º e 52.º do Código do IRC e montantes expressos no respectivo mapa de apuramento DC 22 e anexos.

Confirmo igualmente as correcções que com base nos mesmos fundamentos foram efectuadas aos valores declarados para efeitos de IVA e nos montantes expressos no mapa de apuramento 382."

D) O Director Distrital de Finanças exarou, no mesmo relatório, o despacho datado de 12/02/96, com o seguinte teor:

"Visto.

Aprovo as correcções propostas, com reflexo em sede de IRC e IVA.

As deficiências evidenciadas no ponto 3.3 do relatório conduzem o lucro tributável dos exercícios de 1991/ /92/93 e 94 seja determinado com recurso a métodos indiciários em conformidade com o estatuído na alínea d) do n.º 1 do Art.º 51.º do CIRC e com o Art.º 52.º.

Procedimentos subsequentes."

E) A impugnante deduziu reclamação nos termos do Art. 84.º do CPT, que foi indeferida – fls. 58 a 62 e 72 a 75.

F) O Chefe da Repartição de Finanças de Abrantes – Iª, em 08/05/96, elaborou o Verbete de Fixação de fls. 51. G) Em 21/10/96, foi elaborada a Nota de Apuramento Mod. 382 – fls 79.

H) Através do ofício n.º 266, de 13/09/96, a impugnante foi notificada a deliberação da Comissão Distrital de Revisão e para em 30 dias pagar a importância de 1.639.100$00 de IVA e 1.677.180$00 de juros compensatórios – fls. 76.

I) Em 21/06/096 foi emitida a certidão de relaxe de fls. 81.

Factos não provados:

Com interesse para a decisão não se provaram outros factos.

A convicção do tribunal baseou-se na análise crítica do conjunto da prova produzida, com destaque para o relatório da inspecção e demais documentos referidos nas alíneas antecedentes.

2.2. Do direito

Atentas aquelas conclusões e a factualidade fixada e que se reputa a relevante, vejamos qual a sorte do recurso.

A recorrida suscita nas suas contra – alegações uma questão prévia (vd. 1ª conclusão), segundo a qual não foi correctamente cumprido o ónus de alegar e formular conclusões, relativamente à matéria de facto e de direito, com indicação das normas jurídicas violadas, o sentido com que deviam ter sido interpretadas e aplicadas e com especificação dos pontos de facto que se considera incorrectamente julgados, como se exige nos artigos 690.º e 691.º do Código de Processo Civil.

De acordo com o disposto no artigo 690.º, n.º 1 do Código de Processo Civil *"o recorrente deve apresentar a sua alegação, na qual concluirá, de forma sintética, pela indicação dos fundamentos por que pede a alteração ou anulação da decisão".*

Acrescenta depois o n.º 2 do mesmo preceito os requisitos a que devem obedecer tais conclusões quando o recurso verse matéria de direito, e o artigo 690.º-A estabelece o ónus a cargo do recorrente que impugne a decisão de facto.

Daqui resulta aquilo que a jurisprudência tem repetidamente afirmado, no sentido de que os recursos visam o reexame ou apreciação das decisões dos tribunais inferiores por parte dos tribunais superiores.

Sendo assim, se nas conclusões das alegações e nas alegações o recorrente se alhear de todo da decisão recorrida, o recurso carece de objecto (neste sentido, entre muitos outros, v. os Acórdãos do STA (2ª Secção), de 6.2.2000 – Recurso n.º 26.706 e deste Tribunal, de 28.5.2002 – Recurso n.º 5824/2002).

Assim, nos termos do art.º 690.º do CPC, ao recorrente cabe o ónus de alegar e de apresentar conclusões, estas de forma sintética, nas quais especificará os fundamentos de facto e/ou de direito, pelos quais pede a alteração da sentença.

E, como o recurso versava também sobre matéria de direito, as conclusões deviam indicar, por injunção do n.º 2 do citado inciso legal:

a) As normas jurídicas violadas;

b) O sentido com que, no entender do recorrente, as normas que constituem fundamento jurídico da decisão deviam ter sido interpretadas e aplicadas;

c) invocando-se erro na determinação da norma aplicável, a norma jurídica que, no entendimento do recorrente, devia ter sido aplicada.

A recorrida sustenta que a recorrente não deu cumprimento a tal ónus, não tendo apresentado nas conclusões de recurso a indicação das normas jurídicas violadas pela sentença recorrida nem imputado à mesma quaisquer erros de interpretação dos factos e do direito.

Todavia, a verificar-se tal situação poderia, isso daria lugar à notificação da recorrente para os efeitos do preceituado no art. 690.º n.º 4 do Código de Processo Civil.

Diz este normativo que *"Quando as conclusões faltem, sejam deficientes, obscuras, complexas ou nelas se não tenha procedido às especificações a que alude o n.º 2, o relator deve convidar o recorrente a apresentá-las, completá-las, esclarecê-las ou sintetizá-las, sob pena de não se conhecer do recurso, na parte afectada...".*

E se, apesar de convidada para esse efeito, a recorrente FªPª não *procedesse às especificações a que alude o n.º 2 do art.º 690.º do CPC, não restava ao relator outra coisa que extrair a consequência legal: – não tomar conhecimento do recurso.*

Todavia, a nosso ver, carece de fundamento legal não só a necessidade daquela notificação, como a decisão de não tomar conhecimento do recurso pois em causa está, apenas, uma questão de facto: saber se está fundamentada a utilização dos métodos indiciários e a quantificação do facto tributário que conduziram à liquidação do imposto em causa, ou seja, todo o procedimento de facto que nela culminou.

É claro que também se discute a questão de direito que é a de saber se ao *proceder à liquidação resultante da mesma fixação, violou a AF as normas tributárias aplicáveis.*

Logo, devia a recorrente proceder às referidas especificações, pois, como se doutrinou no *Acórdão do STA de* 10/07/97, Recurso n.º 031728 (Pleno da Secção do CA) com os descritores recurso jurisdicional alegações conclusões onus e alegação convite do tribunal onus de concluir não tomar conhecimento:

"No art. 690.º do CPC67 e respectivos incisos, a lei faz recair sobre o recorrente o encargo de circunscrever com clareza o âmbito do litígio submetido ao escrutínio judicial, através da explicitação das razões da sua dissidência, o qual se desdobra em dois distintos ónus: o primeiro, o de alegar, sob pena de deserção do recurso; o segundo, o de formular conclusões da alegação, sob pena de não se tomar conhecimento do recurso.

Em recurso jurisdicional, o ónus de formular conclusões na respectiva alegação só pode considerar-se satisfeito quando o recorrente fecha a sua minuta pela enunciação de proposições que sintetizem com clareza, precisão e concisão os fundamentos ou razões jurídicas pelos quais se pretende obter o provimento do recurso (anulação, alteração ou revogação da decisão do tribunal "a quo").

Tal não ocorrerá se qualquer destinatário médio ficar sem saber dos reais motivos pelos quais o recorrente se insurge contra o conteúdo e sentido da decisão da instância inferior, mormente se o recorrente se circunscreve a, de modo meramente remissivo, "dar por inteiramente reproduzido o conteúdo de todos os requerimentos constantes dos presentes autos..." (sic), sem chegar a identificar qualquer deles, e sem dos mesmos haver chegado a extrair qualquer súmula útil e se, após o despacho judicial de aperfeiçoamento, se limitou a, de forma vaga e abstracta, vir declarar que "o objecto de cognição do presente recurso se encontra perfeitamente delimitado no conteúdo das alegações produzidas nos autos", as quais "incluem pontualmente no seu conteúdo as conclusões do presente recurso, bem como a especificação pontual e concreta das normas jurídicas violadas" (igualmente sic).

Na hipótese configurada, mormente se, não obstante o convite do tribunal para a formulação de "conclusões" e indicação das normas jurídicas violadas, o recorrente se limita a contestar, por singela negação, a bondade da asserção do tribunal "a quo", não deve o tribunal "ad quem" tomar conhecimento do recurso".

«In casu» não se deve extrair tal consequência posto que não nos parece que se justifique o convite do tribunal para a formulação das especificações a que a recorrida entende haver lugar.

Na verdade, nas conclusões de recurso são apontados os concretos pontos de facto que a recorrente FªPª considera incorrectamente julgados, como lho impunha o art. 690.º A do CPC, já que não se fica pela mera referência ao fundamento expresso na sentença.

Por outro lado, a recorrente aponta as normas tributárias aplicáveis ao uso dos métodos indiciários e o apelo às mesmas constitui inconformismo com a fundamentação da sentença como decorre da explicitação, pela recorrente, do seu entendimento sobre quais as normas jurídicas que servindo de fundamento jurídico à sentença recorrida, deveriam ter sido de outro modo interpretadas.

Ora, examinando as 9 conclusões das alegações, verificamos que:

a) Nas conclusões 1ª a 6ª a recorrente considera que a utilização dos métodos indirectos está fundamentada e que nesse *iter* cognitivo é perceptível o critério de quantificação aplicado.

Ora, é pacífica a jurisprudência segundo a qual *é questão de facto saber quais hajam sido os fundamentos de um acto administrativo, categoria em que se incluem as liquidações tributárias* – cfr, por todos *o Acórdão do STA de 11/03/92, no Recurso n.º 13 726.*

Mas, lapidar a esse propósito, é a doutrina que dimana do acórdão daquele Tribunal Superior, alinhada nas seguintes proposições:

I – A fundamentação da tributação por métodos indiciários ou presunções (art. 81 do CPT) e a fundamentação dos actos tributários (art. 82 do CIVA têm requisitos diversos e campos de aplicação próprios.

II – A fundamentação dos actos tributários aplica-se aos actos de aplicação da norma tributária material e não às decisões de tributação por métodos indiciários ou por presunções.

III – São requisitos da fundamentação da tributação por métodos indiciários ou presunções: 1) A especificação dos motivos da impossibilidade da comprovação e quantificação directa e exacta da matéria tributável; 2) A indicação dos critérios utilizados na sua determinação (art. 81 do CPT).

IV – Há indicação do critério utilizado na determinação da matéria tributável, quando o chefe da repartição de finanças se serviu de uma margem de lucro de 20% indicada pelo contribuinte numa acção judicial que este intentou contra um cliente.

V – A fundamentação da tributação por presunções ou métodos indiciários pode ser feita por concordância com um relatório de exame à escrita, nos termos do art. 125 do Código de Procedimento Administrativo.

VI – A exigência de carência de elementos que permitam apurar claramente o imposto, feita no art. 84.º, n.º 1, do CIVA, não é mais um requisito que acresce aos constantes do art. 81.º do CPT, mas uma outra forma de enunciar o mesmo.

VII – Dado que o objecto da decisão da comissão de revisão a que se refere o CIVA é apenas a quantificação da matéria tributável em IVA, que é uma questão de facto e não uma questão do direito, a fundamentação da decisão do presidente dessa comissão, quando não houver acordo dos vogais, não precisa de indicar as disposições legais aplicadas, pois esta exigência apenas feita pelo art. 82.º do CPT para a fundamentação dos actos tributários.

VIII – A quantificação da matéria tributável, e o erro praticado nessa quantificação, não pode ser apreciada pelo STA, pois trata-se de matéria de facto que não pode ser conhecida por um tribunal de revista, por escapar aos seus poderes de cognição (art. 21.º, n.º 4, do ETAF).

Se é uma questão de facto saber se um acto tributário está ou não fundamentado e afirmando a recorrente FªPª determinação da matéria colectável por métodos indirectos e a consequente liquidação adicional impugnada estavam fundamentados e a impugnante e a Mª Juíza que não estava, tal configura controvérsia factual a dirimir pelo TCA por via de recurso impondo, muito naturalmente, a reanálise da factologia fornecida pelos autos.

b) Nas conclusões 7ª e 8ª, indicam-se as normas jurídicas que foram erradamente interpretadas e aplicadas pela sentença;

c) Na conclusão 9ª, faz-se a síntese das anteriores, referindo-se à sentença para dizer que as referências doutrinárias nela contidas estão de facto e de direito erradas, ao verte-se que "Por tudo o que se tem vindo de firmar, forçoso será dissentir do sentido julgado pela douta sentença de que se recorre, porquanto as correcções levadas a efeito, nomeadamente por métodos indiciários, não merecem a menor censura nem ofendem os normativos jurídico – tributários aplicáveis ao caso *sub judicio,* sendo pelo exposto, estritamente cumpridoras da legalidade tributária a que a Administração Fiscal está vinculada."

Na parte final das alegações, e como corolário lógico das conclusões, advoga a recorrente FªPª que deve a sentença recorrida ser revogada e substituída por acórdão que julgue totalmente procedente o presente recurso.

Vê-se, pois, que a sentença recorrida é criticada, relativamente à apreciação que fez da matéria dos autos, quer da matéria de facto, quer do direito aplicável.

Destarte, em termos de conclusões e em obediência aos normativos do Código de Processo Civil acima citados, a recorrente apontou à sentença críticas que a afectam, quer quanto ao direito aplicável, quer quanto à apreciação da matéria de facto por ela apreciada.

Indica-se no recurso, pois, que a sentença errou quanto à fixação dos factos e também quais as normas por ela violadas, pelo que se encontra nas conclusões a referência as normas jurídicas que a sentença violou com a referência a factos que, no entender da recorrente, estariam provados e que conduziriam a solução jurídica diferente daquela a que chegou a sentença.

Assim, tem de entender-se que o recorrente não afrontou a decisão do tribunal "a quo", limitando-se a esgrimir argumentos que não foram sequer objecto de apreciação na decisão recorrida, e não tendo esta sido questionada, nem tendo o recorrente apresentado razões concretas de discordância com a decisão sob apreço, o recurso não pode obter provimento.

E, na verdade, vigora o princípio de que os recursos visam modificar as decisões recorridas e não apreciar questões não decididas pelo tribunal «a quo», acolhendo-o dominantemente a jurisprudência que considera os recursos como meios de obter a reforma das decisões dos tribunais inferiores como resulta do disposto nos arts. 676.º, n.º 1, 680.º, n.º 1 e 690.º, todos do CPC.

Assim, como os recursos são meio de impugnação das decisões dos tribunais inferiores, o seu objecto tem de cingir-se em regra à parte dispositiva destas (art. 684.º, n.º 2, do CPC), encontrando-se, portanto, objectivamente limitado pelas questões postas ao tribunal recorrido. Nesse sentido, os Acs. do STA de 12/6/1991 no recurso n.º 13 169, de 16/10/1991 no Recurso n.º 13 553 e de 22/1/1992 no recurso n.º 13331; do STJ de 27/7/1965 in BMJ 149, pág. 297, de 23/2/78, BMJ, 274.º-191 e de 25/2/93, publicado na CJ-Acórdãos do STJ, Ano I-Tomo I, pág. 151; os Acs. deste TCA de 28/05/02, Rec. n.º 5824/01; 18/02/03, Rec. n.º 7106/02; 20/05/03, Rec. n.º 267/03; 24/06/03, Rec. n.º 246/03 e de 04/11/03, Rec. n.º 421/03 e J.A.Reis CPC Anotado, 5.º-211; A. Varela, Manual Proc. Civil, 1ª ed.-52 e Castro Mendes, Recursos, 1980, 14).

No nosso ordenamento jurídico é sobre o recorrente que impende o ónus de alegar e concluir (cfr. art. 684.º do CPC).

Assentando em que só a decisão é recorrível e não as razões jurídicas em que ela se fundamenta e que, quer no articulado de recurso, quer nas respectivas conclusões, são apontados vícios à sentença da 1ª Instância, tanto basta para que se deva conhecer do objecto do recurso, improcedendo a questão prévia suscitada pela recorrida.

***

Resolvida assim a questão prévia, revendo as conclusões e a factualidade fixada e que se reputa a relevante, enfrentemos agora a questão decidenda que é a da saber se ocorre a ilegalidade da utilização de métodos indiciários.

A impugnante alegou na sua p.i. como causa de pedir a falta de fundamento da aplicação dos métodos indiciários previstos nos arts. 52.º e 77.º do CIRC e 82.º e ss do CIVA, e isso porque, em substância, a AF não põe em causa os elementos contabilísticos da impugnante, que tem como conformes à legislação comercial e Plano Oficial de Contabilidade (POC), pelo que a liquidação em apreço é ilegal por erro de interpretação e aplicação dos citados preceitos legais.

No discurso fundamentador da sentença recorrida, considerou-se que resulta do Relatório da IT constante dos autos, sobre a questão de saber se era ou não necessário o recurso aos métodos indiciários e a existência ou não da fundamentação da utilização deste método, no pressuposto de que este método é excepcional só tendo cabimento quando não for possível a determinação da matéria tributável pelo método directo, como se extrai do referido artigo 81.º do CPT, acaba a Mª Juíza por declarar que, com base em tal Relatório, era possível, quanto a algumas situações, determinar a matéria tributável através da comprovação directa, ou seja através de simples correcções, sendo que o mesmo Relatório é omisso em relação aos motivos da impossibilidade da determinação e quantificação da matéria tributável quanto às demais situações.

Conclui, pois, a Mª Juíza «a quo» que se verifica a falta de fundamentação para ser utilizado o método indiciário.

E o que a recorrente FªPª argumenta é que a Mª Juíza errou ao considerar indevida a aplicação dos métodos indiciários.

Ora, ainda de acordo com a recorrente FªPª, a AF amplamente explanou e provou a verificação dos pressupostos que legitimaram a aplicação de métodos indiciários para o apuramento do lucro tributável de IRC e do IVA, acolhendo as exigências legalmente impostas pelo quadro legal aplicável, ou seja, os artigos 81.º do CPT e, do mesmo modo, o critério utilizado é legalmente aceitável, não merecendo qualquer censura nos termos do art.º 52.º do CIRC.

Quid Juris?

Está em causa uma tributação com base nas operações que o sujeito passivo presumivelmente efectuou e que essa tributação implica a demonstração, por parte da administração fiscal da existência dos factos levados ao relatório da fiscalização, por si entendidos como subsumíveis nos pressupostos e condições legais de tributação do IVA por presunção de operações (arts. 81.º do CPT e 52.º do CIRC e 82.º do CIVA). Sintetizando o seu discurso de apreciação crítica do mérito da causa, na parte que importa à resolução desta questão, verifica-se que a sentença recorrida se estribou no seguinte raciocínio: à administração fiscal cabe demonstrar que praticou os actos de liquidação adicional de IVA por, à face dos factos por si afirmados no relatório consubstanciador da sua fundamentação, se dever considerar o seu convencimento como justificado subjectivamente; ao sujeito passivo competirá a prova de que o facto tributário se não verificou; não conseguindo o contribuinte fazer esta prova, o tribunal deverá concluir pela legalidade da liquidação quando conclua que é justificado o convencimento da administração quanto à existência dos factos por si expostos como fundamentação do acto. E na linha de tal pensamento, a sentença recorrida acabou por ajuizar, após a análise acerca da convincência probatória a atribuir à prova feita pela recorrente e do relatório de fiscalização, que (com sublinhados nossos):

"...a administração fiscal considerou que as incorrecções na contabilização dos descontos financeiros foram deliberadamente praticadas pela impugnante, *como forma de ocultar vendas omitidas.*

Ora, em primeiro lugar, importa considerar que, de facto, se verifica a situação prevista no Art. 51.º/I/d) do CIRC, porquanto, *como bem se demonstra no relatório, além de não ser cumprido o princípio da especialização dos exercícios, os "prémios de pontualidade" atribuídos pela Michelin foram erradamente classificados e contabilizados e, no exercício em análise, verifica-se errada valorização das existências, não sendo estes factos inócuos em termos de resultados do exercício.*

Contudo, nos termos do n.º 2 deste artigo, a aplicação dos métodos indiciários só pode verificar-se quando não seja possível a quantificação directa, através da contabilidade do sujeito passivo, ainda que para tanto haja que proceder a correcções técnicas.

E, aparentemente, era possível a quantificação directa, uma vez que as irregularidades podiam ser tecnicamente corrigidas e, por essa via, apurado o resultado efectivamente obtido.

Sucede que, na óptica da administração fiscal, o sujeito passivo omitiu vendas; situação que confere outro enfoque à questão, na medida em que este facto impossibilita o apuramento do resultado efectivamente obtido, com meras correcções técnicas.

Resulta do relatório que *a suspeita de ocultação de vendas decorre da errada contabilização dos descontos financeiros*; contudo, salvo melhor opinião, a irregularidade em causa não é indício seguro da omissão de vendas. É um indício, isso é certo, mas não é, por si só, suficiente.

Aliás, *no relatório, a existência da intenção de ocultação de vendas omitidas surge como uma mera conjectura, insuficientemente fundamentada, porquanto não apoiada noutros factos ou indícios que, atenta a estrutura, objecto e modo de funcionamento da empresa, necessariamente teriam que existir.*

A conclusão de que houve *omissão de proveitos tinha, portanto, que ser alicerçada também noutros indícios, mormente discrepâncias entre compras, vendas e existências, que o relatório não revela existirem, ressalvada a excepção da falta de facturação de alguns pneus recauchutados; mas esta última omissão não permitia o recurso aos métodos indirectos, na medida em que, atenta a realidade fáctica ("... a empresa factura aos proprietários dos pneus os serviços prestados no momento em que os recebe da empresa especializada que executa o serviço-" cada pneu tem um número próprio, que consta das duas guias de remessa) a determinação dos proveitos omitidos podia ser realizada através dos elementos contabilísticos do sujeito passivo.*

Aqui temos, portanto, um dos casos em que, apesar de comprovada a omissão de vendas e o facto de a contabilidade não reflectir a exacta situação patrimonial e o resultado efectivamente obtido, a administração fiscal não está legitimada a lançar mão dos métodos indiciários.

Acresce referir que *a propalada omissão de vendas* (à parte, portanto, da matéria relativa aos pneus recauchutados), acaba por não ser levada às conclusões do relatório que, *a final, assenta a decisão de aplicação do métodos indiciários nas divergentes margens de lucro obtidas, com e sem a correcta contabilização dos descontos financeiros.*

Contudo, *corrigida a contabilização dos sobreditos descontos, rectificada devia também ser (como, efectivamente, foi) a margem de lucro e pela mesma via (correcções técnicas), já que a administração fiscal não indica quaisquer motivos de descrédito da contabilidade do sujeito passivo e, assim, de impossibilidade de comprovação e quantificação directa e exacta da matéria tributável, conforme lhe era exigido pelo Art. 81.º do CPT.*

Como já foi referido, o Art. 51.º do CIRC não acaba na alínea *d*) do n.º 1. O n.º 2 deste artigo dispõe que a aplicação dos métodos indiciários em consequência de anomalias e incorrecções na contabilidade SÓ poderá verificar-se *quando não seja possível a comprovação e quantificação directa e exacta dos elementos indispensáveis à determinação da matéria colectável, de harmonia com as disposições da secção II deste capítulo.*

Sendo que, quanto à ocorrência deste requisito essencial para o recurso aos métodos indiciários, nada é expressamente dito no relatório, nem pode afirmar-se que deste resulte demonstrada a referida impossibilidade de quantificação directa.

Ora, a alínea *d*) do n.º 1 do Art. 51.º em referência tem de ser conjugada com o n.º 2, posto que "*as simples irregularidades contabilísticas não conduzem por si só, a aplicação deste normativo*" – cfr. E. Pinto Fernandes e Nuno Pinto Fernandes, *Código do Imposto sobre o Ren-*

dimento das Pessoas Colectivas, Anotado e Comentado, Editora Reis dos Livros, 5.ª Edição, 1996, p. 418.

No caso *sub judice, a administração fiscal, simplesmente, partindo apenas da constatação de que as irregularidades contabilísticas que detectou influenciaram o resultado de cada exercício, decidiu aplicar os métodos indiciários; mas sem nunca aludir quaisquer factos ou motivos que lhe permitissem a si, e ao tribunal, concluir que a quantificação directa da matéria tributável não era possível, com os elementos constantes da contabilidade da impugnante.*

Aliás, o que ressalta do relatório é a "certeza" pré existente de que a margem de lucro do sujeito passivo é outra que não a declarada, mas isto não constitui fundamento para aplicação dos métodos indiciários; de molde que, à face da lei, a administração não fundamentou, como era seu dever, que estavam reunidos os pressupostos legalmente previstos para a fixação da matéria tributável por esta via.

Por tudo o que vem considerado, impõe-se concluir pela violação dos Art. 51.º do CIRC e 81.º do CPT, porquanto, na situação vertente, a determinação da matéria tributável através dos métodos indiciários não foi efectuada com observância dos requisitos legalmente estabelecidos para o efeito, pelo que o acto tributário, na parte impugnada, padece de falta de fundamentação e de erro nos seus pressupostos.

E, assim, sendo, não se justifica a tributação em IVA por presunções, mostrando-se igualmente violado o Art. 82.º do CIVA, pelo que o acto impugnado tem de ser anulado na parte correspondente."

Também entendemos que cabe à administração o ónus da prova da verificação dos pressupostos legais (vinculativos) da sua actuação o que vale por dizer, a prova da existência dos factos de que depende legalmente que ela deva agir ou possa agir em certo sentido. Estes, são os factos constitutivos do direito a agir, cuja existência é imposta pelo princípio da legalidade administrativa segundo o qual a administração só pode agir se isso estiver previsto na lei e nada poderá fazer contra a lei.

Donde que à administração cabia o ónus de demonstrar a existência do fundamento legal para a prática do acto em causa, pois só perante a existência daquele está autorizada a actuar, o que está em sintonia com a regra geral do art. 342.º do C. Civil segundo a qual quem invoca um direito tem o ónus de prova dos factos constitutivos, cabendo à contra – parte a prova dos factos impeditivos, modificativos ou extintivos. «In casu», caberá à administração a prova de que se verificam os factos que integrem o fundamento previsto na lei para que seja ela a liquidar adicionalmente o imposto que o contribuinte deixou de liquidar.

Neste campo do ónus da prova, há que assentar que ele corresponde sempre ao resultado de uma valoração que o legislador efectua quanto à distribuição das responsabilidades probatórias relativamente à administração e aos particulares, pelo que os arts. 342.º a 348.º do C. Civil, 78.º e 121.º do CPT e 74.º da LGT representam, o resultado de uma valoração feita pelo legislador relativamente a tal matéria.

Tal como refere José Carlos Vieira de Andrade, in *A Justiça Administrativa (Lições)*, 2ª edição, Coimbra, 1999, págs, 268 e segs. *"o ónus da prova, entendido neste sentido objectivo, vai depender da situação processual das partes, mas – porque depende de valorações normativas e não de imperativos de pura lógica – terá de determinar-se, na ausência de norma expressa, de acordo com um quadro de normalidade concreto ou típico, construído com base nas regras específicas do domínio da vida em causa e nos princípios próprios do direito administrativo".*

Assim, estando, como no caso concreto, a legalidade do agir da administração dependente da verificação dos pressupostos que foram normativamente fixados para o acto em causa que se insere na categoria de actos desfavoráveis para o administrado, impõe-se à administração também a prova da existência desses fundamentos legais, pois isso decorre do princípio da legalidade administrativa.

E, conformemente ao entendimento de que caberá à administração o ónus de prova da verificação dos requisitos legais das decisões positivas desfavoráveis aos administrados, o art. 78.º do C. Proc. Tributário, estatui que *"quando a contabilidade ou escrita do sujeito passivo se mostre organizada segundo a lei comercial ou fiscal, presume-se a veracidade dos dados e apuramentos decorrentes, salvo se se verificarem erros, inexactidões ou outros indícios fundados de que ela não reflecte a matéria tributável efectiva do contribuinte"*, bem como o preceituado no art. 121.º n.º 1 do CPT, ao dispor que *"sempre que da prova produzida resulte a fundada dúvida sobre a existência e quantificação do facto tributário, deverá o acto impugnado ser anulado".*

Consistindo o acto da administração, no caso vertente, a afirmação positiva da prática pelo contribuinte do facto tributário e da sua expressão quantitativa é a ela que incumbe a prova da sua verificação, devendo a dúvida ser resolvida pelo tribunal contra ela.

Na verdade, a administração fiscal está a afirmar a existência do facto tributário a partir da própria contabilidade da e, face ao quadro desenhado na sentença, parece-nos que ocorre a falta de verificação dos pressupostos para recorrer a métodos indiciários.

No nosso sistema fiscal, vigora o princípio da declaração do contribuinte no apuramento da matéria tributável, o que implica um acréscimo dos deveres de colaboração do sujeito passivo para com a AT, entre os quais o de manter uma contabilidade organizada nos termos da lei comercial e fiscal e que permita o apuramento e fiscalização do IRC (arts. 78.º do CPT e 51.º do CIRC) e o da entrega da declaração periódica de.

Nos n.os 1 e 2 do art. 76.º do CPT estabelecia-se:

«1. O processo de liquidação instaura-se com as declarações dos contribuintes ou, na falta ou vício destas, com base em todos os elementos de que disponha a entidade competente.

2. O apuramento da matéria tributável far-se-á com base nas declarações dos contribuintes, desde que sejam apresentadas nos termos previstos na lei e sejam fornecidos à administração fiscal os elementos indispensáveis à verificação da sua situação tributária».

A tal propósito, consideram Alfredo José de Sousa e José da Silva Paixão, que a declaração é um acto pelo qual o contribuinte leva ao conhecimento da Administração Fiscal a existência da matéria tributável que integra o facto tributário, indicando o seu montante e todos os elementos necessários para o cálculo do imposto (encargos, deduções, etc.). A declaração é exigida pela lei e traduz um acto de colaboração do contribuinte face à natureza pública do imposto justificada peta ideia de que a obrigação tributária não é uma obrigação voluntária, contratual, mas o cumprimento de um dever legal. É um acto obrigatório e se o contribuinte, estando nas condições previstas na lei, não o cumprir, está sujeito a sanções (arts. 31.º e 32.º do RJIFNA.

O sistema fiscal português consagra, pois, o método da declaração do contribuinte no apuramento da matéria tributável (arts. 57.º a 61.º do CIRS, 16.º do CIRC e 28.º a 40.º do CIVA).

Todavia, existem situações em que o apuramento da matéria colectável não se fará com base na declaração do contribuinte, a saber: – quando o contribuinte não apresente a declaração, caso em que a AT procederá oficiosamente à sua determinação, com base nos elementos de que dispuser ou que lhe sejam fornecidos pelos serviços de fiscalização; quando, como decorre do citado n.º 2 do art. 76.º do CPT, a declaração não seja apresentada nos termos previstos na lei ou quando o contribuinte não forneça à AT os elementos indispensáveis ao controlo da situação tributária dele; por fim, quando do controlo efectuado resultar que a matéria colectável apurada na declaração ou com base nos elementos por ela fornecidos não corresponde à realidade.

Por força do disposto no art. 78.º do CPT, *«quando a contabilidade ou escrita do sujeito passivo se mostre organizada segundo a lei comercial ou fiscal, presume-se a veracidade dos dados e apuramentos decorrentes, salvo se se verificarem erros, inexactidões ou outros indícios fundados de que ela não reflecte a matéria tributável efectiva do contribuinte»*.

Ora, tendo em conta o que consta do probatório não se justifica o recurso ao falados métodos, embora dele resultem, claramente, omissões de compras e de vendas, situação esta a cair, de pleno, na previsão do art. 82.º do CIVA.

Para que a AF se encontre legitimada a lançar mão do método presuntivo no apuramento do valor tributável, em sede de IVA, não basta que depare com anomalias e incorrecções na contabilidade dos contribuintes, designadamente, quando subsumíveis à al. *d*), do n.º 1, do art. 51.º CIRC: na realidade e por força do preceituado no n.º 2 desse mesmo normativo, era ainda indispensável que, cumulativamente, tais anomalias e incorrecções inviabilizassem a comprovação e quantificação directa e exacta dos elementos indispensáveis à determinação da matéria colectável (condicionalismo que, hoje, também se impõe, face ao preceituado nos arts. 85.º/1 e 87.º e segs. da LGT).

E, segundo o regime específico do CIVA (art. 44.º, n.º 1) o contribuinte terá de organizar a sua contabilidade de modo a permitir o conhecimento claro e inequívoco dos elementos necessários ao cálculo do imposto, bem como a possibilitar o seu controlo, comportando todos os dados necessários ao preenchimento de declaração periódica do imposto, pois de contrário pode a AF procede ao apuramento do mesmo com recurso a presunções ou estimativas nos termos estabelecidos nos arts. 82.º e 84.º n.º 1 do CIVA. O recurso a métodos presuntivos para a determinação do imposto é uma faculdade que assiste ao Fisco, com a margem de livre apreciação conferida pelo n.º 1 do art. 82.º do CIVA, quando haja ***razões fundadas*** para concluir que os valores registados e declarados referentes ao tributo, não correspondem à realidade das transmissões de bens efectuadas.

Institui o art. 82.º do CIVA o poder de a AF proceder à liquidação adicional do IVA, estabelecendo as condições do seu exercício, quais sejam:– figuração nas declarações dos sujeitos passivos de um imposto inferior ou de uma dedução superior aos devidos e demonstração, i. é, declaração externadora justificativa de tal facto.

Teria por isso a AF de demonstrar, sem margens para dúvidas, a existência de omissões ou inexactidões na contabilidade da impugnante, já que a previsão do n.º 1 do art. 84.º do CIVA aponta para a necessidade de recorrer a presunções ou estimativas por carência de elementos que permitam apurar claramente o imposto, procedendo à rectificação de declarações ou à correcção oficiosa, de acordo com os arts. 82.º, 83.º e 83.º-A do mesmo Código.

Em suma: – conjugando o disposto nos arts. 82.º e 84.º, deve concluir-se que a AF poderá recorrer ao critério de apuramento do volume de negócios por estimativas ou presunções, dependendo unicamente dos seguintes condicionalismos:–

Portanto, quando a declaração do contribuinte estiver de acordo com os elementos constantes da sua contabilidade ou escrita, esta se mostrar organizada nos termos da lei e não se verificarem erros, inexactidões ou outros indícios fundados de que ela não corresponde à realidade, presume-se que a matéria tributável declarada é a real.

E, como resulta do disposto no art. 51.º do CIRC[1], a AT só poderá rectificar as declarações dos sujeitos passivos e proceder à correspondente liquidação adicional quando fundamentadamente considere que nelas figura um imposto inferior ao devido.

Nestes casos, permite-se à AT que seja ela a quantificar a matéria tributável, *o que será feito por métodos directos, no caso de tal ser possível e, não sendo possível, com recurso a métodos de prova indirecta ou presunções*, impondo neste caso a lei que a AT especifique os motivos daquela impossibilidade (cfr. art. 81.º do CPT).

Em sede de IRC, a determinação da matéria tributável por métodos indiciários só poderá ter lugar quando se verifique um dos seguintes factos previstos no n.º 1 do art. 51.º do CIRC:

«*a*) Inexistência de contabilidade, falta ou atraso de escrituração dos seus livros e registos e, bem assim, irregularidades na sua organização ou execução;

b) Recusa de exibição da contabilidade e demais documentos legalmente exigidos, bem como a sua ocultação, destruição, inutilização, falsificação ou viciação;

c) Existência de diversas contabilidade com propósito de dissimular a realidade perante a administração fiscal;

d) Erros e inexactidões na contabilização das operações ou indícios fundados de que a contabilidade não reflecte a exacta situação patrimonial e o resultado efectivamente obtido».

Nos autos está em causa a avaliação indirecta da matéria colectável.

Conceptualmente, em termos gerais e como decorre hoje do disposto no n.º 2 do art. 87.º da LGT, procede-se à avaliação indirecta nas situações em que não exis-

[1] Como decorre do Acórdão do STA de 11/11/2003, tirado no recurso n.º 401/03 e evocado na douta sentença recorrida, também em sede de IVA a determinação da matéria tributável por métodos indiciários *só poderá ocorrer quando se verifique um dos factos previstos no art. 51.º do CIRC.*

tem elementos fiáveis e suficientes para demonstrar exactamente o valor dos rendimentos ou bens ou serviços sujeitos a tributação e, por essa razão, a sua tributação é feita com base em indícios, presunções ou outros elementos de que a AT disponha, inclusivamente aqueles que poderiam ser utilizados na avaliação directa.

A avaliação indirecta é, de resto, excepcional, a ela apenas se procedendo quando não seja viável a determinação da matéria tributável por meio da avaliação directa, seja por falta de elementos para se operar com esta, seja por existirem razões para suspeitar que o valor a que conduz a aplicação dos métodos de avaliação directa não é a matéria tributável real – cfr. arts. 87.º, n.º 1, al. *c*), e 89.º da LGT).[2]

Tendo isso presente, volta a cogitar-se que para que o apuramento do IVA se faça com recurso a métodos indiciários (avaliação indirecta) não basta que a contabilidade do contribuinte não mereça credibilidade, por existência de irregularidades, inexactidões ou falsidade, sendo ainda necessário que não seja de todo possível efectuar esse cálculo com base na contabilidade ou em elementos concretos fornecidos pelo contribuinte ou ao dispor da AT.

A fixação da matéria tributável por métodos indiciários constitui, pois, um método excepcional de tributação do rendimento que, em regra, se fará com base na declaração do sujeito passivo, alicerçada nos elementos constantes da respectiva contabilidade.

Será que «*in casu*» estavam verificados os pressupostos que permitem à AT, afastando-se dos valores declarados pela ora recorrente, recorrer a estimativas ou presunções para determinar a matéria tributável?

Como já se disse, é à AT que compete demonstrar, fundamentadamente, *não só que a contabilidade não merece confiança, mas também que não é possível a determinação da matéria tributável por métodos directos, para que seja possível recorrer a estimativas ou presunções (métodos indiciários)* na fixação da matéria tributável. Realizada essa demonstração, cabe então ao contribuinte demonstrar, e não só gerar fundada dúvida, que houve «erro ou manifesto excesso na matéria tributável quantificada» (cfr. art. 121.º, n.º 3, do CPT).

No caso dos autos a AT, depois de efectuar as diligências que teve por adequadas, veio a concluir que a contabilidade da Contribuinte, não obstante a sua correcção formal, não merecia credibilidade, pelas razões expostas na sentença e que inteiramente se acolhem.

Perante esse enquadramento, não merece qualquer censura a afirmação da AT que considerou justificada a conclusão de que a contabilidade da Contribuinte, apesar da sua regularidade formal, não era merecedora de credibilidade por não espelhar a situação patrimonial da empresa.

Mas será isso bastante para se determinar pela aplicação dos métodos indiciários?

Relembre-se que a AT só deverá legalmente partir para o apuramento da matéria tributável por métodos indirectos se conseguir demonstrar *que a contabilidade do contribuinte não é merecedora de credibilidade e que não pode quantificar directa e exactamente a matéria tributável, que não pode apurar directamente a matéria tributável através das chamadas correcções técnicas, por não dispor da totalidade dos elementos indispensáveis para esse efeito.*

A essa luz e tendo em conta a factualidade vertida no probatório, é forçoso concluir que, embora a AT haja considerado estarem verificadas as situações previstas no art. 51.º do CIRC, que legitimam a fixação da matéria tributável por métodos indiciários, considerou apenas que existiam indícios fundados de que a contabilidade da Contribuinte não reflectia a exacta situação patrimonial e o resultado efectivamente obtido, ou seja, que a contabilidade não merece credibilidade, pois quanto à impossibilidade de comprovar e quantificar, directa e exactamente, o volume de negócios da Contribuinte por falta dos elementos pertinentes para esse efeito, acaba por remeter em termos decisivos, para a escrita da própria impugnante da qual constavam os elementos sobre a existência e quantum das operações havidas em 1991.

Ora, dos elementos de suporte do acto tributário, vê-se claramente que a AF não provou a verificação de nenhuma das situações tipificadas no art. 51.º do CIRC legitimantes da aplicação dos métodos indiciários, já que segundo a AT o sujeito passivo omitiu vendas, o que, à partida, configura a impossibilidade do apuramento do resultado efectivamente obtido por meras correcções técnicas.

Mas isso, como decorre do relatório e demonstra com argúcia a sentença recorrida, constitui suspeita de ocultação de vendas decorre da errada contabilização dos descontos financeiros, inexistindo outros factos ou indícios que, atenta a estrutura, objecto e modo de funcionamento da empresa, necessariamente teriam que existir (v.g., como refere a sentença, discrepâncias entre compras, vendas e existências, que o relatório não revela existirem, ressalvada a excepção da falta de facturação de alguns pneus recauchutados; mas esta última omissão não permitia o recurso aos métodos indirectos, na medida em que, atenta a realidade fáctica ("... a empresa factura aos proprietários dos pneus os serviços prestados no momento em que os recebe da empresa especializada que executa o serviço" cada pneu tem um número próprio, que consta das duas guias de remessa; desiderato em que a determinação dos proveitos omitidos podia ser realizada através dos elementos contabilísticos do sujeito passivo).

Por outro lado, a falada omissão de vendas que só alcança relativa concretude no relatório no atinente aos pneus recauchutados, nem sequer foi considerada nas conclusões do relatório. Significa que o *modus operandi* da AT na aplicação dos métodos indiciários se guindou às divergentes margens de lucro obtidas, com e sem a correcta contabilização dos descontos financeiros pelo que, como sagazmente afirma a Mª Juíza, corrigida a contabilização dos sobreditos descontos, rectificada devia também ser (como, efectivamente, foi) a margem de lucro e pela mesma via (correcções técnicas), já que a administração fiscal não indica quaisquer motivos de descrédito da contabilidade do sujeito passivo e, assim, de impossibilidade de comprovação e quantificação directa e exacta da matéria tributável, conforme lhe era exigido pelo Art. 81.º do CPT.

Assim, a administração fiscal não especificou os motivos da impossibilidade da comprovação e quantificação directa e exacta da matéria tributável, radicando o problema em que a AF partiu de conclusões não demonstradas (por alegada falta de tempo) segundo

[2] Nesse sentido, o Ac. deste TCAS de 05/08/04, no Recurso n.º 163/04.

os parâmetros legais definidos no art. 51.º do CIRC, para aplicar os métodos indiciários.

Com efeito e na esteira da sentença, a AT não especificou os motivos da impossibilidade da comprovação e quantificação directa e exacta da matéria tributável, nos termos exigidos pelo Art. 81.º do CPT, antes se limitou a não aceitar os resultados apurados pela impugnante, pelo facto de não coincidirem com aqueles que a administração apurou e considerou como razoáveis mas sem nunca aludir quaisquer factos ou motivos que lhe permitissem concluir que a quantificação directa da matéria tributável não era possível, com os elementos constantes da contabilidade.

Daí o bem fundado do julgado: a administração não provou, como lhe competia, que, não obstante as anomalias ou incorrecções detectadas na contabilidade da impugnante, existissem indícios de que a contabilidade não reflectia a exacta situação patrimonial e resultado efectivamente obtido e, bem assim, que não era possível a comprovação e quantificação directa e exacta da matéria tributável, segundo os princípios contabilísticos constantes do Art. 17.º e seguintes do CIRC, pelo que se mostram violados os Art. 51ª do CIRC e 81.º do CPT."

É que, mesmo a verificar-se tal impossibilidade, teria a AT que afirmá-la e demonstrá-la, o que não fez já que, embora a contabilidade da impugnante ostentasse as assinaladas irregularidades, não se demonstra que a falta de crédito da mesma não era suficiente para que, com base nela, não se procedesse às liquidações.

Quando a AT fala de omissão de vendas teria que fundamentar tal conclusão como era seu dever e o facto de determinadas operações não serem contabilizadas nas contas devidas mas em outras contas não permite só por si concluir que houve omissão de contabilização de vendas. Em tal conspecto, a AT tinha elementos para ter procedido ao cálculo da matéria tributável através de simples operações correctivas.

Termos em que se confirma a decisão recorrida e se nega provimento ao recurso.

3. DECISÃO

Nestes termos, acordam os juizes deste TCAS em:

Negar provimento ao recurso interposto pela Fazenda Pública;

Sem custas por delas estar isenta a parte vencida.

Lisboa, 1 de Março de 2005

Gomes Correia
Casimiro Gonçalves
Ascensão Lopes

Recurso n.º 404/04

IMPUGNAÇÃO JUDICIAL DE IRS. ILEGAL APLICAÇÃO DOS MÉTODOS INDICIÁRIOS.

(Acórdão de 25 de Janeiro de 2005)

SUMÁRIO:

I – No nosso sistema fiscal vigora o princípio da declaração do contribuinte no apuramento da matéria tributável, o que implica um acréscimo dos deveres de colaboração do sujeito passivo para com a AT, entre os quais o de manter uma contabilidade organizada nos termos da lei comercial e fiscal e que permita o apuramento e fiscalização do imposto IVA (arts. 78.º do CPT, em vigor à data dos factos).

II – Excepcionalmente, quando a AT, através do controlo efectuado à situação tributária do contribuinte, fundamentadamente considere que nas declarações figura um imposto inferior ou uma dedução superior aos devidos, a lei permite-lhe que seja ela a quantificar a matéria tributável, o que será feito por métodos directos, no caso de tal ser possível e, não sendo possível, com recurso a métodos de prova indirecta ou presunções, impondo neste caso a lei que a AT especifique os motivos daquela impossibilidade (cfr. arts. 38.º, n.º 1, do CIRS, 51.º e 52.º do CIRC e 81.º do CPT).

III – Ainda que a AT demonstre a existência de factos que permitem concluir que a contabilidade do contribuinte não merece credibilidade, não está legitimada a partir para a tributação por métodos indiciários se não alega e demonstra a impossibilidade de apurar a matéria tributável por métodos directos, ou seja, a impossibilidade de comprovar e quantificar, directa e exactamente, o volume de negócios da Contribuinte por falta dos elementos pertinentes para esse efeito.

IV – A AT não cumpre esse ónus na situação em que se apura que da própria escrita da impugnante existem elementos sobre as transacções efectuadas pela impugnante com uma firma estrangeira e o respectivo *quantum* e isso porque os SFT detectaram a falta do registo contabilístico relativamente à documentação das transacções comerciais entre elas, no exercício de 1990.

V – Assim, na contabilidade da impugnante foram elementos sobre a existência e quantificação dessas operações que aquela omitiu, situação que também ocorrera no atinente ao exercício de 1989, relativamente ao qual foram feitas correcções dos rendimentos declarados de forma directa e exacta segundo critérios objectivos e de acordo com os elementos de escrituração do impugnante, pelo que inexistem razões que impossibilitem a AF de efectuar o apuramento do rendimento real efectivo relativamente ao ano de 1990, por mera correcções técnicas

(avaliação directa), sendo ilegal a aplicação dos métodos indiciários.

ACORDA-SE, EM CONFERÊNCIA, NA SECÇÃO DE CONTENCIOSO TRIBUTÁRIO (2.ª SECÇÃO) DO TRIBUNAL CENTRAL ADMINISTRATIVO SUL:

1. RELATÓRIO

1.1. Inconformada com a sentença de fls. 96-102 do TAF de Leiria que julgou procedente esta impugnação judicial, deduzida por **Carlos Manuel da Silva Reis** contra liquidação adicional de IRS do ano de 1990, **a Fazenda Pública interpôs da mesma recurso para o STA**, culminando a atinente alegação com as seguintes conclusões:

A) A AF amplamente explanou e provou a verificação dos pressupostos que legitimaram a aplicação de métodos indiciários para o apuramento do lucro tributável de IRS.

B) Acolhendo as exigências legalmente impostas pelo quadro legal aplicável, ou seja, os artigos 81.º do CPT e 38.º do CIRS.

C) Do mesmo modo, o critério utilizado é legalmente aceitável, não merecendo qualquer censura.

D) Nos termos do art.º 52.º do CIRC, *ex vi* art.º 38.º do CIRS.

E) No entanto, a sentença, paradoxalmente, parece entender que tendo a AF, em relação ao ano de 1989, detectado omissões de prestações de serviços e tendo logrado nesse ano logrado nesse ano quantificá-las, não o conseguindo fazer no ano seguinte, em nome de uma duvidosa "coerência" de métodos, em vez de tributar com recurso a métodos indiciários, haveria de, pura e simplesmente, se abster de o fazer.

F) O que parece "desculpabilizar" o facto de que a total impossibilidade de determinação directa e exacta da matéria tributável advém da falta de informação contabilística credível da estrita responsabilidade do impugnante.

G) O critério utilizado, num tempo em que o elenco do actual art. 90.º da LGT não existia, (é) um critério preciso, determinado, enfim, objectivo que sempre permitiu todas as defesas ao impugnante.

H) Estando devidamente fundamentado, não colidindo com o disposto no art. 81.º do CPT que lhe é aplicável.

I) Donde que se afirme a sua legalidade.

J) A sentença fez errada interpretação do art. 81.º do CPT.

K) E, também, dos arts. 38.º do CIRS e 52.º do CIRC.

Não houve contra-alegações.

O STA declarou-se incompetente em razão da hierarquia e, remetidos os autos a este TCAS, o EMMP pronunciou-se no sentido de que resulta do Relatório da IT a fls.23 a patente falta de registo de operações efectuadas com a firma Del Rey Plásticos Co., e a falta de emissão dos respectivos recibos, mas é questionável se era ou não necessário o recurso aos métodos indiciários e a existência ou não da fundamentação da utilização deste método. A utilização deste método é excepcional só tendo cabimento quando não for possível a determinação da matéria tributável pelo método directo, como se extrai do referido artigo 81.º do CPT.

Ora, do Relatório da IT de fls. 12 e seguintes conclui-se que, à semelhança do que aconteceu para o exercício de 1989, era possível determinar a matéria tributável através da comprovação directa, ou seja através de simples correcções.

Também o mesmo Relatório é omisso em relação aos motivos da impossibilidade da determinação e quantificação da matéria tributável.

Conclui, pois, o EPGA que se verifica a falta de fundamentação para ser utilizado o método indiciário, devendo deve ser confirmada a sentença.

Satisfeitos os vistos legais, cumpre decidir.

2. FUNDAMENTAÇÃO

2.1 Dos factos

Na sentença recorrida fixou-se a seguinte tela factual, com a fundamentação que dela consta:

1 – Em resultado de acção de verificação pelos Serviços de Inspecção, foram efectuadas ao impugnante determinadas correcções ao rendimento colectável do exercício de 1990,constante da Declaração de Rendimentos daquele ano, tendo sido fixado um rendimento colectável de Esc 4.604.3 85 (cfr. despacho de fixação do rendimento colectável a fls 79 e 79 v.).

2 – As correcções mencionadas em I fundamentaram-se no Relatório de Fiscalização Externa elaborado por aquela inspecção, em 5 de Junho de 1992, cujo conteúdo se dá aqui por reproduzido e do qual consta, designadamente, o seguinte:

"... b) Prestação de Serviços

Conforme anexo 10 fls 4 verifica-se que o contribuinte, durante o ano de 1990, continua a prestar serviços à firma "Dei Rey Plastics Co." Não tendo emitido recibo, nem registado as importâncias recebidas no livro de Registo de Serviços Prestados.

Outro indicador de que o nível de actividade aumentou foram os acréscimos de custos em energia... comunicação... e bens de consumo.... pelo que as receitas de 1990 não podem ser inferiores às de 1989....".

3 – Dão-se aqui por reproduzidas as fotocópias dos documentos de fls 49 dos autos, os quais se referem ao anexo 10, fls 4 do relatório referido em 2.

***

Factos não Apurados

Dos factos constantes da impugnação, todos objecto de análise concreta, não se provaram os que não constam da factualidade supra descrita.

A decisão da matéria de facto efectuou-se com base no exame dos documentos e informações oficiais, não impugnados que dos autos constam, tudo conforme referido a propósito de cada uma das alíneas do probatório.

2.2. Do direito

Atentas aquelas conclusões e a factualidade fixada e que se reputa a relevante, vejamos qual a sorte do recurso em que a questão decidenda é a da saber se ocorre o vício de falta de fundamentação do acto de fixação da matéria tributável e o alegado erro nos pressupostos da determinação daquela matéria com base em métodos indiciários, ou, numa outra formulação, saber da ilegalidade da utilização de métodos indiciários.

O impugnante alegou na sua p.i. como causas de pedir a falta de fundamentação do acto de fixação da matéria tributável e o erro nos pressupostos da determinação de tal matéria com base em métodos indiciários.

Do discurso fundamentador da sentença recorrida a que o EMPP junto deste TCAS aderiu, considerou-se que resulta do Relatório da IT constante de fls.23 a patente falta de registo de operações efectuadas com a firma Del Rey Plásticos Co., e a falta de emissão dos respectivos recibos.

Todavia, sobre a questão de saber se era ou não necessário o recurso aos métodos indiciários e a existência ou não da fundamentação da utilização deste método, no pressuposto de que este método é excepcional só tendo cabimento quando não for possível a determinação da matéria tributável pelo método directo, como se extrai do referido artigo 81.º do CPT, acabam o M.º Juiz e o EPGA por concluir que, com base no Relatório da IT de fls. 12 e seguintes, à semelhança do que aconteceu para o exercício de 1989, era possível determinar a matéria tributável através da comprovação directa, ou seja através de simples correcções, sendo que o mesmo Relatório é omisso em relação aos motivos da impossibilidade da determinação e quantificação da matéria tributável.

Concluem, pois, o M.º Juiz «a quo» e o EPGA que se verifica a falta de fundamentação para ser utilizado o método indiciário, devendo deve ser confirmada a sentença.

E o que a recorrente FªPª argumenta é que o M.º Juiz errou ao considerar indevida a aplicação dos métodos indiciários e incorrecta a quantificação.

Ora, ainda de acordo com a recorrente FªPª, a AF amplamente explanou e provou a verificação dos pressupostos que legitimaram a aplicação de métodos indiciários para o apuramento do lucro tributável de IRS, acolhendo as exigências legalmente impostas pelo quadro legal aplicável, ou seja, os artigos 81.º do CPT e 38.º do CIRS e, do mesmo modo, o critério utilizado é legalmente aceitável, não merecendo qualquer censura nos termos do art. 52.º do CIRC, *ex vi* art. 38.º do CIRS.

Quid Juris?

Está em causa uma tributação com base nas operações que o sujeito passivo presumivelmente efectuou e que essa tributação implica a demonstração, por parte da administração fiscal da existência dos factos levados ao relatório da fiscalização, por si entendidos como subsumíveis nos pressupostos e condições legais de tributação do IRS por presunção de operações (arts. 81.º do CPT, 38.º do CIRS e 52 do CIRC). Sintetizando o seu discurso de apreciação crítica do mérito da causa, na parte que importa à resolução desta questão, verifica-se que a sentença recorrida se estribou no seguinte raciocínio: à administração fiscal cabe demonstrar que praticou os actos de liquidação adicional de IRS por, à face dos factos por si afirmados no relatório consubstanciador da sua fundamentação, se dever considerar o seu convencimento como justificado subjectivamente; ao sujeito passivo competirá a prova de que o facto tributário se não verificou; não conseguindo o contribuinte fazer esta prova, o tribunal deverá concluir pela legalidade da liquidação quando conclua que é justificado o convencimento da administração quanto à existência dos factos por si expostos como fundamentação do acto. E na linha de tal pensamento, a sentença recorrida acabou por ajuizar, após a análise acerca da convincência probatória a atribuir à prova feita pela recorrente e do relatório de fiscalização, que:

"Que o impugnante sabia da motivação daquelas correcções, resulta claramente da sua argumentação na p.i., nos art.ºs 20.º a 59.º, em que se reconhece que as razões invocadas pela Adm. Fiscal baseadas na prestação de serviços a uma entidade estrangeira e no acréscimo dos custos com bens de consumo, justificaram aquela decisão.

Por todo o exposto conclui-se que a fundamentação de facto e de direito daquela determinação do lucro tributável por métodos indiciários resultou do entendimento de que as faltas de registo de operações efectuadas com um cliente estrangeiro e sem emissão dos respectivos recibos, consubstanciavam factos determinativos da aplicação de métodos indiciários na sua fixação.

No entanto a questão não se esgota aí porquanto o n.º 2 do art.º 38.º do CIRS conjugado com o art. 81.º do CPT, veio estabelecer a necessidade daquela

fundamentação especificar, além dos critérios utilizados na sua determinação, "... os motivos da impossibilidade de comprovação e quantificação directas exacta da matéria tributável"– no sentido de maior exigência da fundamentação por métodos indiciários no confronto daquele preceito com o dever geral de fundamentação vertido no art. 82.º do CPT, vd Acórdão do STA, de 28 de Janeiro de 1998, Rec. N.º 21.331. A sua ausência determinará a anulabilidade da decisão controvertida. Ora, tendo sido apurado em relação a 1989 os pagamentos em falta, os quais determinaram as correcções dos rendimentos declarados, feita de forma directa e exacta segundo critérios objectivos e de acordo com os elementos de escrituração do impugnante, do relatório mencionado no ponto 2 do probatório supra, não se descortinam razões que não permitiram à Adm. efectuar aquele apuramento do rendimento real efectivo relativamente ao ano de 1990 e que dessa circunstância resultasse a necessidade de recorrer àqueles métodos indirectos para a sua determinação. Quanto ao alegado erro sobre os pressupostos da determinação daquela matéria com base em métodos indiciários, igualmente não parece ser de sustentar, com base apenas no eventual envio de correspondência postal entre o impugnante e o referido cliente estrangeiro (cfr ponto 3 do probatório), que terá havido necessariamente, tais prestações de serviços do 1.º em beneficio do 2.º, não declaradas e registadas nos respectivos livros de escrituração do impugnante."

Também entendemos que cabe à administração o ónus da prova da verificação dos pressupostos legais (vinculativos) da sua actuação o que vale por dizer, a prova da existência dos factos de que depende legalmente que ela deva agir ou possa agir em certo sentido. Estes, são os factos constitutivos do direito a agir, cuja existência é imposta pelo princípio da legalidade administrativa segundo o qual a administração só pode agir se isso estiver previsto na lei e nada poderá fazer contra a lei.

Donde que à administração cabia o ónus de demonstrar a existência do fundamento legal para a prática do acto em causa, pois só perante a existência daquele está autorizada a actuar, o que está em sintonia com a regra geral do art. 342.º do C. Civil segundo a qual quem invoca um direito tem o ónus de prova dos factos constitutivos, cabendo à contra – parte a prova dos factos impeditivos, modificativos ou extintivos. «In casu», caberá à administração a prova de que se verificam os factos que integrem o fundamento previsto na lei para que seja ela a liquidar adicionalmente o imposto que o contribuinte deixou de liquidar.

Neste campo do ónus da prova, há que assentar que ele corresponde sempre ao resultado de uma valoração que o legislador efectua quanto à distribuição das responsabilidades probatórias relativamente à administração e aos particulares, pelo que os arts. 342.º a 348.º do C. Civil, 78.º e 121.º do CPT e 74.º da LGT representam, o resultado de uma valoração feita pelo legislador relativamente a tal matéria.

Tal como refere José Carlos Vieira de Andrade, in *A Justiça Administrativa (Lições)*, 2ª edição, Coimbra, 1999, págs, 268 e segs. *"o ónus da prova, entendido neste sentido objectivo, vai depender da situação processual das partes, mas – porque depende de valorações normativas e não de imperativos de pura lógica – terá de determinar-se, na ausência de norma expressa, de acordo com um quadro de normalidade concreto ou típico, construído com base nas regras específicas do domínio da vida em causa e nos princípios próprios do direito administrativo"*

Assim, estando, como no caso concreto, a legalidade do agir da administração dependente da verificação dos pressupostos que foram normativamente fixados para o acto em causa que se insere na categoria de actos desfavoráveis para o administrado, impõe-se à administração também a prova da existência desses fundamentos legais, pois isso decorre do princípio da legalidade administrativa.

E, conformemente ao entendimento de que caberá à administração o ónus de prova da verificação dos requisitos legais das decisões positivas desfavoráveis aos administrados, o art. 78.º do C. Proc. Tributário, estatui que *"quando a contabilidade ou escrita do sujeito passivo se mostre organizada segundo a lei comercial ou fiscal, presume-se a veracidade dos dados e apuramentos decorrentes, salvo se se verificarem erros, inexactidões ou outros indícios fundados de que ela não reflecte a matéria tributável efectiva do contribuinte"*, bem como o preceituado no art. 121.º n.º 1 do CPT, ao dispor que *"sempre que da prova produzida resulte a fundada dúvida sobre a existência e quantificação do facto tributário, deverá o acto impugnado ser anulado"*.

Consistindo o acto da administração, no caso vertente, a afirmação positiva da prática pelo contribuinte do facto tributário e da sua expressão quantitativa é a ela que incumbe a prova da sua verificação, devendo a dúvida ser resolvida pelo tribunal contra ela.

Na verdade, a administração fiscal está a afirmar a existência do facto tributário a partir da própria contabilidade da impugnante sobre as transacções efectuadas pela impugnante com uma firma estrangeira, a Del Rey Plásticos Co., e isso porque os SFT detectaram a falta do registo contabilístico relativamente à documentação das transacções comerciais entre elas, no exercício de 1990 – relatório da fiscalização (fls. 12).

Assim, na contabilidade da impugnante foram elementos sobre a existência e quantificação dessas operações que aquela omitiu, situação que também ocorrera no atinente ao exercício de 1989, relativamente ao qual foram feitas correcções dos rendimentos declarados de forma directa e exacta segundo critérios objectivos e de acordo com os elementos de escrituração do impugnante, pelo que, na senda da sentença recorrida e do EPGA, não se descortinam razões que impossibilitem a AF de efectuar o apuramento do rendimento real efectivo relativamente ao ano de 1990.

Face a este quadro, parece-nos que ocorre a falta de verificação dos pressupostos para recorrer a métodos indiciários.

No nosso sistema fiscal, vigora o princípio da declaração do contribuinte no apuramento da matéria tributável, o que implica um acréscimo dos deveres de colaboração do sujeito passivo para com a AT, entre os quais o de manter uma contabilidade organizada nos termos da lei comercial e fiscal e que permita o apuramento e fiscalização do IRS (arts. 78.º do CPT e 38.º, n.º 1, alínea e) do CIRS) e o da entrega da declaração periódica de.

Nos n.os 1 e 2 do art. 76.º do CPT estabelecia-se:

«1. O processo de liquidação instaura-se com as declarações dos contribuintes ou, na falta ou vício destas, com base em todos os elementos de que disponha a entidade competente.

2. O apuramento da matéria tributável far-se-á com base nas declarações dos contribuintes, desde que sejam apresentadas nos termos previstos na lei e sejam fornecidos à administração fiscal os elementos indispensáveis à verificação da sua situação tributária».

A tal propósito, consideram Alfredo José de Sousa e José da Silva Paixão, que a declaração é um acto pelo qual o contribuinte leva ao conhecimento da Administração Fiscal a existência da matéria tributável que integra o facto tributário, indicando o seu montante e todos os elementos necessários para o cálculo do imposto (encargos, deduções, etc.). A declaração é exigida pela lei e traduz um acto de colaboração do contribuinte face à natureza pública do imposto justificada peta ideia de que a obrigação tributária não é uma obrigação voluntária, contratual, mas o cumprimento de um dever legal. É um acto obrigatório e se o contribuinte, estando nas condições previstas na lei, não o cumprir, está sujeito a sanções (arts. 31.º e 32.º do RJIFNA.

O sistema fiscal português consagra, pois, o método da declaração do contribuinte no apuramento da matéria tributável (arts. 57.º a 61.º do CIRS, 16.º do CIRC e 28.º a 40.º do CIVA).

Todavia, existem situações em que o apuramento da matéria colectável não se fará com base na declaração do contribuinte, a saber: – quando o contribuinte não apresente a declaração, caso em que a AT procederá oficiosamente à sua determinação, com base nos elementos de que dispuser ou que lhe sejam fornecidos pelos serviços de fiscalização; quando, como decorre do citado n.º 2 do art. 76.º do CPT, a declaração não seja apresentada nos termos previstos na lei ou quando o contribuinte não forneça à AT os elementos indispensáveis ao controlo da situação tributária dele; por fim, quando do controlo efectuado resultar que a matéria colectável apurada na declaração ou com base nos elementos por ela fornecidos não corresponde à realidade.

Por força do disposto no art. 78.º do CPT, *«quando a contabilidade ou escrita do sujeito passivo se mostre organizada segundo a lei comercial ou fiscal, presume-se a veracidade dos dados e apuramentos decorrentes, salvo se se verificarem erros, inexactidões ou outros indícios fundados de que ela não reflecte a matéria tributável efectiva do contribuinte»*.

Portanto, quando a declaração do contribuinte estiver de acordo com os elementos constantes da sua contabilidade ou escrita, esta se mostrar organizada nos termos da lei e não se verificarem erros, inexactidões ou outros indícios fundados de que ela não corresponde à realidade, presume-se que a matéria tributável declarada é a real.

E, como resulta do disposto no art. 38.º do CIRS, a AT só poderá rectificar as declarações dos sujeitos passivos e proceder à correspondente liquidação adicional quando fundamentadamente considere que nelas figura um imposto inferior ao devido.

Nestes casos, permite-se à AT que seja ela a quantificar a matéria tributável, *o que será feito por métodos directos, no caso de tal ser possível e, não sendo possível, com recurso a métodos de prova indirecta ou presunções*, impondo neste caso a lei que a AT especifique os motivos daquela impossibilidade (cfr. art. 81.º do CPT).

Também em sede de IRS, a determinação da matéria tributável por métodos indiciários só poderá ter lugar quando se verifique um dos seguintes factos previstos no n.º 1 do art. 51.º do CIRC:

«*a*) Inexistência de contabilidade, falta ou atraso de escrituração dos seus livros e registos e, bem assim, irregularidades na sua organização ou execução;

b) Recusa de exibição da contabilidade e demais documentos legalmente exigidos, bem como a sua ocultação, destruição, inutilização, falsificação ou viciação;

c) Existência de diversas contabilidade com propósito de dissimular a realidade perante a administração fiscal;

d) Erros e inexactidões na contabilização das operações ou indícios fundados de que a contabilidade não reflecte a exacta situação patrimonial e o resultado efectivamente obtido».

Nos autos está em causa a avaliação indirecta da matéria colectável.

Conceptualmente, em termos gerais e como decorre hoje do disposto no n.º 2 do art. 87.º da LGT, procede-se à avaliação indirecta nas situações em que não existem elementos fiáveis e suficientes para demonstrar exactamente o valor dos rendimentos ou bens ou serviços sujeitos a tributação e, por essa razão, a sua tributação é feita com base em indícios, presunções ou outros elementos de que a AT disponha, inclusivamente aqueles que poderiam ser utilizados na avaliação directa.

A avaliação indirecta é, de resto, excepcional, a ela apenas se procedendo quando não seja viável a determinação da matéria tributável por meio da avaliação directa, seja por falta de elementos para se operar com esta, seja por existirem razões para suspeitar que o valor a que conduz a aplicação dos métodos de avaliação directa não é a matéria tributável real – cfr. arts. 87.º, n.º 1, al. *c*), e 89.º da LGT).[1]

Tendo isso presente, cogite-se que para que o apuramento do IRS se faça com recurso a métodos indiciários (avaliação indirecta) não basta que a contabilidade do contribuinte não mereça credibilidade, por existência de irregularidades, inexactidões ou falsidade, sendo ainda necessário que não seja de todo possível efectuar esse cálculo com base na contabilidade ou em elementos concretos fornecidos pelo contribuinte ou ao dispor da AT.

A fixação da matéria tributável por métodos indiciários constitui, pois, um método excepcional de tributação do rendimento que, em regra, se fará com base na declaração do sujeito passivo, alicerçada nos elementos constantes da respectiva contabilidade.

Será que «*in casu*» estavam verificados os pressupostos que permitem à AT, afastando-se dos valores declarados pela ora recorrente, recorrer a estimativas ou presunções para determinar a matéria tributável?

Como já se disse, é à AT que compete demonstrar, fundamentadamente, *não só que a contabilidade não merece confiança, mas também que não é possível a determinação da matéria tributável por métodos directos, para que seja possível recorrer a estimativas ou presunções (métodos indiciários)* na fixação da matéria tributável. Realizada essa demonstração, cabe então ao contribuinte demonstrar, e não só gerar fundada dúvida, que houve «erro ou manifesto excesso na matéria tributável quantificada» (cfr. art. 121.º, n.º 3, do CPT).

No caso dos autos a AT, depois de efectuar as diligências que teve por adequadas, veio a concluir que a contabilidade da Contribuinte, não obstante a sua correcção formal, não merecia credibilidade, por nela se terem omitido as transacções com a firma estrangeira já identificada.

Perante esse enquadramento, não merece qualquer censura a afirmação da AT que considerou justificada a conclusão de que a contabilidade da Contribuinte, apesar da sua regularidade formal, não era merecedora de credibilidade por não espelhar a situação patrimonial da empresa.

Mas será isso bastante para se determinar pela aplicação dos métodos indiciários?

Relembre-se que a AT só deverá legalmente partir para o apuramento da matéria tributável por métodos indirectos se conseguir demonstrar *que a contabilidade do contribuinte não é merecedora de credibilidade e que não pode quantificar directa e exactamente a matéria tributável, que não pode apurar directamente a matéria tributável através das chamadas correcções técnicas, por não dispor da totalidade dos elementos indispensáveis para esse efeito.*

A essa luz e tendo em conta a factualidade vertida no probatório, é forçoso concluir que, embora a AT haja considerado estarem verificadas as situações previstas nos arts. 38.º n.º 1 al. *e*) e 51.º do CIRC, que legitimam a fixação da matéria tributável por métodos indiciários, considerou apenas que existiam indícios fundados de que a contabilidade da Contribuinte não reflectia a exacta situação patrimonial e o resultado efectivamente obtido, ou seja, que a contabilidade não merece credibilidade, pois quanto à impossibilidade de comprovar e quantificar, directa e exactamente, o volume de negócios da Contribuinte por falta dos elementos pertinentes para esse efeito, acaba por remeter em termos decisivos, para a escrita da própria impugnante da qual constavam os elementos sobre a existência e *quantum* das operações havidas em 1990 com a outra empresa com a qual aquela mantinha relações comerciais.

Ora, a nosso ver e tendo em conta o procedimento adoptado quanto ao exercício de 1989, isso não é demonstrativo da impossibilidade de comprovar e quantificar, directa e exactamente, o volume de negócios da Contribuinte.

É que, mesmo a verificar-se tal impossibilidade, teria a AT que afirmá-la e demonstrá-la, o que não fez já que, embora a contabilidade da impugnante ostentasse as assinaladas irregularidades, a falta de crédito da mesma

[1] Nesse sentido, o Ac. deste TCAS de 05/08/04, no Recurso n.º 163/04.

não era suficiente para que, com base nela, não se procedesse às liquidações.

Por outro lado e no segmento da quantificação, tem também razão o M.º Juiz quando sustenta que a quantificação devia consistir, tal como em relação ao anterior exercício, apenas no acréscimo (pois se tratava duma correcção técnica) dos valores constantes dos elementos que não foram registados na contabilidade.

Quer isto dizer que não merece qualquer censura a conclusão extraída pelo M.º Juiz «a quo» de que, das ajuizadas omissões não resultava a necessidade de recorrer aos métodos indirectos para a sua determinação e que, quanto ao erro sobre os pressupostos da determinação daquela matéria com base em métodos indiciários, igualmente não parece ser de sustentar, com base apenas no eventual envio de correspondência postal entre o impugnante e o referido cliente estrangeiro (cfr ponto 3 do probatório), que terá havido necessariamente, tais prestações de serviços do 1.º em beneficio do 2.º, não declaradas e registadas nos respectivos livros de escrituração do impugnante.

Termos em que se confirma a decisão recorrida e se nega provimento ao recurso.

3. DECISÃO:

Nestes termos, acordam os juizes deste TCAS em:

Negar provimento ao recurso interposto pela Fazenda Pública.

Sem custas por delas estar isenta a parte vencida.

Lisboa, 25 de Janeiro de 2005.

Gomes Correia
Casimiro Gonçalves
Ascensão Lopes

Recurso n.º 343/04

IMPUGNAÇÃO JUDICIAL. INEXISTÊNCIA DE FACTO TRIBUTÁRIO. IVA. NULIDADE DA SENTENÇA.

(Acórdão de 1 de Março de 2005)

SUMÁRIO:

I – O Ministério Público do tribunal *ad quem*, quando da vista que lhe é dada ao abrigo do disposto no art. 289.º, n.º 1, do CPPT, não pode arguir nulidades da sentença, que (com excepção da falta de assinatura do juiz) só poderiam ter sido arguidas no recurso interposto daquela sentença e dentro do prazo para o mesmo (cfr. art. 668.º, n.º 3, do CPC).

II – Em todo o caso, as nulidades da sentença, previstas no art. 125.º do CPPT e 668.º do CPC, são vícios que se reportam à validade formal da decisão e não à sua validade substancial, motivo por que eventual erro na valoração da prova e no julgamento da matéria de facto não constitui nulidade da sentença.

III – De acordo com o entendimento actual do princípio da legalidade administrativa, incumbe à AT o ónus de prova da verificação dos requisitos legais das decisões positivas e desfavoráveis ao destinatário, como sejam a existência dos factos tributários e a respectiva quantificação, isto quando o acto por ela praticado tem por fundamento a existência do facto tributário e a sua quantificação.

IV – Ainda que a Contribuinte não tenha cumprido com a obrigação de declarar a cessação da actividade, tal facto, por si só, não autoriza a conclusão de que tal actividade prosseguiu.

V – Só depois de adquirida a certeza quanto à prossecução da actividade, com a prática de operações sujeitas à incidência do IVA, se pode colocar a questão da quantidade dessas operações, face à inexistência das declarações periódicas para efeitos de IVA, questão que, se não puder ser respondida com recurso a elementos objectivos (designadamente, contabilidade e documentação de suporte), haverá de sê-lo com recurso a métodos indirectos.

1. RELATÓRIO

1.1 A sociedade denominada "PLATINA – Sociedade Comercial de Representações e Promoção de Vendas, Lda." (adiante Contribuinte, Impugnante ou Recorrida) impugnou judicialmente a liquidação de Imposto sobre o Valor Acrescentado (IVA) e respectivos juros compensatórios, do montante global de esc. 13.837.491$00, que lhe foi efectuada com referência aos 2.º, 3.º e 4.º trimestres do ano de 1991 na sequência da fixação da matéria tributável[1] pela Comissão de Revisão, para a qual reclamou da primitiva fixação feita pela Administração tributária (AT), com recurso a métodos indiciários, após uma visita de fiscalização em que concluiu pela impossibilidade de consultar a contabilidade da Contribuinte e pela inexistência de outros elementos que permitissem a determinação directa da matéria tributável.

1.2 Na petição inicial a Contribuinte pediu a anulação da liquidação com diversos fundamentos, dos quais agora nos interessa apenas considerar a inexistência de factos tributários[2]. A esse propósito, alegou a Impugnante, em síntese, o seguinte:

– a sociedade Impugnante iniciou a actividade no início do ano de 1989, com o único objectivo de «harmonizar de modo correcto a área comercial da Rádio Foz do Ave de Vila do Conde»[3], actividade que veio a decrescer desde esse ano até que *«suspendeu em definitivo a sua actividade naquela área no primeiro trimestre*

[1] Note-se que, em sede de IVA, se confundem os actos de fixação da matéria colectável e de liquidação do imposto.

[2] A Impugnante invocou também a ilegalidade das notificações efectuadas ao longo do procedimento administrativo tributário que culminou na liquidação impugnada e a preterição de formalidades legais no âmbito do mesmo procedimento, fundamentos que não foram atendidos na sentença recorrida. O fundamento que determinou a procedência da impugnação judicial e que vem posto em causa no presente recurso é a inexistência de factos tributários.

[3] As partes entre aspas e com um tipo de letra diferente, aqui como adiante, são transcrições.

de 1991, data do encerramento das instalações da sede e abertura de apenas um escritório de presença em Vila do Conde»

– a AT presumiu a existência de factos tributários por, de acordo com o relatório dos Serviços de Fiscalização, um sócio da Contribuinte ter confirmado que esta deixou «de praticar operações comerciais [...] a partir de Outubro de 1992, data em que abandonou as instalações da sede» e por «nas diligências (!!!) posteriores efectuadas para obtenção de outros operadores económicos (??), do Conde, é essa data (Outubro de 1992) referida não só como o fim das relações com a Platina como também a do seu encerramento como agência de publicidade»;

– tais diligências não estão comprovadas, nem por declarações escritas dos responsáveis pelos referidos "operadores económicos", nem pela recolha de documentos respeitantes às relações da Contribuinte com esses "operadores";

– respeitando a actividade da Contribuinte a angariação de publicidade, fácil seria à AT comprovar a publicação dos anúncios no "Jornal de Notícias" e eventuais operações comerciais realizadas com a "Rádio Foz do Ave", onde ninguém foi contactado;

– a Contribuinte apenas entregou as declarações de IVA até ao 1.º trimestre do ano de 1991 porque só até então «houve razões para as mesmas serem enviadas»;

– na Comissão de Revisão pretendeu-se que a Contribuinte provasse a inexistência de factos tributários e que tal prova fosse feita por documentos, o «que representa uma total inversão do raciocínio e das regras probatórias, que redunda num absurdo»;

– o art. 121.º do Código de Processo Tributário (CPT) determina que sempre que da prova produzida resulte fundada dúvida quanto à existência do facto tributário, a liquidação deve ser anulada.

1.3 Na sentença recorrida, a Juíza do Tribunal Tributário de 1.ª Instância do Porto, depois de desatender os demais fundamentos invocados pela Impugnante, teceu diversos considerandos em torno dos métodos indiciários, para concluir pela verificação dos pressupostos que autorizam a AT a lançar mão dos mesmos.

Apesar disso, logo de imediato, deixou escrito: «Mas no recurso a este método [indirecto] A. F. deu como certo que a impugnante laborou até Outubro de 1992 e realizou operações comerciais neste período. Ora, no que respeita a esta questão é duvidoso com os factos dados como provados que tal tenha ocorrido»; e, depois de enunciar o art. 121.º do CPT e a doutrina dele resultante: «No caso é duvidoso ter existido facto tributário ou seja, a realização de operações comerciais como transferência de bens e prestação de serviços a título oneroso (cfr. arts. 3.º e 4.º do CIVA» e «Apesar de a administração não ter obtido elementos necessários para a liquidação do imposto também não recolheu elementos que lhe permitissem concluir pela que a impugnante realizou operações comerciais porque esteve a trabalhar até Outubro de 1992».

Em face do que conclui: «a liquidação terá que ser anulada por inexistência de facto tributário pois os factos não são concludentes nesse sentido».

Consequentemente, julgou a impugnação procedente e anulou a liquidação impugnada.

1.4 A Fazenda Pública, através do seu Representante junto do Tribunal Tributário de 1.ª instância do Porto, recorreu dessa sentença para este Tribunal Central Administrativo, sendo que o recurso foi admitido a subir imediatamente nos próprios autos e com efeito devolutivo.

1.5 A Recorrente apresentou as alegações de recurso e respectivas conclusões, sendo estas do seguinte teor:

«1. Resulta clara e inequivocamente que a contabilidade da impugnante não oferece credibilidade, dada a existência de inexactidões e omissões.

2. Das informações produzidas pela fiscalização existem razões e fundamentos suficientes para que a Administração Fiscal tenha executado o mecanismo do art. 82.º do CIVA.

3. A douta sentença sob recurso considera que,

"A conduta tributária da impugnante não é correcta na medida em que lhe compete ter uma escrita organizada e apresentar os elementos dessa escrita, declarar os rendimentos e declarar a cessação da actividade...

...Não há dúvida que a Administração Fiscal estava em condições para proceder à liquidação do IVA pelo método indiciário."

4. Conforme resulta do auto de notícia, os Serviços de Fiscalização Tributária, viram-se na impossibilidade de procederem a uma apreciação directa dos elementos de contabilidade do contribuinte, porquanto, estes, não lhes foram exibidos.

5. A prova testemunhal produzida não trás [sic] ao processo elementos objectivos que permitam provar que os resultados apresentados pela Administração Fiscal são infundados e inexactos.

6. Ao contrário do doutamente decidido no sentido da anulação do acto liquidado, não há dúvida fundada sobre a existência e quantificação do facto tributário dado que o sujeito passivo foi notificado na pessoa do seu sócio e técnico de contas, Artur da Conceição Vieira, em 13/4/94 para no dia 28/04/94 exibir a contabilidade e os documentos relevantes, o que não fez, tal como não diligenciou na sua exibição, até ou mesmo na reunião da comissão de revisão em 18/07/95, onde foi vogal do sujeito passivo o mesmo sócio e técnico de contas, tal como na petição dirigida ao Presidente da Comissão de Revisão, não foi aduzido que a sociedade deixou de exercer a actividade a partir de Janeiro de 1991, *não sendo assim, de pôr em causa o exercício até Outubro de 1992.*

7. Estando demonstrada sem qualquer margem para dúvidas a existência de irregularidades nos registos contabilísticos, encontrando-se desde logo legitimado o recurso ao método presuntivo que foi legalmente usado.

8. A douta sentença violou o art. 76.º e 82.º do CIVA.

Termos em que deve ser dado provimento ao presente recurso, revogando-se a douta sentença recorrida».

1.6 Recebidos os autos neste Tribunal Central Administrativo, foi dada vista ao Ministério Público e o Procurador-Geral Adjunto emitiu parecer no sentido de que o recurso merece provimento, devendo revogar-se a sentença e julgar a impugnação judicial improcedente.

Para tanto, considerou que a sentença «terá incorrido em erro de julgamento quanto à matéria de facto expressa em manifesta contradição entre a factualidade dada como provada e fixada "K" do probatório e a decisão proferida», pois «resulta dos factos expressos» nessa alínea «que a Recorrente apenas abandonou as instalações "por volta de Outubro de 1992" e, consequentemente, que se manteve em exercício até à referida data, pelo que ocorre a nulidade da sentença por a decisão estar em oposição com a fundamentação – cfr. art. 66.º n.º 1, al. *c*).»; mais considerou: «Ocorre, pois, erro de julgamento quanto à matéria de facto, inexistindo qualquer dúvida fundada para efeitos de aplicação do disposto no art. 121.º do C.P.T.».

1.7 Colhidos os vistos dos Juízes Adjuntos, cumpre apreciar e decidir.

1.8 As questões sob recurso, suscitadas e delimitadas pelas conclusões dos Recorrentes, são as de saber

– se o Ministério Público junto do Tribunal *ad quem*, pode, quando da vista nos termos do art. 289.º, n.º 1, do Código de Procedimento e Processo Tributário (CPPT), assacar nulidades à sentença e, na afirmativa, se esta enferma da nulidade invocada pelo Procurador-Geral Adjunto – a do art. 668.º, n.º 1, alínea *c*), do Código de Processo Civil (CPC)[4] – por contradição entre os fundamentos e a decisão;

– se a sentença fez errado julgamento quando considerou que existe fundada dúvida quanto à existência de factos tributários.

2. FUNDAMENTAÇÃO

2.1 De facto

2.1.1 Na sentença recorrida o julgamento de facto foi efectuado nos seguintes termos:

«*a*) à impugnante foi levantado Auto de Notícia em 16/5/94 por ter sido notificada, em 13/4/94, na pessoa do seu sócio e técnico de contas, Artur da Conceição Vieira, para exibir a escrita, designadamente livros selados e todos os documentos que servem de suporte ao seu registo com referência às operações realizadas nos exercícios de 1990, 1991 e 1992 e não ter apresentado quaisquer elementos com relevância fiscal até ao dia 28/4/94 e em 17/5/94 foi elaborado o relatório da inspecção que deu origem à liquidação adicional pelo método indiciário;

b) a impugnante encontra-se enquadrada no regime normal de periodicidade trimestral do IVA;

c) para proceder à ordem de serviço de fiscalização à escrita da impugnante, iniciaram a visita de fiscalização a qual não se pôde concretizar por falta dos livros selados e dos documentos de suporte ao registo daqueles;

d) na sequência da notificação referida em *a*) a impugnante não entregou nomeadamente: declarações de modelo 22 de IRC dos anos de 1990, 1991 e 1992, não remeteu aos SIVA as respectivas declarações, a partir do 3.º trimestre de 1990, exceptuando a do 3.º trimestre de 1991;

e) na data da notificação a que alude al. b) o gerente José Ennes Granhão encontrava-se ausente no estrangeiro, tendo o notificado referido que era este gerente que dispunha dos elementos de contabilidade e que estava ausente do país;

f) na impossibilidade de verificação dos elementos contabilísticos procederam os serviços tributários ao cálculo do volume de negócios por aplicação dos métodos indiciários;

g) da matéria tributável fixada pelos serviços a impugnante reclamou para a Comissão de Revisão a qual manteve o valor inicialmente fixado, com fundamento no facto de a impugnante «*não ter demonstrado com elementos concretos que o volume de negócios apurado pelos serviços de fiscalização não está em consonância com a realidade, tanto mais que nesta data continua a não exibir os livros selados, não procedeu à entrega das declarações de rendimentos modelo 22 para os exercícios de 1990, 1991 e 1992, tendo entregue apenas as declarações periódicas de IVA dos 1.º e 2.º trimestre de 1990 e 1.º trimestre de 1991, razão pela qual somos obrigados a concluir que, não existindo elementos adicionais, não foi possível quantificar novos valores referentes ao volume de negócios e consequente IVA liquidado, considerando-se as prestações de serviços apurados pelos Serviços de Fiscalização calculados ao tempo, com base no único elemento conhecido (Último trimestre de 1989), como correctamente determinados (...)*»;

h) a impugnante com a CAE 852.500, exercia a actividade de comércio de representação e publicidade para angariação de publicidade, editores de publicações, distribuição de livros e revistas, importação e exportação;

i) a impugnante trabalhava em exclusivo, na angariação de publicidade, para a Rádio Foz do Ave;

j) foi liquidado IVA no valor de esc. 8.643.105$00 mais 5.194.386$00 de juros;

k) o perito da inspecção concluiu no seu relatório que a impugnante havia abandonado a sua sede em Outubro de 1992 pelas diligências que levou a efeito como: contacto com o responsável da área respectiva do Jornal de Noticias e da Rádio Foz do Ave onde foi exibida uma conta corrente da qual resultava que estas empresas haviam pago uma comissão à impugnante pela angariação ou colocação de publicidade; contactou em 1994 a empresa que ocupou as instalações onde funcionou a sede da impugnante tendo ela referido que a impugnante abandonou as instalações por volta de Outubro de 1992, junto do Jornal de Notícias e Rádio Foz do Ave não colheu valores que indiciassem o volume de negócios da impugnante com tais empresas;

l) o gerente da impugnante José Ennes era dono das instalações onde funcionou a sede da impugnante na rua do Rosário, Porto.

Factos não provados.

Não há nada de relevante a referenciar.

FUNDAMENTAÇÃO

Os factos basearam-se nos documentos juntos aos autos, nomeadamente o auto de notícia, demais documentos apresentados juntamente com a informação oficial, cópia do passaporte, o processo apenso relativo ao relatório da comissão de revisão em conjugação com o depoimento do perito que procedeu à fiscalização e respectivo relatório e bem assim no depoimento do contabilista quanto à propriedade do prédio sito na rua do Rosário, Porto».

2.1.2 Porque concordamos integralmente com o julgamento de facto efectuado em 1.ª instância e porque este não vem posto em causa pela Recorrente, consideramos fixada a matéria de facto acima transcrita.

O que a Recorrente questiona é, não a factualidade provada, mas a conclusão que a Juíza do Tribunal Tributário de 1.ª instância do Porto dela extraiu, qual seja a de que há dúvida quanto à existência de facto tributário.

[4] A nulidade por oposição dos fundamentos com a decisão encontra-se também prevista no art. 125.º, n.º 1, do Código de Procedimento e Processo Tributário (CPPT), motivo por que não se justifica a invocação do art. 668.º, do CPC, que só poderia lograr aplicação a título subsidiário.

Também o Ministério Público imputa à sentença erro no julgamento da matéria de facto, mas porque considera que a mesma não permite concluir pela existência de dúvida quanto ao existência de facto tributário. Dessa questão nos ocuparemos no ponto 2.2.4.

2.2 De direito

2.2.1 As questões a apreciar e decidir

A AT, tendo decidido proceder à fiscalização da sociedade ora Recorrente, verificou que esta não apresentou as declarações de rendimentos para efeitos de IRC relativamente aos anos de 1991 e 1992, bem como não apresentou as declarações periódicas de IVA relativas aos 2.º, 3.º e 4.º trimestres do ano de 1991. Porque a Contribuinte, notificada para o efeito, também não apresentou a escrita nem os elementos documentais pertinentes, a AT, considerando que a Contribuinte, com referência ao referido período, praticara operações sujeitas a IVA e que não era possível calcular directa e exactamente a matéria tributável, passou a calcular o volume de negócios e o imposto em falta com recurso a métodos indiciários, fixando este em esc. 8.643.105$00 mais 5.194.386$00 de juros compensatórios.

A Contribuinte reclamou dessa fixação para a Comissão de Revisão, que manteve o imposto fixado.

A Contribuinte impugnou judicialmente a liquidação, argumentando, para além do mais e na parte que ora nos interessa[5], que no período em causa não praticou qualquer operação sujeita a IVA e que a Comissão de Revisão, não só pretendeu que fosse ela a demonstrar a invocada inexistência de factos tributários, como até que tal prova fosse feita por documentos, o «que representa uma total inversão do raciocínio e das regras probatórias, que redunda num absurdo».

Na sentença recorrida, a Juíza do Tribunal Tributário de 1.ª instância do Porto, considerando embora justificado o recurso aos métodos indiciários para a quantificação da matéria tributável, entendeu existir dúvida quanto à prática de factos tributários nos períodos a que se reporta a liquidação impugnada, deixando escrito: «No caso é duvidoso ter existido facto tributário ou seja, a realização de operações comerciais como transferência de bens e prestação de serviços a título oneroso (cfr. arts. 3.º e 4.º do CIVA» e «Apesar de a administração não ter obtido elementos necessários para a liquidação do imposto também não recolheu elementos que lhe permitissem concluir pela que a impugnante realizou operações comerciais porque esteve a trabalhar até Outubro de 1992». Assim, concluiu: «a liquidação terá que ser anulada por inexistência de facto tributário pois os factos não são concludentes nesse sentido».

Discordando dessa sentença, a Fazenda Pública dela veio recorrer para este Tribunal Central Administrativo. Se bem interpretamos as suas alegações e respectivas conclusões, considera que aquela sentença fez errado julgamento de direito, pois está legitimado o recurso aos métodos indiciários e não existe fundada dúvida quanto à existência de factos tributários.

Por outro lado, o Representante do Ministério Público junto deste Tribunal Central Administrativo invocou a nulidade da sentença por contradição entre os fundamentos e a decisão.

Assim, as questões sob recurso, como ficou já dito em 1.8, são as de saber:

– se o Ministério Público junto do Tribunal *ad quem* pode invocar nulidades da sentença, quando do parecer emitido na sequência da vista dada ao abrigo do disposto no art. 289.º, n.º 1, do CPPT, e, na afirmativa, se a sentença enferma da invocada nulidade por contradição entre os fundamentos e a decisão;

– se a sentença fez errado julgamento quando considerou verificada a fundada dúvida quanto à existência dos factos tributários.

2.2.2 Da (im)possibilidade do ministério público invocar nulidades da sentença quando da vista ao abrigo do art. 289.º, n.º 1, do CPPT

Em sede de recurso jurisdicional das decisões proferidas em processos judiciais tributários, se o relator, quando o processo lhe é feito concluso, após a distribuição, verificar que o recurso deve prosseguir, o processo, nos termos do art. 289.º, n.º 1, do CPPT, vai com vista ao Ministério Público, por 15 dias, a menos que este tenha intervenção como recorrente, caso em que tal vista à dispensada.

Essa vista destina-se a permitir ao representante do Ministério Público, querendo, pronunciar-se sobre as questões suscitadas no recurso e, eventualmente, sobre outras que sejam do conhecimento oficioso.

No entanto, no parecer que o representante do Ministério Público junto do tribunal *ad quem* emitir ao abrigo do referido art. 289.º, n.º 1, do CPPT, não pode arguir nulidades da sentença, com excepção da falta de assinatura do juiz, que é do conhecimento oficioso e pode ser suprida a todo o tempo, enquanto o puder ser (cfr. art. 125.º, n.º 1 e 2, do CPPT). Isto porque, nessa fase, há muito findou o prazo para o efeito. Na verdade, se é certo que todas as demais nulidade previstas no art. 125.º do CPPT podem conhecidas mediante arguição dos interessados ou do Ministério Público, a arguição que será a efectuar, de acordo com o disposto no art. 668.º, n.º 3, do CPC, nos seguintes termos e prazos:

– nos casos em que não caiba recurso da sentença, mediante requerimento a apresentar junto do tribunal que proferiu a sentença e no prazo de 10 dias, nos termos do disposto no art. 153.º, n.º 3, do CPC, a contar da notificação da sentença ou, se tiver sido requerida a rectificação ou a aclaração da sentença, a partir da notificação da decisão proferida sobre esse requerimento (cfr. arts. 667.º, 669.º e 670.º, n.º 3, do CPC);

– nos casos, como o *sub judice*, em que a sentença admita recurso ordinário, como fundamento deste, nos termos do disposto no art. 668.º, n.º 3, do CPC, e no prazo do recurso, ou seja, 10 dias (cfr. art. 280.º, n.º 1, do CPPT)[6].

Dito isto, fácil se torna concluir que, se o Ministério Público pretendia arguir alguma nulidade da sentença (com a referida excepção da falta de assinatura do juiz), deveria tê-lo feito mediante recurso, uma vez que a sentença o admite, a interpor dentro do prazo legal. Não o tendo feito, não pode agora admitir-se que o Procurador-Geral Adjunto neste Tribunal Central Administrativo, quando da vista ao abrigo do n.º 1 do art. 289.º, n.º 1,

[5] Cfr. nota 2.

[6] Neste sentido, Jorge Lopes de Sousa, *Código de Procedimento e de Processo Tributário Anotado*, 4.ª edição, nota 6 ao art. 125.º, pág. 561.

do CPPT, venha arguir a nulidade da sentença por contradição entre os fundamentos e a decisão.

Pelo que vimos de dizer, não tomamos conhecimento da invocada nulidade.

2.2.3 Alguns considerandos ainda em torno da nulidade por contradição entre os fundamentos e a decisão

Sem prejuízo do que ficou dito no ponto anterior, afigura-se-nos que o Ministério Público, pese embora a invocação da alínea *c)* do art. 668.º, n.º 1, do CPC, não pretenderia pôr em causa a validade formal da sentença. Na verdade, se bem interpretamos o parecer, o que o Procurador-Geral Adjunto diz é que a sentença não valorou correctamente a prova testemunhal e documental, segundo a qual haveria de dar-se como provado que a Impugnante se manteve em actividade até Outubro de 1992, motivo por que considera não haver qualquer dúvida quanto à existência da factos tributários. Ou seja, a argumentação aduzida situa-se, não no âmbito da validade formal da sentença, mas antes no âmbito da sua validade material, isto é, toda a sua argumentação se reporta a erro de julgamento.

Ora, como é sabido, as nulidades da sentença, previstas no art. 125.º do CPPT e 668.º do CPC, são vícios que se reportam à validade formal da decisão e não à sua validade substancial, motivo por que não constituem nulidades da sentença o invocado erro na valoração da prova e no julgamento da matéria de facto e na aplicação das regras do ónus da prova.

Em todo o caso, sempre se dirá que a nulidade por contradição entre os fundamentos e a decisão apenas ocorre quando os fundamentos invocados deveriam conduzir, num processo lógico, a decisão oposta à que foi adoptada, o que não se verifica no caso, onde os fundamentos da sentença não poderiam levar a outra decisão senão a que foi adoptada[7].

2.2.4 Do erro de julgamento

Sustenta a Recorrente que a sentença recorrida fez errado julgamento ao considerar verificada a fundada dúvida quanto à existência de factos tributários.

A este propósito, cumpre desde já realçar que a AT só pode tomar a seu cargo a quantificação da matéria tributável desde que dê como adquirida, para além de qualquer dúvida razoável, a existência de factos tributários. Afigura-se-nos, pois, que na fundamentação da sentença, ao considerar-se, primeiro, verificados os pressupostos para a determinação da matéria tributável por métodos indiciários e, depois, ao dar-se como verificada a dúvida quanto à existência dos factos tributários, se inverteram os termos em que a questão deveria ter sido colocada, o que, salvo o devido respeito, suscitou alguma confusão por parte da Recorrente.

É certo que, quando um contribuinte, por dolo ou negligência, não cumpre com os deveres de cooperação que sobre ele recaem, não fornecendo, através das pertinentes declarações, os elementos necessários e legalmente exigíveis para a determinação da base tributável e não supra essa falta dentro dos prazos fixados na lei, ou quando não faculte à AT os elementos indispensáveis à verificação da sua situação tributária, ou quando os elementos fornecidos revelem omissões, erros, inexactidões ou indícios fundados de que não reflectem a matéria tributável real do sujeito passivo, a AT fica autorizada, e impõe-se-lhe, a recolha dos elementos necessários para a determinação da matéria colectável, sendo que, nessa tarefa, deve, primeiro, tentar recolher elementos objectivos, como a contabilidade e respectiva documentação, que lhe permitam calcular com exactidão, através da verificação desses elementos e de operações matemáticas efectuadas com base neles, calcular com exactidão a matéria tributável; no entanto, se esses elementos faltarem, ou forem insuficientes, ou não merecerem confiança, a lei permite que a AT possa avaliá-la indirectamente, com base em indícios, presunções ou outros elementos de que disponha.

Em todo o caso, tal tarefa só deve ter lugar desde que esteja adquirida a certeza, para além de qualquer dúvida razoável, da existência de factos tributários.

No caso *sub judice*, só depois de adquirida a certeza quanto à prossecução da actividade, com a prática de operações sujeitas à incidência do IVA, se pode colocar a questão da quantidade dessas operações, face à inexistência das declarações periódicas para efeitos de IVA, questão esta que, se não puder ser respondida com recurso a elementos objectivos (designadamente, contabilidade e documentação de suporte), haverá de sê-lo com recurso a métodos indirectos.

Cumpre, pois, antes do mais, averiguar se a AT podia concluir pela existência de factos tributários relativamente ao período em questão – 2.º, 3.º e 4.º trimestres do ano de 1991. A Juíza do Tribunal *a quo* entendeu que não, a Recorrente e o Ministério Público entendem que sim.

Antes de avançarmos nesta averiguação, cumpre ter presente que não existe hoje a presunção da legalidade do acto administrativo, nem do acto tributário, presunção essa que, aliás, nunca esteve expressamente prevista em norma legal alguma, antes constituindo um princípio de origem doutrinal e jurisprudencial que, face à actual compreensão do princípio da legalidade administrativa[8], se tem por ultrapassado, surgindo a Administração, em termos de justiça administrativa e tributária, em situação de paridade com o particular[9].

Vieira de Andrade, depois de salientar que o ónus da prova deve aqui entender-se, não como ónus da prova "subjectivo", "formal" ou de "produção", «que implicaria que o juiz só pudesse considerar os factos alegados e provados por cada uma das partes interessadas», mas antes como ónus da prova objectivo[10], «na medida em que pressupõe uma repartição adequada dos encargos de alegação, de modo a repartir os riscos da falta da prova», diz que o ónus da prova, assim entendido, «vai depender da posição processual das partes, mas – porque depende de valorações *normativas* e não de imperativos de pura *lógica* – terá de determinar-se, na ausência de norma expressa, de acordo com um *quadro de normalidade* concreto ou típico, construído com base

[7] Sobre esta nulidade, *vide* Jorge Lopes de Sousa, *ob. cit.*, nota 9 ao art. 125.º, págs. 564/565.

[8] O princípio da legalidade deixou de surgir como um mero limite à actividade da Administração para passar a ser o fundamento de toda sua actividade. Assim, de acordo com o disposto no art. 266.º, n.º 2, da Constituição da República Portuguesa, a Administração só pode agir nas condições em que a lei lho autoriza e nada poderá fazer contra a lei.

[9] Assim, não pode hoje buscar-se hoje qualquer apoio numa alegada presunção da legalidade do acto tributário para fazer recair sobre o contribuinte o ónus da prova da ilegalidade do acto tributário.

[10] No mesmo sentido, *vide* Saldanha Sanches, *Manual de Direito Fiscal*, 2.ª edição, pág. 287.

nas regras específicas do domínio da vida em causa e nos princípios *próprios do direito administrativo*.

A regra geral, nos termos da qual quem invoca um direito tem o ónus da prova dos respectivos factos constitutivos, cabendo à contraparte a prova dos factos impeditivos, modificativos ou extintivos (artigo 342.º do Código Civil) pode entender-se aplicável, em princípio, no processo administrativo, mas aqui, como de resto no âmbito do direito civil, não é suficiente para a resolução de todos os tipos de situações – sobretudo porque não faz diferenciações conforme as posições das partes e os interesses e situações em jogo nos domínios específicos da realidade normativamente concebida.

Não pode ser, designadamente, aplicada aos processos mais típicos do contencioso administrativo, aos *meios impugnatórios de actos e de normas*, até porque não está em causa directamente um direito substantivo do recorrente (que pode até nem existir e nunca existe no caso da acção pública), mas a conformidade com o ordenamento jurídico de uma decisão administrativa de autoridade (é essa a "questão de direito" a resolver).

Assim, não pode exigir-se ao recorrente prova dos factos constitutivos da sua pretensão de anulação (desde logo, e por exemplo, a prova da não verificação dos pressupostos legais da prática do acto), de modo a caber à Administração apenas provar as excepções invocadas – tal equivaleria na prática à pura e simples invocação da "presunção da legalidade do acto administrativo", fazendo recair sobre o particular o ónus da prova (subjectivo) da ilegalidade do acto impugnado.

Deve, pelo contrário, levar-se em conta, em geral, para a construção do *quadro de normalidade* que há-de servir de paradigma normativo para a distribuição das responsabilidades probatórias, a sujeição da Administração aos princípios da legalidade e da juridicidade e, pelo menos no que respeita aos actos desfavoráveis, o dever de fundamentação.

Isto é, parece que há-de caber à Administração o ónus da prova da verificação dos *pressupostos legais* (vinculativos) da sua actuação, designadamente se agressiva (positiva e desfavorável); em contrapartida caberá ao administrado apresentar prova bastante da ilegitimidade do acto, quando se mostrem *verificados* esses pressupostos.

Por outras palavras ainda, deve ser a Administração a suportar a desvantagem de não ter sido feita a prova (de o juiz não se ter convencido) da verificação dos pressupostos legais que permitem à Administração agir com autoridade (pelo menos, quando produza efeitos desfavoráveis para os particulares); deve ser o particular a suportar a desvantagem de não ter sido feita a prova (de o juiz não se ter convencido) de que, no uso de poderes discricionários, a Administração actuou contra princípios jurídicos fundamentais»[11].

Assim, actualmente, em princípio, à AT cabe o ónus da prova da verificação dos pressupostos legais (vinculativos) da sua actuação, designadamente se agressiva (positiva e desfavorável) e, em contrapartida, cabe ao administrado apresentar prova bastante da ilegitimidade do acto, quando se mostrem verificados esses pressupostos, solução que corresponde à regra geral do art. 342.º do CC, de que quem invoca um direito tem o ónus da prova dos factos constitutivos, cabendo à contra-parte a prova dos factos impeditivos, modificativos ou extintivos e que foi acolhida no art. 121.º, n.º 1, do CPT[12], no art. 100.º, n.º 1, do CPPT, disposição legal que reproduz aquela, e no art. 74.º da Lei Geral Tributária[13].

Dito isto, e regressando ao caso *sub judice*, vejamos se a prova produzida nos autos permite concluir pela existência da factos tributários, ou seja, pela existência no período em causa de operações económicas pelas quais a Contribuinte estivesse obrigada a liquidar IVA.

No âmbito do procedimento que culminou com a liquidação impugnada, a AT não efectuou diligência alguma no sentido de apurar se a Contribuinte naquele período efectuara ou não qualquer operação sujeita a IVA. Isto, apesar de a Contribuinte já na reclamação contra a fixação inicial do imposto ter esgrimido a diminuição da actividade a partir de 1989 e o seu vogal na Comissão de Revisão ter salientado que a actividade se extinguira no 1.º trimestre de 1991 e que não havia qualquer suporte documental, nem sequer qualquer declaração de eventuais clientes da Contribuinte, em sentido diverso. Ora, a ausência de declaração para efeitos de IRS, bem como a ausência de declarações para efeitos de IVA e até a ausência de declaração de cessação da actividade, não autorizam a AT, sem mais, a presumir a existência de operações sujeitas a tributação em IVA.

Afigura-se-nos que a AT omitiu no procedimento administrativo-tributário as diligências a que estava obrigada para poder concluir que a Contribuinte efectuara operações económicas sujeitas à incidência do IVA no período em causa. Como é sabido, incumbe à AT, em sede do procedimento administrativo-tributário de liquidação, indagar sobre a verificação do facto tributável e demais elementos pertinentes à liquidação do imposto, e tal procedimento só pode culminar com a liquidação em sentido estrito quando, face aos elementos constantes do processo administrativo, estiver adquirida a convicção da existência e conteúdo do facto tributário (princípio da verdade material). Não pode a Administração fiscal deixar de averiguar sobre a verificação dos factos susceptíveis de corresponder aos elementos do tipo legal, excepto nos casos em que a lei estabeleça presunções *juris et de jure*.

Já neste processo de impugnação judicial, a única prova no sentido da existência de tais operações é a que decorre do depoimento da testemunha José Costa Rocha, que foi quem elaborou o auto de notícia e relatório ditos em *a*) dos factos provados, que disse: «Concluiu no seu relatório que a impugnante havia abandonado a sua sede em Outubro de 1992, pelas diligências que levou a efeito como:

– contacto com o responsável da área respectiva do Jornal de Notícias e da Rádio Foz do Ave, onde foi exibida uma conta corrente da qual resultava que aquelas empresas haviam pago uma comissão à impugnante pela angariação ou colocação de publicidade; contactou a empresa que em 1994 ocupava as instalações que havia sido a sede da impugnante as quais referiram ter esta abandonado as instalações por volta de Outubro de 1992.

---

[11] Cfr. Vieira de Andrade, *A Justiça Administrativa (Lições)*, 3.ª edição, págs. 279 a 282.

[12] Segundo o qual «sempre que da prova produzida resulte a fundada dúvida sobre a existência e quantificação do facto tributário, deverá o acto impugnado ser anulado».

[13] Já não será assim se não for a AT que está a afirmar a existência e dimensão do facto tributário, mas a Contribuinte.

Refere ainda que junto quer do Jornal de Notícias quer da Rádio Foz do Ave não colheu valores que indicassem o volume de negócios junto dessas empresas por parte da impugnante».

Este depoimento não permite, de modo algum, dar como provada a existência de qualquer operação económica sujeita à incidência do IVA e efectuada pela Impugnante nos três últimos trimestres do ano de 1991. Poderia a mesma conta corrente, sobretudo se acompanhada dos documentos que a justificassem (designadamente das facturas respeitantes às prestações de serviços da Impugnante para as referidas empresas, que a testemunha parece referir não existirem) ser um elemento que permitisse à AT a conclusão que suportaria a liquidação impugnada. No entanto, nem dessa conta corrente nem de quaisquer outros documentos encontramos o mínimo rasto (a mais leve referência) ao longo do procedimento que deu origem à liquidação.

A referência ao abandono das instalações pela Impugnante ter ocorrido apenas em Outubro de 1992, para além de não merecer a credibilidade suficiente para que se dê o facto como provado, nunca poderia, por si só, ter o significado que a Recorrente parece pretender conferir-lhe, qual seja o de que a Impugnante manteve actividade até essa data e, muito menos, o de que praticou operações sujeitas à incidência de IVA até à mesma data.

Por outro lado, a testemunha Artur Conceição Vieira, que foi sócio e técnico de contabilidade da Impugnante, disse que «a última declaração de I.V.A. foi entregue em Janeiro de 1991, pois foi a partir daí que [a Impugnante] deixou de exercer qualquer actividade».

Esse depoimento foi corroborado pelo de Maria Dulce Natividade Carneiro Pinto, que disse ter sido empregada de escritório da Impugnante desde 1989 até 1991, «data em que [a Impugnante] encerrou a sua actividade».

De tudo o que ficou dito, resulta que existe dúvida quanto à existência de factos tributários no período a que se refere a liquidação impugnada, como bem considerou a Juíza do Tribunal Tributário de 1.ª instância do Porto. Tal dúvida, nos termos que ficaram referidos, não pode deixar de ser valorada contra a Fazenda Pública, motivo por que bem decidiu a sentença recorrida ao anular a liquidação impugnada[14].

2.2.5 Conclusões

Preparando a decisão, formulamos as seguintes conclusões:

VI – O Ministério Público do tribunal *ad quem*, quando da vista que lhe é dada ao abrigo do disposto no art. 289.º, n.º 1, do CPPT, não pode arguir nulidades da sentença, que (com excepção da falta de assinatura do juiz) só poderiam ter sido arguidas no recurso interposto daquela sentença e dentro do prazo para o mesmo (cfr. art. 668.º, n.º 3, do CPC).

VII – Em todo o caso, as nulidades da sentença, previstas no art. 125.º do CPPT e 668.º do CPC, são vícios que se reportam à validade formal da decisão e não à sua validade substancial, motivo por que eventual erro na valoração da prova e no julgamento da matéria de facto não constitui nulidade da sentença.

VIII – De acordo com o entendimento actual do princípio da legalidade administrativa, incumbe à AT o ónus de prova da verificação dos requisitos legais das decisões positivas e desfavoráveis ao destinatário, como sejam a existência dos factos tributários e a respectiva quantificação, isto quando o acto por ela praticado tem por fundamento a existência do facto tributário e a sua quantificação.

IX – Ainda que a Contribuinte não tenha cumprido com a obrigação de declarar a cessação da actividade, tal facto, por si só, não autoriza a conclusão de que tal actividade prosseguiu.

X – Só depois de adquirida a certeza quanto à prossecução da actividade, com a prática de operações sujeitas à incidência do IVA, se pode colocar a questão da quantidade dessas operações, face à inexistência das declarações periódicas para efeitos de IVA, questão que, se não puder ser respondida com recurso a elementos objectivos (designadamente, contabilidade e documentação de suporte), haverá de sê-lo com recurso a métodos indirectos.

3. DECISÃO

Face ao exposto, os juízes da Secção do Contencioso Tributário deste Tribunal Central Administrativo acordam, em conferência, em negar provimento ao recurso, mantendo a sentença recorrida.

Sem custas.

Lisboa, 1 de Março de 2005

Francisco Rothes
Jorge Lino
Ascensão Lopes

Recurso n.º 4770/01

IMPUGNAÇÃO JUDICIAL. RECLAMAÇÃO DO ART. 84.º DO CPT. ACTO DE FIXAÇÃO DO LUCRO TRIBUTÁVEL. FUNDAMENTAÇÃO. ERRO NO JULGAMENTO DA MATÉRIA DE FACTO. ÓNUS DE ALEGAÇAÇÃO DO ART. 690.º-A, N.º 1, DO CPC.

(Acórdão de 29 de Março de 2005)

SUMÁRIO:

I – Nos casos em que o contribuinte, por dolo ou negligência, não forneça à AT os elementos necessários à liquidação do imposto, ou os elementos fornecidos se revelem inexactos, e se verifique a impossibilidade de calcular com exactidão a matéria tributável (com base em

[14] No mesmo sentido, mas referindo-se aos três primeiros trimestres do ano de 1991, decidiu já este Tribunal Central Administrativo, por acórdão de 22 de Maio de 2001, proferido no processo com o n.º 4769/01.

elementos objectivos, como a contabilidade e respectiva documentação), a lei permite que a AT possa avaliá-la indirectamente, ou seja, com base em indícios, presunções ou outros elementos de que disponha.

II – Nesses casos, discordando o contribuinte da matéria tributável fixada, pode dela reclamar, sendo que, à data a que se reportam os factos, tal reclamação, prevista no art. 84.º do CPT, era mesmo condição prévia necessária para a impugnação judicial com fundamento em errónea quantificação da matéria tributável, nos termos do art. 136.º do mesmo Código.

III – Impõe-se à entidade decidente que fundamente a decisão da reclamação, sendo que o grau de fundamentação exigível deve ser directamente proporcional ao grau de divergência entre a Administração e o contribuinte.

IV – Se no discurso externado quando da decisão da reclamação contra a fixação do lucro tributável, o Presidente da Comissão de Revisão (a quem, no caso, competia a decisão), nada diz, directamente ou por remissão, sobre os concretos motivos por que fixou o lucro tributável no montante em que o fixou, deve considerar-se que tal decisão não está fundamentada.

V – O facto de nessa decisão se ter mantido o lucro tributável inicialmente fixado, não permite sequer concluir que houve apropriação da fundamentação dessa primitiva fixação, pois sendo certo que é admissível a fundamentação por remissão, esta sempre deverá ser expressa e inequívoca.

VI – Não pode conhecer-se do invocado erro de julgamento da matéria de facto se o recorrente não cumpre com os ónus do art. 690.º-A, n.º 1, do CPC, aplicável subsidiariamente ao processo tributário *ex vi* da alínea *e*) do art. 2.º do CPPT, mas antes se limita a afirmar genericamente que a sentença recorrida deu como provados factos que a prova produzida não permite se tenham como assentes, não dizendo quais são esses factos nem indicando quais os meios de prova que impunham que o julgamento da matéria de facto fosse efectuado em sentido diverso.

RECURSO JURISDICIONAL DA SENTENÇA PROFERIDA NO PROCESSO DE IMPUGNAÇÃO JUDICIAL COM O N.º 58/1997 DO TRIBUNAL TRIBUTÁRIO DE 1.ª INSTÂNCIA DE COIMBRA

1. RELATÓRIO

1.1 A sociedade denominada "Marques, Rodrigues & Bernardes, Lda." (adiante Contribuinte, Impugnante ou Recorrida) impugnou judicialmente a liquidação adicional de Imposto sobre o Rendimento das Pessoas Colectivas (IRC) e respectivos juros compensatórios, que lhe foi efectuada relativamente ao ano de 1991, com base no lucro tributável mantido pela Comissão de Revisão (CR) na reclamação deduzida pela Contribuinte, depois da Administração tributária (AT), na sequência de uma visita de fiscalização, ter procedido à fixação daquele lucro, do montante global de esc. 5.948.890$00, com recurso a métodos indiciários.

Impugnou ainda o agravamento da colecta, do montante de esc. 40.000$00, fixado, ao abrigo do disposto no art. 90.º-A, n.º 2, do Código de Processo Tributário (CPT), pelo indeferimento da referida reclamação contra a fixação da matéria colectável.

1.2 Na petição inicial, a Impugnante pediu a anulação da referida liquidação, com base nas seguintes causas de pedir:

a) insuficiência da fundamentação da liquidação adicional (pois não foram indicados os motivos por que a AT entendeu proceder à liquidação adicional);

b) falta de fundamentação (formal) da decisão de recorrer aos métodos indirectos para a fixação da matéria tributável (pois o relatório dos SFT não permite saber os motivos por que a AT considerou que a contabilidade da Contribuinte não espelhava a sua real situação patrimonial);

c) falta de verificação dos pressupostos legais para a fixação da matéria tributável com recurso a métodos indirectos (pois não se verifica situação alguma das previstas no art. 51.º do CIRC);

d) erro na quantificação na matéria tributável (por serem falsos os pressupostos de facto utilizados como factos-índice).

Pediu ainda a anulação do referido agravamento da colecta face à impugnação judicial.

1.3 O Juiz do Tribunal Tributário de 1.ª Instância de Coimbra julgou a impugnação procedente.

Para tanto, e em síntese, depois de tecer diversos considerandos a propósito da fundamentação dos actos administrativos, considerou que as fórmulas utilizadas pela AT na fundamentação – designadamente, que «a margem de quantificação está adequada ao sector, tendo sido o resultado da análise quantificada que praticou», que «a quantidade de refeições por si contabilizadas, por ano (3.000), é o resultado da emergência decorrente dos produtos adquiridos e o habitual, em termos de análise a estabelecimentos congéneres», ou «fazer decorrer da existência da tabela afixada, servirem-se refeições, no, então restaurante», «que o relatório, numa versão diferenciada também elege» – «não é suficiente para estribar juízo definitivo, em termos de adequação»[1]. Mais considerou que «Ao invés do considerado pela Administração, não se acha, seguramente, demonstrada a diversidade entre a realidade formalizada e as operações efectivamente praticadas», sendo que a actividade probatória desenvolvida pela Impugnante suscita a dúvida fundada quanto à existência e quantificação do facto tributário, a determinar também a anulação da liquidação.

Por isso, concluiu: «o acto está, pois, inquinado de violação de lei, por erro de facto nos seus pressupostos».

Consequentemente, julgando a impugnação procedente, anulou a liquidação.

1.4 A Fazenda Pública recorreu da sentença para este Tribunal Central Administrativo, apresentando as alegações de recurso, que sintetizou em conclusões do seguinte teor:

«1) A sentença recorrida não se encontra devidamente fundamentada uma vez que não se conhecem os seus pressupostos;

[1] As partes entre aspas e com um tipo de letra diferente, aqui como adiante, constituem transcrições.

2) O Meritíssimo Juiz "a quo" deu como provados factos que manifestamente o não estão, alicerçando sobre eles, contudo a sua decisão;

3) A decisão recorrida deve ser considerada nula, nos termos do art. 144.º do Código de Processo Tributário, uma vez que se encontra incongruente com os seus fundamentos;

4) A determinação do lucro tributável encontra-se devidamente fundamentada, uma vez que no relatório da fiscalização estão explicitadas as razões que levaram ao apuramento dos valores que serviram de base à liquidação efectuada e ora colocada em causa;

5) Contrariamente ao decidido não se verifica a dúvida fundada a que alude o art. 121.º do CPT, uma vez que a dúvida fundada sobre a existência e quantificação do facto tributário deve implicar que a administração fiscal se abstenha, quer da respectiva quantificação, quer da subsequente liquidação do imposto, o que não foi, manifestamente o caso;

Nestes termos e com o douto suprimento de V. Ex.ªs deve a sentença recorrida ser revogada e substituída por douto acórdão que julgue a impugnação improcedente, mantendo-se válido o acto de liquidação ora posto em crise, assim se fazendo JUSTIÇA».

1.5 O recurso foi admitido a subir imediatamente, nos próprios autos e com efeito devolutivo.

1.6 A Impugnante não contra alegou.

1.7 Recebidos os autos neste Tribunal Central Administrativo, foi dada vista ao Ministério Público e o Procurador-Geral Adjunto emitiu parecer, que transcrevemos na íntegra:

«Em nosso entender, a decisão ora em crise, não está ferida de qualquer das nulidades a que se refere o art. 144.º do CPT, designadamente, falta dos fundamentos de facto da decisão ou oposição daqueles com a decisão.

A referida decisão fez uma correcta análise dos factos e aplicação do direito, não merecendo qualquer reparo.

Pelo exposto somos do parecer que deve ser negado provimento ao presente recurso».

1.8 Colhidos os vistos dos Juízes adjuntos, cumpre apreciar e decidir.

1.9 As questões que cumpre apreciar e decidir são as de saber se a sentença recorrida

– padece das nulidades que a Recorrente lhe assaca, por insuficiência de fundamentação (cfr. conclusão 1)) e por "incongruência" da decisão com os seus fundamentos (cfr. conclusão 3));

– enferma de erro de julgamento de facto, por nela se terem dado como provados factos que a prova produzida não permite sejam dados como assentes (por se terem dado como «provados factos que manifestamente o não estão», cfr. conclusão 2));

– enferma de erro de julgamento de direito, por nela se ter considerado que a determinação do lucro tributável não está devidamente fundamentada (cfr. conclusão 4)) e porque não se verifica a dúvida fundada a que alude o art. 121.º do CPT (cfr. conclusão 5)).

2. FUNDAMENTAÇÃO

2.1 De facto

2.1.1 A sentença recorrida efectuou o julgamento de facto nos seguintes termos:

«Consideram-se provados os seguintes factos que, ou resultam dos documentos ou se mostram retratados nos depoimentos das testemunhas, oferecidas, merecedoras de credibilidade, dentro do princípio legal da livre apreciação das provas, consignado no art. 655.º do CPCivil, por estarem na linha das regras da experiência comum e nada haver de suspeição, sobre a idoneidade de tais testemunhas:

– A impugnante exerce a actividade de café, restaurante, snack-bar e similares, CAE 631.200;

– Ficando o seu estabelecimento denominado "A Nau", situado na Rua da República, numa zona comercial, por excelência, da cidade;

– É constituído por três espaços: secção de café, sala de jantar e, quando a temperatura atmosférica o permite, uma esplanada;

– O restaurante, apesar das suas boas instalações, funciona sobretudo durante o período da época balnear, não sendo muito significativo o seu movimento;

– O movimento do café é confirmado pelo número de pessoas que ocupa: além de 2 sócios gerentes e respectivas esposas, mais 8 empregados, todos se revogando [sic] em turnos de 6 elementos;

– Esta empresa, na altura a que os autos se reportam, passava por muitas dificuldades, pagando a 90 dias, ou mais;

– De resto, o restaurante teve mesmo que acabar, uma vez que tinha pouca clientela;

– Foi convertido em salão de bilhares;

– No que respeita às vendas de tabaco e porque a margem de lucro está pré-definida, verificavam-se vários desvios, por diversas formas, que adulteravam os resultados da contabilidade;

– Havia, mesmo, hipóteses em que se contabilizava a despesa geral de clientes, incluindo o tabaco, sem o diferenciar;

– A empresa sobrevivia porque um dos sócios era pessoa abastada que injectava dinheiro na empresa, o que os balancetes assinalam;

– A empresa em causa funcionava das 7 às 2 da manhã, o que implicava turnos de pessoal e turnos de gerência;

– O que implicava, também, que fossem tomadas refeições no local, por gerentes e funcionários;

– Os próprios gerentes, para além das suas responsabilidades, comportam-se como funcionários típicos;

– A casa nunca teve menos de 8 a 12 funcionários, uma vez que trabalhava das 7, até cerca das 2 horas da manhã;

– Onde eram evidentes os desvios acontecidos nos tabacos;

– Até por parte de funcionários internos, um dos quais acabou despedido por isso;

– A contabilidade reflecte o que sai do apuro diário de caixa;

– Há, por outro lado, vários tipos de desperdícios, designadamente no café;

– Outro exemplo é o de produtos adquiridos em campanhas, por isso em quantidades, que, depois, ultrapassam prazo de validade e se inutilizam;

– O custo das existências vendidas não engloba, neste caso, necessariamente as existências consumidas;

– Acrescem as ofertas e outros consumos;

– De tal é exemplo o facto de os funcionários consumirem algumas bebidas fora das refeições;

– Acrescem acidentes que determinam inutilização do produto, designadamente por quebra de embalagens;

– O tabaco não faz brindes, nem ofertas;

– Os bónus de pronto pagamento são, por sua vez, levados à contabilidade;

– O preço é fixado pela própria Tabaqueira;

– O apuro diário é feito através dos respectivo ticket;

– Há casos em que os funcionários se esquecem de contabilizar o tabaco na tecla respectiva, englobando-o nas vendas gerais, o que penaliza a empresa;

– Acontece, também, por vezes, que alguns clientes se «esquecem» de pagar o tabaco;

– O apuro diário efeito com base na fita da máquina registadora;

– O Senhor Técnico Verificador Tributário que participou na acção de fiscalização de circunstância, considerou, inquirido, que «a margem de quantificação está adequada ao sector, tendo sido o resultado da análise quantificada que praticou»,

– «A quantidade de refeições por si contabilizadas por ano (3.000), é o resultado da emergência decorrente dos produtos adquiridos e o habitual, em termos de análise a estabelecimentos congéneres»;

– Fazendo decorrer da tabela afixada, servirem-se refeições, no, então, restaurante».

2.1.2 Porque o julgamento de facto efectuado em 1.ª instância não vem posto em causa, em concreto, pela Recorrente, como adiante, no ponto 2.2.3, procuraremos justificar, consideramos fixada a matéria de facto acima transcrita.

No entanto, entendemos ainda, ao abrigo do disposto no art. 712.º do Código de Processo Civil (CPC), levar ao probatório a seguinte factualidade:

– Com referência aos anos de 1991, 1992 e 1993, a AT procedeu à fiscalização da Contribuinte, na sequência da qual elaborou o relatório com cópia de fls. 16 a 37;

– Com base nesse relatório e relativamente ao ano de 1991, a AT fixou à Contribuinte com recurso a métodos indiciários o lucro tributável de esc. 5.948.890$00 (cfr. o referido relatório, com cópia de fls. 16 a 37, *maxime* fls. 20/21 e 24, bem como a informação de fls. 15);

– A Contribuinte reclamou da fixação do lucro tributável para a Comissão de Revisão prevista no art. 85.º do CPT (cfr. informação de fls. 15 e cópia da acta da reunião da Comissão em que foi decidida a reclamação, a fls. 11/12);

– Em 18 de Dezembro de 1995, a Comissão de Revisão reuniu para decidir a reclamação, sendo que, na falta de acordo entre os vogais da Fazenda Pública e da Contribuinte, o Presidente decidiu nos seguintes termos, que integralmente se reproduzem:

«Nos termos do n.º 1 do artigo 85.º do Código de Processo Tributário, com a nova redacção dada pelo artigo 2.º do D. Lei n.º 47/95, de 10/03, o Presidente da Comissão constatando não terem sido apresentados novos dados decidiu pela manutenção da matéria colectável fixada»

(cfr. cópia da acta da reunião da Comissão, a fls. 11/12).

2.2 De facto e de direito

2.2.1 As questões a apreciar e decidir

Na sequência de um exame à escrita da Impugnante, a AT entendeu proceder à fixação do lucro tributável do ano de 1991 com recurso a métodos indiciários.

A Contribuinte reclamou do lucro tributável fixado para a Comissão de Revisão. Reunida esta Comissão para decidir a reclamação e face à inexistência de acordo entre os vogais da Fazenda Pública e da Contribuinte, foi o Presidente quem decidiu, mantendo o lucro tributável antes fixado. Consequentemente, a AT procedeu à liquidação adicional de IRC e respectivos juros compensatórios.

A Contribuinte, discordando dessa liquidação, impugnou-a com diversos fundamentos, sendo que o Juiz do Tribunal de 1.ª instância acolheu alguns deles – considerando que aquele acto carecia de adequada fundamentação, que não estão verificados os pressupostos que autorizam a fixação da matéria tributável por métodos indiciários e que a Contribuinte apresentou prova com a qual logrou suscitar fundada dúvida sobre a existência e quantificação do facto tributário –, motivo por que anulou a liquidação impugnada.

Discordando dessa sentença, o Representante da Fazenda Pública junto do Tribunal Tributário de 1.ª instância de Coimbra dela recorreu para este Tribunal Central Administrativo. Se bem interpretamos as alegações de recurso e respectivas conclusões, entende a Recorrente que aquela sentença

– enferma de irregularidades formais, quais sejam a insuficiência de fundamentação (cfr. conclusão 1)) e a "incongruência" da decisão com os seus fundamentos (cfr. conclusão 3));

– fez errado julgamento de facto, por ter dado como «provados factos que manifestamente o não estão», cfr. conclusão 2));

– fez errado julgamento de direito, por ter considerado que a determinação do lucro tributável não está devidamente fundamentada (cfr. conclusão 4)) e porque não se verifica a dúvida fundada a que alude o art. 121.º do CPT (cfr. conclusão 5)).

Daí que tenhamos enunciado as questões a apreciar e decidir nos termos em que o fizemos no ponto 1.9.

2.2.2 Sobre as invocadas nulidades da sentença

A Recorrente considera que a sentença enferma de nulidade por insuficiência de fundamentação e por "incongruência" da decisão com os seus fundamentos.

Nos termos do disposto no art. 125.º, n.º 1, do Código de Procedimento e Processo Tributário[2], «Constituem causas de nulidade da sentença a falta de assinatura do juiz, a não especificação dos fundamentos de facto e de direito da decisão, a oposição dos fundamentos com a decisão, a falta de pronúncia sobre questões que o juiz deva apreciar ou a pronúncia sobre questões que não deva conhecer».

A falta de fundamentação e a oposição dos fundamentos com a decisão incluem-se, pois, entre os vícios formais da sentença susceptíveis de constituir nulidade da mesma. Será, no entanto, que tais vícios se verificam relativamente à sentença sob recurso? Manifestamente, não. Vejamos:

As invocadas insuficiência e "incongruência" da fundamentação, reporta-as a Recorrente às alegadas circunstâncias de o Juiz do Tribunal *a quo* dar «como provados factos que [...] não se encontram provados», de ter sido «dada importância probatória a meros juízos opinativos expressos pelas testemunhas da impugnante, não considerando referências factuais da testemunha

[2] Que corresponde ao art. 144.º, n.º 1, do CPT.

apresentada pela Fazenda Pública» e de que «não teve em consideração os factos expressos no relatório elaborado pelos Serviços de Fiscalização Tributária» (cfr. os itens 10.º e 11.º das alegações de recurso).

Ou seja, a argumentação aduzida em suporte das alegadas nulidades situa-se, não no âmbito da validade formal da sentença, mas antes no âmbito da sua validade material, isto é, toda aquela argumentação se reporta a erro de julgamento.

Ora, como é sabido, as nulidades da sentença, previstas no art. 125.º do CPPT e 668.º do CPC, são vícios que se reportam à validade formal da decisão e não à sua validade substancial, motivo por que não constituem nulidades da sentença o invocado erro na valoração da prova e no julgamento da matéria de facto.

Em todo o caso, sempre se dirá:

– Quanto à falta de fundamentação

É pacífico que recai sobre os juízes o dever de fundamentarem de facto e de direito as suas decisões. Tal dever resulta, para todas as decisões, do disposto no art. 158.º, n.º 2, do CPC, e justifica-se, por um lado, pela necessidade de convencer a parte vencida das razões da improcedência do seu pedido e, por outro lado, para permitir a elaboração de recurso em que se impugnem os fundamentos que conduziram à decisão. No que respeita especialmente à sentença, o dever de fundamentação está regulado nos arts. 123.º, n.º 1, do CPPT, e 659.º, n.ºs 2 e 3, do CPC.

Quando a sentença não especifique os fundamentos de facto e de direito que justifiquem a decisão é nula (arts. 125.º, n.º 1, do CPPT, e 668.º, n.º 1, alínea *b*), do CPC). No entanto, quanto à fundamentação de direito, só constitui nulidade a sua omissão total, como resulta do art. 125.º do CPPT e a jurisprudência tem vindo a afirmar repetidamente[3]. Ora, manifestamente, na sentença recorrida não há total omissão dos fundamentos de facto ou de direito.

Pode ou não concordar-se com eles, mas isso é uma discussão que se situa já no domínio da validade substancial da sentença.

– Quanto à nulidade por contradição entre os fundamentos e a decisão

A nulidade por contradição entre os fundamentos e a decisão apenas ocorre quando os fundamentos invocados deveriam conduzir, num processo lógico, a decisão oposta à que foi adoptada, o que não se verifica no caso, onde os fundamentos da sentença não poderiam levar a outra decisão senão a que foi adoptada[4].

Considerou-se na sentença recorrida (bem ou mal, não importa agora apreciar) que a liquidação não está devidamente fundamentada, que não estão verificados os pressupostos que autorizam a AT a lançar mão de métodos indiciários para calcular a matéria tributável e que a Impugnante logrou demonstrar factos que põem em causa a existência e quantificação do facto tributário.

Face aos fundamentos aduzidos na sentença, não vislumbramos, nem a Recorrente explica, por que deveria a impugnação ser julgada improcedente.

Salvo o devido respeito, é manifesto que a sentença não enferma desses vícios susceptíveis de pôr em causa a sua validade formal, motivo por que improcedem as invocadas nulidades da sentença.

2.2.3 Do erro no julgamento de facto

A Recorrente atacou a sentença também com fundamento em erro no julgamento de facto. Entende a Recorrente que o Juiz do Tribunal Tributário de 1.ª instância de Coimbra deu como provados factos que a prova produzida não permite se tenham como assentes.

No entanto, salvo o devido respeito, a Recorrente, não só não diz quais são esses factos, como também não indica quais os meios de prova que impunham que o julgamento da matéria de facto fosse efectuado em sentido diverso.

Ora, como é sabido, nos termos do disposto no art. 690.º-A, n.º 1, do CPC, aplicável subsidiariamente ao processo tributário *ex vi* da alínea *e*) do art. 2.º do CPPT, «Quando se impugne a decisão proferida sobre a matéria de facto, deve o recorrente obrigatoriamente especificar, sob pena de rejeição:

a) Quais os concretos pontos de facto que considera incorrectamente julgados;

b) Quais os concretos meios probatórios, constantes do processo ou de registo ou gravação nele realizada, que impunham decisão sobre os pontos da matéria de facto impugnados diversa da recorrida».

Ao não cumprir com os referidos ónus, antes se limitando, de forma genérica, a afirmar que «a sentença recorrida [...] dá como provados factos que [...] não se encontram provados», que «foi dada importância probatória a meros juízos opinativos expressos pelas testemunhas da impugnante, não considerando referências factuais da testemunha apresentada pela Fazenda Pública», que «não teve em consideração os factos expressos no relatório elaborado pelos Serviços de Fiscalização Tributária» e que «não toma em consideração os factos probatórios trazidos aos autos» (cfr. itens 10.º e 11.º das alegações de recurso), a Recorrente inviabilizou que este Tribunal *ad quem* proceda à por ela pretendida sindicância do julgamento da matéria de facto efectuada pelo Tribunal *a quo*. Note-se que os recursos não têm como escopo a produção de novas decisões, mas antes a reapreciação de decisões proferidas por tribunais de instância inferior, motivo por que, para a pretendida reapreciação relativamente ao julgamento da matéria de facto, sempre seria indispensável que a Recorrente delimitasse precisamente o âmbito e o conteúdo da actividade a executar por este Tribunal Central Administrativo. Não o tendo feito, como não fez, não pode ser dado provimento ao recurso com fundamento no invocado vício de erro de julgamento de facto.

2.2.4 Do erro no julgamento de direito

2.2.4.1 A Recorrente invocou também o erro no julgamento de direito. Desde logo, porque, contrariamente ao que considerou a sentença recorrida, entende que está devidamente fundamentada a determinação do lucro tributável fixado «pois no relatório elaborado pelos Serviços de Fiscalização Tributária estão explicitadas as razões que levaram ao apuramento dos valores que serviram de base às liquidações efectuadas e ora colocadas em causa» (cfr. item 16.º das alegações de recurso). Quanto à específica fundamentação requerida para a utilização dos métodos indiciários na determinação da matéria tributável, também a Recorrente entendeu ter a Adminis-

[3] Neste sentido, Jorge Lopes de Sousa, *Código de Procedimento e Processo de Tributário Anotado*, 3.ª edição, notas 7 e 8 ao art. 125.º, págs. 626/ /627.

[4] Sobre esta nulidade, *vide* Jorge Lopes de Sousa, *ob. cit.*, nota 9 ao art. 125.º, págs. 629/630.

tração cumprido com as suas obrigações, dizendo expressamente que «O relatório do exame a escrita, junto aos autos a fls 16 a 37, especifica os motivos de impossibilidade da comprovação e quantificação directa e exacta da matéria tributável e indica todos os critérios utilizados na quantificação efectuada, sendo possível conhecer, da sua análise as razões que motivaram a tributação e o modo como a quantificação do lucro tributável foi realizada», «O que permite a um intérprete normal conhecer a forma, passo a passo, como foi determinado o lucro tributável, sendo certo que a fundamentação foi dada a conhecer à ora impugnante, tanto assim que deduziu, em 11 de Abril de 1996, a reclamação para a Comissão de Revisão da Matéria Tributável, nos termos do art. 84.º do Código de Processo Tributário» (cfr., respectivamente, os itens 14.º e 15.º das alegações de recurso).

Significa isto, se bem interpretamos as alegações de recurso e respectivas conclusões, que a Recorrente entende que a sentença recorrida fez errado julgamento quanto à invocada falta de fundamentação da liquidação, que reportou à determinação do lucro tributável, bem como quanto à invocada falta de fundamentação (formal) da decisão de recorrer aos métodos indiciários.

2.2.4.2 Antes do mais, cumpre ter presente o seguinte:

Nos termos do disposto no art. 81.º, n.º 1, da Lei Geral Tributária (LGT): «A matéria tributável é avaliada ou calculada directamente segundo os critérios próprios de cada tributo, só podendo a administração tributária proceder a avaliação indirecta nos casos e condições expressamente previstos na lei».

Por via de regra, a matéria tributável é determinada directamente e com base nos elementos legalmente exigíveis e que a lei impõe aos contribuintes forneçam à AT. Daí que impendam sobre os sujeitos passivos dos tributos as obrigações acessórias de apresentação de declarações e de exibição da contabilidade ou escrita (cfr. art. 31.º, n.º 2, da LGT, art. 59.º, n.º 1, do CPPT, e as normas que, nos códigos dos diversos impostos, impõem o dever de apresentação de declarações, *v.g.*, os arts. 71.º, n.º 1, alínea *a*), e 96.º, do Código do Imposto sobre o Rendimento das Pessoas Colectivas *(CIRC)* e os arts. 57.º e 78.º, n.º 1, alínea *a*), do Código do Imposto sobre o Rendimento das Pessoas Singulares *(CIRS)*[5]).

No entanto, como é manifesto, os sujeitos passivos que não cumprem os deveres de cooperação que sobre eles recaem não podem obter qualquer vantagem relativamente àqueles que cumprem. Assim, quando, por dolo ou negligência, o sujeito passivo não forneça à AT, através das pertinentes declarações, os elementos necessários e legalmente exigíveis para a determinação da base tributável (e a eventual liquidação do imposto) e não supra essa falta dentro dos prazos fixados na lei, ou quando não faculte à AT os elementos indispensáveis à verificação da sua situação tributária, ou quando os elementos fornecidos revelem omissões, erros, inexactidões ou indícios fundados de que não reflectem a matéria tributável real do sujeito passivo (assim, se afastando a presunção de veracidade das declarações e da contabilidade, cfr. arts. 75.º, n.ºs 1 e 2, da LGT e 59.º, n.ºs 1 e 2, do CPPT), o resultado não pode ser a ausência de tributação.

Nesses casos, impõe-se à AT que proceda ela à recolha dos elementos necessários para a determinação da matéria colectável. Nessa tarefa, deve, em primeira linha, tentar recolher elementos objectivos, como a contabilidade e respectiva documentação, que lhe permitam, através da verificação desses elementos e de operações matemáticas efectuadas com base neles, calcular com exactidão a matéria tributável. No entanto, se esses elementos faltarem, ou forem insuficientes, ou não merecerem confiança, a lei permite que a AT possa avaliá-la indirectamente, ou seja, com base em indícios, presunções ou outros elementos de que disponha (cfr. arts. 81.º, n.º 1, 82.º, n.º 2, 83.º e 87.º e segs. da LGT).

Assim, é à AT que compete demonstrar, fundamentadamente, que os elementos declarados não merecem confiança, bem como que não é possível determinar directamente a matéria tributável para que lhe fique aberto o recurso a estimativas ou presunções (métodos indiciários) na fixação da matéria tributável[6]; feita essa demonstração, cabe então ao contribuinte demonstrar, e não só gerar fundada dúvida, que houve «erro ou manifesto excesso na matéria tributável quantificada» (cfr. art. 121.º, n.º 3, do CPT). Como adverte Saldanha Sanches, «o regime de dúvida razoável aplicado à prova indirecta levaria longe de mais, na medida em que a avaliação indirecta é sempre menos exacta da que é feita, nos termos legais, pelo contribuinte»[7]. Bem se compreende que assim seja. Como ficou dito no acórdão deste Tribunal de 22 de Maio de 2001, proferido no recurso com o n.º 4016/00, esta posição menos favorável do contribuinte compreende-se «porque a quantificação por presunção só a si lhe é imputável, pelo que o contribuinte, se queria ser tributado pelo lucro real, deveria ter uma contabilidade sã, que permitisse o controlo dos dados nela constante». Também no acórdão do Supremo Tribunal Administrativo de 24 de Abril de 2002, proferido no recurso com o n.º 26.679[8], diz-se a este propósito: «No caso de utilização de métodos indiciários, o próprio método de quantificação, baseado em presunções e estimativas, nunca pode garantir a correspondência entre a matéria tributável quantificada e a realidade, pelo que, pela sua própria natureza, não pode deixar de conduzir a uma situação de dúvida sobre aquela quantificação.

No entanto, aceitando a lei a utilização de tais métodos como uma forma válida de determinar a matéria tributável que deve servir de base a actos de liquidação, tem de concluir-se que as dúvidas sobre a quantificação inerentes à utilização de métodos indiciários não podem ser consideradas bastantes para justificar a anulação, pois, se o fossem, todos os actos de liquidação baseados em utilização de tais métodos seriam anuláveis».

Neste sentido, salienta Saldanha Sanches: «depois de demonstrada, pela Administração fiscal, a existência do facto tributário e a violação de um dever de cooperação

[5] Reportamo-nos, aqui como adiante, à versão original do CIRC e do CIRS, códigos em vigor à data a que se referem os factos. Hoje, após a entrada em vigor do Decreto-Lei n.º 198/2001, de 3 de Julho, aos referidos artigos correspondem os arts. 83.º, n.º 1, alínea *a*), e 109.º do CIRC e 57.º e 76.º, n.º 1, alínea *a*), do CIRS.

[6] Neste sentido, Saldanha Sanches, *Manual de Direito Fiscal*, Lex – 1998, pág. 281, e Vieira de Andrade, *Direito Administrativo e Fiscal*, parte I, págs. 150 a 152.

[7] *Ob. cit.*, pág. 281.

[8] Publicado na *Antologia de Acórdãos do Supremo Tribunal Administrativo e do Tribunal Central Administrativo*, ano V, n.º 3, págs. 145 a 149.

do sujeito passivo, caberá a este a demonstração do erro ou do excesso por parte da Administração fiscal, uma vez que a determinação do rendimento ou de outro facto tributário por meio de métodos indiciários conduz sempre a uma quantificação aproximada: se aqui a dúvida revertesse a favor do sujeito passivo a quantificação indiciária nunca seria possível»[9].

No casos em que a AT recorra aos métodos indiciários para determinar a matéria tributável, o sujeito passivo pode solicitar a revisão da mesma, a menos que se trate de regime simplificado de tributação (cfr. art. 91.º, n.º 1, da LGT). O pedido de revisão constitui mesmo, nos termos do disposto nos arts. 86.º, n.º 5, da LGT, e 117.º, n.º 1, do CPPT, condição prévia imprescindível para a impugnação dos actos tributários com base em erro na quantificação da matéria tributável ou nos pressupostos de aplicação dos métodos indirectos. A impugnação directa da avaliação indirecta só será possível quando esta não dê origem a liquidação.

À data a que se reportam os factos, era o art. 84.º do CPT, bem como o art. 136.º do mesmo Código, já na redacção que lhes foi dada pelo art. 2.º do Decreto-Lei n.º 47/95, de 10 de Março, que impunham a prévia reclamação da decisão que fixasse a matéria tributável (independentemente do método utilizado – directo ou indirecto), como condição para a impugnação judicial com fundamento na errónea quantificação da matéria tributável. Por outro lado, era o art. 89.º do CPT que impedia a impugnação autónoma do acto de fixação da matéria tributável, a menos que esta não desse origem a liquidação. Era na impugnação judicial deste último acto – a liquidação em sentido estrito – que deviam ser invocadas as ilegalidades verificadas na determinação da matéria tributável, incluindo a errónea quantificação.

2.2.4.3 Feitos estes breves considerandos em torno da determinação da matéria tributável com recurso a métodos indiciários, regressemos agora ao caso *sub judice* a fim de indagar se o acto de fixação do lucro tributável está ou não devidamente fundamentado.

Na verdade, a Impugnante invocou a falta de fundamentação da liquidação, reportando esse vício, se bem interpretamos a petição inicial, à fixação da matéria tributável. Também na sentença recorrida assim se parece ter interpretado a petição inicial, mas, a nosso ver e salvo o devido respeito, não se levou em conta o facto de ter havido reclamação do lucro tributável inicialmente fixado pela AT para a Comissão de Revisão, como, aliás, nos termos que ficaram referidos, o impunham o disposto nos arts. 84.º e 136.º do CPC, para que a Contribuinte pudesse suscitar a sindicância em sede contenciosa do erro na quantificação.

Ora, tendo havido, como houve no caso *sub judice*, reclamação para a Comissão de Revisão, é a decisão desta Comissão que constitui o acto final do procedimento de determinação da matéria tributável, pois que se trata de decisão «verdadeiramente revogatória e substitutiva do acto inicial reclamado»[10].

É, pois, relativamente a essa decisão que havemos de indagar se está ou não cumprida a exigência legal de fundamentação do acto de fixação da matéria tributável, indagação que devemos fazer à luz dos preceitos que, à data, impunham a fundamentação: o art. 268.º, n.º 3, da Constituição da República Portuguesa, na redacção aplicável, que é a da Lei Constitucional n.º 1/92, de 25 de Novembro, os arts. 19.º, alínea *a*), 21.º e 82.º, do CPT, relativamente à tributação por métodos indiciários, ainda o art. 81.º do CPT, e o art. 125.º do Código do Procedimento Administrativo (CPA).

Recordemos aqui a fundamentação aduzida para fundamentar a decisão do Presidente da Comissão de Revisão (a quem competia a decisão, na ausência de acordo entre os vogais da Fazenda Pública e da Contribuinte, nos termos do art. 85.º do CPT, na redacção que lhe foi dada pelo art. 2.º do Decreto-Lei n.º 47/95, de 10 de Março, que é a aplicável, porque em vigor à data) sobre a reclamação deduzida pela Contribuinte contra a fixação inicial do lucro tributável, fundamentação que foi por nós levada ao probatário (cfr. ponto 2.1.2) ao abrigo dos poderes concedidos pelo art. 712.º do CPC:

«Nos termos do n.º 1 do artigo 85.º do Código de Processo Tributário, com a nova redacção dada pelo artigo 2.º do D. Lei n.º 47/95, de 10/03, o Presidente da Comissão constatando não terem sido apresentados novos dados decidiu pela manutenção da matéria colectável fixada».

É este, e exclusivamente este, o discurso externado pelo Presidente da Comissão de Revisão quando da prática do acto de fixação do lucro tributável que serviu de base à liquidação impugnada.

Salvo o devido respeito, tal discurso não permite quaisquer dúvidas quanto à falta de fundamentação do acto de fixação do lucro tributável. Perante o mesmo, não se fica a saber quais os concretos motivos por que o Presidente da Comissão de Revisão decidiu no sentido em que decidiu, por que entendeu fixar o lucro tributável no valor em que o fixou. É certo que manteve o lucro tributável no valor inicialmente fixado, mas não fez remissão expressa para quaisquer elementos constantes do processo, designadamente para o relatório dos Serviços de Fiscalização Tributária que a Recorrente invoca como suporte daquela decisão. Note-se que a fundamentação por remissão seria admissível, mas sempre se exigiria que a mesma fosse expressa e inequívoca, como resulta do n.º 1 do art. 125.º do CPA.

Por outro lado, quando a Administração lança mão de métodos indiciários para determinar a matéria tributável exige-se uma fundamentação mais cuidada e pormenorizada, pois «o grau de fundamentação exigível deverá estar directamente relacionado com o grau de litigiosidade existente, isto é, com a divergência existente entre a posição da administração e do contribuinte»[11].

Assim, porque o Presidente da Comissão de Revisão nada deu a conhecer em concreto, ainda que por remissão, quanto aos motivos por que, mantendo os valores da fixação inicial, entendeu que o montante do lucro tributável a considerar para efeitos de tributação era aquele, o acto final do procedimento de determinação do lucro tributável não pode ter-se como validamente fundamentado.

Nestes termos, a decisão recorrida – de anulação da liquidação impugnada – deve manter-se, ainda que com

[9] *Manual de Direito Fiscal*, 2.ª edição, pág. 311.

[10] Cfr. o acórdão deste Tribunal Central Administrativo de 9 de Novembro de 2004, proferido no processo com o n.º 693/03, em que suscitou questão em tudo idêntica, respeitante à mesma Contribuinte, mas ao ano de 1992.

[11] Saldanha Sanches, suplemento de *Economia* do jornal *Público* de 4 de Março de 1991.

a presente fundamentação, ficando prejudicado o conhecimento dos demais fundamentos do recurso.

2.2.5 Conclusões

Preparando a decisão, formulamos as seguintes conclusões:

VII – Nos casos em que o contribuinte, por dolo ou negligência, não forneça à AT os elementos necessários à liquidação do imposto, ou os elementos fornecidos se revelem inexactos, e se verifique a impossibilidade de calcular com exactidão a matéria tributável (com base em elementos objectivos, como a contabilidade e respectiva documentação), a lei permite que a AT possa avaliá-la indirectamente, ou seja, com base em indícios, presunções ou outros elementos de que disponha.

VIII – Nesses casos, discordando o contribuinte da matéria tributável fixada, pode dela reclamar, sendo que, à data a que se reportam os factos, tal reclamação, prevista no art. 84.º do CPT, era mesmo condição prévia necessária para a impugnação judicial com fundamento em errónea quantificação da matéria tributável, nos termos do art. 136.º do mesmo Código.

IX – Impõe-se à entidade decidente que fundamente a decisão da reclamação, sendo que o grau de fundamentação exigível deve ser directamente proporcional ao grau de divergência entre a Administração e o contribuinte.

X – Se no discurso externado quando da decisão da reclamação contra a fixação do lucro tributável, o Presidente da Comissão de Revisão (a quem, no caso, competia a decisão), nada diz, directamente ou por remissão, sobre os concretos motivos por que fixou o lucro tributável no montante em que o fixou, deve considerar-se que tal decisão não está fundamentada.

XI – O facto de nessa decisão se ter mantido o lucro tributável inicialmente fixado, não permite sequer concluir que houve apropriação da fundamentação dessa primitiva fixação, pois sendo certo que é admissível a fundamentação por remissão, esta sempre deverá ser expressa e inequívoca.

XII – Não pode conhecer-se do invocado erro de julgamento da matéria de facto se o recorrente não cumpre com os ónus do art. 690.º-A, n.º 1, do CPC, aplicável subsidiariamente ao processo tributário *ex vi* da alínea *e*) do art. 2.º do CPPT, mas antes se limita a afirmar genericamente que a sentença recorrida deu como provados factos que a prova produzida não permite se tenham como assentes, não dizendo quais são esses factos nem indicando quais os meios de prova que impunham que o julgamento da matéria de facto fosse efectuado em sentido diverso.

3. DECISÃO

Face ao exposto, os juízes da Secção do Contencioso Tributário deste Tribunal Central Administrativo acordam, em conferência, negar provimento ao recurso, mantendo a decisão recorrida com a presente fundamentação.

Sem custas.

Lisboa, 29 de Março de 2005

Francisco Rothes
Lucas Martins
Pereira Gameiro

Recurso n.º 5867/01

IMPUGNAÇÃO. ALTERAÇÃO DO EFEITO DO RECURSO. IMPOSTOS ESPECIAIS DE CONSUMO (IEC). DOCUMENTO ADMINISTRATIVO DE ACOMPANHAMENTO. RESPONSABILIDADE DO EXPEDIDOR.

(Acórdão de 1 de Fevereiro de 2005)

SUMÁRIO:

I – Como decorre do art. 687.º do CPC, a decisão que admita o recurso, fixe a sua espécie, ou determine o efeito que lhe compete não vincula o tribunal superior (cfr. art. 687.º, n.º 4 do CPC), ao passo que o despacho do relator no tribunal superior é também provisório por ser modificável pela conferência por iniciativa do próprio relator, dos seus adjuntos e até das próprias partes, pelo que nada obsta que a conferência o possa fazer agora.

II – Considerando que da parte final do requerimento apresentado pela recorrente decorre que ela pretendeu que ao recurso fosse fixado o efeito suspensivo; que, para o obter, ofereceu como garantia bancária que a Administração Aduaneira reputou suficiente e idónea para garantir a dívida e legais acréscimos; que, após, o M.º Juiz julgou validamente prestada a garantia, fixando ao recurso interposto pela impugnante o efeito suspensivo e uma vez que a decisão que fixa o efeito do recurso só pode ser impugnada pelas partes nas suas alegações (art. 687.º n.º 4 CPC/art. 2.º al.*e*) CPPT), porque no caso *sub specie* a impugnante/ /recorrente produziu alegações suscitando a questão do efeito do recurso (art. 282.º n.º 3 CPPT), na senda do despacho do M.º juiz «a quo» deverá ser atribuído ao recurso o efeito suspensivo.

III – Em regime de suspensão de impostos especiais de consumo (IEC), a não devolução do exemplar 3 do documento administrativo de acompanhamento (DAA), determina desde logo o apuramento do regime, sendo responsável pelo pagamento do montante liquidado, nos termos das disposições dos artigos 1.º do DL 104/93 de 5/4 e 19.º n.os 6 e 9 do DL 52/93 de 26/2, o expedidor.

IV – Neste conspecto, a impugnante, como depositário autorizado expedidor, é sujeito passivo do imposto liquidado.

ACORDA-SE NESTA SECÇÃO DO CONTENCIOSO DO TRIBUNAL CENTRAL ADMINISTRATIVO SUL:

1. RELATÓRIO

EXSANDE – GESTÃO DE IMÓVEIS, S.A., (anteriormente SANDEMAN & COMPANHIA, S.A.), com os sinais identificadores dos autos, recorre da sentença proferida pelo sr. Juiz do TAF de Leiria, no processo de impugnação que deduziu contra a liquidação de dívida aduaneira no montante de 54 154 405$00, correspondendo 49 530 286$00 a ISBA (Imposto Especial sobre o Consumo de Bebidas Alcoólicas) e 4 624 119$00 a juros compensatórios, relativa ao período compreendido entre Março e Novembro de 1998.

Alega e termina formulando as seguintes conclusões:

I – Tendo sido prestada pela Recorrente, no âmbito da liquidação efectuada e nos termos do CPPT, garantia bancária, deve ser atribuído ao presente recurso o efeito SUSPENSIVO e não devolutivo.

II – *A Recorrente declarou*, ao abrigo dos DAA's n.os 62481, 62498, 62508, 63627, 63651 e 63661, *a expedição de bebidas alcoólicas*, tendo para o efeito preenchido as casas 7, 7A e 4 dos mencionados DAA's da seguinte forma:

a. No DAA n.º 62481, correspondente à Guia de remessa 29694, foi preenchida a casa 7 com o nome do destinatário da mercadoria – a empresa holandesa F. Loendersloot, detentora do entreposto fiscal –, e a casa 4 com o n.º 1 –1210023t5394;

b. No DAA n.º 62498, correspondente à Guia de remessa 32003, foi preenchida a casa 7 com o nome do destinatário da mercadoria – a empresa holandesa F. Loendersloot, detentora do entreposto fiscal –, e a casa 4 com o n.º 1210023t5394;

c. No DAA n.º 62508, correspondente à Guia de remessa 32010, foi preenchida a casa 7 com o nome do adquirente da mercadoria – Solatiba, a casa 7 A com o nome do destinatário da mercadoria – a empresa holandesa F. Loendersloot, detentora do entreposto fiscal –, e a casa 4 com o n.º 1-1210023t5394;

d. No DAA n.º 63627, correspondente à Guia de remessa 31032, foi preenchida a casa 7 com o nome do adquirente da mercadoria – a a empresa holandesa F. Loendersloot, detentora do entreposto fiscal –, e a casa 4 com o n.º 1210023t5394;

e. No DAA n.º 63651, correspondente à Guia de remessa 32048, foi preenchida a casa 7 com o nome do destinatário da mercadoria – a empresa holandesa F. Loendersloot, detentora do entreposto fiscal –, e a casa 4 com o n.º 1210023t5394;

f. No DAA n.º 63661 correspondente à Guia de remessa 33055, foi preenchida a casa 7 com o nome do cliente – Sotatiba, a casa7 A com o nome do destinatário da mercadoria – a empresa holandesa F. Loendersloot, detentora do entreposto fiscal –, e a casa 4 com o n.º 1-1210023t5394.

III – O *prefixo 1* colocado na casa 4 dos DAA's n.os 62481 e 62508 [alíneas *a*) e *f*) supra} ocorreu por *lapso material* dos serviços administrativos da ora Recorrente decorrente do facto de nas transacções internas tal prefixo ser obrigatório na identificação dos depositários autorizados.

IV – A colocação na casa 7 dos DAA's n.os 62508 e 63661 do nome do adquirente da mercadoria – SOLATIBA – e, nestes casos o preenchimento da casa 7A com o nome do destinatário da mercadoria – F. Loendersloot –, foi *devida e atempadamente justificada* pela Recorrente à Administração Aduaneira.

V – De todo o modo, dos seis DAA's em questão *três dotes* (62498, 63627 e 63651) encontram-se preenchidos nos termos "aceites" pela própria Alfândega de Peniche.

VI – Antes de proceder à produção e expedição da mercadoria, a ora Recorrente solicitou às Autoridades Aduaneiras a *confirmação do n.º de entreposto fiscal* (121002315394) do destinatário da mercadoria – F.Loendersloot –, tendo a Divisão dos Impostos sobre o Álcool e Bebidas Alcoólicas confirmado o n.º da referida empresa holandesa, sendo por isso falso o alegado pela Alfândega de Peniche na notificação da divida (ponto 8), denotando a falta de rigor e transparência com que esta orientou todo o processo de conferência final.

VII – Não se apercebendo que o n.º constante da casa 4 não pertencia à SOLATIBA mas sim a F. Loendersloot, concluiu, erradamente, que o destinatário da mercadoria não possuía autorização para a receber em regime de suspensão, sendo, assim, evidente *o erro nos pressupostos de facto*.

VIII.– De todo o modo, ainda que se considere que foi o "erro" no preenchimento dos DAA's que levou a Alfândega de Peniche a concluir -argumento sem fundamento, maxime em relação aos três DAA's referidos no ponto V – que a Recorrente não se informou sobre a autorização do destinatário para receber produtos em regime de suspensão de impostos, *o simples erro material* no preenchimento das casas 7 e 4 do DAA *não dá lugar nem fundamenta a liquidação efectuada.*

IX – *Na base da improcedência* da presente impugnação por parte do Tribuna» "a *quo",* bem como na liquidação de IABA pela Alfândega de Peniche, esteve o *OFÍCIO* de fls. 5 do apenso e 221 dos presentes autos que consiste num fax da Divisão dos Serviços de IABA para a Alfândega de Peniche.

X – De teor desse fax, onde se faz referenda a um suposto pedido de verificação de movimentos realizado às Autoridades Holandesas, *não é possível concluir* – conforme o fez, quer o Tribunal "a quo"na decisão ora recorrida, quer a Alfândega de Peniche na liquidação impugnada –, que as Autoridades Holandesas confirmaram não ter o destinatário – empresa F. Loendersloot – recepcionado a mercadoria em causa e que havia indícios de que o carimbo utilizado pela empresa destinatária seria falso.

XI – *Não existe*, quer no processo de conferência final quer nos presentes autos, *qualquer informação emitida pelas Autoridades Holandesas* a confirmarem, quer o pedido de verificação de movimentos referido, quer a avisar, conforme o supra referido fax, que a mercadoria não havia sido recepcionada peto seu destinatário.

XII – As *Autoridades Aduaneiras Holandesas não fazem autenticação dos documentos de Acompanhamento* (DAA's), não estando, por isso, em condições de controlar quaisquer operações sujeitas a IEC's ou a emitir qualquer informação sem solicitar e analisar todos os documentos e elementos inerentes a tais operações.

XIII – Pelo que, em última análise, a admitir como certo o pedido de verificação de movimentos, *a conclusão a retirar* do supra mencionado ofício apenas podia ser a de que as autoridades Holandesas pretendiam somente *recolher elementos e documentos para a realização de diligências* e investigações adicionais prévias à emissão de informação sobre o referido pedido de verificação de movimentos, tendo para esse efeito solicitado cópia dos exemplares e informação sobre quem assinou os CMR, quem ordenou essas remessas e quem as pagou.

XIV – Na sequência desse pedido, que lhe foi transmitido peta Alfândega de Peniche (cfr. fls. 6 da conferência final), *a Recorrente forneceu toda a documentação* referente aos DAA's em questão, tendo a mesma sido remetido posteriormente à autora do Ofício de fls. 5 (cfr. fls. 9 a 17 da Conferência Final).

XV – Não existe no processo (gracioso e judicial) qualquer informação das Autoridades Aduaneiras Holandesas ao pedido de verificação de movimentos nem *qualquer ofício* da Direcção de Serviços dos Impostos Especiais sobre o Álcool *posterior* ao envio da documentação solicitada por aqueles.

XVI – *Caso as autoridades holandesas tivessem emitido qualquer informação, esta teria de ter sido notificada à Recorrente*, nos termos e para os efeitos do disposto no n.º 4 do art. 76.º da LGT e 45.º do CPPT, tanto mais que à Recorrente ou a qualquer outra entidade privada é vedado o acesso a informações fiscais de outros países, as quais apenas são prestadas entre Administrações Tributárias que a tal se encontrem vinculadas no âmbito de convenções internacionais de assistência mútua.

XVII – Mesmo a entender-se que o Ofício de fls. 5 da Conferência Final é a comunicação da informação das Autoridades Holandesas ao pedido de verificação de movimentos, verdade é que *tal informação carece de um mínimo de descrição e clareza*, peto que deveria, quer a Alfândega no momento da liquidação, quer a Fazenda Pública e o meritíssimo Juiz "a quo" ter efectuado e ordenado mais diligências tendentes a colher mais dados ou factores indiciantes da não recepção da mercadoria peia empresa destinatária e da alegada "falsidade" do carimbo desta, como pressupostos legais para legitimar a liquidação impugnada.

XVIII – Acresce, ainda, que o *Ofício de fls. 5 apenas se refere a 4 dos 6 DAA's em questão*, de modo que, ainda que se considerasse que aquele ofício constitui uma informação final das Autoridades Holandesas e que face à informação constante na mesma não havia necessidade de qualquer outra diligência – o que por mera hipótese académica se admite – não podia o Tribunal "a quo" generalizar e concluir que a mercadoria não chegou ao destinatário em nenhuma das operações e nessa medida as operações consubstanciadas nos DAA's n.os 63661 e 62508, ter-se-iam de *excluir da liquidação* efectuada.

XIX – Constituindo as operações em causa *meras expedições* (operações de venda entre países membros da comunidade), a aplicação da alínea *a*) do número 6 do artigo 19.º do Decreto-Lei 52/93, de 26 de Fevereiro, consubstancia uma *errada aplicação do direito* por parte do Tribunal "a quo".

XX – Nas expedições, e nos termos da alínea *b*) do mesmo n.º 6 do art. 19.º, o regime de suspensão dos IEC's é apurado *"Após a recepção pelo expedidor do exemplar de reenvio do documento administrativo de acompanhamento ou de uma cópia do documento comercial devidamente anotados.*

XXI – Atendendo a que os exemplares 3 dos DAAs 62481, 62498, 62508, 63627, 63651 e 63661, recepcionados em tempo peta Recorrente (cfr. documentos de fls 64, 78, 95, 107, 119 e 133 da Conferência Final), estão carimbados e assinados pela empresa destinatária da mercadoria – F. Loendersloot, o regime de suspensão de imposto foi apurado, nos termos da alínea *b*) do n.º 6 do art. 19.º do Decreto-Lei n.º 52/93.

XXII – Sobre a Alfândega de Peniche e a Fazenda Pública *recaía o ónus* de provar os factos concretos constitutivos do direito de proceder à liquidação ora impugnada, isto é, não só o ónus de demonstrar que a mercadoria não foi recepcionada na Holanda e que os carimbos da Loendersloot eram falsos como ainda de que essa falsidade tinha sido praticada e era responsabilidade da Recorrente, prova que não foi produzida nem na fase do procedimento tributário, prévio à liquidação, nem em Tribunal.

XXIII – Ficou provado por documentos juntos aos autos e por depoimento de testemunhas nomeadamente que: (i) A empresa holandesa F. Loendersloot Intemationale e Expeditie é detentora do entreposto fiscal com o n.º 1210023T5394, para o qual foram expedidas as mercadorias; (ii) a adquirente das mercadorias foi a empresa Espanhola SOLATIBA IMPORTACION EXPORTACION, S.L; (iii) Nos DAAs n-s 62481, 62498, 62627 e 63651, a F. Loendersloot está identificada como destinatária e detentora do entreposto fiscal na casa 7 e o seu número de IEC devidamente inscrito na casa 4 de cada um daqueles; (iv) Nos DAAs n.os 62508 e 63661 a F. Loendersloot, enquanto detentora do entreposto fiscal, está identificada na casa 7-A e o seu número de IEC devidamente inscrito na respectiva casa 4; (v) As operações comerciais correspondentes aos DAAs em análise na impugnação foram regularmente efectuadas, estando juntos aos autos os respectivos documentos de suporte.

XXIV – Também *o n.º 4* (primeira parte) *do art. 20.º do Decreto-Lei n.º 52/93 não é aplicável ao caso em apreciação*, já que cabia à Alfândega de Peniche demonstrar que os produtos expedidos não chegaram ao seu destino, mediante junção de prova que objectiva e materialmente fundamentasse tal conclusão.

XXV – Face à prova da Recorrente da regularidade das operações, à Fazenda Pública cabia, por força do preceituado no n.º 2 do art. 115.º do CPPT, fazer prova directa da verificação dos requisitos da legalidade da tributação da dívida aduaneira estabelecidos na segunda parte do mesmo n.º 4 do art. 20.º do Decreto-Lei n.º 52/93.

XXVI – Em face de tudo quanto fica exposto, fica claramente demonstrado que a *responsabilidade objectiva da Recorrente*, nos termos do disposto no art. 15.º, n.º 6, do Decreto-Lei n.º 52/93, *foi libertada com a recepção do exemplares 3 dos DAA's em questão.*

XXVII– Sem prescindir, a alegada, mas não demonstrada, *falsidade dos carimbos* da empresa Holandesa F. Loendersloot Internationale e Expeditie *não tem qualquer relevância para efeitos de apuramento da responsabilidade fiscal da Recorrente*, na qualidade de expedidor, apenas podendo ser relevante para determinação do agente que praticou tal crime fiscal e, nessa medida, da responsabilidade fiscal do infractor que comprovadamente tenha procedido à falsificação, cujo ónus da prova (não efectuada) também recaía sobre a Administração Fiscal, nos termos estabelecidos nos arts. 74.º, n.º 1, e 76.º, n.os 1 e 4, da LGT.

XXVIII – *A douta sentença recorrida enferma, por isso, de erro de Julgamento da matéria de facto e do direito aplicável* e viola o disposto nos arts. 103.º, 104.º e 266.º, da Constituição da República Portuguesa, 15.º, n.º 6,19.º, n.º 6, alínea *b*) e 20.º, n.º 4, do Decreto-Lei n.º 52/93, de 26 de Fevereiro, 74.º, n.º 1, e 76.º, n.º 4, da Lei Geral Tributária, 100.º, n.º 1, e 115.º, n.º 2, do CPPT e 346.º do Código Civil.

Nestes termos, entende que deve ser dado provimento ao presente Recurso e, em consequência, atribuir efeito suspensivo ao presente recurso, revogar a decisão do Tribunal "a quo" e Julgar procedente a impugnação Judicial, com a consequente anulação da liquidação da divida aduaneira e correspondentes Juros compensatórios e a declaração da extinção da responsabilidade da Recorrente expedidora, por assim ser de inteira JUSTIÇA.

Não houve contra-alegações.

A EPGA concorda que deve alterar-se o regime do recurso fixando-se o efeito suspensivo ao mesmo por ter sido prestada garantia pela recorrente nos termos legais, pronunciou-se pelo improvimento do recurso com fundamento em que, para além de erros e deficiências nos preenchimentos dos DDAs, da inteira responsabilidade da Recorrente, a mercadoria em causa não foi regularmente recebida pelo destinatário da mesma, existindo informação de que o carimbo eventualmente utilizado pela empresa holandesa é falso.

Satisfeitos os vistos legais, cumpre decidir.

2. FUNDAMENTAÇÃO

2.1. Dos factos

2.1.1. Na sentença recorrida deram-se como provados e não provados os factos seguintes, com a respectiva motivação:

Factos Provados:

1 – A impugnante declarou a expedição de bebidas alcoólicas para a empresa "F. Loendersloot Internationale Expeditie", como consta dos exemplares 3 dos DAAs juntos a fls. 63 e segs. do apenso cujo conteúdo se dá por integralmente reproduzido.

2 – Tais DAAs têm os números 62481 (fls. 64 do apenso); 62498 (fls. 78); 62508 (fls. 95); 63627 (fls. 107); 63651 (fls. 119) e 63661 (fls. 133).

3 – As mercadorias mencionadas nos DAAs não foram recepcionadas pelo destinatário, tendo além disso as autoridades holandesas comunicado a existência de indicações de que o carimbo utilizado pela empresa holandesa não é verdadeiro (fls. 5 do apenso e 221 do processo cujo conteúdo se dá por integralmente reproduzido).

4 – A casa 7 do DAA 62481 foi preenchida com o nome de "F. Loendersloot", tendo sido inscrito a casa 4 com o n.º 1-1210023t5394.

5 – O DAA n.º 62498 foi preenchido de modo idêntico, mas na casa 4 foi colocado o n.º 121002315394.

6 – O DAA 62508 foi preenchido na casa 7 com o nome "Solatiba Imp. Exp. SL" e a casa 7 A com o nome "F. Loendersloot"; a casa 4 foi preenchida com o n.º 1--1210023t5394.

7.– Nos DAAs 63627 e 63651 foi preenchida a casa 7 com o nome "F. Loendersioof e a casa 4 com o n.º 1210023t5394.

8 – Mas o DAA n.º 63661 foi preenchido na casa 7 com o nome "Solatiba Imp. Exp. SL" e a casa 7 A com o nome "F. Loendersioof; a casa 4 foi preenchida com o n.º 1210023t5394.

9 – Os números mencionados no documento de fls. 5 do apenso (e 221 destes autos) referem-se às guias de remessa constantes da casa 3 dos respectivos DAAs. Assim, a guia de remessa n.º 29694 corresponde ao DAA n.º 62481; a guia de remessa n.º 32003 ao DAA n.º 62498 e assim sucessivamente.

10 – A impugnante reclamou hierarquicamente da liquidação da dívida Aduaneira, tendo sido indeferida.

11 – Os adquirentes de produtos da impugnante para a Europa não podem, contratualmente, colocá-los no mercado nacional, nem aqui promover ou proceder à respectiva venda.

12 – A venda directa dos produtos Sandeman no mercado nacional é efectuada pela impugnante.

13 – Para a venda dos seus produtos em todos os mercados não nacionais, a impugnante celebrou um contrato de agência com a empresa M. Magalhães Ferreira, Lda.

14 – A partir de finais de 1997 a impugnante colocou rótulos nos seus produtos com destino à Europa, com indicação expressa do importador ou distribuidor autorizado.

15 – A impugnante preenchia a casa 7 dos DAAs nela escrevendo o nome do cliente. E na casa 7 A escrevia o nome do entreposto fiscal (nos casos em que preenchia as casas 7 e 7 A dos DAAs).

16 – Mesmo depois de ter sido avisada pela Alfândega de Peniche, através da Exmª Sr.ª D.ª Rosa Maria Antunes de que os preenchimentos não estavam correctos, a impugnante continuava a preencher as casas 7 e 7 A do mesmo modo. E foi só quando esta funcionária disse que nesse caso iria fazer a verificação de todos os movimentos desde 1998, e por isso pedia o envio de todos os exemplares 3 dos DAAs é que a impugnante passou a preenchê-los correctamente.

17 – Com data de 13 de Novembro de 1997, a impugnante oficiou ao Exmo. Director da Alfândega de Peniche o que consta de fls. 112, em especial o seguinte: «*Uma vez que não é normal a venda destes nossos produtos para mercados intracomunitários e devido ao grande volume envolvido, solicitamos a* Vªs Exas. *o favor de efectuar as devidas diligências no sentido de confirmarem a autenticidade destas operações*».

18 – Com data de 28 de Maio de 1999, e fazendo referência a um "fax" datado de 19 do mesmo mês, A Divisão dos Impostos sobre o Álcool e as Bebidas Alcoólicas o número de vários entrepostos fiscais, entre os quais o de «F. Loendersloot» (fls. 150 cujo conteúdo se dá por integralmente reproduzido)

19 – Genericamente, a impugnante pedia ao núcleo do IEC que informasse se o Entreposto existia ou não; só depois desta confirmação telefónica é que passava à produção e execução de rótulos específicos para o cliente. Já depois de obtida a confirmação telefónica, a empresa juntava alguns pedidos por escrito e pedia a informação escrita ao núcleo do IEC. Só a partir de 2001 o núcleo do IEC sugeriu que o pedido fosse feito à Alfândega do Freixieiro.

20 – As operações de comercialização em causa foram contratadas «ex work».

***

Nos termos do art. 712.º do CPC aditam-se os seguintes factos que se reputam relavantes para a decisão da questão prévia suscitada na 1ª conclusão do recurso interposto:

21 – No requerimento do interposição do presente recurso, a recorrente não requereu que ao mesmo fosse fixado o efeito suspensivo (fls. 275).

22 – No despacho que admitiu o recurso é fixado ao recurso o efeito meramente devolutivo nos termos do art. 286.º n.º 2 do CPPT (fls. 277).

23 – No requerimento apresentado a fls. 284, a recorrente pretendeu que ao mesmo fosse fixado o efeito suspensivo.

24 – Para o efeito, alegou e aprovou que prestou garantia nos termos expressos na lei a fim de obter o efeito pretendido – arts. 199.º e ss e 286 n.º 2 do CPPT – (fls. 284 e ss e 379).

25 – Por despacho exarado a fls. 382, o M.º Juiz julgou validamente prestada a garantia, fixando ao recurso interposto pela impugnante o efeito suspensivo.

Factos não provados.

Com interesse para decisão da causa, não houve.

Motivação.

A convicção do tribunal baseou-se na análise crítica do conjunto da prova produzida, com destaque para a seguinte Prova testemunhal:

As testemunhas inquiridas mencionaram a tradição no preenchimento das casas 7 e 7 A como se fosse uma operação triangular para feitos de IVA. Todavia, ao contrário do que mencionaram as testemunhas da impugnante este procedimento errado continuou mesmo depois de terem sido alertados pela funcionária da Alfândega de Peniche. Com efeito, a Exmª Sr.ª Dª Rosa Maria esclareceu ter comunicado várias vezes com a Sandeman (através da Exma Sr.ª Dr.ª Maria Manuel Silveira) informando-a que o preenchimento dos DAAs não estava correcto.

Mas tal informação só encontrou eco na impugnante quando foi confrontada com a possibilidade de ser efectuada uma verificação a todos os movimentos desde 1998.

Prova documental:

Quanto à prova documental relevam os DAAs juntos aos autos de «Conferência Final» a folhas devidamente identificadas nos factos provados, mas também a fls. 34,47; 65; 77; 89; e fls. 101 destes autos. Fls. 101 destes autos e fls. 5 do apenso (informação de que o destinatário não recebeu os produtos bem como a existência de indicações de que os carimbos não são verdadeiros. Outros documentos relevantes para a prova foram mencionados no probatório à medida que eram referidos.

2.2. Da aplicação do direito aos factos

2.2.1. Importa solver a questão prévia suscitada pela recorrente quanto à decisão judicial de fixação de efeito suspensivo ao recurso jurisdicional interposto.

Sustenta o EPGA que a decisão que fixa o efeito do recurso deve alterar-se fixando-se o efeito suspensivo ao mesmo por ter sido prestada garantia pela recorrente nos termos legais.

Como decorre do art. 687.º do CPC, o despacho que admitiu o recurso não vincula o Tribunal superior, pelo que nada obsta que se aprecie e decida agora se o efeito do recurso deve ser o suspensivo.

O despacho do juiz recorrido e do próprio relator que admita e declare não obsta ao conhecimento do recurso, é provisório e não vincula este Tribunal.

E constitui jurisprudência pacífica a de que a decisão que admita o recurso, fixe a sua espécie, ou determine o efeito que lhe compete não vincula o tribunal superior (cfr. art. 687.º, n.º 4 do CPC), ao passo que o despacho do relator no tribunal superior é também provisório por ser modificável pela conferência por iniciativa do próprio relator, dos seus adjuntos e até das próprias partes (vd. B.M.J., 263.º-218; 180.º-244; 174.º-182, 156.º-307; 124.º-647; 93.º-286 e 46.º-347), pelo que nada obsta que a conferência o possa fazer agora.

Ora, vê-se da parte final do requerimento apresentado pela recorrente a fls. 284 e ss, que a recorrente pretendeu que ao mesmo fosse fixado o efeito suspensivo.

Para o obter, a impugnante ofereceu como garantia bancária que a AA reputou suficiente e idónea para garantir a dívida e legais acréscimos.

Seguidamente, o M.º Juiz julgou validamente prestada a garantia, fixando ao recurso interposto pela impugnante o efeito suspensivo.

A decisão que fixa o efeito do recurso só pode ser impugnada pelas partes nas suas alegações (art. 687.º n.º 4 CPC/art. 2.º al. *e*) CPPT).

Ora, como no caso a impugnante/recorrente produziu alegações suscitando a questão de efeito (art. 282.º n.º 3 CPPT), na senda do despacho do M.º juiz «a quo» deverá ser atribuído ao recurso o efeito suspensivo.

2.2.2. Atenta a factualidade apurada e aquelas conclusões que delimitam o objecto do recurso, a questão a apreciar no presente recurso é a de saber se a sentença recorrida enferma de erro de julgamento sobre a matéria de facto e do direito aplicável.

Na p.i. a impugnante indicou como causas de pedir a deficiente fundamentação de facto e consequente vício de forma e a violação da lei por erro nos pressupostos de facto e de direito, pelas razões que por inteiro reitera no presente recurso.

O M.º Juiz «a quo», depois de identificar como questões a apreciar e decidir, as de determinar se a notificação da dívida aduaneira se encontra devidamente fundamentada e se ocorre alguma violação aos princípios constitucionais da proporcionalidade ou da proibição do excesso com a liquidação impugnada, decidiu julgar totalmente improcedente a presente reclamação.

Para tanto, aduziu a seguinte fundamentação:

"Refere a impugnante, doutamente aliás, que o fundamento constante do ponto n.º 9 da notificação não é verdadeiro, porque sempre que faz uma expedição de mercadorias para um destinatário pouco regular, como foi o caso, confirma telefonicamente com a DGAIEC (Núcleo de IEC) o número de Entreposto fiscal do destinatário.

No ponto 9 da notificação de dívida aduaneira, diz-se que O *responsável da firma vendeu à empresa holandesa mercadorias em suspensão de imposto especial sobre o consumo, através do Documento Administrativo de Acompanhamento sem se informar se o mesmo possuía autorização para receber mercadoria.*

Todavia, alguma razão assiste à Alfândega de Peniche quando a impugnante preenchia a casa 7 – reservada ao destinatário – com o nome de "Solatiba", e o n.º de IEC respeitante à "Loendersloot".

Evidentemente, não dava uma coisa com a outra: o n.º de IEC não pertencia ao destinatário "Solatiba" e esta empresa não era o entreposto fiscal destinatário da mercadoria em regime de suspensão de imposto. Dai a Alfândega de Peniche referir que a impugnante não se informava sobre a autorização do destinatário para receber mercadoria. Pois não, se tivermos em conta que a "Solatiba", que a impugnante designava como destinatária das mercadorias, não era, afinal, o entreposto para onde aquelas se dirigiam (que seria o de "Loendersloot").

Mas esta confusão não foi gerada na Alfândega, tanto quanto se sabe.

E porque em alguns DAAs a impugnante acrescentava o prefixo T ao n.º de IEC, a Alfândega de Peniche concluiu que tal número também não correspondia ao nome do destinatário, a "Loendersloot". Assim ao contrário do que doutamente alega a impugnante, a afirmação constante do n.º 8, parte final, da notificação de divida aduaneira, traduz a verdade dos factos, e resulta da «confusão» gerada pela impugnante no preenchimento dos DAAs.

A conclusão a retirar não é a de que houve erro nos pressupostos de facto por parte da Alfândega de Peniche, na nota de liquidação, mas antes que o erro no *preenchimento do DAA é da inteira responsabilidade da impugnante.*

A questão até poderia ser ultrapassada se de facto houvesse um simples erro material no preenchimento das casas dos DAAs, sem quaisquer outras consequências.

Mas para além do erro de escrita, a mercadoria alegadamente enviada a coberto dos DAAs não *foi recepcionada pelo destinatário dos produtos, havendo indicações de que o carimbo utilizado pela empresa holandesa é falso.*

Quanto à falsidade, diz a impugnante que tal afirmação carece de um mínimo de descrição e clareza, pois cabe questionar que diligências é que foram efectuadas para se chegar a tal conclusão, a fim de a impugnante ter, atempadamente, efectiva possibilidade de proceder a outras diligências de prova, ou até de contraprova.

Mas não tem razão. Se são as autoridades holandesas que informam que o destinatário não recebeu os produtos, não vemos que outra explicação possa haver, ou que outras diligências pudessem ser feitas. Pelo menos neste contexto, a questão é muito simples: ou recebeu os produtos, ou não recebeu. Neste caso não recebeu.

Acresce que fundamentação que se exige é uma fundamentação sumária (sucinta como diz o artigo 77/1 da LGT) e não uma fundamentação exaustiva como parece subjacente nas doutas alegações da impugnante.

Mas talvez a impugnante pudesse solicitar a informação directamente às autoridades holandesas e juntar o resultado ao processo.

Possibilidade que ninguém lhe negou.

Voltando à questão essencial, dispõe o artigo 19.º n.º 6 do Decreto-Lei n.º 52/93, que o regime de suspensão é apurado *pela colocação dos produtos numa das situações referidas no n.º* 3 do artigo 4.º, em *conformidade com as regras do respectivo regime aduaneiro suspensivo.* E o artigo 20.º n.º 4 do mesmo diploma estatui que *sempre que os produtos sujeitos a IEC, expedidos do território nacional não chegarem ao destino* (...) procede-se à cobrança do IEC à *taxa* em *vigora data da expedição dos produtos.*

Portanto, não tendo a mercadoria sido recepcionada por um entreposto autorizado, não foi apurado o regime de suspensão e há que liquidar o imposto devido.

A impugnante defende, doutamente, que efectuou todos os procedimentos da responsabilidade do expedidor.

Com o devido respeito, o que se tem de averiguar é se a impugnante faz prova de que os *produtos foram regularmente recebidos no Estado membro de destino,* porque só assim é que a responsabilidade do depositário autorizado expedidor poderá ser libertada. (Art. 15.º n.º 6 do Decreto-Lei 52/93).

Ora esta prova a impugnante não fez.

Mas sabendo que sobre ela recai, em última análise, o dever de pagar o imposto se os produtos não forem regularmente recebidos no estado do destino, a impugnante deveria ter-se precavido contra qualquer «desvio» dos produtos no trajecto entre entrepostos.

A meu ver, e salvo o devido respeito por opinião contrária, também é irrelevante para a questão em apreço que a operação e expedição seja "ex work", porque nada retira à responsabilidade da impugnante. Não é por a operação se revestir destas características que a impugnante se liberta da responsabilidade tributária que sobre ela recai. Assim como é irrelevante a colocação de rótulos especiais nas mercadorias destinadas à Europa. A questão essencial é saber se os produtos foram regularmente recebidos no EM do destino ou não.

E se não foram, a responsabilidade da impugnante pelo pagamento do IEC emerge dos artigos 15/6 e 20/4 do Decreto-Lei n.º 52/93.

Tão pouco se vislumbra nesta norma qualquer violação aos princípios constitucionais da proporcionalidade ou da proibição do excesso. O que é que se exige à impugnante que seja desproporcional em relação ao resultado? Que controle a veracidade da declaração entregue na. Administração? Não há aqui desproporção nenhuma nem sequer especial onerosidade para a empresa, e a pesada responsabilidade que sobre ela recai deveria ser um estimulo para o cumprimento das regras de que é conhecedora.

E não basta a aparência das coisas (o aparente recebimento no entreposto e o aparente carimbo da alfândega), porque é por detrás das aparências que se escondem os ilícitos menos grosseiros."

Face à factualidade apurada e que se reputa relevante e insusceptível de qualquer reparo, a questão que se impõe neste recurso é a de juridicamente fundamentar se a impugnante, como depositário autorizado expedidor, é sujeito passivo do imposto liquidado.

Como se provou, a impugnante declarou a expedição de bebidas alcoólicas para a empresa "F. Loendersloot Internationale Expeditie", como consta dos exemplares 3 dos DAAs número 62481, 62498, 62508, 63627, 63651, e 63661 (fls. 133).

Mais se provou que as mercadorias mencionadas nos DAAs não foram recepcionadas pelo destinatário, tendo além disso as autoridades holandesas comunicado a existência de indicações de que o carimbo utilizado pela empresa holandesa não é verdadeiro.

Ainda se provaram as irregularidades cometidas no preenchimento das DAA´s descritas nos pontos 4 a 9 do probatório.

As bebidas alcoólicas estão sujeitas ao IEC, estando a sua circulação entre entrepostos, ao tempo dos factos, em regra, sujeita ao regime de suspensão regulado pelo Dec, Lei n.º 52/93, de 26 de Fevereiro.

Como decorre do art. 18.º daquele diploma legal, a circulação dos produtos sujeitos a IEC, operava-se ao abrigo de um DAA (Documento Administrativo de Acompanhamento), que é um documento administrativo que acompanha todos os produtos sujeitos a IEC que circulem em regime de suspensão de imposto.

O DAA é o instrumento que possibilita o controlo da situação fiscal desses produtos sendo emitido em cinco exemplares (art. 19.º n.º 2), a saber: – o exemplar n.º 1 destina-se ao expedidor; o exemplar n.º 1-A destina-se à estância aduaneira de expedição; o exemplar n.º 2 destina-se ao destinatário da mercadoria; o exemplar n.º 3 destina-se a ser reenviado ao expedidor para apuramento; o exemplar n.º 4 é destinado à estância aduaneira de destino das mercadorias.

Por força do que dispõe o art. 13.º n.º 3 e n.º 6 al. *b*) só quando o exemplar 3 é devolvido ao expedidor devidamente visado pela estância aduaneira de destino, certificando que a mercadoria foi regularmente recebida, é que se considera o regime de circulação em suspensão de imposto apurado.

Nesse sentido, o destinatário deve enviar ao expedidor, para efeitos de apuramento, o exemplar 3 até ao dia 15 do mês seguinte ao da recepção (art. 19.º n.º 4) e, em caso de não apuramento, o expedidor deve informar a sua estância aduaneira de controlo no prazo de dois meses a contar da data de expedição (art. 19.º n.º 8).

Mantendo-se a situação de não apuramento pelo prazo de três meses, a Alfândega liquidará o IEC a pagar e imputará a dívida ao expedidor, caso não haja prova de que a mercadoria foi efectivamente recebida de forma regular no destino (art. 19.º n.º 9).

Enquanto a mercadoria não for recebida regularmente no destino, riscos ligados à circulação do produto são cobertos pelo depositário autorizado expedidor (art. 15.º n.º 3), só podendo a sua responsabilidade ser libertada quando for feita prova de que os produtos foram regularmente recebidos no destino, sendo essa prova feita através da apresentação do exemplar 3 devidamente visado (art. 15.º n.º 6).

E é aqui que está o cerne da questão debatida nos autos.

De acordo com o art. 15.º n.º 6, a regularidade da recepção da mercadoria prova-se, nomeadamente, através da apresentação do exemplar 3 do DAA, o que significa que, sendo a enumeração exemplificativa, possa existir outra forma de provar a regularidade da recepção.

A outra forma admissível, tal como sustenta o recorrente terá que consistir sempre na prova cabal que à *mercadoria foi dado um destino previsto na lei com o conhecimento da Alfândega, a quem a lei atribui o "poder-dever" de controlar e fiscalizar os produtos sujeitos a IEC, qualquer que seja a situação em que eles se encontram (produção, circulação ou armazenagem).*

«In casu», não se provou que hajam sido apresentados à Alfândega os documentos necessários, e que a Alfândega tivesse tido conhecimento da chegada da mercadoria ou do destino que lhe foi dado. E não pode dizer-se que esses factos se ficaram a dever a negligência da Alfândega.

Na verdade e como argutamente refere o M.º Juiz o n.º de IEC não pertencia ao destinatário "Solatiba" e esta empresa não era o entreposto fiscal destinatário da mercadoria em regime de suspensão de imposto, o que credibiliza a afirmação da Alfândega de Peniche de que a impugnante não se informava sobre a autorização do destinatário para receber mercadoria porquanto, a "Solatiba", que a impugnante designava como destinatária das mercadorias, não era o entreposto para onde aquelas se dirigiam pois esse era o de "Loendersloot".

De facto, esta confusão não foi gerada na Alfândega até porque em alguns DAAs a impugnante acrescentava o prefixo T ao n.º de IEC, facto que legitima a conclusão a que chegou a Alfândega de Peniche de que tal número também não correspondia ao nome do destinatário, a "Loendersloot".

Ou seja, resulta inequivocamente dos autos que a Alfândega não incorreu em erro nos pressupostos de facto na nota de liquidação, e que o erro no preenchimento do DAA é da inteira responsabilidade da impugnante.

E não se trata de um mero erro material no preenchimento das casas dos DAAs, o qual seria rectificável.

É que, como se apurou, a mercadoria que se diz enviada a coberto dos DAAs não foi recepcionada pelo destinatário dos produtos, havendo indicações de que o carimbo utilizado pela empresa holandesa é falso, indicações que provêm, nem mais nem menos, das autoridades holandesas que informam que o destinatário não recebeu os produtos.

Tal como refere o M.º Juiz, em tal contexto não se vê que outra explicação possa haver, ou que outras diligências pudessem ser feitas, pois o que é o que releva, atento o regime legal que já se analisou, é se o destinatário recebeu ou não os produtos e provou-se que neste caso não recebeu.

Face a este quadro fáctico, num juízo de normalidade, não pode dizer-se que esses factos se ficaram a dever a negligência da Alfândega, porquanto e circulando a mercadoria em causa em regime de suspensão de imposto entre entrepostos fiscais, a mesma não tem que ser apresentada fisicamente à Alfândega, efectuando-se a sua apresentação por via documental, e segundo a lei vigente à prática dos factos, no prazo de 48 horas após a sua recepção. Ora, porque não há funcionários da Alfândega em serviço permanente em qualquer entreposto fiscal, a presença de um funcionário no armazém do receptor da mercadoria só seria possível se a Alfândega tivesse tido conhecimento prévio de que a mercadoria iria aí chegar, o que não se provou que haja ocorrido.

Destarte, é forçoso concluir que a mercadoria em apreço não foi regularmente recebida, pois não se prova que a mercadoria foi recebida no Entreposto Fiscal por qualquer outro meio para além do DAA o qual se indicia que foi forjado e está, por isso, carecido de qualquer valor documental e jurídico.

Ora, de acordo com o Acórdão do Supremo Tribunal Administrativo tirado no recurso n.º 025339, em 08/03//2001, em regime de suspensão de impostos especiais de consumo (IEC), a não devolução do exemplar 3 do documento administrativo de acompanhamento (DAA), determina desde logo o apuramento do regime, sendo responsável pelo pagamento do montante liquidado, nos termos das disposições dos artigos 1.º do DL 104/93 de 5/4 e 19.º n.ºs 6 e 9 do DL 52/93 de 26/2, o expedidor.

Neste conspecto, a impugnante, como depositário autorizado expedidor, é sujeito passivo do imposto liquidado.

Termos em que improcedem as conclusões de recurso *«in totum»*.

3. DECISÃO

Termos em que acordam os Juizes desta Secção do Contencioso Tributário do TCA em negar provimento ao recurso e confirmar a sentença recorrida.

Custas pela recorrente, fixando-se a taxa de justiça em 6 UCs.

Lisboa, 1 de Fevereiro de 2005.

Gomes Correia
Casimiro Gonçalves
Ascensão Lopes

Recurso n.º 338/04

INTIMAÇÃO PARA PASSAGEM DE CERTIDÃO. ELEMENTOS QUE DEVEM CONSTAR DA CITAÇÃO DO RESPONSÁVEL SUBSIDIÁRIO. ART. 22.º, N.º 4, DA LGT. ARTS. 24.º, N.º 1, E 37.º, N.º 1, DO CPTT.

(Acórdão de 25 de Janeiro de 2005)

SUMÁRIO:

I – Tendo sido dado oportuno conhecimento ao executado por reversão dos fundamentos de facto e de direito do despacho por que foi chamado à execução fiscal, não pode aquele pretender que lhe seja passada certidão desses fundamentos ao abrigo do disposto no art. 37.º do CPPT, sem tributação.

II – Pode, isso sim, o executado pedir certidão desses elementos ao abrigo do disposto no art. 24.º do CPPT, mas suportando o respectivo custo.

III – Pedida e recusada certidão nos termos ditos em I, não deve intimar-se a autoridade requerida a passar a certidão ao abrigo do art. 24.º do CPPT pois a recusa dela não foi nesses termos.

IV – O responsável subsidiário chamado à execução fiscal por reversão tem direito a reclamar ou impugnar a dívida exequenda, motivo por que, quando da citação, lhe deve ser dada a conhecer toda a fundamentação da dívida exequenda (art. 22.º, n.º 4, da LGT).

V – No caso de a AT não ser a entidade que emitiu o título executivo, deve diligenciar junto desta por todos os elementos que lhe permitam observar o disposto no n.º 4 do art. 22.º da LGT.

VI – Não tendo a AT facultado tais elementos quando da citação do responsável subsidiário, como se lhe impunha, pode este requerer a passagem de certidão que os contenha, nos termos do disposto no art. 37.º do CPPT, e sem custos.

VII – Se a AT não passar a certidão, pode o executado por reversão pedir ao tribunal a intimação da autoridade requerida para compeli-la a satisfazer aquele pedido.

RECURSO JURISDICIONAL DA DECISÃO PROFERIDA NO PROCESSO DE INTIMAÇÃO PARA PASSAGEM DE CERTIDÃO COM O N.º 558/04 DO TRIBUNAL ADMINISTRATIVO E FISCAL DE LEIRIA

1. RELATÓRIO

1.1 CARLOS HUMBERTO DE OLIVEIRA TERENAS (adiante Recorrido ou Requerente), chamado por reversão, na qualidade de responsável subsidiário, à execução fiscal instaurada pelo Serviço de Finanças de Santarém (SFS) contra a sociedade denominada «Oliveira, Lda.» para cobrança de dívida por contribuições para a Segurança Social e juros de mora, pediu ao Juiz do Tribunal Administrativo e Fiscal de Leiria (TAFL) que intimasse o Chefe daquele Serviço (adiante Recorrente ou Autoridade requerida) para passagem de certidão, nos termos previamente requeridos e que aquela autoridade indeferiu, da qual constasse «*(i)* a indicação e teor integral dos fundamentos de facto e de direito que estiveram na base da reversão de CRSS supra identificada; *(ii)* e a expressa indicação da forma e do modo de cálculo dos respectivos juros de mora, incluindo as datas de início e do termo da contagem dos mesmos e respectivas taxas; *(iii)* bem como de quaisquer outros documentos que sejam relevantes para a fundamentação integral da aludida reversão e exigência de contribuições e juros de mora ao requerente»[1].

1.2 Como suporte do pedido de intimação, alegou o Requerente, em resumo, o seguinte:

– apesar de lhe ter sido remetido pelo SFS um ofício para citação na qualidade de responsável subsidiário na execução fiscal, acompanhado por cópias do título executivo e do despacho de reversão, do mesmo não constavam alguns dos elementos previstos na lei, designadamente: «*(i)* a indicação e teor integral dos fundamentos de facto e de direito que estiveram na base da reversão de CRSS supra identificada; *(ii)* e muito menos a expressa indicação da forma e do modo de cálculo dos respectivos juros de mora, incluindo as datas de início e do termo da contagem dos mesmos e respectivas taxas», motivo por que pediu ao Chefe do SFS que lhe fosse emitida certidão da qual constassem aqueles elementos, o que este indeferiu;

– o despacho de reversão alude a documentos que desconhece em absoluto, pois nunca lhe foram remetidos e notificados;

– ainda que o órgão da execução fiscal não seja o serviço liquidador, era-lhe exigido, enquanto órgão responsável pela condução do processo executivo que promovesse a solicitação de toda a fundamentação do acto tributário ao Centro Regional de Segurança Social, a fim de dar cabal cumprimento ao disposto no art. 22.º, n.º 4, da Lei Geral Tributária (LGT).

1.3 Na sentença recorrida, o Juiz do TAFL, considerou, em resumo, o seguinte:

– que a proposta de despacho de reversão deu a conhecer ao Requerente os fundamentos de facto (que não existem quaisquer bens penhoráveis pertencentes à executada, o ano da dívida, o seu montante e que o Requerente exerceu a gerência no período a que respeitam as dívidas) e de direito (mediante a referência aos

[1] As partes entre aspas e com um tipo de letra diferente, aqui como adiante, são transcrições.

arts. 13.º do Código de Processo Tributário *(CPT)*, 23.º e 24.º da LGT e 153.º, n.º 2, alínea *b)*, do Código de Pro-cedimento e Processo Tributário *(CPPT)*), sendo sucinto, como o impõe o art. 77.º, n.º 1, da LGT, mas completo, e que o despacho que ordenou a reversão nada acrescentou àquele projecto; que, assim, não se justificava a repetição da notificação, se bem que o Requerente sempre teria direito à certidão, «Não por força e ao abrigo do artigo 37.º CPPT, mas sim ao abrigo do artigo 24.º CPPT e, por isso, sujeito a tributação»;

– quanto ao restante pedido de emissão de certidão, que, apesar de o SFS não ser o serviço liquidador, sempre teria que dar cumprimento ao disposto no art. 22.º, n.º 4, da LGT, ainda que para o efeito aquele Serviço tenha que pedir à Segurança Social os elementos necessários.

Assim, o Juiz do Tribunal *a quo* decidiu nos seguintes termos:

«(...) intimo a Autoridade recorrida para:

1. Ao abrigo do artigo 24.º do CPPT (sujeita a tributação) emitir certidão com o teor integral dos fundamentos de facto e de direito que estiveram na base da reversão por dívidas ao CRSS contra o requerente;

2. Ao abrigo do disposto no artigo 37.º CPPT (sem tributação) emitir certidão com o conteúdo pretendido pelo requerente mencionado nas alíneas (ii) e (iii), a solicitar ao CRSS. Para a hipótese de o CRSS informar que não existe liquidação, deverá ser emitida certidão com esse conteúdo».

1.4 A Autoridade requerida recorreu da sentença para este Tribunal Central Administrativo e o recurso foi admitido, a subir imediatamente, nos próprios autos e com efeito devolutivo.

1.5 Foram apresentadas alegações de recurso, resumidas nas seguintes conclusões:

«1. O artigo 24.º do CPPT tem de ser interpretado como uma garantia do direito à informação.

2. Tendo a Administração notificado ao contribuinte documentos os fundamentos de facto e de direito que levaram ao procedimento de reversão, deixa de haver qualquer direito à informação a tutelar, inexistindo qualquer direito a uma certidão dessas informações.

3. Acresce que não compete à Administração Fiscal solicitar ao CRSS informação acerca da fundamentação da liquidação e da forma e modo de cálculo dos juros de mora e emitir, depois, certidão contendo os elementos que lhe forem transmitidos.

4. E ao Centro Regional de Segurança Social que compete dar a conhecer ao contribuinte a fundamentação dos actos por si praticados, cabendo ao contribuinte requerer-lhe a emissão de certidão que a contenha.

5. Isto porque o n.º 4 do artigo 22.º da LGT não é aplicável à situação sub judice.

6. O douto Acórdão recorrido é ilegal, por violação dos preceitos acima referenciados e, em consequência, não merece ser confirmado.

Termos em que, com o douto suprimento de V. Ex.as, deverá ser considerado procedente o recurso e revogada a douta sentença recorrida como é de Direito e Justiça».

1.6 O Requerente apresentou contra-alegações, que resumiu nas seguintes conclusões:

«[nos cinco primeiros números das conclusões, fez o histórico do processo]

(...)

6. Ainda que o órgão de execução fiscal não seja o serviço liquidador, há que atentar, que o n.º 4 do artigo 22.º da Lei Geral Tributária, estabelece que "as pessoas solidária ou subsidiariamente responsáveis poderão reclamar ou impugnar a dívida cuja responsabilidade lhes for atribuída nos mesmos termos do devedor principal, *devendo, para o efeito, a notificação ou citação conter os elementos essenciais da sua liquidação, incluindo a fundamentação* nos termos legais." (sublinhado nosso).

7. Sendo o n.º 4 do artigo 22.º da Lei Geral Tributária bastante claro ao referir-se, *expressamente*, à notificação e à citação. E se a citação é realizada pelo Serviço de Finanças local, dever-se-á considerar, que ela só está efectuada de acordo com a lei a partir do momento em que é enviada ao revertido com os elementos indicados na lei.

8. E se os elementos existentes em poder do Serviço de Finanças não forem suficientes ou não permitirem o absoluto cumprimento da lei, e se após o Serviço de Finanças os ter requisitado ao CRSS, concluir que nada mais há a acrescentar à citação, deverá o Serviço de Finanças passar certidão ao recorrido dando-lhe conhecimento desse facto. Cabendo ao recorrido e citado extrair as consequências que entenda.

9. Em conformidade com esta disposição legal, a notificação ou citação efectuada ao responsável subsidiário deve conter os elementos essenciais da sua liquidação, incluindo a fundamentação nos termos legais. O que significa que, nestes casos não basta fazer acompanhar a citação com os elementos mencionados no artigo 190.º, n.º 1 do CPPT, devendo, para além deste incluir os que o artigo 22.º, n.º 4 da Lei Geral Tributária manda.

Termos em que com o douto suprimento de V. Exas. deve o presente Recurso ser julgado improcedente e mantida a douta Sentença recorrida, como é de Direito e Justiça».

1.7 Recebido os autos neste Tribunal Central Administrativo, foi dada vista ao Ministério Público e o Procurador-Geral Adjunto emitiu parecer no sentido de que seja negado provimento ao recurso.

1.8 Com dispensa de vistos dos Juízes adjuntos, dada a urgência do processo e se tratar de questão apreciada recentemente, no âmbito de outros dois processos, por este Tribunal Central Administrativo, cumpre apreciar e decidir.

1.9 As questões sob recurso, delimitadas pelas alegações da Recorrente e respectivas conclusões, são as de saber se a sentença recorrida fez errado julgamento de direito:

1.ª – ao considerar que o Requerente tem direito a certidão dos fundamentos de facto e de direito da reversão, pois entende que o Requerente já foi notificado dos mesmos, motivo por que «deixa de haver qualquer direito à informação a tutelar, inexistindo qualquer direito a uma certidão dessas informações» (cfr. conclusões do recurso com os n.os 1 e 2);

2.ª – ao considerar que compete à Administração tributária (AT) solicitar à Segurança Social informação acerca da fundamentação da liquidação dos juros de mora e, depois, emitir certidão contendo tais elementos, pois o Requerente deve, isso sim, solicitar essa certidão directamente à Segurança Social (cfr. conclusões de recurso com os n.os 3 a 5).

2. FUNDAMENTAÇÃO

2.1 De facto

2.1.1 Na sentença recorrida, o julgamento de facto foi feito nos seguintes termos:

«1. Por ofício datado de 17 de Março de 2004, com o n.º 5152, do Serviço de Finanças de Santarém, procedeu-se à citação do requerente, dando-se-lhe conhecimento, de que corre termos no *Serviço de Finanças o processo executivo (...) na qualidade de responsável subsidiário da dívida da executada Oliveira, Lda (...) para no prazo de 30 dias a contar da citação, pagar na Tesouraria de Finanças deste concelho (...) a quantia de € 98.157,18, proveniente de CRSS dos anos de 1994.*

2. Mais se refere no fim do ofício: Junta-se cópia do (s) título (s) executivo (s), nos termos do art. 190.º do CPPT, e do despacho de reversão proferido pelo Chefe do Serviço de Finanças (...) [tudo como consta de fls. 7 cujo conteúdo se dá por integralmente reproduzido].

3. O título executivo e o despacho de reversão [cópias] remetidos ao requerente constam dos autos a fls. 8 e 9 cujo conteúdo se dá por integralmente reproduzido.

4. Previamente, foi elaborado projecto de decisão, com vista ao exercício do direito de audição, o que foi notificado ao contribuinte através do ofício com o n.º 1791 [o número do ofício não é completamente perceptível, podendo ser o n.º 1791, ou o n.º 1731, como diz a Administração Fiscal], de 2/2/2004, e consta dos autos apenso [PA referente ao processo n.º 558/04.5] a fls. 106 e 107, cujo conteúdo se dá por integralmente reproduzido].

5. O requerente solicitou certidão isenta de pagamento, ou expedição de nova notificação, contendo os seguintes elementos [fls. 11 e segs. cujo conteúdo se dá por integralmente reproduzido]:

Indicação e teor integral dos fundamentos de facto e de direito, que estiveram na base da reversão de CRSS;

Expressa indicação da forma e do modo de cálculo dos respectivos juros de mora, incluindo as datas de início e do termo da contagem dos mesmos e respectivas taxas;

Quaisquer outros documentos que sejam relevantes para a fundamentação integral da aludida reversão e exigência de contribuições e juros de mora.

6. Este pedido foi indeferido por despacho do Ex.mo Chefe do Serviço de Finanças, de 26/5/2004, como consta e fls. 19 cujo conteúdo se dá por integralmente reproduzido].

Factos não provados:

Com interesse para a decisão da causa, não houve.

Motivação.

A convicção do tribunal baseou-se nos documentos juntos aos autos, referidos nos «factos provados», com remissão para as folhas do processo onde se encontram».

2.1.2 Porque concordamos integralmente com o julgamento de facto efectuado em 1.ª instância, que não vem posto em causa, consideramos fixada a matéria de facto acima transcrita.

2.2 De facto e de direito

2.2.1 As questões a apreciar

Carlos Humberto de Oliveira Terenas foi citado, em sede de processo de execução fiscal, como responsável subsidiário e, considerando que não lhe foram notificados determinados elementos previstos na lei para o efeito, designadamente:

– «a indicação e o teor integral dos fundamentos de facto e de direito que estiveram na base da reversão»;

– «a expressa indicação da forma e do modo de cálculo dos respectivos juros de mora, incluindo as datas de início e do termo da contagem dos mesmos e respectivas taxas», requereu ao Chefe do SFS lhe fosse passada certidão, isenta da pagamento contendo aqueles elementos e quaisquer outros relevantes.

Esse requerimento foi indeferido, motivo por que o Requerente pediu ao Juiz do TAFL que intimasse o Chefe do SFS para passar a certidão.

O Juiz do TAFL deferiu o pedido, se bem que, relativamente à intimação para passagem de certidão com os fundamentos de facto e de direito da reversão, tenha salientado que a certidão seria a emitir ao abrigo do art. 24.º do CPPT e sujeita a tributação.

A Autoridade requerida discorda do decidido, quer porque entende que o Requerente já foi notificado dos fundamentos de facto e de direito da reversão, motivo por que «deixa de haver qualquer direito à informação a tutelar, inexistindo qualquer direito a uma certidão dessas informações» (cfr. conclusões do recurso com os n.os 1 e 2), quer porque entende que a certidão com informação acerca de liquidação dos juros de mora deve ser solicitada à Segurança Social, que é a entidade liquidadora (cfr. conclusões de recurso com os n.os 3 a 5).

Daí que tenhamos indicado como questões a apreciar e decidir as que ficaram referidas no ponto 1.9.

As questões a apreciar nestes autos foram já apreciadas noutros dois recursos recentemente julgados neste Tribunal Central Administrativo[2], se bem que as sentenças aí postas em causa tivessem decidido em sentido diverso da sentença ora sob recurso e neles surgisse na posição de recorrente, não a Autoridade requerida, mas o Requerente, que era, em cada um dos processos, um dos dois outros chamados por reversão à mesma execução fiscal.

Seguiremos de perto o aí decidido.

2.2.2 Breves notas em torno da passagem de certidões

O art. 24.º, n.º 1, do CPPT estabelece a obrigatoriedade da AT passar certidões «de actos e termos do procedimento tributário, bem como de actos e termos judiciais», «mediante a apresentação de pedido escrito ou oral» e «no prazo de 10 dias», que pode ser reduzido a 48 horas, «caso a administração tributária disponha dos elementos necessários e o contribuinte invoque fundamentadamente urgência na sua obtenção» (n.º 3 do mesmo artigo).

A passagem destas certidões dá lugar ao pagamento das respectivas despesas.

Esta obrigação de a AT passar certidões do procedimento tributário, bem como do processo de execução fiscal, nas fases em que este corre perante ela e sob a sua direcção, constitui um corolário do direito à informação, consagrado no art. 268.º, n.º 1, da Constituição da República Portuguesa, bem como no art. 67.º, n.º 1, da LGT[3], mas não pressupõe qualquer insuficiência na notificação anterior.

---

[2] Recursos com os n.os 415/04 e 416/04, ambos decididos por acórdãos de 11 de Janeiro de 2005.

[3] Cfr. Jorge Lopes de Sousa, *Código de Procedimento e de Processo Tributário Anotado*, nota 3 ao art. 24.º, pág. 194.

No caso de as certidões solicitadas nos termos do referido art. 24.º do CPPT não serem passadas no prazo legal, pode o requerente pedir ao tribunal tributário competente a intimação da autoridade requerida para satisfazer o seu pedido.

A par desta obrigação genérica da AT passar certidões a pedido dos interessados, a lei prevê que, no caso de notificação insuficiente, o notificando possa optar entre o pedido de nova notificação em que seja suprida a insuficiência ou a passagem de certidão que contenha os requisitos omitidos, sem qualquer pagamento.

Diz o art. 37.º do CPPT:

«Se a comunicação da decisão em matéria tributária não contiver a fundamentação legalmente exigida, a indicação dos meios de reacção contra o acto notificado ou outros requisitos exigidos pelas leis tributárias, pode o interessado, dentro de 30 dias ou dentro do prazo para reclamação, recurso ou impugnação ou outro meio judicial que deste caiba, se inferior, requerer a notificação dos requisitos que tenham sido omitidos ou a passagem de certidão que os contenha, isenta de qualquer pagamento».

Também no caso de a certidão solicitada ao abrigo deste artigo não ser emitida dentro do prazo legal, o interessado tem ao seu dispor o meio processual acessório de intimação para passagem de certidão para compelir a AT a passá-la.

2.2.3 Do pedido de certidão com os fundamentos do despacho de reversão

O pedido de passagem de certidão, no que respeita aos fundamentos do despacho de reversão, só pode lograr apoio jurídico no art. 24.º do CPPT e não no art. 37.º do mesmo código. Disso bem deu conta a sentença recorrida, que, nos termos que merecem o nosso acordo e que nos dispensamos de reproduzir, considerou que foi dado conhecimento ao Requerente dos fundamentos de facto e de direito do despacho de reversão.

Assim, sendo certo que o Requerente sempre terá direito à passagem de certidão dos fundamentos desse despacho ao abrigo do disposto no art. 24.º do CPPT, já não o terá ao abrigo do disposto no art. 37.º do mesmo Código.

Ora, o que o Recorrente pediu à Autoridade requerida foi a emissão dessa certidão «isenta de pagamento» e por considerar que não foi notificado do teor integral dos fundamentos de facto e de direito do despacho de reversão. Ou seja, apesar da referência que também fez no requerimento ao art. 24.º do CPPT, é manifesto, face ao teor do requerimento de passagem de certidão, que o seu pedido de passagem de certidão é feito ao abrigo do disposto no art. 37.º do CPPT.

Assim, afigura-se-nos que não deverá por ora intimar-se a Autoridade requerida para passar certidão dos fundamentos fácticos e jurídicos do despacho de reversão. Isto sem prejuízo de novo pedido de intimação, para a eventualidade de o Requerente solicitar a passagem dessa certidão nos termos do art. 24.º do CPPT, sujeita a pagamento, e o Chefe do SFS a recusar.

Por tudo o que ficou dito, entendemos que o recurso merece provimento, nesta parte, motivo por que revogaremos a sentença na parte que respeita à intimação para passagem da certidão dos fundamentos do despacho de reversão.

2.2.4 Do pedido de certidão dos fundamentos da liquidação dos juros de mora

No que respeita ao pedido de certidão dos fundamentos da liquidação dos juros de mora, entendemos que a sentença fez a melhor interpretação e aplicação do direito, nada tendo a acrescentar-lhe. Nessa parte, damo-la aqui por reproduzida, com a devida vénia.

Salvo o devido respeito, não faz sentido esgrimir, como o fez a Recorrente, com a inaplicabilidade do art. 22.º, n.º 4, da LGT à situação *sub judice*, com base na pretensa natureza não tributária da dívida exequenda, por ser proveniente de contribuições para a Segurança Social. É manifesto que a dívida tem natureza tributária[4], como o é que o responsável subsidiário pode reclamar ou impugnar a dívida exequenda.

Assim, a sentença deve manter-se na parte que respeita à intimação do Chefe do SFS para emitir certidão da qual constem os elementos essenciais da liquidação dos juros de mora, incluindo as datas de início e do termo da contagem destes e respectivas taxas (ou, se for caso disso, de que não existe liquidação), assim se negando provimento ao recurso nessa parte.

2.2.5 Conclusões

Preparando a decisão, formulam-se as seguintes conclusões:

VIII – Tendo sido dado oportuno conhecimento ao executado por reversão dos fundamentos de facto e de direito do despacho por que foi chamado à execução fiscal, não pode aquele pretender que lhe seja passada certidão desses fundamentos ao abrigo do disposto no art. 37.º do CPPT, sem tributação.

IX – Pode, isso sim, o executado pedir certidão desses elementos ao abrigo do disposto no art. 24.º do CPPT, mas suportando o respectivo custo.

X – Pedida e recusada certidão nos termos ditos em I, não deve intimar-se a autoridade requerida a passar a certidão ao abrigo do art. 24.º do CPPT, pois ela não se recusou nesses termos.

XI – O responsável subsidiário chamado à execução fiscal por reversão tem direito a reclamar ou impugnar a dívida exequenda, motivo por que, quando da citação, lhe deve ser dada a conhecer toda a fundamentação da dívida exequenda (art. 22.º, n.º 4, da LGT).

XII – No caso de a AT não ser a entidade que emitiu o título executivo, deve diligenciar junto desta por todos os elementos que lhe permitam observar o disposto no n.º 4 do art. 22.º da LGT.

XIII – Não tendo a AT facultado tais elementos quando da citação do responsável subsidiário, como se lhe impunha, pode este requerer a passagem de certidão que os contenha, nos termos do disposto no art. 37.º do CPPT, e sem custos.

XIV – Se a AT não passar a certidão, pode o executado por reversão pedir ao tribunal a intimação da autoridade requerida para compeli-la a satisfazer aquele pedido.

3. DECISÃO

Face ao exposto, os juízes da Secção do Contencioso Tributário deste Tribunal Central Administrativo acordam, em conferência, conceder parcial provimento ao recurso, e, em consequência:

[4] Cfr. quanto à natureza tributária das contribuições para a Segurança Social, JORGE LOPES DE SOUSA, *ob. cit.*, nota 4 ao art. 6.º, págs. 38 a 40.

a) manter a decisão recorrida quanto ao ponto *2.* da mesma (ou seja, na parte em que decidiu intimar o Chefe do SFS para emitir certidão da qual constem os elementos essenciais da liquidação da dívida exequenda e dos juros de mora, incluindo as datas de início e do termo da contagem destes e respectivas taxas ou, se for caso disso, de que não existe liquidação);

b) revogar a decisão recorrida no que respeita ao ponto *1.* (isto, sem prejuízo de o Recorrido sempre poder requerer certidão dos fundamentos da reversão, mediante pagamento das respectivas custas).

Sem custas (art. 73.º-C, n.º 2, alínea *b*), do Código das Custas Judiciais).

Lisboa, 25 de Janeiro de 2005.

Francisco Rothes
Jorge Lino
Pereira Gameiro

Recurso n.º 433/05

OPOSIÇÃO À EXECUÇÃO FISCAL. PRESCRIÇÃO DA OBRIGAÇÃO EXEQUENDA. REVERSÃO DA EXECUÇÃO. PREVALÊNCIA DO MÉRITO DA CAUSA. VERDADE MATERIAL. FALTA DE ELEMENTOS DE FACTO NECESSÁRIOS: ANULAÇÃO DA SENTENÇA.

(Acórdão de 1 de Março de 2005)

SUMÁRIO:

I – **O Tribunal de recurso tem o *poder-dever de resolução das questões do fundo ou do mérito da causa* (finalidade de todo o processo judicial), e deixar prejudicada, por inutilidade, a decisão acerca de qualquer outra questão – de harmonia com o que se dispõe no n.º 2 do artigo 660.º do Código de Processo Civil (irrelevância, *v. g.*, da nulidade da decisão recorrida).**

II – **Em *processo tributário*, seja qual for a fase processual, deve o Tribunal oficiosamente realizar ou ordenar todas as diligências necessárias ou úteis à descoberta da *verdade material* relativamente ao *objecto do processo* – de acordo com os termos do disposto nos artigos 99.º da Lei Geral Tributária, e 13.º do Código de Procedimento e de Processo Tributário.**

III – **Para que se julgue verificada a *prescrição da obrigação tributária*, é necessário ter-se feito a prova (positiva) de se ter escoado o prazo fixado na lei para a prescrição, e a prova (negativa) da inexistência da interrupção ou da suspensão da mesma, durante esse prazo.**

IV – **Pela instauração da respectiva execução fiscal, ocorre a *interrupção do decurso da prescrição*; mas sobrevem a *cessação da interrupção do decurso da prescrição*, se o processo executivo estiver parado, por facto não imputável ao contribuinte, durante mais de um ano, somando-se, neste caso, o tempo que decorrer após este período com o que tiver decorrido até à data da instauração da execução – nos termos do § 1.º do artigo 27.º do Código de Processo das Contribuições e Impostos, e do n.º 3 do artigo 34.º do Código de Processo Tributário.**

V – **A *reversão* da execução fiscal contra o *responsável subsidiário* tem como *pressuposto* a verificação da inexistência de bens penhoráveis do devedor originário, ou seu sucessor; ou da insuficiência do património destes para a satisfação da dívida exequenda e acrescido.**

VI – **A *insuficiência de elementos de facto* indispensáveis à boa decisão da causa – como, por exemplo, os relativos aos *pressupostos de reversão* da execução fiscal – determina a *anulação* da sentença recorrida, e a remessa do processo ao Tribunal *a quo*, para nova decisão assente em melhor apuramento da *matéria de facto* pertinente.**

TRIBUNAL CENTRAL ADMINISTRATIVO SUL CONTENCIOSO TRIBUTÁRIO

1.1 Arlindo das Neves Marques, devidamente identificado nos autos, vem interpor recurso jurisdicional da sentença do Tribunal Tributário de 1.ª Instância de Lisboa, de 31-3-1997, que julgou parcialmente improcedente a oposição à execução fiscal por si deduzida – cf. fls. 105 e ss.

1.2 Em alegação, o recorrente formula conclusões, que se apresentam do seguinte modo – cf. fls. 131 a 140.

a) O oponente impugna especialmente, mas não apenas, o julgamento da matéria de facto.

b) A douta sentença dá como provada a existência de bens da devedora que não foram penhorados nem vendidos nem deduzido o seu valor da quantia exequenda.

c) Foram ainda indicados, com prova documental, direitos reais e rendimentos da mesma devedora, que não foram excutidos.

d) Não terá assim sido observado o direito do oponente, devedor subsidiário, de ver excutidos todos os bens da devedora originária, como condição necessária da reversão da execução contra ele.

e) O oponente não tinha, como ficou provado, conhecimento nem da contabilidade nem da vida económica e financeira da sociedade, ao ponto de não saber responder às perguntas dos seus colegas sobre se haveria ou não dinheiro para pagar os salários, pois quem sabia de tal matéria era o patrão.

f) Contabilidade e pagamentos são, numa pequena empresa como a devedora, o núcleo da gestão, pelo que aquele alheamento do oponente em relação a essas realidades é bem demonstrativo da sua posição de subalternidade, e mesmo de subordinação ao sócio gerente Sr. Miranda Pedro, o qual detinha o efectivo poder na sociedade.

g) Ao apreciar a questão da prescrição da dívida tributária, e ao considerar a interrupção do respectivo prazo, o M.mo Juiz *a quo* não considerou que, no caso dos autos a prescrição esteve suspensa, dado que o processo esteve parado por mais de um ano por causa não imputável ao oponente.

h) Existindo outros processos pendentes no Tribunal Tributário de 1.ª Instância de Lisboa, subjectivamente iguais e objectivamente idênticos ao presente, nos quais o oponente produziu prova igual e igualmente alegou no primeiro desses processos a ser julgado, foi aquele absolvido por ilegitimidade, como os fundamentos aqui invocados, o que se deixa dito em prol da uniformidade de julgados.

i) A douta sentença, ao dar como provados factos que não foram sequer alegados, sofre de vício de excesso de pronúncia; e, ao tirar ilações ou presunções de factos não provados, revela oposição entre os fundamentos de facto e a decisão.

1.3 Não houve contra-alegação.

1.4 O Ministério Público neste Tribunal emitiu o parecer de que a sentença deve ser mantida na ordem jurídica, até porque «compulsando o processo de execução apenso, verifica-se que nunca esteve parado por prazo que atingisse um ano» – cf. fls. 153 e 154, e 161.

1.5 Colhidos os vistos, cumpre decidir, em conferência.

O recorrente invoca na conclusão anotada em *i*) do ponto 1.2 que a sentença recorrida, ao dar como provados factos que não foram sequer alegados, sofre de vício de excesso de pronúncia; e que, ao tirar ilações ou presunções de factos não provados, revela oposição entre os fundamentos de facto e a decisão.

O recorrente alega deste modo a nulidade da sentença recorrida, quer por excesso de pronúncia, quer por oposição entre a decisão e os seus fundamentos.

A (quase) unanimidade da jurisprudência dos nossos tribunais superiores muita laboração tem produzido no tratamento de (sempre as mesmas) questões *in procedendo* – ainda quando prejudicadas pela solução que é dada às questões *in judicando*, respeitantes ao fundo ou mérito da causa.

Ora, pode suceder que o recorrente, além de basear o recurso num dos seus fundamentos específicos, invoque a própria nulidade da decisão recorrida (artigos 668.º, n.º 3, 2.ª parte; 716.º, n.º 1; e 752.º, n.º 3, do Código de Processo Civil), hipótese em que se coloca o problema de saber se a apreciação dessa nulidade deve preceder a revogação ou confirmação da decisão por razões atinentes ao mérito do recurso.

A resposta a esta questão parece dever ser negativa.

O Tribunal *ad quem* pode considerar o recurso procedente ou improcedente sem que haja apreciado a nulidade da decisão recorrida (irrelevância da nulidade da decisão).

Isto significa que essa nulidade não constitui uma condição prévia da apreciação do mérito do recurso.

Se o Tribunal superior conclui que, mesmo com a sanação da eventual nulidade a decisão deve ser revogada por motivo concernente ao mérito da causa, parece não fazer sentido decretar a sua revogação ou anulação prévia por mor da ocorrência dessa invocada nulidade.

Imagine-se – diz, a este respeito, Miguel Teixeira de Sousa – que a Relação considera que os fundamentos que constam da sentença condenatória (ou absolutória) são insuficientes para justificar a procedência (ou improcedência) da acção, e que, por isso, ela deve ser revogada; neste caso, não parece que se deva exigir que se aprecie primeiramente, se, por exemplo, existe uma contradição entre esses fundamentos e a decisão ou se essa decisão padece de um excesso ou de uma omissão de pronúncia, pois que, mesmo que elas existam e sejam sanadas, aquela decisão condenatória ou absolutória deve ser revogada.

A resposta também parece dever ser a mesma, quando o Tribunal de recurso possa confirmar a decisão impugnada com um fundamento distinto daquele que foi utilizado pelo Tribunal recorrido.

Estas construções são compatíveis com o direito positivo. Segundo este, a nulidade da decisão constitui um possível fundamento de recurso (artigos 668.º, n.º 3, 2.ª parte; 716.º, n.º 1; e 752.º, n.º 3, do Código de Processo Civil), mas a circunstância de o Tribunal *ad quem* reconhecer essa nulidade não impede, em regra, de controlar a sua correcção, ou seja, não obsta a que esse Tribunal tenha de se pronunciar sobre se deve revogá-la ou mantê-la (artigos 715.º, n.º 1; 722.º, n.º 3, 1.ª parte; 731.º, n.º 1; 752.º, n.º 3; e 762.º, n.º 1, do Código de Processo Civil); a excepção a este regime consta dos artigos 722.º, n.º 3, 2.ª parte; e 731.º, n.º 2, do Código de Processo Civil.

Portanto, o direito positivo admite expressamente que o Tribunal superior supra a nulidade da decisão recorrida e passe a apreciar se esta deve ser confirmada ou revogada.

Mas isso não obsta à conclusão de que esse suprimento é uma actividade inútil, quando, qualquer que seja a posição desse Tribunal sobre a nulidade, a decisão deva ser revogada ou confirmada, situação em que se deve dispensar a apreciação prévia dessa nulidade. É ilógico exigir essa apreciação, quando, qualquer que seja o seu resultado, o Tribunal superior tem de revogar ou confirmar (ou anular) a decisão recorrida.

Cf. o que vem de ser dito em Miguel Teixeira de Sousa, *Estudos sobre o Novo Processo Civil*, Lex, 1999, pp. 470 e ss.

Na esteira deste entendimento é que se escreveu em certo acórdão desta Secção deste Tribunal Central Administrativo que «em sede de julgamento do recurso jurisdicional pelo Tribunal Central Administrativo, uma questão como a da nulidade da sentença do Tribunal de 1.ª instância só terá relevo e autonomia, se o processo não tiver (...) os elementos suficientes para a decisão da questão de fundo»; «segundo nos parece, a decisão de questões de tal natureza poderá estar prejudicada pela solução que vier a ser dada ao julgamento da lide, uma vez que, por regra, o Tribunal Central Administrativo tem o poder-dever de conhecimento da totalidade das questões do mérito ou do fundo da causa, em substituição do Tribunal de 1.ª instância – e, assim, ao exercitar esse seu poder-dever, conhecendo e resolvendo as questões do mérito (finalidade de todo o processo judicial), o Tribunal Central Administrativo poderá deixar prejudicada (inutilizada, sem utilidade nem sentido prático) a decisão sobre outra qualquer questão, de harmonia com o que se dispõe no n.º 2 do artigo 660.º do Código de Processo Civil».

Como assim, não conheceremos, por prejudicada, da aventada questão da nulidade da sentença recorrida (por excesso de pronúncia, e por oposição entre os fundamentos e a decisão).

E, então, julgamos que, em face do teor das conclusões da alegação, de que se dá nota em 1.2, bem como da posição do Ministério Público, as questões a decidir no presente recurso são as seguintes, pela ordem que se elencam:

a) a prescrição, ou não, da dívida exequenda;

b) a excussão prévia, ou não, dos bens da sociedade executada;

c) e a gerência de facto, ou não, da sociedade executada pelo oponente, ora recorrente.

A verificação da prescrição deixa prejudicado o conhecimento das restantes questões; assim como a não verificação da excussão prévia dos bens da sociedade executada deixa prejudicado o conhecimento da questão da gerência de facto.

Com vista ao conhecimento da questão da prescrição das dívidas exequendas, foi proferido o acórdão interlocutório de fls. 156, a requisitar o respectivo processo de execução fiscal.

2.1 Com interesse para a decisão julgamos provada a seguinte matéria de facto.

a) Pela 1.ª Secretaria Administrativa de Execuções Fiscais de Lisboa foi instaurado um processo de execução fiscal, e apensos, em que é executada originária a sociedade "Eléctrica Jomacril, L.da", para cobrança coerciva da quantia exequenda total de 8 324 487$00, proveniente de dívidas ao Fundo de Desemprego relativas a quotizações, juros, e multa – cf. os processos de execução fiscal apensos.

b) Da quantia exequenda total, a importância de 4 333 409$00 é referente ao período de Outubro de 1983 a Dezembro de 1985, sendo, conforme o processo de execução fiscal n.º 9734 apenso:

1 – o valor de 1 886 311$00, respeitante a quotizações;

2 – os valores de 351 791$00 e de 508 996$00, respeitantes a juros de mora;

3 – e o valor de 1 886 311$00, respeitante a multa.

c) Da quantia exequenda total, a importância de 2 722 129$00 é referente ao período de Outubro de 1979 a Dezembro de 1982, sendo conforme o processo de execução fiscal n.º 9735 apenso:

1 – o valor de 1 215 236$00, respeitante a quotizações;

2 – o valor de 291 657$00, respeitante a juros de mora;

3 – e o valor de 1 215 236$00, respeitante a multa.

d) Da quantia exequenda total, a importância de 1 268 949$00 é referente ao período de Janeiro de 1983 a Setembro de 1983, sendo, conforme o processo de execução fiscal n.º 9736 apenso:

1 – o valor de 566 495$00, respeitante a quotizações;

2 – o valor de 135 959$00, respeitante a juros de mora;

3 – e o valor de 566 495$00, respeitante a multa.

e) Segundo informação fornecida pela Segurança Social, a dívida exequenda actualizada é referente a meses dos anos de 1979, 1980, 1981, 1982, 1983, 1984, e 1985, e respeita a "quotizações" no valor total de 1 886 311$00; a "juros pela mora" no valor de 351 791$00; a "juros de mora" no valor de 208 996$00; e a "multa" no valor de 1 886 311$00 – conforme tudo melhor se discrimina de fls. 167 a 170.

f) Os "juros de mora" no valor de 208 996$00, referidos em e) respeitam aos meses de Julho a Dezembro do ano de 1985 – fls. 170 do documento de fls. 167 a 170.

g) No dia 10-5-1994, foi, nesse processo de execução fiscal, o oponente, ora recorrente, citado, por reversão, na qualidade de responsável subsidiário da sociedade executada, tendo, no dia 30-5-1994, apresentado a respectiva petição de oposição – cf. a certidão de fls. 137 na execução fiscal n.º 9734 apensa, e o carimbo de entrada a fls. 3 dos presentes autos.

h) Os processos de execução fiscal referidos foram autuados no dia 10-7-1989, e verifica-se que não estiveram parados por período superior a um ano – cf. os processos de execução apensos.

i) O despacho da reversão referida em *g*) foi proferido no dia 22-4-1993 – cf. fls. 92 verso na execução fiscal n.º 9734 apensa.

j) O despacho de reversão referido em *i*) foi precedido nomeadamente do auto de diligências datado de 21-1-1993, e neste se consigna, além do mais, que «fui informado que a firma já não possui quaisquer bens penhoráveis, não sabendo o nome e morada dos seus sócios gerentes» – cf. fls. 87 na execução fiscal n.º 9734 apensa.

k) O oponente, ora recorrente, dirigiu um requerimento ao Tribunal Tributário de 1.ª Instância de Lisboa em que pedia que «se digne mandar indagar do destino daqueles bens da executada que nada justifica não sejam entregues ao Tribunal por conta da dívida exequenda», requerimento em que o oponente, ora recorrente, indicava, além do mais, e mormente «que aquela executada é proprietária em regime de habitação periódica ('*time sharing*') na Torre Verde, Três Castelos, Praia da Rocha, Portimão, de que é gestora a "Holdigeste, L.da» – cf. os documentos de fls. 82 a 86.

l) Não se encontram feitas quaisquer diligências de investigação no específico sentido apontado pelo oponente, ora recorrente, e dito em *k*).

m) Segundo registo da competente Conservatória, o oponente, ora recorrente, do mesmo modo que outros dois indivíduos, é um dos sócios da sociedade executada – cf. fls. 65, da certidão de fls. 63 a 65.

n) Ainda segundo o mesmo registo, a gerência da sociedade executada pertence a todos os sócios – cf. fls. 65, da certidão de fls. 63 a 65.

o) O oponente, ora recorrente, dentro da sociedade executada, exercia as funções de coordenador responsável pela parte do sector da água, esgotos e electricidade, providenciando pelo material necessário às obras – cf. os depoimentos de fls. 53 a 55.

p) O oponente, ora recorrente, assinava cheques em nome da sociedade executada – cf. os depoimentos de fls. 53 a 55.

q) Alguns desses cheques eram-lhe apresentados para assinar, já figurando neles a assinatura do também sócio da sociedade executada, Carlos Alberto Miranda Pedro – cf. os depoimentos de fls. 53 a 55.

r) Os cheques que não continham a assinatura deste Carlos Alberto Miranda Pedro, assinava-os o oponente, ora recorrente, à vista dos elementos indicativos da pessoa a quem se destinava o respectivo pagamento, e da mercadoria a pagar, ou do motivo por que eram emitidos – cf. os depoimentos de fls. 53 a 55.

s) A sentença recorrida, com relação às multas ditas em 3 de *b*), *c*) e *d*), julgou procedente a oposição deduzida pelo oponente, ora recorrente, «pelo fundamento da prescrição do procedimento judicial respectivo» – cf. fls. 128.

t) A sentença recorrida não foi impugnada no segmento apontado em *s*), tendo nessa parte transitado em julgado – cf. fls. 128 e ss..

2.2.1 Completada a prescrição, tem o beneficiário dela a faculdade de recusar o cumprimento da prestação ou de se opor, por qualquer modo, ao exercício do direito prescrito – cf. o artigo 304.º do Código Civil.

Um direito prescreve quando o seu titular o não exerce durante um certo período de tempo, legalmente fixado, o que faz presumir uma renúncia ao direito, ou, pelo menos, uma atitude que o torna indigno de protecção jurídica – *dormientibus non sucurrit jus*.

A doutrina justifica o instituto prescricional com argumentos de vária ordem, nomeadamente de certeza e segurança jurídicas, e, se o instituto não será justo, coonesta-se, no entanto, com razões de conveniência ou oportunidade – cf. parecer da Procuradoria Geral da República, no *Diário da República* de 24-4-1995, II série, pp. 4441.

A prescrição põe termo a um direito já definido, e isto pelo seu não exercício durante um certo período de tempo – cf., na jurisprudência, por todos, v. g., o acórdão da Secção de Contencioso Tributário do Supremo Tribunal Administrativo, de 16-10-1991, no *Apêndice ao Diário da República* de 15-10-1992.

O decurso do prazo de prescrição extingue, por conseguinte, o direito do Estado à cobrança de uma dívida já liquidada.

De harmonia com o que se dispõe na alínea *d*) do artigo 176.º do Código de Processo das Contribuições e Impostos, e também na alínea *d*) do n.º 1 do artigo 286.º do Código de Processo Tributário, a prescrição da dívida exequenda constitui legítimo fundamento de oposição à execução fiscal – cf. ainda a alínea *d*) do n.º 1 do artigo 204.º do Código de Procedimento e de Processo Tributário.

De resto, a excepção peremptória da prescrição dá lugar à absolvição do pedido, e é de conhecimento oficioso, de acordo com o disposto nos artigos 493.º e 496.º do Código de Processo Civil.

Para que se julgue decorrido um prazo prescricional, é necessário fazer-se a prova (positiva) de se ter escoado o lapso de tempo fixado na lei para a prescrição, e a prova (negativa) da inexistência da interrupção ou da suspensão da mesma, durante esse prazo. E, assim, não faz sentido considerar um facto interruptivo ou suspensivo da prescrição, quando, no cômputo operado, se não tenha escoado ainda o lapso de tempo fixado na lei para a prescrição da respectiva obrigação tributária exequenda.

As quotizações para o Fundo de Desemprego foram estabelecidas pelo Decreto-Lei n.º 45 080 de 20-6-1963; e, nos termos do seu artigo 6.º, as obrigações de cobrança, liquidação e posterior pagamento recaíam exclusivamente sobre as entidades pagadoras de remunerações referidas nos artigos 1.º a 5.º do mesmo diploma.

A própria lei denominava tais quotizações como impostos – cf. os termos do referido artigo 6.º.

A doutrina e a jurisprudência vem sendo uniforme no sentido de as dívidas por contribuições devidas ao Fundo de Desemprego terem a natureza de verdadeiros impostos – cf. neste sentido Alberto Xavier, *Conceito e Natureza do Acto Tributário*, pp. 70 e 71; Nuno Sá Gomes, *Lições de Direito Fiscal*, I, pp. 404 a 406; e os acórdãos da Secção de Contencioso Tributário do Supremo Tribunal Administrativo de 23-4-1986, de 7-11-1990, e de 11-11-1992, no *Apêndice ao Diário da República*, respectivamente, de 21-12-1987, p. 387, de 15-4-1993, p. 1199, e de 9-10-1995, p. 2770.

Como tal, era aplicável à prescrição das dívidas de quotizações para o Fundo de Desemprego o disposto no artigo 27.º do Código de Processo das Contribuições e Impostos.

Este artigo estabelecia que «é de 20 anos, sem distinção de boa ou má fé, o prazo de prescrição das contribuições e impostos em dívida ao Estado, se prazo mais curto não estiver fixado na lei».

O prazo da prescrição conta-se em função da ocorrência do facto relevante, ou seja, desde o início do ano seguinte àquele em que tiver ocorrido o facto tributário gerador da dívida – cf. o corpo do artigo 27.º do Código de Processo das Contribuições e Impostos, e também o n.º 2 do artigo 34.º do Código de Processo Tributário.

O decurso do prazo da prescrição pode, no entanto, ser interrompido, nos termos do § 1.º do artigo 27.º do Código de Processo das Contribuições e Impostos, e do n.º 3 do artigo 34.º do Código de Processo Tributário, e nomeadamente pela instauração da respectiva execução fiscal; cessando, porém, esse efeito se o processo estiver parado por facto não imputável ao contribuinte durante mais de um ano, somando-se, neste caso, o tempo que decorrer após este período ao que tiver decorrido até à data da autuação.

Por outro lado, o prazo de prescrição dos juros de mora fiscais é de cinco anos, nos termos do artigo 6.º do Decreto-Lei n.º 49 168 de 5-8-1969 – sendo certo que os juros de mora são aqueles que são vencidos a partir do termo do prazo para cobrança voluntária até ao mês, inclusive em que for paga a dívida.

No caso *sub judicio*, estão em causa dívidas respeitantes a "quotizações", a "juros pela mora", e "juros de mora", de que é credor exequente o Fundo de Desemprego, em relação a meses dos anos de 1979, 1980, 1981, 1982, 1983, 1984, e 1985 – cf. o que se assenta na alínea *e*) do probatório, e resulta directamente do documento de fls. 167 a 170, documento que, de resto, foi notificado ao oponente, ora recorrente, e não sofreu a mínima objecção.

As dívidas de "multa" não podem aqui ser questionadas, uma vez que sobre esse tema se formou caso julgado material, na medida em que na sentença recorrida se decidiu, sem qualquer impugnação, pela procedência da oposição «pelo fundamento da prescrição do procedimento judicial respectivo» – consoante se deixou, de resto, consignado na alínea *s*) e *t*) do probatório.

No tocante às dívidas de quotizações (onde a Segurança Social inclui os respectivos "juros pela mora" do pagamento mensal), não ocorre a prescrição da sua obrigação de pagamento, uma vez que, quando se iniciou o processo executivo para a sua cobrança, ainda não tinha decorrido o prazo legal de vinte anos – sendo certo que o respectivo processo de execução fiscal foi autuado no dia 10-7-1989, e verifica-se que esse processo não esteve parado por período superior a um ano – conforme se assenta na alínea *h*) do probatório, e melhor se colhe da consulta dos autos.

Quanto às dívidas respeitantes a juros de mora, também não ocorre a prescrição da obrigação do seu pagamento, pois não havia decorrido, a data da instauração da execução fiscal, em 10-7-1989, o prazo legal de cinco anos – sendo certo que os juros de mora, no valor de 208 996$00, respeitam aos meses de Julho a Dezembro do ano de 1985, conforme se assenta em *f*) do probatório, e melhor se colhe de fls. 170 do documento de fls. 167 a 170.

2.2.2 A importantíssima reforma processual civil de 1995/1996 (que é direito processual subsidiário nos tribunais tributários) ocupou-se expressamente do problema da aquisição dos factos relevantes para a decisão da causa no disposto no artigo 264.º do Código de Processo Civil.

Esta reforma processual civil tem o claro intuito de aumentar os poderes do Tribunal sobre a matéria de facto e de flexibilizar a sua alegação pelas partes.

Como resulta do estabelecido no artigo 264.º do Código de Processo Civil, a solução legal baseia-se numa distinção, talvez demasiado esquemática, entre os factos essenciais, instrumentais e complementares ou concretizadores.

Os factos essenciais são aqueles que integram a causa de pedir ou o fundamento da excepção, e cuja falta determina a inviabilidade da acção ou da excepção.

Os factos instrumentais probatórios ou acessórios são aqueles que indiciam os factos essenciais e que podem ser utilizados para a prova indiciária destes últimos.

Finalmente, os factos complementares ou concretizadores são aqueles cuja falta não constitui motivo de inviabilidade da acção ou da excepção, mas que participam de uma causa de pedir ou de uma excepção complexa, e que, por isso, são indispensáveis à procedência dessa acção ou excepção.

A cada um destes factos corresponde uma função distinta.

Os factos essenciais realizam uma função constitutiva do direito invocado pelo autor, ou da excepção deduzida pelo réu: sem eles não se encontra individualizado esse direito ou excepção, pelo que a sua falta de alegação pelo autor determina a ineptidão da petição inicial por inexistência de causa de pedir [cf. artigo 193.º, n.º 2, alínea *a*), do Código de Processo Civil].

Os factos complementares possibilitam, em conjugação com os factos essenciais de que são complemento, a procedência da acção ou da excepção: sem eles a acção ou a excepção não pode ser julgada procedente.

Por fim, os factos instrumentais destinam-se a ser utilizados numa função probatória dos factos essenciais ou complementares.

Importa acentuar que esta classificação não assenta num critério absoluto, mas relativo: um mesmo facto pode ser essencial em relação a um certo objecto e complementar ou instrumental perante um outro objecto; por seu turno, um facto é sempre complementar ou instrumental em relação a um certo facto essencial.

A procedência da acção ou da excepção pressupõe certos factos: os factos necessários a essa procedência podem ser designados por factos principais.

Estes factos englobam na terminologia do artigo 264.º do Código de Processo Civil, os factos essenciais e os factos complementares, cuja distinção se traça do seguinte modo: os factos essenciais são aqueles que permitem individualizar a situação jurídica alegada na acção ou na excepção; os factos complementares são aqueles que são indispensáveis à procedência dessa acção ou excepção, mas não integram o núcleo essencial da situação jurídica alegada pela parte.

Os factos essenciais são necessários à identificação da situação jurídica invocada pela parte e, por isso, relevam, desde logo, na viabilidade da acção ou da excepção: se os factos alegados pela parte não forem suficientes para se perceber qual a situação que ela faz valer em juízo, existe num vício que afecta a viabilidade da acção ou da excepção.

Os factos complementares não são necessários à identificação da situação jurídica alegada pela parte, mas são indispensáveis à procedência da acção ou excepção. É por isso que, quando respeitante ao autor, a falta de alegação dos factos essenciais se traduz na ineptidão da petição inicial por inexistência de causa de pedir [artigo 193.º, n.º 2, alínea *a*), do Código de Processo Civil] e que a ausência de um facto complementar não implica qualquer inviabilidade ou ineptidão, mas importa a improcedência da acção.

Os factos instrumentais são utilizados para realizar a prova indiciária dos factos principais, isto é, esses factos são aqueles de cuja prova se pode inferir a demonstração dos correspondentes factos principais. Portanto, o âmbito de aplicação dos factos instrumentais coincide com o da prova indiciária.

Assente a distinção entre factos essenciais, complementares e instrumentais, o regime legal é o seguinte.

Incumbe às partes alegar os factos essenciais que integram a causa de pedir ou que fundamentam a excepção (artigo 264.º, n.º 1, do Código de Processo Civil).

Portanto, os factos principais estão sujeitos à disponibilidade das partes.

Quanto aos factos instrumentais, parece ser de entender que o Tribunal possui poderes inquisitórios sobre os factos instrumentais.

A favor do reconhecimento de poderes inquisitórios ao Tribunal sobre os factos instrumentais pode invocar-se, antes de mais, a comparação entre os n.os 2 e 3 do artigo 264.º do Código de Processo Civil.

É, no entanto, na conjugação entre os artigo s 264.º, n.º 2, e 265.º, n.º 3, do Código de Processo Civil, que se encontra o apoio mais firme para entender que o Tribunal o possui poderes inquisitórios sobre os factos instrumentais.

Na verdade, o artigo 265.º, n.º 3, Código de Processo Civil estabelece que incumbe ao juiz realizar ou ordenar, mesmo oficiosamente, todas as diligências necessárias ao apuramento da verdade e à justa composição do litígio, quanto aos factos de que lhe é lícito conhecer.

Ora, estes poderes instrutórios estendem-se aos factos necessários ao apuramento da verdade (cf., *v. g.*, os artigos 535.º, n.º 1; 552.º, n.º 1; 612.º, n.º 1; 645.º, n.º 1; e 653.º, n.º 1, do Código de Processo Civil), ou à justa composição do litígio (cf., *v. g.*, artigo 519.º-A, n.º 1, do Código de Processo Civil), o que significa que esses poderes não se restringem aos factos alegados pelas partes.

Os factos sobre ao quais o Tribunal pode exercer estes poderes inquisitórios com a finalidade de apurar a verdade ou de obter a justa composição do litígios são precisamente os factos instrumentais.

Assim interpretado, o artigo 264.º, n.º 2, Código de Processo Civil mostra que se admite, quanto aos factos instrumentais, uma inquisitoriedade que, em princípio, se nega quanto aos factos principais – uma posição que, aliás, já se procurou defender em face do direito anterior à reforma de 1995/1996.

Cf. Pessoa Vaz, *Atendibilidade de factos não alegados/Poderes instrutórios do juiz moderno* (Coimbra 1978), pp. 167 e ss.; Antunes Varela, e outros, *Manual de Processo Civil* (Coimbra 1985), pp. 415 e ss.; e Miguel Teixeira de Sousa, *Introdução ao Processo Civil* (Lisboa 1993), pp. 51 e ss..

A reforma não introduziu qualquer alteração significativa quanto ao âmbito dos poderes inquisitórios do Tribunal. O artigo 265, n.º 3, do Código de Processo Civil (que equivale substancialmente ao artigo 264.º, n.º 3, do Código de Processo Civil/61) dispõe que incumbe ao juiz realizar ou ordenar, mesmo oficiosamente, todas as diligências necessárias ao apuramento da verdade e à justa composição do litígio, quanto aos factos de que lhe é lícito conhecer.

Os factos sobre os quais o Tribunal possui poderes instrutórios são não só os factos instrumentais alegados pelas partes ou investigados pelo Tribunal, como os factos principais alegados pelas partes.

Nestes poderes instrutórios do Tribunal cabe, por exemplo, o de utilizar dados confidenciais (artigo 519.º-A, n.º 1, do Código de Processo Civil), de requisitar documentos (535.º, n.º 1, do Código de Processo Civil), de realizar a inspecção judicial (artigo 612.º, n.º 1, do Código de Processo Civil), de inquirir testemunhas no local da questão (artigo 622.º do Código de Processo Civil), de ordenar a notificação para depor de pessoa não oferecida como testemunha (artigo 645.º, n.º 1, do Código de Processo Civil) e de ouvir as pessoas que entender e ordenar as diligências para o seu esclarecimento (artigo 653.º, n.º 1, do Código de Processo Civil).

Da conjugação entre poderes inquisitórios atribuídos pelo artigo 264.º, n.º 2, do Código de Processo Civil e os poderes instrutórios estabelecidos no artigo 265.º, n.º 3, do Código de Processo Civil, resulta o seguinte regime legal: os poderes inquisitórios respeitam exclusivamente aos factos instrumentais (artigo 264.º, n.º 2, do Código de Processo Civil); os poderes de instrução referem-se tanto aos factos principais, como aos factos instrumentais (artigo 265.º, n.º 3, do Código de Processo Civil).

Portanto, quanto aos factos instrumentais o Tribunal pode não só investigá-los como ordenar quanto a eles as actividades instrutórias que sejam de sua iniciativa. Pelo contrário, quanto aos factos principais, o Tribunal não possui poderes inquisitórios, pelo que relativamente a eles só pode ordenar as actividades oficiosas de instrução legalmente permitidas.

Cf. Miguel Teixeira de Sousa, *Introdução ao Processo Civil*, Lex, 2000, pp. 65 a 81.

Ao contrário do processo civil, criado para a solução de litígios de natureza privada e constituindo por isso o prolongamento da autotutela dos interesses privados, o processo tributário existe para a tutela do interesse público, que consiste na realização da tributação de acordo com a lei.

E, por isso, todo o contencioso tributário deve encontrar-se ordenado para proporcionar aos contribuintes uma tutela contra a possível violação dos seus direitos por parte da Administração.

A natureza dos litígios que se propõe dirimir e a necessidade de obter formas de limitar juridicamente a intromissão do Estado na esfera jurídica dos particulares vêm atribuir aos princípios ordenadores do processo fiscal – tal como a todo o contencioso administrativo – uma particular preponderância das normas com dignidade constitucional.

Estão em jogo os direitos e garantias do administrado em relação à actividade estatal.

E daí que – contrariamente ao que sucede no processo civil, marcado pelo princípio do dispositivo e pelo ónus atribuído aos particulares de carrearem para o processo os factos sobre que vai incidir o veredicto judicial, corporizado na velha máxima *da mihi factus, dabo tibi ius* – no processo fiscal valha, quer para a Administração Fiscal quer para o Tribunal, o princípio do dever da averiguação oficiosa dos factos relevantes.

Ou seja, do princípio da legalidade fiscal decorre naturalmente o princípio da verdade material como objectivo do processo fiscal, sob pena de os órgãos da Administração, a quem cabe o dever de assegurar o cumprimento do imperativo constitucional de cada cidadão pagar apenas os impostos que tenham sido criados nos termos da lei e cuja liquidação e cobrança se façam nas formas prescritas na lei.

A tramitação do processo fiscal na sua concepção mais ampla, que abrange necessariamente o procedimento gracioso de formação do acto tributário e o contencioso tributário, onde se vai ajuizar da conformidade com a lei do primeiro, estará, portanto, ordenada com vista à descoberta da verdade material.

Cf. Alberto Xavier, *Conceito e Natureza do Acto Tributário*, Almedina, 1972, pp. 147 e ss..

E, assim, em primeira linha, deveremos sublinhar que o processo fiscal, quer gracioso, quer contencioso, deverá ter como objectivo a obtenção da verdade material. Esta obtenção da verdade material como objectivo, como finalidade última do processo fiscal nada mais constitui que o imediato reflexo processual do princípio da legalidade fiscal.

Ora, o princípio da verdade material erigido em finalidade do processo fiscal, vai tornar indispensável que todo o processo se estruture segundo o princípio do inquisitório, ou, de forma mais exacta, o princípio da investigação, e não segundo o princípio do dispositivo.

E é exactamente da recepção destes princípios e da natureza das relações jurídicas tributárias, concebidas como relação jurídica de direito público, e não como acto ou relação de poder, que decorre, por exemplo, a inaceitabilidade das concepções que atribuem ao contribuinte o ónus da prova quando pretende impugnar um imposto, quer seja com fundamento na presunção de legalidade, que defenderia o acto das investidas judiciais do contribuinte, quer na natureza constitutiva da acção de impugnação.

Como a obtenção da verdade material é o fim do processo fiscal, isso tem imediatas consequências nos princípios ou máximas que o estruturam.

Entre esses princípios ou máximas está em primeira linha o princípio do inquisitório *versus* princípio do dispositivo.

O princípio do inquisitório pode sofrer um certo número de limitações, com vista à economia processual, e a decisão expressa da lei pode colocar limites ao poder-dever de investigação do juiz.

Mas esses limites não podem ser os existentes no Código de Processo Civil, como alguma doutrina e jurisprudência parecem aceitar acriticamente.

Cf. J. L. Saldanha Sanches, *O Ónus da Prova no Processo Fiscal*, Cadernos de Ciência e Técnica Fiscal (151), pp. 7 a 9.

Note-se, de resto, que os problemas que se colocam para a definição dos princípios estruturantes do contencioso tributário tendem a reproduzir a questão mais geral dos princípios que dominam o processo administrativo.

De entre os caracteres gerais que se podem individualizar em contencioso tributário sobressai, desde logo, como se disse já, a sua natureza marcadamente inquisitória no que toca às provas e ao objecto processual.

Na verdade, nenhuma das manifestações que pode assumir o princípio do dispositivo (em crise no próprio Direito Privado) tem qualquer relevo no campo do Direito Fiscal.

Não o tem quanto ao direito material, pois que, em virtude da natureza pública dos interesses em causa, do princípio da legalidade e, em especial da rígida inderrogabilidade das normas tributárias, o Fisco não pode dispor dos seus direitos, ou renunciando à aplicação do tributo, ou à sua cobrança, ou aceitando a tributação em medida diversa da prevista na lei.

Por outro lado, também não pode o contribuinte consentir espontaneamente no pagamento dum imposto indevido, ou por não lhe caber no caso concreto, ou por ser devido em medida inferior, o que significa que a limitação da esfera patrimonial dos particulares, que tenha como fundamento uma lei de imposto, não está na livre disponibilidade dos particulares. O que está na livre disponibilidade dos particulares é o direito de accionar o Estado (o que tecnicamente é um ónus: o ónus do impulso processual).

Quando se vai discutir a possibilidade de moldar o contencioso tributário em maior ou menor grau segundo o princípio do dispositivo, coloca-se desde logo a questão das relações existentes entre a adopção destas formas processuais e o tipo dos direitos que por esta via poderão encontrar tutela jurisdicional. E isto porque conceder tutela jurisdicional através de um processo moldado pelo princípio do dispositivo tem como indispensável pressuposto a existência de direitos disponíveis do ponto de vista do direito material, que vão constituir o objecto da tutela.

A vinculação do juiz aos *allegata partium*, que representa a entrega às partes, que se defrontam num determinado processo, da decisão sobre o conteúdo do *thema decidendum*, está estreitamente relacionada com o carácter disponível da matéria em causa e por isso «deixa de existir quando o pleito versa matéria indisponível e na medida dessa indisponibilidade» (Manuel de Andrade – *Noções Elementares...*, p. 298).

Ou seja, é essa situação fundamentante do direito material que explica o tipo de regulamentação acolhida nas normas do processo civil com a atribuição às partes de amplos poderes de disposição, que constituem um prolongamento processual de autonomia privada.

Mas este complexo de poderes e responsabilidades processuais deixa de ter um espaço de actuação quando se passa do Direito Privado para o Direito Fiscal, onde nos encontramos perante uma relação jurídica que, nos termos constitucionais, tem os seus principais momentos estritamente regulados pela lei.

O princípio da legalidade fiscal, assim, vai ter uma influência determinante sobre a natureza das relações que se estabelecem entre o sujeito activo e o sujeito passivo da obrigação tributária, quer no processo gracioso de liquidação, em que se procede à determinação do *an* e do *quantum* da obrigação fiscal, quer quando, depois de se verificar a impugnação dessa mesma obrigação por iniciativa processual do contribuinte, um órgão judicial vai averiguar sobre a legalidade desse processo de aplicação do direito.

E a natureza dessas relações conduz a que em nenhum dos casos se possa recortar com nitidez o conceito de partes, o que vai impedir que tenhamos no contencioso fiscal a averiguação judicial de interesses contrapostos concretizada numa determinada lide.

E isto porque não estamos situados perante um interesse autónomo da Administração, na medida em que esta tem um dever de actuar no sentido de concretizar o imperativo legal da cobrança dos impostos, e está obrigada a actuar, não como o *advocatus fisci*, mas segundo os princípios essenciais do Estado de direito, como um órgão de aplicação do direito.

Cf. J. L. Saldanha Sanches, *O Ónus da Prova no Processo Fiscal*, Cadernos de Ciência e Técnica Fiscal (151), pp. 119 e ss..

Segundo os termos do artigo 99.º da Lei Geral Tributária, o Tribunal deve realizar ou ordenar oficiosamente todas as diligências que se lhe afigurem úteis para conhecer a verdade relativamente aos factos alegados ou de que oficiosamente pode conhecer (n.º 1). E todas as autoridades ou repartições públicas são obrigadas a prestar as informações ou remeter cópia dos documentos que o juiz entender necessários ao conhecimento do objecto do processo (n.º 3).

O princípio do inquisitório é, assim, uma das características fundamentais do processo fiscal – pois que, de acordo com o artigo 13.º do Código de Procedimento e de Processo Tributário, aos juizes dos tribunais tributários incumbe a direcção e julgamento dos processos da sua jurisdição, devendo realizar ou ordenar todas as diligências que considerem úteis à descoberta da verdade material.

E esse poder deve ser levado à prática e exercido em qualquer fase do processo. Portanto, também, e sobremaneira, na fase de recurso jurisdicional, em que seja necessário investigar factos ou recolher prova. Cf., a este respeito, o acórdão da Secção de Contencioso Tributário do Supremo Tribunal Administrativo, de 2-7-1997, proferido no recurso n.º 2102; e, também neste sentido, entre outras deste relator, as decisões sumárias dos recursos n.os 4829-01, 6104-01, 6886-02, 7068-02, 7110-02, e 7205-02, desta Secção deste Tribunal Central Administrativo.

Daí que, da valência em contencioso tributário dos princípios do inquisitório ou da investigação e também da livre apreciação das provas, e ainda do princípio da aquisição processual, decorre que não sirva em processo fiscal um ónus da prova rigorosamente subjectivo, formal ou de produção.

Diversamente, entendemos que neste campo releva sobremodo um ónus da prova substancial, objectivo, ou material, no sentido de que a decisão tem de desfavorecer naturalmente quem (muito embora não tenha a particular incumbência de provar) não consiga ver materialmente provados os factos em que assenta a sua posição – inexistindo um ónus da prova formal, a cargo, especial ou exclusivamente, de algum dos participantes processuais.

Os limites existentes em qualquer processo cognitivo, o carácter necessariamente limitado da investigação judicial e os princípios da economia processual podem abrir caminho para a introdução de um ónus material da prova por parte do contribuinte: neste caso, ou o impugnante consegue fazer a prova de existência de um qualquer facto juridicamente relevante que vai diminuir ou anular a sua dívida fiscal ou vai suportar um encargo acrescido por não ter demonstrado que tem direito a esse mesmo desagravamento.

Mas o ónus que sobre ele pesa tem necessariamente a natureza de um ónus material, e não de um ónus formal ou subjectivo. E isto pela natureza que processualmente assumem estes dois tipos de ónus.

A impossibilidade da existência de um ónus em sentido formal está ligada à função que esse ónus desempenha no processo civil e que o torna dificilmente adaptável a qualquer outra forma de relação processual; por ónus subjectivo tem de entender-se uma responsabilidade insuprível da parte no carrear para o processo dos factos sobre os quais se vai basear a decisão judicial: é uma manifestação da auto-responsabilidade das partes. O ónus subjectivo coloca-nos perante a necessidade de saber quem deve produzir as provas, a quem cabe o ónus de trazer para o processo determinados factos.

O ónus subjectivo é assim sistematicamente posto em causa quando um processo se encontra dominado pelo princípio da investigação no que diz respeito à recolha e selecção dos factos relevantes para a manutenção, modificação ou extinção de uma determinada relação jurídica: a existência de um princípio de investigação tem por efeito abrir uma via autónoma para o carrear dos factos para o processo, não permitindo assim o estabelecimento de uma relação de dependência entre a actividade da parte e a obtenção de um certo resultado. Isto verifica-se mesmo quando o Direito Fiscal impõe ao contribuinte um determinado comportamento para a obtenção de uma determinada vantagem (em regra uma comprovação ou um requerimento dirigido às entidades a quem compete decidir). Aqui podemos encontrar reconstituído um ónus formal, uma vez que a existência de certo pressuposto concretizado numa actividade do contribuinte situada num certo período de tempo é condição para obtenção dessa mesma vantagem. O ónus está situado na relação processual entre a Administração e o contribuinte que não é a relação contenciosa: a vantagem será ou não obtida conforme o contribuinte a tenha ou não atempadamente solicitado. Mas o ónus subjectivo ou formal não se transfere de uma para outra relação processual.

Ao lado de ónus em sentido subjectivo existente em certas relações fiscais, existem em abundância nas relações entre o Estado e os contribuintes comportamentos que a estes são impostos – os chamados deveres de cooperação ou colaboração – e que constituem um requisito indispensável para o funcionamento normal da actividade tributária. Aqui estamos perante deveres jurídicos, e não ónus, porque, ainda que se revistam do carácter técnico das normas destituídas de qualquer referência ética, na medida em que os comportamentos que impõem poderão ter formas diferenciadas, servem, apesar disso, os mesmos fins, pois impõem deveres, uma vez que à sua violação correspondem determinadas sanções (apuramento da matéria colectável por métodos indiciários, por exemplo, na falta de cumprimento do dever de declaração e de exibição da escrita conforme aos «são princípios da contabilidade»).

Cf. J. C. Vieira de Andrade, *Direito Administrativo e Fiscal* (Lições ao 3.º ano do Curso de 1995/96), p. 186; e J. L. Saldanha Sanches, *O Ónus da Prova no Processo Fiscal*, Cadernos de Ciência Técnica e Fiscal n.º 151, pp. 128 e ss.; a este respeito, e em crítica à prática jurisprudencial, pode consultar-se também António Moura Portugal, *A Dedutibilidade dos Custos na Jurisprudência Fiscal Portuguesa*, Coimbra Editora, 2004, especialmente, pp. 213 e 214; com muito proveito para o tema, pode ainda consultar-se José Vigário da Silva, *Comunicação, Lógica e Retórica Forenses*, Unicep, Porto, especialmente pp. 138 a 142.

2.2.3 Como é sabido, a oposição à execução fiscal é permitida só nas hipóteses e com os fundamentos previstos no artigo 176.º do Código de Processo das Contribuições e Impostos (diploma aqui aplicável, visto que a quantia exequenda diz respeito dívidas ao Fundo de Desemprego respeitantes a meses dos anos de 1979 a 1985).

Os fundamentos-tipo previstos na lei para a oposição à execução fiscal constituem, a nosso ver, tipos abertos, não fechados, onde, em área de defesa dos administrados, não se adequam os rigorosos princípios da taxatividade e do exclusivismo, que são mais próprios da tipificação relativa à incriminação penal e à sujeição a tributação.

E, segundo cremos, não há razões jurídicas para distinguir, e discriminar, dentre os possíveis fundamentos de oposição à execução fiscal, aqueles de natureza substantiva (aceitando-os) dos de natureza processual (não os aceitando). A lei, de resto, não distingue fundamentos de oposição à execução fiscal de carácter substantivo de fundamentos de índole processual. *Ubi lex non distinguit, nec nos distinguere debemus.*

Assim, em nosso entender, constituem fundamento de oposição à execução fiscal, tanto os factos que integrem condições de procedência ou de improcedência da acção executiva, como as circunstâncias que simplesmente preencham pressupostos processuais de admissibilidade e prossecução da execução.

Do nosso ponto de vista, a execução fiscal constitui *res inter alios acta*, por exemplo, relativamente a quem não é o titular dos interesses materiais subjacentes (perspectiva substantiva ou objectiva); e, sempre que proposta por quem não for o titular desses mesmos interesses, a execução fiscal está indevidamente, *rectius* ilegitimamente, a correr termos a favor de pessoa que, do lado activo, não é o titular dos interesses em causa (perspectiva processual ou adjectiva).

Do mesmo modo pensamos que a execução fiscal, enquanto não for revertida no respeito pela lei, constitui *res inter alios acta*, relativamente ao responsável subsidiário (perspectiva substantiva ou objectiva); assim como, e do mesmo passo, enquanto não for legalmente revertida, a execução fiscal está a correr termos ilegitimamente contra pessoa que, do lado passivo, não é o titular dos interesses em causa (perspectiva processual ou adjectiva).

E, em ambos os casos, seja por ilegitimidade substantiva, seja por ilegitimidade adjectiva, o executado revertido não é validamente responsável pela dívida exequenda, por não estarem preenchidos os pressupostos legais da reversão da execução fiscal contra si.

Cf., a este respeito, entre muitos outros, o acórdão desta Secção deste Tribunal Central Administrativo, de 29-6-1999, proferido no recurso n.º 1242-98, publicado na *Antologia de Acórdãos do Supremo Tribunal Administrativo e do Tribunal Central Administrativo*, ano II, pp. 289 a 292.

Por isso é que – por nos parecer que faz da lei uma interpretação mais adequada – seguimos o entendimento daqueles que defendem ser a oposição um meio apropriado a dilucidar a questão de saber se o despacho de reversão da execução fiscal contra o responsável subsidiário obedeceu ou não aos pressupostos ou requisitos previstos no n.º 2 do artigo 239.º do Código de Processo Tributário – cf., neste sentido, Alfredo de Sousa, e Silva Paixão, em nota 22. ao artigo 286.º do *Código de Processo Tributário Comentado e Anotado*, 1997; e, por todos, os acórdãos do Tribunal Central Administrativo de 4-11-97, no recurso n.º 64 515, e de 9-12-97, no recurso n.º 65 188.

Deste modo, a legitimidade (que é um conceito dos mais amplos e polivalentes no mundo do Direito), seja no enfoque de legitimidade substantiva, seja na visão de legitimidade adjectiva, há-de sempre obter conhecimento em processo de oposição à execução fiscal – por lograr enquadramento no elenco de fundamentos previstos no artigo 286.º do Código de Processo Tributário, como já acontecia no artigo 176.º do Código de Processo das Contribuições e Impostos.

Assim, julgamos que, em caso de ilegal reversão, o executado revertido deverá ser absolvição da instância executiva, por falta de legitimidade, ao abrigo do disposto na alínea *b*) do n.º 1 do artigo 286.º do Código de Processo Tributário, que veio corresponder à alínea *b*) do artigo 176.º do Código de Processo das Contribuições e Impostos.

De resto, a alínea *h*) do n.º 1 do artigo 286.º do Código de Processo Tributário, como acontecia já com alínea g) do artigo 176.º do Código de Processo das Contribuições e Impostos, admite para a oposição à execução fiscal, quaisquer fundamentos, sem restrições, a provar por documento, desde que não envolvam apreciação da legalidade da liquidação da dívida exequenda, nem representem interferência em matéria de exclusiva competência da entidade que houver extraído o título.

De acordo com o artigo 146.º do Código de Processo das Contribuições e Impostos, a reversão operava «na falta de bens penhoráveis» do originário devedor ou seu sucessor.

E entendia-se, então, que, para poder ocorrer a reversão, não era bastante terem sido penhorados os bens do executado originário, e mostrarem-se estes desde logo insuficientes; era indispensável a prévia liquidação da totalidade desses bens – cf. o acórdão do Supremo Tribunal Administrativo de 8-6-88, nos *Acórdãos Doutrinais* n.º 322, p. 1241.

O artigo 239.º do Código de Processo Tributário (vigente à data do despacho de reversão neste caso) faz depender a reversão da verificação:

– ou da «inexistência de bens penhoráveis do devedor e seus sucessores»;

– ou da «insuficiência do património do devedor para a satisfação da dívida exequenda e acrescido».

Alfredo de Sousa, e Silva Paixão, em nota 8. ao artigo 239.º do *Código de Processo Tributário Comentado e Anotado,* 1997, defendem que, a despeito do diferente verbalismo usado, ele não encerra, no entanto, qualquer alteração substancial.

Isto significaria que, tal como na vigência do Código anterior, a reversão só será viável depois de se ter procedido à liquidação dos bens penhorados do devedor originário, gozando, pois, os responsáveis subsidiários da benefício da excussão prévia.

Este entendimento poderá abonar-se, de resto, nos termos da lei, que menciona a «verificação» da insuficiência do património do devedor, fazendo supor, ao que parece, que essa insuficiência deve ser um facto comprovado, e não apenas provável – um facto actual, não simplesmente virtual, do domínio do real, e não do âmbito do meramente verosímil, hipotético ou conjectural.

No caso *sub judicio*, e consoante se regista no probatório, o despacho de reversão da execução fiscal contra o oponente, ora recorrente, foi proferido no dia 22-4-1993; o despacho de reversão foi precedido nomeadamente do auto de diligências datado de 21-1-1993, e neste auto se consigna, além do mais, que «fui informado que a firma já não possui quaisquer bens penhoráveis, não sabendo o nome e morada dos seus sócios gerentes»; o oponente, ora recorrente, dirigiu um requerimento ao Tribunal Tributário de 1.ª Instância de Lisboa, em que pedia que «se digne mandar indagar do destino daqueles bens da executada que nada justifica não sejam entregues ao Tribunal por conta da dívida exequenda», requerimento em que o oponente, ora recorrente, indicava, além do mais, e mormente «que aquela executada é proprietária em regime de habitação periódica ('*time sharing*') na Torre Verde, Três Castelos, Praia da Rocha, Portimão, de que é gestora a "Holdigeste, L.da"» – cf. as alíneas i) a l) do probatório.

Ora, acontece que não se encontram realizadas nos autos quaisquer diligências de investigação no específico sentido apontado pelo oponente, ora recorrente, ou seja, não se apurou, nem o Tribunal recorrido mandou investigar, além do mais, e mormente, como aponta o oponente, ora recorrente, se «aquela executada é proprietária em regime de habitação periódica ('*time sharing*') na Torre Verde, Três Castelos, Praia da Rocha, Portimão, de que é gestora a "Holdigeste, L.da"».

E, de facto, a verdade é que o oponente, ora recorrente, vem alegando desde a petição inicial que a execução fiscal reverteu contra si «apenas porque supostamente não existiriam bens penhoráveis daquela sociedade», e que «a sociedade executada tem bens penhoráveis», «o que não pode afirmar rigorosamente, porque não estava a par dos negócios da sociedade executada, os quais se compromete a relacionar se e logo que os identifique e localize».

Como assim, não se afigura apropriada, sem outra melhor investigação, a postura da sentença recorrida, quando acolhe, sem mais, a posição da Administração Fiscal, de que «presentemente, à executada não são conhecidos bens penhoráveis e ela não exerce qualquer actividade na área da RF do 1.º Bairro Fiscal de Lisboa, há vários anos».

Julgamos que para resolver a questão de saber se é legal, ou não, a reversão da execução fiscal contra o oponente, ora recorrente, torna-se absolutamente necessário proceder activamente às investigações pertinentes, ao menos no sentido em que aponta o oponente, ora recorrente.

Estamos assim a concluir que, no caso, devido a omissão de investigação e falta de consideração de elementos de facto absolutamente necessários para a boa solução da causa, a sentença recorrida deve ser anulada, na parte impugnada no presente recurso, e o processo remetido ao Tribunal *a quo*, para nova decisão baseada na factualidade emergente de melhor produção de prova – de harmonia com os termos do disposto no artigo 712.º do Código de Processo Civil.

2.3 Concluímos, portanto, e em resposta ao *thema decidendum* apontado em 1.5, que no caso não se verifica a prescrição da dívida exequenda; e que os elementos dos autos não são concludentes no sentido de poder responder-se à questão de saber se ocorreu ou não, no caso, a prévia excussão dos bens da sociedade executada – elementos de facto que se torna necessário investigar convenientemente com vista à boa solução da causa, o que deixa prejudicado, por ora, o conhecimento da questão de saber da gerência de facto, ou não, da sociedade executada pelo oponente, ora recorrente.

2.4 De todo o exposto podemos extrair, entre outras, as seguintes proposições, que se alinham em súmula.

I. O Tribunal de recurso tem o *poder-dever de resolução das questões do fundo ou do mérito da causa* (finalidade de todo o processo judicial), e deixar prejudicada, por inutilidade, a decisão acerca de qualquer outra questão – de harmonia com o que se dispõe no n.º 2 do artigo 660.º do Código de Processo Civil (irrelevância, *v. g.*, da nulidade da decisão recorrida).

II. Em *processo tributário*, seja qual for a fase processual, deve o Tribunal oficiosamente realizar ou ordenar todas as diligências necessárias ou úteis à descoberta da *verdade material* relativamente ao *objecto do processo* – de acordo com os termos do disposto nos artigos 99.º da Lei Geral Tributária, e 13.º do Código de Procedimento e de Processo Tributário.

III. Para que se julgue verificada a *prescrição da obrigação tributária*, é necessário ter-se feito a prova (positiva) de se ter escoado o prazo fixado na lei para a prescrição, e a prova (negativa) da inexistência da interrupção ou da suspensão da mesma, durante esse prazo.

IV. Pela instauração da respectiva execução fiscal, ocorre a *interrupção do decurso da prescrição*; mas sobrevem a *cessação da interrupção do decurso da prescrição*, se o processo executivo estiver parado, por facto não imputável ao contribuinte, durante mais de um ano, somando-se, neste caso, o tempo que decorrer após este período com o que tiver decorrido até à data da instauração da execução – nos termos do § 1.º do artigo 27.º do Código de Processo das Contribuições e Impostos, e do n.º 3 do artigo 34.º do Código de Processo Tributário.

V. A *reversão* da execução fiscal contra o *responsável subsidiário* tem como *pressuposto* a verificação da inexistência de bens penhoráveis do devedor originário, ou seu sucessor; ou da insuficiência do património destes para a satisfação da dívida exequenda e acrescido.

VI. A *insuficiência de elementos de facto* indispensáveis à boa decisão da causa – como, por exemplo, os relativos aos *pressupostos de reversão* da execução fiscal – determina a *anulação* da sentença recorrida, e a remessa do processo ao Tribunal *a quo*, para nova decisão assente em melhor apuramento da *matéria de facto* pertinente.

3. Termos em que se decide anular a sentença recorrida, na parte sob recurso, ordenando-se a remessa do processo à 1.ª instância para nova decisão, com preliminar ampliação da matéria de facto, após a aquisição de prova, conforme acima se indica.

Sem custas.

Lisboa, 1 de Março de 2005.

Jorge Lino R. Alves de Sousa (Relator)
Ascensão Lopes
Gomes Correia

Recurso n.º 65237

OPOSIÇÃO. INCONSTITUCIONALIDADE ORGÂNICA DA NORMA CONSTANTE DO N.º 1 DO D.L. N.º 58/77 DE 21.02, TANTO NA PRIMEIRA VERSÃO COMO NA VERSÃO DO D.L. N.º 272/81 DE 28.09. REGIME DE PRESCRIÇÃO DE DÍVIDAS PROVENIENTES DO CRÉDITO AGRÍCOLA DE EMERGÊNCIA. NULIDADE DO TÍTULO EXECUTIVO.

(Acórdão de 15 de Fevereiro de 2005)

SUMÁRIO:

I – Em matéria de processos executivos, a competência do Contencioso das Contribuições e Impostos estava definida na al. *c*) do art. 37.º do Código de Processo das Contribuições e Impostos e aí se prescrevia que competia aos serviços de justiça fiscal "conhecer das execuções fiscais e outras que respeitem a créditos equiparados aos do Estado", o que vale por dizer que esta al. *c*) do art. 37.º inclui, expressamente, na competência dos Serviços de Justiça Fiscal outras execuções "que respeitem a créditos equiparados aos do Estado".

II – Ao integrar a cobrança coerciva dos créditos do IRA, ligados ao crédito agrícola de emergência na competência de um Tribunal Fiscal, o

Governo não operou qualquer alargamento dessa competência, mas concretizou, através de uma definição normativa, um tipo de "créditos equiparados aos do Estado".

III – O Decreto-lei n.º 272/81, de 28/9 não acrescenta nada de novo às matérias integradas na competência dos Tribunais Fiscais, nada inovando nem alargando o círculo delimitador dessa competência, pelo que sendo constitucionalmente legítimo pois concretiza, preenche, explicita um conceito legal, pelo que não padece de inconstitucionalidade orgânica.

IV – A nulidade da falta de requisitos essenciais do título executivo referidos no art. 163.º e prevista no artigo 165.º, ambos do C.P.P.T., não constitui fundamento de oposição à execução fiscal, por não incluída em qualquer das alíneas, nomeadamente na *i*), do n.º 1 do artigo 204.º do mesmo diploma.

V – A violação das regras próprias do processo de execução fiscal dará origem a eventuais nulidades que deverão ser arguidas, naquele processo, perante a entidade com competência própria para a direcção de tal processo e que é dos serviços da AF nos termos do art. 10.º al. *f*) do CPPT, com a faculdade de reclamação do despacho que delas conheça nos termos previstos no art. 276.º do mesmo Código.

VI – A falsidade do título executivo a que se refere a al. *c*) do n.º 1 do art. 204.º do CPPT, enquanto fundamento válido de oposição à execução fiscal, é tão só a falsidade material do próprio título, isto é, a sua eventual desconformidade com o original, e não a eventual falsidade intelectual ou ideológica porventura traduzida na alegada desconformidade entre a realidade e o teor do título executivo cuja discussão envolve, necessariamente, a discussão da legalidade concreta da dívida por redundar na inexistência de facto tributário, o que é vedado pela normação do citado preceito legal.

VI – O prazo prescricional aplicável à dívida exequenda proveniente do Crédito Agrícola de Emergência que não tem natureza tributária, não obstante o uso da execução fiscal para a sua cobrança que é permitido pelas disposições legais mencionadas no título dado à execução é, de acordo com o artigo 309.º do Código Civil, é o ordinário de vinte anos, contando-se do momento em que o direito puder ser exercido (vide o seu artigo 306.º, n.º I, *"ab initio")*.

VII – E tal prazo se interrompe-se com a citação, nos termos do artigo 323.º, n.º 1 do Código Civil e a interrupção inutiliza para a prescrição todo o tempo decorrido anteriormente, começando a correr novo prazo a partir do acto interruptivo, segundo o artigo 326.º, n.º 1 do mesmo Código.

ACORDAM, EM CONFERÊNCIA, NA SECÇÃO DE CONTENCIOSO TRIBUTÁRIO (2.ª SECÇÃO) DO TRIBUNAL CENTRAL ADMINISTRATIVO:

1. Manuel Nogueira Correia Martins, com os sinais identificadores dos autos, recorreu para o TCA da decisão do Mm.º Juiz do Tribunal Administrativo e Fiscal de Castelo Branco que julgou improcedente a oposição por si deduzida à execução fiscal que lhe foi instaurada para cobrança de dívidas provenientes de empréstimo concedido ao abrigo do DL n.º 56/77, de 18/2 (crédito Agrícola de Emergência, no valor global de 25.303.793$40, apresentando, para o efeito, alegações nas quais conclui:

A) O ora recorrente invocou a prescrição da dívida exequenda e seus juros por terem decorrido mais de 20 anos entre a data da concessão do crédito CAE em causa e a data da sua citação.

B) A DGT não fez prova documental das datas de concessão dos empréstimos, e por consequência, das datas do início da constituição da obrigação.

C) O documento junto aos autos a fls. 34 a 36, assinado em 23 de Fevereiro de 1982 é unicamente um extracto contabilístico de iniciativa da Comissão de Análise do CAE, subscrito anos depois da concessão do empréstimo, o mesmo é dizer, alguns anos após a constituição da divida

D) Este mesmo documento refere-se ao crédito como vencido e em atraso.

E) A data de 31.12.1981 aposta neste documento não corresponde à data da concessão do crédito, ela é exactamente a mesma que foi aposta em muitos outros documentos semelhantes respeitantes a todos os demais agricultores a quem foram concedidos CAE através da Campagro.

F) O ora recorrente fez prova nos autos, mediante o depoimento das testemunhas arroladas que o crédito CAE lhe foi efectivamente concedido ao longo dos anos de 1976, 1977 e 1978.

G) O prazo dos empréstimos em caso algum poderia exceder doze meses, contados a partir da data da libertação da primeira parcela de crédito, fixado pelos artigos 10.º do D.L n.º 251/75, de 23 de Maio e 7.º do D.L 56/77, de 18 de Fevereiro.

H) A sentença recorrida julgou provado com interesse para a questão da prescrição apenas o seguinte:

"A atribuição e utilização pelo Ote do crédito/CAE concedido foi escriturada em livro próprio da entidade intermediária, a CAMPAGRO – Cooperativa Agro-Pecuária de Campo Maior, SCRL, tendo com base nos respectivos apontamentos sido emitida a certidão de divida."

I) Com base nesta factualidade a sentença recorrida julgou, como se disse, não provada a prescrição da dívida.

J) A sentença recorrida fez tábua rasa da prova testemunhal produzida nos autos.

K) Importa, por isso, e face à prova constante dos autos reformular o Probatório, aditando o seguinte facto provado:

– A dívida exequenda reporta-se aos anos de 1976, 1977 e 1978.

L) A sentença recorrida incorreu quanto a esta questão da prescrição da dívida, em erro de julgamento de facto e de direito.

M) O título executivo é nulo por falta de requisitos essenciais, nomeadamente, por omitir a natureza e proveniência da dívida, o montante do empréstimo e a dota em que foi concedido;

N) A data constante do extracto de conta corrente que serviu de base à emissão do título executivo, nunca pode ser considerada como data da concessão da dívida, tal como exigia o n.º 2 do D.L. 58/77 de 21.02.

O) O título executivo contém como data da concessão da dívida um montante constante de um extracto contabilístico emitido por mero acaso em 31.12.81, como o poderia ter sido noutra qualquer data, coarctando, dessa forma, de modo fatal, os direitos de defesa do Recorrente, nomeadamente quanto à prescrição.

P) A norma constante do n.º 1 do D.L. n.º 58/77 de 21.02, que confere competência aos Tribunais do contencioso das contribuições e impostos, através do processo de execução fiscal, para cobrança coerciva dos créditos do IRA, tanto na primeira versão como na versão do D.L n.º 272/81 de 28.09. é inconstitucional, por violação do disposto no artigo 168.º), n.º 1, alínea *q*) da Constituição da República Portuguesa, tendo-se o governo imiscuído sem para tal estar autorizado em matéria de reserva da Assembleia da República.

Q) A expressão "Lei" constante do CPT (233.º, n.º 2. *b*)) e do ETAF (62.º n.º 1. *c*)), deve ser entendida em sentido restrito, ou seja, lei da Assembleia da República, por se tratar de uma reserva total que abrange toda a matéria da organização e competência dos tribunais, pelo que,

R) A concretização normativa para a integração da cobrança coerciva dos créditos do IRA, ligados ao CAE. na competência de um tribunal fiscal, teria que ser levada a cabo por uma Lei da Assembleia da República.

S) Pelo que, estando a norma em análise ferida de inconstitucionalidade, deve a mesma ser declarada, declarando-se ainda a incompetência dos tribunais tributários para conhecerem desta matéria.

Nestes termos entende que deve ser concedido provimento ao recurso e revogada a sentença na parte recorrida, e conhecendo em substituição, julgar-se procedente a oposição com a absolvição do recorrente, com o que se fará sã, serena e objectiva JUSTIÇA.

Não houve contra-alegações.

O EPGA pronunciou-se no sentido da improcedência do recurso.

Satisfeitos os vistos legais, cumpre decidir.

2. Na sentença recorrida fixou-se o seguinte quadro factual:

Factos provados

1. Pelo 0/SPL de Campo Maior foi instaurado e corre termos o processo de execução fiscal, inicialmente identificado, contra o Ote, por dívida, para com o Estado (Direcção Geral do Tesouro – DGT), em resultado de crédito concedido ao abrigo do DL. 56/77 de 18.2. (CAE), no montante total de 25.303.793$00.

2. A identificada dívida corresponde a capital, reportado a 31.12.1981, no montante de 6.010.522$90 e juros moratórios, calculados entre 31.12.1981 e 1.7.2000, pela importância de 19.293.270$46.

3. A atribuição e utilização pelo Ote do crédito/CAE concedido foi escriturada em livro próprio da entidade intermediária, a CAMPAGRO – Cooperativa Agro – Pecuária de Campo Maior, SCRL, tendo com base nos respectivos apontamentos sido emitida a certidão de dívida.

4. Por ofício de 17.3.2000, a DGT solicitou ao Ote o pagamento do capital em débito, 6.010.522$00, nos termos do Despacho n.º 18639/99 de 9.9.99 do Sr. Ministro das Finanças.

5. O Ote foi citado, na qualidade de executado pela totalidade da dívida exequenda (aludida em 2.), a 27.10.2000.

Factos não provados

Em ordem à decisão da causa *nada mais se provou*, sem prejuízo das conclusões e alegações de direito produzidas na p.i. e contestação.

Com destaque, não foi demonstrada a factualidade vertida nos arts. 29.º, 30.º e 31.º do articulado inicial.

Estes factos foram assumidos a partir do teor da informação de fls. 15 e dos documentos disponíveis nos autos – cfr. fls. 33 a 45.

Relativamente aos *factos não provados*, cumpre aludir à não junção, por parte do Ote, de qualquer tipo de documentação capaz de permitir assumir o pagamento invocado.

3. Perante estes factos e aquelas conclusões da alegação da recorrente há que determinar a sorte do recurso sendo as questões que se discutem nos autos as de saber se:

I – A norma constante do n.º 1 do D.L. n.º 58/77 de 21.02, tanto na primeira versão como na versão do D.L n.º 272/81 de 28.09 é organicamente inconstitucional porque viola a reserva de lei da Assembleia da República, ao dispor sobre a organização e competência dos Tribunais, art. 168.º n.º 1 al. q) da CRP – conclusões P) a S) –, o que acarreta a incompetência dos tribunais tributários para conhecerem desta matéria.

II – Ocorre a prescrição da dívida exequenda face à prova testemunhal produzida pela oponente – conclusões A) a L).

III – O título executivo é nulo por falta de requisitos essenciais – conclusões M) a O).

***

Resolvendo a primeira questão, diremos que é preclara a fundamentação da sentença no sentido da demonstração de que não se verifica a suscitada inconstitucionalidade, louvando-se no *Ac. TCA de 7.1.2004, rec. 00780/03*, por nós relatado e cuja fundamentação adoptaremos integralmente.

Diz o recorrente que a norma constante do n.º 1 do D.L. n.º 58/77 de 21.02, que confere competência aos Tribunais do contencioso das contribuições e impostos, através do processo de execução fiscal, para cobrança coerciva dos créditos do IRA, tanto na primeira versão como na versão do D.L n.º 272/81 de 28.09. é inconstitucional, por violação do disposto no artigo 168.º), n.º 1, alínea q) da Constituição da República Portuguesa, tendo-se o governo imiscuído sem para tal estar autorizado em matéria de reserva da Assembleia da República.

Segundo ainda ao recorrente a expressão "Lei" constante do CPT (233.º, n.º 2. *b*)) e do ETAF (62.º n.º 1. *c*)), deve ser entendida em sentido restrito, ou seja, lei da Assembleia da República, por se tratar de uma reserva total que abrange toda a matéria da organização e competência dos tribunais, pelo que, a concretização normativa para a integração da cobrança coerciva dos créditos do IRA, ligados ao CAE. na competência de um tribunal fiscal, teria que ser levada a cabo por uma Lei da Assembleia da República.

Ora, como se doutrinou naquele aresto, quanto "à inconstitucionalidade orgânica do DL 272/81, de 28/9, sustenta-a a recorrente na medida em que, segundo ela, este diploma alarga a competência dos Tribunais Fiscais e foi publicado ao abrigo da al.) do art. 201.º da Constituição (texto primitivo), isto é, ao abrigo da competência própria do Governo, quando se trata de matéria de reserva da competência legislativa da Assembleia da República (art.º 167.º al. j) do texto original).

Como bem se refere na sentença recorrida, os créditos do IRA, decorrentes da sua intervenção no crédito agrícola de emergência, são cobrados coercivamente, através do processo da execução fiscal, – nos termos do DL 272/81, de 28/9.

Já no Acórdão do STA de 20/02/85, tirado no recurso n.º 002769 se considerava que os tribunais das contribuições e impostos são competentes para cobrança coerciva de dividas ao credito agrícola de emergência (Decs.-Leis 251/75, de 23-5, e 58/77, de 21-2).

Ora, à data da instauração da execução, em matéria de processos executivos, a competência do Contencioso das Contribuições e Impostos estava definida na al. *c*) do art. 37.º do Código de Processo das Contribuições e Impostos e aí se prescrevia que competia aos serviços de justiça fiscal "conhecer das execuções fiscais e outras que respeitem a créditos equiparados aos do Estado", o que vale por dizer que esta al. *c*) do art. 37.º inclui, expressamente, na competência dos Serviços de Justiça Fiscal outras execuções "que respeitem a créditos equiparados aos do Estado".

É manifesto, pois, que ao integrar a cobrança coerciva dos créditos do IRA, ligados ao crédito agrícola de emergência na competência de um Tribunal Fiscal, o Governo não operou qualquer alargamento dessa competência, mas concretizou, através de uma definição normativa, um tipo de "créditos equiparados aos do Estado".

Como continua a expender-se na sentença recorrida, este Decreto-lei não acrescenta nada de novo às matérias integradas na competência dos Tribunais Fiscais, nada inovando nem alargando o círculo delimitador dessa competência.

Em suma e como se conclui na sentença, esta posição é constitucionalmente legítima pois concretiza, preenche, explicita um conceito legal.

Termos em que não se verifica a alegada inconstitucionalidade orgânica do diploma."[1]

***

Como bem se alcança de uma rápida análise da materialidade descrita na questionada petição de oposição, um dos seus fundamentos reconduz-se ao previsto no art. 204.º, n.º 1, al. *d*), do C. P. P. Tributário (prescrição da dívida exequenda) – de resto, até do conhecimento oficioso do juiz "se o órgão da execução fiscal que anteriormente tenha intervindo o não tiver feito" (vide o artigo 175.º desse Código).

Neste particular, acolhemos inteiramente a fundamentação jurídica da decisão recorrida no sentido de que são aplicáveis as regras gerais de prescrição consagradas no Código Civil.

Assim sendo, de acordo com o artigo 309.º do Código Civil, o prazo ordinário da prescrição é de vinte anos, contando-se do momento em que o direito puder ser exercido (vide o seu artigo 306.º, n.º 1, *"ab initio")*.

Ora e como se diz na sentença, para todos os efeitos, foi fixada a data de 31 de Dezembro de 1981 como a da exigibilidade da obrigação. Nem, de resto, a ter existido, dispomos nos autos da prova de outra data anterior para fixar esse termo inicial do prazo, pese embora o esforço instrutório neles realizado, ao que acresce o facto do oponente outra não ter adiantado (apenas se refere vagamente ao ano de 1976, 1977 e 1978), juntando agora documentos com os quais pretende prová-la, os quais, contudo, se referem a terceiros, e credibilizar a prova testemunhal que indicou.

A admissão da prova testemunhal e da documental agora oferecida, traduzir-se-ia a final, no reconhecimento da *falsidade do título executivo* que também está prevista na al. *c*) do citado preceito legal, enquanto fundamento válido de oposição à execução fiscal. Todavia, é tão só a falsidade material do próprio título, isto é, a sua eventual desconformidade com o original, e não a eventual falsidade intelectual ou ideológica porventura traduzida na alegada desconformidade entre a realidade e o teor do título executivo.

Ora, o recorrente, ao alegar nas conclusões F) a K) que F) que fez prova nos autos, mediante o depoimento das testemunhas arroladas que o crédito CAE lhe foi efectivamente concedido ao longo dos anos de 1976, 1977 e 1978, que o prazo dos empréstimos em caso algum poderia exceder doze meses, contados a partir da data da libertação da primeira parcela de crédito, fixado pelos artigos 10.º do D.L n.º 251/75, de 23 de Maio e 7.º do D.L 56/77. de 18 de Fevereiro, e havendo sentença recorrida julgado provado com interesse para a questão da *prescrição apenas o seguinte*: "A atribuição e utilização pelo Ote do crédito/CAE concedido foi escriturada em livro próprio da entidade intermediária, a CAMPAGRO – Cooperativa Agro-Pecuária de Campo Maior, SCRL, tendo com base nos respectivos apontamentos sido emitida a certidão de divida", com base no que julgou não provada a prescrição da dívida, a sentença recorrida fez tábua rasa da prova testemunhal produzida nos autos.

Manifestamente que o oponente arguiu a falsidade intelectual ou ideológica traduzida na alegada desconformidade entre a realidade e o teor do título executivo.

É, pois, apodíctico que quando afirma que as alegadas dívidas que a certidão em que se fundou a presente execução certifica não existem, aquilo a que se reporta é à falsidade da dívida exequenda, *maxime,* à inexistência de facto tributário.

Assim, entrou na discussão da ilegalidade concreta da dívida exequenda, discussão esta que só poderia ser encetada nesta sede se a lei não facultasse outro meio para o efeito, o que não é o caso.

Como se disse, a falsidade do título executivo consubstancia fundamento de oposição previsto no art. 204.º, n.º 1, al. *c*), do C.P.P.Tributário.

No entanto, a falsidade do título executivo que pode servir de fundamento à oposição a execução fiscal não é a intelectual, consistente em certificar uma obrigação alegadamente inexistente por o opoente nada dever. A falsidade do título susceptível de suportar a oposição consiste, antes, na desconformidade do seu conteúdo face à realidade certificada, não sendo falso o título que reflecte correctamente o suporte de onde foi extraído, ainda que o conteúdo desse suporte seja, porventura, inverídico. Este fundamento de oposição não deve, por-

[1] Nesse sentido e como dá nota o M.º Juiz «a quo» milita a jurisprudência dominante, **cfr. v.g. Ac. STA de 3.12.2003, rec. 01279/03,** de que os então Tribunais Tributários de 1ª Instância (e, presentemente, os seus sucessores TAF, acrescentamos nós) eram os competentes, em razão da matéria, para conhecer e decidir das questões relativas ao versado CAE.

tanto, confundir-se com a inveracidade dos pressupostos de facto da liquidação (cfr. ac. – S.TA. 2ª.Secçâo, 17/4//96, Acs. Douts., n.º 419, pág. 1287; ac. S.T.A. – 2ª Secção, 16/2/2000, Acs. Douts., n.os 464/465, pág. 1084; A. José de Sousa e J. da Silva Paixão, Código de Processo Tributário anotado e comentado, 3ª edição, 1997, pág.596).

"In casu", o que o opoente alega na p.i. não é tanto a falsidade do título executivo, mas antes a "falsidade da dívida exequenda", assim entrando na discussão da ilegalidade concreta da divida exequenda, discussão esta que, conforme referido acima, só poderia ser encetada nesta sede se a lei não facultasse outro meio para o efeito, o que não é o caso.

Donde que a sentença não mereça reparo quando afirma que estando em causa uma dívida que, na parte corresponde ao capital envolvido no mútuo, se reporta a 31.12.1981, não decorreram os relevantes 20 anos até à data em que ocorreu a citação do oponente para os termos do processo executivo.

E isso tendo em conta que o oponente foi citado, na qualidade de executado pela totalidade da dívida exequenda em 27.10.2000, sendo tal citação um acto que interrompeu a prescrição – cfr. art. 323.º n.º 1 do C.C..

Donde que, como muito bem se refere na decisão recorrida, não se mostrava ainda transcorrido o prazo prescricional de vinte anos na data da citação do devedor no processo executivo (27.10.2000), altura em que, ademais, tal prazo se interrompeu, nos termos do artigo 323.º, n.º 1 do Código Civil (a interrupção inutiliza para a prescrição todo o tempo decorrido anteriormente, começando a correr novo prazo a partir do acto interruptivo, segundo o artigo 326.º, n.º 1 do mesmo Código).

Termos em que não opera a prescrição da dívida exequenda nos termos pretendidos pelo oponente.

***

Quanto à preterição de requisitos essenciais do título executivo, que fere o processo de execução fiscal de nulidade insanável, nos termos do art. 165.º n.º 1 al. *b*) CPPT, o M.º Juiz fundamentou a improcedência da oposição, no essencial, em que Primeiramente, a jurisprudência, pelo menos, maioritária – cfr. v.g. Ac. TCA de 18.11.1997, rec. 64.922, é no sentido de que as nulidades previstas em tal normativo têm de ser invocadas no respectivo processo de execução fiscal, não integrando a lista de fundamentos de oposição, presentemente, firmada no art. 204.º CPPT (antes, art. 286.º C.P.T.).

Para o recorrente, o título dado à execução tem de obedecer a determinados requisitos, estabelecidos no art. 163.º CPPT, entre os quais a menção da natureza e proveniência da dívida (al. *d*) do n.º 1 do citado artigo), ou seja, tem de constar dele a indicação da natureza e proveniência da dívida consiste numa indicação que permita conhecer-se o facto tributário que está subjacente à dívida exequenda; o montante do empréstimo e a data em que foi concedido.

Ora, a data constante do extracto de conta corrente que serviu de base à emissão do título executivo, nunca pode ser considerada como data da concessão da dívida, tal como exigia o n.º 2 do D.L. 58/77 de 21.02 e o título executivo contém como data da concessão da dívida um montante constante de um extracto contabilístico emitido por mero acaso em 31.12.81, como o poderia ter sido noutra qualquer data, coarctando, dessa forma, de modo fatal, os direitos de defesa do Recorrente.

Quid juris?

Neste particular o recorrente parece assacar à sentença uma interpretação errónea dos art. 163.º e 165.º do C. P. P. Tributário, na medida em que considerou que do título executivo não consta, a "proveniência e natureza da dívida, o montante do empréstimo e a data".

A nulidade do título executivo, tem a ver com a falta de requisitos essenciais do título executivo referidos no art. 163.º e prevista no artigo 165.º, n.º 2, ambos do C.P.P.T., não constitui fundamento de oposição à execução fiscal, por não incluída em qualquer das alíneas, nomeadamente na *i*), do n.º 1 do artigo 204.º do mesmo diploma, devendo, antes, invocar-se no próprio processo de execução. Nesse sentido, veja-se o Acórdão do STA de 1999-04-14, processo n.º 22906.

E isso é o corolário de que os títulos executivos em conformidade com as notas de cobrança que certificam serem equiparados por lei a decisão com trânsito em julgado não sendo legalmente possível fora dos casos ressalvados no CPPT apreciar em sede de execução a legalidade da liquidação que aqueles certificam.

Por isso que a al. *i*) do no I do art. 204.º do CPPT, quando prevê que podem basear a oposição quaisquer fundamentos não referidos nas alíneas anteriores a provar apenas por documento, desde que não envolvam apreciação da legalidade da liquidação da dívida exequenda, nem representem interferência em matéria de exclusiva competência da entidade que houver extraído o título, deva ser aproximada da al. *h*) do art. 813.º do CPC referido, que preceitua que a oposição à execução fundada em sentença SÓ pode ter os fundamentos que tipifica; – *"qualquer, facto extintivo ou modificativo da obrigação desde que seja posterior ao encerramento da discussão no processo de declaração e se prove por documento"*.

Donde que, para a oposição à execução fiscal, são admissíveis quaisquer fundamentos a provar por documento, desde que não envolvam a apreciação da legalidade da liquidação da dívida exequenda, nem representem interferência em matéria de exclusiva competência da entidade que houver extraído o título executivo.

Ora, já se vê que a arguida nulidade do título executivo por falta dos requisitos essenciais referidos no art. 163.º do CPPT, não se podendo configurar como falsidade do título executivo a que se refere a al. *c*) do art. 286.º do CPT, como já vimos, nem tão pouco na al. *h*) do mesmo artigo, uma vez que tal representa interferência em matéria da exclusiva competência da entidade que extraiu o título, não é fundamento de oposição e, como não logra comprovação por documento superveniente, a alegação de inexistência de facto tributário não preenche qualquer dos fundamentos legais de oposição à execução fiscal.

Não é este o meio nem o foro próprio para conhecer se as dívidas em causa foram bem ou mal liquidadas, devendo a sua legalidade ter sido apreciada em sede de acção judicial a interpor na jurisdição comum – cfr. art. 4.º n.º 1 al. *f*) do ETAF.

Por outro lado, há que distinguir entre pressupostos processuais da execução fiscal, dos pressupostos e/ou fundamentos substantivos da oposição.

A violação das regras próprias do processo de execução fiscal darão origem a eventuais nulidades que deverão ser arguidas, naquele processo, perante a entidade com competência própria para a direcção de tal processo e que é dos serviços da AF nos termos do art. 10.º al. *f*) do CPPT.

Ora, a nulidade do título invocada, constitui nulidade do processo de execução nele devendo ser suscitada e decidida pela entidade administrativa competente, com a faculdade de recurso de tal decisão nos termos do art. 276.º do CPPT.

E, tendo em conta as diversas soluções plausíveis em direito permitidas, só a falta de um dos requisitos essenciais do título executivo poderia, eventualmente, integrar um dos fundamentos previstos no art. 204.º do CPT – o do n.º 1 da alínea i) –, desde que se verificassem os pressupostos legais aí previstos;

E contendo o título executivo todos os requisitos previstos no art. 163.º do CPPT, ter-se-á que concluir que aqueles são exequíveis, o que significa que a dívida nele consubstanciadas é certa, liquida e exigível.

É certa porque se fundamenta em acto administrativo que constituíu e declarou a dívida em causa. É líquida porque tem o respectivo quantitativo apurado, e é exigível porque se encontra vencida.

Questionar a certeza, a liquidez e a exigibilidade das dívidas exequendas, nos termos em que o faz o recorrente, é pretender que o tribunal conheça da legalidade das liquidações das dívidas exequendas, matéria cujo conhecimento se encontra vedado por lei.

Acresce que, como bem refere o M.º Juiz «a quo», "*mesmo que assim não se entendesse,* a nulidade invocada pelo oponente só seria susceptível de relevar, na eventualidade de os requisitos essenciais ditos em falta, no título executivo, não pudessem ser supridos, assumidos, a partir de prova documental; mas, em função da documentação que foi junta aos autos a fls. 33 segs., a falta dos requisitos, menções, identificadas pelo oponente tem de ter-se por suprida, não se olvidando que o art. 88.º n.º 2 do CPPT (equivalente ao art. 110.º n.º 2 do C.P.T.) exige a apresentação dos elementos indicados nas suas diversas alíneas (como a *e*) aduzida pelo oponente) sempre (e na medida, acrescentamos) que possível."

4. Termos em que acordam os Juizes desta 2ª Secção do TCA em negar provimento ao recurso mantendo a sentença recorrida.

Custas pela recorrente com a taxa de justiça que se fixa em 6 UCs.

Lisboa, 15 de Fevereiro de 2005

Gomes Correia
Casimiro Gonçalves
Ascensão Lopes

Recurso n.º 412/04

OPOSIÇÃO. PAGAMENTO DE DÍVIDAS PROVENIENTES DO CRÉDITO AGRÍCOLA DE EMERGÊNCIA. REGIME DE COBRANÇA DOS JUROS. COMPETÊNCIA DOS TT E DOS ÓRGÃOS DA EXECUÇÃO FISCAL. IMPUTAÇÃO DO PAGAMENTO DE PARTE DA QUANTIA EXEQUENDA COMO ACTO DA COMPETÊNCIA EXCLUSIVA DA ENTIDADE QUE EMITIU O TÍTULO.

(Acórdão de 1 de Março de 2005)

SUMÁRIO:

I – **O pagamento da dívida exequenda é fundamento de oposição fiscal nos termos da al. *e*) do n.º 1 do art. 286.º do CPT) mas só se ocorreu antes de instaurada a execução.**

II – **O pagamento invocado como base da oposição há-de provar-se documentalmente, sendo inadmissível prova testemunhal; só a prova documental é viável, até porque a exigência da dívida é feita através do documento que a incorpora.**

III – **Como decorre do art. 88.º n.º 1 do CPPT, a certidão de dívida será extraída pelos serviços competentes com base nos elementos que tiverem ao seu dispor, devendo conter os elementos discriminados no n.º 2 do mesmo preceito legal, destacadamente, a proveniência da dívida e seu montante.**

IV – **E, para ter força executiva, a certidão de dívida ou certidão extraída do título de cobrança conforme a al. *a*) do art. 162.º, deve mencionar os requisitos discriminados no art. 163.º do CPPT, a saber: – menção da entidade que a emitiu, data da emissão, nome e domicílio do devedor e natureza e proveniência da dívida, com a indicação por extenso do respectivo montante.**

V – **A falta de indicação da data a partir da qual são devidos juros de mora, não constitui nulidade do título executivo, por esta ter a ver com a falta de requisitos essenciais do título executivo referidos no art. 163.º e prevista no artigo 165.º, n.º 2, ambos do C.P.P.T. e não constitui fundamento de oposição à execução fiscal, por não incluída em qualquer das alíneas, nomeadamente na *i*), do n.º 1 do artigo 204.º do mesmo diploma, devendo, antes, invocar-se no próprio processo de execução.**

VI – **E isso é o corolário de que os títulos executivos em conformidade com as notas de**

cobrança que certificam são equiparados por lei a decisão com trânsito em julgado não sendo legalmente possível fora dos casos ressalvados no CPPT apreciar em sede de execução a legalidade da liquidação que aqueles certificam.

VII – No título estão indicadas a data a partir da qual são devidos juros de mora bem como da importância sobre que incidem, mas a sua falta jamais obstaria à instauração da execução nem implicaria indeferimento liminar, originando apenas um simples despacho de aperfeiçoamento à semelhança do que se prevê no art. 811.º B do CPC, ou seja, solicitação da indicação daqueles elementos à entidade que extraiu o título sob pena de, não o fazendo, no prazo que lhe foi fixado, a execução prosseguir, sem tomar em consideração os juros de mora (cfr. também o art. 5.º, n.º 4 do CCJ).

VIII – Há que distinguir entre os actos da competência da AF e os actos da competência dos tribunais tributários. E, assim, nos termos do art. 151.º do CPPT, compete aos tribunais apenas decidir os incidentes, os embargos, a oposição, a graduação e verificação dos créditos e as reclamações dos actos materialmente administrativos praticados pelos órgãos da AT em sede de execução fiscal. Já à AT, concretamente aos órgãos da execução fiscal, compete a prática de todos os demais actos, nomeadamente a instauração da execução, a citação dos executados, a reversão da execução contra terceiros, a penhora dos bens, a venda dos bens penhorados, a anulação da venda, a anulação da dívida e a extinção da execução, o que também ocorre relativamente às dívidas de natureza não fiscal, que por força da lei são cobradas através da execução fiscal.

IX – Assim, não obstante o art. 103.º da LGT atribua ao processo de execução fiscal natureza judicial, ele só o é em determinados casos e de forma muito limitada visto que só será processo judicial se e na medida em que tenha de ser praticado algum dos nomeados actos de natureza judicial, sendo que, na prática, o grande grosso dos processos de execução fiscal se iniciam e se concluam nos órgãos de execução fiscal e sem qualquer intervenção dos tribunais tributários.

X – Por tudo quanto ficou dito, sendo forçoso concluir que os juros integram a dívida exequenda constante do título dado à execução, tem de aceitar-se que a imputação do valor parcial liquidado nos termos do art. 785.º do CC não é uma questão que possa ser decidida pelo tribunal tributário, sob pena de se estar a apreciar e decidir sobre a verificação dos requisitos do título executivo e de matérias da exclusiva competência da entidade que o extraiu, até porque, na oposição à execução a causa de pedir é constituída pelo facto material ou jurídico de qualquer dos fundamentos do art. 204.º do Código do Processo Tributário, e apenas desses.

ACORDAM, EM CONFERÊNCIA, NA SECÇÃO DE CONTENCIOSO TRIBUTÁRIO (2.ª SECÇÃO) DO TRIBUNAL CENTRAL ADMINISTRATIVO:

1. **O EXCELENTÍSSIMO REPRESENTANTE DA FAZENDA PÚBLICA**, com os sinais identificadores dos autos, veio recorrer da decisão do Mm.º Juiz do Tribunal Administrativo e Fiscal de Castelo Branco que julgou parcialmente procedente a oposição deduzida por **Maria Margarida Picão Caldeira, na qualidade de cabeça de casal da herança deixada por óbito de Vicente Joaquim Corado Caldeira,** contra a execução fiscal instaurada para cobrança de dívidas de Crédito Agrícola de Emergência, apresentando, para o efeito, alegações nas quais conclui:

I – Entre os factos tidos como provados pela douta sentença recorrida, salientamos, com a devida vénia, os contidos nos pontos com os números 1), 2), 4) e 5), cujo teor se invoca para efeitos de aqui se considerar integralmente reproduzido.

II – A douta sentença recorrida merece a nossa completa concordância, à excepção de uma única questão: a imputação do cumprimento parcial da obrigação, efectuado pelo falecido pai da oponente em 1980, no montante de Esc. 200.000$00 (6 997,60).

III – A luz da factualidade tida como provada, acima referida, a douta sentença recorrida refere, no que concerne ao pagamento, que, citamos: *"Do que se vê, do título, é indicado um montante concreto* (...) *Sendo fundamento de oposição, exige, todavia, que se trate de pagamento anterior à instauração da execução, e que logre a sua demonstração documental (...) O que aqui só se verifica no montante de 200.000$00* (6 997,60) *(fls. 148 dos autos).".*

IV – Com base em tal consideração, o Tribunal decidiu julgar parcialmente procedente a oposição em apreço, declarando, nomeadamente, a extinção parcial – pôr pagamento – da dívida exequenda no montante de Esc. 200.000$00 (cfr. fls. 149 dos autos).

V – Constituindo a declaração da extinção parcial da dívida por pagamento (parcial), precisamente, o único ponto em que divergimos do ilustre juiz *a quo,* na estrita medida em que **não procede à imputação** do anteriormente referido pagamento.

VI – O pagamento parcial em questão foi feito pelo falecido pai da oponente, a 22 de Dezembro de 1980 (cfr. doc. de fls. 36 dos autos); facto que não mereceu contestação e foi, por outro lado, efectuado antes da instauração do processo executivo, conforme se depreende do teor da certidão de dívida, a fls. 18 dos autos, emitida a 5 de Julho de 2000.

VII – Como tal, são, *in casu,* aplicáveis à imputação do cumprimento, ainda que parcial, as normas gerais, contidas no artigo 785.º do Código Civil.

VIII – Segundo o n.º 1 da referida norma, quando, para além do capital, o devedor estiver obrigado a pagar despesas ou juros, ou a indemnizar o credor em consequência de mora, a prestação que não chegue para cobrir tudo o que é devido presume-se feita pôr conta, sucessivamente, das despesas, da indemnização, dos juros e do capital.

IX – Ou seja, salvo estipulação em contrário, como parece ocorrer neste processo, a imputação no capital só pode fazer-se em último lugar (n.º 2 do artigo 785.º do Código Civil).

X – Posição sempre adoptada, de modo aliás coerente, pela Direcção-Geral do Tesouro, nos diversos contactos estabelecidos com a recorrida (*v. g.*, fls. 18,49, 53 e 84).

XI – A relevância da questão que vem sendo exposta decorre do facto de, a eventual imputação do montante, já pago, de Esc. 200.000$00, ao capital lesar os interesses do Estado, porquanto à data do pagamento (22-12--1980) eram já devidos juros, os quais não se encontravam prescritos nem abrangidos pôr qualquer disposição legal que isentasse o seu pagamento, devendo assim ser pagos prioritariamente, nos termos do artigo 785.º do Código Civil.

XII – A não imputação do pagamento parcial feito pelo falecido Vicente Caldeira, de cuja herança a recorrida é cabeça-de-casal; a nenhum dos títulos possíveis (pôr exemplo, capital, ou juros), não produz necessariamente um resultado neutro, ou juridicamente indiferente – sobretudo, reitera-se, para o Estado – uma vez que existe no ordenamento jurídico uma norma concretamente aplicável, que determina com exactidão o destino a dar, e pôr que ordem, à quantia já paga.

19) Não se tendo o Meritíssimo juiz *a* quo pronunciado, na douta sentença recorrida, acerca da questão aqui suscitada, afigura-se ter existido infracção da norma contida no artigo 785.º do Código Civil.

***

Termos nos quais, entende, deverá o presente recurso ser considerado procedente, e, em consequência, a douta sentença recorrida ser revogada, por forma a nela poder ser determinada a imputação da quantia entregue por Vicente Joaquim Corado Caldeira como pagamento de parte da dívida exequenda; a título, sucessivamente, de custas e juros de mora, nos termos do disposto no artigo 785.º do Código Civil.

Não houve contra-alegações.

A EMMP pronunciou-se pela improcedência do recurso.

Colhidos os vistos legais, cumpre decidir.

2. De acordo com as informações oficiais prestadas no processo e os documentos juntos aos autos, deram-se na sentença como provados os seguintes factos:

1) contra Vicente Joaquim Corado Caldeira, falecido (cfr. fls. 15), foi instaurada em Agosto de 2000 a execução n.º 11635-00/100288.0 do Serviço de Finanças de Campo Maior (cfr. fls. 18/5);

2) na certidão de dívida que lhe deu origem – e cujo teor aqui se tem em consideração e se dá como reproduzido (cfr. fls. 18) – figura ele como devedor "em consequência do crédito concedido ao abrigo do Decreto-lei n.º 56/77, de 18 de Fevereiro (Crédito Agrícola de Emergência), das seguinte quantias:

– Capital em 31-12-1986 .... 416.161$00
– Juros calculados de 31-10-1980
até 01-07-2000 .... 1.851.827$11
2.312.988$00

(Dois milhões trezentos e doze mil novecentos e oitenta e oito escudos)"

3) a citação foi empreendida em Setembro de 2000 (cfr. fls. 19);

4) dá-se por reproduzido o teor dos does. de fls. 30 e ss., do conhecimento de todos os intervenientes, notificados que já foram do seu teor (cfr. fls. 59 e ss.);

5) ainda em vida do dito Vicente, foi feito o pagamento de 200.000$00.

Pouco retiramos dos depoimentos recolhidos. De mais útil tão só a referência ao pagamento parcial; o que se só por si não chega, vai de encontro à análise documental (cfr. fls. 35, 6/7, fls. 85).

3. Fixada a factualidade relevante, vejamos agora o direito donde emerge a solução do pleito sendo certo que, perante as conclusões do recurso, o «thema decidendum» é o de saber se, havendo sido parcialmente paga a dívida exequenda, se deve proceder à imputação prevista no art. 785.º do CC.

A cobrança coerciva é a efectuada através do processo de execução fiscal regulado nos arts. 103.º da LGT e 148.º e ss do CPPT.

Sobre o âmbito da execução fiscal dispõe o n.º 1 do art. 148.º do CPPT que o processo de execução fiscal abrange a cobrança coerciva de diversas dívidas, a saber: 1.º – tributos, incluindo impostos aduaneiros, especiais e extrafiscais, taxas e demais contribuições financeiras a favor do Estado, adicionais cumulativamente cobrados, juros e outros encargos legais; 2.º – coimas e outras sanções pecuniárias fixadas em decisões, sentenças ou acórdãos relativos a contra-ordenações tributárias, salvo quando aplicadas pelos tribunais comuns.

Mas, conforme estatuição constante do n.º 2 do citado preceito, podem também ser cobradas por meio do processo de execução fiscal, nos casos expressamente previstos na lei, outras dívidas ao Estado e a outras pessoas colectivas de direito público que devam ser pagas por força de acto administrativo e os reembolsos e reposições.

Como aduziu o M.º Juiz «a quo», no âmbito da execução fiscal cabe a cobrança de crédito CAE conforme estatuição do n.º 2 al. *b*) do CPPT (ou no correspondente art.º 233.º do CPT) e em sintonia com o art. 155.º do CPA.

Portanto, podia usar-se o processo de execução fiscal para cobrança coerciva de dívidas à Administração por força de acto administrativo não cumprido e impositivo de prestações pecuniárias, ou decorrentes de acto impositivo de prestação de facto fungível, que o seu destinatário não cumpriu e que, por isso, foi executado directamente pela Administração, ou por terceiro, a quem esta cometeu a execução – cfr. nesse sentido, o *Ac. do Tribunal de Conflitos de 14/05/96 in BMJ n.º 457, pág. 115.*

No que tange à tramitação do processo de execução fiscal, decorre dos arts. 188.º e ss do CPPT que o mesmo começa com a instauração da execução com base em despacho no ou nos títulos executivos ou em relação desses títulos, no prazo de 24 horas após o recebimento e efectuado o competente registo.

E, como decorre do art. 88.º n.º 1 do CPPT, a certidão de dívida será extraída pelos serviços competentes com base nos elementos que tiverem ao seu dispor, devendo conter os elementos discriminados no n.º 2 do mesmo preceito legal, destacadamente, *a proveniência da dívida e seu montante.*

E, para ter força executiva, a certidão de dívida ou certidão extraída do título de cobrança conforme a al. *a*) do art. 162.º, deve mencionar os requisitos discriminados no art. 163.º do CPPT, a saber:– menção da entidade que a emitiu, data da emissão, nome e domicílio do devedor e *natureza e proveniência da dívida, com a indicação por extenso do respectivo montante.*

Assim e para o que ao caso releva, tem de constar do título a indicação da natureza e proveniência da dívida consiste numa indicação que permita conhecer-se o facto que está subjacente à dívida exequenda.

E, visto que no caso concreto dos autos está em causa a cobrança de dívidas ao CAE, a indicação constante do título executivo era suficiente para identificar o acto em causa, dado que (vd. ponto 2 do probatório) na certidão de dívida que lhe deu origem (cfr. fls. 18) figura o falecido Vicente Joaquim Corado Caldeira como devedor "em consequência do crédito concedido ao abrigo do Decreto-lei n.º 56/77, de 18 de Fevereiro (Crédito Agrícola de Emergência), das seguinte quantias: – Capital em 31-12-1986-416.161$00; – Juros calculados de 31-10-1980 até 01-07-2000...1.851.827$11; total: – 2.312.988$00 (Dois milhões trezentos e doze mil novecentos e oitenta e oito escudos)"

Assim, a certidão em que se baseia a presente execução, tem força executiva porquanto satisfaz os requisitos imperativamente fixados no art.º 163.º do CPPT (ou do correspondente 149.º do CPT).

Só a falta de um desses requisitos, é que constituiria nulidade nos termos do art. 165, n.º 1, al. *b*) CPPT, nulidade que considera passível de suprimento mediante a junção de documentos, conforme a última parte da disposição legal referida, a qual tinha de verificar-se até ao momento da citação. Com efeito, impor-se-ia a devolução do título deficiente à entidade que o extraíra unicamente no caso de a execução ainda não foi instaurada, pois, se as deficiências do título forem detectadas depois da instauração da execução e se a falta desse requisito não puder ser suprida por prova documental, ocorrerá nulidade insanável, nos termos da al. *b*) do n.º 1 do art. 165.º do CPPT.

Neste particular a recorrente parece assacar à sentença uma interpretação errónea dos art. 163.º e 165.º do C. P. P. Tributário, na medida em que a sua interpretação parecer assentar no pressuposto de que do título executivo não consta, a indicação dos juros, ou melhor, *a data a partir da qual são devidos juros de mora e a importância sobre que incidem*, o que determinaria a imputação da quantia paga nos termos do art. 785.º do CC.

Ora, a falta de indicação da data a partir da qual são devidos juros de mora, não constitui nulidade do título executivo, por esta ter a ver com a falta de requisitos essenciais do título executivo referidos no art. 163.º e prevista no artigo 165.º, n.º 2, ambos do C.P.P.T. e não constitui fundamento de oposição à execução fiscal, por não incluída em qualquer das alíneas, nomeadamente na *i*), do n.º 1 do artigo 204.º do mesmo diploma, devendo, antes, invocar-se no próprio processo de execução. Nesse sentido, veja-se o Acórdão do STA de 1999-04-14, processo n.º 22906.

E isso é o corolário de que os títulos executivos em conformidade com as notas de cobrança que certificam são equiparados por lei a decisão com trânsito em julgado não sendo legalmente possível fora dos casos ressalvados no CPPT apreciar em sede de execução a legalidade da liquidação que aqueles certificam.

Por isso que a al. *i*) do no I do art. 204.º do CPPT, quando prevê que podem basear a oposição quaisquer fundamentos não referidos nas alíneas anteriores a provar apenas por documento, desde que não envolvam apreciação da legalidade da liquidação da dívida exequenda, nem representem interferência em matéria de exclusiva competência da entidade que houver extraído o título, deva ser aproximada da al. *h*) do art. 813.º do CPC referido, que preceitua que a oposição à execução fundada em sentença SÓ pode ter os fundamentos que tipifica; – *"qualquer, facto extintivo ou modificativo da obrigação desde que seja posterior ao encerramento da discussão no processo de declaração e se prove por documento".*

Donde que, para a oposição à execução fiscal, são admissíveis quaisquer fundamentos a provar por documento, desde que não envolvam a apreciação da legalidade da liquidação da dívida exequenda, *nem representem interferência em matéria de exclusiva competência da entidade que houver extraído o título executivo.*

Ora, já se vê que o raciocínio da recorrente FªPª inculca que o título executivo seria nulo por falta dos requisitos essenciais referidos no art. 163.º do CPPT ou até mesmo falso, sendo que não se pode configurar como falsidade do título executivo a que se refere a al. *c*) do art. 286.º do CPT, nem tão pouco na al. *h*) do mesmo artigo, uma vez que tal representa interferência em matéria da exclusiva competência da entidade que extraiu o título.

Ora, sendo assim, isso era uma forma indirecta de na oposição à execução fiscal a própria FªPª, em manifesta inversão da regras, estar a interferir em matéria da exclusiva competência da entidade que extraiu o título e a presente oposição é meio inidóneo para obter esse efeito.

Por outro lado, a recorrente estaria a pressupor a falsidade do título executivo, pois, é apodíctico que quando afirma que a declaração da extinção parcial da dívida por pagamento (parcial), é precisamente, o único ponto em que diverge do juiz *a quo,* na estrita medida em que não procede à imputação do anteriormente referido pagamento.

E continua: O pagamento parcial em questão foi feito pelo falecido pai da oponente, a 22 de Dezembro de 1980 (cfr. doc. de fls. 36 dos autos); facto que não mereceu contestação e foi, por outro lado, efectuado antes da instauração do processo executivo, conforme se depreende do teor da certidão de dívida, a fls. 18 dos autos, emitida a 5 de Julho de 2000.

Porque assim, conclui a recorrente que, *in casu,* são aplicáveis à imputação do cumprimento, ainda que parcial, as normas gerais, contidas no artigo 785.º do Código Civil que prevê que, quando, para além do capital, o devedor estiver obrigado a pagar despesas ou juros, ou a indemnizar o credor em consequência de mora, a prestação que não chegue para cobrir tudo o que é devido presume-se feita por conta, sucessivamente, das despesas, da indemnização, dos juros e do capital. Portanto e na lógica argumentativa da recorrente FªPª, a imputação no capital só pode fazer-se em último lugar (n.º 2 do artigo 785.º do Código Civil), posição que a recorrente diz ter sido sempre adoptada, de modo aliás coerente, pela Direcção-Geral do Tesouro, nos diversos contactos estabelecidos com a recorrida (*v. g.,* fls. 18,49, 53 e 84).

Assim, segundo a recorrente, a relevância da questão que vem sendo exposta decorre do facto de, a eventual imputação do montante, já pago, de Esc. 200.000$00, ao capital lesar os interesses do Estado, porquanto à data do pagamento (22-12-1980) eram já devidos juros, os quais não se encontravam prescritos nem abrangidos por qualquer disposição legal que isentasse o seu pagamento, devendo assim ser pagos prioritariamente, nos termos do artigo 785.º do Código Civil.

Refere por fim a recorrente que a não imputação do pagamento parcial feito pelo falecido Vicente Caldeira, de cuja herança a recorrida é cabeça-de-casal; a nenhum dos títulos possíveis (por exemplo, capital, ou juros), não produz necessariamente um resultado neutro, ou juridicamente indiferente – sobretudo, reitera-se, para o Estado – uma vez que existe no ordenamento jurídico uma norma concretamente aplicável, que determina com exactidão o destino a dar, e por que ordem, à quantia já paga.

Ora, é manifesto que também aqui entrou a recorrente na discussão da ilegalidade concreta da dívida exequenda.

A falsidade do título executivo consubstancia fundamento de oposição previsto no art. 204.º, n.º 1, al. *c*), do C.P.P.Tributário.

No entanto, o título reflecte correctamente o suporte de onde foi extraído, ainda que o conteúdo desse suporte seja, porventura, inverídico.

Na verdade e como se viu, no título estão indicadas a data a partir da qual são devidos juros de mora bem como da importância sobre que incidem e a sua falta jamais obstaria à instauração da execução nem implicaria indeferimento liminar, originando apenas um simples despacho de aperfeiçoamento à semelhança do que se prevê no art. 811.º B do CPC, ou seja, *solicitação da indicação daqueles elementos à entidade que extraiu o título sob pena de, não o fazendo, no prazo que lhe foi fixado, a execução prosseguir, sem tomar em consideração os juros de mora (cfr. também o art. 5.º, n.º 4 do CCJ).*

Chegados aqui, cabe salientar que é importante distinguir entre os actos da competência da AF e os actos da competência dos tribunais tributários. E, assim, nos termos do art. 151.º do CPPT, compete aos tribunais apenas decidir os incidentes, os embargos, a oposição, a graduação e verificação dos créditos e as reclamações dos actos materialmente administrativos praticados pelos órgãos da AT em sede de execução fiscal. Já à AT, concretamente aos órgãos da execução fiscal, compete a prática de todos os demais actos, nomeadamente a instauração da execução, a citação dos executados, a reversão da execução contra terceiros, a penhora dos bens, a venda dos bens penhorados, a anulação da venda, a anulação da dívida e a extinção da execução. Claro que tudo isso também ocorre relativamente às dívidas de natureza não fiscal, como a presente, que por força da lei são cobradas através da execução fiscal.

Conseguintemente, não obstante o art. 103.º da LGT atribua ao processo de execução fiscal natureza judicial, ele só o é em determinados casos e de forma muito limitada visto que só será processo judicial se e na medida em que tenha de ser praticado algum dos nomeados actos de natureza judicial, sendo que, na prática, o grande grosso dos processos de execução fiscal se iniciam e se concluam nos órgãos de execução fiscal e sem qualquer intervenção dos tribunais tributários.

Ora, se por tudo quanto ficou dito, é forçoso concluir que os juros integram a dívida exequenda constante do título dado à execução, tem de aceitar-se que a imputação do valor parcial liquidado nos termos do art. 785.º do CC não é uma questão que possa ser decidida pelo tribunal tributário, sob pena de se estar a apreciar e decidir sobre a verificação dos requisitos do título executivo e de matérias da exclusiva competência da entidade que o extraiu, até porque, na oposição à execução a causa de pedir é constituída pelo facto material ou jurídico de qualquer dos fundamentos do art. 204.º do Código do Processo Tributário, e apenas desses.

Os fundamentos definidos na lei para a oposição do executado encontram-se consagrados no art. 204.º, n.º 1, do C. P. P. Tributário, preceito que consagra uma enumeração legal taxativa dado utilizar a expressão "...a oposição só poderá ter algum dos seguintes fundamentos...". Tal regime de fundamentação da oposição a execução fiscal, o qual já se encontrava consagrado nos arts. 84.º e 86.º, do Código das Execuções Fiscais de 1913, visa, em princípio, evitar o protelamento excessivo da cobrança coerciva dos créditos do Estado. O legislador teve, por isso, a preocupação de limitar as possibilidades de defesa em processo de execução fiscal aos casos de flagrante injustiça (cfr. ac. S.TA. 2ª Secção, 15/3/95, rec. 18898, Ap.D.R., 31/7/97, pág.781 e seg.; Soares Martínez, Direito Fiscal, 8ª Edição, Almedina, 1996, pág. 449).

A causa de pedir pode definir-se como o facto concreto que serve de fundamento ao efeito jurídico pretendido, não bastando a indicação vaga ou genérica dos factos em que o autor fundamenta a sua pretensão para que se verifique o preenchimento de tal exigência legal (cfr. Antunes Varela e outros, Manual de Processo Civil, 2ª edição, Coimbra Editora, 1985, pág. 245; José Alberto dos Reis, Comentário ao C.P.Civil, II, Coimbra, 1945, pág. 369 e seg.).

Por seu lado, o pedido pode definir-se como o meio de tutela jurisdicional pretendido pelo autor, ou seja, o efeito jurídico que quer obter com a acção, devendo o mesmo ser formulado na conclusão da p.i. e não bastando para a satisfação desta exigência legal que o pedido surja acidentalmente referido na parte narrativa da peça processual em questão (cfr. Antunes Varela e outros, ob.cit, pág. 245; José Alberto dos Reis, ob.cit., pág. 360 e seg.).

No caso "sub judice", da inspecção da p.i. apresentada pelo opoente, desde logo se deve concluir que se identifica, claramente, os factos concretos que servem de fundamento à oposição, isto é, a causa de pedir. Assim é, porquanto, sabendo-se que o objecto desta forma de processo se consubstancia num dos diversos fundamentos consagrados no citado art. 204.º, n.º 1, do C. P. P. Tributário, o oponente identifica claramente quais os fundamentos da oposição, a saber: – o pagamento (parcial) da dívida exequenda.

Como bem se alcança de uma rápida análise da materialidade descrita na questionada petição de oposição, um dos seus fundamentos reconduz-se ao previsto no art. 204.º, n.º 1, al. *f*), do C. P. P. Tributário (pagamento parcial da dívida exequenda).

De acordo com a doutrina e jurisprudência dominantes só constitui fundamento de oposição à execução o pagamento, ainda que parcial, da dívida exequenda, desde que o mesmo tenha ocorrido antes da instauração da execução fiscal. Por outro lado, a prova do referido pagamento só pode efectuar-se através de documento, dado ser esta a única forma de prova admissível para o pagamento (cfr. ac. S.TA. 2ª Secção, 19/12/79, Acórdãos Doutrinais, n.º 221, pág. 598 e seg.; ac. S.T.A. 2ª Secção, 8/11/95, rec.19499, Ap. D.R., 14/11/97, pág. 2628 e seg.; A. José de Sousa e J. da Silva Paixão, Código de

Processo Tributário anotado e comentado, 3ª edição, 1997, pág. 597 e CPPT Comentado e Anotado, pág. 496). E, como se doutrina no Ac. do STA de 24/04/90, Ads 356/357-1002, a *prova de quitação* não pode ser negada ao devedor que efectua o pagamento de seu débito, pois sem ele o devedor poderá ficar sujeito a exigência de novo pagamento.

"In casu", é evidente a constatação de que o oponente logrou provar que efectuou o pagamento, ainda que parcial, da dívida exequenda, em momento anterior à instauração do processo de execução fiscal contra o mesmo movido.

Aliás, na sentença recorrida refere-se que do que se vê do título, é indicado um montante concreto, cuja prova de pagamento não está a oponente impedida de demonstrar.

Sendo fundamento de oposição, exige, todavia, que se trate de pagamento anterior à instauração da execução, e que logre a sua demonstração documental – cfr., Ac. do TCA, de 19/11/2002, rec. n.º 6651/02.

O que aqui (só) se verifica no montante de 200.000$00.

A decisão recorrida não merece qualquer censura pois, resultando provado dos autos que a executada, ora recorrente, havia liquidado parte da quantias referidas no título executivo, antes de instaurada a execução, é entendimento deste TCA que o pagamento da dívida exequenda, invocado como causa de pedir, é fundamento de oposição fiscal nos termos da al. *e*) do n.º 1 do art. 286.º do CPT) mas só o é se ocorreu antes de instaurada a execução.

O pagamento invocado como base da oposição há-de provar-se documentalmente, como ensina *Laurentino Araújo*, sendo inadmissível prova testemunhal.

Só a prova documental é viável, até porque a exigência da dívida é feita através do documento que a incorpora. Nesse sentido, *o Ac. do STA de 19/12/79, in ADs 221.º-603.*

A ora recorrida tinha, nos sobreditos termos, o ónus da alegação e prova dos factos materiais e concretos que integram o facto jurídico.

E a prova do pagamento foi feita nos autos pois foram juntos documentos que provém o pagamento de parte das dívidas constantes do título executivo, sendo da competência da entidade que extraiu o título proceder à sua imputação nos termos que resultam da lei e não podem aqui discutir.

Face ao exposto, sem necessidade de mais amplas considerações, deve considerar-se manifestamente improcedente o fundamento aduzido pela recorrente.

4. Pelo exposto, acorda-se em negar provimento ao recurso assim se confirmando a decisão recorrida.

Sem custas por delas estar isenta a recorrente.

Lisboa, 1 de Março de 2005

Gomes Correia
Casimiro Gonçalves
Ascensão Lopes

Recurso n.º 373/04

RECLAMAÇÃO DO ART. 276.º DO CPPT. TAXA DE CONSERVAÇÃO DE ESGOTOS. TAXA DE JUSTIÇA.

(Acórdão de 16 de Março de 2005)

SUMÁRIO:

I – A taxa de conservação de esgotos é um tributo criado e liquidado pelos municípios, como uma contrapartida que estes estão autorizadas a cobrar pela prestação de serviços no âmbito da conservação de esgotos (cfr. arts. 4.º, n.º 1, alínea *h*), e 12.º, n.º 1, alínea *b*), da Lei n.º 1/87, de 6 de Janeiro – Lei das Finanças Locais –, em vigor à data dos factos).

II – O referido tributo não se confunde com a contribuição autárquica, que é um imposto estadual, sendo, para além do mais, diversos os sujeitos activos das relações jurídicas fiscais que se estabelecem num e noutro tributo: na contribuição autárquica, o Estado (sem prejuízo da obrigação que sobre ele recai de transferir a receita do imposto para o município); na taxa de conservação de esgotos, o município.

III – Atentos os princípios constitucionais da autonomia financeira das autarquias locais e da descentralização administrativa (cfr. arts. 6.º, n.º 1, 237.º, n.º 2, 239.º e 240.º da CRP, na redacção aplicável, que é a da Lei Constitucional n.º 1/92), nunca poderia o Estado, através do governo, acordar relativamente a dívidas que não correspondem a tributos estaduais, mas antes a tributos municipais.

IV – Porque a taxa de justiça devida pela reclamação prevista no art. 276.º do CPPT era, no âmbito da vigência do Regulamento das Custas dos Processos Tributários, aprovado pelo Decreto-Lei n.º 29/98, de 11 de Fevereiro, e nos termos do art. 10.º, n.º 1, do Regulamento, a fixar pelo juiz, em função da complexidade da reclamação, entre 1 e 20 UCs, só excepcionais condições (designadamente relativas ao número de fundamentos invocados ou à especial dificuldade no tratamento destes) podem justificar a fixação da taxa no limite máximo.

V – Em sede da reclamação de uma decisão de um vice-presidente de uma câmara municipal, que indeferiu o pedido de extinção de uma execução em que está a ser cobrada um dívida proveniente de taxa de esgotos, que foi formulado com o fundamento de que a dívida foi paga por dação de bens no âmbito de um acordo entre a Executada e o Estado, cumpre apenas sindicar a legalidade daquela decisão e já não conhecer da inconstitucionalidade daquela taxa, nunca anteriormente arguida.

VI – É de considerar prejudicado, por inutilidade, o conhecimento da arguida nulidade da sentença se, seja qual for o sentido em que seja decidida essa questão, o Tribunal *ad quem* sempre terá que conhecer da questão de mérito.

RECURSO JURISDICIONAL DA SENTENÇA PROFERIDA NA RECLAMAÇÃO DO ART. 276.º DO CPPT COM O N.º 16/03 DO TRIBUNAL TRIBUTÁRIO DE 1.ª INSTÂNCIA DE LISBOA, 1.º JUÍZO, 2.ª SECÇÃO

1. RELATÓRIO

1.1 A sociedade denominada "Imobiliária Construtora Grão-Pará, S.A." (adiante Executada, Reclamante ou Recorrente), no processo de execução fiscal instaurado contra ela pelo 5.º Juízo, 2.ª Secção, do Tribunal Tributário de 1.ª instância de Lisboa, para cobrança de uma dívida à Câmara Municipal de Lisboa (CML), proveniente de taxa de conservação de esgotos do ano de 1994 e acrescido, pediu ao Presidente da CML a extinção da execução com o fundamento que a dívida exequenda se encontrava paga pelas dações em pagamento efectuadas no âmbito do Acordo Global celebrado entre o Estado Português e o Grupo Grão-Pará, do qual faz parte a Executada, nos termos do qual a extinção da execução «devia ser promovida oficiosamente pelos serviços da Administração Tributária, imediatamente após a data dos autos de dação em pagamento»[1].

1.2 Esse pedido foi indeferido por despacho da Vice-Presidente da CML, que considerou, em síntese, que a taxa de conservação não se encontra incluída no referido "Acordo Global" e que o Município de Lisboa não foi parte no mesmo acordo.

1.3 A Executada reclamou, ao abrigo do disposto no art. 276.º do Código de Procedimento e Processo Tributário (CPPT), dessa decisão da Vice-Presidente da CML para o Juiz do Tribunal Administrativo e Fiscal de Lisboa, requerendo a subida imediata da reclamação[2], e formulando pedido no sentido de que deve «ser anulado o Despacho de indeferimento ora reclamado» ou, subsidiariamente, deve «ser reconhecida a inconstitucionalidade da taxa de conservação de esgotos».

Invocou, em síntese e na parte que ora nos interessa[3]:

– que, contrariamente ao que entendeu a Vice-Presidente da CML, a taxa de conservação de esgotos respeitante ao ano de 1994, taxa que tem um carácter meramente acessório em relação à Contribuição Predial e à Contribuição Autárquica, deve considerar-se incluída no referido Acordo Global celebrado entre o Estado e o grupo empresarial a que pertence a Reclamante;

– caso assim não se entenda, então haverá que ter em conta que a taxa de conservação de esgotos padece de inconstitucionalidade orgânica e material: inconstitucionalidade orgânica porque, correspondendo a denominada taxa de conservação de esgotos a uma percentagem sobre o valor patrimonial dos prédios, não assegurando a proporcionalidade entre o valor da taxa e a utilidade que do serviço retira o contribuinte, faz com que se não verifique uma das características das taxas – a bilateralidade –, o que lhe retira a natureza de taxa, devendo antes qualificar-se como imposto, o que significa que só poderia ter sido criada pela Assembleia da República ou pelo Governo, autorizado por aquele, e nunca por uma Câmara Municipal; inconstitucionalidade material, porque dois contribuintes que tenham exactamente a mesma conduta são tratados de forma diferente, sem que esta diferença resulte necessariamente de uma maior capacidade contributiva, o que constitui violação do princípio da igualdade.

1.4 A reclamação foi julgada improcedente, por sentença em que o Juiz do Tribunal Administrativo e Fiscal de Lisboa considerou, em síntese e na parte que ora nos interessa[4], o seguinte:

– a dívida exequenda não está incluída no Acordo celebrado entre o Estado e o grupo empresarial a que pertence a Executada, pois não está expressamente incluída nesse acordo, nem a CML se confunde com o Estado, sendo «pessoas colectivas distintas, cada uma com os seus órgãos próprios»;

– a questão da inconstitucionalidade não pode ser objecto da reclamação, pois tal questão não foi suscitada pela Executada no requerimento sobre o qual foi proferida a decisão objecto da presente reclamação, nem nessa decisão foi apreciada inconstitucionalidade alguma;

– a invocação da inconstitucionalidade da taxa de conservação de esgotos feita nesta fase «configura um artifício para deixar aberta a possibilidade de um eventual recurso para o Tribunal Constitucional»;

– «admitindo, sem conceder», que assim não seja, sempre a questão improcederia, pois, por um lado, é inegável o carácter bilateral ou sinalagmático da taxa em causa, o qual não pressupõe «um exacto equilíbrio económico», mas se basta com a existência de «um mínimo de equilíbrio jurídico entre ambas as prestações», sendo que no caso a contrapartida dessa taxa é representada pelo acesso e evacuação das águas residuais até à rede pública, a conservar e manter em bom estado pelas câmaras municipais, motivo por que, não constituindo um imposto, fica afastada a invocada inconstitucionalidade por violação do princípio da legalidade tributária; por outro lado, quanto à invocada inconstitucionalidade por violação do princípio da igualdade, a fixação da taxa em 0,25% do valor patrimonial dos prédios «não é desproporcionada para efeitos do princípio constitucional da proporcionalidade».

1.5 A Executada interpôs recurso daquela sentença[5] para este Tribunal Central Administrativo, sendo que com o respectivo requerimento apresentou as alegações, resumidas nas seguintes conclusões:

«1. No âmbito do processo de execução n.º 19494/96, a correr termos pela Divisão de Execuções Fiscais da Câmara Municipal de Lisboa, a Recorrente requereu a extinção do processo, uma vez que a dívida exequenda se encontra paga ao abrigo das dações em pagamento efectuadas em 8 de Fevereiro de 2000.

2. Este requerimento foi indeferido por despacho da Senhora Vereadora e Vice Presidente daquela autarquia.

---

[1] As partes entre aspas e com um tipo de letra diferente, aqui como adiante, são transcrições.

[2] Embora inicialmente o Tribunal Administrativo e Fiscal de Lisboa tenha relegado o conhecimento da reclamação para final, a Reclamante interpôs recurso dessa decisão para o Supremo Tribunal Administrativo, o qual, pelo acórdão de fls. 249 a 254, ordenou o conhecimento imediato da reclamação.

[3] A Reclamante invocou também a falta de audição prévia, mas tal fundamento não foi acolhido pela sentença que, nessa parte, não vem posta em causa.

[4] V. nota 3.

[5] Embora no requerimento, a fls. 302 e segs., a Reclamante diga que vem interpor recurso da «decisão de fls. 132 e segs., que indefere o pedido de subida imediata dos presentes autos», afigura-se-nos manifesto que se trata de lapso. A Reclamante por certo pretendia referir-se à sentença de fls. 265 a 275, tanto mais que da referida decisão de fls. 132 e segs., já ela recorrera para o Supremo Tribunal Administrativo, sendo que o recurso logrou provimento, pelo acórdão daquele Supremo Tribunal de fls. 249 a 254.

3. A Recorrente apresentou uma reclamação desse indeferimento, nos termos do disposto no art. 276.º do CPPT, por considerar que a dívida em causa se encontra abrangida pelo Acordo Global, e por considerar que a cobrança do tributo em causa não é possível atenta a inconstitucionalidade do art. 77.º do Regulamento.

4. O Meritíssimo Juiz *a quo* indeferiu ambas as pretensões da Recorrente.

5. Contrariamente ao entendimento do Meritíssimo Juiz *a quo*, a Recorrente defende que a taxa de conservação de esgotos de 1994 está incluída no Acordo Global e respectivo Acordo de Fecho, bem como nas dações em pagamento realizadas em Fevereiro de 2000.

6. Com efeito, a determinação das dívidas abrangidas pelo Acordo Global faz-se em função da entidade cobradora.

7. A dívida em causa, estando em fase de cobrança coerciva em Fevereiro de 2000, era cobrada pela Direcção Geral dos Impostos, através dos tribunais tributários de 1.ª instância.

8. Assim sendo, tem perfeito enquadramento nas cláusulas 3.1. (a) e (b) do Acordo Global, bem como nas cláusulas 6.1, 6.6 e 7 do Acordo de Fecho.

9. O facto de a CML não ter sido parte interveniente no Acordo Global, no Acordo de Fecho e nos autos de dação em pagamento não releva para a situação em apreço nos presentes autos.

10. Na verdade, tal facto não impediu que fossem incluídas no Acordo Global diversas dívidas referentes a Contribuição Autárquica.

11. No texto do Acordo Global, a referência expressa que é feita à Contribuição Autárquica tem carácter meramente exemplificativo – demonstrado, aliás, pela utilização do advérbio "*designadamente*" – e não exclusivo.

12. A taxa de conservação de esgotos, calculada com base no valor patrimonial dos imóveis, é um verdadeiro imposto, porquanto não se verifica proporcionalidade entre a taxa cobrada e o serviço prestado.

13. Sendo um verdadeiro imposto, a norma do art. 77.º do Regulamento é inconstitucional por violação da reserva de competência da Assembleia da República, mais concretamente os arts. 103.º, e 165.º, n.º 1, alínea *i*) da CRP.

14. A taxa em causa viola, ainda, o princípio da igualdade, previsto no art. 13.º da CRP, porquanto o mesmo serviço prestado a sujeitos passivos diferentes gera taxas diferentes, apenas e só, porque os valores patrimoniais com base nos quais é calculada são distintos.

15. Distinção essa que, como o próprio Governo reconheceu, se traduz numa real e efectiva discriminação e iniquidade do sistema, gerando desigualdades injustificadas de tratamento entre contribuintes semelhantes.

16. Repetindo as palavras de AFONSO QUEIRÓ, transcritas supra, não só "*não é natural exigir-se por uma prestação, serviço ou actividade administrativa pagamento de uma taxa de montante superior ao de outra que é cobrada pela Administração por um prestação, serviço ou actividade idêntica*", como tal situação é contra a lei e a CRP.

17. O tratamento discriminatório imposto aos contribuintes por via deste regime de cálculo da taxa de conservação de esgotos é, pois, violador do princípio da igualdade previsto no referido art. 13.º da CRP.

18. Quanto a este facto não podem – nem devem – restar quaisquer dúvidas.

19. O Meritíssimo Juiz *a quo* fixou as custas do processo em 20 UC, da responsabilidade da reclamante, ora Recorrente.

20. O Meritíssimo Juiz *a quo* não fundamentou a sua decisão.

21. O Regulamento das Custas nos Processos Tributários prevê, na presente situação, que as custas sejam fixadas em função da complexidade da causa e da situação económica da Recorrente – art. 8.º, alínea *b*) e art. 5.º, alínea *c*).

22. Com a fixação das custas em 20 UC, sem qualquer fundamentação, o Meritíssimo Juiz *a quo* violou o previsto nos referidos art. 8.º, alínea *b*) e art. 5.º, alínea *c*), do Regulamento das Custas nos Processos Tributários, bem como o dever de fundamentação.

23. A fixação das custas em 20 UC é, por tudo isto, ilegal, devendo ser revogada.

Nestes termos e nos melhores de Direito,

Deve ser julgado procedente, por provado, o presente recurso, e consequentemente, ser julgada inconstitucional a taxa de conservação de esgotos, prevista no art. 77.º do Regulamento.

Na hipótese de assim não se entender, deve ser deferido o pedido de extinção apresentado no âmbito do processo de execução n.º 19494/96, a correr termos pela Divisão de Execuções fiscais da Câmara Municipal de Lisboa.

Deve, também, ser revogada a decisão de fixação das custas em 20 UC, por falta de fundamentação».

1.6 O recurso foi admitido, a subir imediatamente, nos próprios autos e com efeito suspensivo.

1.7 A CML contra-alegou, sustentando que a dívida exequenda não se inclui no Acordo Global celebrado entre o Estado e a Recorrente, tal como se decidiu na sentença recorrida. Mais sustentou, quanto à invocada inconstitucionalidade, que «não parece ser esta sede própria para discutir a legalidade, nomeadamente o critério de incidência para o cálculo da taxa, ou inconstitucionalidade das referidas normas regulamentares, muito menos da própria Lei», vício que o próprio Juiz do Tribunal *a quo* considerou que, por não ter sido invocado na fase administrativa, não poderia sê-lo em sede judicial. Seja como for, e porque «a verdade é que o Tribunal se debruçou sobre a questão», há muito que o Supremo Tribunal Administrativo se vem pronunciando no sentido de que o tributo em causa, respeitante a conservação de esgotos, tem a natureza jurídica de taxa e, por outro lado, está garantida a sua proporcionalidade e inexiste qualquer violação do princípio da igualdade, uma vez que o alegado tratamento diferente tem como razão de ser os diferentes valores patrimoniais dos prédios.

1.8 Recebidos os autos neste Tribunal Central Administrativo, foi dada vista ao Ministério Público e o Procurador-Geral Adjunto emitiu parecer no sentido de que seja negado provimento ao recurso.

1.9 Colhidos os vistos dos Juízes adjuntos, cumpre apreciar e decidir.

1.10 As únicas questões de que cumpre conhecer são, como procuraremos demonstrar, as de saber se a sentença fez errado julgamento

– quando considerou que a taxa de conservação de esgotos liquidada à aqui Executada e ora Recorrente com referência a um prédio de que é proprietária na área do Município de Lisboa e ao ano de 1994 não pode considerar-se paga pelas dações em pagamento efectuadas no âmbito do acordo celebrado entre o Estado e o grupo empresarial a que pertence a Executada;

– quando decidiu condenar a Reclamante nas custas «fixando-se o valor em 20 UC».

Referiremos ainda por que consideramos não dever conhecer da questão da inconstitucionalidade e por que consideramos inútil conhecer da invocada falta de fundamentação da decisão de condenação em custas.

2. FUNDAMENTAÇÃO

2.1 De facto

2.1.1 Na sentença recorrida, o julgamento de facto foi feito nos seguintes termos:

«Resulta provado nos autos:

A recorrente veio apresentar reclamação do acto de indeferimento prolatado em 18 de Julho de 2003, pela Exma. Senhora Vereadora e Vice-presidente da Câmara Municipal de Lisboa, proferido no âmbito do processo n.º 3447/DMSC/03, referente ao processo de execução fiscal n.º 19494/96, da 2ª Secção, do 5.º Juízo do Tribunal Tributário de 1ª Instância de Lisboa, que decidiu pela inaplicabilidade do Acordo Global celebrado entre o Estado Português e o Grupo Grão Pará, com vista a extinguir os aludidos autos de execução fiscal.

O tributo em causa esteve a pagamento durante o mês de Outubro de 1995. O prazo de pagamento voluntário terminou em 31 de Outubro de 1995.

Em 8 de Maio de 1996, a ora reclamante foi citada na pessoa do legal representante, para pagar, deduzir oposição ou requerer o pagamento em prestações.

Em 29 de Maio de 1996, a reclamante solicitou o pagamento da dívida exequenda em 36 prestações mensais, não se tendo o Tribunal pronunciado sobre o facto.

Em 20 de Fevereiro de 2003, a reclamante foi notificada para proceder ao pagamento da quantia total, referente à dívida exequenda e respectivo acrescido juros de mora e custas.

Em 31 de Março de 2003, a reclamante deu entrada de um requerimento em que arguia a extinção da execução, com fundamento na aplicação de um Acordo Global celebrado em Fevereiro de 2000, entre esta e o Estado Português.

Face a este requerimento foi proferida em 8 de Julho de 2003, a decisão que ora vem a sociedade Grão Pará reclamar.

Em 28 de Outubro de 2003, veio a reclamante requerer a suspensão dos correspondentes autos de execução fiscal, com base no recurso interposto, e que lhe fosse fixado o montante da garantia a prestar, nos termos do artigo 199.º do Código de Procedimento e de Processo Tributário.

Em 4 de Novembro de 2003, foi notificada a reclamante para prestar garantia bancária no prazo de 15 dias.

Em 19 de Novembro de 2003, veio a ora reclamante dar entrada de requerimento de prestação de garantia oferecendo para penhor o crédito que detém sobre o Estado Português, que requereu que fosse sustado.

Existem outros processos entre as mesmas partes com os mesmos fundamentos discutidos neste».

2.1.2 Porque concordamos integralmente com o julgamento de facto efectuado em 1.ª instância, que não vem posto em causa, consideramos fixada a matéria de facto acima transcrita, aditando-lhe outros factos, ao abrigo do disposto no art. 712.º do Código de Processo Civil e por se nos afigurar relevante para a decisão a proferir:

Entre o Estado e o denominado Grupo Grão-Pará foi celebrado um acordo em 8 de Julho de 1997, nos termos constantes da cópia do mesmo, de fls. 37 a 43.

Entre as mesmas partes, e no âmbito daquele acordo, foi celebrado em 8 de Fevereiro de 2000 o acordo de fecho, nos termos constantes da cópia do mesmo, de fls. 71 a 82.

2.2 De facto e de direito

2.2.1 As questões a apreciar

Está a ser exigido à sociedade denominada "Imobiliária Construtora Grão-Pará, S.A.", mediante processo de execução fiscal, o pagamento de uma dívida à CML, proveniente de taxa de conservação de esgotos do ano de 1994.

A Executada requereu a extinção da execução com o fundamento que a dívida exequenda está paga pelas dações em pagamento efectuadas no âmbito de um denominado "Acordo Global" celebrado entre o Estado e o grupo empresarial a que ela pertence.

Esse requerimento foi indeferido pela Vice-Presidente da CML, sendo que ora nos interessa considerar dois dos respectivos fundamentos: a taxa de conservação de esgotos não está expressamente prevista no texto do "Acordo Global" e o Município de Lisboa não foi parte no "Acordo Global".

Do despacho de indeferimento do pedido de extinção da execução fiscal foi interposto recurso judicial (denominado reclamação), ao abrigo do disposto no art. 276.º do CPPT, para o Tribunal Administrativo e Fiscal de Lisboa, sustentando a Executada que, contrariamente ao decidido pela autoridade administrativa, a taxa de conservação de esgotos se inclui no âmbito do referido "Acordo Global". Mais sustentou a Reclamante a inconstitucionalidade da taxa de conservação de esgotos: inconstitucionalidade orgânica porque, faltando à denominada taxa de conservação de esgotos a bilateralidade, a mesma não pode qualificar-se senão como imposto, o que significa que teria sido criada com violação da reserva de lei formal; inconstitucionalidade material, por violação do princípio da igualdade

A reclamação foi julgada improcedente. Considerou o Juiz do Tribunal Administrativo e Fiscal de Lisboa que a taxa em causa não pode considerar-se incluída no referido "Acordo Global", pois nem dele consta expressamente nem a CML se confunde com o Estado. Mais considerou que a questão da inconstitucionalidade não pode ser objecto da reclamação, porque não foi suscitada pela Executada no requerimento sobre o qual foi proferida a decisão objecto da reclamação, nem nessa decisão foi apreciada inconstitucionalidade alguma; mas, ainda que assim não fosse, sempre a questão improcederia, pois, por um lado, é inegável o carácter bilateral ou sinalagmático da taxa em causa, motivo por que, não constituindo um imposto, fica afastada a invocada inconstitucionalidade por violação do princípio da legalidade tributária e, por outro lado, quanto à invocada inconstitucionalidade por violação do princípio da igualdade, a fixação da taxa em 0,25% do valor patrimonial dos prédios «não é desproporcionada para efeitos do princípio constitucional da proporcionalidade».

A Reclamante, inconformada com a sentença, dela recorreu, continuando a sustentar a sua tese de que a taxa de conservação de esgotos respeitante ao ano de 1994 se deve considerar incluída no "Acordo Global" e que a mesma taxa padece das inconstitucionalidades que lhe assacou. Mais sustentou que a sentença, na parte em que "fixou as custas" em 20 UCs padece de falta fundamentação, para além de violar o disposto nos arts. 8.º, alínea *b*), e 5.º, alínea *c*), do Regulamento das Custas nos Processos Tributários (RCPT).

Assim, as questões que cumpre apreciar e decidir são, como já deixámos dito em 1.10, as de saber se a sentença fez errado julgamento quando considerou que a taxa de conservação de esgotos em causa não pode considerar-se paga pelas dações em pagamento efectuadas no âmbito do acordo celebrado entre o Estado e o grupo empresarial a que pertence a Executada e quando condenou a Reclamante em custas, "fixando o valor" em 20 UCs.

Quanto à invocada falta de fundamentação da decisão de condenação em custas, afigura-se-nos que, como tem vindo a sustentar este Tribunal Central Administrativo, relatados pelo Juiz Desembargador Jorge Lino Alves de Sousa e com exaustiva fundamentação[6], se trata de questão que se encontra prejudicada, por inutilidade: qualquer que fosse a decisão sobre essa invocada nulidade da decisão, ou seja, quer tal nulidade procedesse quer não, sempre se seguiria a mesma consequência, qual seja o conhecimento por este Tribunal do invocado erro de julgamento por violação do disposto nos arts. 8.º, alínea *b*), e 5.º, alínea *c*), do RCPT.

A Recorrente invocou ainda a que a sentença fez errado julgamento quando considerou que a taxa de conservação de esgotos não padecia das inconstitucionalidades que a Reclamante lhe apontou. Entendemos, no entanto, não dever conhecer dessa questão. Vejamos porquê:

Na sentença recorrida ficou escrito, textualmente: «O fundamento da inconstitucionalidade porque não foi oportunamente invocado perante a entidade autora da decisão não pode constituir objecto da reclamação». O que significa que o Juiz do Tribunal *a quo* não conheceu da questão da inconstitucionalidade, por considerar que a mesma não fora oportunamente suscitada. Ora, esta decisão, de não tomar conhecimento da inconstitucionalidade invocada em sede de reclamação, não vem posta em causa pela Recorrente.

É certo que, apesar de na sentença se dizer que não se podia conhecer da questão da inconstitucionalidade, nela se fizeram, ao longo de três páginas, diversos considerandos no sentido de demonstrar que não se verificam as inconstitucionalidades invocadas pela Reclamante[7]. No entanto, há que realçar que os mesmo foram precedidos de uma advertência, que constitui uma reserva quanto ao alcance desses considerandos: «admitindo, sem conceder, que o pudesse ser». Tudo isto significa, sem margem para dúvida, que na sentença não se conheceu das invocadas inconstitucionalidades e essa falta de conhecimento não decorre de qualquer lapso ou omissão por parte do Juiz do Tribunal *a quo*[8], mas antes de decisão expressa deste, que entendeu não poder tal questão ser apreciada.

Se a Reclamante discordava dessa decisão de não conhecer das inconstitucionalidades por ela arguidas, deveria tê-la atacado nessa parte, o que não fez. O que não pode é atacar os considerandos que o Juiz, discreteando sobre a questão, mas sem nada decidir, como ele próprio advertiu, produziu com o alcance único de um reforço argumentativo, no sentido de tentar convencer a Reclamante de que nunca a sua pretensão poderia proceder. Tais considerandos não constituem, como decorre do que na sentença expressamente se refere, fundamento da improcedência da reclamação.

Poderá argumentar-se que sempre deveria o Tribunal Administrativo e Fiscal de Lisboa ter conhecido da questão da inconstitucionalidade, ainda que esta não tenha sido suscitada pela Executada quando do pedido dirigido ao Presidente da CML, por se tratar de questão de conhecimento oficioso. Mais poderá argumentar-se que, mesmo que o Tribunal Administrativo e Fiscal de Lisboa não tenha conhecido dessa questão (como, a nosso ver, não conheceu) e que a Reclamante não tenha atacado a sentença com fundamento na falta de conhecimento de questão[9] (como não atacou), sempre deverá o Tribunal Central Administrativo conhecer da questão. Isto, porque a apreciação da inconstitucionalidade é questão do conhecimento oficioso, motivo por que, pode sempre ser conhecida por qualquer Tribunal. Tal argumentação não procede.

É certo que o art. 204.º da CRP[10], dispõe: «Nos feitos submetidos a julgamento não podem os tribunais aplicar normas que infrinjam o disposto na Constituição ou os princípios nela consignados». No mesmo sentido, o Estatuto dos Tribunais Administrativos e Fiscais (ETAF), aprovado pela Lei n.º 13/2002, de 19 de Fevereiro, diz no n.º 2 do seu art. 1.º: «Nos feitos submetidos a julgamento, os tribunais da jurisdição administrativa e fiscal não podem aplicar normas que infrinjam o disposto na Constituição ou os princípios nela consagrados».

Assim, como diz Jorge Miranda, «O juiz, dado que não está sujeito a invocação da inconstitucionalidade por uma das partes, não tem de aplicar normas que repute inconstitucionais»[11].

Poderia, pois, argumentar-se que, apesar da questão da constitucionalidade não ter sido suscitada no requerimento que a Executada endereçou ao Presidente da CML, não ter sido apreciada na decisão que recaiu

[6] Cfr., entre outros, os acórdãos deste Tribunal Central Administrativo de
– de 4 de Novembro de 2003, proferido no processo com o n.º 490/03;
– de 8 de Março de 2005, proferido no processo com o n.º 29/04.

[7] Considerandos que vão no sentido da jurisprudência uniforme do Supremo Tribunal Administrativo, deste Tribunal Central Administrativo e do Tribunal Constitucional. *Vide*, entre outros, os seguintes acórdãos:
do Supremo Tribunal Administrativo
– de 22 de Maio de 2002, proferido no recurso com o n.º 26.472;
– de 13 de Novembro de 2002, proferido no recurso com o n.º 973/02;
– de 31 de Março de 2004, proferido no recurso com o n.º 1921/03;
– de 6 de Outubro de 2004, proferido no recurso com o n.º 703/04;
deste Tribunal Central Administrativo
– de 13 de Abril de 1999, proferido no recurso com o n.º 72/97;
– de 24 de Abril de 2001, proferido no recurso com o n.º 1386/98;
– de 25 de Maio de 2004, proferido no recurso com o n.º 1115/03;
– de 19 de Outubro de 2004, proferido no recurso com o n.º 6901/02;
– de 9 de Novembro de 2004, proferido no recurso com o n.º 852/03.

[8] Que acarretaria a nulidade da sentença (cfr. art. 125.º, n.º 1, do CPPT).

[9] Ataque que seria a efectuar mediante a invocação do erro de julgamento.

[10] Na redacção aplicável, que é a Lei Constitucional n.º 1/2001, de 12 de Dezembro.

[11] *Manual de Direito Constitucional*, tomo II, pág. 441.

sobre esse requerimento e, apesar de ter sido arguida na reclamação judicial que a Executada deduziu contra essa decisão, não ter sido conhecida em 1.ª instância, por decisão expressa do Juiz do Tribunal *a quo* e que a Recorrente não atacou, sempre este Tribunal Central Administrativo poderá conhecer da questão.

Salvo o devido respeito, não é assim.

Desde logo, porque este Tribunal não está a fazer aplicação da norma que deu origem à liquidação da dívida exequenda, nem sequer a sindicar a legalidade da aplicação da mesma, mas apenas a verificar, agora em sede de recurso jurisdicional, da legalidade do despacho que entendeu que a dívida exequenda não estava ainda paga.

Se a Recorrente pretendia questionar a constitucionalidade da norma que esteve na base da liquidação da dívida exequenda, deveria tê-lo feito oportunamente, mediante impugnação judicial dessa liquidação ou, já em sede executiva, mediante oposição à execução fiscal[12]. Não tendo a Executada suscitada a questão nas sedes e momentos próprios, não podia fazê-lo já depois de precludidos os prazos para o efeito e mediante um meio processual que, manifestamente, não é o adequado. Na verdade, o que a Executada pediu ao Presidente da CML foi, tão-só, que declarasse a execução extinta por considerar que a dívida exequenda estava já paga. E foi por discordar da decisão que recaiu sobre esse pedido e por pretender a sindicância judicial da mesma, que dela reclamou para o Tribunal Administrativo e Fiscal de Lisboa.

Não pode a Executada pretender, numa ocasião em que a fase processual para a dedução da defesa contra a execução está já, há muito, ultrapassada, pretender reabri-la.

Em todo o caso, sempre diremos que os considerandos que o Juiz do Tribunal *a quo* efectuou a propósito das arguidas inconstitucionalidades se inserem na corrente jurisprudencial uniforme do Supremo Tribunal Administrativo e do Tribunal Central Administrativo.

2.2.2 A dívida exequenda está paga pela dação em pagamento efectuada no âmbito do "acordo global"?

A nosso ver, a sentença recorrida, na parte em que confirmou o teor da decisão da Vice-Presidente da CML, não merece censura alguma pois, como aí se decidiu, a dívida exequenda não pode considerar-se paga pela dação em pagamento efectuada no âmbito do "Acordo Global" celebrado entre o Estado e o grupo empresarial de que a Recorrente faz parte.

Desde logo, como aí bem se realçou, porque no acordo se não prevê expressamente a taxa de conservação de esgotos entre as dívidas abrangidas pelo mesmo, nem poderia razoavelmente prever-se, uma vez que a CML, sujeito activo nas relações tributárias originadas por aquela taxa, não interveio no mesmo acordo, intervenção que seria necessária para a validade da inclusão dessa taxa no âmbito do acordo.

Sustenta a Recorrente que, nos termos do referido acordo, o Estado aceitou a dação de bens imóveis para pagamento de «todas as dívidas, qualquer que seja a sua natureza – isto é impostos, taxas, juros, custas, coimas, multas, etc. – cuja entidade cobradora fosse a Direcção Geral dos Impostos (sendo que as da CML eram) ou a Segurança Social», sendo que a delimitação das dívidas a incluir no âmbito do referido acordo se fez «não em função da respectiva natureza, mas em função da entidade cobradora».

Salvo o devido respeito, não foi assim. O que o Estado acordou com o Grupo Grão-Pará foi a regularização das dívidas das empresas do Grupo Grão-Pará à Direcção Geral dos Impostos e à Segurança Social. No acordo não se referem as dívidas aos municípios provenientes de taxas, nem seria razoável que, sem a intervenção dos mesmos, se incluíssem tais dívidas no âmbito do acordo, pois, atentos os princípios constitucionalmente garantidos, da autonomia financeira das autarquias locais e da descentralização administrativa (cfr. arts. 6.º, n.º 1, 237.º, n.º 2, 239.º e 240.º da CRP[13]), não poderia o Estado acordar relativamente a dívidas que não correspondem a tributos estaduais, mas antes a tributos municipais.

É certo que, como diz a Recorrente, no ponto 3.1 (c) do acordo se referem as dívidas à Direcção Geral das Contribuições e Impostos «independentemente da sua origem, incluindo, designadamente, contribuição predial ou autárquica». No entanto, tal não significa, como pretende a Recorrente, que devam considerar-se incluídos no acordo todas as dívidas susceptíveis de cobrança mediante execução fiscal, designadamente as provenientes de taxa de conservação de esgotos. Não é isso que diz o acordo.

O paralelismo que a Recorrente pretende fazer com a Contribuição autárquica (CA), salvo o devido respeito, não convence.

Desde logo, porque a CA, apesar de, referida no art. 1.º do respectivo código como "imposto municipal", é um imposto estatal, isto é, criado pelo Estado, apesar de reverter para os municípios. Como diz Adalberto Costa, «A contribuição autárquica como imposto municipal, apenas significa que o Estado cedeu às autarquias locais, mais concretamente às Câmaras Municipais, a possibilidade de receber o quantitativo deste imposto que por isso não deixa de ser um imposto estadual. Ele é, tal como se afirma no preâmbulo do código, uma receita fiscal dos municípios portugueses. O fim tido em vista, foi o de oferecer às autarquias, fonte de receita que ajudasse a comportar as acções por elas levadas a efeito no seu território de administração. Assim, o Estado cede aos municípios, a par de outros, a receita da C.A., aliás o que já acontecia com a contribuição predial, v. Lei n.º 1/79 de 02/01 – artigo 5.º.

Mesmo assim, tal não altera a natureza estadual do imposto, e isto porque quando o Estado, cria, lança, liquida e cobra um imposto, as respectivas relações jurídicas de imposto são estabelecidas entre estes e os particulares e apenas entre si»[14].

Ora, a situação é de todo diversa relativamente à taxa de conservação de esgotos, que não tem natureza estadual, mas constitui antes uma contrapartida que os municípios estão autorizadas a cobrar pela prestação de

[12] Entende-se que a inconstitucionalidade da norma é fundamento de oposição à execução fiscal, subsumível à alínea *a*) do art. 204.º, n.º 1, do CPPT. Neste sentido, Jorge Lopes de Sousa, *Código de Procedimento e de Processo Tributário Anotado*,4.ª edição, nota 4 ao art. 204.º, pág. 872.

[13] Na redacção aplicável, que é da Lei Constitucional n.º 1/92, de 25 de Novembro.

[14] *Código da Contribuição Autárquica*, Almedina, nota 2 ao art. 1.º, págs. 17/18.

serviços no âmbito da conservação de esgotos (cfr. arts. 4.º, n.º 1, alínea *h*), e 12.º, n.º 1, alínea *b*), da Lei n.º 1/87, de 6 de Janeiro – Lei das Finanças Locais –, em vigor em 1994[15].

Ou seja, enquanto a CA é um imposto estadual, a taxa de conservação de esgotos é uma receita tributária criada, liquidada e cobrada pelos municípios, nos termos da lei. São diversos os sujeitos activos das relações jurídicas fiscais que se estabelecem num e noutro tributo: o Estado, na CA (sem prejuízo da obrigação que sobre ele recai de transferir a receita do imposto para o município); o município, na taxa de conservação de esgotos.

Daí que as razões que determinaram a extinção das dívidas por CA no âmbito do referido acordo entre o Estado e o Grupo Grão-Pará não colham relativamente às dívidas por taxa de conservação de esgotos.

O recurso não merece, pois, provimento nesta parte.

2.2.3 Da condenação em custas

Resta-nos averiguar do erro de julgamento relativamente à condenação em custas, que o Juiz do Tribunal *a quo* fixou em vinte UCs.

Antes do mais, uma breve nota no sentido de demonstrar a aplicabilidade à situação *sub judice* do RCPT, aprovado pelo Decreto-Lei n.º 29/98, de 11 de Fevereiro. Nota que se impõe porque a sentença recorrida foi proferida em 12 de Novembro de 2004 e, como é sabido, o Decreto-Lei n.º 324/2003, de 27 de Dezembro, que veio alterar o Código das Custas Judiciais (CCJ), entrou em vigor a partir de 1 de Janeiro de 2004 (art. 16.º n.º 1 do diploma preambular) determinando que, a partir dessa data, o RCPT deixou de ser aplicável aos processos, fases e actos jurisdicionais, sem prejuízo da sua manutenção em vigor, na parte referente às custas relativas a procedimentos de natureza meramente administrativa e para os quais sejam competentes os órgãos da administração tributária. O art. 4.º, n.º 6 do diploma preambular, refere expressamente a revogação das normas do RCPT com excepção das referentes a actos respeitantes à fase administrativa dos processos abrangidos pelo art. 1.º do Regulamento. Como é óbvio, não se inclui nessa excepção o processo de execução fiscal, que é um processo jurisdicional e não administrativo (cfr. art. 103.º da Lei Geral Tributária, aprovada pelo Decreto-Lei n.º 398/98, de 17 de Dezembro), pelo que nunca teria aplicação ao presente processo a excepção da parte final do art. 4.º, n.º 6.

Assim, a partir de 1 de Janeiro de 2004, e de acordo com o disposto no n.º 2 do art.º 73.º-A do CCJ, o processo judicial tributário, no qual se inclui o processo de execução fiscal, está sujeito a custas nos termos consagrados no referido código.

Sucede, no entanto, que a norma do art. 14.º, n.º 1, do mesmo diploma preambular, que regula a aplicação no tempo das alterações ao CCJ introduzidas pelo Decreto-Lei n.º 324/2003, refere que tais alterações só se aplicam aos processos instaurados depois da sua entrada em vigor, o que, como é manifesto, afasta o presente processo do âmbito de aplicação do CCJ.

Determinada que ficou a aplicação das regras do RCPT à situação *sub judice*, vejamos então se a condenação a custas proferida pela 1.ª instância enferma ou não do erro de julgamento que lhe vem assacado pela Recorrente[16].

Sustenta a Recorrente que a decisão do Juiz do Tribunal *a quo*, que «fixou as custas do processo em 20 UC, da responsabilidade da reclamante, ora Recorrente» não atendeu à complexidade do processo e à situação económica da Reclamante, como impunham os arts. 8.º, alínea *b*), e 5.º, alínea *c*), do RCPT.

Desde logo, há que ter presente que os artigos que a Recorrente considera violados pela condenação em custas, não se reportam directamente à fixação destas, mas antes à fixação do valor do processo para efeitos de custas, motivo por que, manifestamente, não têm aplicação ao caso. Na verdade, se bem interpretamos as alegações de recurso, a Recorrente não questiona o valor do processo (que, aliás, é fixado nos termos do art. 7.º, alínea *a*), do RCPT), mas antes o valor em que o Juiz fixou a taxa de justiça: 20 UCs.

Nos termos do disposto no art. 10.º, n.º 1, do RCPT, a taxa de justiça nos recurso judiciais – e a reclamação prevista no art. 276.º do CPPT tem a natureza de recurso judicial[17] – é fixada «em função da sua complexidade, entre 1 UC e 20 UC».

Face à complexidade da reclamação, em que foram deduzidas diversas questões – interpretação de um acordo celebrado entre o Estado e a Recorrente, preterição de uma formalidade legal e inconstitucionalidades, sendo que, pelo menos a primeira dessas questões não se mostra tratada pela jurisprudência –, a merecer estudo, pesquisa e ponderação bem revelados ao longo da sentença recorrida, e tendo também em conta a praxe judicial nesta matéria, afigura-se-nos ajustada a fixação da taxa de justiça em sete UCs.

A fixação da taxa de justiça no seu limite máximo afigura-se-nos exagerada, só se justificando em circunstâncias excepcionais, designadamente relativas ao número de fundamentos invocados ou à especial dificuldade no tratamento destes.

Nessa medida, será dado provimento ao recurso nesta parte.

2.2.4 Conclusões

Preparando a decisão, formulam-se as seguintes conclusões:

VII – A taxa de conservação de esgotos é um tributo criado e liquidado pelos municípios, como uma contrapartida que estes estão autorizadas a cobrar pela prestação de serviços no âmbito da conservação de esgotos (cfr. arts. 4.º, n.º 1, alínea *h*), e 12.º, n.º 1, alínea *b*), da Lei n.º 1/87, de 6 de Janeiro – Lei das Finanças Locais –, em vigor à data dos factos).

VIII – O referido tributo não se confunde com a contribuição autárquica, que é um imposto estadual, sendo, para além do mais, diversos os sujeitos activos das relações jurídicas fiscais que se estabelecem num e noutro tributo: na contribuição autárquica, o Estado (sem prejuízo da obrigação que sobre ele recai de transferir a receita do imposto para o município); na taxa de conservação de esgotos, o município.

[15] A que corresponde o art. 19.º, alínea *l*), da Lei n.º 42/98, de 6 de Agosto.

[16] A Recorrente também lhe assaca a nulidade por falta de fundamentação, mas a apreciação dessa nulidade revela-se desnecessária, nos termos que ficaram referidos em 2.2.1.

[17] Neste sentido, JORGE LOPES DE SOUSA, *ob. cit.*, nota 2 ao art. 276.º, pág. 1043.

IX – Atentos os princípios constitucionais da autonomia financeira das autarquias locais e da descentralização administrativa (cfr. arts. 6.º, n.º 1, 237.º, n.º 2, 239.º e 240.º da CRP, na redacção aplicável, que é a da Lei Constitucional n.º 1/92), nunca poderia o Estado, através do governo, acordar relativamente a dívidas que não correspondem a tributos estaduais, mas antes a tributos municipais.

X – Porque a taxa de justiça devida pela reclamação prevista no art. 276.º do CPPT era, no âmbito da vigência do Regulamento das Custas dos Processos Tributários, aprovado pelo Decreto-Lei n.º 29/98, de 11 de Fevereiro, e nos termos do art. 10.º, n.º 1, do Regulamento, a fixar pelo juiz, em função da complexidade da reclamação, entre 1 e 20 UCs, só excepcionais condições (designadamente relativas ao número de fundamentos invocados ou à especial dificuldade no tratamento destes) podem justificar a fixação da taxa no limite máximo.

XI – Em sede da reclamação de uma decisão de um vice-presidente de uma câmara municipal, que indeferiu o pedido de extinção de uma execução em que está a ser cobrada um dívida proveniente de taxa de esgotos, que foi formulado com o fundamento de que a dívida foi paga por dação de bens no âmbito de um acordo entre a Executada e o Estado, cumpre apenas sindicar a legalidade daquela decisão e já não conhecer da inconstitucionalidade daquela taxa, nunca anteriormente arguida.

XII – É de considerar prejudicado, por inutilidade, o conhecimento da arguida nulidade da sentença se, seja qual for o sentido em que seja decidida essa questão, o Tribunal *ad quem* sempre terá que conhecer da questão do mérito da causa.

3. DECISÃO

Face ao exposto, os juízes da Secção do Contencioso Tributário deste Tribunal Central Administrativo acordam, em conferência, conceder parcial provimento ao recurso, e, em consequência, confirmar sentença recorrida, com excepção da condenação em custas, que se revoga na parte respeitante à fixação da taxa de justiça, ora se fixa em sete UCs.

Custas pela Recorrente, fixando-se a taxa de justiça em sete UCs.

Lisboa, 16 de Março de 2005

Francisco Rothes
Jorge Lino
Pereira Gameiro

Recurso n.º 499/05

RECURSO JURISDICIONAL EM PROCESSO DE CONTRA-ORDENAÇÃO TRIBUTÁRIA. PRESCRIÇÃO DO PROCEDIMENTO CONTRA-ORDENACIONAL. SUCESSÃO DE LEIS NO TEMPO – ART. 29.º, N.º 4, DA CRP. ART. 121.º, N.º 3, DO CÓDIGO PENAL.

(Acórdão de 16 de Março de 2005)

SUMÁRIO:

I – Em sede de direito contra-ordenacional, vale o princípio constitucional da aplicação do regime globalmente mais favorável ao arguido consagrado no n.º 4 do art. 29.º da CRP, que, embora apenas previsto expressamente para as infracções criminais, é de aplicar por analogia a todos os direitos sancionatórios.

II – Por isso, no que respeita à prescrição do procedimento contra-ordenacional, para além de não poder nunca aplicar-se uma lei mais gravosa para o arguido, terá de aplicar-se-lhe, globalmente, o regime que mais o favoreça, de entre os que tenham vigorado desde a data da prática da infracção até ao presente.

III – Porque às contra-ordenações fiscais não aduaneiras era aplicável o disposto no art. 121.º, n.º 3, do CP, a contra-ordenação consumada em 29 de Fevereiro de 1996 e relativamente à qual se não verifica causa alguma de suspensão, prescreve, o mais tardar, em 29 de Agosto de 2003, ou seja, sete anos e meio depois da prática da mesma, tendo em conta que o prazo prescricional previsto no art. 35.º CPT (regime em vigor à data) era de cinco anos.

IV – Atento o que ficou dito em II, verificada a prescrição à luz desse regime, não cumpre averiguar da prescrição à face dos regimes que se lhe sucederam.

1. RELATÓRIO

1.1 A Administração tributária (AT) levantou um de notícia à sociedade denominada "MARINA – Comércio de Perfumarias e Cabeleireiros, Lda." (adiante Recorrente ou Arguida), imputando-lhe a falta de remessa do meio de pagamento com a declaração periódica de Imposto sobre o Valor Acrescentado (IVA) respeitante ao mês de Dezembro de 1995, o que constitui infracção ao disposto no art. 26.º, n.º 1, e 40.º, n.º 1, alínea *a*), do Código do IVA (CIVA), a qual integra o ilícito contra-ordenacional punível pelo art. 29.º, n.ºs 2 e 9, do Regime Jurídico das Infracções Fiscais Não Aduaneiras[1] (RJIFNA).

[1] Em vigor à data em que foi levantado o auto de notícia.

1.2 Com base nesses factos, a AT condenou a Arguida numa coima de esc. 1.839.100$00, sendo que, na sequência do recurso interposto pela Arguida ao abrigo do disposto no art. 213.º do Código de Processo Tributário[2] (CPT), veio a revogar a decisão de aplicação dessa coima e a substituí-la por outra, de condenação numa coima de € 9.147,00.

1.3 A Arguida interpôs também recurso dessa última decisão, então já ao abrigo do disposto no art. 80.º do Regime Geral das Infracções Tributárias[3], aprovado pela Lei n.º 15/2001, de 5 de Junho, alegando, em síntese, o seguinte:

– a nova decisão administrativa recorrida é ilegal, dado que, com a revogação da primeira decisão de aplicação de coima, «se esgotou o poder sancionatório do órgão da Administração Fiscal»[4];

– nessa nova decisão a AT não levou em conta a maior parte das questões que a Arguida suscitara no recurso judicial da primeira decisão, o que constitui «omissão de pronúncia» e que leva a que a Arguida reproduza a alegação aduzida no primeiro recurso, designadamente quanto às questões de omissão de pronúncia, inconstitucionalidade, adesão ao Decreto-Lei n.º 124/94 e a determinação da medida da coima;

– na decisão administrativa faz-se aplicação de normas de diplomas já revogados, quais sejam normas do CPT, que não poderão ser aplicadas enquanto não forem repristinadas, e do RJIFNA, que só serão aplicáveis se delas resultar um regime mais favorável à Arguida.

1.4 Ulteriormente, veio a Arguida arguir a prescrição do procedimento contra-ordenacional.

1.5 O recurso judicial foi julgado improcedente por decisão[5] do Juiz do Tribunal Tributário de 1.ª instância de Lisboa.

Considerou aquele Magistrado, em síntese: que a conduta da Arguida, embora considerada pela Administração como negligente, lhe deve ser imputada a título de dolo; que a adesão ao regime de regularização de dívidas ao abrigo do disposto no Decreto-Lei n.º 124/96, de 10 de Agosto, não tem consequência alguma em sede de responsabilidade contra-ordenacional; que nada obstava a que a Administração proferisse, como proferiu, nova decisão de aplicação de coima após ter revogada a primeira; que a Administração respeitou todos os requisitos da decisão de aplicação de coima, motivo por que a decisão sob recurso não padece de nulidade alguma; que a Arguida não concretiza, nem o Tribunal vislumbra, qual o princípio constitucional que considera violado pela consagração legal da possibilidade de aplicação de coimas por autoridades administrativas; que não se verifica a prescrição do procedimento contra-ordenacional, pois o respectivo prazo é de cinco anos e interrompe-se com a notificação do arguido.

Depois, considerando que a Arguida praticou a infracção por que foi condenado pela Administração e com dolo, considerando também que a sucessão de leis que prevêm e punem aquela conduta obrigava à determinação do regime legal concretamente mais favorável à Arguida, que entendeu ser o do art. 29.º, n.º 2 e 9, do RJIFNA, e considerando ainda a proibição da reformatio in pejus, entendeu dever manter-se a condenação nos termos em que foi decretada pela Administração Fiscal.

1.6 Inconformada com essa sentença, a Arguida dela recorreu para o Supremo Tribunal Administrativo com os fundamentos que sintetizou nas seguintes conclusões:

«A) Os factos que poderão constituir contra-ordenação encontram-se prescritos, por decurso do prazo máximo de prescrição, o que corresponde ao prazo normal de prescrição previsto na lei, para o caso, que é de cinco, anos acrescido de metade.

B) A decisão recorrida encontra-se ferida do vício de violação de lei por falta de fundamentação de facto e de direito, pelo modo como a decisão pugnou pela não existência da excepção de prescrição do facto qualificado como contra-ordenação.

C) A decisão recorrida é nula por contradição entre os fundamentos e a decisão, na parte em que se decidiu pela não convolação do processo de contra-ordenação em processo crime, com base na proibição da *reformatio in pejus,* que se entende não afectar a possibilidade de tal conversão processual.

D) Na decisão recorrida faz-se ainda uma incorrecta incursão ao factor de liquidação em cadeia e dedutibilidade do imposto de IVA, concluindo-se pelo locupletamento da Recorrente, o que não é correcto, em função da matéria de facto provada.

Nestes termos deverá ser revogada a decisão recorrida, substituindo-se por outra que conduza à extinção do processo em causa, com fundamentos nas questões invocadas pela Recorrente».

1.7 O recurso foi admitido com subida imediata, nos próprios autos e efeito meramente devolutivo.

1.8 O Representante do Ministério Público junto do Tribunal Administrativo e Fiscal de Lisboa[6] alegou, tendo formulado conclusões do seguinte teor:

«1. A infracção em causa, traduzida na omissão de pagamento de IVA, consumou-se em 29 de Fevereiro de 1996.

2. Tendo havido factos interruptivos do prazo prescricional, não houve, contudo factos susceptíveis de suspender tal prazo, nos termos do estatuído no artigo 35.º do CPT e 27.º-A do RGCO, na redacção do DL 244/95, de 14 de Setembro.

3. Assim sendo, a prescrição do procedimento contra-ordenacional consumou-se, inexoravelmente, em 29 de Agosto de 2003, ou seja decorrido o prazo normal da prescrição acrescido de metade, nos termos do artigo 121.º/3 do CP, Acórdão do STJ 6/2001, DR, I série, de 30 de Março de 2001 e artigo 28.º/3 do RGCO, na redacção introduzida pela Lei 109/2001, de 24 de Dezembro.

4. Não está, de modo algum, indiciado o dolo, ou seja, a intenção de apropriação, «animus domini», tanto assim que nem sequer está demonstrado que a arguida tenha recebido o montante do IVA, por parte do adquirente dos serviços ou bens.

[2] Em vigor à data em que foi apresentado o recurso judicial da primeira decisão de aplicação de coima.

[3] Disposição legal que corresponde ao referido art. 213.º do CPT.

[4] As partes entre aspas e com um tipo de letra diferente, aqui como adiante, constituem transcrições.

[5] A decisão recorrida, apesar de denominada pela Recorrente como sentença, em bom rigor, é um mero despacho, proferido ao abrigo do disposto no art. 64.º, n.º 1, do Decreto-Lei n.º 433/82, de 27 de Outubro (Regime Geral das Contra-Ordenações *(RGCO)*), aplicável *ex vi* da alínea *b)* do art. 3.º do Regime Geral das Infracções Tributárias *(RGIT)*, aprovado pela Lei n.º 15/2001, de 5 de Junho, e depois de notificada a Arguida e o Ministério Público nos termos do n.º 2 do referido art. 64.º (cfr. o despacho de fls. 98).

[6] Que sucedeu ao extinto Tribunal Tributário de 1.ª instância de Lisboa.

5. E, o dolo não se presume.

6. Está indiciada, sim, a negligência, traduzida na inércia da arguida ao deixar de realizar a acção (entrega do imposto) exigida por lei.

7. Mas, se, porventura se indiciasse o dolo, então a conduta da arguida consubstanciava a prática de um crime de abuso de confiança fiscal pp. no artigo 24.º do RJIFNA e não a contra-ordenação pp. no artigo 29.º/1 do RJIFNA, uma vez que a falta de entrega do tributo se prolongou por mais de 90 dias.

8. E, a ser assim, este TAFL seria incompetente em razão da matéria para conhecer dos factos imputados à arguida.

9. Devendo o Sr. Juiz converter o processo «de contra-ordenação em processo-crime, depois de ouvir o MP e a arguida, tudo nos termos do estatuído nos artigos 76.º do RGCO e 53.º/1 e 61.º/1/b) do CPP.

10. A Sentença recorrida, ao decidir como decidiu, violou os normativos insertos nos artigos 32.º/2 da CRP, 14.º, 15.º e 121.º/3 do CP e 24.º e 29.º/1/2 do RJIFNA.

Nestes termos e nos mais de direito que, V. Exas., doutamente, suprirão, deve ser dado provimento ao recurso, julgando-se prescrito o procedimento contra-ordenacional, com consequente arquivamento dos autos, assim se fazendo a habitual,

JUSTIÇA»

1.9 O Supremo Tribunal Administrativo declarou-se incompetente em razão da hierarquia para conhecer do recurso, declarando competente para o efeito este Tribunal Central Administrativo, ao qual o processo foi remetida, a requerimento da Recorrente.

1.9 Recebidos os autos neste Tribunal Central Administrativo, foi dada vista ao Ministério Público, e o Procurador-Geral Adjunto proferiu parecer no sentido do provimento do recurso, subscrevendo o parecer do Representante do Ministério Público junto do Tribunal Administrativo e Fiscal de Lisboa.

1.10 Colhidos os vistos, cumpre apreciar e decidir.

1.11 A primeira questão que cumpre apreciar e decidir é a de saber se a decisão recorrida fez ou não correcto julgamento quando não considerou prescrito o procedimento contra-ordenacional. Só se esta questão merecer resposta positiva, cumprirá então apreciar e decidir as demais questões suscitadas pela Recorrente.

2. FUNDAMENTAÇÃO

2.1 De facto

2.1.1 Na decisão recorrida o julgamento de facto foi efectuado nos seguintes termos:

«Da discussão da causa resultaram provados os seguintes factos com interesse para a decisão da mesma:

1. No dia 9/3/1997, na Direcção de Serviços de Cobrança do I.V.A., quando se encontrava no exercício das suas funções, um funcionário da Administração Fiscal, verificou pessoal e directamente que a firma "Marina – Comércio de Perfumarias e Cabeleireiros, L.da, com sede em Lisboa, e área de competência deste Tribunal, enquadrada em I.V.A. no regime normal com periodicidade mensal, não efectuou o pagamento do imposto sobre o valor acrescentado, previamente liquidado nos termos da lei, relativamente ao mês de Dezembro de 1995, no montante global de € 45.866,97 (quarenta e cinco mil oitocentos e sessenta e seis euros e noventa e sete cêntimos), tudo conforme auto de notícia de fls. 2 e 3, o qual se dá aqui por integralmente reproduzido;

2. O auto de notícia mencionado no n.º 1 deu origem ao presente processo de contra-ordenação fiscal, cuja parte administrativa correu seus termos no 13.º Serviço de Finanças de Lisboa;

3. No âmbito da qual, em 26/5/1997, o arguido foi notificado nos termos e para os efeitos do art. 199.º, do C. P. Tributário, tendo produzido a defesa constante de fls. 6 a 9 dos autos, a qual se dá aqui por integralmente reproduzida (cfr. fls. 4 e 5 dos autos);

4. Em 2/3/1998, por despacho do Director de Finanças de Lisboa, exarado a fls. 24 dos autos e que se dá aqui por integralmente reproduzido, foi aplicada coima ao arguido, decisão que lhe foi comunicada em 30/4//1998 (cfr. fls. 25 e 26 dos autos);

5. Em 7/5/1998, deu entrada na D. D. F. de Lisboa o recurso da decisão de aplicação de coimas interposto pelo arguido (cfr. fls.28 e seg. dos autos);

6. Tendo o arguido aderido ao plano de regularização de dívidas a que se refere o art. 14.º, n.º 1, do dec.lei 124/96, de 10/8, do mesmo foi excluído através de despacho exarado em 19/1/2001, devido a falta de cumprimento do regime prestacional de pagamento de dívidas acordado (cfr. documentos juntos a fls. 60 a 62 dos autos; informação exarada a fls. 63 dos autos);

7. Em 5/2/2001, o arguido foi notificado do despacho identificado no n.º 6 (cfr. documentos juntos a fls. 60 a 62 dos autos);

8. Em 17/5/2002, o Director de Finanças de Lisboa revogou o despacho de aplicação de coima identificado no n.º 4, tendo exarado novo o qual se encontra fls. 71 a 73 dos autos e se dá aqui por integralmente reproduzido, sendo aplicada coima ao arguido no montante de € 9.174,00, decisão que lhe foi comunicada em 7/5//2002 (cfr. fls. 76 a 78 dos autos);

9. Em 5/6/2002, deu entrada no 13.º. Serviço de Finanças de Lisboa o recurso da decisão de aplicação de coimas interposto pelo arguido e ora em apreciação (cfr. fls. 80 e seg. dos autos);

10. Em 7/10/2003, o arguido juntou ao presente processo o requerimento de fls. 94 e seg. no qual alega a excepção de prescrição do procedimento contra-ordenacional;

11. Da conduta do arguido resultou efectivo prejuízo para a Fazenda Nacional (expresso no montante de imposto liquidado e não entregue nos cofres do Estado no tempo e lugar devidos – € 45.866,97);

12. Consta dos autos que o arguido cometeu outras infracções ao disposto no regime de pagamento do I.V.A. (cfr. quadro 2, da informação anexa ao auto de notícia e junta a fls. 3);

13. O arguido agiu animado de vontade livre e consciente, sabendo que a sua conduta (não entrega nos cofres do Estado do imposto sobre o valor acrescentado previamente liquidado nos termos da lei), porque ilícita e punível, lhe estava legalmente vedada.

Factos não Provados

Dos factos, com interesse para a decisão da causa, constantes da acusação do Digno Magistrado do M. P. e dos alegados pelo recorrente, todos objecto de análise concreta, não se provaram os que não constam da factualidade supra descrita.

Motivação da Decisão de Facto

A decisão da matéria de facto efectuou-se com base no exame dos documentos e informações, não impugnados, que dos autos constam, tudo conforme referido a propósito de cada uma das alíneas do probatório».

2.1.2 Com interesse para a decisão a proferir, nada há a apontar ao julgamento de facto efectuado pela 1.ª instância, com excepção da factualidade vertida sob o n.º 13, que ora retiramos do probatório, quer porque não constava do auto de notícia, quer porque sobre ela não foi produzida prova alguma.

2.2 De facto e de direito

2.2.1 As questões a apreciar e decidir

Na decisão judicial recorrida, o Juiz do Tribunal Tributário de 1.ª instância de Lisboa considerou, para além do mais, que o procedimento contra-ordenacional não se encontra prescrito, uma vez que tal prazo é de cinco anos, contados a partir da data da prática da infracção, e se interrompe, para além do mais, com a notificação do arguido nos termos do art. 70.º do RGIT.

A Arguida discordou dessa decisão e dela veio recorrer. Desde logo, pôs em causa o julgamento quanto à prescrição do procedimento contra-ordenacional, por considerar que, ainda que se tenha verificado alguma causa de interrupção da prescrição, o que o Tribunal *a quo* não cuidou de apurar, sempre a prescrição teria ocorrido em 31 de Agosto de 2003, pelo decurso do respectivo prazo – de cinco anos – acrescido de metade, nos termos do disposto no art. 35.º, n.º 1, do CPT.

Também o Representante do Ministério Público junto do Tribunal Administrativo e Fiscal de Lisboa, nas suas alegações, entendeu que o procedimento contra-ordenacional se encontra prescrito desde 29 de Agosto de 2003, data em que se completaram sete anos e meio sobre a data em que a infracção se deve considerar consumada, ou seja, o prazo normal da prescrição acrescido de metade, sendo certo que, tendo havido factos interruptivos do prazo prescricional, não houve, contudo, factos susceptíveis de suspender tal prazo.

É, pois, a questão da prescrição do procedimento contra-ordenacional a que cumpre apreciar e decidir em primeiro lugar, sendo certo que uma resposta positiva determinará que as demais questões suscitadas pela Recorrente fiquem prejudicadas.

2.2.2 Da prescrição do procedimento contra-ordenacional

A fim de saber se o procedimento contra-ordenacional está ou não prescrito, há que indagar qual é o prazo de prescrição, a partir de que momento se inicia a contagem do prazo e da eventual verificação de causas de interrupção e suspensão.

Nessa indagação, iremos seguir de perto, quando não transcrevermos, a exposição feita em vários acórdãos do Supremo Tribunal Administrativo, designadamente, por mais recente, o de 30 de Novembro de 2004, proferido no recurso com o n.º 1017/04[7].

Como é sabido e a jurisprudência tem vindo uniforme e repetidamente a afirmar, em matéria de direito sancionatório – no qual se inclui o direito das contra-ordenações –, vale o princípio constitucional de aplicação do regime que, apesar de previsto na Lei Fundamental para as infracções criminais (cfr. art. 29.º, n.º 4, da Constituição da República Portuguesa *(CRP)*), é de aplicar analogicamente aos outros direitos sancionatórios[8].

Significa isto, no que à prescrição concerne, que nunca poderá ser aplicada uma lei mais gravosa para o arguido do que aquela que estivesse em vigor à data da prática dos factos e, mais do que isso, será de aplicar retroactivamente o regime que, globalmente, mais o favoreça. Daí que, para apreciar se ocorreu ou não a prescrição, impõe-se averiguar se ela ocorre à luz de qualquer dos regimes que tenham vigorado desde a data da prática da infracção até ao presente.

O decurso do prazo de prescrição tem por efeito a extinção do procedimento contra-ordenacional, nos termos do disposto no art. 27.º do Regime Geral das Contra-Ordenações e Coimas (RGCO), aprovado pelo Decreto-Lei n.º 433/82, de 27 de Outubro[9], e, consequentemente, a responsabilidade do arguido pela infracção. Assim, será de aplicar qualquer dos regimes legais de prescrição vigentes desde a prática da infracção que conduza à extinção do procedimento, pois não haverá regime mais favorável do que algum que extinga a responsabilidade do arguido.

Na aplicação desses regimes, deverá considerar-se a aplicação em bloco das normas de cada um deles e não a parte mais favorável de cada um.

Por outro lado, como também é jurisprudência pacífica, está arredada a possibilidade de aplicação, nesta matéria, da norma do art. 297.º do Código Civil (CC) sobre sucessão no tempo de leis sobre prazos.

Acresce que, como a jurisprudência também tem vindo repetidamente a afirmar[10], nesta matéria logra aplicação o disposto no art. 121.º, n.º 3, do Código Penal[11-12] (CP), por força do disposto no art. 32.º do RGCO, que, como forma de obviar a um «número infinito de interrupções» ou até a que a interrupção implique «um novo decurso do prazo todo, que pode ser muito longo»[13], estipula que a prescrição ocorrerá sempre que, ressalvado o tempo de suspensão, tiver decorrido o prazo de prescrição acrescido de metade[14].

Dito isto, comecemos por verificar se a prescrição ocorre à luz do regime em vigor à data da prática dos factos.

A infracção consumou-se em 29 de Fevereiro de 1996, último dia para a remessa do meio de pagamento

[7] Com texto integral em *htpp://www.dgsi.pt/*.

[8] Cfr. JORGE LOPES DE SOUSA e MANUEL SIMAS SANTOS, *Regime Geral das Infracções Tributárias Anotado*, 2.ª edição, nota 6. ao art. 33.º, pág. 286, e nota 2 ao art. 2.º da Lei n.º 15/2001, que aprovou o RGIT, a fls. 21, com numerosa indicação de jurisprudência e doutrina na rodapé com o n.º 7.

[9] Nem no RJIFNA nem no CPT existe norma que preveja as consequências do decurso do prazo de prescrição do procedimento por contraordenações e, por isso, será aplicável o referido art. 27.º, nessa parte, por força do disposto no art. 4.º, alínea *b*), do RJIFNA, e do art. 2.º, alínea *e*), do CPT.

[10] *Vide* a numerosa indicação de acórdãos do Supremo Tribunal Administrativo feita no referido acórdão de 30 de Novembro de 2004, proferido no processo com o n.º 1017/04.

[11] Na redacção do Decreto-Lei n.º 48/95, de 15 de Março, que corresponde ao n.º 3 do art. 120.º, na redacção inicial.

[12] Disposição legal que, a seguir ao n.º 2 do mesmo artigo – onde se diz: «2 – Depois de cada interrupção começa a correr novo prazo de prescrição» – estipula: «3 – A prescrição do procedimento criminal tem sempre lugar quando, desde o seu início e ressalvado o tempo de suspensão, tiver decorrido o prazo normal de prescrição acrescido de metade. Quando, por força de disposição especial o prazo de prescrição for inferior a dois anos o limite máximo da prescrição corresponde ao dobro desse prazo».

[13] Cfr. Actas da Comissão Revisora, in *Boletim do Ministério Justiça* n.º 151, pág. 44.

[14] Cfr. JORGE LOPES DE SOUSA e MANUEL SIMAS SANTOS, *ob. cit.*, nota 9 ao art. 33.º, págs. 287/288.

respeitante ao IVA, atento o disposto nos art. 26.º, n.º 1, e 40.º, n.º 1, alínea *a*), do CIVA, na redacção aplicável à data dos factos.

Nessa data estava em vigor o art. 35.º do CPT, que tinha o seguinte teor:

«1 – O procedimento por contra-ordenações fiscais prescreve no prazo de cinco anos a contar do momento da prática da infracção.

2 – Sempre que o processo por contra-ordenações fiscais for suspenso por motivo da instauração de processo gracioso ou judicial onde se discuta situação tributária de que dependa a qualificação da infracção, fica também suspenso o prazo de prescrição do respectivo procedimento.

3 – No caso de pedido de pagamento da coima antes de instaurado o processo de contra-ordenação fiscal, o prazo de prescrição suspende-se desde a apresentação do pedido até à notificação para o pagamento.

4 – A prescrição do procedimento por contra-ordenações fiscais interrompe-se com qualquer notificação ou comunicação ao arguido dos despachos, decisões ou medidas contra ele tomados, com a realização de quaisquer diligências de prova ou com quaisquer declarações que o arguido tenha proferido no exercício do direito de audição e defesa.

5 – Em caso de concurso de crimes e contra-ordenações, a interrupção da prescrição do procedimento criminal determina a interrupção do procedimento por contra-ordenação».

Neste artigo previam-se causas especiais de suspensão e interrupção da prescrição e, na ausência de qualquer remissão para legislação subsidiária, é de concluir que são apenas estas as causas de suspensão e interrupção a considerar, mais a prevista no art. 203.º, n.º 4, do CPT[15], para os casos e que houve suspensão do processo contra-ordenacional, hipótese que não cumpre considerar no caso *sub judice*.

Dos autos não resulta existir causa alguma de suspensão da prescrição.

Por outro lado, sendo certo que existem causas de interrupção da prescrição, há que ter presente, quanto à consequente contagem de novo prazo, o que ficou dito relativamente ao n.º 3 do art. 121.º do CP.

Assim, tendo em conta que o prazo de prescrição é de cinco anos, conclui-se, por força do disposto no art. 121.º, n.º 3, do CP, aplicável subsidiariamente nos termos que ficaram já referidos, que o prazo máximo de prescrição será de 7 anos e meio, a contar da data da prática da infracção.

Significa isto que, atenta a data em que a infracção se considera consumada – 29 de Fevereiro de 1996 –, que a prescrição ocorreu, pelo menos, em 29 Agosto de 2003 (cfr. art. 119.º, n.º 1, do CP, aplicável *ex vi* do art. 32.º do RGCO, e art. 279.º, alínea *c)*, do CC, aplicável por força do disposto no art. 296.º do mesmo Código). Não cumpre sequer apreciar da prescrição à luz dos regimes da Lei Geral Tributária, aprovada pelo Decreto-Lei n.º 398/98, de 17 de Dezembro, e do Regime Geral das Infracções Tributárias, aprovado pela Lei n.º 15/2001, de 5 de Junho, atento o que ficou dito quanto à concorrência de normas no tempo.

Concluímos, pois, que o procedimento contra-ordenacional estava já prescrito quando foi proferida a sentença recorrida, motivo por que o recurso merece provimento, não se impondo o conhecimento de quaisquer outras questões, que se têm por prejudicadas.

2.2.3 Conclusões

Preparando a decisão, formulam-se as seguintes conclusões:

V – Em sede de direito contra-ordenacional, vale o princípio constitucional da aplicação do regime globalmente mais favorável ao arguido consagrado no n.º 4 do art. 29.º da CRP, que, embora apenas previsto expressamente para as infracções criminais, é de aplicar por analogia a todos os direitos sancionatórios.

VI – Por isso, no que respeita à prescrição do procedimento contra-ordenacional, para além de não poder nunca aplicar-se uma lei mais gravosa para o arguido, terá de aplicar-se-lhe, globalmente, o regime que mais o favoreça, de entre os que tenham vigorado desde a data da prática da infracção até ao presente.

VII – Porque às contra-ordenações fiscais não aduaneiras era aplicável o disposto no art. 121.º, n.º 3, do CP, a contra-ordenação consumada em 29 de Fevereiro de 1996 e relativamente à qual se não verifica causa alguma de suspensão, prescreve, o mais tardar, em 29 de Agosto de 2003, ou seja, sete anos e meio depois da prática da mesma, tendo em conta que o prazo prescricional previsto no art. 35.º CPT (regime em vigor à data) era de cinco anos.

VIII – Atento o que ficou dito em II, verificada a prescrição à luz desse regime, não cumpre averiguar da prescrição à face dos regimes que se lhe sucederam.

3. DECISÃO

Face ao exposto, os juízes da Secção do Contencioso Tributário deste Tribunal Central Administrativo acordam, em conferência:

– conceder provimento ao recurso, revogando a decisão recorrida;

– declarar extinto o procedimento contra-ordenacional, por prescrição.

Sem custas.

Lisboa, 16 de Março de 2005

Francisco Rothes
Jorge Lino
Pereira Gameiro

Recurso n.º 451/05

[15] Disposição legal que prescrevia: «Enquanto durar a suspensão do processo da aplicação da coima não corre o prazo de prescrição do procedimento por contra-ordenação».

Índice

SUPREMO TRIBUNAL ADMINISTRATIVO PLENO

1.ª SECÇÃO

ACÓRDÃOS DO SUPREMO TRIBUNAL ADMINISTRATIVO

1.ª SECÇÃO

2.ª SECÇÃO

TRIBUNAL CENTRAL ADMINISTRATIVO

1.ª SECÇÃO

2.ª SECÇÃO

Boletim de Assinatura

Antologia de Acórdãos
do
Supremo Tribunal Administrativo
e
Tribunal Central Administrativo

Solicito a assinatura anual de "Antologia de Acórdãos do STA e TCA", constituída por três números dos seguintes anos:

					N.º 1	N.º 2	N.º 3
Ano I	☐	€ 50,00	N.º Avulso	€ 20,00	☐	☐	☐
Ano II	☐	€ 50,00	N.º Avulso	€ 20,00	☐	☐	☐
Ano III	☐	€ 50,00	N.º Avulso	€ 20,00	☐	☐	☐
Ano IV	☐	€ 50,00	N.º Avulso	€ 20,00	☐	☐	☐
Ano V	☐	€ 50,00	N.º Avulso	€ 20,00	☐	☐	☐
Ano VI	☐	€ 50,00	N.º Avulso	€ 20,00	☐	☐	☐
Ano VII	☐	€ 50,00	N.º Avulso	€ 20,00	☐	☐	☐
Ano VIII	☐	€ 50,00	N.º Avulso	€ 20,00	☐	☐	☐

Os exemplares devem ser enviados para:

Nome: ....

Morada: ....

Código Postal: .... Localidade: ....

N.º de Contribuinte: ....

Telefone: .... Fax: .... E-mail: ....

O recibo deve ser emitido em nome de:

Nome: ....

Morada: ....

Código Postal: .... Localidade: ....

Telefone: .... Fax: .... E-mail: ....

O pagamento pode ser efectuado:
Por cheque em nome da Livraria Almedina
Por transferência bancária para:
Banco Espírito Santo – NIB 000702020038396000144

Enviar para:

Livraria Almedina
Arco de Almedina, 15
3004-509 Coimbra

Telefone: 239 851900
Fax: 239 851901
www.almedina.net

Encontram-se disponíveis todos os números publicados